Münch
Handbuch Familiensteuerrecht

Handbuch Familiensteuerrecht

von

Dr. Christof Münch

Notar in Kitzingen

2. Auflage 2020

www.beck.de

ISBN 978 3 406 76347 2

© 2020 Verlag C.H. Beck oHG,
Wilhelmstraße 9, 80801 München
Druck: Beltz Grafische Betriebe GmbH
Am Fliegerhorst 8, 99947 Bad Langensalza
Satz: Fotosatz Buck
Zweikirchener Str. 7, 84036 Kumhausen

chbeck.de/nachhaltig

Gedruckt auf säurefreiem, alterungsbeständigem Papier
(hergestellt aus chlorfrei gebleichtem Zellstoff)

Vorwort zur 2. Auflage

Der Aufruf zum gegenseitigen Dialog, den das Vorwort der ersten Auflage enthielt, hat Früchte getragen. Das Buch hat eine gute Aufnahme gefunden. Auch die zweite Auflage soll das interdisziplinäre Verständnis für die rechtlichen Probleme fördern. So zeigt etwa aktuelle Rechtsprechung zur Anwaltshaftung bei Nichthinzuziehung eines Steuerberaters zur Scheidungsvereinbarung, dass die Verzahnung der Bereiche immer stärker wird.

Die zweite Auflage bringt das Familiensteuerrecht auf den Stand 2020 und arbeitet eine Vielzahl neuer Rechtsprechung, aber auch geänderter gesetzlicher Regelungen ein. Sie wird erweitert um die Auslandsbezüge des Familienrechts und kann damit als komplette Handreichung im Bereich des Familienrechts gelten. Wo möglich wurden außerdem Beispiele eingearbeitet oder Formulierungsvorschläge erweitert, um die Verständlichkeit zu erhöhen.

Auch zu dieser Auflage sind die Leser aufgerufen, sich bei Fragen, Anregungen, Kritik oder auch Lob an den Autor zu wenden.

Kitzingen, im Juli 2020 *Dr. Christof Münch*

Vorwort zur 1. Auflage

Für den Abschluss und die Ausgestaltung familienrechtlicher Verträge sind häufig steuerliche Gründe bestimmend. So wird etwa der Güterstand mit Rücksicht auf schenkungsteuerliche Folgen oder eine ins Auge gefasste Güterstandsschaukel gewählt. Bei Scheidungsvereinbarungen muss sichergestellt sein, dass die Regelungen der Vertragsteile möglichst wenig Steuern auslösen. So sind etwa Abfindungen aus dem Betriebsvermögen ebenso zu vermeiden wie Eigentumsübertragungen, die zu steuerbaren privaten Veräußerungsgewinnen führen. Bei Unterhaltszahlungen muss überlegt werden, wie diese am ehesten steuerlich geltend gemacht werden können.

So konnte ich in meiner langjährigen Praxis als Notar beobachten, dass eine große Zahl von Mandanten gerade durch ihren Steuerberater, der ein Dauermandat hat und daher bei allen familienrechtlichen „Risikoentwicklungen", sei es Hochzeit, Krankheit oder Tod, erster Ansprechpartner ist, auf die Notwendigkeit familienrechtlicher Regelungen hingewiesen wurden.

Zum Erreichen des für den Mandanten optimalen Vertrages ist heute ein Zusammenwirken der rechtlichen und steuerlichen Berater unerlässlich, bei dem jeder aus seiner Verantwortung heraus den ihm anvertrauten Bereich zur Geltung bringt. Dieses Zusammenwirken wird dann für den Mandanten am besten funktionieren, wenn jeder Dienstleister auch über Grundkenntnisse aus dem jeweils anderen Bereich verfügt, denn dies erst erlaubt ein zielführendes Zwiegespräch. Diesem Anliegen will das vorliegende Buch dienen, um den steuerlichen Berater mit den aus seiner Sicht wichtigen Grundkenntnissen der familienrechtlichen Vertragsgestaltung vertraut zu machen. Soweit Formulierungsvorschläge gegeben werden, sind diese als Anregung gedacht. Ihre Verwendung obliegt in jedem einzelnen Fall dem Anwender in eigener Verantwortung.

Es würde mich freuen, wenn das Buch idS gute Aufnahme fände. Zögern Sie nicht, sich bei Fragen, Anregungen, Kritik oder auch Lob an den Autor zu wenden (kt@notariat-kitzingen.de).

Kitzingen, im März 2015 *Dr. Christof Münch*

Inhaltsübersicht

Vorwort zur 2. Auflage		V
Vorwort zur 1. Auflage		VII
Inhaltsverzeichnis		XI
Abkürzungsverzeichnis		XXVII
Literaturverzeichnis		XXXI
1. Teil.	Die Bedeutung des Familienrechts für die steuerliche Beratung und Gestaltung	1
2. Teil.	Aufgaben und Möglichkeiten des Steuerberaters in familienrechtlichen Rechtsbeziehungen	115
3. Teil.	Eherecht	155
4. Teil.	Scheidung und Scheidungsvereinbarungen	317
5. Teil.	Recht der Minderjährigen	371
6. Teil.	Abstammung, Adoption	401
7. Teil.	Patchworkfamilie	425
8. Teil.	Eingetragene Lebenspartnerschaft	447
9. Teil.	Nichteheliche Lebensgemeinschaften	459
10. Teil.	Vorsorgevollmachten	487
11. Teil.	Gesellschaftsrecht	517
12. Teil.	Internationale Bezüge des Familienrechts	557
Stichwortverzeichnis		571

Inhaltsverzeichnis

Vorwort zur 2. Auflage	V
Vorwort zur 1. Auflage	VII
Inhaltsübersicht	IX
Abkürzungsverzeichnis	XXVII
Literaturverzeichnis	XXXI
1. Teil. Die Bedeutung des Familienrechts für die steuerliche Beratung und Gestaltung	**1**
A. Checkliste: Familienrecht in der Praxis des Steuerberaters	3
I. Einführung	3
1. Steuerberatung 2020	3
2. Familienrechtscheck als Nebenleistung	4
3. Steuerberaterpflichten nach Änderung der Familienkonstellation	5
II. Checkliste	6
B. Familie und Gestaltung	9
I. Steuerliche Vorteile der Ehe oder Familie	9
1. Zusammenveranlagung	10
2. Begrenztes Realsplitting	13
3. Doppelte Freibeträge	13
4. Sonstige Vor- und Nachteile	14
II. Einkommensverlagerung	14
1. Zweck einer Einkommensverlagerung	14
2. Mittel zur Einkommensverlagerung	15
III. Haftungsgünstige Vermögensverteilung	18
1. Asset Protection – Vermögensstrukturberatung im Familienrecht	18
2. Anfechtbarkeit und Pfändbarkeit	18
3. Maßnahmen zur Asset Protection	21
a) Vermögenstrennung	21
b) Güterrechtliche Maßnahmen	22
aa) Anfechtbarkeit güterrechtlicher Verträge	22
bb) Güterstandsbeendigung	26
cc) Güterstandsschaukel	32
c) Vermögensübertragung auf den Ehegatten oder Kinder	36
aa) Ehegattenzuwendung	36
bb) Zuwendung an Kinder	50
d) Familienstiftung	52
e) Schutz im Unternehmen	53
IV. Haftungs- und steuerbedingte Vermögensstrukturplanung	53
1. Vermeidung von Betriebsvermögen	53
2. Einnahmeplanung zur Ausnutzung steuerlicher Freiräume	60
3. Gesteuerter Vermögenszuwachs	60

Inhaltsverzeichnis

    4. Generierung erbschaftsteuerlicher Freibeträge 61
    5. Familienheim 62
    6. Gesellschaftsrecht zur Einbindung und zum Hineinwachsen . . . 67
       a) Familiengesellschaften als Typusvariation 67
       b) Vorteile gesellschaftsrechtlicher Bindung 68
    7. Scheidungsvorsorge 69
  V. Steuerliche Gestaltungen wie unter Fremden 70
    1. Darlehensverträge 70
       a) Zivilrechtliche Voraussetzungen 70
       b) Zivilrechtliche Folgen 71
       c) Ehegattendarlehen und Schenkungsteuer 72
       d) Ehegattendarlehen und Einkommensteuer 75
    2. Arbeitsverträge 78
       a) Familienrecht und Arbeitsvertrag 78
       b) Ehegattenarbeitsverhältnis und Arbeitsrecht 79
       c) Steuerrechtliche Anerkennung von Ehegattenarbeitsverträgen 80
    3. Sonstige Verträge 83
  VI. Familie ohne rechtliches Band 84
    1. Familienbegriff 84
    2. Rechtliche Behandlung 85

C. Familiäre Entwicklungen als Gefahrenpotential 87
  I. Trennung 87
    1. Bedeutung der Trennung für die Scheidungsfolgen 87
    2. Trennung bei Vorhandensein von Gesellschaften 89
    3. Auswirkungen der Trennung im Steuerrecht 89
    4. Handlungsbedarf für bestehende Verträge oder Vollmachten . . . 91
  II. Ehescheidung 91
    1. Zugewinn 91
    2. Unterhalt 92
    3. Testamente und Erbverträge 93
    4. Gestaltungsmöglichkeiten 94
    5. Beendigung von Steuerkonstruktionen 95
  III. Krankheit 96
    1. Vertretungsverhältnisse 96
    2. Gesetzliches Konzept der Betreuung 97
    3. Vorsorgevollmacht 98
  IV. Tod 98
    1. Gesetzliche Erbfolge 98
    2. Letztwillige Verfügungen 99
    3. Transmortale Vollmachten 100
    4. Zugewinn 100
    5. Pflichtteilsrecht 100
    6. Erbrecht und Gesellschaftsrecht 102

D. Familienrecht im Wandel 103
  I. Familie im gewandelten gesellschaftlichen Umfeld 103
    1. Art. 6 GG als Grundnorm 103
    2. Zerrüttungsscheidung 104
    3. Gleichstellung nichtehelicher Kinder 104
    4. Lebenspartnerschaft/Ehe für alle 105
    5. Nichteheliche Lebensgemeinschaft 106
    6. Ehen mit Auslandsberührung 107

Inhaltsverzeichnis

II. Reformgesetze im Eherecht	108
1. Unterhaltsrecht	108
2. Versorgungsausgleich	109
3. Zugewinn	110
III. Inhaltskontrolle ehelicher Verträge	110
1. Rechtsprechungswandel bei Eheverträgen	110
2. Inhaltskontrolle	110
3. Praktische Schlussfolgerungen	111
a) Altverträge auf dem Prüfstand	111
b) „Weniger ist mehr"	111
c) Steuerlich erwünschte Nichtigkeit von Verträgen	112
IV. Nebengüterrecht	113
V. Rechtliche Anerkennung der Familie außerhalb der Ehe	113

2. Teil. Aufgaben und Möglichkeiten des Steuerberaters in familienrechtlichen Rechtsbeziehungen 115

A. Gestaltungsimpulse	117
I. Firmengründung	117
1. Inhaber	117
2. Rechtsform	118
3. Vermögensverteilung und Steuern	120
4. Scheidungsvorsorge	120
5. Krankheitsvorsorge	120
6. Tod	121
II. Firmenänderung	123
1. Familienrechtliche Verfügungsbefugnis	123
2. Überprüfung Ehevertrag	124
III. Firmenübertragung	125
1. Übergeberseite – grundlegende Vermögensänderung	125
2. Übernehmerseite	128
3. Anpassung bestehender Gesellschaftsverträge	129
IV. Geburt oder Annahme von Kindern	129
1. Abstammungsrechtliche Fragen	129
2. Erb- und pflichtteilsrechtliche Auswirkungen	130
3. Prüfung von gesellschaftsvertraglichen Klauseln	130
4. Patchworkkinder	131
V. Heirat/Partnerschaft	131
1. Vorsorgende Ehe- und Partnerschaftsverträge	131
2. Nichtbeachtung gesellschaftsrechtlicher Klauseln	132
3. Sicherung des Ehepartners im Todesfall	132
4. Steuergestaltung mittels Ehegatten	133
5. Betriebliche Mitarbeit regeln	133
VI. Krankheit, Tod, Scheidung	133
VII. Vertrags-TÜV	133
1. Dauermandat	133
2. Datenpflege	134
B. Steuerliche Vertragsoptimierung	134
I. Steuerliche Auswirkungen vertragsbestimmend	134
1. Interprofessionelle Zusammenarbeit	134
2. Steuerliche Zielvorstellung übermitteln	135
3. Vertragsentwürfe überprüfen	136

Inhaltsverzeichnis

II. Schädlichkeitsscan gegebener Vertragsentwürfe	137
1. Typische Konfliktpotentiale	137
2. Begrenzte steuerliche Aufklärungspflicht anderer Berufe	138
3. Steuerrechtlicher Vergleich familienrechtlicher Gestaltungsmöglichkeiten	139
III. Haftungsrechtliche „Abänderungssperre"	139
C. Einseitige Steuerliche Beratung	140
I. Gemeinsames Mandat von Ehegatten	140
1. Gemeinsamer Auftrag von Ehegatten	140
2. Verbot der Vertretung widerstreitender Interessen	140
II. Widerstreitende Interessen durch Scheidungssituation	141
III. Einseitiges Mandat	142
D. Berechnung latenter Steuern im Familienrecht	143
I. Unternehmensbewertung und latente Steuer	143
1. Grundsätze der Unternehmensbewertung im Familienrecht	143
2. Die Berücksichtigung der latenten Ertragsteuer bei der Unternehmensbewertung	145
3. Latente Ertragsteuer auch bei der Pflichtteilsberechnung?	146
II. Latente Steuer bei allen Vermögensgütern	146
1. Latente Ertragsteuer nunmehr bei allen Vermögensgütern	146
2. Begriff der latenten Steuerbelastung	147
3. Betroffene Vermögensgüter und Bewertungsprobleme	149
a) Firmenvermögen	149
b) Immobilien	150
c) Wertpapiere	150
d) Lebensversicherungen	151
4. Die Berechnung der latenten Ertragsteuer	152
5. Anfangs- und Endvermögen	153
6. Familienrechtliche Konsequenzen aus der neuen Rechtsprechung	153
7. Kritik am Abzug der latenten Ertragsteuer	153
3. Teil. Eherecht	**155**
A. Die Güterstände	160
I. Zugewinngemeinschaft und vertragliche Modifizierung	160
1. Ausgleich bei Beendigung des Güterstandes	160
a) Tod	160
aa) Pauschalierter Zugewinn	160
bb) Güterrechtlicher Zugewinn	161
b) Scheidung	162
c) Ehevertrag	162
2. Anfangs- und Endvermögen	162
a) Stichtage	162
b) Abgrenzung	163
c) Berechnung	165
aa) Negatives Vermögen	166
bb) Privilegiertes Vermögen	166
cc) Indexierung	166
dd) Vermutung des § 1377 Abs. 3 BGB	167
ee) Hinzurechnungen zum Endvermögen	167
ff) Vermögenswertbegrenzung	168

d) Bewertung	168
aa) Unternehmensbewertung	169
bb) Grundstücksbewertung	176
cc) Vorbehaltsrechte	177
3. Verfügungsbeschränkungen	178
a) Gesamtvermögensgeschäft	179
b) Subjektive Theorie	179
c) Zeitlicher Anwendungsbereich	180
d) Folgen fehlender Zustimmung	180
e) Ehevertragliches Abbedingen	181
4. Ehevertragliche Modifikationen	181
a) Herausnahme des Unternehmens	182
b) Ausschluss des Zugewinns bei Scheidung	185
c) Ausschluss Elternvermögen	186
d) Höchstbetrag	187
e) „Vorverlegung" der Anfangsvermögensberechnung	188
f) Zweistufiger Ehevertrag	189
II. Gütertrennung	190
1. Gütertrennung für dynastisches Vermögen und „zweiten Frühling"	190
2. Richterliche Vermögenskorrektur	191
3. Vereinbarung von Gütertrennung	191
4. Aufhebung der Gütertrennung mit rückwirkender Vereinbarung von Zugewinngemeinschaft	192
5. Güterstandsschaukel	195
III. Gütergemeinschaft	195
1. Die verschiedenen Vermögensmassen	195
2. Auseinandersetzung	197
3. Vertragliche Gestaltungsmöglichkeiten	197
IV. Deutsch-französischer Wahlgüterstand	198
1. Anwendungsbereich des neuen Wahlgüterstandes	198
2. Verfügungsbeschränkung Familienwohnung	199
3. Erbrechtliche Auswirkungen	200
a) Kein erbrechtliches Viertel	200
b) Anspruch gegen überlebenden Ehegatten	200
c) Erbschaftsteuer	200
4. Vereinbarung der deutsch-französischen Wahl-Zugewinngemeinschaft	201
V. Eigentums- und Vermögensgemeinschaft	201
1. Überleitung	201
2. Rückübertragungsansprüche	202
B. Das reformierte Unterhaltsrecht	202
I. Die Unterhaltsansprüche nach der Reform	202
1. Wichtigste Gesetzesänderungen	202
2. Auswirkungen auf die Vertragspraxis	204
II. Unterhaltstatbestände	205
1. Familienunterhalt/Trennungsunterhalt/Nachehelicher Unterhalt	205
2. Unterhalt wegen Kindesbetreuung	206
a) Allgemeine Voraussetzungen	206
b) Basisunterhalt	206

Inhaltsverzeichnis

    c) Kindbezogene Verlängerung 206
    d) Elternbezogene Verlängerung 208
  3. Unterhalt wegen Alters 208
  4. Unterhalt wegen Krankheit 208
  5. Unterhalt bis zur Erlangung angemessener Erwerbstätigkeit ... 208
  6. Aufstockungsunterhalt 209
  7. Sonstige Unterhaltsansprüche 209
III. Allgemeine Voraussetzungen des Unterhalts 210
  1. Bedarf nach den ehelichen Lebensverhältnissen 210
  2. Bedürftigkeit des Berechtigten 212
  3. Leistungsfähigkeit des Verpflichteten 213
  4. Keine Ausschluss- oder Beschränkungsgründe 214
    a) Erlöschen des Unterhaltsanspruchs 214
    b) Ausschluss des Unterhalts wegen grober Unbilligkeit 215
    c) Beschränkung des Unterhalts nach § 1578b BGB 215
IV. Typische Unterhaltsvereinbarungen 216
  1. Vollständiger Verzicht der Doppelverdienerehe ohne
    Kinderwunsch 217
  2. Unterhaltshöchstgrenze in der Diskrepanzehe 218
  3. Herausnahme dynastischen Vermögenseinkommens 219

C. Versorgungsausgleichsrecht 219
  I. Die Reform des Versorgungsausgleichsrechts 219
    1. Grundprinzipien des VersAusglG 220
    2. Abschaffung des Einmalausgleichs 220
  II. Die Anrechte 221
    1. Allgemeine Voraussetzungen nach § 2 VersAusglG 221
    2. Neu: Kapitalrechte im Versorgungsausgleich 221
  III. Die Ausgleichsformen 223
    1. Grundsätze der Ausgleichsformen, § 9 VersAusglG 223
    2. Interne Teilung 224
    3. Externe Teilung 225
      a) Auf Wunsch des Versorgungsträgers 226
      b) Aufgrund einer Vereinbarung 227
      c) Aufgrund öffentlich-rechtlichem Dienst- oder Amtsverhältnis 227
      d) Wahl der Zielversorgung und Vollzug 228
    4. Verrechnung 231
    5. Teilungskosten 231
  IV. Der korrespondierende Kapitalwert 232
    1. Die gesetzliche Regelung 232
    2. Berechnung 233
    3. Tauglichkeit 233
  V. Ausnahmen vom Versorgungsausgleich 235
  VI. Vereinbarungen zum Versorgungsausgleich 236
    1. Mehr Disposition 236
    2. Form 237
    3. Beispiele für Vereinbarungen 239
      a) Vollständiger Verzicht 239
      b) Verzicht bei Unternehmen mit einseitigem Rücktrittsrecht
        des Nichtunternehmers 240
      c) Verrechnungsvereinbarung zweier Landesbeamter 241

Inhaltsverzeichnis

D. Ansprüche außerhalb des Familienrechts 242
   I. Ehegatteninnengesellschaft 242
      1. Gesellschaftsrechtliche Lösungen im Familienrecht 242
         a) Rechtsprechung 242
         b) Voraussetzungen 243
      2. Rechtsfolgen 244
         a) Ausgleichsanspruch 244
         b) Selektiver vorzeitiger Zugewinnausgleich 245
      3. Problemfelder 245
         a) Wille zur Gesellschaftsgründung? 246
         b) Wirkliche Anwendung des Gesellschaftsrechts 246
         c) Erbschaft- und Schenkungsteuer 247
         d) Mitunternehmerschaft 248
   II. Störung der Geschäftsgrundlage 248
      1. Ehegattenzuwendungen – bzw. Mitarbeit 248
      2. Güterstandsbezogene Voraussetzungen 249
      3. Anspruchsinhalt 251
   III. Miteigentum 251
      1. „Güterstand" der Miteigentümergemeinschaft 251
      2. Miteigentum nach Trennung 252
      3. Bankkonten 253
         a) Einzelkonto 253
         b) Gemeinschaftskonto 255
         c) Wertpapierdepot 256
   IV. Gesamtschuldnerausgleich 258
      1. Der Anspruch auf Gesamtschuldnerausgleich 258
      2. Verhältnis zu anderen familienrechtlichen Ansprüchen 259
   V. Sonstige Verträge zwischen Ehegatten 260

E. Steuerliche Themen rund um die Ehe 260
   I. Veranlagung der Ehegatten und Gesamtschuld 260
      1. Zustimmungspflicht zur Zusammenveranlagung 260
      2. Das Innenverhältnis der Gesamtschuldner 263
      3. Die Steuererstattung bei Ehen in der Krise 263
   II. Zugewinnausgleich und Steuern 264
      1. Erbrechtliche Ausgangssituation 264
      2. Die fiktive Zugewinnausgleichsforderung und ihre
         Einschränkungen 266
      3. Die reale Zugewinnausgleichsforderung 267
      4. Die deutsch-französische Wahl-Zugewinngemeinschaft 269
   III. Der Unterhalt im Steuerrecht 269
      1. Außergewöhnliche Belastung nach § 33a EStG 269
      2. Begrenztes Realsplitting, § 10 Abs. 1 Nr. 1 EStG, § 22 Nr. 1a
         EStG 270
         a) Voraussetzungen 271
         b) Anspruch auf Zustimmung 271
         c) Nachteilsausgleich – kein Vorteilsausgleich 272
         d) Steuerliche Optimierung 274
   IV. Leistungsfähigkeit bei Gewinneinkünften 274
      1. Steuerbilanz versus Unterhaltsbilanz 275
      2. Abschreibungen im Unterhaltsrecht 276
         a) Korrekturen im Unterhaltsrecht 276
         b) Verbindlichkeiten 278

Inhaltsverzeichnis

- 3. Entnahmen als Ersatzmaßstab? ... 279
- 4. Änderungen nach Trennung ... 280
  - a) Investitionen ... 280
  - b) Personal ... 280
  - c) PKW ... 281
  - d) Rückstellungen ... 281
- 5. Steuern und Vorsorgeaufwendungen ... 281
  - a) Steuern ... 282
  - b) Vorsorgeaufwendungen ... 283
- V. Versorgungsausgleich und Steuern ... 284
  - 1. Die Besteuerung beim neuen Versorgungsausgleichsrecht ... 284
  - 2. Die interne Teilung ... 284
    - a) Kein Abzug der Minderung ... 284
    - b) Besteuerung des Leistungszuflusses ... 284
  - 3. Besteuerung der externen Teilung ... 285
    - a) Einfluss der Besteuerung auf das materielle Recht ... 285
    - b) Besteuerung des Wertausgleichs ... 286
    - c) Besteuerung des Leistungszuflusses ... 287
  - 4. Schädliche Verwendung geförderten Altersvorsorgevermögens ... 287
  - 5. Ausgleich nach Scheidung ... 287
    - a) Grundzüge und Zahlungsformen ... 287
    - b) Korrespondenzprinzip ... 288
  - 6. Zahlungen zur Vermeidung eines Versorgungsausgleichs, § 10 Abs. 1a Nr. 3 und § 22 Nr. 1a EStG ... 289
- F. Der Ehevertrag ... 290
  - I. Voraussetzungen und Ziele eines Ehevertrages ... 290
    - 1. Begriff des Ehevertrages ... 290
    - 2. Form des Ehevertrages ... 291
    - 3. Ziel des Ehevertrages ... 293
  - II. Inhaltskontrolle von Eheverträgen ... 294
    - 1. Begründung einer Inhaltskontrolle von Eheverträgen durch das BVerfG ... 294
    - 2. Inhaltskontrolle ... 294
    - 3. Ausschluss ehebedingter Nachteile ... 295
    - 4. Die „alte Sittenwidrigkeitsrechtsprechung" ... 296
    - 5. Einzelne Aspekte der Inhaltskontrolle ... 296
    - 6. Verfahren der Inhaltskontrolle ... 300
    - 7. Stand der Inhaltskontrolle ... 302
  - III. Schenkungsteuerliche Optimierung durch Eheverträge ... 303
    - 1. Auswahl des Güterstandes aus schenkungsteuerlicher Sicht ... 303
    - 2. Güterstandswechsel ... 304
      - a) Güterstandsschaukel mit Zugewinnausgleich ... 304
      - b) Vereinbarung der Gütertrennung mit Anrechnung von vorab erfolgten Zuwendungen ... 304
    - 3. Inhaltskontrolle als Ausrede ... 305
  - IV. Musterformulierungen ... 305
    - 1. Allgemeine Klauseln im Ehevertrag ... 305
      - a) Präambel ... 306
      - b) Allgemeine Nachteilsausgleichungsklausel ... 306
      - c) Salvatorische Klausel ... 307
      - d) Belehrung ... 307
      - e) Abgeltungsklausel ... 308

Inhaltsverzeichnis

  2. Modifizierte Zugewinngemeinschaft mit Zugewinngrenze bei Tod 308
  3. Zugewinnverzicht gegen Kompensation 309
  4. Unterhaltsverzicht eingeschränkt wegen des Versorgungsausgleichs 311
  5. Vereinbarung zum Realsplitting 311
 V. Kosten 311
  1. Der Geschäftswert eines Ehevertrages 312
  2. Sonstige ehevertragliche Vereinbarungen 313
  3. Abschluss, Änderung und Aufhebung eines Ehevertrages 314
  4. Der Ehevertrag und andere Erklärungen 314
  5. Die Scheidungsvereinbarung 315

4. Teil. Scheidung und Scheidungsvereinbarungen 317

A. Das Scheidungsverfahren 318
 I. Die materiellen Voraussetzungen der Scheidung 318
  1. Scheidungsgrund – Scheitern der Ehe 318
  2. Scheidungshürde – Getrenntleben 320
  3. Kein Scheidungshindernis – Härteklausel 320
 II. Das Scheidungsverfahren nach dem FamFG 321
 III. Kosten der Scheidung und ihre steuerliche Berücksichtigung 323

B. Scheidungsvereinbarungen 325
 I. Ehewohnung 325
  1. Gesetzliche Regelung bei Trennung und Scheidung 325
  2. Vertragliche Vereinbarung mit Eigentumsregelung 327
  3. Vertragliche Vereinbarung dauernder Gemeinschaft 329
  4. Einbindung in den Gesamtzusammenhang 329
 II. Haushaltsgegenstände 330
  1. Gesetzliche Regelung bei Trennung und Scheidung 330
  2. Vertragliche Regelungsmöglichkeiten 331
 III. Güterstand und Vermögensausgleich 332
  1. Güterstandsregelungen 332
  2. Sonstiger Vermögensausgleich 332
 IV. Ehegattenunterhalt 333
 V. Kindesunterhalt 334
  1. Gesetzliche Regelungen 334
  2. Vereinbarungen zum Kindesunterhalt 337
 VI. Versorgungsausgleich 338
 VII. Elterliche Sorge und Umgang 341
  1. Die gesetzliche Rechtslage 341
  2. Vereinbarungen zu Sorge- und Umgangsrecht 342
 VIII. Allgemeine Regelungen 343
 IX. Aufhebung erbrechtlicher Verfügungen und Erbverzicht 344
  1. Das gesetzliche Erbrecht bei Scheidung 344
  2. Auswirkung der Scheidung auf erbrechtliche Verfügungen 345
  3. Aufhebung erbrechtlicher Verfügungen, Widerruf von Vollmachten 347
  4. Erbverzicht 348
  5. Erbvertrag mit Verfügungsunterlassung 348
 X. Alleinige Erbregelung nach der Scheidung 349
  1. Der geschiedene Ehegatte als erbrechtlicher Profiteur 349
  2. Das Geschiedenentestament als notwendige Maßnahme 350

Inhaltsverzeichnis

XI. Kosten	350
C. Die Zuwendungen Dritter im Rahmen der Scheidung	352
I. Zuwendungen Dritter – Regelung bei der Zuwendung	352
II. Neue Rechtsprechung des BGH zur Schwiegerelternzuwendung	353
1. Zuwendungen an Kind und Schwiegerkind	353
2. Zuwendungen an das Schwiegerkind – BGH	355
III. Rückerstattungs- und Freistellungsvereinbarung bei Scheidung	356
D. Steuerliche Besonderheiten bei der Scheidung	357
I. Vereinbarungen	357
1. Auseinandersetzungsvereinbarung	357
2. Übertragung zur Abgeltung des Zugewinns	358
3. Anrechnung auf den Zugewinn nach § 1380 BGB	359
4. Ausweichgestaltungen	362
II. Veräußerungsgewinn nach § 23 EStG	363
1. Der Tatbestand des § 23 EStG	363
2. Fallgruppen in der Scheidungsvereinbarung	365
a) Beispiel I: Übertragung als Abgeltung für Zugewinn	365
b) Beispiel II: Übertragung als Abgeltung für Zugewinn und Unterhalt	365
c) Beispiel III: Übertragung als Abgeltung für Zugewinn teilentgeltlich	366
d) Beispiel IV: Übertragung zum Einstandspreis, aber teilentgeltlich	366
e) Beispiel V: Realteilung privaten Miteigentums	367
3. Ausnahmen bei Eigennutzung	367
III. Auswirkung der neuerdings vertretenen modifizierten Trennungstheorie?	369
5. Teil. Recht der Minderjährigen	**371**
A. Die Vertretung der Minderjährigen	372
I. Der Minderjährige im Rechtsverkehr	372
1. Geschäftsunfähigkeit	372
2. Beschränkte Geschäftsfähigkeit	372
3. Unbeschränkte Geschäftsfähigkeit	377
II. Elterliche Vertretungsmacht	378
1. Die gemeinsame elterliche Sorge miteinander verheirateter Eltern	378
2. Die elterliche Sorge nicht miteinander verheirateter Eltern	378
3. Gerichtliche Sorgerechtsentscheidungen	378
4. Die gesetzliche Vertretung des Kindes	379
III. Ausschluss der elterlichen Vertretungsmacht	380
1. Die Systematik des Interessenkonfliktes	380
2. Das Insichgeschäft	380
3. Ausnahmen vom Verbot des Insichgeschäfts	382
a) Erfüllung einer Verbindlichkeit	382
b) Lediglich rechtlicher Vorteil	383
c) Gestattung	384
4. Sonstige Handlungsverbote	384
IV. Familiengerichtliche Genehmigung	384
1. Erfordernis einer familiengerichtlichen Genehmigung	385

Inhaltsverzeichnis

  2. Verfahrensrechtliche Fragen der familiengerichtlichen Genehmigung.. 386
  3. Einzelfälle der familiengerichtlichen Genehmigung 387
   a) Grundstücksgeschäfte, § 1643 Abs. 1 BGB, § 1821 BGB 387
   b) Gesamtvermögensgeschäfte, § 1643 Abs. 1 BGB, § 1822 Nr. 1 BGB.. 389
   c) Erwerbsgeschäft und Gesellschaftsvertrag, § 1643 Abs. 1 BGB, § 1822 Nr. 3 BGB 389
   d) Verpflichtung zu wiederkehrenden Leistungen, § 1643 Abs. 1 BGB, § 1822 Nr. 5 BGB 392
   e) Ausschlagung von Erbschaft oder Vermächtnis, § 1643 Abs. 2 BGB.. 392
   f) Pflichtteils- und Erbverzicht, § 2346 Abs. 2 BGB, § 2347 Abs. 1 S. 1 BGB 394
   g) Sonstige Tatbestände 394
B. Die Bestellung von Ersatzvertretern 395
 I. Bestellung von Ergänzungspflegern 395
 II. Pflichtenkreis eines Ergänzungspflegers 396
 III. Vertretungsverbote für Ergänzungspfleger 397
 IV. Familiengerichtliche Genehmigung 398

6. Teil. Abstammung, Adoption........................... 401

A. Abstammungsrechtliche Fragen............................. 401
 I. Entwicklung des Abstammungsrechts 401
 II. Mutterschaft 404
 III. Vaterschaft 404
  1. Regelung der rechtlichen Vaterschaft 404
  2. Vaterschaftszurechnung aufgrund Ehe nach § 1592 Nr. 1 BGB.. 405
  3. Anerkennung der Vaterschaft nach § 1592 Nr. 2 BGB 405
  4. Gerichtliche Feststellung der Vaterschaft nach § 1592 Nr. 3 BGB 407
  5. Anfechtung der Vaterschaft.......................... 408
  6. Biologische Vaterschaft 409
 IV. Künstliche Befruchtung 410

B. Adoption.. 411
 I. Adoption Minderjähriger 411
  1. Voraussetzungen 411
  2. Rechtsfolgen im Hinblick auf die Verwandtschaft 414
  3. Sonstige Rechtsfolgen.............................. 415
 II. Erwachsenenadoption................................ 416
  1. Voraussetzungen 416
  2. Rechtsfolgen im Hinblick auf die Verwandtschaft 420
   a) Schwache Adoption 420
   b) Starke Adoption 420
  3. Sonstige Rechtsfolgen.............................. 421
 III. Steuerliche Folgen 422
  1. Erbschaftsteuer 422
  2. Einkommensteuer................................. 423
  3. Sonstige Steuerfolgen 424

Inhaltsverzeichnis

7. Teil. Patchworkfamilie 425
A. Zivilrechtliche Regelungen für die Patchworkfamilie im BGB 426
    I. Der Familienbegriff 426
    II. Das kleine Sorgerecht, §§ 1687b BGB, § 9 LPartG 430
        1. Voraussetzungen 430
        2. Rechtsfolgen 431
        3. Lebenspartnerschaft 432
    III. Das Umgangsrecht, § 1685 Abs. 2 BGB 433
    IV. Die Verbleibensanordnung, § 1682 BGB 435
    V. Die Einbenennung, § 1618 BGB, § 9 Abs. 5 LPartG 437
    VI. Sonstige Regelungen zugunsten von Stiefkindern 438
B. Erbrechtliche Probleme in der Patchworkfamilie 439
    I. Erbrechtliche Regelungsziele in der Patchworkkonstellation 439
    II. Störpotential.. 440
        1. Zufällige Erbfolge 440
        2. Pflichtteil einseitig gegenüber leiblichem Elternteil.......... 440
        3. Elternpflichtteil 440
        4. Pflichtteil und Zugewinnanspruch des Ehegatten 441
        5. Fortgeltung früherer Erbverträge oder gemeinschaftlicher
           Testamente 441
        6. Abänderungsbefugnis des Überlebenden 442
        7. Unklare Ausdrucksweise in eigenhändigen Testamenten...... 442
    III. Lösungsmöglichkeiten 443
C. Die Patchworkfamilie im Steuerrecht 444
    I. Einkommensteuer.. 444
    II. Erbschaftsteuer 445
    III. Grunderwerbsteuer..................................... 446

8. Teil. Eingetragene Lebenspartnerschaft 447
A. Das Regelungskonzept der Eingetragenen Lebenspartnerschaft 447
    I. Die gleichgestellte „Eingetragene Lebenspartnerschaft" und ihre
       Ablösung durch die „Ehe für alle" 447
    II. Die zivilrechtlichen Wirkungen der Eingetragenen
       Lebenspartnerschaft 449
        1. Zugewinngemeinschaft 449
        2. Unterhalt 450
        3. Versorgungsausgleich 450
        4. Lebenspartnerschaftswohnung 451
        5. Haushaltsgegenstände 451
        6. Lebenspartnerschaftsname 451
        7. Verwandtschaftsverhältnisse 451
    III. Aufhebung einer Lebenspartnerschaft 452
    IV. Umwandlung einer Lebenspartnerschaft in eine Ehe 453
B. Verträge der Eingetragenen Lebenspartnerschaft 453
    I. Die familiäre Eingetragene Lebenspartnerschaft 454
    II. Die Eingetragene Lebenspartnerschaft zweier gleicher Partner ... 454
    III. Sonstige Konstellationen der Eingetragenen Lebenspartnerschaft . 455
C. Die Eingetragene Lebenspartnerschaft im Steuerrecht 455
    I. Entwicklung.. 455
    II. Einkommensteuerrecht 456

III. Erbschaft- und Schenkungsteuerrecht	457
IV. Sonstiges	458

9. Teil. Nichteheliche Lebensgemeinschaften ... 459

A. Ansprüche aus nichtehelicher Lebensgemeinschaft	460
I. Die nichteheliche Lebensgemeinschaft	460
II. Sondervorschriften	461
III. Gesetzliche Ansprüche	463
1. Eherechtsvorschriften analog?	463
2. Die Zusammenlebensgemeinschaft	463
3. Trennungsbedingte Ansprüche nach BGH	464
a) Ältere Rechtsprechung	464
b) Rechtsprechungswandel	465
c) Beendigungsgründe	467
d) Regelungsnotwendigkeit	468
4. Unterhalt und Altersvorsorge	468
IV. Gemeinsame Kinder	469
B. Der Partnerschaftsvertrag einer nichtehelichen Lebensgemeinschaft und sonstige Regelungen	470
I. Partnerschaft auf Probe	471
II. Partnerschaft mit Vermögensverflechtung	472
1. Vermögensregelungen	472
2. Unterhalt	473
3. Altersversorgung	474
4. Erbrechtliche Regelungen	475
III. Vollmachten	476
C. Die nichteheliche Lebensgemeinschaft im Steuerrecht	477
I. Einkommensteuer	477
1. Splittingtarif	477
2. Unterhaltsleistungen	477
3. Keine Angehörigen nach § 15 AO	478
4. Sonstiges	479
II. Erbschaft- und Schenkungsteuer	480
1. Steuerklasse und Freibeträge	480
2. Unterhaltszahlungen	480
3. Darlehen	482
4. Immobilienfinanzierung	483
5. Steuerfreistellungen	484
6. Sonstiges	485
III. Grunderwerbsteuer	486

10. Teil. Vorsorgevollmachten ... 487

A. Die Notwendigkeit einer Vorsorgevollmacht	488
I. Das gesetzliche Konzept der Betreuung	488
II. Probleme bei der Notwendigkeit einer Betreuung	489
1. Ausschluss von der Vertretungsmacht in der Familie	489
2. Genehmigungsbedürftigkeit	489
3. Bestellungsphase	490
4. Rechtsstellung des Betreuers im Unternehmen	490
5. Vorsorgevollmacht im Privatbereich	491
III. Betreuungsverfügung und Patientenverfügung	492

Inhaltsverzeichnis

B. Der Inhalt einer Vorsorgevollmacht	492
I. Die Person des Bevollmächtigten	492
II. Die Vertretungsbefugnisse – das Außenverhältnis	493
III. Der Auftrag – das Innenverhältnis	494
1. Innenverhältnis als gesonderter Regelungsbereich	494
2. Empfehlenswerte Regelungen	494
IV. Aufgabenbereiche	495
1. Vermögenssorge	495
2. Gesundheitssorge und Aufenthalt	496
3. Nachlassvollmacht	496
V. Besonderheiten im Unternehmensbereich	498
1. Personengesellschaften	498
2. Kapitalgesellschaften	500
3. Inhalt der unternehmerischen Vollmachten	500
VI. Vorsorgevollmacht und Steuerrecht	503
1. Schenkung mit transmortaler Vollmacht nach dem Tod	503
2. Vorsorgevollmacht und wirtschaftliche Zurechnung	504
3. Vorsorgevollmacht des Steuerberaters	505
C. Die Sicherung des Vollmachtgebers	505
I. Keine krankheitsbedingte Vollmacht	505
1. Die Krankheitsbedingung	505
2. Die Bescheinigungsbedingung	506
II. Form und Aushändigungssperre	506
1. Form der Vorsorgevollmacht	506
2. Registrierung der Vorsorgevollmacht	508
3. Aushändigungssperre	508
III. Kontrolle	510
1. Kontrollbevollmächtigte	510
2. Widerruf	510
3. Gerichtliche Kontrolle – Betreuerbestellung	511
IV. Formulierungsvorschlag	511
11. Teil. Gesellschaftsrecht	**517**
A. Familienpoolgesellschaften	518
I. Die Familienpoolgesellschaft	518
1. Gestaltungsziele	518
2. Konfliktpotential	519
3. Typische Gestaltungen	520
a) Klauseln im Gesellschaftsvertrag	520
aa) Geschäftsführung und Vertretung	520
bb) Kündigung	521
cc) Vinkulierung	522
dd) Nachfolgeklausel	522
ee) Abfindungs- und Entnahmebeschränkungen, Nießbrauch	524
ff) Ausschließungsklauseln	529
b) Übertragung	529
II. Gesellschaft bürgerlichen Rechts	532
1. Teilrechtsfähigkeit	532
2. Grundstruktur	533
3. Vor- und Nachteile	534

Inhaltsverzeichnis

　III. Kommanditgesellschaft 534
　IV. GmbH & Co. KG 535
　V. Kapitalgesellschaft 538
　VI. Die vermögensverwaltende Gesellschaft im Steuerrecht 538
　　1. Die Bruchteilsbetrachtung 538
　　2. Familiensplitting und Grenzen 540
　　3. Vorteilhafte steuerliche Gestaltungen 541
　　4. Schenkungsteuer bei Ausscheiden aus Personengesellschaft ... 543
　VII. Vergleich der Rechtsformen 544
B. Ehegattengesellschaften 548
　I. Außengesellschaft 548
　II. Ehegatteninnengesellschaft 549
C. Güterstandsklauseln 552
　I. Anlass 552
　II. Kritik 553
　III. Inhalt 553
　IV. Form 554
　V. Formulierung 555

12. Teil. Internationale Bezüge des Familienrechts 557

A. Die Bedeutung von internationalen Bezügen im Familienrecht 558
B. Die allgemeinen Ehewirkungen, Art. 14 EGBGB 558
　I. Gewähltes Recht, Art. 14 Abs. 1 EGBGB 558
　II. Gesetzliche Anknüpfungsleiter, Art. 14 Abs. 2 EGBGB 559
　III. Begrifflichkeiten und Bedeutung des Allgemeinen
　　Ehewirkungsstatuts 560
　　1. Begrifflichkeiten 560
　　　a) Gewöhnlicher Aufenthalt 560
　　　b) Staatsangehörigkeit 560
　　　c) Engste Verbindung 561
　　2. Bedeutung und Anwendungsbereich des Allgemeinen
　　　Ehewirkungsstatuts 561
C. Das Ehegüterrechtsstatut, EUGüVO, Art. 15 EGBGB 561
　I. Die EUGüVO 561
　　1. Prinzipien 562
　　2. Anwendungsbereich 562
　II. Gewähltes Recht, Art. 22 EUGüVO 563
　III. Gesetzliche Anknüpfungsleiter, Art. 26 EUGüVO 564
　　1. Erster gemeinsamer gewöhnlicher Aufenthalt 565
　　2. Gemeinsame Staatsangehörigkeit der Ehegatten 565
　　3. Engste Verbindung 566
　　4. Die Ausweichklausel nach Art. 26 Abs. 3 EUGüVO 566
　IV. Form bei Vereinbarungen über den ehelichen Güterstand,
　　Art. 25 EUGüVO 566
　V. Gesetzliche Anknüpfungsleiter, Art. 15 EGBGB aF: 567
D. Unterhalt 568
　I. Unterhaltsstatut 568
　II. Rechtswahl im Unterhaltsrecht 568

Inhaltsverzeichnis

E. Versorgungsausgleich 569
  I. Gesetzliches Statut 569
  II. Indirekte Rechtswahl, Art. 5 Rom III-VO 569
  III. Weitere Voraussetzungen für einen deutschen
       Versorgungsausgleich 570

Stichwortverzeichnis 571

Abkürzungsverzeichnis

ABGB	Allgemeines Bürgerliches Gesetzbuch (Österreich)
Abs.	Absatz
AcP	Archiv für die civilistische Praxis (Zeitschrift)
AdVermiG	Adoptionsvermittlungsgesetz
AfA	Absetzung für Abnutzungen bzw. Substanzverringerung
AFG	Arbeitsförderungsgesetz
AG	Ausführungsgesetz
AnfG	Anfechtungsgesetz
BAföG	Bundesausbildungsförderungsgesetz
BAG	Bundesarbeitsgericht
Bay	Bayerisch
BayObLGZ	Entscheidungen des Bayerischen Obersten Landesgerichts in Zivilsachen
BeckOGK	Beck'scher Online Großkommentar
BeckRS	Beck-Rechtsprechung
BestLex	Beck'sches Steuer- und Bilanzrechtslexikon
BeurkG	Beurkundungsgesetz
BewG	Bewertungsgesetz
BFH	Bundesfinanzhof
BFH/NV	BFH/nicht veröffentlicht (Zeitschrift)
BGB	Bürgerliches Gesetzbuch
BGBl.	Bundesgesetzblatt
BGH	Bundesgerichtshof
BilMoG	Bilanzrechtsmodernisierungsgesetz
BMF	Bundesministerium der Finanzen
BOStB	Berufsordnung der Bundessteuerberaterkammer
BRAK	Bundesrechtsanwaltskammer
BRAO	Bundesrechtsanwaltsordnung
BSG	Bundessozialgericht
BStBK	Bundessteuerberaterkammer
BStBl.	Bundessteuerblatt
BVerfG	Bundesverfassungsgericht
BW	Baden-Württemberg
CC	Code Civile
DDR	Deutsche Demokratische Republik
DNotI	Deutsches Notarinstitut
DS	Der Sachverständige (Zeitschrift)
DStR	Deutsches Steuerrecht (Zeitschrift)
dzt.	derzeit
EGMR	Europäischer Gerichtshof für Menschenrechte
EMRK	Europäische Menschenrechtskonvention
ErbStG	Erbschaftsteuer- und Schenkungsteuergesetz
ErbStH	Erbschaftsteuer-Richtlinien, Amtliche Hinweise
ErbStR	Erbschaftsteuerrichtlinien
ESchG	Embryonenschutzgesetz

Abkürzungsverzeichnis

EStDV	Einkommensteuerdurchführungsverordnung
EStG	Einkommensteuergesetz
EStH	Hinweise zu den Einkommensteuerrichtlinien (Fassung 2011)
EStR	Einkommensteuerrichtlinien (Fassung 2012)
EU	Europäische Union
EUErbVO	Europäische Erbrechtsverordnung
EuGH	Europäischer Gerichtshof
EUGüVO	Europäische Güterrechtsverordnung
EUUntVO	Europäische Unterhaltsverordnung
EWR	Europäischer Wirtschaftsraum (Freihandelszone)
FA	Finanzamt
FamFG	Gesetz über das Verfahren in Familiensachen und in den Angelegenheiten der Freiwilligen Gerichtsbarkeit
FamR	Familienrecht
FamRB	Der Familienrechts-Berater (Zeitschrift)
FamRZ	Zeitschrift für das gesamte Familienrecht (Zeitschrift)
FD	Fachdienst
FG	Finanzgericht
FGB	Familiengesetzbuch (DDR)
FGe	Finanzgerichte
FM	Finanzministerium
FN	Fachnachrichten
Fn	Fußnote
Form.	Formular
FormRS	Formularbuch Recht und Steuern
FPR	Familie, Partnerschaft, Recht (Zeitschrift)
FR	Finanzrundschau (Zeitschrift)
FS	Festschrift
FuR	Familie und Recht (Zeitschrift)
GBO	Grundbuchordnung
GbR	Gesellschaft bürgerlichen Rechts
gem.	gemäß
GewSt	Gewerbesteuer
GewStG	Gewerbesteuergesetz
GewStR	Gewerbesteuerrichtlinien
GG	Grundgesetz
GmbHR	GmbH-Rundschau (Zeitschrift)
GmbH-StB	Der GmbH-Steuerberater (Zeitschrift)
GNotKG	Gerichts- und Notarkostengesetz
grds.	grundsätzlich
GrS	Großer Senat
HGB	Handelsgesetzbuch
hM	herrschende Meinung
HUP	Haager Unterhaltsprotokoll
idF	in der Fassung
IDW	Institut der Wirtschaftsprüfer
iHd	in Höhe des
iHv	in Höhe von
ImmoWertV	Immobilienwertermittlungsverordnung
InsO	Insolvenzordnung
iSd	im Sinne des/der
JA	Juristische Arbeitsblätter (Zeitschrift)

Abkürzungsverzeichnis

KonsG	Gesetz über Konsularbeamten, ihre Aufgaben und Befugnisse
KP	Kanzleiführung professionell (Zeitschrift)
KSchG	Kündigungsschutzgesetz
KStG	Körperschaftsteuergesetz
LAG	Landesarbeitsgericht
LG	Landgericht
LPartG	Gesetz über die Eingetragene Lebenspartnerschaft
LuF	Land- und Forstwirtschaft
MAH	Münchener Anwaltshandbuch
Mio.	Millionen
MittBayNot	Mitteilungen des Bayerischen Notarvereins, der Notarkasse und der Landesnotarkammer Bayern (Zeitschrift)
MüKoInsO	Münchener Kommentar zur Insolvenzordnung
NJW	Neue Juristische Wochenschrift (Zeitschrift)
NotBZ	Zeitschrift für die notarielle Beratungs- und Beurkundungspraxis (Zeitschrift)
Nr.	Nummer
NVwZ	Neue Zeitschrift für Verwaltungsrecht (Zeitschrift)
NZA	Neue Zeitschrift für Arbeitsrecht (Zeitschrift)
NZWiSt	Neue Zeitschrift für Wirtschafts-, Steuer- und Unternehmensstrafrecht (Zeitschrift)
österr.	österreichisch
PStG	Personenstandsgesetz
RDG	Rechtsdienstleistungsgesetz
S.	Satz
SGB	Sozialgesetzbuch
StB	Der Steuerberater (Zeitschrift)
StBerG	Steuerberatungsgesetz
SteuK	Steuerrecht kurzgefasst (Zeitschrift)
subj.	subjektiv
Tz.	Textziffer
UG	Unternehmergesellschaft
USt	Umsatzsteuer
UStG	Umsatzsteuergesetz
uU	unter Umständen
v.	vom
Verf.	Verfasser
VersAusglG	Gesetz über den Versorgungsausgleich
vGA	verdeckte Gewinnausschüttung
VZ	Veranlagungszeitraum
WZGA	Abkommen über die Wahl-Zugewinngemeinschaft
ZErb	Zeitschrift für die Erbrechtspraxis
ZEV	Zeitschrift für Erbrecht und Vermögensnachfolge (Zeitschrift)
ZHR	Zeitschrift für das gesamte Handelsrecht und Wirtschaftsrecht (Zeitschrift)
ZKJ	Zeitschrift für Kindschaftsrecht und Jugendhilfe (Zeitschrift)

Literaturverzeichnis

Andrae	Internationales Familienrecht, 4. Aufl., 2019
Angerer	Schranken gesellschaftlicher Gestaltungsfreiheit bei Eingriffen in die Privatsphäre, 1993
Arens/Daumke/Spieker Steuerfragen	Steuerfragen zum Ehe- und Scheidungsrecht, 4. Aufl., 2016
Bamberger/Roth/Hau/ Poseck/Bearbeiter	Bürgerliches Gesetzbuch, 4. Aufl., 2019 (BRHP)
Beckervordersandfort Gestaltungen	Gestaltungen zum Erhalt des Familienvermögens, 2016
Beck'sches Formularbuch	Beck'sches Formularbuch Handels-, Bürgerliches, Handels- und Wirtschaftsrecht, 13. Aufl., 2019
Beck'sches Notarhandbuch	Beck'sches Notarhandbuch, Hrsg. Heckschen/ Herrler/Münch, 7. Aufl., 2019
BeckOGK	Beck'scher Online Großkommentar, Stand 2020
BeckOKEStG	Beck'scher Online Kommentar zum Einkommensteuergesetz, 6. Aufl., 2020
Bergner	Kommentar zum reformierten Versorgungsausgleich, 2009
Bergschneider Formularbuch	Beck'sches Formularbuch Familienrecht, 5. Aufl., 2017
Bergschneider	Verträge in Familiensachen, 6. Aufl., 2018
Bernau	Die Aufsichtshaftung der Eltern nach § 832 BGB – im Wandel!, 2005
BestLex	Beck'sches Steuer- und Bilanzrechtslexikon, Edition 1/20
Blümich EStG	Einkommensteuergesetz, Körperschaftsteuergesetz, Gewerbesteuergesetz, 150. Erg.L, 2019
Borth Versorgungsausgleich	Versorgungsausgleich in anwaltlicher und familiengerichtlicher Praxis, 8. Aufl., 2017
Brambring Ehevertrag	Ehevertrag und Vermögenszuordnung, unter Ehegatten, 7. Aufl., 2012
Braunhofer Bewertung	Unternehmens- und Anteilsbewertung, 1995
Brudermüller/Dauner-Lieb/ Meder (Hrsg.)	Wer hat Angst vor der Errungenschaftsgemeinschaft?, 2013

Literaturverzeichnis

Brühler Schriften	Brühler Schriften zum Familienrecht, Band 17, 2012
Büte Zugewinn	Zugewinnausgleich bei Ehescheidung, 5. Aufl., 2017
Dethloff	Familienrecht, 32. Aufl., 2018
Deutsch/Czwalinna Familiensteuerrecht	Familiensteuerrecht – Steuerminderungen und Gestaltung, 2. Aufl., 2019
Diehn	Notarkostenberechnungen, 6. Aufl., 2020
Döbereiner/Frank	Internationales Güterrecht für die Praxis – Die neuen EU-Güterrechtsverordnungen, 2019
Dreier Grundgesetz	Grundgesetz Kommentar, 3. Aufl., 2018
Dutta/Weber	Die Europäischen Güterrechtsverordnungen, 2017
Engels Steuerrecht	Steuerrecht für die familienrechtliche Praxis, 3. Aufl., 2017
Enzensberger/Maar Testament	Testament für Geschiedene und Patchworkehen, 4. Aufl., 2017
Erman	BGB, 15. Aufl., 2017
FormRS	Formularbuch Recht und Steuern, 9. Aufl., 2018
FS Bengel und Reimann	Festschrift für Bengel und Reimann, 2012
FS Brambring	Festschrift für Günter Brambring, 2011
FS Hahne	Schwab/Dose (Hrsg.) Familienrecht in Praxis und Theorie, Festschrift für Meo-Micaela Hahne, 2012
FS Henrich	Festschrift für Dieter Henrich, 2007
FS Kanzleiter	Bengel/Limmer/Reimann (Hrsg.), Festschrift für Rainer Kanzleiter, 2010
FS Paul Kirchhof	Kube/Mellinghoff/Morgenthaler/Palm/Puhl/Seiler, Leitgedanken des Rechts, Paul Kirchhof zum 70. Geburtstag, 2013
FS Koch	Kanzleiter/Schwab (Hrsg.), Familienrecht zwischen Tradition und Innovation, Festschrift für Elisabeth Koch, 2019
FS Schwab	Hofer/Klippel/Walter (Hrsg.), Festschrift für Dieter Schwab, 2005
Gellermann	Grundrecht im einfachgesetzlichen Gewande, 2000
Gerhardt Handbuch	Gerhardt/von Heintschel-Heinegg/Klein, Handbuch des Fachanwalts Familienrecht, 11. Aufl., 2018

Literaturverzeichnis

Gernhuber/Coester-Waltjen	Familienrecht, 7. Aufl., 2020
Glockner/Hoenes/Weil Versorgungsausgleich	Der Versorgungsausgleich, 2. Aufl., 2013
Göppinger/Rakete-Dombek Ehescheidung	Vereinbarungen anlässlich der Ehescheidung, 11. Aufl., 2018
Götz/Brudermüller/Giers Wohnung	Die Wohnung in der familienrichterlichen Praxis, 2. Aufl., 2018
Götz/Schnitzler Familienrechtsreform	Festschrift 40 Jahre Familienrechtsreform, 2017
Grashoff	Grundzüge des Steuerrechts, 14. Aufl., 2018
Grimm, J. und W.	Grimms Märchen, Deutsche Sagen, 1994
Großfeld/Egger/Tönnes Unternehmensbewertung	Recht der Unternehmensbewertung, 8. Aufl., 2016
Grziwotz (Hrsg.)	Erbrecht und Vermögenssicherung
Grziwotz	Nichteheliche Lebensgemeinschaft, 5. Aufl., 2014
Haf/Hetmeier/Lutz/Mattes/Mensch/Thouet	NotarFormulare Familien-GmbH, 2018
Hannes Formularbuch	Formularbuch Vermögens- und Unternehmensnachfolge, 2. Aufl., 2017
Hauschild/Kallrath/Wachter Notarhandbuch	Notarhandbuch Gesellschafts- und Unternehmensrecht, 2. Aufl., 2017
Hausmann	Internationales und Europäisches Familienrecht, 2. Aufl., 2018
Hauß/Bührer Versorgungsausgleich	Versorgungsausgleich und Verfahren in der Praxis, 2. Aufl., 2014
Hermann/Heuer/Raupach EStG	Kommentar zur Einkommensteuer und Körperschaftsteuer (Loseblatt)
Herr	Kritik der konkludenten Ehegatteninnengesellschaft, 2008
Herr	Nebengüterrecht, 2013
Herzig/Fuhrmann	Handbuch latente Steuern im Einzelabschluss, 2012
Höland/Sethe Eheverträge	Eheverträge und Scheidungsfolgevereinbarungen, 2006
Horndasch/Viefhues FamFG	FamFG, Kommentar zum Familienverfahrensrecht, 3. Aufl., 2014
IDW S1	IDW Standard, Grundsätze zur Durchführung von Unternehmensbewertungen, Stand 2.4.2008, in: IDW Prüfungsstandards IDW Stellungnahmen zur Rechnungslegung, Band 2 (Loseblatt)

Literaturverzeichnis

IDW S 13	IDW: Besonderheiten bei der Unternehmensbewertung zur Bestimmung von Ansprüchen im Familien- und Erbrecht, Stand 6.4.2016, in: IDW Prüfungsstandards IDW Stellungnahmen zur Rechnungslegung, IDW Standards, Loseblatt, 72. Erg. Lief. 2019
Jacobs/Scheffler/Spengel	Unternehmensbesteuerung und Rechtsform, 5. Aufl., 2015
Johannsen/Henrich Familienrecht	Familienrecht, 5. Aufl., 2010
Kaiser/Bearbeiter BGB	Kaiser/Schnitzler/Friederici/Schilling, BGB, Band 4 Familienrecht, 3. Aufl., 2014
Kappler/Kappler Patchworkfamilie	Handbuch Patchworkfamilie, 2013
Kappler/Kappler Erbfolge	Die vorweggenommene Erbfolge, 2017
Kayser/Thole (Hrsg.)	Heidelberger Kommentar zur Insolvenzordnung, 9. Aufl. 2018
Kersten/Bühling Formularbuch	Formularbuch und Praxis der Freiwilligen Gerichtsbarkeit, 26. Aufl., 2019
Klein AO	Abgabenordnung, 14. Aufl., 2018
Koch Unterhaltsrecht	Handbuch des Unterhaltsrechts, 13. Aufl., 2017
Kogel Strategien	Strategien beim Zugewinnausgleich, 6. Aufl., 2019
Korintenberg	Gerichts- und Notarkostengesetz GNotKG, 21. Aufl., 2020
Korn	Einkommensteuergesetz, Stand 2020
Krauß Vermögensnachfolge	Vermögensnachfolge in der Praxis, 5. Aufl., 2018
Langenfeld/Milzer Eheverträge	Handbuch der Eheverträge und Scheidungsvereinbarungen, 8. Aufl., 2019
Leipziger Kostenspiegel	Leipziger Kostenspiegel, Das neue Notar-Kostenrecht, Leitfaden, Hrsg.: Ländernotarkasse, 2. Aufl., 2017
Leipziger Gerichts- & Notarkosten-Kommentar	Hrsg.: Renner/Otto/Heinze, 2. Aufl., 2016
Lüdicke/Sistermann Unternehmensteuerrecht	Unternehmensteuerrecht, 2. Aufl., 2018
Lüscher	Soziologische Annäherungen an die Familie, 2001

Literaturverzeichnis

Lutter/Hommelhoff (Hrsg.) GmbHG	GmbH-Gesetz, 20. Aufl., 2020
MAH FamR	Schnitzler, Münchener Anwaltshandbuch Familienrecht, 5. Aufl., 2020
Mayer/Geck Übergabevertrag	Der Übergabevertrag in der anwaltlichen und notariellen Praxis, 3. Aufl., 2012
Maunz/Dürig Grundgesetz	Grundgesetz-Kommentar, 89. Aufl., 2019
Meichsner/Arndt Familienrecht	Familienrecht für Steuerberater, 2007
Meincke/Holtz/Hannes ErbStG	Erbschaftsteuer- und Schenkungsteuergesetz, 17. Auflage, 2018
Meyer-Scharenberg, Müller, Ohland, Brandmüller Gestaltung	Gestaltung der Erb- und Unternehmensnachfolge in der Praxis, 14. Erg. 2013
Michalski/Heidinger/ Leible/J. Schmidt GmbHG	GmbH-Gesetz, 3. Aufl., 2017
MüHdBGesR	Münchener Handbuch des Gesellschaftsrechts, 5. Aufl., 2019
MüKoBGB	Münchener Kommentar zum BGB, Band 1, 8. Aufl., 2018; Band 9, Familienrecht I 8. Aufl., 2019; Band 10, Familienrecht II, 8. Aufl., 2019; Band 12, IPR I, 8. Aufl., 2020
MüKoBilanzR	Münchener Kommentar zum Bilanzrecht, 2012
MüKoHGB	Münchener Kommentar zum HGB, 4. Aufl., 2016-2020
MüKoInsO	Münchener Kommentar zur Insolvenzordnung, Band 2, 3. Aufl., 2013
Müller/Renner	Betreuungsrecht und Vorsorgeverfügungen in der Praxis, 5. Aufl., 2017
Müller-Engels/Sieghörtner/ Emmerling de Oliveira Adoptionsrecht	Adoptionsrecht in der Praxis, 4. Aufl., 2020
Münch Ehebezogene Rechtsgeschäfte	Ehebezogene Rechtsgeschäfte, 5. Aufl., 2020
Münch (Hrsg.) Familienrecht	Familienrecht in der Notar- und Gestaltungspraxis, 3. Aufl., 2019
Münch Scheidungsimmobilie	Die Scheidungsimmobilie, 3. Aufl. 2019

Literaturverzeichnis

Münch Unternehmerehe	Die Unternehmerehe, 2. Aufl. 2019
Münch Versorgungsausgleich	Vereinbarungen zum reformierten Versorgungsausgleich, 2. Aufl., 2015
Münchener Vertragshandbuch	Band 6, 7. Aufl. 2016
Muscheler Lebenspartnerschaft	Das Recht der eingetragenen Lebenspartnerschaft, 2. Aufl., 2004
Nave-Herz	Ehe- und Familiensoziologie, 3. Aufl., 2013
Nieder/Kössinger Testamentsgestaltung	Handbuch der Testamentsgestaltung, 6. Aufl., 2020
Niemann Jahresabschluss	Jahres- und Konzernabschluss nach Handels- und Steuerrecht, 13. Aufl., 2010
Notarkasse Streifzug	Streifzug durch das GNotKG, 12. Aufl., 2017
Palandt BGB	Bürgerliches Gesetzbuch, 79. Aufl., 2020
Prütting/Helms FamFG	FamFG, 4. Aufl., 2018
Raub	Vorsorgevollmachten im Personengesellschaftsrecht, 2013
Reimann/Bengel/Dietz	Testament und Erbvertrag, 7. Aufl., 2020
Richter/Wachter	Handbuch des internationalen Stiftungsrechts, 2007
Riedel Bewertung	Die Bewertung von Gesellschaftsanteilen im Pflichtteilsrecht, 2005
Reul/Heckschen/Wienberg Insolvenzrecht	Insolvenzrecht in der Gestaltungpraxis, 2. Aufl., 2018
Rössler/Troll BewG	Bewertungsgesetz: BewG, 30. Aufl., 2019
Roth/Altmeppen GmbHG	GmbH-Gesetz, 9. Aufl., 2019
Ruffert	Vorrang der Verfassung und Eigenständigkeit des Privatrechts, 2001
Ruland Versorgungsausgleich	Versorgungsausgleich, 4. Aufl., 2015
Schmidt EStG	Einkommensteuergesetz, 39. Aufl., 2020
Schmidt K. Gesellschaftsrecht	Gesellschaftsrecht, 4. Aufl., 2002
Schneider/Bögemann	Unternehmensschutz im Scheidungsfall, 2014

Literaturverzeichnis

Schöner/Stöber Grundbuchrecht	Grundbuchrecht, 15. Aufl., 2012
Scholz/Kleffmann/ *Doering-Striening* Praxishandbuch	Praxishandbuch Familienrecht, 37. Aufl., 2019
Schröder	Bewertungen im Zugewinnausgleich, 5. Aufl., 2011
Schulz/Hauß Vermögensauseinandersetzung	Vermögensauseinandersetzung bei Trennung und Scheidung, 6. Aufl., 2015
Schwab Familienrecht	Familienrecht, 27. Aufl., 2019
Schwab/Ernst Scheidungsrecht	Handbuch Scheidungsrecht, 8. Aufl., 2019
Soergel BGB	BGB, Band 19/1, 13. Aufl., 2012
Sommer/Schimpfky/Baas	Die Gesellschaftsverträge der GmbH & Co. KG, 5. Aufl., 2018
Spiegelberger/Schallmoser Immobilie	Immobilien im Zivil- und Steuerrecht, 3. Aufl., 2018
Staudinger BGB	J. von Staudingers Kommentar zum bürgerlichen Gesetzbuch, §§ 20–124 und 130-133, Stand 2016, 139–163, Stand 2015; §§ 741–764, Stand 2015; §§ 1408–1563, Stand 2018
Stöber/Rellermeyer	Forderungspfändung, 17. Aufl., 2020
Strohal Einkommen	Unterhaltsrechtlich relevantes Einkommen bei Selbständigen, 5. Aufl., 2017
Troll/Gebel/Jülicher/ *Gottschalk* ErbStG	Erbschafts- und Schenkungsteuergesetz, 58. Aufl., 2020
Uhlenbruck	Insolvenzordnung, 15. Aufl., 2019
Viskorf Familienunternehmen	Familienunternehmen in der Nachfolgeplanung, 2020
von Dickhut-Harrach Erbfolge	Handbuch der Erbfolge-Gestaltung, 2011
von Hoyenberg	Vorweggenommene Erbfolge, 2010
von Oertzen/Loose	Erbschafts- und Schenkungsteuergesetz, 2017
von Oertzen/Ponath Asset Protection	Asset Protection im deutschen Recht, 3. Aufl., 2019
Wachter	Praxis des Handels- und Gesellschaftsrechts, 4. Aufl., 2018

Literaturverzeichnis

Weinreich/Klein	Familienrecht Kommentar, 6. Aufl., 2019
Wellenhofer	Familienrecht, 5. Aufl., 2019
Wendl/Dose Unterhaltsrecht	Das Unterhaltsrecht in der familienrichterlichen Praxis, 10. Aufl., 2019
Wever Vermögensauseinandersetzung	Vermögensauseinandersetzung der Ehegatten außerhalb des Güterrechts, 7. Aufl., 2018
Wicke GmbHG	Gesetz betreffend die Gesellschaften mit beschränkter Haftung, 3. Aufl., 2016
Würzburger Notarhandbuch	Würzburger Notarhandbuch, 5. Aufl., 2017

1. Teil. Die Bedeutung des Familienrechts für die steuerliche Beratung und Gestaltung

Übersicht

	Rn.
A. Checkliste: Familienrecht in der Praxis des Steuerberaters	1
I. Einführung	1
1. Steuerberatung 2020	1
2. Familienrechtscheck als Nebenleistung	2
3. Steuerberaterpflichten nach Änderung der Familienkonstellation	3
II. Checkliste	4
B. Familie und Gestaltung	5
I. Steuerliche Vorteile der Ehe oder Familie	5
1. Zusammenveranlagung	6
2. Begrenztes Realsplitting	10
3. Doppelte Freibeträge	11
4. Sonstige Vor- und Nachteile	12
II. Einkommensverlagerung	13
1. Zweck einer Einkommensverlagerung	13
2. Mittel zur Einkommensverlagerung	15
III. Haftungsgünstige Vermögensverteilung	19
1. Asset Protection – Vermögensstrukturberatung im Familienrecht	19
2. Anfechtbarkeit und Pfändbarkeit	20
3. Maßnahmen zur Asset Protection	22
a) Vermögenstrennung	22
b) Güterrechtliche Maßnahmen	24
aa) Anfechtbarkeit güterrechtlicher Verträge	24
bb) Güterstandsbeendigung	30
cc) Güterstandsschaukel	37
c) Vermögensübertragung auf den Ehegatten oder Kinder	39
aa) Ehegattenzuwendung	40
bb) Zuwendung an Kinder	55
d) Familienstiftung	56
e) Schutz im Unternehmen	56a
IV. Haftungs- und steuerbedingte Vermögensstrukturplanung	57
1. Vermeidung von Betriebsvermögen	58
2. Einnahmeplanung zur Ausnutzung steuerlicher Freiräume	64
3. Gesteuerter Vermögenszuwachs	65
4. Generierung erbschaftsteuerlicher Freibeträge	66
5. Familienheim	67

1. Teil. Familienrecht im Steuerrecht

   6. Gesellschaftsrecht zur Einbindung und
    zum Hineinwachsen 72
    a) Familiengesellschaften als Typusvariation . 72
    b) Vorteile gesellschaftsrechtlicher Bindung.. 73
   7. Scheidungsvorsorge 74
  V. Steuerliche Gestaltungen wie unter Fremden ... 75
   1. Darlehensverträge 76
    a) Zivilrechtliche Voraussetzungen 76
    b) Zivilrechtliche Folgen 77
    c) Ehegattendarlehen und Schenkungsteuer.. 78
    d) Ehegattendarlehen und Einkommensteuer 81
   2. Arbeitsverträge 86
    a) Familienrecht und Arbeitsvertrag 86
    b) Ehegattenarbeitsverhältnis und
     Arbeitsrecht 87
    c) Steuerrechtliche Anerkennung von
     Ehegattenarbeitsverträgen 88
   3. Sonstige Verträge 92
  VI. Familie ohne rechtliches Band 93
   1. Familienbegriff 93
   2. Rechtliche Behandlung 94
C. Familiäre Entwicklungen als Gefahrenpotential..... 95
  I. Trennung............................. 96
   1. Bedeutung der Trennung für die Schei-
    dungsfolgen........................ 96
   2. Trennung bei Vorhandensein von Gesell-
    schaften 101
   3. Auswirkungen der Trennung im Steuerrecht 102
   4. Handlungsbedarf für bestehende Verträge
    oder Vollmachten 104
  II. Ehescheidung.......................... 105
   1. Zugewinn 105
   2. Unterhalt 106
   3. Testamente und Erbverträge 107
   4. Gestaltungsmöglichkeiten 109
   5. Beendigung von Steuerkonstruktionen 110
  III. Krankheit............................ 111
   1. Vertretungsverhältnisse 111
   2. Gesetzliches Konzept der Betreuung 112
   3. Vorsorgevollmacht.................... 113
  IV. Tod 114
   1. Gesetzliche Erbfolge 114
   2. Letztwillige Verfügungen 115
   3. Transmortale Vollmachten............... 116
   4. Zugewinn 117
   5. Pflichtteilsrecht 118
   6. Erbrecht und Gesellschaftsrecht 121
D. Familienrecht im Wandel 122
  I. Familie im gewandelten gesellschaftlichen
   Umfeld.............................. 123
   1. Art. 6 GG als Grundnorm 123
   2. Zerrüttungsscheidung 124

A. Checkliste: Familienrecht in der Praxis des Steuerberaters

    3. Gleichstellung nichtehelicher Kinder 125
    4. Lebenspartnerschaft/Ehe für alle 126
    5. Nichteheliche Lebensgemeinschaft 127
    6. Ehen mit Auslandsberührung 128
 II. Reformgesetze im Eherecht 129
    1. Unterhaltsrecht 129
    2. Versorgungsausgleich 130
    3. Zugewinn 131
III. Inhaltskontrolle ehelicher Verträge 132
    1. Rechtsprechungswandel bei Eheverträgen ... 132
    2. Inhaltskontrolle 133
    3. Praktische Schlussfolgerungen 134
      a) Altverträge auf dem Prüfstand 134
      b) „Weniger ist mehr" 135
      c) Steuerlich erwünschte Nichtigkeit von
         Verträgen 136
IV. Nebengüterrecht 137
 V. Rechtliche Anerkennung der Familie außerhalb der Ehe 138

A. Checkliste: Familienrecht in der Praxis des Steuerberaters

I. Einführung

1. Steuerberatung 2020

Die Bundessteuerberaterkammer hat im Jahre 2012 sieben Thesen zur **1 Steuerberatung 2020** beschlossen.[1] Darin heißt es, dass bei den Vorbehaltsaufgaben die reine Steuerdeklaration rückläufig sein und die Steuergestaltungs-, Steuerplanungs- und Steuerabwehrberatung zunehmen wird. Für die unternehmerischen und wirtschaftlichen Entscheidungen der Mandanten wird dem Steuerberater eine große Vertrauensstellung attestiert und im Privatbereich eine Entwicklung hin zum „Rundum-Ratgeber"[2] prophezeit.[3] Hervorgehoben wird in Ergänzung der Thesen zur Steuerberatung 2020 das **Berufsethos** der Steuerberater, das seine Dienstleistungen unverwechselbar werden lässt.[4] Steuerberater und Steuerbevollmächtigte sind nach der Neufassung des § 32 Abs. 2 StBerG[5] ein „**unabhängiges Organ der Steuerrechtspflege**". Die gesetzliche

---

[1] *Vinken* DStR 2012, 725; zur Wort-Bild-Marke „Steuerberater" vgl. *Stein/Khodaverdi* DStR 2017, 1501 f.
[2] Zur Vision über künftige Steuerberatertätigkeit vgl. *Gilgan*, Steuerberatung 2020; 2013.
[3] Hierzu auch *Lutz/Lang* DStR 2014, 1994 f.
[4] *Heilgeist* DStR 2016, 189 f.
[5] BGBl. 2019 I 2451.

1. Teil. Familienrecht im Steuerrecht

Festlegung dieser vom BVerfG[6] bereits anerkannten Rechtsstellung wird als „Ritterschlag" angesehen.[7]
Der **Steuerberater**, der regelmäßig ein **Dauermandat** hat, ist so **der zentrale Ansprechpartner** im privaten Vermögensbereich,[8] von dem die Mandanten auch Auskünfte und Beratung in familienrechtlichen Fragen erwarten, jedenfalls soweit diese steuerliche Tatbestände beeinflussen oder umgekehrt aufgrund steuerrechtlicher Vorgaben ihrerseits gestaltet werden müssen. Verfügt doch der Steuerberater zum einen zumeist über alle Daten und Fakten der betroffenen Privatpersonen und Unternehmen und zum anderen auch über Kenntnisse der „Grundzüge des Bürgerlichen Rechts" (§ 37 Abs. 3 S. 1 Nr. 5 StBerG).
Aus einem solchen umfassenden Dauermandat resultieren freilich auch Pflichten. So hat der BGH[9] geurteilt, der Steuerberater habe bei einem **umfassenden Dauermandat**[10] „den **Mandanten** von sich aus – also ungefragt – über die **steuerlich bedeutsamen Fragen einschließlich** insoweit bestehender **zivilrechtlicher Gestaltungsmöglichkeiten** zu beraten". Das OLG Koblenz[11] hat ganz aktuell ausgesprochen, beim umfassenden Dauermandat ist der Steuerberater „**verpflichtet zur** Beratung einschließlich der Möglichkeit zu **zivilrechtlichen Steuergestaltungen** auch jenseits der konkret bearbeiteten Angelegenheit." Das OLG Köln[12] hält den Steuerberater für verpflichtet, die **Grundsätze juristischer Methodenlehre** anzuwenden. Die zivilrechtlichen Hintergründe der Steuergestaltung zu kennen ist damit sozusagen Grundvoraussetzung der steuerlichen Beratung.

2. Familienrechtscheck als Nebenleistung

2   Somit ist der Steuerberater häufig **erster Ansprechpartner**, wenn etwa der Unternehmensnachfolger heiratet, sich die Frage stellt, ob ein „Ziehsohn" nicht zuletzt im Hinblick auf die Erbschaftsteuer adoptiert werden soll, oder eine Trennung ins Haus steht und die Ehegatten wissen wollen, wie eine Vermögensauseinandersetzung am vernünftigsten bewältigt werden kann. Für den Steuerberater ist es daher **wichtig, familienrechtliche Rechtsfragen** zu kennen und mit familienrechtlichen **Gestaltungen** vertraut zu sein, zumal die Interdependenz von Familienrecht und Steuerrecht ständig zunimmt. Da die meisten familienrechtlichen Verträge ohnehin notarieller Beurkundung bedürfen, wird der Steuerberater hier zumeist nicht in Konflikt mit dem Rechtsdienst-

---

[6] BVerfG – 1 BvR 1460/85, DNotZ 1989, 627.
[7] *Ruppert* DStR 2020, 69; eine kritische Einschätzung findet sich bei *Kämmerer* DStR-Beihefter zu Heft 50/2019, 47.
[8] *Heilgeist* DStR 2007, 413 (414); zum noch umfassenderen Mandat des „family office" als generelle Vermögensstrukturberatung und Vermögensverwaltung *Plagens/Henke* DStR 2006, 2096.
[9] BGH – IX ZR 62/97, DStRE 1998, 74 (75).
[10] Anders bei einem eingeschränkten Mandat, so für ein Lohnbuchhaltungsmandat LG Bonn – 15 O 444/14, DStR 2016, 503.
[11] OLG Koblenz – 3 U 633/13, DStR 2015, 965.
[12] OLG Köln – 8 U 27/07, DStRE 2015, 1338.

A. Checkliste: Familienrecht in der Praxis des Steuerberaters

leistungsgesetz kommen, da dieses ihm in § 5 Abs. 1 RDG Rechtsdienstleistungen als **Nebenleistungen** erlaubt,[13] soweit sie zum Berufsbild der Hauptleistung gehören, allerdings ohne vertragliche Erweiterungsmöglichkeit. Diese Vorschrift ist ein eigenständiger Erlaubnistatbestand und kein eng auszulegender Ausnahmetatbestand.[14] Die Beratung über steuerliche Folgen, der Hinweis auf Gestaltungsmöglichkeiten oder die Überprüfung vorgelegter Vertragsentwürfe aus dem Bereich des Familienrechts sind aber als solche Nebenleistungen zur Vorbehaltstätigkeit anzusehen, wird doch von der Rechtsprechung zum Teil schon die Beratungspflicht soweit erstreckt. Ob die Erstellung kompletter Vertragsentwürfe im Familienrecht davon noch abgedeckt wird, kann an dieser Stelle nicht abschließend entschieden werden.[15] Hier wird die Rechtsprechung zum RDG[16] beobachtet werden müssen. Jedenfalls die Letztverantwortung des Notars[17] wird in vielen Fällen dafür sprechen, dass der Steuerberater sich im zulässigen Rahmen bewegt, auch wenn er auf den Einzelfall eingeht. Allgemeine Rechtsauskünfte ohne Bezug auf den Einzelfall gehören schon nicht zu den Rechtsdienstleistungen nach § 2 Abs. 1 RDG.

3. Steuerberaterpflichten nach Änderung der Familienkonstellation

Schließlich kann die **familienrechtliche Situation** der Mandanten sogar unmittelbaren Einfluss auf die **Pflichten des gemeinsamen Steuerberaters** haben. Dies sei an einem **Rechtsprechungsbeispiel** dargestellt:

Rechtsprechungsbeispiel: Die Ehegatten setzten sich scheidungsbedingt über Grundbesitz auseinander. Dies führte dazu, dass bei der Ehefrau der Vorsteuerabzug gem. § 15a UStG berichtigt und diese mit einer Vorsteuerrückzahlung belastet wurde. Sie verklagte ihren Steuerberater und bekam vom OLG Düsseldorf[18] Recht, weil sich die Pflichten des Steuerberaters durch die Trennung der Ehegatten gewandelt haben. Er darf nicht mehr auf die Familie als wirtschaftliche Einheit abstellen, sondern ist verpflichtet, – wenn

---

[13] In diesem Rahmen sind die Steuerberater nun auch in die Beratungshilfe einbezogen worden, Gesetz zur Änderung des Prozesskostenhilfe- und Beratungshilferechts, BGBl. 2013 I 3533; hierzu *Pondelik* SteuK 2014, 1 ff.
[14] *Ring* DStR-Beihefter zu 20/2017, 51, 55.
[15] Ablehnend *Fuchs* KP 2008, 196 f.; vgl. auch *Meixner/Schröder* DStR 2012, 324, zu einem Urteil des OLG Düsseldorf – I.23 U 101/10, DStR 2012, 323.
[16] Vgl. BSG – B 12 R 4/12 R, DStR 2014, 2030 (Nichtannahme durch BVerfG – 1 BvR 2504/14)und BGH – IX ZR 115/18, DStR 2019, 2102: Steuerberater darf nicht als Bevollmächtigter im Statusfeststellungsverfahren nach §7a SGB IV auftreten bzw. die Sozialversicherungspflichtigkeit des Geschäftsführers beurteilen und muss die Mandantschaft darauf hinweisen; hierzu *Beyer-Petz* DStR 2015, 605 f. Für eine Erweiterung der Postulationsfähigkeit plädieren *Schlegel/Geiger* NJW 2020, 16 (20).
[17] Zur Abstimmungspflicht des Notars mit dem Steuerberater bei steuerlich von diesem geprüften Entwürfen: BGH – IX ZR 201/01, DNotZ 2003, 845.
[18] OLG Düsseldorf – 23 U31/01, NJOZ 2002, 539.

1. Teil. Familienrecht im Steuerrecht

er sein Mandat nicht einem Ehegatten gegenüber wegen Interessenkollision niederlegt – nun auch das Innenverhältnis der Ehegatten zu berücksichtigen und „über alle in Betracht kommenden steuerlichen Varianten und deren wirtschaftlichen Folgen für jeden einzelnen Ehegatten zu beraten".

Dieses Buch nun soll den **Steuerberater in die Lage versetzen**, ausgehend von praktischen Beispielen und zivilrechtlichen Lösungsvorschlägen, welche die steuerlichen Folgen im Blick haben,
- **familienrechtliche Rechtsfragen zu kennen**,
- **Beratungsbedarf** seiner Mandanten zu **identifizieren**,
- familienrechtliche **Gestaltungen** vorzuschlagen,
- vorgegebene familienrechtliche **Verträge zu überprüfen**,
- mit dem rechtlichen Berater zusammen die **Verträge steuerlich zu optimieren** und
- **familienrechtliche Fallen** in seiner Beratungspraxis zu erkennen und zu vermeiden.

Die nachfolgende Checkliste gibt eine Übersicht über die wichtigsten in der Beratungspraxis auftretenden familienrechtlichen Themen, die anschließend vertieft werden.

II. Checkliste

4 – Mandat mit familienrechtlichen Bezügen:
  – Datenaufnahme:
    – Personendaten mit Klärung rechtlicher Abstammungen,
    – vollständige Erfassung der Familiendaten, Vorehen, Kinder aus früheren Beziehungen,
    – Ansässigkeitsfragen, Auslandsbezug,
    – Hochzeitsdaten mit Erfassung des Güterstandes,
    – Auslandsbezüge im Hinblick auf die Anwendung ausländischen Rechts,
    – Vorlage von Eheverträgen, Erbverträgen, Testamenten, Vollmachten,
    – Vorlage sonstiger Verträge zwischen Familienmitgliedern (Darlehen, Arbeitsverträge, Mietverträge).
  – Haftungsgefahren bei Familienmitgliedern:
    – Haftungsgeneigte Berufe,
    – Rechtsform,
    – Versicherungen.
  – Vermögensverteilung innerhalb der Familie:
    – Vermögensaufstellung jedes Ehegatten und der Kinder,
    – Klärung etwaiger Gemeinschaftsverhältnisse,
    – Aufstellung von Verbindlichkeiten und Erfassung der haftenden Personen,
    – Notwendigkeit von Veränderungen (asset protection),
    – Pflichtteilsprobleme insb. bei nicht gemeinschaftlichen Kindern.
  – Einkommensverteilung in der Familie:
    – Ausnutzung von Grundfreibeträgen,

A. Checkliste: Familienrecht in der Praxis des Steuerberaters

- Verbesserung der Progression,
- Inanspruchnahme sonstiger Freibeträge,
- Sozialversicherungsschädlichkeit von Einkommen?
- Änderungen durch Übertragung von Einkommensquellen empfehlen?
- Erste Überprüfung nach Risikovorsorge:
  - Vorsorgevollmacht vorhanden?
  - Ehevertrag geschlossen?
  - Testament?
- Güterstand:
  - Gütertrennung:
    - Erbschafts-/Schenkungsteuerrelevanz? – Güterstand ggf. ändern!
    - Pflichtteilsprobleme? – Güterstand ggf. ändern!
    - Güterstandsschaukel beabsichtigt? – Güterstand vorher ändern!
  - Gütergemeinschaft:
    - Betriebsvermögen bei einem Ehegatten gewünscht? – Vorbehaltsgut.
  - Zugewinngemeinschaft:
  - Anfangsvermögen; Zuwendungen,
  - Unternehmensschutz; Vertragsbestimmung?
  - Modifikation vereinbart? – Vertrag vorlegen lassen!
  - Zustimmungspflicht nach § 1365 BGB stets beachten!
  - Unternehmensbewertung im Zugewinn,
  - Latente Steuern im Zugewinn.
  - Sonstige Güterstände:
    - Eigentums- und Vermögensgemeinschaft (DDR),
    - Deutsch-Französischer Wahlgüterstand.
- Unterhalt:
  - Bestehende Unterhaltpflichten aus Vorehen oder gegenüber Kindern aus früheren Verbindungen?
  - Familienunterhalt,
  - Unterhaltsregelung zur Scheidungsvorsorge erforderlich?
    - Unterhaltsausschluss,
    - Unterhaltshöchstgrenze,
    - Unterhaltshöchstdauer,
    - Sonstige Modifikation.
- Versorgungsausgleich:
  - Zusammenstellung etwaiger Anrechte, die unter den Versorgungsausgleich fallen:
    - Vorsicht: neuerdings auch Kapitalrechte nach Betriebsrentengesetz oder Altersvorsorge-Zertifizierungsgesetz,
    - deswegen Änderungsbedarf für bestehende Eheverträge?
  - Drohende Liquiditätsverluste bei Scheidung:
    - Kürzungen beim Verpflichteten ohne erhöhte Auszahlung an Berechtigten.
    - Transferverluste bei externer Teilung hoher betrieblicher Anrechte?
    - Eigene ehevertragliche Regelung sinnvoll?

1. Teil. Familienrecht im Steuerrecht

- – Bestehende ehevertragliche Regelung des Versorgungsausgleichs noch tragbar?
- – Schuldrecht und Gesellschaftsrecht in der Ehe:
  - – Bestehende Strukturen klären,
  - – Steuerliche Anerkennung bestehender Lösungen?
  - – Gefahr einer Ehegatteninnengesellschaft etwa bei Mitarbeit?
  - – Weiteres Ausnutzen allgemeiner vertragsrechtlicher Lösungen?
- – Eheverträge:
  - – Check bestehender Eheverträge:
    - – Einhaltung der Anforderungen der Inhaltskontrolle? Besonders für Verträge vor 2001!
    - – Eingriff in den Kernbereich der Scheidungsfolgen,
    - – subjektive Unterlegenheit,
    - – Verhandlungsphase,
    - – Entwurf? Zeitdruck?
    - – „Vertrags-TÜV" – Änderungsnotwendigkeiten wegen geänderter Verhältnisse, zB Verkauf Unternehmen?
    - – Bestätigungs-Ehevertrag sinnvoll?
  - – Notwendigkeit für neuen Ehevertrag?
  - – Unternehmer benötigt fast immer Ehevertrag,
  - – dynastische Herausnahme übertragenen Elternvermögens?
  - – Sonstige Gründe des Abweichens vom „gesetzlichen Schema".
- – Familiäre Zuwendungen:
  - – Zusammenstellung ausgeführter Zuwendungen an Ehegatten, Kinder oder Dritte:
    - – Abschottung vor Haftung gelungen?
    - – Anrechnung auf Zugewinn oder Pflichtteil vorgesehen?
    - – Schicksal der Zuwendung bei Scheidung:
      - – Rückforderungsrechte,
      - – Anrechnungen,
      - – gesetzliche Ansprüche, etwa Wegfall der Geschäftsgrundlage.
    - – Schenkungsteuerliche Auswirkungen.
  - – Geplante Zuwendungen:
    - – Ausnutzung Schenkungsteuerfreibeträge,
    - – Gleichstellung Kinder,
    - – asset protection.
- – Zuwendungen Dritter:
  - – Eherechtliche Folgen, zB Ausschluss Zugewinn,
  - – Rückforderungsrechte, zB Schwiegerelternzuwendung.
- – Scheidungsvorsorge:
  - – Ehevertragliche Absicherung des Unternehmens,
  - – Verlagerungen auf Ehegatten erfolgt ohne klare Regelungen für den Scheidungsfall?
  - – Drohendes Zusammenbrechen steuerlicher Konstruktionen, zB Betriebsaufspaltung.
- – Minderjährige:
  - – Vorsicht bei Verträgen mit Minderjährigen!
  - – Alleiniges Handeln der Minderjährigen zulässig?

B. Familie und Gestaltung

- Vertretung der Eltern ausgeschlossen, insb. bei Insichgeschäften?
- Bestellung von Ersatzvertretern notwendig?
- Familiengerichtliche Genehmigung einholen. Im Zweifel auf Sicherheit setzen.
- Abstammung:
  - Gerade in unübersichtlichen Familiensituationen genaue Differenzierung zwischen genetischer und rechtlicher Elternschaft!
- Adoption:
  - Minderjährige oder Volljährige?
  - Familienrechtliche Voraussetzungen,
  - bei Volljährigen: starke oder schwache Wirkung?
- Neue Familienstrukturen:
  - Eingetragene Lebenspartnerschaft:
    - Gleichstellung mit der Ehe beachten,
    - Auslaufmodell; seit Einführung der Ehe für alle nicht mehr neu zu vereinbaren.
    - Überleitung in eine Ehe möglich.
  - Ehe für alle:
    - Seit Oktober 2017 ist die Ehe gesetzlich für Personen verschiedenen oder gleichen Geschlechts zugelassen (§ 1353 BGB).
  - Nichteheliche Lebensgemeinschaft:
    - Entgeltliche Vertragsregelung?
    - Probleme mit der neuen Rechtsprechung des BGH zu Trennungsansprüchen?
    - Regelung bei Immobilienfinanzierung?
  - Patchworkfamilie:
    - Familienrechtliche Fragen wie Umgang und Sorge,
    - Erbrechtlich genaue Sachverhaltsstudie und Beachtung der verschiedenen Pflichtteile.
- Vorsorgevollmachten:
  - Routineabfrage einrichten!
  - Für Errichtung einer Vollmacht sorgen, insb. im Unternehmensbereich!
  - Form beachten, wenn Grundbuch oder Handelsregister benötigt werden.
- Familiengesellschaften:
  - Vorhandene Unternehmensstrukturen,
  - ideale Familiengesellschaft – Kriterien der Auswahl,
  - Ehegatten-Haus-GbR,
  - Ehegatteninnengesellschaft – beabsichtigte Verwendung.

B. Familie und Gestaltung

I. Steuerliche Vorteile der Ehe oder Familie

Ehe und Familie sind nicht nur familienrechtliche Institutionen, sondern sie haben **erhebliche steuerliche Folgen**. An der Tatsache, dass

5

1. Teil. Familienrecht im Steuerrecht

die Zahl der Eheschließungen zum Jahresende regelmäßig erheblich steigt, lässt sich ablesen, dass häufig sogar die Eheschließung selbst steuerlich motiviert ist.

Folgende Rechtsfolgen knüpfen die Steuergesetze an die Eheschließung:

1. Zusammenveranlagung

6   Nach § 26 EStG können sich Ehegatten, die beide unbeschränkt einkommensteuerpflichtig sind und **nicht dauernd getrennt leben**, zusammen veranlagen lassen. Hierfür ist es ausreichend, wenn diese Voraussetzungen im Laufe des Veranlagungszeitraumes eingetreten sind.

Die Zusammenveranlagung setzt somit eine eheliche Lebensgemeinschaft iSd §§ 1353, 1567 BGB voraus. Hierbei beurteilt die **Steuerrechtsprechung** die Voraussetzungen des § 26 EStG **nicht deckungsgleich mit den zivilrechtlichen Voraussetzungen** des § 1567 BGB:
– Nach älterer Rechtsprechung führt alleine die **Erhebung des Scheidungsantrages** nicht dazu, dass die Ehegatten im steuerlichen Sinne getrennt leben.[19]
– Ein **gescheiterter Versöhnungsversuch**, der die Trennung nach § 1567 BGB nicht unterbricht, kann steuerlich hingegen für die Zusammenveranlagung im Jahr des Versöhnungsversuches ausreichen,[20] jedenfalls dann, wenn dieser Versuch der Versöhnung mindestens drei Wochen dauert.[21]
– **Angaben der Eheleute** zum Getrenntleben sind **regelmäßig anzuerkennen**, sofern sie den äußeren Umständen nicht offensichtlich widersprechen.[22] Feststellungen im Scheidungsverfahren sind für die steuerliche Beurteilung nicht bindend.[23] Die Beiziehung von Scheidungsakten ist nur in Ausnahmefällen zulässig, wenn sie durch ein überwiegendes Interesse der Allgemeinheit unter strikter Wahrung des Verhältnismäßigkeitsgebotes gefordert wird.[24]

Hinweis: Die Argumente für das steuerliche „nicht dauernd getrennt lebend" iSd § 26 EStG können unabhängig von der Zivilrechtslage gefunden werden.[25]

---

[19] BFH – VI 396/70, BeckRS 1973, 2200206; dieses Urteil, das in diesem Zusammenhang zitiert wird, ist mit Vorsicht anzuwenden, denn es erging noch zur Verschuldensscheidung. Nunmehr setzt der Scheidungsantrag aber das einjährige Getrenntleben voraus.
[20] Schmidt/*Seeger* EStG § 26 Rn. 12.
[21] BFH – VI R 268/94, DStRE 1998, 54.
[22] H 26 EStH 2011.
[23] BFH – VI R 190/82, BeckRS 1985, 22007522 = BStBl. II 1986, 486 und BFH – IIIB 38/12, BeckRS 2012, 96193 = BFH/NV 2012, 1988, zur freien Beweiswürdigung des FG.
[24] BVerfG – 1 BvR 13/68, NJW 1970, 555; BFH – III R 106/87, DStR 1991, 1149.
[25] Dass bei unwahren Angaben der Bereich des Steuerstrafrechts berührt wird, braucht nicht betont zu werden; *Meichsner/Arndt* Familienrecht § 2 Rn. 7.

B. Familie und Gestaltung

Bei der Zusammenveranlagung werden die Einkünfte der Ehegatten zusammengerechnet und die Ehegatten sodann gemeinsam als ein Steuerpflichtiger behandelt, §26b EStG. Das zu versteuernde Einkommen wird anschließend gesplittet, daraus ist die Steuer zu errechnen und diese dann zu verdoppeln, §32a Abs. 5 EStG. Mit dem **Ehegattensplitting** werden neben der Verdoppelung des Grundfreibetrages erhebliche Progressionsvorteile erreicht, die umso größer sind, je mehr die Einkommen der Ehegatten differieren.[26]

7

Seit dem VZ 2013 besteht neben der Zusammenveranlagung, von welcher das Gesetz nach §26 Abs. 3 EStG als Regelfall ausgeht, noch die Möglichkeit der **Einzelveranlagung** nach §26a EStG, bei der Sonderausgaben, außergewöhnliche Belastungen etc. bei demjenigen Ehegatten berücksichtigt werden, der sie getragen hat, soweit nicht übereinstimmend eine hälftige Zurechnung beantragt wird.[27]

Verfahrensrechtlich ist geändert, dass die **Wahl** der Veranlagung nunmehr für den betreffenden Veranlagungszeitraum **durch Angabe in der Steuererklärung** getroffen wird (§26 Abs. 2 S. 3 EStG). Unterschiedliche Auffassungen gibt es dazu, ob diese Wahl **bindend** ist. Diejenigen, die von einer Bindungswirkung ausgehen, empfehlen daraus folgend eine frühzeitige Vorwarnung des anderen Ehegatten und die Ankündigung von Schadensersatzforderungen bei unberechtigter Einzelveranlagung.[28] Solche Ansprüche auf Rückzahlung überzahlten Unterhalts[29] oder auf Schadensersatz und Freistellungsansprüche werden inzwischen von den Gerichten anerkannt.[30] Aus den Einschränkungen der Änderung nach Unanfechtbarkeit des Steuerbescheids in S. 4 – die Vorschrift verschärft die sonst bestehenden Anforderungen an Änderungs- oder Berichtigungsbescheide – folgern andere, dass die Wahl vorher abänderbar sei.[31] Der BFH erkennt einen Widerruf bis zur Unanfechtbarkeit an.[32] Sind jedoch beide Ehegatten bereits bestandskräftig einzeln veranlagt worden, so kann eine Zusammenveranlagung nicht mehr beansprucht werden.[33]

Aufgrund der Lebens- und Wirtschaftsgemeinschaft der Ehegatten nimmt das Finanzamt idR an, dass ein Ehegatte mit einer Steuervorauszahlung auch die Steuerschuld des anderen Ehegatten begleichen will (und zwar auch nach rechtskräftiger Scheidung, wenn das Finanzamt davon nichts weiß)[34], allerdings ist jede Zahlung immer zunächst auf die festgesetzten Steuern beider Ehegatten anzurechnen.[35] Dann sind beide Ehegatten bei einer Rückerstattung von Einkommensteuer erstattungs-

8

---

[26] Vgl. *Egner/Quinten/Kohl* NWB 2013, 273f.
[27] Zur Neuregelung *Gerz* SteuK 2013, 5.
[28] *Schlünder/Geißler* FamRZ 2013, 348.
[29] OLG Hamm, FamRB 2013, 314.
[30] OLG Celle, NZFam 2019, 557; OLG Koblenz, FuR 2019, 357.
[31] Blümich/*Ettlich* EStG §26 Rn. 110 ff.
[32] BFH, DStR 2018, 2269.
[33] BFH, FamRB 2015, 223.
[34] Schleswig-Holsteinisches FG, DStRE 2015, 730.
[35] BFH – VII R 42/10, DStR 2011, 1070.

1. Teil. Familienrecht im Steuerrecht

berechtigt. Der **Erstattungsbetrag** ist **hälftig aufzuteilen**.[36] Der BFH weist ausdrücklich darauf hin, dass dies jedenfalls hinsichtlich des Steuerrechtsverhältnisses vermieden werden könne durch eine Erklärung, für wen die Steuer bezahlt werde. Eine solche Erklärung ist insb. bei einer Ehekrise wichtig. Entscheidend dabei ist, dass dieser Wille bereits im Zeitpunkt der Zahlung deutlich gemacht wird.[37] Für die Frage der Rückerstattung ist nur dieser formale Punkt entscheidend, auf wessen Rechnung der zu erstattende Betrag gezahlt wurde, nicht hingegen, wer den Steuerermäßigungstatbestand verwirklicht hat, aufgrund dessen es nun zur Rückerstattung kommt. Das BMF hat hierzu umfassend Stellung genommen.[38] Vorrangig sind auch Zahlungsanweisungen zu beachten.[39]

Hinweis: In der Ehekrise sollte der zahlende Ehegatte eine Erklärung gegenüber dem Finanzamt abgeben, nur auf die eigene Steuerschuld zahlen zu wollen.

Soweit Lohnsteuern betroffen sind, ist jedoch stets derjenige Ehegatte erstattungsberechtigt, von dessen Lohn die Steuern einbehalten wurden.[40]

Für rückständige Steuern kann eine Aufteilung nach §§ 268 ff. AO verlangt werden, wobei Maßstab eine fiktive Einzelveranlagung nach § 26a EStG ist, § 270 AO. Verlustvorträge sind gem. § 62d Abs. 2 EStDV nach dem Verhältnis aufzuteilen, in dem sie im Verlustentstehungsjahr auf die einzelnen Ehegatten entfallen.

9   Die Begründung für das Ehegattensplitting[41] liegt in der Sicht der Ehe als Erwerbs- und Verbrauchsgemeinschaft, in welcher jeder Ehegatte an den Einkünften und Lasten des anderen gleichmäßig teilhat, wodurch in der Realität der intakten Durchschnittsehe auch ein Transfer steuerlicher Leistungsfähigkeit stattfindet.[42]

Die Zukunft des Ehegattensplittings ist derzeit fraglich. Die Politik rang sich einerseits nicht zu einer Erweiterung auch für die eingetragene Lebenspartnerschaft durch, sondern ließ sich dazu erst durch das BVerfG zwingen,[43] obwohl dieses bereits zuvor eine Reihe von Entscheidungen zur steuerlichen Gleichstellung getroffen hatte.[44] Die Änderung erfolgte in der Hauptsache durch Einfügung des § 2 Abs. 8 EStG, der eingetrage-

---

[36] BFH – VII R 16/05, NJW 2006, 942.
[37] BMF, DStR 2015, 166 f.
[38] BMF, DStR 2015, 166 f.
[39] BMF, DStR 2015, 166 Tz. 2.5.
[40] BFH – VII R 2/89, BStBl. II 1990, 719.
[41] Hierzu *Schuler/Harms* FPR 2012, 297 ff.
[42] BVerfG – 1 BvR 620/78, NJW 1983, 271.
[43] BVerfG – 2 BvR 909/06, DStR 2013, 1228; hierzu *Sanders* NJW 2013, 2236.
[44] BVerfG – 1 BvL 16/11, NJW 2012, 2719, zur Grunderwerbsteuer; 1 BvR 611/07, DStR 2010, 1721, zur Erbschaftsteuer; BVerfG – 2 BvR 1397/09, FamFR 2012, 407, zum Familienzuschlag; 1 BvL 1/11, NJW 2013, 847, zur Sukzessivadoption.

B. Familie und Gestaltung

ne Lebenspartnerschaften mit Ehen gleichstellt und zwar über die Anwendungsvorschrift des § 52 Abs. 2a EStG für alle noch offenen Fälle,[45] jedoch nicht für die Zeit vor Inkrafttreten des LPartG.[46] Lebenspartnerschaften sind nach der Einführung der Ehe für alle ein Auslaufmodell und können nicht mehr neu begründet werden. Die Bundesregierung hat auf eine Kleine Anfrage mitgeteilt, am Ehegattensplitting derzeit nichts ändern zu wollen.[47]

Andererseits nehmen Plädoyers für ein Familiensplitting zu, gerade auch vor dem Hintergrund der Schwierigkeiten, eine steuerliche Entlastung für Unterhaltsleistungen gegenüber Kindern zutreffend abzubilden.[48] Demgegenüber wird eine Abschaffung des Ehegattensplittings zum Teil für verfassungswidrig gehalten.[49]

2. Begrenztes Realsplitting

Das begrenzte Realsplitting nach § 10 Abs. 1 Nr. 1 EStG stellt sich als **begrenzte Fortsetzung des Ehegattensplittings** für geschiedene oder dauernd getrennt lebende Ehegatten dar, die durch die Unterhaltszahlung noch eine beschränkte Wirtschaftsgemeinschaft aufrechterhalten.[50] Mit der Möglichkeit, die Unterhaltszahlung danach als Sonderausgabe abzuziehen, korrespondiert die Pflicht des Unterhaltsgläubigers zur Versteuerung nach § 22 Nr. 1a EStG.

3. Doppelte Freibeträge

In vielen Fällen ordnet das EStG an, dass sich **Freibeträge** oder sonstige Grenzbeträge für Ehegatten **verdoppeln**, die nicht dauernd getrennt leben. Zu nennen sind etwa die Höchstbeträge für Vorsorgeaufwendungen (§ 10 Abs. 3 EStG), die Zuwendungen an politische Parteien (§ 10b Abs. 2 EStG), der Sonderausgaben-Pauschbetrag (§ 10c EStG), Einkünfte aus LuF (§ 13 Abs. 3 S. 3 EStG), Freibeträge bei Veräußerung, Abfindung weichender Erben oder Altschuldentilgung in der LuF (§ 14a Abs. 1, 4 und 5 EStG), Sparer-Pauschbetrag (§ 20 Abs. 9 EStG), Kinderfreibetrag

---

[45] In allen Nebengesetzen erfolgten nun die Nachfolgeänderungen und sprachlichen Anpassungen durch das „Gesetz zur Anpassung steuerlicher Regelungen an die Rechtsprechung des Bundesverfassungsgerichtes", BGBl. 2014 I 1042 ff.
[46] BFH – III R 14/05, DStR 2014, 1538.
[47] BT-Drs. 19/7611 vom 11.2.2019.
[48] *Kanzler* FamRZ 2004, 70; *Pfab* ZRP 2006, 212; *Jachmann/Liebl* DStR 2010, 2009; *Haupt/Becker* DStR 2013, 734 ff.; *Nesselrode* FS Paul Kirchhof, 2013, 609 (§ 56 Rn. 19); aA *Schulemann*, Familienbesteuerung und Splitting, 2007; *von Renesse* ZRP 2013, 87 ff.; zur Standortbestimmung im Hinblick auf Art. 6 GG *Benedict* JZ 2013, 477.
[49] *Broer* BB 2013, 2208 f.; *Sandweg* DStR 2014, 2097, der die Kritik am Ehegattensplitting für substanzlos hält; *Bareis* DStR 2015, 456; *Becker/Englisch* DStR 2016, 1005; *Spangenberg* ZRP 2018, 23.
[50] BFH – IX R 4/83, BeckRS 1986, 22007623 = BStBl. II 1986, 603.

1. Teil. Familienrecht im Steuerrecht

(§ 32 Abs. 6 EStG),[51] Höchstbetrag für Zuwendungen an politische Parteien (§ 34 S. 2 EStG) oder Freibetrag auf Lohnsteuerkarten (§ 39a Abs. 3 EStG).

4. Sonstige Vor- und Nachteile

12   Weitere Vorteile sind etwa im Bereich der auf Intervention des BVerfG nunmehr ohne zeitliche Beschränkung möglichen **doppelten Haushaltsführung** (§ 9 Abs. 1 S. 3 Nr. 5 EStG mit der ab VZ 2014 neuen Pauschalierung).

Vorteile lassen sich ferner durch Geschäfte wie unter Fremden erzielen, etwa durch tatsächlich durchgeführte **Kaufverträge** zur **Anhebung von Abschreibungsvolumen** beim erwerbenden Ehegatten oder zur **Umwidmung ursprünglich privat veranlasster Finanzierungskosten** durch Schuldübernahme.

Die Heirat kann aber auch **nachteilige Auswirkungen** haben, so wenn etwa steuerliche Vergünstigungen für Anschaffungen vom Ehegatten nicht gewährt werden (zB § 7b Abs. 1 S. 4 Nr. 1 EStG oder beim sog. Baukindergeld) oder wenn Rechtsverhältnisse zwischen nahen Angehörigen besonders strengen Anforderungen hinsichtlich der steuerlichen Anerkennung unterliegen, die etwa auf Partner einer nichtehelichen Lebensgemeinschaft nicht übertragen werden.[52]

II. Einkommensverlagerung
1. Zweck einer Einkommensverlagerung

13   Bei der Frage nach den steuerlichen Gestaltungen im Bereich der Familie steht die Einkommensverlagerung ganz weit oben. Sie kann – vor allem in begüterten Familien – in erheblichem Umfange Steuern sparen. Die Übertragung einer Einkunftsquelle auf Kinder – die Übertragung auf Ehegatten hilft jedenfalls bei Zusammenveranlagung nicht – kann auf verschiedenen auch **außersteuerlichen Gründen** beruhen. So können etwa bestimmte Vermögensgegenstände dadurch der Haftung gegenüber Gläubigern entzogen werden, wenn die Übertragungen rechtzeitig geschehen. Es kann ferner den Kindern frühzeitig eine gesicherte Lebensstellung eingeräumt werden, sodass sie von späteren wirtschaftlichen und persönlichen Entwicklungen unabhängig werden.[53] Zudem kann es möglich sein, durch die Aufnahme von Kindern in Unternehmen diesen ein frühzeitiges Hineinwachsen in das Unternehmen zu ermöglichen.

14   Neben diesen außersteuerlichen Gründen gibt es eine **Reihe von steuerlichen Gründen**, die für eine Einkommensverlagerung auf Kinder sprechen. So lassen sich bei eigenem Einkommen des Kindes der ent-

---

[51] Zur Übertragung dieses Freibetrages: OFD Frankfurt/Main, DStR 2012, 463f.
[52] BFH – IV R 225/85, NJW 1988, 2135.
[53] Das BGB verwendet für bestimmte Konstellationen im Zusammenhang mit der Erlangung einer selbständigen Lebensstellung den Begriff der Ausstattung, § 1624 BGB, die eine gesonderte rechtliche Behandlung erfährt.

B. Familie und Gestaltung

sprechende **Grundfreibetrag** von 9.408,– EUR und die **Progressionsvorteile** im Rahmen der Einkommensteuer nach § 32a EStG (Fassung ab VZ 2020) nutzen. Ferner lassen sich durch stetige Übertragungen die **Schenkungsteuerfreibeträge** nutzen, die nach § 14 ErbStG alle 10 Jahre wieder neu gewährt werden. Die Übertragung einer Einkunftsquelle hat zudem den weiteren Effekt, dass die künftigen **Einnahmen** bereits bei dem Beschenkten ankommen und so **nicht später nochmals geschenkt** oder vererbt werden müssen. Abzuwägen sind die Vorteile einer Einkommensverlagerung gegen die Nachteile. Für das Kindergeld oder die Kinderfreibeträge[54] wurde die Einkommensprüfung abgeschafft. Solange das Kind einer Erstausbildung nachgeht, sind die Einkünfte unerheblich. Darunter fällt auch ein duales Studium, währenddessen das Kind schon Geld verdient.[55] Allerdings werden Kinder nach Abschluss dieser ersten Ausbildung gem. § 32 Abs. 4 S. 2 EStG nur noch berücksichtigt, wenn sie keiner Erwerbstätigkeit nachgehen (unschädlich nach S. 3: Ausbildungsverhältnis, Teilzeit bis 20 Stunden,[56] geringfügiges Beschäftigungsverhältnis). Zahlreiche andere staatliche Leistungen entfallen aber bei eigenen Einkünften des Kindes, zB Leistungen nach dem BAföG. Die Finanzrechtsprechung folgert aus der Abschaffung der Grenzbetragsregelung, dass Kindergeld auch für ein verheiratetes Kind beansprucht werden könne, und zwar ohne Rücksicht auf dessen eventuellen Unterhaltsanspruch gegen den Ehegatten.[57]

2. Mittel zur Einkommensverlagerung

Die Verlagerung des Einkommens kann auf verschiedene Weise geschehen. Zum einen kann das **Eigentum an der Einkunftsquelle** (Immobilie, Gesellschaftsanteil etc.) übertragen werden. Entweder erfolgt die Übertragung ohne oder mit einem Quotenvorbehaltsnießbrauch für den übertragenden Elternteil, sodass relativ zielgenau gesteuert werden kann, welches Einkommen beim Kind ankommt. Plakativ spricht man insoweit von einem „**Familiensplitting**".[58]

Dem Kind kann auch über einen **Zuwendungsnießbrauch** nur das Einkommen verschafft werden, wohingegen das Eigentum an der Einkunftsquelle unverändert bleibt. Diese Einkommensverlagerung wird steuerlich nur anerkannt, wenn dem Nießbraucher die volle Besitz- und Verwaltungsbefugnis zukommt und er selbst den Tatbestand der Erzie-

---

[54] Zur Günstigerprüfung *Deutsch/Czwalinna*, Familiensteuerrecht, 2.
[55] FG Münster – 2 K 2949/12 KG, BeckRS 2013, 96399 = EFG 2014, 57.
[56] Schädlich Vollzeiterwerbstätigkeit auch bei berufsbegleitendem Studium, FG Rheinland-Pfalz – 5 K 2131/12, BeckRS 2014, 94661 = EFG 2014, 930.
[57] FG Düsseldorf – 10 K 1940/13 KG, BeckRS 2013, 96192 = EFG 2013, 1863; FG Münster – 13 K 2658/13 Kg, BeckRS 2014, 94655 = EFG 2014, 656; Niedersächsisches FG – 2 K 87/13, BeckRS 2014, 94541; BFH – III R 22/13, DStR 2014, 188; BFH – III R 44/13, BeckRS 2014, 94751 = BFH/NV 2014, 844; aA Bundeszentralamt für Steuern, BStBl. I 2013, 1143: Kindergeld nur, wenn vorrangig leistungsverpflichteter Ehegatte nicht leistungsfähig.
[58] *Carlé/Halm* KÖSDI 2000, 12383 (12384 mwN).

lung von Einkünften aus Vermietung und Verpachtung verwirklicht.[59] Der Zuwendungsnießbrauch eignet sich zur Verlagerung von Einkünften allerdings nur, wenn die Abschreibung nicht im Zentrum des Interesses steht, denn nach dem Nießbrauchserlass der Finanzverwaltung kann weder der Nießbraucher noch der Eigentümer **Absetzungen für Abnutzungen** vornehmen,[60] ein Grund, weshalb die Gestaltung über einen Zuwendungsnießbrauch in manchen Fällen ausscheidet. Sonstige Werbungskosten kann der Nießbraucher hingegen geltend machen, wenn er sie tatsächlich getragen hat.[61] Unter diesen Voraussetzungen kann die Einkünfteverlagerung auf Kinder im Rahmen eines Zuwendungsnießbrauchs bei privatem Grundbesitz sinnvoll sein. Solange umstritten ist, ob die Bestellung eines Zuwendungsnießbrauchs an betrieblichen Grundstücken zur Entnahme führt,[62] wird eine solche kaum praktisch sein. Der Zuwendungsnießbrauch an **Kapitalvermögen** führt nicht zu einer steuerlichen Verlagerung von Einkünften, weil diese weiterhin dem Nießbrauchsbesteller zugerechnet werden.[63]

Der Nießbrauch an **Gesellschaftsanteilen** ist komplex[64] und eignet sich kaum zur bloßen Verlagerung von Einkünften, da ein reiner Ertragsnießbrauch steuerlich bloße Einkommensverwendung darstellt und weitergehende Mitwirkungsrechte von Kindern beim echten Nießbrauch zur Erreichung einer Mitunternehmerstellung idR nicht gewünscht sind.[65] Zusätzlich ist die Bestellung eines Nießbrauchs an einer Mitunternehmerschaft durch die Versagung der **Fortführung der Buchwerte** seitens des BFH[66] bei einer Betriebsübergabe gegen Nießbrauch zweifelhaft geworden.[67] Zudem war die **Möglichkeit der verdoppelten Mitunternehmerstellung**, die sowohl schenkungs- wie auch ein-

---

[59] BMF 30.9.2013, DStR 2013, 2112 (Nießbrauchserlass), Tz. 1; Spiegelberger/Schallmoser/*Spiegelberger/Wälzholz*, Die Immobilie, Kap. 7 Rn. 5; zusammenfassend zum Nießbrauch *Urbach* KÖSDI 2014, 18972 ff.

[60] BMF 30.9.2013, DStR 2013, 2112 (Nießbrauchserlass), Tz. 19, 24; *Korn* DStR 1999, 1461 (1473).

[61] BMF 30.9.2013, DStR 2013, 2112 (Nießbrauchserlass), Tz. 21; vgl. auch die Übersicht der OFD München – S 2253 – 78/3 St 41, Haufe Dokument 151265.

[62] *Korn* DStR 1999, 1461 (1474).

[63] BMF 23.11.1983, BStBl. I 1983, 508.

[64] Zusammenfassend *Frank* MittBayNot 2010, 96 ff.; vgl. gleichlautende Ländererlasse vom 2.11.2012 zum Nießbrauch an Personengesellschaftsanteilen aus schenkungsteuerlicher Sicht, BStBl. I 2012, 1101, hierzu *Stein* DStR 2013, 567 ff.; BFH – IX R 51/10, MittBayNot 2013, 84, zur ertragsteuerlichen Zurechnung von Anteilen beim Vorbehaltsnießbraucher.

[65] Anders umgekehrt bei einer Übertragung von Gesellschaftsanteilen gegen Nießbrauchsvorbehalt. Hier hat der BFH auch die gleitende Vermögensübergabe durch die spätere Aufgabe des Nießbrauchs – ggf. gegen Versorgungsrechte – als erbschaftsteuerlich begünstigte Übertragung von Betriebsvermögen angesehen, BFH – II R 67/09, DStR 2012, 38. Das BMF ist dem gefolgt, DStR 2012, 2440, hierzu *Reich/Stein* DStR 2013, 1272 f.

[66] BFH – X R 59/14, NZG 2018, 713.

[67] Vgl. etwa *Kepper* NZG 2019, 211.

B. Familie und Gestaltung

kommensteuerlich benötigt wird, in Frage gestellt worden.[68] In dieser Situation war die Innengesellschaft als Gestaltungsalternative für ein mitunternehmerisches Nießbrauchsrecht ins Spiel gebracht worden.[69] Zu beiden Punkten hat sich die **Diskussion** etwas **entspannt**, nachdem die **Finanzverwaltung** in ihrem Schreiben über Zweifelsfragen zu § 6 Abs. 3 EStG[70] ausdrücklich festgestellt hat, dass im Falle der Übertragung eines Mitunternehmeranteils dann, wenn der Erwerber Mitunternehmer wird, der **Vorbehaltsnießbrauch der Buchwertfortführung nach § 6 Abs. 3 EStG nicht entgegensteht** und die Rechtsprechung des **BFH** zu Einzelbetrieben mit gewerblichen Einkünften dem nicht entgegensteht. Dies gilt auch, wenn nur ein Teil eines Mitunternehmeranteils übertragen wird.[71] Zur doppelten Mitunternehmerstellung hat der BFH die **Möglichkeit der doppelten Mitunternehmerstellung** jüngst erst wieder **bestätigt**.[72]

In diesen Fällen einer Einkommensverlagerung kommt eher die Einräumung einer **stillen Beteiligung** an einem Unternehmen in Betracht, die dem Kind Einnahmen verschafft. Sie wird idR als **typische** stille Beteiligung ausgestaltet, sodass das Kind nicht Mitunternehmer wird. Dem Kind wird regelmäßig eine **Verlusthaftung bis zur Höhe der Einlage** aufgebürdet, da bei fehlender Verlustübernahme die steuerliche Anerkennung der Gewinnzuweisung nicht erfolgt,[73] bei der Übernahme von Verlusten über die Einlage hinaus hingegen bei minderjährigen Kindern eine gerichtliche Genehmigung nicht erfolgen wird. Zusätzlich wird die Gewinnverteilung steuerlich auf ihre Angemessenheit hin überprüft.[74] Bei einer geschenkten stillen Beteiligung mit Verlustübernahme wird eine **typisierende Obergrenze** bei **15 % des Nominalbetrages** der Einlage des Stillen gezogen, bei einer entgeltlichen Übernahme eine solche von 35 %.[75]

Was die Form der Einkommensverlagerung betrifft, so sind steuerlich zum Teil weitergehende Voraussetzungen angeordnet, als sie das Zivilrecht annimmt.[76]

---

[68] Hierzu etwa *Strahl* KÖSDI 2019, 21355 (21360).
[69] *Hermes* DStR 2019, 1777 ff.
[70] BMF, BStBl. I 2019, 1291 f.
[71] BMF, BStBl. I 2019, 1291, Rn. 7, 18.
[72] BFH – II R 34/16, DStR 2020, 382; unklar bleibt das Verhältnis zur Rechtsprechung des .IV. Senates, vgl. *Wachter* DB 2020, 634 (643).
[73] BFH – X R 99/88, DStR 1993, 431; H.4.8. „Gewinnanteile" EStH 2018.
[74] R15.9. Abs. 3 EStR 2012 und H15.9 Abs. 3 EStH 2011.
[75] BFH – IV R 83/06, DStR 2009, 959.
[76] → Rn. 512 ff., 539 ff.

III. Haftungsgünstige Vermögensverteilung

1. Asset Protection – Vermögensstrukturberatung[77] im Familienrecht

19 Mit der **Zunahme der Haftungsgefahren** bei gewerblicher und selbständiger Tätigkeit, der Häufung von Insolvenzen und der sich verändernden Klagekultur steigt der Bedarf nach Beratung zum Vermögensschutz. Hier eröffnet sich derzeit unter dem Namen „asset protection" ein neues Beratungsfeld, das seinen Ansatz zuerst in den Möglichkeiten findet, innerhalb der Familie Vermögen effektiv zu schützen.

Hierzu ist es wichtig zu wissen, dass bei allen Güterständen – die Gütergemeinschaft ausgenommen – **jeder Ehegatte** nur **mit seinem Vermögen** für seine Verbindlichkeiten haftet. Dies gilt – insoweit entgegen dem Wortlaut – auch für den gesetzlichen Güterstand der Zugewinngemeinschaft, denn nach § 1363 Abs. 2 S. 1 BGB bleibt das Vermögen der Ehegatten einschließlich der Verbindlichkeiten getrennt. Die Gemeinschaft des Zugewinns wirkt sich somit erst bei einer Beendigung des Güterstandes aus, wenn der Zugewinn ausgeglichen wird.

Hierin liegt zugleich der Schlüssel aller Asset Protection: Das schutzwürdige Vermögen muss im **Eigentum einer anderen Person**, idR eines anderen Familienmitgliedes, stehen. Insoweit gilt es schon beim Vermögensaufbau, dieses Ziel im Auge zu behalten. So klar diese Grundregel ist, so schwierig ist dennoch die Abstimmung, die erforderlich ist, um zugleich steuerliche Ziele zu erreichen und doch bei familiären Fehlentwicklungen nicht schutzlos zu sein.

Auch bei **Pflichtteilsrechten von Kindern aus unterschiedlichen Verbindungen** kommt der Vermögensstrukturberatung ein großes Gewicht zu. Hier besteht das Pflichtteilsrecht nur gegenüber dem rechtlichen Elternteil, sodass Ehegatten häufig wünschen, dass das Vermögen sich in der Hand des anderen Ehegatten konzentriert. Hierzu ist es wichtig zu wissen, dass **Zuwendungen der Ehegatten untereinander nicht geeignet sind, Vermögen aus der Pflichtteilsberechnung zu entziehen**, da nach § 2325 Abs. 3 BGB hier keine 10-Jahresfrist gilt.

> **Hinweis:** Als wirkungsvoll erweist sich hingegen der Rat, das Geld des pflichtteilsbelasteten Ehegatten für die Ausgaben der Familie zu verwenden, das Geld des anderen Ehegatten hingegen zu sparen.

2. Anfechtbarkeit und Pfändbarkeit

20 Der wichtigste Aspekt im Rahmen einer Asset Protection ist die **Anfechtbarkeit von Vermögensübertragungen** und die **Pfändbarkeit vorbehaltener Rechte**. Mit Rücksicht auf diese Hindernisse auf dem Weg zu einem gelungenen Vermögensschutz gilt es, die Vertragsgestaltung zu wählen.

Mit der Anfechtung können wirksame Rechtshandlungen rückwirkend aufgehoben werden, sodass die (etwa) erbrachten Leistungen zu-

---

[77] So die Begrifflichkeit bei *Wälzholz* FamRB 2006, 380 ff.

B. Familie und Gestaltung

rückzugewähren sind. Die Anfechtung ist als Gläubigeranfechtung nach dem AnfG oder als Insolvenzanfechtung nach der InsO denkbar. Die Tatbestände sind aufeinander abgestimmt. Im Rahmen dieser Darstellung[78] sind die folgenden Anfechtungsmöglichkeiten interessant:
- **Vorsatzanfechtung** nach § 3 Abs. 1 AnfG und § 133 Abs. 1 InsO mit **10-Jahres-Frist**
- **Anfechtung unentgeltlicher Leistungen (Schenkungsanfechtung)** nach § 4 Abs. 1 AnfG und § 134 InsO mit **4-Jahres-Frist**
- **Anfechtung entgeltlicher Verträge mit nahestehenden Personen** nach § 3 Abs. 2 AnfG und § 133 Abs. 2 InsO mit **2-Jahres-Frist**
- **Unmittelbar nachteilige Rechtshandlung** nach § 132 InsO oder **kongruente Deckungen** nach § 130 InsO bei Wissen des Begünstigten mit **3-Monats-Frist**
- **Inkongruente Deckung** nach § 131 InsO mit **1-Monats-Frist** ohne weitere objektive oder subjektive Voraussetzungen.

Allgemeine Voraussetzung der Anfechtung, die zur Folge hat, dass den Gläubigern der Vollstreckungszugriff wieder ermöglicht wird bzw. übertragene Gegenstände wieder der Insolvenzmasse zur Verfügung zu stellen sind, ist eine **Rechtshandlung, welche den Gläubiger objektiv benachteiligt**.

Vermögensübertragungen an Ehegatten im Rahmen einer sog. unbenannten oder **ehebedingten Zuwendung** werden zwar familienrechtlich von der Schenkung abgegrenzt und als familienrechtliche Verträge eigener Art angesehen, die nicht unentgeltlich sind;[79] schon erbrechtlich geht der BGH jedoch für Pflichtteilsansprüche oder Ansprüche von Erben nach §§ 2287 ff. BGB von einer unentgeltlichen Zuwendung aus.[80] Schenkungsteuerrechtlich gehen sowohl der BFH[81] wie die Finanzverwaltung[82] von einer Unentgeltlichkeit aus. Dies gilt dann erst recht im Rahmen des Anfechtungsrechts gegenüber Gläubigern, da hier das Merkmal der Unentgeltlichkeit keine Einigung der Parteien über die Unentgeltlichkeit erfordert und auch keine Bereicherung des Empfängers.[83] Aus diesem Grunde sieht der BGH die ehebedingte Zuwendung als unentgeltlich iSd Anfechtungsrechts an.[84]

Was die Voraussetzungen für die Anfechtung anbelangt, so fordern § 132 InsO und die Anfechtung entgeltlicher Leistungen gegenüber na-

---

[78] Eine umfassende Darstellung der Insolvenzanfechtung findet sich etwa bei Reul/Heckschen/Wienberg/*Wienberg* Insolvenzrecht § 9 mit einer Übersicht der möglichen Insolvenzanfechtungen → Rn. 104 ff.; *Hauschild/Kallrath/ Wachter/Kollmorgen*, Notarhandbuch, § 34 Rn. 5–36 mit einem Überblick der Anfechtungsmöglichkeiten.
[79] BGH – XII ZR 1/89, NJW 1982, 2236; BGH – XII ZR 1/89, MittBayNot 1990, 178; BGH – XII ZR 1/93, NJW 1994, 2545.
[80] BGH – IV ZR 164/90, NJW 1992, 564.
[81] BFH – II R 59/92, DStR 1994, 615.
[82] R E 7.2. ErbStR 2019.
[83] BGH – VIII ZR 241/76, NJW 1978, 1326 (1327).
[84] BGH – X ZR 114/96, NJW 2000, 134.

1. Teil. Familienrecht im Steuerrecht

hestehenden Personen eine **unmittelbare Gläubigerbenachteiligung**, die ohne Hinzutreten weiterer späterer Umstände schon mit der Vornahme der angefochtenen Rechtshandlung eintritt, sodass maßgeblicher Zeitpunkt die Vollendung der Rechtshandlung darstellt.[85] Gelangt eine gleichwertige Gegenleistung in das Schuldnervermögen, so soll eine unmittelbare Gläubigerbenachteiligung ausscheiden.[86]

Für **nahestehende Personen** isd § 138 InsO sind verschärfende Regelungen getroffen. Nahestehend idS sind neben dem Ehepartner und eingetragenem Lebenspartner sowie Verwandten des Schuldners und der Vorgenannten in auf- und absteigender Linie sowie Geschwister auch Personen mit dienstvertraglicher Bindung und solche, die mit dem Schuldner in häuslicher Gemeinschaft leben, also insb. Partner einer nichtehelichen Lebensgemeinschaft.

Hinweis: Nicht zu den nahestehenden Personen gehören die Verwandten eines Partners einer nichtehelichen Lebensgemeinschaft![87]

Für solchermaßen nahestehende Personen wird zum einen die Kenntnis von der Zahlungsunfähigkeit bzw. vom Eröffnungsantrag vermutet, § 130 Abs. 3 InsO. Ferner wird beim entgeltlichen Vertrag mit nahestehenden Personen nach § 133 Abs. 2 InsO und § 3 Abs. 2 AnfG der Vornahmezeitpunkt innerhalb dieser Frist, die Benachteiligungsabsicht des Schuldners und die Kenntnis des anderen Vertragsteils davon vermutet. Der BGH hat ausdrücklich klargestellt, dass diese Vermutungswirkung, welche die **Beweislast umkehrt**, auch bei güterrechtlichen Vereinbarungen greift.[88] Diesbezüglich gibt es also keine Privilegierung güterrechtlicher Verträge mehr.

Die Anfechtung entgeltlicher Verträge hat insb. im Insolvenzfall die missliche Folge, dass zwar die **Gegenleistung** nach § 144 Abs. 2 InsO aus der Insolvenzmasse zu erstatten ist, jedoch nur, soweit sie in dieser noch unterscheidbar vorhanden ist oder die Masse um ihren Wert bereichert ist. Sollte dies der Fall sein, besteht eine Masseforderung nach § 55 Abs. 1 Nr. 3 InsO, die zu einem Zurückbehaltungsrecht gegenüber dem Rückgewähranspruch des Insolvenzverwalters führt.[89] Ansonsten kann der Anfechtungsgegner die **Rückgewähr nur als Insolvenzgläubiger** geltend machen. Insofern können solche Verträge zu einem doppelten Vermögensverlust führen.

Nach der vorherrschenden Meinung und der Rechtsprechung des BGH kann eine **Vorsatzanfechtung** auch dann eingreifen, wenn zum Zeitpunkt der anfechtbaren Rechtshandlung **noch keine Gläubiger** vorhanden waren, denn für die Vorsatzanfechtung reicht dolus eventualis

---

[85] BGH – IX ZR 235/03, NZI 2007, 718; MüKoInsO/*Kirchhof* InsO § 129 Rn. 113.
[86] *Von Oertzen/Ponath,* Asset Protection, § 3 Rn. 6.
[87] BGH – IX ZA 3/11, NZI 2011, 448 = FamRZ 2011, 885.
[88] BGH – IX ZR 58/09, NZI 2010, 738.
[89] BGH – IX ZR 262/98, ZInsO 2000, 410.

B. Familie und Gestaltung

aus.[90] Allerdings wird zu Recht darauf hingewiesen, dass der Benachteiligungsvorsatz im Hinblick auf künftige Gläubiger davon abhängt, ob und in welchem Ausmaß der Schuldner damit rechnen musste, dass neue Gläubiger hinzukommen würden.[91]

Bei der **Beurkundung** möglicherweise anfechtbarer Rechtshandlungen ist die **Belehrung** für den Notar eine Gratwanderung. Einerseits wird er bei Vorliegen konkreter Anhaltspunkte für belehrungspflichtig gehalten, andererseits dürfe er durch seine Belehrung nicht erst die Voraussetzungen einer Anfechtbarkeit schaffen.[92] Teilweise wird wegen der Nichtanwendbarkeit des § 17 Abs. 2 S. 2 BeurkG geraten, die Belehrung nicht in der Urkunde, sondern auf gesondertem Blatt zu erteilen.[93] Insgesamt ist der anfechtungsfesten Vertragsgestaltung große Aufmerksamkeit zu widmen.[94]

3. Maßnahmen zur Asset Protection

a) Vermögenstrennung

Als Grundregel für Beteiligte, denen an einer Asset Protection gelegen ist, muss die **Vermögenstrennung** gelten. Als **Güterstand** scheidet demnach die ohnehin veraltete Gütergemeinschaft mit einem gemeinsamen Haftungsregime aus. Das **gemeinsame Halten von Vermögenswerten**, sei es in der Form von Miteigentum oder von gesellschaftsrechtlichen Beteiligungen einschließlich der Ehegatteninnengesellschaft kann dazu führen, dass letztendlich der Vermögenswert insgesamt verwertet werden kann, vorbehaltlich etwaiger gesellschaftsrechtlicher Regelungen, die ein Ausscheiden gegen Abfindung im Pfändungsfalle vorsehen.

22

Dieses grundlegende Erfordernis muss von vorneherein beim **Vermögensaufbau** berücksichtigt werden, denn ganz wichtig zum Schutze des Vermögens ist angesichts der geschilderten Anfechtungsfristen das vorbeugende, präventive Handeln. So sollte bereits der **Erwerb** wichtiger Vermögensgüter – wie etwa des Familienheimes – nach Möglichkeit durch den **nicht haftenden Ehegatten** durchgeführt werden. In das Eigentum des nicht haftenden Ehegatten kann dann nicht gepfändet werden. Anfechtbar ist nicht der direkte Kauf vom Dritten, anfechtbar sind allenfalls Maßnahmen der Finanzierung, wenn also der haftende Ehegatte dem anderen Finanzmittel zur Verfügung stellt. Hier sind möglicherweise Zuwendungen als Schenkung anfechtbar; wird unter den Ehegatten eine Darlehensvereinbarung getroffen, so sind Rückzahlungsansprüche pfändbar. Schenkungen zum Erwerb eines Familienwohnheims unterfallen nach § 13 Abs. 1 Nr. 4a ErbStG nicht der Schenkungsteuer.

---

[90] BGH – IX ZR 169/02, NZI 2003, 533 m. Anm. *Huber.*
[91] *Hauschild/Kallrath/Wachter/Kollmorgen*, Notarhandbuch, § 34 Rn. 14; *Demuth* KÖSDI 2016, 20003 (20005).
[92] Vgl. etwa die Darstellungen bei *Schumacher-Hey* RNotZ 2004, 544 (561 f.); Reul/Heckschen/Wienberg/*Heckschen* Insolvenzrecht, § 3 Rn. 161 ff.
[93] *Röll* DNotZ 1976, 453 (459); *Goost* MittRhNotK 1965, 39 (48).
[94] Vgl. etwa *Heckschen* MittRhNotK 1999, 11 ff.

1. Teil. Familienrecht im Steuerrecht

Diskutiert werden auch Modelle, nach denen zwar eine **Familien-GbR** Eigentümer wird, der haftungsgefährdete Ehegatte daran aber als **0%-Gesellschafter** vermögensmäßig nicht beteiligt ist. Das ist vom OLG Frankfurt[95] als gesellschaftsrechtlich zulässig angesehen worden. Dem Gesellschafter kann gleichwohl ein Stimmrecht zukommen.[96] In jedem Falle muss bei einer Trennung von Vermögen und Haftung eine **testamentarische Vorsorge** getroffen werden, dass bei einem plötzlichen Todesfall des Vermögensinhabers die entsprechenden Konsequenzen angeordnet werden. Eine unbedachte gesetzliche Erbfolge oder das Festhalten an alten, manchmal nicht mehr bedachten testamentarischen Regelungen gefährdet den Erfolg der Asset Protection.

23 Es sei an dieser Stelle daher auf ein **unterhaltsrechtliches Instrument** hingewiesen. Im Rahmen des Familienunterhaltes gewährt der BGH einen Anspruch des nicht oder wenig verdienenden Ehegatten auf **Taschengeld** in Höhe von 5–7% des zur Verfügung stehenden Nettoeinkommens des höher verdienenden Ehegatten, soweit er diese Summe nicht durch eigenes Einkommen deckt.[97] Eine Taschengeldzahlung beruht demnach auf einem zivilrechtlichen Anspruch, sodass es sich nicht um eine Schenkung handelt. Eine Anfechtbarkeit kommt daher nicht nach § 4 AnfG, sondern allenfalls nach § 3 Abs. 2 AnfG in Betracht. Schenkungsteuer sollte eine solche Leistung als Unterhaltsbestandteil ebenfalls nicht auslösen, zumal für Taschengeld – im Unterhaltsrecht eine Ausnahme – ein Barauszahlungsanspruch besteht.[98] In der Diskrepanzehe besteht hier also eine Möglichkeit, mittels regelmäßiger Zahlungen Geldzuwendungen schenkungsteuerfrei und mit geringen Anfechtungsfristen zu leisten. Nicht privilegiert sind hingegen nachträgliche Einmalzahlungen zur Erfüllung vorhergehender Taschengeldansprüche, weil sie nicht dem unterhaltsrechtlichen Leistungscharakter entsprechen.

Hinweis: Laufend gezahltes Taschengeld in Höhe von 5–7% des Nettoeinkommens wird anfechtungs- und schenkungsteuerlich nicht als unentgeltlich anzusehen sein.

b) Güterrechtliche Maßnahmen

aa) Anfechtbarkeit güterrechtlicher Verträge

24 In den Fokus der Beratung zur Asset Protection sind güterrechtliche Gestaltungen geraten. Es bestand längere Zeit die Hoffnung, neben erbschaftsteuerlichen und pflichtteilsrechtlichen Vorteilen auch im Anfechtungsrecht durch eherechtliche Gestaltungen eine bevorzugte Behandlung zu erlangen. Dem ist zwar der **BGH** nun entgegengetreten[99] und

---

[95] OLG Frankfurt/Main, ZIP 2013, 727 = JuS 2013, 653 (*K. Schmidt*).
[96] *Demuth* KÖSDI 2016, 20003 (20006).
[97] BGH – XII ZR 140/96, NJW 1998, 1553; BGH – XII ZR 122/00, FPR 2004, 153; BGH – XII ZR 43/11, NJW 2013, 686; BGH – XII ZB 25/13, NJW 2014, 1173.
[98] Vgl. hierzu etwa § 94 Abs. 3 Österr. ABGB.
[99] BGH – IX ZR 58/09, NZI 2010, 738.

B. Familie und Gestaltung

hat die **güterrechtlichen** mit allen **anderen vertraglichen Abreden gleichgestellt**. Gleichwohl lassen sich solche güterrechtlichen Abreden unter dem Gesichtspunkt des Asset Protection empfehlen.

Auch nach der neuen Rechtsprechung des BGH ist angesichts der grundgesetzlich garantierten Ehevertragsfreiheit der **Güterstandswechsel selbst nur eingeschränkt anfechtbar**. So bleibt die statusrechtliche Wirkung des Güterstandswechsels von einer Anfechtung unberührt;[100] allerdings hat dies der BGH bisher nur für die Schenkungsanfechtung ausdrücklich festgestellt, für die Vorsatzanfechtung ist es noch nicht entschieden.[101] Zudem wird es auch im Rahmen der Vorsatzanfechtung regelmäßig genügen, die nachfolgenden Vermögensübertragungen anzufechten, sofern nicht ausnahmsweise bereits der Güterstandswechsel selbst den Gläubigern unmittelbar[102] Die Statusänderung sollte daher auch nicht der Vorsatzanfechtung unterliegen, das wäre überschießend.[103] Vermögensgegenstände entzieht, wie dies etwa bei Eingehung von Gütergemeinschaft der Fall sein könnte.[104] Dass durch die Änderung des Güterstandes künftige güterrechtliche Ansprüche wegfallen, berechtigt nicht zur Anfechtung, denn außenstehende Dritte und insb. künftige Gläubiger haben nach Ansicht des BGH keinen Anspruch darauf, „dass ein einmal bestehender Güterstand für die Zukunft aufrechterhalten wird und ihnen damit eine Zugriffsmöglichkeit, die sie bei Fortbestand dieses Güterstandes gehabt hätten, erhalten bleibt."[105]

Der BGH[106] unterscheidet zwischen dem **Güterstandswechsel** an sich und dem **Ausführungsvertrag** bzw. den einzelnen Übertragungsvorgängen. Letztere sieht er als **anfechtbar** an. Allerdings wird es sich dabei dann um entgeltliche Verträge handeln, da der gesetzliche Ausgleichsanspruch erfüllt wird,[107] so dass im Zentrum die Vorschrift des § 133 Abs. 2 S. 1 InsO bzw. § 3 Abs. 2 S. 1 AnfG steht.[108] Damit besteht

---

[100] BGH – IX ZR 58/09, NZI 2010, 738, Tz. 14.
[101] Münch/*Herrler* Familienrecht, § 19 Rn. 49.
[102] Der BGH stellt hier ein zusätzliches Unmittelbarkeitskriterium auf, das von demjenigen der Unmittelbarkeit der Gläubigerbenachteiligung zu unterscheiden ist (vgl. Gutachten DNotI 120040 v. 12.7.2012).
[103] Reul/Heckschen/Wienberg/*Herrler* Insolvenzrecht, § 6 Rn. 77; BeckOGK/*Reetz* BGB § 1408 Rn. 101.
[104] Münch/*Herrler* Familienrecht, § 19 Rn. 49 ff.; *Klühs* NotBZ 2010, 286 (288), sieht zwar wegen der Forthaftung des Gesamtgutes für Altverbindlichkeiten keinen Entzug eines Haftungssubstrats, aber möglicherweise neu hinzutretende Verbindlichkeiten des anderen Ehegatten seien problematisch.
[105] BGH – VIII ZR 212/69, NJW 1971, 48 (49).
[106] BGH – IX ZR 58/09, NZI 2010, 738.
[107] Noch offen ist die Anfechtbarkeit der durch den Güterstandswechsel entstandenen Ausgleichsforderung an sich, welche die causa für den Ausführungsvertrag bildet, sodass dogmatisch schwerlich nur auf den Ausführungsvertrag abgestellt werden kann, Münch/*Herrler* Familienrecht, § 19 Rn. 53 ff.
[108] Diese Sicht ist nicht unumstritten, vgl. etwa *Klühs* NotBZ 2010, 286 (287), der unter Hinweis auf frühere BGH-Rechtsprechung von einer unentgeltlich begründeten Verbindlichkeit ausgeht, deren Erfüllung ihrerseits wiederum unentgeltlich sei.

1. Teil. Familienrecht im Steuerrecht

für die Anfechtung nur eine zweijährige Frist. Allerdings werden nach BGH der Gläubigerbenachteiligungsvorsatz und die Kenntnis des anderen Teils hiervon auch bei der Ausführung güterrechtlicher Verträge widerleglich vermutet.[109]

Hinweis: Im Ergebnis greift bei Güterstandswechsel und Erfüllung einer entsprechenden Ausgleichsforderung die zweijährige Anfechtungsfrist für entgeltliche Verträge unter nahestehenden Personen, wobei Gläubigerbenachteiligungsvorsatz und Kenntnis des anderen Teils hiervon widerleglich vermutet werden.

Eine **andere Beurteilung** hin zu einer Anfechtbarkeit auch der güterrechtlichen Vereinbarungen und damit eine Anfechtung mit vierjähriger Frist wegen Unentgeltlichkeit mag jedoch bei **extremen Fallgestaltungen** gegeben sein, so bei **mehreren Güterstandswechseln in einer Urkunde,** ohne dass der zunächst gewählte Güterstand überhaupt eine Zeitlang besteht.[110] Eine Vorsatzanfechtung wird nur schwer erweislich sein.[111] Auch wenn der BFH insoweit schenkungsteuerlich einen Missbrauch verneint hat[112] – allerdings mit der Einschränkung, die Vorinstanz habe die Güterstandbeendigung bindend festgestellt – steht damit noch nicht fest, dass eine Übertragung von Vermögen auf diese Weise pflichtteilsfest ist, denn der BGH hat dies für einen zweimaligen Güterstandswechsel nach einem Gesamtplan in Frage gestellt.[113] Ebenso wird im Anfechtungsrecht vertreten, dass hier eine missbräuchliche Gestaltung derart naheliegt, dass entweder der Güterstandswechsel selbst anfechtbar wird oder zumindest die vierjährige Frist der Schenkungsanfechtung greift.[114]

Hinweis: Angesichts anfechtungs- und pflichtteilsrechtlicher Probleme ergeht der Ratschlag, Güterstandsschaukeln in zwei Urkunden mit zeitlichem Abstand zu beurkunden. Wird dies aus Kostengründen nicht gewünscht, sollte über die bestehenden Risiken belehrt werden.[115]

25   Der BGH will ferner sein Urteil „jedenfalls auf Verträge" angewendet wissen, die „nicht an die Stelle eines Zugewinnausgleichsverlangens nach §§ 1385, 1386 BGB treten." Daraus wird gefolgert, dass bei einer Beendi-

---

[109] BGH – IX ZR 58/09, NZI 2010, 738.
[110] Vgl. hierzu *Münch* StB 2003, 130 ff. („Gütertrennung für einen Abend?"); *Ponath* ZEV 2006, 49 (53), fordert einen Abstand von zwei Jahren vor Rückkehr in den gesetzlichen Güterstand im Rahmen einer Güterstandsschaukel; ebenso *Werner* NWB 2011/41, 3462 (3464).
[111] Hauschild/Kallrath/Wachter/Kollmorgen, Notarhandbuch, §34 Rn.50 weist darauf hin, dass die Beweisschwierigkeiten im Hinblick auf den Benachteiligungsvorsatz des Übertragenden und die positive Kenntnis des Empfangenden erheblich sind.
[112] BFH – II R 29/02, ZEV 2009, 490, m. Anm. *Münch.*
[113] BGH – IV ZR 266/90, NJW 1992, 558 ff.; skeptisch *Wachter* FR 2006, 43.
[114] *Von Oertzen/Ponath*, Asset Protection, §4 Rn. 16; *Ponath* ZEV 2006, 49 (51), 53.
[115] *Münch*, Ehebezogene Rechtsgeschäfte, Kap. 1 Rn. 529 ff.

B. Familie und Gestaltung

gung des Güterstandes kraft Gesetzes durch Scheidung die Vermutungswirkung nicht gilt,[116] ebenso bei vorzeitigem Zugewinnausgleich, dessen Voraussetzungen durchaus einvernehmlich herbeigeführt werden können.[117]

Nicht von vorneherein rechtsmissbräuchlich im Lichte des Anfechtungsrechts hingegen muss eine **rückwirkende Vereinbarung der Zugewinngemeinschaft** sein.[118] Hierfür gibt es Gründe außerhalb der Gläubigerbenachteiligung, insb. im Bereich des Schenkungsteuerrechts. So hat der BFH[119] sogar ausdrücklich nahezu als Gestaltungsempfehlung auf diese Möglichkeit hingewiesen. Aber auch zivilrechtliche Gründe sprechen zuweilen für eine rückwirkende Vereinbarung von Zugewinngemeinschaft. So wird häufig nach längerer Ehe der Güterstand der Gütertrennung als unpassend empfunden. Zuweilen werden auch Gesellschaftsverträge modernisiert, die früher Gütertrennung vorschrieben und nun eine Modifizierung des gesetzlichen Güterstandes ausreichen lassen. 26

Wird hingegen eine Rückwirkung des vorzeitigen Zugewinnausgleichs gerade deshalb gewählt, um zu einem Zeitpunkt vor Bestehen der nunmehrigen Gläubigerforderungen zu kommen und dadurch einen Zugewinn auszugleichen, den es jetzt nicht (mehr) gäbe, dann ist ein unentgeltlicher Vorgang anzunehmen.[120]

Anfechtungsrechtlich nutzbar machen lässt sich möglicherweise auch ein weiteres BGH-Urteil,[121] in welchem der BGH feststellt, dass bei einem **Vergleich keine unentgeltliche Leistung** vorliegt, da die Vermutung bestehe, dass der Vergleich durch gegenseitiges Nachgeben zustande gekommen sei. Es mag sich daher empfehlen, Vereinbarungen als Vergleich auszuformulieren, wenn ein solches gegenseitiges Nachgeben vorliegt. 27

Als unentgeltlich dürfte auch der sog. **„fliegende Zugewinnausgleich"** angesehen werden, dh der Ausgleich des seit Ehebeginn angefallenen Zugewinns und die Definition des Standes nach Ausgleich als jeweiliges neues Anfangsvermögen ohne eine Beendigung des Güterstandes, hatte doch hier schon der BFH sich schenkungsteuerlich für eine Unentgeltlichkeit ausgesprochen.[122] Auch der BGH steht der Frage eher skeptisch gegenüber, lässt aber letztendlich dahinstehen, ob er Entgeltlichkeit annehmen kann, wenn ein Zugewinnausgleichsanspruch noch nicht entstanden ist und nicht feststeht, ob der Güterstand beendet wird.[123] 28

---

[116] *Von Oertzen/Ponath,* Asset Protection, § 4 Rn. 28 f., 36; *Bergschneider* FamRZ 2010, 1550 (1551).
[117] *Bergschneider* FamRZ 2010, 1550 (1551).
[118] Anders *von Oertzen/Ponath,* Asset Protection, § 4 Rn. 37; *Klühs* NotBZ 2010, 286 (289).
[119] BFH/NV 2006, 948 f., letzter Abs.
[120] *Scherer/Kirchhain* ZErb 2006, 106 ff.
[121] BGH – IX ZR 285/03, ZIP 2006, 2391 = NJW-RR 2007, 263.
[122] BFH – II R 28/02, ZEV 2006, 41, m. Anm. *Münch.*
[123] BGH – IX ZR 33/11, NJW 2012, 1217; die Entscheidung beschäftigt sich mit einer ehebedingten Zuwendung, in deren Rahmen andere Gegenstände zum Anfangsvermögen erklärt wurden, ohne Änderung des Güterstandes. Die Frage der Entgeltlichkeit war letztlich nicht entscheidungserheblich, weil die ehevertragliche Vereinbarung dem übertragenden Ehegatten gar keinen Vorteil bot.

29 Fraglich ist ferner die Anfechtbarkeit bei **Verzichten im vorsorgenden Ehevertrag.** In mehreren Urteilen hat der BFH aus schenkungsteuerlicher Sicht in einem vorbeugenden Zugewinnausgleichs- oder Unterhaltsverzicht gegen Abfindung eine Schenkung der Abfindung angenommen.[124] Hiergegen ist einzuwenden, dass zivilrechtlich eine solche Kompensation durch eine Abfindung für die Wirksamkeit der Verzichtsvereinbarung gefordert wird. Aufgrund der Einheit der Rechtsordnung kann dann das Schenkungsteuerrecht nicht die zivilrechtlich nötige Kompensation als unentgeltlich einstufen. Das wird jeder bestätigen, der in Fällen mit großem Vermögen das Ringen um einen vorsorgenden Ehevertrag begleitet.[125] Anfechtungsrechtlich wird vertreten, dass jedenfalls bei einer pauschalierenden Abgeltung ohne jede Tatsachengrundlage von einer Unentgeltlichkeit auszugehen sein wird.[126] Ehevertraglich wird man also versuchen, wenn die Anfechtung ein Thema ist, die Berechnungsgrundlagen möglichst darzustellen, sodass es gelingen kann, die Aufgabe einer realen Erwerbschance darzustellen. Zudem ist es empfehlenswert, im Hinblick auf die Anfechtungsfristen die Kompensation sofort nach Eheschließung zu leisten.[127]

bb) Güterstandsbeendigung

30 **Fallbeispiel:** Die Unternehmerfamilie Gerhard und Gerda Glück hat das Familienunternehmen gut durch die Fährnisse der Zeit gesteuert und großes Firmenvermögen aufgebaut. Als Sohn Gunter nun heiratet, besteht der Vater auf Gütertrennung und Pflichtteilsverzicht. So sehe das auch der Gesellschaftsvertrag der Glück & Söhne GmbH & Co. KG vor. Gunter hält sich daran. 30 Jahre später hat Gunter einen Zugewinn von insgesamt 30 Mio. EUR erwirtschaftet, davon 10 Mio. EUR im Privatvermögen.
Er fragt nun seinen Steuerberater nach den steuerlichen Folgen eines Testamentes, in dem er seine Kinder zu Erben einsetzt und seiner Ehefrau das Privatvermögen von 12 Mio. vermacht. Ferner möchte Gunter Glück wissen, ob er seine Ehefrau bereits jetzt am Privatvermögen beteiligen kann, ohne dass Steuern anfallen. Er überlege, auf sie die Hälfte seines Privatvermögens zu übertragen, teils in Geld, teils in Immobilien.

Sieht man von der geschilderten Anfechtungsproblematik ab, so ist die rechtzeitige **Güterstandsbeendigung** mit Zugewinnausgleich ein **probates Mittel zur Asset Protection.** Sie führt dazu, dass im Rahmen des Zugewinnausgleichs Vermögen vom haftungsgefährdeten Ehegatten auf den anderen Ehegatten übertragen werden kann. Sie führt zudem den Ausgleich des Zugewinns zu einem Zeitpunkt durch, zu dem solcher vorhanden ist. Geschehen solche Maßnahmen rechtzeitig und nicht im Zuge einer finanziellen Krise, so haftet ihnen keinerlei Gläubigerbenachteiligungsabsicht an, vielmehr führt man mit der den Ehegatten verfassungsrechtlich garantierten Vertragsfreiheit zur Wahl ihres Güter-

---

[124] BFH – II R 12/06, ZEV 2007, 500 m. Anm. *Münch*; BFH – II R 53/05, DStR 2008, 348.
[125] Näher hierzu *Münch* DStR 2008, 26f. und *Münch* FPR 2012, 302ff.
[126] *Münch/Herrler* Familienrecht, § 19 Rn. 80f. mwN.
[127] BeckOGK/*Reetz* BGB § 1408 Rn. 107.

B. Familie und Gestaltung

standes die Beendigung der Zugewinngemeinschaft gezielt herbei und gleicht den dann bestehenden Anspruch aus.

Der besondere Charme eines solchen Ausgleichs mit Güterstandsbeendigung liegt in der **Schenkungsteuerfreiheit des realen Zugewinnausgleichs nach § 5 Abs. 2 ErbStG**. Nach hM hat die Vorschrift – im Gegensatz zur Steuerfreiheit des sog. fiktiven Zugewinns beim erbrechtlichen Viertel nach § 5 Abs. 1 ErbStG – gar keinen eigenständigen Regelungsgehalt, sondern stellt nur klar, dass keine freigebigen Zuwendungen iSd §§ 3, 7 ErbStG vorliegen, wenn auf die Leistung nach Familienrecht ein Rechtsanspruch besteht. 31

Diese Vorschrift ist im Rahmen einer Beratung zur schenkungsteuerlichen Optimierung der Familienverhältnisse zentraler Ausgangspunkt. Sie ist der Grund dafür, dass die Gütertrennung nur sehr zurückhaltend gewählt und stattdessen die Zugewinngemeinschaft in passender Weise ausgestaltet wird. Zur Interpretation der Vorschrift ist wichtig, dass die zahlreichen **Einschränkungen**, die § 5 **Abs. 1** ErbStG zur Berechnung der fiktiven Zugewinnausgleichsforderung aufstellt, für Abs. 2 **nicht gelten**, denn der Gesetzgeber hat sich bewusst dagegen entschieden.[128] Dies bedeutet insbesondere, dass
- die **Vermutung des § 1377 Abs. 3 BGB** (Anfangsvermögen = 0) Geltung beansprucht. Allerdings trifft den Steuerpflichtigen eine Mitwirkungspflicht gegenüber der Finanzbehörde;[129]
- die Steuerfreiheit des Erwerbs nicht begrenzt wird durch den Steuerwert des Endvermögens;[130]
- **abweichende ehevertragliche Vereinbarungen** der Berechnung des Zugewinns für § 5 Abs. 2 ErbStG **zugrunde gelegt** werden. Haben also die Ehegatten vertraglich den Zugewinn verringert oder gar ausgeschlossen, so lässt sich hieraus auch für § 5 Abs. 2 ErbStG kein Zugewinn errechnen, der dann steuerfrei ausgeglichen werden könnte.

Vorhandene Eheverträge müssen daher vor Durchführung eines Zugewinnausgleichs nach § 5 Abs. 2 ErbStG einer **genauen Überprüfung** unterzogen werden. 32

Häufig finden sich folgende Formulierungen, wenn der Zugewinn im Scheidungsfalle ausgeschlossen, im Todesfalle jedoch beibehalten werden sollte:

> **Formulierungsbeispiel:** Für den Fall der **Beendigung des Güterstandes** durch den Tod eines Ehegatten soll es beim Zugewinnausgleich durch Erbteilserhöhung oder güterrechtliche Lösung verbleiben. Wird jedoch der Güterstand auf andere Weise als durch den Tod eines Ehegatten beendet, so findet kein Zugewinnausgleich statt.

Ist ein Ehevertrag so formuliert, so ist ein Zugewinn gerade auch für den Fall einer Beendigung des Güterstandes durch ehevertragliche Wahl der Gütertrennung ausgeschlossen! Auf dieser Basis kann kein steuerfreier

---
[128] *Schlünder/Geißler* FamRZ 2005, 149 (156).
[129] Vgl. *Jülicher* ZEV 2006, 338 (340).
[130] *Meincke/Hannes/Holtz* ErbStG § 5 Rn. 51.

1. Teil. Familienrecht im Steuerrecht

Zugewinnausgleich nach §5 Abs. 2 ErbStG durchgeführt werden. Ein dennoch durchgeführter **Zugewinnausgleich** wäre als **Schenkung** anzusehen.

Hier müsste auf eine **Formulierung** des Ehevertrages geachtet werden, die **schon beim Abschluss des vorsorgenden Ehevertrages** einen solchen Zugewinnausgleich erlaubt. Anderenfalls müsste der vorliegende Ehevertrag zunächst (mit Rückwirkung!) geändert werden. Dann erst könnte im nächsten Schritt der Zugewinn schenkungsteuerfrei ausgeglichen werden.

Eine Formulierung, die auch für diese Fälle Zugewinnausgleich vorsieht, müsste nicht auf das Ende des Güterstandes, sondern auf das Ende der Ehe abstellen und könnte folgendermaßen lauten:

Formulierungsbeispiel: Für den Fall der **Beendigung der Ehe** durch den Tod eines Ehegatten soll es beim Zugewinnausgleich durch Erbteilserhöhung oder güterrechtliche Lösung verbleiben. Wird jedoch die Ehe auf andere Weise als durch den Tod beendet, so findet kein Zugewinnausgleich statt.

Soll nun eine Güterstandsbeendigung mit Zugewinnausgleich durchgeführt werden, so müssen **unpassende Eheverträge** ggf. **zuvor korrigiert** werden, etwa indem der Ausschluss des Zugewinns für die vertragliche Beendigung des Güterstandes beseitigt wird.

Fraglich ist in diesem Zusammenhang insbesondere, ob solche **Anpassungen mit Rückwirkung** erfolgen sollen, wenn der Zugewinn aus der Vergangenheit in den Ausgleich hineingenommen werden soll. Der **BFH** hat hierzu in einem Urteil, das §5 Abs. 1 S. 4 ErbStG überprüfte (hier Ausschluss der Rückwirkung bei der fiktiven Berechnung von Zugewinn), ausdrücklich darauf hingewiesen, dass im Rahmen der tatsächlichen eheverträglichen Güterstandsbeendigung die rückwirkende Vereinbarung von Zugewinngemeinschaft und ein anschließender vertraglicher Ausgleich des Zugewinns mit Vereinbarung der Gütertrennung schenkungsteuerfrei möglich ist.[131] Das Urteil liest sich insoweit wie ein **Gestaltungsvorschlag für Ehegatten**.

Die **Literatur** folgert daraus „mit der natürlich gebotenen Vorsicht"[132], dass abweichende eheverträgliche Gestaltungen auch mit Rückwirkung im Rahmen des §5 Abs. 2 ErbStG anzuerkennen sind. Das **FG Düsseldorf** hat diese für den Fall der güterrechtlichen Lösung im Todesfalle ausgesprochen, in dem zuvor die Zugewinngemeinschaft rückwirkend vereinbart worden war.[133] Dies kann dann für die eheverträgliche Vereinbarung von Gütertrennung mit Zugewinnausgleich nicht anders sein.

Hinweis: Rückwirkende eheverträgliche Vereinbarungen werden anerkannt, wenn anschließend nach gewisser Zeit der Zugewinn nach §5 Abs. 2 ErbStG real ausgeglichen wird. Das heißt, es ist später Gütertrennung zu vereinbaren

---

[131] BFH – II R 64/04, letzter Absatz DStRE 2006, 541; hierzu *Wefers* ErbStB 2006, 117.

[132] *Geck*, FG Düsseldorf, EFG 2006, 1447; ZEV 2006, 62 (63); *J. Mayer* FPR 2006, 129 (135); *Schlünder/Geißler* NJW 2007, 482.

[133] FG Düsseldorf – 4 K 7107/02, *Erb* DStRE 2006, 1470.

B. Familie und Gestaltung

und der tatsächliche Zugewinn auszugleichen. Nicht ausreichend ist es, wenn die Ehe später durch Tod beendet wird und der Zugewinn über das erbrechtliche Viertel ausgeglichen wird (§ 5 Abs. 1 ErbStG).

Auch die Finanzverwaltung hatte dies zwischenzeitlich anerkannt und eine Änderung der ErbStR alsbald angekündigt.[134] Die **Änderung der Erbschaftsteuerrichtlinien in ErbStR 2011 R E 5.**2 und die im Wortlaut nur ganz leicht veränderte Fassung der **ErbStR 2019** hat dies aber nur sehr unvollkommen umgesetzt. Zwar wurde eingefügt, dass die Nichtsteuerbarkeit der durch Ehevertrag oder Scheidungsvereinbarung modifizierten Zugewinnausgleichsforderung Ausfluss der bürgerlich-rechtlichen Gestaltungsfreiheit der Ehegatten bei der Ausgestaltung des Zugewinns sei. Dann aber wird weiterhin und unverändert ausgeführt, dass – soweit durch Ehevertrag einem Ehegatten eine erhöhte güterrechtliche Ausgleichsforderung verschafft wird – hierin eine Schenkung zu sehen ist, wenn „nicht in erster Linie güterrechtliche, sondern erbrechtliche Wirkungen herbeigeführt werden sollen". Sofern ein **vor dem Zeitpunkt des Vertragsschlusses liegender Beginn** des Güterstandes vereinbart wird, nahm die bisherige Fassung zwingend eine überhöhte Zugewinnausgleichsforderung an. Die Neufassung begnügt sich mit der Feststellung, dass in diesen Fällen eine **überhöhte Zugewinnausgleichsforderung vorliegen kann**. Sie fügt ferner hinzu, dass aus der **rückwirkenden Vereinbarung allein** sich **noch keine erhöhte güterrechtliche Ausgleichsforderung** ergibt. Der bisherige Automatismus, dass eine Rückwirkung automatisch zu einer erhöhten Ausgleichsforderung führt, ist also durchbrochen. Die Finanzverwaltung will sich aber offensichtlich eine Würdigung des Einzelfalles weiterhin vorbehalten.

Man wird so differenzieren müssen: Werden einschränkende Eheverträge **rückwirkend** aufgehoben **bis höchstens zum Ehebeginn zurück**, so ist die Lage so, **wie der gesetzliche Zugewinn** berechnet würde. Dies wird **regelmäßig güterrechtlich begründet** sein, da nach längerer Ehezeit nun bewusst wird, dass die Schutzmaßnahmen, die zu Beginn der Ehe angebracht waren – sei es Gütertrennung, seien es einschränkende Modifikationen –, nun nicht mehr notwendig sind. Kein Ehegatte erhält hier mehr, als ihm nach dem gesetzlichen Güterstand ohne Vertrag zustünde. Eine solche Rückwirkung wird anzuerkennen sein, sodass nach einer solchen rückwirkenden Änderung des Ehevertrages hin zu einer unbeschränkten Zugewinngemeinschaft von Ehebeginn an auf dieser Grundlage der gesetzliche Güterstand der Zugewinngemeinschaft beendet und zur Gütertrennung übergegangen werden kann, was zu einem steuerfreien Ausgleich des Zugewinns der gesamten Ehe führt.

Wird hingegen vereinbart, auch für Zeiten vor Ehebeginn noch Zugewinn auszugleichen oder eine höhere als die hälftige Ausgleichsquote

33

---

[134] BayLAfSt, DStZ 2006, 782 und OFD Rheinland und Münster, ErbStB 2007, 73.

1. Teil. Familienrecht im Steuerrecht

anzuwenden, so gehen diese **Vereinbarungen über das gesetzliche Regime der Zugewinngemeinschaft hinaus**. Sie würden daher **nicht anerkannt**.[135] Ansonsten interpretieren die Richtlinien die Vorschrift des § 5 Abs. 2 ErbStG in folgender Weise:
- Die Vorschrift ist nicht anwendbar, wenn zwar durch Ehevertrag der bisherige Zugewinn ausgeglichen, aber dieser Güterstand nicht beendet wird (sog. fliegender Zugewinn).
- Beim Verzicht auf Zugewinn gegen Abfindung ist diese ebenfalls steuerfrei.
- Beim Verzicht auf eine geltend gemachte Ausgleichsforderung kann eine Schenkung unter Lebenden vorliegen.

34 Häufig werden bei der Güterstandsbeendigung nicht ausreichend liquide Geldmittel zur Verfügung stehen, um den Zugewinnausgleich in Geld durchzuführen. Der Anspruch auf Zugewinn ist aber nach § 1378 Abs. 1 BGB ausschließlich auf Geld gerichtet. Wenn sich die Eheleute also entschließen, die Ausgleichsforderung zu berechnen und anstelle einer reinen Geldzahlung Immobilien oder andere Vermögenswerte zu übertragen, so liegt darin eine **Leistung an Erfüllungs Statt**. Zivilrechtlich kann man über die Einordnung der Leistung an Erfüllungs Statt streiten. Nach führenden zivilrechtlichen Kommentatoren[136] und Rechtsprechung[137] liegt in der Leistung an Erfüllungs Statt gerade kein entgeltliches Austauschgeschäft mit einem Erlass der Geldforderung und der Vereinbarung der Leistung an Erfüllungs Statt, sondern nur ein bloßes Hilfsgeschäft zur Erfüllung der ursprünglichen Schuld. Der **BFH**[138] hat sich aber auf einen ganz klaren Standpunkt gestellt und ausgesprochen, dass er **steuerlich** die **Leistung an Erfüllungs Statt** völlig unabhängig von ihrer zivilrechtlichen Einordnung als **entgeltlich** wertet. Somit ist aus steuerlicher Sicht bei der Abgeltung von Zugewinnausgleichsansprüchen von einem entgeltlichen Geschäft auszugehen, sodass insb. bei Betriebsvermögen und bei Immobilienvermögen und sonstigem Privatvermögen im Rahmen des § 23 EStG steuerliche Nachteile drohen können.

> **Hinweis:** Werden bei Beendigung des Güterstandes Vermögenswerte an Erfüllungs Statt übertragen, so ergeben sich einkommensteuerliche Risiken, da dies steuerlich zu einem entgeltlichen Vorgang führt, der entsprechende Gewinnauswirkungen haben kann.

---

[135] *Meinke/Hannes/Holtz* ErbStG § 5 Rn. 43.
[136] BRHP/*Dennhardt* BGB § 364 Rn. 1; Palandt/*Grüneberg* BGB § 364 Rn. 2; Staudinger/*Olzen* BGB § 364 Rn. 7 ff.
[137] BGH – VIII ZR 190/82, NJW 1984, 429 f.
[138] BFH – III R 38/00, DStRE 2005, 449, für die Abgeltung eines Pflichtteilsanspruches durch die Übertragung eines Gesellschaftsanteils; kritisch hierzu *Tiedtke/Langheim* FR 2007, 368 ff.

B. Familie und Gestaltung

Eine neue Problematik hat sich bei der Stundung der angesichts des Überganges zur Gütertrennung festgestellten Zugewinnausgleichsforderung ergeben.

Rechtsprechungsbeispiel: Ehegatten beendeten mit notariellem Ehevertrag von 1994 ihren bisherigen Güterstand der Zugewinngemeinschaft und vereinbarten Gütertrennung. Der bis zu diesem Vertrag entstandene Zugewinn wurde auf 300.000,– EUR festgelegt. Der Ausgleichsberechtigte stundete den Betrag bis zum 31.12.1999, der Verpflichtete bestellte ein Sicherungsgrundpfandrecht. Die 300.000,– EUR wurden im Jahre 2002 gezahlt. Das Finanzamt nahm für das Jahr 2002 einen Zinszufluss von 72.000,– EUR an, der nach § 20 Abs. 1 Nr. 7 EStG zu versteuern sei.[139]

Der BFH hat diesen Fall zu grundsätzlichen Ausführungen zur Abgrenzung zwischen Einkommen- und Schenkungsteuer genutzt, nachdem er zuvor zwar die tatbestandlichen Voraussetzungen für **Einkünfte aus Kapitalvermögen** bejaht hatte, weil bei einer **Stundung** von mehr als einem Jahr auch bei einer als unverzinslich vereinbarten Forderung der Rückzahlungsbetrag nach § 12 Abs. 3 BewG in einen nicht steuerbaren Zins- und einen steuerbaren Tilgungsanteil aufgespalten werden müsse (gesetzlicher Zinssatz 5,5%). Zugleich jedoch sei die zinslose Stundung als **Schenkung** anzusehen.[140] In einem solchen Fall habe die **Ertragsbesteuerung zurückzutreten**, denn im Falle einer Schenkung fehle es grds. an einer Erwerbshandlung, die auf Einkünfteerzielung am Markt gerichtet sei. Für die Betroffenen ist dies aufgrund der Freibeträge regelmäßig die bessere Lösung.[141]

Zusammenfassung: Somit ist die Beendigung des Güterstandes der Zugewinngemeinschaft durch Übergang zur Gütertrennung eine probate Möglichkeit, Vermögen auf den Ehegatten zu übertragen. Sie löst als entgeltliche Handlung nur die zweijährige Anfechtungsfrist aus. Allerdings sind einkommensteuerliche Risiken bei der Übertragung von Vermögensgegenständen anstelle von Geldzahlung zu beachten.

Lösung Fallbeispiel Rn. 30: Vermacht Gunter Glück seiner Ehefrau bei Gütertrennung sein Privatvermögen in Höhe von 12 Mio. EUR, so kann diese einen Freibetrag von 500.000,– EUR nach § 16 Abs. 1 Nr. 1 ErbStG geltend machen.[142] 11,5 Mio. EUR muss die Ehefrau versteuern zum Steuersatz von 23% nach § 19 ErbStG. Somit fallen Steuern in Höhe von 2.645.000,– EUR an.
Der Steuerberater wird daher Gunter Glück raten, den Güterstand zu wechseln und rückwirkend von Ehebeginn an Zugewinngemeinschaft zu vereinbaren, ggf. mit einer Obergrenze für den Zugewinnausgleich von 12 Mio. EUR. Er wird bedauern, nicht von vornherein gefragt worden zu sein, denn dann

---

[139] BFH – VIII B 70/09, ZEV 2012, 58.
[140] So schon BFH – II R 22/09, DStR 2010, 1330.
[141] Zum Ganzen Münch/*Schlünder/Geißler* Familienrecht, § 18 Rn. 30 ff., 35
[142] Der Versorgungsfreibetrag nach § 17 ErbStG bleibt vorläufig außer Betracht.

1. Teil. Familienrecht im Steuerrecht

hätte er von der Gütertrennung abgeraten und sogleich zu einer modifizierten Zugewinngemeinschaft geraten.
Im Todesfall nun muss der Zugewinn nach §5 Abs. 2 ErbStG abgewickelt werden, da nur nach dieser Vorschrift der abweichende und rückwirkende Ehevertrag anerkannt wird. Dh der überlebende Ehegatte muss notfalls ausschlagen, damit der Zugewinn über §1371 Abs. 2 BGB konkret berechnet werden kann. In diesem Falle könnte der Zugewinn im Todesfalle in voller Höhe (Obergrenze 12 Mio.) steuerfrei vereinnahmt werden.
Eine Beteiligung am Zugewinn unter Lebenden setzt ebenfalls zunächst die Änderung des Güterstandes und die rückwirkende Vereinbarung von Zugewinngemeinschaft voraus. Dann kann später der Güterstand beendet und der Zugewinn ausgeglichen werden.[143] Bei der Übertragung von Privatvermögen aus Anlass des Zugewinnausgleichs muss auf die einkommensteuerlichen Folgen geachtet werden.

cc) Güterstandsschaukel

37 Mit der Beendigung des Güterstandes der Zugewinngemeinschaft durch Wahl der Gütertrennung allein begnügte man sich aber nicht. Schon früh sprach man von einer **Vertragsgestaltung durch doppelten Güterstandswechsel**.[144] Im Vordergrund dieser Gestaltung steht die Ausnutzung der schenkungsteuerlichen Möglichkeiten des **§5 Abs. 2 ErbStG**.[145] Man vereinbart Gütertrennung, gleicht den bis dahin angefallenen Zugewinn aus und kehrt anschließend wieder in den gesetzlichen Güterstand zurück, damit entweder der Mechanismus in einigen Jahren erneut ablaufen kann oder aber, weil man möglichst niedrigen Pflichtteilsansprüchen ausgesetzt sein möchte.
Diese sog. Güterstandsschaukel kann in zwei Urkunden stattfinden. Die Praxis hat aber – wohl aus Kostengründen – beide Güterstandswechsel **in einer Urkunde zusammengefasst**. Dies hatte nach dem FG Köln[146] schließlich auch der **BFH**[147] **gebilligt**. Im zugrunde liegenden Fall war nur eine Urkunde errichtet worden, die sowohl die Vereinbarung der Gütertrennung mit Zugewinnausgleich enthielt als auch die erneute Rückkehr zum gesetzlichen Güterstand. Der BFH hat in diesem Falle die Schenkungsteuerfreiheit nach §5 Abs. 2 ErbStG gewährt. Die Gründe liegen für den BFH darin, dass dem begünstigten Ehegatten die Ausgleichsforderung nicht vertraglich zugewendet werde, sondern kraft Gesetzes mit der Gütertrennung entstehe. Das Schenkungsteuerrecht müsse die eheverträgliche Gestaltungsfreiheit insoweit anerkennen, **wenn es tatsächlich zu einer güterrechtlichen Abwicklung, dh mindestens zur Ermittlung der Ausgleichsforderung komme**. Diese Voraussetzung leitet der BFH aus BT-Drs. VI/3418, 63 her. Hier

---

[143] Zur Art und Weise der Durchführung sogleich im Kapitel über die Güterstandsschaukel, → Rn. 37 f.
[144] *Schotten* NJW 1990, 2481 (2486); *Hayler* DNotZ 2000, 681 ff.
[145] *Brambring* ZEV 1996, 248 (252 ff.).
[146] FG Köln – 9 K 5053/98, DStRE 2002, 1248.
[147] BFH – II R 29/02, ZEV 2005, 490, m. Anm. *Münch*.

B. Familie und Gestaltung

dürfte freilich nur der Gegensatz zur Freistellung des fiktiven Zugewinns nach § 5 Abs. 1 ErbStG gemeint gewesen sein.
Nach BFH lässt sich aus § 5 Abs. 2 ErbStG eine Einschränkung dergestalt, dass der Übertritt in die Gütertrennung endgültig sein müsse, nicht herleiten, sodass die Rückkehr in den gesetzlichen Güterstand schenkungsteuerlich unschädlich sei. Auf Argumente, es sei rechtsmissbräuchlich, wenn in der gleichen Urkunde Gütertrennung und Rückkehr zur Zugewinngemeinschaft vereinbart werde – zumal im entschiedenen Fall nicht einmal die berühmte juristische Sekunde verblieb, für welche die Gütertrennung hätte gelten können[148] und die Abtretung der gestundeten Ausgleichsforderung unwirksam ausgeschlossen war – ging der BFH nicht ein. Der BFH billigte somit die Güterstandsschaukel ausgerechnet in einem Grenzfall. Wenn schon in einem solchen Fall der BGH die Schenkungsteuerfreiheit zugesteht, dann wird die Güterstandsschaukel künftig rechtssicher vereinbart werden können.

Zur Vereinbarung der Gütertrennung gibt es schenkungsteuerrechtlich keine Alternative, denn der BFH hat inzwischen auch entschieden, dass der **sog. fliegende Zugewinnausgleich**, also das Errechnen und Ausgleichen des Zugewinns unter Beibehaltung des gesetzlichen Güterstandes bei neu definiertem Anfangsvermögen, **nicht von der Privilegierung des § 5 Abs. 2 ErbStG erfasst** wird, da es ohne die Gütertrennung nicht zum gesetzlichen Entstehen der Ausgleichsforderung kommt.[149]

Welche **Voraussetzungen** hat nun eine **Güterstandsschaukel** zivil- und steuerrechtlich? 38

– Die **Gütertrennung** muss **tatsächlich für einen bestimmten Zeitraum** eintreten.[150] Bei Gestaltungen in einer Urkunde genügt es nicht, wenn sozusagen mit der abschließenden Unterschrift zugleich Gütertrennung vereinbart und sofort wieder Zugewinngemeinschaft vereinbart wird. Auch die Fallgestaltung des FG Köln[151] erfüllt mE diese Voraussetzung nicht, da es an der berühmten juristischen Sekunde für die Geltung der Gütertrennung fehlt. Auch wenn nur eine Urkunde errichtet werden soll, kann in dieser ein bestimmter Zeitraum angeordnet werden, für den die Gütertrennung gilt.
– Die **Rechtsfolgen** der Gütertrennung müssen eintreten. Wenn die Gesamtschau aller Vereinbarungen letztlich das Eintreten der Rechtsfolgen der Gütertrennung gar nicht mehr ermöglichen, wird man keine echte Güterstandsbeendigung annehmen können, so zB wenn vereinbart wird, dass der Ausgleich des Zugewinns im Scheidungsfalle wieder zurückgefordert werden kann.[152]

---

[148] *Münch* StB 2003, 130 f.
[149] BFH – II R 28/02, ZEV 2006, 41, m. Anm. *Münch*; vgl. hierzu auch R E 5.2 Abs. 3 ErbStR 2019.
[150] Zustimmend zu dieser schon früher erhobenen Forderung *Zugmaier/Wälzholz* NWB Fach 10, 1521 (1522).
[151] FG Köln – 9 K 5053/98, DStRE 2002, 1248.
[152] *Brambring* ZEV 1996, 248 (253).

1. Teil. Familienrecht im Steuerrecht

– Der BFH fordert, es müsse **tatsächlich** zu einer **güterrechtlichen Abwicklung**, also mindestens zur Ermittlung der Ausgleichsforderung kommen. Dies wurde anfangs so interpretiert, dass der Zugewinn in der Urkunde berechnet werden müsse.[153] Das aber wäre überzogen. Die Mandanten wollen idR keine offen in der Urkunde dokumentierte Berechnung. Dem Finanzamt gegenüber wird man freilich den Zugewinn genau berechnen müssen, denn nach § 5 Abs. 2 ErbStG ist nur der tatsächliche Zugewinn von der Schenkungsteuer freigestellt. Diese Berechnung muss dann Grundlage der Beurkundung der Güterstandsschaukel werden, ohne in die Urkunde aufgenommen zu sein. Soweit bei dieser Berechnung noch Unwägbarkeiten bestehen – etwa wegen der Bewertung von Grundbesitz, sei es zur Ermittlung der Ausgleichsforderung, sei es zur Ermittlung des Wertes von Immobilien, die an Erfüllungs Statt zum Ausgleich übertragen werden – kann dem durch die Vertragsgestaltung Rechnung getragen werden.
– Bei der Frage, ob man die Güterstandsschaukel **in einer oder in zwei Urkunden** durchführt, steht meist das **Kostenargument** im Vordergrund. Auch nach Erlass des **GNotKG**,[154] das jeden Ehevertrag als einen besonderen Beurkundungsgegenstand ansieht (§ 111 Nr. 2 GNotKG), ist die vorherrschende Kostenrechtsliteratur der Ansicht, dass selbst bei der Güterstandsschaukel in einer Urkunde kostenrechtlich nicht zwei Eheverträge vorliegen, sondern nur einer.[155] Die Vornahme der Güterstandsschaukel in zwei Urkunden verteuert also das Vorgehen. Sie ist dennoch als der **sichere Weg** empfehlenswerter.[156] Zwar hat der BFH die Güterstandsschaukel in einer Urkunde gebilligt, er hat sich aber an die Entscheidung der Vorinstanz gebunden erklärt und keine eigene Entscheidung getroffen. Es bleibt also ein Restrisiko bei Vereinbarung in einer Urkunde. Auch im Hinblick auf die zivilrechtlichen Folgewirkungen sind zwei Urkunden empfehlenswerter, denen ein Gesamtplan nicht auf die Stirn geschrieben steht. Dies gilt sowohl im Hinblick auf Pflichtteilsansprüche als auch im Hinblick auf mögliche Anfechtungsrechte.[157] Im Hinblick auf letztere wird ein zweijähriger Abstand zwischen den Güterstandswechseln angeraten und selbst für „mutige Berater" ein mindestens sechsmonatiger Abstand.[158]

---

[153] *Schlünder/Geißler* NJW 2007, 482 (484); offen gelassen nunmehr von Münch/*Schlünder/Geißler* Familienrecht, § 18 Rn. 59 ff.
[154] GNotKG, BGBl. 2013 I 2586.
[155] Leipziger Gerichts- & Notarkosten-Kommentar, § 100 Rn. 20 f.; Korintenberg/*Tiedtke* GNotKG § 100 Rn. 13a (aA noch Vorauflage Korintenberg/*Diehn* GNotKG §§ 111, 20).
[156] So auch *Wachter* FR 2006, 42 (44).
[157] Siehe hierzu → Rn. 24 ff.
[158] *Von Oertzen/Ponath*, Asset Protection, § 4 Rn. 43.

B. Familie und Gestaltung

Hinweis: Bei der Güterstandsschaukel sollte die Gütertrennung für eine Weile bestehen. Es muss darauf geachtet werden, dass die Folgen der Gütertrennung auch eintreten. Zudem muss für die Steuer die Zugewinnausgleichsforderung genau ermittelt werden. Am sichersten ist die Vertragsgestaltung in zwei Urkunden.

Was die Pflichtteilsfestigkeit anbelangt, so darf die Erfüllung des Zugewinns als entgeltlich eingestuft werden und ist damit pflichtteilsfest,[159] zumal auch im Todesfall der Zugewinn nach der güterrechtlichen Lösung gem. § 1371 Abs. 2 BGB vor Berechnung der Pflichtteile vom Nachlass abgezogen werden müsste.[160] Allerdings hat der BGH beim zweimaligen Güterstandswechsel nach einheitlichem Plan entschieden, dass in solchen Fällen ein Missbrauch gegeben sein kann.[161]

Sofern die Zugewinnausgleichsforderung nicht in Geld erfüllt wird, sondern durch Übertragung anderer Vermögensgegenstände an Erfüllungs Statt, ist daran zu erinnern, dass der BFH hierin eine entgeltliche Übertragung sieht, die zu Einkommensteuerproblemen führen kann.[162]

Wenn es bei der Güterstandsschaukel eine nicht angezeigte Ehegattenzuwendung „heilen" soll, so kann das Finanzamt nach Ansicht des FG Hessen[163] dennoch Hinterziehungszinsen festsetzen.[164]

Abschließend sei zu diesem Thema noch ein Formulierungshinweis gegeben, der insb. die Bewertungsunsicherheit mit umfasst.

Formulierungsbeispiel: II. Ehevertragliche Vereinbarungen
Ehevertraglich vereinbaren wir was folgt:
1. Als Güterstand für unsere Ehe soll die Gütertrennung nach Maßgabe des Bürgerlichen Gesetzbuches gelten.
Uns ist bekannt, dass durch die Vereinbarung der Gütertrennung keine Haftungsbeschränkung gegenüber Gläubigern eintritt, jeder Ehegatte über sein Vermögen frei verfügen kann und bei Auflösung der Ehe kein Zugewinnausgleich mehr stattfindet. Die Erb- und Pflichtteile der Kinder können sich in diesem Güterstand erhöhen.
Die Gütertrennung soll derzeit nicht in das Güterrechtsregister eingetragen werden. Jeder von uns beiden ist jedoch berechtigt, den Eintragungsantrag jetzt oder künftig alleine zu stellen.
2. Der bisher erzielte Zugewinn soll ausgeglichen werden. Hierzu stellen wir fest, dass sich der Zugewinn des Ehemannes seit Eheschließung bis heute unter Anwendung der §§ 1372 ff. BGB auf 1.200.000,– EUR beläuft. Der Zugewinn der Ehefrau beträgt im gleichen Zeitraum 200.000,–EUR. Somit hat die Ehefrau einen Anspruch auf Zugewinnausgleich in Höhe von 500.000,– EUR.
3. Der Ehemann verpflichtet sich hiermit seiner Ehefrau gegenüber zur Erfüllung des Zugewinnausgleichsanspruches die in seinem Eigentum stehende

---

[159] *Brambring* ZEV 1996, 248 (252); *von Oertzen* ErbStB 2005, 71 (72).
[160] BGH – IV ZR 251/61, NJW 1962, 1719.
[161] BGH – IV ZR 266/90, NJW 1992, 5558 f.
[162] Siehe hierzu → Rn. 34 f.; dort auch zur steuerlichen Auswirkung der Stundung.
[163] FG Hessen, NZWiSt 2019, 137.
[164] Ausführlich dazu Münch/*Schlünder*/*Geißler* Familienrecht, § 18 Rn. 59.

1. Teil. Familienrecht im Steuerrecht

Eigentumswohnung in … …, eingetragen im Grundbuch des Amtsgerichts … … auf seine Ehefrau zu übertragen, die dies annimmt.
Der vorstehend genannte Grundbesitz ist in Abteilungen II und III des Grundbuches lastenfrei vorgetragen.
Die Erschienenen sind über den Eigentumsübergang hinsichtlich des vorgenannten Grundbesitzes einig und bewilligen und beantragen die Eigentumsumschreibung im Grundbuch. Vollzugsmitteilung wird erbeten.
Besitz, Nutzen, Lasten, Haftung und Gefahr gehen mit dem heutigen Tage auf die Ehefrau über.
….
4. *Alternative 1*: Die Vertragsteile sind sich darüber einig, dass mit der Übertragung des vorgenannten Grundbesitzes der Zugewinnausgleich vollständig durchgeführt ist und keine weiteren gegenseitigen Ansprüche in Bezug auf den Zugewinnausgleich bestehen.
Alternative 2: Sofern der Zugewinn den Wert der heute zur Übertragung vorgesehenen Immobilie übersteigt, ist der Restbetrag gestundet. Er ist mit 3% jährlich zu verzinsen und auf Aufforderung binnen zwei Jahren zur Zahlung fällig. Der Schuldner kann den Restbetrag jederzeit zahlen.
Sofern der Zugewinn den Wert der heute zur Übertragung vorgesehenen Immobilie nicht erreicht, sind überschießende Beträge als Darlehen gewährt und mit jährlich 3% zu verzinsen und auf Aufforderung hin binnen zweier Jahre zur Zahlung fällig. Der Schuldner kann den Restbetrag jederzeit zahlen.[165]
5. Ansprüche auf Versorgungsausgleich und Unterhalt bleiben unberührt.
Alternative bei Güterstandsschaukel in einer Urkunde:
Mit Wirkung von zwei Monaten von heute an heben wir den Güterstand der Gütertrennung auf und vereinbaren für unsere Ehe erneut den Güterstand der Zugewinngemeinschaft. Als Anfangsvermögen eines jeden Ehegatten gilt dasjenige Vermögen, das ihm an diesem Tag gehört. Der Notar hat uns auf die Risiken und Folgen der Vereinbarung von Gütertrennung und zugleich ihrer Aufhebung in einer Urkunde hingewiesen. Wir wünschen aber ausdrücklich diese Vorgehensweise.

c) Vermögensübertragung auf den Ehegatten oder Kinder

39 Soweit die Vermögenstrennung nicht von Anfang an beachtet werden konnte, ist der nächste Ansatz zur Asset Protection die Übertragung von Vermögen in der Familie weg vom haftungsgefährdeten Eigentümer.

aa) Ehegattenzuwendung

40 Hier kommt zunächst die Übertragung auf den Ehegatten in Betracht. Soweit diese nicht in die besprochene Güterstandsbeendigung eingekleidet ist, handelt es sich um eine Zuwendung. Das Zivilrecht unterscheidet hier verschiedene Zuwendungsformen.

41 Es stellt eher die Ausnahme dar, dass eine **echte Schenkung** nach §§ 516 ff. BGB vorliegt. Die Ehegatten müssen sich hier über die Freigiebigkeit der Zuwendung einig sein. Die Zuwendung darf dann nicht in den Kontext etwa des ehelichen Zugewinns gestellt sein und das Be-

---

[165] Die Aufnahme solch einer „Gleitklausel" ist allgemein zu empfehlen, da die Zugewinnberechnung einschließlich der Bewertung ein schwieriges Feld ist, sodass die Verpflichtung zu etwaigen Korrekturen sinnvoll ist.

B. Familie und Gestaltung

stehen der Ehe darf nicht Geschäftsgrundlage für die Zuwendung sein.[166] Für die Schenkung bestehen nach §§ 528, 530 BGB die Widerrufsgründe der Verarmung und des groben Undanks. Bei Ehegatten stellt der Scheidungsantrag allein noch keinen groben Undank dar. Ehewidriges Verhalten ist zwar grundsätzlich geeignet, einen groben Undank zu begründen, erfordert jedoch besondere Umstände[167] und muss der Schenkung nachgefolgt sein,[168] wobei das Gesamtverhalten beider Ehegatten zu gewichten ist. Der BGH will auch unterscheiden, ob ein Handeln im Affekt vorliegt oder eine geplante Handlung.[169] Hiernach führt ein solcher Schenkungswiderruf eher selten zum Erfolg.[170]

Ein Schenkungsversprechen erfordert nach § 518 Abs. 1 BGB die notarielle Beurkundung. Ein Formmangel wird durch Vollzug geheilt, § 518 Abs. 2 BGB. Ein solches Schenkungsversprechen kann folgendermaßen formuliert sein:

Formulierungsbeispiel: 1. Die Überlassung erfolgt unentgeltlich als Schenkung. Eine Gegenleistung ist daher nicht zu erbringen, eine Rückforderung wird vertraglich nicht vorbehalten. Es gelten jedoch die gesetzlichen Bestimmungen über den Widerruf von Schenkungen insb. bei Verarmung oder grobem Undank, über die Belehrung erteilt wurde. 2. Die Schenkung ist auf den Pflichtteil nach dem Schenker anzurechnen. Eine Anrechnung auf eine Zugewinnausgleichsforderung soll hingegen nicht erfolgen. Vielmehr soll der heute geschenkte Vermögensgegenstand bei Berechnung des Zugewinns vollständig außer Betracht bleiben. Er wird also weder beim Anfangs- noch beim Endvermögen eines Ehegatten berücksichtigt.

Im Normalfall werden Zuwendungen unter Ehegatten als sog. **ehebedingte Zuwendung – auch unbenannte Zuwendung –** anzusehen sein. Diese Rechtskategorie hat der BGH für Zuwendungen unter Ehegatten entwickelt, die idR nicht freigebig erfolgen, sondern **„um der Ehe willen"**. Er hat eine solche Zuwendung als ehebezogenes Rechtsgeschäft eigener Art angesehen, bei dem die Zuwendung zur Ausgestaltung, Verwirklichung, Erhaltung oder Sicherung der ehelichen Lebensgemeinschaft dient bzw. als Ausgleich für geleistete Mitarbeit oder als angemessene Beteiligung an den Früchten des ehelichen Zusammenwirkens.[171] Dem liegt die **Erwartung** zugrunde, die **Ehe werde Bestand haben**, sodass der Zuwendende trotz der Übertragung letztlich weiter vom Zuwendungsgegenstand profitiert. Diese ehebedingte Zuwendung stellt gegenüber der Schenkung den Hauptanteil der Zuwendungen. Sie liegen insb. vor bei Zuwendungen zur Alterssicherung, zur Vermögens-

42

---

[166] Zur Abgrenzung *Langenfeld* DNotZ-Sonderheft 1985, 167 (177); für eine erweiternde Sicht *Rauscher* AcP 186 (1986), 529, 549 ff.
[167] BGH – X ZR 60–97, NJW 1999, 1623, entschieden für Schenkung an Schwiegerkind.
[168] OLG München – 20 U 2673/08, FamRZ 2009, 1831 f.
[169] BGH – X ZR 48/17, NJW-RR 2020, 179.
[170] *Wever*, Vermögensauseinandersetzung, Rn. 933 ff., mit Rechtsprechungsbeispielen.
[171] BGH – IV ZR 231/69, NJW 1972, 580.

1. Teil. Familienrecht im Steuerrecht

bildung besonders bei mangelnder güterrechtlicher Anspruchsgrundlage, bei der Beteiligung am Familienheim, bei der haftungsmäßig günstigen Organisation des Familienvermögens oder bei Vermögenstransfers aus rein steuerlichen Gründen.[172]

Im Falle eines Scheiterns der Ehe kommt es daher zu einem **Wegfall der Geschäftsgrundlage**,[173] so dass ein Ausgleichsanspruch (in Geld) entstehen kann.

Es kommt jedoch in aller Regel nicht zu einem Rückübertragungsanspruch (in Natur). Daher gilt:

> **Hinweis:** Wer bei einer ehebedingten Zuwendung eine Rückforderung im Scheidungsfalle erstrebt, der muss sich die Rückforderung vertraglich vorbehalten.
> Wäre eine Rückübertragung auf den Zuwendenden steuerlich schädlich, so muss als Alternative über die Einräumung eines Erwerbsrechtes etwa der Kinder nachgedacht werden.

43 Ein Ausgleichsanspruch wegen Wegfalls der Geschäftsgrundlage besteht jedoch erst dann, wenn güterrechtlich ein Ausgleich nicht erfolgt **(Vorrang des Güterrechts)**.[174] Diese Voraussetzungen werden bei Gütertrennung, wo von vorneherein ein Ausgleichsmechanismus fehlt, weniger streng beurteilt als bei Zugewinngemeinschaft. Demnach ist erforderlich bei
- Gütertrennung: Beibehaltung der Vermögensverteilung nach Zuwendung ist **nach Treu und Glauben nicht zumutbar**;
- Zugewinngemeinschaft: Ergebnis ist auch nach güterrechtlichem Ausgleich **schlechthin unangemessen und untragbar**.[175]

Insbesondere bei Gütertrennung rechnen Mandanten oft nicht mit einem Ausgleichsanspruch bei Zuwendungen, da sie ja beide Vermögenssphären für getrennt halten. Der BGH[176] hat hierzu zwar einschränkend ausgeführt:

> „Für die Unzumutbarkeit muss der Anspruchsteller ganz besondere Umstände zur Dauer der Ehe, zum Alter der Ehegatten, zur Art und zum Umfang der erbrachten Leistungen, zur Höhe der dadurch bedingten und noch vorhandenen Vermögensvermehrung und zu den beiderseitigen Einkommens- und Vermögensverhältnissen sowie zu möglichen Vereinbarungen darlegen. Auch im Fall der Gütertrennung entspricht nämlich eine angemessene Beteiligung beider Ehegatten an dem gemeinsam Erarbeiteten dem Charakter der ehelichen Lebensgemeinschaft als einer Schicksals- und damit auch Risikogemeinschaft. Der von den Parteien frei gewählte Güterstand der Gütertrennung darf

---

[172] Vgl. Wever, Vermögensauseinandersetzung, Rn. 894; eine systematische Zusammenstellung und Abgrenzung bei Münch/*Herr* Familienrecht, §6 Rn. 145 ff.
[173] BGH – IV ZR 231/69, NJW 1972, 580; BGH – IV ZR 99/80, NJW 1982, 2236; KG – 7 U 222/08, NJW-RR 2009, 1301.
[174] BGH – XII ZR 114/89, NJW 1991, 2553.
[175] BGH – XII ZR 114/89, NJW 1991, 2553.
[176] BGH – IV ZR 42/89, NJW-RR 1990, 834.

B. Familie und Gestaltung

jedoch nicht ausgehöhlt, nicht auf Umwegen in eine Zugewinngemeinschaft kraft Richterrechts umgewandelt werden."

In der Gerichtspraxis stößt man freilich zunehmend auf Ausgleichsansprüche, die bei Zuwendung nicht gewünscht waren:

Hinweis: Soll eine Zuwendung rückforderungs- und ausgleichsfest ausgestaltet sein, so muss auf die etwaigen Ansprüche auf Wegfall der Geschäftsgrundlage verzichtet oder eine echte Schenkung vereinbart werden.

Das **Sonderrecht** der ehebedingten Zuwendung ist jedoch **nur im Familienrecht** anerkannt. Schon im **Erbrecht** entschied der BGH, dass die unbenannte Zuwendung gegenüber Pflichtteilsberechtigten, Vertragserben und Nacherben **wie eine Schenkung** zu behandeln sei, sodass sie Pflichtteilsergänzungsansprüche auslöst.[177] Somit löst eine ehebedingte Zuwendung Pflichtteilsergänzungsansprüche aus.

44

Hinweis: Eine ehebedingte Zuwendung gilt pflichtteilsrechtlich als Schenkung und löst damit Pflichtteilsergänzungsansprüche beim Tod des Zuwendenden aus. Dabei ist zu beachten, dass bei einer Zuwendung unter Ehegatten wegen § 2325 Abs. 3 BGB hierfür keine Zehnjahresgrenze gilt. Schenkungen unter Ehegatten lösen daher keine Pflichtteilsprobleme!

Hiervon lässt das Zivilrecht **nur sehr zögerlich Ausnahmen** zu. So hat der BGH[178] drei Fälle als entgeltlich gelten lassen:
– Leistung zu angemessener Altersversorgung
– nachträgliche Vergütung langjähriger Dienste
– Leistungen im Rahmen des Unterhaltsanspruchs nach §§ 1360, 1360a BGB.[179]

Der BGH formuliert dies so:

„Da Ehegatten einander nicht nur gem. § 1361 Abs. 1 S. 2 BGB und § 1578 Abs. 3 BGB bei Trennung und nach der Scheidung, sondern gem. § 1360 BGB auch in intakter Ehe Vorsorgeunterhalt für den Fall des Alters schulden, kann es sein, dass eine unbenannte oder sogar ausdrücklich zur Alterssicherung bestimmte Zuwendung einem entsprechenden Anspruch objektiv entspricht. Dass es sich in einem solchen Fall im Umfang des begründeten Unterhaltsanspruchs nicht um eine unentgeltliche Leistung und daher auch nicht um eine Schenkung handeln kann, liegt auf der Hand. Dementsprechend kann auch eine ehebedingte Zuwendung, durch die langjährige Dienste nachträglich vergütet werden, die ein Ehegatte dem anderen vor und nach der Eheschließung geleistet hat, im Rahmen des objektiv Angemessenen als entgeltlich anzusehen sein."

---

[177] BGH – IV ZR 164/90, NJW 1992, 564.
[178] BGH – IV ZR 164/90, NJW 1992, 564.
[179] BGH – IV ZR 170/16, ZEV 2018, 274; vgl. auch BFH – VII R 18/17, DStR 2020, 1198.

1. Teil. Familienrecht im Steuerrecht

Diese allgemeinen Anmerkungen hatte das **OLG Schleswig** auszufüllen.[180] Das Gericht verglich die Lebensverhältnisse der Eheleute vor dem Erbfall mit denen des überlebenden Ehegatten nach dem Erbfall und stellte in Rechnung, dass sich die Kosten für die Aufrechterhaltung des bisherigen Lebensstandards auch im Hinblick auf die Haushaltsführung nicht schlicht halbieren, wenn einer der Eheleute stirbt. Im Ergebnis beurteilte das OLG Schleswig die Bestellung eines Nießbrauchs an zwei Wohnungen als entgeltlich gewährte angemessene **Altersversorgung**, sodass sie die Pflichtteilsberechtigten gegen sich gelten lassen mussten. In der Literatur werden ebenfalls Versuche unternommen, durch Fallgruppenbildung zu einer Entgeltlichkeit zu kommen und die Ausnahmen, die der BGH im Grundsatz zugelassen hat, mit Leben zu erfüllen. So seien die Zuwendung des Familienheims bis zur Hälfte und die angemessene Altersversorgung nicht unentgeltlich,[181] gleiches müsse für Zuwendungen gelten, die auf der Unterhaltspflicht fußten,[182] auch wenn die konkrete Zuwendung in dieser Gestalt nicht unterhaltsrechtlich geschuldet ist.[183] Der BGH lässt jedenfalls erkennen, dass **Zinszahlungen** auf ein Familienheimdarlehen als nach §§ 1360, 1360a BGB geschuldeter Beitrag zu den **Wohnkosten** in angemessenem Umfang nicht unentgeltlich sind;[184] damit dürfte aber zugleich die Ansicht, dass eine Tilgung bis zu einem hälftigen Miteigentumsanteil nicht unentgeltlich sei, eine Ablehnung erfahren haben. Eine Abfindungszahlung im Hinblick auf einen vom Ehegatten erklärten Pflichtteilsverzicht anlässlich der Betriebsübergabe an die Kinder soll aber nach Auffassung des BGH unentgeltlich sein.[185]

45 **Schenkungsteuerlich** ist der BFH der Ansicht des BGH jeweils gefolgt. Zunächst war er mit dem BGH der Auffassung, es könne Entgeltlichkeit vorliegen.[186] Mit der Wende des BGH im Erbrecht nahm auch der **BFH** die Gelegenheit wahr, schenkungsteuerlich von einer **Unentgeltlichkeit** auszugehen. Er sieht sich in seiner Meinung vor allem durch § 29 Abs. 1 Nr. 3 ErbStG bestätigt, denn das nachträgliche Wegfallen von Schenkungsteuer bei Anrechnung einer Zuwendung auf den Zugewinn mache keinen Sinn, wenn schon vorher kein steuerbarer Vorgang vorliegen würde. Die **Finanzverwaltung** schließt sich dem an[187] und betont, auf das ehebezogene Motiv komme es ebenso wenig an wie auf die Art des Vermögens oder die Angemessenheit der Zuwendung.

Die **Gesetzgebung** hat auf diese Wende reagiert und mit § 13 Abs. 1 Nr. 4a ErbStG Zuwendungen unter Ehegatten im Zusammenhang mit dem eigenbewohnten **Familienwohnheim komplett von der Schen-**

---

[180] OLG Schleswig – 3 U 39/09, FamFR 2010, 239.
[181] Münchener Vertragshandbuch/*Langenfeld*, 6. Aufl., Band 6, Form. VI.7. Anm. 7; vgl. auch *Felix* BB 1994, 1342; zur neueren Rechtsprechung *Löhnig* NJW 2018, 1435 f.
[182] *Kappler/Kappler* ZEV 2017, 601 (607).
[183] *Keim* ZNotP 2018, 221 (223).
[184] BGH – IV ZR 170/16, ZEV 2018, 274.
[185] BGH, – X ZR 59/13, ZEV 2016, 90 m. Anm. *Keim*.
[186] BFH – II R 133/83, BStBl. II 1985, 159.
[187] R E 7.2 ErbStR 2019.

B. Familie und Gestaltung

kungsteuer befreit. Diese Vorschrift gibt sehr viele Möglichkeiten, denn es gibt in diesem Zusammenhang[188]
- keinen Objektverbrauch
- keine Anrechnung auf die Freibeträge
- keine Behaltefrist; hierin liegt der große Vorteil gegenüber der Vererbung eines Familienheims
- keine Höchstbegrenzung.

> **Hinweis:** Mit der Übertragung des selbstbewohnten Familienheimes lassen sich schenkungsteuerliche Vorteile nutzen, ohne dass die Freibeträge angetastet werden. Aufgrund mangelnder Behaltefristen, Obergrenzen und Angemessenheitsprüfungen lassen sich in den Grenzen des Rechtsmissbrauchs sogar „Wohnheimschaukeln" denken, bei denen das übertragene Wohnheim später entgeltlich zurückerworben wird.

Der BFH hat zudem entschieden, dass eine **gemischte Nutzung** der Schenkungsteuerfreiheit des eigengenutzten Teiles **nicht entgegensteht.**[189] Die zuvor praktizierte Aufteilung in Wohnungs- und Teileigentum zur Herstellung selbständiger, dann komplett eigengenutzter Einheiten ist damit nicht mehr erforderlich. **Zweit- und Ferienwohnungen** sollen von dem Privileg allerdings nicht umfasst sein.[190] Zweifelhaft ist die Anwendbarkeit auf **Gesamthandseigentum**, also zB auf einen GbR-Anteil, wenn die GbR nur das Familienwohnheim in ihrem Vermögen hält.[191] Die **Zuwendung eines Wohnungsrechtes** am Familienwohnheim erfüllt – obwohl es ein wesensähnliches Minus zur Eigentumsübertragung darstellt[192] – die Voraussetzungen nach BFH[193] nicht. Die Privilegierung bezieht sich nur auf die FlurNr. des Hausgrundstücks, nicht auf das angrenzende Gartengrundstück, selbst bei einheitlichem Nutzungszusammenhang.[194]

Die **Auffassung**, dass alle Zuwendungen unter Ehegatten prinzipiell als **unentgeltlich** einzustufen seien, ist durchaus **kritikwürdig**. Sie berücksichtigt zu wenig die wechselseitigen Verpflichtungen der Ehegatten bei bestehender Ehe. Zwar berücksichtigt die Finanzverwaltung, dass Unterhaltszuwendungen, die auf einer gesetzlichen Unterhaltspflicht beruhen, nicht freigebig und damit nicht steuerbar sind.[195] Da zivilrechtlich der Familienunterhalt nach § 1360 BGB aber nicht in gleicher Weise in

---

[188] Siehe jeweils R E 13.3 Abs. 5 ErbStR 2019; obwohl vom BFH kritisch betrachtet, sind die Privilegien bei der Neuregelung der Schenkungsteuer bestehen geblieben.
[189] BFH – II R 69/06, DStR 2009, 575 f.
[190] BFH – II R 35/11, ZEV 2013, 688; R E 13.3 Abs. 1 S. 4 und 5 ErbStR 2019.
[191] *Wachter* ZEV 2014, 191 (192).
[192] So *Wachter* ZEV 2014, 191 (193).
[193] BGH – II R 45/12, DStR 2014, 1670.
[194] FG Düsseldorf – 4 K 1063/17 Erb, DStRE 2019, 290; FG München – 4 K 2568/16, DStRE 2019, 699.
[195] H E 7.2 ErbStH 2019.

1. Teil. Familienrecht im Steuerrecht

Geld auszudrücken ist, wie etwa Trennungs- oder Nachscheidungsunterhalt, ist der Satz während bestehender Ehe kaum anwendbar, während mit der Trennung und erst Recht nach Stellung eines Scheidungsantrages etwa der Unterhalt für die Altersversorgung des Berechtigten in Geld erhoben wird, soll der Abschluss einer Versicherung oder eine anderweitige Altersvorsorge während bestehender Ehe der Schenkungsteuer unterworfen sein. Hier wird der Begriff der Freigiebigkeit überdehnt.[196]

Rechtspolitisch müsste gerade **umgekehrt** die **Herstellung einer gerechten ehelichen Vermögensordnung** vor allem in der Einverdienerehe **steuerlich privilegiert** werden, um die wirtschaftliche Selbständigkeit der nicht berufstätigen Ehegatten und damit die Gleichberechtigung zu fördern. Stattdessen geschieht das Gegenteil. Gleiches gilt für andere Bereiche. So sind inzwischen praxishäufig Übertragungen von Vermögen des nicht verdienenden Ehegatten (zurück) auf den Alleinverdiener, um hohen Krankenkassenbeiträgen zu entgehen. Insgesamt ist dieser Einengung durch die Rechtsprechung somit **kritisch** zu begegnen, denn sie „degradiert" einen Ehegatten zum „**permanent Beschenkten**"[197] und widerspricht damit dem Diktum des BVerfG zur gleichen Teilhabe und beachtet die Wertigkeit der Familienarbeit nicht.[198] Zutreffender daher das FG Münster:[199]

> „Eine unentgeltliche Zuwendung liegt dann nicht vor, wenn ein Ehegatte die Einkünfte der Familie erzielt oder ganz überwiegend erzielt, während der andere Ehegatte den Haushalt führt und Zinsen und Tilgung für ein Darlehen, das der Finanzierung eines im Alleineigentum des nicht erwerbstätigen Ehegatten stehenden Familienheims dient, aus den Einkünften des erwerbstätigen Ehegatten bestritten werden."

46 In vielen Fällen wird bei Ehegattenzuwendungen nicht nur ein Einstellen der Zuwendung in die Zugewinnberechnung gewünscht, etwa mittels einer Anrechnung nach §1380 BGB,[200] sondern ein Rückforderungsrecht vor allem für den Scheidungsfall vereinbart. Ein solches Rückforderungsrecht[201] sollte **keinesfalls** als **freies Rückforderungsrecht** ausgestaltet sein. Ein solches birgt **zivilrechtlich** nach neuester Rechtsprechung die Gefahr der Sittenwidrigkeit[202], wenn es zu einem allumfassenden Verbot der Veräußerung und Belastung führt. Steuerlich ist die Schenkung zwar – zumindest in Deutschland[203] – bei freiem

---

[196] *Meincke/Hannes/Holtz* ErbStG §7 Rn. 94ff.
[197] *Grziwotz* NJW 2018, 1424.
[198] Zu dieser *Münch* FamRB 2018, 247.
[199] FG Münster – 7 K 2304/14 AO, DStRE 2018, 885; Revision anhängig, VII R 18/17.
[200] Zu dieser Anrechnung → Rn. 503ff.
[201] Ausführlich zum Rückforderungsrecht Mayer/Geck/*Mayer*, Übergabevertrag, §13.
[202] BGH – V ZR 122/11, NJW 2012, 3162.
[203] Hinweis auf die Nichtanerkennung etwa in Großbritannien und den USA bei TGJG/*Jülicher* ErbStG §29 Rn. 59.

B. Familie und Gestaltung

Widerrufsvorbehalt ausgeführt,[204] so dass der freie Widerrufsvorbehalt **schenkungsteuerlich** zunächst unschädlich ist. **Einkommensteuerlich** führt aber der freie Widerrufsvorbehalt häufig dazu, dass das wirtschaftliche Eigentum nicht übergeht, so etwa für § 17 EStG.[205] Ferner wird der so Beschenkte nach Auffassung der Rechtsprechung[206] und der Finanzverwaltung[207] nicht Mitunternehmer.[208] Dies hat dann Auswirkung auf die Schenkungsteuer, weil eine Begünstigung nach §§ 13a, 13b ErbStG voraussetzt, dass das begünstigte Vermögen in der Hand des Veräußerers Betriebsvermögen war und beim Erwerber Betriebsvermögen bleibt.[209] Das wiederum setzt voraus, dass ein Erwerber eines Personengesellschaftsanteils einkommensteuerlich Mitunternehmer wird.[210] Nachdem die Übertragung solcher **Mitunternehmeranteile gegen Nießbrauchsvorbehalt** auch unter dem Stichwort der **Buchwertfortführung** nach § 6 Abs. 3 EStG problematisiert worden war,[211] hat die Finanzverwaltung nunmehr anerkannt, dass der Vorbehaltsnießbrauch der Buchwertfortführung nicht entgegensteht.[212] Auch die Möglichkeit der **Verdoppelung der Mitunternehmerstellung** ist durch eine aktuelle Entscheidung des BFH wieder gefestigt worden.[213] Dennoch empfiehlt sich in einschlägigen Fällen die Einholung einer verbindlichen Auskunft, da das Verhältnis zur Rechtsprechung des IV. Senates insb. im Hinblick auf die einkommensteuerliche Problematik noch ungeklärt ist.[214]

> **Hinweis:** Vorsicht vor Übertragungen mit freiem Widerrufsvorbehalt. Sie sind zwar schenkungsteuerlich ausgeführt, haben aber häufig einkommensteuerlich nicht den Übergang des wirtschaftlichen Eigentums zur Folge und können zivilrechtlich zur Sittenwidrigkeit führen, wenn dem Übernehmer jede Verfügungsbefugnis fehlt.

Daher kommt nur die Vereinbarung bestimmter Gründe für eine Rückforderung in Betracht. Bei der Ehegattenzuwendung steht hier der **Scheidungsfall** im Mittelpunkt der Überlegungen. Im Hinblick auf den Stichtag für die Endvermögensberechnung bei Zugewinngemeinschaft, den § 1384 BGB auf die Rechtshängigkeit des Scheidungsantrages vor-

47

---

[204] BFH – II R 67/86, NJW 1990, 1750.
[205] Schmidt/*Weber-Grellet* EStG § 17 Rn. 54.
[206] BFH – VIII R 196/84, NJW 1990, 1751, bestätigt durch BFH – II B 107/08, ZEV 2008, 611; FG Münster – 3 K 5635/03, BeckRS 2005, 26020828.
[207] H E 13b.5 ErbStH 2019.
[208] So auch bei einem Nießbrauch, der keinen Raum für eine Mitunternehmerinitiative des Beschenkten lässt, hierzu *Münch* ZEV 1998, 8 ff.
[209] BFH – II R 69/05, DStR 2007, 669.
[210] BFH – II R 34/07, DStR 2009, 321; ausführlich zur Mitunternehmerschaft beim Vorbehaltsnießbrauch *Klümpen-Neusel* ErbStB 2014, 14 ff.
[211] Vgl. etwa *Strahl* KÖSDI 2019, 21355 (21358).
[212] BMF, BStBl. 2019, 1291 f. Rn. 7, 18.
[213] BFH – II R 34/16, DStR 2020, 382.
[214] *Wachter* DB 2020, 634 (643).

1. Teil. Familienrecht im Steuerrecht

verlegt, sollte schon ein **Scheidungsantrag**, der später zur Scheidung führt, Auslöser des Rückübertragungsanspruchs sein.

In gleicher Weise wird sehr oft eine Rückforderung im Falle des **Vorversterbens** des beschenkten Ehegatten gewünscht, nicht zuletzt im Hinblick auf die erbschaftsteuerlichen Vorteile des § 29 Abs. 1 Nr. 1 ErbStG, die bei einer bloßen Rückvererbung nicht eintreten.

Als weitere Rückerwerbsgründe kommen die **Insolvenz** des empfangenden Ehegatten oder **Zwangsvollstreckungsmaßnahmen** in das überlassene Gut sowie generell die **Veräußerung** oder **Belastung** ohne Zustimmung des Zuwendenden in Betracht.

Der Rückfall sollte für die Fälle der Scheidung und des Todes nicht automatisch mit dem Ereignis eintreten, sondern als **Gestaltungsrecht** vorgesehen sein, sodass der zuwendende Ehegatte entscheiden kann, ob er sein Rückforderungsrecht geltend macht.

Vor allem für die Übertragung von **Gesellschaftsanteilen** wird hingegen die Vereinbarung einer **auflösenden Bedingung** hinsichtlich des dinglichen Übertragungsaktes jedenfalls für die Fälle der Insolvenz und der Zwangsvollstreckung zu erwägen sein,[215] denn diese schützt nach § 161 Abs. 2 BGB auch gegen abredewidrige Verfügungen des Erwerbers. Hierbei sollte als Bedingung schon die **Vermögensverschlechterung** iSd § 490 Abs. 1 BGB vereinbart werden und nicht erst die Insolvenz.[216]

Wegen der ständigen Verfahren zur Verfassungswidrigkeit der Schenkungsteuer werden in geeigneten Fällen zusätzlich **Steuerklauseln** vereinbart, die eine Rückabwicklung des Vertrages ermöglichen, wenn sich die Zuwendung auf andere Weise dann steuergünstiger darstellen lässt. Diese Klauseln kommen auch zum Einsatz für den Fall, dass eine wesentlich höhere Steuer anfällt als erwartet oder dass die Finanzverwaltung das Vorliegen einer Mitunternehmerschaft anders beurteilt als angestrebt.[217]

Statt der Rückübertragungsklausel kann auch eine **Weiterleitungsklausel** vereinbart werden, nach welcher der Vermögensgegenstand nicht an den Schenker zurückfällt, sondern gem. vertraglicher Vorgabe auf einen Dritten (etwa Kinder des Beschenkten) weitergeleitet werden muss. Für den Dritten handelte es sich dann nach bisheriger Ansicht um eine Schenkung, die nach dem Verhältnis zum ursprünglichen Schenker versteuert werden muss. Es ist inzwischen zweifelhaft, ob daran nach der Rechtsprechungsänderung des BFH[218] für Abfindungszahlungen eines Erben an einen anderen noch festzuhalten ist. Auf der Linie dieser Rechtsprechung läge es nahe, das Verhältnis zwischen Weiterleitendem und Empfänger zugrunde zu legen. Es wird vertreten, dass auf diese Konstellation § 29 Abs. 1 Nr. 1 ErbStG entsprechend anwendbar sein müsse, wenn schon für die Schenkungsteuer eine wirtschaftliche Weitergabe durch den ursprünglichen Schenker unterstellt werde.[219]

---

[215] Mayer/Geck/*Mayer*, Übergabevertrag, § 13 Rn. 15.
[216] Reul/Heckschen/Wienberg/*Reul*, Insolvenzrecht, 1. Aufl., B Rn. 246.
[217] Viskorf/H.-U. Viskorf/S. Viskorf, Familienunternehmen, Rn. 807.
[218] BFH – II R 25/15, ZEV 2017, 532.
[219] *Jülicher* DStR 1998, 1977 (1984).

B. Familie und Gestaltung

Unter dem Gesichtspunkt der Asset Protection ist allerdings zu bedenken, dass solche **Rückübertragungsrechte** nach der Rechtsprechung des **BGH**[220] der **Pfändbarkeit** unterliegen. Der BGH hatte dabei einen Fall zu beurteilen, in dem ein freies Rückerwerbsrecht vereinbart war, aber ein Rückgabeverlangen des Zuwenders hinzutreten musste. Der BGH wertete das Verlangen als Gestaltungsrecht oder aufschiebende Bedingung, sodass der Rückübertragungsanspruch und das Recht, die Rückübertragung zu verlangen, getrennt gepfändet werden mussten. Die Pfändbarkeit solcher Gestaltungsrechte sei noch nicht abschließend geklärt, sie müsse vielmehr – jedenfalls bei nicht akzessorischen Gestaltungsrechten – in jedem Einzelfall geprüft werden.

48

Im zu entscheidenden Fall war für den BGH maßgeblich, dass sich der Zuwender des Vertragsbesitzes noch nicht endgültig entäußert hatte, weil er sich den Nießbrauch und ein jederzeitiges Rückholrecht vorbehalten hatte. Damit maß der BGH diesem Recht Vermögenswert zu und lehnte eine familienrechtliche Überlagerung ab. Es handle sich schon nicht um eine ehebedingte Zuwendung, da sie gerade nicht auf die Dauer der Ehe angelegt gewesen sei. Das Rückforderungsrecht unterlag damit in vollem Umfange der Pfändung.

Der BGH[221] führte zur Anwendung des § 852 Abs. 2 ZPO (beschränkte Pfändbarkeit des Zugewinnausgleichsanspruchs) wörtlich aus, eine solche Anwendung komme

„allenfalls für einen Ausgleichs- oder Rückforderungsanspruch in Betracht, der sich daraus ergibt, dass die Ehe gescheitert und damit die Geschäftsgrundlage der ehebezogenen Zuwendung entfallen ist. In diesem Fall soll ein Gläubiger nicht in die den Ehegatten vorbehaltene, letztlich auf Billigkeitsgesichtspunkten beruhende Vermögensauseinandersetzung zwischen ihnen eingreifen und sie gegen den Willen des Berechtigten erzwingen können."

Damit lässt sich optimistisch vertreten,[222] dass angesichts dieser – freilich nicht tragenden Äußerung – der Rückforderungsanspruch **wegen Scheiterns der Ehe** analog § 852 Abs. 2 ZPO nur **beschränkt pfändbar** ist.

Dies lässt sich aber nicht ohne Weiteres auf die **anderen Rückforderungsrechte** übertragen. Am ehesten kann man noch für den Rückforderungsanspruch im Todesfall auf eine entsprechende Anwendung hoffen, während völlig **offen** ist, ob auch die Rückforderungsrechte für den Fall der Veräußerung und Belastung sowie der Insolvenz des Erwerbers oder von Vollstreckungsmaßnahmen gegen diesen zu einer familiären Überlagerung führen.[223]

---

[220] BGH – IX ZR 102/02, ZEV 2003, 293, m. Anm. *Langenfeld;* hierzu *Münch* ZFE 2003, 269 ff.
[221] BGH – IX ZR 102/02, ZEV 2003, 293.
[222] So etwa *Langenfeld* ZEV 2003, 295.
[223] Entschieden hat der BGH – IX ZB 39/05, ZEV 2008, 348, dass Gläubiger des Zuwendungsempfängers die Rückübertragungsklausel nicht durch Anfechtung zu Fall bringen können, wenn die Zuwendung nur so zu erlangen war, da dann keine Gläubigerbenachteiligung vorliege. Dies steht dann in Frage, wenn

1. Teil. Familienrecht im Steuerrecht

Die vollstreckungsrechtliche Literatur ist dadurch unter Änderung früherer Auffassung zu dem Schluss gelangt, dass das Gestaltungsrecht auf Verlangen der Rückübertragung gepfändet und dem Gläubiger zur Einziehung überwiesen werden könne, sodass der **Pfändungspfandgläubiger** das Gestaltungsrecht selbst ausüben könne,[224] allerdings bei Abhängigkeit von weiteren Voraussetzungen nur bei deren Vorliegen (zB Veräußerung ohne Zustimmung, Vorversterben etc.).

Was bedeutet nun beschränkte Pfändbarkeit? Der BGH[225] hat dies in seinem Urteil zur Pfändung von nach § 852 Abs. 1 ZPO ebenfalls nur beschränkt pfändbaren Pflichtteilsansprüchen deutlich gemacht: Der Anspruch wird als **in seiner zwangsweisen Verwertbarkeit aufschiebend bedingter Anspruch gepfändet**. Diese Pfändung führt somit zu einer **Rangwahrung**, erlaubt aber noch keine Verwertung. Von einer solchen Pfändung wird die im Grundbuch zur Sicherung eingetragene **Rückauflassungsvormerkung** nach § 401 BGB mit umfasst, sodass der Gläubiger die Eintragung eines entsprechenden **Pfändungsvermerks** verlangen kann. Damit aber ist das Grundstück wirtschaftlich blockiert.

Hinweis: Bei einem vereinbarten Rückforderungsrecht ist eine Pfändung durch Gläubiger des Zuwendenden möglich, die zur Eintragung eines Pfändungsvermerks bei der Rückauflassungsvormerkung führt und damit das Grundstück wirtschaftlich blockiert.

49 Verschiedene Ausweichgestaltungen werden vorgeschlagen, denen aber allesamt der Segen einer höchstrichterlichen Bestätigung fehlt. Rechtlich nach wie vor umstritten sind daher folgende Gestaltungen:[226]
- Rückforderungsrecht unter der auflösenden Bedingung seiner Pfändung oder einer Insolvenz des Berechtigten;
- Wahlrecht des Zuwendungsempfängers an den Zuwendenden oder die Kinder zu übertragen, wenn das Rückforderungsrecht ausgelöst ist;
- Verschweigenslösung, nach der das Recht entfällt, wenn der Berechtigte sich nicht binnen bestimmter Frist äußert.

Verf. hat vorgeschlagen, statt eines vertraglichen Rückforderungsrechtes ein **unbefristetes Angebot** auf Rückübertragung abzugeben[227], da die Annahmeposition nach heutiger zivilrechtlicher Ansicht nicht einem Gestaltungsrecht gleichkommt. Eine Pfändbarkeit und Übertragbarkeit dieser bloßen Annahmeposition scheidet jedenfalls bei höchstpersönlichen Verträgen aus, bei denen es auf die Person des Kontrahenten ankommt.[228] Immerhin sieht die insolvenzrechtliche Literatur die Nicht-

---

Entschädigungsansprüche gerade für Verwendungen und nur im Insolvenzfall ausgeschlossen sind, *Reul* DNotZ 2008, 824 ff.

[224] *Stöber/Rellermeyer*, Forderungspfändung, G Rn. 67 ff.
[225] BGH – VII ZB 30/08, ZEV 2009, 247 f.
[226] Nähere Erörterung und Nachweise bei *Münch*, Ehebezogene Rechtsgeschäfte, Kap. 2 Rn. 675 ff.
[227] *Münch* FamRZ 2004, 1329 (1336).
[228] Staudinger/*Bork* BGB § 145 Rn. 34 f.

B. Familie und Gestaltung

annahme eines solchen Angebotes nicht als anfechtbar an.[229] Das hat der **BGH ausdrücklich** bestätigt,[230] der ausführt, die Rechtsposition des Angebotsempfängers sei **nur pfändbar, wenn** sie **abtretbar** sei. Ein **Angebot, das sich nur an einen bestimmten Empfänger richtet**, sei gerade **nicht abtretbar**. Dem Anbietenden könne nicht gegen seinen Willen ein anderer Vertragspartner aufgedrängt werden.[231] Das **OLG Oldenburg** hat sich ausdrücklich gegen diese Angebotslösung gewandt.[232] Das Gericht will aus dem Angebot eine Bindung herauslesen, die es pfändbar mache. Es **erörtert aber nicht**, ob die Bindung auf bestimmte Personen begrenzt ist und es setzt insoweit das zeitlich vorher ergangene **BGH**-Urteil nicht um. Daher wird die Entscheidung des OLG Oldenburg **zu Recht kritisch gewürdigt**.[233] Die Bindung des Angebotes allein ist kein Argument, wenn das Angebot persönlich ausgestaltet ist.

Schenkungsteuerlich kann das Angebot freilich von Nachteil sein, weil es die Voraussetzungen des § 29 Abs. 1 Nr. 1 ErbStG nicht erfüllt, dies wäre jedoch beim eigenbewohnten Haus unschädlich, weil dieses nach § 13 Abs. 4a ErbStG ohne Schenkungsteuer übertragen werden kann.

Da aber auch diese Angebotslösung noch nicht ausdrücklich von der Rechtsprechung gebilligt ist, bleiben unter dem Gesichtspunkt der **Asset Protection** Zweifel, ob eine Rückübertragung sinnvoll ist.[234] Stattdessen kann etwa überlegt werden, dem Zuwender ein **höchstpersönliches Wohnrecht** vorzubehalten. Dies führt im Scheidungsfalle zu einem Nutzungsrecht oder zumindest zu einer Verhandlungsposition, bringt aber nicht die Immobilie zurück. Ein Nießbrauch ist hingegen weniger empfehlenswert, da dieser pfändbar ist, soweit er zur Ausübung überlassen werden kann (§§ 1059 BGB iVm § 857 Abs. 3 ZPO), was nach § 1059 S. 2 BGB auch ohne besondere Gestattung möglich ist.[235]

Wird eine Zuwendung mit Rückübertragungsklausel gewünscht, so **50** kann diese folgendermaßen formuliert werden:

---

[229] *Schumacher-Hey* RNotZ 2004, 543 (545); Uhlenbruck/*Hirte* InsO § 129 Rn. 121; Heidelberger Kommentar zur Insolvenzordnung/*Kreft*, 7. Aufl. 2014, § 129 Rn. 22; Kayser/Thole/*Thole*. InsO § 129 Rn. 27 sehen zwar die Nichtwahrnehmung einer Erwerbschance nicht als anfechtbar an, wollen dies aber für vollständig konkretisierte Angebote überdenken. Sie gehen dabei aber nicht auf den Gedanken des BGH zur Gerichtetheit des Angebotes an bestimmte Personen ein.
[230] BGH – IX ZR 174/13, NZI 2015, 376.
[231] BGH – IX ZR 174/13, NZI 2015, 376
[232] OLG Oldenburg, NZI 2017, 325, Tz. 21.
[233] Vgl. Anm. *Vuia* NZI 2017, 327 f.
[234] *Demuth* KÖSDI 2016, 20003 (20006) ruft zum Verzicht auf Rückübertragungsrechte auf.
[235] Vgl. Hauschild/Kallrath/Wachter/*Kollmorgen*, Notarhandbuch, § 34 Rn. 58.

1. Teil. Familienrecht im Steuerrecht

Formulierungsbeispiel:

1)
Die Überlassung erfolgt als ehebedingte Zuwendung, dh im Hinblick auf die eheliche Lebensgemeinschaft und zum Ausgleich für geleistete Mitarbeit und als angemessene Beteiligung an den Früchten des ehelichen Zusammenwirkens.

2)
Der zuwendende Ehegatte

– nachfolgend kurz „der Rückerwerbsberechtigte" –

hat das höchstpersönliche, nicht vererbliche und nicht übertragbare Recht, die Rückübertragung des Zuwendungsobjektes zu verlangen, wenn
- einer der Vertragsteile einen Antrag auf Scheidung oder auf vorzeitigen Zugewinn stellt,
- der Erwerber vor dem Veräußerer verstirbt,
- über das Vermögen des Erwerbers oder eines Rechtsnachfolgers als Eigentümer des vertragsgegenständlichen Grundbesitzes ein Insolvenzverfahren eröffnet wird oder Zwangsversteigerungs- oder Zwangsvollstreckungsmaßnahmen gegen das Vermögen des Erwerbers durchgeführt werden oder sich die Vermögensverhältnisse iSd § 490 Abs. 1 BGB verschlechtern

und der Rückerwerbsberechtigte diese Rückforderung durch schriftliche Erklärung gegenüber dem Erwerber oder dessen Rechtsnachfolger im Eigentum binnen 30 Monaten nach Eintritt einer der genannten Voraussetzungen verlangt, wobei dieses Verlangen nur vom Veräußerer persönlich, nicht hingegen von Rechtsnachfolgern gestellt werden kann. Wird das Verlangen binnen dieser Frist nicht gestellt, so erlischt das Rückforderungsrecht endgültig.

Alternative (ergänzend):
- *der Erwerber den Vertragsgrundbesitz ohne Zustimmung des Rückerwerbsberechtigten ganz oder teilweise veräußert oder belastet.*

3)
Für den Rückerwerb gelten folgende Bestimmungen:

a)
Der Grundbesitz ist frei von Rechten Dritter zu übertragen. Ausnahmen hiervon bilden etwaige Rechte, die in vorliegender Urkunde übernommen werden, und etwaige Rechte, die mit Zustimmung des Rückerwerbsberechtigten im Grundbuch eingetragen werden.
Hinsichtlich eingetragener Grundpfandrechte hat der Rückerwerbsberechtigte auch die zugrundeliegenden Verbindlichkeiten in persönlicher Haftung mit schuldbefreiender Wirkung zu übernehmen, soweit die Darlehensvaluten für Investitionen auf dem Vertragsgrundbesitz verwendet wurden; ein Erstattungsbetrag gem. nachfolgender lit. b) ist insoweit nicht zu zahlen.

b)
Der Rückerwerbsberechtigte hat dem heutigen Erwerber die von diesem auf den Vertragsgrundbesitz gemachten Aufwendungen zum Zeitwert im Zeitpunkt der Rückübertragung zu ersetzen. Hierzu gehört auch die Schuldentilgung.
Im Übrigen hat der Rückerwerbsberechtigte keine Gegenleistung zu erbringen.

B. Familie und Gestaltung

c)
Zug um Zug[236] mit der Rückforderung nach Maßgabe obiger Vereinbarungen findet dann auf der Grundlage der nach Rückforderung und Rückerstattung von Aufwendungen bestehenden Vermögenslage der gesetzliche Zugewinnausgleich statt.

4)
Die Kosten der Rückübertragung und durch die Rückübertragung etwa anfallende Verkehrssteuern hat der Rückerwerbsberechtigte zu tragen.

5)
Zur Sicherung aller Ansprüche des Rückerwerbsberechtigten auf Übertragung des Eigentums aus dem vorvereinbarten Rückerwerbsrecht **bewilligen** und

beantragen

die Vertragsteile die Eintragung einer (Rückauflassungs-)Vormerkung gem. § 883 BGB zugunsten des Rückerwerbsberechtigten am Vertragsgrundbesitz in das Grundbuch an nächstoffener Rangstelle.

Soweit Gesellschaftsanteile Übertragungsgegenstand sind, wird idR mangels Sicherungsmöglichkeit durch Auflassungsvormerkung eine auflösende Bedingung vereinbart: **51**

Formulierungsbeispiel: Die Übertragung und Abtretung des Anteils sind auflösend bedingt, sodass der Anteil einschließlich etwaiger Surrogate, jedoch ohne entnommene Gewinne an den Zuwendenden zurückfällt, wenn
– ein Antrag auf Eröffnung eines Insolvenzverfahrens über das Vermögen des Zuwendungsempfängers gestellt wird oder
– ein Pfändungsbeschluss in Bezug auf den übertragenen Anteil erlassen wird.
...

Mit der Einführung des § 1519 BGB ist der neue deutsch-französische Güterstand der Wahlzugewinngemeinschaft in das BGB aufgenommen worden. Es gelten für diesen Güterstand die Vorschriften des Abkommens über die Wahl-Zugewinngemeinschaft (WZGA).[237] In diesem Zusammenhang interessant ist die **absolute Verfügungsbeschränkung des Art. 5 WZGA** für die Familienwohnung. Mit ihr bietet sich eine **neue Möglichkeit** der Absicherung gegen Verfügungen des Empfängers einer Zuwendung im Rahmen der **Asset Protection**.[238] **52**
Wird das Familienwohnheim unter Ehegatten übertragen, so könnten diese den neuen Güterstand wählen. Dann wäre der Empfänger durch Art. 5 WZGA an der Verfügung über dieses Familienwohnheim gehindert. Eine Veräußerung oder Belastung ohne Zustimmung wäre unwirksam. Eines Grundbucheintrages hierüber bedarf es nicht. Ebenso wenig besteht ein möglicherweise pfändbarer Rückübertragungsanspruch. Kein Ehegatte kann ohne den anderen über das Objekt verfügen. Freilich gibt

---

[236] Diese Formulierung bedeutet, dass die Rückgabe des Grundstücks in den Gesamtzusammenhang des Zugewinnausgleichs einzustellen ist und maW erst erfolgen muss, wenn auch der Zugewinn ausgeglichen wird. Ist dies nicht gewünscht, so muss die Voraussetzung „Zug um Zug" weggelassen werden.
[237] Abgedruckt in BGBl. 2012 II 178 ff.; näher hierzu → Rn. 255 ff.
[238] Hierauf weist zu Recht hin *Amann* DNotZ 2013, 252 (280 f.).

es auch für den Scheidungsfall keinen Rückgewähranspruch. Allerdings können begleitende Zugewinnvereinbarungen getroffen werden, die diesen Nachteil ausgleichen und beim übertragenden Ehegatten, wenn dieser weiterhin vermögend ist und der befürchtete Haftungsfall nicht eingetreten ist, zu einem geringeren Vermögensabfluss durch den Zugewinn führen. Allerdings wird auch darauf verwiesen, dass über Art. 5 WZGA die Wohnung nicht zurückverlangt werden kann und dass der Schutz gerade bei der Trennung durch Entwidmung endet.[239]

Hinweis: Der neue deutsch-französische Güterstand der Wahl-Zugewinngemeinschaft bietet eine gute Möglichkeit zur Asset Protection bezüglich des Familienwohnheims.

53 Im **Anfechtungsrecht** gilt die ehebedingte Zuwendung als unentgeltlich, sodass sie einer mindestens vierjährigen Anfechtung nach § 4 AnfG und § 134 InsO unterliegt, denn im Anfechtungsrecht setzt die Unentgeltlichkeit weder eine vertragliche Einigung über die Unentgeltlichkeit noch eine Bereicherung des Empfängers voraus.[240] Schlimmstenfalls kann aber sogar die Vorsatzanfechtung mit einer 10-jährigen Anfechtungsfrist nach § 3 Abs. 1 S. 1 AnfG eingreifen. Deren Anwendungsbereich hat sich ausgeweitet, nachdem der BGH entschieden hat, dass eine Vorsatzanfechtung auch für erst künftige Gläubiger möglich ist.[241]

54 Möglichkeiten zur Asset Protection bieten sich auch über **Lebensversicherungen**, vor allem seitdem der BGH entschieden hat,[242] dass bei einer **unwiderruflichen Bezugsberechtigung** die **Zuwendung** bereits **mit** dieser **Bezeichnung** als Bezugsberechtigter vorgenommen ist, und zwar auch dann, wenn die Versicherungsleistung im Erlebensfall dem Versicherungsnehmer zustehen soll und die Ehescheidung als auflösende Bedingung vereinbart wurde. Der BGH betonte ausdrücklich, der Versorgungscharakter einer solchen Zuwendung spreche für deren Ausführung mit der Bezeichnung der Bezugsberechtigung auch im Hinblick auf § 140 InsO. Anfechtbar waren im konkreten Fall dann nur noch die Versicherungsprämien der letzten vier Jahre.

bb) Zuwendung an Kinder

55 Neben einer Übertragung auf Ehegatten ist eine **Zuwendung an Kinder** überlegenswert. Hier kann die Sicherung des Vermögens zugleich mit einer **Vorwegnahme der Erbfolge** kombiniert werden. Hierzu sind die notwendigen Vorüberlegungen anzustellen, ob die Kinder als Vermögensempfänger geeignet sind, ob die Einnahmen mit übergehen oder durch Nießbrauch zurückbehalten werden sollen, inwieweit bereits eine Verteilung zwischen den Kindern vorgenommen werden kann oder ob die Kinder als Gemeinschaft Vermögensempfänger sein

---

[239] BeckOGK/*Jäger* BGB § 1519 Rn. 113.
[240] BGH – VIII ZR 241/76, NJW 1978, 1326 (1327).
[241] BGH – IX ZR 159/06, NZI 2009, 768.
[242] BGH – IX ZR 15/12, NJW 2013, 232.

B. Familie und Gestaltung

sollen. Besondere Fragen stellen sich bei Minderjährigkeit der Kinder.[243] Noch mehr als bei der Ehegattenzuwendung wird man sich bei der Vermögensübertragung auf Kinder ein Rückübertragungsrecht überlegen, das idR den vorzeitigen Todesfall, aber auch unerwünschte Veräußerungs- und Belastungsfälle abdeckt.

Auch der Fall, dass die **Ehe** des Kindes als **Zuwendungsempfänger** nach Empfang der Zuwendung **geschieden** wird, bildet mehr und mehr einen Rückerwerbsgrund. Das kommt daher, dass der BGH entschieden hat, dass das Absinken der Vorbehaltsrechte des Zuwendenden durch dessen steigendes Lebensalter nicht mehr als eigene unter § 1374 Abs. 2 BGB fallende Zuwendung ohne Berücksichtigung bleibt, sondern nunmehr als gleitender Erwerb in der Zeitschiene sachverständig der Zugewinn aufgrund des Absinkens dieser Rechte einerseits und der Werterhöhung der Grundstücke andererseits festgestellt werden muss. Will man diese teuer bezahlte Scheingenauigkeit vermeiden, so kann ein Rückübertragungsrecht des Zuwendenden helfen, sodass die Zuwendung dem Zugewinn wieder „entwunden" wird.[244] Dies gilt auch, nachdem der BGH aufgrund der Kritik von *Gutdeutsch*[245] mit einer Entscheidung aus dem Jahre 2015[246] wieder auf den Pfad der Tugend zurückkehrte und es wieder für richtig hielt, den Nießbrauch künftig sowohl im Anfangs- als auch im Endvermögen nicht zu erfassen. Allerdings sah der BGH eine weitere Komplikation, denn die mittlerweile flächendeckend vorhandene reale Wertsteigerung des Grundbesitzes wirke sich auch auf den Nießbrauch aus, dessen Wert dann jedenfalls nach dem Ertragswertverfahren ebenfalls steige. Der Nießbrauch unterlag somit zwei gegenläufigen Tendenzen:
– einer fallenden aufgrund der sinkenden Lebenserwartung und
– einer steigenden aufgrund der marktbedingten Ertragswertsteigerung.

Der Grundstückswert hingegen unterlag zwei steigenden Tendenzen:
– der Marktwertsteigerung und
– der Abnahme des Wertes der Nießbrauchsbelastung bei fortschreitender Lebensdauer des Berechtigten.

Hier kann nach Ansicht des BGH der Nießbrauch nicht ausgeblendet werden, sonst wäre die Steigerung des Grundstückswertes im Zugewinn zu hoch erfasst. Für die Praxis steht zu befürchten, dass dies künftig den Regelfall darstellt.[247] Mit der Zuwendung an Kinder ist idR eine **Anrechnung auf den Pflichtteil** verbunden. Die Übertragung auf Kinder vermag zugleich die **Pflichtteile anderer Berechtigter** zu **verkürzen**, weil übertragene Vermögensgüter mit Ablauf der 10jährigen Frist des § 2325 Abs. 3 S. 2 BGB aus dem Pflichtteil ausscheiden. Diese Frist läuft nicht an bei Ehegattenübertragungen und bei umfassendem Nieß-

---
[243] Vgl. hierzu → Rn. 512 ff.
[244] Ausführlich hierzu *Münch* DNotZ 2007, 795 ff.
[245] *Gutdeutsch* FamRZ 2015, 1083 f.
[246] BGH, FamRZ 2015, 1268 m. Anm. *C. Münch*; dem folgend etwa OLG Köln, ZEV 2018, 355.
[247] So auch *Kogel* FamRZ 2016, 1916.

brauchsvorbehalt. Vor Ablauf der 10 Jahre verringert sich neuerdings der beim Pflichtteil zu berücksichtigende Wert um ein Zehntel jedes Jahr. Zu beachten ist, dass der BGH seine „Theorie der Doppelberechtigung" aufgegeben hat.[248] Das bedeutet, dass ein **Ehegatte**, der erst nach der Überlassung auf Kinder geheiratet wird, dennoch einen **Pflichtteilsergänzungsanspruch** in Bezug auf die bereits **vor Eheschließung überlassenen Vermögensgüter** hat.[249]

d) Familienstiftung

56 Familiengesellschaften bilden ein eigenes Kapitel dieses Buches.[250] Allerdings soll im Rahmen der Asset Protection ein Blick auf die **inländische Familienstiftung** geworfen werden, deren Einsatz zur Asset Protection in jüngster Zeit verstärkt diskutiert wird.[251] Zwar muss die Dotation der Stiftung wohl als eine unentgeltliche Zuwendung isd Anfechtungsvorschriften gesehen werden.[252] Sind die diesbezüglichen Fristen verstrichen, wird noch über eine Pfändung von Rückforderungsrechten nach § 528 BGB diskutiert, wobei aber unklar ist, ob die Bestimmung überhaupt auf das Stiftungsgeschäft zur Anwendung kommt und ob die Gläubiger für den Stifter ein solches Recht ausüben können. Es gibt also enge Grenzen für eine solche Rückforderung.[253]

Ansonsten ist die Besonderheit der Stiftung, dass sie als selbständige Vermögensmasse keine Anteilseigner hat und daher auch **keine Anteile gepfändet werden können**. Dies lässt sie zur Asset Protection besonders geeignet erscheinen, und zwar sogar generationenübergreifend.

Sie kann als Familienstiftung zugleich so ausgestattet sein, dass sie zur Versorgung der Familie im Weiteren Sinne geeignet ist. Die Anerkennung solcher Familienstiftungen ist seit der Reform des Stiftungsrechts im Jahre 2002 nicht mehr bestritten.[254] Eine reine Familienstiftung wird die Voraussetzungen der Gemeinnützigkeit nicht erfüllen. Möglich ist jedoch die Errichtung einer Gemeinnützigen Stiftung, die bis zu einem Drittel ihres Einkommens dazu verwendet, um in angemessener Weise den Stifter und seine nächsten Angehörigen zu unterhalten, § 58 Nr. 5 AO.[255] Steht die Asset Protection im Mittelpunkt der Überlegungen,

---

[248] BGH – IV ZR 250/11, DNotZ 2012, 860.
[249] MüKoBGB/*Lange* BGB § 2325 Rn. 8f. mwN.
[250] → Rn. 682 ff.
[251] *Bisle* DStR 2012, 525; *Feick/Thon* ZEV 2011, 404; *von Oertzen/Hosser* ZEV 2010, 169; *Werner* ZErb 2010, 106 f.; zur Familienheimstiftung mit Wohnrechtsbestellung für den Stifter und seine Familie *Werner* ZEV 2014, 56 f.
[252] *Bisle* DStR 2012, 525 (526); *Muscheler* AcP 203 (2003), 469, 491 f.; *von Oertzen/Ponath*, Asset Protection, § 4 Rn. 151 ff.
[253] Hierzu *von Oertzen/Hosser* ZEV 2010, 168 (171 ff.); vgl. auch Grziwotz/*Dutta*, Erbrecht und Vermögenssicherung, 2011, 70 (91 ff.), der darauf hinweist, dass der Fristbeginn zweifelhaft sei, wenn der Stifter sich prägenden Einfluss auf die Stiftung vorbehalte.
[254] Vgl. etwa *Schwarz* DStR 2002, 1767 f. (6.1.1.).
[255] Hierzu näher Richter/Wachter/*Richter*, Handbuch des internationalen Stiftungsrechts, 2007, 820 f.

B. *Familie und Gestaltung*

wird man die **Destinatärsrechte** der Angehörigen in der Stiftungssatzung so ausgestalten, dass diesen **kein einklagbarer Anspruch** und somit keine pfändbare Forderung zusteht.[256]

e) Schutz im Unternehmen

Im Bereich des unternehmerischen Vermögens kann eine gewisse Asset Protection dadurch erreicht werden, dass im Wege einer **Betriebsaufspaltung** die begüterte Besitzgesellschaft (oft eine Personengesellschaft) von der haftungsgefährdeten Betriebsgesellschaft (zumeist eine Kapitalgesellschaft) getrennt bleibt. Die Besitzgesellschaft überlässt dann der Betriebsgesellschaft die Güter zur Nutzung bei Vorliegen eines einheitlichen geschäftlichen Betätigungswillens. Auf diese Weise bleibt zwar beides Betriebsvermögen, aber es haftet bei Schäden im Rahmen der Betriebsgesellschaft nur deren Vermögen den Gläubigern.

56a

Den anderen Weg der Asset Protection im Unternehmensvermögen stellt die Gründung von jeweils eigenen **Projektgesellschaften** dar.[257] Damit wird für jedes neue Projekt eine eigene Gesellschaft gegründet, welche nur dieses eine Projekt durchführt. Das ist insb. im Zusammenhang mit der sog. „Ewigkeitshaftung" im Altlastenbereich nach § 4 Abs. 3 BBodSchG von Bedeutung geworden. Allerdings sind insoweit auch die Diskussionen um die Einstandsverantwortlichkeiten bei Holding-Strukturen nach § 4 Abs. 3 S. 4 BBodSchG zu beachten.[258]

IV. Haftungs- und steuerbedingte Vermögensstrukturplanung

Der vorstehend beschriebenen Verlagerung von Einkunftsquellen oder der Umschichtung von Vermögen zur Asset Protection ist eine sorgfältige Vermögensstrukturplanung vorzuziehen, die einen Vermögenserwerb sogleich durch denjenigen aus der Familie vorsieht, bei dem das Vermögen haftungsrechtlich oder steuerbedingt am besten aufgehoben ist. Nachfolgend seien einige Gesichtspunkte genannt, die für den Erwerb bzw. Vermögensaufbau durch bestimmte Familienmitglieder sprechen können.

57

1. Vermeidung von Betriebsvermögen

Schon bei der Anschaffung von Vermögen gilt es, die Eigentümerstellung so zu wählen, dass Haftungs- und Steuerinteressen optimal ge-

58

---

[256] Vgl. näher *von Oertzen/Ponath*, Asset Protection, § 4 Rn. 151 ff.; *Werner* NWB 2011/41, 3462 ff., dort auch zur liechtensteinischen Familienstiftung, auf die in unserem Zusammenhang nicht näher eingegangen werden kann. Ob man eine Grenzkonstruktion wählt und zwar einklagbare Ansprüche schafft, diese jedoch mit einer Löschungsklausel bei Insolvenz versieht – so die Empfehlung von *Feick* ZEV 2011, 404 ff. – muss dem Vertragsgestalter überlassen bleiben.
[257] Vgl. Hauschild/Kallrath/Wachter/*Kollmorgen*, Notarhandbuch, § 34 Rn. 93 f.
[258] Vgl. etwa *Tiedemann* NVwZ 2008, 257.

1. Teil. Familienrecht im Steuerrecht

wahrt sind. Ohne in diesem Zusammenhang auf jede Einzelkonstellation eingehen zu können, lässt sich doch sagen, dass es idR aus einkommensteuerlicher Sicht wünschenswert ist, etwa werthaltigen **Grundbesitz** so in der Familie zu erwerben, dass er **nicht** als **Betriebsvermögen** gilt. Das vermeidet unerwünschte Steuerfolgen insb. bei der Entnahme/ Veräußerung von Grundbesitz, erlaubt eine freiere Vererbung und führt zusätzlich zur Haftungsabschirmung für den Grundbesitz gegenüber dem haftungsgefährdeten Betrieb.

Das bedeutet, dass der Einzelunternehmer den Grundbesitz oder wertvolle Maschinen nicht selbst erwirbt, sondern ein Erwerb durch die Ehefrau oder durch Kinder erfolgt. Der an einer Personengesellschaft Beteiligte würde durch die Vermietung „privaten", in seinem Alleineigentum stehenden Grundbesitzes an die Personengesellschaft nach § 15 Abs. 1 Nr. 2 S. 1 EStG gewerbliche Einkünfte erzielen, der Grundbesitz wird als **Sonderbetriebsvermögen** gesehen.[259] Auch hier kann Grundbesitz stattdessen durch die Familie erworben werden, allerdings muss langfristig betrachtet werden, wie die weiteren Nachfolgeregelungen geplant sind.

Ist das Unternehmen zur haftungsmäßigen Sicherstellung des wesentlichen Besitzes in ein Besitz- und ein Betriebsunternehmen aufgeteilt, sodass das Besitzunternehmen wesentliche Betriebsgrundlagen an das Betriebsunternehmen verpachtet, so konstruiert die Rechtsprechung daraus bei sachlicher und persönlicher Verflechtung eine **Betriebsaufspaltung**[260] mit der Folge, dass die Pachteinnahmen als gewerbliche Einnahmen umqualifiziert werden und die Wirtschaftsgüter des Besitzunternehmens als steuerverhaftetes Betriebsvermögen angesehen werden.

59 Zur Vermeidung einer solchen Betriebsaufspaltung sind viele Beteiligungsvarianten erdacht und gerichtlich wieder in Frage gestellt worden,[261] so dass das Resümee gezogen wird,[262] einzig das sog. **Wiesbadener Modell** gewähre sicheren Schutz vor der Annahme einer personellen Verflechtung und in der Folge einer Betriebsaufspaltung. Das sog. Wiesbadener Modell ist so konstruiert, dass ein Ehegatte Inhaber des Betriebsunternehmens ist und der andere Ehegatte Inhaber des Besitzunternehmens. Der BFH hat in ständiger Rechtsprechung anerkannt,

---

[259] Zur Definition MüKoBilanzR/*Kempermann* HGB § 247 Rn. 53; Schmidt/ *Wacker* EStG § 15 Rn. 506 ff.
[260] Zur Betriebsaufspaltung allgemein: *Söffing/Micker,* Die Betriebsaufspaltung, 7. Aufl. 2018; *Korn/Strahl,* Betriebsaufspaltung, 2009; *Carlé,* Die Betriebsaufspaltung, 2. Aufl. 2013; *Brandmüller,* Betriebsaufspaltung, Stand 1/2020.
[261] Der BFH hat akzeptiert, dass keine Betriebsaufspaltung vorliegt, wenn die Gesellschafter der GmbH zwar mehrheitlich an der Besitz-GbR beteiligt sind, aber einem Dritten (der Ehefrau und Mutter) dort unentziehbare Alleingeschäftsführungs- und Vertretungsbefugnis unter Befreiung von den Beschränkungen des § 181 BGB kraft gesellschaftsvertraglicher Sonderregelung zusteht, BFH – IV R 54/71, GmbHR 2013, 1001.
[262] *Brandenstein/Kühn* NZG 2002, 904 (907); BestLex/*Heß*, Betriebsaufspaltung, Rn. 11.

B. Familie und Gestaltung

dass bei dieser Konstellation keine Betriebsaufspaltung vorliegt.[263] Diese Ansicht wird von der Finanzverwaltung geteilt.[264] Der BFH geht dabei davon aus, dass in dieser Konstellation jeder Ehegatte zunächst die **Interessen seines eigenen Unternehmens** wahren wird, sodass keine gleichgerichteten Interessen vorliegen, die nach der Personengruppentheorie sonst zu einer Zusammenrechnung der Anteile führen könnten.

Das BVerfG hatte zunächst die Unterstellung gleichgerichteter Interessen bei Ehegatten abgelehnt[265], der BFH hatte daraufhin für die Anwendung der Personengruppentheorie auf Ehegatten das Vorliegen weiterer Beweisanzeichen gefordert.[266] Deren Vorliegen führt aber beim Wiesbadener Modell dennoch nicht zur Annahme einer Betriebsaufspaltung.

Etwas anderes gilt nur dann, wenn eine **faktische Beherrschung** 60 vorliegt, wenn also die Gesellschafter des Besitzunternehmens trotz mangelnder Beteiligungsidentität das Betriebsunternehmen tatsächlich beherrschen. Dies hat die Rechtsprechung **nur in besonders gelagerten Einzelfällen** angenommen,[267] wenn etwa
– die Besitzgesellschaft der Betriebsgesellschaft unverzichtbare Betriebsgrundlagen überlässt und diese jederzeit wieder entziehen kann;[268]
– der Alleininhaber des Besitz- und Alleingeschäftsführer des Betriebsunternehmens jederzeit in der Lage ist, seinen Geschäftsanteil von 49% auf 98% zu erhöhen.[269]

Nicht ausreichend sind hingegen:
– berufliche Kenntnisse der Geschäftsführer der Betriebsgesellschaft und fehlende Kenntnisse bei den Gesellschaftern;[270]
– Anstellung der Ehemänner, die das Besitzunternehmen beherrschen, im Betriebsunternehmen der Ehefrauen mit Klausel, dass die Gesellschaftsanteile der Ehefrauen bei Beendigung der Arbeitsverhältnisse der Ehemänner eingezogen werden können.[271]

Als Beweisanzeichen für eine faktische Beherrschung hat die Rechtsprechung verschiedentlich auch **Vollmachten** des einen Ehegatten an den anderen herangezogen. So hat der BFH **unwiderrufliche Stimmrechtsvollmachten** als Indiz für eine faktische Beherrschung gewer-

---

[263] BFH – VIII R 263/81, BFHE 145, 129; BFH – VIII R 198/84, DB 1986, 2524.
[264] 15.7 (7) und 4.8 EStH 2018; in das Sozialrecht übertragen von LSG Bayern – L 9 AL 377/02, JurionRS 2006, 23625.
[265] BVerfG – 1 BvR 571/81, NJW 1985, 2939.
[266] BFH – IV R 98-99/85, DB 1986, 1261.
[267] Hierzu OFD Frankfurt – S 2240 A – 28 – St 219, BeckVerw 262070.
[268] BMF, BStBl. I 2002, 1028; *Kußmaul/Schwarz* GmbHR 2912, 834, 837; daher ist vor dem Abschluss kurzfristig kündbarer Pachtverträge zu warnen; Wachter/*Levedag*, Praxis des Handels- und Gesellschaftsrecht, Kap. C II Rn. 90.
[269] BFH – XI R 23/96, DStR 1997, 608.
[270] BFH – I R 228/84, DStR 1989, 77; vgl. aber auch BFH – III R 240/84, JurionRS 1987, 15691.
[271] BFH – IV R 20/98, DStR 1999, 190.

tet.[272] Ferner hielt der BFH in der angestrebten Revision nicht für klärungsbedürftig, dass eine **Generalvollmacht** für die Wahrnehmung von Vermögensangelegenheiten zu einer faktischen Beherrschung führen könne.[273] Schließlich genügte dem BFH eine **widerruflich erteilte**, ausschließlich auf die GmbH-Beteiligung bezogene **Spezialvollmacht**, mittels derer [274]abgestimmt und auch Anteile abgetreten werden konnten, um zu einer faktischen Beherrschung zu gelangen. Dies steht in einem gewissen Widerspruch zu einem Judikat des BFH, in dem dieser ausführte, der Vollmachtgeber könne aufgrund des zugrunde liegenden Auftragsverhältnisses seine Interessen gegenüber dem Bevollmächtigten durchsetzen.[275]

Nicht diskutiert wird bisher die immer verbreiteter vorliegende Gestaltung einer **Vorsorgevollmacht als Generalvollmacht**, die häufig zwischen Ehegatten abgeschlossen wird. Mittels einer solchen Vollmacht, die idR widerruflich ist, könnten auch Abstimmungen in der Gesellschafterversammlung durchgeführt werden. Die Vollmacht ist jedoch regelmäßig im Innenverhältnis eingeschränkt, sodass sie nur im Falle einer Verhinderung des Vollmachtgebers und nur in seinem Interesse genutzt werden darf. Sie ist zudem häufig mit einer Ausfertigungssperre versehen. Diese **zahlreichen Einschränkungen im Innenverhältnis** sprechen dafür, im Falle einer bloßen Vorsorgevollmacht keine faktische Beherrschung anzunehmen. Gegenteiligen Ansichten[276] ist daher zu widersprechen.

Somit kann man mit *Felix*[277] in seiner kurzen, prägenden Stellungnahme sagen:

> „Daher kann bei 100% einseitigen Ehegattenbeteiligungen „über Kreuz" die Finanzverwaltung eine Betriebsaufspaltung nur besteuern, wenn sie nachweist, dass der eine Ehegatte des anderen Ehegatten Strohmann ist."

61 Es muss also bei **Erwerb** entsprechender Beteiligungen oder zu verpachtender Grundstücke stets darauf geachtet werden, dass der eine Ehegatte Inhaber des Betriebes ist und der andere Ehegatte Inhaber des Besitzes, der an den Betrieb überlassen wird. Sofern diese **Eigentumslage** noch nicht hergestellt ist, muss sie zur Vermeidung einer Betriebsaufspaltung vor Abschluss der entsprechenden Überlassungsverträge hergestellt werden.

Häufig wird dennoch die Finanzierung von einem Ehegatten dargestellt oder die Ehegatten wollen sicherstellen, dass das Schicksal des Betriebes bei Scheidung oder Tod eine zivilrechtlich optimale und steuerlich unschädliche Lösung erfährt.

---

[272] BFH – VIII R 151/85, JurionRS 1989, 15531.
[273] BFH – VIII B 22/97, BFH/NV 1998, 852.
[274] BFH – XI R 23/96, DStR 1997, 608.
[275] BFH – X B 230/08, BeckRS 2009, 25015448; wieder anders BFH – IX R 51/10, MittBayNot 2013, 84 m. Anm. *Wachter*, zu einer unwiderruflichen Vollmacht an den Vorbehaltsnießbraucher.
[276] *Hennig* RNotZ 2015, 127 (130) mwN.
[277] *Felix* GmbHR 1973, 184.

B. Familie und Gestaltung

Hinweis: Ein Wiesbadener Modell muss sorgfältig zivilrechtlich begleitet werden, damit auch bei Tod und Scheidung die steuerliche Zielsetzung nicht in sich zusammenfällt. Dabei sollte von beschränkenden Anordnungen im Hinblick auf die steuerliche Thematik nur zurückhaltend Gebrauch gemacht werden.

Hierzu findet sich der folgende Kommentar:[278]

„Je größer die Sicherungen für den Scheidungsfall sind, desto sicherer wird die Betriebsaufspaltung doch nicht vermieden."

Die Sicherung für den Scheidungsfall muss wohl überlegt sein. So würde ein (Rück-)Erwerbsrecht des Betriebsinhabers für den Scheidungsfall das „Wiesbadener Modell" in sich zusammenstürzen lassen. Hier kann – je nach Familienkonstellation – überlegt werden, stattdessen ein **Erwerbsrecht der Kinder** vorzusehen. In gleicher Weise müsste für den Todesfall eine Regelung getroffen werden, wonach nicht die gesetzliche Erbfolge oder gar eine gegenseitige Erbeinsetzung Platz greift, sondern der betroffene Grundbesitz oder das Besitzunternehmen direkt an die Kinder fällt.[279]

Für den steuerlichen Berater und den Vertragsgestalter stellt sich damit die Frage, wieweit Sicherungen vereinbart werden können, ohne dass diese den Begünstigten zum wirtschaftlichen Eigentümer werden lassen. Hierzu muss der Spielraum zwischen folgenden Bereichen noch ausgelotet werden:

Wird ein **jederzeitiges Rückerwerbsrecht** vereinbart, so führt dies dazu, dass steuerlich das wirtschaftliche Eigentum bei demjenigen Ehegatten liegt, dem das Rückerwerbsrecht[280] zusteht, denn er kann den anderen jederzeit vom Eigentum und der Nutzung ausschließen, sodass dieser faktisch nur auf Weisung handelt.[281]

Für die Vereinbarung einer **reinen Scheidungsklausel**, dh eines Rückfallrechtes ohne Grundbuchabsicherung, nur mit Vollmacht zu einer solchen hat der BFH den Wechsel des wirtschaftlichen Eigentums verneint.

Rechtsprechungsfall: Laut Sachverhalt der Leitentscheidung des **BFH**[282] **62** **(1998)** schenkte ein Arzt seiner Frau Geld zum Erwerb eines Grundstückes. Mit dem Erwerb übernahm diese auch den Praxismietvertrag der ärztlichen Gemeinschaftspraxis, an welcher der Arzt beteiligt war. Zeitnah dazu schlossen der Arzt und seine Ehefrau einen Ehevertrag, in dem sich die Ehefrau verpflichtete, das Grundstück (mit Gebäude) im Scheidungsfalle unentgeltlich auf den Arzt zu übertragen. Daneben wurde eine Vollmacht zur Auflassung und zur Eintragung einer Vormerkung erteilt. Beides erfolgte jedoch nicht.

---

[278] *Wälzholz* GmbH-StB 2008, 304 (306).
[279] Vgl. etwa *Gluth* ErbStB 2004, 148 (151).
[280] *Jülicher* DStR 1998, 1977, untersucht allgemein die steuerlichen Auswirkungen vertraglicher Rückforderungsrechte.
[281] BFH – VIII R 196/84, BStBl. II 1989, 877; Meyer-Scharenberg/*Ohland*, Gestaltung, Rn. A. 113; Schmidt/*Wacker* EStG § 15 Rn. 846.
[282] BFH – XI R 35/97, DStR 1998, 636 = BStBl. II 1998, 542.

1. Teil. Familienrecht im Steuerrecht

Ferner regelten die Ehegatten, dass das Grundstück (mit Gebäude) in einem Zugewinnausgleich als Vermögen des Ehemannes gelten solle.

Die Schenkung des Geldes zum Erwerb des Grundstücks hat laut BFH keine Bedeutung, weil sie nicht die Verfügungsbefugnis über das Grundstück berührt.

Das gewichtigste Argument des BFH ist, dass die Ehefrau das Grundstück trotz dieser Vereinbarung ungehindert nutzen und sogar veräußern konnte.

Die Möglichkeit, eine Auflassungsvormerkung einzutragen oder gar mittels Scheidungsantrag die Eigentumsumschreibung herbeizuführen, sei unschädlich, solange von ihr kein Gebrauch gemacht wurde.

63 In einer anderen Entscheidung aus dem Jahre **1990** hatte der **BFH**[283] Ehemänner als Mitunternehmer angesehen, obwohl nicht diese, sondern deren Frauen Gesellschafter waren, weil sie wirtschaftlicher Eigentümer seien. Der BFH stellt darauf ab, dass zum einen die Ehefrauen laut Gesellschaftsvertrag bei Scheidung **ausgeschlossen** werden konnten, kombiniert mit einem Eintrittsrecht der Ehemänner, und weil die Ehemänner den Pachtvertrag kurzfristig kündigen und damit der Gesellschaft den Geschäftszweck entziehen konnten. Nach Auffassung des BFH konnten damit die Ehefrauen nur auf Weisung der Ehemänner handeln, sonst riskierten sie die Scheidung.

Ebenfalls **1998** urteilte der **BFH**,[284] dass eine **Scheidungsklausel nicht zu einer faktischen Beherrschung führt** und damit das Wiesbadener Modell gehalten wird, wenn im Falle der Scheidung die Gesellschafterinnen der Betriebs-GmbH aus dieser ausgeschlossen werden können. Im konkreten Fall hatten die Ehemänner zwar einen Überhang an Sachkunde, die Betriebs-GmbH wurde aber von einem Fremdgeschäftsführer geführt. Der BFH sieht zu Recht den Weg über eine Scheidung und eine anschließende jeweils getrennte Abstimmung über den Ausschluss der Gesellschafterinnen als insgesamt so beschwerlich und risikobehaftet an, dass er als Druckmittel auf die Ehefrauen nicht geeignet ist. Der BFH führt ferner aus, die Scheidungsklausel vermöge die Position des Rechtsinhabers vor dem Eintritt des zukünftigen, noch dazu unerwünschten Ereignisses einer Scheidung nicht zu beeinträchtigen. So seien die Anteile zB abtretbar gewesen.

Ein weiteres Urteil des **BFH** aus **1988**[285] lehnt eine faktische Beherrschung auch für den Fall ab, dass der Ehemann die Mittel für den Erwerb der Anteile an der Betriebs-GmbH durch die Ehefrau geschenkt hat und seine fachlichen Kenntnisse dominieren. Das Gericht lehnt ausdrücklich wegen der fortgeschrittenen gesellschaftlichen Entwicklung im Hinblick auf die Gleichstellung der Frau eine faktische Beherrschung ab. Wichtig ist die Anmerkung des BGH, dass eine reine **Blockademöglichkeit allein noch nicht zu einer faktischen Beherrschung** führt. Wer

---

[283] BFH – VIII R 81/85, BStBl. II 1994, 645.
[284] BFH – IV R 20/98, DStR 1999, 190.
[285] BFH – X R 5/86, BStBl. II 1989, 152.

B. Familie und Gestaltung

nur ein Tätigwerden des anderen verhindern, aber nicht seinen eigenen Willen durchsetzen kann, der beherrscht nicht.[286]

Der **BGH** hat in zwei Entscheidungen sich mit solchen Klauseln beim Wiesbadener Modell befasst.[287] Danach führt ein **vormerkungsgesicherter Anspruch** auf Eigentumsübertragung gegen den Besitzunternehmer bei Verstoß gegen ein Verfügungsverbot, Vorversterben, Zwangsvollstreckung und Stellung eines Scheidungsantrages **noch nicht zu wirtschaftlichem Eigentum bei demjenigen Ehegatten, der das Betriebsunternehmen innehat,** denn dieser hat deshalb noch keine Weisungsbefugnis gegenüber dem Besitzunternehmer. Man darf also nicht die Scheidung als steuerliches Gestaltungsmittel begreifen.[288]

Das Berufungsgericht war noch von wirtschaftlichem Eigentum des Betriebsunternehmers aufgrund einer Treuhandabrede ausgegangen. Der BGH hat demgegenüber zu Recht erkannt, dass die **Anerkennung des Wiesbadener Modells Hauptziel der Gestaltung** war. Dann kann man keinen Treuhandvertrag unterstellen, der genau dies verhindert.

Allerdings sahen die Verträge jeweils nur die Übernahme der dinglichen Belastungen vor, sodass nach ihrem Wortlaut der zur Herausgabe verpflichtete Ehegatte die **Verbindlichkeiten** weiter hätte tragen müssen, weshalb sich der BGH mit der Frage zu befassen hatte, ob die Verträge deswegen sittenwidrig seien. Der BGH löste dies durch Auslegung der Verträge, die danach auch zur Schuldübernahme verpflichteten.

Ist somit **zivilrechtlich die entsprechende Gestaltung abgesichert**, so wird **aus steuerlicher Sicht noch immer zu erheblicher Vorsicht bei der Gestaltung geraten**, damit die Verfügungsbefugnis des Grundstückseigentümers nicht über die Maßen eingeschränkt wird, etwa noch durch **Vermietungsbeschränkungen** oder ähnliches.[289]

Außerdem wird von der Gestaltungspraxis noch ein ergänzendes **Andienungsrecht** vorgeschlagen, das den Besitzunternehmer in die Lage versetzt, vom Betriebsunternehmer die Übernahme des Grundbesitzes gegen Schuldübernahme zu verlangen, um den Besitz-Ehegatten nicht an eine für ihn nicht verwertbare Spezialimmobilie zu binden.[290]

Hinweis: Nach Auffassung des BGH sind die üblichen Scheidungs- und Rückübertragungsklauseln, die an bestimmte Auslöser anknüpfen, für das Wiesbadener Modell unschädlich. Allerdings muss darauf geachtet werden, dass auch die Schuldübernahme im Zusammenhang mit der Rückübertragung vereinbart wird.

---

[286] Vgl. auch FG Rheinland-Pfalz – 2K 2934/00, BeckRS 2001, 21009647, bei einer eingetragenen Rückauflassungsvormerkung.
[287] BGH – V ZR 176/12, NJW 2014, 2177 und BGH – V ZR 171/13, NJW 2015, 1668.
[288] *Kesseler* DStR 2015, 1189 (1190 ff.).
[289] *Kesseler* DStR 2015, 1189 (1151 f.).
[290] *Kesseler* DStR 2015, 1189 (1193).

1. Teil. Familienrecht im Steuerrecht

Schließlich führt auch die **Kombination von Vorbehaltsnießbrauch und schuldrechtlichem Veräußerungsverbot** nicht zu wirtschaftlichem Eigentum des Übertragenden,[291] auch bei Eintragung einer Vormerkung.[292] Selbst eine **gegenseitige Blockademöglichkeit** von Übergeber und Übernehmer führt nach Ansicht des **BFH** aus 2001[293] nicht zu einem Auseinanderfallen von rechtlichem und wirtschaftlichem Eigentum, wenn durch vertragstreues Verhalten ein Zugriff des Übergebers verhindert werden kann.

In der Praxis wird das Wiesbadener Modell daher nur dann gestaltungssicher sein, wenn die begleitenden Regelungen sorgfältig aufeinander abgestimmt sind. Die bestehenden Gefahren erklären die Zurückhaltung in der Anwendung. Ohne die steuerrechtlichen Auswirkungen würde man ein solches Modell zivilrechtlich kaum empfehlen.[294]

2. Einnahmeplanung zur Ausnutzung steuerlicher Freiräume

64 Vermögensübertragungen werden häufig auch unter dem Aspekt der Ausnutzung steuerlicher Freiräume vorgenommen. Hier ergeben sich insb. bei Übertragung bzw. Einkommensverlagerung auf Kinder folgende Vorteile:
– **Grundfreibetrag** von 9.408,– EUR (VZ 2020) lässt Einkünfte bis zu dieser Höhe pro Kind steuerfrei sein.
– Darüber hinausgehende Einkünfte unterliegen bei den Kindern im Regelfall einer geringeren **Steuerprogression** als bei den Eltern.
– Die Kinder haben darüber hinaus ggf. zusätzlich **eigene weitere Freibeträge** wie zB den Sparer-Pauschbetrag.
– Nach der Abschaffung der Jahresgrenze für Einkünfte und Bezüge des Kindes in § 32 Abs. 4 S. 2–4 EStG aF werden **Kinderfreibetrag bzw. Kindergeld unabhängig** von solchen Einkünften gewährt.
– Beachtlich ist aber, dass zahlreiche **andere staatliche Leistungen weiterhin** von **Einkunftsgrenzen** abhängen, zB BAföG.

Übertragungen zwischen Ehegatten hingegen sind bei Zusammenveranlagung kaum geeignet, steuerliche Vorteile zu generieren.

3. Gesteuerter Vermögenszuwachs

65 Sofern die **Einkunftsquelle übertragen** wird, fallen künftige Einkünfte direkt beim Erwerber an, sodass es zum einen insoweit nicht zu erneuten Schenkungen kommt. Zum anderen können die genannten steuerlichen Vorteile der Einkommensverlagerung perpetuiert werden.

---

[291] BFH – IV R 39/98, BStBl. II 1999, 263 = DStR 1999, 372, insoweit wohl entgegen BFH – IV R 219/1980, BeckRS 1983, 05244.
[292] BFH – X B 128/05, BeckRS 2005, 25009322.
[293] BFH – II R 32/99, BFH/NV 2002, 469 = BeckRS 2001, 25000219.
[294] So zu Recht *Carlé,* Betriebsaufspaltung, 2. Aufl. 2014, Rn. 284.

B. *Familie und Gestaltung*

4. Generierung erbschaftsteuerlicher Freibeträge

Vor allem zur Ausnutzung der schenkungsteuerlichen Möglichkeiten jedoch ist eine frühzeitige Vermögensstrukturplanung in der Familie ratsam. **66**

Dazu muss man folgendes wissen:
- **Freibeträge der Schenkungsteuer** entstehen nach § 14 ErbStG **alle zehn Jahre neu**. Frühzeitige Übertragungen erlauben also eine mehrfache Ausnutzung. Die aktuellen Freibeträge für Ehegatten belaufen sich auf 500.000,– EUR, für Kinder auf 400.000,– EUR nach § 16 Nr. 1 und 2 ErbStG. Nicht zu vernachlässigen sind auch die erheblich erhöhten Freibeträge für Enkel nach § 16 Abs. 1 Nr. 3 ErbStG in Höhe von 200.000,– EUR gegenüber jedem Großelternteil.
- Die Freibeträge sind **für jeden Veräußerer zu jedem Erwerber** hin gedacht. Das bedeutet, dass schon bei den **Eltern** auf eine **geeignete Vermögensverteilung** geachtet werden muss, damit jeder Elternteil die Freibeträge später ausnutzen kann. Soweit hierzu Übertragungen unter den Eltern erforderlich sind, ist darauf zu achten, dass diese frühzeitig genug erfolgen und es nicht zu einer Kettenschenkung kommt, bei der eine direkte Zuwendung des ursprünglichen Eigentümer-Elternteiles an das Kind als Zielperson anzunehmen wäre. Zwar hat der BFH nun die Anforderungen an eine Kettenschenkung strenger gesehen,[295] gleichwohl bleibt darauf zu achten, dass keine Verpflichtung des zwischengeschalteten Elternteiles zur Weiterübertragung besteht bzw. dieser nicht zur Weiterübertragung veranlasst wurde.
- In der fiktiven zwei Eltern – zwei Kinder Familie führt dies dazu, dass alle 10 Jahre Werte bis zu 1,6 Mio. EUR steuerfrei übertragen werden können, sodass in der Summe auch ganz erhebliches Vermögen ohne Steuerbelastung in die nächste Generation gegeben werden kann.
- Diese Werte werden noch wesentlich höher, wenn die Kinder **Gegenleistungen** zu erbringen haben, die vom Wert der Schenkung in Abzug zu bringen sind. Nach der Aufhebung des § 25 ErbStG zum 1.1.2009 gilt dies ausdrücklich auch für den **Nießbrauch**, sodass bei einer Schenkung unter Nießbrauchsvorbehalt die Ausführung der Schenkung gesichert ist – und zwar unabhängig von der einkommensteuerlichen Einordnung als wirtschaftlicher Eigentümer oder Mitunternehmer[296] –, der Kapitalwert des Nießbrauchs aber von der Bemessungsgrundlage abzuziehen ist.[297]
- Zusätzlich sind bei entsprechender Vermögenszusammensetzung noch die **Betriebsvermögensprivilegien** nach §§ 13a, 13b ErbStG in Betracht zu ziehen.[298]

---

[295] BFH – II B 60/11, ZEV 2012, 562.
[296] BFH – II R 61/80, BStBl. II 1983, 179.
[297] Hierzu *Ivens* ZRV 2012, 71 (73 f.), alternativ kann der Nießbrauch bereits bei der Bewertung berücksichtigt werden.
[298] Das BVerfG hat die Betriebsvermögensprivilegierungen mit Urteil vom 17.12.2014 – 1 BvL 21/12, BeckRS 2014, 59427, für verfassungswidrig erklärt.

5. Familienheim

67 Eine besondere Betrachtung verdient in diesem Zusammenhang noch die schenkungsteuerliche Privilegierung des Familienheims nach § 13 Abs. 1 Nr. 4a) bis 4c) ErbStG.

Seit 1.1.2009 gilt die Privilegierung des Familienheims in einer erweiterten Form. Nach **§ 13 Abs. 1 Nr. 4a ErbStG** ist die **Übertragung unter Ehegatten**[299] **zu Lebzeiten** völlig steuerfrei und fällt nicht in die Schenkungsteuerfreibeträge, wenn folgende Voraussetzungen gegeben sind:

Ein Familienheim liegt vor,
- wenn es sich um ein bebautes **Grundstück iSd § 181 Nr. 1–5 BewG** (Ein- und Zweifamilienhäuser, Mietwohngrundstücke, Wohnungs- und Teileigentum, Geschäftsgrundstück, gemischt genutztes Grundstück) handelt, das im Inland, in einem EU- oder EWR-Staat liegt,
- und das gemeinsam zu eigenen Wohnzwecken genutzt wird und zwar als **Mittelpunkt des familiären Lebens**, sodass Ferien-, Wochenend- oder Zweitwohnungen ausscheiden.[300]

Zum Familienheim im steuerlichen Sinne können jedoch **nicht angrenzende Gartengrundstücke** mit **eigenen Flurnummern gehören**, auch wenn sie in einem einheitlichen Nutzungszusammenhang mit dem Familienheim stehen. Das ist insb. dann von Bedeutung, wenn es sich dabei um eigene Baugrundstücke handelt, sodass die Freibeträge leicht ausgeschöpft werden.[301] Hier wird zu überlegen sein, ob für den Zeitpunkt der Zuwendung eine Verschmelzung der Grundstücke helfen kann.

Die **Nutzung zu anderen als Wohnzwecken** im Objekt ist nunmehr unschädlich, allerdings gilt die Privilegierung nur für den zu Wohnzwecken genutzten Teil des Familienheims. Die früheren Konstruktionen einer Separierung durch Aufteilung in Wohnungseigentum sind daher nicht mehr notwendig, der BFH hatte schon für die frühere Rechtslage so entschieden.[302] Die Aufteilung erfolgt nach dem Verhältnis der Wohn- und Nutzflächen zum Bewertungsstichtag.[303]

Begünstigt ist nicht nur die Übertragung des Familienheims, sondern auch der Ankauf durch einen Ehegatten mit Mitteln des anderen, die Darlehenstilgung oder Schuldfreistellung durch den anderen Ehegatten sowie die Begleichung nachträglicher Herstellungs- oder Erhaltungsauf-

---

Daraufhin erging 2016 ein weiteres Gesetz zur Reform der Erbschaftsteuer (BGBl. 2016 I 2464).

[299] Gleiches gilt nach Satz 3 der Vorschrift auch für eingetragene Lebenspartner.

[300] So das Verständnis der Finanzverwaltung, R E 13.3 Abs. 2 S. 4, 5 ErbStR 2019, und nunmehr auch des BFH – II R 35/11, DStRE 2012, 809.

[301] FG Düsseldorf – 4 K 1063/17 Erb, BeckRS 2018, 9839 = EFG 2018, 1211; FG München – 4 K 2568/16, DStRE 2019, 699 (NZB: II B 49/18).

[302] BFH – II R 69/06, ZEV 2009, 257.

[303] R E 13.3. Abs. 2 S. 14 ErbStR 2019.

B. Familie und Gestaltung

wendungen. Damit ist in diesem Bereich auch weiterhin die **mittelbare Grundstücksschenkung** begünstigt.[304] Der **Vorbehalt eines Nießbrauchs** oder Wohnungsrechtes soll ebenso unschädlich sein[305] wie die Vereinbarung eines **Rückerwerbsrechtes** etwa für den Scheidungsfall. Für den Fall, dass der **Schenker den Beschenkten überlebt**, wird sogar ein **Rückerwerbsrecht ausdrücklich empfohlen**, da dann bei einem solchermaßen vorbehaltenen Rückerwerb im Gegensatz zur „Rückvererbung" das Familienheim nicht in die Schenkungsteuer fällt.[306]

Die bloße **Schenkung eines Zuwendungsnießbrauchs oder -wohnrechtes** soll hingegen **nicht begünstigt** sein,[307] da hierin nicht die Einräumung von Miteigentum oder Eigentum liegt. Die zu Ziffer 4b) ergangene Rechtsprechung[308] dürfte hierfür gleichermaßen gelten.

In den Fällen, in denen **trennungsbedingt nur noch ein Ehegatte mit Kind** in dem Haus wohnt, der andere aber bereits ausgezogen ist, will das FG Berlin[309] dennoch **weiterhin** von einem **Familienheim** ausgehen. Der BFH hat dieser Ansicht – freilich nur in einem obiter dictum – zugestimmt.[310] Das sollte als Grundlage für eine Gestaltung genügen.[311]

Zudem kann etwa die Möglichkeit des Darlehenserlasses dazu genutzt werden, wenn zwischen unverheirateten Paaren zunächst ein Darlehen vereinbart und ausgereicht wird, das dann später nach Heirat erlassen wird, denn maßgeblich ist in diesem Fall der Zeitpunkt des Schuldenerlasses.[312]

> **Hinweis:** Mit der Möglichkeit des **Darlehenserlasses** kann der **Zeitpunkt der Zuwendung „nach hinten" verlagert** werden, wenn die Voraussetzungen des § 13 Abs. 1 Nr. 4a ErbStG früher – etwa mangels Heirat oder aufgrund zunächst erforderlicher Sanierung, sodass noch kein Familienheim gegeben ist – nicht vorliegen.

Wegen des erbschaftsteuerlichen Transparenzprinzips[313] soll auch der Erwerb von und an eine **Gesellschaft bürgerlichen Rechts** trotz deren partieller Rechtsfähigkeit unter die Privilegierung fallen. Die Anwachsung beim Tod eines Gesellschafters wird aber als Schenkung auf den Todesfall qualifiziert, sodass sie nur nach § 13 Abs. 1 Nr. 4b ErbStG

68

---

[304] *Reimann* ZEV 2010, 174 (175).
[305] *Wachter* ZEV 2014, 191 (193) mwN; *Mack* ErbR 2017, 538 (541).
[306] TGJG/*Jülicher* ErbStG § 13 Rn. 76; *Mack* ErbR 2017, 538 (542).
[307] *Mack* ErbR 2017, 538 (541); *Jülicher* ZEV 2014, 562.
[308] BFH – V ZR 181/13, DNotZ 2014, 691.
[309] FG Berlin – 5 K 5267/01, DStRE 2004, 217.
[310] BFH – II R 69/06,- NJW 2009, 1373 (1374).
[311] Skeptisch insoweit *Mack* ErbR 2017, 538 (541) ohne Berücksichtigung des BFH.
[312] BFH – II R 37/09, DStRE 2011, 163.
[313] Ausführlich *Meincke/Hannes/Holtz* ErbStG § 1 Rn. 7.

begünstigt wäre.[314] Durch Rechtsprechung oder Verwaltungsmeinung gesichert ist all dies freilich nicht.[315]

Hinweis: Vorsicht bei der Einbindung von GbR-Konstruktionen im Bereich der steuerfreien Zuwendung eines Familienheims!

69 Die Steuerfreistellung bei Zuwendungen des Familienheims unter Ehegatten hat insb. folgende **Vorteile**:[316]
- Es gibt **keine Nachsteuerfrist**, sodass – freilich in den Grenzen des § 42 AO – eine spätere Aufgabe der Eigennutzung unschädlich ist. Selbst ein Rückerwerb durch den Schenker („Familienheimschaukel") dürfte jedenfalls mit einem gewissen Abstand und bei Fehlen eines Gesamtplanes unschädlich sein, wenn der Beschenkte über das Objekt jedenfalls bis zum Rückerwerb frei verfügen konnte.[317]
- Es gibt **keinen Objektverbrauch**. Es kann daher nach einem Wechsel des Mittelpunktes des familiären Lebens auch ein weiteres Familienheim zugewendet werden.
- Es gibt **keine Wertobergrenze** für diese steuerfreie Zuwendung.
- Die Steuerfreiheit wird **bei jedem Güterstand** gewährt.

Hinweis: Mit der Übertragung des Familienheims unter Lebenden kann ganz erhebliches Vermögen völlig steuerfrei auf den Ehegatten übertragen werden.

Insbesondere das Fehlen einer Behaltefrist lässt die Übertragung zu Lebzeiten gegenüber dem Eigentumserwerb von Todes wegen nach § 13 Abs. 1 Nr. 4b ErbStG vorzugswürdig erscheinen.

70 Was den **privilegierten Erwerb von Todes wegen** anbelangt, der aber nur bei Erwerb des Eigentums/Miteigentums greift, so kann das Privileg des § 13 Abs. 1 Nr. 4b ErbStG auch **nachträglich noch durch bewusste Sachverhaltsgestaltung zum Zuge gebracht** werden, weil diese Vorschrift auf § 3 ErbStG verweist und daher auch der Erwerb durch Vermächtnis oder zur Abfindung für den Verzicht auf einen entstandenen Pflichtteil, für beeinträchtigende Schenkungen etc. in Betracht kommen kann. Eine Leistung an Erfüllungs Statt hingegen genügt nicht.[318] Freiwillige Erbauseinandersetzungen sollen jedoch zur Steuerung der Befreiung eingesetzt werden können.[319]

Die **letztwillige Zuwendung allein eines Wohnrechtes oder eines Nießbrauchs** ohne Eigentum erfüllt die Voraussetzungen des

---

[314] Ihle RNotZ 2011, 471 (474).
[315] Daher zur Vorsicht mahnend *Reimann* ZEV 2010, 174 (176); *Wachter* ZEV 2014, 191 (192); *Ziegler* MittBayNot 2017, 354 (356).
[316] Von der Finanzverwaltung ausdrücklich anerkannt: R E 13.3 Abs. 5 ErbStR 2019.
[317] Dazu *von Oertzen/Ponath*, Asset Protection, § 4 Rn. 63 f.
[318] BFH – II R 52/96, DStR 1998, 1957.
[319] H E 13.4 Beispiel 3 EStH 2019; *Reimann* ZEV 2010, 174 (179).

B. Familie und Gestaltung

§ 13 Abs. 1 Nr. 4b ErbStG **nicht**.[320] Die Nutzung durch den Erblasser als **Zweitwohnung** genügt nicht.[321] Hatte der Erblasser noch kein Eigentum erworben, sondern lediglich ein **Anwartschaftsrecht** (Auflassung war erklärt und Vormerkung eingetragen), so erfüllt dies nach Ansicht des BFH[322] nicht die Voraussetzungen.

Die **Nachsteuerregel** des § 13 Abs. 1 Nr. 4b ErbStG verlangt, dass beim Erwerb von Todes wegen der überlebende Ehegatte das Familienheim **10 Jahre** lang – ausgenommen zwingende Gründe[323] – zu eigenen Wohnzwecken nutzt. Die Verwaltung ist noch strenger und verlangt, dass der überlebende Ehegatte das Familienheim 10 Jahre lang „**als Eigentümer**" nutzt. Sogar die Übertragung gegen Nutzungsvorbehalt ist dann befreiungsschädlich.[324] Dies soll **auch** dann gelten, wenn der Zweiterwerber seinerseits begünstigungsfähig iSd § 13 As. 1 Nr. 4c ErbStG ist (**Übertragungskette**), so der BFH.[325]

> **Hinweis:** Bei Inanspruchnahme der Befreiung für das Familienheim bei Erwerb von Todes wegen muss sorgfältig darauf geachtet werden, eine **verfrühte Weitergabe** vor Ablauf der 10-Jahres-Frist zu **vermeiden**. Stattdessen muss eine testamentarische Regelung ggf. begleitet von einem Verfügungsverbot, soweit etwa Fremdinvestitionen abzusichern sind, getroffen werden.

Vorgeschlagen wird als weitere Lösung, **nur den schuldrechtlichen Weiterübertragungsvertrag zu beurkunden** und die dingliche **Auflassung** und damit die **Eintragung** im Grundbuch **nicht** zu beurkunden bzw. zu veranlassen.[326] Dann bleibt der von Todes wegen Begünstigte weiterhin Eigentümer und Nutzender, sodass die Voraussetzungen der Finanzverwaltung eingehalten wären. Der Hinweis, hierzu eine verbindliche Auskunft einzuholen, zeigt jedoch, dass diese Gestaltung keineswegs gesichert ist.

Schwierig ist auch die weitere Voraussetzung, dass das Familienheim beim **Erwerber unverzüglich zur Selbstnutzung zu eigenen Wohnzwecken bestimmt** ist. Dazu muss der Erwerber grundsätzlich **innerhalb von sechs Monaten** nach Erwerb die Absicht der Selbstnutzung fassen und auch umsetzen. Allerdings können **Gründe**, die nicht dem Einflussbereich des Erwerbers unterliegen, den Zeitraum **verlängern**, so etwa bei schwieriger Vermächtniserfüllung mit Betreuerbestellung und **betreuungsgerichtlicher Genehmigung**, sodass aufgrund

---

[320] BFH – V ZR 181/13, DNotZ 2014, 691.
[321] So FG München – 4 K 3006/15, DStRE 2018, 428 – Erblasser war mit anderem Hauptwohnsitz gemeldet.
[322] BFH – II R 14/16, DStR 2018, 671 = NJW 2018, 1422 m. Anm. *Grziwotz*; hiergegen *Heck/Leinebach* DStR 2018, 1464.
[323] Eine berufliche Residenzpflicht an einem andren Ort wird nicht als zwingender Grund anerkannt, BFH – II R 13/13, DStRE 2015, 1249.
[324] R E 13.4 Abs. 6 ErbStR 2019; FG Hessen – 1 K 2275/15, DStRE 2016, 1447.
[325] BFH – II R 38/16, DStR 2019, 2520.
[326] *Wachter* ZNotP 2020, 97 (102).

1. Teil. Familienrecht im Steuerrecht

der Unwägbarkeiten eine vorherige Renovierung und ein Umzug nicht zugemutet werden können.[327] Allerdings muss danach die Selbstnutzung unverzüglich starten. Wenn seit Grundbucheintrag erneut mehr als sechs Monate vergehen – ohne dass Gründe vorliegen, nach denen der Erbe die mangelnde Selbstnutzung nicht zu vertreten hat – dann liegen die Privilegierungsvoraussetzungen nicht mehr vor.[328]

Wenn der Einzug und die **Selbstnutzung unverzüglich** erfolgt sind, **schadet** eine erst **später erfolgte Erbauseinandersetzung nicht**, so Rechtsprechung und Verwaltung.[329] Auch die Erbin eines elterlichen Miteigentumsanteils ist nur privilegiert, wenn sie selbst das Haus nutzt. Eine Nutzungsüberlassung an die Mutter als weitere Miteigentümerin genügt nicht.[330]

Bei den **zwingenden Gründen**, welche einen Erwerber an der Selbstnutzung hindern, hat der BFH eine **berufliche Verhinderung** (hier: Professor mit Verpflichtung zur Wohnungsnahme am Dienstsitz) **nicht** anerkannt.[331]

Abriss und Neubau durch den Erwerber stehen der Privilegierung entgegen.[332]

Die Finanzverwaltung erkennt als zwingende Gründe auf Erwerberseite an: Tod des Erwerbers, Pflegebedürftigkeit oder Minderjährigkeit, die eine Führung eines eigenen Haushalts nicht zulassen.[333]

Eine Selbstnutzung durch den Erblasser liegt nicht vor, wenn diese zwar geplant war, aber durch zwingende Gründe (zB Krankheit) verhindert wurde, bevor sie jemals aufgenommen war.[334] Der notwendige Umzug in ein Pflegeheim aus dem Familienheim heraus, ist hingegen als zwingender Grund anerkannt.[335]

71 **Kinder** können nur beim **Erwerb von Todes wegen** in den Genuss dieses Privilegs kommen, § 13 Abs. 1 Nr. 4c ErbStG. Sie müssen nicht bereits im Objekt gewohnt haben, aber die Eigennutzung unverzüglich beginnen. Das Privileg wird ferner nur für eine Wohnfläche von 200 qm gewährt. Das bedeutet, dass bei einem größeren Familienheim das Privileg nicht entfällt, aber nur anteilig gewährt wird. Diese Fläche bil-

---

[327] FG Münster – 3 K 3793/15, DStRE 2018, 233 (Revision BFH-II R 38/16, DStR 2019, 2520).
[328] BFH – II R 37/16, DStR 2019, 1571.
[329] BFH – II R 39/13, DStR 2015, 2066; Oberste Finanzbehörden der Länder, DStR 2016, 814.
[330] BFH – II R 32/15, DStRE 2017, 149.
[331] BFH – II R 13/13, DStRE 2015, 1249; dem folgend Oberste Finanzbehörden der Länder, DStR 2016, 814.
[332] FG München – 4 K 847/13, DStRE 2016, 530.
[333] R E 13.4 (6) ErbStRL 2019; Oberste Finanzbehörden der Länder, DStR 2016, 814.
[334] FG München – 4 K 2885/14, DStR 2017, 737.
[335] FG München – 4 K 2517/12, DStRE 2016, 532.

B. Familie und Gestaltung

det bei mehreren Erben/Nutzern insgesamt die Obergrenze, sie ist nicht personenbezogen zu verstehen.³³⁶

Ein **Gestaltungsvorschlag** zur Erhaltung der Steuerfreiheit auch bei vorzeitiger Übertragung auf ein Kind geht dahin, das Familienheim zwar dem überlebenden Ehegatten als Erben zuzuweisen, aber **für den Fall seines Auszugs ein Herausgabevermächtnis für ein einzugsbereites Kind** zu begründen. Begreift man dies als auflösende Bedingung, sei der überlebende Ehegatte nach § 5 Abs. 2 BewG nur noch wie ein Nießbraucher zu versteuern. Darüber hinaus kann generell mit Wahlvermächtnissen zugunsten des Überlebenden gearbeitet werden, wenn nicht sicher ist, welche Immobilie von mehreren dieser nach dem Tod des ersten Ehegatten für sich nutzen wird.³³⁷

6. Gesellschaftsrecht zur Einbindung und zum Hineinwachsen

a) Familiengesellschaften als Typusvariation

Bei der Frage nach Gestaltungen im familiären Bereich nehmen die Familiengesellschaften einen immer breiteren Raum ein. Sie sind durch mehrere Besonderheiten gekennzeichnet, wegen derer die Vertragstypenlehre sie als eigenständige Gruppe, als Typusvariation³³⁸ erfasst. Zu diesen Besonderheiten zählen die folgenden:

Die Gesellschafter sind **enger aneinander gebunden** als Fremdgesellschafter untereinander.

Zugleich muss die Gesellschaft **Mechanismen zur Konfliktbeilegung** vorhalten, um tiefgreifende außerrechtliche, familiäre Streitigkeiten nicht auf die wirtschaftlichen Interessen der Gesellschaft durchschlagen zu lassen.³³⁹ Auch in einem solchen Konfliktfall muss die Handlungsfähigkeit des Unternehmens gewährleistet sein.

Schließlich wird der Gesellschaftszweck, das **Vermögen in seiner Verbundenheit auf Dauer zu erhalten**, spezifische Regelungen, etwa im Bereich der Vinkulierung oder der Abfindungen bedingen.

Geht der Gesellschafterbestand über die engere Familie hinaus, so wird zu regeln sein, wie die einzelnen **Familienstämme** in der Führung der Geschäfte oder ihrer Überwachung präsent sein können. Dies kann etwa über Beiratslösungen oder aber auch vorgeschaltete Beteiligungsgesellschaften geschehen.

In jüngster Zeit tritt die juristische Beleuchtung der **Familienverfassung** als Regelungsinstrument für die grundlegenden Regelungen und Ziele der Familie in den Mittelpunkt des Interesses. Der **Governance Kodex für Familienunternehmen** aus dem Jahre 2004 kann insoweit als Initialzündung begriffen werden, die aktuelle Fassung stammt von

---

[336] *Meincke/Hannes/Holtz* ErbStG § 13 Rn. 29, in Abweichung zur Vorauflage; *TGJG/Jülicher* ErbStG § 13 Rn. 75a.
[337] *Jülicher* ZErb 2009, 222 (226f.); Formulierungsvorschlag für ein solches Zweckvermächtnis bei *Ihle* RNotZ 2011, 471 (483f.).
[338] *K. Schmidt*, Gesellschaftsrecht, 50.
[339] *Münch/Munzig*, Familienrecht, § 12 Rn. 3.

1. Teil. Familienrecht im Steuerrecht

2015.[340] Zahlreiche Stellungnahmen[341] beschäftigen sich mit diesem Instrument, das **neben** den **Gesellschaftsvertrag**, etwaige **Gesellschaftervereinbarungen** und **familien- und erbrechtliche Regelungen** tritt und das als zusätzliche Rechtsquelle angesehen wird, ohne dass der Kern der rechtlichen Verbindlichkeit noch allgemeingültig herausgearbeitet wäre. Als Geltungsgrund wird aber auch das Commitment, also die Selbstbindung angegeben,[342] wobei dann die Familienverfassung der rechtlichen und steuerlichen Verfassung vorgelagert ist und nur aus letzteren die rechtlich verbindlichen Regelungen resultieren.

So werden als Grundfragen einer familiären Unternehmensführung folgende genannt:[343]

– Sind **Familienmitglieder in ausreichender Zahl** an der Unternehmensführung interessiert?
– Sind diese **willens und in der Lage** (Fähigkeiten wie Ausbildung, Führungsqualitäten etc.) an der Führung bzw. Kontrolle des Familienunternehmens mitzuwirken? Sehen das alle so?
– Sollen **familienfremde Experten** mitwirken? Dann zusätzlich Einrichtung von Kontroll- bzw. Aufsichtsgremien, durch welche die familiäre Lenkung praktiziert wird?[344]
– Entwicklung einer familiären Diskussions- und Streitkultur und eines Willensbildungsprozesses.
– Konsequenzen aus dem Vorhandensein mehrerer **Familienstämme**.
– **Konfliktlösung** innerhalb der **Generationen**.

b) Vorteile gesellschaftsrechtlicher Bindung

73 Gegenüber einer bloßen Miteigentümergemeinschaft hat die Einbringung des Vermögens in eine Gesellschaft[345] mannigfache Vorteile:

In eine Gesellschaft lassen sich neben dem eigentlichen Unternehmensnachfolger auch **weitere Familienmitglieder aufnehmen**, die etwa eine rein **kapitalistische Beteiligung** innehaben und so am Familienvermögen teilhaben können. Der tätige Gesellschafter erhält entsprechend mehr Gewinn oder – je nach Gesellschaftsform – eine Tätigkeitsvergütung.

Die **Übergangsphase** einer vorweggenommenen Erbfolge, die nicht selten einen **gleitenden Übergang von Herrschafts- und Vermögensrechten** kennt, lässt sich gesellschaftsrechtlich optimal gestalten. So kann die Übertragung Stück für Stück im Rahmen der steuerlichen

---

[340] http://www.kodex-fuer-familienunternehmen.de/index.php/kodex.
[341] *Fleischer* NZG 2017, 1201 zu historischen Wurzeln; *Foerster* BB 2019, 1411; *Holler* ZIP 2018, 553; *Holler* DStR 2019, 880 ff., 931 ff.; *Reich/Bode* DStR 2018, 305.
[342] *Beckervordersandfort,* Gestaltungen, § 13 Rn. 61.
[343] Nach Viskorf/*Hueck,* Familienunternehmen, Rn. 368.
[344] Hierzu näher Viskorf/*Hueck,* Familienunternehmen, Rn. 381 ff.
[345] Für die Betrachtung der Unterschiede unter den einzelnen Gesellschaftsformen ist an dieser Stelle kein Platz → Rn. 682 ff.; vgl. hierzu etwa Münch/*Munzig,* Familienrecht, § 12 Rn. 107 f.; *von Hohenberg,* Vorweggenommene Erbfolge, Kap. 13 Rn. 3 ff., zu Unterschieden zwischen GbR und KG.

B. Familie und Gestaltung

Freibeträge und unter Beachtung der Mindestbeteiligungsquoten des Schenkers für Betriebsvermögensprivilegierungen geschehen. Es lässt sich zwischen der **Anteilsinhaberschaft** und der **Geschäftsführung trennen**, sodass anfangs eine Gesellschafterbeteiligung auch noch völlig ohne Geschäftsführungsbefugnisse übertragen werden kann. Mit zunehmendem Engagement in der Gesellschaft kann der Nachfolger dann seine Fähigkeiten unter Beweis stellen und schließlich in die Geschäftsführung aufrücken. Es sei nicht verhehlt, dass diese Übergangsphase zugleich auch **Konfliktpotential**[346] birgt, wenn die weichende Generation nicht zielgerichtet und nach einem festen Fahrplan von der Einflussnahme lassen möchte. Hier haben sich durchaus auch Übertragungen mit klarem Schnitt oder gar entgeltliche Erwerbe, die neben einem steuerlichen Vorteil den Senior nicht mehr mit laufenden Zahlungen an den Betrieb binden, durchaus bewährt.

Die **gesamthänderische Vermögensbindung** bei einer Personengesellschaft oder die eigene juristische Person bei einer Kapitalgesellschaft verhindern die Verfügung des Erwerbes über einzelne Vermögensgegenstände. Die Gesellschaftsanteile sind kraft Gesetzes oder jedenfalls durch vertragliche **Vinkulierung** nicht frei verkehrsfähig.

Die Ausschüttungs- bzw. **Entnahmepolitik** ist ebenfalls einer gesellschaftsrechtlichen Regelung zugänglich. Diese kann von freier Entnehmbarkeit bis zu einer Ausschüttungssperre gehen und so verhindern, dass übertriebene Einkommensvorstellungen der Übernehmer die Gesellschaft ausbluten lassen.

Schließlich lassen sich über die **Größe des Anteils** bzw. die **Gewichtung der Stimmrechte** auch die Mitwirkungsrechte der Erwerber regeln, wobei stets darauf geachtet werden muss, dass für die Inanspruchnahme der erbschaftsteuerlichen Betriebsvermögensprivilegien bei Personengesellschaften eine Mitunternehmerschaft des Erwerbers unabdingbar ist.

7. Scheidungsvorsorge

Die hohe Scheidungsquote, die große Zahl an Patchworkfamilien und die immer weniger vorhandene Bereitschaft zu tatsächlich lebenslanger Bindung bedingt einen Blick auf das Ende der Ehe auch schon beim Vermögenserwerb.

Wenn eine Ehe geschieden wird, so kommt es – je nach Güterstand – zu einem Zugewinnausgleich, jedenfalls aber zu einer Auseinandersetzung desjenigen Vermögens, das die Ehegatten gemeinsam innehaben. Mit dieser Auseinandersetzung aber sind häufig steuerliche Probleme verbunden. Das ist einmal der Fall, wenn betriebliches Vermögen betroffen ist, das kann aber auch bei steuerbehaftetem Privatvermögen insb. im Rahmen der Veräußerungsgewinnbesteuerung vorkommen.

Fallbeispiel: In den Jahren 2016 bis 2018 erwarben die Ehegatten vier Eigentumswohnungen jeweils zum Miteigentum je zur Hälfte. Die Wohnungen hatten bei Erwerb einen Wert von je 200.000,– EUR. Im Jahre 2020 wurde

---

[346] Hannes/Lüke, Formularbuch, Kap. C.100 Rn. 7.

1. Teil. Familienrecht im Steuerrecht

die Ehe geschieden. In diesem Zusammenhang kamen die Ehegatten überein, dass der Ehemann zwei Wohnungen zum Alleineigentum erwirbt und die Ehefrau die anderen beiden Wohnungen zu Alleineigentum erhält. Mittlerweile waren die Wohnungen aber aufgrund der gestiegenen Immobilienpreise je 250.000,– EUR wert.

Mit dem Tausch der Miteigentumsanteile hat jeder Ehegatte für zwei Wohnungshälften im Wert von je 100.000,– EUR bei Anschaffung einen Gegenwert von 125.000,– EUR erhalten und damit einen Veräußerungserlös in Höhe von insgesamt 50.000,– EUR erzielt, der nach § 23 EStG zu versteuern ist.[347]

Ein solches Ergebnis wäre vermeidbar gewesen, wenn jeder Ehegatte von vorneherein zwei Wohnungen erworben hätte.

Für viele Vermögensauseinandersetzungen erweist sich damit die oft gedankenlos gewählte Miteigentümergemeinschaft als nachteilig. Daher sollten die Ehegatten schon beim Vermögenserwerb vom **„Güterstand der Miteigentümergemeinschaft"**[348] **abrücken** und jeder Ehegatte Objekte für sich allein erwerben, sodass man sich eine Aufteilung im Scheidungsfall ersparen kann.

V. Steuerliche Gestaltungen wie unter Fremden

75 Waren bisher familienrechtliche Besonderheiten als Anlass für steuerliche Gestaltungen betrachtet, so geht es in diesem Abschnitt darum, aufzuzeigen, dass **trotz familiärer Verbundenheit** untereinander **Verträge** geschlossen werden können, **wie** sie **unter fremden Dritten** üblich sind. Hierzu ist es wichtig, dass die Ehegatten zunächst ihre Rechtsbeziehungen ausdrücklich ordnen und gesonderte Vertragsverhältnisse begründen. Sodann müssen die Voraussetzungen einer steuerlichen Anerkennung beachtet werden. Hierzu sollen nachfolgend verschiedene Vertragstypen, welche in der Praxis eine weite Verbreitung haben, dargestellt werden.[349]

1. Darlehensverträge

a) Zivilrechtliche Voraussetzungen

76 Als **Darlehen** bezeichnet man nach § 488 BGB einen Vertrag, durch den der Darlehensgeber sich verpflichtet, dem Darlehensnehmer einen Geldbetrag in der vereinbarten Höhe zur Verfügung zu stellen. Dieser verpflichtet sich seinerseits, das Darlehen bei Fälligkeit zurückzuzahlen und – soweit vereinbart – die Darlehenssumme zu verzinsen. Das Gesetz sieht nunmehr als Regelfall vor, dass die Zinsen jährlich zu entrichten sind, § 488 Abs. 2 BGB.

Zahlungen unter Ehegatten werden allzu häufig geleistet, ohne dass ein Rechtsgrund ersichtlich ist. Sowohl bei Scheidung wie auch dann,

---

[347] Vgl. hierzu BFH – IV R 1/01, DStR 2002, 1209, zur Realteilung eines Mischnachlasses.
[348] *Grziwotz* FamRZ 2002, 1669.
[349] Vgl. hierzu *Gemeinhardt* BB 2012, 739 ff.

B. *Familie und Gestaltung*

wenn das Finanzamt unliebsame Konsequenzen aus der Zahlung zieht, geht es dann darum nachzuweisen, was hinter der Zahlung steht. Sich auf familienrechtliche Ausgleichsansprüche zu verlassen, die – vom Güterrecht abgesehen – häufig dem Richterrecht entspringen und dementsprechend wenig vorhersehbar sind, ist nicht ratsam.[350]

Aus diesem Grunde ist es empfehlenswert, dass die Ehegatten Geldleistungen, deren Rückzahlung sie vereinbart haben, auch **ausdrücklich als Darlehen deklarieren**, am besten mit Abschluss eines entsprechenden schriftlichen Darlehensvertrages, auch wenn das Darlehen keinen besonderen Formvorschriften unterliegt. Diese ausdrückliche Rechtsgrundlage hätte dann auch Vorrang vor allen im Familienrecht durch Richterrecht geschaffenen Ausgleichsformen wie etwa der Ehegatteninnengesellschaft.

Behauptet ein Ehegatte, eine Zahlung sei als Darlehen erfolgt – und nicht als Schenkung oder ehebedingte Zuwendung –, so trifft ihn, wenn er die Rückzahlung verlangt, die Beweislast für den **Rechtsbindungswillen** beider Teile hin zu einem Darlehen.[351]

Soweit **minderjährige Kinder als Darlehensgeber** in Betracht kommen, ist darauf zu achten, dass Eltern als Darlehensnehmer regelmäßig von der Vertretung beim Abschluss des Darlehensvertrages ausgeschlossen sind, sodass nach § 1629 Abs. 2 S. 1 BGB iVm § 1795 BGB ein **Ergänzungspfleger** bestellt werden muss. Als Form der Geldanlage aus Sicht des Minderjährigen wird der Vorgang zudem als Geldanlage iSd §§ 1915, 1812 BGB der **betreuungsgerichtlichen Genehmigung** bedürfen.[352] In diesem Zusammenhang wird in der Praxis oftmals die Bestellung einer dinglichen Sicherung gefordert.

b) Zivilrechtliche Folgen

Wenn ein Darlehen vereinbart ist, so muss besonders an die Folgen im **77** Scheidungs- und Todesfalle gedacht werden. Im **Scheidungsfall** besteht das Darlehen fort, sofern es nicht ordentlich oder – insb. bei Vereinbarung eines entsprechenden Grundes – außerordentlich gekündigt wird. Im Zugewinn sind dementsprechend Anspruch und Schuld zu berücksichtigen, so wie andere Vermögenspositionen auch. Die Darlehensbeträge können je nach der Gesamtrechnung des Zugewinns also wieder egalisiert werden, es kann aber auch – etwa bei negativem Endvermögen, das es nach der Reform des Zugewinnausgleichs gibt, das aber nicht zu negativem Zugewinn führt[353] – zu ganz anderen Ergebnissen kommen. Jedenfalls ist das Darlehen vorrangig im Zugewinn abzubilden.

Im **Todesfall** besteht das Darlehen in gleicher Weise fort. Problematisch ist dies insbesondere, wenn beim Tode des darlehensgebenden Ehegatten der andere Ehegatte nicht Erbe wird. Dann können die Erben

---

[350] Vgl. nur *Everts* MittBayNot 2012, 257 (260 ff.), der vor allem die gesellschaftsrechtlichen Konstruktionen gegenüber landläufigen Sachverhalten als hypertroph bezeichnet.
[351] OLG Karlsruhe – 16 UF 130/06, FamRZ 2008, 1622; OLG Saarbrücken – 9 W 205/09, FamRZ 2010, 297 f.
[352] Bergschneider/*Winkler*, Formularbuch, S. I. 2.
[353] Vgl. hierzu *Münch* MittBayNot 2009, 261 (262).

1. Teil. Familienrecht im Steuerrecht

das Darlehen entsprechend seinen Bestimmungen zur Verzinsung und Rückzahlung einfordern. Ebenso sind beim Tod des darlehensnehmenden Ehegatten dessen Erben weiterhin zur Rückzahlung des Darlehens verpflichtet. Ist dies nicht gewünscht, so muss entweder durch Verfügung von Todes wegen oder durch Rechtsgeschäft unter Lebenden eine andere Vereinbarung getroffen werden. Hierzu wird dem Darlehensnehmer ein entsprechendes Vermächtnis ausgesetzt, das ggf. durch Erbvertrag einer Bindung unterworfen wird, oder die Vertragsparteien schließen einen auf den Tod aufschiebend bedingten Erlassvertrag. Soweit hier eine **Überlebensbedingung iSd § 2301 BGB** angenommen wird, die zu einer strengeren Form führt, ist mit dem DNotI davon auszugehen, dass **mit Abschluss des Erlassvertrages die Schenkung** bereits als **vollzogen** iSd § 2301 Abs. 2 BGB anzusehen ist. Gleiches soll bei Annahme einer Schenkung iSd § 518 BGB gelten.[354] Das ergibt sich auch aus einer älteren Entscheidung des OLG Stuttgart.[355]

Fallbeispiel: M und F haben jeweils als Witwe bzw. Witwer zum zweiten Mal geheiratet. In einem Ehevertrag haben sie Ansprüche für den Scheidungsfall weitgehend ausgeschlossen und auf den Pflichtteil gegenseitig verzichtet. Beide wollen es bei einer Trennung der Vermögen und der Erbeinsetzung der inzwischen erwachsenen Kinder aus der ersten Ehe belassen.
M, der bei F einzieht, reicht dieser ein Darlehen zu 150.000,– EUR aus, mit dem das Hausanwesen der F entsprechend den gemeinsamen Bedürfnissen umgebaut wird. Nach 15 Jahren glücklicher Zweisamkeit verstirbt M.

Lösung Fallbeispiel: Die Kinder des M erben den Darlehensanspruch und können von F Rückzahlung des Darlehens verlangen. Dieses Ergebnis war am Beginn der Ehe ggf. noch gewünscht, nicht aber nach 15 Jahren der Nutzung des mit dem Darlehen finanzierten Umbaus. M hätte der F das Darlehen erlassen oder von Todes wegen zuwenden müssen.

c) Ehegattendarlehen und Schenkungsteuer

78 Wird das Darlehen **unverzinslich** ausgereicht, so steht eine Schenkung der Zinsbeträge im Raum. Zwar sehen die Darlehensbestimmungen des BGB nach dem Schuldrechtsmodernisierungsgesetz eine Verzinslichkeit nur noch bei Vereinbarung vor (§ 488 Abs. 1 S. 2, Abs. 2 BGB). Gleichwohl nimmt die obergerichtliche Rechtsprechung[356] in diesen Fällen – entgegen einer wohl herrschenden Literatur[357] – **zivilrechtlich eine Schenkung** an und sieht nicht nur einen unterlassenen Vermögenserwerb (Zinsen), sondern auch eine Wertminderung des hingegebenen

---

[354] DNotI-Gutachten v. 29.10.2009 – 98094; hierzu MüKoBGB/*Koch* BGB § 518 Rn. 22; MüKoBGB/*Musielak* BGB § 2301 Rn. 30.
[355] OLG Stuttgart – 2 U 181/85, NJW 1987, 782.
[356] OLG Stuttgart – 10 U 35/04, BeckRS 2005, 06628; wohl auch aus BGH – IVb ZR 70/86, NJW 1987, 2816, zu folgern, wonach eine Schenkung dann vorliegt, wenn das Darlehen (im entschiedenen Fall Arbeitskraft) anderweitig gegen eine Verzinsung hätte ausgereicht werden können.
[357] MüKoBGB/*Koch* BGB § 516 Rn. 6 mwN.

B. Familie und Gestaltung

Kapitals durch Inflation, wenn dieses zum Nominalwert nach längerer Zeit zurückerstattet wird, als Begründung an.

Hinweis: Konsequenz der Ansicht, dass es sich bei einem unverzinslichen Darlehen um eine Schenkung handelt, ist, dass das Darlehensversprechen der notariellen Beurkundung bedürfte. Darauf ist zu achten, wenn das Darlehen nicht sogleich ausgereicht und damit der Formmangel geheilt wird.

Der BFH[358] hat sich mehrmals klar für eine **Schenkung iSd ErbStG** ausgesprochen. Eine solche Schenkung kann sehr schnell höhere Beträge erreichen. Nach § 13 Abs. 2 BewG ist der Kapitalwert einer wiederkehrenden Nutzung oder Leistung, die auf unbestimmte Zeit vereinbart ist, immerhin mit dem **9,3 fachen Jahreswert** anzusetzen.[359] § 15 BewG legt diesen Jahreswert mit **5,5 %** fest. Wirtschaftlich ist daher über die Hälfte der zinslos gewährten Darlehenssumme als geschenkt anzusehen. Vereinzelt hat die Finanzverwaltung zugelassen, bei einer großen Entfernung des Marktzinssatzes vom Zinssatz des BewG eine Erleichterung zu gewähren.[360] Der **BFH** hat dies zwar in einem Urteil aus dem Jahr 2014 zitiert und bekräftigt, er hat aber als **Maßstab** nicht den erreichbaren Anlagezins für Darlehensgeber angenommen, der derzeit nur knapp über 0 % liegt, sondern den vom Schuldner zu zahlenden **Darlehenszins**, den er bei einem **unbesicherten Darlehen** nicht niedriger sah als die gesetzlichen 5,5 %.[361]

Hinweis: Bei einem unverzinslichen Darlehen hält der BFH trotz derzeit niedrigem Zinsniveau an einer Bewertung des zugewendeten Zinsvorteils mit jährlich 5,5 % fest. Allenfalls bei bankmäßiger Besicherung könnte man für einen niedrigeren Satz plädieren.

Angesichts des anhaltenden Zinstiefs wird die **Beibehaltung dieser Grundsätze immer fragwürdiger**. Immerhin hat der BFH nun **schwerwiegende verfassungsrechtliche Zweifel** an der Steuerverzinsung von 0,5 % pro Monat nach § 238 AO geäußert.[362] Das FG Hamburg äußerte verfassungsrechtliche Zweifel an der Höhe des Abzinsungszinssatzes von 5,5 % nach § 6 Abs. 1 Nr. 3 EStG,[363] den der BFH aber für das Jahr 2010 noch gehalten hat.[364] Dann dürfte für den hier in Rede stehenden Zinssatz von 5,5 % nach § 15 BewG nichts anderes gelten.

---

[358] BFH in ständiger Rechtsprechung – II R 26/78, BStBl. II 1979, 631; BFH – II R 105/93, BeckRS 1994, 12148; BFH – II R 75/00, DStR 2003, 367; BFH – II R 52/03, DStR 2005, 1729; BFH – II R 37/09, DStRE 2011, 163.
[359] Bei einer Vereinbarung der Zinslosigkeit auf Lebenszeit greifen nach § 14 BewG die Vervielfältiger der Sterbetafeln.
[360] FM BW, DStR 2000, 204.
[361] BFH – II R 25/12, ZEV 2014, 172 (LS) = BFH/NV 2014, 537.
[362] BFH – IX B 21/18, DStR 2018, 1020 und DStRK 2019, 18; vgl. BMF, DStR 2019, 996 für die vorläufige Festsetzung.
[363] FG Hamburg – 2 V 112/18, DStR 2019, 603.
[364] BFH – X R 19/17, DStR 2019, 2118; ebenso FG München – 4 K 1984/14, DStRE 2017, 861.

1. Teil. Familienrecht im Steuerrecht

Ein koordinierter Ländererlass[365] **lässt es nunmehr zu**, dass der Steuerpflichtige einen **niedrigeren marktüblichen Zinssatz** für vergleichbare Darlehen (Laufzeit, Besicherung etc.) eines Kreditinstituts **nachweist**. Der Nutzungsvorteil ist dann danach bzw. bei niedrig verzinslichen Darlehen aus der Differenz zu bemessen.

Nachdem schon früher dafür plädiert worden war, auch auf die **Fälle der zinslosen Darlehensgewährung** §13 Abs.1 Nr.4a ErbStG anzuwenden und bei zinslosen Darlehen zur Errichtung eines Familienheims von der Steuerfreiheit auszugehen,[366] gibt es nunmehr hierzu eine Entscheidung des BFH,[367] der auch den Verzicht auf bereits entstandene oder künftig entstehende Zinsen unter §13 Abs.1 Nr.4a ErbStG subsumiert.

79 Wird **im Gegenzug** zur Zinslosigkeit dem Darlehensgeber gestattet, das für das Darlehen erstellte **Gebäude** seinerseits **mietfrei** (mit-) zu **benutzen**, so soll selbst dies an der Schenkung nichts ändern. Die **Finanzrechtsprechung** sieht dies **nicht als Gegenleistung** an.[368] Ob die Finanzverwaltung hier großzügiger ist, bleibt abzuwarten.[369] Die Position der Finanzrechtsprechung ist jedoch **zu überdenken**, nachdem der BGH sich eindeutig positioniert hat. Er hat zur nichtehelichen Lebensgemeinschaft entschieden, dass Kreditraten, welche ein Partner für die Immobilie des anderen trägt, nicht zu einem Ausgleichsanspruch führen, wenn sie den Betrag nicht übersteigen, der für eine Anmietung entsprechenden Wohnraums aufzubringen wäre.[370] Das sollte bei einem zinslosen Ehegattendarlehen nicht anders sein.[371]

Hinweis: Unter Berufung auf die Rechtsprechung des BGH zur nichtehelichen Lebensgemeinschaft sollte nun versucht werden, das kostenfreie Wohnen etwaigen schenkungsteuerlichen Konsequenzen einer zinslosen Darlehensgewährung entgegenzusetzen.

80 Der **spätere Erlass des Darlehens** ist als erneute Schenkung zu begreifen – die allerdings im Rahmen des §13 Abs.1 Nr.4a ErbStG steuerfrei sein kann –, sodass die Bemessungsgrundlage dann insgesamt höher ausfällt als bei unmittelbarer Schenkung des Geldbetrages.[372]

---

[365] Landesamt für Steuern Bayern, DStR 2018, 1127; FM SchlH, BeckVerw 353756.
[366] *Münch*, Ehebezogene Rechtsgeschäfte, Kap.5 Rn.134.
[367] BFH – II R 37/09, DStRE 2011, 163, Rn.32.
[368] FG Rheinland-Pfalz – 4 K 1975/01, DStRE 2003, 1347; FG Rheinland-Pfalz – 4 K 1859/06, BeckRS 2008, 26027662; die hierzu ergangene Revisionsentscheidung des BFH – II R 37/09, DStRE 2011, 163, musste darauf nicht mehr eingehen.
[369] Immerhin sieht R B 12.1 Abs.2 S.2 ErbStR 2019 vor, dass andere wirtschaftliche Vorteile für die Frage einer Bewertung unter Nennwert zu berücksichtigen sind.
[370] BGH – XII ZR 132/12, NJW 2013, 2187.
[371] Ausführlich zur Problematik *Everts* MittBayNot 2013, 337 (339ff.).
[372] BFH – II R 64/96, DStR 1999, 21.

B. *Familie und Gestaltung*

Wird das **Darlehen** nicht zinslos vereinbart, sondern **mit einem niedrigen Zinssatz**, so kann die Differenz zwischen dem niedrigen Satz und 5,5% auch zur Schenkungsteuer führen. Der BFH hat dies ausdrücklich ausgesprochen, allerdings mit der Einschränkung „wenn kein anderer Wert feststeht", was einen Gegenbeweis zulässt.[373] Der BFH ist der Ansicht, es sei nicht auf § 12 BewG abzustellen, sondern auf § 15 BewG. Ländererlasse zur Bewertung[374] gehen allerdings davon aus, dass eine vom Nennwert abweichende Bewertung einer Kapitalschuld erst dann veranlasst ist, wenn der Zinssatz unter 3% liegt und das Darlehen noch mindestens 4 Jahre läuft. Angesichts des derzeitigen Zinsniveaus lässt sich daher gut vertreten, dass bei einer Verzinsung **ab 3% und einer mindestens 4jährigen Laufzeit sowie einer bankmäßigen Besicherung eine Schenkung nicht mehr vorliegt.**[375]

Hinweis: Unverzinsliche Darlehen können eine erhebliche schenkungsteuerliche Relevanz erlangen!

d) Ehegattendarlehen und Einkommensteuer

Familiendarlehen können auch einkommensteuerlich von Bedeutung sein. Zum einen müssen die **Zinsen** – wie bei anderen Geldanlagen auch – **versteuert** werden. Hierzu hat der BFH entschieden, dass die Anwendung des **Abgeltungssteuersatzes** durch die Angehörigeneigenschaft von Darlehensgeber und Darlehensnehmer nicht iSd § 32d Abs. 2 S. 1 Nr. 1 a) EStG ausgeschlossen ist.[376]

81

Sind Darlehen mit einer Laufzeit von mehr als einem Jahr unverzinslich, so sieht **§ 12 Abs. 3 BewG** vor, dass der **Rückzahlungsbetrag** aufgeteilt wird in einen Tilgungsanteil und einen **(fiktiven) Zinsanteil** unter Zugrundelegung eines Zinssatzes von 5,5%. Der **BFH**[377] hat nun allerdings ausgesprochen, dass hier schon ein **Schenkungstatbestand** gegeben sei,[378] so dass **nicht noch zusätzlich einkommensteuerliche Folgen** gezogen werden dürften.[379] Das müsste, wenn das Prinzip allgemeine Anerkennung erfährt, auch auf die Problematik des Zinsanteils an der Rückzahlung durchschlagen.[380]

---

[373] BFH – II R 37/09, DStRE 2011, 163, Rn. 19.
[374] Gleichlautende Ländererlasse vom 7.12.2001, BStBl. I 2001, 1041; ebenso R B 12.1 Abs. 2 S. 1 ErbStR 2019.
[375] So TGJG/*Gebel* ErbStG § 7 Rn. 32.
[376] BFH – VIII R 44/13, BeckRS 2014, 95698 = DStRE 2014, 1225; BFH – VIII R 9/13, DStR 2014, 1661.
[377] BFH – VIII B 70/09, DStR 2012, 154, allerdings nur in einem Verfahren des vorläufigen Rechtsschutzes; offen gelassen in einem späteren Judikat, wonach die vGA nicht zugleich Schenkung sein soll, BFH – II R 6/12, DStR 2013, 649, Rn. 31.
[378] Ausführlich dazu vorhergehende Rn.
[379] Dem folgend OFD Münster 29.3.2012, Kurzinformation Einkommensteuer 9/2012, HaufeIndex: 2970399.
[380] So auch *Everts* MittBayNot 2012, 337 (339).

1. Teil. Familienrecht im Steuerrecht

Allerdings hat der BFH[381] nunmehr im Rahmen von betrieblichen Darlehen die Abzinsung nach §6 Abs. 1 Nr. 3 EStG auch für Angehörigendarlehen bestätigt und verfassungsrechtliche Bedenken zurückgewiesen. Hierbei handelt es sich um eine steuerrechtliche Bewertungsvorschrift,[382] die schon im Jahr der Darlehensgewährung zu einem außerordentlichen Ertrag in Höhe der Abzinsung führt. Allerdings lässt sich dies schon durch die Vereinbarung eines sehr niedrigen Zinssatzes vermeiden.[383] Die Zinslosigkeit als solche ist als bloßer Nutzungsvorteil nicht einlagefähig.[384]

82 Insbesondere soweit Zinszahlungen einkommensteuerlich geltend gemacht werden sollen, haben Rechtsprechung und Finanzverwaltung strenge Kriterien aufgestellt, wann ein Darlehen einkommensteuerlich anerkannt wird.[385] Hiernach sind folgende Grundvoraussetzungen zu erfüllen:
- Zivilrechtlich wirksame Darlehensvereinbarung,
- tatsächliche Durchführung des Vereinbarten,
- Fremdüblichkeit der Vereinbarungen,
- Trennung der Vermögens- und Einkunftssphären der Vertragsteile.

Die **zivilrechtliche Unwirksamkeit** – zu beachten sind hier insb. die Vorschriften für die Bestellung von Ergänzungspflegern und die familien- bzw. betreuungsgerichtliche Genehmigung bei Verträgen mit Minderjährigen[386] – führt nach der Rechtsprechung des BFH, welcher die Finanzverwaltung nun entgegen erster Äußerungen[387] folgt, nicht ausnahmslos zur steuerlichen Nichtanerkennung, sie bildet aber ein **besonderes Indiz** gegen den vertraglichen Bindungswillen der Vertragsteile.[388] Diese Indizwirkung wird **verstärkt**, wenn den Vertragsteilen ein **Verstoß gegen eine klare Zivilrechtslage** angelastet werden kann. Haben die Parteien hingegen nach Aufkommen zivilrechtlicher Zweifel zeitnah alle erforderlichen Maßnahmen zur Herbeiführung der Wirksamkeit ergriffen, ist der Vertrag von Anbeginn an anzuerkennen.[389]

Im Rahmen der Prüfung, ob die Vereinbarungen **tatsächlich durchgeführt** wurden, ist insb. darauf zu achten, dass die Zinszahlungen zu den vereinbarten Terminen tatsächlich erfolgt sind. Nach der Neufassung des §488 Abs. 2 BGB, die eine jährliche Zinszahlung als Regelfall vorsieht, wird man gegen eine solche Vereinbarung nichts erinnern können.

---

[381] BFH – VI R 62/15, DStR 2017, 2475.
[382] Hierzu FG Köln – 9 K 2697/08, EFG 2010, 343; BMF, BStBl. I 2005, 699; *Paus* FR 2005, 1195.
[383] BFH – VI R 62/15, DStR 2017, 2475, Rn. 21; BMF, BStBl. I 2005, 699, Tz. 13.
[384] BFH – VI R 62/15, DStR 2017, 2475, Rn. 20.
[385] Zusammengefasst im BMF 23.12.2010, DStR 2011, 75; ergänzt in BMF, DStR 2014, 953 um die Rechtsprechung des BGH zur Geldanlage.
[386] Hierzu → Rn. 512 ff. im Hinblick auf die Vertretung von Minderjährigen.
[387] Nichtanwendungserlass des BMF 2.4.2007, DStR 2007, 805.
[388] BFH – IX R 45/06, DStR 2007, 986 und BFH – IX R 46/08, DStRE 2009, 1049, hierzu *Tiedtke/Möllmann* DStR 2007, 1940.
[389] BMF 23.12.2010, DStR 2011, 75 Rn. 9.

B. Familie und Gestaltung

Hinsichtlich der **Fremdüblichkeit** ist von Bedeutung, dass Vereinbarungen über die **Laufzeit, die Art und Zeit der Rückzahlung, die Höhe und die Fälligkeit der Zinsen** vorliegen und die Rückzahlung **ausreichend besichert** ist. Nach Ansicht des FG Baden-Württemberg ist es ohne Bedeutung, dass der Darlehensgeber die Rückzahlung voraussichtlich nicht mehr erleben wird.[390] Das FG Hamburg[391] hingegen sieht bei einer Laufzeit des tilgungsfreien und unbesicherten Darlehens, welche die Lebenserwartung des Darlehensgebers weit überschreitet, eine verschleierte Schenkung. 83

Bei der Prüfung der Fremdüblichkeit will der BFH neuerdings nach dem **Anlass der Darlehensaufnahme** unterscheiden.[392] Ein besonders strikter Fremdvergleich müsse durchgeführt werden bei Darlehen aus vom Darlehensnehmer geschenkten Mitteln oder beim Stehenlassen von zur Auszahlung angebotenen Geldern. Großzügiger ist die Wertung hingegen bei Darlehen zur Finanzierung von Anschaffungs- oder Herstellungskosten des Darlehensnehmers. Zudem ist der **BFH** der Ansicht, dass nicht nur mit Vertragsgestaltungen zwischen Darlehensnehmern und Kreditinstituten zu vergleichen ist, sondern auch **mit Bedingungen bei der Geldanlage**, jedenfalls wenn aufgrund attraktiver Verzinsung ein Geldanlageinteresse des Darlehensgebers gegeben ist.[393] Dem ist das **BMF** inzwischen gefolgt.[394]

Was die **Besicherung** anbelangt, so gibt es zwei Lockerungen bei den Anforderungen: Zum einen kann ein Darlehensvertrag **zwischen volljährigen, wirtschaftlich voneinander unabhängigen Angehörigen** auch ohne Besicherung dann anerkannt werden, wenn die Gelder sonst bei fremden Dritten hätten aufgenommen werden müssen.[395] Zum anderen ist nach der Rechtsprechung des BFH ein **konkreter Fremdvergleich** im Einzelfall anzustellen, der die allgemeine Forderung nach Besicherung überlagert. Das heißt, wenn dem Darlehensnehmer auch in anderen Fällen Darlehen ohne Besicherung angeboten/ausgereicht wurden, dann ist auch das Familiendarlehen ohne Besicherung im konkreten Fall fremdüblich. 84

Was die Trennung der Vermögens- und Einkommenssphären anbelangt, so ist ein besonderes Augenmerk auf eine **schenkweise begründete Darlehensforderung** zu legen. Wenn die Zuwendung eines Geldbetrages an einen Angehörigen davon abhängig gemacht wird, dass dieser das Geld als Darlehen wieder zurückgibt, so ist ertragsteuerlich das Darlehen **nicht anzuerkennen**. Einen solchen Zusammenhang vermutet die Finanzverwaltung unwiderleglich bei Vereinbarung von Schenkung und Darlehen in einer Urkunde, bei Schenkung unter Aufla-

---

[390] FG BW – 4 K 250/01, DStRE 2006, 408.
[391] FG Hamburg – 6 K 20/17, ZEV 2018, 548.
[392] BFH – X R 26/11, DStR 2013, 2677.
[393] Eine ausführliche Darstellung der neuen BFH-Rechtsprechung gibt *Kulosa* DB 2014, 972 ff.
[394] BMF 29.4.2014 – IV C 6 – S 2144/07/10004, DStR 2014, 953.
[395] BMF 23.12.2010, DStR 2011, 75 Rn. 8.

1. Teil. Familienrecht im Steuerrecht

ge der Darlehensrückgabe oder bei Schenkung unter der aufschiebenden Bedingung der Darlehensrückgabe.[396]

Nach *Kulosa*[397] liegt allen BFH-Entscheidungen zu diesem Themenkomplex das Kriterium der Ausgewogenheit vertraglicher Chancen und Risiken zugrunde. Daraus ergebe sich auch, dass Mängel auf einer Seite durch Vorteile auf der anderen Seite kompensiert werden könnten.[398]

85 Geht es bei dem Darlehensvertrag nicht um einen solchen zwischen den Ehegatten, sondern zahlt ein Ehegatte Zins und Tilgung für ein Darlehen eines Dritten, mit welchem das Eigentum des anderen Ehegatten entschuldet wird, so ist zu prüfen, ob die Schuldzinsen als Werbungskosten aus Vermietung und Verpachtung abziehbar sind oder ob nicht abziehbarer Drittaufwand vorliegt. Haften beide Ehegatten für das Darlehen als Gesamtschuldner, so sind die Zinsen abziehbar, auch wenn sie nur der Nichteigentümer zahlt. Hat dagegen nur der Nichteigentümer-Ehegatte das Darlehen aufgenommen, so kann der Eigentümer-Ehegatte nur die Zinsen absetzen, die er selbst zahlt. Es bedarf daher dann einer zusätzlichen Innenvereinbarung, wonach das Darlehen für Rechnung des Eigentümer-Ehegatten aufgenommen wurde und dieser Zins und Tilgung erbringt.[399]

2. Arbeitsverträge

a) Familienrecht und Arbeitsvertrag

86 Zunächst ist zu konstatieren, dass eine **familienrechtlich** begründete umfassende **Mitarbeitspflicht**, wie sie das Gesetz in § 1356 Abs. 2 BGB aF immerhin bis **1977** kannte[400], **nicht mehr** besteht. Lediglich aus § 1353 BGB wird noch eine Pflicht zur Mitarbeit in Notsituationen gefolgert.[401] Ferner werden gelegentliche und unbedeutende Hilfsleistungen als familienrechtlich grundgelegt angesehen, sodass hierfür kein Entgeltanspruch besteht.[402] Damit ist der Weg frei für eine steuerlich anerkennenswerte, arbeitsrechtliche Gestaltung der Mitarbeit.

Aus der Mitarbeit eines Ehegatten im Betrieb eines anderen können, wenn keine besonderen Vereinbarungen vorliegen, Ansprüche aus einer sog. **Ehegatteninnengesellschaft** resultieren.[403] Bei Scheidung wird dann vorgetragen, die betriebliche Entwicklung sei die Leistung beider Ehegatten, sodass hier gesellschaftsrechtliche Ansprüche bestünden.

---

[396] BMF 23.12.2010, DStR 2011, 75 Rn. 11.
[397] *Kulosa* DB 2014, 972 ff.
[398] *Kulosa* DB 2014, 972 (975).
[399] BFH – IX R 29/11, BeckRS 2012, 96182; hierzu *Geck/Messner* ZEV 2013, 76 (80) und Anm. KÖSDI 2013, 18201.
[400] § 1356 Abs. 2 BGB aF: „Jeder Ehegatte ist verpflichtet, im Beruf oder Geschäft des anderen Ehegatten mitzuarbeiten, soweit dies nach den Verhältnissen, in denen die Ehegatten leben, üblich ist." Bis 1958 bestand diese Verpflichtung nur zulasten der Ehefrau.
[401] Gernhuber/*Coester-Waltjen*, Familienrecht, § 20 Rn. 19; *Gergen* FPR 2010, 298.
[402] Palandt/*Brudermüller* BGB § 1356 Rn. 9.
[403] Hierzu näher → Rn. 325 ff.

B. Familie und Gestaltung

Schon um solchen Unwägbarkeiten zu entgehen, sollte eine arbeitsvertragliche Regelung getroffen werden, die dann solche weitergehenden Ansprüche ausschließt.

Sind die Ehegatten in **Gütergemeinschaft** verheiratet und gehört das Unternehmen zum Gesamtgut, so lässt sich ein Arbeitsverhältnis nicht begründen, da idR eine Mitunternehmerschaft vorliegt. Zwar lehnt der BFH eine Zwangsläufigkeit ab, führt aber aus, idR erfülle die Gütergemeinschaft auch die konstituierenden Merkmale einer Mitunternehmerschaft.[404] Hier müsste ggf. das Unternehmen zunächst zum **Vorbehaltsgut**[405] erklärt werden, damit ein Arbeitsverhältnis anerkannt werden kann.[406]

Mit einem tatsächlich durchgeführten Arbeitsverhältnis lassen sich schließlich **Gelder beim nicht haftenden Ehegatten** sammeln, die diesem auch als **Versorgungsbasis** dienen, gerade wenn er etwa ehevertraglich auf Zugewinn aus dem Betrieb hat verzichten müssen. Hier sollten die Ehegatten darauf achten, dass die Mitarbeit auch sachgerecht entlohnt wird.

Schließlich ist der **Scheidungsfall** zu bedenken. Werden hier **Arbeitsverhältnisse** fortgeführt, besteht die Möglichkeit, dem Arbeitnehmer-Ehegatten weiterhin ein Auskommen zu sichern, das arbeitsrechtlich zu qualifizieren ist und insoweit **keine Notwendigkeit von Unterhalt** nach sich zieht. Insoweit kann hier ein Optimum erreicht werden, wenn ein zusätzlicher Unterhalt sich im Rahmen des Sonderausgabenhöchstbetrages des § 10 Abs. 1a Nr. 1 S. 1 EStG hält (dzt. 13.805,– EUR). Allerdings ist vor Abreden zu warnen, die erst im Scheidungsfall zu einem Scheinarbeitsverhältnis führen.[407] Familienrechtlich von Bedeutung können auch arbeitsrechtliche Gestaltungsmöglichkeiten sein, insb. im Hinblick auf Abfindungen und Versorgungsleistungen.[408]

b) Ehegattenarbeitsverhältnis und Arbeitsrecht

Soweit ein Vertragsteil ein Arbeitsverhältnis behauptet und der andere – regelmäßig der Arbeitgeber – im Gegensatz dazu von einem Scheinarbeitsverhältnis ausgeht und dies behauptet, so ist mit der Vorlage eines schriftlichen Arbeitsvertrages, der die Vermutung der Vollständigkeit und Richtigkeit für sich hat, das Arbeitsverhältnis ausreichend belegt.[409]

Wenn andererseits das **Arbeitsverhältnis** im Gefolge der Trennung/Scheidung **gekündigt** werden soll, so sind hierfür die arbeitsrechtlichen Vorgaben zu beachten. Soweit das **KSchG anwendbar** ist, muss auch bei

87

---

[404] BFH – VIII R 18/95, BStBl. II 1999, 384; hierzu *Macher* NZA 2000, 365 ff.
[405] Hierzu *Münch*, Ehebezogene Rechtsgeschäfte, Kap. 1 Rn. 410 ff.
[406] Eine Ausnahme hat der BFH – IV R 53/76, BStBl. II 1980, 634, dann gemacht, wenn das Unternehmen kein Kapital benötigt und allein auf der Arbeitskraft eines Ehegatten aufbaut. Generell lehnt der BFH eine Automatik ab und fordert eine Einzelfallprüfung, BFH – X B 162/09, BFH/NV 2010, 2011, BeckRS 2010, 25016430.
[407] Eindringlich insoweit *Perleberg-Kölbel* FuR 2011, 614 f.
[408] Hierzu *Bauer/Clauss-Hasper* NZA 2010, 601 ff.
[409] BAG, NZA 1996, 249 f.

1. Teil. Familienrecht im Steuerrecht

Kündigung des Ehegattenarbeitsverhältnisses eine **soziale Rechtfertigung** isd § 1 KSchG vorliegen. Dabei lässt das BAG[410] eine Kündigung nicht schon unter dem Gesichtspunkt der Störung der Geschäftsgrundlage (nun § 313 BGB) zu, sondern erachtet das KSchG als vorrangig anwendbar. Es sieht aber eine soziale Rechtfertigung dann, wenn die ehelichen Auseinandersetzungen sich nach den tatsächlichen Umständen des Einzelfalles dergestalt auf das Arbeitsverhältnis auswirken, dass der Arbeitgeber Gründe für die Annahme hat, der Arbeitnehmer-Ehegatte werde seine arbeitsvertraglichen Pflichten nicht mit der geschuldeten Sorgfalt und Loyalität erfüllen oder es werde im Arbeitsverhältnis zur Fortsetzung der ehelichen Streitigkeiten und damit zu einer Störung des Betriebsfriedens kommen. In einem Kleinbetrieb, wo die Kündigung an § 242 BGB überprüft wird, verstößt die Kündigung wegen der Trennungssituation nicht gegen Treu und Glauben, wenn aufgrund ehelicher Streitigkeiten die Grundlage für eine vertrauensvolle Zusammenarbeit im Kleinbetrieb nicht mehr besteht.[411]

Sofern ein **Arbeitsverhältnis begründet** wird, gelten die **speziellen arbeitsrechtlichen Vorschriften** und verdrängen insofern die familienrechtlichen Regelungen. So gilt zB das Haftungsprivileg des § 1359 BGB insoweit nicht.[412] Ist die Vergütung zu niedrig, so gilt die Gläubigerschutzvorschrift des **§ 850h Abs. 2 ZPO**, sodass im Verhältnis zum Gläubiger die angemessene Vergütung als geschuldet gilt.

Hinweis: Wenn ein Ehegattenarbeitsverhältnis mit einem zu niedrigen Lohn besteht, so kann ein Gläubiger das übliche Arbeitsentgelt geltend machen.

c) Steuerrechtliche Anerkennung von Ehegattenarbeitsverträgen

88 In erster Linie jedoch werden Ehegattenarbeitsverhältnisse aus **steuerlichen oder auch versicherungsrechtlichen Gründen** in Erwägung gezogen. Die Mitarbeit wird dadurch quantifiziert und der **Lohn** kann als **Betriebsausgabe** abgezogen werden. Der Arbeitnehmer-Ehegatte hingegen muss zwar seinen **Lohn versteuern**, profitiert aber von Pausch- und Freibeträgen und ist für Krankheit und Alter abgesichert. So können viele **Arbeitnehmervergünstigungen** wie zB PKW-Nutzung, Reisekosten, Lohnsteuerpauschalierung, Riesterrente oä in Anspruch genommen werden. Es kann entweder über die Sozialversicherung oder über betriebliche Altersversorgungen eine eigene Altersversorgung für den Arbeitnehmer-Ehegatten aufgebaut werden.[413]

Zur Vermeidung von Missbräuchen haben Steuerrechtsprechung[414] und Finanzverwaltung für die Anerkennung von Ehegatten-Arbeitsver-

---

[410] BAG, NZA 1996, 249 ff.
[411] LAG Brandenburg, NZA-RR 2008, 633.
[412] *Gergen* FPR 2010, 298 (300).
[413] *Macher* NZA 2008, 30.
[414] BFH – VIII R 83/82, BStBl. II 1989, 281, BeckRS 1988, 22008771; BFH – X B 27/04, BeckRS 2004, 25006721.

B. Familie und Gestaltung

hältnissen[415] besondere Voraussetzungen aufgestellt.[416] Solche Arbeitsverhältnisse müssen
- ernsthaft vereinbart und
- tatsächlich durchgeführt werden sowie
- einem Fremdvergleich standhalten.[417]

Hinweis: Am sichersten sind diejenigen Arbeitsverträge zwischen Ehegatten, welche den Arbeitsverträgen mit anderen Mitarbeitern entsprechen.

Die Rechtsprechung stellt bereits **formal** strenge Anforderungen. 89
- Abschluss vor Arbeitsaufnahme. Eine Rückwirkung wird steuerlich nicht anerkannt.[418]
- Zivilrechtlich wirksamer Abschluss. Hier bestehen bei Ehegatten idR wenig Probleme. Beachtet werden muss eine vereinbarte Schriftformklausel für nachträgliche Änderungen.

An einer **ernsthaften Vereinbarung** fehlt es bei **nur gelegentlichen Hilfeleistungen**, die auf familienrechtlicher Grundlage erfolgen[419] oder bei einer **Betriebsstruktur**, die den Anfall von Arbeiten für den Arbeitnehmer-Ehegatten nicht nachvollziehbar erscheinen lässt.[420] Ferner hat der BFH ein ernsthaft vereinbartes Arbeitsverhältnis abgelehnt, wenn Ehegatten, die beide einen Betrieb unterhalten, sich **wechselseitig verpflichten**, mit ihrer vollen Arbeitskraft im Betrieb des anderen tätig zu sein.[421]

Im Arbeitsvertrag müssen die **vertraglichen Hauptpflichten** wie Höhe des Gehalts, Arbeitszeit, Tätigkeitsgebiet, Weisungsgebundenheit etc. festgehalten sein. Nur so ist die tatsächliche Durchführung einer Kontrolle zugänglich. Hierzu gab es jüngst mehrere Urteile, die eine **genauere Festlegung der Arbeitszeiten und/oder eine Stundenaufzeichnung** zur Voraussetzung der steuerlichen Anerkennung machten.[422] Nach anderer Ansicht sind Unklarheiten der Wochenarbeitszeit

---

[415] Als solche gelten auch Arbeitsverhältnisse mit einer Personengesellschaft, an welcher der Ehegatte mit mehr als 50 % beteiligt ist, R 4.8 Abs. 2 EStR 2012.
[416] R 4.8 EStR 2012 und H 4.8 EStH 2018, mit den Rechtsprechungsnachweisen.
[417] *Ballof* EStB 2005, 239 ff.; Schmidt/*Loschelder* EStG § 4 Rn. 520 „Angehörige"; FormRS/*Schaumburg/Winter/Dremel*, Anmerkungen zu Form. B.1.02.
[418] BFH – VIII R 83/82, BStBl. II 1989, 281; BFH – X B 27/04, Haufe-Index 1207645.
[419] BFH – IV R 188/85, BStBl. II 1988, 632.
[420] FG Saarland – 1 K 187/91, HaufeIndex 940274.
[421] BFH – X R 2/86, BStBl. II 1989, 534; H 4.8. EStH 2018 „Arbeitsverhältnisse zwischen Ehegatten".
[422] FG Düsseldorf – 9 K 2351/12 E, BeckRS 2013, 94597: Vereinbarung einer 45-stündigen Mitarbeit im Monat in Abhängigkeit von betrieblicher Notwendigkeit genügt nicht; FG Münster – 2 K 156/18, DStRE 2019, 793: geringfügiges Beschäftigungsverhältnis mit variablem Stundenkontingent ohne feste Arbeitszeit und andererseits Vergütung für Überstunden und Mehrarbeit nicht fremdüblich; FG München – 11 K 2523/05, BeckRS 2009, 26030143: nicht bei

1. Teil. Familienrecht im Steuerrecht

typische Kennzeichen geringfügiger Tätigkeit und nicht ehegattenspezifische Prüfpunkte.[423] Der BFH hat nun klargestellt,[424] dass die fehlenden Arbeitszeitnachweise nicht die Fremdüblichkeit in Frage stellen, sondern nur Bedeutung haben für die Frage der Erfüllung der Hauptleistungspflicht durch den Arbeitnehmer.

90 Die tatsächliche Durchführung erfordert einerseits das Erbringen der Arbeitsleistung und andererseits die regelmäßige Zahlung des vereinbarten Lohnes. In folgenden Fällen scheiterte die steuerliche Anerkennung an diesem Kriterium:
- Abhebung monatlich großer Beträge durch den Arbeitnehmer-Ehegatten und selbständige Aufteilung in Haushaltsgeld und Lohn,
- längere Nichtauszahlung des Lohnes zu den üblichen Zahlungszeitpunkten,[425]
- Überweisung auf ein Konto des Arbeitgeber-Ehegatten,
- unschädlich, wenngleich nicht empfehlenswert, die Überweisung auf ein Oder-Konto, über das beide Ehegatten verfügen können.[426]

Gefährdet ist die steuerliche Anerkennung des Arbeitsvertrages auch dann, wenn **mit dem Arbeitsvertrag Schenkungen oder Darlehen verquickt** werden. Wird der Arbeitslohn als Darlehen behandelt, bevor er in den Verfügungsbereich des Arbeitnehmer-Ehegatten gelangt ist, so wird das Arbeitsverhältnis nur anerkannt, wenn auch das Darlehen steuerrechtlich Anerkennung finden kann, also dem Fremdvergleich entspricht mit eindeutigen Zins- und Rückzahlungsvereinbarungen, die auch so durchgeführt werden.[427] Anerkannt wird hingegen die Umwandlung als Darlehen, nachdem der Arbeitslohn in den Verfügungsbereich des Arbeitnehmer-Ehegatten gelangt ist,[428] was der Fall sein soll, wenn Gehaltsauszahlung angeboten wurde.[429]

Unschädlich soll nach dem BFH sein, dass ein Angehöriger Mehrarbeit aus persönlicher Verbundenheit leistet, obwohl diese nicht bezahlt wird. Der BFH betont ausdrücklich, dass dadurch das im Übrigen ordnungsgemäß durchgeführte Arbeitsverhältnis nicht infiziert wird.[430]

91 Bei der Prüfung der Fremdüblichkeit ist die Gesamtheit der objektiven Gegebenheiten im Wege einer **Gesamtbetrachtung** zu beurteilen. Nicht jede Abweichung vom Üblichen schließt daher schon die steuerrechtliche Anerkennung aus. Die Anforderungen sind umso strenger,

---

geringfügiger Hilfeleistung im häuslichen Bereich mit zweifelhaftem zeitlichen Umfang, den das Gericht im Hinblick auf die Erziehung von drei bzw. vier kleinen minderjährigen Kindern für wenig glaubhaft hielt.

[423] *Macher* NZA 2008, 30.
[424] BFH – X R 31/12, DStR 2013, 2261.
[425] BFH – I R 34/80, BStBl. II 1982, 119; BFH – XI R 30-31/89, BStBl. II 1991, 842.
[426] BVerfG – 2 BvR 802/90, NJW 1996, 833, DStR 1995, 1908.
[427] H 4.8 EStH 2018; BFH – I R 208/72, BStBl. II 1975, 579, BeckRS 19975, 22003160; BFH – X R 152/87, BFH/NV 1990, 695, BeckRS 1990, 06660.
[428] BFH – VIII R 69/84, BStBl. II 1986, 48, NJW 1985, 1486.
[429] FormRS/*Schaumburg/Winter/Dremel*, B 1.02 Rn. 24.
[430] BFH – X R 31/12, DStR 2013, 2261.

B. Familie und Gestaltung

je mehr Umstände auf die private Veranlassung hindeuten.[431] So ist die Überlassung eines PKW an einen geringfügig beschäftigten Ehegatten nicht mehr fremdüblich.[432] Für den Fremdvergleich ist nicht auf die Branchenüblichkeit abzustellen,[433] sondern auf die Betriebsüblichkeit,[434] es sei denn, im Betrieb existieren keine vergleichbaren Arbeitsplätze.[435] Ist das Arbeitsverhältnis grundsätzlich anzuerkennen, aber der Lohn zu hoch, so kann der fremdübliche Lohn anerkannt werden.[436]

3. Sonstige Verträge

Auch **sonstige Verträge** unter Ehegatten, die sich steuerlich auswirken, werden nur dann anerkannt, wenn sie den bei den Arbeitsverträgen herausgearbeiteten Grundsätzen entsprechen.[437] Hierzu gehören insb. Miet- oder Pachtverträge und Kaufverträge zwischen Ehegatten.

Im Hinblick auf **Mietverträge** geht die Rechtsprechung des BFH[438] dahin, dass allein eine fehlende Nebenkostenvereinbarung noch unschädlich ist. Mängel, die ein Mietvertrag hat, denen aber alle anderen Mietverträge im vermieteten Mehrfamilienhaus auch unterliegen, sind ebenfalls unschädlich. Eine steuerliche Anerkennung des Mietvertrages scheidet jedoch aus, wenn die Mietzahlungen nicht regelmäßig erfolgen,[439] sondern „nach Kassenlage"[440] oder der Mieter die Miete wirtschaftlich gar nicht aufbringen kann. Das gleiche gilt, wenn ein Mietvertrag in der konkreten Situation völlig unüblich ist, so bei der Vermietung von einzelnen Zimmern an volljährige Kinder. Auch die Verbindung des Mietvertrages mit einer Schenkungsabrede hält nach Ansicht des BFH einem Fremdvergleich nicht stand.[441]

Erwähnt werden soll noch das Institut des **Sicherungsnießbrauchs.** Hier wird ein Mietvertrag vereinbart, der aber als schuldrechtlicher Vertrag insb. bei einer Zwangsversteigerung nicht genügend Sicherheit bietet. Daher wird zur Sicherung ein dingliches Recht vereinbart, das aber nicht tatsächlich ausgeübt wird.[442] Ein solcher Nießbrauch wird in der Praxis öfter vereinbart. Es ist ratsam, schon in den Bestimmungen über den Nießbrauch die **Beschränkung** auf den Sicherungszweck **zum Ausdruck zu bringen.**

---

[431] H 4.8 EStH 2018 „Fremdvergleich"; BFH – IX R 23/94, DStR 1997, 1117.
[432] BFH – X R 44–45/17, DStR 2019, 430.
[433] BFH – VIII R 106/81, NJW 1985, 1488.
[434] BFH – III R 103/85, NJW 1988, 3039.
[435] BFH – III R 154/86, BFHE 157, 172.
[436] BFH – III R 154/86, BFHE 157, 172.
[437] H 4.8 EStH 2018 „Sonstige Rechtsverhältnisse zwischen Angehörigen".
[438] Nachweise sämtlich in H 21.4 EStH 2018.
[439] Vgl. etwa FG München – 13 K 1655/09, DStRE 2012, 826 BFH – IX R 28/15, BeckRS 2016, 94690 (Eltern-Kind).
[440] FG München – 5 K 873/12, BeckRS 2013, 96518.
[441] BFH – IX R 8/16, DStR 2016, 2947.
[442] BFH – IX R 38/96, DStR 1998, 711.

1. Teil. Familienrecht im Steuerrecht

Schließlich wird gelegentlich auch die steuerliche Anerkennung von **Kaufverträgen**[443] in Zweifel gezogen und untersucht, ob ein Scheingeschäft vorliegt. Solches kommt insb. in Betracht, wenn der Kaufpreis nicht allein dem verkaufenden Ehegatten zufließt oder wenn der kaufende Ehegatte den Kaufpreis nicht darstellen kann und letztlich der Verkäufer diesen zahlt, ohne dass ein anderweitiges Rechtsverhältnis wie Schenkung oder Darlehen zuvor klar abgegrenzt wäre.[444] Interessant ist in diesem Zusammenhang ein Urteil des BFH, nach dem in den Fremdvergleich hinsichtlich des Kaufvertrages die Darlehensabrede mit der Bank als Drittem nicht einzubeziehen ist.[445] Hieraus wird gefolgert, eine Darlehensabrede der Ehegatten untereinander wäre einzubeziehen gewesen.[446]

Sieht ein Gesamtkonzept eines Kaufvertrages vor, dass die **Kaufpreise vom Verkäufer wieder zurückgeschenkt** werden, weil die Finanzierung auf Käuferseite sonst nicht dargestellt werden kann, so ist der Kaufvertrag steuerlich insoweit nicht anzuerkennen, vielmehr handelt es sich **insoweit** um eine **unentgeltliche Übertragung**. Dies führte im Streitfall zu einer teilentgeltlichen Betriebsaufgabe, für die die Einheitstheorie nicht anwendbar war und ein Gesamtplan abgelehnt wurde, da genau die Einzelschritte zur Erreichung des Gesamtzieles notwendig waren.[447]

VI. Familie ohne rechtliches Band

1. Familienbegriff

93   Die **modernen Familienwelten** sind in einem **Wandel** begriffen, gleich ob man aus soziologischer[448] oder aus rechtlicher Sicht[449] auf die Familie blickt. Die Veränderungen der Arbeitswelt und der gesellschaftlichen Anschauungen spiegeln sich wider in dem Erstarken sog. **alternativer Familienformen**. Die rechtlichen Regelungen folgen dem gesellschaftlichen Wandel hinterher. Insoweit klaffen Gesetz und Wirklichkeit auseinander, das Familienrecht ist (noch) nicht Spiegel der sozialen Wirklichkeit,[450] das Steuerrecht erst recht nicht. Die Zunahme der Ehescheidungen, die hohe Zahl von Paaren, die – immer mehr auch mit Kindern[451] – ohne Trauschein zusammenleben sowie die Steigerung der Lebenserwartung, die zu Zweit- oder Drittfamilien führt, lassen sich als Gründe für diese Entwicklung ausmachen.

---

[443] Hierzu *Kiesow* DStR 2013, 2252.
[444] Hierzu etwa BFH – IX R 5/03, BeckRS 2004, 25007369.
[445] BFH – IX R 46/01, DStR 2002, 2214.
[446] *Heuermann* HaufeIndex, 872013.
[447] BFH – X R 14/11, DStR 2014, 80.
[448] Etwa *Luhmann,* Sozialsystem Familie, in *ders.* Soziologische Aufklärung 5, 3. Aufl. 2009, 189 ff.; *Lüscher,* Soziologische Annäherungen an die Familie, 2001.
[449] Vgl. *Hohmann-Dennhardt* ZKJ 2007, 382 ff.
[450] MüKoBGB/*Weber* BGB Vor § 1564 Rn. 4 gegen *Frank* FamRZ 2004, 841 (846).
[451] Nach *Schröder* FS Kanzleiter, 2010, 347, 354, leben 30% der Kinder und Jugendlichen in sog. alternativen Familienformen.

B. Familie und Gestaltung

Eine **soziologische Definition**[452] der **Familie**[453] stellt ab auf „primär durch die Aufgabe der Gestaltung verlässlicher Beziehungen zwischen den Eltern und Kindern konstituierte Lebensformen eigener Art, die als solche gesellschaftsrechtlich anerkannt sind."[454] Dabei werden die Reproduktions- und Sozialisationsfunktion, die Generationsdifferenzierung und das Solidaritätsprinzip betont.[455]
Die **rechtliche Definition der Familie** hat sich in ähnlicher Weise ausgeweitet. So gilt als Familie längst nicht mehr nur die durch die natürliche Abstammung vermittelte Verwandtschaft bzw. Schwägerschaft iSd §§ 1589, 1590 BGB, sondern geschützt ist etwa durch Art. 6 GG die familiäre Erziehungs- und Wirtschaftsgemeinschaft, die auch die Fürsorge- und Verantwortungsbeziehung zu Adoptiv-, Stief- und Pflegekindern erfasst.[456] So hat etwa der EGMR geurteilt:[457]

„Der Begriff Familie iSv Art. 8 EMRK erfasst nicht nur durch eine Ehe begründete Beziehungen, sondern auch de facto-Beziehungen außerhalb einer Ehe. Ein aus einer solchen Beziehung hervorgegangenes Kind ist von Geburt an Teil dieser Familie und hat zu seinen Eltern eine Verbindung, die einem Familienleben entspricht."

So wird denn auch die nichteheliche Lebensgemeinschaft allein noch nicht als Familie betrachtet, wohl aber diejenige nichteheliche Lebensgemeinschaft mit Kindern.[458]

2. Rechtliche Behandlung

Aus diesem immer mehr sich erweiternden Familienbegriff hat das **Familienrecht** bisher **kaum Folgerungen** gezogen.[459] Die Rechtsprechung entwickelt sich und hat nun insb. im Zusammenhang mit größeren Investitionen in eine Wohnimmobilie Ansprüche begründet[460] und

---

[452] Eine Definition von Familie stößt auf Schwierigkeiten, da nicht einmal in der Alltagssprache eine einheitliche Auffassung herrscht, *Nave-Herz,* Ehe- und Familiensoziologie, 3. Aufl. 2013, 33.
[453] Eine amüsante, wenngleich in unserem Zusammenhang wenig hilfreiche Definition der Familie findet sich bei *Tucholsky,* Weltbühne 12.1.1923, 53 (Pseudonym Peter Panter): „Die Familie (familia domestica communis, die gemeine Hausfamilie) kommt in Mitteleuropa wild vor und verharrt gewöhnlich in diesem Zustand ...".
[454] *Lüscher,* Soziologische Annäherungen an die Familie, 2001, 18.
[455] *Nave-Herz* NZFam 2018, 1057 (1062).
[456] Maunz/Dürig/*Badura,* GG Art. 6 Rn. 60; *Otte* FamRZ 2013, 585 ff., spricht sich gegen den engen Familienbegriff aus.
[457] EGMR (Große Kammer) v. 13.7.2000 – 25735/94, NJW 2001, 2315.
[458] Vgl. etwa BFH – XI R 120/96, DStR 1999, 1689.
[459] Soweit Reaktionen auf die „faktische Familie" erfolgten, geschah dies vor allem zum Wohle der Kinder. So wurden ein kleines Sorgerecht nach § 1687b BGB, § 9 LPartG, ein Umgangsrecht nach § 1685 Abs. 2 BGB und die Möglichkeit einer Verbleibensanordnung nach § 1682 BGB geschaffen; vgl. zur Patchworkfamilie: Münch/*Münch,* Familienrecht § 11.
[460] BGH – XII ZR 190/08, NJW 2011, 2880; abgelehnt, wenn Investitionen nicht über übliche Mietzahlungen hinausgehen, von BGH – XII ZR 132/12,

immerhin eine familiäre Überlagerung des Gesamtschuldnerausgleichs angenommen.[461] Dies wird im Detail noch dargelegt.[462]

Das **Steuerrecht** kennt den engen, aber trennscharf formulierten Angehörigenbegriff des § 15 AO, verwendet aber in den Einzelsteuergesetzen dann wieder davon unabhängige Begrifflichkeiten. Zur Abgrenzung von Missbrauchsgestaltungen hat das Steuerrecht den **Begriff des „nahen Angehörigen"** entwickelt. Zu diesen gehören **nichteheliche Lebensgemeinschaften nicht**, sodass bei diesen insb. die Grundsätze über die Anerkennung von Verträgen mit nahen Angehörigen nicht Platz greifen.[463] **Verträge** zwischen Partnern einer nichtehelichen Lebensgemeinschaft unterliegen also **nicht den Restriktionen, die bei Ehegatten greifen**. Hierin hat der BFH keine Diskriminierung der insofern strenger behandelten Ehe erblickt.[464] Aufwendungen im Rahmen eines Arbeitsverhältnisses werden regelmäßig anerkannt.[465] So hat der BFH etwa anerkannt, dass ein hauswirtschaftliches Beschäftigungsverhältnis mit der Partnerin einer nichtehelichen Lebensgemeinschaft bestehen kann, jedoch dann nicht, wenn diese gleichzeitig für ein Kind sorgt.[466] Auch bei der Vermietung einzelner Räume in einer Wohnung an eine Lebensgefährtin sah die Finanzrechtsprechung die persönliche Beziehung und nicht die vertragliche Nutzungsüberlassung als prägend an.[467] Eine **Zusammenveranlagung**[468] und eine Anerkennung der nichtehelichen Lebensgemeinschaft im Erbrecht[469] wurden jedoch bisher strikt abgelehnt.

Im **Sozialrecht** hingegen wird die nichteheliche Lebensgemeinschaft der Ehe gleichgestellt (§ 20 SGB XII), weil hier auf die bloße Haushaltsgemeinschaft abgestellt wird, die zu einer Bedarfsdeckung führt. Eine solche Haushaltsgemeinschaft wird beim Zusammenleben in einer Wohnung vermutet (§ 39 SGB XII).

NJW 2013, 2187.
[461] BFH – XII ZR 108/17, DNotZ 2018, 841.
[462] Siehe hierzu → Rn. 570 ff. und → Rn. 613 ff.
[463] BFH – IV R 225/85, NJW 1988, 2135; H 4.8. EStH 2018 „nichteheliche Lebensgemeinschaften"; Scholz/Kleffmann/ *Tischler*, Praxishandbuch Familienrecht, Teil S, Abschn. 10, Rn. 377.
[464] BFH – GrS 1/88, NJW 1990, 853; vgl. aber auch – die Rechtsfrage offen lassend – BFH – VIII R 22/90, BeckRS 1991, 06449.
[465] FG Niedersachsen – XII 682/95, EFG 1997, 524.
[466] BFH – XI R 120/96, DStR 1999, 1689.
[467] FG Nürnberg – IV 311/2003, BeckRS 2006, 26021489.
[468] BFH – III B 52/11, BeckRS 2012, 95112; *List* DStR 1997, 1101; auch nach Einführung des § 2 Abs. 8 EStG: BFH – III B 100/16, NJW 2017, 2223.
[469] BVerfG – 1 BvR 171/89, NJW 1990, 1593.

C. Familiäre Entwicklungen als Gefahrenpotential

Soweit der Steuerberater im Rahmen eines Familienrechtschecks[470] familienrechtlichen Gefahrenquellen nachgeht, wird er sich mit folgenden Problemen befassen müssen. Die Risikoanalyse einer Abschlussprüfung erstreckt sich ausdrücklich auch auf die Eigentümerstrukturen.[471] Nach Durchsicht etwa vorhandener familienrechtlicher Verträge wird man bei bestehender Risikolage auf Abhilfe sinnen.

95

I. Trennung

1. Bedeutung der Trennung für die Scheidungsfolgen

Mit der Reform des Zugewinnrechts[472] wurde ein **auf den Zeitpunkt der Trennung bezogener Auskunftsanspruch** nach § 1379 Abs. 1 Nr. 1 BGB geschaffen. Damit kann ab Stellung eines Scheidungsantrags Auskunft über das zum Zeitpunkt der Trennung vorhandene Vermögen verlangt werden.

96

Der Grund für diesen Auskunftsanspruch liegt in einer neuen **Hinzurechnungsvorschrift nach § 1375 Abs. 2 BGB**. Danach wird dem vorhandenen Endvermögen eines Ehegatten im Zeitpunkt der Rechtshängigkeit des Scheidungsantrags (§ 1384 BGB) dasjenige Vermögen, das illoyal „verschwendet" wurde, hinzugerechnet, sodass sich auch aus solchem Vermögen ein Zugewinn errechnet. Seit 2009 tritt dazu nun eine Beweisregelung: Danach **gilt die Verringerung des Vermögens zwischen Trennungszeitpunkt und Rechtshängigkeit eines Scheidungsantrages als illoyal**, wenn nicht derjenige Ehegatte, dessen Vermögen sich verringert hat, das Gegenteil darlegt und beweist (§ 1375 Abs. 2 S. 2 BGB). Das führt dazu, dass auch bei unverschuldeten Vermögensverlusten in der Zwischenzeit eine erhebliche **Beweisnot** entstehen kann.[473]

Hinweis: Für alle Vermögensminderungen nach dem Trennungszeitpunkt muss ggf. später nachgewiesen werden, dass sie nicht illoyal verursacht wurden. Daher empfiehlt es sich, hierüber beweisbare Feststellungen zu treffen.

Hier kann der Abschluss einer Trennungsvereinbarung zeitnah zur Trennung eine Empfehlung darstellen, denn ein solcher Vertrag beseitigt etwa später auftretende Beweisprobleme.

Nach einer Trennung ist auf § 1365 BGB besonders zu achten. Die Trennung als solche ändert nichts daran, dass **Gesamtvermögensgeschäfte** der Ehegattenzustimmung nach § 1365 BGB bedürfen.

---

[470] Hierzu → Rn. 2.
[471] *Niemann,* Jahresabschluss, Kap. E, Rn. 235a, Punkt 2.3.
[472] BGBl. 2009 I 1696; hierzu *Münch* MittBayNot 2009, 261 ff.
[473] Hinzu kommt, dass der BGH – XII ZR 80/10, NJW 2012, 2657, bei der Vermögenswertbegrenzung selbst den Kursverlust von Aktien zunächst einmal als Vermögensminderung berücksichtigt.

1. Teil. Familienrecht im Steuerrecht

97 Mit der Trennung wird aus dem **bisherigen Familienunterhaltsanspruch** des § 1360 BGB, der – mit Ausnahme eines Taschengeldanspruchs – nicht auf laufende Geldzahlungen gerichtet ist, ein **Anspruch auf Unterhalt bei Getrenntleben** nach § 1361 BGB, der in Form einer **monatlichen Geldzahlung** zu entrichten ist (§ 1361 Abs. 4 S. 1 BGB). Die Erwerbsobliegenheit des unterhaltsberechtigten Ehegatten ist zumindest zu Beginn der Trennung noch eingeschränkt. Auf den Anspruch auf Unterhalt bei Getrenntleben **kann nicht verzichtet werden** (§ 1361 Abs. 4 S. 4 BGB, § 1360a Abs. 3, 1614 BGB). Auch ein ehevertraglich vorliegender Unterhaltsverzicht erfasst daher nicht den Trennungsunterhalt, auch wenn man immer wieder einmal Gegenteiliges in Eheverträgen liest.

Hinweis: Auf den Unterhalt bei Getrenntleben kann nicht verzichtet werden! Auch ein ehevertraglicher Verzicht erfasst diesen Anspruch nicht. Dies führt dazu, dass im Scheidungsverfahren häufig viele Bemühungen erfolgen, diese Trennungszeit zu verlängern.

98 Der **Versorgungsausgleich** hingegen **läuft trotz der Trennung weiter**, denn die Ehezeit im versorgungsausgleichsrechtlichen Sinne endet erst am letzten Tag des Monats vor Zustellung des Scheidungsantrags (§ 3 Abs. 1 VersAusglG).

Insbesondere **bei einer längeren Trennungsphase** von Ehegatten, die sich vorerst nicht scheiden lassen wollen, ist es ratsam, durch **ehevertragliche Vereinbarung** unbeschadet des gesetzlichen Stichtages für das Ehezeitende nur diejenigen Ansprüche in den Ausgleich einzubeziehen, die vor der Trennung erworben wurden.[474]

99 Mit der Trennung entstehen Ansprüche auf Überlassung von Haushaltsgegenständen und Ehewohnung nach §§ 1361a, 1361b BGB[475] möglicherweise auch für den Nichteigentümer-Ehegatten gegen Zahlung einer Nutzungsentschädigung,[476] für die aber ein ausdrückliches Verlangen erforderlich ist.[477]

100 Ausgleichsansprüche aus Gesamtschuld nach § 426 Abs. 1 BGB sind während des Zusammenlebens der Ehegatten familienrechtlich überlagert. Derjenige Ehegatte, der während funktionierender Ehe Tilgungen leistet, kann vom anderen Ehegatten keinen Ausgleich verlangen. Mit der **Trennung endet** jedoch die **familienrechtliche Überlagerung** und es entstehen für weitere Zahlungen Ausgleichsansprüche, soweit sie nicht bereits in einer Trennungsvereinbarung – etwa in einer Unterhaltsregelung – „eingepreist" sind. Das Ende einer solchen familienrechtlichen Überlagerung kann bei Trennung auch für den Steuerausgleich und für Schadensersatzansprüche eintreten.[478]

---

[474] Vgl. hierzu mit Formulierungsvorschlag *Münch*, Versorgungsausgleich, Rn. 201.
[475] Vgl. hierzu → Rn. 448 ff., → Rn. 457 ff.
[476] *Münch*, Scheidungsimmobilie, Rn. 490 ff.
[477] MüKoBGB/*Weber-Monecke* BGB § 1361b Rn. 18.
[478] OLG Jena – 1 UF 396/11, FamFR 2013, 161, m. Anm. *Herr*.

C. *Familiäre Entwicklungen als Gefahrenpotential*

2. Trennung bei Vorhandensein von Gesellschaften

Die Trennung von Ehegatten hat unmittelbare Auswirkungen auf Gesellschaften, an denen beide Ehegatten beteiligt sind. In aller Regel **arbeiten die Ehegatten hier nun gegeneinander.** Wo dies zum wirtschaftlichen Schaden der Gesellschaft führt, kann versucht werden, an solchen schadensverursachenden Verhaltensweisen anzusetzen und die **Ausschließung** eines Gesellschafters zu betreiben. Spezielle Ausschließungsklauseln stellen meist auf die Scheidung oder frühestens die Antragstellung ab.

Sofern einer der Ehegatten Alleingesellschafter ist und der andere Geschäftsführer, wird die **Abberufung** des **Geschäftsführers** thematisiert werden müssen.

Sofern ein Ehegatte die Gesellschaftsanteile nur treuhänderisch für den anderen hält, werden die Anteile unter **Aufkündigung** des **Treuhandverhältnisses** zurückgefordert werden.

Besteht eine **Ehegatteninnengesellschaft**[479], so führt die Trennung – nicht erst die spätere Stellung eines Scheidungsantrags[480] zur Auflösung und sogleich zur **Vollbeendigung**, da kein Gesamthandsvermögen vorliegt. Mit diesem Tag ist daher das Vermögen in der Hand des Inhabers zu bewerten, aus dem der Ausgleichsanspruch des anderen Ehegatten berechnet wird.

101

> **Hinweis:** Die Trennung führt zur Vollbeendigung einer Ehegatteninnengesellschaft! Soweit Gestaltungsspielraum besteht, kann der Trennungszeitpunkt auf die Folgen abgestimmt werden.

3. Auswirkungen der Trennung im Steuerrecht

Die Ehegatten werden nach § 26 Abs. 1 Nr. 2 EStG im Jahr **nach der Trennung** (bei dauerhaftem Getrenntleben) **nicht mehr zusammen veranlagt**.

Wenn die Trennung dazu führt, dass ein Ehegatte aus seinem Haus oder aus dem gemeinsamen Haus auszieht, so kann dies zu einem **Wegfall der Privilegierung des § 23 Abs. 1 Nr. 3 S. 3 EStG** bei eigener Wohnnutzung im Hinblick auf die Veräußerungsgewinnbesteuerung führen. Die unentgeltliche Überlassung des Eigentums oder Miteigentums an den anderen Ehegatten führt nicht zu einer eigenen Nutzung.[481] Zwei **Miteigentumsanteile** sind dann hinsichtlich der Folgen für § 23 EStG **getrennt** zu betrachten. Zur Rettung der Privilegien bei einer späteren Veräußerung ist entweder eine Trennung im eigenen Haus vorzuziehen oder die Veräußerung muss einschließlich des Übergangs von Besitz, Nutzen und Lasten (!)[482] noch im Jahr des Auszugs erfolgen. Eine

102

---

[479] Hierzu → Rn. 325 ff.
[480] BGH – XII ZR 230/96, NJW 1999, 1962.
[481] BMF, BStBl. I 2000, 1383, Rn. 22 f.
[482] BMF, BStBl. I 2000, 1383, Rn. 25.

1. Teil. Familienrecht im Steuerrecht

kurzzeitige Zwischenvermietung in diesem Auszugsjahr soll unschädlich sein, so der BFH inzwischen.[483]

Hinweis: Ist eine Veräußerung der Scheidungsimmobilie innerhalb der 10jährigen Spekulationsfrist des § 23 EStG geplant, so ist auf die **Trennungsfalle** achtzugeben. Ein Auszug ist hier für den betroffenen Miteigentumsanteil steuerschädlich, wenn nicht die Veräußerung noch im Jahr des Auszugs unter Übergang von Besitz, Nutzen und Lasten erfolgt. Anderenfalls sollte versucht werden, die Trennung im eigenen Haus zu bewältigen.

103 Zu beachten ist der Trennungszeitpunkt auch für ein **Gesamtschuldverhältnis** der Ehegatten. **Während funktionierender Ehe** ist ein Ausgleichsanspruch idR **familienrechtlich überlagert**, nachdem insb. § 1360b BGB einen Rückzahlungsanspruch für überzahlten Familienunterhalt ausschließt. So sind etwa Ersatzansprüche auch dann ausgeschlossen, wenn ein Ehegatte entsprechend der Übung während bestehender Ehe die Einkommensteuerzahlungen alleine erbringt. Dies gilt nach der Rechtsprechung auch im Falle einer größeren Zahlung unmittelbar vor Trennung, selbst wenn sie für einen Zeitraum danach bestimmt war (In-Prinzip).[484] Dies sieht auch der BFH so.[485]

Mit dem Scheitern der Ehe – anzunehmen ab endgültiger Trennung[486] – leben Ansprüche auf Ausgleich jedoch wieder auf, jedoch nur für die Zukunft. Eines Hinweises oder Gestaltungsaktes bedarf es hierzu – anders als bei § 745 Abs. 2 BGB für das Verlangen nach Änderung einer Miteigentumsverwaltung – nicht.

Was das Rechtsverhältnis zum Finanzamt betrifft, so hat der BFH nunmehr geurteilt,[487] dass derjenige, der auf eine **gemeinsame Steuerschuld leistet**, auch die Steuerschuld des anderen Ehegatten begleicht. Eine **Erstattung** sei **daher auch aufzuteilen** und zwar mangels anderer Anhaltspunkte hälftig auf die beiden gesamtschuldnerisch haftenden Ehegatten. Dies soll sogar dann gelten, wenn das Finanzamt vor der Erstattung von der Trennung erfahren hat oder ein Ehegatte inzwischen insolvent geworden ist.[488]

Hinweis: Nach der Trennung muss gegenüber dem Finanzamt deutlich gemacht werden, dass der Zahler nur noch auf seine eigene Steuerschuld leistet, damit ihm auch später eine etwaige Erstattung allein zugutekommt.

---

[483] BFH – IX R 10/19, NV, DStR 2019, 2471.
[484] BGH – XII ZR 176/00, NJW 2002, 1570f.
[485] BFH – II R 23/01, DStR 2003, 483.
[486] OLG Frankfurt/Main – 1 U 284/03, NJW-RR 2004, 1586; *Schulz/Hauß*, Vermögensauseinandersetzung, Rn. 1531.
[487] BFH – VII R 16/05, NJW 2006, 942.
[488] BFH – VII R 18/08, DStR 2008, 2257.

C. Familiäre Entwicklungen als Gefahrenpotential

4. Handlungsbedarf für bestehende Verträge oder Vollmachten

Mit der Trennung endet idR das gemeinsame Wirtschaften. Somit ist auch das gegenseitige Vertrauen idR nicht mehr vorhanden. Aus diesem Grund ist es dringend ratsam, etwa erteilte **Vollmachten zu widerrufen** und zu veranlassen, dass etwaige alleinige Zeichnungsrechte in eine **gemeinsame Vertretungsbefugnis** umgestaltet werden, damit der getrennt lebende Ehepartner keine Vertretungsmöglichkeiten mehr hat.

Für **schuldrechtliche Verträge** wie Arbeits- oder Mietverträge ist zur prüfen, ob die Trennung zu einer außerordentlichen Kündigung des entsprechenden Vertrages berechtigt oder ob jedenfalls eine ordentliche Kündigung erklärt werden soll.

Die Bindungswirkung eines abgeschlossenen Erbvertrages kann nur **ausnahmsweise** schon nach der Trennung beseitigt werden. So gibt es mehrere Urteile, in denen eine **Anfechtung** des Erbvertrages nach §§ 2281 f. BGB für möglich gehalten wird, wenn die **unbewusste Erwartung des Erblassers enttäuscht** wurde, zwischen ihm und der/dem Bedachten werde es bis ans Lebensende nicht zur Zerstörung des persönlichen Vertrauens kommen.[489] Die Feststellung einer solchen Erwartung und deren Ursächlichkeit für die Erbeinsetzung setzen nach der zitierten Rechtsprechung voraus, dass im Einzelfall besondere Umstände vorliegen, die in diese Richtung gehen.

II. Ehescheidung

1. Zugewinn

Die **Ehescheidung** des Unternehmers ist **für das Unternehmen ein großes Risiko**, denn sie führt zu
- einem Zugewinnausgleichsanspruch **in Geld** in Höhe der **Hälfte des Zugewinnes**,
- der **sofort** mit Rechtskraft des entsprechenden Beschlusses **fällig** ist (§ 1378 BGB) und
- der nur ganz ausnahmsweise gestundet werden kann (§ 1382 BGB).

Zur Errechnung des Zugewinnausgleichsanspruches müssen alle Vermögensgegenstände bewertet werden, und zwar nach Verkehrswerten. Allein die **Bewertung des Unternehmens** als solche ist bei widersprechenden Gutachten eine langwierige und kostspielige Angelegenheit.

Da in den Zugewinn auch Wertsteigerungen fallen, betrifft die Problematik **auch** solche Firmen, die von den Eltern übertragen worden sind und mit ihrem Wert zum Zeitpunkt der Übertragung in das **Anfangsvermögen** fallen. Solche Unternehmen müssen sogar zu zwei verschiedenen Zeitpunkten bewertet werden.

Insgesamt lässt sich sagen, dass aufgrund der Höhe der Werte, die nach Verkehrswertgrundsätzen ermittelt werden,[490] **keinem Unternehmer**

---

[489] BGH – V ZR 129/62, NJW 1963, 246; BayOblG – 1 Z BR 20/98, NJW-RR 1999, 86.
[490] Vgl. hierzu → Rn. 187 f.

geraten werden kann, den **gesetzlichen Güterstand** für seine Ehe unverändert **beizubehalten**. Die notwendige Liquidität zur Zahlung des Zugewinnausgleichs wird nicht ohne Beeinträchtigung für das Unternehmen bereitgestellt werden können. Für manche Unternehmen ist eine solche Zahlung sogar das Ende. In der Regel sind die steuerlichen Berater diejenigen, welche den Unternehmer nach einer **Risikoanalyse** der Eigentümerstrukturen auf die Problematik hinweisen und zum **Abschluss eines Ehevertrages** raten.

> **Hinweis:** Bei jedem Unternehmensmandat sollte der Güterstand des Inhabers ein Thema sein. Durch eine Scheidung ohne Ehevertrag kann die Liquidität eines Unternehmens aufgezehrt werden. Der Steuerberater wird daher zu einer Modifizierung des gesetzlichen Güterstandes raten.

In diesem Zusammenhang muss jedoch zugleich bedacht werden, dass die Rechtsprechung den Eheverträgen mit der Inhaltskontrolle Grenzen setzt,[491] so dass hier der Rat gilt: „Weniger ist mehr".[492]

2. Unterhalt

106 Die mit der Scheidung entstehende nacheheliche **Unterhaltspflicht** wird idR aufgrund der monatlichen Zahlungen nicht zur Gefahr für die Liquidität des Unternehmens.

Beachtenswert ist bei Freiberuflern oder kleineren **stark inhabergeführten Unternehmen** die Gefahr einer Doppelberücksichtigung der Arbeitskraft des Unternehmers einerseits beim Unterhalt und andererseits über die Unternehmensbewertung beim Zugewinnausgleich. Daher hat der BGH in seiner jüngeren Rechtsprechung für diese Gruppe von Unternehmen dafür plädiert, bei der Unternehmensbewertung nicht nur einen kalkulatorischen, sondern den **individuellen Unternehmerlohn** abzuziehen.[493] Mit diesem individuellen Unternehmerlohn kann dann im Unterhaltsbereich gerechnet werden. Die Rechtsprechung des BGH hat inzwischen Eingang in zahlreiche Bewertungsstandards gefunden. So hat etwa der neue **IDW S 13**[494] zu den Besonderheiten bei der Unternehmensbewertung zur Bestimmung von Ansprüchen im Familien- und Erbrecht durch Anhängen einer zweiten Bewertungsstufe diese Rechtsprechung des BGH zugrunde gelegt[495] und sieht ausdrücklich vor, dass der **individuelle Unternehmerlohn** nicht zu den übertragbaren Bestandteilen gehört und daher bei der **Bewertung in Abzug** zu bringen ist. Das Herausrechnen des individuellen Unternehmerlohnes erfolgt

---

[491] Vgl. hierzu → Rn. 132 ff.
[492] So der Aufsatztitel von *Münch* NotBZ 2004, 467 ff.
[493] BGH – XII ZR 45/06, NJW 2008, 1221; BGH – XII ZR 185/08, NJW 2011, 2572; hierzu *Münch* NJW 2008, 1201 und *Münch* DStR 2014, 806 f.; vorgeschlagen schon von *Münch* FamRZ 2006, 1164 ff.
[494] IDW S 13, Rn. 28 f.
[495] Daher die erstaunte Feststellung: „Die Gralshüter der Deutschen Bewertungslehre folgen den betriebswirtschaftlichen Überlegungen des XII. Zivilsenates des BGH", *Kuckenburg* FuR 2015, 557.

C. Familiäre Entwicklungen als Gefahrenpotential

daher **schon auf der ersten Stufe**[496] der Feststellung des objektiven Unternehmenswertes. Für die Berechnung ist dabei eine Zu- und Abschlagsmethode vorgesehen.

3. Testamente und Erbverträge

Ein weiterer Blick soll dem Schicksal erbrechtlicher Verfügungen im Falle einer Scheidung gelten. Nach der Grundnorm des **§ 2077 Abs. 1 BGB** wird eine **Verfügung zugunsten eines Ehepartners mit der Scheidung unwirksam**. Allerdings gilt dies nach § 2077 Abs. 3 BGB nicht, wenn ein Fortgeltungswille anzunehmen ist. Angesichts dieser Restunsicherheit empfiehlt es sich, eine solche Verfügung sicherheitshalber zu widerrufen.

§ 2077 Abs. 1 BGB gilt **nicht für Lebensversicherungen!**[497]

> **Hinweis:** Bei jeder Scheidung sollten die vorhandenen **Lebensversicherungen** einer **Überprüfung** unterzogen werden, denn die vertraglich vereinbarte Begünstigung endet nicht automatisch mit Scheidung. Hier muss mit der Versicherungsgesellschaft eine Abänderung vorgenommen werden.

Liegt ein **gemeinschaftliches Testament** vor, so ist dies nach **§ 2268 Abs. 1 BGB** seinem **gesamten Inhalt nach unwirksam**, und zwar auch im Hinblick auf solche Verfügungen, mit denen Dritte bedacht sind. Allerdings gilt auch dies **nicht bei** einem **Fortgeltungswillen**. Das BayObLG[498] hat einen solchen Fortgeltungswillen im Falle einer beiderseitigen wechselbezüglichen Einsetzung gemeinsamer Kinder als Schlusserben bejaht.

Nun hat der BGH[499] dazu noch geurteilt, dass im Falle einer Fortgeltung **auch** die Wechselbezüglichkeit, also die **Bindungswirkung fortdauert**, sodass trotz Scheidung die Schlusserbeinsetzung nicht einseitig widerrufen werden kann. In der Interpretation dieser bisher singulären Entscheidung besteht allerdings keine Einigkeit. Das OLG Frankfurt, aber auch führende BGB-Kommentare sind der Ansicht, der BGH habe nur für den Ausnahmefall, dass ein solcher Fortgeltungswille schon bei Errichtung der letztwilligen Verfügung feststellbar sei, diese Wechselbezüglichkeit fortgelten lassen wollen, sei aber sonst der Auffassung, dass selbst wenn die Verfügung weitergelte, ihre Wechselbezüglichkeit jedenfalls erlösche.[500] Eine Klarstellung wäre insoweit wünschenswert. Zudem müsste die fortgeltende Wechselbezüglichkeit bzw. dann beim Erbvertrag die Bindungswirkung doch voraussetzen, dass zuvor auch die gegenseitige Erbeinsetzung wirksam geworden ist, denn gerade darauf beruht ja die Wechselbezüglichkeit der Schlusserbeinsetzung, dass der

---

[496] So *Ballhorn/König* BB 2015, 1899 (1900).
[497] BGH – IV a ZR 26/86, NJW 1987, 3131.
[498] BayObLG – 1 Z BR 95/92, FamRZ 1994, 193.
[499] BGH – IV ZR 187/03, NJW 2004, 3113 f.
[500] Vgl. etwa OLG Frankfurt – 20 W 520/11, FamRZ 2015, 1318 = BeckRS 2015, 06817, Rn. 58; Palandt/*Weidlich* BGB § 2268 Rn. 4.

1. Teil. Familienrecht im Steuerrecht

108 Längstüberlebende auch das Vermögen des Erstversterbenden erhalten hat. Solches tritt aber gerade bei Scheidungen nicht ein.[501]
Für den **Erbvertrag** gilt über § 2279 Abs. 1 BGB der § 2077 Abs. 1 BGB, was zur **Unwirksamkeit** der Verfügungen des Erblassers führt, nach § 2279 Abs. 1 BGB auch zur Unwirksamkeit von Verfügungen zugunsten Dritter. Bei vertragsgemäßen, also bindenden Verfügungen von Ehegatten ist über § 2298 Abs. 1 BGB sodann auch die Verfügung des anderen Ehegatten unwirksam. Auch in diesem Falle aber wird zunehmend von einem **Fortgeltungswillen** für Zuwendungen an gemeinsame Abkömmlinge ausgegangen.[502] Bestehen danach diese Verfügungen fort, so besteht nach dem zitierten Urteil des BGH zu den gemeinschaftlichen Testamenten auch bei Erbverträgen die Gefahr des **Andauerns der Bindungswirkung**[503] – allerdings unter den soeben aufgezeigten Einschränkungen. Es käme dann nur ein formgerechter Widerruf in Betracht, wenn die Voraussetzungen hierfür vorliegen.

Angesichts dieser bestehenden Unsicherheiten gilt es, Maßnahmen zu ergreifen, die im Falle der Scheidung die völlige Testierfreiheit wieder herstellen.[504]

Hinweis: Schon im Erbvertrag der Unternehmerehegatten kann geregelt werden, dass im Falle einer Scheidung – ggf. vorgezogen auf den Zeitpunkt der Antragstellung wie in § 1933 BGB – der Erbvertrag komplett seine Wirksamkeit verliert. Dann ist für einen Fortgeltungswillen kein Raum mehr.

Enthält der bereits vorliegende Erbvertrag eine solche Klausel nicht, so kann in der Scheidungsvereinbarung noch gehandelt werden.

Hinweis: Enthält der Erbvertrag oder das gemeinschaftliche Testament eine solche Klausel nicht, so kann in der Scheidungsvereinbarung der Erbvertrag oder das gemeinschaftliche Testament von beiden Ehegatten einvernehmlich aufgehoben werden.

4. Gestaltungsmöglichkeiten

109 Bisher nicht endgültig entschieden ist, ob die Grundsätze des Fremdvergleichs bei Verträgen von nahen Angehörigen[505] auch auf geschiedene Ehegatten Anwendung finden. Dass hier ein deutlicher Interessengegensatz besteht, spricht gegen die Anwendung der Grundsätze. Der BGH hat

---

[501] LG München – 16 T 567/08, ZEV 2008, 537; Beck'sches Notarhandbuch/ *Dietz*, Teil C, Rn. 204.
[502] *Reimann/Bengel/Dietz,* Testament und Erbvertrag, BGB § 2279 Rn. 19 mwN.
[503] Vgl. Gutachten DNotI-Report 2005, 45 (47).
[504] Dies gilt nur dann nicht, wenn als Kompromiss der Scheidungsvereinbarung gerade eine bindende Erbeinsetzung gewollt war.
[505] Vgl. hierzu → Rn. 75 ff.

C. Familiäre Entwicklungen als Gefahrenpotential

jedoch die Frage bisher stets offen gelassen,[506] so dass die Rechtslage nicht eindeutig geklärt ist.[507] Das BSG hat den Ausschluss der Kostenerstattung nach § 38 Abs. 4 S. 2 SGB V (Haushaltshilfe durch Verwandte) auch auf die geschiedene Ehefrau erstreckt.[508]

> **Hinweis:** Da noch nicht entschieden ist, ob geschiedene Ehegatten als nahe Angehörige zu gelten haben, sollten alle Gestaltungen zu ihrer steuerlichen Anerkennung dem Fremdvergleich standhalten und zivilrechtlich wirksam sein.

5. Beendigung von Steuerkonstruktionen

Mit der Ehescheidung sind häufig Steuerkonstruktionen zu beenden, die zwischen Ehegatten gestaltend gewählt worden waren. Die dadurch auftretenden Verwicklungen können am besten durch ein Rechtsprechungsbeispiel deutlich gemacht werden: **110**

Rechtsprechungsbeispiel[509]: Ein Betriebsgebäude war auf den Namen der Ehefrau gekauft und an die GmbH des Ehemannes zu einem monatlichen Mietzins von 3.800,– EUR vermietet worden. Mit der Miete wurde die Finanzierung bestritten. Ferner war das Familienwohnheim auf den Namen der Ehefrau zwar rechtlich selbständig, aber baulich in das Firmengelände integriert. Mit der Scheidung veräußerte die Ehefrau das Betriebsgebäude für 650.000,– EUR an den Ehemann.
Die Gründe für den Verkauf sahen beide Seiten völlig unterschiedlich. Die Ehefrau trug vor, der Ehemann habe ihr die Heizung abgestellt und sie zum Verkauf gedrängt. Er habe zudem gedroht, den Betrieb zu verlegen, sodass ihr Zweckgebäude wertlos geworden wäre. Der Ehemann trug vor, die Ehefrau habe ihn in wirtschaftlich schlechter Lage zum Ankauf erpresst. Sie habe zunächst 950.000,– EUR gefordert und dann durch einen Makler einen Drittinteressenten präsentiert, mit dem schon ein Notartermin vereinbart gewesen sei.
Als später die Ehefrau Unterhalt forderte, trug der Ehemann vor, sie habe das Betriebsgebäude unterhaltsrechtlich leichtfertig veräußert und damit ihre Bedürftigkeit mutwillig herbeigeführt (§ 1579 Nr. 4 BGB). Ihr sollten daher die 3.800,– EUR als fiktives Einkommen angerechnet werden.[510]
Sowohl das Berufungs- wie auch das Revisionsgericht verneinen eine solche Leichtfertigkeit. Der **Ehefrau sei eine dauerhafte Verflechtung mit dem Betrieb nicht zumutbar gewesen**. Beide Gerichte betonen explizit, dass es sich um eine rein steuerliche Konstruktion gehandelt habe, dass aber nach Ehe-

---

[506] BGH – IX R 13/92, NJW 1996, 2327; BGH – IX R 78/98, DStR 2001, 1697.
[507] Blümich/*Heuermann* EStG § 21 Rn. 126.
[508] BSG – B 1 KR 16/98R, DStR 2000, 1664.
[509] OLG Karlsruhe – 5 UF 5/08, BeckRS 2010, 09651 = FamRZ 2010, 655; dazu Revisionsurteil BGH – XII ZR 178/09, NJW 2012, 1144.
[510] Das OLG Karlsruhe betonte zudem, dass der Zinsertrag aus dem Erlös nicht wesentlich hinter dem Mietertrag abzgl. Tilgung und Zins zurückbleibe. Aufgrund der besonderen steuerlichen Interessen bezog es in diese Betrachtung – entgegen der sonstigen Rechtslage – nicht nur die Verzinsung, sondern auch die Tilgung ein.

1. Teil. Familienrecht im Steuerrecht

scheidung der Frau nicht zugemutet werden könne, diese steuerlichen Gründe weiter mitzutragen, wenn es bei der Durchführung des Vertragsverhältnisses zu Unzuträglichkeiten komme.

Bei der Folgefrage, ob die Ehefrau den Erlös als Substanz nach § 1577 Abs. 3 BGB (jedenfalls teilweise) für den Unterhalt verwerten müsse, kamen beide Gerichte zu einer Verwertungsobliegenheit nach Billigkeitsabwägung. Der BGH betonte dabei, dass das Betriebsgrundstück nicht durch Zugewinnausgleich erlangt sei, sondern rein aus Gründen der Steuerersparnis auf den Namen der Ehefrau gekauft wurde. Da diese Konstruktion mit der Veräußerung an den Ehemann entfallen sei, müsse man von einer Verwertungspflicht ausgehen, obwohl der Ehemann unbeschränkt leistungsfähig sei.

Der Fall zeigt, dass die **Rückabwicklung von Steuerkonstruktionen** im Rahmen einer Scheidung umfassend bedacht sein will. Gut beraten ist, wer schon bei Beginn dieser Konstruktion Ansprüche vorsieht, die ihn für den Fall einer Scheidung zur **Rückforderung** berechtigen, ohne das wirtschaftliche Eigentum zu gefährden. Immerhin attestierte das Berufungsgericht für den Versuch, das Betriebsgebäude fremd zu verkaufen, ein **unsolidarisches Verhalten**. Daraus ergibt sich aber noch kein Übertragungsanspruch. Interessant ist, dass der BGH die Steuerkonstruktion als etwas Besonderes würdigt, leider nur in einer „Segelanweisung" für das weitere Verfahren und ohne hierauf näher einzugehen. Möglicherweise ist herauszulesen, dass der **Wegfall der eingeplanten Steuerersparnis** auf der einen Seite durchaus Grund dafür sein kann, dass auf der anderen Seite der Erlös nach Billigkeitsabwägung für den Unterhalt eingesetzt werden muss.[511]

III. Krankheit

1. Vertretungsverhältnisse

111   Die **Risikoanalyse** muss sich ferner mit der Möglichkeit einer Krankheit des Unternehmensinhabers oder -repräsentanten befassen, die diesen als **Entscheidungsträger** ggf. auch auf längere Zeit **ausfallen** lässt, ein Szenario, das als schlimmster Fall bezeichnet wird, schlimmer noch als der Tod.[512] Für diesen Fall ist zunächst zu prüfen, wie die Vertretungsverhältnisse des Unternehmens gestaltet sind, insb. ob der krankheitsbedingte Ausfall durch **andere zur Vertretung berechtigte Personen** aufgefangen werden kann. Wäre dies nicht der Fall, besteht Handlungsbedarf.

In diesem Falle ist zu überlegen, ob nicht dem Ehepartner oder auch fachlichen Mitarbeitern eine **Prokura** erteilt werden kann, sodass zumindest die laufenden Geschäfte reibungsfrei abgewickelt werden können. Mit der im Handelsregister eingetragenen Prokura steht ein Inst-

---

[511] Vgl. auch die beiden Entscheidungen BGH – V ZR 176/12, NJW 2014, 2177 und BGH – V ZR 171/13, NJW 2015, 1668, in denen der BGH auf das Wiesbadener Modell als Steuerkonstruktion eingeht und daraus seine Maßstäbe für die Auslegung der geschlossenen Verträge gewinnt.
[512] *Von Oertzen/Hannes,* FAZ v. 29.10.2013, S. 19.

C. Familiäre Entwicklungen als Gefahrenpotential

rument mit Nachweis der Vertretungsbefugnis zur Verfügung, sodass auch Geschäftspartner die Berechtigung erkennen können. Der Prokurist hat nach außen die unbeschränkbare (§ 50 HGB) Vertretungsbefugnis, lediglich zur Grundstücksveräußerung müsste er gesondert ermächtigt werden (§ 49 Abs. 2 HGB). Im Innenverhältnis können allerdings dem Prokuristen weitere Schranken auferlegt werden, etwa eines Tätigwerdens nur im Verhinderungsfalle.

> **Hinweis:** Vertretungsverhältnisse müssen so organisiert sein, dass bei Krankheit des Inhabers eine Vertretung weiterhin möglich bleibt. Dies erlangt gerade in Pandemiezeiten eine besondere Bedeutung.

Ohne dass dies hier näher dargestellt werden kann, bedarf es eines **gesicherten Zuganges** der zur Vertretung berechtigten Personen **zu den Informationen und Entscheidungshintergründen** des Unternehmensinhabers, der sich so organisieren muss, dass ggf. über weitere Vertrauenspersonen der Zugang zu seinen persönlichen Unternehmensdaten gewährleistet ist.

2. Gesetzliches Konzept der Betreuung

Führt eine Krankheit zur **Betreuungsbedürftigkeit** iSd § 1896 BGB, so ist die rechtliche Folge, dass ein **Betreuer bestellt** wird, der die Angelegenheiten des Betreuten wahrnimmt. Dies gilt auch dann, wenn für die Vertretungsbefugnis eines Unternehmens nach außen gesorgt ist. Die Betreuung wird dann zB bei Gesellschafterversammlungen virulent. Zusätzlich zu dem Betreuer wird sehr oft bei größeren Firmenangelegenheiten nach §§ 1908i, 1792 BGB noch ein Gegenbetreuer bestellt.[513] Diese sind zu den Gesellschafterversammlungen zu laden. Bis zur Bestellung kann kein wirksamer Gesellschafterbeschluss gefasst werden. Die Rechte der Betreuer dürfen nach Ansicht des BGH – in einem zwar älteren, bisher aber nicht weiter modifizierten Urteil – weder durch die Gesellschafter noch durch den Gesellschaftsvertrag beschränkt werden.[514]

Das Handeln des Betreuers steht in wichtigen Fällen unter dem Vorbehalt einer **betreuungsgerichtlichen Genehmigung** nach §§ 1908i, 1821 und (teilweise) 1822 BGB. Dies betrifft insb. Belastung, Veräußerung und Erwerb von Grundstücken, entgeltlicher Erwerb oder Veräußerung eines Erwerbsgeschäftes und Gesellschaftsvertrag zum Betrieb eines Erwerbsgeschäftes, Pachtvertrag über einen gewerblichen Betrieb, Aufnahme von Geld und Erteilung von Prokura.

All dies geschieht zum **Schutz des Betreuten**. Das Konzept geht daher von einer Vermeidung jeglichen Risikos zulasten des Betreuten aus. Es ist damit **diametral entgegengesetzt zu einem unternehmerischen Konzept**, das typischerweise Erfolge auch unter Eingehung von Risiken erreichen möchte. Mit einem Betreuer lässt sich somit nur sehr schwer unternehmerisch handeln. Hinzu kommt eine Verzögerung

112

---

[513] *Raub*, 43.
[514] BGH – II ZR 68/63, NJW 1965, 1961.

1. Teil. Familienrecht im Steuerrecht

und Verkomplizierung der Abläufe, da häufig noch zusätzliche Verfahrenspfleger einzubinden sind und bei Transaktionen regelmäßig die Wertannahmen gutachterlich belegt werden müssen. Ein Schreckensszenario, das keinem Wirtschaftsbetrieb zu wünschen ist.[515] Dies führt zu folgendem Rat:

> **Hinweis: Im Unternehmensbereich sollte eine Betreuung unter allen Umständen vermieden werden.** Aus diesem Grunde ist es ratsam, mittels einer Vorsorgevollmacht selbst dafür zu sorgen, dass eine Betreuung nicht mehr erforderlich ist (§ 1896 Abs. 2 S. 2 BGB).

Je nachdem, wer mit dieser Vollmacht betraut wird, kann das **Innenverhältnis** in Form eines Geschäftsbesorgungsvertrages mit Regelung von Entgelt, Handlungsanweisungen für fremde Dritte oder in Form eines Auftrages mit Haftungsausschluss für Verwandte geregelt werden.

3. Vorsorgevollmacht

113   Mit einer **Vorsorgevollmacht**, die noch näher besprochen wird,[516] kann der Vollmachtgeber idR einen Familienangehörigen, aber ggf. auch einen anderen Vertrauten, zB auch den steuerlichen Berater, zu seiner **Vertretung** ermächtigen. Die Vorsorgevollmacht kann für die Bereiche Gesundheit und Vermögen an **verschiedene Bevollmächtigte** erteilt werden. Eine solche Vollmacht muss nach **außen ohne einschränkende Bedingungen** erteilt sein, damit sie verwendbar wird.[517] Sie sollte beurkundet sein, damit über die Erteilung und Zurückhaltung von Ausfertigungen eine Überwachung dargestellt werden kann.

Die Vollmacht muss, sofern sie auch in Gesellschafterversammlungen Verwendung finden soll, mit den **Regeln des Gesellschaftsvertrages konform gehen**, dh die bevollmächtigte Person muss Zugang zur Gesellschafterversammlung haben. Sind im Gesellschaftsvertrag diesbezüglich Einschränkungen vorgesehen, muss zunächst mit den anderen Gesellschaftern eine Abänderung besprochen werden. Zum Teil existieren weitere **gesetzliche Einschränkungen**, etwa bei **Freiberuflergesellschaften**, bei denen Nichtberufsträger nur eingeschränkt handlungsfähig sind.

IV. Tod

1. Gesetzliche Erbfolge

114   Die gesetzliche Erbfolge führt zu einer Erbengemeinschaft aus dem Ehegatten und den Kindern,[518] wobei der Anteil des Ehegatten je nach

---

[515] Vgl. die eindringliche Darstellung bei *Heckschen* NZG 2012, 10 f.
[516] → Rn. 646 ff.
[517] OLG Köln – 2 Wx 2007, ZEV 2007, 592; OLG Frankfurt – 20 W 399/10, DNotZ 2011, 745.
[518] Sind keine Kinder vorhanden, so erbt der Ehegatte zusammen mit den Eltern des Erblassers.

C. Familiäre Entwicklungen als Gefahrenpotential

Güterstand verschieden sein kann. Diese gesetzliche Erbfolge ist mit mannigfachen Nachteilen verbunden:
- Sie führt dazu, dass minderjährige Kinder zur Erbfolge gelangen, sodass anschließend die Fragen der familiengerichtlichen Beteiligung auftreten.
- Bei Eintritt der gesetzlichen Erbfolge stehen alle Vermögensgüter der Erbengemeinschaft zu. Es besteht für den überlebenden Ehegatten die Gefahr, den Kindern ausgeliefert zu sein, die ggf. durch eine Teilungsversteigerung die zwangsweise Auseinandersetzung des ererbten Vermögens verlangen können.
- Für einen Betrieb schließlich bedeutet eine solche Konstellation oft einen jahrelangen Streit um Eigentum und Führung des Betriebes.
- Steuerlich ist die gesetzliche Erbfolge insb. bei Vorhandensein von Sonderbetriebsvermögen bei Personengesellschaften gefährlich. Enthält hier der Vertrag der Personengesellschaft Einschränkungen, etwa dass die Gesellschaft nur mit Abkömmlingen fortgesetzt wird, so schlagen diese Einschränkungen nicht auf das Sonderbetriebsvermögen durch, sodass es schlussendlich zu einer Sondererbfolge in der Personengesellschaft und zu einer Erbengemeinschaft bezüglich des Sonderbetriebsvermögens kommt. Hier wird das Sonderbetriebsvermögen in Höhe des Anteils desjenigen Erben, der nicht in der Personengesellschaft nachfolgeberechtigt ist, entnommen.[519]

Daher gilt:

Hinweis: Die gesetzliche Erbfolge ist für Unternehmen untauglich. Jeder Unternehmer muss ungeachtet seines Alters durch ein Testament für den Todesfall vorsorgen.

2. Letztwillige Verfügungen

Ein solches **Testament** sollte in Abstimmung mit den einem Unternehmen zugrunde liegenden Gesellschaftsverträgen die Erbfolge so modifizieren, wie der Erblasser sich dies vorstellt. Ein Testament kann **eigenhändig** nach § 2247 BGB sein, dann muss es handgeschrieben und unterschrieben sein. Es kann sich ferner um ein Testament zur **Niederschrift eines Notars** (§§ 2231 f. BGB) handeln, das den Vorzug der rechtskundigen Beratung und der späteren Ersparnis von Erbscheinen hat.[520]

Für den **steuerlichen Berater** hat die notarielle Beurkundung den Vorteil, dass ihm berufsrechtlich die Beratung bzw. der Entwurf letztwilliger Verfügungen aufgrund der Letztverantwortlichkeit des Notars als Nebenleistung erlaubt sein wird.

Die Möglichkeiten der Testamentsgestaltung sind so vielfältig, dass sie hier nicht detailliert festgelegt werden können. Neben der Erbein-

---
[519] BFH – VIII R 51/84, DStR 1992, 619; BFH – VIII B 13/97, DStRE 1998, 483.
[520] Palandt/*Weidlich* BGB § 2231 Rn. 2.

setzung oder der Aussetzung einzelner Vermächtnisse kommen auch Anordnungen zur **Benennung eines Vormundes für minderjährige Kinder** (§ 1777 BGB) oder Vorsorgegestaltungen für den Scheidungsfall in Betracht.

3. Transmortale Vollmachten

116 Neben der letztwilligen Verfügung sollte der Unternehmer auch an die Ausstellung einer transmortalen Vollmacht denken, denn die **Eröffnung einer solchen Verfügung** und damit der gesicherte Erbnachweis lassen oft **mehrere Wochen**, wenn nicht gar Monate auf sich warten. Um in der Zwischenzeit **handlungsfähig** zu sein, ist eine **Vollmacht über den Tod hinaus** vonnöten. Diese kann mit der Vorsorgevollmacht kombiniert werden.

4. Zugewinn

117 Es soll nicht vergessen sein, dass **auch im Todesfalle ein Zugewinnanspruch** entsteht. Ist dies nicht gewünscht, so muss ein ehevertraglicher Ausschluss erfolgen. Viele Eheverträge berücksichtigen dies nur unzureichend. Gerade im Unternehmensbereich ist häufig eine Weiterübertragung der Firma an die Kinder erwünscht, ohne dass im Todesfalle für den Ehegatten daraus Zugewinnansprüche entstehen.

Wird nun der Zugewinn für den Scheidungsfall ausgeschlossen und zusätzlich ein Pflichtteilsverzicht für den Todesfall erklärt, so enthält diese Vereinbarung noch eine Lücke. Denn der Ehegatte kann dann noch immer den gerechneten Zugewinn nach § 1371 Abs. 2 BGB verlangen.[521]

Hinweis: Wenn im Erbfall keine Ansprüche des Ehegatten bestehen sollen, so muss der Zugewinn vollständig – also für den Scheidungs- wie auch den Todesfall – ausgeschlossen sein (ggf. beschränkt auf das Betriebsvermögen). Ein Verzicht auf Zugewinn bei Scheidung kombiniert mit einer Enterbung und einem Pflichtteilsverzicht genügt hier nicht.

5. Pflichtteilsrecht

118 Häufig steht das Pflichtteilsrecht einer Weitergabe des Vermögens im Todesfalle im Wege. **Pflichtteilsberechtigt** sind Ehegatten, Kinder und Eltern, wenn keine Kinder vorhanden sind, §§ 2303, 2309 BGB. Der Pflichtteil ist ein sofort mit dem Tode – nicht etwa bereits bei vorweggenommener Erbfolge – fälliger Geldanspruch in Höhe der Hälfte des gesetzlichen Erbteils.

Wenn der Pflichtteil sicher ausgeräumt werden soll, so bietet sich hier in erster Linie ein **Pflichtteilsverzicht** an, welcher der **notariellen Beurkundung** bedarf, § 2346 Abs. 2, 2348 BGB. Der **Erblasser** kann diesen Vertrag nur **persönlich** schließen, § 2347 BGB. Das bedeutet, dass sich zwar der Verzichtende, nicht aber der Erblasser bei der Beurkundung vertreten lassen kann. Neben dem vollständigen Pflichtteilsverzicht kann

---

[521] Hierzu näher *Münch*, Ehebezogene Rechtsgeschäfte, Kap. 2 Rn. 341.

C. Familiäre Entwicklungen als Gefahrenpotential

der Pflichtteilsverzicht auch gegenständlich beschränkt erklärt werden, etwa nur in Bezug auf ein Unternehmen, eine Immobilie oä.

Der Pflichtteilsverzicht muss **begleitet** werden **von einer testamentarischen Verfügung** des Erblassers, denn der Verzicht auf den Pflichtteil bedeutet noch nicht, dass der Verzichtende damit aus der gesetzlichen Erbfolge ausscheidet. Eine solche Wirkung hätte der komplette **Erbverzicht**. Dieser hat jedoch den entscheidenden Nachteil, dass er dazu führt, dass sich die Pflichtteilsquoten aller anderen Beteiligten durch den Wegfall eines Erben erhöhen. Dies ist zumeist nicht gewünscht. Ein Erbverzicht kommt daher in Scheidungsvereinbarungen häufiger vor, sonst aber wird der Pflichtteilsverzicht in Verbindung mit einer testamentarischen Anordnung vorgezogen.

Neben dem Verzicht sind noch die **Anrechnungen auf den Pflichtteil** zu nennen. Erhält ein Pflichtteilsberechtigter eine Zuwendung unter Anrechnung auf den Pflichtteil, so muss er sich den Verkehrswert des Zugewendeten von seinem Pflichtteilsanspruch abziehen lassen. Umstritten ist, ob eine Zuwendung gegenüber einem Minderjährigen dadurch rechtlich nachteilig wird, sodass es der Mitwirkung von Ergänzungspflegern und einer familiengerichtlichen Genehmigung bedarf.[522]

Zu einer Verringerung des Pflichtteiles gelangt man auch, wenn **Vermögensgüter schon zu Lebzeiten einem Dritten zugewendet** werden. Der Zuwendungsgegenstand scheidet damit aber noch nicht sofort aus der Nachlassberechnung aus, sondern in jedem Jahr für ein Zehntel **(Abschmelzungslösung)**, sodass nach Ablauf von **10 Jahren** seit der Zuwendung der Gegenstand endgültig nicht mehr dem Pflichtteil unterliegt, bis dahin bestehen Pflichtteilsergänzungsansprüche, § 2325 BGB. Hierbei ist jedoch folgendes zu beachten:

Verbleibt durch **Vorbehalt eines Nießbrauchs** oder durch eine andere schuldrechtliche Vereinbarung der Nutzungswert weitgehend noch beim Zuwendenden, so **läuft diese 10-Jahres-Frist nicht an**. Sie beginnt dann erst mit Wegfall des Nutzungsrechtes.[523] Noch nicht vollständig geklärt ist der Vorbehalt einer Teilnutzung. Die Gerichte neigen wohl dazu, bei einer weniger als 50%igen Nutzung die 10-Jahresfrist anlaufen zu lassen.[524] Der BGH[525] hat entschieden, dass ein Wohnungsrecht, das nur ein Drittel des Hauses umfasst und nicht weitergegeben werden darf, die 10-Jahresfrist anlaufen lässt. Das Argument des Berufungsgerichtes, mit der vorrangigen Bestellung einer Grundschuld durch den neuen Eigentümer sei das Wohnrecht zusätzlich entwertet, sah der BGH nicht als ausschlaggebend an.

Fallbeispiel: Ehemann M ist ein gutverdienender Unternehmer. Er hat aus erster Ehe zwei Kinder, denen er möglichst wenig vererben will. Aus diesem Grund wendet er seiner Ehefrau jedes Jahr eine erhebliche Summe zu, damit

---

[522] Vgl. hierzu MüKoBGB/*Lange* BGB § 2315 Rn. 19 mwN; → Rn. 515.
[523] BFH – IV ZR 132/93, NJW 1994, 1791.
[524] Palandt/*Weidlich* BGB § 2325 Rn. 27 mwN.
[525] BGH – IV ZR 474/15, NJW 2016, 2957.

1. Teil. Familienrecht im Steuerrecht

diese nicht in seinen Nachlass fällt. Er ist der Meinung, dass jedenfalls nach 10 Jahren die Beträge nicht mehr zum Pflichtteil zählen.

120 Ferner gilt es zu beachten, dass bei einer **Zuwendung an den Ehegatten** nach § 2325 Abs. 3 S. 3 BGB die **Frist nicht zu laufen beginnt.** Hier werden in der Praxis gerade bei Patchworkfamilien Fehler in der Vermögensverteilung begangen. Wegen dieser Vorschrift sind selbst Jahrzehnte nach der Zuwendung noch Pflichtteilsansprüche einseitiger Kinder eines Ehegatten denkbar.

Hinweis: Schenkungen an den Ehegatten sind zur Pflichtteilminderung nicht geeignet!

Lösung Fallbeispiel: Herr M ist von falschen Voraussetzungen ausgegangen. Die Zuwendungen unterliegen sämtlich ohne Beschränkung auf die Zehnjahresfrist dem Pflichtteilsergänzungsanspruch.

Nachdem Zuwendungen unter Ehegatten nicht helfen, besteht eine mögliche Gestaltungsvariante darin, zumindest hinsichtlich des **Ausgabeverhaltens** bewusst alle Ausgaben bei demjenigen Ehegatten zu belassen, der den Pflichtteil minimieren möchte. Soweit davon der allgemeine Lebensunterhalt, Urlaube etc. betroffen ist, wird man darin keine Schenkung erblicken können. Der andere Ehegatte hingegen spart seine Einkünfte komplett an. Auch tatsächlich ausgeübte Arbeitsverhältnisse stellen eine Möglichkeit dar, Geldmittel beim anderen Ehegatten zu platzieren.

6. Erbrecht und Gesellschaftsrecht

121 Zwischen der erbrechtlichen Anordnung einer **Gesamtrechtsnachfolge** durch eine Erbengemeinschaft mit beschränkter Erbenhaftung (§§ 1990 f. BGB) und dem die Personengesellschaften beherrschenden Grundsatz einer **unbeschränkten persönlichen Haftung** (§ 125 HGB) besteht ein unauflösliches Spannungsverhältnis. Im Wege der richterlichen Rechtsfortbildung[526] wurde daher ein Vorrang des Gesellschaftsrechts statuiert. Nach der Rechtsprechung findet hinsichtlich der **Anteile an Personengesellschaften** eine unmittelbare **Sondererbfolge** statt, sodass die Anteile nicht in die Erbengemeinschaft fallen, sondern unmittelbar und endgültig in das Vermögen des jeweiligen Begünstigten übergehen. Die Anteile gehören zwar zum Nachlass und können der Testamentsvollstreckung unterliegen,[527] Inhaber sind jedoch die einzelnen zugelassenen Erben selbst.

---

[526] BGH – II ZR 222/55, NJW 1957, 180; BGH – II ZR 120/75, NJW 1977, 1339; BGH – Iva ZR 229/81, NJW 1983, 2376.
[527] BGH – II ZB 1/89, NJW 1989, 3152.

D. Familienrecht im Wandel

Das Familienrecht ist dadurch gekennzeichnet, dass es nicht statisches Recht ist, sondern einem vielfältigen Wandel unterliegt. Es handelt sich somit um ein Rechtsgebiet, das ständiger Beobachtung bedarf. Für den vorausschauenden Gestalter heißt dies, Lebenssachverhalte vorsorglich in solche vertraglichen Formen zu fassen, dass auch spätere Entwicklungen hin zu einer Vermehrung von Ansprüchen aufgefangen werden. **122**

I. Familie im gewandelten gesellschaftlichen Umfeld

1. Art. 6 GG als Grundnorm

Die **verfassungsrechtliche Grundnorm** des Familienrechts ist Art. 6 GG, der ergänzt wird durch die Anordnung in **Art. 3 Abs. 2 GG**, dass Männer und Frauen gleichberechtigt sind. **123**

Dabei hat sich der **konkrete Gehalt der verfassungsrechtlichen Normen** durchaus als **ebenfalls wandelbar** erwiesen, denn die Begriffsbestimmungen für Ehe und Familie in Art. 6 GG setzen wiederum den Blick auf die einfachgesetzliche Ausgestaltung voraus,[528] es schlägt der „**Erkenntnisvorrang des Zivilrechts** auf die verfassungsrechtliche Begriffsbildung durch".[529] Es fällt daher schwer, einen verfassungsrechtlich absolut geschützten Bereich von Ehe und Familie zu bestimmen. Zumal aus Art. 6 Abs. 5 GG gefolgert wird, Art. 6 GG enthalte generell und nicht nur für die dort bezeichneten nichtehelichen Kinder eine **Pflicht zur Anpassung** des Familienrechts an gewandelte gesellschaftsrechtliche und soziale Gewohnheiten und Leitbilder, sodass geänderte Moral- und Wertvorstellungen oder erweiterte medizinische Fähigkeiten in das Zivilrecht einfließen müssen.[530]

Eine Reihe grundsätzlicher **Wandlungen** sind seit Erlass des Grundgesetzes bereits vollzogen worden, eine Reihe weiterer steht noch bevor. Motor solcher Zivilrechtsänderungen war in vielen Fällen das **BVerfG**, das den Gesetzgeber zu Änderungen zwang.[531] Jüngstes Beispiel ist etwa die Entscheidung, dass auch in der gefestigten nichtehelichen Familie die Stiefkinderadoption ermöglicht werden müsse[532], oder die Entscheidung,

---

[528] Dreier/*Brosius-Gersdorf*, GG Art. 6 Rn. 49 ff.; *Loschelder* FamRZ 1988, 333 (334); *Gellermann*, Grundrecht im einfachgesetzlichen Gewande, 127 ff.; *Pieroth/ Kingreen* KritV 2002, 219 (220 f.).
[529] *Ruffert*, Vorrang der Verfassung und Eigenständigkeit des Privatrechts, 424.
[530] Münch/*Stockmann*, Familienrecht, § 1 Rn. 3 ff.
[531] Als ein Beispiel sei nur das Transsexuellengesetz genannt. Dieses machte in § 8 die rechtliche Umwandlung einer Geschlechtszughörigkeit von einem die äußeren Geschlechtsmerkmale ändernden operativen Eingriff abhängig. Das BVerfG hat dies als Verstoß gegen das Grundgesetz gewertet und § 8 Abs. 1 Nr. 3 und 4 Transsexuellengesetz bis zu einer Neuregelung für nicht anwendbar erklärt, sodass es nun genügt, dass die betreffende Person sich aufgrund ihrer geschlechtlichen Prägung nicht mehr dem ursprünglichen Geschlecht zugehörig fühlt.
[532] BVerfG – 1 BvR 673/17, NJW 2019, 1793.

1. Teil. Familienrecht im Steuerrecht

dass es keinen Zwang geben darf, sich dem männlichen oder weiblichen Geschlecht zugehörig zu erklären.[533]

2. Zerrüttungsscheidung

124 Einen für das Familienrecht wesentlichen Wandel vollzog der Gesetzgeber **1977** mit der Einführung der **Zerrüttungsscheidung** durch das 1. EheRG.[534] Nicht mehr das Verschulden, sondern das Scheitern der Ehe bildet nunmehr den Scheidungsgrund. Andererseits genügt der subjektive Scheidungswille der Ehegatten nicht,[535] das Gesetz stellt vielmehr auf die objektive Zerrüttung ab, die durch verschiedene Vermutungen belegt wird, welche an die Zeitdauer der Trennung anknüpfen, §§ 1566, 1567 BGB.[536] Die damals vieldiskutierte Änderung wurde vom BVerfG für verfassungsgemäß erklärt.[537] Sie bildet letztlich eine Verweltlichung und „Entinstitutionalisierung" der Ehe ab. Die Scheidungsvoraussetzungen stellen **zwingendes Recht** dar, die Scheidungsvoraussetzungen können daher auch ehevertraglich weder erleichtert noch erschwert werden.[538] Inzwischen hat der Gesetzgeber sich aber mit der Streichung des § 630 ZPO aF zu einer **Scheidung „ultra-light"**[539] entschlossen, die sich letztlich als verdeckte Konventionalscheidung erweist.

3. Gleichstellung nichtehelicher Kinder

125 Bereits das Grundgesetz enthielt und enthält in **Art. 6 Abs. 5 GG** den **Auftrag**, den nichtehelichen und ehelichen Kindern durch die Gesetzgebung die gleichen Bedingungen zu schaffen. Dennoch dauerte es fast 20 Jahre, bis durch das Nichtehelichengesetz[540] die Rechtsstellung des nichtehelichen Kindes verbessert wurde. Erstmals wurde die **Verwandtschaft des nichtehelichen Kindes mit dem Vater** begründet. Es blieb freilich dabei, dass den nichtehelichen Kindern nur ein Erbersatzanspruch nach §§ 1934a ff. BGB aF zustand, sodass es nicht Mitglied in der Erbengemeinschaft der „Hauptfamilie" wurde. Diese wurde erst mit der **Erbrechtsgleichstellung** zum 1.4.1998[541] beseitigt, das den nichtehelichen Kindern gleiches Erbrecht zusprach.[542] Erst die Kindschaftsreform von 1998[543] hat die **sprachliche Unterscheidung** zwischen ehelichen und nichtehelichen Kindern **beseitigt**. Seitdem sprechen die Gesetze

---

[533] BVerfG – 1 BvR 2019/16, NJW 2017, 3643.
[534] BGBl. 1976 I 1421.
[535] MüKoBGB/*Weber* BGB Vorb. § 1564 Rn. 15.
[536] Näher hierzu → Rn. 440 ff.
[537] BVerfG – 1 BvL 136/78, NJW 1980, 689.
[538] BGH – IVb ZR 32/85, NJW 1986, 2046; BRHP/*Neumann* BGB § 1564 Rn. 21.
[539] *Münch* FamRB 2008, 251 (254).
[540] BGBl. 1969 I 1243.
[541] BGBl. 1997 I 2968.
[542] Nach einer Demarche des EGMR wurde mit einem zweiten Gleichstellungsgesetz (BGBl. 2011 I 615) nun auch der Stichtag des 1.7.1949 für die Zeit nach der EGMR-Entscheidung gestrichen.
[543] BGBl. 1997 I 2942.

D. Familienrecht im Wandel

von Kindern nicht miteinander verheirateter Eltern. Was die elterliche Sorge angeht, so blieb es aber beim Alleinsorgerecht der Mutter von nichtehelichen Kindern. Der Vater erlangte das Sorgerecht nur mittels gemeinsamer Sorgeerklärung, seine Beteiligung hing also vom Einverständnis der Mutter ab.

Erneut hat die Rechtsprechung des BVerfG und des EGMR für einen weiteren Abbau von Unterschieden gesorgt. Mitten hinein in die Verabschiedung der Unterhaltsreform hat das BVerfG geurteilt, der **Unterhaltsanspruch der betreuenden Mutter**, die mit dem Vater nicht verheiratet ist, dürfe nicht hinter demjenigen der Mütter von ehelichen Kindern zurückbleiben.[544] Dementsprechend wurden die Unterhaltsbestimmungen vereinheitlicht.

Schließlich zwang die Rechtsprechung zunächst des EGMR[545] und dann des BVerfG[546] den Gesetzgeber auch in Bezug auf das Sorgerecht zu einer Änderung.[547] Dieser beschloss nunmehr die Antragslösung. Nach § 1626a BGB nF steht die **elterliche Sorge beiden Eltern gemeinsam** zu, wenn sie eine gemeinsame Sorgeerklärung abgeben, wenn sie heiraten oder wenn das **Gericht** dies **auf Antrag** eines Elternteils entsprechend ausspricht, was es tut, wenn die Übertragung dem Kindeswohl nicht widerspricht. Damit ist die gesetzgeberische Gleichstellung nichtehelicher Kinder zum wesentlichen Teil Realität geworden.

4. Lebenspartnerschaft/Ehe für alle

Der Gesetzgeber in Deutschland eröffnet **seit 2001**[548] gleichgeschlechtlichen Paaren den Weg in die **eingetragene Lebenspartnerschaft**. Zur Abgrenzung vom Institut der Ehe verwendete der Gesetzgeber zunächst eine geänderte Terminologie und sprach etwa von Lebenspartnerschaft statt von Ehe und von Ausgleichsgemeinschaft statt Zugewinngemeinschaft. Nachdem das BVerfG die eingetragene Lebenspartnerschaft in dieser Weise anerkannt hatte,[549] näherte der Gesetzgeber[550] das Institut **schrittweise** – auch terminologisch – **inhaltlich der Ehe an**. Wiederum auf Druck des BVerfG folgt das Steuerrecht dieser Anerkennung in allen Bereichen nach, so zuletzt mit der einkommensteuerlichen Gleichstellung in § 2 Abs. 8 EStG.[551]

---

[544] BVerfG – 1 BvL 9/04, NJW 2007, 1735.
[545] EGMR – 22028/04, *Zaunegger/Deutschland* NJW 2010, 501.
[546] BVerfG – 1 BvR 420/09, NJW 2010, 3008.
[547] Zu der Neuregelung: *Willutzki* FPR 2013, 236.
[548] BGBl. 2001 I 266.
[549] BVerfG – 1 BvF 1/01, 1 BvF 2/01, NJW 2002, 2543.
[550] BGBl. 2004 I 3396 ff.
[551] Auf Druck des BVerfG – 2 BvR 909/06, NJW 2013, 2257: Ausklammerung der eingetragenen Lebenspartner vom Ehegattensplitting ist mit dem allgemeinen Gleichheitssatz des Art. 3 Abs. 1 GG nicht vereinbar; vgl. hierzu *Sanders* NJW 2013, 2236 f.; *Christ* FamRB 2013, 257 f.; BMF, DStR 2013, 1733; vgl. auch BVerfG – 1 BvL 16/11, FamRZ 2012, 1477, zur Gleichstellung bei der Grunderwerbsteuer.

1. Teil. Familienrecht im Steuerrecht

Nachdem all dies erreicht war, ging der Gesetzgeber aber noch einen Schritt weiter und führte das **Recht der Eheschließung auch für Personen gleichen Geschlechts** ein durch eine Änderung des § 1353 BGB.[552] Damit verbunden war die Regelung, dass **ab dem 1.10.2017 keine neuen Lebenspartnerschaften mehr begründet** werden dürfen, § 1 S. 1 LPartG. Bestehende Lebenspartnerschaften können nach § 20a LPartG in eine Ehe umgewandelt werden. Lebenspartnerschaftsverträge gelten sodann als Eheverträge weiter, § 20a Abs. 3 LPartG.

5. Nichteheliche Lebensgemeinschaft

127 Die nichteheliche Lebensgemeinschaft ist in der Gesellschaft immer weiter auf dem Vormarsch. Rechtlich freilich hat sie noch wenig Regelung erfahren. So hat das Mietrecht in § 563 Abs. 2 S. 4 BGB ein Eintrittsrecht beim Tod des Mieters für die Personen geschaffen, die mit dem Mieter einen auf Dauer angelegten Haushalt geführt haben. § 20 SGB XII stellt eheähnliche Gemeinschaften der Ehe gleich, was den Bezug von Sozialleistungen anbelangt. § 1685 Abs. 2 BGB verleiht auch Partnern einer nichtehelichen Lebensgemeinschaft ein Umgangsrecht mit den Kindern des anderen Partners. Das **BVerfG** hat schließlich jüngst entschieden, dass in der gefestigten nichtehelichen Familie die **Stiefkinderadoption** ermöglicht werden müsse.[553] Das BVerfG sah einen Verstoß gegen den Gleichheitsgrundsatz. Generelle Bedenken gegen die Stiefkinderadoption griffen nicht durch. Das Bemühen, Kinder nicht in unsichere Familienkonstellationen zu geben, rechtfertige die Ungleichbehandlung für alle Fälle nicht. Es wird abzuwarten sein, ob die Institution der gefestigten nichtehelichen Familie weitere Konturen gewinnen wird. Der Gesetzgeber hat das Urteil des BVerfG durch Einführung eines neuen § 1766a BGB umgesetzt[554] und dabei als **verfestigte Lebensgemeinschaft** angesehen, wenn Personen entweder seit mindestens vier Jahren eheähnlich zusammenleben oder als Eltern eines gemeinschaftlichen Kindes mit diesem eheähnlich zusammenleben (Regelbeispiel). Ausgeschlossen ist eine solche verfestigte Lebensgemeinschaft idR, wenn ein Partner noch mit einem Dritten verheiratet ist.

Ansonsten aber fehlt es an gesetzlichen Regelungen. Es bleibt derzeit bei der „**Außerrechtlichkeit**" einer solchen Beziehung.[555] Der 67. Deutsche Juristentag 2008 hat dementsprechend in seinen Beschlüssen Ansprüche allein aus der gelebten Beziehung oder zum Ausgleich wirtschaftlicher Ungleichgewichte auch bei der nichtehelichen Lebensgemeinschaft abgelehnt und lediglich einen Ausgleich für Kinderbetreuung befürwortet. Die Rechtsprechung, die zunächst von einem **Abrech-**

---

[552] BGBl. 2017 I 2787. Eingebürgert hat sich die Bezeichnung „Ehe für alle", was aber nach der Entscheidung des BVerfG für das dritte Geschlecht (BVerfG – 1 BvR 2019/16, NJW 2017, 3643) auch noch nicht erreicht ist.
[553] BVerfG – 1 BvR 673/17, NJW 2019, 1793.
[554] BGBl. 2020 I 541.
[555] *Born* NJW 2008, 2289 (2294).

D. Familienrecht im Wandel

nungsverbot ausging,[556] hat sich in letzter Zeit allerdings gewandelt und befürwortet nunmehr **Ausgleichsansprüche für gemeinschaftsbezogene Zuwendungen** bei Ende der nichtehelichen Lebensgemeinschaft wegen Wegfalls der Geschäftsgrundlage oder Zweckverfehlung,[557] allerdings nur, wenn die Leistungen deutlich über eine Miete hinausgehen.[558]

6. Ehen mit Auslandsberührung

Mit der zunehmenden Globalisierung und Internationalisierung nimmt die Anzahl **der Ehen mit Auslandsberührung** immer mehr zu. Dementsprechend steigt der Beratungsbedarf. Sowohl die vorsorgende Rechtspflege im Hinblick auf Eheverträge mit Auslandsberührung und Rechtswahl wie auch die Gerichte und die steuerliche Beratung müssen sich darauf einstellen.[559] Neben der zunehmenden Praxisrelevanz ausländischen Rechts sind in diesem Bereich zahlreiche neue Gesetzgebungen der EU zu beachten.

128

So ist im **Unterhaltsrecht** seit 18.6.2011 die **Europäische Unterhaltsverordnung** anwendbar (EU-UntVO),[560] die inhaltlich auf das Haager Unterhaltsprotokoll (HUP) verweist. Dieses knüpft für das Unterhaltsstatut in Art. 3 Abs. 1 HUP an das Recht des Staates an, in dem die unterhaltsberechtigte Person ihren gewöhnlichen Aufenthalt hat und ist ausdrücklich wandelbar, § 3 Abs. 2 HUP. Art. 8 HUP ermöglicht es aber, durch Rechtswahl unter den dort genannten Voraussetzungen das Unterhaltsstatut dauerhaft zu fixieren.

> **Hinweis:** Viele **Unterhaltsvereinbarungen** werden **künftig** eine **Rechtswahl** hin zum deutschen Unterhaltsrecht enthalten, weil der Unterhaltspflichtige sonst nie wissen kann, was das wandelbare Unterhaltsstatut eines anderen Staates für ihn an Pflichten bereithält.

Der neue **deutsch-französische Güterstand der Wahl-Zugewinngemeinschaft** nach § 1519 BGB, dessen Gestaltungsmöglichkeiten noch aufzuzeigen sind, ist als vierter Güterstand in das BGB aufgenommen worden.[561]

Mit dem 29.1.2019 ist die neue EUGüVO in Kraft getreten.[562] Diese bringt eine einheitliche Anknüpfung ohne Rechtsspaltung, erweiterte Möglichkeiten der Rechtswahl, eine grundsätzliche Unwandelbarkeit

---

[556] BGH – XII ZR 296/00, NJW-RR 2005, 1089, mwN zu den früheren Urteilen.
[557] BGH – XII ZR 190/08, NJW 2011, 2880.
[558] BGH – XII ZR 132/12, NJW 2013, 2187.
[559] Aktuell und profund hierzu mit zahlreichen Beispielen Münch/*Süß*, Familienrecht, § 20.
[560] ABl. 2009 L 7/1.
[561] → Rn. 255 ff.
[562] Europäische Verordnung zur Durchführung einer verstärkten Zusammenarbeit im Bereich der Zuständigkeit, des anzuwendenden Rechts und der Anerkennung und Vollstreckung von Entscheidungen in Fragen des ehelichen Güterstands (EuGüVO) vom 24.6.2016, 2016/1103, ABl. 2016 L 183, 1.

1. Teil. Familienrecht im Steuerrecht

des Güterrechtsstatuts (außer durch Rechtswahl) und die primäre Anknüpfung an den ersten gemeinsamen gewöhnlichen Aufenthalt der Eheleute bei oder kurz nach Eheschließung.[563] Hierin liegt ein Paradigmenwechsel, war doch bisher das Recht der Staatsangehörigkeit entscheidend. Die VO gilt auch dann, wenn sie auf ein Recht außerhalb der Vertragsstaaten verweist. Sie gilt aber nur für Ehen, die ab dem 29.1.2019 geschlossen wurden oder für die danach eine Rechtswahl erklärt wurde. Das alte Recht behält also noch lange seinen Anwendungsbereich. Sachlich ist der Güterstandsbegriff dieser VO stark erweitert und erfasst auch das Nebengüterrecht oder Haushalt und Ehewohnung.[564] Der deutsche Gesetzgeber hat bei der Umsetzung auch Art. 14 EGBGB geändert und damit die Anknüpfung für die allgemeinen Ehewirkungen dem gleichen Paradigmenwechsel unterworfen. Dass die Fehlbeurteilung ausländischer Güterstände auch erhebliche steuerliche Folgen haben kann, wird zunehmend erkannt.[565]

II. Reformgesetze im Eherecht

1. Unterhaltsrecht

129   Die Einführung der **Zerrüttungsscheidung** im Jahre 1977 hatte für die Scheidung selbst eine gewisse Befriedungswirkung gebracht. Der Rosenkrieg verlagerte sich auf den nun verschuldensunabhängig gewährten Unterhaltsanspruch.[566] Mit den Worten von der **lebenslangen Unterhaltsknechtschaft**[567] wurde beschrieben, dass die vom Gesetz vorgesehenen Befristungsregelungen trotz späterer Nachbesserungen nicht angewandt wurden, sodass Unterhaltsansprüche in manchen Fällen ein Leben lang den ehelichen Lebensstandard sicherten. Dem ist der Gesetzgeber im Jahre 2008 aufgrund gewandelter gesellschaftlicher Vorstellungen entgegengetreten.[568] Ziele der Reform waren
- die **Stärkung des Kindeswohls** durch Gewährung der ersten Rangstelle im Unterhalt für Kinder und der zweiten Rangstelle für kindesbetreuende Elternteile sowie Schaffung eines an das steuerliche Existenzminimum gekoppelten Mindestunterhaltes für Kinder;
- die **Stärkung der Eigenverantwortung der Ehegatten**, das bedeutet verringerter Unterhalt, kürzere Unterhaltsberechtigungen aufgrund der Befristungsmöglichkeiten nach § 1578b BGB und gesteigerte Erwerbsobliegenheiten, die früher greifen und auch nach längerer Ehezeit früher ausgeübte Berufe umfassen; so ist bei Kindesbetreuung nur noch ein Basisunterhalt für drei Jahre garantiert. Eine längere

---

[563] Vgl. hierzu Teil 12, Rn. 726 ff.
[564] Ausführlicher hierzu *Münch*, Ehebezogene Rechtsgeschäfte, Kap. 10 Rn. 42 ff.
[565] Vgl. dazu jüngst *Stein* DStR 2020, 368 ff., 417 ff.
[566] Vgl. nur *Walter* NJW 1981, 1409; *Willutzki* FuR 2008, 1 ff.
[567] Vgl. schon *Deubner* ZRP 1972, 153; gegen diesen Begriff Johannsen/Henrich/*Büttner*, Familienrecht, 5. Aufl. 2010, BGB Vorb. § 1569 Rn. 2.
[568] Unterhaltsrechtsänderungsgesetz BGBl. 2007 I 3189.

D. Familienrecht im Wandel

Unterhaltsgewährung setzt eine individuelle Einzelfallprüfung der Kindesbetreuungsmöglichkeiten voraus. Das frühere Altersphasenmodell (Erwerbsobliegenheit nach Alter der Kinder gestaffelt) wurde ebenso abgeschafft wie die Lebensstandsgarantie („einmal Chefarztgattin, immer Chefarztgattin"). Die Dauer der Ehe wurde durch eine nachträgliche Änderung des § 1578b BGB wieder stärker betont.

– **Vereinfachung und Justizentlastung**; dieses Ziel wurde aufgrund der Individualisierung des Unterhaltsrechts verfehlt.

Die Unterhaltsreform hat eine **Rechtsprechungsflut** ausgelöst, deren Ende noch immer nicht abzusehen ist. Sie hat zu einer **Individualisierung des Unterhaltsrechts** geführt, sodass man die einfache Frage eines Mandanten, wie lange und in welcher Höhe er nach einer Scheidung Unterhalt zahlen muss, auch mehr als zehn Jahre nach der Reform nicht mehr eindeutig beantworten kann. Umso wichtiger sind vorsorgende Regelungen der Ehegatten untereinander.

2. Versorgungsausgleich

Der Versorgungsausgleich soll eine gleiche Teilhabe beider Ehegatten an der in der Ehe erwirtschafteten Altersvorsorge gewährleisten. **Früher** wurde eine **Vorsorgebilanz** bei beiden Ehegatten aufgestellt und nur der Differenzbetrag zur Hälfte an den Ehegatten mit den geringeren Anwartschaften übertragen, in erster Linie im Rahmen der gesetzlichen Rentenversicherung. Es kam also nur zu einem **Spitzenausgleich** in eine Richtung. Problem bei diesem System war die Bewertung aller Versorgungsanrechte aus verschiedenen Versorgungssystemen. Deren Vergleichbarmachung warf immer größere Zweifel auf.

Die **Reform** des Versorgungsausgleichs[569] hat dieses System verändert. Nunmehr wird jedes einzelne Anrecht zur Hälfte an den anderen Ehegatten ausgeglichen, und zwar bevorzugt innerhalb des jeweiligen Versorgungssystems (interne Teilung). Es kommt also zu einem **Hin- und Herausgleich aller betroffenen Anrechte**. Damit müssen die Anrechte nicht mehr zwingend vergleichbar gemacht werden. Allerdings führt das neue System zu einer Vielzahl von Splitterrechten, die oft von den Ehegatten nicht gewünscht wird. Aus diesem Grund hat der Gesetzgeber den Bagatellausgleich ausgenommen. Die Ehegatten genießen nach dem neuen Recht eine **größere Dispositionsfreiheit**, sodass sie nach § 6 VersAusglG Vereinbarungen über den Versorgungsausgleich schließen und auch eine Verrechnung mit anderen Scheidungsfolgenansprüchen vereinbaren können.

Die Rechtsprechung hat viele offene Fragen inzwischen einer Klärung zuführen können, so etwa im Hinblick auf die Verzinsung von Anrechten oder die Aufteilung von Fonds-Rechten oder den laufenden Wertverzehr von Anrechten.

130

---

[569] Gesetz zur Strukturreform des Versorgungsausgleichs, BGBl. 2009 I 700.

1. Teil. Familienrecht im Steuerrecht

3. Zugewinn

131 Der Zugewinnausgleich wurde vom Reformgesetzgeber[570] als bewährtes System betrachtet, das nur in Randbereichen einer gewissen Korrektur bedurfte.[571] So schuf die Reform die Möglichkeit **negativen Anfangs- und Endvermögens**, sodass sich künftig auch der Schuldenabbau im Zugewinn auswirkt. Gestärkt wurde ferner der **Schutz vor illoyaler Vermögensminderung** ab dem Zeitpunkt der Trennung durch eine Vermutung, wonach Vermögensminderungen nach Trennung als illoyal gelten, § 1375 Abs. 2 S. 2 BGB. Sodann wird der volle Betrag der Vermögensminderung dem vorhandenen Endvermögen hinzugerechnet, § 1375 Abs. 2 S. 1 BGB.

III. Inhaltskontrolle ehelicher Verträge

1. Rechtsprechungswandel bei Eheverträgen

132 Der BGH hatte noch bis in das Jahr 1997[572] für eine völlige Ehevertragsfreiheit plädiert. Nicht zuletzt bedingt durch diese Rechtsprechung sahen zahlreiche Eheverträge bis in diese Zeit einen Totalverzicht auf Scheidungsfolgenansprüche oder jedenfalls erhebliche Verzichte ohne jede Kompensation vor. Dann hat das **BVerfG** mit zwei Urteilen aus dem Jahre **2001**[573] eine **Inhaltskontrolle von Eheverträgen** implementiert. Getreu der Erfahrung „bad cases make bad law" legten Verträge, die von einer völligen Entsolidarisierung zeugten, den Grund für diesen noch näher darzustellenden[574] Rechtsprechungswandel. So wurde im entschiedenen Fall mit der schwangeren Frau, die geheiratet werden wollte, ein Totalverzicht vereinbart und zusätzlich sollte sie den Ehemann noch von Kindesunterhalt freistellen. Die Urteile des BVerfG betrafen sowohl einen – zur damaligen Zeit noch möglichen – schriftlichen Unterhaltsverzicht als auch eine notarielle Vereinbarung. Das BVerfG urteilte, dass bei einer **besonders einseitigen Lastenverteilung** und einer **erheblich ungleichen Verhandlungsposition** eine Inhaltskontrolle stattfinden müsse. Die Schwangerschaft wurde dabei als Indiz für die erheblich ungleiche Verhandlungsposition angesehen.

2. Inhaltskontrolle

133 Der BGH hat aus diesen Vorgaben des BVerfG eine umfassende Rechtsprechung zur Inhaltskontrolle von Eheverträgen entwickelt. Trotz inzwischen mehr als 20 Urteilen zu diesem Bereich müssen Eheverträge mit Vorsicht gehandhabt werden. Es gibt nicht das eine kontrollfeste Modell, sondern man muss in jedem Einzelfall prüfen, welche Anforderungen diese Rechtsprechung stellt. Die Rechtsprechung selbst ist noch

---

[570] BGBl. 2009 I 1696.
[571] BR-Drs. 635/08, 15 ff.
[572] BGH – XII ZR 250/95, FamRZ 1997, 800.
[573] BVerfG – 1 BvR 12/92, NJW 2001, 957; BVerfG – 1 BvR 1766/92, NJW 2001, 2248.
[574] → Rn. 405 ff.

D. Familienrecht im Wandel

in der Entwicklung begriffen und wird doch zugleich schon als aufgrund einer „veränderten juristischen Großwetterlage" überholt kritisiert.[575] Der BGH entwickelte eine **Kernbereichslehre**, die auf erster Stufe den Kindesbetreuungsunterhalt sieht, auf zweiter Stufe Alters- und Krankheitsunterhalt sowie den Versorgungsausgleich und an letzter Stelle den Güterstand. Der Kernbereich ist geschützt, nach außen hin nimmt die Disponibilität zu. In der Reihe der Judikate hat zudem der **Ausgleich ehebedingter Nachteile** zentrale Bedeutung erlangt. Ein solcher Ausgleich vermag die Sittenwidrigkeit des Ehevertrages zu verhindern.

Die Inhaltskontrolle der Verträge findet **zweistufig** statt. Eine **Wirksamkeitskontrolle** prüft die Sittenwidrigkeit zum Zeitpunkt des Vertragsschlusses (§ 138 BGB) und eine **Ausübungskontrolle** fragt, ob sich der begünstigte Ehegatte zum Zeitpunkt des Scheiterns der Ehe auf den Ehevertrag berufen darf oder ob sich aufgrund der Entwicklung in der Ehe eine evident einseitige, unzumutbare Lastenverteilung ergibt.

Kritische Stimmen in der Literatur sehen eine fortbestehende **Diskrepanz** zwischen der Rechtsprechung des **BVerfG** zur **gleichen Teilhabe** aufgrund der Gleichstellung von Erwerbs- und Familienarbeit[576] und der These des BGH von der regelmäßig gegebenen Wirksamkeit der Gütertrennung als auf letzter Stufe der Kernbereichsleiter stehend[577].

3. Praktische Schlussfolgerungen

a) Altverträge auf dem Prüfstand

Da es sich bei der Inhaltskontrolle um eine Rechtsprechungsänderung **134** handelt, gibt es keine Übergangsregelung, sondern die neuen Anforderungen gelten auch für Altverträge, die aus diesem Grunde einer sorgfältigen Überprüfung bedürfen, denn Sie wurden unter ganz anderen Vorzeichen geschlossen.

> **Hinweis:** Alteheverträge aus der Zeit vor 2001 bedürfen einer sorgfältigen Überprüfung, ob sie auch die Anforderungen erfüllen, welche die Rechtsprechung seither aufstellt. Ggf. sollte eine Nachbesserung erwogen werden.

Generell sollte man bei langlaufenden Verträgen an einen „**Vertrags-TÜV**" denken. Aufgrund der Wandelung des rechtlichen Umfeldes, aber auch der persönlichen und familiären Situation, sollten sie jede Dekade einer Überprüfung unterliegen.

b) „Weniger ist mehr"

Während die Rechtsprechung **im güterrechtlichen Bereich eine** **135** **große Vertragsfreiheit** gewährt, dies auch ausdrücklich gegen Kritik

---

[575] *Bergschneider* FS Hahne, 2012, 113 ff.; vgl. auch schon *Bergschneider* FamRZ 2010, 1857 ff., der darauf hinweist, dass die Eheverträge, die den beiden Urteilen des BVerfG zugrunde lagen, schon aus den Jahren 1976 und 1985 stammten.
[576] BVerfG – 1 BvR 105/95, NJW 2002, 1185.
[577] *Dauner-Lieb* AcP 2010, 580 (602); *Dethloff*, Familienrecht, § 5 Rn. 29; dagegen *Kanzleiter* FS Bengel und Reimann, 2012, 191 ff.

1. Teil. Familienrecht im Steuerrecht

aus der familienrechtlichen Literatur,[578] unterliegt das **Unterhaltsrecht** einer **sehr starken Kontrolldichte**. Hier sollte man den Bereich des Basisunterhalts von drei Jahren nach § 1570 Abs. 1 S. 1 BGB unangetastet lassen. Generell sollten Unterhaltsbeschränkungen bei Diskrepanzen so ausgestaltet sein, dass nach Möglichkeit alle ehebedingten Nachteile ausgeglichen werden. Es gilt hier das Prinzip: **„Weniger ist mehr"**. Das bedeutet, wem es in erster Linie auf die Sicherstellung der güterrechtlichen Regelung ankommt, der sollte in anderen Bereichen nicht oder nur sehr vorsichtig regeln. Besonderes Augenmerk sollte bei Unternehmerfällen dem Versorgungsausgleich gewidmet werden, denn hier verhält es sich häufig so, dass der Unternehmer mangels Anrechten in diesem Bereich sogar noch ausgleichsberechtigt wird. Überhaupt hat der **BGH**[579] **jüngst zwei Unternehmereheverträge** sogar mit der Rechtsfolge der **Gesamtnichtigkeit** belegt[580] und die Familienarbeit[581] stärker gewichtet. Das verlangt Beachtung durch Gewährung entsprechender Kompensationen.

c) Steuerlich erwünschte Nichtigkeit von Verträgen

136 **Fallbeispiel:** Unternehmer Gunnar Geizig hatte 1973 mit seiner schwangeren Frau einen Ehevertrag geschlossen, in dem er alle Scheidungsfolgen ausschloss und Gütertrennung sowie einen umfassenden Pflichtteilsverzicht vereinbarte, obwohl er damals nur über ein Vermögen von 50.000,– EUR verfügte. Den Entwurf, der zwei Tage vor der Hochzeit zur Beurkundung kam, hatte er ihr vor dem Notartermin nicht gezeigt. Beide lebten glücklich miteinander, hatten drei Kinder, als Gunnar Geizig schließlich in 2013 verstarb. Er hinterließ ein Privatvermögen von 2 Mio. EUR und einen Betrieb im Wert von 5 Mio. EUR sowie ein handschriftliches Testament, wonach die Kinder den Betrieb zu gleichen Teilen erhalten sollten, seine treusorgende Gattin aber sein Privatvermögen.
Die Ehefrau will vom Steuerberater wissen, welche Möglichkeiten es gibt, die Erbschaftsteuer zu minimieren. An der Zuweisung des Betriebes für die Kinder will sie nicht rütteln.

Die Gütertrennung ist im Beispielsfall steuerlich fatal. Sie führt dazu, dass die Ehefrau nur den steuerlichen Freibetrag nach § 16 für Ehegatten in Höhe von 500.000,– EUR in Anspruch nehmen kann und den Rest der Erbschaft versteuern muss.[582] Hätte in der Ehe Zugewinngemeinschaft bestanden, so wäre die Situation deutlich günstiger, da nahezu das gesamte Endvermögen des Gunnar Geizig Zugewinn darstellt und die Ehefrau den Zugewinn steuerfrei nach § 5 ErbStG vereinnahmen könnte.

---

[578] BGH – XII ZR 129/10, NJW 2013, 380; BGH – XII ZR 48/11, NJW 2013, 457.
[579] BGH – XII ZB 109/16, NJW 2017, 1883; BGH – XII ZB 310/18, NJW 2019, 2020.
[580] Dagegen *Münch*, Was kann die Ausübungskontrolle?, FS Koch, 2019, 389 f; a. A. Wellenhofer NZFam 2020, 229, 233.
[581] Dazu *Münch* FamRB 2018, 247 ff.
[582] Der Versorgungsfreibetrag nach § 17 ErbStG sei einmal außer Betracht gelassen.

D. Familienrecht im Wandel

Hier sollte der **Steuerberater** sein Augenmerk auf die **Wirksamkeit des Ehevertrages** richten. Nach der Fallschilderung ist dieser unwirksam, da er einen einseitigen Totalverzicht ohne jeden Ausgleich ehebedingter Nachteile enthält, die Schwangerschaft zudem für die erheblich ungleiche Verhandlungsposition spricht. Dies wird noch verstärkt durch den Überrumpelungseffekt eines kurz vor der Hochzeit geschlossenen zuvor nie besprochenen Ehevertrages.

Lösung Fallbeispiel: Der **Steuerberater** wird dazu raten, die **Unwirksamkeit des Ehevertrages geltend** zu **machen** und vom Güterstand der Zugewinngemeinschaft auszugehen, sodass der Zugewinn steuerfrei vereinnahmt werden kann. Bedacht werden muss, ob andere damit ausgelöste Ansprüche stören, ob von der Unwirksamkeit auch der Pflichtteilsverzicht infiziert wird[583] oder ob in der Vergangenheit fehlende Zustimmungen nach § 1365 BGB Probleme bereiten. Hier will die Ehefrau keine Ansprüche über die ihr zugewiesenen 2 Mio. EUR Privatvermögen geltend machen. Da Gunnar Geizig nur ein sehr kleines Anfangsvermögen hatte, aber ein Endvermögen von 7 Mio. EUR, sind die 2 Mio. komplett Zugewinn und könnten steuerfrei vereinnahmt werden.

IV. Nebengüterrecht

Neben die eigentlichen Scheidungsfolgenansprüche Unterhalt, Versorgungsausgleich und Zugewinn treten mehr und mehr **schuldrechtliche oder sachenrechtliche Ansprüche**.[584] Es seien hier genannt Ansprüche auf Wegfall der Geschäftsgrundlage, Ansprüche aus Ehegatteninnengesellschaft, Ausgleichsansprüche aus Gesamtschuldnerschaft, Ansprüche aus Auftragsrecht oder Miteigentümeransprüche. Diese Ansprüche werden im Einzelnen noch dargestellt. Sie tragen zu einer **neuen Unübersichtlichkeit des Familienrechts** bei, zumal ihr Verhältnis zu den familienrechtlichen Ansprüchen durchaus noch nicht vollends geklärt ist. Sie werden als eigenständige Ansprüche betrachtet, deren Ergebnis sich dann erneut im Zugewinnausgleich widerspiegelt. Ob ihre Geltendmachung neben den anderen Ansprüchen lohnt, muss prozesstaktisch sehr genau erwogen werden.

V. Rechtliche Anerkennung der Familie außerhalb der Ehe

Obwohl bereits der 57. Deutsche Juristentag 1988 sich mit dem Thema beschäftigte, ob es sich empfehle, die rechtlichen Fragen der nichtehelichen Lebensgemeinschaft **gesetzlich** zu regeln,[585] ist dies bisher trotz der zunehmenden Zahl nichtehelicher Lebensgemeinschaften **nicht** geschehen. Vereinzelt regeln zwar Vorschriften das **Verhältnis** von Partnern einer nichtehelichen Lebensgemeinschaft **zu Kindern** des anderen Partners (zB in § 1685 Abs. 2 BGB mit dem Umgangsrecht oder in § 1682

137

138

---

[583] Hierzu ablehnend *Münch* ZEV 2008, 571.
[584] Hierzu näher → Rn. 324 ff.
[585] Vgl. hierzu die Schilderung des Tagungsverlaufs NJW 1988, 2993 ff.

1. Teil. Familienrecht im Steuerrecht

BGB mit der Verbleibensanordnung), insb. im Vermögensbereich fehlt es jedoch an speziellen gesetzlichen Regelungen. Hier hat aber nun der **BGH** in jüngerer Zeit seine Rechtsprechung zu **Ausgleichsansprüchen** nach einer Trennung entscheidend geändert.[586] Insbesondere bei gemeinsamer Immobilienfinanzierung spricht der BGH nun Ausgleichsansprüche wegen des Wegfalls der Geschäftsgrundlage oder nach Bereicherungsrecht wegen Zweckverfehlung zu.[587] Diese Ansprüche können **schenkungsteuerliche Probleme** bei der Zuwendung in neuem Licht erscheinen lassen. Dieses Rechtsgebiet befindet sich also noch im Wandel. Generell ist zu konstatieren, dass eine Verschiebung bei familiären Vermögensbeziehungen stattfindet, weg von der rein vertraglichen Beziehung, hin zu einer Höherbewertung der gelebten Realbeziehung durch Zuerkennung von Teilhabeansprüchen.[588]

139 *einstweilen frei*

---

[586] Hierzu näher → Rn. 613 ff.
[587] BGH – XII ZR 163/07, NJW-RR 2009, 1142; BGH – XII ZR 53/08, NJW 2010, 868.
[588] *Röthel* FamRZ 2012, 1916 (1919).

2. Teil. Aufgaben und Möglichkeiten des Steuerberaters in familienrechtlichen Rechtsbeziehungen

Übersicht

Rn.
- A. Gestaltungsimpulse 141
  - I. Firmengründung 141
    1. Inhaber 141
    2. Rechtsform 142
    3. Vermögensverteilung und Steuern 145
    4. Scheidungsvorsorge 146
    5. Krankheitsvorsorge 147
    6. Tod 148
  - II. Firmenänderung 152
    1. Familienrechtliche Verfügungsbefugnis 152
    2. Überprüfung Ehevertrag 153
  - III. Firmenübertragung 154
    1. Übergeberseite – grundlegende Vermögensänderung 154
    2. Übernehmerseite 161
    3. Anpassung bestehender Gesellschaftsverträge 162
  - IV. Geburt oder Annahme von Kindern 163
    1. Abstammungsrechtliche Fragen 163
    2. Erb- und pflichtteilsrechtliche Auswirkungen 164
    3. Prüfung von gesellschaftsvertraglichen Klauseln 165
    4. Patchworkkinder 166
  - V. Heirat/Partnerschaft 167
    1. Vorsorgende Ehe- und Partnerschaftsverträge 167
    2. Nichtbeachtung gesellschaftsrechtlicher Klauseln 168
    3. Sicherung des Ehepartners im Todesfall 169
    4. Steuergestaltung mittels Ehegatten 170
    5. Betriebliche Mitarbeit regeln 171
  - VI. Krankheit, Tod, Scheidung................. 172
  - VII. Vertrags-TÜV 173
    1. Dauermandat........................ 173
    2. Datenpflege......................... 174
- B. Steuerliche Vertragsoptimierung 175
  - I. Steuerliche Auswirkungen vertragsbestimmend . 175
    1. Interprofessionelle Zusammenarbeit........ 175
    2. Steuerliche Zielvorstellung übermitteln 176
    3. Vertragsentwürfe überprüfen 178
  - II. Schädlichkeitsscan gegebener Vertragsentwürfe . 179
    1. Typische Konfliktpotentiale.............. 179
    2. Begrenzte steuerliche Aufklärungspflicht anderer Berufe........................ 180

2. Teil. Steuerberatung im Familienrecht

	3. Steuerrechtlicher Vergleich familienrechtlicher Gestaltungsmöglichkeiten	181
	III. Haftungsrechtliche „Abänderungssperre"	182
C.	Einseitige Steuerliche Beratung	183
	I. Gemeinsames Mandat von Ehegatten	183
	1. Gemeinsamer Auftrag von Ehegatten	183
	2. Verbot der Vertretung widerstreitender Interessen	184
	II. Widerstreitende Interessen durch Scheidungssituation	185
	III. Einseitiges Mandat	186
D.	Berechnung latenter Steuern im Familienrecht	187
	I. Unternehmensbewertung und latente Steuer ...	187
	1. Grundsätze der Unternehmensbewertung im Familienrecht	187
	2. Die Berücksichtigung der latenten Ertragsteuer bei der Unternehmensbewertung	189
	3. Latente Ertragsteuer auch bei der Pflichtteilsberechnung?	190
	II. Latente Steuer bei allen Vermögensgütern	191
	1. Latente Ertragsteuer nunmehr bei allen Vermögensgütern	191
	2. Begriff der latenten Steuerbelastung	192
	3. Betroffene Vermögensgüter und Bewertungsprobleme	193
	a) Firmenvermögen	194
	b) Immobilien	195
	c) Wertpapiere	196
	d) Lebensversicherungen	197
	4. Die Berechnung der latenten Ertragsteuer ...	199
	5. Anfangs- und Endvermögen	200
	6. Familienrechtliche Konsequenzen aus der neuen Rechtsprechung	201
	7. Kritik am Abzug der latenten Ertragsteuer ...	202

140 Nachdem nun die Bedeutung des Familienrechts für die steuerberatende Praxis verdeutlicht ist, soll anschließend das mögliche **Betätigungsfeld des steuerlichen Beraters** auf diesem Gebiet aufgezeigt werden. In der Praxis wird ganz deutlich, dass der Steuerberater als der langjährige Vertraute, der sowohl in persönliche als auch finanzielle Hintergründe eingeweiht wird, hierfür prädestiniert ist. Hierbei werden zunächst anlassbezogen wichtige **Gestaltungsimpulse** besprochen, die der Steuerberater geben sollte. Dann wollen wir uns der **steuerrechtlichen Optimierung familienrechtlicher Verträge** widmen und aufzeigen, wann das Mandat des Steuerberaters in eine **einseitige Beratung** umschlägt. Schlussendlich will das vom BGH aufgewertete Arbeitsgebiet der **Berechnung latenter Steuern** im Zusammenhang mit dem Zugewinn beleuchtet sein.

A. Gestaltungsimpulse

Steuerliche Gestaltungsimpulse auf familienrechtlicher Basis sind in vielen Fällen gefragt.

I. Firmengründung

1. Inhaber

Bei der Firmengründung steht neben der Frage der Rechtsform häufig auch die Frage des Inhabers im Mittelpunkt. Hier wird der Steuerberater nicht selten auf den Wunsch der Ehegatten treffen, die **Vermögens- und die Risikosphäre** zu **trennen, sodass** – jedenfalls bei nicht vollständiger Haftungsabschirmung – ein Ehepartner der Betriebsinhaber ist und das Vermögen weitgehend dem anderen Ehegatten zusteht. Übertragungen, die hierzu vorgenommen werden müssen, sind nach einer gewissen Frist[589] vor Anfechtung sicher. Die Firmeninhaberschaft ist dementsprechend auszurichten. 141

Den **Güterstand** eines jeden Ehegatten sollte man stets zuvor erfragen, denn der – heute nur noch selten vereinbarte[590] – Güterstand der **Gütergemeinschaft** führt dazu, dass bei einem Gewerbebetrieb im Gesamtgut **beide Ehegatten Mitunternehmer** sind, selbst wenn ein Ehegatte nach außen nicht in Erscheinung tritt; dies gilt nur ausnahmsweise dann nicht, wenn die persönliche Arbeitsleistung eines Ehegatten im Vordergrund steht, ohne dass das Gesamtgut Kapital beigetragen hat.[591] Das hat seinen Grund darin, dass der Betrieb beiden Ehegatten gehört, die Ehegatten damit gemeinsam an den stillen Reserven teilnehmen und das Gesamtgut für den Betrieb haftet.[592] In der Folge führen so etwa Arbeitsentgelte des mitarbeitenden Ehegatten zu gewerblichen Einkünften.[593]

Um dem zu **entkommen,** müsste eine ehevertragliche Vereinbarung geschlossen werden, wonach das Unternehmen zum **Vorbehaltsgut** eines Ehegatten gehört, sodass der andere nicht Mitunternehmer wird. Soweit eine Trennung von Vermögens- und Haftungssphäre erfolgt, muss dies ggf. durch entsprechende **ehevertragliche Vereinbarungen** oder **Rückübertragungsrechte** für den Scheidungsfall abgesichert werden, damit insb. dasjenige Vermögen, das der Betrieb benötigt, wieder dem Betriebsinhaber zufällt. Hierbei ist darauf zu achten, dass auch diese Ansprüche der Pfändung unterliegen können.[594]

---

[589] Hierzu bereits → Rn. 20.
[590] Häufig wird der gesetzliche Güterstand fälschlicherweise so bezeichnet, hier empfiehlt sich die konkrete Nachfrage, ob man hierüber einen notariellen Vertrag geschlossen hat.
[591] Zu diesem Fall BFH – VIII R 18/95, DStR 1999, 843.
[592] BFH – IV R 37/04, DStRE 2006, 4.
[593] H 7.1. Abs. 3 GewStR „Ermittlung …".
[594] Siehe hierzu → Rn. 48 f.

2. Teil. Steuerberatung im Familienrecht

2. Rechtsform

142 Die Entscheidung für eine bestimmte Rechtsform wird neben der **steuerlichen Zielsetzung**, für deren Darstellung in ihren Einzelheiten hier nicht der Platz ist,[595] von der Haftungsfrage dominiert. Wenn eine **Haftungsabschirmung** notwendig wird, scheiden einzelkaufmännische Betriebe und Personengesellschaften mit natürlichen Personen als Komplementär aus.

Anders wiederum, wenn es um die **Offenlegungspflicht nach §§ 264a, 325 HGB** geht. Diese kann nur von solchen Personengesellschaften vermieden werden, die eine natürliche Person als Komplementär haben.

Bei den Fragen der Rechtsformwahl kann aber auch bedacht werden, welche Gesellschaftsform am ehesten eine **spätere familiäre Beteiligung** ermöglicht. Hier sind in der Praxis die **Personengesellschaften** bevorzugt, weil bei ihnen am ehesten eine flexible Anteilsübertragung und Ausgestaltung gesellschaftlicher Teilhabe möglich ist und weil bei ihnen durch die Bildung von **Sonderbetriebsvermögen** ganz gezielt die vermögensrechtliche Beteiligung gesteuert werden kann. Somit ist – jedenfalls im gewerblichen Bereich – die GmbH & Co. KG eine meist gewählte Gestaltungsform für Familienunternehmen.

143 Bei reiner **Vermögensverwaltung** ohne Haftungsgefahren wird häufig auch eine **Gesellschaft bürgerlichen Rechts** in die engere Wahl gezogen. Allerdings sind hier **erhebliche Einschränkungen im Rechtsverkehr** zu beachten, wenn **minderjährige Kinder** beteiligt sein sollen. Der Beitritt zur oder die Aufnahme in die GbR soll dann keiner familiengerichtlichen Genehmigung bedürfen, wenn es um rein private Vermögensverwaltung geht.[596] Allerdings ist mehrfach entschieden, dass die Veräußerung eines Grundstückes durch eine solche GbR, zu der auch minderjährige Kinder gehören, der familiengerichtlichen Genehmigung bedarf, wenn es sich um eine vermögensverwaltende Gesellschaft handelt, zu deren Gegenstand die Veräußerung von Grundstücken nicht gehört.[597] Zudem ist bei der GbR die **grundbuchliche Vertretung noch immer schwierig** nachzuweisen. Trotz der Anerkennung der Grundbuchrechtsfähigkeit der GbR selbst durch den BGH[598] und sei-

---

[595] Vgl. hierzu die übersichtliche Darstellung bei Lüdicke/Sistermann/*Rödding*, UnternehmenStR, § 3.
[596] BayObLG – 1 Z BR 157/94, FamRZ 1996, 119; OLG Naumburg – 3 UF 108/01, FamRZ 2003, 57; MüKoBGB/*Kroll-Ludwigs* BGB § 1821 Rn. 11, mwN; ganz unumstritten ist dies freilich nicht, vgl. etwa OLG Zweibrücken – 3 W 253/98, NJW-RR 1999, 1174. Vgl. näher → Rn. 528 f.
[597] Hierzu etwa OLG Nürnberg – 15 W 1623/12, NJW 2013, 82.
[598] Grundsatzurteil des BGH zur Rechtsfähigkeit – II ZR 331/00, NJW 2001, 1056; BGH zur Grundbuchfähigkeit und den erforderlichen Nachweisen – V ZB 194/10, NJW 2011, 1598: „Erwirbt eine Gesellschaft bürgerlichen Rechts (GbR) Grundstücks- oder Wohnungseigentum, reicht es für die Eintragung des Eigentumswechsels in das Grundbuch aus, wenn die GbR und ihre Gesellschafter in der notariellen Auflassungsverhandlung benannt sind und die für die GbR Handelnden erklären, dass sie deren alleinige Gesellschafter sind; weiterer Nach-

A. Gestaltungsimpulse

nen eindeutigen Äußerungen zu den erforderlichen Nachweisen, gibt es immer wieder Irritationen und Nachweisschwierigkeiten.[599] Der BGH[600] hat grundsätzlich entschieden, dass eine Versicherung der erschienenen Gesellschafter ausreichend ist und weitere Nachweise zu Existenz und Vertretung nicht mehr gefordert werden können.

Als Alternative bietet sich daher die im Handelsregister eingetragene **vermögensverwaltende KG** an, die zur Vermeidung einer gewerblichen Prägung einen persönlich haftenden Gesellschafter als natürliche Person haben kann oder aber bei einer Komplementär-GmbH zusätzlich einen Kommanditisten zur Geschäftsführung befugt (§ 15 Abs. 3 Nr. 2 EStG). Es ist mehrfach entschieden, dass der Beitritt Minderjähriger als Kommanditisten zu solchen Gesellschaften keiner familiengerichtlichen Genehmigung bedarf.[601] Die Vertretungsverhältnisse sind klar, denn sie ergeben sich aus dem Register. **144**

In letzter Zeit sind vermehrt Ratschläge zur Gründung von sog. **Einheits-Personengesellschaften** zu finden, bei denen die Anteile an der persönlich haftenden Komplementär GmbH, die den Kommanditisten zustehen, an die KG selbst abgetreten werden oder die KG selbst die GmbH gründet und die GmbH später der KG als persönlich haftende Gesellschafterin beitritt. Dies hat den Vorteil, dass bei späteren Abtretungen nur noch die KG-Anteile berücksichtigt werden müssen. Mit dieser Rechtsform sind jedoch noch **ungelöste zivilrechtliche Probleme** verbunden. Diese betreffen in erster Linie die **Vertretung der KG in der Gesellschafterversammlung ihrer Komplementär GmbH.** Hierzu wird idR eine Lösung gewählt, mit welcher den Kommanditisten eine entsprechende Vertretungsbefugnis erteilt wird.[602] Der BFH[603] hat entschieden, dass eine vermögensverwaltend tätige Einheits-GmbH & Co. KG ihre gewerbliche Prägung nicht allein dadurch verliert, dass die Kommanditisten im Rahmen der Gesellschafterversammlung der GmbH handeln dürfen. Es bedarf insoweit der gleichen Regelung wie bei anderen Gesellschaften, dass ein Kommanditist generell geschäftsführungsbefugt ist. Ferner ist bei der Haftungsverfassung Acht zu geben, dass nicht die KG ihren Gesellschaftern für die Übertragung der GmbH-Anteile **144a**

---

weise der Existenz, der Identität und der Vertretungsverhältnisse dieser GbR bedarf es gegenüber dem Grundbuchamt nicht".

[599] Vgl. etwa BGH – V B 142/15, NZG 2016, 1223; OLG Celle – 4 W 23/13, NZG 2013, 1141; OLG München – 34 Wx 123/17, NZG 2017, 941; KG – 1 W 326-327/17, NZG 2017, 1190 (mehrere Jahre alter notarieller Vertrag genügt nicht zum Nachweis abweichender Vertretungsmacht); zur Gesamtentwicklung *Hertel* FS Brambring, 2011, 171 ff.; BeckOK/*Reetz* GBO § 47 Rn. 85 ff.; 124 ff.

[600] BGH – V ZB 194/10, NJW 2011, 1958.

[601] OLG München – 31 Wx 76/08, FamRZ 2009, 623; OLG Bremen – 2 W 38/08, FamRZ 2009, 621.

[602] Vgl. hierzu *Roth/Altmeppen* GmbHG § 45 Rn. 29 ff.; *Heckschen/Strnad* notar 2019, 406 (420) mit Formulierungsvorschlag.

[603] BFH – IV R 42/14, DStR 2017, 2031.

Kommanditkapital zurückzahlt. Die Einbringung der GmbH-Anteile gilt nach 172 Abs. 6 HGB nicht als Leistung auf das Kommanditkapital.[604]

3. Vermögensverteilung und Steuern

145 Das Vorhandensein eines Ehegatten gibt dem steuerlichen Berater viele Möglichkeiten zur steuerlichen Gestaltung im Zusammenhang einer Firmengründung. Die **Vertragsgestaltung wie unter fremden Dritten** in Bezug auf Arbeitsverträge, Darlehens- oder Mietverträge wurde bereits dargestellt.[605]

Je nach gestalterischem Ziel kann die **Vermögensverteilung der Ehegatten** so gesteuert werden, dass eine Betriebsaufspaltung vorliegt oder eine solche gerade vermieden wird.[606]

Durch die Bildung von **Sonderbetriebsvermögen** oder eben auch die Vermietung durch einen Ehegatten als Nichtgesellschafter kann eine Feinsteuerung der Vermögensverteilung gerade auch unter Haftungsgesichtspunkten erreicht werden.

4. Scheidungsvorsorge

146 Bei jeder Firmengründung durch einen verheirateten Inhaber sollte die familienrechtliche Situation des Inhabers beleuchtet werden. Soweit **Eheverträge** nicht bestehen, ist zu beachten, dass das Firmenvermögen dem Zugewinn unterliegt. Dies wird komplizierte und teure Bewertungsverfahren[607] nach sich ziehen und bei sofort fälligem Zugewinnausgleichsanspruch auch die Liquidität des Firmeninhabers in aller Regel überfordern.

Hinweis: Bei jeder Firmengründung sollte die familienrechtliche Situation des Firmeninhabers mit in die Überlegungen einbezogen und ehevertragliche Gestaltungen erwogen werden.

Je nach Familiensituation und Tätigkeit der Ehegatten für die Firma sollten ehevertragliche Gestaltungen erwogen werden, welche das Firmenvermögen außerhalb des Zugewinnes halten.[608]

5. Krankheitsvorsorge

147 Eine Firma bedarf einer **ständigen rechtlichen Vertretung**. Daher muss bei ihrer Gründung Vorsorge für den Fall einer länger dauernden Krankheit des Inhabers oder Repräsentanten getroffen werden. Das ge-

---

[604] Formulierungsvorschläge für Familiengesellschaften finden sich bei Hannes/*Lüke*, Formularbuch, Kapitel C.1., 1 ff. und bei Münch/*Munzig*, Familienrecht, § 12; vgl. näher zur Auswahl und Gestaltung der Gesellschaftsformen → Rn. 682 ff.
[605] → Rn. 75 ff.
[606] Hierzu → Rn. 58 ff.
[607] Siehe hierzu → Rn. 187 ff.
[608] Gestaltungsvorschläge finden sich in → Rn. 400 ff.

A. Gestaltungsimpulse

setzliche **Betreuungskonzept** hat sich für Unternehmen als **untauglich** erwiesen.[609] Daher ist es empfehlenswert, bei jeder Firmengründung an **Vorsorgevollmachten** zu denken. Moderne Gesellschaftsverträge sehen solches bereits als **gesellschaftsrechtliche Nebenpflicht** vor.[610] Soweit die Mitgesellschafter zustimmen müssen,[611] kann dies ebenfalls sogleich im Gesellschaftsvertrag geschehen.

> **Hinweis:** Bei jeder Firmengründung sollte an Vorsorgevollmachten zur Sicherung einer rechtlichen Vertretung des Unternehmens gedacht werden.

6. Tod

Die **Erbfolge** in Unternehmensanteile ist **unterschiedlich**, je nachdem welche **Unternehmensform** gewählt wurde. Aufbauend auf der gesetzlichen Regelung müssen geeignete gesellschaftsvertragliche Vereinbarungen und Verfügungen von Todes wegen gestaltet werden. 148

So sind **Kapitalgesellschaftsanteile** zunächst einmal **zwingend vererblich**. Die Satzung einer GmbH zB enthält aber regelmäßig Bestimmungen darüber, wer nach dem Tod eines Gesellschafters als dessen Nachfolger in der Gesellschaft bleiben darf und wen man aus der Gesellschaft gegen Abfindung **ausschließen** kann. Auf diese Weise lässt sich eine Beschränkung auf die engere Familie erreichen. Es kann auch geregelt werden, dass alle Erben aus der Gesellschaft ausgeschlossen werden können. Allerdings sind solche Klauseln nur wirksam, wenn sie vorsehen, dass die Ausschließung innerhalb gewisser Fristen nach dem Tod beschlossen werden muss.[612]

Für Anteile an Personengesellschaften bestehen hingegen völlig unterschiedliche Regelungen. Bei der **Gesellschaft bürgerlichen Rechts** ordnet § 727 BGB die Auflösung für den Fall des Todes eines Gesellschafters an. Dies ist eine in aller Regel unerwünschte Folge, die daher durch einen Gesellschaftsvertrag abgeändert werden muss. Dieser kann die Anteile generell oder jedenfalls in Bezug auf einen bestimmten Erwerberkreis vererblich stellen. 149

> **Hinweis:** Eine **vertragslose GbR** wird durch den **Tod eines Gesellschafters aufgelöst!** Da dies eine unerwünschte Folge ist, muss in jeder GbR wenigstens insoweit eine vertragliche Regelung getroffen werden. Darauf ist insb. auch dann zu achten, wenn mehrere Personen erwerben und dabei für eine GbR auftreten, für die aber nie ein ausformulierter Gründungsvertrag geschlossen wurde.

---

[609] Hierzu → Rn. 112.
[610] *Von Oertzen/Hannes*, FAZ v. 29.10.2013, S. 18.
[611] Zur Vorsorgevollmacht im Unternehmensbereich siehe näher → Rn. 660 ff.
[612] BGH – II ZR 329/87, NJW 1989, 834; Michalski/*Sosnitza* GmbHG § 34 Rn. 44.

150 Für die **Kommanditgesellschaft** ordnet § 177 HGB an, dass beim **Tod eines Kommanditisten** die **Gesellschaft mit den Erben fortgesetzt** wird. Hier sind die Anteile also vererblich gestellt, der Gesellschaftsvertrag kann jedoch Abänderungen vorsehen. So kann mittels einer **Fortsetzungsklausel** angeordnet werden, dass der verstorbene Gesellschafter ausscheidet und die Gesellschaft nur mit den verbleibenden Gesellschaftern fortgesetzt wird. Dies ist für den Komplementär nach § 161 Abs. 2 HGB, § 131 Abs. 3 S. 1 Nr. 1 HGB ohnehin die gesetzliche Regel. Eine sog. **einfache Nachfolgeklausel** ordnet letztlich die gesetzliche Rechtsfolge an, dass die Gesellschaft mit den Erben des Gesellschafters fortgesetzt wird. Bei einer sog. **qualifizierten Nachfolgeklausel**[613] wird die Erbrechtsnachfolge auf einen oder mehrere der Erben beschränkt. Nach der Rechtsprechung des BGH setzt sich die gesellschaftsrechtliche Anordnung gegenüber dem Erbrecht insoweit durch, als der oder die begünstigten Miterben im Wege der **Sondererbfolge** unmittelbar Inhaber des Anteils oder des entsprechenden Teilanteils werden, und zwar unabhängig von ihrer Beteiligung an der Erbengemeinschaft.[614]

Hinweis: Bei einer qualifizierten Nachfolgeklausel ist unbedingt auf eine **Harmonisierung von Gesellschaftsvertrag und erbrechtlichen Anordnungen** zu achten.
Werden die qualifiziert Zugelassenen nicht Erben, so werden weder sie noch die anderen Erben Anteilsinhaber werden.[615]
Die **unmittelbare Sondererbfolge** gilt nur für die Gesellschaftsanteile selbst, **nicht** jedoch für die übrigen Bestandteile eines steuerlichen Mitunternehmeranteils, somit insb. nicht für etwaiges **Sonderbetriebsvermögen**. Letzteres fällt in den Nachlass und damit an die Erbengemeinschaft. Mit dieser divergierenden Nachfolge sind erhebliche steuerliche Gefahren verbunden, denn soweit Elemente des Sonderbetriebsvermögens nicht Gesellschafter werden, kommt es zu einer **Zwangsentnahme** durch den Erblasser.[616] Das kann bei einer funktional wesentlichen Betriebsgrundlage zur **Aufgabe des Mitunternehmeranteils insgesamt** führen,[617] so dass dadurch sogar noch die Erbschaftsteuerprivilegierung verloren geht.

Ein früher angenommener teilweiser Verlust der steuerlichen Vergünstigung dürfte seit der Neuregelung in § 13a Abs. 5 ErbStG (idF 2016) nicht mehr drohen.[618]
Die **Eintrittsklausel** schließlich ermöglicht den Eintritt von Erben, nachdem die Gesellschaft zunächst von den verbleibenden Gesellschaftern fortgesetzt wurde. Eher selten wird eine sog. **rechtsgeschäftliche**

---

[613] Dazu *Reimann* ZEV 2002, 487 ff.
[614] BGH – II ZR 120/75, NJW 1977, 1339.
[615] BGH – II ZR 195/86, NJW-RR 1987, 989; Nieder/Kössinger/*Kössinger/Najdecki*, Testamentsgestaltung, § 20 Rn. 38.
[616] BFH – VIII R 51/84, DStR 1992, 610.
[617] BFH – VIII B 21/93, DStR 1995, 1876.
[618] TGJG/*Jülicher* ErbStG § 13b Rn. 94.

A. Gestaltungsimpulse

Nachfolgeklausel verwendet, die bei Mitwirkung des Begünstigten dessen Nachfolge durch Rechtsgeschäft unter Lebenden bewirkt. Bei einer **OHG** ordnet § 131 Abs. 3 S. 1 Nr. 1 HGB an, dass die Gesellschaft mit den übrigen Gesellschaftern unter Ausscheiden des Verstorbenen fortgesetzt wird. Auch hier können entsprechende gesellschaftsvertragliche Abänderungen vorgenommen werden.

Neben der gesellschaftsvertraglichen Vereinbarung sollte immer auch zugleich die **erbrechtliche Regelung** angestoßen werden. Der Unternehmer kann in einem **Einzeltestament** die ihm genehme Erbfolge bestimmen. Das Einzeltestament hat den Vorteil der freien Widerruflichkeit im Gegensatz zu den bei einem **Ehe- und Erbvertrag** vorliegenden Bindungen. Nachdem § 46 Abs. 3 KostO mit der kostenrechtlichen Privilegierung des Ehe- und Erbvertrages im neuen GNotKG nicht mehr enthalten ist, sprechen auch keine kostenrechtlichen Argumente mehr für die Zusammenfassung. 151

Neben der eigenen testamentarischen Anordnung ist ferner an **begleitende Pflichtteilsverzichte** zu denken. Wenn etwa das Unternehmen an die Kinder vererbt werden soll, so sollte ein – ggf. gegenständlich auf das betroffene Unternehmen beschränkter – Verzicht auf den Pflichtteil durch die Ehefrau erklärt werden. Solche Verzichte sind oftmals im Stadium der Firmengründung leichter zu erreichen als später nach entsprechendem Wertzuwachs beim Unternehmen.

Schließlich müssen auch **Eheverträge auf ihre Auswirkung beim Todesfall überprüft** werden. Liegt Gütertrennung vor, so besteht auch im Todesfalle kein Zugewinnausgleichsanspruch. Nicht selten werden aber Modifikationen des Zugewinnausgleichs vereinbart, mit denen ein Unternehmen vom Zugewinn ausgenommen oder der Zugewinn im Scheidungsfall ausgeschlossen wird. Hierbei wird häufig übersehen, dass im Todesfall der überlebende Ehegatte nach § 1371 Abs. 2 BGB den gerechneten Zugewinn verlangen kann, indem er das ihm Zugedachte ausschlägt. Hiergegen hilft auch kein Pflichtteilsverzicht.

Zuweilen ist es aber steuerlich beabsichtigt, im Todesfalle einen beschränkten Zugewinn zu schaffen, da dieser nach § 5 ErbStG steuerfrei ist. Dann empfehlen sich zB Vereinbarungen über eine Zugewinnhöchstgrenze im Todesfall.

> **Hinweis:** Die **Zugewinnfalle im Tod** ist zu beachten. Der Zugewinn ist nicht nur für den Scheidungsfall, sondern wegen § 1371 Abs. 2 BGB auch für den Todesfall auszuschließen oder zu begrenzen. Ein bloßer Pflichtteilsverzicht genügt hierfür nicht!

II. Firmenänderung

1. Familienrechtliche Verfügungsbefugnis

Wenn Änderungen in der Struktur der Firma beabsichtigt sind, sei es aus steuerlichen, handelsrechtlichen oder sonstigen Gründen, so müssen 152 auch bei diesen Vorhaben die familienrechtlichen Voraussetzungen Beachtung finden.

Hierbei ist es insb. **wichtig, die Vorschrift des § 1365 BGB** zu beachten, wenn die Ehegatten in **Zugewinngemeinschaft** verheiratet sind. Danach bedürfen Verpflichtungen zur Verfügung über das Vermögen im Ganzen der Zustimmung des Ehegatten. Ein solches Geschäft liegt dann vor, wenn dem sich Verpflichtenden nicht mehr als 15 % seines Vermögens verbleibt. § 1365 BGB greift auch bei Verfügungen über einen **Einzelgegenstand** – zB eine Firmenbeteiligung –, wenn der Vertragspartner zumindest die Umstände kennt, aus denen sich ergibt, dass es sich bei dem Einzelgegenstand um das wesentliche Vermögen handelt (sog. **subjektive Theorie**).[619] Ein solches Wissen wird gerade bei Familienkonstellationen sehr häufig vorhanden sein. Wenn also die Firmenbeteiligung den wesentlichen Vermögensgegenstand bildet, so muss § 1365 BGB Beachtung finden.

Der **Anwendungsbereich** des § 1365 BGB ist durchaus umstritten. Als gesichert kann gelten, dass Gesellschaftsverträge mit der **Verpflichtung zur Einbringung** nahezu des gesamten Vermögens und die **Abtretung von Gesellschaftsanteilen**, welche das gesamte Vermögen darstellen, der Zustimmungspflicht unterliegen. Aber auch **Änderungen des Gesellschaftsvertrages** können der Zustimmungspflicht unterliegen, wenn sie „den Inhalt von dessen gesamthänderischer Bindung unmittelbar verändern".[620] Dies trifft sowohl auf die Änderung von Beteiligungsverhältnissen, aber auch auf die Änderung von Abfindungsbestimmungen zu, kann aber ebenso **Umstrukturierungsmaßnahmen** betreffen.

Aufgrund der bestehenden Rechtsunsicherheiten, wann die Voraussetzungen des § 1365 BGB nun gegeben sind, wird man **vorsorglich in großem Umfang** auf eine entsprechende Zustimmung Wert zu legen haben.

Die Zustimmungspflicht betrifft ausdrücklich **auch das Anfangsvermögen** iSd § 1374 Abs. 2 BGB, also auch solches Vermögen, das ein Ehegatte nachweislich von den Eltern erhalten hatte.[621]

> **Hinweis:** Bei Firmenänderung ist zu überprüfen, ob § 1365 BGB eingreift. Vorsorglich sind die entsprechenden Zustimmungen der Ehegatten beizubringen.
> Vorzugswürdig ist ein ehevertraglicher Verzicht auf die Anwendung des § 1365 BGB.

2. Überprüfung Ehevertrag

153 Etwa bestehende **Eheverträge** sind bei Firmenänderungen daraufhin zu **überprüfen**, ob sie der Situation nach Firmenänderung Rechnung tragen oder einer Nachbesserung bedürfen.

---

[619] BGH – V ZR 227/62, NJW 1965, 909, und seitdem ständige Rechtsprechung.
[620] MüKoBGB/*Koch* BGB § 1365 Rn. 76.
[621] *Muscheler* FamRZ 1998, 265 (266).

A. Gestaltungsimpulse

So ist insb. bei der **Herausnahme bestimmter Firmen** vom Zugewinnausgleich darauf zu achten, dass die Formulierungen so ausreichend sind, dass sie auch die neue Firmenkonstellation erfassen.

III. Firmenübertragung

1. Übergeberseite – grundlegende Vermögensänderung

Im Zusammenhang mit der Übertragung einer Firma oder eines Firmenanteils auf die nächste Generation stellen sich viele Fragen noch außerhalb des eigentlichen Übertragungsvertrages, die beachtet werden müssen. Hierbei ist vor allem zu bedenken, dass sich für den **Übergeber** die **Vermögenssituation** durch die Übertragung ganz **grundlegend ändert**. Dies hat Auswirkungen auf viele bisher vom Übergeber getroffene vertragliche Regelungen. 154

> **Hinweis:** Wegen der grundlegenden Änderung der Vermögenslage beim Übergeber anlässlich einer Firmenübertragung sind dessen bisher bestehende vertragliche Regelungen einer Überprüfung zu unterziehen.

Auch bei Firmenübertragungen an gemeinsame Kinder ist zu prüfen, welche **Ansprüche** dem **Ehegatten des Übergebers** anlässlich der Übergabe oder bei späterer Scheidung oder Tod zustehen. 155

Liegt bisher noch kein **Pflichtteilsverzicht** des Übergeberehegatten vor, so muss dieser mit der Firmenübertragung nunmehr jedenfalls gegenständlich beschränkt auf die Firma erklärt werden.

Ist der Übergeber mit seinem Ehegatten in **Zugewinngemeinschaft** verheiratet, so ist ferner zu berücksichtigen, dass der **Betrag einer unentgeltlichen Zuwendung** dem Endvermögen nach § 1375 Abs. 2 Nr. 1 BGB **hinzugerechnet** wird, **es sei denn**, dass der Ehegatte nach § 1375 Abs. 3 BGB mit der Zuwendung **einverstanden** gewesen war. Hierfür trägt der zuwendende Ehegatte die Beweislast. Ausgenommen von der Hinzurechnung sind sog. Pflicht- oder Anstandsschenkungen, wozu aber die Übertragung von wesentlichen Vermögensteilen im Rahmen der vorweggenommenen Erbfolge nicht gehört.[622]

Fallbeispiel: Unternehmer U übergibt sein Unternehmen im allseitigen familiären Einverständnis seinem Sohn US. Die Ehefrau des Unternehmers und Mutter des Übernehmers UF war damit einverstanden, hat aber weder vor noch bei der Übertragung irgendwelche Erklärungen abgegeben. U und UF waren im gesetzlichen Güterstand verheiratet. Nach zwei Jahren verstirbt U völlig überraschend. UF, der U ein Geldvermächtnis und eine Immobilie vermacht hatte, lernt ein weiteres Jahr später einen neuen Partner kennen, der anregt, zur finanziellen Absicherung ihrer Partnerschaft doch mögliche Ansprüche gegen US anlässlich der Firmenübertragung zu prüfen.

---

[622] MüKoBGB/*Koch* BGB § 1375 Rn. 50; Palandt/*Brudermüller* BGB § 1376 Rn. 26; das anderslautende Urteil des OLG München – 26 UF 1403/84, FamRZ 1985, 814 = BeckRS 2009, 87091 ist vereinzelt geblieben und betrifft nach Palandt/*Brudermüller* BGB § 1376 Rn. 26 den Sonderfall früheren Einverständnisses.

2. Teil. Steuerberatung im Familienrecht

Hier wird sich ergeben, dass UF ein Pflichtteilsergänzungsanspruch auch noch aus dem übertragenen Unternehmen zusteht. Ist die Übertragung drei Jahre her, so vermindert sich zwar die Bemessungsgrundlage um 30% nach § 2325 Abs. 3 BGB, aber aus 70% des Firmenvermögens kann UF einen Pflichtteilsergänzungsanspruch verlangen.

Ein von UF beauftragter Anwalt legt ihr sogar nahe, eine Ausschlagung der Vermächtnisse zu prüfen, weil sie dann neben dem sog. kleinen Pflichtteil noch den Zugewinn verlangen könne. Die Firma, welche an Sohn US übergeben wurde, scheide aus der Berechnung nur aus, wenn UF mit der Übertragung einverstanden gewesen sei, § 1375 Abs. 3 BGB. Die Darlegungs- und Beweislast für ein Einverständnis von UF mit der Übertragung trägt U bzw. der Nachlass.[623]

Die Firmenübertragung muss somit begleitet werden von einem gegenständlich beschränkten Pflichtteilsverzicht und einem Einverständnis nach § 1365 BGB und § 1375 BGB durch den Ehegatten des Übergebers.

156 Häufig im Zusammenhang mit diesen Erklärungen des **Übergeberehegatten** stellen sich die Fragen nach dessen **Absicherung**. Dies ist der Zeitpunkt, eine Liquiditätsrechnung hinsichtlich der Altersversorgung des Übernehmerehegatten durchzuführen und dabei die bestehenden Ansprüche des Übergeberehegatten nach Gesetz (zB Familienunterhalt) oder bestehenden Verträgen zu bilanzieren und zu fragen, wie der Übergeberehegatte bei Tod des Übergebers oder Scheidung steht.

Zum Teil werden hierzu Regelungen im **Übertragungsvertrag** enthalten sein, wo dem übergebenden Ehegatten Rechte eingeräumt sind. Häufig gehen diese Rechte **aufschiebend bedingt** auf den Tod des Übergebers auf dessen Ehegatten über. Zuweilen werden auch sogleich für **beide Ehegatten** Rechte bestellt. Die Auswahl zwischen diesen Alternativen richtet sich in erster Linie nach schenkungsteuerlichen Aspekten, denn in der Begründung von Ansprüchen für den Übergeber des Ehegatten liegen Schenkungen des Übergebers an seinen Ehegatten. Drohen diese die Freibeträge zu übersteigen, so wird man die aufschiebende Bedingung wählen. Geht es darum, möglichst hohe Abzüge vom geschenkten Unternehmenswert vornehmen zu können, so kann es günstiger sein, sogleich beiden Ehegatten Rechte zu bestellen.

Sind im Übergabevertrag keine gesonderten **Regelungen** getroffen, so können solche im Zusammenhang **mit dem Pflichtteilsverzicht** oder der Einverständniserklärung des Ehegatten getroffen werden. Hierbei ist insb. bei der Zusage von Abfindungen – gleich ob als Einmalbetrag oder als lebenslange Rente – die **Rechtsprechung des BFH** zu beachten, dass der Pflichtteilsverzicht ein **unentgeltlicher Vorgang** ist.[624] Dem entsprechend ordnet der BFH – inzwischen einheitlich[625] – auch eine **Abfindung** für den Pflichtteilsverzicht als **unentgeltlich** ein. Wiederkehrende Zahlungen enthalten daher keinen Zinsanteil und sind

---

[623] Palandt/*Brudermüller* BGB § 1376 Rn. 34.
[624] BFH – VIII R 43/06, DStR 2010, 1327, m. Anm. *Klein,* SteuK 2010, 322; BFH – IV B 96/00, ZEV 2001, 449; BFH – X R 132/95, ZEV 2000, 121.
[625] Abweichend noch der VIII. Senat in BFH – VIII R 59/89, DStR 1992, 1357, das Urteil ist aber überholt durch BFH – VIII R 43/06, DStR 2010, 1327.

A. Gestaltungsimpulse

auch nicht nach § 22 Nr. 1 EStG steuerbar.[626] Damit ist die Abfindung nicht einkommensteuerlich, sondern allenfalls **schenkungsteuerlich relevant.**[627] Das ist nun die Kehrseite dieser Rechtsprechung. Ähnlich wie bei Zahlungen für einen Unterhaltsverzicht[628] oder eine Gütertrennung[629] **leugnet der BFH** – mE unzutreffend[630] – den **Gegenleistungscharakter** vor allem unter Berufung auf § 7 Abs. 3 ErbStG, da es sich in Bezug auf den Unterhalt bzw. den Zugewinn um eine bloße Erwerbschance handle. Damit ist die **schenkungsteuerliche Relevanz** einer Abfindung zu **prüfen**. Soweit die Freibeträge überschritten werden, sind **Ausweichgestaltungen** in Betracht zu ziehen, etwa die nach § 13 Abs. 1 Nr. 4a ErbStG steuerfrei mögliche Übertragung des Familienheims oder den gleichzeitigen Güterstandswechsel mit nach § 5 ErbStG steuerfreiem Zugewinnausgleich, wobei die Gegenleistung dann genau zuzuordnen ist.[631]

Die Firmenübertragung muss ferner Anlass sein, **bestehende Verträge** zwischen den Übergeberehegatten oder testamentarische Verfügungen des Übergebers einer **Überprüfung** zu unterziehen. **157**

Häufig sind **Eheverträge** geschlossen, in denen der Übergeberehegatte im Wesentlichen mit Rücksicht auf den Fortbestand der Firma Verzichtserklärungen abgegeben hat. Für diese ist in aller Regel nach der Übertragung der Firma auf gemeinsame Kinder der Grund entfallen, sodass sie aufgehoben oder überarbeitet werden müssen.

Bestehen **letztwillige Verfügungen** des Übergebers, so sind diese zumeist auf die Unternehmenssituation ausgerichtet und sehen etwa die Einsetzung des potentiellen Nachfolgers als Erben vor. Mit der Übertragung der Firma hat sich die Situation jedoch grundlegend gewandelt. Nun geht das Bestreben eher dahin, das verbliebene Privatvermögen für die weichenden Erben bzw. zur Absicherung des Ehegatten zu verwenden. Die letztwilligen Verfügungen müssen dem entsprechend neu gestaltet werden.

> **Hinweis:** Nach einer Firmenübergabe sind zumeist die Verträge und letztwilligen Verfügungen des Übergebers überarbeitungsbedürftig. Hier empfiehlt sich ein umfassender Vertrags-Check.

In gleicher Weise gilt dies, wenn die **Firma** nicht in der Familie übertragen, sondern **entgeltlich** an Dritte **veräußert** wurde. Hier sehen Eheverträge nur in wenigen Fällen einen Wegfall der Verzichte vor, die **158**

---

[626] BFH – VIII R 43/06, DStR 2010, 1327; so das FG Düsseldorf – 7 K 451/14 E, BeckRS 2014, 96374 auch für gestundete in Raten erbrachte Kaufpreisforderung.
[627] BFH – VIII R 43/06, DStR 2010, 1327, Tz. 15.
[628] BFH – II R 53/05, DStR 2008, 348 f.
[629] BFH – II R 12/06, DStRE 2007, 1516.
[630] Hierzu näher *Münch* DStR 2008, 26 ff. und *Münch* FPR 2012, 302 ff.
[631] Vgl. dazu BFH – II R 52/11, DStR 2013, 906.

2. Teil. Steuerberatung im Familienrecht

zum Schutz des betrieblichen Vermögens abgegeben wurden.[632] **Eheverträge** müssen also ggf. überarbeitet werden. **Erbrechtliche Regelungen** müssen nicht mehr auf die Firmennachfolge ausgerichtet sein. Liegt „nur" noch ein privater Erlös vor, so stellen sich keine Entnahmeprobleme mehr, sondern das Vermögen kann dann im Erbfalle auch verteilt werden.

159 Ist die Firma übergeben oder veräußert, so wird der Unternehmer regelmäßig spätestens nach fünf Jahren (zur Nachhaftung vgl. § 160 HGB) von Haftungen frei. Vermögensübertragungen, die zur **haftungsgünstigen Vermögensverteilung** getätigt wurden, können dann **überdacht** und ggf. wieder zurückgeführt werden. Sofern es sich um Privatvermögen handelt, das zur Abfindung anderer gemeinschaftlicher Abkömmlinge Verwendung finden soll, sind solche Umwege allerdings nicht notwendig.

160 Nicht selten kommt für den Firmenübergeber, der nun seiner täglichen Pflichten enthoben ist, ein Umzug ins Ausland in Betracht. Hierbei ist zu beachten, dass mit den europäischen Neuregelungen für Erbfälle nach dem 17.8.2015 gem. **Art. 21 EUErbVO** das anwendbare **Recht** sich **nach** dem **letzten gewöhnlichen Aufenthalt** bestimmt. Damit ist das Staatsangehörigkeitsprinzip, das bisher das deutsche IPR bestimmte, abgelöst. Im Ergebnis droht damit vielen deutschen Erbregelungen ein ungewisses Schicksal. Es empfiehlt sich daher in Fällen des Wegzugs entweder die **Wahl deutschen Rechts**, die bei deutscher Staatsangehörigkeit nach Art. 22 EUErbVO in Testamentsform erfolgen kann, oder aber nach einer **Günstigerprüfung** die Annahme des ausländischen Rechts mit entsprechenden Verfügungen, die nach dem dann anwendbaren Recht wirksam und geboten sind.[633]

Hinweis: Achtung bei einem Wegzug ins Ausland! Das Europäische Recht sieht darin auch einen Wechsel des anwendbaren Erbrechtes.

2. Übernehmerseite

161 Mit der Übertragung der Firma tritt nunmehr der Erwerber in die Rechtsstellung des Unternehmers ein und trägt die entsprechenden Risiken. Er hat daher die bereits geschilderte **Vorsorge**[634] **des Unternehmers nun in seiner Person** zu betreiben und die entsprechenden vertraglichen Regelungen und Vorsorgen zu treffen. Für den steuerlichen Berater ergibt sich damit folgende „Checkliste" hinsichtlich des neu eintretenden „Jungunternehmers":
– Ehevertrag mit Pflichtteilsverzicht
– Unternehmertestament/Erbvertrag
– Vorsorgevollmacht

---

[632] Vgl. etwa die Formulierung bei *Münch,* Ehebezogene Rechtsgeschäfte, Kap. 2 Rn. 402.
[633] Die Darstellung kann hier nicht weiter ausgeführt werden, vgl. dazu etwa *Lehmann* DStR 2012, 2083 oder *Everts* ZEV 2013, 124.
[634] → Rn. 95 ff.

A. Gestaltungsimpulse

3. Anpassung bestehender Gesellschaftsverträge

Die Firmenübertragung zwingt dazu, schon im Vorfeld die bestehenden **Gesellschaftsverträge** einer **Überprüfung** daraufhin zu unterziehen, ob sie die vorgesehene Übertragung erlauben und ob nach einer Übertragung Anpassungsbedarf besteht.

162

Insbesondere ist darauf zu achten, ob der Nachfolger als Gesellschafter **zugelassen** ist, weil hier häufig Personengesellschaftsverträge Einschränkungen vorsehen und auch GmbH-Satzungen regelmäßig eine Vinkulierung der Anteile enthalten.

Hier sind ggf. entsprechend den Bestimmungen in der Satzung **Zustimmungen** einzuholen, wobei genau darauf zu achten ist, ob die Gesellschafter oder die Gesellschaft ihre Zustimmung geben müssen.[635]

Zuweilen müssen auch **Gesellschaftsverträge zuvor geändert** werden, um die vorgesehene Nachfolge umsetzen zu können.

Insbesondere wenn **Teilanteile** übertragen werden, sollte geprüft werden, ob der Gesellschaftsvertrag alle notwendigen Regelungen für eine Mehrheit von Anteilsinhabern enthält. Haben sich die Gesellschaftsbeteiligungen in **mehrere Stämme** aufgespalten, so werden oft jedem Stamm bestimmte Rechte eingeräumt. Entsteht eine Patt-Situation, so können Mechanismen zur Auflösung des Stillstandes vorgesehen sein, so etwa Höchstpreisübernahmeklauseln. Ggf. ist es ratsam, einen Beirat zu installieren, der beratende und auch überwachende Funktion, aber auch – soweit es keine zwingende Selbstorganschaft gibt – Entscheidungskompetenzen haben kann.

Bei der Bestellung eines **Nießbrauchs** hat man sich zu vergewissern, dass dies gesellschaftsvertraglich zugelassen ist, und ggf. erforderliche Zustimmungen einzuholen.

IV. Geburt oder Annahme von Kindern

1. Abstammungsrechtliche Fragen

Wird ein Kind geboren, so stellen sich verschiedene rechtliche Fragen. Die **rechtliche Elternschaft** definiert das BGB klar. **Mutter** ist nach § 1591 BGB die Frau, welche das Kind geboren hat. **Vater** im Rechtssinne ist nach § 1592 BGB der Mann, der zum Zeit der Geburt mit der Mutter **verheiratet** war, ansonsten derjenige, welcher die Vaterschaft anerkannt hat oder dessen Vaterschaft gerichtlich festgestellt ist.

163

Die Vaterschaftszuordnung zum Ehemann der Mutter hat nach § 1594 Abs. 2 BGB eine Sperrwirkung gegenüber anderen Vaterschaftsanerkenntnissen.

Eine der Ehe vergleichbare Zuordnung der Vaterschaft gibt es für die nichteheliche Lebensgemeinschaft und für die Lebenspartnerschaft nicht. Das bedeutet insbesondere, dass ein **Kind**, das außerhalb der Ehe geboren wird, auch **nicht durch spätere Eheschließung** den **Status** eines

---

[635] Zustimmungen in der Urkunde haben oft erhebliche Kostenauswirkungen, da nach § 108 Abs. 2 GNotKG der Geschäftswert der Zustimmung nach dem Hauptgeschäft zu bestimmen ist.

Kindes des Ehemannes erlangt. Vielmehr ist hierzu eine Anerkennung oder gerichtliche Feststellung notwendig.[636] Die früher mögliche Legitimation des vor der Ehe geborenen Kindes durch die nachfolgende Eheschließung nach § 1719 BGB aF wurde abgeschafft, da der Unterschied zwischen ehelichen und nichtehelichen Kindern nicht mehr existiert.

> **Hinweis:** Steuerlich ist der Wegfall der Legitimation zu beachten. Der Status als Kind (und damit zB die entsprechenden Freibeträge und niedrigeren Steuersätze) wird erst durch eine zusätzliche Anerkennung erlangt. So hat der BFH erst jüngst entschieden, dass bei einer Erbschaft vom biologischen, aber nicht rechtlichen Vater keineswegs die Steuerklasse I zu gewähren ist, sondern die Steuerklasse III.[637]

Im Gesellschaftsrecht von Bedeutung ist der Umstand, dass das Teilnahmerecht an der Gesellschafterversammlung anstelle des Minderjährigen dem sorgeberechtigten Elternteil oder ggf. auch dem Vormund/ Betreuer zusteht.

2. Erb- und pflichtteilsrechtliche Auswirkungen

164 Die Geburt eines Kindes hat **Folgen** auch für die Erb- und Pflichtteilsrechte der **übrigen Kinder** und des **Ehegatten**, die sich entsprechend den gesetzlichen Quoten **verringern**. **Testamentarische Anordnungen** sind daraufhin zu überprüfen, ob sie der Nachbesserung bedürfen, etwa weil nur die bisherigen Kinder namentlich benannt sind, sodass das hinzutretende Kind nicht Miterbe würde.

Sind die **Kinder nicht in einer Ehe geboren** oder haben die **Eltern** sich **scheiden** lassen, so kann bei der Erbeinsetzung des Kindes und einem folgenden Tod dieses Kindes der andere leibliche Elternteil möglicherweise zur Erbschaft gelangen. Ist dies – wie regelmäßig – nicht gewünscht, so sollte, wenn das Kind Erbe wird, zu einer **Vor- und Nacherbschaft** geraten werden.

Soweit der zusätzliche Erb- und Pflichtteil stört, so wird ein Erb- oder Pflichtteils**verzicht** durch das minderjährige Kind **kaum zu erreichen** sein. Ein solcher kann den Eltern gegenüber nur durch einen Ergänzungspfleger erklärt werden (§ 1629 Abs. 2 S. 1, 1795, 181 BGB, § 1915 BGB). Nach § 2347 Abs. 1 BGB bedarf es ferner einer betreuungsgerichtlichen Genehmigung, die kaum zu erlangen sein wird, da zum Schutz des Minderjährigen eine Gegenleistung zu erbringen wäre, die nach Höhe und Fungibilität dem Pflichtteil gleichkommt. Dieser aber ist zum Zeitpunkt des Verzichtes kaum einzuschätzen.

3. Prüfung von gesellschaftsvertraglichen Klauseln

165 Die abstammungsrechtliche Einordnung des Kindes ist besonders bedeutsam für **Gesellschaftsverträge,** die nur **ehelichen Abkömmlingen** das Nachrücken ermöglichen. Eine solche Differenzierung enthalten

---

[636] Münch/*Müller-Engels*, Familienrecht, § 13 Rn. 15.
[637] BFH – II R 5/17, DStR 2020, 546; anders die Vorinstanz FG Hessen – 1 K 1507/16, ZEV 2017, 288.

A. Gestaltungsimpulse

viele Gesellschaftsverträge und zeichnen damit das Bild des früheren § 1934a BGB nach, der nichtehelichen Kindern im Rahmen der Erbschaft nach dem Vater nur einen Erbersatzanspruch zusprach.

Eine weitere Differenzierung wird vorgenommen, wenn nach Gesellschaftsvertrag nur **leibliche Abkömmlinge** nachfolgen dürfen. Dies schließt Adoptivkinder von der gesellschaftlichen Nachfolge aus.

Nach der Abschaffung der Unterscheidung von ehelichen und nichtehelichen Kindern durch den Gesetzgeber ist die Frage, ob eine **Differenzierung** zwischen ehelichen und nichtehelichen Kindern im Gesellschafts- oder Erbrecht nach wie vor erfolgen kann, noch nicht intensiv erörtert.[638] Hierzu wird einmal das Differenzierungsverbot der Art. 8 und 14 EMRK zu betrachten sein, aber auch die Frage, ob im Rahmen der **Drittwirkung von Grundrechten** der Vertragsfreiheit Grenzen gesetzt sind. Art. 6 Abs. 5 GG wendet sich aber an den Gesetzgeber. Dem dort verankerten Gleichheitsgebot steht zugleich die Testierfreiheit nach Art. 14 Abs. 1 GG gegenüber. Zudem sind Kinder nach deutschem Recht stets durch ihr Pflichtteilsrecht geschützt. Momentan wird eine solche Differenzierung daher noch nicht abgelehnt.[639]

> **Hinweis:** Zu beachten ist, dass durch die Abschaffung des Begriffes des ehelichen Kindes ein vorehelich geborenes Kind mit der Heirat der Eltern nicht mehr als eheliches Kind zu betrachten ist und daher ggf. nach dem Gesellschaftsvertrag nicht nachfolgeberechtigt ist.

4. Patchworkkinder

Mit der Zunahme der Patchworkfamilien[640] stellen sich besondere Probleme für Kinder in diesen Familien. Hier prallen verschiedene Interessen aufeinander. Die **Pflichtteile** sind gegenüber den „sozialen Eltern" unterschiedlich. Eine Vertretung durch den Ehegatten des leiblichen Elternteils aufgrund des sog. **kleinen Sorgerechtes** nach § 1687b BGB besteht nur für die Angelegenheiten des täglichen Lebens und dürfte daher für gesellschaftsrechtliche Angelegenheiten wenig relevant werden. **166**

V. Heirat/Partnerschaft

1. Vorsorgende Ehe- und Partnerschaftsverträge

Der Heirat eines Unternehmers oder eines vorgesehenen Unternehmensnachfolgers wird idR der **Abschluss eines vorsorgenden Ehevertrages** vorangehen. Hier wird idR das unternehmerische Vermögen vom **Zugewinn ausgeschlossen** oder aber Gütertrennung vereinbart. **167**

---

[638] Vgl. etwa *Angerer*, Schranken gesellschaftsvertraglicher Gestaltungsfreiheit bei Eingriffen in die Privatsphäre, 1993, 115 ff., die auf der Grundlage der gesetzlich noch bestehenden Differenzierung keine Bedenken sieht.
[639] Siehe zum vergleichbaren Fall der Zulassung nur leiblicher, nicht aber adoptierter Abkömmlinge *Reimann* ZEV 2013, 479 f.
[640] Hierzu Münch/*Münch*, Familienrecht, § 11.

Da letzteres schenkungsteuerliche Nachteile hat, wird heute zumeist die Modifizierung bevorzugt. In diesem Falle werden zumindest für das Unternehmen ferner die familienrechtlichen Verfügungsbeschränkungen der §§ 1365 f. BGB abbedungen.

Weitere Regelungen zum **Unterhalt**, zum **Versorgungsausgleich**, der sehr häufig zum Nachteil des Nichtunternehmers ausgeht, wenn der Unternehmer keine eigenen Versorgungen hat, sind je nach Situation zu treffen.

Ein gegenständlich beschränkter **Pflichtteilsverzicht** auf das Unternehmen wird allerdings in aller Regel mit vereinbart werden müssen.

Soweit im vorsorgenden Ehevertrag **Gegenleistungen** versprochen werden, ist auf die Rechtsprechung zu achten, dass diese der Schenkungsteuer unterliegen.[641]

Wenn für Zahlungspflichten im Ehevertrag **Vollstreckungsunterwerfungen** erklärt werden, so können diese unliebsame Folgen haben. Wenn im Falle einer Trennung der daraus berechtigte Nichtunternehmer die Zwangsvollstreckung in Gesellschaftsanteile betreibt, so kann dies zum Ausschluss des Gesellschafters führen, denn Gesellschaftsverträge sehen dies üblicherweise vor.

2. Nichtbeachtung gesellschaftsrechtlicher Klauseln

168 Viele moderne Gesellschaftsverträge enthalten Klauseln, wonach ein Gesellschafter, der heiratet, **ohne ehevertraglich** das Gesellschaftsvermögen vom Zugewinn auszuschließen und aus dem Pflichtteil auszuklammern, aus der Gesellschaft **ausgeschlossen** werden kann.

Mit der Heirat ohne solche Vorkehrungen verstößt der Gesellschafter gegen diese Klauseln und löst ggf. seinen Ausschluss aus. Der Gesellschaftsvertrag sollte jeden Automatismus in solchen Angelegenheiten vermeiden und daher den Ausschluss von einer **Aufforderung** zur Vorlage eines Ehevertrages abhängig machen, sodass binnen bestimmter Frist noch reagiert werden kann.[642] In jedem Falle ist – gerade mit Blick auf die Inhaltskontrolle von Eheverträgen[643] – **rechtzeitig vor** der geplanten Hochzeit oder der geplanten **Übertragung** eines Unternehmens das Thema Ehevertrag mit dem Ehegatten des Unternehmers/Nachfolgers zu besprechen.

3. Sicherung des Ehepartners im Todesfall

169 Mit der Heirat hat der Unternehmer neben der Sicherung des Unternehmens in der Familie zugleich auch das Bestreben der **Absicherung der Ehefrau** für den Todesfall. Hier ist neben dem Unternehmertestament ggf. eine **erbvertragliche Regelung** empfehlenswert, durch die dem Unternehmerehegatten **bestimmte Vermächtnisse** (zB Familienheim oder Geldbeträge oder Lebensversicherungen bzw. Renten-

---

[641] BFH – II R 12/06, DStRE 2007, 1516; BFH – II R 53/05, DStR 2008, 348; hiergegen *Münch* DStR 2008, 26 f.; *Münch* FPR 2012, 302 f.
[642] Näher zu den Güterstandsklauseln → Rn. 711 ff.
[643] Hierzu → Rn. 405 ff.

A. Gestaltungsimpulse

zahlungen) **bindend** für den Todesfall versprochen werden. Dies kann insb. auch als Kompensation für den Pflichtteilsverzicht hinsichtlich des betrieblichen Vermögens vereinbart sein.

4. Steuergestaltung mittels Ehegatten

Bereits besprochen wurden **vertragliche Gestaltungen unter Ehegatten**, die **wie zwischen fremden Dritten** gefasst sind und steuerlich besonderen Anforderungen genügen müssen.[644] Mit der Heirat eröffnen sich für den gestaltenden Berater daher neue Möglichkeiten. Freilich müssen die Gefahren einer Scheidung mit der dann etwa notwendigen Rückabwicklung zugleich mitbedacht werden. 170

5. Betriebliche Mitarbeit regeln

Wenn der **Nichtunternehmer**-Ehegatte **im Betrieb mitarbeitet**, so ist zu empfehlen, diese Mitarbeit **arbeitsrechtlich** zu **regeln**, damit später andere Ansprüche ausgeschlossen sind. Die Rechtsprechung gewährt nämlich bei Mitarbeit des Ehegatten im Betrieb eigene Ansprüche, etwa aus **Ehegatteninnengesellschaft**, die separat neben den güterrechtlichen Ansprüchen bestehen. Solche Ansprüche sollten im Rahmen eines Ehevertrages ausgeschlossen oder jedenfalls auf einen Aufwendungsersatz beschränkt werden. Zu einer Ehegatteninnengesellschaft wird man jedoch schon gar nicht gelangen, wenn eine spezielle arbeitsrechtliche Vereinbarung getroffen ist. 171

VI. Krankheit, Tod, Scheidung

Gestaltungsimpulse bei Krankheit, Tod und Scheidung wurden bereits im Rahmen der familiären Entwicklungen als Gefahrenpotential vorgestellt.[645] 172

VII. Vertrags-TÜV

1. Dauermandat

Der steuerliche Berater wird idR ein **Dauermandat** haben. Der Notar und überwiegend auch der Rechtsanwalt hingegen haben einen Auftrag immer nur für einen konkreten Fall. Daher liegt es nahe, dass überwiegend der Steuerberater aufgrund des Dauermandates in der Lage ist, den **Anstoß** für etwa notwendige Veränderungen zu geben. Dies geschieht auch in der Praxis sehr oft. 173

Für die hier zu besprechenden **familienrechtlichen Verträge** ist zudem festzustellen, dass diese Verträge von den Beteiligten **periodisch überprüft** werden sollten, ob der Lebenssachverhalt noch zu den Regelungen des Vertrages passt. So kann etwa eine Versorgungsausgleich-Regelung nicht mehr zutreffend sein, wenn ein Ehegatte die Selbständigkeit aufgegeben hat und nun als gut bezahlter Angestellter hohe Altersversor-

---
[644] Hierzu → Rn. 75 ff.
[645] → Rn. 105 ff.

2. Teil. Steuerberatung im Familienrecht

gungen erdient. Die aufgezeigten Sachverhalte für Gestaltungsimpulse bedingen oft die Neugestaltung von Verträgen. Die Beteiligten selbst denken jedoch meistens nicht an diese Anpassungsnotwendigkeiten, sodass Scheidung oder Tod oft mit veralteten und unpassenden Verträgen bewältigt werden müssen.

Hier kann es zwar nicht Pflicht, aber **guter Service** des steuerlichen Beraters sein, einen **Vertrags-TÜV** zu implementieren und seine Mandanten auf notwendige Änderungen hinzuweisen. In der Praxis ist zu beobachten, dass dies bereits vielfach geschieht.

Zudem werden die Mandanten vom Steuerberater sensibilisiert, wichtige Verträge, die steuerliche Auswirkungen haben können, nicht ohne seinen vorherigen Rat abzuschließen.

2. Datenpflege

174 Eine Grundlage für diesen Service ist die immer bessere **Datenpflege**, welche die moderne Büroorganisation anbietet. Mit Software, die in der Lage ist, umfangreiche **Mandanteninformationen** zu speichern und aufzubereiten, etwa geschlossene **Verträge als Scan** in der Mandantenakte zu hinterlegen, lässt sich im Rahmen eines Dauermandates dieser Vertrags-TÜV für den Mandanten leisten.

B. Steuerliche Vertragsoptimierung

I. Steuerliche Auswirkungen vertragsbestimmend

1. Interprofessionelle Zusammenarbeit

175 Häufig sind **steuerliche Gründe** für den Abschluss von Verträgen **bestimmend**. Dies gilt nicht nur für gesellschaftsrechtliche Verträge oder vorweggenommene Erbfolgen, sondern ebenso für viele familienrechtliche Verträge. So wird etwa der Güterstand mit Rücksicht auf schenkungssteuerliche Folgen oder eine ins Auge gefasste Güterstandsschaukel gewählt. Bei Scheidungsvereinbarungen muss sichergestellt sein, dass die Regelungen der Vertragsteile möglichst wenig Steuern auslösen. So sind etwa Abfindungen aus dem Betriebsvermögen ebenso zu vermeiden wie Eigentumsübertragungen, die zu steuerbaren privaten Veräußerungsgewinnen führen. Bei Unterhaltszahlungen muss überlegt werden, wie diese am ehesten steuerlich geltend gemacht werden können.

Zum Erreichen des optimalen Vertrages ist daher ein **Zusammenwirken der rechtlichen und steuerlichen Berater** unerlässlich, bei dem jeder aus seiner Verantwortung heraus den ihm anvertrauten Bereich zur Geltung bringt. Dieses Zusammenwirken wird dann für den Mandanten am besten funktionieren, wenn jeder Dienstleister auch über **Grundkenntnisse aus dem jeweils anderen Bereich** verfügt, denn dies erst erlaubt ein zielführendes Zwiegespräch. Diesem Anliegen will das vorliegende Buch dienen, um den steuerlichen Berater mit den aus

B. Steuerliche Vertragsoptimierung

seiner Sicht wichtigen Grundkenntnissen der familienrechtlichen Vertragsgestaltung vertraut zu machen.[646]

2. Steuerliche Zielvorstellung übermitteln

Die Zusammenarbeit erfordert zunächst, dass der steuerliche Berater dem Vertragsgestalter seine **steuerlichen Zielvorstellungen** ggf. gemeinsam mit den vom **Mandanten** bereits vorgetragenen **Gesichtspunkten** übermittelt und den für den Vertragsgestalter wichtigen **steuerlichen Sachverhalt** zusammenträgt.

176

Beispiel – Das langjährige Oderkonto: Der Mandant eines Steuerberaters hat jahrelang Gewinnentnahmen auf ein Oderkonto beider Ehegatten fließen lassen. Von dort wurden die Gelder für den Lebensunterhalt verbraucht, es wurden Geldanlagen auf den Namen des Mandanten alleine getätigt, aber auch in erheblichem Umfang gemeinsames Immobilienvermögen angeschafft und gemeinsame Geldanlagen getätigt, wobei immer der Mandant mitgewirkt hat. Der Steuerberater hat das Mandat neu übernommen und stellt fest, dass bisher keinerlei schenkungsteuerliche Konsequenzen aus diesem Vorgehen gezogen wurden. Die Ehegatten leben im gesetzlichen Güterstand. Dem Steuerberater ist bekannt, dass der BFH seine strenge Ansicht gelockert hat und den Nachweis durch das Finanzamt fordert, dass der nicht einzahlende Ehegatte auch tatsächlich und rechtlich frei über die Hälfte der eingezahlten Gelder verfügen kann.[647] Dennoch möchte er jede Gefahr durch Gestaltung vermeiden. Der Steuerberater trägt diesen Sachverhalt einem Familienrechter vor und bittet um Rat. Zielvorstellung ist, die schenkungsteuerliche Problematik nach Möglichkeit durch familienrechtliche Gestaltung aufzulösen. Steuerliches Zentrum der Problematik ist § 29 Abs. 1 Nr. 3 ErbStG, nach dem eine etwa angefallene Schenkungsteuer für die Vergangenheit erlischt, wenn unentgeltliche Zuwendungen in den Fällen des § 5 Abs. 2 ErbStG auf die Ausgleichsforderung angerechnet worden sind.
Da die Zuwendung angerechnet worden sein muss, setzt die Anwendung der Vorschrift voraus, dass die gesetzliche Zugewinnausgleichsforderung zum Entstehen gebracht wird, damit die Zuwendungen darauf angerechnet werden können. Das bedeutet, dass die Ehegatten in einem Ehevertrag Gütertrennung vereinbaren müssen. Ist der Zuwendende dann der Ausgleichspflichtige, so können seine vorab getätigten Zuwendungen nunmehr zur Anrechnung gebracht werden. Dass bei der Zuwendung eine Anrechnungsbestimmung getroffen wurde, vermutet das Gesetz nach § 1380 Abs. 1 S. 2 BGB, sobald der Wert üblicher Gelegenheitsgeschenke überschritten ist.
Man wird also einen Gütertrennungsvertrag entwerfen und die bisherigen Leistungen zur Anrechnung bringen. Da die steuerliche Berücksichtigung solchen Tuns – so wie vom BFH für die Güterstandsschaukel gefordert[648] – eine ernsthafte güterrechtliche Abwicklung erfordert, werden die Berater zudem den Zugewinn berechnen und überlegen, was mit überschießenden Forderungen geschieht, ob diese zur Auszahlung gebracht oder ggf. (verzins-

---

[646] Wenig verständlich ist die Behauptung, die Zusammenarbeit des Notars mit anderen Beratern sei wenig intensiv, *Schneider/Bögemann*, 31. Sie zeigt, dass hier zulasten des Mandanten Chancen des Erkenntnisgewinns verschenkt werden.
[647] BFH – II R 33/10, ZEV 2012, 280.
[648] BFH – II R 29/02, ZEV 2005, 490, m. Anm. *Münch*.

2. Teil. Steuerberatung im Familienrecht

lich) gestundet werden. Der Familienrechtler wird hierzu über Berechnungsprogramme verfügen, bedarf aber bei der Berechnung wiederum der Hilfe des Steuerrechtlers, wenn es gilt, die latenten Ertragsteuern abzuziehen.[649] Schließlich wird der Familienrechtler dem Steuerrechtler noch erklären, dass es zivilrechtlich nicht vollends geklärt ist, was mit der Anrechnung passiert.[650] Insbesondere wird diskutiert, ob die vormals unentgeltliche Zuwendung in eine entgeltliche mutiert. Der Steuerrechtler wird darauf hin noch überprüfen, ob dem geplanten Vorgehen etwaige einkommensteuerliche Hindernisse entgegenstehen.[651]

177 Zur Frage, wann eine Schenkung durch Einzahlung auf ein Oder-Konto überhaupt vorliegt, hat der BFH[652] nun folgendes entschieden:

1. Wird die Zahlung eines Ehegatten auf ein Gemeinschaftskonto (sog. Oder-Konto) der Eheleute als freigebige Zuwendung an den anderen Ehegatten der Schenkungsteuer unterworfen, trägt das FA die Feststellungslast für die Tatsachen, die zur Annahme einer freigebigen Zuwendung iSd §7 Abs.1 Nr.1 ErbStG erforderlich sind, also auch dafür, dass der nicht einzahlende Ehegatte im Verhältnis zum einzahlenden Ehegatten tatsächlich und rechtlich frei zur Hälfte über das eingezahlte Guthaben verfügen kann.
2. Gibt es hinreichend deutliche objektive Anhaltspunkte dafür, dass beide Ehegatten entsprechend der Auslegungsregel des §430 BGB zu gleichen Anteilen am Kontoguthaben beteiligt sind, trägt der zur Schenkungsteuer herangezogene Ehegatte die Feststellungslast dafür, dass im Innenverhältnis nur der einzahlende Ehegatte berechtigt sein soll.

Auf der Grundlage der mitgeteilten Zielvorstellungen können dann **Gestaltungsalternativen** erörtert werden und die letztlich in Betracht kommenden Vorgehensweisen mit ihren Vor- und Nachteilen gegenübergestellt werden, sodass man sich letztlich – ggf. nach einer steuerlichen Modellrechnung – für die zu wählende Gestaltung entscheiden kann.

3. Vertragsentwürfe überprüfen

178 Die entsprechende Gestaltung kann sodann in **Vertragsentwürfen** niedergelegt werden, die dem Steuerrechtler erneut zur Überprüfung übersandt werden. Soweit letzte steuerliche Zweifel beseitigt werden müssen, dienen diese Vertragsentwürfe zugleich als **Grundlage** für eine **verbindliche Anfrage** beim Finanzamt. Hier bietet sich nun Gelegenheit, die Vertragsentwürfe auf das Erreichen der steuerrechtlichen Ziele zu überprüfen und ggf. Abänderungsvorschläge zu unterbreiten. Im Folgenden werden einige Gestaltungsvorschläge als Anschauungsmaterial zu finden sein.

---

[649] Hierzu ausführlich → Rn.187ff.
[650] Hierzu näher → Rn.503ff.
[651] Hierzu ausführlich Stein DStR 2012, 1734f. Ob der BFH freilich wirklich die dort interpretierte Entscheidung dieser Frage hat treffen wollen, erscheint durchaus zweifelhaft.
[652] BFH – II R 33/10, DStR 2012, 796.

B. *Steuerliche Vertragsoptimierung*

II. Schädlichkeitsscan gegebener Vertragsentwürfe

1. Typische Konfliktpotentiale

Geht die Vertragsinitiative nicht vom steuerlichen Berater aus, sondern von den Beteiligten selbst, so ist der **Vertragsgestalter** derjenige, der an **Konfliktpotentiale** mit dem **Steuerrecht** denken und die **Hinzuziehung** eines **steuerlichen Beraters** anregen sollte. Solche Einbindung des steuerlichen Beraters ist in sehr vielen Lebenssachverhalten erforderlich.[653] Dass die vorweggenommene Erbfolge bezüglich eines Unternehmens nicht ohne den Rat des Steuerberaters auskommt, wird jedem einleuchten.

Dass aber bei einer **Scheidungsvereinbarung** ein oder besser noch für jeden Ehegatten ein eigener steuerlicher Berater zum Einsatz kommen sollte, ist weniger offensichtlich.

Beispiel – Die Scheidungsimmobilie: Zwei Ehegatten M und F suchen den Notar auf mit dem Anliegen, möglichst kostengünstig ihre Scheidung mit Vermögensauseinandersetzung abzuwickeln. Hierzu soll eine Scheidungsvereinbarung dienen. Die Ehegatten hatten sich bei der Vorbereitung der Silvesterfeier 2013 zerstritten, M war aufgrund einer einvernehmlichen Entscheidung sofort aus der gemeinsamen Immobilie, die in 2010 erworben worden war, ausgezogen. F bewohnte das Haus noch bis Juli 2014. Dann zieht sie zu ihrem neuen Freund. Nun ist ein Käufer gefunden und im Oktober 2014 soll der Kaufvertrag geschlossen werden. F möchte das Haus erst nach dem Weihnachtsurlaub räumen und wünscht einen Besitzübergang erst zur Mitte des Januar 2015. M und F rechnen sich jeweils den hälftigen Erlös netto zu. Der Notar, der schon einmal etwas von der „Trennungsfalle" gehört hat, rät zur Einschaltung eines Steuerberaters. Dem bisher gemeinsamen Steuerberater wird der Fall vorgelegt. Er prüft das Entstehen einer Veräußerungsgewinnbesteuerung und kommt zu folgendem Ergebnis: Im Hinblick auf § 23 EStG sind zunächst beide Miteigentumsanteile getrennt zu behandeln. Da Anschaffung und Veräußerung innerhalb der 10-Jahresfrist liegen, ist für M und F jeweils zu prüfen, ob eine Ausnahme von der Veräußerungsgewinnbesteuerung wegen Eigennutzung greift.
Die Alternative „zwischen Anschaffung/Herstellung und Veräußerung ausschließlich zu eigenen Wohnzwecken genutzt" ist weder für M noch für F einschlägig, da der Leerstand aus beider Sicht nicht durch die Veräußerung bedingt ist,[654] sondern durch die Trennung bzw. den Umzug zum neuen Partner.
Bei der Alternative „Nutzung zu eigenen Wohnzwecken im Jahr der Veräußerung und in den beiden vorangegangenen Kalenderjahren" ist hingegen ein Leerstand zwischen Beendigung der Selbstnutzung und Veräußerung nach BMF unschädlich, wenn die Veräußerung noch im Jahr der Nutzungsbeendigung erfolgt, ohne dass auf die Gründe für den Leerstand abgestellt wird.[655] Für den Zeitpunkt der Veräußerung aber hat der BMF in der ersten

---

[653] Vgl. nur BGH – IX ZR 61/19, NJW 2020, 1139 zur Haftung des Anwaltes, der es unterlässt, bei einer Scheidungsfolgenvereinbarung einen Steuerberater hinzuzuziehen. Der BGH argumentiert, dass im Palandt von dem Problem die Rede gewesen sei; dazu Anm. *Meixner/Schröder* DStR 2020, 894 f.

[654] Das aber fordert BMF, BStBl. I 2000, 383, Rn. 25 für diese Alternative.

[655] BMF, BStBl. I 2000, 383, Rn. 25.

2. Teil. Steuerberatung im Familienrecht

Alternative klargestellt, dass es auf den Übergang des wirtschaftlichen Eigentums ankommt.[656] Zudem hat das BMF im genannten Schreiben klargestellt, dass die unentgeltliche Überlassung an ein Kind noch als Eigennutzung zählt, nicht jedoch die Überlassung an andere Unterhaltsberechtigte.[657] Der Steuerberater zieht daraus folgende Schlüsse: Ehemann M ist noch in 2013 trennungsbedingt ausgezogen. Die Überlassung an die Ehefrau zählt nicht als eigene Nutzung. In 2013 wird nicht mehr veräußert. Für den hälftigen Anteil des M greift die Ausnahme des § 23 EStG nicht, sie wird der Veräußerungsgewinnbesteuerung unterliegen.

F hingegen hat noch in 2014 das Objekt bewohnt. Wird dieses in 2014 veräußert, so greift für sie die Ausnahme. Allerdings muss beachtet werden, was unter Veräußerung zu verstehen ist. Wenn es laut BMF auf den wirtschaftlichen Übergang von Besitz, Nutzen und Lasten ankommt, dann ist F dringend zu raten, diesen noch in 2014 herbeizuführen.

Geschieht dies so, wird die Veräußerung des M besteuert, diejenige der F hingegen nicht. M wird daher weniger vom Erlös übrig behalten. Es stellt sich die Frage, ob dies etwas an der Verteilung des Zugewinns ändert. Dieser ist unter Berücksichtigung latenter Ertragsteuern zu berechnen. Der gemeinsame Steuerberater wird sich schwer tun, hierzu Vorschläge zu unterbreiten. Es ist daher besser, wenn nach einer Trennung jeder Ehegatte einen eigenen steuerlichen Berater mit der Wahrung seiner Interessen beauftragt.

Noch deutlicher wird der Interessengegensatz, wenn ein Ehegatte nach Trennung dem anderen seinen Miteigentumsanteil verkauft. Hier bietet sich dem steuerlichen Berater ein ganz erhebliches Tätigkeitsfeld.

2. Begrenzte steuerliche Aufklärungspflicht anderer Berufe

180 Dies gilt insb. auch deshalb, weil die **steuerliche Beratungspflicht** anderer Berufe beschränkt ist. So sind etwa die **Notare** zu einer steuerlichen Belehrung in Bezug auf **Grunderwerb-** und **Schenkungsteuer** nach § 19 BeurkG bzw. § 8 ErbStDV verpflichtet, allerdings schon in diesen Bereichen nur eingeschränkt insoweit als auf das **mögliche Entstehen** dieser Steuern hingewiesen werden muss; zu einer Belehrung über die Höhe oder über eine steuersparende Gestaltung besteht keine Pflicht.

Es besteht darüber hinaus auch **keine allgemeine steuerliche Belehrungspflicht**, etwa hinsichtlich einer Veräußerungsgewinnbesteuerung.[658] Allerdings hat der BGH auch entschieden, eingereichte Unterlagen müssen zur Kenntnis genommen werden und wenn sich aus diesen das Entstehen von Spekulationssteuer aufdrängt, müsse eine Belehrung erfolgen.[659] Ermittlungen müssen hierzu nicht angestellt werden. Nicht einmal bei Daten, die sich aus dem Grundbuch oder einer beigezogenen Rechnung ergeben, muss der Notar auf das Unterschreiten der Spekulationsfrist schließen.[660] Auch hinsichtlich der Umsatzsteuer besteht

---

[656] BMF, BStBl. I 2000, 383, Rn. 25.
[657] BMF, BStBl. I 2000, 383, Rn. 23.
[658] BGH – VI ZR 148/79, DNotZ 1981, 775.
[659] BGH – IX ZR 31/88, NJW 1989, 586.
[660] OLG Celle – 3 U 33/13, BeckRS 2013, 09942.

B. Steuerliche Vertragsoptimierung

keine allgemeine Belehrungspflicht. **Korrigiert der Notar hierbei einen Teilaspekt**, so beschränkt sich seine Haftung auf diesen Teilaspekt.[661] Zudem ist die **Haftung des Notars** nur **subsidiär**, § 19 Abs. 1 BNotO iVm § 839 Abs. 1 S. 2 BGB, sodass die haftungsrechtliche Verantwortung des Steuerberaters diejenige des Notars überlagert.[662] Dies gilt auch gegenüber einer unentgeltlichen Tätigkeit eines Steuerberaters und Rechtsbeistandes, der eine Vereinbarung vorbereitend entworfen hat.[663]

Umso mehr werden die steuerlichen Berater bei der Erstellung und später zur Überprüfung von Vertragsentwürfen herangezogen werden. Auch wenn die Initiative von den Beteiligten ausgeht, wird der **rechtliche Berater** bei möglicherweise gegebener steuerrechtlicher Relevanz die **Hinzuziehung** eines **Steuerberaters veranlassen**, um zu einer umfassenden Würdigung der Vertragsentwürfe zu kommen und einen Schädlichkeitsscan durchzuführen.

3. Steuerrechtlicher Vergleich familienrechtlicher Gestaltungsmöglichkeiten

Dabei ist es hilfreich, wenn der rechtliche Berater **Gestaltungsziele** und die **verschiedenen Gestaltungsmöglichkeiten**, die das Familienrecht zum Erreichen dieser Ziele bietet, **nebeneinanderstellt**, sodass der steuerliche Berater die jeweiligen steuerlichen Auswirkungen beurteilen kann, damit am Ende eine Lösung gewählt wird, die möglichst zivilrechtlich wie auch steuerlich vorteilhaft oder zumindest nicht nachteilig ist.

181

Die nachfolgenden Ausführungen zum Familienrecht sollen helfen, diese familienrechtlichen Gestaltungsmöglichkeiten richtig einschätzen zu können oder auch aus steuerlicher Sicht vorteilhafte Alternativen ins Gespräch bringen zu können.

III. Haftungsrechtliche „Abänderungssperre"

Die rechtsberatenden Berufe müssen zudem nach der Rechtsprechung des BGH in den Fällen, in denen ein Vertragsentwurf mit dem steuerlichen Berater abgestimmt war, bei einer Änderung den steuerlichen Berater erneut konsultieren, um etwaige Haftungen zu vermeiden. Haftungsrechtlich unterliegt also ein solcher Vertragsentwurf quasi einer Abänderungssperre. Der BGH hat formuliert, dass hier der Rat geschuldet werde, die steuerliche Tragweite der Änderung durch den steuerlichen Berater vor Beurkundung nochmals überprüfen zu lassen.[664]

182

---

[661] BGH – III ZR 33/07, DNotZ 2008, 370.
[662] OLG Frankfurt/Main – 24 U 50/94, DNotZ 1996, 589.
[663] OLG Nürnberg – 4 U 2181/07, FamFR 2010, 95.
[664] BGH – IX ZR 201/01, DNotZ 2003, 845; im konkreten Fall scheiterte die Haftung an dem nicht geführten Nachweis der Kausalität der Pflichtverletzung für den Schaden.

2. Teil. Steuerberatung im Familienrecht

C. Einseitige Steuerliche Beratung

I. Gemeinsames Mandat von Ehegatten

1. Gemeinsamer Auftrag von Ehegatten

183 Während bestehender Ehe beauftragen Ehegatten im Normalfall einen gemeinsamen Steuerberater zur Betreuung ihrer steuerlichen Angelegenheiten. Aufgrund der bestehenden gleichgerichteten Interessen wird der Steuerberater so beraten, dass die steuerliche Gesamtbelastung der Ehegatten oder der Familie optimiert wird. Dies kann in Einzelfällen anders sein, wenn etwa jeweils getrennte Firmenbeteiligungen vorliegen, die eigens beraten werden.

Zu diesem gemeinsamen Mandat haben die Ehegatten regelmäßig auch einen gemeinsamen Auftrag erteilt.

2. Verbot der Vertretung widerstreitender Interessen

184 Zwar gibt es im StBerG keine dem § 43a BRAO vergleichbare Vorschrift,[665] aber die Bundessteuerberaterkammer hat in der von ihr auf der Grundlage der Satzungsermächtigung des § 86 StBerG und in Anknüpfung an die Berufspflichten in § 57 StBerG erlassenen Berufsordnung der Bundessteuerberaterkammer (BOStB) in § 6 ein solches Verbot der Vertretung widerstreitender Interessen niedergelegt. Dessen Absatz 2 lautet:

> **§ 6 Abs. 2 BOStB:** Mehrere Auftraggeber dürfen in derselben Sache beraten oder vertreten werden, wenn dem Steuerberater ein gemeinsamer Auftrag erteilt ist oder alle Auftraggeber einverstanden sind. Steuerberater müssen auf widerstreitende Interessen ausdrücklich hinweisen und dürfen insoweit nur vermittelnd tätig werden.

Diese ausdrückliche Regelung enthebt von der Diskussion der Frage, ob sich ein solches Verbot aus den allgemeinen Berufsregelungen ergibt.[666] Das entsprechende Verbot der Vertretung widerstreitender Interessen soll auch **nicht der Parteidisposition unterliegen**,[667] so dass bei Vorliegen solch widerstreitender Interessen auch ein gemeinsamer Auftrag nicht mehr hilft.

Konsequenz des Eingreifens des Verbotes, widerstreitende Interessen zu vertreten, ist das Eingreifen einer Aufklärungspflicht und die Beschränkung auf vermittelndes Tätigwerden.

---

[665] Zum „Doppelmandat" in Scheidungssachen BGH – IX ZR 322/2012, FamFR 2013, 532.

[666] Die Entscheidung des BVerfG – 1 BvR 736/02, NJW 2002, 2163, die im letzten Satz als obiter dictum ausführt, das Verbot widerstreitender Interessen gelte nicht für Steuerberater, wird insoweit als unverständlich bezeichnet, *Schramm* DStR 2003, 1364 f., Fn. 18.

[667] *Schramm* DStR 2003, 1364 (1365) mwN.

C. Einseitige Steuerliche Beratung

II. Widerstreitende Interessen durch Scheidungssituation

Fraglich wird stets sein, ab wann im Einzelfall ein Interessenwiderstreit vorliegt. Die Ehescheidung jedenfalls wird als ein Beispielsfall solcher widerstreitender Interessen ausdrücklich genannt.[668] Jüngste BGH-Entscheidungen zum Anwaltsrecht fordern eine „konkret objektive Betrachtung", wonach nicht ausreichend ein lediglich latenter Interessenkonflikt ist, sondern ein solcher im konkreten Fall auch tatsächlich vorliegen muss.[669]

Zivilrechtlich ist es so, dass der Zeitpunkt der **endgültigen Trennung** mittlerweile als derjenige Zeitpunkt favorisiert wird, ab dem nicht mehr gemeinsame Interessen wahrgenommen werden. So stellt etwa die Neufassung des § 1375 Abs. 2 S. 2 BGB ausdrücklich auf den Zeitpunkt der Trennung ab. Von diesem Zeitpunkt an werden Vermögensminderungen dem Endvermögen wieder hinzugerechnet, wenn nicht der Vermögensinhaber nachweist, dass die Minderung nicht illoyal war. Im Rahmen des Gesamtschuldnerausgleichs wird die familienrechtliche Überlagerung, die einem Ausgleich bei Zahlungen durch einen Ehegatten entgegensteht, ab der endgültigen Trennung nicht mehr angenommen, sodass ab diesem Zeitpunkt ein Ausgleich vom anderen Ehegatten gefordert werden kann.[670]

Steuerrechtlich endet die Möglichkeit der Zusammenveranlagung nach § 26 Abs. 1 S. 1 Nr. 2 EStG zwar erst in dem **auf die Trennung folgenden Jahr**, gerade die Zusammenveranlagung aber führt häufig zu einer Steuerbelastungsverschiebung zulasten eines Ehegatten, aber zugunsten des anderen und der Gesamtsteuerbelastung. Es wird daher nach Trennung mit einer solchen Zustimmung nur noch in Verbindung mit dem Ausgleich der steuerlichen Nachteile gerechnet werden können. Die hierzu ergangene zivilrechtliche[671] und steuerrechtliche[672] Rechtsprechung, die sich in unterschiedlicher Weise mit der Pflicht zur Zustimmung zur Zusammenveranlagung auseinandersetzt, bewirkt wohl, dass der Steuerberater, wenn er von der Trennung erfährt, gehalten ist, seiner **Aufklärungspflicht** nach § 6 Abs. 2 BOStB nachzukommen und die Ehegatten über die Verschiebung der Steuerbelastung aufzuklären. Der Steuerberater ist ab diesem Zeitpunkt verpflichtet, auch das Innenverhältnis der Ehegatten zu berücksichtigen.[673] Wenn die Ehegatten die Verschiebung der Steuerlast nach wie vor billigen oder sie ihrer Unterhaltsberechnung zugrunde legen und so wirtschaftlich ausgleichen, wird der Steuerberater weiterhin vermittelnd tätig sein und auch die Steuererklärung erstellen dürfen.

---

[668] *Ruppert* DStR 2011, 138 (140).
[669] BGH – AnwZ 35/11, NJW 2012, 3039; hierzu *Henssler/Deckenbrock* NJW 2012, 3265 f.
[670] OLG Frankfurt/Main – 1 U 284/03, NJW-RR 2004, 1586.
[671] BGH – XII ZR 250/04, DStR 2007, 1408.
[672] BFH – VII R 16/05, NJW 2006, 942; BFH – III R 40/10, BeckRS 2013, 94024.
[673] OLG Düsseldorf – 23 U 31/01, NJOZ 2002, 539.

2. Teil. Steuerberatung im Familienrecht

Ganz deutlich wird der **Interessengegensatz**, wenn ein **Vorteil auf der Seite eines Ehegatten** (zB erhöhte Abschreibung durch entgeltlichen Erwerb vom anderen Ehegatten) mit einem **Nachteil für den anderen Ehegatten korrespondiert** (zB Veräußerungsgewinnbesteuerung).

III. Einseitiges Mandat

186   Wenn für den Steuerberater nach den obigen Ausführungen ein **gemeinsames Mandat nicht mehr** in Betracht kommt, stellt sich die weitere **Frage, ob** er dann einen der **Ehegatten einseitig weiter beraten kann.** Hier wird vertreten, dass auch ehemalige Mandate mit weiter bestehenden Schutzpflichten ausgestattet sind, sodass nach § 57 StBerG iVm § 6 BOStB auch die sukzessive Doppelvertretung verboten sei.[674] Aus diesem Grunde wird ein Steuerberater auch **prüfen** müssen, ob nach Auslaufen des gemeinsamen Mandates eine einseitige Interessenvertretung weiter fortführen kann.

Rechtsprechungsbeispiel: Die Problematik sei am Beispiel eines aktuellen Urteils des BGH zum Anwaltsrecht erläutert. Dort hatte eine Anwältin scheidungswillige Ehegatten gemeinsam beraten. Schon in der Beratung stellte sich heraus, dass eine gemeinsame Lösung nicht möglich war. Der BGH sah eine Pflicht zur Aufklärung, dass nach einer gescheiterten gemeinsamen Beratung die Anwältin keinen Ehegatten mehr einseitig beraten dürfe, sondern ihr Mandat niederlegen müsse, sodass beide Ehegatten jeweils eigene Anwälte beauftragen können. Insgesamt entstehen so Kosten für drei Anwälte. Wegen Verletzung dieser Hinweispflicht versagte der BGH die Gebührenforderung.[675]

Für Steuerberater hatte das LG Münster[676] über die Pflichten eines Steuerberaters gegenüber getrennt lebenden Ehegatten zu entscheiden:

Rechtsprechungsbeispiel: Im Falle einer früheren gemeinsamen Beauftragung durch Ehegatten ist der Steuerberater auch nach deren Trennung verpflichtet, sowohl der Ehefrau die Steuerbescheide des Ehemannes als auch dem Ehemann die Steuerbescheide der Ehefrau jeweils in Abschrift ohne Anonymisierung zur Verfügung zu stellen. Es ist nicht ausreichend, jeweils nur einer Partei die Steuerbescheide zu übersenden.

Die Entscheidung ist rechtskräftig, stößt aber auf Widerspruch;[677] so wird vertreten, es bestehe eine Geheimhaltungspflicht auch gegenüber dem Ehegatten als (früherem) Auftraggeber. Selbst bei einem beiderseitigen Auftrag zu einer jährlichen Günstigerprüfung dürfen danach nur notwendige Auskünfte erteilt werden.

---

[674] *Schramm* DStR 2003, 1364 (1365).
[675] BGH – IX ZR 322/12, NJW 2013, 3725.
[676] LG Münster – 110 O 61/12, DStRE 2014, 1023.
[677] *Wacker* DStR 2014, 919.

D. Berechnung latenter Steuern im Familienrecht

I. Unternehmensbewertung und latente Steuer

1. Grundsätze der Unternehmensbewertung im Familienrecht

In der familienrechtlichen Diskussion erfolgt die **Unternehmensbewertung** im Anschluss an die Einschätzung in der Betriebswirtschaft überwiegend nach dem **Ertragswertverfahren**. Im Grundsatz ist nach der Rechtsprechung die sachverhaltsspezifische Auswahl der Bewertungsmethode dem sachverständig beratenen Tatrichter überlassen, dessen Entscheidung vom BGH als Revisionsgericht nur noch daraufhin überprüft wird, ob sie gegen Denkgesetze und Erfahrungssätze verstößt oder sonst auf rechtsfehlerhaften Erwägungen beruht. Nachdem sich aber nun der BGH sogar für die Bewertung von Freiberuflerkanzleien für die Anwendung des (modifizierten) Ertragswertverfahrens als „generell vorzugswürdig"[678] ausgesprochen hat, wird sich dieses Verfahren auch in den Tatsacheninstanzen durchsetzen.

187

Die Bewertung im Familienrecht hat streng **stichtagsbezogen** zu erfolgen, für das Anfangsvermögen zum Heiratszeitpunkt und für die Endvermögensberechnung bei Güterstandsende bzw. bei Scheidung nach § 1384 BGB für den Zeitpunkt der Rechtshängigkeit des Scheidungsantrages. Nach der Änderung des Rechtes der Zugewinngemeinschaft erlangt zunehmend auch der Vermögensstatus zum Zeitpunkt der Trennung Bedeutung, da Minderungen danach gem. § 1375 Abs. 2 S. 2 BGB als illoyal vermutet werden. Dabei hat eine Bewertung insb. auf einen zurückliegenden Zeitpunkt so zu erfolgen, als wäre die nachfolgende Entwicklung nicht bekannt, dh es dürfen grds. nur die zum Stichtag vorhandenen Erkenntnisse mit in die Bewertung einfließen.[679] Der BGH hat hierzu eine „**Wurzeltheorie**" entwickelt, nach der all diejenigen späteren Entwicklungen einzubeziehen sind, deren Wurzeln bereits in der Zeit vor dem Bewertungsstichtag liegen.[680]

Unter dem Ertragswert idS wird die **Summe aller zukünftigen Erträge** des **fortgeführten Unternehmens**[681] zuzüglich des **Veräußerungswertes des nicht betriebsnotwendigen Vermögens zu Einzelveräußerungspreisen**[682] verstanden. Unterste Grenze soll hierbei der Liquidationswert sein.[683] Die Einzelheiten der betriebswirtschaftlichen Unternehmenswertberechnung sind nicht Gegenstand dieser Abhandlung.[684] Als einer der bekanntesten Bewertungsstandards haben sich die

---

[678] BGH – XII ZR 185/08, DStR 2011, 1683, m. Anm. *Weitze*.
[679] *Braunhofer,* Bewertung, 109; *Piltz/Wissmann* NJW 1985, 2673 (2676).
[680] BGH – IV ZR 142/70, NJW 1973, 509 (511); hierzu *Großfeld/Egger/Tönnes,* Unternehmensbewertung, Rn. 364 f.
[681] *Piltz/Wissmann* NJW 1985, 2673 (2674).
[682] OLG Düsseldorf – 19 W 1/96, NZG 2000, 693; *Borth* FamRB 2002, 339 (341); *Großfeld/Egger/Tönnes,* Unternehmensbewertung, Rn. 332.
[683] *Piltz/Wissmann* NJW 1985, 2673 (2674); *Fleischer/Schneider* DStR 2013, 1736 f.; BRHP/*Cziupka* BGB § 1376 Rn. 20.
[684] Hierzu ausführlich *Münch,* Ehebezogene Rechtsgeschäfte, Kap. 1 Rn. 185 f.

Grundsätze zur Durchführung von Unternehmensbewertungen (**IDW S 1**) des Instituts der Wirtschaftsprüfer etabliert.[685] Im Familienrecht findet sich als aktuelle Ergänzung der neue Standard **IDW S 13 zur Überleitung** des auf erster Stufe ermittelten Unternehmenswertes in einer zweiten Stufe **auf den Ausgleichs- und Auseinandersetzungswert im Familien- und Erbrecht**. Der IDW S 13 folgt in vielen Dingen zum Erstaunen der bewertungsrechtlichen Fachwelt[686] der sogleich zu schildernden Rechtsprechung des BGH.

188 Während die klassische Unternehmensbewertung nach der Ertragswertmethode von einem substituierbaren Management ausgeht und einen Fortführungswert auf der Basis der ewigen Rente annimmt, wird bei der **modifizierten Ertragswertmethode**[687] berücksichtigt, dass die Ertragsnachhaltigkeit durch den **Inhaber geprägt** ist.[688] Es wird insoweit auf Vergangenheitswerte zurückgegriffen und – mangels integrierter Finanzplanung – ein Zukunftserfolgswert daraus hochgerechnet, wobei sich der Prognosezeitraum aber auf wenige Jahre beschränkt. Sofern bei einem gewerblichen Betrieb ein solch modifiziertes Ertragswertverfahren angewendet wird, weil aufgrund von Standortfaktoren nur ein begrenzter Ergebnishorizont bewertet werden kann, muss dies sehr sorgfältig begründet werden, wie eine einschlägige BGH-Entscheidung zeigt.[689]

Da bei Personengesellschaften und Einzelunternehmen die Unternehmervergütung in der Einnahmeüberschuss- oder der Gewinn- und Verlustrechnung keinen Niederschlag findet, ist zusätzlich der **Unternehmerlohn** abzuziehen. Hierzu hat die Rechtsprechung des BGH[690] nach entsprechenden Vorschlägen in der Literatur[691] entschieden, dass nicht ein kalkulatorischer Unternehmerlohn (zB für den Anwalt, das Richtergehalt nach R 1 zuzüglich Altersversorgung), sondern ein **individueller Unternehmerlohn** abzuziehen ist (zB das Einkommen eines Revisionsspezialisten beim BGH). Dem folgt der Standard IDW S 13.[692] Das familienrechtliche Problem, was dieser Diskussion zugrunde liegt, ist das sog. **Doppelverwertungsverbot**. Das bedeutet, dass die unternehmerische Arbeitskraft nicht einerseits den Zugewinn beeinflussen und andererseits nochmals bei der Bemessung des Ehegattenunterhalts zugrunde gelegt werden kann. Aus diesem Grunde wird nunmehr der

---

[685] IDW S1, derzeit Stand 2008; abgedruckt in: IDW, Prüfungsstandards IDW Stellungnahmen zur Rechnungslegung, Band 2 (Loseblatt); dazu WPg 2007, 633.
[686] *Ballhorn/König* FamRZ 2018, 161 ff.; *Kuckenburg* FuR 2015, 557; zweifelnd an der Umsetzung der Rechtsprechung des BGH: *Borth* FamRZ 2017, 1739 f.
[687] Kritisch zu diesem Begriff *Ballhorn/König* NJW 2018, 1911: „Narrenfreiheit".
[688] *Butz/Mortensen/Butz* DS 2012, 236 (238).
[689] BGH – XII ZB 434/12, NJW 2014, 294.
[690] BGH – XII ZR 45/06, NJW 2008, 1221.
[691] *Münch* FamRZ 2006, 1164; dem folgend der Beschluss des Arbeitskreises Nr. 7 beim 17. Deutschen Familiengerichtstag 2007 (www.dfgt.de/DFGT_2007/AK_Ergebnisse/07_AK7.pdf).
[692] IDW S 13, Rn. 31.

D. Berechnung latenter Steuern im Familienrecht

individuelle Unternehmerlohn beim Zugewinn herausgerechnet und für die Unterhaltsberechnung verwendet,[693] und zwar für alle Inhaber und auch bei nicht unternehmensleitender Tätigkeit.[694]

> **Hinweis:** In der familienrichterlichen Praxis hat sich die Ertragswertmethode zur Unternehmensbewertung durchgesetzt. Bei Freiberuflerpraxen und individuell geführten Unternehmen spricht man von einem modifizierten Ertragswert. Es ist dabei ein individueller Unternehmerlohn abzuziehen.

2. Die Berücksichtigung der latenten Ertragsteuer bei der Unternehmensbewertung

Da die **Bewertung zum Ertragswert** letztendlich eine Bewertung ist, die denjenigen Wert feststellt, den ein Käufer bei **Veräußerung** für ein Unternehmen zahlen würde, ist die Rechtsprechung des BGH seit längerem der Auffassung, dass dann bei Unternehmen die sog. **latente Ertragsteuer** abgezogen werden müsse.[695] Da dieser Abzug seinen Grund allein in der zugrunde liegenden Bewertungsmethode hat, die eine fiktive Veräußerung abbildet, ist er **unabhängig davon vorzunehmen, ob eine konkrete Veräußerung beabsichtigt ist**.[696] Dies gilt auch dann, wenn der Wert der freiberuflichen Praxis zunächst als fortbestehende Nutzungsmöglichkeit im Zugewinn berücksichtigt wird, weil eine solche Berücksichtigung im Zugewinn voraussetzt, dass die Praxis frei verwertbar ist.[697] Die so ermittelten latenten Ertragsteuern bilden einen **unselbständigen Bestandteil der Unternehmensbewertung** und mindern so unmittelbar den Unternehmenswert, sie sind nicht als Verbindlichkeit im Zugewinn zu berücksichtigen.[698] Gegen diesen Ansatz der latenten Ertragsteuer bei der Unternehmensbewertung hat es in der familienrechtlichen Literatur kaum[699] Widerstand gegeben. Sie ist mittlerweile gefestigte Rechtsprechung.

In diesem Zusammenhang hatte der BGH auch gebilligt, dass eine **pauschale Heranziehung** etwa des halben Steuersatzes – trotz der sich damals abzeichnenden Abschaffung – aus Gründen der Zweckmäßigkeit

189

---

[693] Hierzu *Münch* NJW 2008, 1201.
[694] BGH – XII ZR 108/16, NJW 2018, 61 m. Anm. *Münch*.
[695] BGH – IV ZR 114/70, NJW 1972, 1269, mit ausführlicher Begründung jedenfalls für den Fall einer in Aussicht genommenen Veräußerung; BGH – IV b ZR 75/88, NJW-RR 1990, 68; BGH – XII ZR 194/01, NJW-RR 2005, 153.
[696] Vgl. hierzu die Ausführungen in BGH – XII ZR 194/01, NJW-RR 2005, 153; *Schulz/Hauß*, Vermögensauseinandersetzung, Rn. 1955 f.; *Kogel* NJW 2011, 3337 (3338).
[697] BGH – XII ZR 40/09, DStR 2011, 585.
[698] Palandt/*Brudermüller* BGB § 1376 Rn. 15.
[699] Gegenansicht bei *Hoppenz* FamRZ 2006, 449 ff.; *Tiedtke* FamRZ 1990, 1188 ff. noch zur älteren Ansicht des BGH: Abziehbarkeit nur, wenn spätere Veräußerung zum Stichtag absehbar; *Gernhuber* NJW 1991, 2238 (2442); Berücksichtigung einer solch ungewissen Forderung müsste – wie sonst auch – von der Wahrscheinlichkeit ihres Entstehens abhängig sein, so *Koch* FamRZ 2011, 628.

und Praktikabilität auch für den Zugewinnausgleich gebilligt werden könne.[700]

3. Latente Ertragsteuer auch bei der Pflichtteilsberechnung?

190 Wenn die latente Ertragsteuer bei der Unternehmensbewertung und auch – wie sogleich gezeigt wird – bei anderen Vermögensgütern im Familienrecht bei der Wertermittlung abgezogen werden muss, so stellt sich doch sofort die **Frage, ob** dies **auch bei der Pflichtteilsberechnung** zu geschehen hat. Im Grundsatz hat die Bewertung zu erfolgen wie im Familienrecht auch. Im Unterschied zu dem dort vorhandenen festen Stichtag erlaubt aber §2313 BGB eine andere Betrachtung. Danach kann bei zweifelhaften Verbindlichkeiten und ungewissen und unsicheren Rechten eine **nachträgliche Anpassung der Bewertung** erfolgen. Solche Verbindlichkeiten und Rechte sind zu behandeln wie eine aufschiebende Bedingung, dh sie werden zunächst nicht in Ansatz gebracht, können aber bei Eintritt der aufschiebenden Bedingung nachbewertet werden.

Dies erlaubt wohl eine **andere Handhabung** insb. bei solchen latenten Steuern, die nur bei einer Veräußerung innerhalb einer bestimmten Frist entstehen. Sie müssen nicht endgültig zum Todestag bewertet werden, sondern es **kann nach Fristablauf nochmals eine Prüfung erfolgen**, ob sich die latente Steuer **tatsächlich realisiert** hat. Nach den Regeln des §2313 BGB könnte sie auch wohl dann erst vom Wert in **Abzug** gebracht werden. Das lässt Raum für konstruktives Vorgehen. Eine Realisierung einer latenten Ertragsteuer etwa durch Veräußerung in die Familie könnte dann zum Abzug führen. Rechtsprechung gibt es zu diesem Fragenkreis noch nicht.

II. Latente Steuer bei allen Vermögensgütern

1. Latente Ertragsteuer nunmehr bei allen Vermögensgütern

191 Vereinzelt war in der Literatur auf die hierdurch eintretende Ungleichbehandlung der Vermögensgüter im Rahmen des Zugewinnausgleichs hingewiesen worden.[701] Diesem Postulat ist der **BGH** nun in der Tat nachgekommen und hat in einer vielbeachteten Entscheidung – wenngleich nur in einem Nebensatz – festgestellt, dass der **Abzug latenter Ertragsteuer aus Gründen der Gleichbehandlung auch bei der Bewertung anderer Vermögensgegenstände** (genannt werden Grundstücke, Wertpapiere und Lebensversicherungen) zu erfolgen habe, und zwar bezogen auf die Verhältnisse am Stichtag und **ungeachtet einer etwaigen Veräußerungsabsicht**. Denn jede Bewertung, die auf einen am Markt erzielbaren Preis abstelle, müsse die mit einer Veräußerung zwangsläufig verbundene steuerliche Belastung mit einbeziehen.[702]

---

[700] BGH – XII ZR 84/97, DStRE 1999, 363 f.
[701] *Kogel* NJW 2007, 556 (559).
[702] BGH – XII ZR 185/08, NJW 2011, 2572 (2576), Tz. 50.

D. Berechnung latenter Steuern im Familienrecht

Der BGH betont in dieser Entscheidung das **Stichtagsprinzip** noch weiter. Er will nicht einen pauschal hälftigen Steuersatz angesetzt wissen, obwohl er dies in früheren Urteilen noch bis zum Jahr 2010 gebilligt hatte,[703] sondern den **individuellen Steuersatz**, der bei einer Veräußerung am Stichtag anfallen würde. Es sei nicht auf die Unsicherheit einzugehen, welcher Steuersatz bei einer künftigen Veräußerung etwa gelte, sondern es werde eine fiktive Veräußerung zum Stichtag unterstellt. Im konkreten Fall war deshalb der volle Steuersatz zu berechnen, da der Praxisinhaber eine Ermäßigung nicht in Anspruch nehmen konnte, weil er das 55. Lebensjahr noch nicht vollendet hatte.

Da das Urteil sich im Wesentlichen mit der Bewertung einer **freiberuflichen Steuerberaterpraxis** nach dem modifizierten Ertragswert und dem individuellen Unternehmerlohn befasste, gingen die Neuerungen in Bezug auf die latenten Steuern zunächst einmal fast unter,[704] von einem „Aufschrei" abgesehen.[705] Zunehmend wurde jedoch im Gefolge die Brisanz erkannt („für die Praxis ... eine Katastrophe"[706]) und erste Stellungnahmen[707] ermöglichen eine familienrechtliche Einordnung der Rechtsprechung. Ohne Steuerberater wird der Zugewinn künftig kaum noch zu berechnen sein.[708] Die Ansicht, es müssten nur wenige Grundnormen des Steuerrechts beherrscht werden, die zudem leicht verständlich seien,[709] ist zu Recht vereinzelt geblieben.

2. Begriff der latenten Steuerbelastung

Eine Begriffsdefinition der latenten Steuer erfolgt durch die familienrechtliche Rechtsprechung und Literatur nicht. Der Begriff leitet sich ab von der „versteckten" Steuer, dh einer Belastung, die noch nicht offen zutage getreten ist. In der familienrechtlichen Bezugnahme ist damit diejenige **Steuerbelastung** gemeint, die **bei der Realisierung eines Wertes** – dh etwa der Veräußerung einer Immobilie oder eines Unternehmens oder aber auch der Auszahlung einer Lebensversicherung – anfällt, deren Ursache aber gegenwärtig bereits gesetzt ist – ggf. durch Fiktion. Dann soll als Wert nur der tatsächlich netto verbleibende Wert in die Berechnung aufgenommen werden. Dies dient nicht zuletzt der **Vergleichbarmachung** verschiedener Wertgegenstände. Eine solche Art der Belastung müsste eigentlich deshalb auch vom Gegenstand her gedacht werden und nicht von der Person.

In der **Bilanzierungspraxis** hat ein Begriff der latenten Steuer Konjunktur, der nach der Aufhebung der umgekehrten Maßgeblichkeit

192

---

[703] BGH – XII ZR 84/97, DStRE 1999, 363f.; BGH – XII ZR 170/09, NJW 2011, 601.
[704] Vgl. etwa die Besprechung von *Borth* FamRZ 2011, 1373f.
[705] *Kogel* NJW 2011, 3337f.
[706] *Hoppenz* FamRZ 2012, 1618.
[707] *Piltz* NJW 2012, 1111; *Klein* FPR 2012, 324; *Stabenow/Czubayko* FamRZ 2012, 682f.; *Borth* FamRZ 2014, 1687 will in der Entscheidung nichts Neues sehen; diese Rechtsprechung sei schon immer zu beachten gewesen.
[708] *Schulz* FamRZ 2014, 1684 (1687).
[709] So *Meyer/Kern* NZFam 2018, 926.

2. Teil. *Steuerberatung im Familienrecht*

durch das BilMoG und der damit einhergehenden unterschiedlichen Entwicklung von Handels- und Steuerbilanz den **Unterschied von Wertansätzen in der Handels- und der Steuerbilanz** bezeichnet, wenn solche Differenzen sich in späteren Jahren abbauen und sich daraus eine Steuer ergibt, vgl. § 274 HGB. Hier betritt die Bilanzierung „Neuland",[710] sodass über die Thematik intensiv diskutiert wird,[711] zB über die Frage, wann handelsbilanzielle Rückstellungen für passive latente Steuern zu bilden sind.[712] Diese latente Steuer steht insofern nicht im Mittelpunkt des familienrechtlichen Interesses, als sie bilanziell bereits erfasst ist, obgleich in unserem Zusammenhang auch auf diese latente Steuer ausdrücklich hingewiesen wird.[713] **Zu beachten** ist jedoch, dass nicht Abzüge für eine latente Steuerlast erfolgen, obwohl diese bereits berücksichtigt war, dass es also **nicht zu einer Doppelberücksichtigung latenter Steuern** kommt.

Für die hier interessierende Frage der latenten Steuer bei Wertrealisierung ist jedoch die Abgrenzung, **ab wann von einer latenten Steuer gesprochen werden kann**, nicht einfach zu treffen. Werden doch sonst ungewisse, **unsichere** oder bedingte **Rechte** im Zugewinn mit einem **geschätzten Wert** in die Berechnung eingestellt,[714] einer Unsicherheit ist ggf. durch einen **Bewertungsabschlag** Rechnung zu tragen.[715] Im steuerlichen Bereich ist die BStBK klar der Auffassung, dass eine Rückstellung für latente Steuern ausscheide, wenn die Entstehung einer steuerlichen Belastung noch von einer weiteren Disposition des Steuerpflichtigen in unabsehbarer Zeit abhängt.[716] Dies ist bei vielen von der Familienrechtspraxis befürworteten Abzügen latenter Steuern der Fall. Aus diesem Grund hat der BGH ausgesprochen, dass er für die Berechnung der latenten Steuer etwa im Bereich der Bewertung eines Unternehmens dessen **Veräußerung am Stichtag fingiert**.[717] Damit wird der Abzug der latenten Steuer möglich, unabhängig von einer Veräußerungsabsicht oder einer späteren Veräußerung, ja selbst von einer fehlenden Veräußerbarkeit etwa aufgrund von gesellschaftsvertraglichen Sperren. Durch diese Fiktion hat der BGH die Veräußerung als bewertungsmethodenimmanent unterstellt.

---

[710] *Hahn/Oser/Breitweg/Eisenhardt/Kollmann* DStR 2012, 619 (626).
[711] Vgl. etwa die jüngsten Stellungnahmen von *Künkele/Zwirner* DStR 2011, 2364; *dies.* DStR 2011, 2309; *Kleemann/Metzing* DStR 2012, 2405; *Berga/Lorson/Melcher* DStR 2012, 2550; *Pollanz* DStR 2013, 58; *Herzig/Fuhrmann,* Handbuch latente Steuern im Einzelabschluss, 2012.
[712] Einerseits *BStBK,* DStR 2012, 2296; andererseits IDW RS HFA 7 Stellungnahme, FN-IDW 2012, 189 ff.
[713] *Kuckenburg* FuR 2012, 71.
[714] BGH – IX ZR 41/82, NJW 1983, 2244; MüKoBGB/*Koch* BGB §§ 1376, 17.
[715] BGH – IX ZR 41/82, NJW 1983, 2244; OLG Köln – 4 UF 80/09, FamFR 2009, 119.
[716] *BStBK* DStR 2012, 2296; hierzu *Kleemann/Metzing* DStR 2012, 2405.
[717] BGH – XII ZR 185/08, NJW 2011, 2572 = DStR 2011, 1683.

D. Berechnung latenter Steuern im Familienrecht

In einer früheren Entscheidung sprach der BGH davon, dass latente Steuern mindernd zu berücksichtigen seien, „**jedenfalls** soweit es sich um **Ertragsteuern** handelt",[718] so dass sich die bisher unbeantwortete Frage stellt, ob auch andere Steuern wie etwa Gewerbe- oder Umsatzsteuer zu einer Minderung im Rahmen der Bewertung führen. Bei einem Familienunternehmen, das nicht durch Verkauf, sondern durch Übertragung in der Familie „verwertet" wird, stellt sich möglicherweise sogar die Frage nach einer „latenten Erbschaftsteuerbelastung".[719] All diese Probleme sind bisher in der familienrechtlichen Bewertung nicht aufgegriffen, sodass sich die Berechnung latenter Steuern derzeit auf den ertragsteuerlichen Bereich beschränkt.

3. Betroffene Vermögensgüter und Bewertungsprobleme

Nach der Ausweitung des Abzugs latenter Steuern für alle im Rahmen der Zugewinnberechnung zu bewertenden Vermögensgüter, ist eine Vielzahl solcher Vermögenswerte betroffen. Damit ergibt sich **für den Steuerberater ein neues Arbeitsfeld**, denn die familienrechtliche Literatur rät in großem Umfang dazu, steuerliche Berater nun bei der Berechnung der latenten Ertragsteuer zu Rate zu ziehen.[720] **193**

Nachdem der BGH den Abzug der latenten Ertragsteuer im Zugewinn vorgeschrieben hat, fordern erste Stimmen ebenso den Abzug der latenten Ertragsteuer auch beim **Pflichtteilsrecht**.[721]

> **Hinweis:** Mit der Berechnung latenter Steuern im Rahmen des Zugewinnausgleichs wird sich für Steuerberater ein neues Arbeitsfeld ergeben.

a) Firmenvermögen

Im Rahmen einer **Firmenbewertung** nach dem Ertragswert ist die latente Ertragsteuer nach Ansicht des BGH auf der Basis eines fiktiven Verkaufs zum Stichtag zu berechnen. Dies wurde bereits dargelegt.[722] **194**

Der neue Standard **IDW S 13** zur Überleitung auf Ausgleichs- und Auseinandersetzungswerte berücksichtigt auch diese Rechtsprechung des BGH in der geschilderten Form.[723] Allerdings will dieser Standard zusätzlich berücksichtigt wissen, dass der latenten Ertragsteuer als Belastung auf der anderen Seite auch ein **tax amortisation benefit (TAB)** als Vorteil gegenübersteht.[724] Damit wird werterhöhend ein **abschreibungsbedingter Steuervorteil** berücksichtigt, den ein Erwerber erlan-

---

[718] BGH – XII ZR 170/09, NJW 2011, 601.
[719] Nach BFH – II R 23/09, DStR 2010, 1029, dürfen latente Ertragsteuern jedenfalls nicht als Nachlassverbindlichkeit bei der Erbschaftsteuer berücksichtigt werden.
[720] *Klein* FPR 2012, 324 (329); *Kogel*, Strategien, Rn. 1174.
[721] *Hachmeister/Ruthardt* DStR 2014, 1299 (1305).
[722] Hierzu → Rn. 192 ff.
[723] IDW S 13, Rn. 38 f.
[724] IDW S 13, Rn. 39; hierzu *Ballhorn/König* FamRB 2017, 33 f.

b) Immobilien

195 Einen weiteren Schwerpunktbereich für die Berechnung der latenten Ertragsteuern bilden die **Immobilien**. Die Veräußerung von Immobilien unterliegt einer 10jährigen **Veräußerungsgewinnbesteuerung** nach § 23 EStG. Der Tatbestand des § 23 EStG wird insb. bei Scheidung und damit verbundener Veräußerung der Scheidungsimmobilie unter den Ehegatten oder an Dritte relevant und ist in diesem Zusammenhang eingehend dargestellt.[726]

Die Entscheidung des BGH zum generellen Abzug der latenten Ertragsteuer[727] wird nun so verstanden, dass auch bei **Immobilien** eine **Veräußerung zum Stichtag fingiert** werden müsse.[728] Aus diesem Grunde sei stets auch hier die latente Ertragsteuer abzuziehen, wenn sie bei einer solchen Veräußerung zum Stichtag anfallen würde.[729]

Diese Ansicht ist nicht unbestritten, und zwar vor allem deshalb, weil allein durch das Halten der Immobilie ohne jedes weitere Zutun diese völlig aus der Besteuerung herausfallen kann. Daher wird vertreten, dass bei einem **Entfallen** der Steuer **nach** Ablauf einer **Haltefrist** eine latente Ertragsteuer überhaupt **nicht** angesetzt werden solle.[730] Nach anderer Auffassung soll ein anteiliger Abzug erfolgen, sodass der **Zeitanteil**, der bis zum Stichtag schon abgelaufen ist, der noch laufenden Frist gegenüberzustellen ist.[731]

c) Wertpapiere

196 Wenn latente Ertragsteuern bei allen Vermögensgegenständen abgezogen werden dürfen, dann trifft dies auch auf Wertpapiere zu. Bei der Veräußerung von Wertpapieren fallen Steuern an, die je nach dem Zeitpunkt des Erwerbs unterschiedlich geregelt sind. Es müsste dann eine **Veräußerung aller Wertpapiere zum Stichtag unterstellt** werden.[732]

Für Erwerbe **nach dem 31.12.2008** (§ 52a Abs. 10 EStG) unterfallen Veräußerungsgewinne **ohne Rücksicht auf eine Haltefrist** einer

---

[725] *Ballhorn/König* FamRZ 2018, 161 (165) sehen einen betriebswirtschaftlich notwendigerweise zu berücksichtigenden Werteffekt; aA *Borth* FamRZ 2017, 1739 (1744): keine gesicherte Rechtsposition.
[726] → Rn. 505 f.
[727] BGH – XII ZR 185/08, NJW 2011, 2572 (2576) Tz. 50.
[728] Kritisch zur latenten Ertragsteuer bei Immobilien *Fassnacht* FamRZ 2014, 1681, der in der Entscheidung gerade einen Verstoß gegen das Stichtagsprinzip erblickt.
[729] *Kogel*, Strategien, Rn. 1190; *Klein* FPR 2012, 324 f.
[730] So Palandt/*Brudermüller* BGB § 1376 Rn. 3 (73. Aufl.; mittlerweile nur mehr berichtend ohne abweichende Ansicht); wohl auch *Hoppenz* FamRZ 2012, 1618 f.
[731] *Piltz* NJW 2012, 1111 (1115).
[732] *Kogel*, Strategien, Rn. 1185 f.

D. Berechnung latenter Steuern im Familienrecht

Veräußerungsgewinnbesteuerung nach § 20 Abs. 2 EStG, die gem. §§ 43a Abs. 1 EStG ivm § 43 Abs. 1 S. 1 Nr. 1 EStG mit einer **25 %igen Abgeltungssteuer** erhoben wird (zzgl. Solidaritätszuschlag und ggf. Kirchensteuer). Eine Verrechnung ist gem. § 20 Abs. 6 EStG nur mit Einkünften aus der Veräußerung von Wertpapieren zulässig. Die auszahlende Stelle hat nach § 43a Abs. 3 S. 3 EStG einen Verlustverrechnungstopf zu bilden, mittels dessen Verluste vorgetragen werden können. Eine ehegattenübergreifende Verrechnung ist bei gemeinsamem Freistellungsauftrag möglich.[733] Entsprechend dem Charakter einer Abgeltungssteuer kann ein niedrigerer persönlicher Steuersatz in der Einkommensteuererklärung geltend gemacht werden.

Bei einer Anschaffung vor dem 1.1.2009 war der halbe Kursgewinn bei einer Haltedauer von unter einem Jahr nach § 23 Abs. 1 S. 1 Nr. 2 EStG aF steuerpflichtig. Diese Wertpapiere sind daher nunmehr der Steuerpflicht „entkommen".

d) Lebensversicherungen

Nachdem die latente Ertragsteuer bisher nur im Zugewinnausgleichsverfahren virulent geworden ist, muss zunächst unterschieden werden, welche **Lebensversicherungen** dem **Güterrecht** zuzuordnen sind und welche dem Versorgungsausgleich. Die Unterscheidung ist dergestalt, dass Kapitallebensversicherungen und Rentenlebensversicherungen, bei denen das Kapitalwahlrecht ausgeübt wurde, dem Güterrecht unterfallen, die Rentenlebensversicherungen jedoch dem Versorgungsausgleich. Auch bei einer Ausübung des Kapitalwahlrechtes erst nach dem Stichtag für die Berechnung des Endvermögens will der BGH den Versorgungsausgleich nicht eröffnen, obwohl dieser nunmehr auch für Kapitalforderungen, welche in § 2 Abs. 2 Nr. 3 VersAusglG genannt sind, offen steht.[734] 197

Eine Lebensversicherung ist im Zugewinnausgleich grundsätzlich nach dem **Fortführungswert** als Zeitwert zu bemessen.[735] Auf den Rückkaufswert ist nur dann abzustellen, wenn eine Fortführung nicht mehr möglich ist und auch durch eine Stundung des Zugewinnausgleichsanspruchs nicht erreicht werden kann.[736] Der Fortführungswert wird nach einem Vorschlag der Deutschen Aktuarvereinigung nach der individuellen Versicherungsleistung ohne Stornoabschläge zzgl. des zum Stichtag erreichten Anwartschaftswertes auf Schlussgewinnanteile berechnet. Für eine überschlägige Berechnung soll die Faustformel Rückkaufswert + 8 % dienen.[737]

Ob Lebensversicherungen einer Besteuerung unterliegen, richtet sich wegen eines Systemwechsels nach dem Datum ihres Abschlusses. Bei 198

---
[733] Hierzu BMF, BStBl. I 2016, 85 ff. Rn. 266.
[734] BGH – XII ZB 555/10, NJW-RR 2011, 1633; BGH – XII ZB 325/11, NJW-RR 2012, 769; BGH – XII ZB 613/12, BeckRS 2013, 22121.
[735] BGH – XII ZR 109/94, NJW 1995, 2781.
[736] BGH – XII ZR 109/94, NJW 1995, 2781.
[737] *Schulz/Hauß*, Vermögensauseinandersetzung, Rn. 273 f.; *Büte* FuR 2014, 11 (15).

Lebensversicherungen, die **vor dem 1.1.2005 abgeschlossen** wurden, sind die Erträge nach § 20 Abs. 1 Nr. 6 EStG aF **steuerfrei**, wenn die Versicherung zum Stichtag **zwölf Jahre** bestanden hat. Sind die zwölf Jahre beim Stichtag für die Endvermögensberechnung noch nicht abgelaufen, so ist nach der neueren Rechtsprechung des BGH von einer latenten Steuerlast auszugehen, da der BGH ein fiktives Ende zum Stichtag unterstellt, ohne dass es auf eine Fortführungsansicht ankäme.[738]

Ist die Lebensversicherung **nach dem 1.1.2005 abgeschlossen**, so sind die Erträge (Zinsen und Gewinnanteile = Unterschied zwischen Versicherungsleistung und Beitragsentrichtung) nach § 20 Abs. 1 Nr. 6 EStG grundsätzlich mit dem persönlichen Steuersatz **zu versteuern**. Es fällt jedoch nur der halbe Steuersatz an, wenn die Versicherung erst zwölf Jahre nach Vertragsabschluss ausgezahlt wird und die Auszahlung nicht vor dem 60. Lebensjahr – für Verträge nach dem 31.12.2011 gem. § 52 Abs. 36 S. 9 EStG sogar nicht vor dem 62. Lebensjahr – erfolgt. Für diese Versicherungen ist also stets ein latenter Steuersatz zu veranschlagen.

Umstritten ist, wie die **Wertberechnung** bei Ansatz einer **latenten Steuer** erfolgt. Während einerseits vertreten wird, bei Ansatz einer latenten Steuer dürfe wegen unterstellter Auflösung kein **Fortführungswert** mehr in Ansatz gebracht werden,[739] besteht andererseits die Auffassung, wegen eines funktionierenden Zweitmarktes[740] sei der Ansatz eines Fortführungswertes auch bei Abzug latenter Steuern und unterstellter Auflösung gerechtfertigt.[741]

4. Die Berechnung der latenten Ertragsteuer

199 Nachdem der **BGH** ausdrücklich seine frühere Rechtsprechung, es könne aus Vereinfachungsgründen auf den halben Steuersatz abgestellt werden, verworfen und betont hat, er gehe nicht von einer künftigen Veräußerung aus, sondern von einer **fiktiven Veräußerung zum Stichtag**, forderte er **konsequent** die **Berücksichtigung der** dann bekannten **individuellen steuerlich relevanten tatsächlichen und rechtlichen Verhältnisse zum Stichtag**.[742]

Dies würde dazu führen, dass unter **Einschluss des gesamten Einkommens** der Steuersatz zu bestimmen und zu bemessen ist. Daran schließen sich viele Fragen im Einzelfall an, so etwa diejenige, wie § 34 EStG zu Geltung zu bringen ist und ob der Betriebsinhaber zur Ausübung des darin vorgesehenen Wahlrechts familienrechtlich irgendwie verpflichtet ist.[743]

Bisher nicht entschieden ist, ob bei Einreichung des Scheidungsantrages nach Ablauf des Trennungsjahres nicht mehr die Splittingtabelle,

---

[738] *Klein* FPR 2012, 324 (328).
[739] So *Büte* FuR 2014, 11 (16).
[740] Zu dieser Argumentation auch BGH – IV ZR 73/08, ZEV 2010, 305, zur Bewertung von Lebensversicherungen im Pflichtteilsrecht.
[741] *Klein* FPR 2012, 324 (328).
[742] BGH – XII ZR 185/08, FamRZ 2011, 1367; *Kuckenburg* FuR 2012, 71 (72); *Schlünder* FamRZ 2015, 372 (375); BeckOGK/*Siede* BGB § 1376 Rn. 467.
[743] Hierzu jüngst *Mast/Kogel* FamRZ 2020, 401 f.

D. Berechnung latenter Steuern im Familienrecht

sondern die **Grundtabelle** zum Einsatz zu bringen ist, was zu einem relativ hohen Steuerabzug führen würde,[744] vor allem gegenüber dem Zeitpunkt der Anfangsvermögensbestimmung, zu dem der Splittingtarif Anwendung findet.

5. Anfangs- und Endvermögen

Wenn auf diese Weise die latente Steuerlast beim Endvermögen Berücksichtigung findet, so muss sie in der **Konsequenz auch beim Anfangsvermögen** abgezogen werden, und zwar mit der gleichen Betrachtung zu diesem teilweise sehr lange zurückliegenden Stichtag. Das bedeutet, dass die steuerlichen **Verhältnisse** und **Rechtsnormen** zum Stichtag des **Anfangsvermögens** aufgeklärt werden müssen. Angesichts der zahlreichen Steueränderungen gerade im Rahmen einer Veräußerungsgewinnbesteuerung sind die Voraussetzungen nicht zu unterschätzen. 200

Zudem sind bei **Zuwendungen** nach § 1374 Abs. 2 BGB, die während der Ehe erfolgt sind, die **jeweiligen Zuwendungszeitpunkte** maßgeblich, sodass die latente Steuerlast im Anfangsvermögen ggf. zu sehr vielen verschiedenen Stichtagen zu berechnen ist.

Da Stichtag für das Anfangsvermögen die **Eheschließung** ist (bzw. bei Zuwendungen während der Ehe dieser Zeitpunkt), wird hier die **Splittingtabelle** zur Anwendung kommen, sodass die latente Steuer schon aus diesem Grunde niedriger sein kann als beim Endvermögen.

Dies hat zur Konsequenz, dass es ganz **erhebliche Wertverschiebungen** zwischen Anfangs- und Endvermögensstichtag gibt, die nur der Steueränderung geschuldet sind.

6. Familienrechtliche Konsequenzen aus der neuen Rechtsprechung

Angesichts dieser Konsequenzen kommt es ganz entscheidend auf den **Zeitpunkt der Einreichung des Scheidungsantrages** an, da dieser den Stichtag für die Endvermögensberechnung festlegt. Dies gilt insb. bei einer Verschiebung von Steuerlasten über den Jahreswechsel hinweg, sodass die Steuersätze sehr unterschiedlich sind. Der Ausgleichspflichtige wird hier stets das Interesse haben, eine möglichst hohe latente Ertragsteuerlast zu produzieren. 201

Für das Familienrecht schlimmste Konsequenz ist, dass nunmehr **hälftiges Miteigentum** an Vermögensgegenständen im Zugewinn nicht mehr gleich behandelt wird, sondern je nach steuerlichen Gegebenheiten **nach Abzug der latenten Ertragsteuer mit einem völlig unterschiedlichen Wert** in die Zugewinnberechnung eingehen kann.

7. Kritik am Abzug der latenten Ertragsteuer

Das Konzept des Abzuges der latenten Ertragsteuer wird vor allem deshalb berechtigt kritisiert, weil im Gegensatz zu der für die fiktive Ver- 202

---

[744] *Kogel*, Strategien, Rn. 1183; für letzteres BeckOGK/*Siede* BGB § 1376 Rn. 469.

2. Teil. Steuerberatung im Familienrecht

äußerung eines Einzelgegenstandes in Ansatz gebrachten latenten Steuer die bis zum Stichtag verwirklichte Einkommensteuer keine Rolle spielt. Handelt es sich doch um eine Jahressteuer, die erst mit dem Jahresende als Steuer entsteht. Dass der BGH in einem Fall nicht von der Steuer selbst spricht, sondern nur von einem Bewertungsfaktor, darf keinen Unterschied machen. Wer die latente Einkommensteuer abziehen will, der muss auch die **wirtschaftlich entstandene Einkommensteuer** bis zum Stichtag, deren Einkunftserzielungstatbestand abgeschlossen ist, zum Abzug zulassen.[745]

Die **individuelle Berechnung** der latenten Einkommensteuer unter Berücksichtigung aller anderen steuerlichen Einnahmen des Vermögensinhabers, seiner Veranlagungssituation und der steuerlichen Voraussetzungen zum Stichtag des Anfangsvermögens **führt in die Irre**. Gerade wenn der BGH die latente Ertragsteuer als Bewertungselement sieht, muss sie vom Wert des Gegenstandes her gedacht werden und nicht von der Situation seines Inhabers. Hier zeigen die gängigen Bewertungsverfahren den Weg auf, welche die Steuerbelastung in einem **pauschalen Satz**, etwa das IDW S1 mit **35 %** berücksichtigen.[746] Mit diesem Satz sind dann auch alle etwaigen Bewertungsunsicherheiten abgegolten. Um nicht weitere Wertverschiebungen zwischen Anfangs- und Endvermögen zu produzieren, sollte dies auch für die Berechnung der latenten Ertragsteuer beim Anfangsvermögen gelten. Für Vermögensgegenstände, auf die **Abgeltungssteuer** anfällt, sollte deren Satz maßgeblich sein. Solches fordert auch der Arbeitskreis 6 des 19. Deutschen Familiengerichtstages.[747]

Ungeachtet dieser Kritik geht die momentane Literatur davon aus, dass die Rechtsprechung gegenwärtig eine individuelle Berechnung der latenten Steuer fordert.

---

[745] So zu Recht mit vielen überzeugenden Beispielen *Piltz* NJW 2012, 1111.
[746] IDW S1, Rn. 43 f.
[747] Brühler Schriften zum Familienrecht, Band 17, 2012, 100.

3. Teil. Eherecht

Übersicht

	Rn.
A. Die Güterstände	203
I. Zugewinngemeinschaft und vertragliche Modifizierung	203
1. Ausgleich bei Beendigung des Güterstandes	204
a) Tod	205
aa) Pauschalierter Zugewinn	206
bb) Güterrechtlicher Zugewinn	207
b) Scheidung	208
c) Ehevertrag	209
2. Anfangs- und Endvermögen	210
a) Stichtage	211
b) Abgrenzung	212
c) Berechnung	216
aa) Negatives Vermögen	217
bb) Privilegiertes Vermögen	218
cc) Indexierung	219
dd) Vermutung des § 1377 Abs. 3 BGB	220
ee) Hinzurechnungen zum Endvermögen	221
ff) Vermögenswertbegrenzung	222
d) Bewertung	223
aa) Unternehmensbewertung	224
bb) Grundstücksbewertung	229
cc) Vorbehaltsrechte	230
3. Verfügungsbeschränkungen	231
a) Gesamtvermögensgeschäft	232
b) Subjektive Theorie	233
c) Zeitlicher Anwendungsbereich	234
d) Folgen fehlender Zustimmung	235
e) Ehevertragliches Abbedingen	236
4. Ehevertragliche Modifikationen	237
a) Herausnahme des Unternehmens	238
b) Ausschluss des Zugewinns bei Scheidung	240
c) Ausschluss Elternvermögen	241
d) Höchstbetrag	242
e) „Vorverlegung" der Anfangsvermögensberechnung	243
f) Zweistufiger Ehevertrag	244
II. Gütertrennung	245
1. Gütertrennung für dynastisches Vermögen und „zweiten Frühling"	245
2. Richterliche Vermögenskorrektur	246
3. Vereinbarung von Gütertrennung	247

3. Teil. Eherecht

    4. Aufhebung der Gütertrennung mit rückwirkender Vereinbarung von Zugewinngemeinschaft 248
    5. Güterstandsschaukel 250
  III. Gütergemeinschaft 251
    1. Die verschiedenen Vermögensmassen 251
    2. Auseinandersetzung 253
    3. Vertragliche Gestaltungsmöglichkeiten 254
  IV. Deutsch-französischer Wahlgüterstand 255
    1. Anwendungsbereich des neuen Wahlgüterstandes 255
    2. Verfügungsbeschränkung Familienwohnung 256
    3. Erbrechtliche Auswirkungen 257
      a) Kein erbrechtliches Viertel 258
      b) Anspruch gegen überlebenden Ehegatten . 259
      c) Erbschaftsteuer 260
    4. Vereinbarung der deutsch-französischen Wahl-Zugewinngemeinschaft 261
  V. Eigentums- und Vermögensgemeinschaft 262
    1. Überleitung.......................... 262
    2. Rückübertragungsansprüche 263
B. Das reformierte Unterhaltsrecht 264
  I. Die Unterhaltsansprüche nach der Reform 265
    1. Wichtigste Gesetzesänderungen 265
    2. Auswirkungen auf die Vertragspraxis 270
  II. Unterhaltstatbestände 271
    1. Familienunterhalt/Trennungsunterhalt/ Nachehelicher Unterhalt 271
    2. Unterhalt wegen Kindesbetreuung......... 272
      a) Allgemeine Voraussetzungen........... 272
      b) Basisunterhalt 273
      c) Kindbezogene Verlängerung........... 274
      d) Elternbezogene Verlängerung 275
    3. Unterhalt wegen Alters 276
    4. Unterhalt wegen Krankheit 277
    5. Unterhalt bis zur Erlangung angemessener Erwerbstätigkeit 278
    6. Aufstockungsunterhalt 279
    7. Sonstige Unterhaltsansprüche 280
  III. Allgemeine Voraussetzungen des Unterhalts 281
    1. Bedarf nach den ehelichen Lebensverhältnissen 281
    2. Bedürftigkeit des Berechtigten............ 286
    3. Leistungsfähigkeit des Verpflichteten....... 287
    4. Keine Ausschluss- oder Beschränkungsgründe 289
      a) Erlöschen des Unterhaltsanspruchs 289
      b) Ausschluss des Unterhalts wegen grober Unbilligkeit 290
      c) Beschränkung des Unterhalts nach § 1578b BGB...................... 291

3. Teil. Eherecht

- IV. Typische Unterhaltsvereinbarungen 292
  - 1. Vollständiger Verzicht der Doppelverdienerehe ohne Kinderwunsch 293
  - 2. Unterhaltshöchstgrenze in der Diskrepanzehe 294
  - 3. Herausnahme dynastischen Vermögenseinkommens........................... 295
- C. Versorgungsausgleichsrecht 296
  - I. Die Reform des Versorgungsausgleichsrechts ... 296
    - 1. Grundprinzipien des VersAusglG 297
    - 2. Abschaffung des Einmalausgleichs 298
  - II. Die Anrechte 299
    - 1. Allgemeine Voraussetzungen nach §2 VersAusglG 299
    - 2. Neu: Kapitalrechte im Versorgungsausgleich . 300
  - III. Die Ausgleichsformen.................... 302
    - 1. Grundsätze der Ausgleichsformen, §9 VersAusglG 302
    - 2. Interne Teilung 303
    - 3. Externe Teilung..................... 304
      - a) Auf Wunsch des Versorgungsträgers 305
      - b) Aufgrund einer Vereinbarung 306
      - c) Aufgrund öffentlich-rechtlichem Dienst- oder Amtsverhältnis 307
      - d) Wahl der Zielversorgung und Vollzug.... 308
    - 4. Verrechnung 310
    - 5. Teilungskosten....................... 311
  - IV. Der korrespondierende Kapitalwert 312
    - 1. Die gesetzliche Regelung................ 312
    - 2. Berechnung........................ 313
    - 3. Tauglichkeit 314
  - V. Ausnahmen vom Versorgungsausgleich 316
  - VI. Vereinbarungen zum Versorgungsausgleich 319
    - 1. Mehr Disposition..................... 319
    - 2. Form 320
    - 3. Beispiele für Vereinbarungen 321
      - a) Vollständiger Verzicht 321
      - b) Verzicht bei Unternehmen mit einseitigem Rücktrittsrecht des Nichtunternehmers 322
      - c) Verrechnungsvereinbarung zweier Landesbeamter 323
- D. Ansprüche außerhalb des Familienrechts 324
  - I. Ehegatteninnengesellschaft................. 325
    - 1. Gesellschaftsrechtliche Lösungen im Familienrecht 325
      - a) Rechtsprechung 326
      - b) Voraussetzungen 327
    - 2. Rechtsfolgen 328
      - a) Ausgleichsanspruch 329
      - b) Selektiver vorzeitiger Zugewinnausgleich . 330
    - 3. Problemfelder 331
      - a) Wille zur Gesellschaftsgründung? 332

3. Teil. Eherecht

	b) Wirkliche Anwendung des Gesellschaftsrechts	333
	c) Erbschaft- und Schenkungsteuer	334
	d) Mitunternehmerschaft	335
II.	Störung der Geschäftsgrundlage	336
1.	Ehegattenzuwendungen – bzw. Mitarbeit	337
2.	Güterstandsbezogene Voraussetzungen	338
3.	Anspruchsinhalt	340
III.	Miteigentum	341
1.	„Güterstand" der Miteigentümergemeinschaft	341
2.	Miteigentum nach Trennung	342
3.	Bankkonten	343
	a) Einzelkonto	344
	b) Gemeinschaftskonto	346
	c) Wertpapierdepot	347
IV.	Gesamtschuldnerausgleich	348
1.	Der Anspruch auf Gesamtschuldnerausgleich	348
2.	Verhältnis zu anderen familienrechtlichen Ansprüchen	351
V.	Sonstige Verträge zwischen Ehegatten	352
E. Steuerliche Themen rund um die Ehe		353
I.	Veranlagung der Ehegatten und Gesamtschuld	353
1.	Zustimmungspflicht zur Zusammenveranlagung	354
2.	Das Innenverhältnis der Gesamtschuldner	355
3.	Die Steuererstattung bei Ehen in der Krise	356
II.	Zugewinnausgleich und Steuern	357
1.	Erbrechtliche Ausgangssituation	358
2.	Die fiktive Zugewinnausgleichsforderung und ihre Einschränkungen	359
3.	Die reale Zugewinnausgleichsforderung	361
4.	Die deutsch-französische Wahl-Zugewinngemeinschaft	363
III.	Der Unterhalt im Steuerrecht	364
1.	Außergewöhnliche Belastung nach § 33a EStG	365
2.	Begrenztes Realsplitting, § 10 Abs. 1 Nr. 1 EStG, § 22 Nr. 1a EStG	366
	a) Voraussetzungen	367
	b) Anspruch auf Zustimmung	368
	c) Nachteilsausgleich – kein Vorteilsausgleich	369
	d) Steuerliche Optimierung	372
IV.	Leistungsfähigkeit bei Gewinneinkünften	373
1.	Steuerbilanz versus Unterhaltsbilanz	374
2.	Abschreibungen im Unterhaltsrecht	376
	a) Korrekturen im Unterhaltsrecht	377
	b) Verbindlichkeiten	379
3.	Entnahmen als Ersatzmaßstab?	380
4.	Änderungen nach Trennung	381
	a) Investitionen	382
	b) Personal	383
	c) PKW	384

3. Teil. Eherecht

d) Rückstellungen		385
5. Steuern und Vorsorgeaufwendungen		386
a) Steuern		387
b) Vorsorgeaufwendungen		388
V. Versorgungsausgleich und Steuern		389
1. Die Besteuerung beim neuen Versorgungsausgleichsrecht		389
2. Die interne Teilung		390
a) Kein Abzug der Minderung		390
b) Besteuerung des Leistungszuflusses		391
3. Besteuerung der externen Teilung		392
a) Einfluss der Besteuerung auf das materielle Recht		392
b) Besteuerung des Wertausgleichs		393
c) Besteuerung des Leistungszuflusses		394
4. Schädliche Verwendung geförderten Altersvorsorgevermögens		395
5. Ausgleich nach Scheidung		396
a) Grundzüge und Zahlungsformen		396
b) Korrespondenzprinzip		397
6. Zahlungen zur Vermeidung eines Versorgungsausgleichs, § 10 Abs. 1a Nr. 3 und § 22 Nr. 1a EStG		398
F. Der Ehevertrag		400
I. Voraussetzungen und Ziele eines Ehevertrages		400
1. Begriff des Ehevertrages		400
2. Form des Ehevertrages		401
3. Ziel des Ehevertrages		404
II. Inhaltskontrolle von Eheverträgen		405
1. Begründung einer Inhaltskontrolle von Eheverträgen durch das BVerfG		405
2. Inhaltskontrolle		406
3. Ausschluss ehebedingter Nachteile		407
4. Die „alte Sittenwidrigkeitsrechtsprechung"		408
5. Einzelne Aspekte der Inhaltskontrolle		409
6. Verfahren der Inhaltskontrolle		410
7. Stand der Inhaltskontrolle		411
III. Schenkungsteuerliche Optimierung durch Eheverträge		412
1. Auswahl des Güterstandes aus schenkungsteuerlicher Sicht		413
2. Güterstandswechsel		415
a) Güterstandsschaukel mit Zugewinnausgleich		416
b) Vereinbarung der Gütertrennung mit Anrechnung von vorab erfolgten Zuwendungen		417
3. Inhaltskontrolle als Ausrede		418
IV. Musterformulierungen		419
1. Allgemeine Klauseln im Ehevertrag		420
a) Präambel		421
b) Allgemeine Nachteilsausgleichsklausel		422

c) Salvatorische Klausel		423
d) Belehrung		424
e) Abgeltungsklausel		425
2. Modifizierte Zugewinngemeinschaft mit Zugewinngrenze bei Tod		426
3. Zugewinnverzicht gegen Kompensation		427
4. Unterhaltsverzicht eingeschränkt wegen des Versorgungsausgleichs		428
5. Vereinbarung zum Realsplitting		429
V. Kosten		430
1. Der Geschäftswert eines Ehevertrages		431
2. Sonstige ehevertragliche Vereinbarungen		433
3. Abschluss, Änderung und Aufhebung eines Ehevertrages		434
4. Der Ehevertrag und andere Erklärungen		435
5. Die Scheidungsvereinbarung		436

A. Die Güterstände

I. Zugewinngemeinschaft und vertragliche Modifizierung

203 Obwohl der gesetzliche Güterstand „Zugewinngemeinschaft" heißt, entsteht während der Ehe nach § 1363 Abs. 2 BGB gerade kein gemeinschaftliches Vermögen der Ehegatten, sondern jeder Ehegatte bleibt Eigentümer seines Vermögens und verwaltet es selbst, § 1364 BGB. Zugleich haftet jeder Ehegatte nur für seine eigenen Verbindlichkeiten. Eine Ausnahme hiervon bilden die eher selten anzutreffenden Geschäfte zur Deckung des Lebensbedarfs nach § 1357 BGB.[748]

Nur bei Beendigung des Güterstandes kommt es zu einem Ausgleich. Dieser ist zuvor nicht gesichert.

1. Ausgleich bei Beendigung des Güterstandes

204 Ein solcher Ausgleich kommt mithin im Todesfall – hier häufig zu wenig beachtet –, bei Scheidung oder bei ehevertraglichem Wechsel des Güterstandes in Betracht.

a) Tod

205 Beim Tod eines Ehegatten kann der Zugewinn pauschal oder güterrechtlich abgegolten werden.

aa) Pauschalierter Zugewinn

206 Nach § 1371 Abs. 1 BGB wird der Zugewinnausgleich im Todesfalle dadurch bewirkt, dass sich der **gesetzliche Erbteil** des überlebenden Ehegatten **pauschal um ein Viertel erhöht**. Das bedeutet:

---

[748] BGH – XII ZR 159/12, NJW-RR 2013, 897, hat Stromlieferverträge unter diese Vorschrift gefasst und BGH – XII ZR 94/17, FamRZ 2018, 673 den Abschluss und die Kündigung einer Vollkaskoversicherung für ein Familienfahrzeug.

A. Die Güterstände

- Es kommt nicht darauf an, ob der verstorbene Ehegatte den höheren Zugewinn erzielt hat.
- Eine Anrechnung früherer Zuwendungen entsprechend § 1380 BGB findet nicht statt.
- Es kann nicht dazu kommen, dass der Verstorbene und damit der Nachlass einen Anspruch auf Zugewinn haben.[749]
- Voraussetzung ist jedoch, dass der überlebende Ehegatte gesetzlicher oder durch Verfügung von Todes wegen berufener Erbe oder Vermächtnisnehmer ist, § 1371 Abs. 2 S. 1 BGB.
- Damit steht dem überlebenden Ehegatten der sog. große Pflichtteil zu mit der Folge einer Reduzierung der Pflichtteile der Kinder.

Hinweis: Zur Reduzierung unerwünschter Kinderpflichtteile kann es sich empfehlen, den gesetzlichen Güterstand beizubehalten oder zu ihm zurückzukehren und den Ehegatten zumindest mit einem Vermächtnis zu bedenken, um ihm den Großen Pflichtteil zu sichern.

- Der überlebende Ehegatte kann immer **ausschlagen** und trotzdem den sog. **kleinen Pflichtteil**[750] und den errechneten **güterrechtlichen Zugewinn** verlangen, § 1371 Abs. 2, 3 BGB.

Hinweis: Beim Mandat für den überlebenden Ehegatten ist diese Wahlmöglichkeit ggf. durchzurechnen. Zu beachten ist, dass durch Ausschlagung und güterrechtliche Lösung auch eine erbschaftsteuerliche Änderung eintritt. Die Steuer wird dann nach § 5 Abs. 2 ErbStG und nicht nach § 5 Abs. 1 ErbStG beurteilt. Dies kann Vorteile bringen.[751]

bb) Güterrechtlicher Zugewinn

Der **güterrechtliche Zugewinn** ist nach §§ 1372 ff. BGB zu berechnen. Danach hat derjenige Ehegatte, der den höheren Zugewinn erzielt hat, dem anderen Ehegatten die Hälfte des Überschusses als Zugewinn auszuzahlen, § 1378 Abs. 1 BGB. 207

Zur **Berechnung** wird zunächst für jeden Ehegatten getrennt dessen Anfangs- und Endvermögen nach den noch darzustellenden Regeln bestimmt.[752] Sodann wird sein Anfangsvermögen von seinem Endvermögen in Abzug gebracht und somit sein Zugewinn festgestellt. Anfangs- und Endvermögen können negativ sein, der Zugewinn selbst jedoch nicht.[753] Anschließend wird der geringere Zugewinn vom höheren Zugewinn des anderen Ehegatten abgezogen. Diese Differenz

---

[749] Anders wird dies beim neuen deutsch-französischen Güterstand gesehen.
[750] So ausdrücklich BGH – IVa ZR 27/81, DNotZ 1983, 187, m. Anm. *Wolfsteiner*.
[751] Hierzu → Rn. 357 f.
[752] Die Praxis bedient sich hierzu meist bestimmter Berechnungsprogramme, so zB *Gutdeutsch*, Familienrechtliche Berechnungen, Online-Modul.
[753] So ausdrücklich BGH – XII ZR 10/09, NJW-RR 2011, 73; *Kogel* FamRZ 2010, 2036 f.; aA *Braeuer* FamRZ 2010, 1614.

wird halbiert und ergibt den Zugewinnausgleich. Da der Zugewinn nur Teilhabe am ehelichen Vermögenszuwachs gewähren will, werden Erbschaften, elterliche Zuwendungen etc. nach § 1374 Abs. 2 BGB dem Anfangsvermögen zugerechnet. **Der güterrechtliche Zugewinn im Todesfall wird häufig übersehen.** Gerade bei dynastischen Firmeneheverträgen werden Gestaltungen gewählt, wonach bei Scheidung auf Zugewinn verzichtet und zusätzlich für den Todesfall ein Pflichtteilsverzicht erklärt wird. Hier besteht der güterrechtliche Zugewinnausgleichsanspruch im Todesfalle nach § 1371 Abs. 2 BGB weiter und kann zu ganz erheblichen Zugewinnforderungen verbunden mit weiteren vermeidbaren Beeinträchtigungen wie Auskunftsverlangen etc. führen!

> **Hinweis:** Wenn weder im Todes- noch im Scheidungsfall Zugewinn gerechnet und ausgeglichen werden soll, dann muss auch auf den güterrechtlichen Zugewinn im Todesfall verzichtet werden. Ein Pflichtteilsverzicht genügt hier nicht!
> In der Praxis ist dies eine häufige Fehlerquelle!

b) Scheidung

208 Im Scheidungsfalle ist der **güterrechtliche Zugewinnausgleich** zu berechnen und auszugleichen. Auch wenn es zu einem vorzeitigen Zugewinnausgleich nach §§ 1385 ff. BGB kommt, tritt mit der entsprechenden Entscheidung nach § 1388 BGB Gütertrennung ein. Für diesen Fall werden häufig ehevertraglich abweichende Regelungen getroffen.

c) Ehevertrag

209 Schließlich kann der Güterstand der Zugewinngemeinschaft auch ehevertraglich beendet werden. Dies geschieht zumeist durch Vereinbarung der Gütertrennung. Möglich wäre aber ebenso ein Übergang etwa in den neuen deutsch-französischen Güterstand. Mit dem **Güterstandswechsel** wird der Zugewinn fällig. Er ist erbschaftsteuerlich nach § 5 Abs. 2 ErbStG zu behandeln. Damit gibt es eine **Gestaltungsoption**, den Ausgleich des Zugewinns zur Erlangung schenkungsteuerlicher Vorteile durch Ehevertrag herbeizuführen.[754]

2. Anfangs- und Endvermögen

210 Um den güterrechtlichen Zugewinn berechnen zu können, ist es wichtig, Anfangs- und Endvermögen korrekt aufzustellen und zu bewerten.

a) Stichtage

211 Hierzu ist es zunächst erforderlich, die Stichtage richtig festzustellen. Das **Anfangsvermögen** wird zum **Stichtag** des Eintritts des Güterstandes der Zugewinngemeinschaft berechnet. Das ist die **Heirat** oder

---

[754] Dazu und zur Güterstandsschaukel → Rn. 250.

A. Die Güterstände

die spätere **ehevertragliche Wahl** des gesetzlichen Güterstandes. Für Altehen ist Anfangsvermögensstichtag der **1.7.1958**, da zu diesem Datum der gesetzliche Güterstand eingeführt wurde. Für Ehegatten aus den Neuen Bundesländern ist Stichtag der **3.10.1990**, da zu diesem Datum der in der DDR bestehende Güterstand der Eigentums- und Vermögensgemeinschaft in die Zugewinngemeinschaft übergeleitet wurde.

Zum Anfangsvermögen gehört auch der nach **§ 1374 Abs. 2 BGB** privilegierte Erwerb von Todes wegen, mit Rücksicht auf ein künftiges Erbrecht, durch Schenkung oder zur Ausstattung. Maßgebender Stichtag ist insoweit die **Vollendung des Rechtserwerbs**, bei Grundstücken also der Zeitpunkt der Grundbucheintragung.[755]

Stichtag für die Berechnung des **Endvermögens** ist die Beendigung des Güterstandes, § 1375 Abs. 1 S. 1 BGB. Bei Scheidung wird jedoch der Stichtag vorverlegt auf die **Rechtshängigkeit**[756] des Scheidungsantrags, § 1384 BGB. Das bedeutet, dass für die Errechnung des Endvermögens die Rechtshängigkeit maßgeblich ist, die Ausgleichsforderung aber gleichwohl erst mit Beendigung des Güterstandes entsteht.[757] Seit der Reform des Zugewinnausgleichs im Jahre 2009[758] gilt der Zeitpunkt der Rechtshängigkeit auch als Stichtag für die Vermögenswertbegrenzung nach § 1378 Abs. 2 BGB.

b) Abgrenzung

Ferner ist es wichtig zu wissen, welche Vermögensgegenstände bzw. 212 -werte dem Zugewinn unterfallen in Abgrenzung zu den Themen Haushaltsgegenstände, Versorgungsausgleich und Unterhalt.

Haushaltsgegenstände unterliegen nach **§ 1568b BGB** einer eigenen 213 Verteilung und werden daher im Zugewinn nicht nochmals berücksichtigt. Als Haushaltsgegenstände sind diejenigen beweglichen Gegenstände anzusehen, die nach den Vermögens- und Lebensverhältnissen der Ehegatten für die Wohnung, die Hauswirtschaft und das Zusammenleben der Familie bestimmt sind.[759] § 1568b BGB erfasst nur Haushaltsgegenstände, die im gemeinsamen Eigentum stehen oder nach dessen Abs. 2 als gemeinsames Eigentum gelten. Gegenstände im Alleineigentum unterliegen also stets dem Zugewinn.

Hinweis: Bei Regelungen der Ehegatten untereinander über die Verteilung von Gegenständen im Alleineigentum wird der Zugewinn beeinflusst. Solche Vereinbarungen – auch wenn sie nicht selten unter anwaltlicher Beteiligung getroffen werden – können nach § 1378 Abs. 3 BGB als nicht beurkundet formnichtig sein.[760]

---

[755] OLG Bamberg – 2 UF 202/88, FamRZ 1990, 408.
[756] Vgl. §§ 124, 133 Abs. 1 FamFG, § 253 Abs. 1 ZPO, § 261 Abs. 1 ZPO.
[757] Bei Tod des ausgleichsberechtigten Ehegatten nach Rechtshängigkeit und vor Scheidung wird daher keine Ausgleichsforderung vererbt, BGH – XII ZR 54/94, NJW 1995, 1832.
[758] BGBl. 2009 I 1696.
[759] BGH – IX ZR 41/83, NJW 1984, 484.
[760] OLG Düsseldorf – 9 UF 119/03, FamRZ 2005, 273.

Gegenstände, die lediglich dem persönlichen Interesse eines Ehegatten dienen, die als Kapitalanlage oder Objektsammlung anzusehen sind, fallen nicht unter die Haushaltsgegenstände. Ein Kfz ist Haushaltsgegenstand, wenn es der Familie dient oder das einzige Kfz der Familie ist.[761]

214 Anrechte, die dem Versorgungsausgleich unterliegen, sind nach § 2 Abs. 4 VersAusglG vom Zugewinnausgleich ausgenommen. Diese Abgrenzung ist bedeutsam insb. im Bereich der **Lebensversicherungen**. Hier lassen sich folgende Abgrenzungen treffen:
Kapitallebensversicherungen sind Bestandteil des Zugewinnausgleichs, wohingegen **Rentenlebensversicherungen** dem Versorgungsausgleich unterfallen. Soweit Wahlrechte bestehen, kommt es darauf an, ob diese ausgeübt worden sind. Problematisch ist, dass nach Ansicht des BGH das **Kapitalwahlrecht** einer Rentenversicherung auch noch **nach Rechtshängigkeit** eines Scheidungsantrages = Endvermögensstichtag für den Zugewinn **ausgeübt** werden kann.[762] Hier kann es zu Rechtsschutzlücken kommen, wenn der Zugewinn bereits erledigt ist, sei es durch rechtswirksame gerichtliche Entscheidung, sei es durch notarielle Vereinbarung, und das Anrecht danach dem Versorgungsausgleich durch Kapitalwahl entzogen wird. Hiergegen sind insb. bei Abschluss einer Scheidungsvereinbarung, die den Zugewinn regelt, den Versorgungsausgleich aber der gerichtlichen Scheidung überlässt, vertragliche Vorkehrungen zu treffen.

Formulierungsbeispiel: Soweit der Versorgungsausgleich in dieser Urkunde nicht endgültig geregelt wird und Lebensversicherungen nachträglich durch Kapitalwahl aus dem Versorgungsausgleich ausscheiden, sind solche Rechte noch dem Zugewinnausgleich zu unterwerfen. Hierfür ist die Verjährung des Zugewinnausgleichsanspruchs auf 10 Jahre seit rechtskräftiger Ehescheidung verlängert.

Die Versicherung ist beim Zugewinn im Endvermögen des Begünstigten zu erfassen, wenn diesem ein unwiderrufliches Bezugsrecht eingeräumt wurde; bei einem widerruflichen Bezugsrecht hingegen beim Versicherungsnehmer.[763]

215 Auch zum Unterhalt hin bestehen Abgrenzungsschwierigkeiten. Diese beherrschen unter dem Stichwort **„Verbot der Doppelverwertung"** die familienrechtliche Diskussion[764] und haben Auswirkungen bis hin zur Unternehmensbewertung. Die Diskussion tritt vor allem bei Mitarbeiterbeteiligungen und **Abfindungen** auf. Diskutiert wird ferner ein Verwertungsverbot für **Schulden** beim Unterhalt, wenn diese bereits beim Zugewinn vom Endvermögen des schuldentilgenden Ehegatten

---

[761] OLG Saarbrücken – 9 W 257/09, FamFR 2009, 96; zum PKW als Haushaltsgegenstand *Erle* ZEV 2016, 240.

[762] BGH – XII ZB 555/10, NJW-RR 2011, 1633; BGH – XII ZB 325/11, FamFR 2012, 299.

[763] *Büte* FuR 2014, 11 (14) mwN.

[764] BGH – XII ZR 27/00, FPR 2003, 244; BGH – XII ZR 185/01, NJW 2004, 2675; BGH – XII ZR 45/06, NJW 2008, 1221; *Münch* FamRZ 2006, 1164 ff.; *Münch* NJW 2008, 1201.

A. Die Güterstände

abgezogen wurden. Die Tilgung darf dann nicht mehr beim Unterhalt berücksichtigt werden, wohl aber die Verzinsung,[765] sonst müsste der unterhaltsberechtigte Ehegatte je nach Konstellation[766] unter Umständen den gesamten Kredit wirtschaftlich alleine tilgen. Umstritten ist bei Eingreifen des Verbotes, in welchem Rechtsbereich die entsprechenden Positionen zu berücksichtigen sind.[767] Zwischen Zugewinn und Unterhalt bestehen erhebliche Unterschiede:
– Unterhalt ist nur für eine begrenzte Zeit zu zahlen, beim Zugewinn erfolgt ein voller Abzug.
– Bei konkreter Unterhaltsberechnung wirkt sich die Schuld nicht aus.
– Unterhaltszahlungen können in Grenzen steuerlich abgesetzt werden.
– Zugewinnansprüche können schon verjährt sein.

Im Rahmen der **Unternehmensbewertung** ist die Ertragswertmethode heute vorherrschend. Sie ist vom BGH[768] auch für den Zugewinn als maßgeblich angesehen worden. Für inhabergeführte Unternehmen und für Freiberuflerkanzleien hängt dieser Ertrag wesentlich von der Tätigkeit des Unternehmers ab. Insoweit wurde mit Blick auf das Doppelverwertungsverbot überlegt, welche Konsequenzen es haben muss, wenn der Ertrag eines Unternehmens schon bei der Unterhaltsberechnung als Einkommen eingestellt ist. Die Auffassungen gingen von der mangelnden Eignung des Ertragswertverfahrens[769] bis hin zu der These, Unternehmen, die mit ihren Gewinnen beim Unterhalt nicht ausgenommen wurden, seien im Zugewinnausgleich nicht mehr zu berücksichtigen.[770] Der Kompromiss wurde im **individuellen Unternehmerlohn** gefunden,[771] der nun bei der Unternehmensbewertung **im Zugewinn in Abzug zu bringen** ist und für den Unterhalt zur Verfügung steht.[772] Dem hat sich der neue Standard IDW S 13 zur Überleitung auf einen Ausgleichs- und Auseinandersetzungswert im Familien- und Erbrecht angeschlossen.[773]

c) Berechnung

Das Anfangs- und Endvermögen ist zusammenzustellen, die einzelnen Gegenstände sind zu bewerten und sodann ist die Höhe von Anfangs- und Endvermögen unter Berücksichtigung der nachfolgenden Besonderheiten zu berechnen.

216

---

[765] OLG München – 16 UF 887/04, MittBayNot 2005, 313; OLG Saarbrücken – 9 UF 47/05, NJW 2006, 1438; aA OLG Karlsruhe – 2 UF 46/04, FamRZ 2005, 909.
[766] Vgl. die Zusammenstellung bei *Kogel* FamRB 2005, 207 f.
[767] Hierzu *Gerhard/Schulz* FamRZ 2005, 145 f., 317 f.
[768] BGH – XII ZR 185/08, NJW 2011, 2572 f.
[769] *Brudermüller* NJW 2003, 3166.
[770] OLG Oldenburg, NJW 2006, 2125; *Fischer-Winckelmann* FuR 2004, 433 f.
[771] *Münch* FamRZ 2006, 1164 ff.
[772] BGH – XII ZR 45/06, NJW 2008, 1221, unter Berufung auf *Münch* FamRZ 2006, 1164 ff.; hierzu *Münch* NJW 2008, 1201.
[773] IDW S 13, Rn. 31.

aa) Negatives Vermögen

217 Seit der Reform des Zugewinnausgleichs 2009 gibt es aufgrund der Einfügung des §1374 Abs. 3 BGB und des §1375 Abs. 1 S. 2 BGB **negatives Anfangs- oder Endvermögen**. Damit wurde einer Forderung der familienrechtlichen Praxis entsprochen, denn nunmehr ist die **Schuldentilgung** als **Zugewinn** anzusehen. Negativ kann auch der privilegierte Erwerb nach §1374 Abs. 2 BGB sein. Nicht ins Negative kann hingegen der Zugewinn als solcher fallen, dh dieser ist immer wenigstens 0 und niemals negativ.[774]

bb) Privilegiertes Vermögen

218 Da der Zugewinnausgleich dazu dienen soll, den anderen Ehegatten an der gemeinsam erwirtschafteten Lebensleistung zu beteiligen, sind solche Vermögensbestandteile vom Ausgleich ausgenommen, die in keinem Zusammenhang mit der ehelichen Lebens- und Wirtschaftsgemeinschaft stehen. Dabei handelt es sich um Vermögen,
– das dem Ehegatten bei Eintritt des Güterstandes bereits gehört oder
– das ihm nach Eheschließung zugewendet wurde
– von Todes wegen
– mit Rücksicht auf ein künftiges Erbrecht
– durch Schenkung oder
– als Ausstattung.

Maßgebend für den Wert der Hinzurechnung ist der **Zeitpunkt des Erwerbs**, beim Grundstückserwerb der Zeitpunkt der Grundbucheintragung.[775] Ab diesem Zeitpunkt erfolgt die Indexierung.

Die Vorschrift ist nach Auffassung des BGH **nicht analogiefähig**, sodass andere Tatbestände, die ebenfalls nicht auf der ehelichen Lebens- und Wirtschaftsgemeinschaft beruhen, wie etwa Schmerzensgeldzahlungen oder ein Lottogewinn nicht in das Anfangsvermögen fallen.[776]

Unter §1374 Abs. 2 BGB fallen nur Zuwendungen von Dritten, nicht aber Schenkungen und ehebezogene Zuwendungen unter Ehegatten.[777]

Hinweis: Zuwendungen unter Ehegatten zählen nicht zum Anfangsvermögen und sind daher im Zugewinn teilweise wieder zurückzugewähren. Hier ist idR eine Regelung durch Vereinbarung angebracht.

cc) Indexierung

219 Da nur echte Wertsteigerungen als Zugewinn zu sehen sind, ist die Geldentwertung nach ständiger Rechtsprechung[778] durch eine Indexierung des Anfangsvermögens aus der Zugewinnberechnung zu eliminie-

---

[774] BGH – XII ZR 10/09, NJW-RR 2011, 73, Rn. 34.
[775] OLG Bamberg – 2 UF 202/88, FamRZ 1990, 408.
[776] BGH – XII ZB 277/12, NJW 2013, 3645.
[777] BGH – XII ZR 237/98, NJW-RR 2001, 793.
[778] BGH – IV ZR 147/72, NJW 1974, 137.

A. Die Güterstände

ren. Die Indexierung des Anfangsvermögens wird einheitlich nach dem Verbraucherpreisindex für Deutschland vorgenommen.[779]
Die Indexierung ist nach der Formel zu rechnen: Wert am Anfangsstichtag x Index am Endstichtag geteilt durch Index am Anfangsstichtag.
Privilegiertes Vermögen ist jeweils gesondert zu indexieren mit seinem Wert bei Vollendung des Erwerbs des privilegierten Vermögens.

dd) Vermutung des § 1377 Abs. 3 BGB

Nicht geändert hat der Gesetzgeber die **Vermutung des §1377 Abs. 3 BGB**, sodass nach wie vor das **Anfangsvermögen** mit **Null** vermutet wird, wenn kein Vermögensverzeichnis existiert, obwohl das Anfangsvermögen nunmehr auch negativ sein kann. Wer negatives Anfangsvermögen des Partners vorträgt, um einen höheren Zugewinn zu begründen, ist dafür beweisbelastet.[780]   220

Daher ist es ratsam, ein **Vermögensverzeichnis** zu errichten. Dies gilt erst recht aus steuerlicher Sicht. Hier bestimmt **§5 Abs.1 S.3 ErbStG**, dass die Vermutung des § 1377 Abs. 3 BGB für die Steuerfreiheit des Zugewinns ausdrücklich nicht gilt, sodass dem Finanzamt gegenüber das Anfangsvermögen nachzuweisen ist. Das ist einige Jahrzehnte nach der Heirat oft nur sehr schwer möglich.

> **Hinweis:** Bei negativem Anfangsvermögen ist es ratsam, ein Vermögensverzeichnis aufzustellen, da sonst Nachweisschwierigkeiten bestehen. Das gilt erst recht aus steuerrechtlicher Sicht, da im Rahmen des §5 Abs.1 ErbStG die Vermutung des § 1377 Abs. 3 BGB nicht gilt und der Zugewinn konkret nachgewiesen werden muss.

ee) Hinzurechnungen zum Endvermögen

§ 1375 Abs. 2 BGB ordnet zur Verhinderung von Missbrauch an, dass bestimmte **illoyale Vermögensminderungen** dem **Endvermögen** zur Berechnung des Zugewinns wieder **hinzuzurechnen** sind. Das betrifft   221
– unentgeltliche Zuwendungen (außer bei Einverständnis oder nach Ablauf von 10 Jahren, Abs. 3);
– Vermögensverschwendungen;
– Handlungen in Benachteiligungsabsicht.

Ferner enthält § 1375 Abs. 2 S. 2 BGB eine widerlegliche Vermutung, dass alle Vermögenseinbußen zwischen der Trennung und dem Endvermögensstichtag (Rechtshängigkeit des Scheidungsantrags) als illoyal iSd Abs. 2 gelten. Diese **Maßgeblichkeit des Trennungszeitpunktes** ist **neu** und führt dazu, dass sowohl die Trennung als auch das in diesem Zeitpunkt vorhandene Vermögen möglichst **genau zu dokumentieren** sind. Der Ehegatte, dessen Vermögenswerte zwischen Trennung und

---

[779] BGH – XII ZR 141/07, NZM 2009, 398, auch zur Auslegung von Altklauseln mit dem Ergebnis einheitlicher Verwendung des Verbraucherpreisindexes.
[780] Brudermüller NJW 2010, 401 (404).

3. Teil. Eherecht

Endvermögensstichtag gesunken sind, muss also darlegen und beweisen, dass es sich nicht um eine illoyale Vermögensminderung handelt. Damit hat der Gesetzgeber eine **neue Beweislastregel** geschaffen, denn schon wenn der Nachweis nicht gelingt, wird die **Verminderung dem Endvermögen hinzugerechnet**.[781] Der BGH hat ferner entschieden, dass eine schlüssig dargelegte illoyale Vermögensminderung vom Ausgleichsschuldner substantiiert zu bestreiten ist, da sie sonst als zugestanden gilt.[782] Hat der Ausgleichsschuldner den Verbleib nachvollziehbar erklärt, dann muss freilich der die illoyale Vermögensminderung behauptende Ehegatte dem substantiiert entgegentreten.[783]

Hinweis: Der Zeitpunkt der Trennung und das zu diesem Zeitpunkt vorhandene Vermögen sollten dokumentiert werden.

ff) Vermögenswertbegrenzung

222 Der Zugewinnausgleichsanspruch wird vom Gesetz auf das **noch vorhandene Vermögen** beschränkt, sodass ein höherer Anspruch an dieser Grenze **gekappt** wird. Nach der Grundidee muss sich kein Ehegatte für die Zahlung des Zugewinnes verschulden. Entscheidender Zeitpunkt ist nunmehr derjenige des § 1384 BGB (Rechtshängigkeit des Scheidungsantrages), sodass Vermögensverluste – auch redliche – nach Rechtshängigkeit des Scheidungsantrages den Ausgleichsanspruch nicht mehr verkürzen.

Neu ist ferner, dass alle **illoyalen Vermögensminderungen** dem positiven, vorhandenen Vermögen **hinzugezählt** werden, und zwar in vollem Umfang. Das kann bedeuten, dass der Zahlungspflichtige sich in diesen Fällen doch verschulden muss, um den Zugewinnausgleich aufzubringen.

d) Bewertung

223 Ein Kernthema bei der Berechnung des Zugewinnes ist die Bewertung der vorhandenen Vermögensgüter. Das BGB selbst enthält, mit Ausnahme des § 1376 Abs. 4 BGB für die Landwirtschaft, keine Vorschrift zur Bewertung von Vermögensgütern. So ist für die Bewertung im Anfangs- und Endvermögen stets der wirkliche Wert festzustellen. Steuerliche oder handelsrechtliche Bewertungsgrundsätze, die von diesem Wert abweichen, sind demnach nicht zu berücksichtigen.[784] Es sind daher weder Einheits- noch Buchwerte maßgeblich. Daraus ergibt sich

---

[781] So ausdrücklich die Begründung des Rechtsausschusses, auf den die Vorschrift zurückgeht: BT-Drs. 16/13027, 10.
[782] BGH – XII ZB 469/1, FamRZ 2015, 232 m.Anm. *Braeuer.*
[783] OLG Brandenburg – 9 UF 177/13, FamRB 2015, 124.
[784] BVerfG – 1 BvL 17/80, NJW 1985, 1329; BGH – IVb ZR 62/84, NJW-RR 1986, 226 (II.2.a); BGH – XII ZR 185/08, DStR 2011, 1683 (Tz. 20); *Büte,* Zugewinnausgleich, Rn. 58; Schwab/Ernst/*Volker,* Scheidungsrecht, § 15 Rn. 59.

A. Die Güterstände

die Forderung, zur Ermittlung dieses wahren Wertes nur anerkannte Bewertungsmethoden zuzulassen.[785]
Hier seien einige wichtige Themenfelder behandelt:

aa) Unternehmensbewertung

Wenn auch das Gesetz kein Verfahren zur Wertermittlung vorschreibt und die Rechtsprechung zu Anfang die Auswahl dem Tatrichter überließ, zeigen sich doch in letzter Zeit andere Entwicklungen. **224**
Betriebswirtschaftlich wird schon länger die **Ertragswertmethode** als die zutreffende Bewertungsmethode angesehen. Daraus resultierte die Forderung, sie müsse auch für die Bewertung im Zugewinnausgleich zwingend verwendet werden.[786] Hat die Rechtsprechung die Ertragswertmethode zunächst nur gebilligt,[787] so bezeichnet der **BGH** neuerdings die Anwendung der Ertragswertmethode als **vorzugswürdig**, und zwar ausgerechnet im Bereich der Freiberuflerpraxis, die traditionell vom Umsatzverfahren geprägt war.[788] An diesem Votum wird die Bewertungspraxis nicht vorbeigehen können, sodass Mittelwert und Umsatzmethoden in den Hintergrund gedrängt werden dürften, auch wenn der BGH formelhaft wiederholt, die Auswahl der Bewertungsmethode sei Aufgabe des Tatrichters.

Unter dem Ertragswert versteht man die **Summe aller zukünftigen Erträge** des fortgeführten Unternehmens **vermehrt um** den Veräußerungswert des **nicht betriebsnotwendigen Vermögens** zu Einzelveräußerungspreisen. Unterste Grenze soll dabei der Liquidationswert sein.[789] Bei einer unbefristeten künftigen Ertragsperiode werden die Erträge nach der Formel für die „ewige Rente" kapitalisiert.[790] Die **Abzinsung** erfolgt mittels eines Kapitalisierungszinssatzes, der sich aus dem Basiszinssatz (landesüblicher Kapitalmarktzins), einem Unternehmensrisikozuschlag, ggf. einem Immobilitätszuschlag und einem Geldentwertungsabschlag zusammensetzt.

Die Summe künftiger Erträge wird durch eine **Prognose** auf der **Basis vergangener Erträge** hochgerechnet, die um einmalige, nicht periodengerechte Entwicklungen zu bereinigen sind. Dabei können die jüngeren Erträge stärker gewichtet werden als die älteren.[791]

---

[785] *Schröder*, Bewertungen, Rn. 90 f.
[786] *Piltz/Wissmann* NJW 1985, 2673 (2677), sprechen sich gegen die Annahme des BGH aus, die richtige Bewertung sei in der Betriebswirtschaft umstritten.
[787] BGH – IVa ZR 127/80, NJW 1982, 575; BGH – XII ZR 194/01, NJW-RR 2005, 153.
[788] BGH – XII ZR 185/08, NJW 2011, 2572 f.
[789] An dieser Stelle können nicht die Details der Ertragsbewertung besprochen werden.
[790] Vgl. die Darstellung in *Schulz/Hauß*, Vermögensauseinandersetzung, Rn. 125 ff.
[791] *Kogel*, Strategien beim Zugewinnausgleich, Rn. 1223.

3. Teil. *Eherecht*

Als ein bekannter und in Verträgen häufig in Bezug genommener Standard[792] haben sich die Grundsätze zur Durchführung der Unternehmensbewertung **(IDW S1)** des IDW entwickelt, die neben dem Ertragswertverfahren noch das Discounted-Cash-Flow-Verfahren (DCF) anbieten.[793] Dieser Standard wird ergänzt um einen Standard zur **Überleitung auf einen Ausgleichs- und Auseinandersetzungswert** für die Bereiche des Familien- und Erbrechts auf einer zweiten Bewertungsstufe **IDW S 13**,[794] der im Jahre 2016 eine Vorgängerregelung von 1995 ablöste.

Für das Handwerk wurde mittlerweile ein eigener Bewertungsstandard geschaffen, der die Branchenspezifika berücksichtigen soll, der sog. „**AHW-Standard**."[795]

Für kleinere und mittlere Unternehmen haben das IDW und die Bundessteuerberaterkammer **Bewertungshinweise zu KMU**[796] entwickelt, die als Konkretisierung zu IDW S1 zu verstehen sind.[797] Darin werden besonders die Überschneidung von betrieblichem und privatem Bereich, das Fehlen von unabhängigem Management und mittelfristiger Unternehmensplanung sowie der begrenzte Zugang zum Kapitalmarkt berücksichtigt.

Viele Urteile des BGH aus den letzten Jahren befassten sich mit der Anwendung des Ertragswertes auf verschiedene Unternehmensarten. Dabei spielte die Inhaberbezogenheit eines Unternehmens eine gewichtige Rolle.

Bei **größeren gewerblichen Unternehmen**, bei denen das Leitungspersonal substituierbar ist, die also nicht von einem Inhaber persönlich abhängen, findet die **Ertragswertmethode** in der soeben geschilderten Form Anwendung. Sie geht grundsätzlich davon aus, dass das Unternehmen mit unverändertem Konzept sowie mit allen realistischen Zukunftserwartungen bei unbegrenzter Lebensdauer fortgeführt werden kann.[798]

225 **Kleinere Unternehmen und Freiberuflerpraxen** werden jedoch maßgeblich durch den Inhaber geprägt.[799] Er ist nicht ohne Weiteres

---

[792] Zu anderen Ansätzen etwa *Barthel*, Unternehmenswert: Die International Valuation Standards, DStR 2010, 2003.

[793] Aktueller Stand 2008. Veröffentlicht in IDW Prüfungsstandards IDW Stellungnahmen zur Rechnungslegung, Band 2 (Loseblatt).

[794] IDW S 13 in der Loseblattsammlung, seit der 58. EL, Stand August 2016 und IDW-Life 2016, 548 ff.; hierzu *Ihlau/Kohl* WPG 2016, 163 ff.; abgelöst wird damit die Stellungnahme HFA 2/1995, Zur Unternehmensbewertung im Familien- und Erbrecht, WPg 1995, 522 ff. Vgl. → Rn. 228 a.

[795] www.wertermittlung-handwerk.de; vgl. *Buchner/Friedl/Hinterdobler* DStR 2017, 1341 ff.; *Buchner/Friedl* DStR 2017, 1775; *Rössler/Troll/Eisele* BewG § 11 Rn. 35 c.

[796] IDW-Fachnachrichten Heft 4/2014, 282 ff.; https://www.bstbk.de/downloads/bstbk/steuerrecht-und-rechnungslegung/fachinfos/BStBK_Hinweise-Besonderheiten-Ermittlung-objektivierten-Unternehmenswerts.pdf.

[797] *Ballhorn/König* FamRZ 2018, 161 (162).

[798] BGH – XII ZB 434/12, NJW 2014, 294 (Tz. 36).

[799] *Butz/Mortensen/Butz* DS 2012, 236 (238).

A. Die Güterstände

ersetzbar. Aus diesem Grunde findet für diese Unternehmen nicht das reine Ertragswertverfahren Anwendung, sondern ein **modifiziertes Ertragswertverfahren**.[800] Diese Modifizierung hat im Wesentlichen zwei Auswirkungen. Zum einen wird die Ertragsprognose nicht auf ewig hochgerechnet, sondern auf einige Jahre, weil nur noch so lange die Wertigkeit des Unternehmens mitgegeben werden kann, da der Einfluss des bisherigen Inhabers nur noch begrenzt nachwirkt. Ferner wird ein konkret gerechtfertigter, individueller Unternehmerlohn abgezogen.

In einem weiteren Urteil hat sich der BGH[801] mit einem sog. „**Mieterbetrieb**" befasst und erörtert, ob auch auf diesen eine Modifizierung des Ertragswertverfahrens durch einen begrenzten Ertragszeitraum anzuwenden ist.[802] Dabei kommt es darauf an, ob der Betrieb an seinem Standort eine langfristige Mietvertragsbindung erreicht hat und ob der Standort für den Betrieb von herausragender Bedeutung ist. Trifft letzteres nicht zu, so ist auch keine Begrenzung des Ergebniszeitraumes gerechtfertigt. Ist der Betrieb hingegen standortabhängig, so wird bei einem nicht langfristigen Mietvertrag in der Tat eine Verkürzung des Ergebniszeitraumes gerechtfertigt sein.

Die Bewertungsgrundsätze oder -empfehlungen der **Standesorganisationen** werden diesen Vorgaben in unterschiedlicher Weise gerecht. So geht die **BRAK**[803] für die Bewertung von Anwaltskanzleien nach wie vor von einer Umsatzmethode aus und berücksichtigt keinen kalkulatorischen Unternehmerlohn. Lediglich in einem eigenen Abschnitt stellt die BRAK klar, dass ihre Bewertungsgrundsätze im Einzelfall, insb. beim spezifischen Bewertungszweck Zugewinnausgleich, der Ergänzung bedürfen. Hierzu wird dann auf die Rechtsprechung des BGH verwiesen. Es ist zweifelhaft, ob dies wirklich die neuesten Erkenntnisse des BGH[804] korrekt wiedergibt.

Die neuesten Hinweise der **Bundessteuerberaterkammer** aus dem Jahre 2010 mit Aktualisierung 2017[805] setzen die Rechtsprechung zum Abzug des konkreten Steuerberaterlohnes um. Sie basieren zwar weiter auf der Umsatzmethode, stellen allerdings auch eine Ertragswertmethode vor. Die Auswahl soll nach dem konkreten Bewertungsanlass erfolgen.[806]

---

[800] BGH – XII ZR 185/08, NJW 2011, 2572 (Tz. 28).
[801] BGH – XII ZB 434/12, NJW 2014, 294f.
[802] Das Sachverständigengutachten hatte das reine und das modifizierte Ertragswertverfahren auf der Basis einer 4-jährigen Ertragsperiode berechnet. Im letzteren Falle reduzierte sich der Firmenwert auf etwa ein Drittel.
[803] BRAK-Mitteilungen 2018, 6ff.
[804] Vor allem BGH – XII ZR 45/06, NJW 2008, 1221; hierzu *Münch* NJW 2008, 1208.
[805] Abrufbar auf der Webseite der Bundessteuerberaterkammer unter der folgenden Adresse: http://www.bstbk.de/muster_stbk/oeffentlich/pdf/2/4.2.1_Hinweise_Praxiswertermittlung.pdf.
[806] Zu diesen Hinweisen *Fischer/Wanagas* DStR 2010, 1853f. und *Knief* DStR 2010, 2000f.

3. Teil. Eherecht

Die Hinweise zur Bewertung von **Arztpraxen** der Ärztekammer[807] sehen den Praxiswert aus Substanzwert und ideellem Wert zusammengesetzt. Letzterer wird aber unter Aufgabe der Umsatzmethode nun durch einen ertragsorientierten Ansatz auch unter Berücksichtigung der Kostenseite bestimmt. Von dem Durchschnittsertrag der letzten drei Jahre wird ein kalkulatorischer Arztlohn in Höhe von 76.000,– EUR abgezogen, und zwar ab einem übertragbaren Jahresumsatz von 240.000,– EUR voll, darunter nur anteilig. Allerdings wird bei der Zulassungsbeschränkung für Ärzte und angesichts der Schwierigkeiten, im ländlichen Raum einen Praxisnachfolger zu finden, zu fragen sein, ob insoweit eigentlich noch ein Markt vorliegt, da sonst eine Goodwill-Bewertung ausscheidet.[808]

Liegt eine vom BGH[809] so bezeichnete „**ausschließliche Subjektbezogenheit**" des Unternehmenswertes vor, so lässt sich der Unternehmenswert gar nicht von der Person des Inhabers lösen, weil er auf einem höchstpersönlichen, nur dem Inhaber verliehenen Recht beruht. In solchen Fällen ist im Zugewinn für das Unternehmen kein Wert anzusetzen. So stufte der BGH in seinem jüngsten Urteil zur Unternehmensbewertung die Position eines **Handelsvertreters** ein, weil dessen Beziehung zum Unternehmer nicht von der Person des Handelsvertreters zu trennen sei. Er könne seine Position nicht einseitig auf einen Nachfolger übertragen und der Kundenstamm als immaterieller Vermögenswert stehe nicht ihm zu, sondern dem Unternehmer. Den Ausgleichsanspruch des Handelsvertreters nach § 89b HGB schließlich sah der BGH als bloße Erwerbsaussicht an, da er erst mit der rechtlichen Beendigung des Vertreterverhältnisses entstehe und an vielen Ausschlussgründen noch scheitern könne.

Ein ebensolcher Fall dürfte bei der **Notarkanzlei** vorliegen, die aufgrund der staatlichen Ernennung nicht veräußert werden kann. Hier kommt daher allenfalls ein Substanzwert zum Ansatz.[810]

226 Der **Liquidationswert**, der den bei sofortiger Zerschlagung erzielbaren Erlös erfasst, bildet betriebswirtschaftlich die **Untergrenze**[811] des Firmenwertes,[812] wobei die Rechtsprechung hier keine schonende Abwicklung zulässt, sondern wegen des strengen Stichtagsbezuges die sofortige Abwicklung fordert.[813] Der BGH hat dem zugestimmt und betont, dies gelte insbesondere, wenn ein Unternehmen zur Zahlung des Zuge-

---

[807] Deutsches Ärzteblatt 2008, Heft 51/52, A 2778.
[808] *Frielingsdorf/Laukamp* NZFam 2017, 241 (243).
[809] BGH – XII ZB 534/12, NJW 2014, 625.
[810] BGH – IV R 52–96, DStRE 1999, 363 (366); *Schulz/Hauß*, Vermögensauseinandersetzung, Rn. 601; aA *Braeuer* FF 2012, 273 (278).
[811] Nach BGH – II ZR 295/04, DStR 2006, 1005, ist sogar eine Abfindungsklausel zum Ertragswert unwirksam, wenn der Liquidationswert diesen wesentlich übersteigt.
[812] IDW S 1, Rn. 150; Johannsen/Henrich/*Jaeger*, Familienrecht, § 1376 Rn. 19.
[813] BayObLG – 3 Z BR 67/89, DStR 1995, 1479.

A. Die Güterstände

winnes „versilbert" werden muss.[814] Problematisch sind daher **ertragsschwache Unternehmen** (Ertragswert unter Liquidationswert), die dennoch fortgeführt werden. **Güterrechtlich** stellt sich dann die Frage, ob die **Liquidation** und damit der Ansatz des höheren Liquidationswertes **verlangt** werden kann. Ein solches Verlangen ist gerechtfertigt, wenn ein unrentables, liquidationsreifes Unternehmen aus wirtschaftlich nicht vertretbaren Gründen fortgeführt wird.[815] Anders jedoch bei einem ertragsschwachen Unternehmen, das immerhin den kalkulatorischen Unternehmerlohn sichert und damit den Unterhalt des Unternehmers und seines Ehegatten.[816] Hier kann der Ertragswert angesetzt werden.

Hinweis: Die betriebswirtschaftliche Erkenntnis, dass der Liquidationswert die Untergrenze des Firmenwertes bildet, kann familienrechtlich zu relativieren sein.

Da jedenfalls bei Einzelunternehmen und Personengesellschaften der **Lohn des Unternehmers** nicht in die Ergebnisrechnung eingeht, muss schon aus der Sicht des Bewertungsrechtes insoweit ein Abzug bei der Unternehmensbewertung erfolgen, denn eine entsprechende Tätigkeit wird ein Veräußerer jedenfalls nicht ohne Entlohnung fortsetzen.[817] Bei substituierbarer Managementleistung kann der Unternehmerlohn nach dem bemessen werden, was ein nicht Beteiligter für eine entsprechende Geschäftsführungsleistung erhalten würde, zuzüglich eines Anteils von 20 % im Hinblick auf die Altersversorgung.[818]

Bei einem inhabergeführten Unternehmen wurde in der Vergangenheit nur ein kalkulatorischer Unternehmerlohn abgezogen, sodass diese Unternehmen im Zugewinn sehr hoch bewertet wurden, während gleichzeitig aus den künftigen Erträgen, die für die Unternehmensbewertung maßgeblich waren, Unterhalt gezahlt werden sollte. Es ist daher eine Abgrenzung zwischen beiden Bereichen zu suchen. Diese wurde mit dem Abzug des konkreten anstelle des kalkulatorischen Unternehmerlohnes im Rahmen der Unternehmensbewertung vorgeschlagen.[819] Dann würde bei der Bewertung der Praxis des Herzspezialisten, Staranwaltes oder Prominentensteuerberaters nicht mehr nur der kalkulatorische Lohn eines beliebigen Arztes, Anwaltes oder Steuerberaters abgezogen, sondern der konkret gerechtfertigte Lohn des betreffenden Unternehmers. Dieser fällt also aus dem Unternehmenswert im Zugewinn heraus und steht dann andererseits für den Unterhalt zur Verfügung. Diesem Lösungsvorschlag ist zunächst der Arbeitskreis 7 beim 17. Deutschen Fami-

227

---

[814] BGH – XII ZR 116/17, FamRZ 2019, 429; hierzu *Kuckenburg* NZFam 2019, 175 f.
[815] Vgl. OLG Stuttgart – 20 W 16/06, AG 2011, 49 f.
[816] BGH – IVb ZR 42/85, NJW-RR 1986, 1066, bei der Bewertung im Pflichtteilsrecht; *Borth* FamRB 2002, 340 (371), 372.
[817] IDW S 1, Rn. 40.
[818] *Schulz/Hauß*, Vermögensauseinandersetzung, Rn. 131.
[819] *Münch* FamRZ 2006, 1164 und *Münch* FamRB 2007, 375 f.

3. Teil. Eherecht

lienrechtstag 2007 gefolgt.[820] Sodann hat sich der BGH dieser Sicht angeschlossen[821] und seine Ansicht später bekräftigt,[822] so dass nunmehr von der Berücksichtigung des konkreten Unternehmerlohnes im Rahmen der Bewertung eines inhabergeprägten Unternehmens im Zugewinn aufgrund gefestigter Rechtsprechung auszugehen ist. Die Bewertungspraxis versucht nun, Kriterien zur Bestimmung des konkreten Unternehmerlohnes zu entwickeln.[823] Der BGH hat inzwischen zugelassen, dass zusätzlich bis zu 24% des Unternehmerlohnes für die Altersvorsorge abgezogen werden. Er hat ferner in seinem Urteil auf § 202 Abs. 1 Nr. 2d) BewG verwiesen und die Methodik gebilligt, von der Vergütung eines erfahrenen Berufsträgers auszugehen und Zuschläge für Spezialkenntnisse, längere Arbeitszeit etc. zu machen und eine Individualisierung nach dem konkreten Anforderungsprofil vorzunehmen.[824] Nach Ansicht des **BGH** muss auch eine nicht unternehmensleitende Tätigkeit der Inhaber bei der Bewertung im Zugewinnausgleich berücksichtigt werden, und zwar für alle Inhaber, nicht nur für denjenigen, der auf Zugewinn in Anspruch genommen wird. Hält der Inhaber den angesetzten Wert für zu hoch, so trifft ihn eine sekundäre Darlegungslast, das der Nichtunternehmerehegatte außerhalb dieses Geschehensablaufes steht.[825] Der neue IDW S 13 hat diese Rechtsprechung des BGH ausdrücklich übernommen.[826]

Hinweis: Bei inhabergeprägten Unternehmen ist der individuelle, konkret gerechtfertigte Unternehmerlohn bei der Bewertung im Zugewinnausgleich abzuziehen. Dieser steht dann für den Unterhalt zur Verfügung.

228 Bei **Unternehmensbeteiligungen** wird zwischen verschiedenen Bewertungsmethoden unterschieden. Während die **direkte Methode** den Anteilswert aus den Zahlungsströmen zwischen dem Unternehmen und dem einzelnen Anteilsinhaber ableitet[827], bemisst die **indirekte Methode** zunächst den Wert des Gesamtunternehmens und leitet hieraus quotal entsprechend der Höhe der Gewinnbeteiligung[828] den Anteilswert ab. Letztere Methode steht heute im Vordergrund,[829] sie kann sich auf § 738 Abs. 2 BGB stützen und wurde vom BGH gebilligt.[830] Neben diesem objektiven Anteilswert können durchaus noch subjektive Faktoren wie Sperrminorität oder Mehrheitsbeteiligung oder Sondergewinnbezugs-

---

[820] Brühler Schriften zum Familienrecht, Band 15, 146.
[821] BGH – XII ZR 45/06, NJW 2008, 1221; hierzu *Münch* NJW 2008, 1201.
[822] BGH – XII ZR 185/08, NJW 2011, 2572 = DStR 2011, 1683.
[823] *Kuckenburg* FuR 2008, 270 f.; *Knief* DStR 2008, 1805 ff.
[824] BGH – XII ZR 185/08, NJW 2011, 2572 = DStR 2011, 1683.
[825] BGH – XII ZR 108/16, NJW 2018, 61 m. Anm. *Münch*.
[826] IDW S 13, Rn. 28 f.
[827] Vgl. IDW S1, Rn. 13; *Riedel*, Bewertung, Rn. 408.
[828] *Riedel*, Bewertung, Rn. 406.
[829] *Großfeld/Egger/Tönnes*, Unternehmensbewertung, 278.
[830] BGH – II ZR 58/91, NJW 1992, 892.

A. Die Güterstände

rechte[831] berücksichtigt werden. Auch wenn dies im Gesellschaftsrecht aufgrund des Gleichbehandlungsgebots der Gesellschafter kritisch gesehen wird,[832] kann dies im Zugewinnausgleich gewertet werden.[833] Der BGH hat entschieden, dass auch bei einer **unveräußerlichen Beteiligung** oder einer **hinter dem Verkehrswert zurückbleibenden Abfindung** die Bewertung nach den aufgezeigten Prinzipien zu erfolgen habe und dann vom Vollwert der Gesellschaftsanteile ein Wertabschlag für die beschränkte Veräußerung vorzunehmen sei. Auf den Abfindungswert reduziert ist die Beteiligung allerdings, wenn sie zum Stichtag bereits gekündigt ist. Als Begründung führt der BGH die dem Inhaber verbleibende Nutzungsbefugnis des Anteils an, welche auch bei fehlender Veräußerungsbefugnis den Wert vermittle.[834] Der Abschlag richtet sich nach der Wahrscheinlichkeit einer Kündigung und muss daher nicht einmal allzu hoch sein.[835] Demgegenüber wird in der Literatur vertreten, dass sich jedenfalls Beteiligungen an Großkanzleien so organisieren lassen, dass sie zugewinnrechtlich keinen Vermögenswert bilden.[836]

Allerdings hat das OLG Düsseldorf[837] eine „**naked in – naked out**"-Klausel für eine Wirtschaftsprüfer- und Steuerberatersozietät gebilligt, bei der es sich letztlich um eine gesellschaftsvertraglich gestaltete Mitarbeiterbeteiligung handelte, sodass sich beim Ausscheiden auch der Wert der anderen Beteiligten nicht ändert. Das wird nicht ohne Einfluss auf die zugewinnrechtliche Bewertung bleiben können.

Auch über Beschränkungen, welche die Abfindung im Todesfall reduzieren oder ausschließen, wird diskutiert. So ist fraglich, welche Auswirkungen sich im Zugewinn zeigen, wenn der Anteil bei einer **Fortsetzungsklausel** gar nicht zum Nachlass bzw. Endvermögen gehört.[838] Kann dies dann im Zugewinn unterschiedlich sein? Im Zugewinn sind größere Verwerfungen zu befürchten, wenn der Anteil etwa im Anfangsvermögen enthalten war. Dies spricht für eine rein wertmäßige Berücksichtigung.

Für **Abschreibungsgesellschaften** hat der BGH eine Berücksichtigung der negativen Kapitalkonten als Verbindlichkeit abgelehnt,[839] in einem neueren Urteil aber auf den zu erwartenden Veräußerungserlös

---

[831] FG Düsseldorf – 4 K 108/18 F, EFG 2019, 406 (Revision anhängig unter II R 5/19).
[832] *Großfeld/Egger/Tönnes*, Unternehmensbewertung, 973; OLG Düsseldorf, WM 1973, 1085 (1087); KG, AG 1964, 219.
[833] *Piltz/Wissmann* NJW 1985, 2673 (2680); *Riedel*, Bewertung, Rn. 445 f.
[834] BGH – IV ZR 79/78, NJW 1980, 229 f.; BGH – IVb ZR 69/85, FamRZ 1986, 1196 f.; BGH – XII ZR 84–97, NJW 1999, 784 f.
[835] BGH – IVb ZR 69/85, FamRZ 1986, 1196; *Schulz/Hauß*, Vermögensauseinandersetzung, Rn. 345; gänzlich gegen einen Abschlag *Piltz/Wissmann* NJW 1985, 2673 (2683).
[836] *Piltz* ZEV 2007, 301 ff.
[837] OLG Düsseldorf – II-1 UF 2/15, DStR 2016, 1043.
[838] Ausführlich *Pogorzelski* RNotZ 2017, 577 ff.
[839] BGH – IVb ZR 62/84, NJW-RR 1986, 226.

bei Beendigung der Beteiligung abgestellt, was in der Sache einer Liquidationswertermittlung entspricht.[840]

Die Berücksichtigung der **latenten Steuer** in der Unternehmensbewertung wurde bereits ausführlich dargestellt.[841]

> **Hinweis:** Bei Unternehmensbeteiligungen erweist sich eine ehevertragliche Regelung ihrer Berücksichtigung im Zugewinnausgleich als notwendig, will man sich nicht wechselnder Rechtsprechung und Bewertungspraxis anheim geben.

228a Bedeutsam ist für den Bereich der Bewertung im Zugewinn der neue Standard **IDW S 13** zur Überleitung auf einen **Ausgleichs- und Auseinandersetzungswert** auf einer **zusätzlichen zweiten Stufe**[842] nach Anwendung des IDW S 1. Dabei ordnet IDW S 13 die **Methodenstetigkeit** zu den verschiedenen Bewertungszeitpunkten Heirat, Trennung und Endvermögensstichtag an.[843] Dabei soll die sog. „Wurzeltheorie" gelten.[844] IDW S 13 sieht entsprechend der soeben geschilderten Rechtsprechung des BGH den **Abzug des individuellen Unternehmerlohnes** vor.[845] Zur **latenten Ertragsteuer** finden sich ausführliche Regelungen, die wie der BGH eine fiktive Veräußerung unterstellen, was dann zu allen Stichtagen zu geschehen hat. Daneben will IDW S 13 aber der latenten Ertragsteuer den sog. **tax amortisation benefit** gegenüberstellen (sog. **tab**), also einen abschreibungsbedingten Steuervorteil des Erwerbers, dessentwegen dieser einen höheren Kaufpreis zahlen kann.[846] Angesichts der jeweils fiktiven Szenarien eine durchaus herausfordernde Berechnungsweise, die in der Scheidung wohl Sachverständigengutachten notwendig macht und sowohl familienrechtlich[847] als auch bewertungsrechtlich[848] auf deutliche Kritik stößt.

bb) Grundstücksbewertung

229 Für die Bewertung von Grundstücken und Gebäuden definiert **§ 194 BauGB** als **wirklichen Wert** den „Preis, der im gewöhnlichen Geschäftsverkehr nach den rechtlichen Gegebenheiten und tatsächlichen Eigenschaften, der sonstigen Beschaffenheit und der Lage des Grundstücks oder des sonstigen Gegenstands der Wertermittlung ohne Rücksicht auf ungewöhnliche oder persönliche Verhältnisse zu erzielen wäre." Zur Ausführung dieser Bestimmungen wurde auf der Grundlage des § 199

---

[840] BGH – XII ZR 170/09, NJW 2011, 601.
[841] → Rn. 187 ff.
[842] IDW S 13, Rn. 2.
[843] IDW S 13, Rn. 16 f., 22.
[844] → Rn. 187.
[845] IDW S 13, Rn. 28 f.
[846] IDW S 13, Rn. 38 f.
[847] *Borth* FamRZ 2017, 1739 (1744): keine gesicherte Rechtsposition; *Kuckenburg* FuR 2018, 78 mit der Schilderung zahlreicher Abweichungen zwischen der BGH-Rechtsprechung und IDW S 13.
[848] *Ballhorn/König* NZFam 2016, 1084 ff.; *Ballhorn/König* NJW 2018, 1911 ff.

A. Die Güterstände

BauGB die **Immobilienwertermittlungsverordnung**[849] erlassen, die als Verfahren zur Wertermittlung vorsieht:
- Vergleichswertverfahren, § 15 ImmoWertVO; für unbebaute Grundstücke unter Heranziehung der Bodenrichtwerte, § 196 BauGB.
- Ertragswertverfahren, §§ 17–20 ImmoWertVO; idR angewendet für Renditeobjekte; maßgeblich ist der nachhaltig erzielbare Reinertrag abzgl. Bodenwertverzinsung x Vervielfältiger und dazu der Bodenwert.
- Sachwertverfahren, §§ 21–23 ImmoWertVO – idR angewendet für eigengenutzte Ein- und Zweifamilienhäuser; wird errechnet aus den Herstellungswerten von Gebäude, Außenanlage und Bodenwert abzgl. eines Altersabschlages im Verhältnis Restnutzung zu Gesamtnutzung (§ 23 ImmoWertVO).

Die Verordnungen werden ihrerseits durch die Sachwertrichtlinie von 2012, die Vergleichswertrichtlinie von 2014 und die Ertragswertrichtlinie von 2015 konkretisiert.[850]

Vor den Bodenrichtwerten ist zu warnen. Diese sind genau zu hinterfragen, denn sie beruhen oft auf einer sehr schmalen Datenbasis, obwohl in Innenstadtlagen schon wenige hundert Meter einen entscheidenden Einfluss auf die Bewertung haben.[851]

Ehevertraglich kann eine eigene Wertfindung vereinbart werden, etwa nach § 16 Pfandbriefgesetz iVm der Beleihungswertverordnung[852] oder auch nach dem BewG (§§ 157 ff., 183 ff.), wobei letzteres aufgrund der Volatilität erbschaftsteuerlicher Regelungen bei langfristig angelegten Eheverträgen überlegt werden sollte. Zwischen den einzelnen Methoden bestehen zum Teil erhebliche Unterschiede.

cc) Vorbehaltsrechte

Eingegangen werden soll noch auf sog. **Vorbehaltsrechte**, die im Zugewinn Bedeutung erlangen. Vorbehaltsrechte bezeichnen Rechtspositionen, die sich ein Grundstücksübergeber **bei der Übertragung** eines Grundstückes, etwa im Wege der vorweggenommenen Erbfolge, vorbehalten hat, wie zB ein Wohnrecht, ein Nießbrauch oder eine Reallast. Diese Rechte werden mit zunehmendem Lebensalter der Übergeber **immer weniger wert** und erlöschen schließlich mit deren Tod. Sie sind also im Anfangsvermögen höher anzusetzen als im Endvermögen. Die Differenz dieser **Vermögensbelastung** stelle aber gleichwohl keinen Zugewinn dar, weil es sich ebenfalls um eine **privilegierte Zuwendung** nach § 1374 Abs. 2 BGB handelt (gleitende Vermögensübergabe). Gegenläufig steigt der Grundstückswert durch die abnehmende Belastung an. Früher hatte deshalb der BGH Nutzungsrechte einfach aus Anfangs- und Endvermögen ausgeklammert. In zwei Entscheidungen hatte sich der BGH aber dann entschlossen, diesen Differenzen im Zu-

230

---

[849] ImmoWertV v. 19.5.2010, BGBl. 2010 I 639 f.
[850] Jeweils BAnz AT 18.10.2012, B1, 11.4.2014, B3 und 4.12.2015, B4.
[851] FG Berlin-Brandenburg – 3 K 3208/14, ZEV 2018, 236.
[852] BGBl. 2006 I 1175.

3. Teil. Eherecht

gewinn nachzugehen, und zwar sowohl bei Zahlungsrechten wie auch bei Nutzungsrechten,[853] denn die Wertsteigerung des Grundstücks ist nicht immer genau gleich der Wertabnahme des Rechtes; zudem ergaben sich nach altem Recht Unterschiede bei eigentlich negativem Vermögen, das aber nicht Anfangsvermögen sein konnte. Daher **forderte man eine Bewertung des gleitenden Vermögenserwerbs in der Zeitschiene.** Das bedeutet, dass nach dieser Ansicht regelmäßig Gutachter über diese Frage entscheiden müssen. Man erreicht eine „**teuer bezahlte Scheingenauigkeit**".[854] Nach ganz erheblicher Kritik[855] **änderte** sich die **BGH-Rechtsprechung**[856] **erneut** und sprach sich – zunächst wie früher – dafür aus, die Vorbehaltsrechte im Anfangs- und im Endvermögen nicht zu erfassen. Allerdings statuiert die Rechtsprechung dann eine Ausnahme, welche die gut gemeinte Entscheidung für die Praxis nicht mehr verwendbar macht. Wenn nämlich der Nießbrauch nicht nur einer negativen Wertentwicklung wegen des zunehmenden Lebensalters des Berechtigten unterliegt, sondern zugleich einer positiven Wertentwicklung aufgrund einer Steigerung des Grundbesitzwertes – und das ist momentan nahezu flächendeckend der Fall –, der Grundbesitzwert hingegen zwei steigenden Tendenzen (Grundbesitzwert und fallendes Lebensalter des Nießbrauchers), dann muss nach Ansicht des BGH das Vorbehaltsrecht doch wieder bei Anfangs- und Endvermögen eingerechnet werden.[857]

Hinweis: Um einen teuren Streit über die Zunahme von Grundstückswerten durch abnehmende Vorbehaltsrechte zu vermeiden, empfiehlt sich, ehevertraglich das Anfangsvermögen einschließlich seiner Wertsteigerungen aus dem Zugewinn herauszunehmen.

3. Verfügungsbeschränkungen

231 Die Zugewinngemeinschaft ist gekennzeichnet durch eine Verfügungsbeschränkung bei Haushaltsgegenständen (§ 1369 BGB) und – bedeutsamer – bei Gesamtvermögensgeschäften (§ 1365 BGB). Diese zum Schutz des Zugewinnausgleichsberechtigten gedachte Vorschrift erweist sich zunehmend als Hindernis und Stolperstein im Rechtsverkehr. Sie kann ehevertraglich abbedungen werden, was bei jedem Unternehmerehevertrag auch geschehen sollte, denn Unternehmenstransaktionen oder auch nur -umstrukturierungen erreichen schnell die kritische Höhe.

---

[853] BGH – XII ZR 209/02, DNotZ 2006, 127 ff.; BGH – XII ZR 8/05, DNotZ 2007, 849 f.

[854] *Münch* DNotZ 2007, 795 ff. in einer kritischen Stellungnahme.

[855] *Schulz* FamRZ 2015, 460 ff.; *Hauß* FamRZ 2015, 1086 f.; *Hoppenz* FamRZ 2015, 1089 f. und vor allem *Gutdeutsch* FamRZ 2015, 1083 f.

[856] BGH – XII ZB 306/14, FamRZ 2015, 1268 m. Anm. *Münch*.

[857] Kritisch hierzu aus diesem Grunde auch *Kogel* FamRZ 2016, 1916.

A. Die Güterstände

a) Gesamtvermögensgeschäft

Ein Gesamtvermögensgeschäft liegt nach der Rechtsprechung vor, wenn sich ein Ehegatte zur Verfügung über sein **im Wesentlichen gesamtes Vermögen** verpflichtet oder darüber verfügt. Ein Gesamtvermögensgeschäft ist damit ausgeschlossen, wenn dem Ehegatten noch **15 %** seines Vermögens[858] – bei großen Vermögen genügen 10 %[859] – verbleiben. Ein größeres Vermögen hat der BGH in der genannten Entscheidung ab 250.000,– EUR angenommen.[860] Allerdings liegt ein Gesamtvermögensgeschäft auch dann vor, wenn ein Ehegatte sein Vermögen in mehreren Einzelschritten, aber nach einem Gesamtplan veräußert.[861]

232

Eine Entscheidung des BGH stellt klar, dass ein **vorbehaltenes dingliches Wohnrecht** beim Übergeber als ein **verbleibendes bewertungsfähiges Vermögen** angesehen werden kann.[862]

§ 1365 BGB ist nicht deshalb ausgeschlossen, weil die Verfügung entgeltlich erfolgt, denn die Vorschrift stellt nicht darauf ab, ob der Ehegatte eine wirtschaftliche Einbuße erleidet. Vielmehr findet § 1365 Abs. 1 BGB auch dann **Anwendung**, wenn der verfügende Ehegatte eine **wirtschaftlich gleichwertige Gegenleistung** erhält.[863]

Zahlungsverpflichtungen, Zwangsvollstreckungsunterwerfungen, Schuldübernahmen und Bürgschaften unterfallen nicht § 1365 BGB.[864]

§ 1365 kommt daher insb. in Betracht bei der **Veräußerung von Grundstücken**, bei einer Aufteilung in Wohnungseigentum nach § 3 WEG,[865] bei der **Belastung mit einer Grundschuld** – hier ist neben dem Nominalbetrag auch der zweieinhalbfache Jahresbetrag der dinglichen Zinsen zu berücksichtigen[866] – oder im Bereich des **Gesellschaftsrechts**, etwa bei der Einbringung von Grundbesitz, aber auch bei der Änderung von Gesellschaftsverträgen, wenn auf diese Weise unmittelbar (zB bei der Änderung von Beteiligungsverhältnissen) oder später (zB beim Verzicht auf Abfindung) der Verlust des gesamten Vermögens drohen kann.[867]

b) Subjektive Theorie

§ 1365 BGB greift auch dann ein, wenn nur über einen **Einzelgegenstand** (ein Grundstück, ein Geschäftsanteil) verfügt wird, dieser aber das wesentliche Vermögen darstellt. Die vorherrschende subjektive Theorie verlangt allerdings in diesem Falle, dass der **Vertragspartner** des sich verpflichtenden Ehegatten im Zeitpunkt des Verpflichtungsgeschäftes[868]

233

---

[858] BGH – IV b ZR 516/80, NJW 1980, 2350.
[859] BGH – XII ZR 79/90, NJW 1991, 1739.
[860] Ebenso *Koch* FamRZ 2012, 118, die aber für eine einheitliche Grenze plädiert.
[861] OLG Köln – 5 U 181/11, BeckRS 2012, 14533; *Koch* FamRZ 2013, 831.
[862] BGH – XII ZR 141/10, NJW 2013, 1156.
[863] So BGH – V ZB 17/60, NJW 1961, 1301.
[864] Palandt/*Brudermüller* BGB § 1365 Rn. 6.
[865] DNotI-Gutachten, DNotI-Report 2017, 61.
[866] BGH – V ZR 78/11, NJW 2011, 3783.
[867] MüKoBGB/*Koch* BGB § 1365 Rn. 71.
[868] BGH – V ZB 1/88, NJW 1989, 1609.

weiß, dass es sich um nahezu das ganze Vermögen des Ehegatten handelt, oder **zumindest die Verhältnisse kennt**, aus denen sich dies ergibt. Die Kenntnis hat derjenige zu beweisen, der sich auf die Zustimmungsbedürftigkeit nach § 1365 BGB beruft.[869]

> **Hinweis:** Das bedeutet, dass die Verfügungsbeschränkung des § 1365 umso eher eingreift, je intensiver der Vertragspartner mit den Vermögensverhältnissen des Verkäufers vertraut ist[870] oder vertraut gemacht wird.

c) Zeitlicher Anwendungsbereich

234 Wann § 1365 BGB **im Zusammenhang mit einer Scheidung** noch anwendbar ist, richtet sich nach seinem Schutzzweck, das Vermögen für die Erfüllung des Zugewinnausgleichsanspruchs zu schützen. Der weitere Schutzzweck, das Familienvermögen zu erhalten, lässt sich dann ohnehin nicht mehr erreichen. Demnach gilt:
– Verpflichtungen/Verfügungen **nach rechtskräftiger Scheidung** fallen **nicht** unter § 1365,[871] auch wenn später oder selbständig – außerhalb des Verbundes – noch ein Zugewinnanspruch geltend gemacht wird;[872] es sei denn, der Zugewinn ist als abgetrennte Folgesache noch rechtshängig.[873]
– Verpflichtungen/Verfügungen vor Rechtskraft der Scheidung bedürfen auch nach diesem Zeitpunkt weiterhin der Zustimmung;[874] diese ist jedoch dann nicht mehr erforderlich, wenn der Zugewinnausgleichsanspruch verjährt ist;[875] das Rechtsgeschäft wird dann wirksam.

d) Folgen fehlender Zustimmung

235 Bei der Bestimmung des § 1365 BGB handelt es sich um ein **absolutes Veräußerungsverbot**,[876] so dass es keinen gutgläubigen Erwerb gibt und eine Verfügung unter Verstoß gegen die Vorschrift auch nicht durch Grundbucheintragung geheilt wird. Abgemildert wird dies nur durch die geschilderte subjektive Theorie.

> **Hinweis:** Bei Verstoß gegen § 1365 BGB **heilt die Grundbucheintragung nicht!** Daher im Zweifelsfalle eine Mitwirkung des Ehegatten vorsehen, notfalls die Versicherung des handelnden Ehegatten, nicht über sein Gesamtvermögen zu verfügen.

---

[869] BGH – V ZR 227/62, NJW 1965, 909.
[870] Vgl. etwa OLG Düsseldorf – I-24 U 90/14, NZFam 2015, 979 für Vater-Sohn-Konstellation.
[871] OLG Hamm – 1 WF 548/86, FamRZ 1987, 591.
[872] OLG Hamm – 11 W 406/05, NJW-RR 2006, 1442; OLG München – 33 Wx 238/05, NJW-RR 2006, 1518.
[873] OLG Köln – 26 WF 69/00, NJOZ 2001, 838.
[874] BGH – IV ZB 32/76, NJW 1978, 1380.
[875] OLG Köln – 15 UF 81/00, NJW-RR 2001, 866.
[876] BGH – V ZR 56/62, NJW 1964, 347.

A. Die Güterstände

Die verweigerte Zustimmung kann nach § 1365 Abs. 2 BGB durch das **Familiengericht ersetzt** werden. Dieser Beschluss wird dann wirksam, wenn er dem anderen Vertragsteil mitgeteilt wird, § 1366 Abs. 3 S. 3 BGB. Bis zur Genehmigung oder Ersetzung ist der Vertrag **schwebend unwirksam**, im Falle der Verweigerung wird er endgültig unwirksam.

e) Ehevertragliches Abbedingen

Die Verfügungsbeschränkung kann **ehevertraglich abbedungen** werden, was insb. im Unternehmensbereich wichtig ist, da hier das Eingreifen dieser Beschränkung sehr häufig übersehen wird. 236

> **Hinweis:** Im Rahmen gesellschaftsrechtlicher Mandate ist der Verfügungsbeschränkung des § 1365 BGB erhöhte Aufmerksamkeit zu schenken. Ihre ehevertragliche Abbedingung ist empfehlenswert.

Die Regelung des Ehevertrages kann die Verfügungsbeschränkung entweder generell abbedingen oder nur für einen bestimmten Bereich, etwa eine Gesellschaftsbeteiligung.

Formulierungsbeispiel: Für unsere Ehe schließen wir die Verfügungsbeschränkungen der §§ 1365 ff. BGB gegenseitig aus. Im Übrigen behalten wir den gesetzlichen Güterstand bei.

Alternative: Für unsere Ehe schließen wir die Verfügungsbeschränkungen der §§ 1365 ff. BGB gegenseitig aus, soweit es um Beteiligungen an Personen- oder Kapitalgesellschaften geht.

4. Ehevertragliche Modifikationen

Die Zugewinngemeinschaft erlaubt **zahlreiche vertragliche Modifikationen**, mit denen der Ehevertrag auf die individuellen Verhältnisse der Ehegatten angepasst werden kann. Diese werden in der Praxis auch angewandt. Gegenüber der modifizierten Zugewinngemeinschaft ist die **Gütertrennung im Rückzug begriffen.** Das hat mehrere Gründe. Zum einen lässt sich eine gezielte Anpassung dem verzichtenden Ehegatten leichter vermitteln als der generelle Ausschluss jeglicher Ansprüche. Der wichtigste Grund aber ist steuerrechtlicher Natur. Nach **§ 5 ErbStG** ist der Zugewinn im Todesfall von der Erbschaftsteuer freigestellt. Da diese Freistellung ohne Begrenzung angeordnet ist, lassen sich hierdurch ganz erhebliche erbschaftsteuerliche Vorteile erzielen. 237

> **Hinweis:** Im Rahmen des § 5 Abs. 2 ErbStG ist auch die **rückwirkende Vereinbarung der Zugewinngemeinschaft** anerkannt, sodass trotz bestehender **älterer Gütertrennungsverträge** – deren Überprüfung jedem Berater dringend empfohlen wird – insoweit noch Zugewinn erbschaftsteuerlich fruchtbar gemacht werden kann, wenn entweder beim Tode die **güterrechtliche Lösung** greift oder wenn zuvor eine **Güterstandsschaukel** durchgeführt wird.[877]

---

[877] Hierzu näher → Rn. 37 f.

3. Teil. Eherecht

Der **Gütertrennung** wird nach wie vor bei **dynastischen Vermögen** der Vorzug gegeben, da sie für sich den Vorteil der Klarheit hat und da der Ehegatte an diesem Vermögen nicht, auch nicht über seinen ehezeitlichen Zugewinn, beteiligt wird, vielmehr das Vermögen auf die Kinder weitervererbt werden soll. Hier wird zumeist neben der Gütertrennung eine entsprechende Kompensation vereinbart.

Im Folgenden seien einige gängige Modifikationen des gesetzlichen Güterstandes vorgestellt. Ihre Vereinbarung erfolgt mittels Ehevertrag nach §§ 1408, 1410 BGB durch notarielle Beurkundung bei gleichzeitiger Anwesenheit beider Vertragsteile.

a) Herausnahme des Unternehmens

238   Die **Herausnahme von Betriebsvermögen aus dem Zugewinn** wird in der Literatur sehr stark empfohlen[878] und ist inzwischen auch durch den BGH[879] gebilligt. Das OLG Frankfurt/Main stellt ausdrücklich fest, dass eine solche Gestaltung der Wirksamkeits- und Ausübungskontrolle standhält und Auskunftsansprüche bezüglich des Betriebes nicht mehr bestehen.[880] Sie entspricht zB in Österreich der gesetzlichen Rechtslage (§ 91 Öst. Ehegesetz). Aufgrund der bestehenden **Abgrenzungsschwierigkeiten** und Umgehungsgefahren wird die Gestaltung aber durchaus auch mit kritischen Anmerkungen begleitet,[881] insb. aus den Reihen der Scheidungsanwälte, die solche Vereinbarungen oft nur schwer umsetzen können aufgrund tatsächlicher Abgrenzungsschwierigkeiten.[882]

Dass der Unternehmer seinen Betrieb nicht ohne Modifizierung dem Zugewinn aussetzen kann, zeigt die zuvor dargestellte Bewertung eines Unternehmens im Zugewinn. Eine solche Bewertung hat den wirklichen, am Markt erzielbaren Verkehrswert zu ermitteln einschließlich aller stillen Reserven. Diese Schilderung der Unternehmensbewertung hat gezeigt, dass der Scheidungsfall mit einem vollen Zugewinnausgleich für den Unternehmer zu einer ganz erheblichen Belastung führt. Wenn er den wirklichen Wert seines Unternehmens oder – wenn das Unternehmen selbst aufgrund familiärer Zuwendung Anfangsvermögen ist – wenigstens die Wertsteigerung desselben hälftig teilen muss, so wird dies aufgrund mangelnder Liquidität häufig das Ende des Unternehmens bedeuten.[883] Schon die zu erteilenden Auskünfte und die Kosten der Bewertung bedeuten erhebliche Eingriffe. Es besteht also die **Notwendigkeit einer abweichenden vertraglichen Regelung**.

Das derzeit bestehende betriebliche Vermögen sollte **genau bezeichnet** werden, also die Firmen mit Sitz und Handelsregisternummer. Die korrekte Bezeichnung des vom Zugewinn ausgenommenen Vermögens

---

[878] *Brambring,* Ehevertrag, Rn. 131 ff.; *Langenfeld/Milzer,* Eheverträge, Rn. 283 f.; MüKoBGB/*Münch* BGB § 1408 Rn. 14, Fn. 11.
[879] BGH – XII ZR 250/95, NJW 1997, 2239.
[880] OLG Frankfurt/Main – 8 UF 115/19, FamRB 2020, 172.
[881] *N. Mayer* DStR 1993, 991.
[882] *Bergschneider,* Verträge in Familiensachen, Rn. 709.
[883] Vgl. etwa die Beispiele bei *Schneider/Bögemann,* 306 f.

A. Die Güterstände

stellt an den Vertragsgestalter hohe Ansprüche. Denn die momentan existierende Firmengestaltung wird sich – zumeist aufgrund steuerlicher Rahmenbedingungen – im Laufe der Gültigkeit des Ehevertrages voraussichtlich mehrfach ändern. Solche Änderungen sollen aber von der vertraglichen Ausschlussklausel jeweils mit erfasst sein. Lediglich die Bezeichnung „**jegliches Betriebsvermögen**" zu verwenden, schafft zusätzliche Unklarheiten, denn das Zivilrecht kennt diesen Begriff nicht, auch der Unternehmerbegriff des § 14 BGB gibt dafür nichts her. Selbst im Steuerrecht ist zwar damit wohl der Hinweis auf die betrieblichen Einkunftsarten des § 2 Nr. 1–3 EStG gemeint, oder aber nur der Gewerbebetrieb iSd § 15 EStG, aber im Steuerrecht gibt es in anderen Gesetzen abweichende Betriebsbegriffe (vgl. etwa § 95 BewG, § 12 Abs. 5 ErbStG, § 2 UStG). Zudem kann sich die Betriebseigenschaft sehr schnell wandeln, so wird etwa beim dritten Objekt aus dem privaten Grundstücksverkäufer der gewerbliche Grundstückshändler. Aus diesem Grunde ist die konkrete Benennung vorzuziehen.

Beachtenswert ist für die **Erbschaftsteuer**, dass nach Meinung der Literatur trotz der Herausnahme des Betriebsvermögens im Rahmen des § 5 Abs. 1 ErbStG – also bei der erbrechtlichen Lösung – die dort gewährten Steuervorteile auch den rechnerischen **Zugewinn aus dem Betriebsvermögen** erfassen, da ehevertragliche Abweichungen im Rahmen des § 5 Abs. 1 ErbStG unbeachtlich sind[884].

Ein wirtschaftlicher Kernpunkt der Regelung ist die **Behandlung der Erträge**. Im nachfolgenden Vorschlag sind Erträge, die den betrieblichen Bereich noch nicht verlassen haben, vom Zugewinn ausgenommen, außerdem Reinvestitionen, soweit sie nicht in den letzten beiden Jahren erfolgt sind. Die zweijährige „Karenzfrist" ist zur Vermeidung von Manipulationen eingerichtet. Die Frist knüpft an ein Jahr Trennung und ein weiteres Jahr Krise an und soll diejenigen Rückführungen von Entnahmen im Zugewinn lassen, die nur wegen der Ehekrise erfolgt sind. Es wäre auch denkbar, Erträge dem Zugewinn zu unterwerfen, nur Teilbereiche auszunehmen (etwa Geschäftsführervergütungen und/oder Tantiemen) oder alle Erträge auszunehmen.

Mehr und mehr wird die Aufnahme von **Schiedsgutachterklauseln** auch in Eheverträgen modern. Auf diese Weise könnten etwa die Abgrenzungsprobleme einer schiedsgutachterlichen Regelung unterworfen werden.[885]

---

[884] *Christ* FamRB 2007, 218 (219); *Götz* INF 2001, 417 ff., 460 f.; *ders.* NWB 2007, Fach 10, 1599 (1607); *Jülicher* ZEV 2006, 338 (341); TGJG/*Gottschalk* ErbStG § 5 Rn. 197; *Meincke/Hannes/Holtz* ErbStG § 5 Rn. 28; *Scherer* BB-Spezial 5/04 mwN; *Schlünder/Geißler* FamRZ 2006, 1655 f.; Münch/*Schlünder/Geißler*, Familienrecht, § 18 Rn. 6 ff.; dem folgend nun auch *Langenfeld/Milzer*, Eheverträge, Rn. 246.

[885] *Münch*, Ehebezogene Rechtsgeschäfte, Kap. 2 Rn. 51 ff.

3. Teil. Eherecht

Formulierungsbeispiel:
II. Ehevertragliche Vereinbarungen
Ehevertraglich vereinbaren wir was folgt:
Den gesetzlichen Güterstand der Zugewinngemeinschaft wollen wir für unsere künftige Ehe ausdrücklich aufrecht erhalten, ihn allerdings wie folgt modifizieren:
1. Der Ehemann ist Inhaber des folgenden Betriebes:

... ... (nähere Bezeichnung) ... ...

Dieser Betrieb soll beim Zugewinnausgleich bei Beendigung der Ehe aus anderen Gründen als dem Tod eines Ehegatten in keiner Weise berücksichtigt werden. Dies gilt auch für den vorzeitigen Zugewinnausgleich.

Dieses betriebliche Vermögen einschließlich des gewillkürten Betriebsvermögens und etwaigen Sonderbetriebsvermögens sowie etwaiger bestehender Gesellschafterdarlehen soll also weder bei der Berechnung des Anfangsvermögens noch bei der Berechnung des Endvermögens des Ehemannes berücksichtigt werden, und zwar auch dann nicht, wenn sich ein negativer Betrag ergibt. Gleiches gilt für Wertsteigerungen oder Verluste dieses Vermögens.

Auch die diese Vermögenswerte betreffenden und ihnen dienenden Verbindlichkeiten sollen im Zugewinnausgleich keine Berücksichtigung finden.

Surrogate der aus dem Zugewinnausgleich herausgenommenen Vermögenswerte sollen nicht ausgleichspflichtiges Vermögen sein. Sie werden also bei der Berechnung des Endvermögens auch nicht berücksichtigt. Jeder Ehegatte kann verlangen, dass über solche Ersatzvermögenswerte ein Verzeichnis angelegt und fortgeführt wird. Auf Verlangen hat dies in notarieller Form zu erfolgen.

2. Dies gilt in gleicher Weise für jedes Nachfolgeunternehmen oder jede Nachfolgebeteiligung und jedes Tochterunternehmen, unabhängig von der verwendeten Rechtsform, auch bei Aufnahme weiterer Gesellschafter und auch wenn die Nachfolgebeteiligung in Form von Kapitalgesellschaftsanteilen gehalten wird, die ihrerseits zum Privatvermögen gehören.

In gleicher Weise ausgeschlossen ist bei einer etwa bestehenden Betriebsaufspaltung oder auch ohne eine solche dasjenige Vermögen, das an den Betrieb im obigen Sinne langfristig zur Nutzung überlassen und ihm zu dienen bestimmt ist, sofern die entsprechenden Verträge jeweils vor mehr als zwei Jahren vor Rechtshängigkeit eines Scheidungsantrages abgeschlossen wurden.

3. Erträge aus diesem vom Zugewinn ausgeschlossenen Vermögen sind gleichfalls vom Zugewinn ausgeschlossen, sofern sie entweder
a) den betrieblichen Bereich noch nicht verlassen haben; insofern sind insb. ausgenommen Guthaben auf Kapital-, Darlehens- oder Verrechnungskonten sowie stehengelassene Gewinne, Gewinnvorträge oder -rücklagen oder
b) wieder auf die ausgeschlossenen Vermögenswerte verwendet werden, soweit die Verwendung nicht in den letzten beiden Jahren vor Rechtshängigkeit eines Scheidungsantrages erfolgt ist. Unter Verwendung verstehen wir auch die Tilgung von Verbindlichkeiten sowie Einlagen in das Betriebsvermögen. Macht jedoch ein Ehegatte aus seinem sonstigen Vermögen Verwendungen auf die vom Zugewinnausgleich ausgeschlossenen Vermögenswerte, werden diese Verwendungen mit ihrem Wert zum Zeitpunkt der Verwendung dem Endvermögen desjenigen Ehegatten zugerechnet, der Eigentümer dieser Vermögenswerte ist. Derartige Verwendungen unterliegen also – ggf. um den Geldwertverfall berichtigt – dem Zugewinnausgleich.

A. Die Güterstände

Entsprechendes gilt für Verwendungen des anderen Ehegatten auf die vom Zugewinnausgleich ausgenommenen Vermögenswerte.

4. Zur Befriedigung der sich etwa ergebenden Zugewinnausgleichsforderung gilt das vom Zugewinn ausgenommene Vermögen als vorhandenes Vermögen iSd § 1378 Abs. 2 BGB.
Eine Vollstreckung in das vom Zugewinnausgleich ausgeschlossene Vermögen ist erst zulässig, wenn die Vollstreckung in das ausgleichspflichtige Vermögen nicht zum Erfolg geführt hat.
Ein Ehegatte ist nicht verpflichtet, seinen Zugewinn auszugleichen, wenn er unter Berücksichtigung des vom Zugewinn ausgenommenen Vermögens des anderen Ehegatten nicht zur Ausgleichung verpflichtet wäre.[886]

5. Die güterrechtlichen Verfügungsbeschränkungen sollen bei zu diesem Vermögen gehörenden Gegenständen nicht gelten.

6. Wir sind uns darüber einig, dass hinsichtlich des vorgenannten betrieblichen Vermögens auch bei Mitarbeit der Ehefrau keine Ehegatteninnengesellschaft vorliegt, sondern eine rein arbeitsrechtliche Gestaltung. Wir verpflichten uns insoweit, eine erschöpfende vertragliche Regelung zu treffen, über die hinaus keine Ansprüche bestehen sollen, egal aus welchem Rechtsgrunde sie hergeleitet werden könnten, insb. nicht aus Ehegatteninnengesellschaft und nicht wegen Wegfalls der Geschäftsgrundlage.

7. Auf den Ausgleich eines etwa darüber hinausgehenden Zugewinns wird verzichtet. Diesen Verzicht nehmen wir gegenseitig an.
Die vorstehenden ehevertraglichen Vereinbarungen nehmen wir hiermit gegenseitig an.

III. Pflichtteilsverzicht
Wir verzichten hiermit gegenseitig auf unser gesetzliches Pflichtteilsrecht in Bezug auf das nach vorstehender Ziffer II vom Zugewinn ausgenommene Vermögen. Wir nehmen diesen Verzicht wechselseitig an.

Für dieses Formulierungsbeispiel sind an zahlreichen Stellen Alternativen denkbar, die hier jedoch nicht alle angeführt sein können, so etwa ein Ausschluss auch im Todesfall, eine Ausnahme von der Surrogatsregel bei Veräußerung des Betriebes oder eine andere Behandlung der Erträge.[887]

b) Ausschluss des Zugewinns bei Scheidung

Anstelle der Gütertrennung bietet es sich an, auf den Zugewinn im Scheidungsfalle zu verzichten, eine Gestaltung, die volkstümlich auch als **„Gütertrennung für den Scheidungsfall"** bezeichnet wird. Es bleibt dann im Todesfalle der Zugewinnausgleich erhalten, sodass dessen **Erbschaftsteuerfreiheit** genutzt werden kann.

Allerdings bleibt auch **im Todesfalle** – selbst bei Enterbung und Pflichtteilsverzicht des Ehegatten – der **güterrechtliche Zugewinnausgleichsanspruch** nach **§ 1371 Abs. 2 BGB** erhalten, was oft übersehen wird. Daher taugt diese Lösung nicht für Fälle dynastischer Unternehmen. Hier müsste die Gestaltung zumindest um eine Höhen-

---

[886] Soweit vertreten wird, dass dies zu einer Auskunftspflicht im Hinblick auch auf das Betriebsvermögen führe (Kogel FamRB 2020, 173), kann stattdessen auch ein Verzicht des Betriebsinhabers auf Zugewinn aufgenommen werden.
[887] Vgl. hierzu Bergschneider/*Münch*, Formularbuch, G.II.1.

begrenzung auch des Zugewinnausgleichsanspruchs nach § 1371 Abs. 2 BGB ergänzt werden. Wichtig ist es, bei der Formulierung darauf zu achten, dass nicht bei jedem **Güterstandsende** außer durch Tod der Zugewinn ausgeschlossen wird, sondern beim **Eheende** außer durch Tod. So bleibt nämlich die Möglichkeit der Güterstandsschaukel erhalten, bei welcher der Güterstand durch Ehevertrag (also nicht durch Tod) beendet wird.

Formulierungsbeispiel: Ehevertraglich vereinbaren wir was folgt:
1. Für den Fall der Beendigung der Ehe durch den Tod eines Ehegatten soll es beim Zugewinnausgleich durch Erbteilserhöhung oder güterrechtliche Lösung verbleiben.
2. Wird jedoch die Ehe auf andere Weise als durch den Tod eines Ehegatten beendet, so findet kein Zugewinnausgleich statt. Dies gilt auch für den vorzeitigen Zugewinnausgleich.
Auf den Ausgleich eines Zugewinnes wird insoweit gegenseitig verzichtet. Den Verzicht nehmen wir hiermit gegenseitig an.
Dies gilt auch für einen etwa bisher bereits entstandenen Zugewinn.
3. Durch diese Vereinbarung soll jedoch ausdrücklich keine Gütertrennung eintreten.
4. Zuwendungen eines Ehegatten an den anderen können bei Scheidung der Ehe nicht zurückgefordert werden, auch nicht wegen Störung der Geschäftsgrundlage, es sei denn, die Rückforderung ist auf gesonderter vertraglicher Grundlage vorbehalten. Dies gilt unabhängig vom Verschulden am Scheitern der Ehe.
Wir stellen ferner klar, dass andere Ausgleichsansprüche nicht bestehen sollen; insb. entsteht nicht etwa durch Mitarbeit im Betrieb eines Ehegatten oder durch das gemeinsame Halten von Vermögensgegenständen eine Ehegatteninnengesellschaft, wenn wir dies nicht ausdrücklich vereinbaren. Jedenfalls werden solche Ansprüche auf Aufwendungsersatz beschränkt.
5. Für unsere Ehe schließen wir hiermit ferner die Verfügungsbeschränkungen der §§ 1365 ff. BGB gegenseitig aus.
6. Die vorstehenden ehevertraglichen Vereinbarungen nehmen wir hiermit gegenseitig an. Weitere ehevertragliche oder erbvertragliche Regelungen wollen wir heute nicht treffen.

c) Ausschluss Elternvermögen

241 § 1374 Abs. 2 BGB sieht für Erwerbe von Todes wegen, mit Rücksicht auf ein künftiges Erbrecht, durch Ausstattung oder Schenkung eine Privilegierung dergestalt vor, dass sie in das Anfangsvermögen fallen. **Allerdings sind echte Wertsteigerungen**, die sich nach dem Erwerb ereignen, **nicht** in gleicher Weise **privilegiert**, sondern unterfallen dem Zugewinn. Dies wird vielfach als ungerecht empfunden, wenn die Wertsteigerung nicht auf Leistungen des Ehegatten beruht; dennoch wurde diese Rechtslage auch durch die Reform des Zugewinnausgleichs nicht geändert. Einen großen Anwendungsbereich gewinnt diese Regelung durch die neue Rechtsprechung des BGH über den gleitenden Erwerb, weil vorbehaltene Rechte bei einer Übergabe allein durch das fortschreitende Alter des Übergebers weniger wert werden.[888]

---

[888] → Rn. 230.

A. Die Güterstände

Die Ehegatten können jedoch **ehevertraglich**, wie im nachfolgenden Beispiel vorgesehen, die Wertsteigerungen des Anfangsvermögens – und zwar desjenigen nach § 1374 Abs. 2 BGB ebenso wie desjenigen nach § 1374 Abs. 1 BGB – vom Zugewinn **ausnehmen**. Die künftigen privilegierten Erwerbe sind hier in allgemeiner Form aufgeführt. Für das bei Eintritt in die Ehe bzw. Vertragsschluss vorhandene Anfangsvermögen nach § 1374 Abs. 1 BGB und die bereits getätigten Erwerbe nach § 1374 Abs. 2 BGB sind getrennte Anlagen vorgesehen.

Formulierungsbeispiel: Ehevertraglich vereinbaren wir was folgt: Den gesetzlichen Güterstand der Zugewinngemeinschaft wollen wir für unsere künftige Ehe ausdrücklich aufrecht erhalten, ihn allerdings wie folgt modifizieren:
1. Sämtliche Vermögenswerte, die ein jeder Ehegatte in der Vergangenheit oder zukünftig von Todes wegen oder mit Rücksicht auf ein künftiges Erbrecht, durch Schenkung oder als Ausstattung erwirbt, sollen beim Zugewinnausgleich bei Beendigung der Ehe aus anderen Gründen als durch den Tod eines Ehegatten *(Alternativ: bei Beendigung der Ehe zu Lebzeiten oder im Falle des Todes)* in keiner Weise berücksichtigt werden. Soweit solche Vermögenswerte bisher auf diese Weise erworben wurden, sind sie in der Anlage 1 zu dieser Urkunde niedergelegt. Gleiches gilt für die in der Anlage 2 aufgeführten Vermögensgegenstände des Anfangsvermögens eines jeden Ehegatten nach § 1374 Abs. 1 BGB.
Solche Vermögenswerte sollen also weder bei der Berechnung des Anfangsvermögens noch bei der Berechnung des Endvermögens des entsprechenden Ehegatten berücksichtigt werden, und zwar auch dann nicht, wenn sich ein negativer Betrag ergibt. Dies gilt insb. für Wertsteigerungen oder Verluste dieses Vermögens.
Für dieses Vermögen sollen die güterrechtlichen Verfügungsbeschränkungen nicht gelten.

Zusätzlich sollten bei dieser Vereinbarung – ebenso wie bei der Herausnahme des Betriebsvermögens – auch noch Regelungen über Erträge und Verwendungen in Bezug auf das ausgeschlossene Vermögen getroffen werden.[889]

d) Höchstbetrag

Eine weitere gebräuchliche Modifikation der Zugewinngemeinschaft ist die Vereinbarung eines **wertgesicherten Höchstbetrages** für den Zugewinn. Diese Vereinbarung hat den Vorteil, dass sie insb. bei Diskrepanzehen zu einer **befriedenden Wirkung** führt. Es ist damit der Lebensstandard des Berechtigten gesichert und der Zugewinn muss bei Zahlung des Höchstbetrages nicht errechnet werden, sodass aufwändige Auskünfte und Berechnungen entfallen.
Gegenüber einem fest vereinbarten Betrag unterscheidet sich die Höchstgrenze dadurch, dass bei ihr auch eingewendet werden kann, der Zugewinn sei – entgegen den ursprünglichen Erwartungen – geringer, sodass ein **geringerer Zugewinn nachgewiesen werden kann**, der dann auch zu einer entsprechend geringeren Zahlung führt.

---

[889] Vgl. hierzu → Rn. 239.

3. Teil. Eherecht

Der Höchstbetrag kann auch **nach Ehedauer** in einigen Stufen gestaffelt sein oder generell aus dem Produkt eines Jahresbetrages und der Anzahl der Ehejahre bestimmt werden.

Zu entscheiden ist ferner, ob der Höchstbetrag nur im Scheidungsfalle vereinbart sein soll – so der nachfolgende Textvorschlag – oder auch im Todesfalle.

Formulierungsbeispiel: Ehevertraglich vereinbaren wir was folgt:
Den gesetzlichen Güterstand der Zugewinngemeinschaft wollen wir für unsere künftige Ehe ausdrücklich aufrechterhalten, ihn allerdings wie folgt modifizieren:
1. Endet die Ehe auf andere Weise als durch den Tod eines Ehegatten, so muss als Zugewinn höchstens ein Betrag von 500.000,– EUR gezahlt werden. Dies gilt auch für den vorzeitigen Zugewinnausgleich.
Der Höchstbetrag von 500.000,– EUR soll wertbeständig sein.
Der Höchstbetrag errechnet sich demnach wie folgt:
500.000,– EUR – iW fünfhunderttausend Euro –
vervielfacht um den Verbraucherpreisindex für Deutschland, wie dieser Index vom Statistischen Bundesamt in Wiesbaden für den Monat festgestellt wird, in dem der Scheidungsantrag rechtshängig wird, der zur Scheidung der Ehe führt, geteilt durch den Verbraucherpreisindex für Deutschland, wie er im Monat der heutigen Beurkundung bestimmt wird (Basis 2015 = 100).
2. Auf einen weitergehenden Zugewinnausgleich wird verzichtet. Der Verzicht wird gegenseitig angenommen.

e) „Vorverlegung" der Anfangsvermögensberechnung

243 Wenn Ehegatten heiraten und in Zugewinngemeinschaft leben, so ist Stichtag für die Berechnung des Zugewinns im Scheidungs- und im Todesfalle die Eheschließung. Nun ist es aber häufig so, dass Ehegatten zunächst einmal **unverheiratet zusammenleben**, in dieser Zeit bereits wirtschaftliche Verflechtungen eingehen, etwa ein Haus bauen, und danach erst heiraten. So wird etwa ein Grundstück entweder erworben oder von einer Seite eingebracht, Verwendungen erfolgen und Verbindlichkeiten werden gemeinsam aufgenommen. Bei späterer Heirat passt deshalb der Stichtag der Eheschließung nicht für die Zugewinnberechnung. Gehört etwa das Baugrundstück einem Partner, der andere jedoch investiert einen erheblichen Geldbetrag für den Rohbau und die Partner heiraten nach dem Richtfest, so gehört nach den gesetzlichen Regeln das Grundstück samt Rohbau zum Anfangsvermögen des Grundstückseigentümer-Ehegatten, während das Anfangsvermögen des anderen Ehegatten um den Investitionsbetrag gemindert ist.

Hier sollte man sich nicht auf **korrigierende Eingriffe durch die Rechtsprechung** verlassen, die zwar nun auch einen Anspruch aus Wegfall der Geschäftsgrundlage oder ungerechtfertigter Bereicherung für ein nichteheliches Zusammenleben bejaht hat,[890] deren konkrete Auswirkungen auf den Einzelfall aber doch stets fraglich bleiben. **Emp-**

---

[890] BGH – XII ZR 190/08, NJW 2011, 2880; BGH – XII ZR 136/10, NJW 2012, 3374.

A. Die Güterstände

fehlenswert ist daher eine **ehevertragliche Vorverlegung des Anfangsvermögensstichtages** vor die Investitionszeit. Diskutiert werden als weitere Alternativen[891] die **Darlehenslösung**, eine **Gesellschaftslösung** und ein durch die **Eheschließung aufschiebend bedingtes Miteigentum**. Die sofortige Einräumung von Miteigentum vor einer Eheschließung scheitert zumeist an der hohen Schenkungsteuerbelastung.

Formulierungsbeispiel: Ehevertraglich vereinbaren wir was folgt:
Den gesetzlichen Güterstand der Zugewinngemeinschaft wollen wir für unsere künftige Ehe ausdrücklich aufrecht erhalten, ihn allerdings wie folgt modifizieren:
1. Wir sind uns darüber einig, dass für die Berechnung des Zugewinns nicht der Tag der Eheschließung, sondern der ...... (Datum) ...... Anfangstermin iSd § 1374 Abs. 1 BGB ist.
Dies soll sowohl dann gelten, wenn der Güterstand auf andere Weise als durch den Tod beendet wird wie auch – soweit gesetzlich zulässig – beim Ende des Güterstandes durch den Tod eines Ehegatten.
Der Notar hat darüber belehrt, dass die Vorverlegung des Anfangstermins nur schuldrechtliche Bedeutung hat, der Güterstand der Zugewinngemeinschaft also dennoch erst bei Eheschließung beginnt.
2. Die vorstehende ehevertragliche Vereinbarung nehmen wir hiermit ausdrücklich an.

f) Zweistufiger Ehevertrag

Da der Ehevertrag **ehetypengerecht** sein soll,[892] ist es häufig gewünscht, die **Doppelverdienerehe** ohne jeden ehebedingten Nachteil anders zu regeln als die **Ehe mit Kind**, bei der ein Ehegatte beruflich zurückstecken muss. Dies geschieht in einem **zweistufigen Ehevertrag**. Die Geburt eines Kindes kann hier entweder auflösende Bedingung eines Verzichtes sein – so das nachfolgende Formulierungsbeispiel – oder aber Grund für den Rücktritt vom Verzicht. Letztere Konstruktion hat den Vorteil, dass es nicht zu einem Automatismus kommt, aber den Nachteil, dass man erneut etwas tun muss, nämlich zurückzutreten und dies dem anderen Teil zuzustellen. Das wird häufig vergessen oder unterlassen.
Rücktrittsfolge kann dann entweder das Eingreifen der **gesetzlichen Regelung** sein oder aber ein „milderer Verzicht", etwa die Vereinbarung eines Höchstbetrages **oder eine andere vertragliche Regelung**. Zu klären ist ferner, ob die zweite Stufe dann für die gesamte Ehe gilt oder erst ab Geburt eines Kindes für die restliche Ehezeit, während es für die Zeit zuvor beim Ausschluss des Zugewinns bleibt, oder aber nur für eine bestimmte Erziehungszeit.
Das Thema **Berufsaufgabe** kann durchaus näher spezifiziert werden, etwa durch eine weniger als halbschichtige Tätigkeit oder eine ähnliche genauere Eingrenzung.

244

---

[891] N. *Mayer* ZEV 2003, 453 f.
[892] *Langenfeld* FamRZ 1987, 9 ff.

3. Teil. Eherecht

Formulierungsbeispiel: Ehevertraglich vereinbaren wir was folgt:
1. Für den Fall der Beendigung der Ehe durch den Tod eines Ehegatten soll es beim Zugewinnausgleich durch Erbteilserhöhung oder güterrechtliche Lösung verbleiben.
2. Wird jedoch die Ehe auf andere Weise als durch den Tod eines Ehegatten beendet, so findet kein Zugewinnausgleich statt. Dies gilt auch für den vorzeitigen Zugewinnausgleich. Auf den Ausgleich eines Zugewinnes wird insoweit gegenseitig verzichtet. Den Verzicht nehmen wir hiermit gegenseitig an. Dies gilt auch für einen etwa bisher bereits entstandenen Zugewinn.
3. Durch diese Vereinbarung soll jedoch ausdrücklich keine Gütertrennung eintreten.
4. Der vorstehende Ausschluss des Zugewinnausgleichs unter Lebenden entfällt, wenn ein gemeinsames Kind geboren oder angenommen wird und ein Ehegatte für die Betreuung dieses Kindes seine Berufstätigkeit ganz oder teilweise aufgibt.
In einem solchen Falle gilt der Ausschluss des Zugewinns für die gesamte Ehezeit nicht.
Bei Eintritt dieser Bedingung gilt hinsichtlich der übrigen Regelungen dieses Vertrages ...
5. Die vorstehende ehevertragliche Vereinbarung nehmen wir hiermit ausdrücklich an.

II. Gütertrennung

1. Gütertrennung für dynastisches Vermögen und „zweiten Frühling"

245   Die Gütertrennung wird heute deutlich weniger vereinbart als eine Modifikation der Zugewinngemeinschaft. Sie hat folgende **Vorteile**:
– Klarheit und Einfachheit[893];
– Verständlichkeit der Vereinbarung;
– Vermeidung jeder güterrechtlicher Beziehungen;
– Schutz von Vermögen für die Abkömmlinge.

Die Gütertrennung hat aber auch gravierende **Nachteile**:
– Sie ist zumeist überschießend, schließt also mehr Ansprüche aus als notwendig wären;
– Sie ist dem verzichtenden Teil deutlich schwerer vermittelbar;
– Sie verschenkt weitreichende steuerliche Vorteile nach § 5 ErbStG.

Aus diesem Grund hat die Gütertrennung heute vor allem zwei Anwendungsbereiche: Sie kommt vor, wo dynastisches Vermögen wieder an die Abkömmlinge vererbt werden soll und auch im Todesfall weder ein Erbrecht noch ein Zugewinnausgleichsanspruch des Ehegatten bestehen soll. Sie wird ferner vereinbart bei der zweiten Ehe bereits älterer und beiderseits unabhängiger Ehegatten, die ihre aufgrund ihrer Lebens-

---

[893] MüKoBGB/*Münch* BGB Vor § 1414 Rn. 7.

A. Die Güterstände

leistung erarbeiteten Vermögen nicht mehr vermischen, sondern für ihre Kinder erhalten möchten.[894]

2. Richterliche Vermögenskorrektur

Wenn nach dieser Betrachtung der Vor- und Nachteile die **Gütertrennung** gewählt wird, deren Zulässigkeit und Kernbereichsferne der BGH im Lichte seiner Rechtsprechung zur Inhaltskontrolle von Eheverträgen später bestätigt hat,[895] so **soll idR jeglicher Ausgleich** zwischen Ehegatten in Bezug auf die Vermögenssphäre **ausgeschlossen sein.**

Umso verwunderter reagieren Ehegatten auf den Hinweis, dass die Rechtsprechung gerade bei Gütertrennung zu einer **richterlichen Korrektur von Vermögenszuwendungen** oder Mitarbeit, ja sogar von Vermögensverteilung kommt, während die Zugewinngemeinschaft insofern oft als vorrangige Ausgleichsregelung verstanden wird, bei der es nicht so einfach zu einer Korrektur kommt. Hier sind die Stichworte **Wegfall der Geschäftsgrundlage** und **Ehegatteninnengesellschaft** zu nennen, die später genauer betrachtet werden.[896]

Es wird daher dafür plädiert, solche **Ansprüche bei Begründung der Gütertrennung schon auszuschließen** und diesen Ausschluss zu erläutern. Das zwingt die Vertragsteile zu einer Regelungsdisziplin im Hinblick auf spätere Vereinbarungen. ZT wird ein solcher Ausschluss kritisch gesehen,[897] jedenfalls wenn nur ein Ehegatte von einer eigentlich gemeinsamen Anstrengung zur Vermögensbildung profitiert. Wer einen generellen Ausschluss daher nicht vereinbaren möchte, kann Ansprüche jedenfalls auf **Aufwendungsersatz** beschränken.

3. Vereinbarung von Gütertrennung

Die Vereinbarung der Gütertrennung kann **ehevertraglich** nach §§ 1408, 1410 BGB erfolgen und muss bei gleichzeitiger Anwesenheit beider Teile vor dem Notar beurkundet werden. Soweit die Beurkundung nach der Eheschließung erfolgt, muss eine Aussage zum **Ausgleich des bisher angefallenen Zugewinns** getroffen werden. Bei kurzer Ehedauer mag man diesen ausschließen können. Wenn die Ehe länger währte, ist der Ausschluss erworbener Rechte kritisch zu sehen. Allerdings hat der BGH dies auch für einen Krisen-Ehevertrag gebilligt.[898] Wenn der bisher angefallene Zugewinn bei Vereinbarung der Gütertrennung ausgeglichen wird, kann die Schenkungsteuerfreiheit nach § 5 Abs. 2 ErbStG in Anspruch genommen werden.

---

[894] Vgl. *Münch*, Ehebezogene Rechtsgeschäfte, Kap. 9 Rn. 15 f. „Zweiter Frühling".
[895] BGH – XII ZR 48/11, DNotZ 2013, 376; hierzu *Münch* FamRB 2013, 10 f.
[896] → Rn. 324 ff.
[897] *Dauner-Lieb* FuR 2009, 361 (370).
[898] BGH – XII ZB 303/13, NJW 2014, 1101.

3. Teil. Eherecht

Formulierungsbeispiel: Ehevertraglich vereinbaren wir was folgt:
1. Als Güterstand für unsere Ehe soll die Gütertrennung nach Maßgabe des Bürgerlichen Gesetzbuches gelten. Uns ist bekannt, dass durch die Vereinbarung der Gütertrennung
a) keine Haftungsbeschränkung gegenüber Gläubigern eintritt,
b) jeder Ehegatte über sein Vermögen frei verfügen kann,
c) beim Tode eines von uns beiden das Erb- und Pflichtteilsrecht des Überlebenden am Nachlass des Zuerstversterbenden sich vermindern und das Erb- und Pflichtteilsrecht der Kinder oder sonstiger Abkömmlinge sich erhöhen kann,
d) bei Auflösung der Ehe kein Zugewinnausgleich stattfindet,
e) die Privilegierung des § 5 ErbStG keine Anwendung findet.
Die Gütertrennung soll derzeit nicht in das Güterrechtsregister eingetragen werden. Jeder von uns beiden ist jedoch berechtigt, den Eintragungsantrag jetzt oder künftig alleine zu stellen.
2. Auf den Ausgleich eines etwa bisher entstandenen Zugewinnes wird gegenseitig verzichtet. Den Verzicht nehmen wir hiermit gegenseitig an.
3. Nach Belehrung durch den Notar verzichten wir auf die Erstellung eines Vermögensverzeichnisses.
4. Zuwendungen eines Ehegatten an den anderen können bei Scheidung der Ehe nicht zurückgefordert werden, auch nicht wegen Störung der Geschäftsgrundlage, es sei denn, die Rückforderung ist auf gesonderter vertraglicher Grundlage vorbehalten. Dies gilt unabhängig vom Verschulden am Scheitern der Ehe. Wir stellen ferner klar, dass andere Ausgleichsansprüche nicht bestehen sollen; insb. entsteht nicht etwa durch Mitarbeit im Betrieb eines Ehegatten oder durch das gemeinsame Halten von Vermögensgegenständen eine Ehegatteninnengesellschaft, wenn wir dies nicht ausdrücklich vereinbaren. Jedenfalls beschränken wir vorstehende Ansprüche auf Aufwendungsersatz.
… (weitere Regelungen insb. Pflichtteilsverzicht) …

4. Aufhebung der Gütertrennung mit rückwirkender Vereinbarung von Zugewinngemeinschaft

248 Im Güterstand der **Zugewinngemeinschaft** kann im Todesfalle der **Zugewinn erbschaftsteuerfrei** gestellt werden. **Gleiches** gilt beim Ausgleich des Zugewinns unter Lebenden beim **Übergang in die Gütertrennung**. Nun existieren aber noch viele Gütertrennungsverträge, die zu Beginn der jeweiligen Ehe geschlossen worden waren und seitdem nicht mehr überprüft wurden. Zumeist anlässlich einer erbrechtlichen Beratung stellt sich dann heraus, dass es günstiger wäre, zum gesetzlichen Güterstand überzugehen. Ziel kann ferner sein, die **Voraussetzungen für einen späteren Zugewinnausgleich** unter Lebenden unter Ausnutzung des § 5 Abs. 2 ErbStG zu **schaffen**, nachdem der BFH[899] die Güterstandsschaukel anerkannt hat.
Dieser Übergang kann ex nunc oder aber auch ex tunc vereinbart werden. Dann wirkt die Vereinbarung zurück. Die genaue zivilrechtliche Terminologie für diesen Vorgang wäre jedoch nicht die rückwirkende Vereinbarung der Zugewinngemeinschaft, da diese insb. wegen der in der Vergangenheit nicht beachteten Verfügungsbeschränkungen so nicht

---
[899] BFH – II R 29/02, ZEV 2005, 490, m. Anm. *Münch.*

A. Die Güterstände

zulässig wäre, sondern die **Festlegung des Anfangsvermögens auf den Zeitpunkt der standesamtlichen Eheschließung**.[900] Die zivilrechtliche Zulässigkeit ist unbestritten.

Zur steuerrechtlichen Anerkennung solcher Rückwirkung regelt **§ 5 Abs. 1 ErbStG** nunmehr, dass, wenn der Güterstand der Zugewinngemeinschaft durch Ehevertrag vereinbart wird, als Zeitpunkt des Eintritts des Güterstandes (§ 1374 Abs. 1 BGB) der Tag des Vertragsabschlusses gilt. Damit **schließt** das Gesetz die steuerliche **Rückwirkung im Rahmen der fiktiven Zugewinnausgleichsforderung** nach § 5 Abs. 1 ErbStG **aus**.

249

Die Festlegung des Anfangsvermögens auf den Zeitpunkt der Eheschließung kann allerdings weiterhin auch erbschaftsteuerliche Bedeutung erlangen im Rahmen des § 5 Abs. 2 ErbStG, der die steuerliche Anerkennung nicht versagt. So könnte etwa durch späteren ehevertraglichen Ausgleich oder Wahl der güterrechtlichen Lösung im Todesfalle über **§ 5 Abs. 2 ErbStG** die **Rückwirkung steuerlich brauchbar** umgesetzt werden. Die Finanzverwaltung will die Verschaffung einer erhöhten güterrechtlichen Ausgleichsforderung selbst als steuerpflichtige Schenkung werten, wenn mit den Vereinbarungen nicht in erster Linie güterrechtliche, sondern erbrechtliche Wirkungen herbeigeführt werden sollen.[901] Dabei nannten die Erbschaftsteuerrichtlinien in ihrer Fassung 2003 ausdrücklich die Vereinbarung eines vor dem Zeitpunkt des Vertragsschlusses liegenden Beginns des Güterstands oder eines abweichenden Anfangsvermögens als Beispiel für die Verschaffung einer erhöhten güterrechtlichen Ausgleichsforderung.[902] Nun allerdings hat der **BFH**[903] ausdrücklich darauf verwiesen, dass die **Rückwirkung** im Bereich des § 5 Abs. 2 ErbStG ihre Bedeutung behalte. In diesem Zusammenhang nennt der BFH ausdrücklich die von ihm gebilligte Güterstandsschaukel und die Enterbung oder Ausschlagung als Möglichkeiten, die güterrechtliche Lösung zu erreichen und damit die rückwirkende Vereinbarung von Zugewinngemeinschaft zur Geltung zu bringen. Der BFH hat den Steuerpflichtigen somit die Handlungsalternativen förmlich aufgezeigt. Eine entscheidungserhebliche Fallkonstellation hatte er freilich noch nicht zu beurteilen. Die Rechtsprechung folgt jedoch dem BFH. So hat das **FG Düsseldorf**[904] entschieden, dass bei Vereinbarung der Zugewinngemeinschaft „rückwirkend vom Beginn der Ehe an" die Zugewinnausgleichsforderung von Todes wegen vollkommen steuerfrei bleibt, wenn der Ehegatte anschließend nicht Erbe oder Vermächtnisnehmer wird. Das FG Düsseldorf sagt ausdrücklich, hierin sei nicht die Schaffung einer erhöhten Ausgleichsforderung zu sehen. Dieser Rechtsprechung hat sich nunmehr auch die Finanzverwaltung angeschlossen. Das bayerische Landesamt für Steuern hat die Rückwirkung anerkannt

---

[900] DNotI-Report 1996, 133; BGH – XII ZR 278/96, NJW 1998, 1857.
[901] R E 5.2 Abs. 2 S. 2, 3 ErbStR 2019.
[902] R 12 Abs. 2 S. 3 ErbStR 2003.
[903] BFH – II R 64/04, ZEV 2006, 224.
[904] FG Düsseldorf – 4 K 7107/02 Erb, DStRE 2006, 1470.

und angeordnet, das Urteil des FG Düsseldorf in gleich gelagerten Fällen anzuwenden. Zugleich wurde eine Überarbeitung von R 12 Abs. 2 S. 3 ErbStR angekündigt.[905] Diese Änderungen wurden in der Überarbeitung der **Erbschaftsteuerrichtlinien 2011** insoweit aufgenommen und **2019** beibehalten, als nunmehr die **bürgerlich-rechtliche Gestaltungsfreiheit der Ehegatten betont** wird. Aus dem rückwirkenden Güterstandsbeginn folgt ferner nicht mehr zwingend die überhöhte güterrechtliche Ausgleichsforderung, in solchen Fällen kann nach den Richtlinien eine überhöhte güterrechtliche Ausgleichsforderung vorliegen, sie ergibt sich jedoch nicht aus der Rückwirkung allein.[906] Damit stehen die Richtlinien zwar nicht mehr der Rechtsprechung entgegen, sie behalten sich aber dennoch eine Betrachtung jedes einzelnen Falles vor. Hier wäre eine deutlichere Stellungnahme wünschenswert gewesen[907]. Die Literatur folgt aus der Rechtsprechung denn auch „mit der natürlich gebotenen Vorsicht",[908] dass abweichende ehevertragliche Gestaltungen im Rahmen des § 5 Abs. 2 ErbStG nunmehr anzuerkennen sind, sodass nach der rückwirkenden Vereinbarung von Zugewinngemeinschaft mit der Vereinbarung der Gütertrennung der Zugewinn während der gesamten Ehezeit unter Inanspruchnahme der Schenkungsteuerfreiheit ausgeglichen werden kann.[909] Allerdings sollte dies nicht in einem Zuge geschehen, sondern mahnende Stimmen fordern den Vortrag außersteuerlicher Gründe und „einige Jahre" zwischen den Güterstandswechseln.[910]

Formulierungsbeispiel: Ehevertraglich vereinbaren wir was folgt:
1. Mit Ehevertrag des Notars … … in … … vom … … haben wir den Güterstand der Gütertrennung vereinbart, in dem wir heute noch leben. Eine Eintragung in das Güterrechtsregister war nicht erfolgt.
2. Hiermit heben wir diesen Güterstand der Gütertrennung auf und vereinbaren für unsere Ehe den Güterstand der Zugewinngemeinschaft. Dabei soll das Anfangsvermögen eines jeden Ehegatten jedoch so berechnet werden, als hätten wir seit unserer Eheschließung im gesetzlichen Güterstand der Zugewinngemeinschaft gelebt, sodass die Vereinbarung der Zugewinngemeinschaft in dieser Weise zurückwirkt.
3. … ggf. Modifikationen der Zugewinnregelung
4. Hinsichtlich des Versorgungsausgleiches und des Ehegattenunterhaltes bei einer etwaigen Scheidung unserer Ehe verbleibt es bei den gesetzlichen Bestimmungen; hiervon abweichende Vereinbarungen wollen wir derzeit nicht treffen.

---

[905] BayLfSt, DStZ 2006, 782 = DStR 2007, 26; ebenso OFD Rheinland und OFD Münster, ErbStB 2007, 73.
[906] R E 5.2 Abs. 2 ErbStR 2011 mit nur leicht geändertem Wortlaut in den ErbStR 2019.
[907] Für unzureichend halten die Änderung *Tiedtke/Szczesny* FPR 2012, 107 (112).
[908] So *Geck* ZEV 2006, 62 (63f.); ferner: *J. Mayer* FPR 2006, 129 (135); *Schlünder/Geißler* NJW 2007, 482; detailliert *Münch* FamRB 2007, 281.
[909] *Von Oertzen* FPR 2012, 103 (106).
[910] *Geck* KÖSDI 2017, 20242 (20250).

A. Die Güterstände

5. Die vorstehenden ehevertraglichen Vereinbarungen nehmen wir hiermit gegenseitig an.

5. Güterstandsschaukel

Die Güterstandsschaukel wurde bereits im Rahmen der asset protection ausführlich mit Formulierungsbeispiel behandelt. Hierauf kann an dieser Stelle verwiesen werden.[911]
Vorgestellt werden muss daher nur noch die Rückkehr zur Zugewinngemeinschaft, nachdem mindestens einige Monate zuvor die Gütertrennung vereinbart und der Zugewinn ausgeglichen worden war. Diese „Rückkehr" wird insb. dann benötigt, wenn später erneut eine Güterstandsschaukel durchgeführt werden soll.

Formulierungsbeispiel: Ehevertraglich vereinbaren wir was folgt:
1. Wir lebten seit unserer Eheschließung im Güterstand der Zugewinngemeinschaft. Mit Ehevertrag des Notars … … in … … vom … … hatten wir den Güterstand der Gütertrennung vereinbart und den bis dahin angefallenen Zugewinn ausgeglichen. Eine Eintragung in das Güterrechtsregister war nicht erfolgt.
2. Hiermit heben wir diesen Güterstand der Gütertrennung auf und vereinbaren für unsere Ehe den Güterstand der Zugewinngemeinschaft. Die Aufhebung der Gütertrennung wirkt ab dem heutigen Tage.
Ein Vermögensverzeichnis wollen wir nach Belehrung nicht erstellen.
3. … ggf. Modifikationen der Zugewinnregelung
4. Hinsichtlich des Versorgungsausgleiches und des Ehegattenunterhaltes bei einer etwaigen Scheidung unserer Ehe verbleibt es bei den gesetzlichen Bestimmungen; hiervon abweichende Vereinbarungen wollen wir derzeit nicht treffen.
5. Die vorstehenden ehevertraglichen Vereinbarungen nehmen wir hiermit gegenseitig an.

III. Gütergemeinschaft

1. Die verschiedenen Vermögensmassen

Die Gütergemeinschaft soll hier nur kurz behandelt werden, da es sich um einen Güterstand handelt, der im landwirtschaftlichen Bereich noch einen Anwendungsbereich hat, der aber – obwohl es auch Stimmen gibt, die diesen Güterstand als positive Möglichkeit des gemeinsamen Wirtschaftens etwa anstelle der sonst herangezogenen Ehegatteninnengesellschaft würdigen[912] – heute **zunehmend weniger gewählt** wird. Wo sie existiert, besteht idR eine gemeinsame Verwaltung. Dies hat seinen Grund vor allem in der komplizierten Auseinandersetzung im Scheidungsfall und in der Problematik der Mithaftung für gesetzlich begründete Verbindlichkeiten nach § 1459 BGB, die insb. zu einer Mithaftung in Unterhaltsverbindlichkeiten führt, die sonst nur einen Ehegatten treffen.

---

[911] → Rn. 37.
[912] Bergschneider/*Klüber*, Formularbuch, I.I. Vorbemerkungen.

3. Teil. Eherecht

Das könnte dann anders werden, wenn die Gütergemeinschaft hin zu einer **modernen Errungenschaftsgemeinschaft** ohne die Haftungsprobleme verändert würde.[913]

In der Gütergemeinschaft kann es bis zu **fünf** verschiedene **Vermögensmassen** geben. Mit Eintritt in den Güterstand der Gütergemeinschaft wird das Vermögen der Ehegatten zum **Gesamtgut nach § 1416 BGB**. Gleiches gilt für das während der Ehe hinzuerworbene Vermögen. Es entsteht somit nach § 1419 BGB eine Gesamthandsgemeinschaft, die aber – jedenfalls bisher – anders als die GbR keine eigene Rechtspersönlichkeit besitzt, sondern beide Ehegatten als Eigentümer sieht.[914] Beim Erwerb genügt es, wenn ein Ehegatte handelt, der Erwerbsgegenstand gelangt dann unmittelbar[915] in das Gesamthandseigentum.[916] Bei einer Veräußerung hingegen müssen bei gemeinschaftlicher Verwaltung beide Ehegatten handeln.

Gehört ein **Gewerbebetrieb** zum Gesamtgut, so sind die Ehegatten regelmäßig **Mitunternehmer**, auch wenn nur ein Ehegatte nach außen in Erscheinung tritt, denn beide sind an den stillen Reserven beteiligt und nehmen am Unternehmerrisiko teil.[917] Dies gilt aber dann nicht, wenn der Gewerbebetrieb zum Vorbehalts- oder Sondergut gehört. Ferner greift die Mitunternehmerschaft nicht, wenn die persönliche Arbeitsleistung eines Ehegatten ganz im Vordergrund steht, wie dies zB bei einem Freiberufler der Fall ist.[918]

Hinweis: Die Frage nach dem Güterstand ist vor jeder rechtlichen oder steuerlichen Gestaltung wichtig. Sowohl § 1365 BGB als auch die Mitunternehmerschaft aufgrund Gütergemeinschaft dürfen nicht übersehen werden.

252 Neben dem Gesamtgut kann jeder Ehegatte **Vorbehaltsgut** haben, das ihm zu Alleineigentum zusteht und das er selbst und auf eigene Rechnung verwaltet. Vorbehaltsgut kann auf dreierlei Weise entstehen:
- durch ehevertragliche Vereinbarung,
- durch unentgeltliche Zuwendung eines Dritten, der dies anordnet,
- für Früchte und Surrogate von Vorbehaltsgut.

Dritten gegenüber kann Vorbehaltsgut nur bei Eintragung im Güterrechtsregister geltend gemacht werden, § 1418 Abs. 4 BGB, § 1412 BGB. **Vorbehaltsgut** wird häufig gewählt, **wenn steuerlich gerade keine Mitunternehmerschaft** entstehen soll. Wird eine solche Erklärung

---

[913] *Brudermüller/Dauner-Lieb/Meder (Hrsg.)*, Wer hat Angst vor der Errungenschaftsgemeinschaft?, 2013.
[914] Palandt/*Brudermüller* BGB § 1416 Rn. 1; BayObLG – 3Z BR 238/02, DNotZ 2003, 454f.; gegen dieses Urteil *Kanzleiter* DNotZ 2003, 422f.
[915] Die Unmittelbarkeitstheorie ist vorherrschend, MüKoBGB/*Münch* BGB § 1416 Rn. 22; *Bergschneider*, Rn. 778; demgegenüber die Durchgangstheorie Gernhuber/*Coester-Waltjen*, § 38 Rn. 26, 27.
[916] Das gilt auch bei Grundstücken.
[917] BFH – IV R 37/04, DStRE 2006, 4; H 15.9.(1) EStH 2018.
[918] BFH – VIII R 18/95, DStR 1998, 843 (845).

A. Die Güterstände

rein aus steuerlichen Gründen abgegeben, ist das OLG München[919] der Auffassung, dass dann bei Scheitern der Ehe eine Rückführung in das Gesamtgut aufgrund des Wegfalls der Geschäftsgrundlage verlangt werden könne.

Als **Sondergut** sieht das BGB in § 1417 Abs. 2 BGB solche Vermögenswerte an, die durch Rechtsgeschäft nicht übertragen und damit auch nicht in das Gesamtgut überführt werden können, wie zB Nießbrauchsrechte. Solche Vermögenswerte verwaltet zwar jeder Ehegatte selbst, aber stets für Rechnung des Gesamtgutes.

2. Auseinandersetzung

Wenn die Gütergemeinschaft durch Scheidung, Ehevertrag oder Tod endet, so besteht zunächst das Gesamthandsverhältnis fort, bis das **Gesamthandsvermögen auseinandergesetzt** ist. Hierzu sind nach **Tilgung der Verbindlichkeiten** und **Übernahme gegen Wertersatz** (Gestaltungsrecht nach § 1477 BGB bezogen auf Vermögen, das in der Zugewinngemeinschaft Anfangsvermögen wäre) die Überschüsse zu verteilen. Im Falle der Ehescheidung besteht noch ein Werterstattungsrecht nach § 1478 BGB, das sich auf den inflationsbereinigten Einbringungswert bezieht.[920] 253

Einigen sich die Parteien nicht, so muss gerichtlich die **Zustimmung** zu einem vom Antragsteller vorgegebenen **Teilungsplan** erstritten werden, ggf. müssen zuvor noch Mitwirkungshandlungen bei der Begleichung der Verbindlichkeiten gerichtlich geltend gemacht werden. Da der Teilungsplan nur insgesamt angenommen oder verworfen werden kann, empfehlen sich geeignete Hilfsanträge.[921]

3. Vertragliche Gestaltungsmöglichkeiten

Die Gütergemeinschaft kann **ehevertraglich** vereinbart und auch **ausgestaltet** werden.[922] So kann sie etwa als **Fahrnisgemeinschaft** ausgestaltet sein, indem sämtliche Immobilien zum Vorbehaltsgut erklärt werden. Es kann eine Art **Errungenschaftsgemeinschaft** gebildet werden, indem das bei Eheschließung vorhandene Vermögen oder noch zusätzlich dasjenige Vermögen, was § 1374 Abs. 2 BGB zum Anfangsvermögen zählt, zum Vorbehaltsgut erklärt wird. Wichtig ist schließlich die zumeist schon aus steuerlichen Gründen notwendige Herausnahme eines Betriebs und seine Erklärung zum Vorbehaltsgut. Wenn Vermögensgegenstände zwischen Vorbehaltsgut und Gesamtgut wechseln, so ist nach im Vordringen befindlicher Ansicht eine rechtsgeschäftliche 254

---

[919] OLG München – 12 UF 1792/04, FamRZ 2006, 204.
[920] Einzelheiten bei *Münch,* Ehebezogene Rechtsgeschäfte, Kap. 1 Rn. 421 ff.
[921] Beispiele für solche schwierigen Auseinandersetzungen: OLG Koblenz – 11 UF 663/04, FamRZ 2006, 40; OLG Oldenburg – 11 UF 1/10, FamRZ 2011, 1059.
[922] Ausführliche Formulierungsvorschläge bei *Münch,* Ehebezogene Rechtsgeschäfte, Kap. 2 Rn. 316 f.

3. Teil. Eherecht

Einzelübertragung erforderlich, bei Grundstücken eine entsprechende Auflassung.[923]

Formulierungsbeispiel: Wir sind uns darüber einig, dass das von der Ehefrau unter der Firma Maria Musterfrau GmbH betriebene Unternehmen, das seinen Sitz in Musterstadt hat und im Handelsregister des AG Musterstadt unter HRB 9876 eingetragen ist, mit all seinen Aktiven und Passiven Vorbehaltsgut der Ehefrau ist. Die Anteile an der genannten GmbH werden daher an die Ehefrau abgetreten, die dies annimmt.

IV. Deutsch-französischer Wahlgüterstand

1. Anwendungsbereich des neuen Wahlgüterstandes

255 Im Jahre 2010 unterzeichneten Deutschland und Frankreich ein **Abkommen über den Güterstand der Wahl-Zugewinngemeinschaft (WZGA)**.[924] Mit der Neufassung des § 1519 BGB ist die Wahl-Zugewinngemeinschaft als vierter Güterstand im nationalen Recht der Bundesrepublik Deutschland verankert. Gleichzeitig wurde der neue § 5 Abs. 3 ErbStG eingeführt, sodass der Zugewinn von der deutschen Schenkung- bzw. Erbschaftsteuer freigestellt ist. Nach der Ratifizierung trat das WZGA am **1.5.2013 in Kraft**.[925]

Die Wahl-Zugewinngemeinschaft kann in vielen Konstellationen gewählt werden, vorerst wird ihre Verbreitung sich aber dennoch in Grenzen halten, da viele **Rechtsfragen noch ungeklärt** sind. Es ist eher zu erwarten, dass sie aus speziellem Interesse gewählt wird. So könnte sie etwa die Gütertrennung bei der **Güterstandsschaukel** ersetzen, denn auch beim Übergang von der gesetzlichen zur Wahl-Zugewinngemeinschaft wird der Güterstand beendet und der Zugewinn ausgelöst. Zum anderen ist die Verfügungsbeschränkung für das Familienwohnheim ein Spezifikum, das im Bereich der **asset protection** nützlich sein könnte.

Hinweis: Die Güterstandsschaukel kann künftig auch durch Übergang von der gesetzlichen zur Wahl-Zugewinngemeinschaft erfolgen.

Den Güterstand der Wahl-Zugewinngemeinschaft können alle Ehegatten wählen, deren Güterstand dem Sachrecht eines Vertragsstaates unterliegt. Zweierlei ist in diesem Zusammenhang zu betonen:
– Das Abkommen selbst enthält keinerlei kollisionsrechtliche Vorschriften, keine Formvorschriften und kein eigenes Verfahrensrecht.
– Die Wahl-Zugewinngemeinschaft setzt keinerlei internationale Anknüpfung voraus.[926]

---

[923] BayObLG, MittBayNot 1993, 84; *Schöner/Stöber*, Grundbuchrecht, Rn. 764; MüKoBGB/*Münch* BGB § 1416 Rn. 18 und § 1418 Rn. 3 (anders *Kanzleiter* in der Vorauflage).
[924] BGBl. 2012 II 178 ff., in beck-online unter „WahlZugAbk-F".
[925] BGBl. 2013 II 431.
[926] Denkschrift, BT-Drs. 17/5126, 19.

A. Die Güterstände

Damit können sowohl zwei deutsche wie auch zwei französische oder deutsch/französische Ehegatten diesen Güterstand unabhängig von ihrem Aufenthaltsort wählen, aber auch zB Ehegatten aus Drittstaaten, die ihren gewöhnlichen Aufenthalt in Deutschland oder Frankreich haben.

2. Verfügungsbeschränkung Familienwohnung

Für die Rechtspraxis besonders schwierig zu handhaben ist die in Art. 5 des WZGA enthaltene Verfügungsbeschränkung hinsichtlich der Familienwohnung. Diese ist wie folgt gefasst: **256**

Artikel 5 Verfügungsbeschränkungen
(1) Rechtsgeschäfte eines Ehegatten über Haushaltsgegenstände oder über Rechte, durch die die Familienwohnung sichergestellt wird, sind ohne Zustimmung des anderen Ehegatten unwirksam. Sie können jedoch vom anderen Ehegatten genehmigt werden.
(2) Ein Ehegatte kann gerichtlich ermächtigt werden, ein Rechtsgeschäft allein vorzunehmen, zu der (sic!) die Zustimmung des anderen notwendig wäre, falls dieser zur Zustimmung außerstande ist oder sie verweigert, ohne dass Belange der Familie dies rechtfertigten.

Für dieses Verfügungsverbot sind folgende Prinzipien festzuhalten:
– Das Verfügungsverbot ist **nicht dispositiv** (Art. 3 Abs. 3 WZGA).
– Es handelt sich um ein **absolutes Verfügungsverbot**. Ein Verstoß führt zur Unwirksamkeit.
– Die Anwendung des **§ 1412 BGB** ist nach § 1519 S. 3 BGB **ausgeschlossen** und die Eintragung eines absoluten Verfügungsverbotes im Grundbuch nicht zulässig.[927] Damit **entfällt jeder Schutz des Rechtsverkehrs**. Auch die Notare können einen Käufer gegen eine unwirksame Verfügung wegen unerkannter Wahl-Zugewinngemeinschaft nicht schützen, außer sie bestehen stets auf der Unterzeichnung durch beide Ehegatten. Die Schutzlücke hat der Gesetzgeber zu verantworten.

> **Hinweis:** Das gesamte Grundbuchwesen und der sichere Verkehr mit Grundstücken ist durch die Nichtanwendung des § 1412 BGB entwertet worden. Es wird oft nicht erkennbar sein, ob eine Wahl-Zugewinngemeinschaft vorliegt und ob es sich um die Familienwohnung handelt. In solchen Fällen droht die unerkannte Unwirksamkeit des Rechtsgeschäftes.

Im Sinne einer **asset protection** wird in Art. 5 WZGA eine gute Möglichkeit gesehen, bei **Übertragung des Familienheims auf den nicht haftenden Ehegatten**, dem anderen Ehegatten **Sicherheit vor abredewidrigen Verfügungen** zu geben, ohne dass dieser sich (pfändbare) Rückübertragungsansprüche durch Vormerkung sichern lassen muss.[928]

---

[927] *Jäger* DNotZ 2010, 804 (821); *Schaal* ZNotP 2010, 162 (167).
[928] Hierauf weist vor allem *Amann* DNotZ 2013, 252 f., 280 f., hin.

3. Teil. Eherecht

3. Erbrechtliche Auswirkungen

257 Die Wahl-Zugewinngemeinschaft hat auch einige – zum Teil überraschende – Auswirkungen im Todesfalle, die man kennen muss, wenn man überlegt, diesen Güterstand zu wählen.

a) Kein erbrechtliches Viertel

258 Der **Tod** führt nach Art. 7 Nr. 1 WZGA zum Ende des Güterstandes und löst damit nach Art. 12 WZGA eine **Zugewinnausgleichsforderung** aus. Es gibt keine dem § 1371 Abs. 1 BGB entsprechende Vorschrift, sodass es **keine pauschale Erbteilserhöhung** gibt, sondern nur einen güterrechtlich berechneten Zugewinnausgleich. Das Erbrecht des Ehegatten richtet sich daher nach § 1931 Abs. 1 BGB und beträgt neben Kindern 1/4. Die Zugewinnausgleichsforderung ist dann als Nachlassverbindlichkeit anzusehen, die noch vor der Berechnung von Pflichtteilen oder Quotenvermächtnissen abzuziehen ist.[929]

b) Anspruch gegen überlebenden Ehegatten

259 Völlig neu zu denken ist die Situation, dass der erstverstorbene Ehegatte der Ausgleichsberechtigte im Zugewinn ist. Während nach § 1371 Abs. 2 BGB Zugewinn stets nur dem überlebenden Ehegatten zusteht, enthält Art. 7 Nr. 1 WZGA diese Einschränkung nicht. Hatte daher der überlebende Ehegatte den höheren Zugewinn, so kann im Güterstand der Wahl-Zugewinngemeinschaft der **Nachlass** diesen **Zugewinn einfordern**.[930] In der „Normalfamilie" wird ein solcher Anspruch nicht gewollt sein, sodass zu empfehlen ist, bei der **ehevertraglichen Wahl** der Wahl-Zugewinngemeinschaft einen solchen Anspruch **auszuschließen**.[931]

c) Erbschaftsteuer

260 Erbschaftsteuerrechtlich ist der Zugewinn aus der Wahl-Zugewinngemeinschaft durch § 5 Abs. 3 ErbStG ebenso von der Erbschaft- bzw. Schenkungsteuer befreit wie der Zugewinn des gesetzlichen deutschen Güterstandes. Eine Freistellung entsprechend § 5 Abs. 1 ErbStG war nicht notwendig, da es einen pauschalen Zugewinn nicht mehr gibt. Dass die Wahl-Zugewinngemeinschaft eine Anrechnung wie in § 1380 BGB nicht kennt, kann sogar für die Erbschaftsteuer von Vorteil sein, wird doch derzeit gerade darauf hingewiesen, dass sich das Zugewinnvolumen im Todesfalle durch die Anrechnungen nach § 1380 BGB drastisch verringert.[932] Allerdings muss vor Abgabe einer steuerlichen Empfehlung erst die Rechtsfrage geklärt werden, ob Ehegattenzuwendungen bei der

---

[929] MüKoBGB/*Koch* BGB § 1371 Rn. 48.
[930] *Süß* ZErb 2010, 281 (285); *Jünemann* ZEV 2013, 353 (359), „womöglich".
[931] Vgl. hierzu Formulierungsvorschlag bei *Münch*, Ehebezogene Rechtsgeschäfte, Kap. 2. Rn. 516 ff.
[932] *Götz* ZEV 2013, 74 f.

A. Die Güterstände

Wahl-Zugewinngemeinschaft in das Anfangsvermögen des anderen Ehegatten fallen.[933]

4. Vereinbarung der deutsch-französischen Wahl-Zugewinngemeinschaft

Die Wahl-Zugewinngemeinschaft wird nach Art. 3 Abs. 1 WZGA und § 1519 BGB durch **Ehevertrag** vereinbart. Die Form richtet sich **nach** dem **Güterrechtsstatut**. In Deutschland ist nach §§ 1408, 1410 BGB notarielle Beurkundung bei gleichzeitiger Anwesenheit beider Vertragsteile vorgeschrieben. Gleiches gilt in Frankreich nach Art. 134 CC. Allerdings hat das französische Recht weitere Voraussetzungen, wenn der Ehevertrag während der Ehe geschlossen wird. Um hier nicht Ungewissheiten aufkommen zu lassen, empfiehlt sich zunächst die Wahl des deutschen Güterrechts.

261

> **Hinweis:** Wenn die Wahl-Zugewinngemeinschaft vereinbart werden soll, **empfiehlt sich zunächst die Wahl des deutschen Güterrechts**, um klarzustellen, von welchen Formvoraussetzungen und Verfahrensvorschriften der Güterstand begleitet wird.

Modifikationen des Güterstandes sind zulässig, nach Art. 3 Abs. 3 WZGA allerdings beschränkt auf die Vorschriften im Kapitel V des WZGA (Anfangsvermögen, Endvermögen, Zugewinnausgleichsforderung).[934]
Nicht geregelt ist die Abgrenzung zum Versorgungsausgleich. Daher sollte auch hierzu im Ehevertrag eine Aussage getroffen werden.[935]

V. Eigentums- und Vermögensgemeinschaft

1. Überleitung

Die Eigentums- und Vermögensgemeinschaft war der **gesetzliche Güterstand** nach dem Familiengesetzbuch der **DDR**. Es handelte sich um eine **Errungenschaftsgemeinschaft**, bei der alle durch Arbeit oder Arbeitseinkünfte erlangten Sachen und Rechte gemeinschaftliches Vermögen wurden. Daneben gab es das **Alleineigentum** eines Ehegatten an Vermögenswerten, die vor der Ehe erlangt waren, oder aufgrund eines Erwerbs durch Schenkung oder Erbschaft während der Ehe, § 13 FGB-DDR. An diesen Werten konnte aber dem anderen Ehegatten ein **Anteil zugesprochen** werden, wenn dieser einen Beitrag zur Mehrung oder zum Erhalt dieser Werte geleistet hatte, was auch durch Haushaltsführung und Kindererziehung erfolgen konnte, § 40 FGB-DDR. § 299

262

---

[933] Dafür Erman/*Heinemann*, Anh. § 1519 Rn. 15; dagegen *Schaal* ZNotP 2010, 162 (169).
[934] BGBl. 2012 II 178 ff. – Abkommenstext in beck-online unter „WahlZugAbk-F".
[935] Formulierungsbeispiel bei *Münch*, Ehebezogene Rechtsgeschäfte, Kap. 2 Rn. 516 ff.

3. Teil. Eherecht

ZGB-DDR regelte, dass Grundstücke gemeinsames Eigentum wurden, auch wenn sie mit Mitteln aus dem Alleineigentum eines Ehegatten angeschafft wurden. Nach **Art. 234 §4 EGBGB** wurde dieser Güterstand zum 3.10.1990 in den gesetzlichen Güterstand der **Zugewinngemeinschaft** übergeleitet.[936] Das Alleineigentum eines jeden Ehegatten wurde sein Anfangsvermögen. Man ging davon aus, dass das gemeinsame Vermögen erst auseinandergesetzt werden musste. Daher bestimmte später Art. 234 § 4a EGBGB, dass das gemeinsame Eigentum zu Bruchteilseigentum zu gleichen Teilen wird. Nach Ansicht des BGH[937] sind auf diese Situation die Auseinandersetzungsregeln des FGB-DDR, insb. § 40 FGB anzuwenden.

2. Rückübertragungsansprüche

263 Die Auswirkungen von Rückübertragungen nach dem Vermögensgesetz auf den Zugewinn waren lange Zeit umstritten. Der **BGH**[938] hat aber dann entschieden, dass sowohl die erhebliche **Wertsteigerung** von DDR-Grundstücken wie auch die **Rückübertragung** nach dem Vermögensgesetz **voll im Zugewinnausgleich zu erfassen** sind. Bei Rückübertragungen ist der Vermögenswert im Anfangsvermögen nicht zu erfassen, auch nicht als „Keimzelle". Daher liegt in beiden Fällen Zugewinn vor.

B. Das reformierte Unterhaltsrecht

264 Das Ehegattenunterhaltsrecht wurde mit Wirkung zum 1.1.2008 sehr stark **reformiert**.[939] Mit der Reform wurde eine Entwicklung korrigiert, die seit Einführung der Zerrüttungsscheidung im Jahr 1977 zu immer weiter reichenden Scheidungsfolgenansprüchen geführt hatte. Gleichzeitig fand ein Wertewandel statt und waren gesellschaftliche Veränderungen zu berücksichtigen. Durch die starke Zunahme der Scheidungszahlen entstanden immer mehr „Zweitfamilien", deren Versorgung aufgrund von Unterhaltsansprüchen aus der ersten Ehe gefährdet war.

I. Die Unterhaltsansprüche nach der Reform

1. Wichtigste Gesetzesänderungen

265 Wichtigstes Ziel der Reform war die **vorrangige Sicherstellung des Kindesunterhaltes**. Daher wurde dem Unterhaltsanspruch für Kinder in § 1609 Nr. 1 BGB die **erste Rangstelle** eingeräumt. Gleich dahinter rangieren die **kindesbetreuenden Elternteile**, § 1609 Nr. 2 BGB, sodass

---

[936] Es gab die Möglichkeit, binnen zwei Jahren nach dem Beitritt eine Fortgeltungsregelung abzugeben, Art. 234 § 4 Abs. 2 EGBGB. Von dieser Möglichkeit ist jedoch kaum Gebrauch gemacht worden.
[937] BGH – XII ZR 184/97, NJW 1999, 2520.
[938] BGH – XII ZR 221/01, FPR 2004, 384.
[939] BGBl. 2007 I 3189.

B. *Das reformierte Unterhaltsrecht*

dadurch indirekt nochmals das Kindeswohl gefördert wird. Für **Kinder** wurde ein **Mindestunterhalt** geschaffen, der sich zunächst von dem steuerlichen Existenzminimum nach § 32 Abs. 6 S. 1 EStG herleitete und mit diesem aktualisiert werden sollte. Da diese Aktualisierung nicht zeitnah genug war, hat der Gesetzgeber 2016 das System umgestellt und nun in § 1612a Abs. 4 BGB eine **MindestunterhaltsVO** vorgesehen, die in einem **zweijährigen Rhythmus** angepasst wird. Der Mindestunterhalt ist in drei Altersstufen eingeteilt und die konkrete Unterhaltshöhe richtet sich gem. der Düsseldorfer Tabelle nach dem Einkommen des Unterhaltspflichtigen. Sie kann in einem Prozentsatz des Mindestunterhaltes angegeben werden. Dieser beträgt aktuell im Jahr 2020 in der ersten Altersstufe 369,– EUR, in der zweiten 424,– EUR und in der dritten 497,– EUR. Mit der Gewährung eines **Basisunterhalt**es von drei Jahren nach § 1570 Abs. 1 S. 1 BGB für den kindesbetreuenden Ehegatten, während dem keine Erwerbsobliegenheit besteht, wird die persönliche Kindesbetreuung für diesen Zeitraum abgesichert.

Während nach dem früheren Unterhaltsrecht der Unterhaltsanspruch zu einer Lebensstandsgarantie führte („einmal Chefarztgattin, immer Chefarztgattin"), hat die Unterhaltsreform die „**Stärkung der Eigenverantwortung**" propagiert. Hinter diesem positiv klingenden Leitmotiv verbirgt sich eine Steigerung der Erwerbsobliegenheit für den Unterhaltsberechtigten und letztlich eine Verringerung seiner Unterhaltsansprüche. So ist durch eine Änderung des § 1574 BGB nunmehr ausdrücklich hervorgehoben worden, dass die frühere voreheliche Erwerbstätigkeit als angemessen anzusehen ist. Ferner sind die ehelichen Lebensverhältnisse nicht mehr gleichrangig aufgeführt, sodass der Unterhaltsberechtigte darlegen und beweisen muss, dass eine Erwerbstätigkeit für ihn nach diesen Lebensverhältnissen unzumutbar ist. 266

Damit ist die **Lebensstandsgarantie abgeschafft**.

Vor allem aber hat die Unterhaltsreform den bedeutsamen **Unterhalt wegen Kindesbetreuung in § 1570 BGB völlig neu strukturiert**. Einen festen Unterhaltszeitraum ohne Erwerbsobliegenheit gibt es nun nur noch für **drei Jahre** (sog. **Basisunterhalt**), § 1570 Abs. 1 S. 1 BGB. Danach wird dem Unterhaltsberechtigten die Inanspruchnahme von Fremdbetreuung angesonnen. Nur wenn das Kindeswohl oder die örtlichen Möglichkeiten der Fremdbetreuung das nicht zulassen, besteht nach § 1570 Abs. 1 S. 2 BGB ein Unterhaltsanspruch fort (sog. **kindbezogene Verlängerung**). Dafür ist der Unterhaltsberechtigte darlegungs- und beweispflichtig. Eine weitere Verlängerung lässt § 1570 Abs. 2 BGB zu (sog. **ehebezogene Verlängerung**), wenn die Gestaltung von Kindesbetreuung und Erwerbstätigkeit in der Ehe sowie die Dauer der Ehe dies billig erscheinen lassen. Auch hierfür trägt der Berechtigte die Beweislast. 267

Hier wird deutlich, dass der wichtigste Unterhaltsanspruch einer deutlichen zeitlichen Begrenzung unterworfen ist.

Erhebliche Auswirkungen hat die neue Bestimmung des **§ 1578b BGB**. Danach kann der **Unterhalt** bei Unbilligkeit **auf den angemessenen Lebensbedarf herabgesetzt** oder **zeitlich befristet** werden. 268

Auch eine Kombination beider Maßnahmen ist möglich. Entscheidender Maßstab hierfür ist, ob der Berechtigte **ehebedingte Nachteile** erlitten hat oder ob die **nacheheliche Solidarität** unter Berücksichtigung der Ehedauer einen fortdauernden Unterhalt gebietet. Ansonsten wird von der nun einheitlichen und für alle Unterhaltstatbestände geltenden Begrenzungsmöglichkeit reger Gebrauch gemacht.

Es ist daher derzeit bei noch dazu unterschiedlicher Anwendung durch die Gerichte **sehr schwer** auf konkrete Nachfrage **vorherzusagen**, wie lange und in welcher Höhe ein Unterhalt gezahlt werden muss.

269 Mit der Unterhaltsreform wurde in § 1585c BGB festgelegt, dass auch **Unterhaltsvereinbarungen** bis zur rechtskräftigen Scheidung **beurkundungsbedürftig** sind. Die Beurkundung kann durch einen gerichtlichen Vergleich ersetzt werden. Ein solcher kann nicht nur in Ehesachen, sondern auch in einem vorgeschalteten Trennungsunterhaltsverfahren geschlossen werden.[940]

2. Auswirkungen auf die Vertragspraxis

270 Das hervorstechende Merkmal des neuen Unterhaltsrechts ist seine **Individualisierung**. Es gibt **kein Altersphasenmodell mehr** und kaum noch allgemeingültige Vorgaben. Vielmehr ist in jedem einzelnen Fall nach der jeweils **individuellen Erwerbs- und Lebensbiographie** zu entscheiden. Die Gesetze enthalten eine Vielzahl von Billigkeitsvorschriften, die wertend auszufüllen sind.[941]

Es wird also wesentlich **mehr Einzelfallentscheidungen** geben und mehr Titel, die nur **temporärer Natur** sind. Zwischen den beiden Polen der Eigenverantwortung einerseits und der nachehelichen Solidarität andererseits ist künftig über Dauer und Höhe des Unterhaltsanspruchs zu entscheiden.

Nachdem die Gerichte dieses Programm auch umgesetzt hatten, war der Gesetzgeber über die Auswirkungen seiner Reform so erschrocken, dass er **nachgebessert** hat und die Dauer der Ehe in § 1578b BGB nochmals deutlich als Kriterium eingefügt hat. Allerdings wird das nur als Klarstellung angesehen.[942]

Für die **vertragsgestaltende Praxis** bedeutet dies, dass aufgrund der bestehenden Unsicherheit über die Auswirkungen des gesetzlichen Unterhaltsregimes ein **hoher Bedarf an vertraglicher Klärung** besteht. Es werden nun Unterhaltsvereinbarungen geschlossen, welche **gesetzliche Billigkeitsklauseln ausfüllen**, Unterhaltsdauer festlegen und Regelungen zu abschmelzenden Unterhaltshöhen treffen. Solche Vereinbarungen werden sowohl vorsorgend wie auch im Rahmen der Scheidung nachgefragt.

---

[940] BGH – XII ZB 365/12, NJW 2014, 1231.
[941] Hierzu *Graba* FamRZ 2008, 1217: Auf dem Weg zu einem Ehegattenunterhalt nach Billigkeit.
[942] *Borth* FamRZ 2013, 165; *Graba* FamFR 2013, 49; BGH – XII ZR 72/11, NJW 2013, 1530.

B. Das reformierte Unterhaltsrecht

Zum Teil wird – gerade in gehobenen Kreisen – das Unterhaltsrecht nun als nicht ausreichend betrachtet, sodass es zu einem **neuen Typus von Ehevertrag** kommt, nämlich zu den **unterhaltsverstärkenden Verträgen**.[943] Dabei wird der **Kindesbetreuungsunterhalt** unter Verzicht auf eine Erwerbsobliegenheit des betreuenden Elternteils auf eine **längere Zeit als drei Jahre** vereinbart. Dies ist dann erforderlich, wenn aufgrund einer Berufsaufgabe wegen Kindesbetreuung fortbestehende ehebedingte Nachteile zu erwarten sind. Zudem wird häufig gewünscht, dass die Kinder auch oder gerade in einer Scheidungssituation durch einen Elternteil betreut werden können.

II. Unterhaltstatbestände

1. Familienunterhalt/Trennungsunterhalt/Nachehelicher Unterhalt

Zunächst ist herauszustellen, dass es drei voneinander völlig unabhängige Unterhaltsformen gibt.

Der **Familienunterhalt** ist in § 1360 BGB geregelt. Danach sind die Ehegatten einander verpflichtet, durch ihre Arbeit und ihr Vermögen die Familie angemessen zu unterhalten. Der haushaltsführende Ehegatte erfüllt mit dieser Tätigkeit seine Unterhaltspflicht. Der Unterhalt umfasst nach § 1360a BGB den gesamten Lebensbedarf (Kosten des Haushalts, persönliche Bedürfnisse der Ehegatten und Lebensbedarf der gemeinschaftlichen unterhaltsberechtigten Kinder) und ist grundsätzlich als Naturalunterhalt zu leisten. Der Familienunterhalt geht also nicht auf Zahlung einer monatlichen Geldrente. Der Familienunterhaltsanspruch setzt das Vorliegen einer ehelichen Lebensgemeinschaft voraus, entfällt also ab Trennung. Auf den Familienunterhalt kann nicht verzichtet werden, § 1360a Abs. 3 BGB, § 1614 BGB.

Von der Trennung bis zur rechtskräftigen Scheidung[944] gewährt § 1361 BGB einen Anspruch auf **Trennungsunterhalt**. Ab Rechtshängigkeit eines Scheidungsantrages umfasst dieser Unterhaltsanspruch auch einen Anspruch auf Altersvorsorgeunterhalt, weil damit (zum Monatsersten) die versorgungsausgleichsrechtlich maßgebliche Zeit endet. Für den Trennungsunterhalt ist der **jeweilige Stand** der wirtschaftlichen Verhältnisse maßgebend. Die starre Stichtagsregelung des § 1578 BGB für den nachehelichen Unterhalt kennt hier keine Entsprechung. Der **Berechtigte profitiert** also **bis zur Rechtskraft** von den Entwicklungen auf Seiten des Pflichtigen. Ebenso ist in der Trennungszeit die Erwerbsobliegenheit gelockert, § 1361 Abs. 2 BGB. Hinter alledem steht der Gedanke, eine denkbare Versöhnung in diesem Stadium nicht zu blockieren. Dieser Trennungsunterhalt ist nach § 1361 Abs. 4 BGB monatlich im Voraus durch Zahlung einer Geldrente zu gewährleisten. Auch auf den Trennungsunterhalt kann nach §§ 1361 Abs. 4 S. 4, 1360a, 1360 Abs. 3 BGB iVm § 1614 BGB nicht verzichtet werden. Der BGH legt an

---

[943] Hierzu schon Münch notar 2009, 286ff.; ders. MittBayNot 2012, 10ff.
[944] BGH – IV b ZR 658/80, NJW 1982, 1875.

dieses Verzichtsverbot strenge Maßstäbe an, sodass alle Formulierungen, dass man keinen Unterhalt verlange etc., besser unterbleiben sollten.[945]

Hinweis: Eine Vorauszahlung auf den Trennungsunterhalt ist nur für höchstens drei Monate befreiend.[946]

Das BVerfG[947] hat geurteilt, dass im Rahmen des Trennungsunterhaltes die Vorschriften über den Selbstbehalt entsprechend gelten! Für den nachehelichen Unterhalt, der vom Trennungsunterhalt rechtlich zu unterscheiden ist, sieht das Gesetz eine Reihe von Tatbeständen vor, die nun im Einzelnen betrachtet werden sollen.

2. Unterhalt wegen Kindesbetreuung

a) Allgemeine Voraussetzungen

272 Der Unterhalt wegen Kindesbetreuung hat nach § 1570 BGB folgende allgemeine Voraussetzungen:
– gemeinschaftliches Kind,
– minderjährig,
– Betreuungsbefugnis beim unterhaltsberechtigten Ehegatten; beim sich verbreitenden echten Wechselmodell können auch beide Eltern nach § 1570 BGB berechtigt sein.[948]
– kein Einsatzzeitpunkt erforderlich, dh Anspruch kann auch später nach Scheidung noch entstehen.

b) Basisunterhalt

273 Der Anspruch ist dreifach gegliedert. Der **Basisunterhaltsanspruch** nach § 1570 Abs. 1 S. 1 BGB besteht für drei Jahre nach der Geburt. In dieser Zeit besteht für den Berechtigten keinerlei Erwerbsobliegenheit. Da es sich um den Kern des Kindesbetreuungsunterhaltes handelt, sollte man von einer vertraglichen Abbedingung Abstand nehmen, außer mit einer auskömmlichen Höchstgrenze.

c) Kindbezogene Verlängerung

274 An diesen dreijährigen Unterhalt kann sich **längerer Unterhalt** anschließen, wenn dies aus **kindbezogenen Gründen** erforderlich ist, § 1570 Abs. 1 S. 2 BGB. Um zu ahnen, wie streitanfällig diese Vorschrift ist, muss man den Gesetzestext abbilden:

§ 1570 Abs. 1 S. 2 und 3 BGB:
Die Dauer des Unterhaltsanspruchs verlängert sich, solange und soweit dies der Billigkeit entspricht. Dabei sind die Belange des Kindes und die bestehenden Möglichkeiten der Kindesbetreuung zu berücksichtigen.

---

[945] BGH – XII ZB 1/15, NJW 2015, 3715.
[946] §§ 1361 Abs. 4 S. 4, 1360a Abs. 3, 1614 Abs. 2 und 760 Abs. 2 BGB.
[947] BVerfG – BvR 2144/01, NJW 2002, 2701.
[948] Wendl/Dose/*Bömelburg*, Unterhaltsrecht, § 4 Rn. 165.

B. Das reformierte Unterhaltsrecht

Hatte der BGH anfangs nach der Reform daraus einen „Primat der Fremdbetreuung" herausgelesen, so ist die neue Rechtsprechung davon – auch wenn der BGH dies nicht ausdrücklich sagt – wieder etwas abgerückt. Der **BGH prüft** diesen Anspruch wie folgt:[949]
- **Kindesbetreuung** ist auf andere Weise **gesichert** oder könnte gesichert werden
- Fremdbetreuung muss zuverlässig und verlässlich sein und mit dem Kindeswohl in Einklang stehen
- Beim betreuenden Elternteil sind Arbeitszeiten, Fahrzeiten, Schichtdienste zu berücksichtigen
- Beim Kind besondere Bedürfnisse in Bezug auf sportliche oder musische Beschäftigungen
- Kein Altersphasenmodell mehr, sondern stets individuelle Prüfung unter Berücksichtigung auch der schulischen Anforderungen an die Mitarbeit der Eltern
- Kein generelles Trennungsleiden („Mimoseneinrede"); wohl aber Berücksichtigung von Behinderungen, dauerhaften Erkrankungen, schweren Entwicklungsstörungen oder psychischen Leiden[950]
- Eignungsvermutung für öffentliche Einrichtungen
- Kann die Erwerbstätigkeit familiär anderweitig ermöglicht werden?
- Kindesalter ermöglicht Alleinlassen[951]
- verlässliches Angebot des anderen Elternteiles, sofern nicht Umgangsproblem und Loyalitätskonflikte
- Hilfe Dritter und Betreuungsshopping sind nicht zumutbar[952]
- **Darlegungs- und Beweislast** beim Berechtigten, aber keine überzogenen Anforderungen stellen
- Steht danach der mögliche Fremdbetreuungsumfang fest, ist zu prüfen ob sich die **konkrete Erwerbstätigkeit** damit vereinbaren lässt (Schichtdienst, Wochenenddienst)
- Ein **abrupter Wechsel** ist **nicht zumutbar**, vielmehr kann ein gleitender Übergang stattfinden.
- Reduzierung der Erwerbsobliegenheit bei **überobligationsmäßiger Belastung** des betreuenden Elternteiles
- Aufgaben an den Nachmittagen und Abenden (Schule, Haushalt, Neigungstätigkeit der Kinder) reduzieren die Erwerbsobliegenheit.

Eine **Vorhersage**, wie im konkreten Falle eine solche Billigkeitsabwägung ausfällt, ist nur **sehr schwer** möglich, wie die vielfältige obergerichtliche Rechtsprechung zeigt.[953]

---

[949] Nach BGH – XII ZR 65/10, NJW 2012, 1868.
[950] Wendl/Dose/Bömelburg, Unterhaltsrecht, § 4 Rn. 174.
[951] BGH – XII ZR 65/10, NJW 2012, 1868, Tz. 28: ein zwölfjähriger Junge kann noch nicht nachmittags alleine den Hausaufgaben überlassen werden.
[952] Wendl/Dose/Bömelburg, Unterhaltsrecht, § 4 Rn. 183.
[953] Eine Zusammenstellung findet sich bei *Münch*, Ehebezogene Rechtsgeschäfte, Kap. 5 Rn. 378.

3. Teil. Eherecht

d) Elternbezogene Verlängerung

275 Auch aus **elternbezogenen Gründen** kann sich eine Verlängerung des Kindesbetreuungsunterhaltes ergeben. Diese Verlängerung ist also nicht dem Kindeswohl geschuldet, sondern Ausdruck der **nachehelichen Solidarität**. Entscheidend ist das in der Ehe gewachsene **Vertrauen in die** vereinbarte oder praktizierte **Rollenverteilung**. Dieses Vertrauen gewinnt besondere Bedeutung bei **längerer Ehedauer** oder bei Berufsaufgabe für die Kindererziehung.[954]

3. Unterhalt wegen Alters

276 Voraussetzung für Unterhalt wegen Alters nach § 1571 BGB ist eine **altersbedingte Erwerbsunfähigkeit** zu einem Einsatzzeitpunkt (Scheidung, Ende der Kindererziehung oder von Ansprüchen nach §§ 1572, 1573 BGB), die regelmäßig bei **Überschreiten der Regelaltersgrenze** vorliegen soll. Nach § 35 S. 1 Nr. 1, 235 SGB und § 237a SGB VI wird diese nunmehr auf 67 Jahre festgelegt.[955]

Unterhalb dieser Regelaltersgrenze legen die Gerichte zum Teil strenge Maßstäbe an. Das Ansinnen,[956] sich mit 60 Lebensjahren zu bewerben, nachdem man über 30 Jahre Kinder erzogen und den Haushalt geführt hat, ist übertrieben.

4. Unterhalt wegen Krankheit

277 Für einen Anspruch auf Unterhalt wegen Krankheit nach § 1572 BGB ist erforderlich, dass eine **Krankheit kausal** dafür ist, dass eine angemessene Erwerbstätigkeit nicht mehr erwartet werden kann. Dies muss bei einem der **Einsatzzeitpunkte** (Ehescheidung; Ende der Kindererziehung....) vorliegen. Der Unterhaltsberechtigte muss alles tun, seine Gesundheit wieder herzustellen. Da die Krankheit nur selten ehebedingt sein wird, tritt insb. bei § 1572 BGB das Problem der Herabsetzung und Befristung des Unterhaltes auf. Der BGH hat hierzu ausgesprochen, dass, wenn schon nicht die Krankheit, dann aber die nicht ausreichende Vorsorge für eine solche Erwerbsminderung ein **ehebedingter Nachteil** sein kann, **insb.** wenn wegen einer Berufspause die Voraussetzungen des § 43 Abs. 2 Nr. 2 SGB VI für eine **Erwerbsminderungsrente** nicht erreicht werden. In § 1572 BGB spielt aber das **Maß der nachehelichen Solidarität** eine besondere Rolle, die auch gegenüber einer **schicksalhaften Krankheit** ohne ehebedingten Nachteil vor allem nach längerer Ehe angebracht sein kann.

5. Unterhalt bis zur Erlangung angemessener Erwerbstätigkeit

278 § 1573 BGB spricht Unterhalt zu, wenn der Berechtigte **trotz entsprechender Bemühungen keine angemessene Erwerbstätigkeit** findet. Dabei hat § 1574 BGB nun auch voreheliche Tätigkeiten als

---

[954] BGH – XII ZR 3/09, NJW 2011, 1582, Tz. 25.
[955] Für Frauen vor den Geburtsjahrgängen 1952 auf 65 Jahre; ansonsten Übergangsregelung ab Geburtsjahr 1947 bis 2030.
[956] OLG Zweibrücken – 2 UF 77/11, NJW-RR 2012, 259.

B. Das reformierte Unterhaltsrecht

angemessen definiert. Der Berechtigte muss ernsthafte Bemühungen um einen Arbeitsplatz nachweisen. Dazu gehören insb. intensive Bewerbungsaktivitäten. Hat der Berechtigte einmal eine Erwerbstätigkeit erlangt, durch die sein Unterhalt **nachhaltig gesichert** ist (kein Arbeitsverhältnis auf Probe oder mit Befristung), so **lebt der Unterhalt später** bei Verlust dieser Erwerbstätigkeit **nicht mehr auf**.

6. Aufstockungsunterhalt

Kann der Unterhaltsberechtigte trotz Erwerbstätigkeit seinen **vollen Unterhalt nicht decken**, so kommt Aufstockungsunterhalt nach § 1573 Abs. 2 BGB in Betracht. Allerdings ist bei diesem Tatbestand nunmehr die von der Rechtsprechung schon eingeleitete und von der Unterhaltsreform vollendete **Abschaffung der Lebensstandsgarantie** mit zu lesen. Das bedeutet, dass eine Einkommensdifferenz, die auf **vorehelich unterschiedlicher Qualifikation** beruht, lediglich befristet zu einem Aufstockungsunterhalt führt, während ein geringerer Verdienst aufgrund fortwirkender ehebedingter Nachteile zu einer fortdauernden Unterhaltspflicht führt. 279

Das eigene Einkommen des Unterhaltsberechtigten wird im Wege der **Differenzmethode** berücksichtigt, wenn auch die Ehe schon durch beide Einkommen geprägt war. Das bedeutet, es wird die Differenz aus beiden Einkommen gebildet und daraus die Quote zugesprochen. Die Anwendung der Differenzmethode ist durch den **BGH stark erweitert** worden, weil nunmehr eine Arbeitsaufnahme erst nach der Trennung als Surrogat der während intakter Ehe ausgeübten prägenden Familienarbeit angesehen wird,[957] so dass auch in diesen Fällen nunmehr die Differenzmethode Anwendung findet. Somit bleibt es nur für **Einkünfte**, die bisher **nicht eheprägend** waren, bei der **Anrechnungsmethode**, nach welcher zunächst der Bedarf allein aus dem Einkommen des Pflichtigen berechnet wird und auf die daraus folgende Quote das Einkommen des Berechtigten in vollem Umfang angerechnet wird.

7. Sonstige Unterhaltsansprüche

Einem Ehegatten, der ehebedingt seine Ausbildung nicht vollenden konnte, steht nach **§ 1575 BGB Ausbildungsunterhalt** zu, um die Ausbildung nunmehr zu vollenden. 280

Ferner spricht **§ 1576 BGB** einen **Billigkeitsunterhalt** zu für den Fall, dass vom Berechtigten aus sonstigen schwerwiegenden Gründen eine Erwerbstätigkeit nicht erwartet werden kann und die Versagung von Unterhalt grob unbillig wäre. Als Beispiel hat die Rechtsprechung die Betreuung nicht gemeinschaftlicher, in die Familie aufgenommener Pflegekinder genannt.[958]

---

[957] BGH – XII ZR 343/99, NJW 2001, 2254.
[958] BGH – IVb ZR 80/82, NJW 1984, 2355.

III. Allgemeine Voraussetzungen des Unterhalts

1. Bedarf nach den ehelichen Lebensverhältnissen

281 Zentrale Norm ist § 1578 Abs. 1 BGB:

> § 1578 Abs. 1 BGB:
> Das Maß des Unterhalts bestimmt sich nach den ehelichen Lebensverhältnissen. Der Unterhalt umfasst den gesamten Lebensbedarf.

Der **Bedarf** bezeichnet somit den aus den prägenden ehelichen Lebensverhältnissen zu bestimmenden **Höchstbetrag**, der an Unterhalt verlangt werden könnte. Bedürftigkeit hingegen liegt nur vor, wenn sich der Berechtigte nicht selbst zu unterhalten vermag.

Zur Bedarfsbestimmung sind die **Einkommens- und Vermögensverhältnisse beider Ehegatten** zu ermitteln, welche die **Ehe nachhaltig geprägt** haben. Diese Lebensverhältnisse sind für beide Ehegatten gleich.

Der Bedarf ist **mit dem Zeitpunkt der Rechtskraft der Scheidung** grundsätzlich **festgeschrieben**, sodass nacheheliche Entwicklungen auf die Höhe des Bedarfs keinen Einfluss mehr haben. Die zwischenzeitlich anders lautende Rechtsprechung des BGH zu den sog. wandelbaren ehelichen Lebensverhältnissen[959] hat das BVerfG[960] als unzulässige Rechtsfortbildung verworfen, sodass der BGH[961] wieder zu seiner ursprünglichen Ansicht zurückgekehrt ist. Ausnahmen von dem strengen **Stichtagsprinzip** sind nur da angebracht, wo bereits die Ehezeit von einer erwarteten nachehelichen Entwicklung geprägt war.[962]

Zu diesem Stichtag ist somit das prägende unterhaltsrechtlich relevante Einkommen beider Ehegatten zu ermitteln, um den Bedarf zu bestimmen. Dass dabei insb. bei Selbständigen und Unternehmern das steuerliche Einkommen nicht dem unterhaltsrechtlich relevanten entspricht, wird noch dargestellt.[963]

282 Zum unterhaltsrechtlich relevanten Einkommen zählt insb. auch der sog. **Wohnvorteil**, welcher der Differenz zwischen dem Gebrauchsvorteil und dem anzuerkennenden Aufwand beim eigengenutzten Wohneigentum entspricht. Beim nachehelichen Unterhalt[964] ist hierfür der **Marktmietwert** anzusetzen. Hiervon sind die verbrauchsunabhängigen

---

[959] BGH – XII ZR 92/01, NJW 2003, 1518; BGH – XII ZR 30/04, NJW 2006, 1654; BGH – XII ZR 138/08, NJW 2010, 2582.
[960] BVerfG – 1 BvR 918/10, NJW 2011, 836; hierzu *Münch* FamRB 2011, 90f.
[961] BGH – XII ZR 151/09, NJW 2012, 384.
[962] So etwa BGH – XII ZR 51/03, NJW 2006, 1794, wo bereits die Erwartung einer künftig anfallenden Erbschaft den Lebensstil geprägt hatte, indem zB keine Altersvorsorge betrieben wurde.
[963] → Rn. 373f.
[964] Nach der Trennung zunächst nur ein angemessener Mietwert, wenn die eigengenutzte Wohnung für einen Ehegatten zu groß ist. Ab einer endgültigen Vermögensauseinandersetzung dann der Marktmietwert. Der BGH stellt nicht nach einem Jahr Trennung automatisch um, BGH – XII ZR 30/10, NJW 2013, 461.

B. Das reformierte Unterhaltsrecht

Nebenkosten und die Verzinsung von Hausdarlehen abzuziehen. Nach neuerer Rechtsprechung des **BGH** ist **auch die Tilgung bis zur Höhe des Wohnwertes abzuziehen**, denn ohne diese Tilgung gäbe es auch den Wohnwert nicht. **Darüber hinaus** kann die Tilgung bis zu **4 %** des Bruttoeinkommens als zusätzliche Altersvorsorge Berücksichtigung finden.[965] (Tilgung bei Miteigentum und bei Alleineigentum, solange sie noch dem anderen Ehegatten zugutekommt, dh bis zur Rechtshängigkeit eines Scheidungsantrages oder der Vereinbarung von Gütertrennung; die Tilgung kann aber in anderen Fällen als bis zu 4 % private Altersvorsorge abziehbar sein).[966]

Nach der **Surrogatsrechtsprechung** des BGH[967] ist eine anstelle der **Familienarbeit** nun neu aufgenommene Erwerbsarbeit ebenfalls prägend. In gleicher Weise treten nach einem Verkauf der eigenbewohnten Immobilie die Zinsen aus dem Erlös an die Stelle des **Wohnvorteils**.

Schwierig hat sich in den letzten Jahren die Unterhaltsberechnung gestaltet, wenn ein Ehegatte wieder heiratet und Kinder aus der neuen Verbindung hat. Dies wird unter dem Stichwort der „**Dreiteilung**" diskutiert. Nachdem das BVerfG das Konzept des BGH verworfen hat, alle diese Entwicklungen als „wandelbare eheliche Lebensverhältnisse" auf die Bedarfsberechnung in der geschiedenen Ehe durchschlagen zu lassen, war zunächst fraglich, welche Konsequenzen daraus zu ziehen sind.[968] Nun hat der BGH sich geäußert. Danach wird die **Bedarfsberechnung** künftig **für jede Ehe getrennt** vorgenommen.[969] Die erste – nun geschiedene – Ehe wird somit nicht durch den Unterhaltsanspruch der jetzigen Ehe geprägt.[970] Zumeist wird jedoch angenommen, dass die zweite Ehe durch den Unterhaltsanspruch aus der ersten Ehe geprägt wird.[971]

Es ist der **gesamte Lebensbedarf** zu erfassen. Daher wird neben dem **Elementarunterhalt** auch nach § 1578 Abs. 2 BGB **Krankenvorsorgeunterhalt** gewährt und nach § 1578 Abs. 3 BGB **Altersvorsorgeunterhalt**. Während der Elementarunterhalt in den Unterhaltsquoten enthalten ist, wird der Kranken- und Altersvorsorgeunterhalt in einem komplizierten zweistufigen Rechenwerk hinzugerechnet.[972]

Der Unterhaltsbedarf wird idR aufgrund des Halbteilungsgrundsatzes[973] aus der Hälfte des prägenden Gesamteinkommens bestimmt. Für

---

[965] BGH – XII ZB 118/16, NJW 2017, 1169.
[966] BGH – XII ZR 22/06, NJW 2008, 1946; BGH – XII ZR 30/10, NJW 2013, 461.
[967] BGH – XII ZR 343/99, NJW 2001, 2254; BGH – XII ZR 62/07, NJW 2009, 145.
[968] Vgl. den Aufsatz von *Hauß*, Fünf mal anders – Unterhalt für die F2, FamRB 2011, 183 f.
[969] BGH – XII ZR 151/09, NJW 2012, 384.
[970] *Götz/Brudermüller* NJW 2011, 1609.
[971] *Borth* FamRZ 2011, 445 (447); *Maurer* FamRZ 2011, 849 „Hypothek"; aA *Götz/Brudermüller* NJW 2011, 1609/111.
[972] Berechnungsbeispiele bei *Münch*, Ehebezogene Rechtsgeschäfte, Kap. 5 Rn. 579 ff.
[973] BGH – XII ZR 343/99, NJW 2001, 2254.

Erwerbseinkünfte wird allerdings zuvor ein Erwerbstätigkeitsbonus von einem Siebtel bzw. einem Zehntel abgezogen, sodass es zu einer entsprechenden **Quote** (zB von 3/7)[974] kommt.

Nur bei sehr gehobenen Verhältnissen, bei denen das Einkommen zum Teil für die Vermögensbildung verwendet wird und daher nicht für den Unterhalt zur Verfügung steht, wird der Unterhalt nicht nach einer Quote, sondern **konkret berechnet**. Ab welcher Einkommensschwelle so zu verfahren ist, war bisher regional sehr unterschiedlich gehandhabt worden. Der BGH hat hierzu seine Rechtsprechung neu ausgerichtet und ist nunmehr der Auffassung, dass die **Quotenmethode bis zum doppelten Höchstbetrag der obersten Einkommensgruppe der Düsseldorfer Tabelle** akzeptiert werden kann. Das entspricht derzeit einem Betrag von **11.000,– EUR** als unterhaltsrelevantem Familieneinkommen.[975] Bis zu diesem Betrag will der BGH vermuten, dass das Einkommen vollständig für den Unterhalt verbraucht wird. Es kann auch oberhalb dieses Betrages die Quotenmethode angewandt werden, wenn entweder das Einkommen vollständig für den Unterhalt verbraucht wurde oder der zur Vermögensbildung verwandte Teil feststeht und vorab abgezogen werden kann.[976] Ansonsten wird der Unterhalt konkret anhand der Aufstellung der einzelnen Bedarfspositionen berechnet, so wie die Ehegatten in intakter Ehe Ausgaben hatten. Dabei soll es auf die durchschnittliche Handhabung entsprechend gut situierter Eheleute ankommen.

2. Bedürftigkeit des Berechtigten

286   Bedürftig ist der Unterhaltsberechtigte jedoch nur, soweit er sich nicht aus **eigenen Mitteln** unterhalten kann. Hierbei wird das **Nettoeinkommen** des Berechtigten zuzüglich aller Prämien und Überstundenvergütungen herangezogen, ebenso Sozialleistungen, soweit sie Lohnersatzfunktion haben (zB das ALG I, das aus Versicherungsleistungen gezahlt wird), nicht jedoch Nachrangleistungen (zB das ALG II oder umgangssprachlich Hartz IV).

Überobligationsmäßiges Einkommen, das der Unterhaltsberechtigte erzielt, obwohl er keine Erwerbsobliegenheit hat, wird je nach Billigkeit im Einzelfall aufgeteilt in einen nicht relevanten Teil, der nicht berücksichtigt wird, und einen unterhaltsrelevanten Teil, der im Rahmen der Differenzmethode als Einkommen gewertet wird.[977]

Kommt der Berechtigte einer bestehenden Erwerbsobliegenheit nicht nach, so ist ein **hypothetisches Einkommen** anzusetzen.

---

[974] Der BGH hat sich inzwischen für die Quote nach den süddeutschen Leitlinien ausgesprochen, die nur ein Anreizzehntel und nicht ein Siebtel abziehen, da daneben auch noch die berufsbedingten Aufwendungen berücksichtigt würden, BGH – XII ZB 3/19, NZFam 2020, 109.
[975] BGH – XII ZB 25/19, NJW 2019, 3570, Tz. 28. Das heißt vorher werden Kindesunterhalt, sonstige eheprägende Unterhaltsverpflichtungen und berufsbedingte Aufwendungen abgezogen.
[976] BGH – XII ZB 503/16, NJW 2018, 468.
[977] BGH – XII ZR 273/02, BeckRS 2005, 06905 = FamRZ 2011, 1154.

B. Das reformierte Unterhaltsrecht

Auch **Vermögenserträge** sind zu berücksichtigen. Wird das Vermögen nicht ausreichend ertragbringend angelegt, so besteht eine Obliegenheit zur Vermögensumschichtung in den Grenzen des § 1577 Abs. 3 BGB, dh nicht bei Unwirtschaftlichkeit oder Unbilligkeit. Ansonsten können auch **hypothetische** Vermögenserträge angesetzt werden.

3. Leistungsfähigkeit des Verpflichteten

Die **Leistungsfähigkeit** des Verpflichteten **beschränkt die Unterhaltszahlung nach oben**. Dem Unterhaltspflichtigen wird ein **Selbstbehalt** zugestanden, der im Rahmen der Düsseldorfer Tabelle derzeit mit 960,– EUR / 1.160,– EUR (nicht/erwerbstätig) gegenüber privilegierten Kindern und 1.180,– EUR / 1.280,– EUR (nicht/erwerbstätig) gegenüber Ehegatten angesetzt wird. Dieser Selbstbehalt muss dem Verpflichteten verbleiben. Einkommen oberhalb dieser Grenzen hat er für den Unterhalt einzusetzen, und zwar im Rahmen der Leistungsfähigkeit **sämtliches Einkommen**, dh auch solches Einkommen, das nicht eheprägend war, sondern erst nach rechtskräftiger Scheidung hinzutrat. Verbindlichkeiten sind im Rahmen einer umfassenden Gesamtabwägung zu berücksichtigen, wenn sie bereits vor der Trennung aufgenommen wurden. Spätere Verbindlichkeiten nur, wenn mit einer Unterhaltsinanspruchnahme nicht mehr zu rechnen war oder eine Notlage besteht, nicht jedoch bei Vermögensbildung.

Leistungsunfähigkeit ist zu beachten, außer sie wurde **leichtfertig** herbeigeführt, dann ist auch auf der Seite des Unterhaltsverpflichteten ein **hypothetisches Einkommen** hinzuzurechnen. Solches kann zB aus **Schwarzarbeit** hochkalkuliert werden. Zwar kann die ungesetzliche Schwarzarbeit jederzeit ohne Verstoß gegen eine Erwerbsobliegenheit beendet werden, aber sie zeigt, welches Verdienstpotential beim Verpflichteten verborgen liegt.[978] Im Rahmen seiner **„Hausmann-Rechtsprechung"** ist der BGH[979] der Ansicht, dass derjenige, der in der geschiedenen Erstfamilie der Erwerbstätige war, sich nicht in der Zweitfamilie auf die „Hausmann"-Rolle zurückziehen darf, außer in der neuen Ehe gestaltet sich der Unterhalt wesentlich günstiger, wenn der andere Ehegatte erwerbstätig ist.

Genügt das Einkommen oberhalb des Selbstbehaltes nicht, um alle Unterhaltsgläubiger zu befriedigen, ist eine sog. **Mangelfallberechnung** vorzunehmen. Die Unterhaltsgläubiger werden dabei nach ihrer Rangfolge (§ 1609 BGB) befriedigt. Bei Gleichrangigkeit wird die zur Verteilung zur Verfügung stehende Summe nach dem Verhältnis der Einsatzbeträge (Bedarf) der einzelnen Gläubiger aufgeteilt.

Umstritten ist die Verteilung in den sog. **„Dreiteilungsfällen"**. Die neuere BGH-Rechtsprechung geht hierbei im Bereich der Leistungsfähigkeit von folgenden Grundsätzen aus: Entscheidend ist der Rang der

---

[978] OLG Brandenburg – 9 UF 292/11, NJW 2012, 3186.
[979] BGH – XII ZR 2/95, NJW 1996, 1815; BGH – XII ZR 308/98, NJW 2001, 1448.

beteiligten Ehegatten. Sind diese nach § 1609 BGB **gleichrangig**[980], so will der BGH im Rahmen der Leistungsfähigkeit weiterhin die Dreiteilungsmethode anwenden. Dabei sind alle Einkünfte einzubeziehen, auch ein Karrieresprung oder ein eigentlich für die neue Ehe reservierter Splittingvorteil. Der Vorteil des Zusammenwohnens im Hinblick auf die bestehende Ehe ist zu berücksichtigen.[981] Ist der neue Ehegatte **vorrangig**, will der BGH auf gleiche Weise verfahren und gegenüber dem geschiedenen Ehegatten die Leistungsfähigkeit mindern.[982] Bei **Nachrang** des neuen Ehegatten hingegen soll der Unterhaltsanspruch des neuen Ehegatten gegenüber dem geschiedenen Ehegatten nicht zu berücksichtigen sein. Hier ist vielmehr der Rang selbst als Billigkeitsabwägung zu akzeptieren.[983] Ausnahmsweise ist die Unterhaltspflicht gegenüber einem neuen Ehegatten für die Bemessung des Unterhaltsbedarfs des früheren Ehegatten aber doch zu berücksichtigen, soweit sie – etwa als Anspruch auf Betreuungsunterhalt nach § 1615l BGB – bereits die ehelichen Lebensverhältnisse der ersten Ehe geprägt hat.[984]

Insgesamt ist dies nicht schematisch anzuwenden, sondern es sind **individuelle Billigkeitserwägungen** anzustellen, die auch zu abweichenden Ergebnissen führen können.[985]

4. Keine Ausschluss- oder Beschränkungsgründe

a) Erlöschen des Unterhaltsanspruchs

289 Der Unterhaltsanspruch erlischt in folgenden Fällen:
– **Tod des Berechtigten**, § 1586 Abs. 1 BGB
– **Wiederheirat** des Berechtigten, § 1586 Abs. 1 BGB
  – Jedoch: Wiederaufleben bei Auflösung der neuen Ehe und Anspruch nach § 1570 BGB
– Kapitalabfindung, § 1585 Abs. 2 BGB
– Unterhaltsverzicht, § 1585c BGB.

Mit Rücksicht auf diese Erlöschensgründe werden zum Teil in Unterhaltsvereinbarungen Abweichungen vorgenommen, so etwa der Ausschluss des Wiederauflebens. Besonders ist darauf zu achten, dass bei **novierenden**, dh vom Gesetz losgelösten **Unterhaltsansprüchen** die **Wiederheirat als Erlöschensgrund** eingeführt wird.

Nicht zum Erlöschen des Anspruchs führt hingegen der **Tod des Unterhaltsverpflichteten**. Vielmehr gehen die Unterhaltsansprüche nach § 1586b BGB gegen den Nachlass, beschränkt aber insgesamt auf einen fiktiven Pflichtteil. Sehr umstritten ist, ob ein Pflichtteilsverzicht sich auf diesen Anspruch auswirkt.

---

[980] Entscheidende Kriterien für einen Vorrang sind Unterhaltsansprüche wegen Kindesbetreuung und eine Ehe von langer Dauer.
[981] BGH – XII ZB 258/13, NJW 2014, 2109.
[982] Vgl. *Dose* FF 2012, 227 (237).
[983] BGH – XII ZB 258/13, NJW 2014, 2109.
[984] BGH, – XII ZB 25/19, NJW 2019, 3570.
[985] Vgl. *Borth* FamRZ 2012, 253 ff.

B. Das reformierte Unterhaltsrecht

Hinweis: Bei einem Pflichtteilsverzicht – insb. in einer Scheidungsvereinbarung – sollte klargestellt werden, dass er sich (nicht) auf einen Unterhaltsanspruch gegen den Nachlass auswirkt.

b) Ausschluss des Unterhalts wegen grober Unbilligkeit
§ 1579 BGB zählt eine Reihe von Gründen auf, bei deren Vorliegen 290
der Unterhaltsanspruch wegen grober Unbilligkeit versagt, herabgesetzt oder zeitlich begrenzt werden kann:
- Nr. 1: kurze Ehedauer; zwischen 2 und 3 Jahren
- Nr. 2: verfestigte Lebensgemeinschaft; neu als selbständiger Tatbestand
  - Unterhaltsgemeinschaft über 2 bis 3 Jahre; bei kürzerer Zeit nur, wenn weitere Umstände:
  - Eheersetzende Partnerschaft mit Außenwirkung (gemeinsamer Hausbau, gemeinsames Kind)
  - Fortsetzung ehezerstörender Beziehung
  - Verletzende Begleitumstände
- Nr. 3: Verbrechen oder schweres vorsätzliches Vergehen; schuldhaftes Verhalten, auch Prozessbetrug
- Nr. 4: Mutwilliges Herbeiführen der Bedürftigkeit; Aufgabe des Arbeitsplatzes; Kind von anderem Mann; bewusstes Vermeiden ärztlicher Hilfe
- Nr. 5: Mutwilliges Hinwegsetzen über Vermögensinteressen; Selbstanzeige wegen Steuerhinterziehung ohne vorherige Information des anderen Ehegatten[986]
- Nr. 6: Verletzung der Familienunterhaltspflicht
- Nr. 7 Offensichtlich schwerwiegendes Fehlverhalten; Ursache für das Scheitern der Ehe
- Nr. 8: Anderer Grund ebensolcher Schwere.

c) Beschränkung des Unterhalts nach § 1578b BGB
Die neue Vorschrift des **§ 1578b BGB bündelt** die Möglichkeiten 291 der **Unterhaltsbegrenzung** für alle Unterhaltstatbestände anhand objektiver Billigkeitskriterien. Die Vorschrift ist deutlicher Ausdruck der Abschaffung der Lebensstandardgarantie. **Herabsetzung** (Abs. 1) und **Befristung** (Abs. 2) können auch kombiniert werden (Abs. 3). Die Herabsetzung ist auf den angemessenen Lebensbedarf durchzuführen, dh auf die Lebensstellung, die er vor oder ohne die Ehe hätte.[987]
Zentrales Billigkeitskriterium ist der Begriff der „**ehebedingten Nachteile**". Dieser ist vom Gesetzgeber nachträglich noch ergänzt worden um die Dauer der Ehe. Es sind also zwei Pole, die zu einer Unterhaltsbeschränkung führen. Nachdem die Anwendung des § 1578b BGB bei Vorliegen der Voraussetzungen nicht im Ermessen des Rechtsanwenders steht, ist die Sachlage heute so, dass ein Unterhaltsanspruch

---
[986] OLG Schleswig – 10 UF 81/12, FamFR 2013, 133.
[987] Ggf. auch auf ein ausländisches Unterhaltsniveau, jedoch mit der Mindestgrenze des Existenzminimums, BGH – XII ZR 146/08, NJW 2009, 3783.

eigentlich nach § 1578b BGB nicht mehr als dauerhafter gedacht ist. Der BGH spricht gleichwohl davon, dass die Beschränkung die Ausnahme sei.[988] Ein uneingeschränkter Unterhaltsanspruch ist jedoch dann gegeben, wenn ein **fortbestehender ehebedingter Nachteil** den Unterhalt weiterhin erforderlich sein lässt. Auch wenn ein solcher Nachteil nicht besteht, kann die **nacheheliche Solidarität** die unbegrenzte Dauer des Unterhalts rechtfertigen. Dies ist aber nicht allein nach der Ehedauer zu entscheiden, sondern nach der Wechselwirkung der in der Ehe einvernehmlich praktizierten Rollenverteilung und der darauf beruhenden **Verflechtung der wirtschaftlichen Verhältnisse**.[989]

Der BGH **quantifiziert den ehebedingten Nachteil** folgendermaßen: Feststellung des angemessenen Lebensbedarfs (Einkommen, die Ehe weggedacht); Feststellung des derzeitigen Einkommens (ggf. erhöht um fiktive Einkünfte). Die Differenz ist der ehebedingte Nachteil.[990] Dabei ist nur die Lebensstellung des Berechtigten entscheidend.[991]

Der Unterhaltspflichtige muss die Umstände vortragen, die für eine Begrenzung sprechen. Den Berechtigten trifft dann die sog. **sekundäre Darlegungslast**, dh er muss die Behauptungen des Verpflichteten substanziiert bestreiten und seinerseits darlegen, welche konkreten ehebedingten Nachteile er erlitten hat. Er wird dazu darzulegen haben, welche konkreten Aufstiegs- und Qualifizierungsmöglichkeiten er gehabt hätte. Beruft sich der Berechtigte dabei auf eine regelmäßige Entwicklung, trifft ihn keine weitere Darlegungslast. Behauptet er aber einen beruflichen Aufstieg, so muss er seine Bereitschaft und persönliche Befähigung darlegen.[992]

Die Gerichte haben in einer Vielzahl von Einzelfallentscheidungen versucht, die Voraussetzungen und Rechtsfolgen des § 1578b BGB auszuleuchten.[993]

IV. Typische Unterhaltsvereinbarungen

292 Das Unterhaltsrecht wegen Kindesbetreuung, aber auch wegen Krankheit und Alter stellt den **Kernbereich der Scheidungsfolgen** dar. Aus diesem Grunde ist bei allen Vereinbarungen, die mit Verzichten verbunden sind, die Inhaltskontrolle von Eheverträgen im Blick zu behalten.[994] Auf den Basisunterhalt wegen Kindesbetreuung sollte nach Möglichkeit nicht verzichtet werden. Auch bei Ehegatten mit beiderseits mittleren Einkommensverhältnissen erweisen sich vorsorgende Verzichtserklärungen als schwierig, da man die weitere Entwicklung nicht vorhersagen kann.

---

[988] BGH – XII ZR 202/08, NJW 2011, 147.
[989] BGH – XII ZR 72/11, NJW 2013, 1530.
[990] BGH – XII ZR 53/09, NJW 2010, 3653.
[991] BGH – XII ZR 197/08, NJW 2011, 303.
[992] BGH – XII ZR 120/11, FamFR 2013, 223; BGH – XII ZR 162/09, FamFR 2011, 569.
[993] Darstellung bei *Münch*, Ehebezogene Rechtsgeschäfte, Kap. 6 Rn. 292 ff.
[994] Hierzu → Rn. 405 ff.

B. Das reformierte Unterhaltsrecht

Es gibt aber andererseits eine Reihe von Situationen, die den Wunsch nach einer Unterhaltsvereinbarung als verständlich und der **Ehekonstellation** entsprechend erscheinen lassen. Hierzu gibt es eine Vielzahl von Vereinbarungs- und Variationsmöglichkeiten, von denen hier nur einige exemplarisch dargestellt werden.[995]

Die Auslandsbezüge des Unterhaltsrechts sind mit der **EU-UntVO**[996] und dem **HUP** (Haager Unterhaltsprotokoll vom 23.11.2007 über das auf Unterhaltspflichten anwendbare Recht)[997] neu gefasst worden. Danach hängt das anwendbare Recht vom **gewöhnlichen Aufenthalt** ab und ist damit **wandelbar**, Art. 3 Abs. 1 HUP. Ein Wegzug führt daher zu einem anderen Unterhaltsrecht. Dem wird bei einer deutschen Unterhaltsvereinbarung künftig durch eine Rechtswahl nach Art. 7, 8 HUP hin zum deutschen Recht vorgebeugt werden müssen.[998]

Hinweis: Gerade bei vermögenden Ehegatten, bei denen mit einem späteren Aufenthalt im Ausland gerechnet werden muss, sollte die Unterhaltsregelung von einer Rechtswahl zum deutschen Recht begleitet werden.

1. Vollständiger Verzicht der Doppelverdienerehe ohne Kinderwunsch

Wenn die Ehegatten wirtschaftlich voneinander unabhängig sind und beide ohne ehebedingte Nachteile ihrem Beruf und ihrer Karriere nachgehen, so kann ein beiderseitiger Verzicht erklärt werden. Je nach dem Lebensalter der Ehegatten ist ggf. Vorsorge zu treffen und eine auflösende Bedingung beizufügen für den Fall, dass ein gemeinschaftliches Kind geboren wird.

Die Formulierung des Verzichtes lautet:

Formulierungsvorschlag (Unterhaltsverzicht):

1)
Für die Zeit nach einer etwaigen Scheidung unserer Ehe verzichten wir gegenseitig auf Unterhalt, auch für den Fall des Notbedarfes, gleichgültig, ob ein Unterhaltsanspruch gegenwärtig bereits erkennbar hervorgetreten ist oder nicht.

2)
Diesen Verzicht nehmen wir hiermit gegenseitig an.

3)
Der Verzicht gilt auch im Fall einer Änderung der einschlägigen gesetzlichen Vorschriften oder der Rechtsprechung weiterhin.

---

[995] Ausführlich *Münch*, Ehebezogene Rechtsgeschäfte, Kap. 6 Rn. 392 ff.
[996] ABl. 2009 L 7/1.
[997] ABl. 2009 L 331/17.
[998] Münch/*Süß*, Familienrecht, § 20 Rn. 58.

3. Teil. Eherecht

4)
Wir wurden vom Notar über das Wesen des nachehelichen Unterhalts und die Auswirkungen des Verzichts eingehend belehrt. Wir wissen somit, dass jeder von uns für seinen eigenen Unterhalt sorgen muss.

2. Unterhaltshöchstgrenze in der Diskrepanzehe

294 Gerade in der **Diskrepanzehe** ist ein häufiger Wunsch die Vereinbarung einer Unterhaltshöchstgrenze, mit deren Zahlung der Berechtigte oft immer noch mehr erhält, als er selbst ohne die Ehe hätte monatlich verdienen können. Der Pflichtige hat die **Sicherheit**, dass mit der Zahlung einer bestimmten, wegen der Dauer der Verpflichtung **wertgesicherten** Summe seine Verpflichtung erledigt ist und er auch **keinen weiteren Nachforschungen** in Bezug auf sein Einkommen ausgesetzt ist. Sollte wider Erwarten das Einkommen des Pflichtigen sich drastisch vermindern, so kann bei der Vereinbarung einer Höchstgrenze stets eingewandt werden, dass der tatsächliche Unterhaltsanspruch niedriger ist. Da hier von einem Fall mit hohen Einkünften ausgegangen wird, ist angeordnet, dass eigene Einkünfte des Berechtigten außer Betracht bleiben. Dies kann auch anders geregelt sein, sodass der Unterhalt und auch der Höchstbetrag mit eigenem Einkommen des Berechtigten sinken.

Eine solche Höchstgrenze lässt sich folgendermaßen festlegen:

Formulierungsvorschlag (wertgesicherte Unterhaltshöchstgrenze):

1)
Es gelten grundsätzlich die gesetzlichen Vorschriften zum Recht des nachehelichen Unterhalts. Allerdings vereinbaren wir, dass die Höhe des gesetzlichen nachehelichen Unterhalts (Gesamtunterhalt einschließlich Vorsorgeunterhalt und Sonderbedarf) auf den Betrag von ... EUR

– in Worten ... Euro –

monatlich begrenzt wird. Dies gilt jedoch ausdrücklich nicht für den Basisunterhalt wegen Kindesbetreuung nach § 1570 Abs. 1 S. 1 BGB.
a) Dieser Höchstbetrag soll wertbeständig sein.
Er erhöht oder vermindert sich in demselben prozentualen Verhältnis, in dem sich der vom Statistischen Bundesamt in Wiesbaden für jeden Monat festgestellte und veröffentlichte Verbraucherpreisindex für Deutschland gegenüber dem für den Monat, in welchem dieser Vertrag geschlossen wird, festgestellten Index erhöht oder vermindert (Basis 2015 = 100).
b) Eine Erhöhung oder Verminderung des Höchstbetrages wird erstmals bei Rechtskraft der Scheidung festgelegt und dann jeweils wieder, wenn die Indexveränderung zu einer Erhöhung oder Verminderung des jeweils maßgeblichen Betrages um mindestens 10% – zehn vom Hundert – gegenüber dem zuletzt festgesetzten Betrag geführt hat.
Der erhöhte Betrag ist erstmals zahlbar in dem Monat, der auf die Veröffentlichung des die oben genannte Grenze überschreitenden Preisindexes folgt.
c) Klargestellt wird, dass sich die Höhe des nachehelichen Unterhalts nach den gesetzlichen Vorschriften errechnet, die vorstehende Regelung also keinen Anspruch auf Zahlung in dieser Höhe gewährt. Es handelt sich lediglich um eine Kappungsgrenze, wenn sich nach dem Gesetz ein höherer Betrag ergäbe.

C. Versorgungsausgleichsrecht

Auch § 1578b BGB bleibt anwendbar und kann zu einer weiteren Reduzierung der Unterhaltshöhe führen.

d) Ein Nachteilsausgleich bei Durchführung des begrenzten Realsplittings ist auf den Betrag der Höchstgrenze nicht anzurechnen, sodass es sich um einen Nettobetrag handelt.

e) Eigenes Einkommen des Unterhaltsberechtigten wird ausdrücklich nicht berücksichtigt.

2)
Wir verzichten hiermit auf weiter gehenden Unterhalt, auch für den Fall der Not, und nehmen diesen Verzicht wechselseitig an. ...

3. Herausnahme dynastischen Vermögenseinkommens

Häufig werden an ein junges Ehepaar von Elternseite Wünsche über den Abschluss eines Ehevertrages herangetragen. Dabei geht es einmal um den Ausschluss von elterlichem Vermögen aus dem Zugewinn, aber auch aus dem Unterhaltsrecht. Hier kann ganz gezielt das Einkommen aus elterlichen Zuwendungen aus dem Unterhalt herausgehalten werden, während das Erwerbseinkommen ganz normal in die Unterhaltsberechnung einbezogen wird. Für solche Regelungen findet sich idR auch Verständnis beim verzichtenden Teil.

Formulierungsvorschlag (Einkommen aus elterlichem Vermögen nicht im Unterhalt): Wir vereinbaren, dass Erträge des Ehemannes aus dem vorstehend vom Zugewinn ausgenommenen Vermögen[999] auch bei der Unterhaltsberechnung nicht zum einzusetzenden Einkommen gezählt werden, solange dadurch nicht eine Unterhaltspflicht des anderen Ehegatten begründet wird.

295

C. Versorgungsausgleichsrecht

I. Die Reform des Versorgungsausgleichsrechts

Der Versorgungsausgleich wurde **zum 1.9.2009 reformiert** und im VersAusglG geregelt. Das BGB verweist nur noch in § 1587 BGB auf dieses Gesetz. Mit der Reform wurde der Ausgleichsmechanismus vollständig verändert. Zugleich wurden die **Vereinbarungen** zum Versorgungsausgleich **erheblich aufgewertet**. Mit dem Versorgungsausgleich soll unverändert eine **gleiche Teilhabe** der Ehegatten für den Bereich der Versorgungsanrechte realisiert werden. Nach Auffassung des BVerfG geht es wie beim Zugewinnausgleich um die Aufteilung von gemeinschaftlich erwirtschaftetem Versorgungsvermögen.[1000]

296

---

[999] Soweit nicht im Ehevertrag bereits eine Herausnahme aus dem Zugewinn vereinbart wurde, sind entweder Vermögensgegenstände konkret zu bezeichnen oder es ist auf das Anfangsvermögen nach § 1374 BGB Bezug zu nehmen.
[1000] BVerfG – 1 BvR 237/97, FPR 2003, 465.

3. Teil. Eherecht

1. Grundprinzipien des VersAusglG

297 Der neue Versorgungsausgleich zeichnet sich durch folgende Punkte aus:
- Zusammenfassung der Materie im Gesetz **VersAusglG;**
- **Abschaffung des Einmalausgleichs** durch den Einzelausgleich jeden Rechts;
- **Grundsatz der internen Teilung** jedes Anrechtes. Diese Realteilung im jeweiligen Versorgungssystem soll beiden Ehegatten die gleichen Chancen zuweisen, sodass fehleranfällige Prognosen über die Weiterentwicklung des Anrechtes obsolet werden, da beide Ehegatten in gleicher Weise hiervon betroffen werden;
- nur in Ausnahmefällen externe Teilung. Dies hat auf Verlangen (mit Höchstgrenzen) des Versorgungsträgers oder bei einvernehmlicher Vereinbarung mit diesem (§ 14 Abs. 2 VersAusglG) sowie bei Landesbeamten (§ 16 VersAusglG) zu erfolgen;
- **Erleichterungen für Vereinbarungen** über den Versorgungsausgleich (§§ 6–8 VersAusglG);
- **Zurückdrängen des Ausgleichs nach Scheidung** und des Abänderungsverfahrens (keine Totalrevision mehr, da alle Anrechte für sich zu betrachten sind) und damit Konzentration auf den Wertausgleich bei Scheidung;
- Nach § 2 Abs. 2 Nr. 3 VersAusglG unterfallen künftig auch **Ansprüche auf Kapitalzahlung** nach dem Betriebsrentengesetz oder dem Altersvorsorgeverträge-Zertifizierungsgesetz dem Versorgungsausgleich;
- Verbreiterung der Rolle der Versorgungsträger. Diese müssen den Ausgleichswert des Anrechts in der maßgeblichen Bezugsgröße ihres Systems berechnen und zusätzlich den korrespondierenden Kapitalwert angeben;
- **Flexibilisierung** durch verschiedene Wahlrechte und die Bestimmung der Zielversorgung.

2. Abschaffung des Einmalausgleichs

298 Zentrales Element der Reform des Versorgungsausgleichs ist die Abschaffung des Einmalausgleichs. Damit **entfällt** die **Saldierung** von Versorgungsanrechten, sodass die umstrittene Barwertverordnung abgeschafft werden konnte. Allerdings bleibt das Bewertungsproblem bei externer Teilung.

An die Stelle des Einmalausgleichs tritt eine Vielzahl von Ausgleichen in beide Richtungen (**Hin- und Herausgleich**), denn nun muss jedes einzelne Recht ausgeglichen werden. Nachteil dieser Lösung ist die Gefahr einer **Zersplitterung** der Versorgungsanrechte, gibt es doch nach dem Ausgleich doppelt so viele Anrechte auf beiden Seiten wie zuvor, ausgenommen Fälle der Verrechnung durch den Versorgungsträger oder der Geringfügigkeit, der allerdings durch die Rechtsprechung nur noch ein sehr enger Rahmen zugewiesen ist. Die **Vereinbarungen** zum Versorgungsausgleich können hier helfen, eine solche Zersplitterung zu verhindern.

C. Versorgungsausgleichsrecht

Das **Ost-Moratorium** kann dadurch **beendet** werden, dass Ost-Anrechte künftig direkt geteilt werden. Die ausgesetzten Ost-West-Fälle sollten nach § 50 Abs. 1 Nr. 2 VersAusglG bis spätestens 1.9.2014 wieder aufgenommen werden. Ab 2025 wird die Trennung in Ansprüche-West und Ansprüche-Ost abgeschafft.[1001]

Für den Vertragsgestalter gilt es zu beachten, dass damit die Einteilung der Ehegatten in ausgleichsberechtigt und ausgleichsverpflichtet nicht länger greift. Es wird schwierig, einen **„insgesamt ausgleichspflichtigen"** Ehegatten zu bestimmen.

II. Die Anrechte

1. Allgemeine Voraussetzungen nach § 2 VersAusglG

Auszugleichen sind Anrechte, die
– in der Ehezeit begründet oder aufrechterhalten wurden,
– durch Arbeit oder Vermögen,
– der Absicherung im Alter oder bei Invalidität dienen,
– auf Rente gerichtet sind (Ausnahme: Kapitalrechte unter 2.).

299

Damit fallen nicht in den Versorgungsausgleich Rechte, die durch Direkteinzahlung eines Dritten beim Versorgungsträger entstehen. Der Versorgungsausgleich unterscheidet hingegen nicht, aus welcher Vermögensmasse ein Rentenanrecht finanziert wird. Daher folgender

> **Hinweis:** In den Versorgungsausgleich fallen auch Renten, die ausschließlich aus Anfangsvermögen finanziert wurden. Sie können nur durch Vereinbarung vom Ausgleich ausgenommen werden.[1002]

Eine **Rente aus einer vorweggenommenen Erbfolge** für den übertragenen Grundbesitz fällt nach neuester Rechtsprechung in den Versorgungsausgleich, es fehlt aber an der Ausgleichsreife iSd § 19 VersAusglG, wenn die Rente nach § 323a ZPO auch noch sinken könnte, sodass nur ein Ausgleich nach Scheidung in Betracht kommt.[1003]

Deputatrechte fallen nicht unter den Versorgungsausgleich.[1004]

2. Neu: Kapitalrechte im Versorgungsausgleich

Dass Anrechte iSd Versorgungsausgleichs auf **Rente** gerichtet sein müssen, gilt grundsätzlich auch im neuen Versorgungsausgleichsrecht. § 2 Abs. 2 Nr. 3, 2. HS VersAusglG macht hiervon jedoch eine wichtige **Ausnahme**. Anrechte im Sinne
– des Betriebsrentengesetzes oder

300

[1001] Rentenüberleitungs-Abschlussgesetz, BGBl. 2017 I 2575.
[1002] Wird nur der Anbieter gewechselt, liegt hingegen ein einheitlicher Vertrag mit einheitlichem Kapital vor, das nur hinsichtlich des ehezeitlichen Kapitals auszugleichen ist, BGH – XII ZB 25/18, FamRZ 2018, 1741.
[1003] BGH – XII ZB 403/12, NJW-RR 2013, 129.
[1004] BGH – XII ZB 296/13, NJW-RR 2014, 323.

3. Teil. Eherecht

- des Altersvorsorgeverträge-Zertifizierungsgesetzes[1005] sind unabhängig von der Leistungsform auszugleichen. Das bedeutet, dass für diese beiden Vorsorgeformen **auch** Anrechte, die auf **Kapitalzahlung** gerichtet sind, dem Versorgungsausgleich unterfallen. Der Grund für die Einbeziehung von Kapitalzahlungen liegt darin, dass immer mehr betriebliche Altersversorgungen so strukturiert sind, dass der Arbeitgeber sich entscheiden kann, ob er die Leistung im Versorgungszeitpunkt als Rentenleistung, als Kapitalleistung oder Mischform von beiden erbringt.[1006] Diese wichtigen Versorgungen wollte man aber dem Versorgungsausgleich zuordnen, zumal sie regelmäßig weder beliehen, noch zurückgekauft werden können, sodass ihre Einbeziehung in den Zugewinn diesen erhöhte, ohne dass die Ausgleichsmittel liquide zur Verfügung stünden.[1007]

> **Hinweis:** Die Einbeziehung der Kapitalanrechte in den Versorgungsausgleich ist **für** manch einen **„Alt-Ehevertrag" überraschend**. Sollten solche Anrechte eigentlich durch Zugewinnausschluss von jedem Ausgleich ausgenommen sein, werden sie nunmehr über den Versorgungsausgleich doch ausgeglichen. Hier bedarf es eines **Nachtrages**.

Dies verdeutlicht ein Urteil des OLG Celle.[1008]

> **Rechtsprechungsbeispiel:** Ehegatten schlossen eine Scheidungsvereinbarung, regelten den Güterstand, glichen Ansprüche aus und ließen nur den Versorgungsausgleich für das Scheidungsverbundverfahren offen. Ein nun § 2 Abs. 2 Nr. 3, 2. HS VersAusglG unterliegendes Anrecht, das zum Zeitpunkt des Vertragsschlusses dem Güterrecht unterlegen hatte, wurde dabei nicht erwähnt.

Das OLG Celle bezog es in den Versorgungsausgleich ein und glich es aus, ohne dass man sich auf Unbilligkeit berufen durfte.

301 Auch diese Möglichkeit der Einbeziehung von Kapitalrechten in den Versorgungsausgleich ändert nach Auffassung des BGH nichts daran, dass **private Lebensversicherungen**, die auf **Kapitalzahlung** gerichtet sind, in den **Zugewinnausgleich** fallen. Das gilt **auch** dann, wenn das Kapitalwahlrecht erst **nach Rechtshängigkeit** des Scheidungsantrages ausgeübt wurde, und zwar sogar dann, wenn im Zugewinnausgleich eine Berücksichtigung wegen Vereinbarung von Gütertrennung inzwischen nicht mehr möglich ist.[1009] Allerdings ist darauf zu achten, ob die Kapitalwahl wirksam ausgeübt werden konnte, wenn das Recht sicherungshalber abgetreten war.[1010]

[1005] BGBl. 2001 I 1310, 1322.
[1006] *Hauß/Bührer*, Versorgungsausgleich, Rn. 200 f.
[1007] *Glockner/Hoenes/Weil*, Der Versorgungsausgleich, § 2 Rn. 19.
[1008] OLG Celle – 21 UF 43/11, BeckRS 2011, 20124 = FamRZ 2011, 1228.
[1009] BGH – XII ZB 555/10, NJW-RR 2011, 1633; BGH – XII ZB 325/11, NJW-RR 2012, 769; BGH – XII ZB 613/12, BeckRS 2013, 22121 = FamRZ 2014, 279; OLG Hamm – II 6 UF 54/12, FamFR 2012, 540.
[1010] BGH – XII ZB 613/12, BeckRS 2013, 22121 = FamRZ 2014, 279.

C. Versorgungsausgleichsrecht

Eine solche Kapitalwahl kann sogar bei noch **späterer** Ausübung zum **Entfallen** eines vorbehaltenen **schuldrechtlichen Versorgungsausgleichs** führen.[1011] Inzwischen gibt es aber auch einige Entscheidungen, die bei einem bewussten Entziehen des Anrechtes aus dem Versorgungsausgleich eine Unbilligkeit iSd **§ 27 VersAusglG** anerkennen, wenn ein güterrechtlicher Ausgleich nicht mehr möglich ist, was dazu führen kann, dass der Ausgleichsberechtigte den Versorgungsausgleich für seine Anrechte in entsprechender Höhe verweigern kann.[1012] Grobe Unbilligkeit kann auch bei Kündigung einer Lebensversicherung vorliegen, wenn die Lebensversicherungssumme aufgrund hoher Verbindlichkeiten im Zugewinn ohne Bedeutung ist[1013] oder an Dritte ausbezahlt wird.[1014] Daher sind, wenn Scheidungsvereinbarungen abgeschlossen werden, bei denen Gütertrennung vereinbart wird, der Versorgungsausgleich aber noch offen bleibt, **zur Sicherheit vertragliche Vorkehrungen** gegen eine nachträgliche Kapitalwahl empfehlenswert:

Formulierungsvorschlag (nachträgliche Kapitalwahl): Ferner vereinbaren wir: Soweit heute der Versorgungsausgleich nicht endgültig geregelt wird und Lebensversicherungen aus dem Versorgungsausgleich nachträglich durch Kapitalwahl ausscheiden, sind solche Rechte nachträglich noch dem Zugewinnausgleich zu unterwerfen, auch wenn dieser ansonsten bereits abschließend geregelt ist. Hierfür wird die Verjährung des Ausgleichsanspruchs auf zehn Jahre seit rechtskräftiger Ehescheidung verlängert.

Sind **private Lebensversicherungen sicherungshalber abgetreten**, ist nach BGH ein Versorgungsausgleich mit interner Teilung möglich. Es müsse neben dem hälftigen Ehezeitanteil am nachrangigen Bezugsrecht auch der schuldrechtliche Rückgewähranspruch an beide Ehegatten als Mitgläubiger übertragen werden.[1015]

III. Die Ausgleichsformen

1. Grundsätze der Ausgleichsformen, § 9 VersAusglG

Die Rangfolge der Ausgleichsformen ist in § 9 VersAusglG vorgegeben. Nach dem „**Fahrplan**" des **§ 9 VersAusglG** für die Durchführung des Versorgungsausgleichs ist zunächst soweit als möglich der **Wertausgleich bei Scheidung** (entspricht dem früheren öffentlich-rechtlichen Versorgungsausgleich) durchzuführen. Nur wo und insoweit dies nicht möglich ist, weil Anrechten die **Ausgleichsreife** fehlt oder die **Ehegatten** dies in Ausnahmefällen so **vereinbaren**, kommt es zu einem **Ausgleich nach der Scheidung** (dem früheren schuldrechtlichen Ver-

302

[1011] OLG Hamm – 14 UF 149/12, NJW 2013, 547.
[1012] OLG Köln – 14 UF 272/11, BeckRS 2012, 24684; OLG Stuttgart – 18 UF 327/11, BeckRS 2012, 24683 = FamRZ 2012, 1880; *Kemper* NZFam 2014, 343 (348); *Götsche* FuR 2013, 71 (74).
[1013] OLG Brandenburg – 10 UF 181/13, NZFam 2014, 220.
[1014] OLG Köln – 4 UF 33/13, BeckRS 2013, 08927 = FamRZ 2014, 210; hierzu *Götsche* FamRB 2014, 65 f.
[1015] BGH – XII ZB 673/12, NJW 2013, 3173.

sorgungsausgleich) gem. §§ 19 ff. VersAusglG. Hierbei handelt es sich um Ansprüche auf Zahlung einer schuldrechtlichen Ausgleichsrente, die erst anfällt, wenn der Ausgleichspflichtige eine laufende Versorgung bezieht und auch der Berechtigte die Voraussetzungen für eine Invaliditäts- oder Altersrente erfüllt.
Mit dem Wertausgleich bei Scheidung werden die Anrechte mit Rechtskraft der Entscheidung geteilt bzw. übertragen. Die Kürzung tritt auch bei Pflichtigen, die bereits Rente oder Pension beziehen, sofort ein, denn das frühere Rentner- oder Pensionärsprivileg nach § 101 Abs. 3 SGB VI aF und 57 Abs. 1 S. 2 BeamtVG aF wurde aufgehoben. Auf Länderebene gilt zwar die alte Regel zum Teil noch fort nach § 108 BeamtVG. Immer mehr Länder aber streichen das Privileg auch landesrechtlich. Durch Vereinbarung kann das Privileg nicht ersetzt werden, da dies gegen § 8 Abs. 2 VersAusglG verstößt.[1016]

Im Rahmen des Wertausgleichs **bei Scheidung** sind Anrechte idR **intern zu teilen**, § 9 Abs. 2 VersAusglG. **Nur** in den Fällen der **§§ 14 Abs. 2 mit 17 und 16 VersAusglG** erfolgt ein **externer Ausgleich**, § 9 Abs. 3 VersAusglG.

2. Interne Teilung

303   Die interne Teilung nach §§ 10–13 VersAusglG bedeutet, dass für den Ausgleichsberechtigten **beim Versorgungsträger des Ausgleichspflichtigen** ein **eigenes Anrecht** in Höhe des Ausgleichswertes begründet und das Anrecht des Pflichtigen entsprechend vermindert wird (abzgl. etwaiger **Teilungskosten** des Versorgungsträgers, § 13 VersAusglG). Damit erlangt der Ausgleichsberechtigte ein eigenes Anrecht gegenüber dem Versorgungsträger des Pflichtigen, das in der **weiteren Entwicklung** dem verbleibenden Anrecht des Pflichtigen **weitgehend gleichgestellt** ist, sodass es nicht nur bei Scheidung, sondern gerade im Versorgungsfall zu einer echten Halbteilung kommt.

Aus diesem Grund **kann ohne weiteren Wertvergleich** unmittelbar die **Bezugsgröße geteilt werden**. Dabei kommt dem **FamG** eine **Kontrollfunktion** hinsichtlich der Anforderungen an die interne Teilung nach **§ 11 VersAusglG** zu. Insoweit obliegt dem FamG auch die Kontrolle der vom Versorgungsträger erlassenen Vorschriften über die interne Teilung, die das FamG verwerfen kann, sodass dann nach § 11 Abs. 2 VersAusglG auch für den Ausgleichsberechtigten die Vorschriften gelten, welche für den Ausgleichspflichtigen maßgeblich sind.[1017] Daher muss die vom Versorgungsträger geschaffene **Teilungsordnung** oder die entsprechende **Satzungsgrundlage** mit Fassung und Datum **in die Beschlussformel aufgenommen** werden.[1018]

Praxisrelevant sind vor allem Regelungen, welche dem Ausgleichsberechtigten nicht in gleicher Weise wie dem Verpflichteten einen Invalidi-

---

[1016] Vgl. Borth, Versorgungsausgleich, Kap. 7 Rn. 24.
[1017] Ruland, Versorgungsausgleich, Rn. 677.
[1018] BGH – XII ZB 504/10, NJW 2011, 1139; BGH – XII ZB 492/11, NJW-RR 2012, 1217.

C. Versorgungsausgleichsrecht

tätszuschlag gewähren. § 11 Abs. 1 Nr. 3 VersAusglG lässt dies zu, verlangt aber dafür einen Zuschlag bei der Altersversorgung. Der BGH prüft dies eng nach und beanstandet etwa verschiedene Rechnungszinssätze.[1019]

Insbesondere **bei kapitalgedeckten Anrechten** etwa der betrieblichen Altersvorsorge oder der privaten Rentenversicherung sind **mehrere Möglichkeiten** zur Bestimmung des Ausgleichswertes zulässig:[1020]
- Teilung anhand des erzielten Deckungskapitals; dies führt bei der Umrechnung in Rentenbeträge zu unterschiedlich hohen Rentenleistungen je nach Lebenserwartung bzw. Geschlecht.[1021]
- Aufteilung des in der Ehe erworbenen Rentenbetrages, sodass beide Ehegatten den gleichen Rentenbetrag erhalten. Dies führt bei höherer Lebenserwartung der Ausgleichsberechtigten für den Versorgungsträger zu Mehrbelastungen.
- Asymmetrische Aufteilung des Deckungskapitals, sodass derjenige Ehegatte mit der höheren Lebenserwartung ein höheres Kapital erhält, beide Ehegatten aber den gleichen – dann niedrigeren – Rentenbetrag.[1022]

3. Externe Teilung

Die externe Teilung soll nach der Konzeption des VersAusglG die **Ausnahme** bilden. Im Unterschied zur internen Teilung wird hier das Anrecht transferiert und eine Altersversorgung **bei einem anderen Versorgungsträger** als demjenigen des Pflichtigen gebildet. 304

Dies kann **häufig** zu **Nachteilen** für den **Ausgleichspflichtigen** führen,[1023] die ggf. durch Verrechnungsvereinbarungen der Ehegatten vermieden werden können, mit denen auf den Ausgleich gegen anderweitige Leistung verzichtet wird. Diese Nachteile beruhen zumeist auf einer **Verwendung eines zu hohen Zinssatzes** für die **Abzinsung**[1024] und damit einem zu niedrigen Kapitalwert des zu teilenden Anrechtes insb. im Bereich der betrieblichen Anrechte, wo die externe Teilung auch für hohe Kapitalwerte durchgeführt wird. Der Ausgleichsberechtigte kann sich dann für den ausgeworfenen Ausgleichsbetrag nicht

---

[1019] BGH – XII ZB 443/14, FamRZ 2015, 1869.
[1020] Vgl. OLG Oldenburg – 14 UF 128/10, FamFR 2011, 129, wo die Aufteilung auf der Grundlage des Kapitalwertes mit der Folge unterschiedlicher Rentenbeträge nicht beanstandet wurde.
[1021] Hierbei ist umstritten, ob nach EuGH – C-236/09, NJW 2011, 907, noch nach Geschlecht differenziert werden darf: ablehnend OLG Celle – 10 UF 195/12, BeckRS 2013, 18807 = FamRZ 2014, 305, für öffentlich-rechtliche Versorgungsträger.
[1022] Hierzu *Borth*, Versorgungsausgleich, Kap 3 Rn. 37; vgl. auch BGH – XII ZB 697/13, FamRZ 2017, 863.
[1023] Ausführlich *Bergner* FamFR 2011, 314f.
[1024] Über die Zulässigkeit der in der Gesetzesbegründung (BT-Drs. 16/10144, 85) empfohlenen BilMoG-Zinssatzes nach § 253 Abs. 2 S. 2 HGB wird gestritten, da dieser doch ganz erheblich über dem aktuellen Marktniveau liegt; ablehnend etwa OLG Nürnberg – 11 UF 1498/13, NJOZ 2014, 930; OLG Hamm – 12 UF 207/10, BeckRS 2012, 05115.

in eine gleichwertige Versorgung einkaufen.[1025] Aus diesem Grunde wird die **Verfassungsmäßigkeit des § 17 VersAusglG** bestritten. Das OLG Hamm hat die Frage dem **BVerfG** vorgelegt.[1026] Dieses hat jüngst entschieden, dass die Vorschrift bei erhöhten Transferverlusten zwar verfassungswidrige Ergebnisse zeitigen könne, dass sie aber **verfassungswidrig ausgelegt und angewendet werden könne**, sodass es Aufgabe der Familiengerichte **im Einzelfall** sei, den **Kapitalbetrag bei der externen Teilung** so **festzusetzen**, dass die Grundrechte aller beteiligten Personen gewahrt sind.[1027] Es handelt sich um eine Entscheidung, die in einem Massenverfahren nun gutachterliche Stellungnahmen in jedem Einzelfall erforderlich machen wird.

Das VersAusglG hat **abschließend** die **Voraussetzungen** für die externe Teilung und damit auch für ihre Zulässigkeit festgelegt.

a) Auf Wunsch des Versorgungsträgers

305 Zum einen kann der **Versorgungsträger eine externe Teilung verlangen**, wenn die Versorgung bestimmte Größen nicht überschreitet, § 14 Abs. 2 Nr. 2 VersAusglG, § 17 VersAusglG. Ein **Einverständnis des Berechtigten ist hierzu nicht erforderlich**. Die „**Bagatellgrenzen**", bis zu denen der Versorgungsträger den externen Ausgleich einseitig verlangen kann, belaufen sich für den Ausgleichswert am Ende der Ehezeit bei einem **Rentenbetrag** auf bis zu 2% der monatlichen Bezugsgröße nach § 18 Abs. 1 SGB IV – derzeit **62,30 EUR** – und bei einem **Kapitalbetrag** auf 240% derselben monatlichen Bezugsgröße – derzeit **7.476,– EUR**[1028] –. Bei einem Anrecht der betrieblichen Altersversorgung greift in den Fällen des § 17 VersAusglG **(Direktzusage oder Unterstützungskasse)** der erhöhte Wert in Höhe der Beitragsbemessungsgrenze der allgemeinen Rentenversicherung nach §§ 159, 160 SGB VI ein, der sich derzeit immerhin auf **80.400,– EUR** für den Ausgleichswert beläuft. Diese erhöhte Grenze gilt in den Fällen, in denen der Arbeitgeber die Versorgung selbst verwaltet, um ihn vor einer Vervielfachung dieser Verwaltungsarbeit zu schützen.

Besonders die **Höchstgrenze des § 17 VersAusglG**, die zum externen Ausgleich auch höherer Beträge ohne gesondertes Einverständnis des Berechtigten führt, gibt Anlass zu **Zweifelsfragen** in Bezug auf die Verfehlung des Halbteilungsgrundsatzes – insb. mit Rücksicht auf den Abzinsungssatz – und damit die **Verfassungswidrigkeit** der Regelung.[1029] Das BVerfG sieht die verfassungsgemäße Anwendung im Einzelfall als

---

[1025] Hierzu *Jaeger* FamRZ 2010, 1714 ff.; gegen diese Berechnungsmethode *Hauß* FamRZ 2011, 88, mit Replik von *Jaeger* FamRZ 2011, 615.
[1026] OLG Hamm – II-10 UF 178/17, NZFam 2018, 1080.
[1027] BVerfG – 1 BvL 5/18, NJW 2020, 2173.
[1028] Sozialversicherungs-Rechengrößenverordnung 2019, BGBl. 2018 I 2024.
[1029] Insbesondere *Jaeger* FamRZ 2010, 1714 f. und FamRZ 2011, 615, mit Berechnungen; *Bergner/Schnabel*, Die Rentenversicherung, Sonderbeilage zu Heft 7/2011, 42 ff.; *Borth*, Versorgungsausgleich, Kap. 3 Rn. 111 f.; Initiativstellungnahme des Deutschen Anwaltvereins zur Reform des Versorgungsausgleichs, FamRZ 2013, 928 ff.

C. Versorgungsausgleichsrecht

möglich an.[1030] Es handelt sich um ein strukturelles Problem, das man auf die Frage reduzieren kann, ob der Halbteilungsgrundsatz lediglich zum Zeitpunkt der Entscheidung über den Versorgungsausgleich gewahrt sein muss oder auch noch im Zeitpunkt der Versorgungsleistung.

b) Aufgrund einer Vereinbarung

Der neue Versorgungsausgleich sieht neben Vereinbarungen nur zwischen den Ehegatten auch **Vereinbarungen** vor, die **mit dem oder den Versorgungsträgern** getroffen werden. Solche werden insb. im Rahmen des **§ 14 Abs. 2 Nr. 1 VersAusglG** relevant, wenn der ausgleichsberechtigte Ehegatte und der Versorgungsträger des ausgleichspflichtigen Ehegatten, der dazu nach seinen Rechtsgrundlagen befugt sein muss,[1031] miteinander eine externe Teilung anstelle der Regelform der internen Teilung verabreden.

306

Die Gesetzesbegründung stellt ausdrücklich klar, dass die Vorschrift es ermöglichen soll, **auch über hohe Ausgleichswerte** die externe Teilung zu vereinbaren.[1032] Damit gibt der Gesetzgeber in diesen Fällen freiwilliger Vereinbarung das Prinzip der idealen Halbteilung auf. Der Ausgleichsberechtigte trägt durch seine Zustimmung die Chancen und Risiken der von ihm gewählten Zielversorgung. Diese wird er häufig nur schwer beurteilen können, zumal für diese Vereinbarung **weder** das Erfordernis **notarieller Beurkundung** gelten[1033] soll **noch** ein **Anwaltszwang** besteht.[1034] Damit wird für die **Vereinbarung zur externen Teilung auf wesentliche Schutzmechanismen verzichtet**,[1035] obwohl sich hier mit dem Versorgungsträger und dem ausgleichsberechtigten Ehegatten Vertragsparteien mit offensichtlich gegebenem strukturellen Ungleichgewicht gegenüberstehen.

Hinweis: Der Wahl zur externen Versorgung sollte ein unberatener Mandant nicht zustimmen.

Die Vereinbarung nach § 14 Abs. 2 Nr. 1 VersAusglG betrifft **nur** den **Ausgleichsweg**. Es ist damit keine Vereinbarung über die Höhe des Ausgleichswertes verbunden.[1036] Eine solche müsste als dreiseitige Vereinbarung mit den Ehegatten nach Maßgabe der §§ 6 ff. VersAusglG getroffen werden.

c) Aufgrund öffentlich-rechtlichem Dienst- oder Amtsverhältnis

Nach der momentanen Gesetzeslage kommt es bei **Ehen mit Landes- oder Kommunalbeamten** zu einer externen Verrechnung nach

307

[1030] BVerfG – 1 BvL 5/18, NJW 2020, 2173.
[1031] Johannsen/Henrich/*Holzwarth*, Familienrecht, VersAusglG § 14 Rn. 9.
[1032] BT-Drs. 16/10144, 58.
[1033] Palandt/*Brudermüller* VersAusglG § 14 Rn. 3.
[1034] Nach § 114 Abs. 4 Nr. 7 FamFG ist für die Wahl der Zielversorgung ein Anwaltszwang ausdrücklich nicht gegeben.
[1035] Vgl. hierzu BT-Drs. 16/10144, 58.
[1036] BT-Drs. 16/10144, 58; *Ruland*, Versorgungsausgleich, Rn. 724.

3. Teil. Eherecht

§ 16 VersAusglG. Während der **Bund für seine Beamten** mit dem Bundesversorgungs-Teilungsgesetz[1037] den Weg zu einer **internen Teilung** der Versorgungsanrechte frei gemacht hat, folgen die nach der Föderalismusreform zuständigen **Landesgesetzgeber** diesem Weg **nicht**. Die **Versorgungsanrechte der Landes- oder Kommunalbeamten** sind demnach **extern nach § 16 VersAusglG zu teilen**. § 16 Abs. 1 VersAusglG ordnet hierzu an, dass die externe Teilung durch **Begründung von Anrechten in der gesetzlichen Rentenversicherung** durchzuführen ist. Bei den Betroffenen ist dies unerwünscht, da die Hälfte der Pensionsansprüche in die gesetzliche Rentenversicherung „abwandert". Solche Fälle sind **für Vereinbarungen prädestiniert**, die nur einen Spitzenausgleich in die gesetzliche Rentenversicherung überführen.[1038] Ein Beamter kann allerdings den Abschluss einer solchen **Verrechnungsvereinbarung** gegenüber seinem gesetzlich versicherten Ehegatten **nicht erzwingen**.[1039]

Hinweis: Bei Ehen zwischen Landes- und/oder Kommunalbeamten ist stets eine Verrechnungsvereinbarung anzustreben.

d) Wahl der Zielversorgung und Vollzug

308 Der **Ausgleichsberechtigte** muss – ohne Anwaltszwang, § 114 Abs. 4 Nr. 7 FamFG – eine **Zielversorgung wählen**. Aus Gründen der Risikostreuung kann bei hohen Ausgleichswerten auch die Benennung mehrerer (anteiliger) Versorgungsträger sinnvoll sein.[1040] Der **Versorgungsträger** der Zielversorgung muss **einverstanden** sein, wenn die ausgleichsberechtigte Person ihn auswählt, § 222 Abs. 2 FamFG,[1041] und die Zustimmung muss ihm rechtlich möglich sein. Wählt der Ausgleichsberechtigte keine Zielversorgung oder versagt der ausgewählte Versorgungsträger seine Zustimmung, so kommt die **Auffangregelung** des § 15 Abs. 5 VersAusglG zum Tragen, nach der die gesetzliche Rentenversicherung und bei Anrechten nach dem Betriebsrentengesetz die Versorgungsausgleichskasse Zielversorgung ist.

Die **externe Teilung** ist aber durch die Vereinbarung alleine noch nicht vollzogen, sondern über sie muss nach § 14 Abs. 1 VersAusglG das **Gericht** entscheiden. Erst mit **Rechtskraft** seiner **Entscheidung** wird die externe Teilung **wirksam**. Das Gericht ist grundsätzlich an eine

---

[1037] BGBl. 2009 I 700 ff.; kommentiert bei Johannsen/Henrich/*Holzwarth*, Familienrecht, VersAusglG § 10 Rn. 40 ff.
[1038] Nach zwischenzeitlichen Irritationen (OLG Schleswig – 13 UF 72/11, NJW 2012, 1891, hierzu *Münch* FamRB 2012, 320 ff.) ist diese Verrechnungsvereinbarung nunmehr vom BGH anerkannt (BGH – XII ZB 668/12, NJW 2014, 1882).
[1039] BGH – XII ZB 537/17, NJW 2020, 152.
[1040] *Bergmann* FuR 2009, 421 (422).
[1041] Die gesetzliche Rentenversicherung aber nicht, denn sie ist als gesetzliche Zielversorgung in § 15 Abs. 5 VersAusglG und § 187 Abs. 1 Nr. 2 Buchst. a SGB VI vorgesehen.

C. Versorgungsausgleichsrecht

wirksame Vereinbarung der Beteiligten gebunden.[1042] Allerdings hat das Gericht zu überprüfen, ob die gewählte Zielversorgung eine **angemessene Versorgung isd § 15 Abs. 2 VersAusglG** gewährleistet. Dabei soll es prüfen, ob die Versorgung nach Eigenständigkeit, Sicherheit und Dynamik der Versorgung annähernd vergleichbar ist, die bei interner Teilung begründet worden wäre.[1043] § 15 Abs. 4 VersAusglG definiert in diesem Falle, dass ein Anrecht in der gesetzlichen Rentenversicherung, iSd Betriebsrentengesetzes oder aus einem zertifizierten Altersvorsorgevertrag immer diese Anforderungen erfüllt.

Da die externe Teilung zu erheblichen **Steuernachteilen** für den Ausgleichspflichtigen führen kann, ist in solchen Fällen dessen **Zustimmung nach § 15 Abs. 3 VersAusglG** erforderlich, die nach § 114 Abs. 4 Nr. 7 FamFG nicht dem Anwaltszwang unterliegt. Bei den in § 15 Abs. 4 VersAusglG genannten Zielversorgungen ist nach dem Gesetz diese Zustimmung jedoch nicht erforderlich, da Abs. 4 definiert, dass sie stets die Voraussetzungen des Abs. 3 erfüllen.[1044]

Hinweis: Bei der externen Teilung sind die steuerlichen Folgen[1045] für den Ausgleichspflichtigen sorgfältig aufzuklären. Die für den Laien zum Teil nicht erwartbaren steuerrechtlichen Folgen muss der steuerliche Berater aufzeigen. Auch dies ist ein weiterer Grund dafür, bei Scheidungsvereinbarungen stets einen eigenen steuerlichen Berater hinzuzuziehen.

Gem. **§ 222 Abs. 3 FamFG** hat das **Gericht** bei seiner Entscheidung **309** auch den nach § 14 Abs. 4 VersAusglG zu zahlenden **Kapitalbetrag festzusetzen**. Dazu führt die **Gesetzesbegründung** aus, dieser Wert entspreche bei Kapitalwerten dem Ausgleichswert, bei anderen Bezugsgrößen – wie etwa Rentenbeträgen – dem **korrespondierenden Kapitalwert** des Ausgleichswertes.[1046] An dieser Anordnung gibt es grundsätzliche Kritik, welche die Ungeeignetheit des korrespondierenden Kapitalwertes als solches trifft und auf den Einkaufswert der Zielversorgung abstellen will.[1047] Überwiegend wird aber die Berechnung nach diesem im VersAusglG vorgegebenen Wert befürwortet.[1048] Auch der BGH hat dies im Rahmen des § 31 VersAusglG anerkannt.[1049] Al-

---

[1042] BT-Drs. 16/10144, 58.
[1043] *Ruland*, Versorgungsausgleich, Rn. 728.
[1044] *Borth* FamRZ 2009, 1361 (1364).
[1045] Sie werden in → Rn. 389 im Detail dargelegt.
[1046] BT-Drs. 16/10144, 95.
[1047] *Häußermann* FPR 2009, 223 ff., insb. 224.
[1048] Horndasch/Viefhues/*Kemper* FamFG § 222 Rn. 10; Prütting/Helms/ *Bömelburg* FamFG § 222 Rn. 14; MüKoBGB/*Siede* VersAusglG § 14 Rn. 45; *Glockner/Hoenes/Weil*, Der Versorgungsausgleich, § 8 Rn. 42; Johannsen/Henrich/ *Holzwarth*, Familienrecht, VersAusglG § 14 Rn. 20; OLG Nürnberg – 11 UF 1659/10, BeckRS 2011, 05457 = FuR 2011, 345; nunmehr auch Palandt/*Brudermüller* VersAusglG § 14 Rn. 8.
[1049] BGH – XII ZB 310/13, NZFam 2017, 717.

ternative wäre auch nur eine in einem Massenverfahren problematische sachverständige Feststellung in jedem Einzelfall.

Aus der Entscheidung des FamG soll der Träger der Zielversorgung die Zwangsversteigerung betreiben können, wenn der Versorgungsträger des Pflichtigen den Kapitalbetrag nicht überträgt.[1050] Der BGH hat sich auf der Grundlage einer verfassungskonformen Auslegung der §§ 14 Abs. 4 VersAusglG und des § 222 FamFG **für eine Verzinsung** dieses auszugleichenden Kapitalbetrages ausgesprochen;[1051] denn der Ausgleichsberechtigte habe das Recht, ab dem Ende der Ehezeit an der weiteren Entwicklung dieses ihm zugewiesenen Kapitalbetrages teilzuhaben. Daher ist eine Verzinsung auszusprechen, damit nicht diese Entwicklung dem Versorgungsträger des Pflichtigen zugutekommt. Wäre dies anders, würde etwa die Rentenversicherung als Zielversorgung, die aufgrund des § 76 Abs. 4 SGB VI ohnehin eine Einwertung zum Ehezeitende vornimmt, benachteiligt. Der BGH hat auch zur Zinshöhe Stellung genommen und angeordnet, dass für die Verzinsung **der bei der Abzinsung durch den Versorgungsträger des Pflichtigen verwendete Zinssatz** auch für die hier gegenläufige Verzinsung **maßgeblich** ist. Der **Zinszeitraum** läuft vom Ende der Ehezeit bis zur rechtskräftigen Entscheidung über den Versorgungsausgleich, nicht bis zur Zahlung.[1052]

Problematisch ist die Situation, dass der Ausgleichspflichtige bereits eine **laufende Versorgung** bezieht und daher das **Kapital** vom Ehezeitende bis zur rechtskräftigen Entscheidung über den Versorgungsausgleich **teilweise aufgezehrt** wird. Der BGH[1053] hat sich inzwischen zu diesem Thema des „Wertverzehrs" ausführlich geäußert und will eine solche **negative Wertveränderung kapitalgedeckter Anrechte in der Leistungsphase** auch dann **berücksichtigt** wissen, wenn sie nach dem Ehezeitende eintritt. Es ist hierfür ein Stichtag zeitnah zur Rechtskraft der Entscheidung über den Versorgungsausgleich zu bilden. Hier gelte aus Sicht des Versorgungsträgers der Grundsatz „weg ist weg". Aus Sicht des Ausgleichsberechtigten sei zu prüfen, ob dies durch eine **erhöhte Unterhaltszahlung kompensiert** sei. Ansonsten müsse geprüft werden, ob nach **§ 27 VersAusglG** die Teilung in die Gegenrichtung zu vermindern sei. Diese Entscheidung, welche zur internen Teilung erging, hat der BGH auch für die externe Teilung bestätigt.[1054] Daraus folgert der BGH, dass auch für die Tenorierung bei der internen Teilung das Datum der Wertbemessung entscheidend sei.[1055]

[1050] BT-Drs. 16/10144, 95.
[1051] BGH – XII ZB 546/10, NJW 2011, 3358; BGH – XII ZB 204/11, NJW 2013, 1240.
[1052] BGH – XII ZB 130/13, FamRZ 2016, 1144.
[1053] BGH – XII ZB 447/13, NJW 2016, 1728.
[1054] BGH – XII ZB 4/13, FamRZ 2016, 2000.
[1055] BGH – XII ZB 159/18, NJW 2018, 3176.

C. Versorgungsausgleichsrecht

4. Verrechnung

Die **Verrechnung** von Ansprüchen ist **bei interner Teilung** in **§ 10 II VersAusglG** geregelt. Nach der gesetzlichen Konzeption spricht das FamG jede Teilung des Einzelanrechts eigens aus, ohne auf eine Verrechenbarkeit Rücksicht zu nehmen. Erst der **Versorgungsträger** nimmt bei der Durchführung der Teilung die Verrechnung vor, § 10 Abs. 2 S. 1 VersAusglG.
Eine solche Verrechnung ist nur zulässig
– für Anrechte gleicher Art und
– bei demselben Versorgungsträger.

Anrechte gleicher Art sind solche Anrechte, die sich in Struktur und Wertentwicklung entsprechen, sodass ein Saldenausgleich nach Verrechnung im Wesentlichen zu demselben wirtschaftlichen Ergebnis führt wie ein Hin- und Her-Ausgleich.[1056]
Das Gesetz erweitert die Voraussetzung „bei demselben Versorgungsträger" auf zweierlei Weise: Zum einen ist die Verrechnung nach § 10 Abs. 2 S. 2 VersAusglG auch dann zulässig, wenn **verschiedene Versorgungsträger miteinander eine Verrechnungsabrede getroffen haben**.[1057] Zum anderen findet eine Verrechnung bei der allgemeinen Rentenversicherung auch dann statt, wenn die Konten bei verschiedenen Trägern geführt werden, §§ 120 f. Abs. 1 SGB VI.
Kommt es zu einer **externen Teilung** nach §§ 14 ff. VersAusglG, so gibt es **keine** gesetzliche **Verrechnungsmöglichkeit**. Eine dem § 10 Abs. 2 VersAusglG entsprechende Vorschrift gibt es nicht. Möglich ist aber eine Verrechnung bei der externen Teilung kraft Vereinbarung der Ehegatten.

310

5. Teilungskosten

Nach § 13 VersAusglG kann der Versorgungsträger (nur) bei der **internen Teilung Teilungskosten** in angemessener Höhe mit den Anrechten beider Ehegatten verrechnen. Der BGH akzeptiert pauschalierte Teilungskosten bis zu **3 % des Ehezeitanteils**, wenn die Pauschale mit einer angemessenen **Deckelung** versehen ist. Dabei lehnt der BGH eine starre Obergrenze von 500,– EUR, die von einigen OLG vertreten wurde, ab, akzeptiert aber eine Mischkalkulation mit 2-3 % und einer Obergrenze von 500,– EUR.[1058] Der Versorgungsträger müsse die Grenze in Abhängigkeit von seiner Kostenstruktur bestimmen. Auch dann könne er im Einzelfall höhere Kosten nachweisen. Daher werden insb. bei betrieblichen Altersversorgungen auch deutlich höhere Pauschalen akzeptiert.[1059] Auch Teilungsfolgekosten können nach Ansicht des BGH als Teilungskosten abgezogen werden.[1060]

311

[1056] *Bergner,* Kommentar zum reformierten Versorgungsausgleich, § 11 Rn. 2.
[1057] Hierzu *Bergschneider* RNotZ 2009, 457 (458).
[1058] BGH – XII ZB 74/12, NJW-RR 2015, 705.
[1059] BGH – XII ZB 310/11, NJW-RR 2012, 643.
[1060] BGH – XII ZB 172/11, NJW 2012, 1281; BGH – XII ZB 459/11, NJW-RR 2012, 1220.

3. Teil. Eherecht

Bei der externen Teilung hingegen können Teilungskosten vom Versorgungsträger nicht geltend gemacht werden.

Hinweis: Entstehen erhebliche Teilungskosten, mag dies für die Beteiligten ein Grund sein, den externen Ausgleich anzustreben.

IV. Der korrespondierende Kapitalwert
1. Die gesetzliche Regelung

312 Eine **vergleichende Bewertung** der Anrechte ist insb. in Fällen der internen Teilung **nicht mehr erforderlich**. Die Berechnung der Ausgleichswerte erfolgt hier anhand der vom Versorgungsträger für die Ehezeitanteile anzugebenden Bezugsgröße (§ 5 Abs. 1 VersAusglG).
In folgenden Fällen wird jedoch ein **Kapitalwert** benötigt:
– für Vereinbarungen nach §§ 6 ff. VersAusglG,
– für die Feststellung der Geringfügigkeit nach § 18 VersAusglG,
– bei Fragen der Unbilligkeit nach § 27 VersAusglG,
– zur Bestimmung des auszugleichenden Kapitalbetrages nach § 14 Abs. 4 VersAusglG bei der externen Teilung.

Aus diesem Grund ordnet das VersAusglG in § 5 Abs. 3 an, dass der **Versorgungsträger**, wenn er den Ausgleichswert nicht ohnehin in einem Kapitalwert angibt, sondern in einer anderen Bezugsgröße, einen **korrespondierenden Kapitalwert nach § 47 VersAusglG** zusätzlich **vorzuschlagen** hat.
Das gilt allerdings **nur für den Wertausgleich bei Scheidung**. Nach § 5 Abs. 4 VersAusglG sind für die Ausgleichsansprüche nach Scheidung nur die Rentenbeträge zu berechnen.
Der Gesetzgeber selbst hat diesen Wert erheblich relativiert, indem er in der **Kapitelüberschrift** und im **neuen Abs. 1** zum Ausdruck brachte, dass es sich bei dem korrespondierenden Kapitalwert nur um eine **Hilfsgröße** handelt.[1061] **Absatz 6** des § 47 VersAusglG sagt außerdem, es sei in den oben genannten Fällen – nicht erwähnt ist § 14 Abs. 4 VersAusglG – nicht nur der korrespondierende Kapitalwert zu berücksichtigen, sondern auch die **weiteren Faktoren der Anrechte, die sich auf die Versorgung auswirken.**
So ist denn auch die Literatur einhellig der Auffassung, dass der korrespondierende Kapitalwert **keineswegs ungeprüft** der Berechnung im Zusammenhang mit Vereinbarungen zugrunde gelegt werden könne.[1062]

[1061] Vgl. BT-Drs. 16/11903, 111 ff.
[1062] *Glockner/Hoenes/Weil*, Der Versorgungsausgleich, § 3 Rn. 64 ff., mit deutlich zurückhaltenderer Warnung als in der Erstauflage; *Hauß/Bührer*, Versorgungsausgleich, Rn. 999 ff.

C. Versorgungsausgleichsrecht

> **Hinweis:** Der korrespondierende Kapitalwert ist eine Hilfsgröße. Wird er einer Vereinbarung zugrunde gelegt, so sollte die Mandantschaft hierüber belehrt und auf die Möglichkeit der sachverständigen Berechnung hingewiesen sein.

2. Berechnung

Der korrespondierende Kapitalwert entspricht nach § 47 Abs. 2 VersAusglG dem Betrag, der zum Ende der Ehezeit aufzubringen wäre, um beim Versorgungsträger der ausgleichspflichtigen Person für sie ein Anrecht in Höhe des Ausgleichswertes zu begründen. Es handelt sich also quasi um den **Einkaufspreis der Versorgung des Pflichtigen** zum Ehezeitende, die nun ausgeglichen werden soll.

§ 47 Abs. 3 und 4 VersAusglG enthalten detaillierte Hinweise zur Berechnung des korrespondierenden Kapitalwertes für einzelne Anrechte. **Hilfsweise** ist nach § 47 Abs. 5 VersAusglG ein **versicherungsmathematischer Barwert** zu errechnen, der sich vereinfacht als der heutige Wert künftiger Versorgungsleistungen unter Berücksichtigung von Zins und Zinseszins sowie der durchschnittlichen Lebenserwartung begreifen lässt.[1063]

313

3. Tauglichkeit

Dem korrespondierenden Kapitalwert wird vielfach bescheinigt, es sei **kein geeigneter Wert, um den wahren Wert einer Versorgung zu erfassen**, weil von ihrer Finanzierungs- und Sicherungsarchitektur her völlig verschiedene Versorgungssysteme diesen Wert **völlig unterschiedlich berechnen**. Diese jeweils eigenen Berechnungsweisen stünden seiner Eignung als einheitlicher Wertmesser entgegen.[1064]

314

Entscheidende Auswirkung hat der jeweilige Rechnungszins, und zwar umso mehr, je jünger die Ehegatten sind.[1065] Die **Verwendung des Rechnungszinses** hat der Gesetzgeber aber dem jeweiligen Versorgungsträger freigestellt,[1066] um die Berechnung mit einem möglichst realistischen und für das jeweilige Versorgungssystem zutreffenden Rechnungszinssatz zu ermöglichen. Er verweist nur als Hilfe auf den BilMoG-Zinssatz nach § 253 Abs. 2 HGB, ohne jedoch die Verwendung vorzuschreiben.[1067]

Dass der rein errechnete Kapitalwert der Korrektur bedarf, zeigt insb. § 47 Abs. 6 VersAusglG, der anordnet, dass nicht nur die Kapitalwerte, sondern auch **weitere wertbildende Faktoren der Anrechte zu be-**

[1063] *Bergner*, Kommentar zum reformierten Versorgungsausgleich, § 47 Rn. 6.
[1064] *Glockner/Hoenes/Weil*, Der Versorgungsausgleich, 1. Aufl. 2009, § 3 Rn. 56; *Hauß/Bührer*, Versorgungsausgleich, Rn. 999 ff.; Palandt/*Brudermüller* VersAusglG § 47 Rn. 5 ff. 9.
[1065] *Hauß/Bührer*, Versorgungsausgleich, Rn. 976, 984 ff.
[1066] So ausdrücklich BT-Drs. 16/10144, 85.
[1067] Nach Johannsen/Henrich/*Holzwarth*, Familienrecht, VersAusglG § 47 Rn. 14 soll sich der Versorgungsträger aber an diesem Zinssatz orientieren.

rücksichtigen sind, die sich auf die Versorgung auswirken. Gleichwohl bleibt auch die Begründung zur Einführung des § 47 Abs. 6 VersAusglG dabei, dass in erster Linie die Kapitalwerte bzw. die korrespondierenden Kapitalwerte maßgeblich sind.[1068] Zu den weiteren wertbildenden Faktoren zählen insb. folgende Fragen:
– Invaliditätsversorgung?
– Hinterbliebenenversorgung?
– Dynamik in der Anwartschafts- und/oder Leistungsphase?
– Insolvenzschutz?
– (Teil-)Kapitalisierungsrecht?[1069]
– **Finanzierungsverfahren** (Deckungs- oder Umlageverfahren)?[1070]

315 Trotz dieser Schwächen des korrespondierenden Kapitalwertes schreibt das Gesetz seine Bestimmung und Mitteilung an das Familiengericht vor, weil mit Hilfe dieses Wertes eine „**Vorsorgevermögensbilanz**" aufgestellt werden könne.[1071] Das Gesetz geht somit davon aus, dass der vom Versorgungsträger mitgeteilte korrespondierende Kapitalwert die Grundlage der Überlegung bildet. Zusätzlich hat eine Kontrollüberlegung und ggf. Korrektur des Wertes anhand der Kriterien des § 47 Abs. 6 VersAusglG stattzufinden. Eine versicherungsmathematische Berechnung ist eben nicht in jedem Falle vorgeschrieben. Wenn aber der korrespondierende Kapitalwert auf diese Weise vom Gesetzgeber als Grundlage anerkannt und zur Verfügung gestellt wird, dann **können** Ehegatten und damit auch **Anwälte und Notare den** ihnen vom **Gesetzgeber** für diesen Zweck **extra geschaffenen Wert** als Grundlage ihrer Entscheidung **nehmen**,[1072] wenn mit den Mandanten bzw. Urkundsbeteiligten geklärt ist, dass es sich um eine Hilfsgröße handelt und keine mathematisch genaue Bestimmung.

Man darf als **Vertragsgestalter** durchaus auch den **Wert einer schnellen und günstigen Einigung** in die Waagschale werfen, so wenn etwa auf einer Seite ein Versorgungsanrecht steht und auf der anderen Seite eine Immobilie. Den Ehegatten kommt es hier gar nicht immer und ausschließlich auf einen völlig exakten Wertvergleich an, sondern in erster Linie auf eine gütliche insgesamt gerechte Einigung.

Jeder Praktiker weiß, dass bei jeweils einem **Gutachtenauftrag** von jeder Seite sowohl das Anrecht wie die Immobilie mit zwei verschiedenen **sachverständigen Werten** versehen sind, sodass die vertragliche Einigung **letztlich auch** durch eine **Interpolation** der verschiedenen Werte zustande kommt.

Insbesondere bei **Kompensationsvereinbarungen** ist zusätzlich zu bedenken, dass der **korrespondierende Kapitalwert** als **Bruttowert** zu verstehen ist, der zumindest teilweise der Besteuerung unterliegt. Andere

---

[1068] BT-Drs. 16/11903, 112.
[1069] BT-Drs. 16/11903, 112.
[1070] Johannsen/Henrich/*Holzwarth*, Familienrecht, VersAusglG § 47 Rn. 15.
[1071] BT-Drs. 16/10144, 50; hierzu BeckOGK/*Schlünder* VersAusglG § 47 Rn. 5f.
[1072] *Hahne* FamRZ 2009, 2041 (2042).

C. *Versorgungsausgleichsrecht*

Werte hingegen – insb. aus dem Bereich des Zugewinns – stellen sich als Nettowerte dar.[1073]

Hinweis: Bei Verwendung des korrespondierenden Kapitalwertes sollten die Berater die Ehegatten darüber aufklären, dass es sich hierbei nur um eine Hilfsgröße handelt. Es ist durchaus ratsam, diese Aufklärung zu dokumentieren, die ggf. vom Hinweis auf die Möglichkeit sachverständiger Einzelberechnung begleitet wird.

V. Ausnahmen vom Versorgungsausgleich

316 Der Versorgungsausgleich ist vom Gesetzgeber in verschiedenen Konstellationen ausgeschlossen worden. So soll ein Versorgungsausgleich im Falle der **Geringfügigkeit** nicht stattfinden, **§ 18 VersAusglG**. Diese Vorschrift hat bisher die meiste Rechtsprechung seit der Reform des Versorgungsausgleichs produziert, hat also das Gegenteil einer Vereinfachung bewirkt. Problem ist, dass die Vorschrift, welche die übermäßige Belastung der Versorgungsträger und das Entstehen von Splitterversorgungen verhindern will, mit dem Prinzip der **Halbteilung widerstreitet**. Daher dämmt die Rechtsprechung den Anwendungsbereich der Vorschrift mehr und mehr ein.

Der **BGH** hat zunächst eine **Reihenfolge und Exklusivität der Prüfung** festgelegt. So ist zunächst zu prüfen, ob die Differenz zweier gleichartiger Ausgleichswerte gering ist, § 18 Abs. 1 VersAusglG.[1074] Die Prüfung nach Abs. 2, ob der Ausgleichswert eines einzelnen Anrechtes gering ist, hat sich dann auf solche Anrechte zu beschränken, denen kein gleichartiges Anrecht gegenübersteht. Damit gewinnt die Frage der **Gleichartigkeit** von Anrechten eine **ungeahnte Bedeutung**. Obwohl der BGH eine Bereichsausnahme für die gesetzliche Rentenversicherung ablehnt, wird es doch faktisch so sein, dass nur in den seltensten Fällen ein Ausgleich in die gesetzliche Rentenversicherung an § 18 VersAusglG scheitert.

Umgekehrt will der BGH **bei wirtschaftlicher Bedeutungslosigkeit** der Differenz der Ausgleichswerte gleichartiger Anrechte einen Ausgleich selbst dann unterlassen, wenn der Verwaltungsaufwand ebenfalls gering wäre (Rentenbetrag von 0,07 EUR mtl.[1075] oder Differenz der korrespondierenden Kapitalwerte von ca. 180,– EUR,[1076] nicht hingegen bei einem monatlichen Rentenwert von 8,57 EUR[1077]). Dieser Ansatz ist noch immer umstritten. So werden einerseits feste Grenzwerte zB

[1073] *Glockner/Hoenes/Weil*, Der Versorgungsausgleich, § 9 Rn. 14.
[1074] BGH – XII ZB 344/10, NJW 2012, 312; BGH – XII ZB 328/10, NJW-RR 2012, 194; BGH – XII ZB 501/11, NJW-RR 2012, 321.
[1075] BGH – XII ZB 325/16, NJW-RR 2016, 1476.
[1076] BGH – XII ZB 372/16, NJW-RR 2016, 1478.
[1077] BGH – XII ZB 323/15, NJW-RR 2017, 129.

3. Teil. Eherecht

von 5,– EUR monatlich vorgeschlagen.[1078] Andere Gerichte[1079] folgen dem BGH nicht und teilen auch bei wirtschaftlicher Bedeutungslosigkeit (1,06 EUR Rente monatlich), wenn der Verwaltungsaufwand dadurch nicht steigt.

317 Bei einer kurzen Ehe **bis zu drei Jahren Ehezeit** findet ein Versorgungsausgleich nur auf Antrag statt, § 3 Abs. 3 VersAusglG. Außer in den Fällen, in denen es auf eine schnelle Scheidung ankommt, wird der Anwalt idR den Antrag auf Ausgleich stellen, schon um nähere Informationen über die Höhe der zu erwartenden Versorgung zu bekommen.

318 Alle früheren Härtefallregelungen wurden nun in § 27 VersAusglG zusammengefasst. Die Kasuistik zum alten Recht bleibt verwendbar.[1080] Durch die Umstellung vom Gesamtsaldo auf den **Ausgleich einzelner Anrechte** aber gewinnt **§ 27 VersAusglG** einen **neuen Charakter**. Nach altem Recht war die Härteklausel nur eine Sanktion gegen den Berechtigten, der bei Unbilligkeit weniger Versorgungsausgleich erhielt, niemals aber gegen den Verpflichteten, da nicht der Versorgungsausgleich zu dessen Lasten erhöht werden konnte.[1081]

Nunmehr kann **aufgrund des Einzelausgleichs** jedes Anrechts auch ein **Verhalten des insgesamt Ausgleichspflichtigen sanktioniert** werden, indem der ihm jeweils zustehende Ausgleich vom Berechtigten ganz oder teilweise entfällt. Allerdings werden hierfür Grenzen zu beachten sein, da der Versorgungsausgleich keinen Strafcharakter erlangen darf. So darf ein Ausgleich nicht über den fiktiven Saldo der Ausgleichswerte hinaus vorgenommen werden.[1082]

VI. Vereinbarungen zum Versorgungsausgleich

1. Mehr Disposition

319 Durch die Reform des Versorgungsausgleichsrechts sollen **Vereinbarungen**, die zuvor mit Ausnahme des Totalverzichtes eher zögerlich verwendet wurden, **erleichtert** werden. So sind die Regelungen über die Vereinbarungen **ganz zu Beginn des Gesetzes** noch vor dem „Fahrplan" zum Versorgungsausgleich platziert. Die Gesetzesbegründung fordert mehrfach dazu auf, die neue Dispositionsfreiheit auch zu nutzen. **Beschränkungen und Nebenwirkungen**, insb. die gesetzliche Folge der Gütertrennung nach § 1414 S. 2 BGB aF und die Genehmigungspflicht nach § 1587o BGB aF wurden **abgeschafft**. Im Gegensatz zum früheren Recht haben **Regelungen bezüglich eines Anrechtes** nun **keine Auswirkungen mehr auf das Gesamtsystem** des Versorgungsausgleichs. Nur durch Vereinbarungen kann letztlich die **Zersplitterung** der Versorgungslandschaft bei Scheidung **verhindert** werden. Der Gesetzgeber zählt – anders als früher – die Möglichkeiten der

---

[1078] *Borth* FamRZ 2017, 851.
[1079] OLG Bremen – 5 UF 69/18, FamRZ 2019, 439.
[1080] Vgl. hierzu *Münch*, Ehebezogene Rechtsgeschäfte, Kap. 6 Rn. 801 ff.
[1081] *Glockner/Hoenes/Weil*, Der Versorgungsausgleich, § 8 Rn. 97.
[1082] *Glockner/Hoenes/Weil*, Der Versorgungsausgleich, § 8 Rn. 97.

C. Versorgungsausgleichsrecht

Vereinbarung in § 6 VersAusglG detailliert auf, vom vollständigen oder teilweisen Ausschluss über die Modifikationen bis hin zur Einbeziehung der sonstigen Vermögensansprüche der Ehegatten untereinander. Das Gericht ist bei Wirksamkeit an die Beteiligtenvereinbarung gebunden, § 6 Abs. 2 VersAusglG.

Wirksamkeitsschranken stellt **§ 8 Abs. 2 VersAusglG** einmal dahin auf, dass **Vereinbarungen nicht zulasten von Versorgungsträgern** gehen dürfen. Diese Vorschrift verbietet nur die unmittelbare Verfügung über Versorgungsanrechte durch die Ehegatten, nicht jedoch eine vertragliche Abrede, die erst durch das Gericht umgesetzt werden muss.[1083] § 8 Abs. 2 VersAusglG **untersagt** also etwa eine **größere Teilung als die Halbteilung eines Anrechtes** oder die Einbeziehung von außerehelichen Zeiten in den Versorgungsausgleich. Zulässig ist hingegen ein Verzicht auf den Ausgleich eines Ehegatten, sodass der Versorgungsträger des anderen voll ausgleichen muss. Dieser hat keinen Anspruch auf Verrechnung nach § 10 Abs. 2 VersAusglG.[1084]

Dass die Vereinbarung einer **Inhalts- und Ausübungskontrolle** standhalten muss, wie § 8 Abs. 1 VersAusglG betont, geht in seinen Anforderungen nicht über die richterlich bereits implementierte Inhaltskontrolle hinaus.[1085]

2. Form

Nach § 7 Abs. 1 VersAusglG bedarf eine Vereinbarung über den Versorgungsausgleich, die **vor Rechtskraft der Entscheidung über den Wertausgleich** bei der Scheidung geschlossen wird, **der notariellen Beurkundung**.

Nach Rechtskraft der Entscheidung über den Wertausgleich sind **Vereinbarungen formfrei** möglich. Es kommt **nicht** wie im Unterhaltsrecht nach § 1585c BGB auf die **Rechtskraft der Scheidung** an, sondern auf die Rechtskraft der Entscheidung über den Wertausgleich. Dies kann bei Abtrennung des Versorgungsausgleichs ein erheblich späterer Zeitpunkt sein.

Dabei ist zu beachten, dass nach dem FamFG nunmehr **in jedem Falle eine Entscheidung über den Versorgungsausgleich** zu treffen ist, die dann – mit ihren tragenden Gründen – in Rechtskraft erwächst. Nach § 224 Abs. 3 FamFG hat das Gericht nämlich in der **Beschlussformel festzustellen**, soweit ein Wertausgleich bei der Scheidung nach dem **VersAusglG nicht stattfindet**.

Die Vereinbarung über den Versorgungsausgleich kann sukzessive erfolgen, dh eine **gleichzeitige Anwesenheit ist nicht erforderlich**. Die Vereinbarung könnte folglich auch durch **Angebot und Annahme** geschlossen werden. Dies gilt jedoch nicht, wenn ein **Ehevertrag iSd § 1410 BGB** vorliegt, denn nach dieser Vorschrift ist die **gleichzeitige**

320

[1083] *Münch* FamRB 2012, 320 f.; BGH – XII ZB 668/12, NJW 2014, 1882.
[1084] BGH – XII ZB 668/12, NJW 2014, 1882.
[1085] Auf die Ausführungen hierzu in → Rn. 405 f. kann daher verwiesen werden.

Anwesenheit beider Vertragsteile erforderlich. Damit behält die schon im alten Recht schwierige Abgrenzung zwischen einer ehevertraglichen und einer scheidungsbezogenen Regelung für diesen Aspekt der Form nach wie vor Bedeutung. Da diese **Abgrenzung sehr unsicher** ist, kann der **Rat** nur lauten, möglichst **bei gleichzeitiger Anwesenheit zu beurkunden**, außer in eindeutigen Scheidungssituationen, wenn sich die Betroffenen nicht mehr an einen Tisch setzen können. In allen Fällen **erfordert das Gesetz** jedoch **nicht die persönliche Anwesenheit** der Vertragsteile. Der **Beurkundungsumfang** umfasst **alle Aspekte,** mit denen die Vereinbarung über den Versorgungsausgleich **zusammenhängt.** Nachdem nunmehr auch der unterhaltsrechtliche Teil einer Scheidungsvereinbarung beurkundungsbedürftig ist, wird dies idR in eine Gesamtvereinbarung münden, es sei denn, die Vereinbarung wird bei abgetrenntem Versorgungsausgleich nur noch zu diesem Thema notwendig.

§ 7 Abs. 2 VersAusglG ordnet an, dass § 127a BGB entsprechend gilt. Diese Verweisung war schon in § 1587o Abs. 2 S. 2 BGB aF enthalten gewesen und wird in der Sache unverändert übernommen.[1086] Da bei einem gerichtlichen Vergleich im engeren Sinne die Vorschrift des § 127a BGB direkt anwendbar wäre, soll die Anordnung der entsprechenden Anwendung in § 7 Abs. 2 VersAusglG klarstellen, dass Vereinbarungen **auch dann, wenn sie nicht den Charakter eines Vergleichs haben,** in der Form des § 127a BGB geschlossen werden können.[1087]

Somit kann eine Vereinbarung über den Versorgungsausgleich auch in einem Scheidungs- oder Versorgungsausgleichsverfahren durch **Aufnahme in das gerichtliche Protokoll nach § 127a BGB** ersetzt werden. Allerdings müssen hierbei **beide Ehegatten anwaltlich vertreten** sein.[1088] Umstritten war, ob auch ein sog. **Beschlussvergleich** im schriftlichen Verfahren nach § 278 Abs. 6 ZPO die Voraussetzungen für den Ersatz einer notariellen Beurkundung erfüllt. Der **BGH** hat diese jedoch nunmehr **bejaht.**[1089] Trotz dieser Entscheidung, die für die Praxis maßgeblich ist, bleibt es dabei, dass der Schutzzweck der notariellen Beurkundung im schriftlichen Vergleichsverfahren nicht erreicht wird.[1090] Zudem **ersetzt der Beschlussvergleich** nur die notarielle Form, **nicht** aber die erforderliche **gleichzeitige Anwesenheit iSd § 1410 BGB,** sodass **dessen Form nicht eingehalten** ist. Das haben die Gerichte für den vergleichbaren Fall der Auflassung bereits entschieden.[1091]

[1086] BT-Drs. 16/10144, 52.
[1087] BT-Drs. 16/10144, 52.
[1088] BGH – XI ZB 125/88, NJW-RR 1991, 1743; BGH – XII ZB 38/97, FPR 2002, 84; *Glockner/Hoenes/Weil*, Der Versorgungsausgleich, § 9 Rn. 49.
[1089] BGH – XII ZB XII ZB 71/16, NJW 2017, 1946 m. Anm. *Koch*.
[1090] So zu Recht *Reetz* RNotZ 2017, 645 ff.
[1091] OLG Hamm – 15 W 292/17, NZFam 2018, 569; OLG Düsseldorf – 3 Wx 137/06, NJW-RR 2006, 1609; *Schneider* NZFam 2017, 279.

C. Versorgungsausgleichsrecht

3. Beispiele für Vereinbarungen

a) Vollständiger Verzicht

Formulierungsvorschlag (vollständiger Verzicht auf Versorgungsausgleich): 321

1)
Wir schließen hiermit nach § 6 VersAusglG gegenseitig den Versorgungsausgleich nach dem VersAusglG vollständig und für die gesamte Ehezeit aus.

2)
Diesen Verzicht nehmen wir hiermit gegenseitig an.

3)
Eine Abänderung dieser Vereinbarung – insb. nach § 227 FamFG – wird ausgeschlossen.
Alternative:
Wir wissen, dass diese Vereinbarung nach § 227 Abs. 2 FamFG bei wesentlichen Veränderungen einer Abänderung unterliegen kann.

4)
In dieser Vereinbarung liegt jedoch ausdrücklich kein Verzicht auf Altersvorsorgeunterhalt.

5)
Der Notar hat uns über die rechtliche und wirtschaftliche Tragweite dieses Ausschlusses eingehend belehrt. Er hat insb. darauf hingewiesen:
a) dass bei einem Ausschluss des Versorgungsausgleichs jeder Ehegatte für seine Altersversorgung selbst sorgen muss und die Altersversorgung des anderen Ehegatten nicht geteilt wird;
b) dass es empfehlenswert ist, die aus dem bisherigen oder auch dem künftig zu erwartenden Versicherungsverlauf resultierenden Anrechte der Ehegatten im Rahmen einer Renten- bzw. Versorgungsberatung zu bestimmen; die Ehegatten wünschen die Beurkundung jedoch ausdrücklich ohne eine solche vorherige Berechnung;[1092]
c) dass die Vereinbarung eines Ausschlusses des Versorgungsausgleichs einer Wirksamkeits- und Ausübungskontrolle nach § 8 Abs. 1 VersAusglG und den Rechtsprechungsgrundsätzen unterliegt und dass ehevertragliche Regelungen bei besonders einseitiger Aufbürdung von vertraglichen Lasten und einer erheblich ungleichen Verhandlungsposition unwirksam oder unanwendbar sein können. Der Notar hat ferner darauf hingewiesen, dass der Vertrag bei einer gewichtigen Änderung der Ehekonstellation, insb. bei einer Änderung der Erwerbsbiographie oder der Geburt gemeinsamer Kinder auch nachträglich einer Ausübungskontrolle unterliegen kann. Er hat uns Gestaltungsmöglichkeiten aufgezeigt, dem bereits jetzt Rechnung zu tragen. Dies wünschen wir jedoch ausdrücklich nicht.
Die Vertragsteile erklären, dass sie nach einer Vorbesprechung und dem Erhalt eines Vertragsentwurfes mit Hinweis auf die Möglichkeit rentenrechtlicher Prüfung die rechtlichen Regelungen dieses Vertrages umfassend erörtert haben und dieser Vertrag ihrem gemeinsamen Wunsch nach Gestaltung

---

[1092] Nach Würzburger Notarhandbuch/*Mayer/Reetz*, 3. Teil, Kapitel. 1, Rn. 186.

3. Teil. Eherecht

ihrer ehelichen Verhältnisse entspricht. Sie sind insb. überzeugt, dass mit den Regelungen dieses Vertrages trotz des hier erklärten Verzichtes alle etwa eintretenden ehebedingten Nachteile ausgeglichen sind;
d) dass ein Ausschluss des Versorgungsausgleichs sittenwidrig sein kann, wenn er sich zulasten der Grundsicherung oder anderer Träger sozialer Hilfen auswirkt.

b) Verzicht bei Unternehmen mit einseitigem Rücktrittsrecht des Nichtunternehmers

322 Formulierungsvorschlag (Verzicht auf Versorgungsausgleich mit Rücktrittsrecht):
Wir gehen davon aus, dass sich der nachfolgende Verzicht auf Versorgungsausgleich nur zugunsten der Ehefrau auswirkt, da ich, der Ehemann, als Unternehmer meine Altersversorgung nicht auf Anrechten aufgebaut habe, die dem Versorgungsausgleich unterfallen.
Sollte dies im Zeitpunkt der Scheidung nach Erstellung der Vorsorgevermögensbilanz anders sein, so soll die Ehefrau durch ein einseitiges Rücktrittsrecht den Verzicht zu Fall bringen können. Wird dies im Scheidungsverfahren vorgetragen, so ist in jedem Fall im Rahmen eines Versorgungsausgleichsverfahrens im Wege der Ausübungskontrolle die Prüfung der bei Scheidung vorhandenen Anrechte zu ermöglichen.

1)
Wir schließen hiermit nach § 6 VersAusglG gegenseitig den Versorgungsausgleich nach dem VersAusglG vollständig und für die gesamte Ehezeit aus.

2)
Diesen Verzicht nehmen wir hiermit gegenseitig an.

3)
Eine Abänderung dieser Vereinbarung – insb. nach § 227 Abs. 2 FamFG – wird ausgeschlossen.

4)
Der Ehefrau steht einseitig das Recht zu, von diesem Verzicht zurückzutreten. Der Rücktritt ist zu Urkunde des Notars zu erklären und dem anderen Teil zuzustellen. Der Rücktritt kann auch während eines anhängigen Scheidungsverfahrens oder eines anhängigen Verfahrens zum Wertausgleich bei Scheidung noch erklärt werden bis zum Ende der letzten mündlichen Verhandlung, in der über den Versorgungsausgleich verhandelt wird.
Der Rücktritt ist nicht zu begründen und ausdrücklich auch dann zulässig, wenn die eingangs dieses Abschnittes geschilderten Voraussetzungen nicht vorliegen.
Durch den Rücktritt entfällt der Verzicht auf Versorgungsausgleich für beide Ehegatten, sodass dieser in vollem Umfange für beide Vertragsseiten durchzuführen ist.
Die übrigen Vereinbarungen dieses Vertrages werden durch den Rücktritt nicht berührt.

5)
Der Notar hat uns über die rechtliche und wirtschaftliche Tragweite dieses Ausschlusses eingehend belehrt. Er hat insb. darauf hingewiesen:
a) dass bei einem Ausschluss des Versorgungsausgleichs jeder Ehegatte für seine Altersversorgung selbst sorgen muss;

C. Versorgungsausgleichsrecht

b) dass die Vereinbarung eines Ausschlusses des Versorgungsgleichs einer Wirksamkeits- und Ausübungskontrolle nach §8 Abs. 1 VersAusglG und den Rechtsprechungsgrundsätzen unterliegt;
c) dass ein Ausschluss des Versorgungsausgleichs sittenwidrig sein kann, wenn er sich zulasten der Grundsicherung oder anderer Träger sozialer Hilfen auswirkt;
d) dass ein Rücktrittsrecht nur für die Ehefrau besteht und dass dieses Rücktrittsrecht den beiderseitigen Verzicht zu Fall bringt. Der Notar hat ferner über die Modalitäten des Rücktrittes belehrt.

c) Verrechnungsvereinbarung zweier Landesbeamter

Formulierungsvorschlag (Verrechnungsvereinbarung zweier Landesbeamter]: 323

1)
Nach den Auskünften des Landesamtes für Finanzen habe ich, der Ehemann, ehezeitliche Versorgungsanrechte in Höhe von 1.400,– EUR und ich, die Ehefrau, solche von 1.000,– EUR gegen den Freistaat Bayern erworben.

Nach §16 VersAusglG müsste eigentlich für jedes der beiden beteiligten Versorgungsanrechte im Wege der externen Teilung ein hälftiges Anrecht bei einer gesetzlichen Rentenversicherung begründet werden.

Wir vereinbaren, dass dieser Ausgleich dergestalt verrechnet wird, dass nur zulasten des Anrechtes des Ehemannes in Höhe eines Betrages von monatlich 200,– EUR (1.400,– EUR − 1.000,– EUR = 400,– EUR; Ausgleichswert: 200,– EUR) ein Versorgungsanrecht bei der DRV Nordbayern begründet wird. Eine externe Teilung meines, der Ehefrau, Anrechtes findet hingegen nicht statt. Insoweit wird auf einen weitergehenden Versorgungsausgleich hinsichtlich der beiden geschilderten Versorgungen ausdrücklich verzichtet.

Im Übrigen, dh für alle anderen Versorgungsanrechte, bleibt der Versorgungsausgleich unberührt.

2)
Diesen Verzicht nehmen wir gegenseitig an.

3)
Eine Abänderung dieser Vereinbarung – insb. nach §227 Abs. 2 FamFG – soll ausdrücklich zulässig sein[1093].

4)
Der Notar hat uns über die rechtliche und wirtschaftliche Tragweite dieser Vereinbarung eingehend belehrt. Er hat insb. darauf hingewiesen:
a) ....
b) dass er ausdrücklich keinen Betreuungsauftrag zur Berechnung von Renten- und Pensionswerten übernommen hat;
c) dass es empfehlenswert ist, zu überprüfen, ob die Übertragung von Anrechten in die gesetzliche Rentenversicherung dort zu Ansprüchen führt.[1094]

[1093] In diesen Fällen ist es ratsam, die Abänderbarkeit beizubehalten, denn es kann durch eine vorzeitige Pensionierung zu einer Änderung der Werte kommen.
[1094] Eine freiwillige Auffüllung der Versicherung ist nunmehr möglich nach Aufhebung des §7 Abs. 2 SGB VI, die Voraussetzungen einer Rente wegen Erwerbsminderung nach §43 SGB VI werden aber zumeist nicht erfüllt.

3. Teil. Eherecht

D. Ansprüche außerhalb des Familienrechts

324 Ansprüche zwischen Ehegatten bleiben keineswegs auf den rein familienrechtlichen Bereich der Scheidungsfolgen begrenzt. Vielmehr schuf die Rechtsprechung hier eine sog. „Zweite Spur", auf der Ansprüche zwischen Ehegatten mit den Mitteln des allgemeinen Vermögensrechts verfolgt werden können. Eine Betrachtung eherechtlicher Ansprüche muss daher auch dieses nunmehr oft „**Nebengüterrecht**"[1095] genannte Rechtsgebiet mit einbeziehen.

Die Erörterung dieses Rechtsgebietes führt dazu, dass eine gesetzliche Regelung dieses Rechtsgebietes gefordert wird, für das schon **Legislativvorschläge** existieren,[1096] da möglicherweise die Grenzen für eine rein richterliche Rechtsfortbildung überschritten seien.[1097] Auch das **Verhältnis** zwischen Nebengüterrecht und **Inhaltskontrolle** wird eingehend diskutiert. Sie folgen beide derselben richterlichen Intention,[1098] gleichwohl wird eine Ablösung der einen Institution durch die andere zu Recht abgelehnt.[1099]

I. Ehegatteninnengesellschaft

1. Gesellschaftsrechtliche Lösungen im Familienrecht

325 Der BGH griff in mehreren Urteilen seit 1999 auf die Rechtsfigur der Ehegatteninnengesellschaft als einer Gesellschaft bürgerlichen Rechts ohne Gesamthandsvermögen zurück.[1100]

a) Rechtsprechung

326 War in den fünfziger Jahren diese Rechtsfigur bereits bemüht worden, um Fälle der Mitarbeit von Ehegatten zu lösen, die beim anderen Ehegatten zu Vermögensmehrungen geführt hatten,[1101] so rückt nunmehr die neue Rechtsprechung Ansprüche aus Ehegatteninnengesellschaft in den **Mittelpunkt des Nebengüterrechts** und formt sie zur zentralen Anspruchsgrundlage. Der BGH wendet den gesellschaftsrechtlichen Lösungsansatz nunmehr auf Mitarbeit ebenso an wie auf finanzielle Zuwendungen der Ehegatten. Er folgert sogar die Pflicht zur Zusammenveranlagung aus den Regelungen der Ehegatteninnengesellschaft.[1102] Die Ansprüche sollen nach BGH keineswegs nur subsidiär zu den güterrechtlichen Ansprüchen sein. Sie können auch nach Ende der zugewinnaus-

---

[1095] Vgl. zB *Herr*, Nebengüterrecht, 2013.
[1096] *Herr* FamRB 2019, 116 ff.
[1097] Vgl. etwa Götz/Schnitzler/*Brudermüller*, Familienrechtsreform, 205, 215.
[1098] *Langenfeld/Milzer*, Eheverträge, Rn. 148; zum Verhältnis beider eingehend *Herr*, Nebengüterrecht, § 1 Rn. 100 ff.
[1099] *Wever* FamRZ 2019, 1289 ff.
[1100] BGH – XII ZR 230/96, NJW 1999, 2962; BGH – XII ZR 161/01, DStR 2003, 1805; BGH – XII ZR 189/02, DStR 2006, 1467.
[1101] BGH – II ZR 44/52, NJW 1953, 418.
[1102] BGH – XII ZR 161/01, DStR 2003, 1805.

D. *Ansprüche außerhalb des Familienrechts*

gleichsrechtlichen Ehezeit noch fortbestehen.[1103] Die Anwendung der Ehegatteninnengesellschaft bei Zugewinngemeinschaft ist aber noch immer nicht unbestritten. Das KG[1104] will sie nur in Ausnahmefällen annehmen und die Literatur fordert einen deutlich manifesteren Rechtsbindungswillen, wenn ohnehin schon Zugewinngemeinschaft besteht[1105], oder sieht die Ehegatteninnengesellschaft ganz ausgeschlossen.[1106]

b) Voraussetzungen

Der BGH räumt der Ehegatteninnengesellschaft künftig Vorrang vor Ansprüchen aufgrund unbenannter Zuwendungen ein. Die Ehegatteninnengesellschaft setzt voraus, dass ein **Gesellschaftszweck** existiert, der sich nicht in der **Verwirklichung der ehelichen Lebensgemeinschaft** erschöpft, sondern **darüber hinausgeht**. Im Gegensatz dazu dienen sog. unbenannte oder ehebedingte Zuwendungen gerade der Verwirklichung der ehelichen Lebensgemeinschaft.[1107] Ein über die eheliche Lebensgemeinschaft hinausgehender Zweck wird nach der Rechtsprechung verfolgt bei:[1108]
– gemeinsamer Vermögensbildung durch Vermögenseinsatz oder Arbeitsleistung oder gemeinsame berufliche[1109] oder gewerbliche Tätigkeit; nicht ausreichend: sparsame Lebensführung, um Altersvermögen zurückzulegen, das dann nur einem Ehegatten gehört.[1110]
– gleichberechtigte Mitarbeit oder Beteiligung (nicht notwendig gleichartig oder gleichhoch); kein Überordnungsverhältnis;[1111]
– Vorstellung von wirtschaftlich gemeinsamem Eigentum.

Ausgeschlossen ist die Ehegatteninnengesellschaft hingegen, wenn das **Vermögen des Eigentümer-Ehegatten** so **gefördert** wird, dass diesem der Vermögensgegenstand endgültig – auch bei Scheidung – allein verbleiben soll (zB Zuwendung einer Immobilie von einem Ehegatten an den anderen bei Gütertrennung nach 20 Jahren Ehe als echte Schenkung). Ausgeschlossen ist die Ehegatteninnengesellschaft ferner,

327

[1103] BGH – XII ZR 189/02, DStR 2006, 1467.
[1104] KG – 18 UF 33/16, NJW 2017, 3246.
[1105] *Röfer* FamRZ 2017, 608 (610).
[1106] *Bayer/Selentin* sehen die Innengesellschaft bei Zugewinngemeinschaft ausgeschlossen, da der Gesetzgeber die Folgen erkannt und in Kauf genommen habe, *Bayer/Selentin*, FS Koch, 2019, 307 ff.
[1107] Zu dieser Abgrenzung *Haas* FamRZ 2002, 205 (213 f.); *Grziwotz* DNotZ 2000, 486 (495) sieht die unbenannte Zuwendung dann nur noch auf den Bau eines Familienwohnheimes begrenzt.
[1108] Detaillierte Darstellung bei Münch/*Herr*, Familienrecht, § 6 Rn. 24 ff.
[1109] Es kann auch die Ehegatteninnengesellschaft mit einem Freiberufler geben, *Herr* FamRB 2011, 221 f.
[1110] OLG Düsseldorf – 9 UF 59/17, FamRZ 2019, 190 (LS) = BeckRS 2018, 37175.
[1111] Dieses Kriterium wird zusehends aufgeweicht. So erkennt das KG – 17 UF 310/11, FamRZ 2013, 787, eine Ehegatteninnengesellschaft zwischen einer Zahnärztin und ihrem Mann als Rezeptionisten an.

wenn die Rechtsbeziehung durch **spezielle vertragliche Abreden** wie Arbeits- oder Darlehensverhältnisse bereits abschließend geregelt ist.[1112]

Als **Indizien** für eine Ehegatteninnengesellschaft kommen in Betracht: Angaben auf Briefbögen und in der Geschäftskorrespondenz, planvolles und zielstrebiges längerfristiges Zusammenwirken, Erfolgs- und Verlustbeteiligungen oder Entnahmerechte des Nichteigentümer-Ehegatten, ggf. Übertragungen aus haftungsrechtlichen Überlegungen.

2. Rechtsfolgen

328 Der Wille der Ehegatten, eine solche Innengesellschaft zu begründen, lässt sich oft nur schwer nachvollziehen. Die Rechtsprechung greift denn auch auf dieses Institut vor allem wegen der ihr genehmen Rechtsfolgen zurück.

a) Ausgleichsanspruch

329 Die Rechtsprechung nimmt einen **Ausgleichsanspruch** an, der mit Beendigung der Innengesellschaft entsteht. Diese Beendigung knüpft der BGH an die Trennung der Ehegatten. Ausreichend ist,[1113] dass ein Ehegatte bei Trennung zu erkennen gibt, nicht mehr an der gemeinsamen Zweckverfolgung festzuhalten. Ein Gesamthandsvermögen besteht bei der Ehegatteninnengesellschaft regelmäßig nicht. Daraus folgt, dass mit der Beendigung der Gesellschaft zugleich deren Vollbeendigung eintritt, ohne dass es einer weiteren Liquidation bedürfte. Der anspruchsberechtigte Ehegatte wird vielmehr am Vermögen des anderen Mitgesellschafters finanziell beteiligt. Ihm steht kein Anspruch auf dingliche Beteiligung zu, sondern ein Ausgleichsanspruch, der sich **nach der Höhe seiner Beteiligung** bemisst. Diese wiederum richtet sich nach der **Größe seines Beitrages**. Lassen sich nun die einzelnen Beiträge nach längerer Ehe nicht mehr im Einzelnen nachvollziehen, so zieht der BGH[1114] **§ 722 Abs. 1 BGB** heran und folgert, dass die Ehegatten in einem solchen Falle **zu gleichen Teilen beteiligt** sind. Dies bedeutet einen Ausgleichsanspruch in Höhe des hälftigen Wertes. Dies ist eine für die Rechtsprechung sehr praktikable Lösung, denn danach müssen nicht mehr einzelne Zuwendungen und ihr Schicksal nachvollzogen werden. Beachtlich ist, dass es statt eines Ausgleichsanspruchs auch eine Nachschusspflicht geben kann, die anders als im Zugewinn nicht durch eine dem § 1378 Abs. 2 BGB entsprechende Kappungsgrenze gedeckt ist.[1115]

Von dieser praktikablen Lösung, in der nicht zuletzt ein Grund für die Hinwendung des BGH zur Ehegatteninnengesellschaft gesehen werden kann, ist der **BGH**[1116] aber **nun** leider wieder abgerückt. Er fordert, dass bei fehlender Gewinnverteilungsabsprache – wovon bei einem kon-

---

[1112] BGH – XII ZR 230/96, NJW 1999, 2962.
[1113] OLG Hamm – 33 U 13/09, FamRZ 2010, 1737 = BeckRS 2010, 25743.
[1114] BGH – XII ZR 230/96, NJW 1999, 2962.
[1115] *Herr* FamRB 2011, 86 f.
[1116] BGH – XII ZR 29/13, NZG 2016, 547 = FamRZ 2016, 965 m. Anm. *Wever*.

D. Ansprüche außerhalb des Familienrechts

kludenten Vertrag regelmäßig auszugehen sein wird – **zunächst nach Hinweisen auf eine beabsichtigte Gewinnverteilung** aus anderen feststellbaren Umständen **gesucht** werden müsse, bevor auf die hälftige Teilung nach § 722 BGB zurückgegriffen werden dürfe. Das können insb. Investitionen oder Arbeitsleistung weit über die hälftige Beteiligung hinaus sein.

> **Hinweis:** Die Gestaltungsberatung wird Situationen, die später zu einer konkludenten Ehegatteninnengesellschaft führen können, zu erkennen und sie einer vertraglichen Lösung zuzuführen haben, um eine spätere gleiche Beteiligung bei nicht nachweisbaren Beiträgen zu vermeiden. Hier ist Gestaltung gefragt.

b) Selektiver vorzeitiger Zugewinnausgleich

In der Praxis ist nunmehr von einer **Gleichrangigkeit** der Ansprüche aus Ehegatteninnengesellschaft und Zugewinnausgleich auszugehen. Damit ist die Ehegatteninnengesellschaft nach den Worten von K. Schmidt „**nicht mehr** bloß **Lückenfüller**" für Defizite im familienrechtlichen Ausgleich",[1117] es handelt sich vielmehr um einen „selektiven vorzeitigen Zugewinnausgleich",[1118] dessen Ergebnis wiederum in die Zugewinnberechnung einzustellen wäre. Zwar wurde der Zugewinnausgleich reformiert, negatives Anfangs- und Endvermögen geschaffen und Ungerechtigkeiten bei der illoyalen Vermögensverwendung beseitigt; dennoch zeigen eingehende Untersuchungen, dass für die Ehegatteninnengesellschaft noch immer ein Platz bleibt, wo sie zu Ansprüchen führt, die sich vom Zugewinnausgleich unterscheiden[1119], nehme man nur die unbegrenzte Nachschusspflicht ohne die Deckelung einer Vermögenswertbegrenzung.

Prozesstaktisch ist genau zu überlegen, ob die Ansprüche aus Ehegatteninnengesellschaft zusätzlich geltend gemacht werden sollen. Jedenfalls zeitlich können Ansprüche aus Ehegatteninnengesellschaft früher zum Ziel führen, da der ausgleichungsberechtigte Ehegatte zunächst separat die Vorlage einer Auseinandersetzungs- oder **Abfindungsbilanz** für die Ehegatteninnengesellschaft verlangen kann.[1120]

3. Problemfelder

Diese Lösung über eine konkludente Ehegatteninnengesellschaft, welche die Rechtsprechung den Beteiligten unterstellt, birgt mannigfache Probleme. Analysiert man die wahren Rechtsfolgen, wird kaum ein Beteiligter eine Ehegatteninnengesellschaft gründen, denn weder haftungsrechtliche noch steuerrechtliche Ziele lassen sich damit erreichen. Wo die Ehegatteninnengesellschaft einen Vorteil hat, nämlich bei der Erbschaftsteuer, ist sie bisher kaum entdeckt.

[1117] *K. Schmidt* JuS 2006, 754 (756).
[1118] *Herr* FamRB 2011, 258 ff.
[1119] *Wall* FamRB 2010, 348 ff.
[1120] KG, FamRZ 2013, 787 ff.

3. Teil. Eherecht

a) Wille zur Gesellschaftsgründung?

332 Hätte man die betroffenen Ehegatten im Vorfeld gefragt, so wäre ihnen diese Lösung sicher als **überraschend** und **ungewollt** erschienen. Die Rechtsprechung lässt es genügen, dass die Ehegatten die Vorstellung hatten, bestimmte Vermögensgegenstände sollten auch bei formal dinglicher Zuordnung zum Eigentum eines Ehegatten wirtschaftlich beiden gehören. Weitere bewusste Vorstellungen über die Bildung einer Gesellschaft sollen nicht erforderlich sein. Hieran entzündet sich auch die Kritik an der Rechtsprechung.[1121] Inzwischen wird sogar erörtert, ob nicht durch die Ausübungskontrolle von Gütertrennungsverträgen die Ehegatteninnengesellschaft obsolet wird.[1122]

b) Wirkliche Anwendung des Gesellschaftsrechts

333 Wenn man die Ehegatteninnengesellschaft heranzieht, so bedeutet dies, dass die Vorschriften des Gesellschaftsrechts der GbR auch tatsächlich zur Anwendung kommen müssen.[1123] Dem Nichteigentümer-Ehegatten muss also auch ein **Kontrollrecht** und beiden Ehegatten ein nicht auf Dauer ausschließbares **ordentliches Kündigungsrecht** nach §723 BGB zustehen.[1124] **Gläubiger** des Nichteigentümer-Ehegatten können den **Ausgleichsanspruch pfänden** und sodann **nach §725 BGB die Gesellschaft kündigen**. Im Gesellschaftsrecht wird man dem kaum eine familienrechtliche Überlagerung mit einer Höchstpersönlichkeit und Unpfändbarkeit des Ausgleichsanspruchs entgegensetzen können, vor allem weil der BGH sich beim Thema Rückforderungsansprüche schon eindeutig für Pfändbarkeit ausgesprochen hat und weil man davon ausgeht, dass §725 BGB zwingend ist.[1125]

Hinweis: Die Ehegatteninnengesellschaft ist gerade **kein taugliches Instrument**, um **Vermögen** vor den Gläubigern eines Ehegatten beim anderen Ehegatten **in Sicherheit zu bringen**.

Aus diesem Grunde darf man Ehegatten, denen es um eine solche Sicherung geht, nicht den Willen unterstellen, eine Ehegatteninnengesellschaft zu begründen.

Rechtsprechungszitat: Dies hat das OLG Frankfurt/Main[1126] erkannt und ausgeführt, man könne Ehegatten, die Vermögen den Gläubigern entziehen wollten, keinen Willen zur Begründung einer Ehegatteninnengesellschaft unterstellen, die dieses Vermögen den Gläubigern geradezu ausliefern würde.

[1121] ZB *Griwotz* DNotZ 2000, 486 (495); *Haas* FamRZ 2002, 205 (207); *Herr*, Kritik der konkludenten Ehegatteninnengesellschaft.
[1122] *Hoppenz* FamRZ 2011, 1697f.
[1123] Hierzu eingehend *Jaeger* FS Henrich, 2007, 323ff.
[1124] MüKoBGB*Schäfer* BGB §723 Rn.70ff.
[1125] MüKoBGB*Schäfer* BGB §725 Rn.7.
[1126] OLG Frankfurt/Main – 19 U 212/00, FamRZ 2004, 877 (878).

D. Ansprüche außerhalb des Familienrechts

c) Erbschaft- und Schenkungsteuer

Zur Verdeutlichung der Problematik soll ein schon älteres BGH-Urteil[1127] mit seinem Sachverhalt geschildert sein:

334

Rechtsprechungsbeispiel: Einem Ehemann gehörte ein **Betrieb zu Alleineigentum**. Aus den Erträgen dieses Betriebes wuchs sein in seinem **Alleineigentum** stehendes **Privatvermögen**. Der Unternehmer setzte nun seine zweite Ehefrau zur Alleinerbin ein und vermachte den Kindern aus erster Ehe je 1/4 seines Nachlassvermögens. Streitig war nun, was unter Nachlass zu verstehen ist. Die **Ehefrau behauptete** das Vorliegen einer **Ehegatteninnengesellschaft**.

Der BGH hielt es für möglich, dass der Ehefrau dann ein Anspruch auf das hälftige Betriebsvermögen, aber auch auf das hälftige Privatvermögen zustehe, weil der Ehemann bei bestehender Ehegatteninnengesellschaft durch Überentnahme alles für sich entnommen habe. Seine Ehefrau und Mitgesellschafterin könne dann einen Ausgleich in Höhe der Hälfte dieses Privatvermögens beanspruchen.

Obwohl die Ehefrau Alleinerbin geworden sei, sei dieser Ausgleichsanspruch aus Ehegatteninnengesellschaft nicht durch Konfusion untergegangen, sondern müsse gegenüber Pflichtteilsberechtigten und Vermächtnisnehmern als fortbestehend fingiert werden.

Die Bedeutung der Ehegatteninnengesellschaft im **Erbfall**, die aus diesem Urteil zu sehen ist, wird bisher kaum beachtet. So wie in diesem Rechtsprechungsbeispiel ließe sich in vielerlei Fällen eine konkludente Ehegatteninnengesellschaft behaupten. Dies hätte erhebliche Relevanz auf den Nachlass, da nach BGH nicht nur die eigentliche Firma, sondern auch alle Überentnahmen zu Ausgleichsansprüchen führen können. Insofern muss die Ehegatteninnengesellschaft als erbrechtliches Gestaltungsmittel mehr in den Mittelpunkt rücken. Sie wird hierzu bisher nur selten empfohlen.[1128]

Was aber für das Erbrecht gilt, das muss auch für die **Erbschaftsteuer** gelten, zumal hier § 10 Abs. 3 ErbStG ausdrücklich anordnet, dass infolge des Anfalls durch Vereinigung von Recht und Verbindlichkeit oder von Recht und Belastung erloschene Rechtsverhältnisse als nicht erloschen gelten. Der Ausgleichsanspruch des Alleinerben kann also steuerlich Berücksichtigung finden.

Rechtsprechung hierzu ist selten. Immerhin hat das FG Düsseldorf Ausgleichszahlungen in Höhe der hälftigen Einkommensunterschiede im Rahmen einer Ehegatteninnengesellschaft nicht als schenkungsteuerbare Zuwendung angesehen.[1129]

Hinweis: Die Ehegatteninnengesellschaft eignet sich gut als erbschaftsteuerliches Gestaltungsmittel. Ihre oft wenig trennscharfen Voraussetzungen müssen dem Finanzamt entsprechend dargelegt werden.

[1127] BGH – IV ZR 181/76, DNotZ 1978, 487 f.
[1128] Wall ZEV 2007, 249.
[1129] FG Düsseldorf – 4 K 2699/15 Erb, ZEV 2016, 724.

d) Mitunternehmerschaft

335 Der BGH hat das Vorliegen einer Ehegatteninnengesellschaft in einem Fall bejaht, den er selbst als „**Steuersparmodell**" bezeichnet hat.[1130] Der Sachverhalt war so, dass der Ehemann (Wirtschaftsprüfer und Steuerberater) die **Entstehung von Betriebsvermögen vermeiden** wollte und daher in Praxisräumen arbeitete, welche die Ehefrau gemeinsam mit einem Dritten in GbR hielt. Die Ehefrau war ferner als Arbeitnehmerin beim Ehemann tätig. Alle Einnahmen, welche die GbR aus der Vermietung erzielte, zahlte und erwirtschaftete der Ehemann. Dies sah der BGH als den typischen Fall der Vermögensbildung bei einem Ehegatten, die wirtschaftlich auch dem anderen zusteht.

Freilich wird die Annahme einer Ehegatteninnengesellschaft in solchen Fällen steuerlich durchaus gefährlich sein[1131] und das gewünschte „Steuersparmodell" möglicherweise konterkarieren; dann nämlich, wenn die Steuerrechtsprechung in solchen Fällen zu einer **verdeckten Mitunternehmerschaft**[1132] kommt, wenn also über das zivilrechtliche Modell der Ehegatteninnengesellschaft dem Nichteigentümer-Ehemann sowohl Mitunternehmerinitiative wie auch Mitunternehmerrisiko und eine Beteiligung an den stillen Reserven zugutekommt. Aus gutem Grunde ist deshalb die Steuerrechtsprechung zurückhaltender mit der Unterstellung eines entsprechenden Rechtsbindungswillens.[1133]

II. Störung der Geschäftsgrundlage

336 Die nächste Anspruchsgrundlage des Nebengüterrechts ist die **Störung der Geschäftsgrundlage** nach § 313 BGB. Sie ermöglicht eine (teilweise) **Rückabwicklung von Zuwendungen** oder Vermögensmehrungen durch **Mitarbeit**, wenn diese auf der Erwartung beruhen, die Ehe werde Bestand haben und diese Erwartung enttäuscht wurde. Hierbei geht es nicht um eine Korrektur einer Einzelzuwendung, sondern um eine **Gesamtkorrektur der ehelichen Vermögensverteilung**.[1134]

1. Ehegattenzuwendungen – bzw. Mitarbeit

337 Die Rechtsprechung behandelt verschiedene Zuwendungen an Ehegatten nicht als Schenkung, sondern als sog. **unbenannte Zuwendung**, die nicht unentgeltlich im zivilrechtlichen Sinne erfolgt, sondern „um der Ehe willen", also als Beitrag zur Verwirklichung, Ausgestaltung, Erhaltung und Sicherung der ehelichen Lebensgemeinschaft.[1135]

[1130] BGH – XII ZR 161/01, DStR 2003, 1805 (1806) unter 3.
[1131] Kritisch daher *Wever* FamRZ 2003, 1457 und *Spieker* FamRZ 2004, 174.
[1132] Zu diesem Konstrukt BFH – VIII R 32/90, DStR 1998, 967; BFH – II R 26/07, ZEV 2009, 417.
[1133] Vgl. etwa FG Baden-Württemberg – 14 K 6/99, DStRE 2005, 1185.
[1134] *Hoppenz* MittBayNot 1998, 217 (221).
[1135] BGH – IV b ZR 82/86, NJW-RR 1988, 962.

D. Ansprüche außerhalb des Familienrechts

Ebenso stuft die Rechtsprechung **Mitarbeit** ein, die über das übliche und gesetzlich geschuldete Maß hinaus erfolgt. Mitarbeit kann zwar nicht als Zuwendung begriffen werden, es besteht jedoch bei Mitarbeit nach der Rechtsprechung ein **familienrechtlicher Kooperationsvertrag** eigener Art.[1136] Dies setzt eine Mitarbeit von gewisser Dauer und Regelmäßigkeit voraus und liegt insb. vor, wenn durch die Tätigkeit eine fremde Arbeitskraft eingespart werden kann.[1137]

In beiden Fällen ist der Fortbestand der Ehe nicht Vertragszweck, sondern Geschäftsgrundlage. Diese Geschäftsgrundlage ist mit dem Scheitern der Ehe gestört, sodass es zu einem Anspruch aus der Störung dieser Geschäftsgrundlage kommen kann.

Es haben sich insb. folgende Fallgruppen unbenannter Zuwendungen gebildet:
– Zuwendungen oder Mitarbeit im Rahmen der Schaffung eines **Familienwohnheims**,
– Einsatz von Vermögen zur **Alterssicherung**,[1138]
– neuerdings hat der BGH geurteilt, die leibliche Abstammung eines Kindes könne Geschäftsgrundlage einer Zuwendung an die Mutter sein, insbesondere, wenn mit der Zuwendung auch der Unterhaltsbedarf des Kindes gedeckt werden solle.[1139]

Andere Fallgruppen dürfte die Rechtsprechung inzwischen vorrangig der Ehegatteninnengesellschaft zuordnen. Nicht betroffen von diesem Rechtsinstitut sind Zuwendungen nur im Rahmen des alltäglichen Zusammenlebens, wie zB der Kauf von Möbeln.[1140]

2. Güterstandsbezogene Voraussetzungen

Ob bei einer unbenannten Zuwendung bzw. Mitarbeit ein Ausgleichsanspruch in Betracht kommt, hängt zunächst davon ab, **ob die güterrechtlichen Regeln bereits zu einem zumutbaren Ergebnis führen**, für denjenigen Ehegatten **führen**, der die Zuwendung getätigt hat. Aus diesem Grunde ist für die Frage nach einem solchen Anspruch jeder Güterstand für sich zu betrachten. Die Rechtsprechung unterscheidet daher wie folgt:

Im Güterstand der **Gütertrennung fehlt jedes Ausgleichssystem** für eine durch Zuwendungen/Mitarbeit geschaffene Vermögenslage. Daher gewährt die Rechtsprechung hier großzügiger Ansprüche aus Störung der Geschäftsgrundlage als im gesetzlichen Güterstand. Ein solcher

338

[1136] BGH – IX ZR 99/80, NJW 1982, 2236.
[1137] BGH – XII ZR 1/93, NJW 1994, 2545.
[1138] BGH – IV ZR 231/69, NJW 1972, 580; BGH – IV b ZR 82/86, DNotZ 1989, 679; daher kritisch zu sehen OLG Schleswig – 3 U 29/13, ZEV 2014, 260, das die Tilgung des Hauses in Miteigentum durch den alleinverdienenden Ehegatten in die Pflichtteilsergänzung einbezieht, sodass dessen Pflichtteilsberechtigte ihren Pflichtteil auch aus der getilgten Summe berechnen können.
[1139] BGH – XII ZR 47/09, NJW 2012, 2728, im konkreten Fall allerdings eine Zuwendung anlässlich der Trennung.
[1140] *Wever* FamRZ 2016, 1627 (1633).

Anspruch kommt daher schon dann in Betracht, wenn die Beibehaltung der Vermögensverhältnisse, wie sie durch die Zuwendung (mit) herbeigeführt wurden, dem Zuwendenden **nach Treu und Glauben nicht zumutbar** ist.[1141]

> **Hinweis:** Dass bei Gütertrennung, wo die Ehegatten gerade keinen Vermögensausgleich wollen, ein solcher eher erfolgt als im gesetzlichen Güterstand, wird von den Ehegatten meist nicht gesehen und würde nicht gewollt. Daher ist zu erwägen, auch solche Ansprüche auszuschließen und die Ehegatten damit zu einer Regelungsdisziplin bei der Zuwendung zu veranlassen.

339 Anders hingegen im Güterstand der **Zugewinngemeinschaft**. Hier greift bei Scheitern der Ehe das Ausgleichssystem des Zugewinns ein und schließt Ansprüche wegen Störung der Geschäftsgrundlage im Grundsatz aus. Nur wenn auch nach Durchführung des Zugewinnausgleichs **schlechthin unangemessene und untragbare Ergebnisse** verbleiben, kommt ein zusätzlicher Anspruch aus Störung der Geschäftsgrundlage in Betracht,[1142] der güterrechtliche Ausgleich allein darf nicht als tragbare Lösung erscheinen.[1143] Die Rechtsprechung ist hier sehr streng. Selbst wenn der Zuwendende beim Zugewinnausgleich weniger als die Hälfte seiner Zuwendung zurückerhält, soll noch kein Ausgleichsanspruch bestehen.[1144] Untragbar wird das Ergebnis aber, wenn beim Zuwendungsempfänger gar **kein Zugewinn** anfällt, obwohl er **noch im Besitz des zugewendeten Vermögensgutes** ist, etwa bei einer hohen Verschuldung während der Ehe oder wenn beim Zuwendenden **Notbedarf** auftritt.[1145]

Zur Feststellung dieser Gegebenheiten hat eine umfassende **Gesamtbeurteilung** zu erfolgen, welche neben der Dauer der Ehe und dem Alter der Ehegatten, die Art und den Umfang der erbrachten Zuwendung gewichtet und die andererseits vom Zuwendungsempfänger für die Ehe erbrachten Leistungen gegenüberstellt, die fragt, ob die Vermögensmehrung noch vorhanden ist, denn die noch vorhandene Vermögensmehrung bildet die Höchstgrenze des Anspruchs,[1146] und sich mit den gesamten Einkommens- und Vermögensverhältnissen der Ehegatten befasst, denn es handelt sich um eine **Gesamtkorrektur der ehelichen Vermögensverteilung**, nicht um eine isolierte Betrachtung nur der Zuwendung.

> **Hinweis:** Da es im gesetzlichen Güterstand nur selten zu einem Ausgleichsanspruch wegen Störung der Geschäftsgrundlage kommt, muss ein zuwendender Ehegatte, der im Falle einer Scheidung eine Rückgabe des Zuwendungsgutes erreichen will, sich diese Rückgabe vertraglich vorbehalten.

[1141] BGH – IX ZR 99/80, NJW 1982, 2236.
[1142] BGH – XII ZR 114/89, NJW 1991, 2553.
[1143] BGH – XII ZR 20/95, NJW 1997, 2747.
[1144] BGH – XII ZR 114/89, NJW 1991, 2553.
[1145] BGH – XII ZR 114/89, NJW 1991, 2553.
[1146] BGH – XII ZR 136/10, NJW 2012, 3374.

D. Ansprüche außerhalb des Familienrechts

3. Anspruchsinhalt

Die Ansprüche bei Störung der Geschäftsgrundlage gehen nach § 313 BGB auf eine **Anpassung** der Verhältnisse. Der Anspruch geht überwiegend lediglich auf einen **Ausgleich in Geld**. Für die Höhe des Anspruchs bedarf es erneut einer **Gesamtabwägung**. Dabei ist insb. auch zu berücksichtigen, ob und wie lange der Zweck der Zuwendung, die Förderung der Ehe, erreicht wurde. Es wird also ein **Abschlag für Zweckerreichung** zu machen sein. Dieser ist aus dem Verhältnis der Nutzungsdauer bei intakter Ehe zur Gesamtnutzungsdauer zu bilden (bei unbeschränkter Nutzungsdauer zur Eheerwartung, die der Lebenserwartung des Ehegatten mit der geringeren Lebenserwartung entspricht).[1147] Der Ausgleichsanspruch wird **nach oben begrenzt** durch die noch **vorhandene Vermögensmehrung** und bei Mitarbeit durch die Summe der ersparten Arbeitskosten.[1148]

Nur in **Ausnahmefällen** kann eine **Rückgabe des Zuwendungsgegenstandes** verlangt werden, wenn der rückforderungsberechtigte Ehegatte ein schützenswertes Interesse gerade am Erhalt dieses Gegenstandes hat, so zB bei einem behindertengerecht ausgebauten Haus[1149] oder wenn der Zuwendende den Gegenstand im Rahmen seines Gewerbebetriebes benötigt oder die Zuwendung treuhänderisch erfolgt war. Für all dies trägt der Zuwendende die Darlegungs- und Beweislast.[1150] In der Regel wird diese Rückgabe nur wiederum gegen Zahlung eines Ausgleichsbetrages verlangt werden können.[1151]

340

III. Miteigentum

1. „Güterstand" der Miteigentümergemeinschaft

Wenn Familienrechtler von einem „**Güterstand der Miteigentümergemeinschaft**"[1152] sprechen, so meinen sie damit, dass die Miteigentümergemeinschaft so weit verbreitet ist, dass sie quasi schon als Regelgüterstand angesehen wird. Ehegatten erwerben Immobilien oder andere Vermögensgegenstände häufig zu Bruchteilseigentum, ohne sich Gedanken über die rechtlichen Folgerungen zu machen. Das BGB regelt die Bruchteilsgemeinschaft als **Auffanggemeinschaft** in §§ 741 ff. BGB. Da diese Vorschriften größtenteils abdingbar sind, lässt sich auch eine individuelle Bruchteilsgemeinschaft gestalten. Dies geschieht aber eher selten, da die rechtliche Relevanz der vorhandenen Regelungen nicht präsent ist.

341

[1147] Arbeitskreis 19 des Familiengerichtstages 2011 in Brühler Schriften zum Familienrecht, Band 17, 120.
[1148] BGH – XII ZR 1/93, NJW 1994, 2545.
[1149] *Schulz/Hauß*, Vermögensauseinandersetzung, Rn. 1601 mwN.
[1150] OLG Bremen – 4 UF 61/16, NZFam 2017, 178.
[1151] BGH – XII ZR 143/00, NJW-RR 2002, 1297.
[1152] *Grziwotz* FamRZ 2002, 1669.

3. Teil. Eherecht

Während intakter Ehe sind die Vorschriften regelmäßig **familienrechtlich überlagert**.[1153] Daher kann ein Ehegatte bei intakter Ehe die Rechte nach §§ 741 ff. BGB nicht ohne Rücksicht auf die familienrechtlichen Bande ausüben. Insbesondere folgende Einschränkungen sind zu nennen:
– kein Recht auf Nutzungsentgelt wegen Unterhaltsgewährungspflicht,
– kein Recht auf Aufhebung der Gemeinschaft wegen des Gebots der Rücksichtnahme auf vermögensrechtliche Belange des anderen Ehegatten nach § 1353 Abs. 1 S. 2 BGB.

Die Begründung von Miteigentum geschieht häufig ohne weiteres Nachdenken. Hier sollten die im Vorfeld eingeschalteten Berater über das **passende Erwerbsverhältnis** zwischen den Mandanten **nachdenken**. Oft erweist sich ein Erwerb zu Alleineigentum – eingebettet in Ausgleichsvorschriften – oder als Gesellschaft bürgerlichen Rechts gerade steuerlich als sinnvoller.[1154]

Hinweis: Das Erwerbsverhältnis von Eheleuten ist oft eine ganz entscheidende Weichenstellung. Hierüber sollte vor dem Erwerb näher reflektiert werden.

2. Miteigentum nach Trennung

342   Das ändert sich jedoch mit der Trennung der Ehegatten. Sofern die Ehegatten keine anderweitige Regelung – etwa im Rahmen einer Trennungsvereinbarung – treffen und keine Wohnungszuweisung nach § 1361b BGB erfolgt, kann jeder Ehegatte nunmehr die Rechte nach den §§ 741 ff. BGB geltend machen.

§ 745 Abs. 2 BGB gibt das **Recht auf Neuregelung der Benutzung und Verwaltung**. Ein solches Recht kann mit der endgültigen Trennung geltend gemacht werden.[1155]

Hinweis: Dieser Anspruch muss geltend gemacht werden. Er entsteht erst ab einem deutlichen Verlangen auf Neuregelung und Zahlung eines Nutzungsentgeltes.

Nach neuerer Ansicht, welche durch die BGH-Rechtsprechung nunmehr gefestigt ist, wird **auch bei freiwilligem Auszug** die Anspruchsgrundlage von der spezielleren Norm des **§ 1361b Abs. 3 BGB** verdrängt.[1156] Damit ist insoweit nur noch ein Zahlungsverlangen er-

---

[1153] BGH – IX ZR 14/82, NJW 1983, 1845.
[1154] Zu den Erwerbsverhältnissen vergleichend *Raff* NZFam 2018, 768 f.; *von Proff zu Irnich* notar 2019, 35 ff.
[1155] BGH – XII ZR 3/93, NJW 1994, 1721; BGH – XII ZR 14/09, NJW-RR 2010, 1585.
[1156] BGH – XII ZB 268/13, NJW 2014, 462; BGH – XII ZB 137/16, NJW 2017, 2544; OLG Hamm – 3 UF 222/09, FamRZ 2011, 481; Palandt/*Brudermüller* BGB § 1361b Rn. 20; *Wever*, Vermögensauseinandersetzung, Rn. 134.

D. Ansprüche außerhalb des Familienrechts

forderlich, kein Neuregelungsverlangen, also nicht mehr das Verlangen „Zahlung oder Auszug".[1157]

Das **Nutzungsentgelt** bei Auszug eines hälftigen Miteigentümers bemisst sich nach der hälftigen **ortsüblichen Miete**. Man wird allerdings während einer **Übergangszeit** von einem halben bis zu einem Jahr nur ein Entgelt in Höhe der ersparten Miete für eine angemessene (kleinere) Wohnung ansetzen können.

Wenn die Nutzung der Wohnung bei einer Unterhaltsvereinbarung bereits Berücksichtigung gefunden hat, dann ist nicht noch zusätzlich ein Nutzungsentgelt zur Zahlung fällig.[1158]

3. Bankkonten

Bei Bankkonten von Ehegatten kann es sich entweder um **Einzelkonten** handeln, die nur auf den Namen eines Ehegatten geführt werden, oder um **Gemeinschaftskonten**, bei denen beide Ehegatten Kontoinhaber sind. Bei diesen unterscheidet man wiederum zwischen „**Oder-Konten**", bei denen alle Inhaber berechtigt sind, ohne Mitwirkung der anderen über das Konto zu verfügen (unter Ehegatten der Regelfall), und „**Und-Konten**", bei denen die Inhaber nur gemeinschaftlich über das Konto verfügen dürfen.[1159] Bei einem Einzelkonto kann der andere Ehegatte häufig mittels einer **Bankvollmacht** über das Konto verfügen. Kredite und Kontoüberziehungen sind jedoch aufgrund der üblichen Bankvollmacht nicht gestattet.[1160] 343

a) Einzelkonto

Eröffnet ein Ehegatte ein Einzelgiro- oder auch Wertpapierkonto bei einer Bank auf seinen Namen, so ist er **alleiniger Gläubiger** der Guthabenforderung gegen die Bank aber auch **im Innenverhältnis** zum anderen Ehegatten grundsätzlich **allein berechtigt**.[1161] Allein der Umstand, dass auch der andere Ehegatte hierauf Einzahlungen tätigt oder dass dem anderen Ehegatten über das Konto eine Vollmacht erteilt wurde, ändert hieran nichts.[1162] 344

Eine **Ausnahme** von diesem Grundsatz ist nur dann gerechtfertigt, wenn durch eine von den Ehegatten gemeinsam festgelegte Zweckbindung des Kontos das Guthaben **ersichtlich für einen gemeinsamen Zweck**, etwa die Anschaffung eines Familienwohnheimes, angespart wurde. Hier ist anzunehmen, dass die Ehegatten eine Bruchteilsgemeinschaft hinsichtlich der angesparten Summe jedenfalls stillschweigend vereinbart hatten. Der **BGH** hat in mittlerweile drei Entscheidungen

---

[1157] OLG Düsseldorf – 8 UF 35/18, FamRB 2019, 134.
[1158] *Wever*, Vermögensauseinandersetzung, Rn. 216 ff.
[1159] *Götz/Jorde* DStR 2002, 1462 ff.
[1160] BGH – I ZR 76/52, MDR 1953, 345 (346); OLG Hamm – 7 U 165/90, NJW 1992, 378.
[1161] OLG Karlsruhe – 2 UF 50/01, NJW-RR 2003, 361.
[1162] OLG Karlsruhe – 2 UF 50/01, NJW-RR 2003, 361.

eine solche Bruchteilsgemeinschaft angenommen.[1163] So waren in einem Fall beide Ehegatten berufstätig und hatten alle Ersparnisse auf Konten des einen Ehegatten angelegt und später für gemeinsame Anschaffungen wie Hausrat, Pkw und anderes verwendet.[1164] In einem anderen Fall waren die kompletten Ersparnisse des Ehemannes während der gesamten Ehezeit auf Konten der Ehefrau eingezahlt worden (insgesamt ca. 225.000,– EUR), ohne dass ein konkreter Zweck mit dem Ansparen verbunden war. Der BGH nahm hier an, dass das Verhalten der Eheleute der **Vorsorge für den Fall des Alters oder der Erkrankung** diente oder zum **Ansparen von Vermögen**, das **an die Nachkommen** weitergegeben werden sollte. Auch in solchen Fällen sei konkludent eine **Bruchteilsgemeinschaft** vereinbart worden.[1165] Eine solche Vereinbarung erfolgt durch **(konkludente) Abtretung der Kontoforderung** an den anderen Ehepartner als Bruchteils-Mitberechtigter.[1166]

345 Wenn auf diese Weise eine Bruchteilsgemeinschaft entstanden ist, so soll eine **ehebedingte Zuwendung** des einzahlenden Ehegatten **ausgeschlossen** sein,[1167] da das Konto dann ohnehin schon beiden Ehegatten zusteht. Mit der Annahme einer Bruchteilsberechtigung am Einzelkonto eines Ehegatten sollte aber **zurückhaltend** umgegangen werden, da primär angenommen werden muss, dass bei einer Einzahlung auf ein Einzelkonto die eingezahlten Gelder dem Inhaber dieses Einzelkontos zuzuordnen sind.

> **Hinweis:** Auch wenn ein Einzelkonto vorliegt, kann daran eine Bruchteilsgemeinschaft der Ehegatten bestehen, wenn die Ersparnis für einen gemeinsamen Zweck erfolgte.

Wenn in den geschilderten Ausnahmefällen eine **Bruchteilsgemeinschaft** vorliegt, dann steht beiden Ehegatten die Forderung gegen die Bank im Innenverhältnis **im Zweifel zu gleichen Anteilen zu (§ 742 BGB)**, und zwar unabhängig vom Verhältnis der geleisteten Einzahlungen.[1168]
Damit besteht nach § 749 Abs. 1 BGB ein Anspruch auf Aufhebung der Gemeinschaft, der durch Teilung zu realisieren ist. Bei Gütertrennung ist dies von Bedeutung. Im gesetzlichen Güterstand wirkt es sich nicht aus, ob der Ausgleichsanspruch den Kontostand reduziert oder dieser voll im Zugewinn enthalten ist.

[1163] BGH – II ZR 275/63, FamRZ 1966, 442f.; BGH – XII ZR 62/98, NJW 2000, 2347; BGH – XII ZR 9/01, NJW 2002, 3702.

[1164] BGH – XII ZR 62/98, NJW 2000, 2347.

[1165] BGH – XII ZR 9/01, NJW 2002, 3702; *Heinle* FamRB 2003, 39 will daraus einen Ausgleichsanspruch des Nichtinhabers auch für Bausparverträge, Lebensversicherungen und andere Formen der Vermögensbildung annehmen.

[1166] OLG Bremen – 4 W 24/05, NJW-RR 2005, 1667 (1668); *Wever*, Vermögensauseinandersetzung, Rn. 533; Staudinger/*von Proff* BGB § 741 Rn. 37.

[1167] BGH – XII ZR 9/01, NJW 2002, 3702.

[1168] BGH – XII ZR 9/01, NJW 2002, 3702; OLG Bremen – 4 W 24/05, NJW-RR 2005, 1667 (1669); *Weber* NJW 2003, 3597 (3604).

D. Ansprüche außerhalb des Familienrechts

Bestand das Konto hingegen als **Einzelkonto ohne Bruchteilsgemeinschaft** und hat der andere Ehegatte **Einzahlungen** auf dieses Konto geleistet, so bestehen Ansprüche allenfalls nach den Grundsätzen über ehebezogene Zuwendungen wegen **Störung der Geschäftsgrundlage**. Besteht bei einem Einzelkonto Kontovollmacht, so wird die Frage, ob eine Abhebung unter Missbrauch der Vollmacht geschehen ist, nach ähnlichen Grundsätzen zu beurteilen sein wie die nachstehend geschilderten Verfügungen vom Gemeinschaftskonto.

b) Gemeinschaftskonto

Bei einem **Oder-Konto**[1169] von Ehegatten ist grundsätzlich im Außenverhältnis von einer **Gesamtgläubigerschaft** gegenüber der Bank nach § 428 BGB auszugehen[1170], allerdings mit der Besonderheit, dass diese nicht leisten darf, an wen sie will, sondern an denjenigen leisten muss, der die Leistung fordert.[1171] Das Innenverhältnis der Ehegatten beim Oder-Konto richtet sich nach **§ 430 BGB**, der eine **eigenständige Anspruchsgrundlage** darstellt.[1172] Ergänzend gelten die Vorschriften der Bruchteilsgemeinschaft, insb. **§ 742 BGB**.[1173] Nach der Rechtsprechung des BGH kommt es bei Oder-Konten weder auf die Herkunft der Mittel an,[1174] noch auf die Gründe, aus denen das Gemeinschaftskonto errichtet worden ist. Vielmehr sind – mangels abweichender vertraglicher Vereinbarung – beide Ehegatten **zu gleichen Teilen** am Bankkonto beteiligt.

346

Steht demnach das Kontoguthaben beiden Ehegatten je zur Hälfte zu, so kann derjenige Ehegatte, der aus dem Bankkonto weniger als die Hälfte erhalten hat, nach **§ 430 BGB** vom anderen Ehegatten einen entsprechenden Ausgleich verlangen,[1175] es sei denn, dass eine **anderweitige Bestimmung** vorliegt. **Während intakter Ehe** ist ein solcher Ausgleichsanspruch grundsätzlich ausgeschlossen, da sich eine stillschweigende anderweitige Vereinbarung aus der Mittelverwendung zu ehelichen Zwecken ergibt. Meist liegt bei intakter Ehe ein **konkludenter Verzicht** auf einen Ausgleich vor.[1176]

[1169] Beim eher selten vorkommenden Und-Konto liegt regelmäßig eine Bruchteilsgemeinschaft vor, bei welcher die Ehegatten Mitgläubiger der Forderung sind, BGH – XI ZR 352/89, NJW 1991, 420.

[1170] BGH – IV b ZR 4/89, NJW 1990, 705; BGH – XII ZR 62/98, NJW 2000, 2347; *Gernhuber* WM 1997, 645 ff.

[1171] Palandt/*Grüneberg* BGB § 428 Rn. 3.

[1172] BGH – IV b ZR 4/89, NJW 1990, 705; OLG Zweibrücken – 7 U 159/89, NJW 1991, 1835.

[1173] OLG Hamm – 5 U 31/88, FamRZ 1990, 59 f.; OLG Karlsruhe – 11 U 75/89, NJW-RR 1990, 1285; aA *Gernhuber* WM 1997, 645 ff.

[1174] In dem Fall des BGH – IV b ZR 4/89, NJW 1990, 705, sollen die Gelder durch Einzahlung von ausländischem Schwarzgeld aus der geschäftlichen Tätigkeit des Ehemannes angespart worden sein.

[1175] BGH – IV b ZR 4/89, NJW 1990, 705.

[1176] OLG Zweibrücken – 7 U 159/89, NJW 1991, 1835; OLG Karlsruhe – 11 U 75/89, NJW-RR 1990, 1285; OLG Hamm – 5 U 31/88, FamRZ 1990, 59 f.

3. Teil. Eherecht

Ausgleichsansprüche für Verfügungen während intakter Ehe sind somit grundsätzlich ausgeschlossen. Eine **Ausnahme** bilden **missbräuchliche Kontoverfügungen**, die durch den ehelichen Zweck nicht mehr gedeckt sind. Für sie ist kein konkludenter Verzicht anzunehmen, sodass sie zu Ausgleichsansprüchen nach § 430 BGB führen.[1177] Sie zeigen, dass die Ehe eigentlich nicht mehr intakt war.[1178] Schon die Höhe einer Geldsumme, über die ein Ehegatte allein verfügt, kann zu einer solchen Wertung führen.[1179] Eine missbräuchliche Kontoverfügung kann auch strafrechtliche Folgen nach sich ziehen und dann zu Ansprüchen aus **§ 266 Abs. 1 StGB, § 823 Abs. 2 BGB** führen.[1180]

Nach der Trennung von Ehegatten besteht eine anderweitige Regelung regelmäßig nicht mehr. Vielmehr **führt hier jede Verfügung über die Hälfte hinaus grundsätzlich zu Ausgleichsansprüchen**. Mit der Trennung ist nämlich das Vertrauensverhältnis für die Errichtung eines gemeinsamen Oder-Kontos und damit der Zweck des Oder-Kontos weggefallen.[1181] Zu beachten ist, dass bei Oder-Konten eine einseitige Sperrung der Verfügungsbefugnis nicht möglich ist, wenn die Bankbestimmungen dies nicht ausdrücklich vorsehen. Schutz bietet hier nur das sofortige Abheben des hälftigen Anteils. Auch für die Zeit nach der Trennung kann aber etwas anderes bestimmt sein, so etwa wenn noch gemeinsame Schulden bezahlt werden oder wenn der Anteil dem anderen (verfügenden) Ehegatten ehebezogen zugewendet wurde.[1182]

c) Wertpapierdepot

347 Wertpapiere werden zumeist in einem Depot verwahrt. Hierzu sieht das Gesetz zum einen die **Sonderverwahrung** nach § 2 DepotG vor, bei der die Wertpapiere getrennt von den übrigen Beständen verwahrt werden und sich die Eigentumsverhältnisse an den Wertpapieren auch während der Verwahrung unverändert fortsetzen.[1183] Dieser gesetzliche Regelfall ist in der Praxis der Ausnahmefall, während heute die **Sammelverwahrung** nach § 5 DepotG üblich ist.[1184] Hier verliert der Eigentümer sein Eigentum am konkreten Wertpapier und erlangt Miteigentum nach Bruchteilen an den zum Sammelbestand gehörenden Wertpapieren derselben Art, § 6 Abs. 1 DepotG.[1185] Für dieses Miteigentum gelten

---

[1177] OLG Saarbrücken – 9 U 633/01-9, FamRB 2003, 237; OLG Zweibrücken – 7 U 159/89, NJW 1991, 1835.
[1178] *Schulz/Hauß,* Vermögensauseinandersetzung, Rn. 1800.
[1179] OLG Zweibrücken – 7 U 159/89, NJW 1991, 1835.
[1180] OLG Zweibrücken, FamRZ 1991, 820 (822).
[1181] BGH – IV b ZR 4/89, NJW 1990, 705; OLG Karlsruhe – 11 U 75/89, NJW-RR 1990, 1285; OLG Hamm – 3 UF 225/16, NZFam 2017, 1109.
[1182] *Schulz/Hauß,* Vermögensauseinandersetzung, Rn. 1806.
[1183] *Wever,* Vermögensauseinandersetzung, Rn. 590.
[1184] MüKoBGB/*Henssler* BGB § 688 Rn. 36.
[1185] Detailliert MüKoBGB/*Wendehorst* EGBGB Art. 43 Rn. 206 ff. und MüKoBGB/*K. Schmidt* BGB § 1008 Rn. 29 ff. mwN; *Einsele* WM 2001, 7 ff.

D. Ansprüche außerhalb des Familienrechts

zahlreiche Besonderheiten, sodass schon von einem Sonderinstitut des „depotrechtlichen Miteigentums" gesprochen wird.[1186] Nach dem **Prinzip der Rechtserhaltung** bleibt Eigentümer/Miteigentümer der Wertpapiere im Falle einer Depotverwahrung immer der bisherige Eigentümer, nicht hingegen der Hinterleger oder der Inhaber des Depots.[1187] Stehen also Wertpapiere im Eigentum eines Ehegatten und eröffnen die Ehegatten ein gemeinschaftliches Depot, in dem sie die Wertpapiere verwahren, so bleiben die Wertpapiere Eigentum desjenigen Ehegatten, dem sie zuvor gehörten. Dies unterscheidet die Situation beim Wertpapierdepot von der Rechtslage bei Bankkonten.

Auch bei Wertpapierdepots von Ehegatten gibt es Einzeldepots, die nur auf einen Ehegatten lauten oder **Gemeinschaftsdepots**, die für beide Ehegatten angelegt sind. Für das Einzeldepot kann auf die Ausführungen zum **Einzelkonto** und zur **Vollmacht** über ein Einzelkonto **verwiesen** werden. Der Inhaber des Depots wird regelmäßig auch Eigentümer des verwahrten Papiers sein, es sei denn, es läge eine Treuhandschaft vor. Wie beim Einzelkonto kann es im Einzelfall auch am Einzeldepot eine Mitberechtigung des anderen Ehegatten geben.[1188] Da bei **gemeinschaftlichen Wertpapierdepots** nach dem Prinzip der **Rechtserhaltung** die bisherigen Eigentümer der hinterlegten Wertpapiere weiterhin dinglich Berechtigte bleiben, nimmt die Rechtsprechung an, dass beim Oder-Depot **nicht** ohne Weiteres nach **§ 430 BGB** ein Anspruch auf hälftige Beteiligung an den Wertpapieren bestehe. § 430 BGB sei hier nur für die Rechte aus dem Verwahrungsvertrag von Bedeutung, die Depotinhaberschaft sage aber nichts über das Eigentum an dem verwahrten Wertpapier aus,[1189] zumal es eine Gesamtgläubigerschaft bei Inhaberpapieren nicht gebe. Die Rechtsprechung nimmt **nur** eine **schwach ausgeprägte Auslegungsregel für Miteigentum** an.[1190] Sie geht davon aus, dass die Anlage eines **Oder-Depot**s noch **keine Aussage über das Eigentum** erlaube. Sie könne auch lediglich zur Einräumung einer Verfügungsbefugnis geschehen sein. Somit will die Rechtsprechung bei Oder-Depots die Beweislast dem anspruchsstellenden Teil aufbürden.[1191] Mit einem **Kriterienkatalog**, der auf die Mittelherkunft, den Verwendungszweck und den sonstigen Umgang der Ehegatten mit ihrem Vermögen eingeht, soll die Prüfung der Eigentumslage erleichtert werden.[1192] Gehören die Wertpapiere danach beiden Ehegatten, so soll sich bei einer Veräußerung diese Gemeinschaft am Erlös fortsetzen.[1193]

[1186] MüKoBGB/*K. Schmidt* BGB § 1008 Rn. 30.
[1187] MüKoBGB/*K. Schmidt* BGB § 1008 Rn. 30; vgl. auch § 6 Abs. 1 DepotG.
[1188] OLG Karlsruhe, FamRZ 2003, 607.
[1189] So auch OLG Frankfurt/Main, FF 2005, 65 f.
[1190] BGH, FamRZ 1997, 607 f.
[1191] OLG Köln, WM 2000, 2485 (2487).
[1192] *Wever*, Vermögensauseinandersetzung, Rn. 601; für das OLG Frankfurt, FF 2005, 65, reicht die Auftragserteilung zum Ankauf der Papiere allein durch einen Ehegatten aus, um zum Alleineigentum zu kommen.
[1193] OLG Bremen, MDR 2004, 1004.

Kritischen Stimmen ist in diesem Zusammenhang durchaus Recht zu geben, dass es häufig vom Zufall abhängt, ob Ehegatten Guthaben in Form von Gemeinschaftskonten oder nach entsprechender Beratung der Bank in einem Gemeinschaftsdepot mit Wertpapieren anlegen,[1194] so dass überlegt werden sollte, ob nicht eine einheitliche Beurteilung hier angemessener wäre.

IV. Gesamtschuldnerausgleich

1. Der Anspruch auf Gesamtschuldnerausgleich

348 Sind Ehegatten Gesamtschuldner – so der Regelfall von Immobiliendarlehen – und ein Ehegatte zahlt mehr als der andere, so stellt sich die Frage, ob hierfür ein Ausgleich verlangt werden kann. Nach **§ 426 Abs. 1 S. 1 BGB** sind die Gesamtschuldner im Verhältnis untereinander **zu gleichen Teilen** verpflichtet, sofern nicht etwas anderes bestimmt ist. Wer also mehr leistet als seine Hälfte, dem steht danach ein **Ausgleichsanspruch** zu, wenn nicht im Innenverhältnis etwas anderes vereinbart ist.

Der BGH[1195] sieht für die **Zeit der funktionierenden Ehe** eine **familienrechtliche Überlagerung** dieses Ausgleichsanspruches, sodass aufgrund der Absprachen über die eheliche Rollenverteilung ein späterer Ausgleich für diese Zeit auch nach der Trennung ausgeschlossen ist. Als unterstützendes Argument wird in diesem Zusammenhang häufig auf **§ 1360b BGB** hingewiesen, der für eine Zuvielleistung eines Ehegatten bestimmt, dass der leistende Ehegatte im Zweifel nicht beabsichtigt, Ersatz zu verlangen. Während teilweise noch umstritten war, ob dies auch für die **Doppelverdienerehe** gilt oder ob dort eine anteilige Haftung nach Verdienst begründet werde,[1196] sieht der BGH[1197] und nach ausführlicher Begründung der BFH[1198] eine familienrechtliche Überlagerung auch in diesen Fällen.

Hinweis: Wer für Zahlungen während bestehender intakter Ehe einen Ausgleich beansprucht, der muss sich diesen ausdrücklich vorbehalten. Ansonsten ist von einer familienrechtlichen Überlagerung auszugehen.

349 Anders stellt sich die Rechtslage **nach** einer **Trennung** der Ehegatten dar. Ab diesem Zeitpunkt wirken die Ehegatten nicht mehr im Sinne einer gemeinsamen Familie zusammen, sodass mit dem Scheitern der Ehe **Ausgleichsansprüche für die Zukunft** wieder bestehen. Für die Zukunft heißt, dass auch nach Trennung nicht ein Ausgleich für die während der intakten Ehe erbrachten Zahlungen beansprucht werden kann.

[1194] *Grziwotz* FamRZ 2002, 1669 (1675).
[1195] BGH – IX ZR 14/82, NJW 1983, 1845; BGH – XII ZR 59/93, NJW 1995, 652; BGH – XII ZR 242/99, FPR 2003, 246.
[1196] So etwa BGH – IX ZR 372/98, NJW 2000, 1944.
[1197] BGH – XII ZR 176/00, NJW 2002, 1570.
[1198] BFH – II R 23/01, ZEV 2003, 214.

D. Ansprüche außerhalb des Familienrechts

Auf den Trennungszeitpunkt – und nicht auf die Rechtshängigkeit eines Scheidungsantrages – muss es schon nach der Wertung des neuen § 1375 Abs. 2 S. 2 BGB ankommen. Für das Entstehen dieses Ausgleichsanspruches ist nicht Voraussetzung, dass der zahlende Ehegatte den anderen vorher darauf hinweist, Erstattung verlangen zu wollen.[1199]

> **Hinweis:** Nach der Trennung kann sich kein Ehegatte darauf verlassen, dass der andere für geleistete Zahlungen keinen Ausgleich verlangen wird.

Das wird insb. dann zum **Problem**, wenn der **Ausgleichsverpflichtete** seinerseits im Glauben, es komme nicht zu einem Ausgleich und der andere Ehegatte zahle allein, kein Nutzungsentgelt oder **keinen Unterhalt gefordert** hat. Unterhalt kann dann später auch nicht für die Vergangenheit nachgefordert werden, §§ 1613 Abs. 1, 1361 Abs. 4, 1360a Abs. 3 und 1585b Abs. 2 BGB. Die Rechtsprechung urteilt hier sehr unterschiedlich, ob **allein in der Nichtgeltendmachung von Unterhalt eine abweichende Bestimmung** iSd § 426 BGB liegt. Der **BGH** will dem wohl nunmehr zustimmen, lässt dies aber **immer nur für die laufenden Zahlungen** gelten, sodass nicht etwa der Gesamtschuldnerausgleich für die Zukunft komplett entfällt.[1200] Aus diesem Grunde sollte man es nicht zu einer solchen Situation kommen lassen, sondern die Ansprüche durch eine Trennungsvereinbarung regeln. 350

> **Hinweis:** Wer keinen Unterhalt fordert, weil der andere Ehegatte die Tilgung allein bestreitet, ist nicht vor Ansprüchen aus Gesamtschuldnerausgleich geschützt. Daher sollte in einer Trennungsvereinbarung die Alleinzahlung ohne Ausgleich festgeschrieben werden.

Der **Anspruch auf Gesamtschuldnerausgleich** geht zum einen auf (anteilige) **Erstattung** von Leistungen des Zahlenden. Er kann aber auch auf **Befreiung** von einer (Allein-) Leistungspflicht gerichtet sein oder darauf, die **Entlassung** aus einer gesamtschuldnerischen **Haftung** dem Gläubiger gegenüber zu bewirken.

Ein eigenes Feld sind die Fragen gesamtschuldnerischer Haftung im Zusammenhang mit der einkommensteuerlichen Veranlagung, die im steuerlichen Zusammenhang[1201] dargestellt wird.

2. Verhältnis zu anderen familienrechtlichen Ansprüchen

Der **Gesamtschuldnerausgleich** besteht nach BGH **vorrangig** und unabhängig vom Zugewinnausgleich.[1202] In der Regel egalisiert sich die Gesamtschuld im Zugewinn. So steht der Zahlung des zahlenden Ehegatten der Befreiungsanspruch gegen den anderen Ehegatten gegenüber, der ebenfalls in den Zugewinn einzustellen ist. Im Ergebnis wirkt sich 351

[1199] BGH – XII ZR 59/93, NJW 1995, 652.
[1200] BGH – XII ZB 314/14, NJW-RR 2015, 897 f.; *Koch* FF 2017, 387 (388).
[1201] → Rn. 353 ff.
[1202] BGH – IX ZR 14/82, NJW 1983, 1845; BGH – XII ZR 242/99, FPR 2003, 246.

die Gesamtschuld so auf den **Zugewinn** aus, **wie** das **Innenverhältnis** der Ehegatten die Zahlung vorsieht. Es ist vielmehr umgekehrt Voraussetzung für die Zugewinnausgleichsberechnung, dass die Gesamtschuld ordentlich abgewickelt und so in die Zugewinnberechnung eingestellt wird. Wenn ein Ehegatte **vermögenslos** ist, so ist der gegen ihn gerichtete **Ausgleichsanspruch wertlos**. Daher ist im Zugewinn die Schuld beim anderen Ehegatten allein einzustellen, der sie auch aufbringen muss.[1203] Von einer solchen Wertlosigkeit ist allerdings nicht auszugehen, wenn der Ausgleichsanspruch mittels des auszuzahlenden Zugewinns erfüllt werden kann.[1204] Das Bestehen einer Ehegatteninnengesellschaft wird die Gesamtschuld verdrängen. Eine unterhaltsrechtliche Berücksichtigung der Gesamtschuld sollte einen Ausgleich ausschließen.

V. Sonstige Verträge zwischen Ehegatten

352   Neben den Ansprüchen aus dem Nebengüterrecht gibt es auch unter Ehegatten die Möglichkeit, **Verträge** abzuschließen, **wie** sie **mit Dritten üblich** sind. Diese Verträge, insb. Darlehens- und Arbeitsverträge, wurden bereits ausführlich behandelt.[1205]

Bereits behandelt wurden auch die Möglichkeiten, durch geschickte Eigentumszuordnungen eine Betriebsaufspaltung zu vermeiden, indem ein Ehegatte Inhaber der Besitzfirma, der andere aber Inhaber der Betriebsfirma ist. Dieses sog. **Wiesbadener Modell** gilt als sichere Möglichkeit, die Entstehung von Betriebsvermögen zu vermeiden.[1206]

E. Steuerliche Themen rund um die Ehe

I. Veranlagung der Ehegatten und Gesamtschuld

353   Die Möglichkeiten der Ehegatten zur Zusammen- und Einzelveranlagung wurden bereits vorgestellt.[1207] Nach §44 Abs.1 S.1 AO haften Ehegatten, die zusammen veranlagt werden, als Gesamtschuldner. Im Rahmen dieser Thematik sind steuerliche und zivilrechtliche Gesichtspunkte zu beachten.

1. Zustimmungspflicht zur Zusammenveranlagung

354   Die **Zusammenveranlagung** ist für Ehegatten zumeist die **vorteilhafteste Veranlagungsart**. Diese Zusammenveranlagung können Ehegatten einschließlich des Trennungsjahres wählen, §26 Abs.1 EStG. Da die Steuererklärungen für das Trennungsjahr häufig erst einige Jah-

---

[1203] BGH – IX ZR 14/82, NJW 1983, 1845.
[1204] BGH – XII ZR 10/09, NJW-RR 2011, 73.
[1205] → Rn.75f.
[1206] → Rn.58f.
[1207] → Rn.5f.

E. Steuerliche Themen rund um die Ehe

re später abgegeben werden, fallen Fragen der Zusammenveranlagung und der Zustimmungspflicht zu einer solchen Veranlagung häufig in die **Scheidungsphase** und sind dem entsprechend umkämpft und umstritten.

Problematisch ist auch, inwieweit ein einmal ausgeübtes Wahlrecht bindend ist oder ob dieses nochmals geändert werden kann, wenn man die gemeinsame Liquidität betrachtet. Nach einer Entscheidung des BFH[1208] – allerdings für die Rechtslage vor VZ 2013 – kann eine einmal getroffene **Wahl bis** zur **Unanfechtbarkeit** eines Berichtigungs- oder Änderungsbescheides **änderbar** sein. Eine **Zusammenveranlagung kann also beantragt werden, solange auch nur die Veranlagung für einen Ehegatten noch offen** ist.[1209] Davon geht auch die Finanzverwaltung aus.[1210] *Spieker* erklärt es so: Eine Einzelveranlagung eines Ehegatten nach § 26a EStG sperrt also nicht die Rückkehr zur Zusammenveranlagung. Es wird durch die nachträgliche Änderung ein neues Veranlagungsverfahren in Gang gesetzt. Das wirkt sich rechtsgestaltend auf die Steuerschuld aus, sodass der ursprüngliche Bescheid aufgrund eines rückwirkenden Ereignisses aufzuheben ist.[1211]. Das gilt aber **nicht**, wenn keine Ehegatteneinzelveranlagung nach § 26a EStG vorgenommen wurde, sondern eine „**Single-Veranlagung**" nach **§ 25 Abs. 3 EStG**.[1212]

Ab VZ 2013 ist die Abänderbarkeit allerdings eingeschränkt und nur noch bei Vorliegen der Voraussetzungen des **§ 26 Abs. 2 S. 4 EStG** zulässig.

Die Zivilgerichte folgern die Pflicht, einer Zusammenveranlagung zuzustimmen, aus der allgemeinen Pflicht nach **§ 1353 BGB**, die **finanziellen Lasten** des anderen zu **mindern**, soweit dadurch nicht eigene Interessen verletzt werden.[1213] Diese allgemeine Verpflichtung bleibt **auch nach der Scheidung** bestehen.[1214] Besteht eine **Ehegatteninnengesellschaft**, so soll schon aus deren Gesellschaftsrecht eine Pflicht zur Zusammenveranlagung bestehen,[1215] wenn dies den gemeinsamen Gesellschaftszweck fördert.

Diese **Zustimmungspflicht** ist **zivilrechtlicher Natur**. Im Steuerrecht wird die Einzelveranlagung schon auf einseitigen Antrag eines Ehegatten durchgeführt, ohne die Pflicht des anderen zur Zustimmung zu einer Zusammenveranlagung zu prüfen, jedenfalls bis zur Überschreitung einer Willkürgrenze, die dann anzunehmen ist, wenn der Ehegatte, der **Einzelveranlagung beantragt**, keinerlei positive oder

---

[1208] BFH, DStR 2018, 2269.
[1209] Wendl/Dose/*Spieker*, Unterhaltsrecht, § 1 Rn. 927; offen gelassen bei OLG Celle, DStR 2019, 1364.
[1210] FBeh. Hamburg, DStR 2018, 304.
[1211] So *Spieker* NZFam 2019, 557.
[1212] Wendl/Dose/*Spieker*, Unterhaltsrecht, § 1 Rn. 927; vgl. zum Ganzen *Perleberg-Kölbel* FuR 2019, 448 ff.
[1213] BGH – IV b ZR 42/82, NJW 1984, 2040.
[1214] BGH – XII ZR 288/00, DStRE 2002, 1121.
[1215] BGH – XII ZR 161/01, DStR 2003, 1805.

negative Einkünfte hat oder wenn diese so gering sind, dass sie weder einem Steuerabzug unterlegen haben noch zur Einkommensteuerveranlagung führen können.[1216] Ob nach der Änderung des Veranlagungsrechts zum 1.1.2013 ein Antrag auf Einzelveranlagung überhaupt noch geändert werden kann, ist umstritten.[1217] Könnte er nicht mehr geändert werden, würde eine zivilrechtliche Klage auf Zustimmung nicht zum Ziel führen.[1218]

Mit der Pflicht zur Zustimmung zur Zusammenveranlagung korrespondierte eine **Pflicht** des dadurch Begünstigten **zum Ausgleich von Nachteilen** desjenigen Ehegatten, der sich gegenüber der Einzelveranlagung schlechter stellt. Der BGH schränkt diese Pflicht aber nun in bedeutsamer Weise ein. Er hält sie nur dann für begründet, wenn der mit Nachteilen konfrontierte Ehegatte diese im Innenverhältnis nicht zu tragen hat. Insoweit erkannte der BGH für Recht, dass ein Ehegatte mit Verlusten aus der Ehezeit, die aufgrund gemeinsamer Disposition erfolgten, verpflichtet ist, diese **Verluste zur Schonung der Gesamtliquidität** in die Zusammenveranlagung ohne weiteren Ausgleich **einzubringen**.[1219] Dann besteht insoweit keine Ausgleichspflicht, weil sie familienrechtlich überlagert ist.[1220] Auch der **Liquiditätsvorteil** aufgrund von **Zusammenveranlagung** und **Steuerklassenkombination** – insb. III und V[1221] – kommt bis zur Trennung beider Ehegatten ohne Ausgleichspflicht zugute.[1222] Daher muss auch kein Nachteilsausgleich angeboten werden.[1223]

Für den Fall der Insolvenz eines Ehegatten übt der Insolvenzverwalter das Wahlrecht zur Zusammenveranlagung aus. Nach Auffassung des OLG Schleswig kann er keine Zustimmung zur Zusammenveranlagung vom anderen Ehegatten verlangen, wenn dadurch dessen Verlustvortrag der Insolvenzmasse zugute käme.[1224]

[1216] BFH – III R 103/87, BStBl. II 1992, 297 f.; vgl. auch FG Köln – 15 V 6203/04, EFG 2005, 703.
[1217] Blümich/*Ettlich* EStG §26 Rn. 110 ff. einerseits und *Schlünder/Geißler* FamRZ 2013, 348 andererseits.
[1218] Darauf weist *Engels* FF 2013, 393 (395) hin.
[1219] BGH – XII ZR 173/06, DStR 2010, 266; ebenso OLG Bremen – 5 WF 20/11, NJW-RR 2011, 940; OLG Bremen – 5 UF 6/11, DStR 2011, 1819; OLG Naumburg – 8 UF 12/12, BeckRS 2012, 24095; kritisch *Tiedtke/Szczesny* FamRZ 2011, 425 f.
[1220] *Wever*, Vermögensauseinandersetzung, Rn. 641, 642.
[1221] Zur Steuerklassenwahl: Merkblatt BMF 20.11.2019, BeckVerw 460168.
[1222] OLG Nürnberg – 9 UF 1634/13, BeckRS 2014, 02188.
[1223] OLG Nürnberg – 9 UF 1634/13, BeckRS 2014, 2118; OLG Stuttgart – 15 UF 215/17, FamRZ 2018, 1493 (1495).
[1224] OLG Schleswig – 10 UF 63/13, NJW 2014, 3523; dazu *Perleberg-Kölbel* NZFam 2014, 1080 und *Schöler* DStR 2014, 2349 f.

E. *Steuerliche Themen rund um die Ehe*

2. Das Innenverhältnis der Gesamtschuldner

Zum **Innenverhältnis** gilt die Regel, dass jeder Ehegatte diejenige Steuer zu tragen hat, die auf seine Einkünfte entfällt.[1225] Die Art der Aufteilung war umstritten, nachdem sich aber der BGH entschieden hat, die Aufteilung anhand einer **fiktiven Einzelveranlagung** vorzunehmen,[1226] entspricht dies der Handhabung in der Praxis. Eine solche Aufteilung mit entsprechenden Ausgleichs- und Freistellungsansprüchen wird jedoch regelmäßig nur für Ansprüche in Betracht kommen, die **in der Zeit ab Trennung fällig** werden.

355

Für die **Zeit vor Trennung** hingegen wird regelmäßig von einer **familienrechtlichen Überlagerung** auszugehen sein, die aus der **ständigen Übung** der Ehegatten folgt. Mit anderen Worten: So wie die Ehegatten in der funktionierenden Ehe die Verteilung der Steuerlasten durchgeführt hatten, so bleibt es auch nachher. **Zahlungen vor der Trennung** können auch nach Trennung **nicht zurückgefordert** werden.[1227] Dies gilt selbst bei Zahlung einer größeren Summe kurz vor Trennung, die sich auf einen Zeitraum danach bezieht.[1228] Die Zivilgerichte behalten sich hier eine von der Finanzverwaltung abweichende Zuordnung vor.[1229]

Hinweis: Steuerzahlungen vor Trennung können danach nicht zurückgefordert werden. Ist solches beabsichtigt, so muss ein ausdrücklicher Vorbehalt erfolgen.

3. Die Steuererstattung bei Ehen in der Krise

Kommt es zu einem Einkommensteuer-Erstattungsanspruch, so ordnet § 36 Abs. 4 S. 3 EStG an, dass bei Zusammenveranlagung die Zahlung an einen Ehegatten auch gegen den anderen wirkt. Damit soll das Finanzamt von tatsächlichen Ermittlungen entlastet sein.

356

Die Finanzverwaltung hat aber selbst angeordnet, dass das Finanzamt, wenn es nach Lage der Akten erkennt, dass Ehegatten getrennt leben oder geschieden sind, nicht mehr an einen Ehegatten erstatten darf, wenn der andere damit nicht einverstanden ist.[1230] Die materielle Erstattungsberechtigung ergibt sich dann aus § 37 Abs. 2 AO. Danach steht der Erstattungsanspruch demjenigen zu, „auf dessen Rechnung die Zahlung bewirkt worden ist." Die Interpretation dieser Vorschrift ergibt, dass maßgeblich ist, auf wessen Schuld gezahlt worden ist.[1231] Damit entscheidet über die Erstattungsberechtigung die **Tilgungsbestimmung zum Zahlungszeitpunkt**.

[1225] BGH – XII ZR 176/00, NJW 2002, 1570.
[1226] BGH – XII ZR 111/03, DStR 2006, 1455.
[1227] BGH – XII ZR 288/00, DStRE 2002, 1121.
[1228] BGH – XII ZR 176/00, NJW 2002, 1570.
[1229] Vgl. OLG Köln – 4 U 29/09, BeckRS 2010, 12725, das den Ehegatten eine Innengesellschaft unterstellte und damit Einkünfte beiden zurechnete.
[1230] BMF, BStBl. I 2012, 149 Tz. 2.2.1; neu gefasst BMF, DStR 2015, 166.
[1231] Klein/Ratschow AO § 37 Rn. 61.

Nicht entscheidend ist somit:
- mit wessen Mitteln die Steuern bezahlt wurden,
- auf wessen Einkünften die festgesetzten Steuern beruhen,
- wer einen Steuerermäßigungstatbestand erfüllt.[1232]

Da zumeist keine ausdrückliche Tilgungsbestimmung getroffen wird, hat der BFH ausgesprochen, dass **bei zusammenveranlagten Ehegatten** der **zahlende** nach §§ 44 Abs. 1 AO iVm § 26b EStG als Gesamtschuldner **auch die Schuld des anderen Ehegatten begleiche**.[1233] Soweit nichts anderes angegeben ist, werden also Vorauszahlungen hälftig auf die Gesamtschuld geleistet. Daher ist auch eine **Erstattung hälftig zu teilen**. Dies gilt dann auch, wenn die Bank später von einer Trennung erfährt, ja selbst bei Insolvenz eines Ehegatten.[1234] Diese Vermutung ist jedoch widerleglich.[1235] Zahlungsanweisungen sind jedoch vorrangig.[1236]

Die Finanzverwaltung sieht folgende Zahlungen als nicht auf gemeinsame Schuld geleistet an: Steuerabzugsbeträge (Lohnsteuer, Kapitalertragsteuer), Zahlungen mit eigener Tilgungsbestimmung, Steuerzahlungen zu einem Zeitpunkt, an dem das Finanzamt die Trennung bereits kennt.[1237]

Hinweis: Ein Ehegatte, der – etwa im Vorfeld einer Trennung – eine Steuerzahlung nur noch zur Tilgung seiner eigenen Schuld erbringen will, muss dies dem Finanzamt mitteilen. Außerdem sollte er die Angabe des Erstattungskontos gegenüber dem Finanzamt überprüfen.

II. Zugewinnausgleich und Steuern

357 Zwar hat die Ehe an sich einkommensteuerliche Wirkungen etwa im Bereich der Veranlagung, des Ehegattensplittings und der Freibeträge. Diese einkommensteuerlichen Auswirkungen sind jedoch nicht vom Güterstand abhängig. Eine sehr starke Bedeutung hat der **Güterstand** jedoch **im Schenkung- und Erbschaftsteuerrecht**.

1. Erbrechtliche Ausgangssituation

358 Zunächst zur erbrechtlichen Ausgangssituation:
Im Todesfalle **erhöht** sich der **gesetzliche Erbteil** des überlebenden Ehegatten **um ein Viertel**, wenn die Ehegatten in Zugewinngemeinschaft verheiratet waren. Damit ist der Zugewinn **pauschal** abgegolten, ohne dass es darauf ankommt, ob der erstversterbende Ehegatte wirklich

---

[1232] BFH – VII R 16/05, NJW 2006, 942; BFH – VII R 42/10, NJW 2011, 2318; BMF, BStBl. I 2012, 149 Tz. 2.3.
[1233] BFH – VII R 42/10, NJW 2011, 2318.
[1234] BFH – VII R 18/08, DStR 2008, 2257.
[1235] BFH – VII B 199/10, NV 2011, 1661 = BeckRS 2011, 96176.
[1236] BMF, DStR 2015, 166 Tz. 2.5.
[1237] BMF, DStR 2015, 166 Tz. 2.6f.; dort auch zur Behandlung von Überzahlungen bei mehreren Zahlungen auf verschiedene Steuern.

E. Steuerliche Themen rund um die Ehe

Zugewinn erzielt hat, § 1371 Abs. 1 BGB. Die Erhöhung tritt folglich sogar dann ein, wenn der überlebende Ehegatte den höheren Zugewinn erzielt hat.[1238] Diese pauschale Erhöhung kommt aber nur in Betracht, wenn der überlebende Ehegatte gesetzlicher oder durch Verfügung von Todes wegen berufener Erbe oder Vermächtnisnehmer ist, § 1371 Abs. 2 S. 1 BGB.[1239] Sie führt auch zu einem höheren (dem sog. „großen") Pflichtteil.

Ist der überlebende Ehegatte weder Erbe noch Vermächtnisnehmer, so greift nicht die pauschale Erhöhung ein, sondern die sog. **güterrechtliche Lösung** nach § 1371 Abs. 2 BGB. Der überlebende Ehegatte erhält also dann den wie bei der Scheidung errechneten Zugewinn und hat nur den sog. „kleinen", dh aus dem nicht erhöhten Erbteil berechneten Pflichtteil.

Der überlebende Ehegatte kann den pauschalen Zugewinn abwählen, indem er das Erbe oder Vermächtnis **ausschlägt** und dann den **tatsächlichen Zugewinn beansprucht** und zusätzlich noch – insoweit abweichend von den sonstigen Regelungen beim Pflichtteil, wonach dieser bei Ausschlagung eigentlich entfällt – den kleinen[1240] Pflichtteil, § 1371 Abs. 2 und 3 BGB. Dies kann eine erhebliche Änderung der zivilrechtlichen Ansprüche bewirken,[1241] so etwa wenn der gerechnete Zugewinn größer ist als das pauschale erbrechtliche Viertel. Diese Möglichkeit des überlebenden Ehegatten kann zugleich **erbrechtliche Nachfolgepläne torpedieren**. Immer wieder sieht man Eheverträge, die den Zugewinn bei Scheidung ausschließen, ihn aber im Todesfalle belassen. Aber auch dort kann er die Übertragung auf Kinder ganz erheblich gefährden. Gerade bei Vorliegen dynastischer Firmen muss daher auch der güterrechtliche Zugewinn im Todesfall nach § 1371 Abs. 2 BGB zumindest der Höhe nach begrenzt werden.

> **Hinweis:** Als **Falle** erweist sich oft der güterrechtliche Zugewinn im Todesfalle, wenn er nach Ausschlagung eines Vermächtnisses geltend gemacht wird. Daher ist er in entsprechenden Fällen ehevertraglich auszuschließen oder einzudämmen.

Diese Ausschlagung bewirkt aber nicht nur die Änderung der erbrechtlichen bzw. familienrechtlichen Ansprüche, sondern hat auch **Auswirkung** auf die **erbschaftsteuerliche Beurteilung** des Falles, da nunmehr anstelle des § 5 Abs. 1 ErbStG die Bestimmung des § 5 Abs. 2 ErbStG zur Anwendung kommt. Beide Vorschriften haben unterschiedliche Voraussetzungen und daher auch jeweils eigene Auswirkungen auf die steuerliche Belastung.

[1238] Anders hingegen bei der deutsch-französischen Wahl-Zugewinngemeinschaft nach § 1519 BGB.
[1239] *Reimann/Bengel/Dietz*, A 125.
[1240] BGH – IV a ZR 27/81, NJW 1982, 2497.
[1241] Hierzu *Nieder/Kössinger*, Testamentsgestaltung, § 1 Rn. 29 f.

2. Die fiktive Zugewinnausgleichsforderung und ihre Einschränkungen

359 Der **Zugewinn** als solcher unterliegt weder beim Ausgleich unter Lebenden noch beim Anfall von Todes wegen der **Erbschaftsteuer**, weil es sich um einen gesetzlich vorgegebenen Anspruch handelt, der unmittelbar in der Person des Ausgleichsberechtigten entsteht, § 1378 Abs. 3 BGB.[1242] Die **Steuerfreistellung** soll aber nicht pauschal erfolgen wie beim erbrechtlichen Viertel, sondern konkret. Daher ordnet § 5 Abs. 1 ErbStG an, dass beim Anfall des erbrechtlichen Zugewinns nicht etwa dieser von der Steuer befreit ist, sondern der gerechnete güterrechtliche Zugewinn. Es ist also eine **fiktive güterrechtliche Zugewinnberechnung** durchzuführen.

> **Hinweis:** Da für das Finanzamt unabhängig von der erbrechtlichen Lage stets eine Zugewinnberechnung durchgeführt werden muss, ist darauf zu achten, Unterlagen und Belege über alle Vermögensstände zum Zeitpunkt der Anfangs- und Endvermögensberechnung sowie der Zuwendung bei privilegiertem Vermögen wie Elterngut aufzubewahren.

360 Wenn nun schon fiktiv gerechnet werden muss, so enthält § 5 Abs. 1 ErbStG zahlreiche Anordnungen zur **steuerlich abweichenden Berechnung** dieser fiktiven Zugewinnausgleichsforderungen:[1243]

- **Abweichende vertragliche Regelungen** des Güterstandes werden **nicht berücksichtigt**, § 5 Abs. 1 S. 2 ErbStG. Danach ist zum einen durch Ehevertrag eine Erhöhung der Zugewinnausgleichsforderung steuerwirksam nicht möglich, zum anderen bleiben aber **auch** nach der erbschaftsteuerlichen Literatur diejenigen güterrechtlichen Verträge unberücksichtigt, welche den **Zugewinn verringern**. So **kann zB die Herausnahme des Betriebsvermögens** aus dem Zugewinn dazu führen, dass zivilrechtlich nur noch ein geringer Zugewinn ausgleichspflichtig bleibt. Erbschaftsteuerlich wird aber nach § 5 Abs. 1 ErbStG der Zugewinn unter Einbeziehung der herausgenommenen Vermögenswerte berechnet.[1244] Dies kann ganz erhebliche Steuervorteile zur Folge haben.

- Die **Vermutung des § 1377 Abs. 3 BGB**, wonach das Endvermögen dem Zugewinn entspricht, **gilt nicht**, § 5 Abs. 1 S. 3 ErbStG. Das be-

---

[1242] *TGJG/Gottschalk* ErbStG § 5 Rn. 8.

[1243] Ergänzend R E 5.1. ErbStR 2019; danach wird insb. der Kaufkraftschwund aus dem Zugewinn nunmehr auch für die Erbschaftsteuer herausgerechnet (Abs. 2, S. 5); hierzu *Piltz* ZEV 1999, 98 f.

[1244] *Götz* INF 2001, 417 (460), 461; *TGJG/Gottschalk* ErbStG § 5 Rn. 197; *Meincke/Hannes/Holtz* ErbStG § 5 Rn. 28; *Scherer* BB-Spezial 5/04 mwN; *Hamdan/Quernheim* ZFE 2005, 228 (232); *Jülicher* ZEV 2006, 338 (341); *Schlünder/Geißler* FamRZ 2006, 1655 f.; *Christ* FamRB 2007, 218 (219); Höland/Sethe/Weckerle, Eheverträge und Scheidungsfolgevereinbarungen, 70; *Münch/Schlünder/Geißler*, Familienrecht, § 18 Rn. 6 ff.; dem folgend nun auch *Langenfeld/Milzer*, Eheverträge, Rn. 246.

E. Steuerliche Themen rund um die Ehe

deutet, dass dem Finanzamt gegenüber zur Geltendmachung der Erbschaftsteuerfreistellung des fiktiven Zugewinnausgleichsbetrages der Zugewinn nachgewiesen werden muss. Hier ist die Aufnahme eines Verzeichnisses über das Anfangsvermögen ratsam. Den steuerlichen Beratern wird damit die Erbschaftsteuererklärung sehr erleichtert. Dieser Rat kann nunmehr noch verstärkt erteilt werden. Mit der Möglichkeit negativen Anfangsvermögens seit der Reform des Zugewinnausgleichs, die dennoch den § 1377 Abs. 3 BGB nicht abgeschafft hat, werden solche Verzeichnisse immer bedeutsamer. Das bedeutet aber auch, dass bei Vorversterben des ausgleichsberechtigten Ehegatten eine Zugewinnausgleichsforderung nicht nachgewiesen werden kann. Es wird quasi „falsch herum" gestorben.[1245]

- Eine **„rückwirkende Vereinbarung"** der Zugewinngemeinschaft wirkt erbschaftsteuerlich nicht, § 5 Abs. 1 S. 4 ErbStG. Der BFH hat bestätigt, dass die Rückwirkung auch für solche Eheverträge ausgeschlossen werden konnte, die vor Inkrafttreten der Vorschrift geschlossen wurden.[1246]
- Soweit das Endvermögen mit einem höheren als dem steuerlichen Wert angesetzt wurde, bleibt **höchstens** der dem **Steuerwert** des Endvermögens entsprechende Betrag steuerfrei, § 5 Abs. 1 S. 5 ErbStG. Die Finanzverwaltung geht davon aus, dass es zu einer Umrechnung der fiktiven Ausgleichsforderung in den steuerfreien Betrag kommen soll, wobei die Ausgleichsforderung entsprechend dem Verhältnis von Steuerwert und Verkehrswert des dem Erblasser zuzurechnenden Endvermögens auf den steuerfreien Betrag zu begrenzen ist;[1247] hierbei ist das nach § 13a ErbStG begünstigte Vermögen mit seinem Steuerwert vor Abzug des Freibetrages und des Bewertungsabschlages (Bruttowert) einzubeziehen.[1248]

3. Die reale Zugewinnausgleichsforderung

Demgegenüber stellt § 5 Abs. 2 ErbStG die **reale Zugewinnausgleichsforderung** steuerfrei. Diese güterrechtliche Zugewinnausgleichsforderung muss in folgenden Fällen rechnerisch ermittelt werden:
- Todesfall mit güterrechtlicher Lösung nach § 1371 Abs. 2 BGB,
- Übergang von Zugewinngemeinschaft in einen anderen Güterstand durch Ehevertrag,
- **Scheidung,**
- Vorzeitiger Zugewinnausgleich, §§ 1385 ff., 1388 BGB,
- Eheaufhebung.

In all diesen Fällen wird der Zugewinn zivilrechtlich ohnehin ausgerechnet. Das Steuerrecht knüpft daher an diese zivilrechtliche Berechnung an. Die Regeln zur abweichenden Berechnung, welche in Abs. 1

361

[1245] So *Geck* KÖSDI 2017, 20242 (20246).
[1246] BFH – II R 46/03, ZEV 2006, 85 und BFH – II R 64/04, DStRE 2006, 541.
[1247] R E 5.1. Abs. 5 S. 4 ErbStR 2019.
[1248] R E 5.1. Abs. 5 S. 3 ErbStR 2019.

des § 5 ErbStG angeordnet sind, gelten daher für Abs. 2 nicht. Vor allem ist eine Rückwirkung zulässig, soweit damit nicht in erster Linie erbrechtliche Belange verfolgt werden.

Die Details des § 5 Abs. 2 ErbStG und der zulässigen Rückwirkung wurden im Zusammenhang mit der asset protection durch Güterstandswechsel bereits besprochen. Hierauf kann an dieser Stelle verwiesen werden.[1249]

In der Nichtanwendung dieser Einschränkungen können ganz erhebliche Steuervorteile liegen.

Der steuerfreie Ausgleich des Zugewinns nach § 5 Abs. 2 ErbStG ist nur möglich durch die **Beendigung des Güterstandes** und den Ausgleich des Zugewinns, der dann kraft Gesetzes verlangt werden kann.

362 Nicht unter § 5 Abs. 2 ErbStG fällt die sog. **unbenannte Zuwendung**. Diese gilt im Schenkungsteuerrecht als unentgeltliche Zuwendung und löst bei Überschreiten der Freibeträge Schenkungsteuer aus. Wenn es jedoch später zum Zugewinnausgleich kommt und die Vorableistung auf diesen Ausgleich **angerechnet wird**, so verändert sich die bisher unentgeltliche Leistung hin zu einer entgeltlichen, nämlich einer vorherigen Leistung an Erfüllung Statt auf die **Zugewinnausgleichsforderung**.[1250] Damit **entfällt** nach § 29 Abs. 1 Nr. 3 ErbStG bei Anrechnung die **Schenkungsteuer für die Vergangenheit**. Voraussetzung hierfür ist der Nachweis, dass die Zuwendung zur Wirkung gekommen ist.[1251] Dogmatisch ist die Wandlung in eine entgeltliche Zuwendung freilich umstritten, weil dies bei steuerverhafteten Gegenständen einkommensteuerliche Risiken birgt. Daher wird versucht zu begründen, dass die Zuwendung trotz Anrechnung und Wegfall der Schenkungsteuer eine unentgeltliche bleiben kann.[1252]

Nach Ansicht des BFH[1253] fällt auch der sog. „**fliegende Zugewinnausgleich**" nicht unter das Privileg des § 5 Abs. 2 ErbStG. Bei dieser Gestaltung wird mittels eines Ehevertrages zur Modifizierung des Zugewinnausgleichs der Zugewinn hinsichtlich der Vergangenheit berechnet und ausgeglichen. Der Stand nach Ausgleichung ist sodann das Anfangsvermögen für die neu startende Berechnung des Zugewinns in der Zukunft. Der BFH hält diese Lösung nicht für vergleichbar mit der Vereinbarung von Gütertrennung, da bei letzterer Stufe mit Abschluss des Ehevertrages auf zweiter Stufe ein gesetzlicher Anspruch auf Ausgleich des Zugewinns entstehe, während beim fliegenden Zugewinnausgleich auf einer Stufe ein Zugewinn gezahlt werde, auf dessen Ausgleich eben kein gesetzlicher Anspruch bestanden habe.

Hinweis: Der BFH erkennt den Ausgleich des Zugewinns bei fortbestehendem Güterstand nicht als nach § 5 Abs. 2 ErbStG privilegiert an.

[1249] → Rn. 30 f.
[1250] *Hollender/Schlütter* DStR 2007, 1932 (1933).
[1251] FG Nürnberg, INF 2005, 247.
[1252] *Stein* DStR 2012, 1734; näher hierzu → Rn. 503.
[1253] BFH – II R 28/02, ZEV 2006, 41, m. Anm. *Münch*.

E. Steuerliche Themen rund um die Ehe

In der Abwehrberatung mag überlegt werden, durch spätere Vereinbarung der Gütertrennung und Anrechnung der Ausgleichsforderung die Wirkungen des § 29 Abs. 1 Nr. 3 ErbStG zu erzielen.

Erwähnt sei schließlich noch das Instrument der **Güterstandsschaukel**. Es handelt sich um einen doppelten Güterstandswechsel, bei dem zunächst durch den Wechsel in die Gütertrennung die Zugewinnausgleichsforderung zur Entstehung gebracht und danach in die Zugewinngemeinschaft zurückgewechselt wird, weil diese für die künftige Ehe erneut der erstrebte Güterstand ist und weil dann erneut Zugewinn für eine weitere Güterstandsschaukel aufgebaut werden kann. Diese Gestaltung wurde bereits eingehend vorgestellt[1254] und mit einer Musterformulierung belegt.[1255]

4. Die deutsch-französische Wahl-Zugewinngemeinschaft

Mit Einführung des Weiteren Wahlgüterstandes der **deutsch-französischen Wahl-Zugewinngemeinschaft** in § 1519 BGB hat der Gesetzgeber zugleich § 5 ErbStG um einen Abs. 3 ergänzt, der auch den Zugewinn nach diesem Güterstand von der Besteuerung ausnimmt. In diesem Güterstand gibt es **keine pauschale Zugewinnerhöhung** im Todesfall, sodass eine dem entsprechende Regelung nicht erforderlich ist. Ferner kann im Todesfall nicht nur der Überlebende, sondern auch der Nachlass eine Zugewinnausgleichsforderung haben. Der **Wechsel** vom gesetzlichen Güterstand in die Wahl-Zugewinngemeinschaft beendet den gesetzlichen Güterstand, sodass dessen Zugewinnausgleichsanspruch kraft Gesetzes entsteht.

363

III. Der Unterhalt im Steuerrecht

Unterhaltszahlungen an den getrennt lebenden oder geschiedenen Ehegatten können auf verschiedene Weise steuerlich berücksichtigt werden.

364

1. Außergewöhnliche Belastung nach § 33a EStG

Bis zu einem Betrag in Höhe von **9.408,– EUR zuzüglich** der in § 33a Abs. 1 S. 2 EStG genannten Ausgaben für die **Krankenversicherung** jährlich – bei Vorliegen der Voraussetzungen nur für einige Monate anteilig[1256] – können Unterhaltszahlungen an einen getrennt lebenden oder geschiedenen Ehegatten als Sonderausgaben nach § 33a Abs. 1 EStG vom Gesamtbetrag der Einkünfte abgezogen werden.
Der Vorteil der Geltendmachung als außergewöhnliche Belastung ist, dass diese Summen – anders als beim begrenzten Realsplitting – **beim Empfänger steuerfrei** sind. Der Nachteil liegt vor allem darin, dass **eigenes Einkommen** des Empfängers über einen Sockelbetrag von

365

[1254] → Rn. 37.
[1255] → Rn. 250.
[1256] BFH – VI R 35/16, DStR 2018, 1606.

3. Teil. Eherecht

624 EUR jährlich hinaus zu einer **Verminderung des Höchstbetrages** führt und bestimmte Vermögensgrenzen nicht überschritten werden dürfen.

Hinweis: Gegenüber einem geringverdienenden Ehegatten kann die Geltendmachung des Unterhaltes als außergewöhnliche Belastung sinnvoll sein.

Voraussetzung für die Inanspruchnahme als außergewöhnliche Belastung ist, dass **weder** eine **Zusammenveranlagung** stattgefunden hat, **noch** ein begrenztes **Realsplitting**.[1257] § 33a EStG will mit seiner betragsmäßigen Begrenzung die **typischen Unterhaltslasten** erfassen. Atypische besondere Leistungen – wie Krankheits- und Pflegekosten – fallen hingegen unter § 33 EStG ohne die betragsmäßige Begrenzung. Auch eine **Unterhaltsabfindung** für künftige Unterhaltsleistungen fällt unter § 33a EStG.[1258]

Die weiter erforderliche **Zwangsläufigkeit** trifft jedenfalls auf die gesetzlichen Unterhaltszahlungen zu. Sie wird dagegen abgelehnt bei einer nur auf Vertrag beruhenden Unterhaltspflicht.[1259]

Der BFH[1260] fordert inzwischen eine **konkrete Betrachtung**, dh er gibt sich nicht mit der abstrakt vorliegenden Unterhaltspflicht dem Grunde nach zufrieden, sondern fordert eine konkrete Betrachtung, bei welcher **Bedürftigkeit und Leistungsfähigkeit** festgestellt werden. Dies erfordert eine tiefgehende Überprüfung der zivilrechtlichen Verhältnisse, Erwerbsobliegenheiten etc. durch die Finanzverwaltung.[1261]

2. Begrenztes Realsplitting, § 10 Abs. 1 Nr. 1 EStG, § 22 Nr. 1a EStG

366 Während bis zum Trennungsjahr steuerliche Vorteile über die Zusammenveranlagung erreicht werden können, steht **nach dem Trennungsjahr** das Instrument des begrenzten steuerlichen Realsplittings zur Verfügung, um Unterhaltsleistungen als Sonderausgabe abziehen zu können. Nach §§ 10 Abs. 1a Nr. 1, 22 Nr. 1a EStG können auf diese Weise bis zu **13.805,– EUR** geltend gemacht werden, während Unterhaltszahlungen ansonsten nach § 12 Abs. 1 S. 2 EStG nicht abziehbar sind. Zusätzlich zu diesem Höchstbetrag können nunmehr noch **Beiträge zu Kranken- und Pflegeversicherungen** für den Unterhaltsberechtigten abgezogen werden.[1262]

Der **Empfänger** der Leistungen hat den Unterhalt als sonstige Einkünfte nach § 22 Nr. 1a EStG **zu versteuern**. Allerdings tritt beim Berechtigten erst ab ca. 9.400,– EUR Einkommen im Jahr eine Steuerpflicht ein. Das FG Köln urteilte unter Berufung auf das Korrespondenz-

---

[1257] BFH – III R 23/98, DStR 2001, 388.
[1258] BFH – III R 57/05, DStR 2008, 1961.
[1259] *Arens/Daumke/Spieker*, Steuerfragen, Rn. 567.
[1260] BFH – VI R 29/09, DStR 2010, 1831.
[1261] Zu dieser Neuausrichtung Schmidt/*Loschelder* EStG § 33a Rn. 12; *Geserich* DStR 2011, 294 ff.
[1262] Hierzu *Borth* FamRZ 2010, 416 f.

E. Steuerliche Themen rund um die Ehe

prinzip, dass eine solche Versteuerung nur vorzunehmen sei, soweit die Zahlung beim Pflichtigen als Sonderausgabe berücksichtigt wird und sich steuermindernd auswirkt.[1263] Dem ist jedoch der BGH entgegengetreten. Er bejaht eine Steuerpflicht des Unterhaltsberechtigten auch dann, wenn sich beim Verpflichteten durch den Sonderausgabenabzug gar keine Steuerminderung ergeben hat, etwa weil aufgrund eines Verlustvortrags ohnehin in dem VZ keine Steuern zu zahlen waren.[1264]

a) Voraussetzungen

Das Realsplitting steht unter folgenden Voraussetzungen: **367**
- **Unterhaltsleistung an Ehegatten**; hier ist neben dem gesetzlichen auch der vertragliche oder gar der freiwillige Unterhalt zu berücksichtigen.[1265] Bei Überlassung einer Wohnung kann der Mietwert zuzüglich der verbrauchsunabhängigen Kosten als Unterhalt angerechnet werden.[1266]
- **Scheidung** oder dauerndes **Getrenntleben**;
- **unbeschränkt steuerpflichtiger Empfänger**;[1267]
- **Antrag** des Unterhaltspflichtigen, der in jedem Kalenderjahr neu gestellt wird;
- **Zustimmung des Empfängers**; sie gilt bis auf Widerruf. Ein solcher Widerruf wird erst im darauffolgenden Veranlagungsjahr wirksam. Er kann gegenüber dem Finanzamt des Berechtigten oder des Verpflichteten erklärt werden.[1268]

Antrag und Zustimmung wirken rechtsgestaltend und können daher **nicht** mehr **zurückgenommen** werden.[1269] Selbst eine Reduzierung des Antrages wirkt als Teilrücknahme und ist daher nicht möglich, wohl aber eine Erweiterung.[1270]

b) Anspruch auf Zustimmung

Der BGH gesteht einem Ehegatten gegen den anderen einen **An-** **368**
spruch auf Zustimmung zum Realsplitting zu und begründet dies mit einer auch nach Trennung weiterwirkenden Verpflichtung zur ehelichen Solidarität. Voraussetzung ist, dass der Berechtigte dadurch Vorteile hat und beim Verpflichteten keine Nachteile verbleiben. Dies gilt sogar dann, wenn zweifelhaft ist, ob die Zahlungen als Unterhalt iSd § 10 Abs. 1a Nr. 1 EStG anerkannt werden.[1271]

[1263] FG Köln, DStR 2008, 567.
[1264] BFH – X R 49/07 (NV), BeckRS 2009, 25016415 = FamRB 2010, 305.
[1265] H 10.2. EStH 2018.
[1266] BFH – XI R 127/96, DStR 2000, 1303.
[1267] Mit EU-Recht vereinbar laut EuGH – C-403/03, DStR 2005, 1265; DBAs können Ausnahmen festlegen.
[1268] H.10.2. EStH 2012 (Zustimmung); BFH – XI R 8/03, DStRE 2003, 1206.
[1269] BFH – XI R 121/96, DStR 2000, 584.
[1270] BFH – XI R 32/05, DStRE 2006, 1510.
[1271] BGH – XII ZR 266/96, NJW-RR 1998, 1153.

3. Teil. Eherecht

Umgekehrt trifft den Unterhaltsverpflichteten eine **Obliegenheit zur Inanspruchnahme des begrenzten Realsplittings**, um dadurch sein für den Unterhalt zur Verfügung stehendes Nettoeinkommen zu erhöhen. Anderenfalls könnten ihm fiktive Splittingvorteile zugerechnet werden.[1272]

c) Nachteilsausgleich – kein Vorteilsausgleich

369 Damit beim Zustimmungspflichtigen kein Nachteil verbleibt, besteht der Anspruch auf Zustimmung von vorneherein nur **Zug um Zug** gegen **Ausgleich** der dadurch beim Unterhaltsberechtigten entstehenden **Nachteile**.[1273] Dabei gilt das Verbot der Aufrechnung und der Geltendmachung eines Zurückbehaltungsrechts gegenüber Unterhaltsforderungen (§§ 273, 394 S. 1 BGB iVm § 850b I Nr. 2 ZPO) auch gegenüber dem Anspruch auf Nachteilsausgleich.[1274] Der Nachteilsausgleich unterliegt aber andererseits nicht dem § 1585b Abs. 3 BGB, da Steuernachteile häufig erst Jahre später feststehen.[1275]

Damit muss dem Unterhaltsverpflichteten der dringende Rat erteilt werden, sich über die beim Berechtigten entstehenden **Nachteile** zu informieren, denn diese **können sogar die Vorteile des Realsplittings übersteigen**. Ihm steht zu diesem Zweck ein Auskunftsanspruch gegen den Berechtigten zu.[1276]

Die **Aufforderung zur Zustimmung** muss in der richtigen Form erfolgen. So besteht kein Anspruch auf Unterzeichnung der Anlage U.[1277] Ferner kann die Zustimmung dem Unterhaltspflichtigen oder dem Finanzamt gegenüber erklärt werden.

Hinweis: Die Aufforderung zur Zustimmung muss
- dahin gehen die Zustimmung zu erklären (nicht die Anlage U zu unterzeichnen)
- dem Unterhaltspflichtigen oder dem Finanzamt gegenüber (im letzteren Falle mit der Bitte um Mitteilung)
- Zug um Zug gegen Nachteilsausgleich.

370 Folgende Nachteile sind auszugleichen:
- Steuernachteile bei der Einkommensteuer
- Steuervorauszahlungen, für die ein Freistellungsanspruch besteht; immer mehr OLG schließen sich dieser Auffassung an und bejahen sie einen Freistellungsanspruch, wenn der Vorauszahlungsbescheid

---

[1272] MAH/*Arens* FamR, § 33 Rn. 149.
[1273] BGH – XII ZR 108/02, BeckRS 2005, 06904.
[1274] OLG Bamberg – 2 UF 360/86, BeckRS 2009, 25091 = FamRZ 1987, 1047; OLG Oldenburg – 13 UF 36/10, BeckRS 2010, 13597 = FamRZ 2010, 1693.
[1275] BGH – XII ZR 108/02, NJW 2005, 2223 = FamRZ 2005, 1162.
[1276] Schwab/Ernst/*Borth*, Scheidungsrecht, § 8 Rn. 967.
[1277] BGH – XII ZR 266/96, NJW-RR 1998, 1153; OLG Oldenburg – 14 UF 141/10, BeckRS 2011, 07084 = FamRZ 2011, 1226; *Arens/Daumke/Spieker*, Steuerfragen, Rn. 449.

E. Steuerliche Themen rund um die Ehe

auf der Durchführung des Realsplittings im Vorjahr beruht und der Unterhaltspflichtige das Realsplitting auch im aktuellen Jahr durchführen will,[1278] zum Teil wird als weitere Voraussetzung genannt:[1279]
- Höhe der Beträge beeinflusst die Lebensumstände des Berechtigten spürbar
- Unterhaltsberechtigter hat vergebens versucht, die Zahlungen unter Hinweis auf das Realsplitting aussetzen zu lassen.
- **Steuerberatungskosten**; deren Erstattungsfähigkeit ist umstritten. Der BGH spricht sich nur dann für eine Erstattung aus, wenn der Sachverhalt nach Aufwand und Sachkunde nicht durch den Steuerpflichtigen zusammen mit dem Finanzamt bewältigt werden kann, idR also nur bei erstmaligem Hinzutreten zu den Einkünften.[1280] Nach aA sind Kosten eines Steuerberaters ohne Weiteres als Nachteil auszugleichen, soweit sie sich auf den Unterhalt beziehen.[1281]
- **Sonstige Nachteile** außerhalb der Einkommensteuer. Der BGH hat bei substantiierter Darlegung durch den Unterhaltsberechtigten auch sonstige Nachteile für erstattungsfähig gehalten, die daraus resultieren, dass der Unterhalt dann als zu versteuerndes Einkommen im Sinne zahlreicher öffentlich-rechtlicher Leistungsgesetze gilt, sodass dies zur Kürzung oder zum Entzug öffentlicher Leistungen führt oder etwa das während der Trennungszeit noch bestehende Privileg der Familienversicherung nach § 10 Abs. 1 SGB V entfällt. Diese sonstigen Nachteile können finanziell sehr gewichtig sein.

Dabei hat der Unterhaltsberechtigte eine Darlegungspflicht. Der Verpflichtete hat das Recht, den Nachteil – etwa anhand des Steuerbescheides – zu überprüfen. Er muss sich nicht mit bloßen Berechnungen des „gegnerischen" Steuerberaters begnügen.[1282]

Nicht auszugleichen hingegen sind diese Nachteile: **371**
- **Nachteile aus Zusammenveranlagung bei Wiederverheiratung** hat der BGH[1283] hingegen vom Nachteilsausgleich ausgeschlossen. Mit einer Wiederheirat des Berechtigten entfällt normalerweise nach § 1586 Abs. 1 BGB der Unterhaltsanspruch gegen den Verpflichteten. Im Jahr der Wiederheirat können aber das Realsplitting einerseits und eine Zusammenveranlagung des Berechtigten mit seinem neuen Ehegatten andererseits zusammenfallen. Hierdurch kann das Unterhalts-

---

[1278] OLG Bamberg – 2 UF 360/86, BeckRS 2009, 25091 = FamRZ 1987, 1047; OLG Köln – 14 WF 277/87, BeckRS 2010, 05866 = FamRZ 1988, 951; OLG Oldenburg – 13 UF 36/10, BeckRS 2010, 13597 = FamRZ 2010, 1693.
[1279] OLG Hamburg – 12 UF 166/03, BeckRS 2008, 26154 = FamRZ 2005, 519; OLG Brandenburg – 13 UF 170/14, NZFam 2016, 506; OLG Hamm – 4 UF 79/18, FuR 2019, 172.
[1280] BGH – IVb ZR 46/87, NJW 1988, 2886.
[1281] OLG Oldenburg – 13 UF 36/10, BeckRS 2010, 13597 = FamRZ 2010, 1693; MüKoBGB/*Maurer* BGB § 1569 Rn. 15.
[1282] OLG Karlsruhe – 2 WF 106/99, NJW-FER 2001, 138.
[1283] BGH – XII ZR 248/90, NJW 1992, 1391; BGH – XII ZR 104/07, NJW-RR 2010, 865 f.

3. Teil. Eherecht

einkommen des Berechtigten, das bisher steuerfrei war, aufgrund der Zusammenveranlagung eine Steuerpflicht auslösen. Nach Auffassung des BGH ist dieser Nachteil nicht zu ersetzen. Zu ersetzen sind nur die Nachteile, die bei (fiktiver) Einzelveranlagung entstanden wären. Der BGH argumentiert, dass auch in der neuen Ehe durch die Zusammenveranlagung Vorteile entstehen.

Eine **Pflicht** zum **Ausgleich** des beim Unterhaltsverpflichteten verbleibenden **Vorteils besteht nicht**,[1284] allenfalls mittelbar kann der Berechtigte davon profitieren, dass sich insoweit die unterhaltsrechtlich maßgebliche Leistungsfähigkeit erhöht.

d) Steuerliche Optimierung

372 Um das Realsplitting wirtschaftlich und steuerlich zu optimieren, kann der **Antrag etwa auf einen Teil des Unterhaltes begrenzt** werden, wenn dieser so bemessen ist, dass bis zu dieser Höhe beim Berechtigten keine Nachteile eintreten.

Andererseits kann eine **Unterhaltsabfindung** vereinbart werden, die **auf mehrere Jahre verteilt** zu zahlen ist, sodass der Höchstbetrag von 13.805,– EUR mehrfach in Anspruch genommen werden kann. Dies macht die Unterhaltsabfindung deutlich attraktiver als Vermögensauseinandersetzungen. Der BGH hat hierzu geurteilt, dass bei einer fest vereinbarten Abfindung nachträglich eintretende Umstände wie Wiederheirat oder Tod des Unterhaltsberechtigten nichts an der Zahlungspflicht ändern, selbst wenn einzelne Zahlungen noch nach Eintritt dieser Ereignisse zu erbringen sind.[1285] Das heißt die Unterhaltsabfindung ist auch vererblich.

Hinweis: Bei Vereinbarung einer verteilten Fälligkeit der Unterhaltsabfindung ist deutlich zu machen, dass es sich um eine endgültig vereinbarte Abfindung handelt und nicht um jährliche Vorauszahlungen auf den Unterhalt.

Zu beachten ist, dass die Unterhaltsabreden seit der Unterhaltsreform gem. **§ 1585c BGB beurkundungsbedürftig** sind, wenn sie vor Rechtskraft der Scheidung getroffen werden. Dies gilt dann auch für **Abreden zum Realsplitting** oder zum Nachteilsausgleich.

IV. Leistungsfähigkeit bei Gewinneinkünften

373 Das Bestehen eines Unterhaltsanspruchs setzt stets die **Leistungsfähigkeit** des Verpflichteten voraus. Diese ist bei abhängig Beschäftigten relativ leicht zu ermitteln, da hier die Nettoeinkünfte, ggf. noch Zinseinkünfte oder bei Vorliegen eines Eigenheimes ein Wohnvorteil maßgeblich ist.

[1284] BGH – IV b ZR 30/83, NJW 1985, 195.
[1285] BGH – XII ZR 73/05, DNotZ 2006, 58.

E. Steuerliche Themen rund um die Ehe

Schwieriger gestaltet sich dies bei Unterhaltspflichtigen, die **Gewinneinkünfte** beziehen.[1286] Hier sind die steuerlichen Unterlagen der Gewinnermittlung heranzuziehen, da andere Anhaltspunkte nicht bestehen.

1. Steuerbilanz versus Unterhaltsbilanz

Diese steuerliche Gewinnermittlung kann aber nicht unbesehen für das Unterhaltsrecht übernommen werden. Es entspricht heute allgemeiner Auffassung, dass das **steuerrechtliche** und das **unterhaltsrechtliche Einkommen nicht identisch** sind.[1287] So sprach der BGH[1288] schon früh aus:

Rechtsprechungsbeispiel: „Das steuerlich relevante Einkommen und das unterhaltspflichtige Einkommen sind nicht identisch. Das Steuerrecht erkennt in bestimmten Zusammenhängen Aufwendungen als einkommensmindernd an und gewährt Abschreibungen und Absetzungen, denen eine tatsächliche Vermögenseinbuße nicht oder nicht in diesem Umfang entspricht."

374

Im Einzelnen sind deshalb folgende Überlegungen anzustellen:
– **Berechnung eines Jahresdurchschnitts**: Da die Gewinneinkünfte regelmäßig stark schwanken, sind allein die Zahlen des letzten abgeschlossenen Jahres nicht aussagekräftig. Daher wird in der Praxis regelmäßig auf das **durchschnittliche Einkommen** der **letzten 3** dem Unterhaltszeitraum vorhergehenden **Kalenderjahre** abgestellt.[1289] Es kann aber – vor allem in Gründungs- oder Schließungsphasen – auch eine Tendenz des Gewinnverlaufs mitberücksichtigt werden.[1290] Bei Unklarheiten, Manipulationsverdacht oder Ungeeignetheit des Zeitraums kommt auch ein längerer Zeitraum etwa von 5 Jahren in Betracht.[1291]
– Die vorgelegte **Steuerbilanz** muss im Detail überprüft werden, ob sie der Unterhaltsberechnung zugrunde gelegt werden kann. Zwar hat sich eine Vorlagepflicht einer eigenen **Unterhaltsbilanz** bisher nicht durchsetzen können, dennoch wird die Auskunftspflicht des Unterhaltspflichtigen so verstanden, dass dieser seine Einnahmen und Aufwendungen so darstellen muss, dass eine **Abgrenzung** zwischen den allein steuerlich beachtlichen und den unterhaltsrechtlich maßgeblichen Aufwendungen **vorgenommen werden kann**.[1292] So haben sich spezifische Positionen herausgebildet, bei denen eine

375

[1286] Aus diesem Grunde gibt es hierzu ganze Monographien, vgl. etwa *Strohal*, Unterhaltsrechtlich relevantes Einkommen bei Selbständigen, 5. Aufl. 2017.
[1287] BGH – XII ZR 278/95, NJWE-FER 1998, 64 = FamRZ 1998, 357f.; BGH – XII ZR 19/01, FPR 2003, 327; Wendl/Dose/*Spieker*, Unterhaltsrecht, § 1 Rn. 300 ff.; *Strohal*, Einkommen, Rn. 182.
[1288] BGH – IVb ZR 510/80, NJW 1980, 2083.
[1289] BGH – XII ZR 217/01, NJW-RR 2004, 1227; Nr. 1.5. der unterhaltsrechtlichen Leitlinien m.w.N. de.famrb.de/unterhaltsleitlinien.html; Wendl/Dose/*Spieker*, Unterhaltsrecht, § 1 Rn. 420.
[1290] *Strohal*, Einkommen, Rn. 205.
[1291] 14. Dt. Familiengerichtstag, FamRZ 2002, 296f. (A.I.1.d).
[1292] BGH – XII ZR 278/95, NJWE-FER 1998, 64 = FamRZ 1998, 357f.

3. Teil. Eherecht

unterhaltsrechtliche Korrektur erfolgt. Verdächtig sind insb. veränderte Verhaltensweisen nach der Trennung, die von langjährigen Gepflogenheiten abweichen. Diskutiert wird, ob das **steuerliche Einkommen** zumindest als ein **Mindesteinkommen** gelten kann. Aber dies ist **nicht zutreffend**. So kann etwa steuerlich ein hoher Gewinn durch die Entnahme eines Betriebsgebäudes entstehen, welche aber die unterhaltsrechtliche Leistungsfähigkeit überhaupt nicht verbessert.[1293]

– Es darf aber nicht nur eine Auswertung der steuerlichen Daten stattfinden, sondern darüber hinaus ist zu klären, ob der Unterhaltspflichtige seiner **Erwerbsobliegenheit** nachgekommen ist. Dies geht zum einen der Frage nach, ob er als Selbständiger seine **Arbeitskraft in vollem Umfange eingesetzt** hat. Es ist aber ferner zu überlegen, ob bei bescheidenen Einkommensverhältnissen nicht der **Wechsel hin zu einer abhängigen Beschäftigung** mit regelmäßigem Einkommen gefordert werden kann.

– Umgekehrt kann es aber auch sein, dass ein Unterhaltspflichtiger, der Gewinneinkünfte erzielt, ohne Rücksicht auf übliche wöchentliche Arbeitszeiten ein viel größeres Arbeitspensum bewältigt und daher **überobligatorisch tätig** ist, sodass sich die Frage stellt, inwieweit der Gewinn in vollem Umfange dem Unterhalt zugrunde zu legen ist oder entsprechend der für den Unterhaltsgläubiger geltenden Vorschrift des § 1577 Abs. 2 S. 2 BGB **Teile des Einkommens** aufgrund einer Billigkeitsabwägung **außer Betracht bleiben**.

– Die **Darlegungs- und Beweislast** verteilt die Rechtsprechung so, dass nach Vorlage einer Steuerbilanz der Berechtigte einzelne Positionen gezielt bestreiten muss. Dann ist erneut der Verpflichtete für die Unterhaltsrelevanz darlegungs- und beweisbelastet.[1294]

Hinweis: Die steuerlichen Daten, welche den Gewinneinkünften zugrunde liegen, können nicht ungeprüft im Bereich des Unterhalts Verwendung finden. Sie sind vielmehr aus unterhaltsrechtlicher Sicht zu korrigieren.

2. Abschreibungen im Unterhaltsrecht

376 Das Handelsrecht sieht die Abschreibung abnutzbarer Wirtschaftsgüter in § 253 Abs. 2 HGB vor. Steuerrechtlich werden solche Wirtschaftsgüter nach § 6 Abs. 1 Nr. 1 EStG mit den Anschaffungs(Herstellungs)kosten abzüglich der Absetzungen für Abnutzungen bewertet.

a) Korrekturen im Unterhaltsrecht

377 Hierzu hatte der BGH schon früh geurteilt, dass solche steuerlichen Absetzungen für Abnutzungen (AfA) unterhaltsrechtlich nicht in vollem Umfang anerkannt werden können:[1295]

[1293] Wendl/Dose/*Spieker*, Unterhaltsrecht, § 1 Rn. 301.
[1294] OLG Hamm – 2 WF 56/96, BeckRS 1996, 31207965 = FamRZ 1996, 1216.
[1295] BGH – IV b ZR 59/83, FamRZ 1985, 357 (359), Tz. 3.

E. Steuerliche Themen rund um die Ehe

Rechtsprechungsbeispiel: „In der Tat sind das steuerlich relevante Einkommen und das unterhaltspflichtige Einkommen nicht identisch. Das Steuerrecht erkennt in bestimmten Zusammenhängen Aufwendungen als einkommensmindernd an und gewährt Abschreibungen und Absetzungen, denen eine tatsächliche Vermögenseinbuße nicht oder nicht in diesem Umfang entspricht … Die steuerrechtlichen Absetzungen haben daher unterhaltsrechtlich außer Betracht zu bleiben, soweit sie sich nicht mit einer tatsächlichen Verringerung der für den Lebensbedarf verfügbaren Mittel decken."

Begründet wird dies damit, dass die AfA-Sätze rein steuerlichen Wertungen entspringen und nicht selten Investitionsanreize setzen sollen, sodass sie in diesen Fällen von der Lebensdauer eines Gegenstandes völlig unabhängig sind.

Bei der unterhaltsrechtlichen Anerkennung ist zwischen den verschiedenen Arten der AfA zu unterscheiden: **378**
- Die **AfA von Gebäuden** sind nach der Rechtsprechung **unterhaltsrechtlich** völlig **unbeachtlich**, da sie das Einkommen des Unterhaltspflichtigen nicht mindern und zumeist dem Wertverlust in der Zeitschiene eine Werterhöhung auf dem Immobilienmarkt entgegensteht.[1296] **Instandsetzungskosten** können unterhaltsrechtlich nur insoweit berücksichtigt werden, als es sich um notwendigen Erhaltungsaufwand handelt und nicht etwa um den Aufwand für eine Vermögensbildung, wie er vorliegt, wenn Ausbauten und wertsteigernde Verbesserungen vorgenommen werden.[1297] Solches wäre nicht zulasten des Unterhaltsberechtigten möglich. Diese Einschätzung wird von nahezu allen unterhaltsrechtlichen Leitlinien der OLG geteilt.[1298] Die Literatur differenziert zum Teil und rät dazu, abzuwarten, ob der BGH an seiner Linie festhält.[1299]
- Bei der **linearen AfA** hat die Steuerverwaltung die Abschreibungszeiträume in der Zwischenzeit derart verlängert, dass sie nunmehr nach Auffassung des BGH[1300] dem **realen Wertverzehr** entsprechen und somit **auch unterhaltsrechtlich** zugrunde gelegt werden können. Dies bezieht der BGH insb. auf die vom BMF erstellte AfA-Tabelle für die allgemein verwendbaren Anlagegüter aus dem Jahre 2000.[1301] Erste Unterhaltsleitlinien stimmen dem zu.[1302]

[1296] BGH – IV b ZR 13/82, NJW 1984, 303 (304)/5; BGH – XII ZR 70/95, NJW 1997, 735; BGH – XII ZR 75/02, MittBayNot 2007, 51.
[1297] BGH – IV b ZR 13/82, NJW 1984, 303 (304)/5; BGH – XII ZR 70/95, NJW 1997, 735.
[1298] Nachzulesen unter www.famrb.de/unterhaltsleitlinien.html unter Nr. 1.5. oder 1.6.
[1299] *Engels,* Steuerrecht, Rn. 716 f.
[1300] BGH – XII ZR 19/01, FPR 2003, 327.
[1301] BMF, BStBl. I 2000, 1532 f.
[1302] OLG Hamburg, Unterhaltsleitlinie 1.5. abrufbar unter www.famrb.de/unterhaltsleitlinien.html. Vgl. auch Koch/*Margraf,* Unterhaltsrecht, § 1 Rn. 149; Wendl/Dose/*Spieker,* Unterhaltsrecht, § 1 Rn. 346.

3. Teil. Eherecht

– **Degressive AfA und Sonder-AfA** hingegen werden vom BGH nicht anerkannt.[1303] Konsequenz ist, dass **stattdessen** – soweit es nicht um Gebäude geht – eine **fiktive lineare AfA** angesetzt werden muss.[1304] Das heißt die zu Anfang niedrigere lineare AfA wird angesetzt. Diese muss dann aber auch über den fiktiven Zeitraum der linearen AfA angesetzt werden, also auch dann noch, wenn die tatsächliche degressive AfA bereits beendet ist.[1305] Aus diesem Grunde wird bei dem Eingreifen der fiktiven linearen AfA auch nicht um den Steuerbetrag korrigiert, der durch die tatsächliche AfA erspart worden ist.[1306] Handelt es sich hingegen um **Grundbesitz**, bei dem auch **keine fiktive lineare AfA** angesetzt wird, so ist zum einen die AfA nicht einkommensmindernd zu berücksichtigen, es muss aber auch die Steuerersparnis außer Betracht bleiben, sodass eine **fiktive Steuerberechnung** vorzunehmen ist, bei der errechnet wird, welche Steuern auf das nicht durch Verluste reduzierte Einkommen zu zahlen gewesen wären.[1307] Die **Tendenz** zu solch fiktiver Steuerberechnung **nimmt zu** – etwa wenn der Splittingvorteil nur der Zweitfamilie zugerechnet werden soll –, sodass einige Leitlinien bereits mit dem sog. „**Für-Prinzip**" bei Selbständigen arbeiten,[1308] nach dem die Steuern in dem Zeitraum berücksichtigt werden, für den sie gezahlt werden (im Gegensatz zum „In-Prinzip", bei dem die Steuern in dem Zeitraum berücksichtigt werden, in dem sie bezahlt wurden). Der **BGH** will an diesem Regel-Ausnahmeverhältnis festhalten und nur bei **Verzerrungen** auf die **durchschnittlichen Steuerzahlungen** abstellen und diese vom „Durchschnittseinkommen" des Streitjahres (gebildet aus den drei maßgeblichen Jahren) abziehen.[1309] Hier wird die weitere Entwicklung zu beobachten sein.

Hinweis: Über einen längeren Zeitraum gesehen – jedenfalls bis zur Veräußerung des betroffenen Wirtschaftsgutes – gleichen sich diese Korrekturen alle wieder aus, sodass die aufwändigen Korrekturen am Ende keine sachliche Änderung bewirken. Sie könnten also bei einem unbefristeten Unterhalt durchaus unterbleiben. Da jedoch der Unterhalt zunehmend nur noch befristet gezahlt werden muss, wirken sich die Korrekturen aus.

b) Verbindlichkeiten

379   Die Berücksichtigung von **Abschreibungen und Verbindlichkeiten schließen sich gegenseitig aus.** Soweit also Abschreibungen

---
[1303] BGH – XII ZR 19/01, FPR 2003, 327.
[1304] BGH – XII ZR 19/01, FPR 2003, 327.
[1305] Wendl/Dose/*Spieker,* Unterhaltsrecht, § 1 Rn. 352.
[1306] BGH – XII ZR 19/01, FPR 2003, 327.
[1307] BGH – XII ZR 75/02, MittBayNot 2007, 51.
[1308] OLG Düsseldorf, Unterhaltsrechtliche Leitlinien 10.1.; OLG Hamm Nr. 1.7.
[1309] BFH – VI R 21/15, DStR 2016, 1743.

E. Steuerliche Themen rund um die Ehe

anerkannt werden, scheidet die zusätzliche Berücksichtigung einer Tilgungsleistung aus.[1310]

3. Entnahmen als Ersatzmaßstab?

Soweit die Gewinnermittlung als Grundlage der Unterhaltsberechnung mit Schwierigkeiten verbunden ist oder der Unterhaltspflichtige zur Vermögensverwertung verpflichtet ist, befürworten einige Unterhaltsleitlinien die Unterhaltsberechnung anhand der **Entnahmen** (abzgl. der Einlagen)[1311] bzw. sehen in ihnen ein Indiz.[1312] Als Entnahme wird auch der Eigenverbrauch zu sehen sein.[1313]

380

Für den Unterhaltsgläubiger besteht in diesen Fällen oft das Problem, dass bei hohen Entnahmen trotz niedrigerer Gewinne der Unterhaltsverpflichtete einen hohen **Lebensstil** pflegt, aber rechnerisch nur ein geringer Unterhalt zu zahlen ist. Das OLG Frankfurt/Main[1314] hat sich dem angeschlossen und geurteilt, ein tatsächlich effektiv höherer Lebensstil könne nicht unbeachtet bleiben. Es handle sich um eine **Hilfsmethode**, wenn die eingereichten Unterlagen untauglich seien und der Gewinn auf absehbare Zeit nicht ermittelt werden könne.[1315] Das OLG Hamm[1316] lässt die Berücksichtigung der Entnahmen zu, wenn der Verpflichtete seinen **Nachweispflichten nicht genügt**. Das OLG Düsseldorf[1317] hat ausführlich begründet, dass Entnahmen als Maßstab zulässig sind, wenn sie höher sind als der Gewinn und **nicht zur Verschuldung führen**. Aus der Literatur erfolgt in diesem Zusammenhang der Hinweis, dass ein Rückgriff auf die Entnahmen nur dort möglich sein dürfe, wo eine Vermögensverwertungsverpflichtung bestehe.[1318] Der 16. Deutsche Familiengerichtstag hat dazu folgendes ausgeführt:[1319]

„Das aus unternehmerischer Tätigkeit erzielte Einkommen bestimmt sich nach dem tatsächlich für die Lebensführung verfügbaren Betrag. Eine langjährige Entnahmepraxis ist auch unterhaltsrechtlich zu akzeptieren, sofern diese nicht durch übertriebene Sparsamkeit oder Verschwendung gekennzeichnet ist. Es ist nicht gerechtfertigt, eine Vollausschüttung des Gewinns zu fingieren, soweit Überschüsse im Rahmen einer ordnungsgemäßen Wirtschaft für innerbetriebliche Zwecke verwendet werden."

Steht ein **aufwändiger Lebensstil** mit den Entnahmen und dem sonstigen Vermögen nicht im Einklang, so stellt sich die Frage nach

---

[1310] ZB OLG Düsseldorf, Unterhaltsrechtliche Leitlinien 1.5.; Schwab/Ernst/Borth, Scheidungsrecht, §8 Rn. 918.
[1311] ZB OLG Düsseldorf 1.5.; OLG Hamburg 1.5.; OLG Koblenz 1.5.
[1312] OLG Hamm Nr. 1.5.
[1313] *Engels*, Steuerrecht, Rn. 742.
[1314] OLG Frankfurt/Main – 1 UF 223/90, FamRZ 1992, 64.
[1315] OLG Frankfurt/Main – 1 UF 337/99, FuR 2001, 370.
[1316] OLG Hamm – 2 WF 56/96, BeckRS 1996, 31207965 = FamRZ 1996, 1216.
[1317] OLG Düsseldorf – 1 UF 24/04, BeckRS 2008, 26149 = FamRZ 2005, 211.
[1318] *Stein* FamRZ 1989, 343 ff.
[1319] FamRZ 2005, 1962.

Schwarzgeld. Solches wäre in die Unterhaltsberechnung einzubeziehen.[1320]

4. Änderungen nach Trennung

381 Besonders verdächtig ist die Änderung einer langjährigen steuerlichen oder wirtschaftlichen Handhabung im Zusammenhang mit der Trennung oder Scheidung. Hier liegt häufig der Verdacht nahe, dass es darum geht, trennungsbedingt einen niedrigeren Gewinn zu erzielen.

a) Investitionen

382 Auch bei der Anerkennung von betrieblichen Investitionen fallen die steuerliche und die **unterhaltsrechtliche Sichtweise auseinander.** Die Steuer prüft im Wesentlichen nur die betriebliche Verwendung, kennt aber auch Einschränkungen, wenn Investitionen die private Lebensführung berühren und unangemessen sind (etwa § 4 Abs. 5 Nr. 7 EStG – zumeist einschlägig für teure Kraftfahrzeuge). Das **Unterhaltsrecht** hingegen muss das Verhältnis zu den **Unterhaltsberechtigten** und deren **finanzielle Situation** mit in den Blick nehmen. Allerdings ist sich die unterhaltsrechtliche Literatur über die Behandlung von Investitionen aus unterhaltsrechtlicher Sicht durchaus nicht einig. Die Ansichten reichen von einer generellen Anerkennung der unternehmerischen Investitionsfreiheit[1321] bis hin zu einer allgemeinen Angemessenheitsprüfung.[1322] Die empfehlenswerte Handhabung sollte in der Mitte liegen. Folgende Korrekturprüfungen sind angebracht:
– Liegt eine erhebliche **Änderung des Investitionsverhaltens** zum **Zeitraum vor** der **Trennung** vor? Wenn ja: Ist diese Änderung durch besondere betriebliche Vorkommnisse gerechtfertigt?
– Können die Investitionen auch **privaten Interessen** dienen?
– Liegt **unterhaltsrechtlich** ein **Mangelfall** vor, sodass vom Unternehmer erwartet werden kann, „Luxusinvestitionen" zu verschieben?[1323]
– Liegt eine Investition in Vermögen vor oder wirkt sich die Investition **noch im Unterhaltszeitraum einkunftssteigernd** aus?

Anhand dieser unterhaltsrechtlichen Prüfung ist dann ggf. auch das einkommensteuerliche Ergebnis in Bezug auf die Investitionen zu korrigieren.

b) Personal

383 Ein zweiter Punkt, in dem es häufig zu unterhaltsrechtlichen Abweichungen kommt, ist die Beschäftigung von Personal. Das gilt insb. dann, wenn **neue Lebenspartner oder Verwandte als Personal** angestellt sind. Damit hier nicht unterhaltsrechtliche Rangverhältnisse unterlaufen werden,[1324] sind folgende Prüfungsgesichtspunkte relevant:

[1320] *Strohal,* Einkommen, Rn. 248 ff.
[1321] Schwab/Ernst/*Borth,* Scheidungsrecht, § 8 Rn. 902.
[1322] *Strohal,* Einkommen, Rn. 265.
[1323] Wendl/Dose/*Spieker,* Unterhaltsrecht, § 1 Rn. 330.
[1324] Wendl/Dose/*Spieker,* Unterhaltsrecht, § 1 Rn. 333.

E. *Steuerliche Themen rund um die Ehe*

- Ist der Arbeitsplatz wirklich **betrieblich erforderlich**?
- Wird durch die Tätigkeit ein **anderer Arbeitnehmer „eingespart"**?
- Bewirkt die Arbeit eine **Umsatzerhöhung**?[1325]
- Entsprechen die tatsächlichen Personalkosten dem in der jeweiligen Branche üblicherweise bestehenden **Anteil** der Personalkosten **im Verhältnis zu den Einnahmen**?[1326]

c) PKW

Während das Steuerrecht eine recht hohe Angemessenheitsgrenze in §4 Abs. 5 Nr. 7 EStG anlegt, greift die unterhaltsrechtliche Schwelle früher ein. Die unterhaltsrechtlichen Überprüfungen führen insb. in folgenden Fällen zur **Kürzung** der Ausgaben für einen PKW: 384
- PKW stellt die Hauptausgabe eines eher kleinen Betriebes dar.
- Während der Ehe und vor der Trennung wurde kein entsprechendes KFZ genutzt.

d) Rückstellungen

Rückstellungen können trotz ihrer steuerlichen Anerkennung unterhaltsrechtlich vor allem dann in Frage gestellt werden, wenn vor der Trennung Rückstellungen für vergleichbare Fälle nicht gebildet wurden.[1327] 385

Investitionsabzugsbeträge (früher Ansparabschreibung) nach §7g EStG können unterhaltsrechtlich anerkennungswürdig sein. Allerdings ist eine Korrektur erforderlich, wenn die Investition nicht erfolgt und die Positionen später aufgelöst werden müssen. Konsequent dürfte eine Anerkennung auch dann nicht erfolgen, wenn die Investition selbst nicht anerkannt werden könnte. Bei befristeten Unterhaltszahlungen ist darauf zu achten, ob eine Korrektur noch innerhalb der Frist erfolgen kann. Nach Ansicht des BGH[1328] muss bei Nichtanerkennung des Investitionsabzugsbetrages[1329] jedoch die fiktive Steuerbelastung berücksichtigt werden, die ohne den Investitionsabzugsbetrag angefallen wäre.[1330]

5. Steuern und Vorsorgeaufwendungen

Schließlich soll noch betrachtet werden, wie sich Steuerzahlungen und Vorsorgeaufwendungen auf die Leistungsfähigkeit auswirken. 386

[1325] *Strohal,* Einkommen, Rn. 269.
[1326] So prüft BGH – XII ZR 51/03, NJW 2006, 1794.
[1327] Schwab/Ernst/*Borth,* Scheidungsrecht, §8 Rn. 893, 920.
[1328] BGH – XII ZR 217/01, NJW-RR 2004, 1227.
[1329] Das Urteil zur Ansparrücklage gilt hier entsprechend, Wendl/Dose/*Kemper,* Unterhaltsrecht, §1 Rn. 975.
[1330] Steuerliche Grundsätze zu Investitionsabzugsbeträgen behandelt BMF, BeckVerw 339558.

3. Teil. Eherecht

a) Steuern

387 Der BGH[1331] hält an dem Grundsatz fest, dass Steuerzahlungen und -erstattungen nach dem sog. **In-Prinzip** zu berücksichtigen sind. Dh sie wirken sich in dem Jahr auf das Einkommen aus, in dem sie gezahlt oder erstattet wurden.

Davon macht die Rechtsprechung jedoch einige **Ausnahmen**, bei denen die Steuerbelastung fiktiv berechnet werden muss:[1332]
– bei steuerlichen **Vergünstigungen**, die **dem Unterhaltsberechtigten nicht zugutekommen dürfen**, wie zB Ehegattensplitting[1333] oder Verheiratetenzuschlag aus der zweiten Ehe;[1334]
– bei nicht in Anspruch genommenen **Steuervorteilen**, wenn eine **Obliegenheit** zur Inanspruchnahme bestand;[1335]
– wenn **steuermindernde Aufwendungen unterhaltsrechtlich nicht anerkannt** werden, ist die Steuerlast fiktiv entsprechend der Streichung zu erhöhen.[1336]

Aufgrund der starken Schwankungen in der steuerlichen Belastung von Selbständigen und Unternehmern kann es vorkommen, dass Steuernachzahlungen für längst vergangene Jahre später fällig werden und kumuliert mit angepassten Vorauszahlungen zu erheblichen Belastungen führen. Obwohl die Gelder dazu bereits in früheren Jahren eingenommen wurden, wird unterhaltsrechtlich nach dem In-Prinzip nur die Steuerschuld in dem laufenden Jahr berücksichtigt. Dies führt vor allem bei den zunehmend kürzeren Fristen, in denen Unterhalt gezahlt wird, zu Verwerfungen, die sich über die Unterhaltsdauer nicht mehr ausgleichen. Aus diesem Grunde wäre das **Für-Prinzip vorzugswürdig**, zumal ohnehin in vielen Fällen schon eine fiktive Steuerberechnung zu erfolgen hat.

Dem entsprechend sehen auch einige Unterhaltsleitlinien für diesen Bereich bereits die Möglichkeit vor, das Für-Prinzip zu verwenden. So sagen die Leitlinien des OLG Hamm[1337] für 2013 unter Ziffer 1.7.:

„Steuererstattungen bzw. Steuernachzahlungen sind grundsätzlich auf das Zahlungsjahr umzulegen (sog. In-Prinzip); insb. bei Selbständigen und Gewerbetreibenden kann es sich allerdings zum Zwecke der Entzerrung empfehlen, die für das jeweilige Kalenderjahr veranlagten Steuern anzusetzen (sog. Für-Prinzip)."

[1331] BGH – XII ZR 51/89, NJW-RR 1990, 580; BGH – XII ZR 19/01, FPR 2003, 327; BGH – XII ZR 245/04, NJW 2007, 1628.
[1332] Wendl/Dose/*Spieker*, Unterhaltsrecht, § 1 Rn. 973 f.
[1333] BGH – XII ZR 211/02, BeckRS 2005, 11441 = FamRZ 2005, 1817.
[1334] BGH – XII ZR 158/04, NJW 2007, 1969.
[1335] Wendl/Dose/*Spieer*, Unterhaltsrecht, § 1 Rn. 973.
[1336] BGH – IVb ZR 68/85, NJW-RR 1987, 194; BGH – XII ZR 217/01, NJW-RR 2004, 1227.
[1337] Abrufbar unter www.famrb.de/unterhaltsleitlinien.html.

E. Steuerliche Themen rund um die Ehe

Ähnlich, wenngleich weniger deutlich, die Leitlinie des OLG Düsseldorf unter 10.1. Die meisten Leitlinien hingegen sprechen unter 1.7. nur das In-Prinzip an.

Der **BFH** will an diesem Regel-Ausnahmeverhältnis festhalten und nur bei **Verzerrungen** auf die **durchschnittlichen Steuerzahlungen** abstellen und diese vom „Durchschnittseinkommen" des Streitjahres (gebildet aus den drei maßgeblichen Jahren) abziehen.[1338]

> **Hinweis:** Für den Unterhaltsberechtigten kann die Verwendung des Für-Prinzips eine erhebliche Steigerung des Unterhalts bedeuten, wenn dadurch Steuerzahlungen nicht mehr den Unterhaltszeitraum betreffen.

b) Vorsorgeaufwendungen

388 Ein Selbständiger oder Gewerbetreibender, der nicht gesetzlich rentenversichert ist, darf zur Sicherung seiner **Altersversorgung** einen Anteil von **20 % des nicht bereinigten erzielten Bruttoeinkommens** verwenden, denn er hat Arbeitgeber- und Arbeitnehmeranteile aufzubringen.[1339] Ferner sind **weitere 4 %** zum Abzug zulässig, die auch den rentenversicherungspflichtig Beschäftigten als zweite Säule der Altersversorgung zustehen.[1340]

Abziehbar sind aber nicht rein fiktiv gerechnete Quoten, sondern **nur tatsächlich auch geleistete Altersversorgungsbeiträge**.[1341] Hierzu kann sich der Unterhaltsverpflichtete aller geeigneten Anlagemethoden bedienen. Er kann etwa Lebensversicherungen abschließen, Geld ansparen oder Immobilien erwerben, soweit dies tatsächlich der Altersversorgung dient. Auch nach Trennung neu abgeschlossene Instrumente sind hier zu berücksichtigen, soweit die Zahlungen nur tatsächlich auch erbracht werden.

Der BGH hat jüngst entschieden, zum Ausgleich auch dem Unterhaltsberechtigten einen um 4 % erhöhten Altersvorsorgeunterhalt zuzubilligen.[1342]

> **Hinweis:** Der steuerliche Berater muss sich diese familienrechtlichen Folgen der Ermittlung von Gewinneinkünften vor Augen halten, wenn er von seinem Mandanten nach Gestaltungsmöglichkeiten im Rahmen eines laufenden Scheidungsverfahrens befragt wird. Manch eine steuerliche Gestaltung ist erfolgversprechend, andere halten den familienrechtlichen Korrekturen nicht stand.

[1338] BFH – VI R 21/15, DStR 2016, 1743.
[1339] OLG München – 12 UF 1739/98, FamRZ 2000, 26; Schwab/Ernst/*Borth*, Scheidungsrecht, § 8 Rn. 933; Unterhaltsleitlinien 10.1.
[1340] BGH – XII ZR 109/05, NJW 2008, 3125 Tz. 68.
[1341] BGH – XII ZR 67/00, NJW 2003, 1660.
[1342] BGH – XII ZB 25/19, NJW 2019, 3570.

3. Teil. Eherecht

V. Versorgungsausgleich und Steuern

1. Die Besteuerung beim neuen Versorgungsausgleichsrecht

389 Im Zusammenhang mit der Neuregelung des Versorgungsausgleichs im Jahre 2009, die bereits vorgestellt wurde,[1343] hat der Gesetzgeber im Steuerrecht die Vorschriften des § 3 Nr. 55a und 55b EStG neu eingeführt. § 19 Abs. 1 Nr. 2 EStG und § 22 Nr. 5 S. 2 EStG wurden um den Hinweis auf die Teilung im Versorgungsausgleich ergänzt. § 52 Abs. 36 S. 12 EStG stellt klar, dass es für Altersvorsorge- oder Direktversicherungsverträge auch nach dem Versorgungsausgleich auf das frühere Abschlussdatum des Verpflichteten ankommt. In § 15 Abs. 3 VersAusglG ist ferner geregelt, dass ein externer Ausgleich für den Pflichtigen nicht zu einem steuerlichen Nachteil führen darf, außer dieser hat zugestimmt.

Ausgleichsleistungen zur Vermeidung eines Versorgungsausgleichs nach § 6 Abs. 1 S. 2 Nr. 2 VersAusglG, § 23 VersAusglG und § 1408 Abs. 2 BGB, § 1587 BGB erklärt § 10 Abs. 1a Nr. 3 EStG zu Sonderausgaben mit Wirkung vom 1.1.2015 ab.[1344] Korrespondierend unterwirft § 22 Abs. 1a EStG die Zahlungen als sonstige Einkünfte der Besteuerung. Für das Verfahren gelten die Regelungen des Realsplittings.

Diese Vorschriften werden durch zwei Schreiben des BMF neu interpretiert, und zwar einmal zum Wertausgleich bei Scheidung,[1345] das im Jahre 2017 neu gefasst wurde[1346] – nachfolgend „BMF – Wertausgleich" – und zum anderen zum Ausgleich nach Scheidung[1347] – nachfolgend „BMF – Ausgleich".

2. Die interne Teilung

a) Kein Abzug der Minderung

390 Die interne Teilung des Anrechts beim gleichen Versorgungsträger soll für beide Beteiligten steuerneutral verlaufen, § 3 Nr. 55a S. 1 EStG. Dem entsprechend kann der Ausgleichspflichtige die **Minderung** seiner Anrechte **nicht steuerlich geltend machen**.[1348]

b) Besteuerung des Leistungszuflusses

391 Grund für die Steuerneutralität ist nicht zuletzt, dass die aufgrund des Versorgungsausgleichs übertragenen Leistungen bei Zufluss vom Berechtigten im Grundsatz ebenso versteuert werden müssen, wie sie der Pflichtige zu versteuern gehabt hätte. Hierzu gilt im Einzelnen Folgendes:

[1343] → Rn. 296 ff.
[1344] BGBl. 2014 I 2417.
[1345] BMF 24.7.2013, BStBl. 2013, 1022, geringfügig geändert durch BMF 13.1.2014, BStBl. I 2014, 97; ersetzen das frühere Schreiben des BMF 31.3.2010, BStBl. 2010, 270, Rn. 356–390; vgl. auch BMF 13.9.2010, BStBl. 2010, 681, wo insb. in → Rn. 222 das Vorgehen bei schon laufendem Rentenbezug noch erläutert wird.
[1346] BMF 21.12.2017, BStBl. I 2018, 93.
[1347] BMF 9.4.2010, DStR 2010, 754; im vorgenannten BMF-Schreiben v. 21.12.2017 als aktuell zitiert → Rn. 313.
[1348] *Wälzholz* DStR 2010, 465 (466).

E. Steuerliche Themen rund um die Ehe

- **Einkunftsart:** Hierzu ordnet § 3 Nr. 55a S. 2 EStG ausdrücklich an, dass die Einkunftsart ohne Rücksicht auf den Wechsel des Empfängers im Versorgungsausgleich **gleich bleibt**, so auch die Klarstellung in § 19 Abs. 1 Nr. 2 EStG für Beamtenpensionen.
- **Vertragsdatum und Alt-/Neuzusage:** § 52 Abs. 28 S. 9 EStG **fingiert** für Versicherungsverträge den **früheren Zeitpunkt** des Abschlusses durch den Pflichtigen **auch für den Berechtigten als maßgeblich**, sodass dem Berechtigten die Vergünstigungen in § 20 Nr. 6 S. 1 und 2, § 3 Nr. 63 S. 3 EStG bzw. § 40b EStG aF gerechnet vom ursprünglichen Vertragsdatum/der ursprünglichen Versorgungszusage an zugutekommen (und nicht von seinem Erwerb an). Dies gilt nach BMF-Wertausgleich, Rn. 324 auch für eine erhöhte Leistung bei vermindertem Risikoschutz im Falle des § 11 Abs. 1 Nr. 3 VersAusglG.
- **Rentenbeginn/Alter bei Rentenbeginn:** Soweit es auf den Rentenbeginn oder auf das Alter bei Rentenbeginn ankommt, **ist allerdings auf den Berechtigten abzustellen**, also die tatsächlichen Daten des Zuflussberechtigten. Dies gilt etwa für die Frage des Besteuerungsanteils nach § 22 Nr. 1 S. 3 a, aa EStG oder des Ertragsanteils nach § 22 Nr. 1 S. 3 a, bb EStG oder für den Versorgungsfreibetrag samt Zuschlag nach § 19 Abs. 2 EStG. Hieraus können sich **Nachteile bei jüngeren Berechtigten** ergeben. Sind diese nicht hinnehmbar, könnte durch **Vereinbarung** der Versorgungsausgleich geändert werden.

Beispiel:
Sachverhalt: M war bei Eintritt in den Ruhestand 64 Jahre alt und bezieht ab 2015 eine Versorgung von 4.000,– EUR monatlich (Ehezeitanteil) nach § 22 Nr. 1 S. 3 a), aa) EStG. F ist 50 Jahre alt, sie wird eine entsprechende Versorgung erst ab 2029 beziehen können.
Gesetzlicher Versorgungsausgleich: Von der Versorgung des M werden 2.000,– EUR auf F übertragen. M hat selbst nur noch 2.000,– EUR Versorgung (Ehezeitanteil), die er mit 70% versteuern muss. F bezieht bis 2029 keine Versorgung (2.000,– EUR fehlen also in der Liquidität) und muss dann, da ihr Renteneintritt maßgeblich ist, ihre Versorgung mit 89% versteuern.
Alternative: M und F vereinbaren durch notariellen Ehevertrag einen Ausschluss des Versorgungsausgleichs und stattdessen die Übertragung einer Immobilie, die dem Wert der auf F zu übertragenden Versorgung entspricht.

- **Freibeträge:** Inwieweit der Zufluss der Leistung **tatsächlich der Besteuerung unterliegt**, richtet sich ebenfalls **nach der Person des Berechtigten**, zB inwieweit dieser seine sonstigen Freibeträge bereits ausgeschöpft hat.[1349]

3. Besteuerung der externen Teilung

a) Einfluss der Besteuerung auf das materielle Recht

Da nach § 15 Abs. 1 VersAusglG der Berechtigte bei der externen **392** Teilung die Zielversorgung bestimmen kann, muss der Verpflichtete davor geschützt werden, dass diese Wahl für ihn mit Steuernachteilen verbunden ist. Würden solche entstehen, wird die Wahl nur mit seiner

---
[1349] *Ruland* FamRZ 2009, 1456 (1459).

Zustimmung wirksam, § 15 Abs. 3 VersAusglG. Zur Verfahrenserleichterung bestimmt § 15 Abs. 4 VersAusglG, dass Anrechte in der gesetzlichen Rentenversicherung, nach dem Betriebsrenten- oder dem AltZertG immer als steuerlich nicht nachteilig zu qualifizieren sind.

b) Besteuerung des Wertausgleichs

393 – **Keine Einkünfte iSd EStG:** Bei der Übertragung einer Versicherung durch richterlichen Gestaltungsakt im Versorgungsausgleich liegt kein Einkunftstatbestand vor, da es sich weder um einen Erlebensfall, noch um einen Rückkauf iSd § 20 Nr. 6 EStG handelt (Beispiel in BMF – Wertausgleich, Rn. 326). § 3 Nr. 55b EStG findet dann schon gar keine Anwendung.
– **Volle nachgelagerte Besteuerung der Leistungen aus der Zielversorgung sichergestellt:** In diesem Falle bleibt die Übertragung nach § 3 Nr. 55b, Satz 1 EStG steuerfrei. Dies gilt auch in den Fällen des § 22 Nr. 1, Satz 3a, aa EStG bei erst schrittweiser Überführung in die volle Besteuerung ohne Sonderregelung für diese Übergangsphase.
– **Nur eingeschränkte Besteuerung der Leistungen aus der Zielversorgung nach § 20 Abs. 1 Nr. 6 EStG oder § 22 Nr. 1 S. 3 a, bb EStG:** In diesem Falle gilt die Steuerfreiheit des Satzes 1 nach § 3 Nr. 55b S. 2 EStG nicht. Der Pflichtige hätte den Kapitalwert der auf den Berechtigten übertragenen Anwartschaft als Zufluss voll zu versteuern.[1350] Eine Konsequenz, die bei der Gestaltung des Versorgungsausgleichs **unbedingt zu vermeiden** ist!

Beispiel:
Arbeitnehmer M hat eine Anwartschaft aus einer Direktzusage. Bei der Scheidung vereinbaren dessen Versorgungsträger und die ausgleichsberechtigte F nach § 14 Abs. 2 Nr. 1 VersAusglG eine externe Teilung. F hat als Zielversorgung eine ungeförderte private Rentenversicherung ausgewählt, die sie später nur mit dem Ertragsanteil versteuern muss. Der nicht beratene M hat zugestimmt. Das Gericht führt die Teilung entsprechend durch. Die Teilung führt bei M sofort zu steuerpflichtigen Einkünften iHd Ausgleichswertes, und zwar als steuerpflichtiger, ggf. nach der Fünftelregelung ermäßigt zu besteuernder Arbeitslohn (BMF – Wertausgleich, Rn. 328).
Alternative:
M lässt sich beraten und stimmt nicht zu. Daraufhin wird die externe Teilung durch Übertragung des Ausgleichswertes in einen zertifizierten Altersvorsorgevertrag der F vorgenommen. Dies bleibt für M nach § 3 Nr. 55b S. 1 EStG steuerfrei.

– **§ 16 VersAusglG:** Die externe Teilung bei Landes- und Kommunalbeamten durch Überführung in die gesetzliche Rentenversicherung ist in § 3 Nr. 55b EStG nicht erwähnt. Der Wertausgleich selbst ist steuerfrei.[1351]

[1350] *Ruland,* Versorgungsausgleich, Rn. 1314; *Borth,* Versorgungsausgleich, Kap. 3 Rn. 212.
[1351] *Wälzholz* DStR 2010, 465 (468); *Ruland,* Versorgungsausgleich, Rn. 1330.

E. *Steuerliche Themen rund um die Ehe*

Die Verminderung seiner Anwartschaften ist beim Pflichtigen steuerrechtlich nicht abzugsfähig.[1352]

c) Besteuerung des Leistungszuflusses

Da bei der externen Teilung ein neues Anrecht begründet wird, ist die ursprüngliche Einkunftsart beim Ausgleichspflichtigen grds. unerheblich. Leistungen der gesetzlichen Rentenversicherung als Auffangversorgungsträger unterliegen der Besteuerung nach § 22 Nr. 1 S. 3a) aa) EStG, solche der Versorgungsausgleichskasse der Besteuerung für Pensionskassen nach § 22 Nr. 5 EStG. 394

Die Frage Alt-/Neuzusage einer betrieblichen Altersvorsorge iSd § 3 Nr. 63 S. 3 EStG (bzw. § 40b EStG aF) richtet sich nach BMF – Wertausgleich, Rn. 324 bei

– Neubegründung für den Berechtigten nach der Art der Zusage beim Pflichtigen,
– Aufstockung einer bestehenden Versorgungszusage des Berechtigten nach dessen Versorgungszusage (allgemeine Regelung in BMF – Wertausgleich, Rn. 318 ff.).

Leistungen nach § 22 Nr. 5 EStG unterliegen in vollem Umfang der nachgelagerten Besteuerung, wenn sie auf einem nach § 3 Nr. 55b EStG steuerfrei geleisteten Ausgleichswert beruhen.

4. Schädliche Verwendung geförderten Altersvorsorgevermögens

Hierzu enthält § 93 Abs. 1a EStG umfangreiche Anordnungen. Steuerfrei ist die Übertragung auf eine erneut geförderte Anlageform beim Berechtigten unabhängig von dessen Zulageberechtigung, wobei dieser in die Rechte und Pflichten der steuerlichen Förderung vollumfänglich eintritt. Ansonsten läge eine schädliche Verwendung vor mit den in § 93 EStG festgelegten Konsequenzen. BMF – Ausgleichswert, Rn. 330 ff. ergänzt, dass die Rückzahlungsfolgen bei einer schädlichen Verwendung durch den Berechtigten diesen selbst treffen und dass der Abzug der Kosten einer internen Teilung nach § 13 VersAusglG unschädlich ist. Außerdem sind Klarstellungen zur verfahrensmäßigen Behandlung getroffen. 395

5. Ausgleich nach Scheidung

a) Grundzüge und Zahlungsformen

Der **Ausgleich nach Scheidung** findet gem. § 20 VersAusglG für Anrechte, die beim Wertausgleich anlässlich der Scheidung nach § 19 VersAusglG noch nicht ausgleichsreif waren, erst statt, wenn der **Pflichtige** aus dem noch nicht ausgeglichenen Anrecht eine **laufende Versorgung** bezieht und der **Berechtigte** entweder eine eigene laufende Versorgung bezieht oder jedenfalls die **Regelaltersgrenze** erreicht hat. Der Anspruch richtet sich grds. auf die Zahlung einer laufenden Geldrente, § 20 VersAusglG. Der Berechtigte kann Abtretung des Anspruchs gegen den 396

[1352] *Wälzholz* DStR 2010, 465 (467).

3. Teil. Eherecht

Versorgungsträger in Höhe der Rente verlangen, § 21 VersAusglG. Erhält der Pflichtige eine Kapitalzahlung, richtet sich der Anspruch auf anteilige Überlassung des Kapitals, § 22 VersAusglG. Der Berechtigte kann ferner bei Zumutbarkeit den Ausgleich in Form einer einmaligen Abfindung verlangen, § 23 VersAusglG. Nach § 25 VersAusglG besteht außerdem ein Anspruch auf Hinterbliebenenversorgung.

b) Korrespondenzprinzip

397 Die steuerliche Handhabung wurde für den schuldrechtlichen Versorgungsausgleich im Jahressteuergesetz 2008 in § 10 Abs. 1 Nr. 1b EStG und § 22 Nr. 1c EStG festgelegt und im neuen Versorgungsausgleich nicht geändert. Später wurden diese Vorschriften ohne sachliche Änderung[1353] in **§ 10 Abs. 1a Nr. 4 und § 22 Nr. 1a EStG** überführt. Vielmehr wurde die Fortdauer dieser Regelung im neuen Versorgungsausgleich durch die Inbezugnahme der neuen Vorschriften des VersAusglG klargestellt. Danach kann der Pflichtige Leistungen im Rahmen des Ausgleichs nach Scheidung als **Sonderausgaben** abziehen, **soweit** sie bei ihm **als Einnahme der Besteuerung unterlegen** haben und die ausgleichsberechtigte Person unbeschränkt steuerpflichtig ist.[1354] **Korrespondierend** muss der **Berechtigte** sie insoweit **versteuern**, als der Pflichtige sie als Sonderausgabe abgezogen hat; hierbei verweist BMF – Ausgleich, Rn. 6 noch auf den Abzug des Werbungskostenpauschbetrages – sofern nicht höhere Werbungskosten vorliegen – in Höhe von derzeit 102,– EUR nach § 9a S. 1 Nr. 3 EStG.

BMF – Ausgleich gibt → Rn. 10 ff. sodann Beispiele für die **verschiedenen Formen der Versorgung** des Pflichtigen. So ist bei einer Leibrente nach § 22 Nr. 1, Satz 3 a, aa EStG je nach Rentenbeginn nur ein bestimmter Anteil steuerpflichtig. Nur der entsprechende Anteil der an den Berechtigten gezahlten Ausgleichsrente kann als Sonderausgabe geltend gemacht werden, der Berechtigte hat auch nur diesen Anteil zu versteuern. Bei einem Versorgungsbezug nach § 19 EStG ist entsprechend der Freibetrag für Versorgungsbezüge nach § 19 Abs. 2 EStG zu berücksichtigen, bei einer Leibrente nach § 22 Nr. 1 S. 3 a, bb EStG ist nur der Ertragsanteil zu werten. Leistungen nach § 22 Nr. 5 EStG sind nur in Höhe der geförderten Beiträge steuerpflichtig.

Eine **Abtretung** nach § 21 VersAusglG will BMF – Ausgleich, Rn. 15 ff. ebenso behandeln und sieht hierin nur einen abgekürzten Zahlungsweg. Die Abtretung ist keine schädliche Verwendung iSd § 93 EStG.

Wird der Ausgleich (zum Teil) nach § 22 VersAusglG durch **Kapitalzahlung** erbracht, weil der Pflichtige ein betriebliches Anrecht oder eines nach AltZertG mit Teilkapitalisierung hat, so ist die Kapitalzahlung in gleicher Weise zu behandeln wie die Zahlung laufender Versorgung. Verlangt der Berechtigte eine zweckgebundene **Abfindung** für die Ausgleichsrente zur Zahlung an seinen Versorgungsträger nach **§ 23**

[1353] Schmidt/*Heinicke* EStG § 10 Rn. 153.
[1354] Hierzu FG Niedersachsen – 1 K 166/12, BeckRS 2013, 95980 = EFG 2013, 1490.

E. Steuerliche Themen rund um die Ehe

VersAusglG, so ist dieser Fall ab 1.1.2015 in der Neuregelung des §10 Abs. 1a Nr. 3 EStG erfasst und kann den Verpflichteten zu einem Abzug als Sonderausgabe berechtigen.

6. Zahlungen zur Vermeidung eines Versorgungsausgleichs, §10 Abs. 1a Nr. 3 und §22 Nr. 1a EStG

Die Neuregelung der Zahlungen zur Vermeidung des Versorgungsausgleichs seit 1.1.2015 hat zum Ziel, die bisher uneinheitliche Rechtsprechung und Verwaltungsanwendung in diesem Bereich zu beseitigen.[1355] Ausgleichszahlungen sollten damit vom Gesetzgeber gleich behandelt werden, ganz gleich, ob sie eine öffentlich-rechtliche, eine private, eine geförderte oder eine betriebliche Altersversorgung betreffen. All diese **Ausgleichszahlungen** können als **Sonderausgabe** abgezogen werden. Damit korrespondiert dann die Besteuerung beim Ausgleichsberechtigten nach §22 Nr. 1a EStG. Das Verfahren ist wie beim begrenzten Realsplitting[1356] geregelt, sodass insb. Antrag und Zustimmung erforderlich sind. Eine betragsmäßige Höchstgrenze gibt es aber nicht.

398

Davon sind somit folgende Zahlungen erfasst:
- Leistungen nach §6 Abs. 1 S. 2 Nr. 2 VersAusglG für den Ausschluss des Versorgungsausgleichs;
- Leistungen nach §23 VersAusglG als zweckgebundene Abfindung für ein noch nicht ausgeglichenes Anrecht im Rahmen des Ausgleichs nach Scheidung;
- Vereinbarte Leistungen in einem Ehevertrag über den Versorgungsausgleich nach §1408 Abs. 2 BGB;
- Leistungen nach §1587 BGB; damit ist eine allgemeine Verweisung auf das VersAusglG ausgesprochen;
- Neubegründung für den Berechtigten nach der Art der Zusage beim Pflichtigen.

Obwohl Sinn der Neuregelung die Vereinheitlichung von Abzugsmöglichkeiten im Bereich der Sonderausgaben war, um damit andere Abzüge – etwa als Werbungskosten – zu vermeiden,[1357] so besteht doch im steuerlichen Schrifttum eine gewisse Unsicherheit, ob dies auch gelungen ist mit der Formulierung „**zur Vermeidung eines Versorgungsausgleichs**". Es wird sogar eine gesetzliche Klarstellung gefordert[1358].

Insbesondere wird insoweit vertreten, dass Zahlungen eines Beamten **nach Durchführung des Versorgungsausgleichs** zur Wiederauffüllung seiner eigenen Anrechte weiterhin als Werbungskosten abziehbar sind,[1359] da diese gerade nicht zur Vermeidung eines Versorgungsausgleichs geleistet wurden. Zahlen demnach **Beamte Beiträge zur Wiederauffüllung** einer gekürzten Versorgungsanwartschaft an ihre

---
[1355] BT-Drs. 18/3441, 56.
[1356] → Rn. 366 ff.
[1357] BeckOGK/*Reetz* VersAusglG §6 Rn. 251; *Schlünder* FamRZ 2015, 1860 (1861).
[1358] Schmidt/*Heinicke*, 38. Aufl. 2019, EStG §10 Rn. 152.
[1359] Schmidt/*Krüger* EStG §10 Rn. 128; HHR/*Kulosa* EStG §10 Rn. 285.

Dienstherren (§ 58 BeamtVG), so wären diese weiterhin sofort als Werbungskosten abziehbar,[1360] und zwar einschließlich der Finanzierungskosten;[1361] anders als für Ausgleichszahlungen, die ein Beamter direkt an seinen Ehegatten zahlt, um die Kürzung seiner Versorgungsbezüge von vornherein abzuwenden.[1362]

399 Dann käme wohl auch wieder die frühere Unterscheidung zum Tragen, wonach eigene Beiträge von Arbeitnehmern zur **Wiederauffüllung** einer gekürzten Rentenanwartschaft nach **§ 187 Abs. 1 Nr. 1 SGB VI keine vorweggenommenen Werbungskosten** darstellen, sondern **allenfalls** als **Sonderausgabe** im Rahmen des § 10 Abs. 1 Nr. 2a, Abs. 3 EStG Berücksichtigung finden können.[1363] Allerdings lässt der hier bestehende Höchstbetrag von 20.000,– EUR bzw. 40.000,– EUR für Verheiratete nach § 10 Abs. 3 EStG[1364] die Berücksichtigung höherer Beträge neben den bestehenden laufenden Aufwendungen kaum zu.[1365] Möglicherweise kann eine auf mehrere Jahre verteilte Zahlung helfen.

Gegen diese **unterschiedliche Behandlung** von gesetzlicher Rentenanwartschaft und Beamtenpension waren gerade aufgrund der Annäherung beider Versorgungssysteme seit dem Alterseinkünftegesetz **verfassungsrechtliche Bedenken** erhoben worden.[1366]

F. Der Ehevertrag

I. Voraussetzungen und Ziele eines Ehevertrages

1. Begriff des Ehevertrages

400 Während das BGB in § 1408 Abs. 1 BGB einen sehr engen Begriff des Ehevertrages als Vertrag zur Regelung güterrechtlicher Verhältnisse verwendet, ist in der Praxis ein **funktional erweiterter Begriff** gebräuchlich, der unter den **Ehevertrag** auch Regelungen zum Unterhalt, zum Versorgungsausgleich oder zu ehebezogenen Zuwendungen und sonstigen Regelungen unter Ehegatten fasst. In diesem Sinne wird der Ehevertrag kurz als vorsorgende ehebezogene Vereinbarung verstanden. Unter diesen Begriff fallen dann auch sog. Krisen-Eheverträge. Der Begriff korrespondiert mit der erweiterten familiengerichtlichen Zuständigkeit des sog. Großen Familiengerichts nach § 266 Abs. 1 Nr. 3

[1360] BFH – IX R 107/00, DStR 2006, 604.
[1361] BFH – IX R 78/01, NJW 2006, 1840.
[1362] So aber noch zur alten Rechtslage: BFH – IX R 107/00, DStR 2006, 604.
[1363] BFH – X B 166/05, DStR 2006, 313; *Müller/Tomhave* ErbStB 2011, 166 (170).
[1364] Der BFH hält diese Beschränkung für verfassungsgemäß, BFH – X R 6/08, DStRE 2010, 75 und BFH – X R 28/07, DStRE 2010, 91, hiergegen sind Verfassungsbeschwerden eingelegt, BVerfG – 2 BvR 289/10 bzw. BVerfG – 2 BvR 323/10.
[1365] *Ruland,* Versorgungsausgleich, Rn. 1328.
[1366] *Ruland,* Versorgungsausgleich, Rn. 1328; *Paus,* NWB F.3, 14273; *Wälzholz* DStR 2010, 465 (469); *Breuers* FPR 2011, 517 (520).

F. Der Ehevertrag

FamFG. Vom Ehevertrag zu unterscheiden sind **Scheidungsvereinbarungen**, bei denen Regelungen für eine konkret anstehende Scheidung getroffen werden.

2. Form des Ehevertrages

§ 1410 BGB schreibt für den Ehevertrag im engen Sinne, also die Regelung güterrechtlicher Verhältnisse und § 7 Abs. 3 VersAusglG für Regelungen zum Versorgungsausgleich[1367] **die notarielle Beurkundung** und die **gleichzeitige Anwesenheit** beider Teile vor. § 1378 Abs. 3 S. 2 BGB fordert für **Vereinbarungen über die konkrete Zugewinnausgleichsforderung**, die notarielle Beurkundung. Nach S. 3 dieser Vorschrift können sich Ehegatten vor Beendigung des Güterstandes ansonsten nicht zu einer Verfügung über die Ausgleichsforderung verpflichten.

Nach § 1585c BGB bedürfen **Unterhaltsregelungen vor Rechtskraft der Scheidung** der **notariellen Beurkundung**.

Nach § 311b BGB ist für Erwerb und Veräußerung von **Grundstücken** die notarielle Beurkundung erforderlich, nach § 794 Abs. 1 Nr. 5 ZPO ferner für eine **Zwangsvollstreckungsunterwerfung**.

Zum **Beurkundungsumfang** vertritt der BGH[1368] schon zu § 1410 BGB, dass die Beurkundungsbedürftigkeit nach § 1410 BGB **auf die anderen Teile eines einheitlichen Vertragswerkes ausstrahlt**, sodass das „Gesamtpaket" der Beurkundungspflicht unterliegt. Gleiches gilt bei Grundstücksgeschäften schon nach § 311b BGB.

Hinweis: Nachdem die Beurkundungspflicht nun auch für Unterhaltsvereinbarungen eingeführt wurde, kann nur dringend geraten werden, alle Gegenstände eines Ehevertrages notariell beurkunden zu lassen, um die Wirksamkeit des Gesamtvertrages nicht zu gefährden.

Hier unterliegen die Beteiligten und zuweilen auch die Berater sehr häufig Fehleinschätzungen. Dies mögen folgende Beispiele zeigen:

Beispiel – Die „verunglückte Regelung der Haushaltsgegenstände":
Die Beteiligten und ihre Anwälte setzen im Vorfeld der Scheidung zunächst einmal privatschriftlich alle Gegenstände des ehelichen Haushalts auseinander, die im Wesentlichen noch aus eingebrachten Gegenständen bestehen, und weisen diese den einzelnen Ehegatten so zu, dass ein weiterer Wertausgleich nicht erfolgen soll. Sie sind sich einig, dass eine weitere Verrechnung nicht mehr zu erfolgen hat.
Nach der Neuregelung der Haushaltsgegenstände in § 1586b BGB unterliegen nur noch Gegenstände im gemeinsamen Eigentum dieser Sondervorschrift. Alle Gegenstände im Alleineigentum eines Ehegatten unterfallen hingegen dem Zugewinn. Aus diesem Grund ist die Verteilung der Haushaltsgegen-

---

[1367] Gleichzeitige Anwesenheit für Versorgungsausgleichsregelungen nur bei Eheverträgen gefordert, nicht also bei Scheidungsvereinbarungen. Wegen schwieriger Abgrenzung sollte das Erfordernis besser immer eingehalten werden.
[1368] BGH – XII ZR 263/00, NJW-RR 2002, 1513.

3. Teil. Eherecht

stände nach § 1378 Abs. 3 S. 2 BGB nicht wirksam erfolgt. Sie werden im Zugewinn nochmals erfasst.[1369]

Auch die Vereinbarung mit Dritten birgt wegen § 1378 Abs. 3 S. 3 BGB erhebliche Risiken:

Beispiel – eine kritische Schwiegerelternklausel: Vor Beendigung des Güterstands trafen Schwiegervater und Schwiegersohn eine Vereinbarung, in der sich der Schwiegervater zur Zahlung einer Abfindung an den Ehemann zur Abgeltung sämtlicher Zugewinnausgleichsansprüche gegen die Ehefrau verpflichtete.
In dieser Vereinbarung liegt ein Verzicht auf mögliche weitergehende Zugewinnausgleichsansprüche seitens des Ehemannes sowie die Einwilligung in einen Schuldnertausch. Darin ist eine Verfügung über die dem Ehemann zustehende Ausgleichsforderung zu sehen, die nach § 1378 Abs. 3 S. 3 BGB unwirksam ist.[1370]

Die Vorschrift ist eine wahre Fundgrube für verunglückte Fälle:

Beispiel – ein unwirksames Schuldversprechen: Der Ehemann gab gut zwei Jahre vor der Rechtshängigkeit eines Scheidungsantrages ein schriftliches Schuldanerkenntnis über 1,5 Mio. EUR im Hinblick auf bevorstehende Zugewinnausgleichsansprüche ab.
Das Schuldanerkenntnis ist formunwirksam. Es hätte nach § 1378 Abs. 3 S. 2 BGB der notariellen Beurkundung bedurft.[1371]

403 Der Formzwang soll auch bei **Rechtsgeschäften mit einer äquivalenten Bindung** greifen. Das wird insb. diskutiert bei **Klauseln in Gesellschaftsverträgen, die zum Abschluss bestimmter Eheverträge verpflichten**,[1372] ohne dass es hierzu weitergehende Erkenntnisse durch obergerichtliche Rechtsprechung gäbe.[1373]

Hierzu können zwei Empfehlungen gegeben werden:
– Die Formulierungen im Gesellschaftsvertrag sind möglichst so zu wählen, dass sie nicht die Verpflichtung beinhalten, einen bestimmten Ehevertrag zu schließen, sondern dass (lediglich) an den Nichtabschluss gesellschaftsrechtliche Konsequenzen – etwa die Ausschließung – anknüpfen.
– Sind diese gesellschaftsrechtlichen Konsequenzen wirtschaftlich derart einschneidend, dass sie zum Abschluss des Ehevertrages zwingen,[1374] so ist die Beurkundung des entsprechenden Gesellschaftsvertrages ratsam, auch wenn es sich etwa nur um einen KG-Vertrag handelt. Allerdings

---

[1369] OLG Düsseldorf – 9 UF 119/03, BeckRS 2008, 25996 = FamRZ 2005, 273.
[1370] BGH – XII ZR 170/01, NJW-RR 2004, 1369.
[1371] OLG Hamm – 8 UF 145/13, FamFR 2013, 511.
[1372] *Grziwotz* FamRB 2006, 23 (25); *Wachter* GmbH-StB 2006, 234 (238); MüKoBGB/*Münch* BGB § 1410 Rn. 4; *Wenckstern* NJW 2014, 1335 f.
[1373] Vgl. näher zu den Güterstandsklauseln → Rn. 711 f.
[1374] Solches könnte allenfalls dann der Fall sein, wenn mit einem Ausschluss und einer Abfindung unter Verkehrswert eine ganz empfindliche Vermögenseinbuße einherginge. Anders wäre es bei einer Gesellschaft zu beurteilen, die nur zu einem Hauptberuf als kleine Vermarktungsgesellschaft geführt wird.

F. Der Ehevertrag

wird ein mittelbarer Druck allein aus der gesellschaftsvertraglichen Klausel auch generell verneint.[1375]

3. Ziel des Ehevertrages

Eheverträge verfolgen unterschiedliche Ziele. Eines aber ist allen gemeinsam: Der **Gesetzgeber** hat – auch wenn er den Ehegatten **kein zwingendes Ehemodell und auch kein gesetzliches Leitbild**[1376] vorgab – die **Scheidungsfolgen aber** in einer Art und Weise geregelt, dass sie nach wie vor weitgehend dem Modell der **Hausfrauenehe** verhaftet sind.[1377] Wenn aber die abstrakte Regelung des Gesetzes unzureichend ist,[1378] so **braucht** es den Ehevertrag, mit dem die Ehegatten selbst, besiegelt durch den Ehevertrag, als eine Art **Ersatzgesetzgeber** fungieren und die für ihre individuelle Ehe gültigen Regeln aufstellen. So lässt sich sehr gut erklären, dass Ehevertrag und Liebe keine Gegensätze sind. Wenn die gesetzliche Regelung nicht passt, dann müssen die Ehegatten eine andere für sich treffen können. Dass dabei die Gebote der Fairness eingehalten werden, dafür sorgen die notarielle Beurkundung und die Rechtsprechung zur Inhaltskontrolle von Eheverträgen. Als Beispiele für abweichende Regelungsziele seien etwa folgende genannt:

– Ein Ehegatte hat ein **Unternehmen**, das durch den gesetzlichen Zugewinnausgleich in Liquiditätsprobleme geraten würde.
– Die Ehegatten sind sich einig, dass die gemeinsamen Kinder auch im Scheidungsfalle persönlich erzogen werden sollen und die Zeit des gesetzlich gesicherten Unterhalts von drei Jahren dafür zu kurz ist. Sie beschließen daher eine vertragliche **Verlängerung des Ehegattenunterhaltes**.
– Die Ehegatten sehen, dass durch den gesetzlichen **Versorgungsausgleich** eine **völlige Zersplitterung** ihrer breit gefächerten Anrechte eintritt. Sie treffen daher eine individuelle Regelung mit einem Verzicht auf den gesetzlichen Ausgleich, der Beibehaltung aller Anrechte und der Vereinbarung eines Spitzenausgleichs.
– Die verwitweten Ehegatten heiraten beide in fortgeschrittenem Alter zum zweiten Mal. Sie sind finanziell versorgt und wollen an den Ansprüchen ihrer Kinder nichts mehr ändern. Sie schließen daher sämtliche Scheidungs- und Erbrechtsfolgen aus **(Modell Zweiter Frühling)**.

404

[1375] *Wenckstern* NJW 2014, 1335 (1340).
[1376] Hierzu *Münch* KritV 2005, 208 ff.
[1377] *Willutzki* DNotZ-Sonderheft 2007, 123 (126).
[1378] *Willutzki* DNotZ-Sonderheft 2007, 123 (127).

3. Teil. Eherecht

II. Inhaltskontrolle von Eheverträgen

1. Begründung einer Inhaltskontrolle von Eheverträgen durch das BVerfG

405 Nachdem der BGH noch bis in das Jahr 1997[1379] hinein eine völlige Ehevertragsfreiheit vertreten hatte, sahen zahlreiche Eheverträge bis in diese Zeit einen Totalverzicht auf Scheidungsfolgenansprüche oder jedenfalls erhebliche Verzichte ohne jede Kompensation vor. Dann hat das **BVerfG** mit zwei Urteilen aus dem Jahre **2001**[1380] eine **Inhaltskontrolle von Eheverträgen** eingeführt. Das BVerfG urteilte, dass bei einer **besonders einseitigen Lastenverteilung** und (kumulativ!) einer **erheblich ungleichen Verhandlungsposition** eine Inhaltskontrolle stattfinden müsse. Die Schwangerschaft wurde dabei als Indiz für die erheblich ungleiche Verhandlungsposition angesehen. Das BVerfG legte die Zivilgerichte nicht darauf fest, wie diese Inhaltskontrolle durchgeführt werden muss. Später sprach das BVerfG noch aus, dass aufgrund der **Gleichstellung von Erwerbs- und Familienarbeit** die Leistungen unabhängig von ihrer ökonomischen Bewertung als gleichwertig anzusehen seien. Daraus folge ein **Anspruch auf gleiche Teilhabe** am gemeinsam Erwirtschafteten, der auch nach Scheidung fortwirke auf den Feldern Unterhalt, Versorgungsausgleich und Vermögensauseinandersetzung.[1381] Die Auswirkungen dieses dritten Urteils sind noch immer nicht gänzlich geklärt. Vertreter einer strengen Inhaltskontrolle leiten daraus eine Halbteilung aller Ansprüche ab. Einer solchen Ansicht ist der BGH allerdings entgegengetreten.

2. Inhaltskontrolle

406 Der **BGH** hat aus diesen Vorgaben des BVerfG eine umfassende Rechtsprechung zur Inhaltskontrolle von Eheverträgen entwickelt. Trotz inzwischen mehr als **20 Urteilen** zu diesem Bereich müssen Eheverträge mit Vorsicht gehandhabt werden. **Es gibt nicht das eine kontrollfeste Modell**, sondern man muss in jedem Einzelfall prüfen, welche Anforderungen diese Rechtsprechung stellt.

Der **BGH** setzte die Rechtsprechung des BVerfG 2004 in einem **Grundlagenurteil**[1382] um. Er hebt dabei die Geltung der Ehevertragsfreiheit hervor und setzt dieser dort Grenzen, wo ein Ehevertrag den Schutzzweck der gesetzlichen Regelung unterläuft. Sodann entwickelt der BGH eine **Kernbereichslehre** – ein Instrument, das aus dem Gesellschaftsrecht bereits bekannt ist,[1383] mit dem der BGH aber dort gebrochen hat.[1384] An dieser Kernbereichslehre hält der BGH im Fami-

---

[1379] BGH – XII ZR 250/95, FamRZ 1997, 800.
[1380] BVerfG – 1 BvR 12/92, NJW 2001, 957; BVerfG – 1 BvR 1766/92, NJW 2001, 2248.
[1381] BVerfG – 1 BvR 105/95, 1 BvR 559/95, 1 BvR 457/96, NJW 2002, 1185.
[1382] BGH – XII ZR 265/02, NJW 2004, 930.
[1383] MüKoHGB/*Schmidt* HGB § 105 Rn. 155.
[1384] BGH – II ZR 84/13, NZG 2014, 1296; aA *Priester* NZG 2015, 529f.

F. Der Ehevertrag

lienrecht aber – entgegen anderslautender Ansicht[1385] – fest.[1386] Danach wiegt ein Eingriff in die Scheidungsfolgenansprüche umso schwerer, je mehr diese im Kernbereich angesiedelt sind. Auf der **ersten Stufe** sieht der BGH den **Kindesbetreuungsunterhalt**, wobei unklar ist, ob die nach der Unterhaltsreform aufgefächerten Ansprüche nach § 1570 BGB sämtlich zum Kernbereich zählen oder nur der Basisunterhalt.[1387] Auf zweiter Stufe stehen der Alters- und Krankheitsunterhalt sowie der Versorgungsausgleich. Danach kommen die anderen Unterhaltstatbestände und an letzter Stelle der Güterstand. Der Kernbereich ist geschützt, nach außen hin nimmt die Disponibilität zu. Inwieweit ein zusätzlich erklärter **Pflichtteilsverzicht** bei der Gesamtabwägung eine Rolle spielen kann, ist noch offen. Aufgrund der gesonderten Zielrichtung des Pflichtteilsverzichtes und seines Risikocharakters[1388] sollte dies jedenfalls kein besonderes Gewicht erlangen und sollte der Verzicht auch nicht durch eine etwaige Unwirksamkeit des Ehevertrages infiziert werden.[1389]

3. Ausschluss ehebedingter Nachteile

In späteren Urteilen wird dem **Ausgleich ehebedingter Nachteile** eine zentrale Position eingeräumt.[1390] Der Ehevertrag wird danach überprüft, ob er alle ehebedingten Nachteile des verzichtenden Ehegatten ausgleicht. Wird zB eine Unterhaltshöchstgrenze vereinbart, nach welcher der verzichtende Ehegatte so viel Unterhalt erhält, wie er – die **Ehe hinweggedacht** und die **üblichen Karriereschritte hinzugedacht** – selbst Einkommen hätte verdienen können, so fehlt es an einem ehebedingten Nachteil für den verzichtenden Ehegatten. Der Vertrag ist danach nicht sittenwidrig. Hat der andere Ehegatte die **nacheheliche Solidarität nicht schlechthin abbedungen**,[1391] sondern sich um eine Kompensation ehebedingter Nachteile bemüht, so wird dann, wenn damit nicht alle ehebedingten Nachteile ausgeglichen wurden, im Wege der Ausübungskontrolle der restliche Nachteilsausgleich vorgenommen, nicht aber der gesamte Ehevertrag für nichtig erklärt. Hierfür ist es wichtig zu wissen, welches Ziel der Ehevertrag verfolgte, denn dieses Ziel bleibt auch für die Vertragsanpassung maßgeblich.

407

> **Hinweis:** Der vorsorgende Ehevertrag steht auf sicherem Boden, wenn er versucht, **die ehebedingten Nachteile**, welche der verzichtende Ehegatte erleidet, zu **antizipieren** und diese zu **kompensieren**. Darüber hinaus sollte für jeden Verzicht eine Kompensation vorgesehen sein. Dies schützt auch auf jeden Fall davor, dass der Vertrag in toto für nichtig gehalten wird.

[1385] *Milzer* NZFam 2014, 773f.
[1386] BGH – XII ZB 109/16, NJW 2017, 1883 Tz. 31.
[1387] Da der Kernbereich zugleich das Kind schützt, spricht vieles dafür, den Basisunterhalt und die kindbezogenen Verlängerungsgründe in den Kernbereich einzubeziehen.
[1388] Hierzu eingehend *Münch*, Ehebezogene Rechtsgeschäfte, Kap. 2 Rn. 440f.
[1389] Zustimmend Viskorf/*Gutfried*, Familienunternehmen, Rn. 660f.
[1390] BGH – XII ZB 110/99, BeckRS 2004, 10989 = MittBayNot 2005, 308; BGH – XII ZB 57/03, BeckRS 2004, 12045 = DNotZ 2005, 226.
[1391] BGH – XII ZR 238/03, DNotZ 2005, 703.

4. Die „alte Sittenwidrigkeitsrechtsprechung"

408 Neben der Rechtsprechung zur Inhaltskontrolle ist auch die **"alte Rechtsprechung" zur Sittenwidrigkeit** vor allem von Unterhaltsverzichten weiter zu beachten. So wird ein Unterhaltsverzicht als sittenwidrig angesehen, wenn er dazu führt, dass der verzichtende Ehegatte **zwangsläufig auf Sozialhilfe angewiesen** ist.[1392] Dies ist heute auch auf die weiteren Felder der sozialen Sicherungssysteme auszudehnen. Allerdings soll bei beidseitiger Mittellosigkeit ein Verzicht nicht sittenwidrig sein, weil das Risiko der Sozialhilfe nicht erhöht wird und ein Unterhaltsanspruch ohnehin nicht bestanden habe.[1393] Ferner hat der BGH geurteilt, dass ein **Unterhaltsverzicht gegen Treu und Glauben verstoßen kann**, wenn durch ihn schutzwürdige Interessen gemeinschaftlicher Kinder betroffen sind, weil etwa durch den Verzicht der Familie die Lebensgrundlage entzogen wird.[1394]

5. Einzelne Aspekte der Inhaltskontrolle

409 – **Objektives und subjektives Element kumulativ**: Nach der Rechtsprechung des BGH müssen objektive Elemente (besonders einseitige Lastenverteilung, Eingriff in den Kernbereich ohne Kompensation, verbleibende ehebedingte Nachteile) und subjektive Elemente (subj. Unterlegenheit oder Imparität) zusammenkommen, um im Wege der Inhaltskontrolle einen Ehevertrag zu beanstanden. So hat der BGH betont, das Verdikt der Sittenwidrigkeit sei nur zu rechtfertigen, wenn die **allgemeinen Voraussetzungen des §138 BGB** einschließlich verwerflicher Gesinnung vorliegen.[1395] Dabei begründet im Familienrecht der objektiv unausgewogene Vertragsinhalt allein noch **keine Vermutung** für eine subjektive Unterlegenheit.[1396] Der BGH fordert daher verstärkende Umstände außerhalb der Urkunde zur Begründung solcher Unterlegenheit und zählt hierzu die **Ausnutzung einer Zwangslage, die soziale oder wirtschaftliche Abhängigkeit und die intellektuelle Unterlegenheit**.[1397]

– **Bedeutung des notariellen Verfahrens für die Inhaltskontrolle**: Der BGH[1398] hat gefordert, dass der verzichtende Ehegatte eine Chance haben müsse, sich mit dem **Inhalt** der Urkunde **ausreichend vor der Beurkundung** auseinanderzusetzen. Durch das Beurkundungsverfahren wird hier Grundrechtsschutz gewährleistet. Dazu gehört dann ein **Verfahrensablauf**, der den Inhalt der Urkunde mit den Parteien erarbeitet, **transparent** werden lässt, in die Verfassung von

---

[1392] BGH – IV b ZR 333/81, NJW 1983, 1851; BGH – XII ZR 57/91, NJW 1992, 3164 = FamRZ 1992, 1403.
[1393] BGH – XII ZR 144/04, NJW 2007, 904.
[1394] BGH – XII ZR 293/95, NJW-RR 1997, 897.
[1395] BGH – XII ZR 129/10, NJW 2013, 380; hierzu *Münch* FamRB 2013, 160f.
[1396] BGH – XII ZR 157/06, NJW 2009, 842; BGH – XII ZR 129/10, NJW 2013, 380.
[1397] BGH – XII ZR 129/10, NJW 2013, 380.
[1398] BGH – XII ZR 6/07, NJW 2008, 3426.

F. Der Ehevertrag

Entwürfen mündet und **Änderungsmöglichkeiten** bietet. Dazu gehört aber auch die Möglichkeit für den verzichtenden Ehegatten, sich **eigens rechtlich beraten** zu lassen, um Parität herzustellen. Von seelischen oder sonstigen Zwangslagen abgesehen gelingt es durch solches Verfahren jedenfalls, intellektuelle Unterlegenheit oder Abhängigkeit zu beseitigen. So hat der BGH eine subjektive Unterlegenheit abgelehnt, weil über den Vertrag mehrere Monate unter Einschaltung von Anwälten verhandelt worden war.[1399] Ferner kann die ausführliche und gelungene Belehrung das Eintreten einer unerwarteten Entwicklung iSd Ausübungskontrolle beseitigen. Das wird in einem Fall klar, in dem durch eine Modifikation des Zugewinns nicht nur ein Ehegatte keinen Zugewinn zahlen muss, sondern der andere Ehegatte noch zugewinnausgleichspflichtig wird (sog. Umkippen der Ausgleichsrichtung). Darüber war – auch wenn die Regelung nicht sachgemäß war – ausführlich belehrt worden, sodass der BGH[1400] den Vertrag nicht beanstandete.

- **Teilnichtigkeit:** Wenn ein Ehevertrag eine salvatorische Klausel enthält, dann kommt auch eine Teilnichtigkeit in Betracht, wenn nur ein einzelner Verzicht zu beanstanden ist. Ergibt sich die Sittenwidrigkeit hingegen aus der nach BGH vorzunehmenden Gesamtwürdigung des Vertrages, so ist für eine Teilnichtigkeit kein Platz.[1401]
- **Keine zwingende Halbteilung; Güterrecht nachrangig:** Trotz des Urteils des BVerfG[1402] zur gleichen Teilhabe, spricht der BGH zu Recht mehrmals aus, dass es keine zwingende Halbteilung gibt.[1403] Selbst wenn diese Halbteilung vom Gesetz vorgesehen wäre, so können die Ehegatten nach Ansicht des BGH – und zwar auch dann, wenn die Ehe dem gesetzlichen Leitbild entspricht – „den wirtschaftlichen Wert von Erwerbseinkünften und Familienarbeit unterschiedlich gewichten." Sie können aber auch die Ehe abweichend vom gesetzlichen Leitbild ausgestalten.[1404] Es gibt keinen Grundsatz der Halbteilung, der für sich betrachtet geeigneter Maßstab sein könnte, um eine evident einseitige Lastenverteilung festzustellen.[1405] Der BGH begründet in diesem Zusammenhang vor allem die **Kernbereichsferne des gesetzlichen Güterstandes**[1406] mit der überschießenden Tendenz des Zugewinnausgleichs, der noch über die vom BVerfG befürwortete Halbteilung hinausgreife. Bei güterrechtlichen Regelungen sieht der BGH selbst Angleichungen im Wege der Ausübungskontrolle auf ganz enge Ausnahmefälle beschränkt,[1407] so dass solche Vereinbarungen der

---

[1399] BGH – XII ZB 303/13, NJW 2014, 1101.
[1400] BGH – XII ZB 143/12, NJW 2013, 2753.
[1401] BGH – XII ZB 250/03, NJW 2006, 2331.
[1402] BVerfG – 1 BvR 105/95, 1 BvR 559/95, 1 BvR 457/96, NJW 2002, 1185.
[1403] BGH – XII ZR 296/01, NJW 2005, 2386; BGH – XII ZR 157/06, NJW 2009, 842; BGH – XII ZB 303/13, NJW 2014, 1101.
[1404] BGH – XII ZR 296/01, NJW 2005, 2386 (2389).
[1405] BGH – XII ZR 157/06, NJW 2009, 842.
[1406] Erneut bestätigt durch BGH – XII ZB 84/17, NJW 2018, 2871.
[1407] BGH – XII ZR 48/11, NJW 2013, 457.

Inhaltskontrolle idR standhalten. Auch das BVerfG hat inzwischen anerkannt, Modifikationen des Grundsatzes der gleichen Teilhabe seien nicht ausgeschlossen.[1408]
- **Gütertrennung beim eingesperrten Versorgungsausgleich:**[1409] Der BGH hat in mehreren Entscheidungen bestätigt, dass er auch dann keinen Anlass zu Korrekturen an einer Gütertrennung sieht, wenn der Unternehmer seine Altersvorsorge im Vermögensbereich hat und die Gütertrennung daher faktisch auch den Versorgungsausgleich aushebelt. Der BGH[1410] betonte, es gebe keine Pflicht zum Aufbau von Versorgungsanwartschaften. Wer in der Ehe die Nichtbildung von Versorgungsanwartschaften toleriert habe, dürfe keinen Ausgleich durch den Zugewinn erwarten. Später hat der BGH dies unter Verwendung des Begriffes der Funktionenäquivalenz bestätigt.[1411] Er hat nunmehr allerdings unter Berufung auf den Autor[1412] ausgesprochen, dass es in besonderen Konstellationen ein „Hinübergreifen" auf das Güterrecht in Form eines richterlich modifizierten Zugewinnausgleichs geben könne.[1413] Ansichten, die ein solches Hinübergreifen auch umgekehrt wollen, ist zu widersprechen.[1414] Ebenso wird dadurch der Zugewinn nicht auf die Stufe des Versorgungsausgleichs upgegradet.[1415] Einem solchen „Hinübergreifen" sollte durch **vertragliche Kompensationsregelungen** vorgebeugt werden.
- **Unternehmerehe**: Der BGH[1416] hat in letzter Zeit zwei Unternehmereheverträge für sittenwidrig und nichtig gehalten. Im einen Fall waren Zugewinn und Versorgungsausgleich ausgeschlossen und der Unterhalt auf die Kindesbetreuung und einen Betrag von 1.500,- EUR begrenzt. Die Ehefrau war später an MS erkrankt und musste von 777,- EUR Erwerbsminderungsrente leben. Jeden einzelnen Verzicht hielt der BGH für sich betrachtet für wirksam, urteilte aber, der Vertrag sei in der Gesamtabwägung sittenwidrig, weil nur die Ehefrau objektiv benachteiligt sei, obwohl diese die Familienarbeit übernommen hatte. Subjektiv beanstandete der BGH die mangelnde Eingebundenheit der Ehefrau in die Vertragsgestaltung und die Anwesenheit eines Kleinkindes bei Beurkundung. Auch im zweiten Fall bestand eine **aufgrund Kindesbetreuung und Familienarbeit absehbare Versorgungslücke** und der BGH hielt den Ehevertrag in der **Gesamtabwägung für nichtig**. Die beiden Entscheidungen sind

---

[1408] BVerfG – 1 BvR 918/10, NJW 2011, 836.
[1409] Zum eingesperrten Versorgungsausgleich: *Münch* FamRB 2008, 350 f.
[1410] BGH – XII ZR 96/05, NJW 2008, 1076.
[1411] BGH – XII ZR 48/11, NJW 2013, 457.
[1412] *Münch* FamRB 2008, 350 ff.; dazu *Münch* NJW 2015, 288.
[1413] BGH – XII ZB 318/11, NJW 2015, 52 und BGH – XII ZB 84/17, NJW 2018, 2871.
[1414] So etwa Götz/Schnitzler/*Hoffmann*, Familienrechtsreform, 231, 241 f.; wie hier *Milzer* NZFam 2016, 433 (435).
[1415] So aber Götz/Schnitzler/*Hoffmann*, Familienrechtsreform, 231, 236.
[1416] BGH – XII ZB 109/16, NJW 2017, 1883; BGH – XII ZB 310/18, NJW 2019, 2020.

F. Der Ehevertrag

kritikwürdig, weil sie mit der Nichtigkeit aufgrund Gesamtabwägung auch den an sich nicht zu beanstandenden Teil der Güterstandsregelung für nichtig erklären. Hier wäre es besser gewesen, den Bereich der Ausübungskontrolle auszudehnen.[1417] Für die Vertragsgestaltung ist zu beachten, dass die **Familienarbeit stärker zu gewichten und zu kompensieren** ist, um die Nichtigkeit beim Unternehmerehevertrag zu vermeiden.[1418]

– **Abkoppeln des Unterhalts vom Einkommen des Pflichtigen**: Der BGH hat entschieden, dass durch einen Ehevertrag der Unterhalt von der Einkommensentwicklung des Unterhaltspflichtigen abgekoppelt werden kann.[1419] Dies hält der Inhaltskontrolle stand, wenn jedenfalls die ehebedingten Nachteile für den Unterhaltsberechtigten ausgeglichen sind, wenn dieser also entweder durch eigenen Verdienst oder den Unterhalt **so gestellt ist, als hätte er ohne Beeinträchtigung durch die Ehe weiter gearbeitet**. War eine solche Erwerbstätigkeit geplant und ist entfallen, dann kann ggf. eine Anpassung des Vertrages erfolgen. Dabei ist es wichtig, dass hier kein Festbetrag vereinbart wird, sondern eine **Indexierung** vorgesehen ist. Der BGH[1420] hat eine Unterhaltsvereinbarung für nichtig angesehen, bei der eine solche Indexierung fehlte, obwohl sie schon am bestehenden Existenzminimum angelehnt war.

– **Totalverzicht mittelloser Ehegatten**: Einen solchen Totalverzicht hat der BGH[1421] für wirksam gehalten. Hier sei eine echte Wechselseitigkeit vereinbart. Der Vertrag benachteilige auch nicht die Sozialhilfeträger, denn auch ohne den Vertrag hätte keine diese Träger entlastende Unterhaltspflicht bestanden.

– **Bleiberechtsfälle**: Bleiberechtsfälle, bei denen ein Ehegatte aus dem Ausland eingereist ist und der deutsche Ehepartner einen Totalverzicht bezüglich der Scheidungsfolgen wünscht, hat der **BGH**[1422] **sehr streng** entschieden. Der deutsche Ehegatte könne sich nicht von jeder Verantwortung freizeichnen. Der ausländische Ehepartner sei in einer sehr **schwachen Verhandlungsposition**, wenn er **kein Aufenthalts- und Bleiberecht** habe. Das rechtliche Problem in der ersten Entscheidung war, dass alle Nachteile – wie etwa die nicht verwertbare Ausbildung – nicht ehebedingt waren. Der BGH nahm daher zu einer „konkreten Bedarfssituation" Zuflucht. Die Vorinstanzen hatten hingegen angenommen, dass der verzichtende Ehegatte mit den laut Ehevertrag fortbestehenden Scheidungsfolgen deutlich besser versorgt sei als in seinem Heimatland, und hatten daher den Vertrag gehalten. In der zweiten Entscheidung nahm der BGH hingegen eine Gesamtnichtigkeit an, ohne die Einzelvereinbarung zu untersuchen.

[1417] Hierzu näher *Münch* FS Koch, 2019, 389 ff.
[1418] Zur Familienarbeit *Münch* FamRB 2018, 247 f.
[1419] BGH – XII ZR 165/04, NJW 2007, 2848.
[1420] BGH – XII ZR 25/04, NJW 2006, 3142, m. Anm. *Rakete-Dombek*.
[1421] BGH – XII ZR 144/04, NJW 2007, 904.
[1422] BGH – XII ZR 119/04, NJW 2007, 907.

3. Teil. Eherecht

Er hielt die Geburt von Kindern angesichts des Alters der Parteien für möglich und schloss daraus auf eine einseitige Belastung der Ehefrau durch den Totalverzicht. Wenn die Vorhersehbarkeit der Geburt von Kindern über Wirksamkeits- oder Ausübungskontrolle entscheidet, dann ist dies zu kritisieren, weil diese Vorhersehbarkeit oft im Nachhinein nicht feststellbar ist.[1423] Man wird daher in solchen Fällen **keinen Totalverzicht mehr regeln**, sondern ein Leistungsniveau, das ein Leben in Deutschland ohne Sozialhilfe möglich macht, ggf. aber abgestufte Zahlungen bei Rückkehr in das Heimatland.

- **Inhaltskontrolle zugunsten des Unterhaltspflichtigen:** Vorsicht ist auch angebracht, wenn ein Unterhaltspflichtiger eine **Unterhaltsrente verspricht**, die er sich **selbst** nicht leisten kann. Verbleibt dem Pflichtigen auf diese Weise **nicht mehr das Existenzminimum**, sodass er selbst zum Sozialfall wird, so unterliegt der Vertrag nach BGH[1424] einer Inhaltskontrolle zugunsten des Unterhaltspflichtigen.
- **Bedeutung der Reformgesetze für die Inhaltskontrolle:** Die Rechtsprechung des BGH, die im Jahre 2004 grundgelegt wurde, ist inzwischen von zahlreichen familienrechtlichen Reformen eingeholt worden. Insbesondere das Anspruchsniveau im Unterhaltsrecht ist vom Gesetzgeber nun dermaßen beschränkt worden, wie es früher vertraglich vom BGH kaum zugelassen worden wäre. Der BGH[1425] hat daher zu Recht ausgesprochen, dass die **Rechtsfolge**, die der Richter bei einer Vertragsanpassung im Rahmen der Ausübungskontrolle verhängt, **im Lichte der Unterhaltsreform** gesehen werden müsse.
- **Ausübungskontrolle wegen Planänderung:** Ist der Lebensweg der Ehegatten anders verlaufen als geplant, so kann der Ehevertrag durch Ausübungskontrolle angepasst werden. Allerdings nach BGH[1426] erst ab dem Zeitpunkt, zu dem sich die Lebensplanung geändert hat.

6. Verfahren der Inhaltskontrolle

410 Die Inhaltskontrolle der Verträge findet **zweistufig** statt. Eine **Wirksamkeitskontrolle** prüft die Sittenwidrigkeit zum **Zeitpunkt des Vertragsschlusses** (§ 138 BGB). Hierbei werden zunächst die einzelnen Vertragsklauseln einer Sittenwidrigkeitsprüfung unterzogen und sodann der Gesamtvertrag im Wege einer Gesamtschau aller Regelungen. Zu einer Sittenwidrigkeit und damit einer **Nichtigkeit** des Vertrages kommt der BGH nur in seltenen Fällen, wenn nämlich Regelungen aus dem Kernbereich ganz oder doch erheblich abbedungen sind und dies weder durch eine Kompensation abgemildert ist, die ehebedingte Nachteile ausgleicht, noch durch die Besonderheiten des Ehetyps gerechtfertigt ist.

[1423] Hierzu näher mit einem Plädoyer für die Ausübungskontrolle *Münch* FS Koch, 2019, 389 ff.
[1424] BGH – XII ZR 157/06, NJW 2009, 842.
[1425] BGH – XII ZR 11/09, NJW 2011, 2969; BGH – XII ZB 20/17, NJW 2018, 1015.
[1426] BGH – XII ZB 90/11, NJW 2013, 1359.

F. Der Ehevertrag

Hat der Vertrag der Wirksamkeitskontrolle standgehalten, so schließt sich eine **Ausübungskontrolle** an, die fragt, ob sich der begünstigte Ehegatte zum Zeitpunkt des Scheiterns der Ehe auf den Ehevertrag berufen darf oder ob sich aufgrund der Entwicklung in der Ehe eine evident einseitige, unzumutbare Lastenverteilung ergibt. Hiermit soll insb. auf Änderungen in der Lebensplanung reagiert werden können. Wenn dies in der Praxis dazu führt, dass vor den Gerichten lange gestritten wird, ob bei Vertragsschluss ein abstrakter oder konkreter Kinderwunsch bestand oder jedenfalls altersbedingt die Möglichkeit von Kindern, dann ist diese Abgrenzung verfehlt. Hier sollte die Ausübungskontrolle gestärkt werden.[1427] **Rechtsfolge** einer Beanstandung ist die richterliche **Anpassung des Vertrages**. Dabei hat der Richter die ursprüngliche Intention der Vertragsteile mit zu berücksichtigen.[1428] Die Ausübungskontrolle hat auch eine zeitliche Komponente, sodass die Berufung auf den Ehevertrag ggf. nur für eine bestimmte Zeitspanne ausgeschlossen sein kann. Umstritten ist noch, ob eine Anpassung auch dann zu erfolgen hat, wenn die Parteien sehenden Auges und aufgeklärt ein Risiko übernommen haben, denn dies lässt sich dann nicht mehr in die Kategorie der Störung der Geschäftsgrundlage fassen. Wer dennoch eine Anpassung vertritt, spricht sich für eine allgemeine Billigkeitsprüfung von Eheverträgen aus.[1429]

Für das notarielle Beurkundungsverfahren folgt aus der Rechtsprechung zur Inhaltskontrolle vor allem Folgendes:
- **Vertragsvorlauf:** Besprechung, Entwurfsverfassung, Beratung, ausreichend Zeit. Dies ist gerade bei Vorliegen einer Schwangerschaft in besonderem Maße wichtig.[1430] Dabei wird auf die erhöhte Kontrolldichte in diesen Fällen zu achten sein. Dies wird in einen entsprechenden Hinweis münden. Hatte man früher geraten, den Ehevertrag ggf. nach der Geburt (auch hier mit Zeitabstand) abzuschließen, so muss man nun zusätzlich berücksichtigen, dass der BGH für Verträge während bestehender Ehe den Verzicht auf erworbene Ansprüche kritisch sieht.[1431]
- **Übersetzung:** Bei ausländischen Beteiligten möglichst schon bei der Vorbesprechung und in der Entwurfsphase Übersetzungen fertigen. Die Beurkundung selbst mit einem vereidigten Dolmetscher durchführen und ggf. schriftlich übersetzen lassen.
- **Persönliche Anwesenheit:** Trotz der Rechtsprechung des BGH über die Vertretung sollten die Ehegatten persönlich anwesend sein, um den Vorwurf der Unterlegenheit gar nicht erst aufkommen zu lassen.
- **Dokumentation:** Die Einhaltung all dieser Standards sollte nachvollziehbar dokumentiert sein.

[1427] Hierzu eingehend *Münch* FS Koch, 2019, 389 ff.
[1428] OLG Düsseldorf – 7 UF 36/07, BeckRS 2007, 19996 = FamRZ 2008, 519.
[1429] So etwa Höland/Sethe/*Wagenitz*, Eheverträge, 10.
[1430] Viskorf/*Gutfried*, Familienunternehmen, Rn. 469.
[1431] BGH – XII ZB 109/16, NJW 2017, 1883.

7. Stand der Inhaltskontrolle

411 Kritische Stimmen in der Literatur sehen eine fortbestehende **Diskrepanz** zwischen der Rechtsprechung des **BVerfG** zur **gleichen Teilhabe** aufgrund der Gleichstellung von Erwerbs- und Familienarbeit[1432] und der erst jüngst erneut bestätigten These des BGH von der regelmäßig gegebenen Wirksamkeit der Gütertrennung als auf letzter Stufe der Kernbereichsleiter stehend[1433]. Ob hierzu das BVerfG nochmals Stellung nimmt, erscheint offen. Allerdings hat das BVerfG[1434] selbst Modifikationen zugelassen und das Gericht hat den Zivilgerichten den genauen Maßstab für die Inhaltskontrolle nicht vorgegeben.

Zum Teil wird auch eingewendet, die Rechtsprechung, die sich auf Eheverträge aus 1976 und 1985 gegründet habe, sei durch **„Änderung der juristischen Großwetterlage"** überholt.[1435] Zum Teil wird auch dafür plädiert, die Inhaltskontrolle zugunsten einer Stärkung der nebengüterrechtlichen Ansprüche abzuschaffen. Durch die Familienrechtsreformen der Jahre 2008 und 2009 hat der Gesetzgeber die Dispositionsmöglichkeiten der Ehegatten sehr stark vergrößert und dementsprechend den indisponiblen Kern der Scheidungsfolgen verkleinert. Die daraus zutreffend gezogene Schlussfolgerung ist, dass es von krassen Ausnahmefällen abgesehen nicht mehr zu einer Sittenwidrigkeit im Zeitpunkt des Vertragsschlusses kommen könne.[1436] Die Literatur geht zum Teil auch davon aus, der BGH habe die Kernbereichslehre durch die jüngste Folge seiner Urteile bereits angepasst.[1437] Schließlich forderte der 20. Deutsche Familiengerichtstag,[1438] eine verstärkte Inhaltskontrolle im Bereich des Zugewinns unter dem Gesichtspunkt der Teilhabegerechtigkeit durchzuführen.

Die Rechtsprechung zur Inhaltskontrolle bleibt also in Bewegung. Es empfiehlt sich, bei der Gestaltung von Eheverträgen mit Vorsicht die bestehenden Vorgaben der Rechtsprechung einzuhalten, denn diese sollen über einen langen Zeitraum verlässliche Rechtsgrundlage sein. Insgesamt muss die Vertragsgestaltung die **gestärkte Rolle der Familienarbeit** in den Blick nehmen, deren Honorierung vielfach gefordert wird.[1439] Aus den jüngeren Entscheidungen des BGH[1440] lässt sich durchaus folgern, dass gerade bei **Unternehmerehen** die **Kompensation** der Familienarbeit auch im güterrechtlichen Bereich vor der Folge der Nichtigkeit hätte bewahren können.

[1432] BVerfG – 1 BvR 105/95, NJW 2002, 1185.
[1433] *Dauner-Lieb* AcP 2010, 580 (602); *Dethloff*, Familienrecht, 30. Aufl. 2012, §5 Rn. 29; dagegen *Kanzleiter* FS Bengel und Reimann, 2012, 191 ff.
[1434] BVerfG – 1 BvR 918/10, NJW 2011, 836.
[1435] *Bergschneider*, FS Hahne, 2012, 113 ff.
[1436] So auch *Sanders* FF 2013, 239 ff.
[1437] *Schlünder* FF 2017, 339 ff.
[1438] FamRZ 2013, 1948, A.II.1.
[1439] *Grziwotz* FS Brudermüller, 2014, 253 ff.; *Dauner-Lieb*, Brühler Schriften zum Familienrecht, Band 19, 21. Deutscher Familiengerichtstag 2016, 25 ff.
[1440] BGH – XII ZB 109/16, NJW 2017, 1883; BGH – XII ZB 310/18, NJW 2019, 2020.

F. *Der Ehevertrag*

III. Schenkungsteuerliche Optimierung durch Eheverträge

Nicht selten wird verkannt, dass eheliche Verträge auch eine erhebliche schenkungsteuerliche Relevanz haben. Daher will vor allem die Güterstandswahl wohl bedacht sein. **412**

1. Auswahl des Güterstandes aus schenkungsteuerlicher Sicht

Die **Zugewinngemeinschaft** ist **schenkungsteuerlich interessant**, weil der **Zugewinn** als ein gesetzlich vorgesehener Anspruch **völlig steuerfrei** ausgeglichen werden kann, und zwar **in unbegrenzter Höhe**. Die näheren Regelungen hierzu finden sich in § 5 ErbStG und sind bereits besprochen.[1441] **413**

Soweit daher mit erheblichem Zugewinn gerechnet wird, der entweder periodisch durch Güterstandsschaukeln unter Lebenden ausgeglichen werden soll oder der im Todesfall mit einer möglichst geringen Steuerbelastung dem **Ehegatten zugutekommen** soll, ist die **Gütertrennung** der falsche Güterstand.

> **Hinweis:** Es bestehen viele **Eheverträge mit Gütertrennung**, weil man in früherer Zeit eine solche Regelung getroffen hat, ohne sich um die Schenkungsteuer Gedanken zu machen. Diese Verträge **gehören überprüft** und ggf. – möglichst mit Rückwirkung, wenn eine Güterstandsschaukel geplant ist – durch modifizierte Zugewinngemeinschaften ersetzt, soweit der Zugewinn jedenfalls beim Tod dem Ehegatten zugutekommen soll.

Wenn die Gütertrennung aufgehoben wird, so ist zu entscheiden, ob im Rahmen der Zugewinngemeinschaft noch Modifikationen vereinbart werden sollen. Hier kommen folgende Regelungen in Betracht: **414**

- **Ausschluss des Zugewinns, außer bei Tod:** Das dürfte die häufigste der in der Praxis verwendeten Formulierungen sein. Hier soll insb. bei Scheidung der Ehe kein Zugewinnausgleich stattfinden. Im Todesfall hingegen sollen die erbschaftsteuerlichen Vorteile der Zugewinngemeinschaft genutzt werden. Allerdings ist Vorsicht geboten, wenn ein Ausgleich unter Lebenden durch Güterstandsschaukel beabsichtigt ist, denn der Zugewinnausgleich unter Lebenden ist ja gerade ausgeschlossen. Für diese Fälle kann die folgende Lösung Verwendung finden.
- **Ausschluss des Zugewinns bei Eheende, außer bei Tod:** Hier wird für den Ausschluss des Zugewinns auf das **Ende der Ehe** (Scheidung) abgestellt. Bei einer bloßen **Beendigung des Güterstandes** durch Ehevertrag hingegen ist der Zugewinn nicht ausgeschlossen, sodass eine Güterstandsschaukel durchgeführt werden kann.
- **Zusätzliche Höhenbeschränkung:** Zu bedenken ist, dass bei allen oben aufgezeigten Lösungen ein Zugewinnausgleichsanspruch im Todesfalle auch wirklich und in voller Höhe besteht. Insbesondere hat der Ehegatte die Möglichkeit, Erbschaft oder Vermächtnis auszuschlagen und nach § 1371 Abs. 2, 3 BGB den **gerechneten Zugewinn** zu

---
[1441] → Rn. 357 f.

verlangen. Davor schützt ein neben der modifizierten Zugewinngemeinschaft vereinbarter Pflichtteilsverzicht nicht. Wer dies als Gefahr sieht, der muss zusätzlich noch eine Höhenbegrenzung vereinbaren, sodass der Zugewinn nur bis zum vereinbarten Betrag ausgeglichen wird. Handelt es sich um dynastische Unternehmen, an deren Wert der Ehegatte keinen Anteil haben soll, so ist ggf. doch die Gütertrennung zu empfehlen.

> **Hinweis:** Wenn eine modifizierte Zugewinngemeinschaft vereinbart wird, so muss beachtet werden, dass trotz Pflichtteilsverzicht nach § 1371 Abs. 2 BGB im Todesfall der gerechnete Zugewinn verlangt werden kann.

2. Güterstandswechsel

415   Neben der Wahl des Güterstandes lassen sich auch durch gezielte Güterstandswechsel schenkungsteuerliche Vorteile erzielen.

a) Güterstandsschaukel mit Zugewinnausgleich

416   Bereits besprochen ist die sog. **Güterstandsschaukel**,[1442] bei welcher der gesetzliche Güterstand durch Vereinbarung der **Gütertrennung** wirklich beendet und der **Zugewinn ausgeglichen** wird. Später kann dann wieder in den gesetzlichen Güterstand zurückgewechselt werden. Der damit bewirkte Vermögenstransfer ist **schenkungsteuerfrei**, sofern die Voraussetzungen eingehalten werden und Zugewinn in dieser Höhe tatsächlich vorliegt. Vorsicht ist geboten, wenn der Zugewinn nicht in Geld ausgeglichen wird, sondern durch Leistung etwa einer Immobilie an Erfüllungs Statt. Die Rechtsprechung geht hier von einem entgeltlichen Vorgang aus, der einkommensteuerliche Folgen auslösen könnte.[1443] Diese müssen also zuvor ausgeschlossen werden.

Mit Hilfe der Güterstandsschaukel kann auch eine **zuvor rückwirkend vereinbarte Zugewinngemeinschaft** fruchtbar gemacht werden. Das ist für § 5 Abs. 2 ErbStG beim Ausgleich unter Lebenden anerkannt.

b) Vereinbarung der Gütertrennung mit Anrechnung von vorab erfolgten Zuwendungen

417   In weiteren Fällen kann der gezielte Güterstandswechsel helfen. Hier wurde bereits das Beispiel des **langjährigen Oderkontos** dargestellt.[1444] Soweit ein Ehegatte an den anderen schenkungsteuerpflichtige Zuwendungen getätigt hat, was insb. bei einseitigen Einzahlungen auf ein Oder-Konto angenommen wird, kann durch eine **Anrechnung** dieser Zuwendungen auf den **Zugewinn** im Rahmen des Überganges zur Gütertrennung die Schenkungsteuer gem. **§ 29 Abs. 1 Nr. 3 ErbStG** nachträglich entfallen. Es mutiert dann die unentgeltliche Zuwendung

---

[1442] → Rn. 37.
[1443] BFH – III R 38/00, DStRE 2005, 449.
[1444] Hierzu → Rn. 176.

F. *Der Ehevertrag*

wohl zu einer entgeltlichen.[1445] Auch wenn zivilrechtliche Reparaturmaßnahmen gelingen sollten, wird freilich angemerkt, dass damit eine verwirklichte **Straftat** nicht ungeschehen gemacht wird,[1446] sodass vorsichtige Autoren zusätzlich zu einer **Selbstanzeige** raten.[1447] Eine weitere Kontroverse besteht darüber, ob zivilrechtliche Reparaturmaßnahmen den Anfall von Hinterziehungszinsen, die zum Teil eine beträchtliche Höhe erlangen, vermeiden können.[1448] Nach Ansicht des **FG Hessen**[1449] schließt die Akzessorietät des Anspruchs auf **Hinterziehungszinsen** die Festsetzung derselben für einen Schenkungsteueranspruch nicht aus, wenn dieser **Steueranspruch im Rahmen des Zugewinnausgleichs rückwirkend weggefallen** ist. Dagegen soll nach Ansicht des Gerichts auch die Selbstanzeige nicht helfen.

3. Inhaltskontrolle als Ausrede

Schließlich sei noch auf die Möglichkeit hingewiesen, dass ein im Todesfall **unpassender Gütertrennungsvertrag** dann nicht entgegensteht, wenn er im Rahmen einer **Inhaltskontrolle** als sittenwidrig und damit **nichtig** anzusehen wäre. Wenn sich überlebender Ehegatte und Kinder einig sind, so könnte solches insb. bei früher gebräuchlichen Totalverzichten vorgetragen werden. Insofern liegt in der Rechtsprechung zur Inhaltskontrolle auch steuerliches Gestaltungspotential verborgen.[1450]

418

IV. Musterformulierungen

Nachfolgend sollen einige Musterformulierungen vorgestellt sein, und zwar einmal aus dem allgemeinen Bereich des Ehevertrages und zum anderen einige Vereinbarungen, die steuerliche Relevanz haben. Es handelt sich nur um eine kleine Auswahl der möglichen ehevertraglichen Regelungen.[1451]

419

1. Allgemeine Klauseln im Ehevertrag

Nachfolgend werden einige allgemeine Klauseln vorgestellt, die in jedem Ehevertrag nützlich bzw. erforderlich sind.

420

[1445] Problematisch, wenn einkommensteuerliche Risiken bestehen; zur Anrechnung näher → Rn. 503.
[1446] Für den Wegfall des Strafvorwurfs *Lindenau* ZEV 2018, 636; *Blusz* ZEV 2016, 626 (629).
[1447] *Geck* KÖSDI 2014, 18725, Tz. 19; *Blusz* ZEV 2016, 626 (629).
[1448] Für die Ansicht, dass Hinterziehungszinsen durch die Reparatur nicht mehr anfallen, *Blusz* ZEV 2016, 626 (629).
[1449] FG Hessen – 10 K 477/17. EFG 2018, 1253 = BeckRS 2018, 15851; zu diesem Urteil *Kamps/Stenert* DStR 2018, 2671 f.
[1450] *Volmer* ZNotP 2005, 242 (245); *Kesseler* ZEV 2008, 27.
[1451] Eine ausführliche Darstellung mit Musterformulierungen bei *Münch*, Ehebezogene Rechtsgeschäfte, 5. Aufl. 2020.

3. Teil. Eherecht

a) Präambel

421 Im Hinblick auf die im Rahmen der Inhaltskontrolle vom Richter oft nach langen Ehejahren durchzuführende Inhaltskontrolle wird angeraten, über die mit dem Vertrag verbundenen Vorstellungen der Ehegatten, ihre momentane **Lebenssituation** und ihre **Pläne für die Ehe** eine Aussage in einer Vertragspräambel aufzunehmen. Ratsam ist auch die Abfrage etwa von **Verdiensten** oder **Vermögen**, damit der Notar selbst die Wirksamkeit seines Vertrages besser beurteilen kann. Solches wird von den Beteiligten oft nicht verstanden, kann aber später für die Haltbarkeit des Vertrages sehr hilfreich sein. Eine solche Präambel könnte folgendermaßen formuliert sein:

Formulierungsbeispiel Präambel: Wir sind seit zwei Wochen verheiratet. Für mich, den Ehemann, ist dies die erste Ehe, für mich, die Ehefrau, ist es die zweite Ehe. Wir haben bisher weder einen Ehe- noch einen Erbvertrag geschlossen.
Ich, die Ehefrau, habe aus erster Ehe eine Tochter. Sie heißt ... und ist am ... geboren. Sie hat ihre Lehre als ... abgeschlossen und ist nicht mehr unterhaltsbedürftig.
Ich, die Ehefrau, arbeite als Verwaltungsangestellte in Vollzeit mit einem Gehalt von monatlich netto ... EUR und werde auch während unserer Ehe durchgehend berufstätig sein. Ich habe von meinen Eltern ein Dreifamilienhaus übertragen erhalten, das vermietet ist und bin wirtschaftlich selbständig.
Ich, der Ehemann, bin als selbständiger Schlossermeister tätig. Aus meinem Einzelunternehmen erwirtschaftete ich im Durchschnitt der letzten drei Jahre nach Abzug von Krankenversicherung und Altersvorsorge einen Nettoertrag von mtl. ... EUR. Ich, die Ehefrau, baue bei der BfA Versorgungsanwartschaften auf. Ich, der Ehemann, habe mit Kapitallebensversicherungen für mein Alter vorgesorgt. Unsere Altersversorgung ist also jeweils gesichert. Weitere Kinder schließen wir für unsere Ehe aus.
Wir wollen für den Fall der Scheidung gegenseitige Ansprüche ausschließen. Außerdem möchte ich, der Ehemann, im Hinblick auf das Dreifamilienhaus meiner Frau gegenständlich beschränkt auf meinen Pflichtteil verzichten. Ich, die Ehefrau, vermache anschließend dieses Haus meiner Tochter.
Aus diesem Grunde vereinbaren wir Folgendes: ...

b) Allgemeine Nachteilsausgleichungsklausel

422 Nachdem der BGH die **ehebedingten Nachteile** in das Zentrum seiner Rechtsprechung zur Inhaltskontrolle von Eheverträgen gestellt hat, wird man sagen können, dass Eheverträge, denen es gelingt, alle ehebedingten Nachteile auszugleichen, jedenfalls nicht sittenwidrig sind. Daher kann ein Ehevertrag, der sich in seinen **Detailregelungen** bemüht, Verzichte so zu begrenzen oder zu kompensieren, dass ehebedingte Nachteile nicht auftreten**, um eine allgemeine Auffangklausel ergänzt** werden, die dazu verpflichtet, alle nachweislich noch entstandenen ehebedingten Nachteile auszugleichen. Eine solche Klausel hat den Nachteil einer gewissen **Unbestimmtheit**, sie sollte daher nur in einer **Diskrepanzehe** vereinbart werden, in der weitere Leistungen ohne

F. *Der Ehevertrag*

Weiteres dargestellt werden können. Eine solche Klausel kann folgendermaßen formuliert sein:

Formulierungsbeispiel Nachteilsausgleichungsklausel: Wir wollen durch diesen Ehevertrag alle ehebedingten Nachteile ausgleichen, welche der Ehefrau durch die Berufsaufgabe im Zusammenhang mit der Kindererziehung entstehen. Sollte dies nicht gelungen sein und eine oder mehrere Bestimmungen dieses Vertrages aus diesem Grund unwirksam oder unanwendbar sein, so verpflichten wir uns für diesen Fall, die entsprechende Bestimmung so abzuändern, dass in dem betroffenen Bereich alle nachweislich ehebedingten Nachteile ausgeglichen werden.

c) Salvatorische Klausel

Insbesondere aufgrund der Rechtsprechung zur Inhaltskontrolle von Eheverträgen sind salvatorische Klauseln in Eheverträgen wichtig. Sie begrenzen die Unwirksamkeit auf die inkriminierte Klausel, sofern sich nicht eine Nichtigkeit aus der Gesamtschau ergibt. 423

Die salvatorische Klausel muss darauf achten, dass Inhalte, die zusammenhängen, wie zB der Verzicht und die dafür ausgesprochene Kompensation, gemeinsam gleich behandelt werden. Eine solche Klausel kann folgendermaßen formuliert werden:

Formulierungsbeispiel Salvatorische Klausel: Sollten einzelne Bestimmungen dieses Vertrages unwirksam sein oder werden oder sollte sich im Vertrag eine Regelungslücke zeigen, so wird die Wirksamkeit der übrigen Bestimmungen hierdurch nicht berührt. Gleiches gilt bei nicht beurkundeten Nebenabreden. Die Beteiligten sind dann verpflichtet, eine ersetzende Bestimmung zu vereinbaren, die dem wirtschaftlichen Sinn der unwirksamen Bestimmung im Gesamtzusammenhang der getroffenen Regelung in rechtlich zulässiger Weise am nächsten kommt oder eine neue Bestimmung zu treffen, welche die Regelungslücke des Vertrages so schließt, als hätten sie diesen Punkt von vornherein bedacht. Der Notar hat die Vertragsteile befragt, ob Vertragsbestimmungen für sie so miteinander verbunden sind, dass die Unwirksamkeit der einen auch die der anderen zur Folge haben soll. Hierauf erklären die Vertragsteile: Sollte die Höhenbegrenzung des Unterhaltes in § … dieses Vertrages unwirksam sein oder unanwendbar werden, so wird entgegen vorstehender Vereinbarung auch die Verpflichtung zur Übertragung der Eigentumswohnung gem. § … dieses Vertrages unwirksam. Der Vertrag im Übrigen bleibt gültig.

d) Belehrung

In einem Ehevertrag wird sich heute stets eine Belehrung über die Rechtsprechung zur Inhaltskontrolle finden, damit die Vertragsteile wissen, dass der Vertrag richterlicher Kontrolle unterliegt und dass auch spätere Änderungen zur Unanwendbarkeit des Vertrages führen können. Sind die Vertragsteile beratungsresistent und bestehen auf einer Regelung, deren Wirksamkeit fraglich ist, deren Unwirksamkeit aber auch nicht sicher ist, sodass die Beurkundung nicht abgelehnt werden kann, so kann dies in der Belehrung ausdrücklich vermerkt werden. 424

3. Teil. Eherecht

Formulierungsbeispiel Belehrung: Der Notar hat auf die Rechtsprechung des Bundesverfassungsgerichts und des Bundesgerichtshofs zur Inhaltskontrolle von Eheverträgen hingewiesen und dargelegt, dass ehevertragliche Regelungen bei einer besonders einseitigen Aufbürdung von vertraglichen Lasten und einer erheblich ungleichen Verhandlungsposition unwirksam oder unanwendbar sein können. Die Vertragsteile erklären, dass sie nach einer Vorbesprechung und dem Erhalt eines Vertragsentwurfes die rechtlichen Regelungen dieses Vertrages umfassend erörtert haben und dieser Vertrag ihrem gemeinsamen Wunsch nach Gestaltung ihrer ehelichen Verhältnisse entspricht. Sie sind insb. überzeugt, dass mit den Regelungen dieses Vertrages alle etwa eintretenden ehebedingten Nachteile ausgeglichen sind.

Der Notar hat darauf hingewiesen, dass bei einer Änderung der Ehekonstellation – hierzu gehören insb. die Geburt gemeinsamer Kinder oder gewichtige Änderungen der Erwerbsbiografie – die Regelungen auch nachträglich einer Ausübungskontrolle unterliegen können. Er hat geraten, in diesem Fall die vertraglichen Regelungen der veränderten Situation anzupassen.

e) Abgeltungsklausel

425 Insbesondere bei Scheidungsvereinbarungen sind Abgeltungsklauseln ratsam, die zum Ausdruck bringen, dass alle etwaigen Ansprüche mit der Urkunde geregelt sind, sodass weitere Ansprüche nicht nachgeschoben werden können.

Formulierungsbeispiel Abgeltungsklausel: Wir sind uns darüber einig, dass mit Abschluss und Durchführung dieses Vertrages keinerlei Ansprüche der Vertragsbeteiligten gegeneinander mehr bestehen, gleich aus welchem Rechtsgrund sie hergeleitet werden mögen.[1452] Dies gilt unabhängig davon, ob sie bei Abschluss dieses Vertrages bekannt sind oder nicht. Dies gilt insb. auch für Ansprüche aus Gesamtschuldnerausgleich oder Innengesellschaft. Soweit Ansprüche der Eltern eines Ehegatten gegen den anderen Ehegatten bestehen, stellen wir uns von solchen Ansprüchen wechselseitig frei.[1453]

2. Modifizierte Zugewinngemeinschaft mit Zugewinngrenze bei Tod

426 Die Optimierung der Schenkungsteuer schreibt häufig eine **unterschiedliche Regelung** für den **Scheidungs-** und den **Todesfall** vor. Während bei der Scheidung der Zugewinn ausgeschlossen oder auf eine bestimmte Höhe begrenzt wird, ist im Todesfall der Zugewinn als steuerfrei höchst willkommen, sodass häufig hier eine andere Regelung gefunden wird.

Die gänzliche Belassung des Zugewinns beim Tod birgt aber **erhebliche Gefahren**, insb. wenn dynastische Unternehmen betroffen sind, könnte doch der Ehegatte die Erbschaft ausschlagen und alsdann nach **§ 1371 Abs. 2 BGB** den gerechneten Zugewinn in voller Höhe verlangen. Aus diesem Grunde wird auch für den Todesfall eine Obergrenze

---

[1452] Sofern es noch Ansprüche gibt, die vor Gericht geklärt werden müssen, insb. den Versorgungsausgleich, wären diese hier auszunehmen.
[1453] Diese Klausel ist insb. im Hinblick auf die neue Rechtsprechung des BGH zu den Schwiegerelternansprüchen nach einer Zuwendung zu sehen.

F. Der Ehevertrag

eingezogen, die insb. dann eingreifen muss, wenn das Vorgehen des Ehegatten nicht mit den anderen Betroffenen abgestimmt ist. Auf diese Weise lässt sich der Zugewinn im Todesfalle steuerlich nutzen, ohne dass die Ansprüche eine Höhe erreichen, die etwa den Unternehmensbestand gefährdet. Eine solche Formulierung könnte folgendermaßen erfolgen:

Formulierungsbeispiel mehrere Zugewinnbegrenzungen:
Ehevertraglich vereinbaren wir was folgt:

1)
Endet die Ehe auf andere Weise als durch den Tod eines Ehegatten, so muss als Zugewinn höchstens ein Betrag von 300.000,– EUR gezahlt werden.

2)
Endet die Ehe durch Tod eines Ehegatten, so soll es beim Zugewinnausgleich verbleiben. Allerdings wird der Zugewinnausgleich auf einen Betrag von 600.000,– EUR beschränkt, wenn in diesem Fall der überlebende Ehegatte unter Ausschlagung des Zugewandten den güterrechtlichen Zugewinnausgleich gegen den Willen auch nur eines Erben oder Miterben geltend macht. Keine Beschränkungen gelten hingegen, wenn die Ausschlagung oder Geltendmachung des Zugewinns im Einvernehmen mit allen Erben oder Miterben erfolgt.

3)
Die vorgenannten Höchstbeträge sind wertbeständig. Sie sind demnach folgendermaßen an die Geldentwertung anzupassen:
Der Höchstbetrag wird vervielfältigt mit dem Verbraucherpreisindex für Deutschland, wie der Index vom Statistischen Bundesamt in Wiesbaden für den Monat festgestellt wird, in dem der Scheidungsantrag rechtshängig wird, der zur Scheidung führt, geteilt durch den Verbraucherpreisindex für Deutschland wie er im Monat der heutigen Beurkundung bestimmt wird (Basis 2015 = 100).

3. Zugewinnverzicht gegen Kompensation

Wenn ein Verzicht auf Zugewinn bei großen Unternehmen vereinbart werden soll, so ist häufig eine **feste Kompensationszahlung** zur Befriedung der Interessen gut geeignet. Dem Zahlungspflichtigen muss klar sein, dass man gegenüber einer festen Kompensationszahlung nicht einwenden kann, der Zugewinn sei aber gar nicht so hoch ausgefallen. Andererseits muss man keinerlei Berechnungen durchführen.
Problem bei dieser Art Vereinbarung ist die **schenkungsteuerliche Wertung** durch den BFH,[1454] der den Verzicht auf Zugewinn nicht als Gegenleistung gegenüber der Zahlungspflicht anerkennen will.[1455] Daher ist bei solchen Vereinbarungen darauf zu achten, dass die Zahlungspflicht noch während der Ehe wirksam wird, damit die günstigere Schenkungsteuerklasse I zur Verfügung steht und dass der Kompensationsbetrag sich im Rahmen der Freibeträge hält oder etwa durch die Übertragung des

---

[1454] BFH – II R 12/06, DStR 2007, 1516.
[1455] Hiergegen ausführlich *Münch* DStR 2008, 26.

3. Teil. Eherecht

eigenbewohnten Hauses keine Schenkungsteuer ausgelöst wird. Anderenfalls ist über die schenkungsteuerlichen Folgen zu belehren.

Formulierungsbeispiel Zugewinnverzicht gegen Kompensation:
Den gesetzlichen Güterstand der Zugewinngemeinschaft wollen wir für unsere künftige Ehe ausdrücklich aufrechterhalten, ihn allerdings wie folgt modifizieren:

1)
Für den Fall der Beendigung der Ehe durch den Tod eines Ehegatten soll es beim Zugewinnausgleich durch Erbteilserhöhung oder güterrechtliche Lösung verbleiben.

2)
Wird jedoch die Ehe auf andere Weise als durch den Tod eines Ehegatten beendet, findet kein Zugewinnausgleich statt, auch kein vorzeitiger Ausgleich nach §§ 1385, 1386 BGB.
Auf den Ausgleich eines Zugewinns wird insoweit gegenseitig verzichtet. Den Verzicht nehmen wir hiermit gegenseitig an. Dies gilt auch für einen etwa bisher bereits entstandenen Zugewinn. Durch diesen Vertrag tritt jedoch keine Gütertrennung ein.

3)
Als Ausgleich für den Verzicht auf Zugewinn im Fall der Beendigung der Ehe auf andere Weise als durch den Tod eines Ehegatten verpflichtet sich der Ehemann hiermit aufschiebend bedingt durch die Rechtshängigkeit eines Scheidungsantrages, der später zur Scheidung der Ehe führt, zur Zahlung eines Geldbetrages in Höhe von

300.000,00 EUR

– in Worten: dreihunderttausend Euro –

vervielfacht um den Verbraucherpreisindex für Deutschland, wie dieser Index vom Statistischen Bundesamt in Wiesbaden für den Monat festgestellt wird, in dem der Scheidungsantrag rechtshängig wird, der zur Scheidung der Ehe führt, geteilt durch den Verbraucherpreisindex für Deutschland, wie er im Monat der heutigen Beurkundung bestimmt wird (Basis 2015 = 100).
Der entsprechende Geldbetrag ist zahlbar mit Rechtskraft der Scheidung und ist bis dahin nicht zu verzinsen.
Der Ehemann unterwirft sich wegen des Anspruchs auf Zahlung des entsprechenden Betrags der sofortigen Zwangsvollstreckung aus dieser Urkunde in sein gesamtes Vermögen. Vollstreckbare Ausfertigung kann ohne weitere Nachweise erteilt werden, den Nachweis der Rechtskraft der Scheidung allerdings vorausgesetzt.
… ggf. Bestellung von Sicherheiten …
Zuwendungen des Ehemannes an die Ehefrau während der Ehe werden auf diese Zahlungsverpflichtung angerechnet, wenn dies einschließlich des Wertes, mit dem die Anrechnung zu erfolgen hat, bei der Zuwendung bestimmt wurde. Überschreitet die Zuwendung die Zahlungsverpflichtung, hat durch die Ehefrau kein Ausgleich zu erfolgen, es sei denn, dieser wird vorbehalten.

F. Der Ehevertrag

4. Unterhaltsverzicht eingeschränkt wegen des Versorgungsausgleichs

Bei der Vereinbarung von Unterhaltsverzichten ist insb. bei **Ehegatten mit großem Altersunterschied** häufig zu bedenken, dass der Versorgungsausgleich mit einem **Cut bei der Versorgung** desjenigen, der schon Rente bezieht, noch etwas hinausgeschoben werden kann, wenn der Ausgleichspflichtige noch Unterhalt zahlt. Hat doch der **jüngere Ehegatte** momentan noch **keinerlei versorgungsrechtliche Vorteile** aus dem Versorgungsausgleich. Das Hinausschieben spart den geschiedenen Ehegatten erhebliche liquide Mittel. Die Voraussetzungen dazu sind dem § 33 VersAusglG zu entnehmen. Der Unterhaltsverzicht wird dann mit Blick auf diese Voraussetzungen eingeschränkt.

428

Formulierungsbeispiel Unterhaltsverzicht mit Rücksicht auf § 33 VersAusglG: Für die Zeit nach einer etwaigen Scheidung unserer Ehe verzichten wir hiermit gegenseitig auf Unterhalt auch für den Fall der Not, gleichgültig, ob ein Unterhaltsanspruch bereits erkennbar hervorgetreten ist oder nicht. Allerdings gilt der vorstehende Unterhaltsverzicht des im Versorgungsausgleich berechtigten Vertragsteiles so lange nicht, als der Unterhaltsverpflichtete ohne diesen Verzicht Rechte nach § 33 VersAusglG geltend machen könnte.

5. Vereinbarung zum Realsplitting

Die bereits besprochene Vereinbarung zum begrenzten Realsplitting kann folgendermaßen formuliert werden:

429

Formulierungsbeispiel Realsplitting: Ich, die Ehefrau, bin mit der Durchführung des begrenzten Realsplittings einverstanden und verpflichte mich hiermit, alle hierzu noch erforderlichen Erklärungen abzugeben und jährlich zu wiederholen, insb. aber die Anlage U zur Einkommensteuererklärung jährlich zu unterzeichnen.
Ich, der Ehemann, verpflichte mich, meine Ehefrau von allen ihr hierdurch entstehenden nachgewiesenen steuerlichen und sonstigen wirtschaftlichen[1456] Nachteilen freizustellen, und zwar unverzüglich nach Vorlage der entsprechenden Belege oder Bescheide. Zu diesen Nachteilen gehören auch Steuerberatungskosten, die vom begrenzten Realsplitting verursacht sind, bis zu höchstens ... EUR jährlich. Die Ausgleichspflicht umfasst jedoch nicht Nachteile, die dem wieder verheirateten Unterhaltsgläubiger im Rahmen seines Ehegattensplittings entstehen.

V. Kosten

Die Kosten der notariellen Beurkundung eines Ehevertrages sind mit dem Gesetz über Kosten der freiwilligen Gerichtsbarkeit für Gerichte und Notare neu geregelt worden.

430

[1456] Wenn auch wirtschaftliche Nachteile ausgeglichen werden, empfiehlt sich zuvor eine eingehende Überprüfung etwaiger solcher Nachteile, weil diese – insb. bei Auswirkungen auf die Versicherungen – schnell eine große Höhe erlangen können.

3. Teil. Eherecht

1. Der Geschäftswert eines Ehevertrages

431 Zentrale Vorschrift für die Bewertung von Eheverträgen – damit meint das GNotKG güterrechtliche Verträge – ist nun § 100 GNotKG, der zum besseren Verständnis hier zitiert werden soll:

> **§ 100 GNotKG: Güterrechtliche Angelegenheiten**
> (1) ¹Der Geschäftswert
> 1. bei der Beurkundung von Eheverträgen iSd § 1408 des Bürgerlichen Gesetzbuchs, die sich nicht auf Vereinbarungen über den Versorgungsausgleich beschränken, und
> 2. bei der Beurkundung von Anmeldungen aufgrund solcher Verträge ist die Summe der Werte der gegenwärtigen Vermögen beider Ehegatten. ²Betrifft der Ehevertrag nur das Vermögen eines Ehegatten, ist nur dessen Vermögen maßgebend. ³Bei Ermittlung des Vermögens werden Verbindlichkeiten bis zur Hälfte des nach Satz 1 oder 2 maßgeblichen Werts abgezogen. ⁴Verbindlichkeiten eines Ehegatten werden nur von seinem Vermögen abgezogen.
> (2) Betrifft der Ehevertrag nur bestimmte Vermögenswerte, auch wenn sie dem Anfangsvermögen hinzuzurechnen wären, oder bestimmte güterrechtliche Ansprüche, so ist deren Wert, höchstens jedoch der Wert nach Absatz 1 maßgebend.
> (3) Betrifft der Ehevertrag Vermögenswerte, die noch nicht zum Vermögen des Ehegatten gehören, werden sie mit 30 Prozent ihres Werts berücksichtigt, wenn sie im Ehevertrag konkret bezeichnet sind.
> (4) Die Absätze 1 bis 3 gelten entsprechend bei Lebenspartnerschaftsverträgen.

432 Zentraler neuer Begriff ist das **„modifizierte Reinvermögen"**. Es ist das gegenwärtige Vermögen beider Ehegatten zu bestimmen – außer der Vertrag betrifft nur einen Ehegatten. Die **Verbindlichkeiten** dürfen davon **nur noch zur Hälfte abgezogen** werden, und zwar so, dass die Verbindlichkeiten eines Ehegatten nur von dessen Vermögen abgezogen werden. Bei Gesamtschulden richtet sich der Abzug nach dem internen Haftungsverhältnis.

Zu beachten ist, dass bei **Firmen als Vermögensbestandteile** deren Bewertung vorgeht. So ist etwa eine **GmbH** oder eine **Kommanditbeteiligung** – ausgenommen vermögensverwaltende und Holdinggesellschaften – nach § 54 GNotKG mit dem **Eigenkapital** iSv § 266 Abs. 3 HGB zu bewerten. Soweit dabei Verbindlichkeiten zur Gänze abgezogen werden, geht die GmbH bzw. KG mit diesem um die vollen Verbindlichkeiten geminderten Wert in die Ehevertragsbewertung ein. Eine **Beteiligung an einer Personengesellschaft** mit persönlicher Haftung hingegen ist mit dem **Aktivwert** ohne Schuldenabzug anzusetzen. Die (anteiligen) Verbindlichkeiten sind dann bei der Berechnung des modifizierten Reinvermögens mit einzubringen. Bei einem land- und forstwirtschaftlichen Betrieb gilt das Kostenprivileg des § 48 Abs. 1 GNotKG für ehevertragliche Vereinbarungen nicht, da es nicht um eine „Zuwendung" des Betriebes geht.[1457]

Hinweis: Künftig ist als Wert für einen Ehevertrag somit immer mindestens das halbe Aktivvermögen maßgeblich.

[1457] Diehn, Notarkostenberechnung, Rn. 1550 f.

F. Der Ehevertrag

Bezieht sich der Ehevertrag **nur auf bestimmte Vermögenswerte**, dann sind nur diese heranzuziehen, so zB bei der Herausnahme bestimmter Gegenstände aus dem Zugewinn. Bezieht sich der Ehevertrag ausdrücklich – konkrete Bezeichnung – **auf zukünftig erst zu erwerbende Vermögensgegenstände**, so sind diese mit 30% ihres Wertes anzusetzen. Diese gesetzliche Regelung entspricht der bisher schon von einigen OLG vertretenen Auffassung. Diese Regelung greift insb. bei der Herausnahme von Betriebsvermögen aus dem Zugewinn, wenn das Betriebsvermögen dem Firmennachfolger erst in der Zukunft überlassen wird.

Werden im Ehevertrag **Modifikationen des gesetzlichen Güterstandes** vereinbart, so ist gleichwohl vom **vollen modifizierten Reinwert** auszugehen. Im Gegensatz zum früheren Recht gibt es hier keine Teilwertbildung mehr.[1458] Eine Ausnahme besteht, wenn lediglich die Verfügungsbeschränkungen der §§ 1365, 1369 BGB ausgeschlossen werden. Hier ist nach § 51 Abs. 2 GNotKG ein Teilwert von 30% des Aktivvermögens anzusetzen, höchstens jedoch das modifizierte Reinvermögen.

Enthält der Ehevertrag eine **Rechtswahl**, so ist diese nach § 104 GNotKG **nochmals mit 30%** des soeben errechneten Wertes anzusetzen und hinzuzuaddieren. Es wird nach § 93 GNotKG nur eine Gebühr für ein Verfahren erhoben aus dem zusammengerechneten Verfahrenswert.

2. Sonstige ehevertragliche Vereinbarungen

Diese Wertbestimmung gilt nur für das Güterrecht. Für **Vereinbarungen zum Unterhaltsrecht** gilt folgendes: Die Verpflichtung zur Zahlung von Unterhalt ist eine **wiederkehrende Leistung isd § 52 GNotKG**. Danach ist der Jahreswert der Unterhaltsleistung mit der bestimmten Dauer zu multiplizieren, wenn die Unterhaltszahlung für einen bestimmten Zeitraum vereinbart ist. Ist sie lebenslang vereinbart, so enthält § 52 GNotKG eine Tabelle, aus der ein **Multiplikator** zwischen 5 und 20 – je nach Lebensalter bei Vertragsschluss – entnommen werden kann. Eine Beschränkung auf 5 Jahre, wie sie im früheren § 24 Abs. 3 KostO enthalten war, gibt es nun nicht mehr. Wertsicherungsklauseln werden nicht gesondert in Ansatz gebracht, § 52 Abs. 7 GNotKG. Steht der Beginn der Unterhaltspflicht noch nicht fest, so ist nach § 52 Abs. 6 GNotKG von einem Teilwert auszugehen. Wenn keinerlei Anhaltspunkte für einen Beginn vorliegen, so kann dies zu einem Abschlag bis zu 50% führen.

Ein **Unterhaltsverzicht** ist nach dem Umfang des Verzichtes zu bewerten. Erfolgt der Verzicht gegen eine Gegenleistung, ist nach § 97 Abs. 3 GNotKG ein Austauschvertrag gegeben, der nach der höherwertigen Leistung zu bewerten ist.

Auch Anwartschaften auf Versorgung, um die es bei **Vereinbarungen zum Versorgungsausgleich** geht, sollen nach einer Ansicht als

433

[1458] *Notarkasse*, Streifzug, Rn. 579.

3. Teil. Eherecht

wiederkehrende Leistungen nach § 52 Abs. 4 GNotKG anzusehen sein. Überzeugender ist es jedoch auch für die Bewertung, vom eigentlichen Gegenstand des Versorgungsausgleichs auszugehen. Dies sind nicht etwa die Rentenzahlungen, sondern die Ehezeitanteile der Versorgung nach §§ 2, 5 VersAusglG. Diese werden nach § 5 Abs. 3 VersAusglG, § 47 VersAusglG auch als Kapitalsumme mitgeteilt. Für die Bewertung sollte diese Kapitalsumme maßgeblich sein, sodass die Bewertung nach §§ 97 Abs. 1 und 3, 36 Abs. 1 und 3 GNotKG erfolgt.[1459] Wenn beide Ehegatten Verzichtserklärungen abgeben, liegt ein Austauschvertrag vor, sodass nur der höherwertige Verzicht in Ansatz zu bringen ist. In Bagatellfällen greift der Wert von 5.000,– EUR nach § 36 Abs. 3 GNotKG. Dieser führt dann zur spezifischen Mindestgebühr nach KV-Nr. 21100 von 120,– EUR.

3. Abschluss, Änderung und Aufhebung eines Ehevertrages

434 Für einen **Ehevertrag** wird eine 2,0 Gebühr nach KV-Nr. 21100 angesetzt. Die **Aufhebung** eines Ehevertrages hat erneut rechtsgestaltende Wirkung, sodass insoweit nicht KV-Nr. 21102 Anwendung findet, sondern die Aufhebung wie der Abschluss mit einer 2,0 Gebühr zu bewerten ist. Fallen Aufhebung und Neuabschluss zusammen, soll ein einheitliches Modifikationsrechtsverhältnis vorliegen, sodass nur einmal eine 2,0 Gebühr anfällt.

Die 2,0 Gebühr fällt auch bei **Nachträgen zu Eheverträgen** an, da es eine dem bisherigen § 42 KostO entsprechende Privilegierung für Nachtragsbeurkundungen durch einen reduzierten Gebührensatz nicht mehr gibt.

4. Der Ehevertrag und andere Erklärungen

435 Der Ehevertrag nach § 1408 Abs. 1 BGB ist gem. § 111 Nr. 2 GNotKG stets als besonderer Beurkundungsgegenstand anzusehen.

> **§ 111 Besondere Beurkundungsgegenstände:** Als besonderer Beurkundungsgegenstand gelten stets
> 1. vorbehaltlich der Regelung in § 109 Abs. 2 Nr. 2 eine Verfügung von Todes wegen,
> 2. ein Ehevertrag iSv § 1408 Abs. 1 des Bürgerlichen Gesetzbuchs, ...

Das bedeutet, dass **weitere Vereinbarungen** in der Urkunde **gegenstandsverschieden** sind. Daher sind die Werte für den Ehevertrag und diejenigen für Unterhaltsvereinbarungen, Vereinbarungen zum Versorgungsausgleich, Vereinbarungen über Unterhalts- oder Sorgerecht der Kinder hinzuzuzählen. Gleiches gilt für Pflichtteilsverzichte oder Übertragungsgeschäfte, und zwar selbst dann, wenn diese zum Ausgleich des Zugewinns dienen.[1460] Da das Kostenprivileg des § 46 Abs. 3 KostO weggefallen ist, muss ein mit dem Ehevertrag beurkundeter **Erbvertrag** nunmehr **ebenfalls** als **weiterer Gegenstand** hinzugezählt werden. Der

---

[1459] *Leipziger Kostenspiegel*, Rn. 20.54 f.; Leipziger Gerichts- & Notarkosten-Kommentar/*Reetz/Riss* GNotKG § 100 Rn. 65 f.; *Notarkasse*, Streifzug, Rn. 619.

[1460] *Notarkasse*, Streifzug, Rn. 607.

F. Der Ehevertrag

Wert der Gesamturkunde wird dann aus dem Gesamtwert aller Gegenstände ermittelt. Hieraus ist eine 2,0 Gebühr nach KV 21100 zu erheben.

5. Die Scheidungsvereinbarung

Insbesondere die Scheidungsvereinbarung setzt sich daher aus **mehreren gegenstandsverschiedenen Beurkundungsgegenständen** zusammen, wobei die Vermögensübertragung ohne Schuldenabzug gesondert zu erfassen ist. Ist hierbei ein **Erbvertrag aufzuheben**, so fällt dafür eine 1,0 Gebühr nach KV 21102 Nr. 2 an.   436

einstweilen frei   437–439

4. Teil. Scheidung und Scheidungsvereinbarungen

Übersicht

		Rn.
A.	Das Scheidungsverfahren	440
I.	Die materiellen Voraussetzungen der Scheidung	440
	1. Scheidungsgrund – Scheitern der Ehe	440
	2. Scheidungshürde – Getrenntleben	441
	3. Kein Scheidungshindernis – Härteklausel	442
II.	Das Scheidungsverfahren nach dem FamFG	443
III.	Kosten der Scheidung und ihre steuerliche Berücksichtigung	446
B.	Scheidungsvereinbarungen	447
I.	Ehewohnung	448
	1. Gesetzliche Regelung bei Trennung und Scheidung	448
	2. Vertragliche Vereinbarung mit Eigentumsregelung	451
	3. Vertragliche Vereinbarung dauernder Gemeinschaft	455
	4. Einbindung in den Gesamtzusammenhang	456
II.	Haushaltsgegenstände	457
	1. Gesetzliche Regelung bei Trennung und Scheidung	457
	2. Vertragliche Regelungsmöglichkeiten	459
III.	Güterstand und Vermögensausgleich	460
	1. Güterstandsregelungen	460
	2. Sonstiger Vermögensausgleich	461
IV.	Ehegattenunterhalt	462
V.	Kindesunterhalt	463
	1. Gesetzliche Regelungen	463
	2. Vereinbarungen zum Kindesunterhalt	467
VI.	Versorgungsausgleich	471
VII.	Elterliche Sorge und Umgang	473
	1. Die gesetzliche Rechtslage	473
	2. Vereinbarungen zu Sorge- und Umgangsrecht	475
VIII.	Allgemeine Regelungen	476
IX.	Aufhebung erbrechtlicher Verfügungen und Erbverzicht	481
	1. Das gesetzliche Erbrecht bei Scheidung	482
	2. Auswirkung der Scheidung auf erbrechtliche Verfügungen	484
	3. Aufhebung erbrechtlicher Verfügungen, Widerruf von Vollmachten	486
	4. Erbverzicht	487
	5. Erbvertrag mit Verfügungsunterlassung	488

4. Teil. Scheidung und Scheidungsvereinbarungen

X.	Alleinige Erbregelung nach der Scheidung	489
	1. Der geschiedene Ehegatte als erbrechtlicher Profiteur	490
	2. Das Geschiedenentestament als notwendige Maßnahme	491
XI.	Kosten	492
C.	Die Zuwendungen Dritter im Rahmen der Scheidung	493
	I. Zuwendungen Dritter – Regelung bei der Zuwendung	493
	II. Neue Rechtsprechung des BGH zur Schwiegerelternzuwendung	496
	1. Zuwendungen an Kind und Schwiegerkind	496
	2. Zuwendungen an das Schwiegerkind – BGH	498
	III. Rückerstattungs- und Freistellungsvereinbarung bei Scheidung	499
D.	Steuerliche Besonderheiten bei der Scheidung	500
	I. Vereinbarungen	501
	1. Auseinandersetzungsvereinbarung	501
	2. Übertragung zur Abgeltung des Zugewinns	502
	3. Anrechnung auf den Zugewinn nach § 1380 BGB	503
	4. Ausweichgestaltungen	504
	II. Veräußerungsgewinn nach § 23 EStG	505
	1. Der Tatbestand des § 23 EStG	506
	2. Fallgruppen in der Scheidungsvereinbarung	509
	a) Beispiel I: Übertragung als Abgeltung für Zugewinn	509
	b) Beispiel II: Übertragung als Abgeltung für Zugewinn und Unterhalt	509
	c) Beispiel III: Übertragung als Abgeltung für Zugewinn teilentgeltlich	509
	d) Beispiel IV: Übertragung zum Einstandspreis, aber teilentgeltlich	509
	e) Beispiel V: Realteilung privaten Miteigentums	509
	3. Ausnahmen bei Eigennutzung	510
	III. Auswirkung der neuerdings vertretenen modifizierten Trennungstheorie?	511

A. Das Scheidungsverfahren

I. Die materiellen Voraussetzungen der Scheidung

1. Scheidungsgrund – Scheitern der Ehe

440   Seit der Einführung des **Zerrüttungsprinzips** und der Ablösung des Schuldprinzips ist materielle Voraussetzung der Scheidung, dass die **Ehe gescheitert** ist, § 1565 Abs. 1 S. 1 BGB. Das Gesetz fährt fort, dass die Ehe gescheitert ist, wenn die Lebensgemeinschaft der Ehegatten nicht

A. Das Scheidungsverfahren

mehr besteht (Diagnose) und nicht erwartet werden kann, dass die Ehegatten sie wiederherstellen (Prognose). Dabei ist die **eheliche Lebensgemeinschaft** gegenüber der häuslichen Gemeinschaft der umfassendere Begriff. Zu solcher ehelichen Lebensgemeinschaft sind die Ehegatten einander nach § 1353 Abs. 1 BGB verpflichtet. Grundelemente der ehelichen Lebensgemeinschaft sind die häusliche Gemeinschaft, – jedenfalls nach traditionellem Verständnis[1461] – die Geschlechtsgemeinschaft, die Sorge um die gemeinsamen Angelegenheiten und die Rücksicht auf und die Achtung vor der Person des anderen.[1462] Entscheidend für die Beurteilung des Scheiterns sind nach Ansicht des BGH[1463] jedoch die **subjektiven Vorstellungen der konkreten Lebensgemeinschaft**. Dem liegt das Verständnis der Ehe als personale geistig-emotionale Verbindung zugrunde.[1464]

Stärkstes Indiz dafür, dass die eheliche Lebensgemeinschaft **nicht mehr besteht**, ist jedoch nach wie vor die Aufhebung der häuslichen Gemeinschaft.[1465] Voraussetzung der Aufhebung der ehelichen Lebensgemeinschaft ist jedoch, dass die geistig-emotionale Verbindung wenigstens von einem Ehegatten innerlich abgelehnt wird.[1466] Somit hängt die Diagnose letztlich von den inneren Vorstellungen eines Ehegatten ab. Allein die räumliche Trennung, das Getrenntleben nach § 1567 BGB, muss noch nicht ausschlaggebend sein.

Für die **Prognose** ist erforderlich, dass mindestens ein Ehegatte unter keinen Umständen bereit ist, zu dem anderen Ehegatten zurückzufinden und die Ehe fortzusetzen.[1467] Versöhnungsversuche können insoweit, auch wenn sie den Zeitraum der Trennung nach § 1567 Abs. 2 BGB zivilrechtlich nicht unterbrechen, Auswirkungen auf die Prognose haben.[1468]

Die Feststellung dieser inneren Tatsachen ist naturgemäß mit Schwierigkeiten verbunden. Daher hat der Gesetzgeber den einheitlichen Scheidungsgrund des Scheiterns durch zwei weitere Tatbestände ergänzt, die durch eine **unwiderlegliche Vermutung** aus äußeren Umständen das Scheitern der Ehe folgern.[1469] Solchermaßen wird das Scheitern vermutet:
– nach **einjährigem Getrenntleben und beiderseitigem Antrag** oder Zustimmung zur Scheidung, § 1566 Abs. 1 BGB oder
– nach **dreijährigem Getrenntleben**.

[1461] Kaiser/*Wellenhofer* BGB § 1353 Rn. 9.
[1462] Palandt/*Brudermüller* BGB § 1353 Rn. 5 f.
[1463] BGH – IV ZR 290/93, NJW 1995, 1082; im entschiedenen Fall sah der BGH aus dem Prozessstoff Anhaltpunkte dafür, dass die sexuelle Treue der Ehegatten kein wesentliches Moment dieser Ehe war.
[1464] Kaiser/*Bisping* BGB Vorb. zu §§ 1564 ff. Rn. 9.
[1465] BGH – IV ZR 164/77, NJW 1978, 1810.
[1466] Kaiser/*Bisping* BGB § 1565 Rn. 7.
[1467] Palandt/*Brudermüller* BGB § 1565 Rn. 3.
[1468] BGH – IV ZR 290/93, NJW 1995, 1082.
[1469] Schwab/Ernst/*Ernst,* Scheidungsrecht, § 2 Rn. 46

4. Teil. Scheidung und Scheidungsvereinbarungen

Ein **Getrenntleben** der Ehegatten kann auch **innerhalb der gemeinsamen Wohnung** erfolgen, wenn die Wohnung räumlich aufgeteilt ist und zwei Haushalts- und Wirtschaftsbereiche existieren. Kontakte sind dann unschädlich, wenn sie ausschließlich im Interesse der gemeinsamen Kinder vorkommen.[1470]

2. Scheidungshürde – Getrenntleben

441 Zur Vermeidung missbräuchlicher Schnellscheidungen stellt § **1565 Abs. 2 BGB** grundsätzlich die Hürde auf, dass eine Ehe erst nach einem **einjährigen Getrenntleben** geschieden werden darf. Dies gilt auch bei einverständlicher Scheidung, denn der Gesetzgeber möchte eine reine Konventionalscheidung vermeiden.

Eine **Ausnahme** hiervon gilt nur dann, wenn die **Fortsetzung der Ehe** für den Antragsteller aus Gründen, die in der Person des anderen Ehegatten liegen, eine **unzumutbare Härte** darstellen würde.[1471]

Es müsste dann allein die **Fortsetzung des formalen Ehebandes** bis zum Ablauf der Jahresfrist unzumutbar sein, auf das wirkliche Zusammenleben kommt es nach vorherrschender Ansicht nicht an.[1472] Es wird insgesamt ein strenger Maßstab angelegt. Der Härtegrund wurde bejaht bei schweren körperlichen Misshandlungen (außer einmalig im Affekt)[1473] oder bei Bewohnen des gemeinsamen Eheanwesens mit neuer Partnerin.[1474] Beim Ehebruch soll es auf die Begleitumstände ankommen.[1475]

3. Kein Scheidungshindernis – Härteklausel

442 Nach der **Härteklausel** des § 1568 BGB darf die Ehe trotz des Feststehens ihres Scheiterns nicht geschieden werden, wenn
– die Aufrechterhaltung der Ehe im Interesse der aus der Ehe hervorgegangenen **minderjährigen Kinder** aus besonderen Gründen ausnahmsweise notwendig ist oder
– wenn und solange die Scheidung für den sie ablehnenden Antragsgegner aufgrund **außergewöhnlicher Umstände** eine so schwere Härte darstellen würde, dass die Aufrechterhaltung der Ehe auch unter Berücksichtigung der Belange des Antragstellers ausnahmsweise geboten ist.

Diese Bestimmung wird von der Rechtsprechung nur sehr zurückhaltend angewendet. Urteile, welche diese Voraussetzungen bejahen, sind zumeist 30 Jahre alt. Auf diese Weise – so wird kritisiert – schrauben

---

[1470] Scholz/Kleffmann/*Erdrich,* Praxishandbuch, F I, Rn. 6 f.
[1471] Eine Fallsammlung findet sich bei Scholz/Kleffmann/*Erdrich,* Praxishandbuch, F I, Rn. 14 f.
[1472] BGH – IVb ZR 538/80, NJW 1981, 449, mit Nachweis der Gegenansichten; Schwab/Ernst/*Ernst,* Scheidungsrecht, § 2 Rn. 53; Palandt/*Brudermüller* BGB § 1565 Rn. 9.
[1473] OLG Stuttgart – 17 UF 411/00, BeckRS 2001, 30989556 = FamRZ 2002, 239; *Wellenhofer,* Familienrecht, § 20 Rn. 13.
[1474] OLG Saarbrücken – 9 WF 111/04, NJW-RR 2005, 1305.
[1475] Palandt/*Brudermüller* BGB § 1565 Rn. 11.

A. Das Scheidungsverfahren

die Gerichte die Hürden so hoch, dass die Vorschrift kaum noch Anwendungsbereich hat[1476] und allenfalls noch bei Suizidgefahr in Betracht kommt.[1477]

Eine **absolute zeitliche Grenze** des Getrenntlebens, ab der eine Ehe immer geschieden werden muss, gibt es im Gesetz **nicht** mehr, da das BVerfG[1478] sie abgelehnt hatte.

Prüfungsschema Scheidung:[1479]
1. Antrag beim zuständigen FamG
2. Ehe war wirksam geschlossen
3. Ehe ist gescheitert
   a) Vermutung des § 1566 Abs. 1 BGB (1 Jahr Trennung und gemeinsamer/ zugestimmter Antrag)
   wenn nicht, dann
   b) Vermutung des § 1566 Abs. 2 BGB (drei Jahre Trennung)
   wenn nicht, dann
   c) Einzelfallprüfung des Gescheitertseins nach § 1565 Abs. 1 S. 2 BGB
   aa) Zerrüttung der Ehe
   bb) einjähriges Getrenntleben oder Härtefall, § 1565 Abs. 2 BGB
4. Kein Scheidungshindernis nach § 1568 BGB

II. Das Scheidungsverfahren nach dem FamFG

Die Scheidung kann nach § 1564 BGB nur durch das **Gericht** ausgesprochen werden. Mit Rechtskraft dieser Entscheidung ist die Ehe aufgelöst und an die Stelle der gesetzlichen Ehewirkungen treten die Scheidungsfolgeregelungen.

Die Vorschriften des Scheidungsverfahrens wurden ebenfalls 2009 reformiert. Sie finden sich nun nicht mehr in der ZPO, sondern im FamFG.[1480] Das Scheidungsverfahren gehört zu den **Ehesachen nach § 111 Nr. 1 FamFG, § 121 Nr. 1 FamFG**. Über § 113 FamFG gelangen für das Verfahren allerdings weitgehend ZPO-Vorschriften zur Anwendung. Da aber § 38 FamFG anwendbar bleibt, haben sich sämtliche Verfahrensbezeichnungen aufgrund §§ 38, 113 Abs. 5 FamFG in gewöhnungsbedürftiger Weise geändert:

Neue Bezeichnungen im Scheidungsverfahren:
Beschluss – Entscheidung nunmehr durch Beschluss, nicht mehr durch Urteil
Verfahren – nicht mehr Prozess oder Rechtsstreit
Antrag – nicht mehr Klage
Antragsteller – nicht mehr Kläger
Antragsgegner – nicht mehr Beklagter
Beteiligte – nicht mehr Parteien

443

[1476] Ernst/Schwab/*Ernst*, Scheidungsrecht, § 2 Rn. 53.
[1477] OLG Hamburg – 2 UF 209/83, FamRZ 1986, 449.
[1478] BVerfG – 1 BvR 1284/79, NJW 1981, 108.
[1479] Nach *Wellenhofer*, Familienrecht, § 20 Rn. 5.
[1480] Gesetz über das Verfahren in Familiensachen und in Angelegenheiten der freiwilligen Gerichtsbarkeit, BGBl. 2008 I 2586f.

4. Teil. Scheidung und Scheidungsvereinbarungen

444 Das Scheidungsverfahren wird somit durch einen **Antrag zum Familiengericht** beim Amtsgericht (§ 23b GVG) anhängig gemacht, **§ 124 FamFG**. Für diesen Antrag gelten zunächst die Vorschriften der ZPO über die Klageschrift, also insb. **§ 253 ZPO**. Zusätzliche Anforderungen stellt **§ 133 FamFG**. Danach muss die **Antragsschrift** enthalten:
- Namen, Geburtsdaten und gewöhnlichen Aufenthalt der gemeinschaftlichen minderjährigen Kinder,
- die Erklärung, ob die Ehegatten eine Regelung über die elterliche Sorge, den Umgang und die Unterhaltspflicht gegenüber den gemeinschaftlichen minderjährigen Kindern sowie die durch die Ehe begründete gesetzliche Unterhaltspflicht, die Rechtsverhältnisse an der Ehewohnung und an den Haushaltsgegenständen getroffen haben,
- Angabe, ob bereits anderweitig Familiensachen anhängig sind, an denen beide Ehegatten beteiligt sind.

Damit sind die bisherigen Erfordernisse nach **§ 630 ZPO aF erheblich verringert** worden. Vor der Reform war eine inhaltliche Einigung der Ehegatten über die Scheidungsfolgesachen erforderlich und ein vollstreckbarer Schuldtitel zu Kindesunterhalt, Ehegattenunterhalt, Ehewohnung und Hausrat. Nachdem die Praxis diese Regelung schon nicht durchgesetzt hatte, ist mit dem FamFG die **Verknüpfung des materiellen Rechts** mit dem formellen **weggefallen**.[1481]

Damit ist das Scheidungsverfahren zu einer **Scheidung „ultra light"**[1482] geworden, es ist faktisch der Konventionalscheidung Tür und Tor geöffnet. Das Gericht prüft nicht mehr die vorherige Einigung über die Folgesachen.

Der Scheidungsantrag unterliegt nach § 114 Abs. 1 FamFG dem **Anwaltszwang**. Aus **Kostengründen** lässt sich bei einer einvernehmlichen Scheidung **häufig nur der Antragsteller** anwaltlich vertreten. Der Antragsgegner kann seine Zustimmung zur Scheidung nach § 114 Abs. 4 Nr. 3 FamFG auch ohne Anwalt erklären oder widerrufen, er ist nach § 128 FamFG persönlich anzuhören, er kann Härtegründe nach § 1568 BGB selbst vorbringen, § 127 Abs. 3 FamFG, und gegen ihn kann nach § 130 Abs. 2 FamFG keine Versäumnisentscheidung ergehen.

445 Die **Rechtshängigkeit des Scheidungsantrages** hat **erhebliche materielle Auswirkungen**. So hängt davon der Zeitpunkt der Endvermögensberechnung und auch der Höhenbegrenzung des Zugewinns ab, § 1384 BGB. Das Monatsende des Monats vor der Rechtshängigkeit gilt als Ende der Ehezeit beim Versorgungsausgleich, § 3 VersAusglG. Für die Frage, ob unterhaltsrechtlich eine kurze Ehedauer nach § 1579 Nr. 1 BGB vorliegt, ist ebenfalls die Rechtshängigkeit entscheidend.[1483] Aus diesem Grunde werden **Scheidungsanträge häufig verfrüht** gestellt. Maßgeblicher Zeitpunkt für den Ablauf des Trennungsjahres ist aber der **Zeitpunkt der letzten mündlichen Verhandlung in der Tatsacheninstanz**. Selbst nach Abweisung in der ersten Instanz (der Antrag

---

[1481] MüKoBGB/*Weber* BGB Vorb. § 1564 Rn. 20f.
[1482] *Münch* FamRB 2008, 251 (254).
[1483] BGH – XII ZR 3/09, NJW 2011, 1582.

A. Das Scheidungsverfahren

ist schon unschlüssig, wenn keine Härtegründe nach § 1565 Abs. 2 BGB vorgetragen werden) wird die Ehe in der Berufungsinstanz geschieden, wenn bis zur letzten mündlichen Verhandlung die Jahresfrist erreicht ist. Ggf. sind dann dem Antragsteller die **Berufungskosten** aufzuerlegen. Nach BGH kann es in besonderen Fällen gerechtfertigt sein, die **Stichtage des Gesetzes** „im Hinblick auf eine verfrühte Antragstellung **zu modifizieren**".[1484]

Für das Scheidungsverfahren gilt nach § 127 FamFG ein **eingeschränkter Untersuchungsgrundsatz.** Das bedeutet, dass das Gericht zwar grundsätzlich eine Amtsermittlungspflicht hat, jedoch nur eheerhaltende Tatsachen von Amts wegen berücksichtigen darf, Härtegründe nach § 1568 BGB jedoch nur, wenn sie der Antragsgegner vorbringt.

Eine Besonderheit des Scheidungsverfahrens ist der **Verbund von Scheidungs- und Folgesachen** nach § 137 FamFG. Damit soll es möglich sein, über die Scheidung und die Folgesachen in einem Verfahren zu entscheiden. Dabei ist zu beachten, dass der Versorgungsausgleich nach § 137 Abs. 2 S. 2 FamFG auch ohne Antrag eines Beteiligten in den Scheidungsverbund einbezogen wird. Es wird dann einheitlich durch Beschluss nach § 142 Abs. 1 FamFG entschieden.

III. Kosten der Scheidung und ihre steuerliche Berücksichtigung

Was die steuerliche Absetzbarkeit von Kosten der Scheidung anbelangt, so ist hier eine wechselvolle Geschichte zu verzeichnen. Für die Praxis lange Zeit maßgeblich[1485] waren die Aussagen des BFH.[1486] Danach sah der BFH nur noch die Kosten für solche Verfahren als zwangsläufig iSd § 33 EStG an, die in den Zwangsverbund nach § 623 ZPO aF bzw. jetzt § 137 FamFG fallen. Damit waren nur die **Gerichts- und Anwaltskosten des Scheidungsverfahrens selbst** und des **Versorgungsausgleichs** als außergewöhnliche Belastungen nach § 33 EStG anerkannt. Dem war die Finanzverwaltung gefolgt.[1487] Nicht anerkannt wurden Kosten für andere Verfahren, selbst wenn sie der „gegnerische" Ehegatte anhängig gemacht hatte. Ebenfalls nicht anerkannt wurden Kosten außergerichtlicher Einigungen.

Diese Rechtsprechung veränderte der **BFH in 2011**.[1488] Er sah nunmehr mit Blick auf das staatliche Gewaltmonopol und der damit verbundenen Notwendigkeit, Gerichte anzurufen, **Zivilprozesskosten** in viel weiterem Umfang **als abzugsfähig an** und urteilte so:

446

[1484] BGH – XII ZR 231/95, NJW 1997, 1007.
[1485] Vorherige Entwicklungen sollen hier nicht mehr betrachtet werden.
[1486] BFH – III R 27/04, DStR 2005, 1767; BFH – III R 27/04, DStRE 2005, 1453.
[1487] 33.1. bis 33.4. („Scheidung") EStH 2009.
[1488] BFH – VI R 42/10, DStR 2011, 1308.

4. Teil. Scheidung und Scheidungsvereinbarungen

Rechtsprechungsbeispiel:
„1. Zivilprozesskosten können Kläger wie Beklagtem unabhängig vom Gegenstand des Prozesses aus rechtlichen Gründen zwangsläufig erwachsen (Änderung der Rechtsprechung). 2. Unausweichlich sind derartige Aufwendungen jedoch nur, wenn die beabsichtigte Rechtsverfolgung oder Rechtsverteidigung hinreichende Aussicht auf Erfolg bietet und nicht mutwillig erscheint. 3. Zivilprozesskosten sind jedoch nur insoweit abziehbar, als sie notwendig sind und einen angemessenen Betrag nicht überschreiten. Etwaige Leistungen aus einer Rechtsschutzversicherung sind im Rahmen der Vorteilsanrechnung zu berücksichtigen."

Damit wären die Kosten des Scheidungsverfahrens einschließlich aller Folgesachen nach § 33 EStG als außergewöhnliche Belastungen berücksichtigungsfähig gewesen.[1489] 2015 kehrte der BFH allerdings wieder zu seiner früheren Rechtsprechung zurück und forderte wieder die Zwangsläufigkeit.[1490]

Das **BMF** reagierte auf die Änderung des Jahres 2011 mit einem **Nichtanwendungserlass**[1491] unter Hinweis auf eine alsbald zu erwartende gesetzliche Neuregelung, um den zahlenmäßig beträchtlichen Abzügen von Zivilprozesskosten als außergewöhnliche Belastungen entgegenzuwirken.

Diese **gesetzliche Neuregelung** kam denn auch mit Einfügung des **§ 33 Abs. 2 S. 4 EStG** zum **1.1.2013** und lautete wie folgt:

§ 33 Abs. 2 S. 4 EStG: Aufwendungen für die Führung eines Rechtsstreits (Prozesskosten) sind vom Abzug ausgeschlossen, es sei denn, es handelt sich um Aufwendungen, ohne die der Steuerpflichtige Gefahr liefe, seine Existenzgrundlage zu verlieren und seine lebensnotwendigen Bedürfnisse in dem üblichen Rahmen nicht mehr befriedigen zu können.

Angesichts dieser gesetzlichen Neuregelung war alsbald zweifelhaft, ob damit nur zur Rechtslage vor dem BFH-Urteil von 2011 zurückgekehrt werden sollte oder gar eine Verschärfung selbst dieser Rechtslage vorlag, weil die Fallgruppe, dass der Prozess der einzige Weg zur Zielerreichung ist, wie es ja insb. bei der Scheidung nach § 1564 BGB vorliegt, nicht gesondert gewürdigt wurde.[1492] Insoweit müsste eine verfassungskonforme Auslegung erfolgen, denn das Recht, sich aus der Ehe durch die Zerrüttungsscheidung wieder zu lösen, gehört wie die Eheschließungsfreiheit zu den Grundrechten. Es müsste daher eigentlich wieder die eingangs geschilderte alte Rechtslage gelten. So haben inzwischen

---

[1489] *Spieker* NZFam 2014, 537 und die FG-Rechtsprechung im Gefolge des BFH, zB FG München – 5 K 710/12, DStR 2013, 991; FG Niedersachsen – 3 K 409/12, BeckRS 2013, 91655; Schleswig-Holsteinisches FG – 1 K 75/11, DStRE 2013, 655.

[1490] BFH – VI R 17/14, DStR 2015, 1862; BFH – VI R 5/15, NZFam 2016, 1033; BFH – VI R 63/14, DStRK 2017, 34.

[1491] BMF, DStR 2011, 2462.

[1492] Hierzu detailliert *Spieker* NZFam 2014, 537 (538).

B. *Scheidungsvereinbarungen*

auch erste Finanzgerichte entschieden.[1493] Der **BFH**[1494] allerdings hat die Neuregelung nunmehr so verstanden, dass mit ihr der **Abzug von Scheidungskosten als außergewöhnliche Belastung generell ausgeschlossen** worden ist. Dagegen gibt es Opposition, die der Auffassung ist, auch immaterielle Gründe könnten unter den Begriff der Existenzgrundlage fallen.[1495] Gegen eine Entscheidung des FG München[1496] ist Revision anhängig.[1497]

B. Scheidungsvereinbarungen

Die kostengünstigste Methode, alle bei Scheidung anfallenden Probleme zu regeln, ist nach wie vor die notarielle Scheidungsvereinbarung. Es soll im Folgenden kurz vorgestellt sein, welche Inhalte hier verarbeitet werden können. 447

I. Ehewohnung

1. Gesetzliche Regelung bei Trennung und Scheidung

Einen gerichtlichen Streit um die Ehewohnung gibt es zumeist unmittelbar bei Trennung, eher selten bei Scheidung der Ehe, weil dann die Wohnsituation idR geklärt ist. **§ 1361b BGB** sieht bei Trennung einen Anspruch auf Überlassung der Ehewohnung als **vorläufige Benutzungsregelung** unter folgenden Voraussetzungen vor:[1498] 448
– **Ehewohnung:** alle Räume, die die Ehegatten zum Wohnen benutzen oder gemeinsam bewohnt haben oder die dafür nach den Umständen bestimmt waren;[1499] umstritten ist, ob dazu auch Ferienwohnungen gehören können.[1500] Auf beruflich oder gewerblich genutzte Räumlichkeiten kann die Vorschrift nicht angewendet werden.[1501] Auch nach Auszug liegt weiterhin eine Ehewohnung vor, solange noch Rückkehrwille besteht. Der **BGH**[1502] hat dies nunmehr in einer Grundsatzentscheidung erweiternd gesehen und nimmt an, dass **auch**

[1493] FG Rheinland-Pfalz – 4 K 1976/14, BeckRS 2014, 96248; FG Münster – 4 K 1829/14 E, becklink 2014, 1036222, aA *Kanzler* FR 2014, 209.
[1494] BFH – VI R 9/16, DStR 2017, 1808.
[1495] *Nieuwenhuis* DStR 2017, 3189 (3190); *Urban* NJW 2017, 3189 (3190); FG München – 7 K 257/17, DStRK 2019, 68.
[1496] FG München – 7 K 257/17, DStRK 2019, 68.
[1497] BFH – VI R 27/18.
[1498] Ansprüche aus dem Gewaltschutzgesetz sind hier nicht Gegenstand der Betrachtung.
[1499] BGH – XII ARZ 11/90, NJW-RR 1990, 1026.
[1500] Dafür OLG Frankfurt/Main – 2 UF 228/81, BeckRS 2010, 14314; OLG Naumburg – 3 WF 137/04, BeckRS 2007, 01008; dagegen OLG Bamberg – 7 UF 180/00, BeckRS 2000, 31155148 und KG – 18 W 2991/86, BeckRS 2009, 27958.
[1501] Palandt/*Brudermüller* BGB § 1361b Rn. 6.
[1502] BGH – XII ZB 487/15, NJW 2017, 260.

4. Teil. Scheidung und Scheidungsvereinbarungen

nach einer Trennung die Eigenschaft als Ehewohnung noch fortbesteht. Weder die Dauer der Trennung noch die Rückkehrabsicht ist für den BGH entscheidend. Es wird daher vertreten, dass die Eigenschaft als Ehewohnung fortbesteht bis zum endgültigen scheidungsbedingten Auszug oder zum Ablauf der Jahresfrist nach § 1568a Abs. 6 BGB.[1503] Die widerlegliche Vermutung des § 1361b Abs. 4 BGB, wenn nicht binnen 6 Monaten nach Verlassen der Rückkehrwille bekundet wurde, geht nach Ansicht des BGH nur auf die Überlassung zur Nutzung und betrifft nicht die Eigenschaft als Ehewohnung.
- **Trennung** iSd § 1567 BGB;
- **Unbillige Härte:** Der Begriff ist einzelfallbezogen auszufüllen. Bloße Unbequemlichkeiten oder Belästigungen genügen nicht, gehören sie doch zum regelmäßigen Erscheinungsbild einer in Auflösung begriffenen Ehe.[1504] Mit der Länge der Trennung sinken die Anforderungen an die Unerträglichkeit der gemeinsamen Nutzung. Es ist eine **Gesamtabwägung** vorzunehmen auch unter Berücksichtigung der Interessen des weichenden Ehegatten, insb. bei Eigentum dieses weichenden Ehegatten. Das Gesetz hat die wichtigsten Gründe selbst noch angeführt. Es sind dies:
- **Gewaltanwendung;** jede Form der vorsätzlichen und widerrechtlichen Gewalt oder der Drohung damit kommt in Betracht, auch die grob rücksichtslose Gewalt gegen Sachen. Entscheidend ist, ob der andere Ehegatte subjektiv so belastet ist, dass ihm die Fortsetzung der häuslichen Gemeinschaft nicht mehr zumutbar ist.[1505]
- **Wohl der Kinder:** Eine gerichtliche Wohnungsüberlassung kann bereits dann erfolgen, wenn das Wohl der Kinder beeinträchtigt ist. Somit ist entscheidend, ob ein erträgliches Auskommen unter einem Dach noch möglich ist.[1506]

449 Die gerichtliche Wohnungsüberlassung löst als Rechtsfolge aus:
- **Wohnungsüberlassung** ganz oder teilweise (letzteres nur, wenn Wohnung vernünftig aufteilbar, etwa mit zwei Bädern, und wenn keine Gewaltanwendung vorliegt);
- **zum vorübergehenden Gebrauch**; damit ist keine Änderung von Eigentumsverhältnissen oder Umgestaltung von Mietverhältnissen verbunden;
- ggf. begleitende **Schutzanordnungen** nach § 209 FamFG wie Näherungs- oder Betretungsverbote;
- **Anspruch auf Nutzungsentschädigung** nach § 1361b Abs. 3 S. 2 BGB auch bei freiwilligem Auszug losgelöst von den Voraussetzungen des Abs. 1,[1507] aber erst nach deutlichem Zahlungsverlangen. Zu prüfen ist, ob nicht bereits unterhaltsrechtliche Berücksichtigung vorliegt. Bei Miteigentum ist diese Vorschrift lex specialis zu Ansprüchen nach

---

[1503] Vgl. hierzu *Götz* NZFam 2017, 433 f.
[1504] MüKoBGB/*Monecke* BGB § 1361b Rn. 6.
[1505] *Götz/Brudermüller/Giers,* Wohnung, Rn. 288.
[1506] *Schulz/Hauß,* Vermögensauseinandersetzung, Rn. 1116.
[1507] BGH – XII ZR 202/03, NJW-RR 2006, 1081.

B. Scheidungsvereinbarungen

§§ 745 ff. BGB.[1508] Ein solcher Anspruch besteht auch, wenn die Wohnung aufgrund eines dinglichen Wohnungsrechtes genutzt wird.[1509]

§ 1568a BGB gewährt einen Anspruch auf richterliche **Wohnungsüberlassung nach der Scheidung** (früher in der jetzt aufgehobenen HausratsVO geregelt) unter folgenden Voraussetzungen:
– ein Ehegatte ist auf die Nutzung in **stärkerem Maße angewiesen** als der andere, hierbei ist insb. zu berücksichtigen:
– das Wohl der im Haushalt lebenden Kinder,
– die Lebensverhältnisse der Ehegatten;
– die Überlassung entspricht aus anderen Gründen der **Billigkeit**.

450

Ist ein **Ehegatte Alleineigentümer** der Wohnung, so hat der andere einen Überlassungsanspruch nach § 1568a Abs. 2 BGB nur unter der verschärften Voraussetzung, dass
– die Überlassung erforderlich ist, um eine **unbillige Härte** zu vermeiden, dh eine unerträgliche Belastung abzuwenden, die den berechtigten Ehegatten außergewöhnlich beeinträchtigen würde.[1510]

Als **Rechtsfolge** kann niemals eine Eigentumsänderung verlangt werden, sondern vielmehr nach § 1568a Abs. 5 BGB die **Neubegründung eines Mietverhältnisses** zu ortsüblicher Vergleichsmiete. Die Verweisung auf das Mietrecht wird in § 1568a Abs. 5 S. 2 BGB durch eine Regelung durchbrochen, wonach das Mietverhältnis im Falle des Abs. 1 und bei Unbilligkeit eines unbefristeten Mietverhältnisses nur **befristet** verlangt werden kann.

Ist die **Ehewohnung angemietet**, so besteht nach § 1568a Abs. 3 BGB die Möglichkeit, das Mietverhältnis durch Ausscheiden eines Mieters umzugestalten, entweder durch
– einvernehmliche Erklärung der Ehegatten dem Vermieter gegenüber
– oder durch richterliche Entscheidung.

§ 1568a Abs. 6 BGB enthält eine **Ausschlussfrist von einem Jahr** ab Rechtskraft der Ehescheidung für Ansprüche nach dieser Vorschrift.

2. Vertragliche Vereinbarung mit Eigentumsregelung

In vielen Scheidungsfällen ist das vormalige Familienheim zu groß oder zu teuer, sodass die Ehegatten einvernehmlich einen Verkauf anstreben. Eine solche **Verkaufsabrede** kann zum Zeitpunkt einer solchen Einigung bereits notariell getroffen und – je nach noch vorhandenem gegenseitigen Vertrauen – schon mit einer Verkaufsvollmacht versehen sein. In solchen Abreden[1511] ist Folgendes zu regeln:

451

[1508] OLG Hamm – 3 UF 222/09, FamFR 2010, 546; OLG Frankfurt/Main – 5 UF 300/10, BeckRS 2011, 05264 = FamRZ 2011, 373; BGH – XII ZB 268/13, NJW 2014, 462.
[1509] BGH – XII ZB 268/13, NJW 2014, 462.
[1510] Palandt/*Brudermüller* BGB § 1568a Rn. 8.
[1511] Formulierungsvorschlag bei *Münch*, Scheidungsimmobilie, Rn. 744.

4. Teil. Scheidung und Scheidungsvereinbarungen

- **Verkaufsverpflichtung**, ggf. mit Vollmacht, die im Innenverhältnis mit einer **Kaufpreisuntergrenze** versehen sein und einen Verwandtenverkauf unter Wert ausschließen kann;
- **Kaufpreisaufteilung**, bei Streit um Zugewinn evtl. Überweisung auf ein Und-Konto beider Ehegatten oder ein Notaranderkonto;
- Regelung über die Aufteilung nach Verkauf verbleibender Schulden;
- **Räumungsverpflichtung**, ggf. mit Vollstreckungsunterwerfung;
- **Ausschluss der Teilungsversteigerung** während der Verkaufszeit.

452 Kann ein Ehegatte die Ehewohnung finanzieren, so kommt es häufig im Rahmen einer Scheidungsvereinbarung zur Übernahme der Wohnung durch ihn. Der andere Ehegatte überträgt seinen Miteigentumsanteil. Hierbei sind folgende Punkte regelungsbedürftig:
- Übernahme der Restverbindlichkeiten durch den künftigen Alleineigentümer; hier ist eine Vorklärung mit den Banken dringend erforderlich; Genehmigung der Schuldübernahme durch die Banken;
- Ausgleichszahlungen;
- Sicherung des übertragenden Ehegatten durch Zurückstellung der Eigentumsumschreibung bis zur Schuldhaftentlassung und Zahlung des Ausgleichsbetrages;
- wenn das Familienheim Hauptvermögensgegenstand ist, dann auch Regelung des Güterstandes und ggf. Gesamtregelung der Vermögensauseinandersetzung;
- möglicherweise unterhaltsrechtliche Auswirkungen, zB durch Herausnahme von Wohnwert einerseits und Zins aus Erlös andererseits aus der Berechnung.

453 Wenn das Familienheim trotz Scheidung von beiden Ehegatten **weiterhin im Eigentum gehalten** werden soll, um es später an die gemeinsamen Kinder zu vererben oder auch die Kinder jetzt schon an der Immobilie zu beteiligen, so bietet sich an, die Immobilie in eine **Familien-GbR** einzubringen, an der dann die Kinder – möglicherweise auch nach und nach – beteiligt werden können. Diese Lösung setzt voraus, dass die Ehegatten trotz Scheidung noch vernünftig miteinander umgehen können. Die Gesellschaft bürgerlichen Rechts hat den Vorteil,
- dass Anteile unveräußerlich gestellt werden können,
- dass Anteile leicht fungibel und ohne weitere Formvorschriften auf Kinder übertragbar sind
- dass mit gesellschaftsrechtlichen Regelungen Zustimmungspflichten auch jenseits der Mehrheitsverhältnisse begründet werden können.

454 Eine andere Möglichkeit, die Familienimmobilie zu halten, besteht darin, das **Haus in separate Eigentumswohnungen aufzuteilen** und diese den jeweiligen Ehegatten zuzuordnen. Das macht vor allem Sinn, wenn das Anwesen **nicht mehr finanziert** ist oder die Bank bereit ist, die Finanzierung in zwei unabhängige Finanzierungen zu trennen und an den Wohnungen auch getrennt zu besichern. Häufig wird von den Ehegatten dazu noch die Einräumung eines Vorkaufsrechtes für den jeweiligen Eigentümer der anderen Wohnung gewünscht.

B. Scheidungsvereinbarungen

3. Vertragliche Vereinbarung dauernder Gemeinschaft

Soll eine Eigentumsänderung nicht stattfinden, so können **Miteigentümerregelungen** getroffen werden, die eine dauernde Gemeinschaft absichern. Dazu gehört insb. die **Vereinbarung des Ausschlusses der Aufhebung der Gemeinschaft**. Ein solcher Ausschluss ist dauerhaft möglich, erfasst aber nach §749 Abs. 2 BGB nicht die Aufhebung aus wichtigem Grunde, die zwingend gegeben sein muss. Nicht zuletzt deswegen sollte vereinbart werden, dass bei einer Dauergemeinschaftslösung über die Scheidung hinaus die Scheidung kein wichtiger Grund für die Aufhebung darstellt. Ferner kann eine **Benutzungs- und Verwaltungsregelung** getroffen und ein **Vorkaufsrecht** vereinbart werden. Sämtliche Vereinbarungen können dinglich im Grundbuch abgesichert werden.

455

Soll es beim Alleineigentum eines Ehegatten verbleiben, während dem anderen Ehegatten die Nutzung des Familienheims zugestanden wird, so kann ein Wohnungsrecht bestellt und im Grundbuch abgesichert werden. Hierbei ist auf den Rang zu achten, denn Sicherheit gibt nur ein Wohnungsrecht, das vor allen Belastungen in Abteilung III des Grundbuches eingetragen ist.

4. Einbindung in den Gesamtzusammenhang

Die Vereinbarung zur Ehewohnung muss in den **Gesamtzusammenhang** der Scheidungsvereinbarung gestellt werden, hierbei ist insb. zu überlegen, welche „**Gegenleistungen**" für eine Überlassung des Familienheims an einen Ehegatten zu gewähren sind und wie sich die ganze Vereinbarung **steuerlich** dann **auswirkt**.

456

Häufig ist das Familienheim der **wesentliche Vermögensgegenstand** der Ehegatten, für dessen Aufbau und Erhalt alle über Jahrzehnte gearbeitet haben. Daher soll in vielen Fällen dieses Familienheim unbedingt für die Familie erhalten werden. Als Berater sollte man die finanzielle Situation überprüfen und ggf. auch von einem solchen Entschluss abraten, wenn die Finanzierung die dann getrennte Familie überfordert. Dies gilt vor allem, wenn unter solchen **Hausrettungsfällen** die Kinder leiden.

Wenn es finanziell darstellbar ist, das Haus zu halten, so wird häufig derjenige Ehegatte, der Verzichte für diesen Erhalt leistet, eine Regelung fordern, die **sicherstellt**, dass das Familienheim nach dem Tod der Ehegatten **den gemeinsamen Kindern zugutekommt**, sodass ein dem entsprechender bindender **Erbvertrag** geschlossen wird. Zuweilen sind sogar **Verfügungsverbote** zu Lebzeiten gewünscht. Von der Bindung von Verfügungen an die Zustimmung minderjähriger Kinder kann jedoch nur abgeraten werden, denn man weiß nicht, welche überraschenden Entwicklungen das Leben noch bereithält.

Zuweilen kommen auch **Übererlösklauseln** in Betracht, die den übernehmenden Ehegatten verpflichten, bei einem Verkauf des übernommenen Hausanwesens innerhalb einer bestimmten Frist den Übererlös zu einem angenommenen Verkehrswert mit dem verzichtenden Ehegatten zu teilen. Dabei dürfen Investitionsklauseln nicht vergessen

4. Teil. Scheidung und Scheidungsvereinbarungen

werden, sodass der übernehmende Ehegatte eigene, noch werterhöhende Investitionen vor der Quotelung abziehen darf.

II. Haushaltsgegenstände

1. Gesetzliche Regelung bei Trennung und Scheidung

457 Haushaltsgegenstände[1512] unterfallen bei Trennung und Scheidung den Sonderregelungen der §§ 1361a, 1568b BGB. **Haushaltsgegengenstände im Alleineigentum** unterfallen zwar bei Trennung dem § 1361a BGB, werden aber in § 1568b BGB nicht mehr behandelt. Sie unterliegen daher dem **Zugewinnausgleich**.

Hierbei sieht § 1361a BGB folgende Ansprüche vor:
- Anspruch des Alleineigentümers auf **Herausgabe** seiner Haushaltsgegenstände;
- Anspruch des Ehegatten auf **Gebrauchsüberlassung** der dem anderen Ehegatten gehörenden Haushaltsgegenstände, wenn
  - sie für die Führung eines abgesonderten Haushaltes benötigt werden und
  - ihre Überlassung der Billigkeit entspricht; dabei ist besonders auf die Bedürfnisse der im Haushalt lebenden Kinder abzustellen.
- Gegenstände in gemeinsamem Eigentum sind **nach billigem Ermessen zu verteilen**, wobei die praktischen Bedürfnisse entscheidend sind, nicht der Wert. Notfalls übernimmt das Gericht die Zuteilung. Gemeinschaftliches Eigentum wird analog § 1568b Abs. 2 BGB auch bei § 1361a BGB vermutet.[1513]

Eine Änderung der Eigentumsverhältnisse sieht § 1361a BGB nicht vor. **§ 1568b BGB** stellt zunächst in Abs. 2 eine **gesetzliche Vermutung** auf, dass Haushaltsgegenstände, die während der Ehe für den gemeinsamen Haushalt angeschafft wurden, für die Verteilung als **gemeinsames Eigentum** gelten, wenn nicht das Alleineigentum eines Ehegatten feststeht.[1514]

Für solche Gegenstände im gemeinsamen Eigentum gibt **§ 1568b Abs. 1 BGB** sodann einen **Anspruch auf Überlassung und Übereignung**, unter der Voraussetzung, dass
- der beanspruchende Ehegatte auf die Nutzung in stärkerem Maße angewiesen ist als der andere
- unter Berücksichtigung des Wohls der im Haushalt lebenden Kinder und
- der Lebensverhältnisse der Ehegatten oder
- dies aus anderen Gründen der Billigkeit entspricht.

[1512] Abgrenzung zum Zugewinn → Rn. 212 f.
[1513] Palandt/*Brudermüller* BGB § 1361a Rn. 16.
[1514] § 1370 BGB wurde mit der Reform des Zugewinnausgleichs abgeschafft. Er sah eine Surrogation vor, sodass Ersatzanschaffungen an Haushaltsgegenständen demjenigen Ehegatten gehören, dem der ausscheidende Gegenstand gehörte. Die Vorschrift gilt aber noch für alle Ersatzanschaffungen für Gegenstände, die ihrerseits vor dem 1.9.2009 angeschafft wurden.

B. Scheidungsvereinbarungen

In diesem Rahmen ist ein Affektionsinteresse ebenso zu berücksichtigen wie die finanzielle Leistungsfähigkeit für eine Ersatzanschaffung. § 1568b Abs. 3 BGB gibt schließlich für die Eigentumsübertragung des Miteigentumsanteils einen angemessenen **finanziellen Ausgleichsanspruch**. 458

2. Vertragliche Regelungsmöglichkeiten

Im Bereich der Haushaltsgegenstände sind in einer Scheidungsvereinbarung verschiedene Regelungen denkbar. So kann etwa bei **Unklarheiten definiert** werden, welche Gegenstände als Haushaltsgegenstände anzusehen sind. 459

Üblich ist die **Bestätigung** bei bereits getrenntem Wohnsitz, dass die Haushaltsgegenstände bereits **geteilt** sind und jeder diejenigen behält, die er in seinem Besitz hat.

Es kann aber auch eine **detaillierte Verpflichtung zur Überlassung und Übereignung** von Haushaltsgegenständen begründet werden. Dies geht zum Teil soweit, dass sogar das Prozedere des Bereitstellens und Abholens vereinbart wird. Häufig regelungsbedürftig ist dabei der **PKW** als Haushaltsgegenstand samt damit verbundener Verbindlichkeiten und Versicherungsverträge. Gelegentlich werden auch **Ausgleichspflichten** begründet, sofern es nicht zu einer Gesamtzahlung nach Verrechnung kommt.[1515]

Haustiere sind zwar keine Sachen (§ 90a BGB), werden aber analog zu den Haushaltsgegenständen verteilt. Die Urteile hierzu nehmen zu, das geht bis hin zur Frage, ob ein „Umgangsrecht" mit dem Haustier besteht[1516] oder „Unterhaltszahlungen" für das Haustier[1517] zu leisten sind. Die Verteilung nach den Vorschriften über Haushaltsgegenstände gibt keine Grundlage, den anderen Ehegatten von der Haustierhaltung auszuschließen.[1518] Erste Entscheidungen nehmen aber eine Verteilung auch unter Tierschutzaspekten vor und prüfen: Verbleib im Rudel,[1519] gute Versorgung (Dogsitter!),[1520] gewohnte Umgebung[1521] oder Hauptbezugsperson.[1522] **Vertraglich** können jedoch auch in diesem Bereich **Regelungen** getroffen werden, die der oft starken Bindung an Haustiere Rechnung tragen.

[1515] Formulierungsvorschlag bei *Münch*, Ehebezogene Rechtsgeschäfte, Kap. 7 Rn. 365.
[1516] Ablehnend OLG Schleswig – 12 WF 46/98, NJW 1998, 3127; OLG Bamberg – 7 UF 103/03, BeckRS 2003, 30320354 = FamRZ 2004, 559 und OLG Hamm – 10 WF 240/10, NJW-RR 2011, 593.
[1517] OLG Düsseldorf – 2 UFH 11/96, NJW 1998, 616, Kosten gehören zum Unterhaltsbedarf des „betreuenden" Ehegatten, sind aber in der Unterhaltsquote enthalten.
[1518] OLG Celle – 15 WF 44/09, NJW-RR 2009, 1396.
[1519] OLG Nürnberg – 10 UF 1249/16, FamRZ 2017, 168.
[1520] AG München Beschl. v. 2.1.2019 – 523 F 9430/18, NZFam 2019, Heft 19, VI.
[1521] OLG Bremen – 5 UF 69/18, FuR 2019, 92.
[1522] OLG Oldenburg – 11 WF 141/18, FamRZ 2019, 784 = BeckRS 2018, 30487.

4. Teil. Scheidung und Scheidungsvereinbarungen

III. Güterstand und Vermögensausgleich

1. Güterstandsregelungen

460 Zu den Güterständen wurde bereits ausführlich Stellung genommen und Formulierungsvorschläge unterbreitet.[1523] In einer Scheidungsvereinbarung wird zumeist der Güterstand der **Gütertrennung** gewählt, sodass es für die **Zukunft keinen weiteren Zugewinn** mehr gibt. Schenkungsteuerliche Aspekte des § 5 ErbStG spielen dann keine Rolle mehr.

Zugleich wird der **Zugewinn hinsichtlich der Vergangenheit** berechnet und **ausgeglichen**. Häufig werden hier bei Einigkeit der Ehegatten nur überschlägige Berechnungen angestellt oder es wird eine **Gesamteinigung** erzielt, die auch die Bereiche Ehegattenunterhalt und Versorgungsausgleich mit umfasst. Gerade dieser Punkt ist für den steuerlichen Berater heikel, verstecken sich doch oft hinter diesen Einigungen **Veräußerungen**, deren **Gegenleistungen nicht konkret zugeordnet** werden können.

Wegen dieser Frage, auf die noch näher eingegangen wird,[1524] und wegen der Berechnung der latenten Steuerlast im Zugewinn, ist es stets geraten, vor Beurkundung einer Scheidungsvereinbarung auch die **steuerlichen Berater** einzubinden. Da hier häufig eine gemeinsame Beratung nicht mehr möglich ist, sollte sich jeder Ehegatte eigens steuerlich beraten lassen.

Hinweis: Die Scheidungsvereinbarung sollte aus der Sicht jedes Ehegatten einer steuerlichen Überprüfung unterzogen werden.

2. Sonstiger Vermögensausgleich

461 Neben der güterrechtlichen Regelung und dem Zugewinnausgleich wird idR auch ein **Vermögensausgleich** vorgenommen, bei dem die einzelnen **Vermögenswerte** auf die Ehegatten aufgeteilt werden, denn das Eigentum an den Vermögensgegenständen wird durch den Übergang vom gesetzlichen Güterstand zur Gütertrennung nicht berührt. Gegenstände, die beiden Ehegatten **gemeinsam gehören**, und das ist die regelmäßig gegebene Eigentumslage,[1525] sind daher auseinanderzusetzen. Gegenstände im Alleineigentum werden häufig zum Ausgleich für Zugewinn oder als Unterhaltsabfindung übertragen.

Dabei sind insb. **Konten oder Depots** zu klären und zu trennen, die häufig auf beide Namen lauten. Die Bezugsrechte von **Versicherungen** sind zu ändern. **Verbindlichkeiten** sind nach Möglichkeit von einem Ehegatten **zu übernehmen.** Hierzu wird die Zustimmung des Gläubigers benötigt. Ist diese nicht zu erreichen, so wird eine Freistellung im

---

[1523] → Rn. 203 ff.
[1524] → Rn. 500 ff.
[1525] *Grziwotz* FamRZ 2002, 1669, spricht schon vom „Güterstand der Miteigentümergemeinschaft".

B. Scheidungsvereinbarungen

Innenverhältnis in Form einer **Erfüllungsübernahme** nach § 329 BGB verabredet.

Nicht vergessen werden dürfen in diesem Zusammenhang **persönliche Erinnerungsstücke** wie Sammlungen und Fotos. Für diese kann eine Überlassung zur Duplizierung verabredet werden.

Ferner sind etwaige weitere Ansprüche aus **unbenannter Zuwendung** oder aus **Gesamtschuldnerausgleich** zu bedenken und einer Lösung zuzuführen. Ziel sollte am Ende eine Abgeltungsklausel sein, nach der weitere Ansprüche neben der Scheidungsvereinbarung nicht mehr bestehen.

Sofern **Zuwendungen Dritter** auszugleichen sind, insb. von Schwiegereltern,[1526] kann eine Regelung zur Freistellung des anderen Ehegatten in die Scheidungsvereinbarung aufgenommen werden.

IV. Ehegattenunterhalt

Wiederholt sei die Feststellung, dass auf **Trennungsunterhalt**, also Unterhalt in der Trennungsphase bis zur Rechtskraft der Scheidung, **nicht wirksam verzichtet** werden kann, § 1361 Abs. 4 S. 3 BGB, § 1360a Abs. 3, 1614 Abs. 1 BGB. Auch Umgehungsversuche oder pacta de non petendo sind nichtig, wie der BGH deutlich klargestellt hat.[1527] Der Trennungsunterhalt ist ein eigener Anspruch, der mit dem Anspruch auf nachehelichen Unterhalt **nicht identisch** ist.[1528]

Zum **Ehegattenunterhaltsrecht** nach Scheidung wurde bereits ausführlich Stellung genommen.[1529] Die Scheidungsvereinbarung enthält neben Verzichten und Teilverzichten häufig konkrete Zahlungsvereinbarungen. Eine solche Zahlungsvereinbarung soll hier einmal vorgestellt sein.

Formulierungsbeispiel (Verpflichtung zur Zahlung eines pauschalen nachehelichen Unterhaltsbetrags):[1530]

1)
Ich, der Ehemann, verpflichte mich, für die Zeit ab Rechtskraft der Scheidung an meine geschiedene Ehefrau unter Zugrundelegung der gesetzlichen Vorschriften einen monatlichen Ehegattenunterhalt iHv 2.100,00 EUR – iW zweitausendeinhundert Euro – zu zahlen.
Neben dem Elementarunterhalt beinhaltet diese Summe auch den Kranken- und Pflegeversicherungsunterhalt sowie den Vorsorgeunterhalt. Der Betrag ist, darüber sind sich die Ehegatten einig, großzügig bemessen. Daher kann weiterer Sonderbedarf nicht verlangt werden.

[1526] Hierzu näher → Rn. 496 ff.
[1527] BGH – XII ZB 303/13, NJW 2014, 1101.
[1528] BGH – IV b ZR 658/80, NJW 1982, 1875.
[1529] → Rn. 264 ff.
[1530] Weitere Beispiele auch mit gerechnetem Kranken- und Altersvorsorgeunterhalt sowie konkretem Unterhalt bei *Münch*, Ehebezogene Rechtsgeschäfte, Kap. 6 Rn. 407, 411, 413.

4. Teil. Scheidung und Scheidungsvereinbarungen

2)
Die Zahlung des nachehelichen Unterhalts beginnt an dem auf die rechtskräftige Scheidung folgenden Monatsersten und ist jeweils fällig im Voraus bis zum Ersten eines jeden Monats.

3)
Der Unterhalt wird wegen Kindesbetreuung nach § 1570 Abs. 1 S. 1 BGB[1531] gezahlt.
Insoweit ist die Vereinbarung befristet bis zur Vollendung des dritten Lebensjahres unseres Kindes Hannah.[1532] Die Unterhaltszahlung hat somit letztmals für den Monat ... zu erfolgen. Ob danach ein weiterer Unterhaltsanspruch besteht, kann heute nicht prognostiziert werden. Ein solcher Anspruch bleibt daher vorbehalten.[1533]

4)
Der Unterhaltsbemessung liegen folgende eheprägende Daten zugrunde: Bereinigtes Nettoeinkommen des Ehemannes (Jahresbrutto des Vorjahres minus gesetzliche Abzüge unter Berücksichtigung von Steuernachzahlungen und Erstattungen auf der Basis der Lohnsteuerklasse I sowie des Realsplittingvorteils minus 5% für berufsbedingte Aufwendungen geteilt durch 12):

	4.400,00 EUR
Kindesunterhalt Hannah (1 Jahr)	532,00 EUR
	abzgl. 1/2 Kindergeld = 102,00 EUR
Nettoeinkommen der Ehefrau:	0 EUR

5)
Hinsichtlich dieser Zahlungsverpflichtung unterwerfe ich, der Ehemann, mich der sofortigen Zwangsvollstreckung aus dieser Urkunde in mein gesamtes Vermögen.
Mein geschiedener Ehegatte ist jederzeit auf einseitigen Wunsch berechtigt, auf eigene Kosten eine vollstreckbare Ausfertigung dieser Urkunde zu verlangen, ohne dass der Nachweis der Fälligkeit zu führen ist.

6)
Diese Unterhaltsregelung ist nach § 239 FamFG abänderbar.

V. Kindesunterhalt

1. Gesetzliche Regelungen

463   Bei einer Trennung der Eltern ist der Kindesunterhalt in **§ 1612a BGB** als **Mindestunterhaltsanspruch** gefasst. Während der Elternteil, der das Kind in **Obhut** hat, **Naturalunterhalt** schuldet und seiner Unterhaltspflicht damit idR genügt (§ 1606 Abs. 3 S. 2 BGB), ist derjenige El-

---

[1531] Hier ggf. entsprechend andere Anspruchsgrundlage angeben.
[1532] Aufgrund der neuen Rechtslage im Unterhaltsrecht sollte auch bei Zahlungsvereinbarungen stets auf eine Befristung geachtet werden!
[1533] Der weitere Kindesbetreuungsunterhalt setzt das Vorliegen kind- oder elternbezogener Gründe voraus, die häufig noch nicht absehbar sind. Dies ist hier festgehalten, damit nicht der Eindruck entsteht, mit der Zahlungsverpflichtung für drei Jahre sei auf weiteren Unterhalt verzichtet.

B. Scheidungsvereinbarungen

ternteil, in dessen Haushalt das Kind nicht lebt, zur Barunterhaltszahlung verpflichtet, § 1612a Abs. 1 S. 1 BGB.

Ausnahmsweise ist auch der Elternteil, bei dem das Kind in **Obhut** 464 ist, zum **Barunterhalt** verpflichtet, wenn er über ein deutlich höheres Einkommen als der barunterhaltspflichtige Elternteil verfügt und es sonst zu einem Ungleichgewicht käme. Ist das Einkommen des betreuenden Elternteils mehr als doppelt so hoch, so kann eine Unterhaltspflicht des anderen Elternteils ganz entfallen.[1534]

Was die Leistungsfähigkeit anbelangt, so besteht eine **gesteigerte Unterhaltspflicht** nach § 1603 Abs. 2 BGB gegenüber
- minderjährigen unverheirateten Kindern und
- gegenüber volljährigen unverheirateten Kindern,
- bis zur Vollendung des 21. Lebensjahres und
- wenn sie noch im Haushalt der Eltern oder eines Elternteiles leben und
- wenn sie sich noch in einer allgemeinen Schulausbildung befinden.

Diese gesteigerte Unterhaltspflicht bedeutet, dass bis zur Grenze der Arbeitszeitgesetze **Nebentätigkeiten** durchgeführt werden müssen, um die Leistungsfähigkeit zu erhöhen, ansonsten können entsprechend fiktive Einkünfte zugerechnet werden.[1535] Allerdings ist die Belastungsgrenze des Unterhaltspflichtigen mit in die Abwägung einzubeziehen.[1536] Der Unterhaltspflichtige kann gezwungen sein, auch „**einschneidende Veränderungen in seiner Lebensgestaltung**" in Kauf zu nehmen. Mit diesem Leitsatz lässt das OLG Saarbrücken[1537] Fahrtkosten einer Wochenendehe gegenüber einem privilegierten Kind nicht zum Abzug zu, sondern verweist den Pflichtigen auf seinen Selbstbehalt.

Der mit der Unterhaltsreform neu eingeführte **Mindestunterhalts-** 465 **anspruch** des Kindes nach § 1612a BGB schafft einen generalisierenden Bedarfsmaßstab für Massenfälle,[1538] den die in der Gerichtspraxis angewendete **Düsseldorfer Tabelle**[1539] über den Mindestunterhalt hinaus auch für höhere Einkommen des Pflichtigen ausführt.

Anknüpfungspunkt für den Mindestunterhalt des Kindes war früher der doppelte Freibetrag für das sächliche Existenzminimum des Kindes nach § 32 Abs. 6 S. 1 EStG. Da dessen Änderungen zu unregelmäßig waren, sieht § 1612a Abs. 4 BGB nunmehr den Erlass einer **Mindestunterhaltsverordnung** alle zwei Jahre vor, nach der sich der Mindestunterhalt bestimmt. Der Kindesunterhalt ist für diesen Mindestunterhalt aber auch nach der Düsseldorfer Tabelle eingeteilt in **drei Altersstufen**. Die erste

---

[1534] BGH – XII ZB 297/12, NJW 2013, 2897; OLG Brandenburg – 10 UF 91/05, NJW 2007, 85; OLG Koblenz – 11 UF 510/02, BeckRS 2003, 15241 = FamRZ 2004, 704.
[1535] Vgl. etwa OLG Dresden – 21 UF 22/05, NJW-RR 2005, 951.
[1536] BVerfG – 1 BvR 752/02, FPR 2003, 479.
[1537] OLG Saarbrücken – 9 WF 8/08, FPR 2009, 135.
[1538] Palandt/*Brudermüller* BGB § 1612a Rn. 2f.
[1539] Nachzuschlagen unter http://www.olg-duesseldorf.de/infos/Duesseldorfer_tabelle/index.php.

4. Teil. Scheidung und Scheidungsvereinbarungen

Altersstufe reicht von der Geburt bis zur Vollendung des sechsten Lebensjahres, die zweite vom siebten bis zum vollendeten zwölften Lebensjahr und die dritte beginnt schließlich ab dem dreizehnten Lebensjahr. In der mittleren Altersstufe erhält das Kind 100% des Mindestbetrages, in der ersten 87% und in der letzten 117%, § 1612a Abs. 1 BGB.

100% dieses Mindestunterhaltes betragen derzeit 424,– EUR.[1540] Die Düsseldorfer Tabelle setzt darauf auf. In der ersten Altersstufe beläuft sich dieser Betrag dann auf 369,– EUR und für die dritte Altersstufe auf 497,– EUR. Dies entspricht in der Düsseldorfer Tabelle einem monatlichen Nettoeinkommen des Pflichtigen bis zu 1.900,– EUR. Danach sieht die Düsseldorfer Tabelle in 400,– EUR Schritten weitere **Einkommensgruppen** vor bis zuletzt über 5.500,– EUR. Mit jeder Einkommensgruppe steigt der entsprechende Prozentsatz an, er beträgt zB ab 3.500,– EUR netto Monatseinkommen dann 128%.

Die **Düsseldorfer Tabelle** ist kein Gesetz, sondern nur ein **Hilfsmittel** zur Unterhaltsberechnung, das aber von allen OLGen übernommen wird. Allerdings werden schon die Anmerkungen zum Teil abweichend gehandhabt, sodass man stets die Leitlinien des eigenen OLG mit berücksichtigen muss. Die Düsseldorfer Tabelle ist auf **Unterhalt gegenüber zwei Unterhaltsberechtigten** ausgelegt. Ist Unterhalt an mehr als zwei Unterhaltsberechtigte zu zahlen, so ist der Unterhaltsbetrag aus der nächst niedrigeren Tabellenstufe zu entnehmen. Die Sätze der Düsseldorfer Tabelle erfassen nur den **Regelbedarf**. Sog. Sonderbedarf (einmaliger außergewöhnlicher Bedarf) und Mehrbedarf (vorhersehbare, laufend anfallende Mehrkosten) sind daher nicht enthalten. Nach der neueren Rechtsprechung des BGH[1541] sind insb. Kindergartenbeiträge (abzgl. der Verpflegungskosten, die in der Tabelle enthalten seien) als Mehrbedarf zu sehen, für die beide Eltern entsprechend ihren Einkommensverhältnissen aufzukommen haben.

Das **Kindergeld** wird nach § 1612b BGB zur **Hälfte auf den Barunterhalt angerechnet**, wenn der andere Ehegatte Naturalunterhalt leistet, ansonsten zur Gänze. Die Unterhaltszahlbeträge sind also zu ermitteln, indem von den Beträgen der Düsseldorfer Tabelle das hälftige Kindergeld abgezogen wird. Die Düsseldorfer Tabelle enthält einen **Anhang**, aus dem unmittelbar diese **Zahlbeträge** ablesbar sind.

466 Gegenüber **volljährigen Kindern** haften **beide Eltern auf Barunterhalt** entsprechend ihren Einkommens- und Vermögensverhältnissen, und zwar als Teilschuldner.[1542] Der Bedarf des volljährigen Kindes richtet sich dann nach dem Einkommen beider Elternteile und wird der vierten Altersstufe der Düsseldorfer Tabelle entnommen. Unterhält das Kind einen eigenen Haushalt, so ist nach Anmerkung A.7. der Düsseldorfer Tabelle von einem Bedarf von 860,– EUR auszugehen, der bei besonders guten Einkommensverhältnissen erhöht werden kann. Ausbildungsver-

---

[1540] § 1612a BGB enthält weitere Anwendungsvorschriften, zB zur Rundung und zur Berechnung der Altersstufe.
[1541] BGH – XII ZR 65/07, NJW 2009, 1816.
[1542] BGH – XII ZR 34/03, NJW 2006, 57.

B. Scheidungsvereinbarungen

gütung und Kindergeld (dieses haftungsanteilig)[1543] sind vom Bedarf des Kindes in Abzug zu bringen.

2. Vereinbarungen zum Kindesunterhalt

Im Rahmen einer Scheidungsvereinbarung können Vereinbarungen zum Kindesunterhalt getroffen werden. Ein **Verzicht** ist nach § 1614 BGB **nicht zulässig**.
Häufig sind Vereinbarungen, die als Zahlungstitel Verwendung finden sollen. Sie können nach dem neuen Unterhaltsrecht **statisch** gehalten sein, also nur einen momentanen Unterhaltsbetrag auswerfen. Sie können aber angesichts der neuen Struktur der Düsseldorfer Tabelle und des Mindestunterhaltes auch **dynamisch vereinbart** sein, sodass **Unterhalt in % des Mindestunterhaltes** ausgeworfen wird. Letzteres hat den Vorteil, dass nicht bei jeder Altersstufe oder jeder Änderung der Mindestunterhaltsbeträge ein neuer Titel erstellt werden muss. Dennoch ist der Titel vollstreckungsfähig, da die entscheidenden Parameter amtsbekannt sind.

467

Eine statische Vereinbarung kann folgendermaßen gefasst werden: Abänderbar bleiben die Titel bei anderen Einkünften des Unterhaltspflichtigen.

468

Formulierungsbeispiel statischer Kindesunterhalt:

1)
Ich, der Ehemann, verpflichte mich, meinem einzigen Kind Gerhard, geb. am 24.11.2016 (derzeit also drei Jahre alt) zu Händen meiner Ehefrau .... monatlich, und zwar immer zum Ersten eines jeden Monats im Voraus, den gesetzlichen Unterhalt zu zahlen.

2)
Aufgrund des Alters des Kindes erfolgt die Unterhaltsbemessung derzeit nach der ersten Altersstufe der Düsseldorfer Tabelle.

3)
Nach meinem anrechenbaren Nettoeinkommen von 1.400,00 EUR (Jahresbrutto minus gesetzliche Abzüge unter Berücksichtigung von Steuernachzahlungen und Steuerrückzahlungen minus 5% berufsbedingte Aufwendungen geteilt durch 12) zahle ich den Mindestunterhalt. Somit beträgt der Unterhalt derzeit nach § 1612a BGB 369,00 EUR monatlich. Hierbei ist das Kindergeld noch nicht berücksichtigt. Dieses erhält derzeit die Ehefrau, da sich Gerhard in der Obhut seiner Mutter befindet. Dieses Kindergeld für ein erstes Kind wird auf meine Unterhaltspflicht zur Hälfte angerechnet.
Somit ergibt sich derzeit ein monatlicher Zahlbetrag von 369,00 EUR abzgl. 102,00 EUR = 267,00 EUR.

4)
Hiermit unterwerfe ich, der Ehemann, mich dem Kind gegenüber wegen der Unterhaltszahlung in der festgelegten Höhe des monatlichen Zahlbetrages der sofortigen Zwangsvollstreckung aus dieser Urkunde in mein gesamtes Vermögen. Das Kind kann jederzeit die Erteilung einer vollstreckbaren Ausfertigung zu Händen der Ehefrau ohne weiteren Nachweis verlangen.

[1543] *Viefhues* FamRZ 2006, 103 (104).

4. Teil. Scheidung und Scheidungsvereinbarungen

469 Eine dynamische Vereinbarung kann demgegenüber folgenden Wortlaut haben:

Formulierungsbeispiel dynamischer Kindesunterhalt: Ich, der Ehemann, verpflichte mich, meinem Kind Gerhard, geboren am 24.11.2016, zu Händen meiner Ehefrau monatlich je zum Ersten eines Monats im Voraus Unterhalt iHv 136% des Mindestunterhaltsbetrages nach §1612a BGB in der jeweiligen Altersstufe unter Abzug des hälftigen Kindergeldes für ein erstes Kind in der jeweiligen Höhe zu zahlen. Das sind derzeit 502,– EUR abzgl. 102,– EUR = 400,– EUR.

Hiermit unterwerfe ich, der Ehemann, mich meinem Kind Gerhard gegenüber wegen der vorbezeichneten Unterhaltszahlung in ihrer dynamisierten Form – derzeit wegen der bezifferten Höhe von 400,– EUR – der sofortigen Zwangsvollstreckung aus dieser Urkunde in mein gesamtes Vermögen. Das Kind kann jederzeit die Erteilung einer vollstreckbaren Ausfertigung zu Händen der Ehefrau ohne weiteren Nachweis verlangen.

Die Unterhaltsregelung ist nach §239 FamFG abänderbar.

470 Praxisrelevant sind ferner noch Freistellungsvereinbarungen, mit denen ein Ehegatte dem anderen verspricht, ihn von Kindesunterhaltsansprüchen freizustellen. Mit einer solchen Vereinbarung kann dem Kind kein Anspruch entzogen werden, vielmehr wird nur eine Abrede unter den Ehegatten getroffen, wonach ein Ehegatte dafür sorgen muss, dass der andere vom Kind nicht in Anspruch genommen wird. Hier wird folgendermaßen formuliert:

Formulierungsbeispiel Freistellung von Kindesunterhalt: Die Ehefrau, bei der die beiden Kinder weiterhin leben werden, verpflichtet sich hiermit, den Ehemann von allen Unterhaltsansprüchen beider Kinder freizustellen. Dies gilt solange, wie die Kinder einen Unterhaltsanspruch haben/*solange die Kinder minderjährig sind*.
Dies gilt jedoch dann nicht, wenn
– eines der Kinder wegen einer Behinderung arbeitsunfähig sein und aus diesem Grund einen Unterhaltsanspruch haben sollte,
– ein Kind entgegen der jetzigen Absprache nicht mehr bei der Ehefrau lebt.
Die Vereinbarung betrifft nur das Innenverhältnis beider Vertragsteile und ändert die Ansprüche der Kinder gegen ihre Eltern nicht.

VI. Versorgungsausgleich

471 Der Versorgungsausgleich und mögliche vertragliche Vereinbarungen wurden bereits dargestellt.[1544] In der Scheidungsvereinbarung kommen häufig Abreden vor, wonach ein gerechneter und mit dem Eheende feststehender Versorgungsausgleich durch Verrechnung vereinfacht wird.

Hierfür seien zwei Beispiele vorgestellt. Zunächst der Fall **zweier Landesbeamten**. Diese haben gegenüber ihrem (selben) Land als Dienstherren unterschiedlich hohe Versorgungsanrechte. Aufgrund des §16 VersAusglG sind diese Anrechte extern zu teilen, da die Länder einer internen Teilung bisher noch nicht zugestimmt haben. Das bedeu-

---

[1544] → Rn. 296 ff.

B. Scheidungsvereinbarungen

tet für die beiden Beamten, dass jeweils die Hälfte ihrer ehezeitlichen Versorgungsanrechte in die gesetzliche Rentenversicherung abwandert. Das wird regelmäßig nicht gewünscht. Stattdessen kann daher eine **Saldierung** vereinbart und nur der Spitzenausgleich noch durchgeführt werden. Diese Möglichkeit war in letzter Zeit umstritten, ist aber nun vom BGH[1545] gegen das OLG Schleswig[1546] anerkannt. Der BGH hat jüngst ferner geurteilt, dass ein Anspruch auf Abschluss einer solchen Saldierungsvereinbarung gegen den anderen Ehegatten nicht besteht.[1547]

Formulierungsbeispiel (Saldierungsvereinbarung Landesbeamte):

1)
Nach den Auskünften des Landesamtes für Finanzen habe ich, der Ehemann, ehezeitliche Versorgungsanrechte in Höhe von 1.400,– EUR monatlich und ich, die Ehefrau, solche von 1.000,– EUR monatlich gegen den Freistaat Bayern erworben.
Nach § 16 VersAusglG müsste eigentlich für jedes der beiden beteiligten Versorgungsanrechte im Wege der externen Teilung ein hälftiges Anrecht bei einer gesetzlichen Rentenversicherung begründet werden.
Wir vereinbaren, dass dieser Ausgleich dergestalt verrechnet wird, dass nur zulasten des Anrechtes des Ehemannes in Höhe eines Betrages von monatlich 200,– EUR (1.400,– EUR – 1.000,– EUR = 400,– EUR; Ausgleichswert: 200,– EUR) ein Versorgungsanrecht bei der DRV Nordbayern begründet wird. Eine externe Teilung meines, der Ehefrau, Anrechtes findet hingegen nicht statt.
Insoweit wird auf einen weitergehenden Versorgungsausgleich hinsichtlich der beiden geschilderten Versorgungen ausdrücklich verzichtet.
Im Übrigen, dh für alle anderen Versorgungsanrechte, bleibt der Versorgungsausgleich unberührt.

2)
Diesen Verzicht nehmen wir gegenseitig an.

3)
Eine Abänderung dieser Vereinbarung – insb. nach § 227 Abs. 2 FamFG – soll ausdrücklich zulässig sein.[1548]

4)
Der Notar hat uns über die rechtliche und wirtschaftliche Tragweite dieser Vereinbarung eingehend belehrt. Er hat insb. darauf hingewiesen:
a) ....
b) dass er ausdrücklich keinen Betreuungsauftrag zur Berechnung von Renten- und Pensionswerten übernommen hat;
c) dass es empfehlenswert ist, zu überprüfen, ob die (verringerte) Übertragung von Anrechten in die gesetzliche Rentenversicherung dort zu Ansprüchen führt;
...

[1545] BGH – XII ZB 668/12, NJW 2014, 1882.
[1546] OLG Schleswig – 10 UF 137/12, FamFR 2012, 561; hierzu *Münch* FamRB 2012, 320 f.
[1547] BGH – XII ZB 537/17, NJW 2020, 152.
[1548] In diesen Fällen ist es ratsam, die Abänderbarkeit beizubehalten, denn es kann durch eine vorzeitige Pensionierung zu einer Änderung der Werte kommen.

4. Teil. Scheidung und Scheidungsvereinbarungen

472 Eine solche **Verrechnung** kann nicht nur mit anderweitigen Versorgungsanrechten erfolgen, sondern nach dem ausdrücklichen Wortlaut des § 6 Abs. 1 S. 2 Nr. 1 VersAusglG auch **mit anderen Ansprüchen aus der Vermögenssphäre**. Dies vermeidet unnötige Hin- und Herzahlungen sowie die Zersplitterung von Versorgungsanrechten. Problem ist die Berechnung des Kapitalwertes der Versorgungsanrechte. Hierfür wird der korrespondierende Kapitalwert zum Teil als ungeeignet angesehen. Für eine solche Abrede sei nachfolgendes Beispiel gegeben:[1549]

Formulierungsbeispiel (Verrechnung mit Zugewinn):

I. Gütertrennung

1)

Für die fernere Dauer unserer Ehe vereinbaren wir

Gütertrennung

nach Maßgabe des bürgerlichen Gesetzbuches.

2)

Über die rechtliche Wirkung dieses Güterstandes auch in erbrechtlicher Hinsicht wurden wir vom Notar eingehend belehrt, insb. über den Ausschluss des Zugewinnausgleichs und den Wegfall von Verfügungsbeschränkungen. Die Gütertrennung soll derzeit nicht in das Güterrechtsregister eingetragen werden. Jeder von uns ist jedoch berechtigt, den Eintragungsantrag jetzt oder künftig alleine zu stellen.

Die Vereinbarung der Gütertrennung sowie Vereinbarungen zur Durchführung des Zugewinnausgleichs erfolgen unabhängig vom Ausgang der Ehescheidungssache.

3)

Die Berechnung des Zugewinns hat ergeben, dass ich, der Ehemann, gegen die Ehefrau einen Anspruch auf Zugewinnausgleich in Höhe von 187.000,- EUR habe.

Die Ehefrau hat ihrerseits gegen mich Ansprüche auf Versorgungsausgleich, die zusammen einem korrespondierenden Kapitalwert von 188.889,65 EUR entsprechen.

Den Differenzbetrag von gerundet 2.000,- EUR werde ich, der Ehemann, an meine Ehefrau binnen vier Wochen nach Rechtskraft der Ehescheidung zahlen.

Wegen dieser Zahlungsverpflichtung unterwerfe ich mich der sofortigen Zwangsvollstreckung aus dieser Urkunde in mein gesamtes Vermögen. Vollstreckbare Ausfertigung kann jederzeit ohne weiteren Nachweis erteilt werden.[1550]

...

III. Versorgungsausgleich

1)

Ich, der Ehemann, habe nach den eingeholten Auskünften bei der DRV Nordbayern ein ehezeitliches Versorgungsanrecht mit einem Ausgleichswert von 25 EP und einen Riester-Vertrag bei der Y-AG mit einem Ausgleichswert

---

[1549] Vgl. *Brambring* NotBZ 2009, 429 (439).
[1550] Alternativ kann hier für Rundungswerte ein Verzicht erklärt werden.

B. *Scheidungsvereinbarungen*

von 8.000,– EUR auszugleichen. Die 25 EP entsprechen einem korrespondierenden Kapitalwert von 25 x 7235,5860 = 180.889,65 EUR.[1551] Der Ausgleichsanspruch der Ehefrau beläuft sich somit auf insgesamt 188.889,65 EUR. Angesichts der vereinbarten Gütertrennung und des Verzichtes des Ehemannes auf Zugewinnausgleich erkläre ich, die Ehefrau, hiermit: Ich verzichte auf den Versorgungsausgleich.

2)
Diesen Verzicht nehmen wir gegenseitig an.

3)
Eine Abänderung dieser Vereinbarung – insb. nach § 227 FamFG – wird ausdrücklich ausgeschlossen.

4)
Der Notar hat uns über die rechtliche und wirtschaftliche Tragweite dieses Ausschlusses eingehend belehrt. Er hat insb. darauf hingewiesen:
…
c) dass es sich bei dem korrespondierenden Kapitalwert nicht um einen versicherungsmathematisch exakt berechneten Wert handelt, sondern um eine Hilfsgröße zur Erstellung einer Vorsorgevermögensbilanz, die möglicherweise vom wirklichen, nur sachverständig festzustellenden Wert abweichen kann und die keine Dynamik auf den Leistungszeitpunkt hin enthält.
…

5)
Die erwähnten Auskünfte sind dieser Urkunde – auszugsweise – als Anlage 1 beigefügt. Auf sie wird verwiesen. Sie sind Inhalt und Gegenstand dieser Urkunde und wurden den Erschienenen vom Notar vorgelesen.[1552]

VII. Elterliche Sorge und Umgang

1. Die gesetzliche Rechtslage

Die **elterliche Sorge** steht als Personen- und Vermögenssorge **beiden Eltern gemeinschaftlich** zu, § 1626 BGB, sodass die Eltern das Kind nach § 1629 Abs. 1 S. 2 BGB gemeinschaftlich vertreten.

Das Gesetz geht nunmehr davon aus, dass diese gemeinsame Sorge zum Wohl des Kindes **auch bei einer Trennung oder Scheidung fortbesteht**.[1553] In einem Scheidungsverfahren wird daher über die elterliche Sorge **nur noch entschieden**, wenn ein von dieser gesetzlichen Rechtslage abweichender **Antrag** gestellt wird. Schon bei nicht nur vorübergehender Trennung kann ein Elternteil nach § 1671 BGB das alleinige Sorgerecht für sich beanspruchen, wenn die dort genannten Voraussetzungen vorliegen.

In der Praxis hat sich die gemeinsame elterliche Sorge bewährt. Für die Notwendigkeiten des täglichen Lebens trifft **§ 1687 BGB** eine hilf-

473

[1551] Für 2020: 7235,5860 EUR pro EP, vgl. BGBl. 2019 I 2868.
[1552] Die Beifügung der Auskünfte als Anlage wird empfohlen, vgl. Beck'sches Formularbuch/*Bernauer*, Formulare unter V.23 Anm. 3b. Je nach Gestaltung der Auskünfte kann ein zusammenfassender Auszug genügen.
[1553] Detailliert zur elterlichen Sorge *Schilling* NJW 2007, 3233 ff.

4. Teil. Scheidung und Scheidungsvereinbarungen

reiche Regelung, indem er demjenigen Elternteil, bei dem sich das **Kind gewöhnlich aufhält**, die Entscheidungsbefugnis für **Angelegenheiten des täglichen Lebens** gibt, aus der auch eine Vertretungsberechtigung folgt.[1554]

474 Nach § 1626 Abs. 2 BGB, § 1684 BGB haben die **Eltern das Recht und die Pflicht zum Umgang mit dem Kind** und umgekehrt das Kind das Umgangsrecht mit den Eltern. Eine abweichende Entscheidung trifft das Gericht nur auf **Antrag**. In einer Scheidungsvereinbarung können Abreden über das Umgangsrecht enthalten sein. Da es sich jedoch um ein **Pflichtrecht** handelt, ist ein vollständiger **Verzicht auf das Umgangsrecht** jedoch **nicht zulässig**.[1555]

2. Vereinbarungen zu Sorge- und Umgangsrecht

475 Vereinbarungen anlässlich der Scheidung können einmal nur die gesetzliche Rechtslage bestätigen. Es ist aber auch möglich, in einer **umfassenden Vereinbarung** das Sorgerecht zu regeln. Das geschieht meist unter Festlegung eines gemeinsamen **Betreuungsmodells**. Als ein solches hat sich in den letzten Jahren insb. das sog. echte **Wechselmodell** entwickelt.[1556] Über die gerichtlichen Anordnungsmöglichkeiten waren die Obergerichte lange uneins, bevor nunmehr der BGH[1557] für Klarheit gesorgt hat, der eine umgangsrechtliche Anordnung bevorzugt. Unterhaltsrechtlich berechnet sich der Unterhaltsbedarf des Kindes nach dem zusammengerechneten Einkommen der Eltern. Außerdem erfolgt eine Erhöhung wegen der höheren Kosten des Wechselmodells. Verteilt wird die Barunterhaltszahlung bei gleichen Betreuungszeiten nach der Leistungsfähigkeit der Eltern. In einer Vereinbarung können die Ehegatten Regelungen hierzu treffen.[1558]

Ferner wird in diesem Zusammenhang häufig eine **Sorgerechtsvollmacht** erteilt, sodass der Elternteil, bei dem sich das Kind aufhält, seine Unterschriftsberechtigung in einfacher Weise nachweisen kann.

Gleiches gilt für **Umgangsregelungen**. Wenn die Eltern noch miteinander reden können, so mag das Umgangsrecht ohne gesonderte Regelung funktionieren. Wenn das jedoch schwierig ist, so können die Grundsätze des Umgangs zwischen den Eltern verabredet werden. Das kann bis ins Detail gehen, sodass nicht nur die Wochenend- und Ferieneinteilung verabredet wird, sondern sogar Hausaufgabenbetreuung und Kleidungsausstattung Thema werden.[1559]

[1554] Palandt/*Götz* BGB § 1687 Rn. 6.
[1555] Münch/*Müller-Engels*, Familienrecht, § 13 Rn. 122.
[1556] Hierzu im Detail *Münch*, Ehebezogene Rechtsgeschäfte, Kap. 8 Rn. 397 f.
[1557] BGH – XII ZB 601/15, NJW 2017, 1815; BGH – XII ZB 512/18, NJW 2020, 1067.
[1558] Formulierungsvorschlag bei *Münch*, Ehebezogene Rechtsgeschäfte, Kap. 8 Rn. 412 f.
[1559] Formulierungsbeispiel bei *Münch*, Ehebezogene Rechtsgeschäfte, Kap. 7 Rn. 397 ff.

B. Scheidungsvereinbarungen

VIII. Allgemeine Regelungen

In der Scheidungsvereinbarung wird häufig bereits eine Rollenverteilung vorgenommen, welcher Ehegatte den **Scheidungsantrag** stellt. Wenn die Scheidung einvernehmlich erfolgt, so wird sogleich die **Zustimmungserklärung** des anderen Ehegatten aufgenommen. 476

Wichtiger Bestandteil einer Scheidungsvereinbarung ist die **Abgeltungsklausel**. Ziel einer solchen Vereinbarung ist in den meisten Fällen die endgültige Erledigung aller Streitfragen rund um die Scheidung. Aus diesem Grunde soll es ausgeschlossen sein, dass später ein Ehegatte unter Berufung auf einen Anspruch, der in der Vereinbarung nicht behandelt wurde, Nachforderungen stellt. Daher sollen insb. auch Ansprüche aus Störung der Geschäftsgrundlage, Ehegatteninnengesellschaft oder aus Gesamtschuldnerausgleich ausgeschlossen sein. 477

Diese Klausel lässt sich so formulieren:

Formulierungsbeispiel (Abgeltungsklausel): Wir sind uns darüber einig, dass mit Abschluss und Durchführung dieses Vertrages keinerlei Ansprüche der Vertragsbeteiligten gegeneinander mehr bestehen, gleich aus welchem Rechtsgrund sie hergeleitet werden mögen. Ausgeschlossen sind somit insb. Ansprüche aus Störung der Geschäftsgrundlage und Gesamtschuldnerausgleich. Dies gilt unabhängig davon, ob solche Ansprüche uns bei Abschluss dieses Vertrages bekannt sind oder nicht. ... (*Alternative: den Versorgungsausgleich ausgenommen*)

Nachdem der BGH in seiner neuesten Rechtsprechung **Ansprüche von Schwiegereltern** wegen Zuwendungen an das Schwiegerkind als eigene Ansprüche den Schwiegereltern zuweist und aus dem Zugewinn herausnimmt,[1560] sollte die Scheidungsvereinbarung auch solche Ansprüche bedenken und eine **Gesamtregelung** treffen, sodass jedes Kind jeweils Ansprüche seiner Eltern übernimmt und den anderen Ehegatten (das Schwiegerkind) von solchen Ansprüchen jedenfalls im Innenverhältnis und nach Möglichkeit auch im Außenverhältnis freistellt. 478

Häufig ist bei Abschluss einer Scheidungsvereinbarung alles geklärt bis auf den **Versorgungsausgleich**. Dieser soll dann vom Gericht durchgeführt werden und ist von Amts wegen Bestandteil des **Scheidungsverbundes**. Problematisch ist, dass hier Lebensversicherungen durch **Ausübung eines Kapitalwahlrechtes** auch noch nach Abschluss einer Scheidungsvereinbarung aus dem Versorgungsausgleich herausgebracht werden können, ohne dass sie dann dem Zugewinn unterliegen.[1561] Hiergegen sollten bei einer **Scheidungsvereinbarung mit offenem Versorgungsausgleich Vorkehrungen** getroffen werden: 479

Formulierungsbeispiel: Soweit der Versorgungsausgleich in dieser Urkunde nicht endgültig geregelt wird und Lebensversicherungen nachträglich durch Kapitalwahl aus dem Versorgungsausgleich ausscheiden, sind solche Rechte noch dem Zugewinnausgleich zu unterwerfen. Hierfür ist die Verjährung des

---

[1560] Hierzu eingehend → Rn. 496 ff.
[1561] → Rn. 212 f.

4. Teil. Scheidung und Scheidungsvereinbarungen

Zugewinnausgleichsanspruchs auf 10 Jahre seit rechtskräftiger Ehescheidung verlängert.

480   Schließlich muss auch die **Scheidungsvereinbarung** eine **salvatorische Klausel** enthalten, damit eine Teilnichtigkeit nicht zur Unwirksamkeit des gesamten Vertrages führt. Sind hingegen zwei Klauseln so miteinander verbunden, dass sie nur miteinander wirksam sein sollen, wie zB die vorstehend geschilderte Verknüpfung von Versorgungsausgleich und Zugewinn, dann sollte diese Abhängigkeit in der Vereinbarung auch ausgeführt und die entsprechenden Klauseln vom Anwendungsbereich der salvatorischen Klausel ausgenommen werden. Die Klausel selbst wurde bereits vorgestellt.[1562]

IX. Aufhebung erbrechtlicher Verfügungen und Erbverzicht

481   Die Auswirkungen der Scheidung auf das Erbrecht und die Notwendigkeit neuer erbrechtlicher Anordnungen werden leider oft verkannt. Hier muss eine umfassende wirtschaftliche Beratung aufklärend wirken.

1. Das gesetzliche Erbrecht bei Scheidung

482   Nicht erst die Scheidung, sondern bereits das Scheidungsverfahren hat Auswirkungen auf das gesetzliche Erbrecht. So ordnet **§ 1933 BGB** an, dass das gesetzliche Erbrecht eines Ehegatten entfällt, wenn
– der **Erblasser** vor seinem Tod die **Scheidung beantragt oder** dem Scheidungsantrag des anderen Ehegatten **zugestimmt** hatte und
– zum Todeszeitpunkt die **Voraussetzungen für die Scheidung** der Ehe gegeben waren.

Eine **Antragstellung** liegt vor bei Rechtshängigkeit, also **Zustellung** an den anderen Ehegatten nach § 124 FamFG, § 253 ZPO.[1563] Es genügt demnach nicht ein Verfahrenskostenhilfeantrag oder eine Zustellung nach dem Tod, auch wenn sie alsbald erfolgte.[1564]

483   Die **Zustimmung** zur Scheidung ist **Prozesshandlung** nach § 134 FamFG und setzt ihrerseits die Rechtshängigkeit der Scheidung voraus. Sie muss als Prozesshandlung dem Gericht gegenüber in einer prozessual wirksamen Form erklärt worden sein.[1565]
Es kommen daher folgende Erklärungsformen in Betracht:[1566]
– Zustimmung zu Protokoll der Geschäftsstelle;
– Zustimmung in der mündlichen Verhandlung;
– Schriftsatz des Verfahrensbevollmächtigten;
– schriftliche Erklärung eines anwaltlich nicht vertretenen Beteiligten bei fehlendem Anwaltszwang (§ 114 Abs. 4 Nr. 3 FamFG).

[1562] → Rn. 423.
[1563] *Werkmüller* FPR 2011, 256.
[1564] *Schulze-Heimig* FF 2008, 404 mwN; *Abele/Klinger* FPR 2006, 138 (139).
[1565] Palandt/*Weidlich* BGB § 1933 Rn. 3; OLG Saarbrücken – 5 W 16/91, BeckRS 2011, 02353 = FamRZ 1992, 109.
[1566] Nach OLG Düsseldorf – 3 Wx 179/11, NJW-RR 2011, 1642.

B. Scheidungsvereinbarungen

Nicht genügend ist eine **außerprozessuale Erklärung** in einer Scheidungsvereinbarung[1567] oder gegenüber dem Anwalt des anderen Ehegatten[1568] oder schlicht das Nichtentgegentreten im Verfahren. Für den Scheidungsantrag stellen die §§ 124, 133 FamFG formelle Zulässigkeitsvoraussetzungen auf. Inzwischen geht die herrschende Rechtsprechung und Literatur davon aus, dass die Erklärung nach § 133 Abs. 1 Nr. 2 FamFG (Erklärung, ob Regelungen über die elterliche Sorge, den Umgang und die Unterhaltspflicht gegenüber den gemeinschaftlichen minderjährigen Kindern sowie die durch die Ehe begründete gesetzliche Unterhaltspflicht, die Rechtsverhältnisse an der Ehewohnung und an den Haushaltsgegenständen getroffen sind) nicht zu den Voraussetzungen einer Scheidung nach § 1933 BGB zählt.[1569]

Ob materiell die Voraussetzungen der Scheidung vorgelegen haben, ist von der Prüfung der §§ 1565–1567 BGB abhängig, deren Regelung bereits vorgestellt wurde.[1570] Sofern die **Vermutungen** des § 1566 BGB also nicht eingreifen, ist **positiv das Scheitern der Ehe nach § 1565 BGB festzustellen**. Die Beweislast trägt derjenige Ehegatte, der sich auf § 1933 BGB beruft. So hat zB das OLG Düsseldorf[1571] entschieden, dass eine Rückkehr zum Ehemann und eine 14-tägige Pflege in den letzten Tagen nach einem Schlaganfall dazu führt, dass die Scheidungsvoraussetzungen nach § 1565 BGB zu verneinen sind. Diese Darstellung zeigt, dass der Wegfall des gesetzlichen Ehegattenerbrechts im Scheidungsverfahren kaum sicher bestimmt werden kann. Aus diesem Grunde ist es **ratsam**, im Rahmen der Scheidungsvereinbarung einen **Erbverzicht** zu erklären, damit der Wegfall des Erbrechtes sicher herbeigeführt ist.

Hinweis: Bei einer Scheidungsvereinbarung sollte ein Erbverzicht erklärt werden, da die Bestimmung des Erlöschens des Erbrechtes im Scheidungsverfahren mit vielen Unwägbarkeiten versehen ist.

2. Auswirkung der Scheidung auf erbrechtliche Verfügungen

Für die Folgen der Scheidung bzw. des Scheidungsverfahrens auf erbrechtliche Verfügungen ist zu unterscheiden:

Die **grundsätzliche Auslegungsregel** des § 2077 BGB sagt, dass eine **letztwillige Verfügung, durch die der Ehegatte bedacht ist, unwirksam** wird, wenn die Ehe geschieden wird oder die soeben geschilderten Voraussetzungen des § 1933 BGB vorliegen. Nach § 2085 bleibt die Unwirksamkeit auf diese Verfügung beschränkt, andere Verfügungen bleiben wirksam, insb. Ersatzerbanordnungen. Allerdings gilt

484

[1567] BGH – IV ZR 290/93, NJW 1995, 1082.
[1568] OLG Düsseldorf – 3 Wx 179/11, NJW-RR 2011, 1642.
[1569] OLG Stuttgart – 8 W 321/11, ZEV 2012, 208; OLG Köln – 2 Wx 64/13, NJW 2013, 2831; OLG Hamm – 10 U 122/12, NZFam 2014, 472; MüKoBGB/*Leipold* BGB § 1933 Rn. 13; Palandt/*Weidlich* BGB § 1933 Rn. 7 ab der 73. Aufl. gegen die Vorauflagen; *Czubayko* FPR 2011, 260 (261).
[1570] → Rn. 440.
[1571] OLG Düsseldorf – 3 Wx 182/19, FamRB 2020, 137.

dies nur, **wenn kein Fortgeltungswille anzunehmen ist, § 2077 Abs. 3 BGB.**

Hinweis: Aufgrund der Ungewissheit im Hinblick auf den Fortgeltungswillen ist es empfehlenswert, letztwillige Verfügungen aufzuheben.

Zu beachten ist, dass § 2077 BGB für Lebensversicherungen nicht gilt,[1572] sodass die Gefahr besteht, dass nach einer Scheidung derjenige geschiedene Ehegatte, der im Zeitpunkt des Vertragsabschlusses noch Ehegatte war, die Versicherung erhält und nicht der „aktuelle" Ehegatte. Die Änderung der Bezugsberechtigung hat schriftlich zu erfolgen.[1573]

Hinweis: Lebensversicherungen müssen im Falle einer Scheidung unbedingt mit der Versicherungsgesellschaft geändert werden.

485 Im Falle eines **gemeinschaftlichen Testamentes** sieht § 2268 Abs. 1 BGB die **Unwirksamkeit aller Verfügungen** vor, also auch solcher, welche nicht den geschiedenen Ehegatten begünstigen. Allerdings ist auch in diesem Falle zu prüfen, ob ein **Fortgeltungswille** besteht, § 2268 Abs. 2 BGB. Das BayObLG[1574] hat einen solchen hinsichtlich einer **wechselbezüglichen Schlusserbeneinsetzung der gemeinsamen Kinder** angenommen, sodass diese Verfügung fortgilt. Entscheidend ist der wirkliche oder hypothetische Wille im Zeitpunkt der Testamentserrichtung.

Dazu hat der **BGH**[1575] entschieden, dass dann, wenn ein Fortgeltungswille anzunehmen ist, auch die **Wechselbezüglichkeit** und damit die Bindungswirkung **bestehen bleibt**. Dann wäre eine einseitige Aufhebung auch nach der Scheidung ausgeschlossen. Das wird in den seltensten Fällen gewollt sein. Die Entscheidung des BGH ist interpretierbar. Es gewinnt die Ansicht an Boden, der BGH habe nur für den Ausnahmefall, dass ein solcher Fortgeltungswille schon bei Errichtung der letztwilligen Verfügung feststellbar sei, diese Wechselbezüglichkeit fortgelten lassen wollen, er sei aber sonst der Auffassung, dass selbst wenn die Verfügung weitergelte, ihre Wechselbezüglichkeit jedenfalls erlösche.[1576] Man wird jedoch jedenfalls annehmen müssen, dass die **Wechselbezüglichkeit** der Schlusserbeinsetzung **ihrerseits voraussetzt**, dass die **gegenseitige Erbeinsetzung zur Wirkung gelangt** ist, denn nur dann macht die Bindung bezüglich des beim ersten Todesfall ererbten und des eigenen

---

[1572] BGH – IV ZA 8/75, NJW 1976, 290; BGH – IV a ZR 26/86, NJW 1987, 3131; BGH – IV ZR 437/14, ZEV 2015, 716.
[1573] BGH – IV ZR 437/14, ZEV 2015, 716.
[1574] BayObLG – 1Z BR 95/92, NJW-RR 1993, 1157.
[1575] BGH – IV ZR 187/03, NJW 2004, 3113; dagegen *Kanzleiter* ZEV 2005, 181 ff.
[1576] Vgl. etwa OLG Frankfurt – 20 W 520/11, FamRZ 2015, 1318 = BeckRS 2015, 06817, Rn. 58; Palandt/*Weidlich* BGB § 2268 Rn. 4.

B. Scheidungsvereinbarungen

Vermögens Sinn. Das ist aber bei einer Scheidung gerade nicht der Fall.[1577]

> **Hinweis:** Da die Frage des Fortgeltungswillens mit erheblichen Unsicherheiten behaftet ist und oft erst nach vielen Jahren für den Zeitpunkt der Testamentserrichtung entschieden werden muss, sollte man in einschlägigen Fällen **schon im Testament anordnen, dass dieses bei Scheidung insgesamt unwirksam wird.**
> Spätestens im Rahmen einer Scheidungsvereinbarung sollten **gemeinschaftliche Testamente aufgehoben werden**, damit jeder Ehegatte neu testieren kann.
> Soll die Schlusserbeneinsetzung bindend bleiben, etwa weil im Rahmen der Scheidung Verzichte auf Auszahlungen etc. vereinbart wurden, welche den Kindern zugutekommen sollen, sollte die Fortgeltung des gemeinschaftlichen Testamentes klargestellt werden.

Für **Erbverträge** wird über § 2279 Abs. 1 BGB auf § 2077 BGB verwiesen, sodass die Verfügungen, welche den anderen Ehegatten begünstigen, unwirksam sind. § 2279 Abs. 2 BGB erweitert diese Rechtsfolge auch auf Verfügungen zugunsten Dritter. Über § 2298 Abs. 1 BGB wird damit auch die Verfügung des anderen Ehegatten unwirksam, sodass schlussendlich der **gesamte Inhalt unwirksam** ist.

Die Verweisung erstreckt sich jedoch auch auf § 2077 Abs. 3 BGB, sodass auch beim Erbvertrag nach dem **Fortgeltungswillen** zu fragen ist. Letztlich steht zu befürchten, dass die Rechtsprechung des BGH zur fortbestehenden Bindungswirkung bei gemeinschaftlichen Testamenten dann auch für Erbverträge gilt.

Es sind daher die gleichen Empfehlungen auszusprechen wie beim gemeinschaftlichen Testament.

3. Aufhebung erbrechtlicher Verfügungen, Widerruf von Vollmachten

Daher wird bei der Erarbeitung einer Scheidungsvereinbarung die Frage nach vorhandenen **Testamenten** und **Erbverträgen** gestellt werden müssen. Dem Willen der Ehegatten entspricht es am ehesten, wenn diese im Rahmen der **Scheidungsvereinbarung komplett aufgehoben** werden, sodass jeder Ehegatte neu testieren kann.

486

Etwa erteilte **Vollmachten** sollten in diesem Zusammenhang ebenfalls **widerrufen** werden. Das gilt für erteilte Bank- und Handlungsvollmachten sowie andere Spezialvollmachten ebenso wie für notarielle General- und Vorsorgevollmachten. Mit dem Widerruf muss man sich das Original oder – bei notariell beurkundeten Vollmachten – die Ausfertigung der Vollmacht wieder aushändigen lassen.

[1577] LG München – 16 T 567/08, ZEV 2008, 537; Beck'sches Notarhandbuch/ *Dietz*, Teil C, Rn. 204.

4. Teil. Scheidung und Scheidungsvereinbarungen

4. Erbverzicht

487 Um die Unsicherheit hinsichtlich des Stadiums des Scheidungsverfahrens und des Wegfalls von gesetzlichem Erbrecht bzw. der Wirksamkeit erbrechtlicher Verfügungen zu vermeiden, empfiehlt es sich, **bei den Scheidungsvereinbarungen einen Erb- und Pflichtteilsverzicht mit zu beurkunden.** Dann entfällt jegliches Erbrecht mit Abschluss der Vereinbarung, gleich ob es auf Gesetz oder auf erbrechtlicher Verfügung beruht. Während man sonst den Erbverzicht meidet und nur einen Pflichtteilsverzicht wählt, weil sich anderenfalls die Pflichtteilsansprüche der Kinder erhöhen, ist dies in der Scheidungsvereinbarung üblich, weil der Ehegatte ohnehin später aus den gesetzlichen Erben ausscheiden wird und weil dann kein Enterbungstestament mehr notwendig ist.

Die **Auswirkungen** eines solchen Verzichtes **auf das Unterhaltsrecht** sind noch immer **nicht vollständig geklärt.** Insbesondere ist streitig, ob ein solcher Verzicht auch einen Verzicht auf nachehelichen Unterhalt nach § 1586b, 1933 Satz 3 BGB für den Fall des Vorversterbens des unterhaltspflichtigen Ehegatten beinhaltet.[1578] Der Vertragsgestalter sollte daher regeln, dass eine solche Auswirkung nicht besteht.

Dies kann so formuliert werden:

Formulierungsbeispiel (Erb- und Pflichtteilsverzicht bei Scheidung):
Wir verzichten hiermit gegenseitig auf unser Erb- und Pflichtteilsrecht.
Den Erb- und Pflichtteilsverzicht nehmen wir hiermit gegenseitig an.
Über das Wesen des Verzichts wurden wir vom Notar eingehend belehrt.
Der vorstehende Pflichtteilsverzicht beinhaltet ausdrücklich keinen Verzicht auf nachehelichen Unterhalt nach § 1586b BGB und § 1933 S. 3 BGB für den Fall des Vorversterbens des unterhaltspflichtigen Ehegatten.

5. Erbvertrag mit Verfügungsunterlassung

488 Liegt der Fall so, dass im Rahmen der Scheidung der weichende Ehegatte auf höhere Auszahlungen verzichtet hat, damit **Grundbesitz erhalten und an die Kinder weitervererbt** werden kann, so geht sein Interesse dahin, die Vererbung an die Kinder sicherzustellen.

Das Instrument hierzu ist zum einen der **bindende** Erbvertrag, zumeist als **Erbvermächtnisvertrag** im Hinblick auf die zu schützende Immobilie. Diesen kann der Ehepartner auch nach Scheidung, wenn dies so vereinbart ist, nicht mehr alleine abändern. Es ist daher ratsam, klarzustellen, dass der Erbvertrag trotz der bevorstehenden Scheidung der Ehe seine **Gültigkeit und Bindungswirkung behält.** Nachdem das OLG Hamm entschieden hat, dass auch eine solche Vereinbarung noch nicht bedeute, dass die Verfügung **auch noch bei Wiederheirat** des dann geschiedenen Ehegatten weitergelte,[1579] kann auch dies noch

---

[1578] Für einen solchen auch unterhaltsrechtlichen Verzicht Palandt/*Brudermüller* BGB § 1586b Rn. 8 bis zur 72. Aufl.; *Dieckmann* FamRZ 1999, 1029; gegen eine solche unterhaltsrechtliche Fernwirkung: Palandt/*Brudermüller* BGB, § 1586b Rn. 8 ab 73. Aufl.,; *Grziwotz* FamRZ 1991, 1258 ff.

[1579] OLG Hamm – I-15 W 14/14, MittBayNot 2016, 43 m. Anm. *Kanzleiter*.

B. Scheidungsvereinbarungen

angeordnet werden. Die Entscheidung ist allerdings angesichts der geschilderten Ausgangslage und des Regelungswillens der Parteien nicht verallgemeinerungsfähig. Vererbt werden kann aber nur, was beim Tode noch vorhanden ist. Völlige Sicherheit besteht daher nur, wenn gleichzeitig ein **Verfügungsunterlassungsvertrag** geschlossen wird, in welchem sich der übernehmende Ehegatte verpflichtet, nicht über den Grundbesitz zu verfügen, jedenfalls nicht ohne Zustimmung des geschiedenen Ehegatten. Für den Fall des Verstoßes gegen das Verfügungsverbot ist der übernehmende Ehegatte zur sofortigen Herausgabe an die Kinder verpflichtet. Diese Übergabepflicht lässt sich im Grundbuch mit einer **Vormerkung** für den geschiedenen Ehegatten absichern.[1580]

X. Alleinige Erbregelung nach der Scheidung

Wenn die Scheidung vorbei ist und das Vermögen auseinandergesetzt ist, so herrscht zumeist große Erleichterung. Daran, dass eine erbrechtliche Regelung nun umso mehr notwendig ist, wird zumeist nur selten gedacht.

1. Der geschiedene Ehegatte als erbrechtlicher Profiteur

Fragt man nach der Scheidung, wer im Todesfalle das (verbliebene) Vermögen erben soll, so wird nur eines einhellig geäußert werden: keinesfalls der geschiedene Ehegatte. Genau dies aber kann ohne eine erbrechtliche Verfügung sehr leicht geschehen, wie das folgende Beispiel zeigt:

Fallbeispiel: Die Unternehmerin U ist nach einem Rosenkrieg von mehr als 3 Jahren von ihrem Ehemann L geschieden, der sich um das Unternehmen und den gemeinsamen Sohn Uli nicht gekümmert, sondern stattdessen das reichlich vorhandene Geld mit anderen Frauen ausgegeben hat.
In dem Bewusstsein, dass der kleine Uli ihr alleiniger Erbe ist, hat sie es nicht für nötig gehalten, ein Testament zu errichten. In der Familienfirma hat sie ihren Bruder BU, den Paten des kleinen Uli, als Geschäftsführer angestellt. Als sie im Winter mit dem kleinen Uli in die Berge fährt, passiert es. Sie kommt von der Straße ab und verunglückt. Beiden ist nicht mehr zu helfen. Doch das Unglück kommt noch größer. Zuerst verstirbt U und etwa eine Stunde später der kleine Uli.
BU sucht nach den Beerdigungen den Steuerberater der Firmengruppe auf und fragt, was nun zu veranlassen sei.

Lösung: Er wird Schreckliches erfahren. Zunächst ist nach dem Tod der U der kleine Uli kraft Gesetzes Alleinerbe geworden. Nach diesem ist ebenfalls gesetzliche Erbfolge eingetreten. Da Uli keine Abkömmlinge hat, erben nach § 1925 BGB die Erben zweiter Ordnung. Gesetzliche Erben der zweiten Ordnung sind die Eltern des Erblassers. Leben sie beide, so erben sie allein und zu gleichen Teilen. Lebt zum Zeitpunkt des Todes ein Elternteil nicht mehr

---

[1580] Formulierungsbeispiel bei *Münch*, Scheidungsimmobilie, Rn. 1578.

4. Teil. Scheidung und Scheidungsvereinbarungen

und hat dieser keine Abkömmlinge, so erbt der andere Elternteil allein. Eine Scheidung hat darauf keinen Einfluss.[1581]
Mit anderen Worten: der geschiedene und ungeliebte L erbt alles. Er kann BU entlassen und die Firma verkaufen, sofern nicht die Eltern der U bei der seinerzeitigen Firmenübergabe noch durch ein Rückübertragungsrecht Vorsorge getroffen hatten.

Der geschiedene Ehegatte also ist erbrechtlicher Profiteur, wenn zuerst der Ehepartner und danach das Kind als Alleinerbe versterben.

2. Das Geschiedenentestament als notwendige Maßnahme

491 Gegen die ungeliebte Erbfolge im vorgenannten Fall hilft nur ein sog. Geschiedenentestament. Dieses enthält folgende Regelungen:
– Erbeinsetzung der Abkömmlinge, jedoch nur zu Vorerben.
– Nacherben werden deren Geschwister, ersatzweise die Eltern oder Geschwister des geschiedenen Ehepartners.
– Der Vorerbe kann von den Beschränkungen der §§ 2113 ff. BGB befreit werden, die Nacherben können auf den Überrest eingesetzt werden, wenn es nicht im Kern darum geht, den Vorerben zu überwachen und zu beschränken.
– Über einen Ausschluss der Vermögensverwaltung durch den leiblichen geschiedenen Ehegatten nach § 1638 BGB und die Anordnung einer Testamentsvollstreckung, die bis zum 25. Lebensjahr gehen sollte, wird die Verwaltung des Erbes im Interesse des minderjährigen Erben sichergestellt.
– Neue Partner können durch einzelne Vermächtnisse, etwa Wohnrechte, abgesichert werden.

Das sind nur die Grundzüge. Die Einzelheiten eines solchen Testamentes sind in jedem Falle individuell zu besprechen und festzulegen.[1582]
Zu bedenken ist insbesondere, dass die Nacherbschaftslösung auflösend bedingt ist, wenn der Vorerbe eigene Kinder hat oder ein bestimmtes Lebensalter erreicht hat. Restrisiken bleiben in diesen Fällen, aber der Bedachte wird sonst nie unabhängig über seine Erbschaft verfügen können.

XI. Kosten

492 Die Scheidungsvereinbarung enthält idR eine Vielzahl verschiedener Themen, die jeweils gesondert zu betrachten sind. Aus dem **zusammengezählten Wert** der verschiedenen Beurkundungsgegenstände fällt dann eine **2,0 Gebühr** nach KV 21100 an.
Für die **güterrechtliche Regelung** kann auf die Darstellung des Ehevertrages verwiesen werden.[1583] Es ist hierzu das modifizierte Reinvermögen jedes Ehegatten festzustellen, sodass Verbindlichkeiten nur bis zur Hälfte des jeweiligen Aktivvermögens in Abzug gebracht werden

---

[1581] Palandt/*Weidlich* BGB § 1925 Rn. 2.
[1582] Formulierungsvorschlag bei *Münch*, Scheidungsimmobilie, Rn. 1611 f.
[1583] → Rn. 431.

B. Scheidungsvereinbarungen

dürfen. Während die Feststellung der Zugewinnausgleichsansprüche noch Gegenstand der güterrechtlichen Vereinbarung ist, stellt sich die **Erfüllung durch Übertragung einer Immobilie** als ein gegenstandsverschiedener Vertrag dar, da Eheverträge stets als besonderer Gegenstand gelten, § 111 Nr. 2 GNotKG. Die Übertragung ist also gesondert mit dem Aktivwert der übertragenen Immobilie zum Urkundswert hinzuzurechnen.[1584]

Nicht zuletzt aufgrund dieser Zusammenrechnungen nehmen in letzter Zeit Bestrebungen zu, statt der Gütertrennung **nur** eine Regelung des Zugewinnausgleichs im Hinblick auf die Scheidung nach **§ 1378 Abs. 3 BGB** zu treffen, um Kosten zu sparen. Man muss hier aber deutlich mahnen, dass es sich **nur um eine Regelung** für den **konkreten Scheidungsfall** handelt, damit für den Fall, dass ein Scheidungsverfahren dann doch nicht zur Scheidung führen sollte oder dass die Ehe – etwa im **Todesfall** eines Ehegatten – nicht durch das avisierte Scheidungsverfahren endet, **keine Regelung** erreicht ist. Das ist meist nicht im Sinne der Betroffenen. Zudem kann sich eine **schenkungsteuerliche Relevanz** zeigen. Statt der Gütertrennung wird ein sog. **fliegender Zugewinnausgleich** vereinbart, dem die Rechtsprechung nicht die Steuerfreiheit des § 5 Abs. 2 ErbStG zubilligt.[1585] Daran dürfte das Erreichen des Berechnungszeitpunktes des § 1384 BGB nichts ändern.

Für die Bewertung von **Unterhalts- und Versorgungsausgleichsvereinbarungen** kann ebenfalls auf die Ausführungen zum Ehevertrag verwiesen werden.[1586] Die entsprechenden Werte sind gesondert hinzuzurechnen. Vereinbarungen zum **Getrenntlebendenunterhalt** und zum nachehelichen Unterhalt sind gegenstandsverschieden, da sie auf unterschiedlichen Anspruchsgrundlagen beruhen. Für ersteren sind ein bis zwei Jahresbeträge anzusetzen.[1587]

Beim **Kindesunterhalt** ist jedes Kind für sich zu bewerten. Die Anrechnung des Kindergeldes soll sich nicht wertmindernd auswirken.[1588]

Für Regelungen über den Scheidungsantrag, die elterliche Sorge und das Umgangsrecht sollen jeweils Auffangwerte von 5.000,– EUR anzusetzen sein.[1589]

Die Bewertung eines **Erb- oder Pflichtteilsverzichtes** richtet sich nach § 102 Abs. 4 GNotKG. Es ist der Wert aus dem entsprechenden Bruchteil des Nachlasses zu bilden, der seinerseits nach § 102 Abs. 1 und 2 GNotKG ermittelt wird (modifiziertes Reinvermögen).

Wird zusätzlich ein **Erbvertrag** beurkundet, so ist auch dies **gesondert** als gegenstandsverschieden hinzuzuzählen, da es eine dem § 46 Abs. 3 KostO entsprechende Privilegierung nicht mehr gibt, der Erbvertrag vielmehr nach § 111 Nr. 1 GNotKG stets ein besonderer Beurkun-

---

[1584] *Notarkasse*, Streifzug, Rn. 606.
[1585] BFH – II R 12/06, ZEV 2007, 500 m. Anm. *Münch*.
[1586] → Rn. 433
[1587] *Notarkasse*, Streifzug, Rn. 6644.
[1588] *Notarkasse*, Streifzug, Rn. 647.
[1589] *Notarkasse*, Streifzug, Rn. 640, 650, 651.

dungsgegenstand ist. Ist hingegen (nur) ein **Erbvertrag aufzuheben**, so fällt dafür eine 1,0 Gebühr nach KV 21102 Nr. 2 an.[1590]

C. Die Zuwendungen Dritter im Rahmen der Scheidung

I. Zuwendungen Dritter – Regelung bei der Zuwendung

493 Bei Zuwendungen von Eltern an Kinder werden angesichts der immer größer werdenden **Scheidungshäufigkeit** stets Fragen zum **Schicksal des Zuwendungsgutes** im Rahmen einer **Scheidung** gestellt. Dabei kann zwar der Hinweis auf § 1374 Abs. 2 BGB erfolgen, der anordnet, dass Vermögen, das ein Ehegatte nach Eintritt des Güterstandes „von Todes wegen oder mit Rücksicht auf ein künftiges Erbrecht, durch Schenkung oder als Ausstattung" erwirbt, dem **Anfangsvermögen** zugerechnet wird, im Zugewinn also grundsätzlich nicht zur Ausgleichung zu bringen ist.

Das ist aber nur der Obersatz. Im Detail zeigen sich zahlreiche Fußangeln. So sind alle **Wertsteigerungen des Anfangsvermögens** (abzgl. des Inflationsausgleiches) als **Zugewinn** anzusehen. Das kann insb. vorliegen, wo etwa zugewendeter landwirtschaftlicher Grundbesitz zu Bauland wird.

494 Der Anwendungsbereich für solche Wertsteigerungen hat sich aber erheblich ausgeweitet, seit der BGH **Vorbehaltsrechte der Übergeber** wie etwa Wohnrechte, dauernde Lasten oder Leibrenten einer ganz besonderen Betrachtung unterzieht. Solche Vorbehaltsrechte **sinken mit zunehmendem Lebensalter des Übergebers im Wert**, sodass Zugewinn entsteht. Auch das wäre noch als privilegierte Zuwendung nach § 1374 Abs. 2 BGB zu begreifen. Korrespondierend dazu **steigt** jedoch der **Grundstückswert** und zwar **ungleich** zu den Wertminderungen der Vorbehaltsrechte. Dieser **komplexe gleitende Vermögenserwerb in der Zeitschiene**, der nunmehr in jede Übergabe gegen Vorbehaltsrechte hineingelesen wird, erfordert zur Berechnung der Wertveränderungen regelmäßig einen **Sachverständigen**. Es wird eine teuer bezahlte Scheingenauigkeit erstrebt.[1591] Zwar hat der BGH mit einer Entscheidung aus dem Jahre 2015[1592] sich korrigiert und will nunmehr Vorbehaltsrechte, insb. den Nießbrauch, künftig sowohl im Anfangs- als auch im Endvermögen nicht mehr erfassen. Dies soll aber gerade dann nicht gelten – und dies dürfte inzwischen aufgrund der konjunkturellen Entwicklung für die meisten Fälle zumindest in größeren Städten gelten –, wenn der Grundstückswert ganz erheblich gestiegen ist.

Es gibt zwei Wege, diesen teuren Auseinandersetzungen im Scheidungsfalle zu entkommen. Der eine liegt in einer **ehevertraglichen Vereinbarung**, dass die Vermögensgüter des Anfangsvermögens ein-

---

[1590] Vergleich nach § 94 GNotKG mit der 2,0-Gebühr aus dem Gesamtwert.
[1591] So schon *Münch* DNotZ 2007, 795 ff.
[1592] BGH – XII ZB 306/14, FamRZ 2015, 1268 m. Anm *Münch* = NJW 2015, 2334; dem folgend etwa OLG Köln – 10 UF 8/15, ZEV 2018, 355.

C. Die Zuwendungen Dritter im Rahmen der Scheidung

schließlich ihrer Wertentwicklungen nicht in den Zugewinn fallen. Der andere liegt in der Vereinbarung einer **Rückübertragungsklausel** zwischen Übergeber und Übernehmer für den Fall der Scheidung, sodass das Zuwendungsgut im Scheidungsfalle wieder zurückfällt und damit kein Zugewinn verbleibt.

Da Übergeber keinen Einfluss auf den Abschluss einer ehevertraglichen Vereinbarung haben, wird die Rückübertragungsklausel aus ihrer Sicht bevorzugt. **495**

> **Hinweis:** Bei höherwertigen Zuwendungen von Eltern auf Kinder sollte sichergestellt sein, dass die Zuwendungen aus der Zugewinngemeinschaft herausgenommen sind oder den Eltern ein Rückerwerbsrecht im Scheidungsfall zusteht.

Werden Rückerwerbsklauseln vereinbart, so beziehen sich diese zumeist auch auf den Fall des **Vorversterbens** des Übernehmers, auf eine **Veräußerung** ohne Zustimmung und auf Fälle von **Insolvenz** und Zwangsvollstreckungsmaßnahmen.

Solche Rückübertragungsansprüche machen insb. für den Fall des Vorversterbens Sinn, denn dies lässt nach § 29 Abs. 1 Nr. 1 ErbStG eine etwaige Schenkungsteuer für den Erwerb entfallen und löst für den Rückerwerb keine eigene neue Steuer aus. Neben dieser Vorschrift enthält die Bestimmung des **§ 13 Abs. 1 Nr. 10 ErbStG** noch eine Anordnung, wonach der Rückfall eines geschenkten Gegenstandes aufgrund gesetzlicher oder testamentarischer Erbfolge bzw. per Vermächtnis steuerfrei ist. Bei der Anwendung des **§ 29 Abs. 1 Nr. 1 ErbStG** ist es oftmals problematisch, wenn **der Rückforderungsberechtigte auch Alleinerbe** geworden ist. Dann stellt sich die Frage der **Konfusion**. Hier wird von der herrschenden Auffassung und auch von der Rechtsprechung vertreten, dass durch § 10 Abs. 3 ErbStG eine solche Konfusion **verhindert** werde. Es wird dann der Alleinerbe gegenüber dem Finanzamt erklären müssen, die Rückforderung geltend zu machen, ohne dass hierfür besondere Formvorschriften beachtlich sein sollen.[1593]

II. Neue Rechtsprechung des BGH zur Schwiegerelternzuwendung

1. Zuwendungen an Kind und Schwiegerkind

Bei einer Zuwendung an das eigene Kind – etwa zum Hausbau – sollte besonders sorgfältig darauf geachtet werden, dass **klar definiert** ist, **an wen die Zuwendung gerichtet** ist. **496**

> **Hinweis:** Vermeiden Sie Schenkungen an Kind und Schiegerkind, etwa auf Gemeinschaftskonten!

[1593] Hierzu DNotI-Gutachten 173640 vom 7.4.2020 mwN.

4. Teil. Scheidung und Scheidungsvereinbarungen

Regelmäßig soll **nur das eigene Kind** mit Zuwendungen bedacht werden. Wenn im Ergebnis, etwa bei einer Grundstückszuwendung, das Kind und sein Ehepartner Eigentümer des Grundstücks und des darauf zu errichtenden Hauses sein sollen, so ist die Weitergabe einer Grundstückshälfte durch das eigene Kind an seinen Ehepartner vorzugswürdig.

Dies ist schon an den **Freibeträgen der Schenkungsteuer** zu verdeutlichen, die für Schwiegerkinder, welche § 15 ErbStG in Steuerklasse II einordnet, nach § 16 ErbStG nur bei 20.000,– EUR pro Schwiegerelternteil liegen.

Aber auch die Rechtsbeziehungen bei Rückforderungen etc. sind besser innerhalb der Ehegatten geregelt.

497 Man spricht bei einer Schenkung auf das eigene Kind und der Weiterschenkung durch dieses an seinen Ehegatten von einer **echten Kettenschenkung**, die **steuerlich in zwei Schenkungsvorgänge zerlegt** wird. Das setzt voraus, dass der Zwischenerwerber aus freiem Willen weiterschenkt und nicht durch den Erstveräußerer dazu angehalten ist. Der **BFH**[1594] hat hier inzwischen für die Zuwendung von Eltern an ihr Kind und dessen Weitergabe an den Ehegatten klare Worte gefunden.

> **Rechtsprechungsbeispiel:** „Überträgt ein Elternteil ein Grundstück schenkweise auf ein Kind und schenkt das bedachte Kind unmittelbar im Anschluss an die ausgeführte Schenkung einen Miteigentumsanteil an dem Grundstück an seinen Ehegatten weiter, ohne dem Elternteil gegenüber zur Weiterschenkung verpflichtet zu sein, liegt schenkungsteuerrechtlich keine Zuwendung des Elternteils an das Schwiegerkind vor.
> … [21] Eltern haben regelmäßig kein Interesse daran, ihr Vermögen im Wege der vorweggenommenen Erbfolge auf ihre Schwiegerkinder zu übertragen; gewollt ist vielmehr die Übertragung des Vermögens auf die eigenen Kinder."

Im Urteilsfall war die echte Kettenschenkung in zwei aufeinanderfolgenden Urkunden beurkundet. Das hat der **BFH** nicht beanstandet. Er hat aber klargestellt, dass die **Zusammenfassung beider Zuwendungen in einer Urkunde** als **Indiz gegen einen freien Willen** des Zwischenerwerbers bezüglich der Weiterzuwendung spricht. Diese Anmerkung ist auch zutreffend, denn bei einer Zusammenfassung in einer Urkunde kann nicht ein Teil ohne den anderen wirksam werden, sondern die eine abschließende Unterschrift gilt stets für beide Teile. Die Schenkung an das Kind wird also nur zusammen mit der weiteren Zuwendung an den Ehegatten wirksam. Das sollte man vermeiden, zumal der Kostenvorteil durch eine Urkunde ohnehin nur im Progressionsvorteil liegt, denn auch dann müssten beide Zuwendungen bewertet werden.

> **Hinweis:** Bei einer echten Kettenschenkung auf das eigene Kind und von diesem weiter auf seinen Ehegatten sollte die Zusammenfassung in einer Urkunde vermieden werden. Es kann aber nunmehr eine Beurkundung in zwei aufeinander folgenden Urkunden auch ohne Zwischenvollzug erfolgen.

[1594] BFH – II R 37/11, DStR 2013, 2103.

C. Die Zuwendungen Dritter im Rahmen der Scheidung

2. Zuwendungen an das Schwiegerkind – BGH

Liegt eine echte Zuwendung an das Schwiegerkind vor, so stellt sich bei einer Scheidung von Kind und Schwiegerkind die Frage nach dem Schicksal dieser Zuwendung. Bisher hatte der BGH einen Wegfall der Geschäftsgrundlage geprüft, der aber nur zum Tragen kam, wenn die Vermögensverteilung zwischen Kind und Schwiegerkind sonst unzumutbar war. Der Streit wurde also in der Scheidung zwischen den Ehegatten ausgefochten.

498

Diese **Rechtsprechung** hat der **BGH** nunmehr völlig **geändert**.[1595] Er geht nunmehr davon aus, dass eine **Schenkung zwischen Schwiegereltern und Schwiegerkind** vorliege, die in diesem Verhältnis nach den Grundsätzen über den **Wegfall der Geschäftsgrundlage** zurückgefordert werden könne. Die Geschäftsgrundlage entfalle **mit der Trennung von Kind und Schwiegerkind**. Die Rückforderung muss gegenüber dem Schwiegerkind erfolgen und ist nunmehr unabhängig von einem güterrechtlichen Ausgleich von Kind und Schwiegerkind.

Ganz neu ist, dass der BGH die Schenkung beim Schwiegerkind in das Anfangs- und Endvermögen einstellt, und zwar mit einem um den Rückforderungsanspruch der Schwiegereltern geminderten Wert. Der Rückforderungsanspruch soll mit seinem tatsächlichen Wert eingestellt werden, obwohl sich dieser erst bei Trennung herausstellt, denn wieviel ihrer Zuwendung die Schwiegereltern zurückverlangen können, hängt hauptsächlich davon ab, wie lange die Zuwendung auch dem eigenen Kind bei intakter Ehe schon zugutekam. Mit diesem „**Trick**"[1596] wird die **Zuwendung im Vermögen des Schwiegerkindes neutralisiert**, sodass es nicht zu einer Doppelinanspruchnahme von Seiten der Schwiegereltern einerseits und durch den Ehegatten im Zugewinn andererseits kommt.

Nachdem der BGH in mehreren Urteilen diese Rechtsprechungswende vollzogen hat, wird man von einer feststehenden Rechtsprechung ausgehen müssen. Eine Reihe von Fragen ist freilich noch ungeklärt. Es handelt sich um folgende:
– Ist der Anspruch abtretbar? Wenn er an das eigene Kind abgetreten wird, müsste er dort ebenfalls immer in gleicher Höhe in Anfangs- und Endvermögen eingestellt werden, um Auswirkungen auf den Zugewinn zu vermeiden.
– Ist der Anspruch vererblich? Man wird wohl unterscheiden: Bei Trennung vor dem Tod der Schwiegereltern liegt Vererblichkeit vor, bei

---

[1595] BGH – XII ZR 189/06, NJW 2010, 2202; BGH – XII ZR 180/09, NJW 2010, 2884; BGH – XII ZR 149/09, NJW 2012, 523.
[1596] Dogmatisch wird diese Vorgehensweise freilich sehr kritisiert, gibt sie doch das feststehende Anfangsvermögen auf und gelangt zu einem beweglichen, sich erst bei Trennung manifestierenden Anfangsvermögen. Das Stichtagsprinzip beim Zugewinn verlange aber, dass das Anfangsvermögen mit Eintritt in den Güterstand bestimmbar sei; *Kogel* FamRB 2010, 309; *Schulz* FPR 2012, 79 (82).

4. Teil. Scheidung und Scheidungsvereinbarungen

Trennung nachher soll der Anspruch nicht mehr entstehen, da die Erwartung der Schwiegereltern nicht mehr enttäuscht werden kann.[1597]
– Wie mindert sich der Anspruch wegen Zweckerreichung? Zum Teil wird davon ausgegangen, dass nach 20 Jahren Nutzung der Zweck der Zuwendung vollständig erreicht ist, zum Teil wird ein abschreibungsähnliches Modell vertreten. Dem hat der **BGH** jedoch widersprochen und sich **gegen jede schematische Betrachtung mit festen Jahreszahlen** gewandt. Er verlangt eine individuelle Betrachtung.[1598]

Für die Rechtspraxis ergibt sich aus alledem vor allem eine Lehre:

Hinweis: Schwiegelternzuwendungen sind auch im Lichte der geänderten Rechtsprechung des BGH möglichst zu vermeiden.

III. Rückerstattungs- und Freistellungsvereinbarung bei Scheidung

499 Da sich die Ansprüche wegen Schwiegerelternzuwendungen nun außerhalb des Zugewinns der Ehegatten und damit auch außerhalb des Scheidungsverfahrens abwickeln, ist vor allem bei **Scheidungsvereinbarungen**, die eine **endgültige Regelung sämtlicher Vermögensfragen** zwischen den Ehegatten anstreben, **an diese Ansprüche** zu **denken**. Wenn alles geregelt ist, so wollen die sich trennenden Ehegatten nicht später noch mit Ansprüchen der Schwiegereltern konfrontiert werden.

Daher ist im Rahmen einer **Abgeltungsklausel** auch dieser Anspruch zu behandeln. Entweder man erzielt **Einigung mit den Schwiegereltern** über die Quote der Rückforderung oder diese sind mit einer Übertragung des Zuwendungsgegenstandes **auf das eigene Kind** einverstanden und **verzichten** für diesen Fall auf eigene Ansprüche. Bei beiden Abreden ist jedoch Vorsicht vor einer **Formfalle** angebracht, denn nach **§ 1378 Abs. 3 S. 2 und 3 BGB** sind selbst beurkundete Vereinbarungen über die Zugewinnausgleichsforderungen vor Beendigung des Güterstandes nicht wirksam. Wer jedoch die Argumentation des BGH konsequent anwendet, für den müsste eine Auswirkung auf die Zugewinnforderung gerade fehlen, denn der Anspruch der Schwiegereltern ist dort nur durchlaufender Posten.

Möglich und empfehlenswert sind in jedem Falle **Freistellungsverpflichtungen der Ehegatten** untereinander, mit denen sich diese verpflichten, sich wechselseitig von allen Ansprüchen freizustellen, welche die eigenen Eltern gegen den geschiedenen Ehegatten noch erheben.

[1597] *Schulz* FPR 2012, 79 (83); *Stein* FamFR 2011, 243 (245).
[1598] BGH – XII ZB 666/13, NJW 2015, 690 = FamRZ 2015, 490 m. Anm. *Wever*.

D. Steuerliche Besonderheiten bei der Scheidung

Immer wieder erlebt man **Scheidungsvereinbarungen**, bei denen sich die Ehegatten über alle Einzelheiten geeinigt haben und die zwar anwaltlich, aber nicht steuerlich vorgeprüft sind. Die nachfolgenden Anmerkungen sollen zeigen, dass dies mit erheblichen Risiken behaftet ist. Aufgrund der steuerlichen Folgen, die eine Auseinandersetzung auch unter Ehegatten haben kann, ist der **vorherige Rat eines steuerlichen Beraters dringend zu empfehlen**. In der Scheidungssituation, wo jeder Ehegatte nur seine eigenen Interessen vertritt, sollte zudem auch **jeder einen eigenen** steuerlichen Berater haben,[1599] denn hier ist häufig des einen steuerlicher Vorteil des anderen steuerlicher Nachteil. Die Scheidungssituation unter Ehegatten hat keinerlei steuerliches Privileg, sodass die einkommensteuerlichen Folgen die Ehegatten treffen wie Dritte auch. Lediglich schenkungsteuerlich und grunderwerbsteuerlich gibt es vor der Scheidung bzw. im Zusammenhang mit der Scheidung noch Freibeträge bzw. Freistellungen für Ehegatten.

500

Neben den steuerlichen Folgen, die etwa eine Eigentumsübertragung auslöst, gilt es auch zu bewerten, ob eine **Gegenleistung**, eine Rente etc. **netto** vereinnahmt werden kann oder **versteuert** werden muss; je nachdem kann ihre Wertschätzung erheblich differieren.

Schließlich hat die neue Rechtsprechung des BGH zur Berücksichtigung der **latenten Steuerlast** bei allen Vermögensgütern zur Folge, dass nur noch mit steuerlicher Beratung die Wertfestsetzung für den Zugewinnausgleich vorgenommen werden kann.[1600]

I. Vereinbarungen

1. Auseinandersetzungsvereinbarung

Ein Rechtsprechungsbeispiel mag die steuerliche Bedeutung einer Auseinandersetzungsvereinbarung beleuchten:

501

Rechtsprechungsbeispiel:[1601] Zwei Ehegatten lassen sich scheiden. Sie sind die einzigen Gesellschafter einer GbR, die gewerbliche Einkünfte erzielt, und sie sind Miteigentümer je zur Hälfte eines Einfamilienwohnhauses. In ihrer Scheidungsvereinbarung übernahm der Ehemann den GbR-Anteil der Ehefrau gegen Schuldfreistellung und die Ehefrau den hälftigen Miteigentumsanteil des Ehemannes am Haus ebenfalls gegen Schuldfreistellung.

Nach Auffassung des BFH[1602] lassen sich die **Grundsätze einer erfolgsneutralen Auseinandersetzung eines Mischnachlasses** ohne Abfindung, die der Große Senat des BFH[1603] aufgestellt hat, **auf die Auseinandersetzung einer Zugewinngemeinschaft** im Rahmen

---
[1599] → Rn. 185 ff.
[1600] Hierzu → Rn. 187 ff.
[1601] BFH – IV R 1/01, DStR 2002, 1209.
[1602] AA FG Baden-Württemberg – 10 K 193/97, BeckRS 2000, 21010398 = EFG 2001566.
[1603] BFH – GrS 2/89, NJW 1991, 249.

4. Teil. Scheidung und Scheidungsvereinbarungen

der Scheidung **nicht übertragen**, da bei der Zugewinngemeinschaft Ehemann und Ehefrau nach § 1363 Abs. 2 S. 1 BGB kein gemeinsames Vermögen bilden, sondern jeder Inhaber seines Vermögens bleibe. Daran ändert nach Auffassung des BFH auch die Einbeziehung in den Zugewinnausgleich nichts. Die Besonderheiten der Ehe als Erwerbs- und Verbrauchsgemeinschaft rechtfertigen ebenfalls keine andere Entscheidung, so der BFH. Es sei auch nicht gerechtfertigt, dass der den Gesellschaftsanteil übernehmende Ehegatte später alle stillen Reserven allein versteuern müsse.

Anders hatte das FG München[1604] für die Gütergemeinschaft entschieden, bei der aber Gesamthandsvermögen vorliegt.

Lösung Rechtsprechungsbeispiel: Nach Ansicht des BFH liegt eine steuerpflichtige Veräußerung der Anteile an der GbR vor.

2. Übertragung zur Abgeltung des Zugewinns

502 Der **Zugewinnausgleichsanspruch** ist ein auf **Geld gerichteter Anspruch**. Häufig ist jedoch die Liquidität der Ehegatten nicht so hoch, dass der Anspruch ohne Weiteres in Geld erfüllt werden kann. Dann wird ein **Vermögensgut**, häufig eine Immobilie, **an Erfüllungs Statt** übertragen. Die Übertragung an Erfüllungs Statt wertet der BFH ebenfalls als **entgeltlichen Vorgang**.[1605] Wenn auch die Entscheidung zum Zugewinnausgleich schon älter ist, so hat der BFH dies doch in jüngerer Zeit für die Abgeltung von Pflichtteilsansprüchen durch Leistung an Erfüllungs Statt bestätigt[1606] und dabei ausgeführt:

Rechtsprechungsbeispiel: „Zwar erwirbt der Pflichtteilsberechtigte seinen Pflichtteilsanspruch unentgeltlich auf Grund des Erbfalls. Es handelt sich um einen privaten, auf Geld gerichteten schuldrechtlichen Anspruch gegen den Erben. Vereinbaren Pflichtteilsberechtigter und Erbe, den geschuldeten Geldbetrag durch die Beteiligung des Pflichtteilsberechtigten an einer Personengesellschaft abzugelten, ist diese Vereinbarung – unabhängig von der zivilrechtlichen Beurteilung einer Leistung an Erfüllungs Statt (Austauschvertrag, Änderungsvertrag oder Erfüllungsabrede …) steuerrechtlich jedenfalls als entgeltliches Rechtsgeschäft zu beurteilen … Denn der Anspruch auf die Beteiligung an der Gesellschaft ist anders als der auf Geld gerichtete Pflichtteilsanspruch nicht mit dem Erbfall entstanden; er beruht vielmehr auf der hiervon zu trennenden besonderen Vereinbarung zwischen dem Erben und den Pflichtteilsberechtigten."

Dabei hat der BFH apodiktisch ausgesprochen, dass es ihm auf die zivilrechtliche Einschätzung der Leistung an Erfüllungs Statt für die steuerliche Beurteilung als entgeltlich nicht ankommt. Zivilrechtlich

---

[1604] FG München – 15 K 462/93, FPR 1993, 812.
[1605] BFH – VIII R 175/74, BeckRS 1977, 22003894 = BStBl. II 1977, 389; BFH – X R 48/99, DStR 2003, 457.
[1606] BFH – III R 38/00, DStRE 2005, 449.

D. Steuerliche Besonderheiten bei der Scheidung

handelt es sich nämlich um ein Hilfsgeschäft zur Erfüllung und nicht um einen entgeltlichen Austauschvertrag.[1607]
Damit ist sowohl bei der Vereinbarung einer **Güterstandsschaukel** wie auch bei der **Scheidungsvereinbarung** in Betracht zu ziehen, dass die Übertragung von Vermögensgütern zur Abgeltung des Zugewinnausgleichsanspruches als **entgeltliches Rechtsgeschäft** angesehen wird, sodass bei einem steuerverhafteten Gegenstand ein Veräußerungsgewinn im Raume steht.

> **Hinweis ("Vorsicht Falle"**[1608]**):** Die Übertragung von Vermögensgütern zur Abgeltung des Zugewinnausgleichs wird von der Rechtsprechung als entgeltlich angesehen und kann daher zu unliebsamen Steuerfolgen führen.

Ein **Vorschlag** zur Vermeidung dieser Konsequenzen geht dahin, den Zugewinnausgleich vertraglich abweichend zu regeln und statt einer Geldforderung einen **gegenständlichen Zugewinn** zu vereinbaren.[1609] Konsequenz wäre, dass der vereinbarte Gegenstand nicht nur auf eine bleibende Zugewinnforderung anzurechnen wäre, sondern den Zugewinn bildet.[1610] Dies ist sicher so zivilrechtlich zulässig, bedeutet aber in der Sache einen für beide Seiten unwägbaren Vorschlag, wenn die Vereinbarung vorsorgend getroffen ist, denn der Gegenstand kann viel mehr oder viel weniger wert sein als der Zugewinnanspruch. Wird die Vereinbarung aber scheidungsnah getroffen, so ist doch fraglich, ob hierin nicht eben die vertraglich getroffene Vereinbarung der Leistung an Erfüllungs Statt liegt, zumal der BFH deutlich gemacht hat, dass es ihm nicht auf die zivilrechtliche Konstruktion ankommt, sondern auf das wirtschaftliche Ergebnis. Einen Versuch mag es wert sein, bevor man sehenden Auges Steuern auslöst, eine Erfolgsgarantie wird man nicht geben können.

3. Anrechnung auf den Zugewinn nach § 1380 BGB

Wird während der Ehe unter den Ehegatten ein Vermögensgut **unentgeltlich übertragen** mit der Anordnung, dass der Empfänger sich die Leistung nach **§ 1380 BGB auf den Zugewinn anrechnen** lassen muss, so stellt sich die Frage, was passiert, wenn es nun tatsächlich zum Zugewinnausgleich kommt und die Anrechnung zur Wirkung gelangt, weil der Empfänger der Zuwendung einen Zugewinnausgleichsanspruch hat.
Hier sind die Meinungen geteilt. Während eine Ansicht davon ausgeht, dass die Zuwendung **auch bei Wirksamwerden der Anrech-**

[1607] BGH – VIII ZR 190/82, NJW 1984, 429 (431); Palandt/*Grüneberg* BGB § 364 Rn. 2.
[1608] So *Wälzholz* MittBayNot 2005, 465 f.
[1609] *Stein* DStR 2012, 1063 f.
[1610] Anders als der Formulierungsvorschlag bei *Münch*, Ehebezogene Rechtsgeschäfte, Kap. 2 Rn. 498 ff., wo aus Gründen der Liquiditätsschonung oder weil ein Ehegatte Wert auf die Immobilie legt, die Übertragung einer Immobilie aber unter Anrechnung auf den Gesamtzugewinn vereinbart wird.

4. Teil. Scheidung und Scheidungsvereinbarungen

nung eine unentgeltliche bleibt,[1611] gehen **andere** davon aus, dass die tatsächliche Durchführung des Zugewinnausgleichs den ursprünglichen **Rechtsgrund umqualifiziert**, sodass die Zuwendung von ihrem bisherigen Rechtsgrund gelöst und rechtlich neu zugeordnet wird, sie trägt also einen latenten weiteren Rechtsgrund in sich und wird durch die Anrechnung zur **entgeltlichen Leistung**. Es soll sich demnach um eine antizipierte Leistung an Erfüllungs Statt handeln.[1612] Dafür spricht die Vorschrift des § 29 Abs. 1 Nr. 3 ErbStG, wonach mit der Anrechnung für die Schenkungsteuer feststeht, dass der Zuwendung der freigebige Charakter nunmehr fehlt.[1613]

Die Folgen letztgenannter Auffassung wären **ertragsteuerrechtlich fatal**, denn es käme nachträglich zu einer entgeltlichen Veräußerung mit entsprechenden Steuerfolgen.

Die **Rechtsprechung** hierzu ist **noch nicht abzusehen**. Zwar wird das Urteil des FG Münster[1614] und des BFH[1615] zu einem Fall nach § 17 EStG als Bestätigung für die verbleibende Unentgeltlichkeit zitiert,[1616] da die Gerichte gerade keine Steuerfolgen gezogen haben. Die früher hinzugefügte Einschränkung „bleibt abzuwarten" wird inzwischen nicht mehr getätigt.[1617] Und diese Einschränkung ist berechtigt, hat doch der BFH[1618] bei der Leistung an Erfüllungs Statt die Entgeltlichkeit ganz unabhängig von zivilrechtlichen Wertungen angenommen.

> **Hinweis:** Es ist **derzeit nicht völlig geklärt**, ob Zuwendungen, welche nach § 1380 BGB beim Zugewinnausgleich zur Anrechnung gelangen, sich von einer unentgeltlichen zu einer entgeltlichen Zuwendung wandeln, mit fatalen ertragsteuerlichen Konsequenzen.
> Die gestaltende Praxis wird daher abwägen, ob bei steuerverhafteten Zuwendungsobjekten die Anrechnung benötigt wird.

Ob die Anrechnung wirklich zu einer Umqualifizierung und zu einem latenten zweiten Rechtsgrund führt, erscheint vor allem deshalb zweifelhaft, weil die **Anrechnungsbestimmung** nicht zwingend vertraglich erfolgen muss, sondern eine **einseitige empfangsbedürftige** Anrechnungsbestimmung bei der Zuwendung genügt, die **gar nicht in der Lage** ist, **einen vertraglichen Rechtsgrund zu begründen**. Die Anrechnung erfolgt gem. § 1380 Abs. 1 S. 2 BGB sogar im Zweifel ohne eine solche Bestimmung, wenn die Zuwendung Gelegenheitsgeschenke überschreitet. Das unterscheidet die Anrechnung deutlich von der Leistung an Erfüllungs Statt, die eine „Austauschabrede" voraussetzt.

[1611] So *Hermanns* DStR 2002, 1065 ff.
[1612] So jeweils *Hollender/Schlütter* DStR 2002, 1932 f.
[1613] *Weidlich* ZEV 2014, 345 (350).
[1614] FG Münster – 14 K 2210/06 E, BeckRS 2009, 26028522.
[1615] BFH – IX R 8/10, DStR 2012, 1172.
[1616] *Stein* DStR 2012, 1734 f.; TGJ/*Jülicher* ErbStG § 29 Rn. 93.
[1617] TGJ/*Jülicher* ErbStG § 29 Rn. 93.
[1618] BFH – III R 38/00, DStRE 2005, 449.

D. Steuerliche Besonderheiten bei der Scheidung

Ferner ist die Anrechnung über § 1380 BGB – das wird zu Recht betont[1619] – ein **reines Rechenkorrektiv**. Das wird vor allem aus der komplizierten Anwendung der Bestimmung anhand der Rechtsprechungsgrundsätze deutlich.[1620] Für die **Gestaltungspraxis** ist neben den oben genannten Entscheidungen von Bedeutung, dass sich die **Kommentare zum Erbschaft- und Schenkungsteuergesetz** eindeutig **gegen die Umwandlung in ein ertragsteuerlich entgeltliches Rechtsgeschäft** aussprechen.[1621] Demnach würden die Fälle einer Übertragung mit **Anrechnung** nach § 1380 BGB und der nachherigen Aufhebung des Güterstandes **anders behandelt als** die Aufhebung des Güterstandes mit anschließender **Übertragung an Erfüllungs Statt**.[1622] Eine tragfähige höchstrichterliche Entscheidung hierzu wäre freilich wünschenswert.

Zivilrechtlich aber ist – neben diesen komplexen steuerrechtlichen Themen – **zunächst** einmal **zu prüfen, ob** es **überhaupt** zu einer **Anrechnung** kommt. Zu einer solchen kommt es zB dann nicht, **wenn** der Zugewinn im Todesfalle durch das **erbrechtliche Viertel** ausgeglichen wird. Dieser Ausgleich unterliegt einer Pauschalierung und setzt nicht einmal voraus, dass überhaupt Zugewinn erzielt wurde oder der Überlebende ausgleichsberechtigt ist. Daher gelangt auch **§ 1380 BGB** hier **zivilrechtlich nicht zur Anwendung**.[1623] Gleichwohl ist **§ 29 Abs. 1 Nr. 3 ErbStG** nach dessen **Satz 2** anwendbar, sodass also eine etwaige Schenkungsteuer wegfällt, wenn die unentgeltliche Zuwendung im Rahmen des nach § 5 Abs. 1 ErbStG fiktiv zu berechnenden Zugewinns berücksichtigt wird. Dort nämlich soll die Anrechnung für die steuerliche Betrachtung mitberechnet werden.[1624] Zu einer Anrechnung kommt es ferner nicht, wenn der beschenkte Ehegatte zuerst verstirbt,[1625] es wird quasi „**falsch herum**" gestorben.[1626] Ebenso soll es nicht zu einer Anrechnung kommen, wenn die Schenkung über den Zugewinnanspruch hinaus erfolgte, also in den Fällen einer sog. **überhöhten Vorwegleistung**.[1627] Der Ansicht, dass allein eine Zuvielleistung die Anrechnung

---

[1619] *Stein* DStR 2012, 1734 (1735 f.)
[1620] Hierzu eingehend *Münch*, Ehebezogene Rechtsgeschäfte, Kap. 2 Rn. 567 ff.
[1621] TGJG/*Jülicher* ErbStG § 29 Rn. 93; Viskorf/*Wälzholz*, Familienunternehmen, § 29 Rn. 41; von Oertzen/Loose/*Reich* ErbStG § 29 Rn. 36; *Meincke/Hannes/Holtz* ErbStG § 29 Rn. 14.
[1622] Darauf weisen ausdrücklich hin TGJG/*Jülicher* ErbStG § 29 Rn. 93 und von Oertzen/Loose/*Reich* ErbStG § 29 Rn. 36.
[1623] Palandt/*Brudermüller* BGB § 1371 Rn. 3; MüKoBGB/*Koch* BGB § 1371 Rn. 16.
[1624] FG Köln – 7 K 513/16, ZEV 2018, 610.
[1625] Von Oertzen/Loose/*Reich* ErbStG § 29 Rn. 34.
[1626] So *Geck* KÖSDI 2017, 20242 (20246).
[1627] *Mack/Stenert* DStR 2017, 2645 f., wo Ansichten der Finanzverwaltung kolportiert, aber leider nicht zitiert werden (Tz. 2), wo aber zu Recht betont wird, nach Sinn und Zweck des § 29 Abs. 1 Nr. 3 ErbStG müsse die Zuwendung in Höhe des eigentlichen Zugewinnausgleichsbetrag steuerfrei bleiben; so wohl auch TGJG/*Jülicher* ErbStG § 29 Rn. 93; auch *Lindenau* ZEV 2018, 636 zitiert die

4. Teil. Scheidung und Scheidungsvereinbarungen

insgesamt wegfallen lässt, ist zu widersprechen. Vielmehr findet § 29 Abs. 1 Nr. 3 ErbStG auch in diesen Fällen Anwendung,[1628] rechnet doch die herrschende Auffassung im Zivilrecht mit einer zweiten Zugewinnberechnung, in der letztlich die Vorwegleistung in der Gesamtzugewinnberechnung doch ihren Platz findet.[1629] Aufgrund der kontroversen Diskussion wird aber gleichwohl zuweilen geraten, zur Vermeidung steuerlicher Risiken eine Anrechnungsbestimmung nicht vorzusehen.[1630]

Hinweis: Derzeit ist umstritten, ob bei erhöhter Vorwegleistung ein Fall des § 29 ErbStG vorliegt.

Kommt es zu einer Anrechnung, so wird in mehreren Stufen gerechnet. Der Wert wird erst beim Zuwendenden hinzu und beim Empfänger vom Endvermögen abgerechnet und dann von der Ausgleichsforderung abgezogen. Die Auswirkung auf den späteren Zugewinn ist nahezu unvorhersehbar. Das unterscheidet die Anrechnung deutlich von der Leistung an Erfüllungs Statt.

4. Ausweichgestaltungen

504   Zur Vermeidung dieser steuerlichen Folgen werden allerlei **Ausweichgestaltungen** erwogen, die jedoch kaum wirklich überzeugen.

Am wirksamsten ist die vernünftige **Organisation der Vermögensverteilung** schon während der Ehe. Hier hat gerade der **Steuerberater mit langjährigem Dauermandat** eine gute Einwirkungsmöglichkeit. Immobilien sollten eher jeweils verteilt zu Alleineigentum erworben werden als in Miteigentum, das wieder auseinandergesetzt werden muss.

Wenn das eheliche Vermögen am Ende ohnehin an Kinder vererbt werden soll, dann könnte überlegt werden, anstelle einer in den Zugewinn fallenden Auseinandersetzung eine **vorweggenommene Übertragung** auf die Kinder vorzunehmen und über Nutzungsrechte die Einnahmen bei den Ehegatten zu belassen.

Erfolgversprechend kann noch die **Bestellung dinglicher Rechte** zur Überbrückung der Veräußerungsfrist sein,[1631] etwa eines Nießbrauchs oder eines Erbbaurechtes. Für möglich gehalten wird auch ein bindendes Angebot, das erst nach Ablauf der Veräußerungsfrist angenommen werden kann. Schädlich wird aber eine Kombination aus diesen Dingen sein oder sonstige Vereinbarungen, die den wirtschaftlichen Erfolg bereits vorwegnehmen.

Finanzverwaltung, greift aber letztlich auch nur auf den Sachverhalt eines Urteils des FG Köln (nachlesbar unter → Rn. 12, BeckRS 2018, 16760 = ZEV 2018, 610, aber ohne dort zitierte Stelle) zurück und pflichtet dieser Auffassung nicht bei.
[1628] *Meincke/Hannes/Holtz* ErbStG § 29 Rn. 13; *Mack/Stenert* DStR 2017, 2645 f.
[1629] Näher zur Berechnung MüKoBGB/*Koch* BGB § 1380 Rn. 2.
[1630] *Lindenau* ZEV 2018, 636 (638).
[1631] *Wälzholz* FamRB 2002, 382 (384) mwN.

D. Steuerliche Besonderheiten bei der Scheidung

Wenn eine **unentgeltliche Übertragung vor Scheidung** angeraten wird,[1632] so ist zunächst zu fragen, ob dies wirklich dem Willen der Vertragsteile entspricht. Eine Anrechnung auf den Zugewinn hat sich als ebenso gefährlich erwiesen und ohne Anrechnung schenkt man sich in einer Scheidungssituation nichts. Möglicherweise ließe sich überlegen, dass durch eine Übertragung die unterhaltsrechtliche Situation des Empfängers verbessert wird, sodass die Übertragung letztlich durch eine Unterhaltsersparnis wieder aufgefangen wird. Dies ist aber aufgrund der zeitlichen Gebundenheit des Unterhalts durchaus nicht sicher.

Ein Vorschlag sieht vor, die **Zugewinnausgleichsforderung** bis zum Ablauf der Veräußerungsfrist etwa des § 23 EStG zu **stunden**[1633] und die Eigentumsübertragung entsprechend hinauszuzögern. Sobald eine solche Sachlage gemeinsam eine Regelung erfährt und möglicherweise noch eine Nutzungsüberlassung hinzutritt, ist aber Vorsicht geboten, dass nicht schon der Veräußerungstatbestand verwirklicht ist.[1634]

Das Hoffen auf **§ 1383 BGB**[1635] ist zumeist vergeblich, da eine gerichtliche Zuweisung bestimmter Gegenstände nur selten ausgesprochen wird. Zudem wird sogar die Abgabe des Meistgebotes bei einer Zwangsversteigerung als ein Fall des § 23 EStG angesehen, sodass der Tatbestand keinesfalls wegen der gerichtlichen Zuweisung ausscheidet.[1636]

II. Veräußerungsgewinn nach § 23 EStG

Ein besonderer Blick soll aufgrund der Häufigkeit des Auftretens der Veräußerungsgewinnbesteuerung des § 23 EStG gelten. 505

1. Der Tatbestand des § 23 EStG

Der **große Anwendungsbereich** der Veräußerungsgewinnbesteuerung liegt darin begründet, dass die Steuerpflicht nach mehreren Gesetzesänderungen immer mehr ausgeweitet worden ist. Die „Spekulationsfrist" beträgt nunmehr 10 Jahre. 506

Die **Brisanz** der Vorschrift im Rahmen von Scheidungsvereinbarungen wurde durch zwei gleichlautende **Erlasse der OFD Frankfurt und München**[1637] deutlich bewusst. Seitdem sollte jede Eigentumsübertragung im Rahmen einer Scheidungsvereinbarung auf ihre Steuerpflicht hin angesehen werden.

Nach § 23 Abs. 2 EStG findet die Vorschrift **nur subsidiär** Anwendung, sodass etwa ein **gewerblicher Grundstückshandel** vorrangig zu berücksichtigen ist. § 23 EStG **findet für privates Vermögen** Anwendung, bei der Veräußerung von Betriebsvermögen greifen die §§ 4 ff.

[1632] *Hermanns* DStR 2002, 1065 (1067); *Götz* FamRB 2004, 89 (91).
[1633] *Karasek* FamRZ 2002, 590 (592); *Arens* FPR 2003, 426 (428).
[1634] *Korn/Carlé* EStG § 23 Rn. 29.
[1635] *Schröder* FamRZ 2002, 1010.
[1636] So auch *Sagmeister* DStR 2011, 1589 (1593).
[1637] OFD Frankfurt, FR 2001, 322 = HaufeIndex 564994 und OFD München, BeckVerw 032932 = DB 2001, 1533.

4. Teil. Scheidung und Scheidungsvereinbarungen

EStG. Die Einlage eines privaten Vermögensgutes in einen Betrieb gilt allerdings nach §23 Abs.1 S.5 EStG als Veräußerung, die Entnahme/Veräußerung aus einem Betrieb ist aber eine Anschaffung des nunmehr privaten Wirtschaftsgutes.[1638]

507 – Als **Anschaffung** iSd §23 EStG ist zu verstehen der
- Erwerb eines Grundstücks; nicht die bloße Bestellung von Nutzungsrechten.[1639]
- gegen Entgelt; Vorbehalte von Leistungen bei der vorweggenommenen Erbfolge sind für die Einkommensteuer nicht als Entgelt anzusehen, wohl aber Abstandszahlungen an den Übergeber, Gleichstellungsgelder an Dritte oder die Übernahme von Verbindlichkeiten.[1640]
- der Erwerb einer Beteiligung an einer Personengesellschaft gilt nach §23 Abs.1 S.4 EStG als Anschaffung der anteiligen Wirtschaftsgüter.

508 – **Veräußerung:** Der Begriff ist wirtschaftlich zu verstehen. Es genügt die Schaffung von Verhältnissen, die wirtschaftlich einem Kauf gleichstehen.[1641] Ein **bindendes Verkaufsangebot allein** stellt noch **keine Veräußerung** dar, wenn nicht weitere Umstände hinzutreten, die das wirtschaftliche Eigentum übergehen lassen.[1642] So sagt der BFH:

Rechtsprechung:[1643] „Ist aber …bei Abgabe des Verkaufsangebotes die Gefahr noch nicht übergegangen und hat der Verkäufer dem Käufer noch kein wirtschaftliches Eigentum verschafft, so müssen beide Vertragserklärungen innerhalb der Frist abgegeben werden."

Auch zu einem **Vertrag mit einem Rücktrittsrecht** für den Käufer hat der BFH[1644] entschieden, dass die Vertragserklärungen nicht verbindlich innerhalb der „Spekulationsfrist" abgegeben sind.

Bei einem Vertrag, zu dem die **Genehmigung noch aussteht**, hat der BFH trotz späterer Rückwirkung der Genehmigung entschieden, es liege **keine Veräußerung** vor, wenn innerhalb der Spekulationsfrist nicht beide Erklärungen vorlagen.[1645] Anders hingegen bei einer **aufschiebenden Bedingung**: Auch wenn diese erst nach Ablauf der Spekulationsfrist eintritt, will der BFH eine **Veräußerung** zuvor bereits bejahen, da das

---

[1638] OFD Düsseldorf 5.12.2002, HaufeIndex 1063527.
[1639] HHR/*Musil* EStG §23 Rn.52.
[1640] Schmidt/*Weber-Grellet* EStG §23 Rn.44.
[1641] Schmidt/*Weber-Grellet* EStG §23 Rn.37.
[1642] Insoweit ist die Kommentierung bei Schmidt/*Weber-Grellet* EStG §23 Rn.37 eingeschränkt zu lesen, bei den zitierten Urteilen kam es schon mit dem Angebot zum wirtschaftlichen Übergang; vgl. zum Ganzen Korn/*Carlé* EStG §23 Rn.29
[1643] BFH – IX R 45/99, DStRE 2002, 153 – im konkreten Fall war vorbehaltlich Genehmigung durch den Käufer beurkundet worden. Der BFH grenzt im Urteil auch ab zu anderen Fällen, wo zusätzlich zum bindenden Verkaufsangebot das wirtschaftliche Eigentum übergegangen war.
[1644] BFH – IX R 14/03, DStRE 2006, 661.
[1645] BFH – IX R 23/13, DStR 2015, 742.

D. Steuerliche Besonderheiten bei der Scheidung

Rechtsgeschäft voll gültig gewesen sei, nur die Rechtswirkungen seien bis zum Bedingungseintritt in der Schwebe geblieben.[1646]
- **Identität/Errichtung von Gebäuden:** Die Errichtung von Gebäuden wird einbezogen, wenn sie innerhalb der Veräußerungsfrist erfolgte, § 23 Abs. 1 Nr. 1 S. 2 EStG. Sie löst keine eigene, neue Frist aus und ändert die Identität des Wirtschaftsgutes nicht.

    Fallbeispiel:[1647] M erwirbt am 2.1.2009 ein Grundstück für 200.000,– EUR und errichtet darauf in 2015 ein Haus für 400.000,– EUR und vermietete es. In 2020 verkauft er Grundstück mit Haus für 800.000,– EUR.
    Die Veräußerung ist steuerfrei, da die Bautätigkeit keine eigene neue Frist ausgelöst hat. Der Fristablauf ist allein von der Anschaffung des Grundstücks zu bemessen, sodass die 10-Jahresfrist bei Veräußerung abgelaufen war.

- **10-Jahresfrist:** Maßgeblich ist der Abschluss des schuldrechtlichen Vertrages, also des notariellen Erwerbsvertrages.[1648] Grundbucheintrag, Geldfluss oder Besitzübergang spielen also keine Rolle.[1649]
- Keine **Eigennutzungsausnahme:** Von der Besteuerung ausgenommen ist Grundbesitz, der entweder
    - zwischen Anschaffung bzw. Herstellung und Veräußerung ausschließlich zu eigenen Wohnzwecken genutzt wurde oder
    - im Jahr der Veräußerung und in den beiden vorangegangenen Jahren zu eigenen Wohnzwecken genutzt wurde.

2. Fallgruppen in der Scheidungsvereinbarung

Die Verfügungen der OFD München und Frankfurt[1650] nehmen Stellung zu folgenden Fällen:

a) Beispiel I: Übertragung als Abgeltung für Zugewinn

Fallbeispiel: M erwirbt in 2014 ein Haus für 100.000,– EUR und vermietet es. In 2020 wird er geschieden. Seine Frau hat einen Zugewinnanspruch von 250.000,– EUR. So viel ist auch das Haus inzwischen wert. Er überträgt das Haus auf seine Frau zur Abgeltung des Zugewinns.

Lösung der OFD: Die Übertragung an Erfüllungs Statt ist entgeltlich. M erzielt einen steuerpflichtigen Veräußerungsgewinn von 150.000,– EUR.

b) Beispiel II: Übertragung als Abgeltung für Zugewinn und Unterhalt

Fallbeispiel: M erwirbt in 2014 ein Haus für 100.000,– EUR und vermietet es. In 2020 wird er geschieden. Seine Frau hat einen Zugewinnanspruch von

---

[1646] BFH – IX R 23/13, DStR 2015, 742.
[1647] Nach BMF, BStBl. I 2000, 1383 Tz. 9.
[1648] BFH – IX R 18/13, BeckRS 2014, 95699 = SteuK 2014, 410; Schmidt/Weber-Grellet EStG § 23 Rn. 32.
[1649] Das bestätigt BFH – IX R 18/13, DStR 2014, 1711, nach dessen Auffassung bei wirksamem Bindungswillen ein Rechtsgeschäft auch ohne die Einhaltung der vereinbarten Form wirksam ist, sodass § 154 Abs. 2 BGB nicht anwendbar ist.
[1650] OFD Frankfurt, FR 2001, 322 = HaufeIndex 564994 und OFD München, BeckVerw 032932 = DB 2001, 1533.

4. Teil. Scheidung und Scheidungsvereinbarungen

250.000,– EUR. Das Haus ist inzwischen 300.000,– EUR wert. Er überträgt das Haus auf seine Frau zur Abgeltung des Zugewinns und in Höhe von 50.000,– EUR zur Verrechnung mit Unterhaltsansprüchen.

Lösung der OFD: Die Übertragung an Erfüllungs Statt ist entgeltlich. Gleiches gilt für die Verrechnung mit der Unterhaltsforderung. M erzielt einen steuerpflichtigen Veräußerungsgewinn von 200.000,– EUR. Hinsichtlich der Abgeltung der Unterhaltsforderung ist bis zum Höchstbetrag ein Abzug als Sonderausgabe möglich.

c) *Beispiel III: Übertragung als Abgeltung für Zugewinn teilentgeltlich*
Fallbeispiel: M erwirbt in 2014 ein Haus für 100.000,– EUR und vermietet es. In 2020 wird er geschieden. Seine Frau hat einen Zugewinnanspruch von 250.000,– EUR. Das Haus ist inzwischen 300.000,– EUR wert. Er überträgt das Haus auf seine Frau zur Abgeltung des Zugewinns ohne weitere Absprache.

Lösung der OFD: Die Übertragung erfolgt teilentgeltlich. Zu 5/6 ist sie entgeltlich und zu 1/6 unentgeltlich. Für die Veräußerungsgewinnbesteuerung wird nur der entgeltliche Teil betrachtet. Dazu werden von 5/6 des Veräußerungserlöses 5/6 der Anschaffungskosten abgezogen. Das ergibt 250.000,– EUR abzgl. 83.333,– EUR = 166.667,– EUR. Für die entgeltlich erworbenen 5/6 beginnt eine neue Veräußerungsfrist, für den unentgeltlich erworbenen Anteil von 1/6 wird nach § 23 Abs. 1 S. 3 EStG die Voreigentümerzeit weitergeführt.

Diese Beispiele der OFD ließen sich noch vermehren. Es gibt darunter Fallgestaltungen, in denen keiner der Ehegatten an einen Veräußerungsgewinn denkt.

d) *Beispiel IV: Übertragung zum Einstandspreis, aber teilentgeltlich*
Fallbeispiel: M erwirbt in 2014 ein Haus für 250.000,– EUR und vermietet es. In 2020 wird er geschieden. Seine Frau hat einen Zugewinnanspruch von 250.000,– EUR. Das Haus ist inzwischen 300.000,– EUR wert. Er überträgt das Haus auf seine Frau zur Abgeltung des Zugewinns ohne weitere Absprache.

Lösung: Zwar sind Kaufpreis und Zugewinnanspruch gleich hoch. Der Wert des Hauses, den die Ehefrau erhält, liegt aber darüber, sodass auch diese Übertragung nur teilentgeltlich erfolgt. Zu 5/6 ist sie entgeltlich und zu 1/6 unentgeltlich. Für § 23 EStG ist nur der entgeltliche Teil maßgeblich. Dazu werden von 5/6 des Veräußerungserlöses 5/6 der Anschaffungskosten abgezogen. Das ergibt 250.000,– EUR abzgl. 208.333,– EUR = 41.667,– EUR. Für die entgeltlich erworbenen 5/6 beginnt eine neue Veräußerungsfrist, für den unentgeltlich erworbenen Anteil von 1/6 wird nach § 23 Abs. 1 S. 3 EStG die Voreigentümerzeit weitergeführt. Bei einer Weiterveräußerung stellen sich insoweit also jeweils unterschiedliche Konsequenzen ein.

Hinweis: Auch wenn der Erwerbspreis dem Zugewinn = Veräußerungsentgelt entspricht, kann es zu einem Veräußerungsgewinn kommen.

D. Steuerliche Besonderheiten bei der Scheidung

Das gilt auch dann, wenn **Abschreibungen** vorgenommen wurden, denn diese sind nach §23 Abs. 3 S. 4 EStG **vom Erwerbspreis abzuziehen**, sodass sich dementsprechend ein Gewinn einstellt.

e) Beispiel V: Realteilung privaten Miteigentums

Fallbeispiel: M und F erwarben immer gemeinsam. So kauften sie in 2014 und 2015 je eine vermietete Eigentumswohnung in Frankfurt und Düsseldorf als Miteigentümer je zur Hälfte. Kaufpreis war für jede Wohnung 400.000,– EUR. Mit dieser Eintracht war es 2020 vorbei. Die Ehegatten ließen sich scheiden und setzten sich so auseinander, dass M die Wohnung in Frankfurt übernahm und F diejenige in Düsseldorf. Sie waren sehr froh, denn der Wert einer jeden Wohnung war mittlerweile auf 500.000,– EUR gestiegen.

Lösung: Das Finanzamt hat an ihrer Freude teil, denn der Tausch der beiden Wohnungshälften wird als entgeltliches Geschäft betrachtet werden müssen, sodass jeder für die Wohnungshälfte, die er abgibt, einen Veräußerungsgewinn von 50.000,– EUR erzielt.[1651]

Besser wäre es also gewesen, die Vermögensverteilung von vorneherein so zu organisieren, dass jeder Ehegatte seine Wohnung zu Alleineigentum erwirbt.

3. Ausnahmen bei Eigennutzung

Eine **Ausnahme** von der Veräußerungsgewinnbesteuerung statuiert §23 EStG für **eigengenutzten Wohnraum**. Dazu zählen nicht ein Arbeitszimmer und nicht vermietete Wohnteile.

Bei einer **unentgeltlichen Überlassung** zu Wohnzwecken an ein **Kind** soll noch eine Nutzung zu eigenen Wohnzwecken vorliegen, wenn für das Kind Anspruch auf Kindergeld oder den Freibetrag nach §32 Abs. 6 EStG besteht. Dies soll allerdings schon dann nicht mehr gelten, wenn das Kind die Wohnung nicht alleine nutzt, sondern zusammen etwa mit dem anderen Elternteil.[1652]

Bei unentgeltlicher Überlassung an andere Angehörige hingegen soll nicht länger eine Nutzung zu eigenen Wohnzwecken vorliegen, selbst wenn die Angehörigen unterhaltsberechtigt sind.[1653] Daher liegt auch bei der Überlassung an den anderen Ehegatten in der Trennungsphase keine Eigennutzung mehr vor.

Hinweis – Trennungsfalle: Zieht der Eigentümer-Ehegatte aus und überlässt während der Trennung das Familienwohnheim dem anderen Ehegatten, so liegt keine Nutzung zu eigenen Wohnzwecken vor. Dies kann zu einem Verlust des Steuerprivilegs bei späterem Verkauf führen. Die Aufgabe der Eigennutzung will also wohl überlegt sein!

[1651] Dies wird man aus dem geschilderten Urteil des BFH zur Realteilung eines Mischnachlasses folgern müssen.
[1652] FG Hessen – 1 K 1654/14, DStRE 2017, 270.
[1653] BMF, BStBl. I 2000, 1383 ff. Tz. 22 f.

4. Teil. Scheidung und Scheidungsvereinbarungen

Sind **beide Ehegatten Eigentümer**, so ist die **Rechtsfolge** für jeden Anteil und für jeden Ehegatten getrennt zu betrachten. Das bedeutet, wenn ein Miteigentümer-Ehegatte auszieht, geht er des Privilegs ggf. für seinen Miteigentumsanteil verlustig.

Die Eigennutzung wird bei den folgenden **zwei Alternativen** anerkannt:

(1) „**Zwischen Anschaffung bzw. Herstellung und Veräußerung ausschließlich zu eigenen Wohnzwecken genutzt.**"

Nach dem ergänzenden Erlass der Finanzverwaltung[1654] kommt es für den Zeitpunkt der Anschaffung bzw. der Veräußerung jeweils auf den Übergang des wirtschaftlichen Eigentums an; für die Grundstücksveräußerung bedeutet dies, dass es ganz entscheidend ist, wann **Besitz, Nutzen und Lasten** übergehen. Leerstände sind unschädlich vor Aufnahme der Eigennutzung, wenn sie mit der Aufnahme der Eigennutzung zusammenhängen, oder auch zwischen Nutzungsende und Veräußerung, wenn Verkaufsabsicht nachgewiesen wird. Ein trennungsbedingter Auszug erfüllt beide Alternativen nicht.

(2) „**Im Jahr der Veräußerung und in den beiden vorangegangenen Jahren zu eigenen Wohnzwecken genutzt.**"

Die Finanzverwaltung fordert die Nutzung in einem **zusammenhängenden Zeitraum innerhalb der letzten drei Kalenderjahre**;[1655] diese müssen aber keineswegs vollständig in den Nutzungszeitraum fallen. Es genügt insofern eine Nutzung durchgehend im mittleren Jahr und jeweils einen kurzen Zeitraum davor und danach. Bei dieser Alternative ist ein Leerstand nach Auffassung der Finanzverwaltung unschädlich, wenn die Veräußerung noch im Jahr der Nutzungsbeendigung erfolgt. Veräußerung heißt: Übergang von Besitz, Nutzen und Lasten. Der BFH hat dies inzwischen bestätigt.[1656] Er hat darüber hinaus jüngst entschieden, dass für die zweite Alternative (Nutzung im Jahr der Veräußerung und in den beiden vorangegangenen Kalenderjahren) eine Vermietung nach Auszug unschädlich ist, wenn nur mindestens am 1.1. des Jahres noch eine Eigennutzung vorlag.[1657]

Hinweis – Trennungsfalle: Um das Eigennutzungsprivileg trotz trennungsbedingtem Auszug zu erhalten, muss die Immobilie noch im Jahre des Auszugs verkauft werden, und zwar so, dass **Besitz, Nutzen und Lasten noch im selben Jahr übergehen.**

[1654] BMF, BStBl. I 2000, 1383 ff.
[1655] BMF, BStBl. I 2000, 1383 ff. Tz. 25.
[1656] BFH – IX R 37/16, DStR 2017, 2268; dem folgend FG Hamburg – 3 V 194/17, DStRE 2019, 85.
[1657] BFH – IX R 10/19, DStR 2019, 2471.

D. Steuerliche Besonderheiten bei der Scheidung

III. Auswirkung der neuerdings vertretenen modifizierten Trennungstheorie?

In den obengenannten Beispielen wurden mehrere teilentgeltliche **511**
Übertragungen vorgestellt und unter Anwendung der Trennungstheorie
gelöst, dh unter Aufspaltung in einen entgeltlichen und einen unentgeltlichen Teil nach dem Verhältnis des Veräußerungserlöses zum Wert.
Der IV. Senat des BFH[1658] hat nun in zwei Aufsehen erregenden Urteilen sich **gegen** diese Anwendung der (strengen) **Trennungstheorie**
ausgesprochen, und zwar im Bereich der teilentgeltlichen Übertragung
von Gegenständen des Sonderbetriebsvermögens in das Gesamthandsvermögen derselben Mitunternehmerschaft bzw. einer Schwesterpersonengesellschaft. Er hat eine **Gewinnrealisierung abgelehnt, solange
die Gegenleistung den Gesamtbuchwert nicht übersteigt (modifizierte Trennungstheorie)**. Es kommt mithin zu keiner Aufteilung
des Buchwertes auf den entgeltlichen und unentgeltlichen Teil.[1659] Zustimmend zu dieser Rechtsprechung hat sich der I. Senat geäußert.[1660]
Mit dieser Rechtsprechung ist ein Bruch des bisherigen Systems verbunden. Die Finanzverwaltung hat auf die Rechtsprechung mit Nichtanwendungserlass reagiert.[1661] Auch in der Literatur erfährt diese Ansicht
Widerspruch.[1662]

Dieser Rechtsprechung wird große Bedeutung für die Gestaltungspraxis attestiert, freilich noch ohne genaue Kenntnis ihrer Auswirkungen.[1663]

Fraglich ist insbesondere, ob die Rechtsprechung des IV. Senats
des BFH auch für die **Veräußerung** von **steuerverstrickten Gegenständen des Privatvermögens** und damit im Rahmen des § 23 EStG
gilt. Richter des dafür zuständigen IX. Senats sprechen sich für die Beibehaltung der bisherigen strengen Trennungstheorie in diesem Bereich
aus.[1664] Andere halten die Rechtsprechung auch auf diesen Bereich für
übertragbar.[1665]

Der X. Senat hat in einem ausführlich begründeten Beitrittsbeschluss
vom 19.3.2014[1666] das BMF aufgefordert, einem Verfahren beizutreten
und dabei explizit danach gefragt, welche Folgen die modifizierte Tren-

---

[1658] BFH – IV R 1/08, DStR 2012, 1500; BFH – IV R 11/12, DStR 2012, 2051.
[1659] *Strahl* KÖSDI 2013, 18528 (18529).
[1660] BFH – I R 80/12, DStR 2013, 2158 Tz. 23.
[1661] BMF 12.9.2013, BStBl. I 2013, 1164.
[1662] Schmidt/*Kulosa* EStG § 6 Rn. 793; BeckOK EStG/*Oellerich* EStG § 6 Rn. 2898.
[1663] *Strahl* KÖSDI 2013, 18528 (18532).
[1664] *Heuermann* DB 2013, 1328 f.
[1665] *Demuth* DStR-Beihefter zu Heft 49/2012, 146; Schmidt/*Kulosa* EStG § 6 Rn. 793.
[1666] BFH – X R 28/12, BeckRS 2014, 95399.

4. Teil. Scheidung und Scheidungsvereinbarungen

nungstheorie des IV. Senates für die Beurteilung teilentgeltlicher Übertragungen von Wirtschaftsgütern des Privatvermögens hat.[1667] Die **Vorlage an den Großen Senat** des BFH durch den X. Senat[1668] kam jedoch wegen **Erledigung** leider nicht zur Entscheidung.[1669] Nunmehr ist ein **neues Verfahren** anhängig[1670]. Es bleibt zu hoffen, dass die Thematik auf diese Weise einer Klärung zugeführt werden kann. Bis dahin muss man die Lösungen bei teilentgeltlichem Erwerb noch mit einem Fragezeichen betrachten.[1671]

Man wird also die **weitere Entwicklung abwarten** müssen, um beurteilen zu können, ob die Lösungen der Fälle des teilentgeltlichen Erwerbs verändert werden müssen.

[1667] Zu diesem Beschluss *Hennigfeld* DB 2014, 2254.
[1668] BFH – X R 28/12, DStR 2015, 2834.
[1669] BFH – GrS 1/16, DStR 2018, 2522 (LS) = BeckRS 2018, 29952.
[1670] BFH – IV R 16/19.
[1671] Vgl. dazu etwa *Graw* FR 2015, 260f.; *Kraft* NWB 2016, 488.

5. Teil. Recht der Minderjährigen

Übersicht

	Rn.
A. Die Vertretung der Minderjährigen	512
I. Der Minderjährige im Rechtsverkehr	512
1. Geschäftsunfähigkeit	512
2. Beschränkte Geschäftsfähigkeit	513
3. Unbeschränkte Geschäftsfähigkeit	516
II. Elterliche Vertretungsmacht	517
1. Die gemeinsame elterliche Sorge miteinander verheirateter Eltern	517
2. Die elterliche Sorge nicht miteinander verheirateter Eltern	518
3. Gerichtliche Sorgerechtsentscheidungen	519
4. Die gesetzliche Vertretung des Kindes	520
III. Ausschluss der elterlichen Vertretungsmacht	521
1. Die Systematik des Interessenkonfliktes	521
2. Das Insichgeschäft	522
3. Ausnahmen vom Verbot des Insichgeschäfts	523
a) Erfüllung einer Verbindlichkeit	524
b) Lediglich rechtlicher Vorteil	525
c) Gestattung	526
4. Sonstige Handlungsverbote	527
IV. Familiengerichtliche Genehmigung	528
1. Erfordernis einer familiengerichtlichen Genehmigung	529
2. Verfahrensrechtliche Fragen der familiengerichtlichen Genehmigung	530
3. Einzelfälle der familiengerichtlichen Genehmigung	530
a) Grundstücksgeschäfte, §1643 Abs.1 BGB, §1821 BGB	531
b) Gesamtvermögensgeschäfte, §1643 Abs.1 BGB, §1822 Nr.1 BGB	532
c) Erwerbsgeschäft und Gesellschaftsvertrag, §1643 Abs.1 BGB, §1822 Nr.3 BGB	533
d) Verpflichtung zu wiederkehrenden Leistungen, §1643 Abs.1 BGB, §1822 Nr.5 BGB	535
e) Ausschlagung von Erbschaft oder Vermächtnis, §1643 Abs.2 BGB	536
f) Pflichtteils- und Erbverzicht, §2346 Abs.2 BGB, §2347 Abs.1 S.1 BGB	537
g) Sonstige Tatbestände	538

5. Teil. Recht der Minderjährigen

B. Die Bestellung von Ersatzvertretern............. 539
   I. Bestellung von Ergänzungspflegern.......... 539
   II. Pflichtenkreis eines Ergänzungspflegers....... 540
   III. Vertretungsverbote für Ergänzungspfleger..... 541
   IV. Familiengerichtliche Genehmigung.......... 542

A. Die Vertretung der Minderjährigen

I. Der Minderjährige im Rechtsverkehr

1. Geschäftsunfähigkeit

512   Nach § 104 BGB ist **geschäftsunfähig**, wer **noch nicht das siebte Lebensjahr vollendet** hat. Nach § 105 Abs. 1 BGB ist die **Willenserklärung**, die ein Geschäftsunfähiger abgibt, **nichtig**. Das gilt auch dann, wenn das Handeln vernünftig oder lediglich rechtlich vorteilhaft ist. Ausnahmen gibt es keine. Wegen der Nichtigkeit kann das Handeln auch nicht vom gesetzlichen Vertreter nachgenehmigt werden.

Sind **einem Geschäftsunfähigen gegenüber Willenserklärungen** abzugeben, so werden diese nach § 131 BGB erst wirksam, wenn sie dem gesetzlichen Vertreter zugehen. Dabei soll es nicht genügen, dass dieser zufällig Kenntnis nimmt, sondern die Erklärung muss an den gesetzlichen Vertreter gerichtet sein.[1672]

Ein guter Glaube an die Geschäftsfähigkeit wird nicht geschützt.[1673]

2. Beschränkte Geschäftsfähigkeit

513   Ein Minderjähriger, der das siebte Lebensjahr vollendet hat (7. Geburtstag 0.00 Uhr), ist beschränkt geschäftsfähig. Das bedeutet:
- Rechtsgeschäfte mit **lediglich rechtlichem Vorteil** kann der Minderjährige allein vornehmen! Daneben bleibt die Vertretungsbefugnis der Eltern nach der allgemeinen Bestimmung des § 1629 BGB aber unberührt.[1674]
- Rechtsgeschäfte, die **nicht lediglich rechtlich vorteilhaft** sind, kann der Minderjährige nur mit **Einwilligung** der Eltern schließen, § 107 BGB. Verträge sind ohne Einwilligung schwebend unwirksam und können von den Eltern oder nach Volljährigkeit vom ehemals Minderjährigen selbst genehmigt werden, § 108 BGB. Einseitige Rechtsgeschäfte sind ohne (vorherige) Einwilligung hingegen unwirksam.
- Fehlt eine solche Zustimmung, wird die Leistung aber aus eigenen Mitteln bewirkt, die für diesen Zweck oder allgemein dem Minderjährigen belassen sind, so gilt der Vertrag als von Anfang an wirksam, § 110 BGB (**Taschengeldparagraph**).
- Partiell unbeschränkt geschäftsfähig ist der Minderjährige, wenn ihm der **selbständige Betrieb eines Erwerbsgeschäftes** genehmigt

---

[1672] Palandt/*Ellenberger* BGB § 131 Rn. 2.
[1673] Münch/*Müller-Engels*, Familienrecht, § 13 Rn. 143.
[1674] *Schwab*, Familienrecht, Rn. 807; Staudinger/*Knothe* BGB § 107 Rn. 43.

A. Die Vertretung der Minderjährigen

wurde für diesen Bereich, §112 BGB, oder wenn er ein **Dienst- oder Arbeitsverhältnis** hat abschließen dürfen für die Fragen, die damit zusammenhängen, §113 BGB. Hier tritt somit eine **Statusänderung** ein, die Eltern verlieren insoweit die Vertretungsbefugnis. Davon ausgenommen sind nach §112 BGB Geschäfte, welche der Genehmigung des Familiengerichts bedürfen, also zB Kreditaufnahmen, Wechselverbindlichkeiten oder die Erteilung einer Prokura. Die Bestellung zum Geschäftsführer einer GmbH oder UG ist in diesem Bereich nicht zulässig, §6 Abs. 2 GmbHG, wohl aber die Bestellung zum Prokuristen.[1675]

Wenn ein Minderjähriger auftritt, so sind folgende Fragen separat und mit ggf. unterschiedlichem Ergebnis zu klären und nacheinander zu prüfen:

Checkliste:
(1) Kann der Minderjährige **selbst handeln**?
(2) Falls nicht: Kann der Minderjährige **durch seine Eltern vertreten** werden?
(3) Falls nicht: Dann muss ein **Ergänzungspfleger** bestellt werden und handeln!
(4) Bedarf das Geschäft der **familiengerichtlichen Genehmigung**? Hierfür sind nicht die vorstehend geprüften Fragen, sondern die Genehmigungsvorschriften entscheidend.

Dreh- und Angelpunkt bei Rechtsgeschäften mit Minderjährigen **514** ist daher die **Frage**, wann ein solches für den Minderjährigen **lediglich rechtlich vorteilhaft** ist. Im Grundsatz ist entscheidend, ob der Minderjährige nur mit dem übernommenen Vermögen haftet – dann rechtlich vorteilhaft – oder auch mit seinem sonstigen Vermögen – dann nicht lediglich rechtlich vorteilhaft. Hierzu gibt es eine Reihe kasuistischer Rechtsprechung. Zu beachten ist insbesondere, dass schuldrechtlicher und dinglicher Vertrag nicht gemeinsam, sondern jeweils isoliert für sich betrachtet werden.[1676] Das bedeutet, die isolierte Auflassung für sich bedarf auch dann keiner Einwilligung des gesetzlichen Vertreters, wenn das zugrunde liegende schuldrechtliche Geschäft nicht lediglich rechtlich vorteilhaft ist.

Danach sind folgende Konstellationen als lediglich rechtlich vorteilhaft einzuordnen,[1677] so dass der beschränkt Geschäftsfähige selbst handeln kann:
– **dingliches Erwerbsgeschäft** ohne weitere Bestimmungen;[1678] die Übernahme der öffentlichen Lasten eines Grundstücks ist kein rechtlicher Nachteil.
– dingliches Erwerbsgeschäft mit Übernahme bestehender Belastungen

---

[1675] Vgl. dazu Abruf-Gutachten DNotI Nr. 152905 vom 6.3.2017.
[1676] BGH – V ZB 13/04, NJW 2005, 415 f.; BGH – V ZB 206/10, NJW 2010, 3643.
[1677] Eine Übersicht gibt *Rupp* notar 2011, 300 f.
[1678] BGH – V ZB 13/04, NJW 2005, 415 f.

5. Teil. Recht der Minderjährigen

- wie **Vorkaufsrecht, Dienstbarkeit, Wohnungsrecht**[1679] – letzteres jedenfalls soweit gesetzlich ausgestaltet; anders dagegen wenn der Eigentümer die Unterhaltungskosten der Wohnung zu tragen hat;[1680] oder
- **Nießbrauch**, wenn der Nießbraucher auch die Kosten außergewöhnlicher Ausbesserungen und Erneuerungen sowie die außergewöhnlichen Grundstückslasten zu tragen hat.[1681] Der Hinweis, dass bei Ende des Nießbrauchs das Miet- oder Pachtverhältnis zu übernehmen ist, gibt lediglich die Rechtslage wieder und nimmt der Übertragung nicht den rechtlichen Vorteil.[1682]

Hinweis: Diese Kostentragung muss vereinbart sein. Es ist inzwischen zweifelhaft, ob der Nießbrauch in seiner gesetzlichen Ausgestaltung bei Übernahme lediglich rechtlich vorteilhaft ist, sodass in diesen Fällen zur Sicherheit eine Einwilligung einzuholen ist.[1683]

- Belastungen in **Abteilung III ohne persönliche Haftungsübernahme**;[1684]
- wegen § 1108 BGB **nicht jedoch bei Reallast**.
- unentgeltlicher schuldrechtlicher Vertrag;
- schuldrechtlicher Vertrag mit Widerrufs- oder Rücktrittsvorbehalt, wenn die Verpflichtungen des Minderjährigen sich bei Rückgabe auf das noch Vorhandene beschränken, § 818 Abs. 3 BGB, nicht hingegen bei Geltung der allgemeinen Regeln der §§ 346 ff. BGB.[1685]

Hinweis: Wird bei einer Zuwendung an einen Minderjährigen eine **Rückfall- oder Widerrufsklausel** gewünscht, so ist diese vertraglich so zu gestalten, dass der Minderjährige nur auf das noch vorhandene Vermögen haftet, § 818 Abs. 3 BGB.

515 Die nachfolgenden Geschäfte hingegen sind **nicht lediglich rechtlich vorteilhaft**, sodass der Minderjährige vertreten werden muss:
- dingliches Erwerbsgeschäft über **Wohnungs- oder Teileigentum** unabhängig von der Belastungssituation;[1686]
- **dingliches Erwerbsgeschäft über Bruchteilseigentum**; im Anschluss an die vorgenannte Rechtsprechung des BGH zum Wohnungseigentum wird auch die Übertragung von Bruchteilseigentum für rechtlich nachteilig gehalten. Entschieden ist dies noch nicht.

[1679] *Schöner/Stöber,* Grundbuchrecht, Rn. 3610 ff.
[1680] *Schöner/Stöber,* Grundbuchrecht, Rn. 3610 c.
[1681] BGH – V ZB 13/04, NJW 2005, 415 f.
[1682] OLG Hamm – I-15 W 94/14, ZEV 2014, 556.
[1683] *Schöner/Stöber,* Grundbuchrecht, Rn. 3610 b.
[1684] BGH – V ZB 13/04, NJW 2005, 415 f.
[1685] BayObLG – 2Z BR 045/04, MittBayNot 2004, 441.
[1686] BGH – V ZB 206/10, NJW 2010, 3643.

A. Die Vertretung der Minderjährigen

- dingliches Erwerbsgeschäft bei einer **vermieteten Immobilie**, selbst bei Nießbrauch;[1687]
- Schenkung einer Photovoltaikanlage wegen Haftungsrisiko und vertraglicher Pflichten;[1688]
- dingliches Erwerbsgeschäft mit **Bestellung/Übernahme Reallast** wegen § 1108 BGB;[1689]
- Zuwendung eines Erbbaurechtes wegen der persönlichen Haftung für die Erbbauzinsreallast;[1690]
- Bestellung eines **unentgeltlichen Nießbrauchs zugunsten des Minderjährigen**, denn das schuldrechtliche Verhältnis zum Eigentümer wird als rechtlich nachteilig eingestuft;[1691] von der **Finanzverwaltung** daher nur anerkannt mit Bestellung eines Ergänzungspflegers, es sei denn, das Betreuungsgericht hält eine solche für unnötig.[1692]
- schuldrechtlicher Vertrag mit **Entgelt** wie Kaufpreis oder Ausgleichszahlung;
- schuldrechtlicher Vertrag mit **Schuldübernahme**;[1693]
- Vertrag mit Bestimmung der **Anrechnung auf den Pflichtteil oder Ausgleichung**; hier ist **streitig**, ob lediglich ein rechtlicher Vorteil vorliegt,[1694] daher sollte sicherheitshalber von einem Nachteil ausgegangen werden.[1695]
- Zuwendung gegen Pflichtteilsverzicht;[1696]
- Unentgeltlicher Erwerb eines Erbteils;[1697]
- Gründung einer Personengesellschaft unter Beteiligung von Minderjährigen oder Eintritt eines Minderjährigen in eine solche;[1698] Bestellung mehrerer Ergänzungspfleger erforderlich bei mehreren Kindern.[1699]

[1687] Umstritten; aA OLG Hamm – I.15 W 94/14, NZFam 2014, 1058; OLG Düsseldorf – I-3 Wx 65/16, FamRZ 2017, 1217.
[1688] OLG Dresden – 22 WF 1052/15, NJW 2016, 1027.
[1689] BGH – V ZB 44/04, NJW 2005, 1430.
[1690] BGH – VIII ZR 142/77, NJW 1979, 102.
[1691] *Schöner/Stöber*, Grundbuchrecht, Rn. 3610h.
[1692] BMF, DStR 2001, 441.
[1693] *Schöner/Stöber*, Grundbuchrecht, Rn. 3613.
[1694] Für lediglich rechtlichen Vorteil jedenfalls der Ausgleichung: BGH – II ZR 165/53, NJW 1955, 1353; OLG Dresden – 3 W 336/96 289, MittBayNot 1996, 288; OLG München – 31 Wx 18/07, NJW-RR 2008, 672; gegen einen lediglich rechtlichen Vorteil sprechen sich aus: MüKoBGB/*Lange* BGB § 2315 Rn. 19; Staudinger/*Haas* BGB § 2315 Rn. 26, 31.
[1695] So auch *Braeuer/Pätzold* FamFR 2013, 433 (435).
[1696] *Rupp* notar 2011, 300 (301).
[1697] OLG Frankfurt/Main, NJW-RR 2015, 842.
[1698] *Rupp* notar 2011, 300 (303), mit der Begründung, es handle sich um ein Bündel an Rechten und Pflichten.
[1699] Hauschild/Kallrath/Wachter/*Heinemann* Notarhandbuch § 32 Rn. 42; bei mehreren parallelen derivativen Erwerben soll danach ein Ergänzungspfleger genügen. Da hierbei aber gelegentlich noch Zustimmungserklärungen etc. abzugeben sind, ist auch in diesen Fällen die Bestellung mehrerer Ergänzungspfleger durchaus empfehlenswert.

5. Teil. Recht der Minderjährigen

– **Abtretung eines Kommanditanteils an Minderjährige** im Wege der Sonderrechtsnachfolge;[1700] Rechtslage ist **umstritten**; die früher ganz hM ging von rechtlicher Nachteilhaftigkeit aus, da bei der Zuwendung des Mitgliedschaftsrechts als eines „Bündels" von Rechten und Pflichten auch diese Pflichten unmittelbar Gegenstand der Zuwendung seien.[1701] An diese Rechtsprechung will neuerdings das OLG Oldenburg wieder anknüpfen.[1702] Dieser Bündel-Rechtsprechung ist nicht zu folgen. Vielmehr ist das „Bündel" aufzuschnüren und die einzelnen Nachteile zu untersuchen. Übrig bleibt dann nur die Verschwiegenheitspflicht, die als unerheblich keinen rechtlichen Nachteil begründet.[1703] Heute sieht dies die Literatur und die Rechtsprechung der OLGe teilweise anders, wenn es sich um einen derivativen Erwerb handelt, der Anteil voll eingezahlt ist und die Übertragung aufschiebend bedingt auf die Handelsregistereintragung erfolgt.[1704] Dies gilt auch für Zustimmungsbeschlüsse.[1705] ZT wird eine Handelsregistervollmacht als rechtlich nachteilig angesehen, weil ihre Verwendung Gebühren auslöst.[1706] Sicherheitshalber wird man aber bis zu einer entsprechenden obergerichtlichen Rechtsprechung davon ausgehen, dass die Abtretung nicht lediglich rechtlich vorteilhaft ist. Dies alles soll erst recht gelten, wenn der Kapitalanteil eines Minderjährigen erhöht wird, ohne dass die Hafteinlage sich verändert.[1707]

Hinweis: Die Kautelarpraxis wird trotz gegenteiliger Meinung Ergänzungspfleger bestellen und die familiengerichtliche Genehmigung einholen. Sie sollte bei der **Errichtung des Gesellschaftsvertrages** und bei der **Gestaltung der Zuwendung** zusätzlich darauf achten, die von verschiedenen OLGen aufgezeigten rechtlichen Nachteile zu vermeiden, weil dies im Rahmen der Abwägung der Gerichte bei Erteilung der Genehmigung entscheidend sein kann.

[1700] OLG München – 31 Wx 070/10, MittBayNot 2010, 400; OLG Jena – 2 WF 26/13, ZEV 2013, 521, für rein vermögensverwaltende KG laut Sachverhalt war ein Ergänzungspfleger bestellt, der Vertrag war aber nicht genehmigungsbedürftig.

[1701] BGH – II ZR 120/75, NJW 1977, 1339.

[1702] OLG Oldenburg – 12 W 53/19, ZEV 2019, 726, besprochen von *Münch* FamRZ 2019, 1916 f. und *Menzel* MittBayNot 2020, 272: trägt nicht zur Rechtssicherheit bei; rechtlich nachteilhaft bei Windkraft-KG OLG Celle – 9 W 13/18, ZEV 2018, 470.

[1703] Detailliert *Münch* FamRZ 2019, 1916 f.

[1704] Für lediglich rechtlich vorteilhaft MHdB GesR II/*Piehler/Schulte* § 35 Rn. 16 f.; *Maier-Reimer/Marx* NJW 2005, 3025 f.; dem folgend Palandt/*Ellenberger* BGB § 107 Rn. 4; *Menzel* MittBayNot 2019, 222; *Egger* MittBayNot 2019, 135 f.; OLG Bremen – 2 W 38/08, ZEV 2008, 608; OLG Köln – 4 Wx 2/18, NZG 2018, 1187; OLG München – 2 WF 1509/17, MittBayNot 2019, 132, Tz. 12; OLG Schleswig – 15 WF 70/19, NZG 2020, 593.

[1705] Hierzu *Münch* FamRZ 2019, 1916 (1917 f.) mwN.

[1706] OLG Celle – 9 W 13/18, ZEV 2018, 470. Besonderheit in diesem Fall: Schenkung an einen Nasciturus kann erst nach dessen Geburt im Handelsregister eingetragen werden.

[1707] DNotI-Gutachten, DNotI-Report 2018, 26.

A. Die Vertretung der Minderjährigen

Bestehen Zweifel ob der Genehmigungsbedürftigkeit und will das Familiengericht nur ein Negativzeugnis erlassen, so wird teilweise auch vorgeschlagen, bewusst eine Genehmigungsbedürftigkeit herbeizuführen (zB mit 1,– EUR offener Hafteinlage).[1708]
- Gründung einer **GmbH** oder Erwerb eines **GmbH-Anteils**;[1709]
- Schenkung der Mittel für die **Einlage in eine atypisch stille Gesellschaft** am Besitzunternehmen unter Ausschluss jeder Haftung und Eingehen dieser Beteiligung. Im entschiedenen Fall hat der **BFH**[1710] gegen die Vorinstanz[1711] einen lediglich **rechtlichen Vorteil verneint** mit Blick auf die Einzelregelungen der atypisch stillen Gesellschaft, insb. im Hinblick auf ein dort verankertes Wettbewerbsverbot. Das mag man hinnehmen. Den Beteiligten aber die Nichtbeachtung des Formerfordernisses anzulasten, das sich „aus der **klaren Lage des Zivilrechts** ergibt", nachdem **zuvor das FG diese Lage ganz anders beurteilt hat**, scheint überzogen.

Hinweis: Die Entscheidung des BFH zur atypisch stillen Gesellschaft mahnt dazu, in allen Zweifelsfällen den Weg über die Bestellung eines Ergänzungspflegers zu gehen und – wo erforderlich – die familiengerichtliche Genehmigung einzuholen.

- **Stimmabgabe** in einer Gesellschafterversammlung, unabhängig vom Beschlussinhalt;[1712]
- **Erbausschlagung** wird stets rechtlich nachteilig sein, unabhängig von der Frage der Genehmigungspflicht.

3. Unbeschränkte Geschäftsfähigkeit

Mit **Vollendung des 18. Lebensjahres** (18. Geburtstag 0.00 Uhr) tritt nach §2 BGB die Volljährigkeit ein. Damit wird der Volljährige **unbeschränkt geschäftsfähig** und die elterliche Sorge endet.

Mit **Eintritt der Volljährigkeit** kann der Betroffene in einigen Fällen auch für ihn wirksam eingegangene Verpflichtungen beenden. So sieht etwa §723 Abs. 1 S. 3 Nr. 2 BGB ein **Kündigungsrecht aus wichtigem Grund für den volljährig Gewordenen** vor, der als Minderjähriger Mitglied einer **GbR** geworden ist. Die Kündigung kann nur innerhalb von drei Monaten seit Kenntnis von der Gesellschafterstellung erklärt werden.

Für **Verbindlichkeiten**, die für den Minderjährigen eingegangen worden sind, **beschränkt sich die Haftung auf das bei Eintritt der**

[1708] *Heckschen/Strnad* notar 2019, 406 (422).
[1709] Lutter/Hommelhoff/*Bayer* GmbHG §2 Rn. 5; *Bürger* RNotZ 2006, 156 (162); *Maier-Reimer/Marx* NJW 2005, 3025 f.; Gutachten DNotI 127746-u; *Althaus/Horndasch* FuR 2919, 15, 19; Hauschild/Kallrath/Wachter/*Heinemann* Notarhandbuch §32 Rn. 7.
[1710] BFH – IV R 27/13, NJW 2016, 3470.
[1711] FG Sachsen-Anhalt – 1 K 1568/07, BeckRS 2013, 96063.
[1712] *Flume* NZG 2014, 17 mwN. Differenziert wird hingegen die Frage der Anwendbarkeit des §181 BGB betrachtet; hierzu → Rn. 522.

5. Teil. Recht der Minderjährigen

Volljährigkeit vorhandene **Vermögen** nach näherer Maßgabe des § 1629a BGB.

II. Elterliche Vertretungsmacht

1. Die gemeinsame elterliche Sorge miteinander verheirateter Eltern

517 Sind die Eltern eines Kindes miteinander **verheiratet**, so steht Ihnen die **elterliche Sorge gemeinsam** zu, § 1626 Abs. 1 BGB. Die elterliche Sorge umfasst die Personen- und die Vermögenssorge. Die **Vertretung des Kindes** erfolgt in diesen Fällen durch die **Eltern gemeinschaftlich**, für die Abgabe einer Erklärung dem Kind gegenüber genügt die Abgabe gegenüber einem Elternteil, § 1629 Abs. 1 S. 2 BGB.

2. Die elterliche Sorge nicht miteinander verheirateter Eltern

518 Sind die Eltern bei der Geburt des Kindes nicht miteinander verheiratet, so hat im Grundsatz zunächst die Mutter die elterliche Sorge inne, § 1626a Abs. 3 BGB.

Eine gemeinsame elterliche Sorge entsteht, wenn
– Vater und Mutter heiraten,
– Vater und Mutter erklären, die elterliche Sorge gemeinsam übernehmen zu wollen (Sorgeerklärung) oder
– das Gericht Vater und Mutter die Sorge gemeinsam überträgt.

Die letztere Möglichkeit ist durch eine Gesetzesneufassung aufgrund der Rechtsprechung des EGMR und des BVerfG im Jahre 2013 neugeschaffen worden. Das Gericht kann nunmehr die elterliche Sorge beiden Eltern übertragen, wenn dies dem Wohl des Kindes nicht widerspricht, und zwar auch gegen den Willen der Mutter. Dabei spricht § 1626 Abs. 2 S. 2 BGB sogar eine Vermutung aus, dass das gemeinsame Sorgerecht dem Kindeswohl nicht widerspricht. Dem liegt das neue Leitbild der gesetzlichen Sorgerechtsgemeinschaft zugrunde.[1713]

Waren die Eltern bei Geburt nicht verheiratet, ist somit zu klären, wem das Sorgerecht zusteht.

Hinweis: Steht das Sorgerecht der Mutter alleine zu, so kann diese sich das Alleinsorgerecht durch das Jugendamt nach § 58a SGB VIII bescheinigen lassen.

3. Gerichtliche Sorgerechtsentscheidungen

519 Das BGB sieht verschiedene Möglichkeiten vor, die elterliche **Sorge** einem Elternteil allein oder – wie soeben gesehen – beiden Elternteilen **per Gericht zuzuweisen**. Dies ist insb. bei Getrenntleben der Eltern der Fall, §§ 1671, 1672 BGB, bei Ruhen der Sorge eines alleinsorgeberech-

---

[1713] OLG Karlsruhe – 18 UF 38/13, NZFam 2014, 431: Maßstab wie bei § 1671 Abs. 2 BGB; OLG Koblenz – 13 UF 246/13, BeckRS 2014, 03802 = FamRZ 2014, 319; ausführliche Erläuterung bei *Preisner* NZFam 2014, 389.

A. Die Vertretung der Minderjährigen

tigten Elternteiles, §1678 Abs. 2 BGB oder beim Tod eines Elternteiles, §§1680f. BGB. Auch im Einzelfall können Entscheidungsbefugnisse übertragen werden, so zB im Zusammenhang mit dem Impfen von Kindern.[1714]

4. Die gesetzliche Vertretung des Kindes

Soweit das Kind nach dem unter I. Gesagten nicht selbst handeln kann, muss es durch seine **Eltern vertreten** werden. Das **Vertretungsrecht** richtet sich dabei **nach** dem **Sorgerecht**, sodass verheiratete Eltern also gemeinschaftlich vertreten. Die gesetzliche Vertretungsmacht der Eltern ist umfassend – soweit nicht Höchstpersönlichkeit vorliegt – und verpflichtet nur das Kind nach §164 Abs.1 BGB. Über den Umfang wird stets diskutiert. Derzeit sind die Probleme rund um minderjährige „Kind-Influencer" im Gespräch.[1715]

520

Die Vermögenssorge der Eltern wird bei Kindern unter 7 Jahren stets benötigt, bei beschränkt geschäftsfähigen Kindern immer dann, wenn nicht lediglich ein rechtlicher Vorteil vorliegt, da die **Kinder** in diesen Fällen **vom Eigenhandeln ausgeschlossen** sind. Die Eltern können aber bei beschränkt geschäftsfähigen Kindern auch dann kraft ihrer gesetzlichen Vertretungsmacht für die Kinder handeln, wenn lediglich ein rechtlicher Vorteil gegeben ist.[1716]

Die Vermögenssorge der Eltern ist vor allem in folgenden Fällen **beschränkt**:

Nach **§1638 BGB** bei geerbtem oder zugewendetem Vermögen, wenn der Erblasser bzw. der Zuwendende bestimmt hat, dass die Eltern das Vermögen nicht verwalten sollen **(Ausschluss elterlicher Vermögensverwaltung)**. Diese Vorschrift wird in den Scheidungsfällen praktisch, wenn ein Ehegatte das Kind zum Erben bestimmt, aber die Vermögensverwaltung durch den verbleibenden geschiedenen Elternteil ausschließt. Ist nur ein Elternteil auf diese Weise ausgeschlossen, kann der andere alleine verwalten.[1717] Der **BGH**[1718] hat in einer Grundsatzentscheidung anerkannt, dass der Ausschluss der elterlichen Vermögensverwaltung nach **§1638 BGB** sich **auch** auf die Frage der **Annahme und Ausschlagung einer Erbschaft** bezieht **und** auch den **Pflichtteilsanspruch**, seine Geltendmachung und die Verwaltung der erlangten Vermögensgüter betrifft. §1917 Abs.1 BGB iVm §1778 BGB stärkt die Stellung eines vom Erblasser zusätzlich zum Ausschluss benannten Ergänzungspflegers, der auch nicht übergangen werden darf, weil er zu gleichzeitig Testamentsvollstrecker ist.[1719]

Nach **§1641 BGB** dürfen Eltern nicht in Vertretung des Kindes Schenkungen tätigen **(Schenkungsverbot)**. Solche Schenkungen, die

---

[1714] BGH – XII ZB 157/16, NJW 2017, 2826: Übertragung auf den Elternteil, der den Empfehlungen der Ständigen Impfkommission des RKI folgt.
[1715] *Götz* FamRZ 2019, 573f.
[1716] Palandt/*Ellenberger* BGB §107 Rn.1.
[1717] *Braeuer/Pätzold* FamFR 2013, 433 (435).
[1718] BGH – XII ZB 300/15, NJW 2016, 3032.
[1719] OLG Brandenburg – 15 WF 196/18, MittBayNot 2020, 169.

dem Verbot widersprechen, das nur eine Ausnahme bei sittlicher Pflicht oder Anstand enthält, sind nichtig.

Abzugrenzen sind auch Pflichten der Eltern aus **Unterhaltspflicht** gegenüber dem Kind und Handlungen im Namen des Kindes. Haben die Eltern beispielsweise ein Sparbuch auf den Namen des Kindes angelegt, auf das Dritte, zB Großeltern, einzahlen, so dürfen die Eltern davon nicht etwa Möbel oder Kleidung des Kindes kaufen, denn dazu sind sie selbst kraft ihrer Unterhaltspflicht verpflichtet.[1720]

III. Ausschluss der elterlichen Vertretungsmacht

1. Die Systematik des Interessenkonfliktes

521 Die Vertretungsbefugnis der Eltern wurde vom Gesetzgeber ferner in einigen Fällen ausgeschlossen, bei denen es zu einem Interessenkonflikt zwischen den Eigeninteressen der Eltern und den Kindesinteressen kommt. Rechtstechnisch bestimmt **§ 1629 Abs. 2 S. 1 BGB**, dass Eltern das Kind nicht vertreten können, sofern der Vormund nach **§ 1795 BGB** von der Vertretung des Kindes ausgeschlossen wäre.

Das Vertretungsverbot umfasst **wegen** des Prinzips der **Gesamtvertretung beide Eltern**, auch wenn nur in der Person eines Elternteils ein Ausschlussgrund nach § 1795 BGB vorliegt.[1721]

> **Hinweis:** Auch wenn das Vertretungsverbot nur für einen Elternteil eingreift, sind bei gemeinsamer elterlicher Sorge beide Eltern von der Vertretung ausgeschlossen.

Sind die Eltern auf diese Weise von der Vertretung der Kinder ausgeschlossen, so muss nach **§ 1909 BGB** für diesen speziellen Fall ein **Ergänzungspfleger** bestellt werden.[1722] Wird ohne diesen gehandelt, so ist ein einseitiges Rechtsgeschäft nichtig, ein mehrseitiges Rechtsgeschäft schwebend unwirksam.

> **Achtung:** Die Gründung einer Einpersonengesellschaft ohne Mitwirkung des Ergänzungspflegers ist nichtig, dh sie kann auch nicht nachgenehmigt werden. Anders hingegen bei der Mehrpersonengesellschaft.[1723]

2. Das Insichgeschäft

522 Eines Ergänzungspflegers bedarf es vor allem wegen des Verbotes von In-Sich-Geschäften nach § 1629 Abs. 1 S. 1, 1795 Abs. 1 BGB, § 181 BGB. Den Eltern ist es danach **untersagt**, **Rechtsgeschäfte** zu tätigen,
- **zwischen dem Kind und sich selbst** oder
- **zugleich mit dem Kind und als Vertreter eines Dritten**.

[1720] OLG Bremen – 4 UF 112/14, FamRZ 2015, 861.
[1721] Münch/*Müller-Engels*, Familienrecht, § 13 Rn. 158.
[1722] Hierzu → Rn. 539 f.
[1723] *Wicke,* GmbHG § 1 Rn. 9.

A. Die Vertretung der Minderjährigen

Im Grundsatz kommt es für die Anwendung des § 181 BGB rein auf die formale Konstellation an, nicht darauf, ob wirklich ein Interessengegensatz besteht.

Bei einem Rechtsgeschäft kommt es somit darauf an, ob ein **Elternteil auf beiden Seiten des Rechtsgeschäftes** steht. Steht der Elternteil hingegen auf derselben Seite wie das Kind, so werden lediglich parallele Erklärungen abgegeben, sodass die Vertretung des Kindes nicht gehindert ist.[1724] Dies ist beim Verkauf eines Grundstücks durch eine Erbengemeinschaft der Fall[1725] und soll auch für eine Abschichtungsvereinbarung zutreffen, mit der eine Erbengemeinschaft aus einer Obererbengemeinschaft ausscheidet.[1726]

Fallbeispiel: Der Vater ist in Erbengemeinschaft mit den Kindern Eigentümer eines Grundstücks. Beim Verkauf des Grundstücks kann der Vater die Kinder vertreten, denn alle stehen auf der Verkäuferseite. Wird aber gleichzeitig noch eine Auseinandersetzung bezüglich des Kaufpreises vereinbart,[1727] dann greift das Verbot des Selbstkontrahierens.[1728] Daher ist es ratsam, die Kaufpreiszahlung zunächst auf dem Erbengemeinschaftskonto zu vereinnahmen, damit kein Ergänzungspfleger benötigt wird. Bei der Vereinbarung der Erbauseinandersetzung würde sogar dann für jedes Kind ein eigener Ergänzungspfleger benötigt.[1729]

Das Selbstkontrahierungsverbot gilt auch bei **einseitigen Rechtsgeschäften**, sodass die Eltern hier nicht Erklärungen abgeben und im Namen des Kindes entgegennehmen dürfen und umgekehrt.[1730]

Das Selbstkontrahierungsverbot ist **auf Gesellschafterbeschlüsse entsprechend anwendbar**.[1731] Die Rechtsprechung geht aber von einem **Vertretungsverbot** in diesem Bereich **nur** dann aus, wenn es sich um **Grundlagenbeschlüsse** handelt, nicht jedoch bei laufenden Gesellschafts- oder Geschäftsführungsangelegenheiten.[1732] Unter die Grundlagenbeschlüsse fallen insb. Vertrags- oder Satzungsänderungen, Umwandlungsbeschlüsse, Auflösungen, aber auch Geschäftsführerbestellungen.[1733] Dies gilt insb. für die Kapitalerhöhung. Es ist für jedes

---

[1724] MüKoBGB/*Schubert* BGB § 181 Rn. 24.
[1725] OLG Jena – 6 W 219/95, NJW 1995, 3126; OLG Frankfurt/Main – 1 UF 317/06, NJW-RR 2007, 1308; OLG Hamm – I-115 W 251/13, FGPrax 2014, 11; BeckOGK/*Sonnenfeld* BGB § 1795 Rn. 30.
[1726] KG – 13 UF 105/18, ZEV 2018, 648; bei Beteiligung eines Ergänzungspflegers bedarf es der familiengerichtlichen Genehmigung nach § 1822 Nr. 2 BGB, OLG Hamm – W 263/16, MittBayNot 2018, 39.
[1727] Zu dieser Problematik *Ott* DNotZ 2017, 646 f.
[1728] OLG München – 34 Wx 179/15, MittBayNot 2015, 489 für Betreuungsfälle.
[1729] Münch/*Schaal*, Familienrecht, § 17 Rn. 181.
[1730] MüKoBGB/*Schubert* BGB § 181 Rn. 16.
[1731] BGH – II ZB 6/74, NJW 1976, 49.
[1732] OLG Nürnberg – 12 W 669/18, MittBayNot 2018, 333.
[1733] BGH – II ZR 167/89, DStR 1991, 89; zum Ganzen Münch/*Schaal*, Familienrecht, § 17 Rn. 204 f.

5. Teil. *Recht der Minderjährigen*

Kind als Gesellschafter ein eigener Ergänzungspfleger zu bestellen.[1734] Ergänzungspfleger können nicht vom Gericht von den Beschränkungen des § 181 BGB befreit werden.[1735]

Hinweis: Ist der Elternteil für die Beschlussfassung ausgeschlossen, so gilt dies auch schon für die Entgegennahme der Ladung zur Gesellschafterversammlung.[1736]

Hat das **minderjährige Kind gegen den überlebenden Elternteil einen Pflichtteilsanspruch**, so soll der **überlebende Elternteil selbst entscheiden** dürfen, ob er für das Kind einen Pflichtteilsanspruch gegen sich selbst geltend macht. Nur der Abschluss eines Erlassvertrages ist ihm als Insichgeschäft nicht möglich. Auch für die Berechnung des Pflichtteiles soll es keiner Pflegerbestellung bedürfen.[1737] Dies deshalb, weil der überlebende Elternteil nach § 1640 Abs. 1 BGB beim Familiengericht ein Nachlassverzeichnis einreichen muss und weil die Verjährung des Pflichtteilsanspruchs nach § 207 Abs. 1 S. 2 Nr. 2 BGB bis zur Vollendung des 21. Lebensjahres des Kindes gehemmt ist, sodass dieses nach Volljährigkeit eine etwa unterbliebene Geltendmachung selbst nachholen kann.

3. Ausnahmen vom Verbot des Insichgeschäfts

523 Das Gesetz und die Rechtsprechung sehen trotz der formalen Anknüpfung einige Ausnahmen vom Verbot des Insichgeschäftes vor.

a) Erfüllung einer Verbindlichkeit

524 Eine solche Ausnahme findet sich schon in § 181 BGB. Das Verbot gilt dann nicht, wenn das **Rechtsgeschäft ausschließlich der Erfüllung einer Verbindlichkeit** dient. Diese Verbindlichkeit muss vollwirksam, fällig und nicht einredebehaftet sein.[1738] Es muss sich um die Erfüllung handeln, nicht um eine Leistung an Erfüllungs Statt oder erfüllungshalber.[1739] Es kann sich um eine Verbindlichkeit handeln
– des Vertretenen gegenüber dem Vertreter,
– des Vertreters gegenüber dem Vertretenen,
– des einen Vertretenen gegen einen anderen (Mehrfachvertretung).[1740]

Allerdings ergibt sich bei Anwendung dieser Ausnahme ein **Problemfall**, über dessen Lösungsergebnis man sich einig ist, nur einen unterschiedlichen Begründungsweg wählt. Haben nämlich die **Eltern** dem Minderjährigen eine **lediglich rechtlich vorteilhafte Zuwendung** getätigt, so können sie nicht unter Berufung auf diese Ausnahmeregelung

---

[1734] Hierzu detailliert DNotI-Gutachten, DNotI-Report 2016, 173 f.
[1735] DNotI-Gutachten, DNotI-Report 2019, 131.
[1736] Münch/*Schaal*, Familienrecht, § 17 Rn. 207.
[1737] So die ganz hM, vgl. Palandt/*Weidlich* BGB § 2317 Rn. 4; MüKoBGB/*Lange* BGB § 2317 Rn. 14; BayObLG – BReg. 1 Z 33/63, BayObLGZ 1963, 132.
[1738] Palandt/*Ellenberger* BGB § 181 Rn. 22.
[1739] MüKoBGB/*Schubert* BGB § 181 Rn. 96.
[1740] MüKoBGB/*Schramm*, 7. Aufl. 2015, BGB § 181 Rn. 56.

A. Die Vertretung der Minderjährigen

auch die Erfüllung durchführen, wenn **das dingliche Erfüllungsgeschäft** seinerseits **rechtlich nachteilig** ist. Wurde dies zunächst durch eine Gesamtbetrachtung verhindert, so hat der BGH diese Sicht inzwischen aufgegeben.[1741] Mit der Aufgabe dieser Gesamtbetrachtung kann das **dingliche Erfüllungsgeschäft für sich** betrachtet rechtlich vorteilhaft sein, auch wenn die zugrunde liegende schuldrechtliche Vereinbarung mit rechtlichen Nachteilen verbunden ist.[1742]

Nunmehr wird daher die Ausnahme „**Erfüllung einer Verbindlichkeit**" **teleologisch reduziert** auf „ausschließlich Erfüllung einer Verbindlichkeit". Wenn sich also die **dingliche Übertragung** nicht ausschließlich in der Erfüllung einer Verbindlichkeit erschöpft, sondern **weitere rechtliche Nachteile** mit sich bringt, wie etwa die Mietvertragsverpflichtungen bei einem vermieteten Objekt, dann ist die **Ausnahmevorschrift nicht gegeben** und die Eltern dürfen nicht handeln.[1743]

Allerdings ist diese teleologische Reduktion nur **in den Fällen** erforderlich, wo bereits das **Verpflichtungsgeschäft nur deshalb wirksam** ist, **weil es durch die Eltern als lediglich rechtlich vorteilhaft abgeschlossen werden konnte.**[1744] In anderen Fällen greift sie nicht. Stammt die Verpflichtung zB als Vermächtnisanspruch aus dem Testament eines Dritten, so können die Eltern dieses Vermächtnis erfüllen.[1745]

b) Lediglich rechtlicher Vorteil

Und damit ist die nächste Ausnahme vom Vertretungsverbot der Eltern aufgrund Insichgeschäft bereits angesprochen. Bei Insichgeschäften, die dem Vertretenen **lediglich einen rechtlichen Vorteil** bringen, wird das Verbot **teleologisch reduziert**, da es hier nicht zu einem Interessenkonflikt kommen kann.[1746] In diesen Fällen könnte ein beschränkt geschäftsfähiges Kind dann sogar selbst handeln. Die Fälle lediglich rechtlichen Vorteils wurden bereits ausführlich besprochen.[1747]

[1741] BGH – V ZB 13/04, NJW 2005, 415; BGH – V ZB 44/04, NJW 2005, 1430; BGH – V ZB 206/10, NJW 2010, 3643.
[1742] OLG Brandenburg – 9 WF 48/14, NJW-RR 2014, 1045.
[1743] *Feller* DNotZ 1989, 66 (75); *Jänicke/Braun* NJW 2013, 2474 f.
[1744] *Sonnenfeld* RPfleger 2011, 475 f.
[1745] OLG München – 34 Wx 311/11, ZEV 2011, 658, unter Aufgabe von OLG München – 34 Wx 18/11, ZEV 2011, 263; über die Annahme des Vermächtnisses hatte das Gericht nicht zu entscheiden, sondern nur über die Eigentumsübertragung. Skeptisch insoweit *Friedrich-Büttner/Wiese* ZEV 2014, 513 f., die annehmen, der BGH werde nicht so entscheiden wie das OLG München. Aus Sicherheitsgründen rät *Tschernoster* RNotZ 2017, 125 (144) zur Bestellung eines Ergänzungspflegers. Vgl. auch DNotI-Gutachten 136652 vom 24.9.2014, wonach eine im Zusammenhang mit der Vermächtniserfüllung erklärte Schuldübernahme nach § 1522 Nr. 8 BGB genehmigungspflichtig ist.
[1746] BGH – IX ZR 141/84, NJW 1985, 2407; BGH – IX ZR 234/87, NJW 1989, 2542 (2543); MüKoBGB/*Schubert* BGB § 181 Rn. 32.
[1747] → Rn. 513 f.

5. Teil. Recht der Minderjährigen

Die Eltern können aber auch kraft ihrer Vertretungsbefugnis für das beschränkt geschäftsfähige Kind handeln.[1748] Besondere Bedeutung aber hat die Handlungsbefugnis bei geschäftsunfähigen Kindern.

c) Gestattung

526 Die Gestattung spielt bei minderjährigen Kindern **keine Rolle**, da sie weder durch Eltern bzw. Pfleger noch durch das Familiengericht ausgesprochen werden kann.[1749]

4. Sonstige Handlungsverbote

527 Nach § 1795 Abs. 1 Nr. 1 BGB ist die Vertretung durch einen Elternteil ferner ausgeschlossen bei **Rechtsgeschäften zwischen dem Kind einerseits** und dem **Ehegatten** des Elternteils andererseits oder **Verwandten in gerader Linie** des Elternteils andererseits. Der Ausschluss gilt für Rechtsgeschäfte jeder Art, also auch einseitige Geschäfte und Erklärungen, er gilt auch für den Vertrag zugunsten Dritter.[1750]

Es gelten dieselben **Ausnahmen** wie beim Verbot des Insichgeschäftes nach § 1795 Abs. 2 BGB iVm § 181 BGB, also bei ausschließlicher **Erfüllung einer Verbindlichkeit** – so schon der Wortlaut des § 1795 Abs. 1 Nr. 1 BGB – und bei **lediglich rechtlichem Vorteil** – teleologische Reduktion –.[1751]

Hinweis: Ein Elternteil darf nicht vertreten bei einem Rechtsgeschäft zwischen Großeltern und Enkelkind, es sei denn, es handelt sich um ein rechtlich lediglich vorteilhaftes Geschäft.

Ausgeschlossen ist die Vertretung der Eltern auch nach **§ 1795 Abs. 1 Nr. 2 BGB** bei der Übertragung oder Belastung einer **Forderung des Kindes gegen die Eltern**, die durch Pfandrecht oder Bürgschaft gesichert ist, oder wenn es um die Minderung der Sicherheit oder die Verpflichtung zur Übertragung geht. Ferner dürfen die Eltern nicht vertreten bei Rechtsstreitigkeiten um die Angelegenheiten nach Nr. 1 oder Nr. 2, § 1795 Abs. 1 Nr. 3 BGB. Nach § 1629 Abs. 2a BGB sind die Eltern ferner ausgeschlossen bei der Vertretung des Kindes in einem Verfahren nach § 1598a BGB (genetische Abstammungsuntersuchung).

IV. Familiengerichtliche Genehmigung

528 Neben der Frage, wer für den Minderjährigen handeln darf, tritt die **davon unabhängig** zu beantwortende Frage, ob für dieses Handeln zusätzlich die **Genehmigung des Familiengerichtes** erforderlich ist. Beide Fragen dürfen nicht vermengt werden. Es ist nicht entscheidend für

---

[1748] Palandt/*Ellenberger* BGB § 107 Rn. 1.
[1749] BGH – V BLw 11/56, NJW 1956, 1433 (1434); Münch/*Müller-Engels*, Familienrecht, § 13 Rn. 167, mwN. auch zur vereinzelt vertretenen Gegenmeinung.
[1750] Palandt/*Götz* BGB § 1795 Rn. 4.
[1751] BGH – V ZB 15/74, NJW 1975, 1885.

A. Die Vertretung der Minderjährigen

die Genehmigungsbedürftigkeit, ob ein rechtlicher Nachteil vorliegt[1752], sondern nur, ob ein Genehmigungstatbestand erfüllt ist. Im Rahmen der Erteilung der Genehmigung mag dann die Frage des Nachteils eine Rolle spielen.

Der familiengerichtlichen Genehmigung bedarf es sowohl beim Handeln der Eltern wie auch bei der Tätigkeit eines Ergänzungspflegers, allerdings in unterschiedlichem Umfang.

Achtung: Hat der beschränkt geschäftsfähige Minderjährige selbst gehandelt, so bedarf er keiner familiengerichtlichen Genehmigung, auch wenn Eltern oder Ergänzungspfleger einer solchen bedurft hätten![1753]

1. Erfordernis einer familiengerichtlichen Genehmigung

Die besonders bedeutsamen Geschäfte, für die eine solche Genehmigung erforderlich ist, hat das **Gesetz abschließend festgelegt**. Auch bei vergleichbarer Interessenlage kommt daher keine analoge Anwendung in Betracht.[1754] Andererseits hängt die Genehmigungsbedürftigkeit nicht von einer Abwägung der Bedeutsamkeit im Einzelfall ab[1755] und auch nicht vom Vorliegen eines rechtlichen Nachteils.[1756]

Die Notwendigkeit einer familiengerichtlichen Genehmigung ist in folgenden Vorschriften in Zusammenhang mit dem Handeln der Eltern vorgesehen:[1757]
- Ermächtigung zum selbständigen Betrieb eines Erwerbsgeschäfts, § 112 Abs. 1 S. 1 BGB,
- Anerkennung der Vaterschaft durch das Kind, § 1596 Abs. 1 S. 3 BGB,
- Unterbringung des Kindes mit Freiheitsentziehung, § 1631b Abs. 1 BGB,
- Abweichung von Vermögensverwaltungsanordnungen, § 1639 Abs. 2 iVm 1803 BGB,
- Verweis auf § 1821 und § 1822 Nr. 1, 3, 5 und 8 bis 11 BGB, § 1643 Abs. 1 BGB,
- Ausschlagung von Erbschaft oder Vermächtnis, Verzicht auf den Pflichtteil, § 1643 Abs. 2 BGB,
- Überlassung von Vermögensgegenständen an das Kind, § 1644 BGB,
- Neues Erwerbsgeschäft im Namen des Kindes, § 1645 BGB,
- Aufhebung Erbvertrag oder Testament, § 2290 Abs. 3 S. 2; § 2291 Abs. 1 S. 2 BGB,
- Erb- bzw. Pflichtteilsverzicht des Kindes, § 2347 Ab. 1 S. 1 BGB.

[1752] So nochmals ganz deutlich gegenüber der vorinstanzlichen Auffassung OLG München – 34 Wx 341/18, BeckRS 2020, 7258.
[1753] Etwa OLG Köln – 4 WX 2/18, NZG 2018, 1187.
[1754] BGH – II ZR 223/83, NJW 1985, 136 mwN.
[1755] MüKoBGB/*Huber* BGB § 1643 Rn. 1.
[1756] OLG Jena – 9 W 42/12, BeckRS 2012, 23201 = NotBZ 2012, 429; vgl. DNotI-Gutachten 2013, 128470.
[1757] Eine komplette Liste findet sich bei BRHP/*Veit* BGB § 1629 Rn. 6. Irrelevante Punkte wie die fortgesetzte Gütergemeinschaft wurden weggelassen.

5. Teil. Recht der Minderjährigen

2. Verfahrensrechtliche Fragen der familiengerichtlichen Genehmigung

Soweit Eltern oder ein Ergänzungspfleger für einen Minderjährigen handeln und eine gerichtliche Genehmigung benötigen, ist das **Familiengericht** zuständig. Die örtliche Zuständigkeit richtet sich nach dem **gewöhnlichen Aufenthalt des Kindes**.[1758] Die Entscheidung hat sich am **Wohl des Kindes** auszurichten. Sie ist insoweit **keine Ermessensentscheidung** im eigentlichen Sinne, vielmehr entscheidet das Gericht nach § 37 Abs. 1 FamFG nach seiner freien, aus dem Inhalt des Verfahrens gewonnenen Überzeugung. Der BGH spricht von einem Beurteilungsspielraum.[1759] Wenn also kein rechtlicher Nachteil festzustellen ist, so wird man von einem **Anspruch** auf die Genehmigung sprechen können.

Das Gericht entscheidet durch **Beschluss**, § 38 FamFG, der den Eltern bzw. dem Ergänzungspfleger und auch dem Kind **bekanntzugeben** ist. Hat dieses das 14. Lebensjahr vollendet, so ist dem Kind selbst zuzustellen, § 164 FamFG, hat es das 14. Lebensjahr noch nicht vollendet, so kann den Eltern zugestellt werden, ohne dass es noch der Bestellung eines gesonderten Ergänzungspflegers als Bekanntgabevertreter bedarf.[1760]

Die Genehmigung selbst wird mit Eintritt der **formellen Rechtskraft** wirksam, § 40 Abs. 2 S. 1 FamFG. Damit wird aber noch nicht das zu genehmigende **Rechtsgeschäft** wirksam. Vielmehr ist hierzu nach § 1829 Abs. 1 S. 2 BGB noch erforderlich, dass die **Genehmigung dem anderen Vertragsteil mitgeteilt** wird, was erst nach Eintritt der formellen Rechtskraft geschehen kann.[1761] Es wird somit dem gesetzlichen Vertreter des Kindes quasi noch ein **Überlegungsspielraum** gewährt, sich in letzter Minute doch noch zu entscheiden, das Geschäft nicht wirksam werden zu lassen. Da diese Mitteilung etwa bei Grundstücken in grundbuchtauglicher Form nachgewiesen werden muss und nochmals erheblich Zeit verstreicht, hat sich in der Praxis **eine Doppelvollmacht des Notars** herausgebildet, der die Vollmacht vom Gericht entgegennimmt, dem anderen Vertragsteil mitteilt und für diesen die Mitteilung entgegennimmt. Diese Vertragsgestaltung ist inzwischen auch vom BGH anerkannt.[1762]

Wird lediglich ein sog. **Negativattest** erteilt, so steht dieses der familienrechtlichen Genehmigung keineswegs gleich, denn ihm kommt keine Tatbestandswirkung zu. Es ist daher nicht ausgeschlossen, dass die

---

[1758] Eine detailliertere Darstellung findet sich bei Hauschild/Kallrath/Wachter/*Heinemann* Notarhandbuch § 32 Rn. 94 ff.

[1759] BGH – XII ZB 479/11, NJW 2012, 1956, Rn. 10; eine beispielhafte Abwägung zur Veräußerung eines Grundstücks findet sich etwa bei BGH – XII ZB 335/16, NZFam 2017, 87.

[1760] So nunmehr ausdrücklich BGH – XII ZB 359/17, FamRZ 2019, 986 m. Anm. *Münch* = NJW 2019, 1814.

[1761] KG – 1 W 381/14, RNotZ 2016, 105; DNotI-Gutachten 138750 vom 19.12.2014.

[1762] BGH – XII ZB 283/15, NJW 2016, 565.

A. Die Vertretung der Minderjährigen

Frage der Genehmigungsbedürftigkeit später anders beurteilt und das Rechtsgeschäft als unwirksam angesehen wird.[1763]

3. Einzelfälle der familiengerichtlichen Genehmigung

Im Folgenden sollen die wichtigsten Genehmigungstatbestände kurz vorgestellt werden. Hier ist in Zweifelsfällen stets die Einholung einer Genehmigung zu empfehlen, da steuerrechtlich zumeist die Einhaltung der zivilrechtlichen Formvorschriften Voraussetzung einer Anerkennung ist. **Eltern** bedürfen nach § 1643 BGB der Genehmigung in den Fällen des § 1821 BGB und in den Nummern des § 1822 BGB, auf die verwiesen wird. Für den Vormund gelten die Bestimmungen der §§ 1821 f. BGB direkt, für den Pfleger über § 1915 BGB.[1764]

530

a) Grundstücksgeschäfte, § 1643 Abs. 1 BGB, § 1821 BGB

Genehmigungsbedürftig ist zunächst
– die **Verfügung** über ein **im Eigentum des Minderjährigen stehendes Grundstück** (auch Wohnungs- oder Teileigentum oder Erbbaurecht)[1765] oder ein Recht an einem Grundstück (nicht über Rechte an solchen Rechten), § 1821 Abs. 1 Nr. 1 BGB[1766]
– Alleineigentum, Miteigentum oder Gesamthandseigentum
– **Sonderproblem: GbR** – Die **Genehmigungspflicht** wird noch **nicht** ausgelöst, wenn der Minderjährige lediglich wirtschaftlich an einem Grundstück beteiligt ist, dass einer **GmbH**, **AG** oder einer **KG** oder **oHG** gehört, deren Gesellschafter der Minderjährige ist.[1767] **Fraglich** ist dies bei einer **GbR**, deren Gesellschafter der Minderjährige ist. Die GbR ist inzwischen als selbständiges Rechtssubjekt anerkannt.[1768] Der Beitritt zu einer gewerblichen GbR ist nach § 1822 Nr. 3 BGB genehmigungsbedürftig. Daher ist die überwiegende Meinung der Ansicht, dass Grundstücksveräußerungen durch eine **gewerbliche GbR**, an der ein Minderjähriger beteiligt ist, **nicht ihrerseits genehmigungsbedürftig** sind.[1769] **Anderes** soll aber bei einer rein **vermögensverwaltenden GbR** gelten, wenn die Grundstücksveräußerung nicht im Gesellschaftszweck enthalten ist.[1770] Diese schirmt nicht aufgrund ihrer Rechtsfähigkeit ab. Wenn man dazu die Begründung für

531

[1763] OLG Schleswig – 15 WF 70/19, NZG 2019, 593.
[1764] Ein Referentenentwurf zur Änderung des Vormundschaftsgerichts des BMJ sieht im Gesamtsystem Änderungen vor, vgl. hierzu mwN. *Becker* FamRB 2020, 36 f. *Schwab* FamRZ 2020, 1321 und demnächst *Münch* FamRZ 2020, Heft 19.
[1765] MüKoBGB/*Kroll-Ludwigs* BGB § 1821 Rn. 20.
[1766] MüKoBGB/*Kroll-Ludwigs* BGB § 1821 Rn. 22.
[1767] Palandt/*Götz* BGB § 1821 Rn. 7.
[1768] Grundlegend BGH – II ZR 331/00, NJW 2001, 1056, und § 899a BGB.
[1769] OLG Nürnberg – 15 W 1623/12, NJW 2013, 82; OLG Schleswig – 2 W 133/01, NJW-RR 2002, 737; MüKoBGB/*Kroll-Ludwigs* BGB § 1821 Rn. 10.
[1770] OLG Nürnberg – 15 W 1623/12, NJW 2013, 82.

5. Teil. Recht der Minderjährigen

die Genehmigungsbedürftigkeit liest, dass die Veräußerung bei Genehmigung des Beitritts dann nicht absehbar gewesen sei und aus diesem Grunde die Veräußerung nun einer gesonderten Genehmigung bedürfe,[1771] dann wird man die Genehmigungsfreiheit bei der GbR generell nur vertreten können, wenn der Beitritt einmal genehmigt war, was bei einer rein vermögensverwaltenden Gesellschaft möglicherweise gar nicht erfolgt ist.

Hinweis: Angesichts der Unsicherheit in der Abgrenzung und der Meinungsvielfalt sollte nicht zuletzt mit Rücksicht auf die steuerlichen Anforderungen eine Genehmigung bei Auftreten einer vermögensverwaltenden GbR mit Minderjährigen eingeholt werden.

- **Verfügung** ist Übertragung, Aufhebung, Belastung, Inhalts- oder Rangänderung; auch die Eintragung einer **Vormerkung** ist Verfügung idS.[1772] Die Rechtsprechung sieht auch bei Genehmigung des Grundstücksveräußerungsvertrages die Eintragung der **Finanzierungsgrundschuld** des Käufers als gesondert genehmigungsbedürftig an, obwohl die Belastungsvollmacht im Kauf schon genehmigt war.[1773]
- Genehmigungsbedürftig nach Nr. 1 ist auch die Abänderung einer Gemeinschaftsordnung beim Wohnungseigentum.[1774] Die Vorratsteilung nach § 8 WEG ohne Änderung der Eigentumsverhältnisse soll hingegen nicht genehmigungsbedürftig sein.[1775]
- Genehmigungsfrei als bloße Erwerbsmodalität ist hingegen die Belastung eines Grundstücks beim Erwerb durch das Kind.[1776]
- Genehmigungsfrei ist nach § 1821 Abs. 2 BGB ferner die Verfügung über eine Hypothek, Grundschuld oder Rentenschuld als gewöhnliche Vermögensverwaltung.[1777]
- Genehmigungsbedürftig ist es auch, wenn die Grundstücksverfügung in Form einer Erbauseinandersetzung erfolgt, auch wenn § 1822 Nr. 2 BGB in § 1643 BGB nicht in Bezug genommen worden ist.[1778]
- Verfügung über eine Forderung auf Eigentumserwerb an einem Grundstück, auf Erwerb eines Rechtes an einem Grundstück oder auf Befreiung von einem solchen Recht, § 1821 Abs. 1 Nr. 2 BGB,
- Verfügung über Schiff, Schiffsbauwerk oder Forderung auf Übertragung des Eigentums daran, § 1821 Abs. 1 Nr. 3 BGB,

---

[1771] MüKoBGB/*Kroll-Ludwigs* BGB § 1821 Rn. 23.
[1772] Münch/*Müller-Engels*, Familienrecht, § 13 Rn. 194.
[1773] OLG Zweibrücken – 3 W 130/04, DNotZ 2005, 634; hierzu *Braun* DNotZ 2005, 730 ff.
[1774] OLG Hamm – I-15 W 290/15, NJ = Z 2017, 426.
[1775] KG – 1 W 369/14, NJW-Spezial 2015, 259.
[1776] BayObLG – BReg. 2 Z 135/91, NJW-RR 1992, 328; BGH – XIZR129/96, NJW 1998, 453.
[1777] Detailliert zu den einzelnen Grundstücksverfügungen bzw. Verfügungen über Rechte: *Schöner/Stöber*, Grundbuchrecht, Rn. 3685 ff.
[1778] DNotI-Gutachten, DNotI-Report 2017, 76.

A. Die Vertretung der Minderjährigen

– Verpflichtung über eine der vorgenannten Verfügungen, § 1821 Abs. 1 Nr. 4 BGB; darunter fällt nicht die Rückübertragungsverpflichtung im Rahmen eines Grundstückserwerbs, wenn diese auf die vorhandene Bereicherung beschränkt ist.[1779]
– Vertrag zum entgeltlichen Erwerb eines Grundstücks oder eines Rechtes an einem Grundstück (entsprechend bei Schiff oder Schiffsbauwerk), § 1821 Abs. 1 Nr. 5 BGB
  – Genehmigungsfrei ist der rein unentgeltliche Erwerb[1780];
  – betroffen ist das schuldrechtliche Geschäft. Daher ist die Vorschrift für das Grundbuchamt unbeachtlich, wie die Rechtsprechung zeigt.

Rechtsprechungsbeispiel:[1781] Einem Minderjährigen wurde ein Quotennießbrauch an einem Großparkplatz zugewendet. Dafür wurde ein Ergänzungspfleger bestellt, da der Nießbrauch nicht lediglich rechtlich vorteilhaft war. Das OLG München entschied, dass das Grundbuchamt die Eintragung ohne familiengerichtliche Genehmigung vornehmen müsse, da der dingliche Erwerbsakt nicht genehmigungspflichtig sei, da § 1821 Nr. 5 BGB nur das schuldrechtliche Geschäft erfasse. Ob das schuldrechtliche Geschäft nichtig und damit der Erwerb kondizierbar sei, habe das Grundbuchamt nicht zu prüfen.

b) Gesamtvermögensgeschäfte, § 1643 Abs. 1 BGB, § 1822 Nr. 1 BGB

Genehmigungsbedürftig ist das Verpflichtungsgeschäft zu einem Gesamtvermögensgeschäft. Anders als zu § 1365 BGB vertritt hier die hM eine **Gesamttheorie**, dh es werden nur „**Bausch-und Bogen-Geschäfte**" erfasst, bei denen der Wille der Parteien dahin geht, das gesamte Kindesvermögen zu erfassen.[1782]
Genehmigungsbedürftig sind auch Verpflichtungsgeschäfte über eine angefallene Erbschaft oder einen Anteil an einer solchen Erbschaft, also **Erbschaftskauf** oder **Erbteilsübertragung**.
Schließlich erfasst § 1822 Nr. 1 BGB noch schuldrechtliche Verpflichtungen über einen künftigen gesetzlichen Erbteil oder einen künftigen Pflichtteil, soweit sie nach **§ 311b Abs. 5 BGB** überhaupt wirksam möglich sind.

532

c) Erwerbsgeschäft und Gesellschaftsvertrag, § 1643 Abs. 1 BGB, § 1822 Nr. 3 BGB

Der **Begriff des Erwerbsgeschäftes** ist nicht ohne Abgrenzungsschwierigkeiten.[1783] Das BayObLG hat folgende Definition gefunden: „Der Begriff des Erwerbsgeschäfts umfasst jede regelmäßige, auf selbständigen Erwerb gerichteten (sic!) Tätigkeit ... Voraussetzung ist, dass

533

[1779] OLG München – 34 Wx 341/18, BeckRS 2020, 7258.
[1780] OLG München – 34 Wx 341/18, ZEV 2020, 502; auch bei Rückübertragungsrecht mit Beschränkung der Haftung auf das Zugewendete.
[1781] OLG München – 34 Wx 40/11, NJW-RR 2011, 595.
[1782] BGH – III ZR 155/55, BeckRS 1957, 31205599 = FamRZ 1957, 121; MüKoBGB/*Kroll-Ludwigs* BGB § 1822 Rn. 3 mwN. auch zu Gegenmeinungen.
[1783] Zusammenfassend zur Vertretungsbefugnis im Unternehmensrecht *Flume* FamRZ 2016, 277 ff.

5. Teil. Recht der Minderjährigen

die Tätigkeit selbständig, im eigenen Namen, auf eigene Rechnung und mit dem Willen der Gewinnerzielung ausgeübt und auf eine gewisse Dauer angelegt ist."[1784] Ob es sich um eine industrielle, gewerbliche, handwerkliche, wissenschaftliche, künstlerische, freiberufliche oder sonstige Tätigkeit handelt, soll dann unerheblich sein.[1785]

Unter § 1822 Nr. 3 BGB soll nicht nur die Beteiligung an der Gründung und damit beim Abschluss des Gesellschaftsvertrages fallen, sondern auch der derivative Erwerb und damit der Eintritt in einen Gesellschaftsvertrag.[1786]

Umstritten ist die **Abgrenzung bei einer GbR**, die vermögensverwaltend tätig ist. Bei der Errichtung einer GbR „auf die Dauer von mindestens 20 Jahren …, um drei gewerblich nutzbare bebaute Grundstücke von erheblichem Wert sowie künftig erworbenen weiteren Grundbesitz zu verwalten, zu vermieten und zu verwerten" hat das BayObLG[1787] Gewerblichkeit bejaht, sodass die Errichtung dieser Gesellschaft mit Minderjährigen zur Genehmigungsbedürftigkeit führt. Lediglich eine rein private Vermögensverwaltung soll zur Genehmigungsfreiheit führen.[1788]

Hinweis: Die Abgrenzung der rein privaten Vermögensverwaltung ist bei der GbR so schwierig und umstritten, dass in jedem Fall die Erteilung einer familiengerichtlichen Genehmigung empfohlen werden kann.

Ebenso umstritten ist die Genehmigungsbedürftigkeit bei der **Stillen Gesellschaft**. Während die eine Ansicht vertritt, einer Genehmigung nach § 1822 Nr. 3 BGB bedürfe es nur bei der atypisch stillen Gesellschaft, geht die andere Auffassung dahin, dass auch die Eingehung einer typisch stillen Gesellschaft nach § 1822 Nr. 10 BGB genehmigungsbedürftig sei.[1789]

Hinweis: Auch bei der Stillen Gesellschaft ist somit die Einholung einer familiengerichtlichen Genehmigung ratsam.

Regelmäßig genehmigungsbedürftig ist die Beteiligung an einer **oHG** oder **KG**, wenn sie sich nicht auf rein private Vermögensverwaltung beschränkt.[1790] Auch die **unentgeltliche Anteilsübertragung** im Wege der Sonderrechtsnachfolge wurde als **genehmigungsbedürftig** einge-

---

[1784] BayObLG – 1Z BR 157/94, DNotZ 1995, 941.
[1785] MüKoBGB/*Kroll-Ludwigs* BGB § 1822 Rn. 12.
[1786] OLG Schleswig – 15 WF 70/19, NZG 2020, 593, die deswegen zugelassene Rechtsbeschwerde wurde nicht eingelegt; OLG München – 2 WF 1509/17, MittBayNot 2019, 132; OLG Frankfurt/Main – 20 W 132/08, ZEV 2008, 607.
[1787] BayObLG – 1Z BR 157/94, DNotZ 1995, 941; ebenso OLG Naumburg – 3 UF 108/01, BeckRS 2001, 30206097 = FamRZ 2003, 57.
[1788] MüKoBGB/*Wagenitz* 7. Aufl. 2015, BGB § 1822 Rn. 21 mwN, aus denen aber ersichtlich wird, dass zB bei eigengenutzter Immobilie und Rechtsform KG eine Genehmigungsfreiheit bejaht wird.
[1789] Detailliert Münch/*Schaal*, Familienrecht, § 17 Rn. 202 f.
[1790] MüKoBGB/*Kroll-Ludwigs* BGB § 1822 Rn. 17.

A. Die Vertretung der Minderjährigen

stuft.[1791] Allerdings bildet sich hier eine **zunehmende Gegenmeinung**, die bei einer rein vermögensverwaltenden KG, die nach § 105 Abs. 2 HGB nun eingetragen werden kann, eine Genehmigungsbedürftigkeit verneint, jedenfalls dann, wenn das Vermögen keine geschäftsmäßige, quasi berufliche Verwaltung fordert.[1792] Dem ist zuzustimmen. Gleichwohl wird man die Genehmigung vorsorglich einholen.[1793]

Beim **Erwerb eines GmbH-Anteils oder von Aktien** soll § 1822 Nr. 3 BGB nicht vorliegen, außer der Erwerb erfolgt vor Eintragung der GmbH[1794] oder es wird ein erheblicher Geschäftsanteil erworben, der über eine kapitalistische Beteiligung hinausgeht und sich als Beteiligung am Erwerbsgeschäft darstellt.[1795] Das OLG Schleswig[1796] sieht dies bei einer Beteiligung von mehr als 50% an einer nicht lediglich vermögensverwaltenden GmbH als gegeben an. Sofern keine Volleinzahlung vorliegt, kann aufgrund der Haftung nach §§ 24, 31 GmbHG aber der Genehmigungstatbestand des § 1822 Nr. 10 BGB vorliegen.

Wenn es einer **Genehmigung** bedarf, **prüft** das **Gericht** den vorliegenden **Gesellschaftsvertrag**. Wenn die danach zu zahlende Abfindung bei Ausscheiden mit einer Buchwertklausel geregelt ist, so sehen die Familiengerichte einen Anspruch auf Abänderung und machen die Genehmigung von einer solchen Abänderung abhängig.[1797]

Die Frage, wann **Gesellschafterbeschlüsse** gerichtlich genehmigt werden müssen, ist **sehr umstritten**. Teilweise werden **Änderungen der Gesellschaftsverträge** generell für genehmigungsbedürftig gehalten, zum Teil nur bei wesentlichen Änderungen des Gesellschaftsvertrages. So hat sich der BGH für die Genehmigungsbedürftigkeit ausgesprochen, jedoch bei Bestehen einer gesellschaftsrechtlichen Treuepflicht zur Zustimmung eine Ausnahme von § 181 BGB wegen des Handelns in Erfüllung einer Verbindlichkeit gesehen.[1798]

Hinweis: Nachdem für Änderungen von Gesellschaftsverträgen und Grundlagenbeschlüssen äußerst umstritten ist, ob eine familiengerichtliche Genehmigung erforderlich ist, sollte diese sicherheitshalber eingeholt werden.[1799]

[1791] OLG Frankfurt – 20 W 123/08, ZEV 2008, 607; OLG München – 31 Wx 76/08, ZEV 2008, 609; im konkreten Fall aber Genehmigungsbedürftigkeit verneint, da nur die Verwaltung des eigenbewohnten Hauses, sodass Gewerblichkeit fehlt; für Genehmigungsfreiheit mit Rücksicht auf die Haftungsbeschränkungsmöglichkeit nach dem Minderjährigenhaftungsbeschränkungsgesetz *Damrau* ZEV 2000, 209.
[1792] OLG Bremen – 2 W 38/08, ZEV 2008, 608; OLG Jena – 2 WF 26/13, ZEV 2013, 521; OLG Dresden – 17 W 160/18, NZG 2018, 1108; OLG München – 2 WF 1509/17, MittBayNot 2019, 132.
[1793] Detailliert *Münch* FamRZ 2019, 1916 (1918f.).
[1794] BGH – II ZR 148/88, NJW 1989, 1926.
[1795] BGH – X ZR 199/99, DNotZ 2004, 152.
[1796] OLG Schleswig – 13 WF 55/17, MittBayNot 2018, 256.
[1797] Vgl. dazu zB OLG Bremen – 4 UF 7/12, NJW 2013, 2527.
[1798] BGH – II ZR 240/59, NJW 1961, 724.
[1799] So auch ausdrücklich DNotI-Gutachten, DNotI-Report 2016, 173 (175).

d) Verpflichtung zu wiederkehrenden Leistungen, § 1643 Abs. 1 BGB, § 1822 Nr. 5 BGB

535 Genehmigungsbedürftig sind ferner Dauerschuldverhältnisse, wenn diese für den Minderjährigen länger als ein Jahr nach dem Eintritt der Volljährigkeit fortdauern. Hierunter fallen Miet- und Pachtverträge unabhängig davon, auf welcher Seite der Minderjährige beteiligt ist, aber auch Versicherungsverträge.

e) Ausschlagung von Erbschaft oder Vermächtnis, § 1643 Abs. 2 BGB

536 Nach § 1643 Abs. 2 S. 1 BGB ist die **Ausschlagung einer Erbschaft oder eines Vermächtnisses sowie der Verzicht auf einen Pflichtteil** genehmigungsbedürftig, wenn Eltern die entsprechende Erklärung für ihr Kind abgeben. Mit dem Verzicht auf den Pflichtteil ist nicht § 2346 BGB gemeint, sondern der Verzicht auf einen bereits entstandenen Pflichtteil.[1800] Das entspricht soweit § 1822 Nr. 2 BGB bei Handeln des Vormundes. Anders als im letzten Fall enthält aber § **1643 Abs. 2 S. 2 BGB** eine wichtige **Ausnahme** von dieser Genehmigungsbedürftigkeit. Diese Ausnahmevorschrift ist nicht einfach zu verstehen und führt vielfach zu unterschiedlichen Einschätzungen.

Die Ausnahme möchte diejenigen Fälle **von einer Genehmigung freistellen**, in denen

(1) die Erbschaft/das Vermächtnis **erst durch Ausschlagung eines Elternteils** eintritt; das setzt voraus:
– Ausschlagung muss kausal für den Erbanfall sein;
– ist die Ausschlagung eines Dritten kausal, dann Genehmigung erforderlich;
– ob die Erbschaft **werthaltig** ist, ist für diese Frage **ohne Bedeutung**; daher auch dann keine Genehmigungspflicht, wenn die Eltern eine werthaltige Erbschaft ausschlagen;[1801]
– schlägt der Elternteil die gewillkürte Erbfolge und dann die gewillkürte Ersatzerbfolge für das Kind aus, um selbst gesetzlicher Erbe zu werden, soll die Ausnahme nicht eingreifen, da der Elternteil nicht vollständig aus der Erbfolge ausgeschieden ist.[1802]
– Eine **Gegenausnahme** – also Genehmigungspflicht – nimmt die hM aufgrund teleologischer Reduktion an, wenn es um eine **sog. lenkende Ausschlagung** geht, die Eltern also die Erbschaft für eines oder mehrere Kinder ausschlagen, für ein anderes Kind hingegen annehmen, damit dieses Alleinerbe wird. Es wird dafür gefordert, dass die Motivation der Eltern in einem objektiv nachprüfbaren Verhalten zum Ausdruck gekommen sein müsse.[1803]

[1800] Palandt/*Götz* BGB § 1643 Rn. 2.
[1801] OLG Köln – II-12 UF 10/12, DNotZ 2012, 855; *Ivo* ZEV 2002, 309 (310) mwN; *Eue* ZEV 2018, 624 f.
[1802] Palandt/*Götz* BGB § 1643 Rn. 2; OLG Frankfurt – 1 Wx 18/54, NJW 1955 m 466.
[1803] KG – 1 W 747/11, ZEV 2012, 332; *Ivo* ZEV 2002, 309 (313); zur lenkenden Ausschlagung OLG Köln – II-12 UF 10/12, DNotZ 2012, 855; *Keim* ZEV 2020, 393 ff.

A. Die Vertretung der Minderjährigen

Nach anderer Ansicht kommt es für das Eingreifen der Gegenausnahme nicht darauf an, ob Hinweise auf eine gezielte Bevorzugung oder Benachteiligung einzelner Kinder bestehen.[1804] Neuerdings wird eine teleologische Reduktion und damit eine Genehmigungsbedürftigkeit aus Gründen der Rechtssicherheit abgelehnt.[1805]
und
(2) der das Kind allein oder gemeinsam mit seinem Ehegatten vertritt
– Die Ausnahme greift **nur, wenn ein sorgeberechtigter Elternteil ausschlägt**. Schlägt bei Kindern nicht (mehr) miteinander verheirateter Eltern der nicht sorgeberechtigte Elternteil aus und gelangt dadurch eine Erbschaft an das Kind, so bedarf der sorgeberechtigte Elternteil für seine Ausschlagung das Kind betreffend der familiengerichtlichen Genehmigung!

Hinweis: Fällt die Erbschaft durch Ausschlagung eines nicht sorgeberechtigten Elternteiles an, so ist immer eine familiengerichtliche Genehmigung notwendig.

und
(3) dieser nicht neben dem Kind zum Erben berufen war.
– Schlägt ein Elternteil die Vorerbschaft aus und dann die Eltern für das Kind die Nacherbschaft, so soll die Ausnahme eingreifen, da der Nacherbe während der Vorerbschaft nicht neben dem Vorerben zur Erbschaft berufen ist.[1806] Diese Ansicht ist allerdings nicht unbestritten,[1807] so dass die Einholung der Genehmigung oder eines Negativzeugnisses empfohlen werden muss.

Ist danach eine **Genehmigung erforderlich**, so muss diese zur Wahrung der **Ausschlagungsfrist innerhalb** derselben beim Familiengericht **beantragt** werden. Dies – und der Zugang der Ausschlagung beim Nachlassgericht[1808] – führt nach hM zu einer Hemmung der Ausschlagungsfrist.[1809] Ist die Genehmigung dann dem Elternteil erteilt, endet die Hemmung. Zu beachten ist, dass die Genehmigung aber dem **Nachlassgericht** noch mitgeteilt werden muss. Der Elternteil muss also von ihr Gebrauch machen.[1810] Dazu muss die Genehmigung mit Rechtskraftvermerk mitgeteilt werden.[1811] Eine Übersendung lediglich

---

[1804] OLG Hamm – I-15 W 374/13, DNotZ 2014, 858.
[1805] OLG Hamm – II-11 WF 112/18, ZEV 2018, 645; dazu *Becker* FamRB 2019, 203f. mit Prüfungsschema; dazu *Sagmeister* MittBayNot 2019, 366f.
[1806] OLG Frankfurt – 20 W 374/09, ZEV 2011, 597; Kaiser/*Rakete-Dombek* BGB § 1643 Rn. 9; *Ivo* ZEV 2002, 309 (310); DNotI-Gutachten, DNotI-Report 2014, 17.
[1807] Für eine Genehmigungspflicht spricht sich aus *Sagmeister* ZEV 2012, 121 (122).
[1808] Münch/*Schaal*, Familienrecht, § 17 Rn. 179.
[1809] BayObLG – BReg. 1 Z 27/82, FamRZ 1983, 834; OLG Frankfurt – 6 W 153/65, FamRZ 1966, 259; *Becker* JA 2014, 101 (102).
[1810] OLG Koblenz – 13 WF 1135/13, ZEV 2014, 249.
[1811] *Horn* ZEV 2016, 20 (22).

durch das Familiengericht an das Nachlassgericht genügt nicht.[1812] Das Familiengericht hat allein zu entscheiden, ob die Ausschlagung dem Kindesinteresse dient. Das kann auch bei Entfremdung der Fall sein.[1813] Das **Familiengericht** hat dazu eine **Amtsermittlungspflicht** nach § 26 FamFG und muss die vorherige Ausschlagung durch vorrangig Berechtigte mit dem Hinweis auf die Überschuldung als Indiz beachten.[1814] Das Nachlassgericht hingegen hat zu entscheiden, ob die Ausschlagung fristgemäß und wirksam erklärt wurde.[1815]

Wurde die Genehmigungsbedürftigkeit nicht erkannt, ist es ggf. erforderlich, die **im Fristablauf liegende Annahme anzufechten, §§ 1943 2. HS, 1956 BGB**. Diese Anfechtung ist ihrerseits wieder genehmigungsbedürftig. Allerdings ist das OLG Celle der Auffassung, dass die Genehmigung der Ausschlagung der Erbschaft die Genehmigung zu einer etwa erforderlichen Anfechtung der Versäumung der Ausschlagungsfrist bereits beinhalte.[1816]

f) Pflichtteils- und Erbverzicht, § 2346 Abs. 2 BGB, § 2347 Abs. 1 S. 1 BGB

537 Ein Erbverzicht oder Pflichtteilsverzicht des Minderjährigen bedarf nach § 2347 Abs. 1 S. 1 BGB der familiengerichtlichen Genehmigung, wenn die **Eltern** handeln. **Zumeist** werden aber die Eltern von der Vertretung **ausgeschlossen** sein, wenn der **Verzicht Ihnen gegenüber erklärt** wird, sodass für diese Fälle ein **Ergänzungspfleger** bestellt werden muss. Handelt dieser, bedarf es ebenfalls der gerichtlichen Genehmigung. Verzichtet der Minderjährige seinem Ehegatten gegenüber auf den Pflichtteil, ist die Genehmigung nach § 2347 Abs. 1 S. 1 letzter HS BGB nicht erforderlich. Diese Vorschrift ist nun gestrichen worden, da nach § 1303 BGB nF eine Eheschließung in Deutschland nur noch für Volljährige möglich ist. Die Genehmigung muss bei Eintritt des Erbfalles wirksam sein. Fraglich wird sein, ob sich ein Gericht zu einer solchen Genehmigung bereit findet, denn für den Minderjährigen hat der Verzicht jedenfalls ohne Abfindung keinerlei Vorteil.

g) Sonstige Tatbestände

538 Genehmigungsbedürftig sind nach § 1822 **Nr. 8 BGB Darlehens- oder Kreditverträge**, nach § 1822 Nr. 9 BGB die Ausstellung einer **Schuldverschreibung** auf den Inhaber und nach § 1822 Nr. 10 BGB die **Übernahme einer fremden Verbindlichkeit**.

Insbesondere letzterer Tatbestand kommt oft überraschend zum Tragen. Gemeint sind nur Fälle der **Sekundärhaftung**, dh der Haftung des Minderjährigen für eine fremde Schuld, in denen dem Minderjährigen

---

[1812] OLG Frankfurt/Main – 21 W 56/18, DNotZ 2019, 308.
[1813] OLG Köln – 10 WF 164/18, ZEV 2019, 77.
[1814] OLG Saarbrücken – 6 WF 42/15, NJW-RR 2015, 1099; OLG Zweibrücken – 2 WF 81/16, ZEV 2016, 699; OLG Brandenburg – 13 WF 114/18, NZFam 2018, 1108.
[1815] OLG Celle – 10 UF 291/12, NJW-RR 2013, 582.
[1816] OLG Celle – 10 UF 291/12, NJW-RR 2013, 582.

B. Die Bestellung von Ersatzvertretern

auch wieder ein Ersatzanspruch gegen den Primärschuldner zusteht.[1817] Dies gilt **auch**, wenn die Sekundärhaftung **kraft Gesetzes** entsteht. Als solche nach § 1822 Nr. 10 BGB genehmigungspflichtigen Tatbestände sind zu nennen:[1818]
– Übernahme einer Bürgschaft,
– Schuldbeitritt, Schuldübernahme oder Erfüllungsübernahme mit Regressmöglichkeit,
– Eingehen einer Gesamtverbindlichkeit mit Haftung auf das Ganze und Regress nach § 426 BGB,
– Bestellung von Pfandrechten am Kindesvermögen für fremde Verbindlichkeiten,
– Erwerb von Bruchteilseigentum an einem Wohnungseigentum im Hinblick auf die persönliche gesamtschuldnerische Haftung nach § 16 Abs. 2 WEG.[1819]

B. Die Bestellung von Ersatzvertretern

I. Bestellung von Ergänzungspflegern

Wenn Eltern nach dem oben Gesagten[1820] an der Vertretung des Kindes verhindert sind, dann ist an die Bestellung eines Ergänzungspflegers nach § 1909 Abs. 1 BGB zu denken. Die Pflegschaft wird im Unterschied zur Vormundschaft nur für einen begrenzten Wirkungskreis angeordnet und endet mit dessen Erledigung, § 1918 Abs. 3 BGB, spätestens mit Volljährigkeit des Kindes, § 1918 Abs. 1 BGB. Soweit die Pflegschaft reicht, sind die Eltern nach § 1630 Abs. 1 BGB von der Vertretung des Kindes ausgeschlossen. Die Pflegschaft hat (bei Volljährigen) keine Auswirkungen auf die Geschäftsfähigkeit. Auf die Pflegschaft sind nach § 1915 Abs. 1 BGB im Wesentlichen die Vorschriften über die Vormundschaft anwendbar. Für die Bestellung und Beaufsichtigung des Ergänzungspflegers für einen Minderjährigen ist nach § 151 Nr. 5 FamFG das Familiengericht zuständig.

539

Danach bestehen folgende **Voraussetzungen** für die Bestellung eines **Ergänzungspflegers**:
(1) Minderjähriger steht unter **elterlicher Sorge**;[1821]
(2) Die Eltern sind rechtlich (§ 1629 Abs. 1 S. 1 BGB, § 1795 BGB) oder tatsächlich **an der Vertretung** des Kindes **gehindert;**
– **Tatsächliche Verhinderung** liegt vor bei größerer räumlicher Entfernung, Abwesenheit, Krankheit oder Strafhaft; auch fehlende

---

[1817] BGH – II ZR 148/88, NJW 1989, 1926.
[1818] MüKoBGB/*Kroll-Ludwigs* BGB § 1822 Rn. 65.
[1819] KG – 1 W 312/10, NZM 2011, 78; OLG München – 34 Wx 200/12, ZEV 2013, 202; OLG Köln – 2 WX 44/15, RNotZ 2015, 288.
[1820] → Rn. 521 f.
[1821] Oder unter Vormundschaft.

5. Teil. Recht der Minderjährigen

Sachkunde oder Erfahrung soll eine tatsächliche Verhinderung begründen können.[1822]
- Bei tatsächlicher Verhinderung **eines Elternteils** kann der andere Elternteil das Sorgerecht allein ausüben, § 1678 Abs. 1 S. 1 BGB.
- Die Fälle **rechtlicher Verhinderung**, aber auch die Unterausnahmen wurden bereits intensiv dargelegt.[1823]

(3) Es besteht ein **gegenwärtiges Bedürfnis** zur Besorgung einer konkreten Angelegenheit oder eines Kreises von Angelegenheiten.[1824]
- Damit ist eine allgemeine Überwachungspflegschaft zur Kontrolle des gesetzlichen Vertreters ausgeschlossen.[1825]
- Bestehen begründete Zweifel an der Möglichkeit rechtswirksamen Handelns durch die Eltern, so rechtfertigt dies die Bestellung eines Ergänzungspflegers, wenn andere Behörden oder Gerichte etwa von einem Ausschluss der Vertretungsbefugnis der Eltern ausgehen.[1826]

II. Pflichtenkreis eines Ergänzungspflegers

540 Der **Pfleger** wird – wie dargelegt – für eine bestimmte Angelegenheit oder einen Kreis von Angelegenheiten bestellt. Dieser Aufgabenkreis wird vom Gericht dem Pfleger zugewiesen. So ist zB bei einem Ausschluss der Eltern wegen des Verbotes eines Insichgeschäftes der **Aufgabenkreis** des Pflegers auf dieses Geschäft und seine Durchführung beschränkt.

Die **Vertretungsmacht** des Pflegers wird **durch den ihm zugewiesenen Aufgabenkreis begrenzt**. Handelt der Pfleger **über** diesen Aufgabenbereich **hinaus**, so ist sein Handeln **unwirksam**. Es wird dann auch nicht durch eine nachfolgende familiengerichtliche Genehmigung wirksam.

Da die Rechtsprechung die Aufgabenkreise eng auslegt, ist eine sorgsame Prüfung angebracht, ob der Pfleger im Rahmen seiner Befugnisse handelt.

Da eine Fehleinschätzung fatale Folgen hat, sollte **im Zweifelsfall eine Erweiterung** des Aufgabenbereiches angeregt werden.

Hinweis: Handelt ein Ergänzungspfleger, so ist sorgsam zu überprüfen, dass er im Rahmen des ihm zugewiesenen Aufgabenkreises, der sich aus der Bestellung ergibt, handelt. Bleiben Zweifel, sollte der Aufgabenbereich erweitert werden.

[1822] BayObLG – 3 Z 129/75, RPfleger 1976, 399; OLG Frankfurt/Main – 20 W 549/99, BeckRS 2012, 09916; OLG Brandenburg – 13 UF 96/10, BeckRS 2010, 30459; aA MüKoBGB/*Schneider* BGB § 1909 Rn. 13: dann Sorgerechtsentzug insoweit.
[1823] → Rn. 521.
[1824] Münch/*Schaal*, Familienrecht, § 17 Rn. 100.
[1825] MüKoBGB/*Schneider* BGB § 1909 Rn. 40.
[1826] MüKoBGB/*Schneider* BGB § 1909 Rn. 40 mwN.

B. Die Bestellung von Ersatzvertretern

So ist zB umstritten, ob der Aufgabenkreis „**Vermögenssorge**" auch **gesellschaftsrechtliche Angelegenheiten** abdeckt. Der sicherste Weg ist also die Aufnahme dieser Angelegenheiten in den Aufgabenkreis.[1827]

III. Vertretungsverbote für Ergänzungspfleger

Nach § 1804 BGB, der über § 1915 BGB auch für den Pfleger gilt, darf ein Ergänzungspfleger **im Namen des Minderjährigen keine Schenkungen** tätigen.

541

Unter dieses Schenkungsverbot fallen **auch gemischte Schenkungen**, wenn der Wert der Verpflichtungen wesentlich hinter dem Wert des übertragenen Vermögens zurückbleibt.[1828] Das Verbot betrifft auch die zugehörigen Erfüllungsgeschäfte. Das Verbot wird auch dann eingreifen, wenn ein Rechtsgeschäft in das Kleid eines entgeltlichen Kaufvertrages gefasst ist, die Gegenleistung aber so gering ist, dass es sich in Wirklichkeit um eine gemischte Schenkung handelt.

Verträge unter Verstoß gegen dieses Schenkungsverbot sind nichtig und können auch nicht nachgenehmigt werden. Sie werden auch durch eine familiengerichtliche Genehmigung nicht wirksam. Nicht zuletzt aus diesem Grunde ist dem Gericht für die Erteilung der Genehmigung auch die Entgeltlichkeit des Rechtsgeschäftes nachzuweisen.

Hinweis: Verträge unter Verstoß gegen das Schenkungsverbot sind unheilbar nichtig! Sie werden auch durch die familiengerichtliche Genehmigung nicht wirksam.

In gleicher Weise, wie dies für die Eltern bereits aufgezeigt wurde,[1829] unterliegt auch ein Pfleger einem **Ausschluss der Vertretungsmacht bei Interessenkollision** nach § 1915 Abs. 1, 1795 BGB, § 181 BGB.

Dies betrifft zum einen **Rechtsgeschäfte, die zwischen einem Verwandten in gerader Linie des Pflegers und dem Minderjährigen** abgeschlossen werden. Darauf ist bereits bei der Bestellung eines Ergänzungspflegers zu achten. So scheiden häufig die Großeltern als Ergänzungspfleger aus, wenn ein Rechtsgeschäft zwischen dem Minderjährigen und seinen Eltern ansteht. Stattdessen wird häufig auf Verwandte zweiten Grades zurückgegriffen.

Das betrifft zum anderen aber vor allem Rechtsgeschäfte, an denen der Pfleger selbst beteiligt wäre, § 1795 Abs. 2 BGB, § 181 BGB. Hieran ist vor allem zu denken, wenn **ein einziger Ergänzungspfleger** für

---

[1827] Münch/*Schaal*, Familienrecht, § 17 Rn. 43.
[1828] Palandt/*Götz* BGB § 1804 Rn. 1; MüKoBGB/*Wagenitz*, 7. Aufl. 2015, BGB § 1803 Rn. 8; bei Schenkungen im Namen eines Minderjährigen treten die sonst problematischen Fälle der vorweggenommenen Erbfolge im Namen des Mündels nicht auf. Insbesondere die Hofübergabe für den betreuten Hofübergeber kann sich als Ausstattung nach §§ 1908, 1624 BGB darstellen, die nicht unter das Schenkungsverbot fällt, OLG Stuttgart – 8 W 495/03, MittBayNot 2005, 229; BayObLG – 1Z RR 15/94, MittBayNot 1996, 195.
[1829] → Rn. 521 ff.

5. Teil. Recht der Minderjährigen

mehrere minderjährige Kinder bestellt werden soll und es dann zu einer Vereinbarung dieser Kinder untereinander kommt. Hier scheitert die wirksame Vertretung am **Verbot der Mehrfachvertretung nach §§ 181, 2. Alt. BGB**. Ergänzungspfleger können nicht vom Gericht von den Beschränkungen des § 181 BGB befreit werden.[1830] Auf dieses Verbot ist daher insb. bei der **Gründung von Personen- oder Kapitalgesellschaften** zu achten. Hier bedarf es für jeden minderjährigen Gesellschafter der Bestellung eines gesonderten Ergänzungspflegers.[1831] Ein solches Bedürfnis besteht nach der obergerichtlichen Rechtsprechung **nicht, wenn** an mehrere Kinder je ein **Kommanditanteil** im Wege der vorweggenommenen Erbfolge als **Sonderrechtsnachfolge** übertragen werden soll. Selbst wenn diese Verfügung der Zustimmungen der Mitgesellschafter bedarf, so werden diese doch nicht Bestandteil des Veräußerungsvertrages.[1832] Der Gesellschaftsvertrag als solcher wird dadurch nicht geändert. Gleichwohl ergeht angesichts der noch immer ungewissen Einschätzung durch die Rechtsprechung zuweilen der Rat, aus Gründen der Vorsicht auch hier mehrere Ergänzungspfleger zu bestellen.

IV. Familiengerichtliche Genehmigung

542 Der Ergänzungspfleger bedarf für sein Handeln noch in weiterem Umfange als die Eltern der familiengerichtlichen Genehmigung. Zunächst gelten für ihn diejenigen Genehmigungstatbestände, die beim elterlichen Handeln bereits vorgestellt wurden.[1833] Während aber für die Eltern § 1643 BGB nur auf einen Teil der vormundschaftsrechtlichen Genehmigungstatbestände verweist, gelten für den Pfleger alle diese Tatbestände. Im Folgenden werden nur die bisher noch nicht besprochenen Fälle erläutert:

So ist der Pfleger zB im Rahmen der **Geldanlage nach § 1811 BGB** gehalten, eine Genehmigung einzuholen, wenn er eine andere als eine mündelsichere Anlage nach §§ 1806, 1807 BGB wählt. Diese Vorschrift erfasst auch **Erwerbsgeschäfte**, so etwa den Erwerb von **Grundstücken** oder **Gesellschaftsbeteiligungen**. Es handelt sich aber um eine Innengenehmigung, auf welche die §§ 1828 f. BGB keine Anwendung finden, sodass die Außenvertretungsmacht des Pflegers nicht eingeschränkt ist und die entsprechenden Verträge wirksam sind.[1834] Der Notar soll auf diese Pflicht gleichwohl hinweisen.[1835]

[1830] DNotI-Gutachten, DNotI-Report 2019, 131.
[1831] OLG München – 31 Wx 70/10, NZG 2010, 862; Palandt/*Ellenberger* BGB § 181 Rn. 7.
[1832] OLG München – 31 Wx 70/10, NZG 2010, 862.
[1833] → Rn. 528 f.
[1834] Palandt/*Götz* BGB § 1811 Rn. 1.
[1835] Münch/*Schaal*, Familienrecht, § 17 Rn. 77.

B. Die Bestellung von Ersatzvertretern

Hinweis: § 1811 BGB fordert eine familiengerichtliche Genehmigung für sehr viele Erwerbsgeschäfte. Diese ist aber Innengenehmigung ohne Unwirksamkeitsfolge. Ihr Fehlen kann jedoch zur Haftung des Pflegers nach § 1833 BGB führen.

§ 1812 BGB macht die Verfügung über Forderungen oder Wertpapiere durch den Pfleger genehmigungsbedürftig. Dazu soll schon die Auflösung eines Girokontos gehören.[1836] Im Gegensatz zu § 1811 BGB handelt es sich hier um eine echte Außengenehmigung, ohne die das Rechtsgeschäft zunächst schwebend unwirksam ist.

So sieht **§ 1822 Nr. 2 BGB** die Genehmigungspflicht für die **Ausschlagung einer Erbschaft** oder eines Vermächtnisses sowie den Verzicht auf einen entstandenen Pflichtteil oder einen Erbteilungsvertrag vor. Anders als bei den Eltern nach § 1643 Abs. 2 S. 2 BGB gibt es hiervon keine Ausnahme. Zur Bekanntgabe ist nicht eine andere Vertretungsperson zu bestimmen.[1837]

§ 1822 Nr. 4 BGB sieht die Genehmigungsbedürftigkeit von **Pachtverträgen über ein Landgut oder einen gewerblichen Betrieb** vor.

§ 1822 Nr. 6 und 7 BGB machen den Abschluss eines **Lehrvertrages** und den Abschluss von **Dienst- und Arbeitsverhältnissen** mit längerer Dauer als ein Jahr genehmigungspflichtig.

§ 1822 Nr. 12 BGB sieht die Genehmigungspflicht bei **Vergleichsverträgen** und **Schiedsverträgen** vor. Hier ist zu beachten, dass die Schiedsklausel im Gesellschaftsvertrag diesen bei der Beteiligung von Ergänzungspflegern genehmigungsbedürftig macht.[1838]

Hinweis: Enthält der **Gesellschaftsvertrag** eine Schiedsvertragsklausel, so ist er bei der Beteiligung von Ergänzungspflegern genehmigungsbedürftig nach § 1822 Nr. 12 BGB.

Von der Schiedsvertragsabrede ist die Schiedsgutachterklausel zu unterscheiden, nach der lediglich ein Tatbestandselement oder ein Leistungsumfang durch einen Gutachter bestimmt wird. Eine solche Klausel ist nach Auffassung des BGH in § 1822 Nr. 12 BGB nicht gemeint.[1839]

Nach **§ 1822 Nr. 13 BGB** schließlich ist die **Aufhebung oder Verminderung einer Sicherheit für eine Forderung des Mündels oder die Verpflichtung hierzu genehmigungsbedürftig**. Das betrifft insb. die Aufhebung, den Verzicht oder auch die Freigabe und den Rücktritt von Grundpfandrechten.

543

[1836] Palandt/*Götz* BGB § 1812 Rn. 10.
[1837] BGH – XII ZB 592/12, ZEV 2014, 159.
[1838] Münch/*Schaal*, Familienrecht, § 17 Rn. 80.
[1839] BGH – IV ZR 207/13, ZEV 2014, 311.

6. Teil. Abstammung, Adoption

Übersicht

	Rn.
A. Abstammungsrechtliche Fragen	544
I. Entwicklung des Abstammungsrechts	544
II. Mutterschaft	546
III. Vaterschaft	547
1. Regelung der rechtlichen Vaterschaft	547
2. Vaterschaftszurechnung aufgrund Ehe nach § 1592 Nr. 1 BGB	548
3. Anerkennung der Vaterschaft nach § 1592 Nr. 2 BGB	549
4. Gerichtliche Feststellung der Vaterschaft nach § 1592 Nr. 3 BGB	551
5. Anfechtung der Vaterschaft	552
6. Biologische Vaterschaft	553
IV. Künstliche Befruchtung	554
B. Adoption	555
I. Adoption Minderjähriger	555
1. Voraussetzungen	555
2. Rechtsfolgen im Hinblick auf die Verwandtschaft	556
3. Sonstige Rechtsfolgen	557
II. Erwachsenenadoption	558
1. Voraussetzungen	558
2. Rechtsfolgen im Hinblick auf die Verwandtschaft	561
a) Schwache Adoption	561
b) Starke Adoption	562
3. Sonstige Rechtsfolgen	563
III. Steuerliche Folgen	564
1. Erbschaftsteuer	564
2. Einkommensteuer	565
3. Sonstige Steuerfolgen	566

A. Abstammungsrechtliche Fragen

I. Entwicklung des Abstammungsrechts

Zunächst war das nichteheliche Kind nur mit seiner Mutter und deren Verwandten verwandt, nicht aber mit seinem Vater und dessen Verwandten, §§ 1705 BGB aF und 1589 Abs. 2 BGB aF Dies wurde erst zum 1.7.1970 aufgehoben. **544**

6. Teil. Abstammung, Adoption

Auch danach unterschied das frühere Recht aber zwischen **ehelicher** (§§ 1591–1600 BGB aF) und **nichtehelicher Abstammung** (§§ 1600a–1600o BGB aF). Diese Differenzierung wurde dann durch das Kindschaftsreformgesetz 1998 **abgeschafft**, sodass die Abstammung nunmehr einheitlich in §§ 1591–1600d BGB geregelt ist.

Dementsprechend sind auch die Vorschriften der **Legitimation** (§§ 1719–1740g BGB aF) **entfallen**, nach denen ein nichteheliches Kind durch Heirat die Stellung eines ehelichen Kindes erlangte.

Hinweis: Zu beachten ist, insb. bei den **Nachfolgeklauseln älterer Gesellschaftsverträge**, dass es den Begriff des nichtehelichen Kindes nicht mehr gibt.
Man muss also zunächst **definieren**, was man meint, entweder mit der heute im Gesetz (etwa § 1626a BGB oder Überschrift vor § 1615a BGB) verwendeten Formulierung Kind, dessen „Eltern bei der Geburt nicht miteinander verheiratet waren" oder unter Bezugnahme auf die nicht mehr gültigen Bestimmungen der §§ 1591 ff. BGB aF, wovon aber aufgrund nicht mehr fortgeführter Rechtsprechung abzuraten ist.
Man muss ferner regeln, ob die **nachfolgende Heirat** der Eltern an der Rechtsstellung dieses Kindes im Hinblick auf ein Nachfolgerecht in die Gesellschaftsbeteiligung etwas ändert.
Schließlich muss überlegt werden, ob angesichts moderner Formen des Zusammenlebens die Unterscheidungslinie für die Nachfolge nicht woanders verläuft, nämlich zwischen Kindern, die in einer „Familie" ihrer Eltern (auch ohne Heirat) zur Welt kommen und leben oder Kindern, bei denen dies nicht der Fall ist. Hierzu kann es sich anbieten, die gesetzliche Definition einer verfestigten Lebensgemeinschaft anzuknüpfen, die der neue § 1766a BGB[1840] für die Stiefkinderadoption durch eine nichteheliche Lebensgemeinschaft nach einer Demarche des BVerfG[1841] bietet.

Eine **Reihe von Gesetzesänderungen** folgte jeweils Urteilen des BVerfG nach, die entsprechende ältere Regelungen des BGB als verfassungswidrig verwarfen. Im Einzelnen sind hier zu nennen:

545 Seit 2004 besteht für den **biologischen Vater** die Möglichkeit der Erlangung auch der rechtlichen Vaterschaft, wenn dem der Schutz der Beziehungen von Kind und rechtlichen Eltern nicht entgegensteht, §§ 1600 Abs. 1 Nr. 2, 1600a, 1600b BGB. Die Sperrwirkung der sozialfamiliären Beziehung zum rechtlichen Vater nach § 1600 Abs. 2 BGB, die ein Anfechtungsrecht des biologischen Vaters in diesen Fällen ausschließt, haben der EGMR[1842] und das BVerfG[1843] bestätigt.

Im Jahre 2008 wurde mit **§ 1598a BGB** ein **selbständiges Verfahren zur Klärung der Vaterschaft** eingeführt, **ohne** dass damit eine **Statuswirkung** verbunden ist. Das Recht auf Klärung der leiblichen

---

[1840] BGBl. 2020 I 541.
[1841] BVerfG – 1 BvR 673/17, NJW 2019, 1793.
[1842] EGMR – 45071/09, – Ahrens ./. Deutschland –, – Kautzor ./. Deutschland –, BeckRS 2012, 09754 = FuR 2012, 473.
[1843] BVerfG – 1 BvR 1154/10, BeckRS 2013, 59932 = FamRZ 2014, 191.

A. Abstammungsrechtliche Fragen

Abstammung steht neben dem Kind den rechtlichen Eltern zu. Dem biologischen Vater gibt § 1598a BGB kein Recht.[1844] Aufgrund einer Entscheidung des **EGMR**[1845], dass auch das **beabsichtigte Familienleben des leiblichen Vaters mit dem Kind nach Art. 8 EMRK schützenswert** sei, selbst wenn dieser das Kind noch nie getroffen habe, musste der deutsche Gesetzgeber ein Umgangsrecht des leiblichen Vaters schaffen. Er tat dies mit dem **Gesetz zur Stärkung der Rechte des leiblichen, nicht rechtlichen Vaters**.[1846] Der neu geschaffene **§ 1686a BGB** gibt nunmehr dem leiblichen Vater, der ein ernsthaftes Interesse an dem Kind gezeigt hat, ein **Recht auf Umgang** mit dem Kind und ein Recht auf **Auskunft** über die persönlichen Verhältnisse des Kindes. Damit der biologische Vater diese Rechte geltend machen kann, muss er eine Möglichkeit haben, die biologische Vaterschaft feststellen zu lassen. Diese schafft der neue **§ 167a FamFG**, der dem biologischen Vater nach der Versicherung des Beiwohnens in der Empfängniszeit an Eides Statt einen **Anspruch auf genetische Untersuchung** gibt. Die Neuregelung wird teilweise sehr kritisch gesehen.[1847]

Durch die Einführung des **§ 1597a BGB** im Jahr 2017[1848] über die **missbräuchliche Vaterschaftsanerkennung** hat der Gesetzgeber Vaterschaftsanerkennungen unterbinden wollen, die nur zum Zwecke der Schaffung von Einreise- oder Aufenthaltserlaubnissen abgegeben werden.

Mit der Neuregelung des **§ 1600d Abs. 4 BGB** im Jahre 2017[1849] hat der Gesetzgeber für die ärztlich unterstützte heterologe Fremdinsemination über eine Entnahmeeinrichtung nach dem Samenspenderregistergesetz eine Anfechtung der Vaterschaft durch die Eltern des Kindes ausgeschlossen. Das Anfechtungsrecht des Kindes bleibt davon unberührt.[1850]

Eine weitere Neuregelung des Abstammungsrechtes[1851] ist derzeit in der **Entwurfsphase**.[1852] Damit soll eine Mit-Mutterschaft in der gleichgeschlechtlichen Ehe ebenso ermöglicht werden wie die Anerkennung der Vaterschaft oder Mit-Mutterschaft durch eine dritte Person in einer gemeinsamen Dreiererklärung oder ein umfassender Anspruch auf Abstammungsklärung.

[1844] OLG Nürnberg – 11 UF 1141/12, BeckRS 2012, 22634 = FamRZ 2013, 227.
[1845] EGMR – 20578/07, – Anayo ./. Deutschland –, NJW 2011, 3565; EGMR – 17080/07, – Schneider ./. Deutschland –, NJW 2012, 2781.
[1846] BGBl. 2013 I 2176.
[1847] *Coester-Waltjen* FamRZ 2013, 1693: Wertungswidersprüche, Reform notwendig; *Peschel-Gutzeit* NJW 2013, 2465 f.:verfassungsrechtliche Bedenken, systemwidrig, vergrößert die Probleme; *Hoffmann* FamRZ 2013, 1077 ff.
[1848] BGBl. 2017 I 2780.
[1849] BGBl. 2017 I 2513 mit Wirkung zum 1.7.2018.
[1850] Hierzu im Detail MüKoBGB/*Wellenhofer* BGB § 1600d Rn. 47 ff., 59 f.
[1851] Zur Historie *Ernst* NZFam 2018, 443 ff.; zum Diskussionsteilentwurf *Schwonberg* FamRZ 2019, 1303 ff.
[1852] Diskussionsteilentwurf abrufbar von der Seite des Bundesjustizministeriums unter https://www.bmjv.de/SharedDocs/Gesetzgebungsverfahren/DE/Reform_Abstammungsrecht.html.

6. Teil. Abstammung, Adoption

II. Mutterschaft

546 Der Grundsatz „mater semper certa est" ließ es lange Zeit überflüssig erscheinen, gesetzliche Regelungen der Mutterschaft zu erlassen. Im Jahre 1998 aber sah der Gesetzgeber die Notwendigkeit in **§ 1591 BGB** zu regeln, dass **Mutter eines Kindes diejenige Frau ist, die es geboren hat.** Das ist nicht zuletzt die Antwort auf moderne medizinische Fortpflanzungstechniken. Auch wenn nach § 1 des Embryonenschutzgesetzes die Ei- oder Embryonenspende bzw. nach § 13c AdVermiG die Vermittlung von Ersatzmüttern verboten ist, so kommt das Phänomen doch tatsächlich vor, sei es nach Durchführung im Ausland oder schlicht verbotswidrig. Die **Leihmutter** – sie heißt nach § 1 Abs. 1 Nr. 7 ESchG bzw. § 13a AdVermiG „Ersatzmutter" – ist dann zwar die gebärende Frau und nach § 1591 BGB die **rechtliche Mutter**, nicht aber die **genetische Mutter**. Gleichwohl sieht das geltende Recht bei der Mutterschaft eine **Anfechtung nicht** vor, um Leihmutterschaften effektiv zu verhindern.[1853] Für möglich gehalten wird lediglich eine Feststellungsklage nach § 256 ZPO.[1854]

Die Verwandtschaftszuordnung gilt für die Mutter und für alle Verwandten der Mutter, insb. im Hinblick auf Unterhalts- und Erbrecht.[1855]

Die Eigenschaft der rechtlichen Mutter besteht auch bei einer sog. anonymen Geburt oder der Abgabe des Kindes über eine sog. Babyklappe fort.[1856]

Die Ehefrau der ein Kind gebärenden Frau wird weder in direkter noch in entsprechender Anwendung des § 1592 Nr. 1 BGB **Mit-Mutter** des Kindes.[1857] Solches könnte nur durch eine Stiefkinderadoption erreicht werden.[1858] Die geschilderte Reform des Abstammungsrechts sieht insoweit Änderungen vor.

III. Vaterschaft

1. Regelung der rechtlichen Vaterschaft

547 Die rechtliche Vaterschaft ist in § 1592 BGB so geregelt, dass Vater eines Kindes derjenige Mann ist,
– Nr. 1: der zum Zeitpunkt der Geburt mit der Mutter des Kindes verheiratet ist
– Nr. 2: der die Vaterschaft anerkannt hat oder
– Nr. 3: dessen Vaterschaft nach § 1600d BGB oder § 182 Abs. 1 FamFG gerichtlich festgestellt ist.

[1853] MüKoBGB/*Wellenhofer* BGB § 1591 Rn. 19.
[1854] *Grziwotz*, 10. Teil, Rn. 1; *Diederichsen* NJW 1998, 1977 (1979).
[1855] Münch/*Müller-Engels*, Familienrecht, § 13 Rn. 5.
[1856] MüKoBGB/*Wellenhofer* BGB § 1591 Rn. 60.
[1857] BGH – XII ZB 231/18, NJW 2019, 153.
[1858] Zu dieser Konsequenz *Löhnig* NJW 2019, 122 mit abw. Ansicht.

A. Abstammungsrechtliche Fragen

Damit sind die Möglichkeiten einer Zurechnung der Vaterschaft abschließend aufgezählt. Diese Möglichkeiten schließen sich gegenseitig aus. Das Recht nimmt damit bewusst um der Rechtsklarheit willen in Kauf, dass rechtlicher und biologischer Vater auseinanderfallen.[1859] Die Rechte und Pflichten des Vaters treffen den rechtlichen Vater, auch wenn sicher feststeht, dass er nicht der biologische Vater ist.[1860] Steuerlich hat der BFH entschieden, dass die Steuerklasse I nach dem ErbStG nur dem rechtlichen, nicht aber dem biologischen Vater zugutekommt.[1861]

2. Vaterschaftszurechnung aufgrund Ehe nach § 1592 Nr. 1 BGB

Für die Zurechnung kommt es zunächst nicht darauf an, ob die Ehe aufhebbar ist, später geschieden wird, ob die Ehegatten getrennt leben oder ein anderer Mann die Vaterschaft anerkannt hat.[1862] Die Zurechnung greift auch dann ein, wenn es offenbar unmöglich ist, dass der Ehemann der Vater ist. Wird das Kind innerhalb von **300 Tagen nach dem Tod des Ehemannes geboren**, durch den die Ehe aufgelöst wurde, so gilt § 1592 Nr. 1 BGB entsprechend, § 1593 S. 1 BGB, es sei denn, die Frau hat innerhalb dieses Zeitraumes erneut geheiratet.

548

Wird das **Kind nach Anhängigkeit eines Scheidungsantrages geboren**, so kann der leibliche Vater binnen Jahresfrist nach Rechtskraft der Scheidung die Vaterschaft mit Zustimmung des geschiedenen Ehemannes anerkennen, § 1599 Abs. 2 BGB. Es braucht dann kein Anfechtungsverfahren. Bis dahin gilt aber die Zuordnung zum Ehemann.[1863] Problematisch ist, dass insoweit der Status des Kindes zum Gegenstand eines privatautonomen Verhandlungsverfahrens wird.[1864] Diese Möglichkeit soll allerdings mit der geschilderten Reform des Abstammungsrechtes sogar noch ausgeweitet werden durch eine sog. Dreiererklärung. Die Zustimmung des Ehemannes bedarf ebenfalls der öffentlichen Beurkundung nach § 1597 Abs. 1 BGB. Erfolgt sie zu gerichtlichem Protokoll, ist sie nur wirksam, wenn sie in einem Abstammungsverfahren nach § 180 FamFG erklärt wurde, die Erklärung im Scheidungsverfahren genügt nicht.[1865]

Nach Wegfall der Vorschriften über die Legitimation hat die nachfolgende Heirat keine Auswirkung mehr auf den Status des Kindes.

In der eingetragenen Lebenspartnerschaft gibt es entsprechende Vermutungen nicht.

3. Anerkennung der Vaterschaft nach § 1592 Nr. 2 BGB

Die Anerkennung der Vaterschaft ist in §§ 1594 ff. BGB geregelt. Danach ist **für eine wirksame Anerkennung folgendes erforderlich**:

549

[1859] Dazu *Seidel* FPR 2005, 181 ff.
[1860] OLG Hamm – 2 WF 190/13, BeckRS 2014, 01440 = MDR 2014, 229.
[1861] BFH – II R 5/17, DStR 2020, 546.
[1862] Palandt/*Brudermüller* BGB § 1592 Rn. 3 mwN.
[1863] MüKoBGB/*Wellenhofer* BGB § 1599 Rn. 70.
[1864] MüKoBGB/*Wellenhofer* BGB § 1599 Rn. 65.
[1865] BGH – XII ZB 71/12, NJW-RR 2013, 705.

6. Teil. Abstammung, Adoption

- **Anerkennungserklärung des Vaters**; sie kann schon vor Geburt, aber nicht vor Zeugung erfolgen (§ 1594 Abs. 4 BGB); sie muss persönlich abgegeben werden (§ 1596 Abs. 4 BGB). Entscheidend ist allein die Erklärung, der Wahrheitsgehalt wird nicht überprüft, Nachweise sind nicht erforderlich. Die Anerkennung ist auch dann wirksam, wenn sie bewusst falsch abgegeben wird, das folgt aus § 1600c Abs. 2 BGB.[1866] Unrichtige Anerkenntnisse können aber strafbar sein, wenn der Staat dadurch in eine Unterhaltslast insb. für ausländische Kinder gebracht wird, § 95 Abs. 2 Nr. 2 AufenthaltsG und § 170 Abs. 1 StGB. Allerdings regelt **§ 1597a BGB** nunmehr die **missbräuchlichen Vaterschaftsanerkennungen.** Bei der Vermutung eines aufenthaltsrechtlich begründeten Missbrauchs der Vaterschaftsanerkennung muss das Verfahren durch die beurkundende Stelle solange ausgesetzt werden,[1867] bis die Ausländerbehörde (Verfahren nach § 85a AufenthG) hierüber entschieden hat. Nach Unanfechtbarkeit dieses Bescheides ist die Beurkundung endgültig abzulehnen.

Hinweis: Im Gegensatz zur Adoption, bei der das Vater-Kind-Verhältnis einer eingehenden Überprüfung unterzogen wird, erfolgt bei der Vaterschaftszuordnung durch Anerkennung und Zustimmung keinerlei inhaltliche Prüfung. Die Vaterschaftszuordnung erfolgt sogar bei objektiver Unmöglichkeit der Zeugung.[1868]

- **keine andere Vaterschaftszuordnung mehr** (§ 1594 Abs. 2 BGB); ist die Vaterschaftszuordnung nach § 1592 Nr. 1 BGB zum Ehemann der Mutter erfolgt, so entfaltet diese Zuordnung eine negative Sperrwirkung, dh eine anderweitige Anerkennung kann erst Wirksamkeit erlangen, wenn die Vaterschaftszuordnung nach § 1592 Nr. 1 BGB durch eine Anfechtung beseitigt ist (ausgenommen den Sonderfall des § 1599 Abs. 2 BGB – Geburt nach Scheidungsantrag). Bis dahin ist sie schwebend unwirksam.[1869]
- **keine Bedingung oder Zeitbestimmung** (§ 1594 Abs. 3 BGB);
- **Zustimmung der Mutter** (§ 1595 Abs. 1 BGB);[1870]
- **Zustimmung des Kindes**, wenn der Mutter die elterliche Sorge nicht zusteht (§ 1595 Abs. 2 BGB), etwa weil das Kind volljährig ist oder weil ihr die elterliche Sorge entzogen ist;
- **Anerkennung und Zustimmungen** bedürfen der **öffentlichen Beurkundung** (§ 1597 Abs. 1 BGB). Diese kann durch den Notar, das Amtsgericht (§ 62 Abs. 1 Nr. 1 BeurkG), das Standesamt (§ 44 PStG), das Jugendamt (§ 59 Abs. 1, S. 1 Nr. 1 SGB VIII), das Gericht, bei dem

---

[1866] OLG Köln – 14 UF 106/01, NJW 2002, 901.
[1867] Zum Verfahren in diesen Fällen DNotI-Gutachten, DNotI-Report 2017, 153 ff.; *Balzer* NZFam 2018, 5 ff.; *Dörig* NVwZ 2020, 106; *Grziwotz* MittBayNot 2018, 287 ff.; *Kaesling* NJW 2017, 3686.
[1868] Münch/*Müller-Engels*, Familienrecht, § 13 Rn. 16.
[1869] Palandt/*Brudermüller* BGB § 1594 Rn. 6.
[1870] Muster für Anerkennungs- und Zustimmungserklärungen finden sich bei Münch/*Müller-Engels*, Familienrecht, § 13 Rn. 23 f.

A. Abstammungsrechtliche Fragen

das Vaterschaftsverfahren anhängig ist (§ 180 FamFG) oder im Ausland durch deutsche Konsularbeamte (§§ 10, 2 KonsG) erfolgen. Die anschließend gebotene **Benachrichtigung** durch beglaubigte Abschriften (§ 1597 Abs. 2 BGB) an Vater, Mutter, Kind und Standesamt ist jedoch keine Wirksamkeitsvoraussetzung.[1871] Da diese Auffassung nicht unbestritten ist, sollte auf die Zustellung der beglaubigten Abschriften größten Wert gelegt werden. Eine „**Inkognito-Anerkennung**" gibt es folglich **nicht mehr**.[1872]

Die wirksame **Anerkennung der Vaterschaft** hat sodann **Rechtswirkung** gegenüber allen, dh die wirksame Anerkennung entfaltet **ihrerseits** eine **Sperrwirkung**. Sie kann von den Parteien nicht, außer durch ein förmliches Anfechtungsverfahren, beseitigt werden. Aus der wirksamen Anerkennung folgen die für einen Vater nach dem Gesetz vorgesehenen Rechte und Pflichten insb. in Bezug auf Unterhalt und Pflichtteils- sowie Erbrecht.

550

Nach § 1594 Abs. 1 BGB können die **Rechtswirkungen** der Vaterschaftsanerkennung **erst mit** ihrer **Wirksamkeit** geltend gemacht werden. Vorher kann sich also niemand auf die Vaterschaft berufen. **Sobald** aber die Anerkennung **wirksam** geworden ist, **wirkt sie rechtsgestaltend auf den Zeitpunkt der Geburt zurück**.[1873] Da diese rechtsgestaltende Wirkung gegenüber allen gilt, sollte sich auch das Steuerrecht daran gebunden fühlen.

Hinweis: Sofern noch gestaltbare Zuwendungen in Betracht gezogen werden, die – etwa im Hinblick auf die Schenkungsteuerklasse – die Eigenschaft als Kind voraussetzen, sollte dennoch vorsorglich der Abschluss des Anerkennungs- oder auch des gerichtlichen Feststellungsverfahrens als aufschiebende Bedingung nicht nur der Zahlung, sondern auch des Zuwendungsversprechens formuliert werden. Der BFH hat entschieden, dass die Steuerklasse I nach ErbStG nur dem rechtlichen, nicht aber dem biologischen Vater zusteht.[1874]

4. Gerichtliche Feststellung der Vaterschaft nach § 1592 Nr. 3 BGB

Die gerichtliche Feststellung der Vaterschaft regelt das BGB in § 1592 Nr. 3 BGB, § 1600d BGB. Das Verfahren richtet sich nach §§ 169 ff. FamFG.

551

[1871] Palandt/*Brudermüller* BGB § 1597 Rn. 3; Kaiser/*Gutzeit* BGB § 1597 Rn. 5; a.A *Muscheler/Beisenherz* JR 1999, 356 (360); Soergel/*Schmidt-Recla* BGB § 1597 Rn. 11 f.
[1872] Münch/*Müller-Engels*, Familienrecht, § 13 Rn. 28.
[1873] MüKoBGB/*Wellenhofer* BGB § 1594 Rn. 18 mwN.
[1874] BFH – II R 5/17, DStR 2020, 546.

6. Teil. Abstammung, Adoption

Das Verfahren setzt zunächst einen **Antrag** voraus, §171 Abs. 1 FamFG. **Antragsbefugt** sind neben dem Kind und der Mutter auch der Mann, der glaubt, der genetische Vater zu sein.[1875] Zu einer gerichtlichen Feststellung kommt es nach §1600d Abs. 1 BGB nur, wenn **keine Vaterschaft nach §§1592 Nr. 1 oder 2**, 1593 BGB besteht.

Eine **Vermutung der Vaterschaft** spricht das Gesetz in §1600d Abs. 2 BGB für denjenigen Mann aus, welcher „der Mutter während der Empfängniszeit beigewohnt hat". Dass das Gesetz auf diese „Zwischentatsache" abstellt und nicht auf die heutzutage mit Abstammungsgutachten leichter feststellbare Tatsache der Zeugung des Kindes, wird zu Recht kritisiert.[1876]

Ansonsten gilt, dass dem Antrag entsprochen werden wird, wenn die Vaterschaft durch ein Abstammungsgutachten nachgewiesen ist.

Die gerichtliche Feststellung der Vaterschaft genießt eine höhere Bestandskraft als die beiden anderen Tatbestände des §1592 BGB, sie kann nämlich nicht durch Anfechtung beseitigt werden, sondern nur im Rahmen eines Wiederaufnahmeverfahrens nach §185 FamFG.

5. Anfechtung der Vaterschaft

552 Die **Vaterschaft**, die nach §1592 Nr. 1 (Ehemann) oder Nr. 2 (Anerkennung) BGB begründet ist, kann durch **Anfechtung** wieder **beseitigt** werden, §§1599 f. BGB.

Der **Anfechtungsantrag** kann gestellt werden durch
- das **Kind**,
- die **Mutter**,
- den **rechtlichen Vater**,
- den **biologischen Vater**, der an Eides Statt versichert, der Mutter in der Empfängniszeit beigewohnt zu haben, wenn zwischen dem Kind und seinem rechtlichen Vater keine sozial-familiäre Beziehung besteht oder im Zeitpunkt des Todes des rechtlichen Vaters bestanden hat. Diese Sperrwirkung der sozial-familiären Beziehung besteht auch dann, wenn zwischen Kind und potenziellem biologischen Vater früher ebenfalls eine sozial-familiäre Beziehung bestanden hat.[1877]

Weitere Antragsrechte bestehen nicht, insb. sind Großeltern anders als nach früherem Recht nicht mehr zur Anfechtung berechtigt, obwohl sie möglicherweise auf Unterhalt haften.[1878]

Mit dem Antrag sollen nach §171 Abs. 2 S. 2 FamFG auch die Umstände angegeben werden, die gegen die Vaterschaft sprechen und der

---

[1875] Nach hM gibt es keine weiteren Antragsberechtigten, vgl. MüKoBGB/*Wellenhofer* BGB §1600d Rn. 14 mwN; aA Gerhardt/*Schwarzer*, Handbuch, 3. Kapitel, Rn. 168 f.
[1876] *Diederichsen* NJW 1998, 1977 (1980).
[1877] Zur Europarechtskonformität dieser Sperrwirkung EGMR 26610/09, NJW 2014, 3083.
[1878] *Grziwotz*, 10. Teil, Rn. 4.

A. Abstammungsrechtliche Fragen

Zeitpunkt, zu dem diese Umstände bekannt wurden (**Substantiierungspflicht**).

Der Antrag kann nur **höchstpersönlich** gestellt werden, § 1600a Abs. 1 BGB.

Der Antrag kann nur innerhalb der **zweijährigen Anfechtungsfrist** des § 1600b Abs. 1 BGB gestellt werden. Die Frist hängt von der Kenntnis des betroffenen Berechtigten ab.

Der **rechtsgestaltende Anfechtungsbeschluss** hat nach § 184 Abs. 2 FamFG Wirkung für und gegen alle. Mit seiner Rechtskraft gilt das Kind **ab dem Tag seiner Geburt**[1879] als nicht mehr vom bisherigen Vater abstammend.

Mit dem Beschluss wird damit das Kind **vaterlos, es sei denn**
- der Fall des § 1593 S. 4 BGB liegt vor, also die Vaterschaft des neuen Ehemannes wird angefochten, sodass der **frühere Ehemann wieder als Vater gilt** oder
- der **biologische Vater hat angefochten**, weil im Anfechtungsbeschluss nach dessen erfolgreicher Anfechtung nach § 182 Abs. 1 FamFG dann **zugleich festgestellt** werden muss, dass der Anfechtende der **rechtliche Vater** ist oder
- eine bereits **zuvor erklärte Vaterschaftsanerkennung** erlangt mit der Anfechtung nach § 1594 Abs. 2 BGB nunmehr Wirksamkeit.

6. Biologische Vaterschaft

Vor dem Recht kommt es grds. allein auf den rechtlichen Vater an. Das **Gesetz zur Stärkung der Rechte des leiblichen, nicht rechtlichen Vaters**[1880] hat jedoch nunmehr die Rechte des biologischen Vaters gestärkt, nachdem schon 2008 mit **§ 1598a BGB** ein **selbständiges Verfahren zur Klärung der Vaterschaft** eingeführt worden war, **ohne dass damit eine Statuswirkung** verbunden ist. Das BVerfG hat diese Regelung für ausreichend angesehen und dem Kind gegen den mutmaßlichen biologischen Vater keinen Anspruch auf isolierte Abstammungsklärung zugesprochen.[1881]

Der neu geschaffene **§ 1686a BGB** gibt dem leiblichen Vater, der ein ernsthaftes Interesse an dem Kind gezeigt hat, ein **Recht auf Umgang** mit dem Kind und ein Recht auf **Auskunft** über die persönlichen Verhältnisse des Kindes.

Damit der biologische Vater diese Rechte geltend machen kann, muss er eine Möglichkeit haben, die biologische Vaterschaft feststellen zu lassen. Diese schafft der neue **§ 167a FamFG** mit einem systemwidrigen Inzidentverfahren,[1882] der dem biologischen Vater nach der Versicherung des Beiwohnens in der Empfängniszeit an Eides Statt einen **Anspruch auf genetische Untersuchung** gibt. Die Neuregelung wird teilweise

553

[1879] BGH – IVb ZR 571/80, NJW 1981, 2183.
[1880] BGBl. 2013 I 2176.
[1881] BVerfG – 1 BvR 3309/13, NZFam 2016, 400.
[1882] MüKoBGB/*Hennemann* BGB § 1686a Rn. 11.

sehr kritisch gesehen.¹⁸⁸³ Dem Samenspender steht gegen die Mutter des Kindes ein Anspruch auf Auskunft über das Kind zu.¹⁸⁸⁴ Daneben hat der biologische Vater ein **Anfechtungsrecht** nach § 1600 Abs. 1 Nr. 2, Abs. 2 BGB, dem aber die sozial-familiäre Beziehung des rechtlichen Vaters zum Kind regelmäßig entgegensteht.

Die **Mutter** ist dem rechtlichen **Scheinvater gegenüber** nach Ansicht des BVerfG¹⁸⁸⁵ zur **Auskunft** über den **biologischen Vater nicht verpflichtet**, auch wenn dieser die Auskunft zur Durchsetzung eines Unterhaltsregresses benötigt

IV. Künstliche Befruchtung

554 Zwar ist die Leihmutterschaft in Deutschland verboten,¹⁸⁸⁶ nicht aber die künstliche Befruchtung, die andererseits aber auch nicht gesetzlich geregelt ist. Unterschieden wird die **homologe Insemination,** also die Befruchtung mit Spendersamen des Ehemannes, und die **heterologe Insemination** mit fremden Spendersamen.¹⁸⁸⁷ Bei letzterer fallen rechtliche und biologische Vaterschaft auseinander, da der Ehemann der Mutter als Vater gilt, § 1592 Nr. 1 BGB. Ist die Mutter nicht verheiratet, so ist eine Anerkennung des Kindes durch den Lebensgefährten erforderlich, die aber gerade nicht vor Zeugung abgegeben werden kann. In diesen Fällen entnimmt der BGH aber einer gemeinsamen Vereinbarung einen Vertrag zugunsten des Kindes betreffend einen Unterhaltsanspruch gegen den zustimmenden Partner der Mutter.¹⁸⁸⁸

Eine **konsentierte heterologe Insemination** führt dazu, dass das **Anfechtungsrecht der Mutter und des Vaters** (auf Ehe kommt es insoweit nicht an) nach § 1600 Abs. 4 BGB **nicht gegeben** ist. Die Einwilligung ist formlos und kann später nicht für nichtig erklärt werden, weil die Behandlung in Deutschland nicht zulässig sei.¹⁸⁸⁹ Das **Anfechtungsrecht des Kindes bleibt** aber davon **unberührt**. Dem **Samenspender** steht ein **Anfechtungsrecht** nach § 1600 Abs. 1 Nr. 2 BGB nur dann zu, wenn kein Fall der konsentierten heterologen Insemination nach § 1600 Abs. 4 BGB vorliegt. Der Begriff der Beiwohnung wird insoweit weit ausgelegt.¹⁸⁹⁰

---

¹⁸⁸³ *Coester-Waltjen* FamRZ 2013, 1693: Wertungswidersprüche, Reform notwendig; *Peschel-Gutzeit* NJW 2013, 2465 f.: verfassungsrechtliche Bedenken, systemwidrig, vergrößert die Probleme; *Hoffmann* FamRZ 2013, 1077 ff.
¹⁸⁸⁴ OLG Hamm – 13 WF 22/14, NJW 2014, 2369.
¹⁸⁸⁵ BVerfG – 1 BvR 472/14, NZFam 2015, 355.
¹⁸⁸⁶ Kritisch hierzu Gernhuber/*Coester-Waltjen*, § 53 Rn. 26.
¹⁸⁸⁷ Aufwendungen hierfür können als außergewöhnliche Belastung zu berücksichtigen sein, BFH – VI R 43/10, DStR 2011, 356.
¹⁸⁸⁸ BGH – XII ZR 99/14, DNotZ 2016, 54.
¹⁸⁸⁹ OLG Hamburg – 12 UF 180/11, NJW-RR 2012, 1286.
¹⁸⁹⁰ BGH – XII ZR 49/11, NJW 2013, 2589; hierzu *Remus/Liebscher* NJW 2013, 2558 f.; differenzierte und detaillierte Darstellung bei MüKoBGB/*Wellenhofer* BGB § 1600 Rn. 20 ff.

B. Adoption

Zudem hat das Kind auch bei der anonymen Samenspende einen **Anspruch auf Nennung des Samenspenders**[1891] analog § 62 Abs. 1 PStG gegenüber den Eltern und dem Arzt.[1892] Daher ist es wichtig, dass die Eltern mit dem Samenspender eine Vereinbarung über die Freistellung von Ansprüchen auf Unterhalt oder Erbe schließen. Um das Recht des Kindes besser durchzusetzen, wurde das **Samenspenderregister** mit Wirkung zum 1.7.2018 eingerichtet.[1893] Dies wurde begleitet durch die Neuregelung des **§ 1600d Abs. 4 BGB**, wonach bei einer ärztlich unterstützten Insemination unter Beachtung des Spendenregistergesetzes der **Samenspender nicht mehr als Vater festgestellt werden kann**. Dies gilt nur für solche Inseminationen ab dem 1.7.2018, für die davorliegenden Fälle bleibt es beim alten Recht.[1894] Damit kann der Samenspender weder von den Eltern noch von dem Kind als Vater in Anspruch genommen werden. Er kann aber auch nicht selbst diese Feststellung betreiben.[1895]

Die ärztlichen Standesregeln wurden zwischenzeitlich den neuen gesetzlichen Vorgaben angepasst.[1896] Danach dürfte die Insemination nun auch bei gleichgeschlechtlichen Paaren oder alleinstehenden Frauen zulässig sein.[1897]

Es bleibt zu hoffen, dass die weiteren Reformen zu einem klarer abgestimmten Gesamtkonzept gelangen.[1898]

B. Adoption

I. Adoption Minderjähriger

1. Voraussetzungen

Das Gesetz unterscheidet zwischen der Adoption Minderjähriger und der Adoption Volljähriger. Für die Adoption eines Minderjährigen bestehen folgende Voraussetzungen:

- **Kindeswohl:** Durch die Annahme müssen sich die Lebensbedingungen des Kindes so ändern, dass eine merklich bessere Entwicklung

---

[1891] BVerfG – 1 BvL 17/87, NJW 1989, 891; BVerfG – 1 BvR 409/90, NJW 1997, 1769.
[1892] BGH – XII ZR 201/13, NJW 2015, 1098; *Wellenhofer* FamRZ 2013, 825 ff., die erheblichen Handlungsbedarf des Gesetzgebers sieht; *Meier* FamRZ 2014, 337 ff., zu den Konsequenzen für den Samenspender; *Fink/Grün* NJW 2013, 1913 f.
[1893] BGBl. 2017 I 2513.
[1894] *Wehrstedt* MittBayNot 2019, 122 (124).
[1895] MüKoBGB/*Wellenhofer* BGB § 1600d Rn. 95.
[1896] https://www.bundesaerztekammer.de/fileadmin/user_upload/downloads/pdf-Ordner/RL/Ass-Reproduktion_Richtlinie.pdf (Deutsches Ärzteblatt 11.5.2018).
[1897] *Münch/Müller-Engels*, Familienrecht, § 13 Rn. 48a.
[1898] Zu Recht sieht Gernhuber/*Coester-Waltjen*, § 49 Rn. 14 hier „großen Reparaturbedarf".

seiner Persönlichkeit zu erwarten ist.[1899] Dabei ist die Lage des Kindes und dessen bestehende Bindungen ebenso zu betrachten, wie die Eignung des Annehmenden und das Umfeld, in dem das Kind aufwachsen soll.[1900] Der Annehmende muss zur Erziehung willens und geeignet sein und wirtschaftlich den angemessenen Lebensbedarf des Kindes decken können.[1901]

– **Eltern-Kind-Beziehung:** Ein Eltern-Kind-Verhältnis muss entweder bereits entstanden sein oder es muss die ernsthafte Aussicht des Entstehens vorhanden sein.

– **Person des/der Annehmenden:** Der Annehmende muss das 25. Lebensjahr vollendet haben, bei Stiefkinderadoption oder wenn sein Ehegatte das 25. Lebensjahr vollendet hat, zumindest das 21. Lebensjahr, § 1743 BGB.

Ist der Annehmende **verheiratet**, so kann die Adoption nur durch das Ehepaar gemeinschaftlich erfolgen, § 1741 Abs. 2 S. 2 BGB; nicht ausreichend ist die bloße Einwilligung des Ehegatten. Allein kann ein Ehegatte nur das Kind seines Ehepartners annehmen (Stiefkinderadoption). Wer nicht verheiratet ist, kann ein Kind wiederum nur allein annehmen, § 1741 Abs. 2 S. 1 BGB. Auch für verfestigte Lebensgemeinschaften wurde die Adoption eines fremden Kindes nicht eröffnet.[1902]

– **Stiefkindadoption:** In den Fällen einer Stiefkindadoption liegt die Besonderheit darin, dass ein Ehegatte/Lebenspartner in verfestigter Lebensgemeinschaft Lebender das **Kind des anderen annimmt**. In diesen Fällen erlischt das Verwandtschaftsverhältnis zum Ehegatten/Partner-Elternteil nicht (**Verwandtenvorbehalt**), sondern bleibt bestehen. Lediglich das Verwandtschaftsverhältnis zum Elternteil an dessen Stelle nun der Annehmende tritt, erlischt. War dies früher **Ehegatten** vorbehalten, nicht jedoch geschiedenen,[1903] so besteht die Möglichkeit nunmehr im Rahmen der gleichgeschlechtlichen Ehe ebenso für **gleichgeschlechtliche Ehepaare**.[1904] Es bedurfte jeweils einer Entscheidung des BVerfG, um diese Möglichkeit auch für die **eingetragene Lebenspartnerschaft**[1905] in § 9 Abs. 7 LPartG – freilich immer noch nur in Form der Sukzessivadoption[1906] – und für die **verfestigte Lebensgemeinschaft**[1907] in § 1766a BGB zu schaffen. Das Kind wird mit diesen Adoptionen ex nunc **gemeinschaftliches Kind** der Ehegatten, eingetragenen oder faktischen Partner. Der BGH

[1899] BayObLG – BReg. 1a Z 48/88, BeckRS 2009, 12367 = FamRZ 1989, 1336.
[1900] Näher dazu MüKoBGB/*Maurer* BGB § 1741 Rn. 73 f.
[1901] OLG Nürnberg – 6 UF 958/18, NZFam 2019, 48.
[1902] Kritisch hierzu *Keuter* NZFam 2020, 49 (52).
[1903] BGH – XII ZB 443/13, MittBayNot 2014, 247.
[1904] OLG Nürnberg – 9 UF 208/19, NZFam 2019, 742.
[1905] BVerfG – 1 BvL 1/11; 1 BvR 3247/09, NJW 2013, 847; hierzu *Kroppenberg* NJW 2013, 2161 f.
[1906] *Grziwotz* ZRP 2020, 6.
[1907] BVerfG – 1 BvR 673/17, NJW 2019, 1793.

B. Adoption

hatte dies noch anders gesehen.[1908] Der Gesetzgeber ist nun der Aufforderung des BVerfG nachgekommen und hat in § 1766a BGB der verfestigten Lebensgemeinschaft die Möglichkeit dieser Stiefkindadoption eröffnet. Voraussetzung ist, dass die Lebensgemeinschaft seit mindestens **vier Jahren oder mit einem gemeinsamen Kind in einem gemeinsamen Haushalt** besteht und **keiner mit einem Dritten verheiratet** ist.[1909] Die Regelbeispiele können auch bei Nichtvorliegen durch andere Nachweise ersetzt werden.[1910] In jedem Fall ist eine Einzelfallprüfung erforderlich.

- **Alterserfordernisse:** Der Altersunterschied soll in etwa **einer Generationenfolge**[1911] entsprechen, damit ein Eltern-Kind-Verhältnis entstehen kann. Bei einer Stiefkinderadoption kann der Maßstab großzügiger gehandhabt werden.[1912] Die Jugendämter halten einen Abstand von mehr als 40 Jahren für adoptionshinderlich.[1913]
- **Probezeit:** Nach § 1744 BGB soll vor Ausspruch der Annahme eine angemessene Zeit des Zusammenlebens liegen.
- **Keine entgegenstehenden Interessen der Kinder von Beteiligten:** Nach § 1745 BGB darf die Adoption nicht ausgesprochen werden, wenn überwiegende Interessen der Kinder des Annehmenden oder des Anzunehmenden entgegenstehen. Wirtschaftliche Interessen sollen dabei nicht maßgeblich sein. Dies ist nur anders bei Unterhaltsgefährdung. Eine solche soll noch nicht vorliegen, wenn eine Reduzierung auf 100% des Regelunterhaltes zu befürchten steht.[1914] Eine Einwilligung der Kinder von Beteiligten ist nicht vorgesehen.
- **Verbote:** Nicht zugelassen ist die Adoption des eigenen Kindes (sei es in der Ehe geboren oder nicht).[1915] Nicht zugelassen sind ferner Zweit- oder Kettenadoptionen. Lediglich ein Ehegatte oder ein Lebenspartner können eine Sukzessivadoption aussprechen, § 1742 BGB, § 9 Abs. 7 LPartG.
- **Anträge und Einwilligungen:** Nach § 1752 BGB bedarf es eines notariell beurkundeten Antrags des Annehmenden und der notariell beurkundeten (§ 1750 BGB) Einwilligung des Kindes, § 1746 BGB, abgegeben durch die Sorgeberechtigten, ab dem 14. Lebensjahr durch das

---

[1908] BGH – XII ZB 586/15, DNotZ 2017, 375.
[1909] Kritisch zu diesem aus dem Unterhaltsrecht stammenden Begriff und seiner Definition *Grziwotz* ZRP 2020, 6 (7) und *Keuter* NZFam 2020, 49f.; aus rechtlicher und soziologischer Perspektive kommentieren *Steinbach/Helms* FamRZ 2020, 476ff. die Neuregelung und halten sie für vertretbar.
[1910] Vgl. etwa *Teklote* NZFam 2020, 409 (410) mit dem Beispiel des gemeinsamen Hausbaus; *Eckebrecht* NJW 2020, 1403 (1406).
[1911] KG – 17 UF 42/13, NJW-RR 2013, 774: keine Adoption bei Altersunterschied von nur 12 Jahren (bei Volljährigenadoption).
[1912] OLG Hamm – 8 UF 68/13, BeckRS 2013, 17703 = RNotZ 2014, 236: Altersunterschied von 13 Jahren und 7 Monaten genügt bei Stiefkinderadoption.
[1913] Kritisch hierzu *Grziwotz* FamFR 2013, 260; *Münch/Müller-Engels*, Familienrecht, § 14 Rn. 71.
[1914] OLG Köln – 4 UF 90/14, NJW 2015, 643.
[1915] MüKoBGB/*Maurer* BGB § 1741 Rn. 66.

6. Teil. Abstammung, Adoption

Kind selbst, der Eltern des Kindes, § 1747 Abs. 1 BGB, des Ehegatten des Annehmenden, § 1749 Abs. 1 BGB und eines eventuellen Ehegatten des Anzunehmenden, § 1749 Abs. 2 BGB. Möglich ist die Einwilligung bei unbekanntem Annehmenden, wenn dieser aber schon feststeht (Inkognitoadoption), nicht aber eine Blankoeinwilligung in eine Adoption egal durch wen.[1916] Die Einwilligung eines Elternteils ist entbehrlich, wenn dieser dazu dauerhaft außerstande ist oder sein Aufenthalt dauernd unbekannt ist, § 1747 Abs. 4 BGB. Schließlich kann die Einwilligung eines Elternteils nach § 1748 BGB durch das Familiengericht ersetzt werden.[1917]

– Die **Beteiligung eines Samenspenders** bei der Stiefkindadoption durch gleichgeschlechtliche Ehegatten kommt **nicht** in Betracht, da davon auszugehen ist, dass der Spender auf sein Recht, die Stellung als Vater einzunehmen, endgültig verzichtet hat.[1918] Dann ist selbst eine Benachrichtigung entbehrlich.[1919]

2. Rechtsfolgen im Hinblick auf die Verwandtschaft

556 Die Adoption von Minderjährigen ist stets Volladoption, dh es wird eine Verwandtschaft zu den Annehmenden begründet und die ursprünglichen Verwandtschaftsverhältnisse erlöschen mit Ausnahme des Verwandtenvorbehaltes bei der Stiefkinderadoption.

So ordnet § 1754 Abs. 1 BGB an, dass bei Annahme durch ein Ehepaar oder bei Stiefkinderadoption das Kind ein **gemeinschaftliches Kind der Ehegatten** ist. Nimmt ein Annehmender alleine an, so erlangt das Kind die **Stellung eines Kindes des Annehmenden**, § 1754 Abs. 2 BGB. Dementsprechend steht die **elterliche Sorge** in den Fällen des Abs. 1 beiden Eltern gemeinschaftlich zu, im Falle des Abs. 2 dem Annehmenden allein.

Nach **§ 1755 BGB erlöschen die Verwandtschaftsverhältnisse** des Kindes und seiner Abkömmlinge **zu den bisherigen Verwandten** und alle sich aus ihnen ergebenden Rechte und Pflichten. Bei der Stiefkinderadoption gilt das nicht für den Ehegatten, der bereits Elternteil ist. Eine Ausnahme sieht § 1756 Abs. 1 BGB für die Annahme durch Verwandte 2. oder 3. Grades und § 1756 Abs. 2 BGB für einen bereits vorverstorbenen Elternteil vor.

Mit dem Erlöschen der Verwandtschaftsverhältnisse erlöschen auch die sich daraus ergebenden Rechte und Pflichten wie Unterhalts- und Erbrecht, Umgangs- und Sorgerecht.

Wenn durch die Adoption der Anzunehmende rechtlich als Kind anzusehen ist, so wird er auch Kind im Sinne einer **gesellschaftsvertraglichen Nachfolgeklausel** sein müssen. Dies wird auch für die

---

[1916] Münch/*Müller-Engels*, Familienrecht, § 14 Rn. 99.
[1917] Zu den Voraussetzungen einer solchen Ersetzung OLG Saarbrücken – 6 UF 409/12, FamFR 2013, 261; OLG Hamm – II-4 UF 136/14, FamRZ 2015, 868: Kind bedarf besonderer Fürsorge und Vater hat selbstverschuldet seit Jahren keinen Kontakt.
[1918] OLG Nürnberg – 9 UF 208/19, NZFam 2019, 742.
[1919] BGH – XII ZB 473/13, NZFam 2015, 528.

B. Adoption

Volljährigenadoption zu gelten haben, wenn der Gesellschaftsvertrag nichts anderes vorsieht. Ansonsten müsste die vertragliche Formulierung genauer auf leibliche Kinder bezogen sein oder auf solche und als Minderjährige adoptierte Kinder.[1920]

3. Sonstige Rechtsfolgen

Nach § 1757 Abs. 1 erhält das Kind **als Geburtsnamen den Familiennamen des Annehmenden**. Diese Vorschrift ist **zwingend**,[1921] so dass sich der aktuell geführte Familienname des Anzunehmenden ändert. Eine Namensänderung **unterbleibt nur** dann, wenn der **Angenommene bereits verheiratet** ist und sein Geburtsname zum Ehenamen bestimmt wurde, § 1757 Abs. 3 BGB. War dieser nur Begleitname, so wird der Begleitname zwingend geändert. Ein Wahlrecht besteht nicht.[1922]

557

> **Hinweis:** Die Adoption ändert – außer beim verheirateten Anzunehmenden – zwingend den Geburtsnamen des Anzunehmenden und führt daher zu einem Namenswechsel.

Wenn dies aus schwerwiegenden Gründen erforderlich ist, kann der bisherige Familienname dem neuen Familiennamen vorangestellt werden, § 1757 Abs. 4 Nr. 2 BGB. Dies wird bei Minderjährigen selten der Fall sein, es sei denn, sie stünden kurz vor der Volljährigkeit.[1923] Nach § 1757 Abs. 4 Nr. 1 BGB kann der Vorname des Kindes geändert oder dem bisherigen ein neuer beigefügt werden.

Mit der Änderung der Verwandtschaftsverhältnisse ändern sich auch die **erbrechtlichen und unterhaltsrechtlichen Beziehungen** vollständig. Ein besonderer Blick ist auf Altadoptionen vor dem 1.1.1977 zu werfen. Bei ihnen ist die Überleitung in volles Erbrecht nur gewährleistet, wenn der Anzunehmende an diesem Datum noch minderjährig war.[1924]

Nach § 6 StAG erwirbt ein ausländisches Kind durch die Adoption durch einen Deutschen zugleich die **deutsche Staatsangehörigkeit**, wenn zumindest der Adoptionsantrag zum Zeitpunkt der Minderjährigkeit gestellt worden war.[1925]

Das adoptierte Kind wird in der gesetzlichen (§ 10 Abs. 4 S. 2 SGB V) und in der privaten (§ 198 Abs. 2 S. 1 VVG) **Krankenversicherung** der Eltern mitversichert. Hatte das adoptierte Kind Anspruch auf Waisenrente, so bleibt dieser bestehen (§ 48 Abs. 6 SGB VI). Die leiblichen Eltern verlieren Ansprüche, die sie wegen des Kindes hatten, wie Kindergeld, erhöhter Ortszuschlag etc.[1926]

[1920] Hierzu ausführlich *Reimann* ZEV 2013, 479 ff.
[1921] BGH – XII ZB 656/10, NJW 2011, 3094.
[1922] BGH – XII ZB 656/10, NJW 2011, 3094.
[1923] So OLG Zweibrücken – 6 UF 94/15, FamRZ 2016, 990.
[1924] Näher dazu Münch/*Müller-Engels*, Familienrecht, § 14 Rn. 48 f.
[1925] BVerwG – 1 C 20/02, NJW 2004, 1401.
[1926] Müller-Engels/Sieghörtner/Emmerling de Oliveira/*Müller-Engels*, Adoptionsrecht, Rn. 161.

6. Teil. Abstammung, Adoption

II. Erwachsenenadoption

1. Voraussetzungen

558 Für die Annahme Volljähriger (abzustellen ist auf den Annahmebeschluss)[1927] gelten nach § 1767 Abs. 2 S. 1 BGB grds. die **Vorschriften über die Annahme Minderjähriger** entsprechend, soweit nicht in den nachfolgenden Bestimmungen abweichende Regelungen getroffen wurden. Dies gilt insb. für den **Kreis der Annahmeberechtigten**, aber auch für das **Erfordernis des Kindeswohls**. Darüber soll allerdings das Kind dann selbst bestimmen können.[1928] Eine gerichtliche Prüfung ist insoweit nur noch angezeigt, wenn der volljährige Anzunehmende nicht geschäftsfähig ist.

559 Allerdings verlangt das Gesetz als **weitere Voraussetzung** die **sittliche Rechtfertigung** der Adoption und sieht diese insb. dann als gegeben an, wenn zwischen dem Annehmenden und dem Anzunehmenden ein **Eltern-Kind-Verhältnis** bereits entstanden ist, § 1767 Abs. 1 BGB. Unproblematisch sind damit vor allem die Stief- oder Pflegekindfälle, wo die Anzunehmenden bereits als Minderjährige in der Familie aufgewachsen sind. Es genügt zwar auch, wenn die Entstehung eines Eltern-Kind-Verhältnisses für die Zukunft zu erwarten ist, allerdings ist entscheidend nicht die subjektive Absicht, ein solches zu begründen, sondern die **objektive Erwartung**, dass ein solches entstehen wird. Die Behauptung innerer Verbundenheit muss sich also in äußerem Verhalten bewiesen haben.[1929] Entscheidend ist, dass eine **gelebte Begegnungs- und Beistandsgemeinschaft** entsteht, ein Zusammenleben ist nicht erforderlich. Nach ständiger Rechtsprechung genügen schon begründete Zweifel des Gerichtes daran, um eine Adoption abzulehnen.[1930]

> **Hinweis:** Die Annahme eines Volljährigen darf nur ausgesprochen werden, wenn es dafür eine **sittliche Rechtfertigung** gibt. Die Gerichte fragen daher nach der Entstehung eines **Eltern-Kind-Verhältnisses** im Sinne einer **gelebten Begegnungs- und Beistandsgemeinschaft**.

Da die Volljährigenadoption zuweilen durchaus auch **steuerliches Gestaltungsinstrument** ist[1931] – wäre sie allein dies, dürfte sie nicht ausgesprochen werden – sollen nachfolgend die in der Rechtsprechung gebilligten Fälle näher aufgezählt sein. Interessant ist, dass die Gerichte an die sittliche Rechtfertigung einen weniger strengen Maßstab anle-

---

[1927] OLG Karlsruhe – 11 Wx 113/99, NJWE-FER 2000, 52.
[1928] OLG Köln – 16 Wx 169/89, BeckRS 1990, 31124719 = FamRZ 1990, 800; MüKoBGB/*Maurer* BGB § 1767 Rn. 55.
[1929] So MüKoBGB/*Maurer* BGB § 1767 Rn. 34.
[1930] OLG Frankfurt – 6 W 550/60, FamRZ 1961, 322; BayObLG – 1Z BR 19/04, BeckRS 2004, 06280 = FamRZ 2005, 131; OLG Nürnberg – 9 UF 468/14, FamRZ 2015, 517; OLG Brandenburg – 9 UF 39/19, NZFam 2019, 506.
[1931] Vgl. etwa *Hölscher* ZErb 2012, 253 f.

B. Adoption

gen wollen, wenn nur die schwachen Adoptionswirkungen beabsichtigt sind,[1932] die aber für die steuerlichen Zwecke vollständig ausreichen.

Eine sittliche Rechtfertigung durch ein Eltern-Kind-Verhältnis hat die Rechtsprechung in folgenden Fällen bejaht:
– **Fortsetzung des Lebenswerkes des Annehmenden** durch **Betriebsübernahme**, Praxisnachfolge, Hofüberschreibung oder sonst nachprüfbare Einordnung in eine bestimmte Familientradition.[1933] Entscheidend ist also nicht, was der Anzunehmende von den geplanten Maßnahmen hat, sondern dass sie im wohlverstandenen Interesse auch des Annehmenden sind, der mit zunehmendem Alter schutzbedürftig wird. Zur Veranschaulichung sei nachstehend aus einem Urteil des BayObLG zitiert:

Rechtsprechungsbeispiel:[1934] „Gem. § 1767 Abs. 1 HS 2 BGB ist eine **sittliche Rechtfertigung** der Annahme eines Volljährigen als Kind insb. anzunehmen, wenn zwischen dem Annehmenden und dem Anzunehmenden ein **Eltern-Kind-Verhältnis** bereits entstanden ist oder wenn das Entstehen eines Eltern-Kind-Verhältnisses für die Zukunft zu erwarten ist (vgl. § 1767 Abs. 2 BGB iVm § 1741 Abs. 1 S. 1 BGB; BayObLG FamRZ 2001, 118 …
Die materielle Nachprüfung des Adoptionsvertrages daraufhin, ob „begründete Zweifel daran bestehen, ob durch die Annahme ein dem Eltern- und Kindes-Verhältnis entsprechendes Familienband hergestellt werden soll", war erstmals durch § 1754 Nr. 2 BGB in der Fassung des Gesetzes gegen Missbräuche bei der Eheschließung und der Annahme an Kindes Statt vom 23.11.1933 gefordert worden, um aufgetretenen „Verfallserscheinungen", nämlich dem „Schachern" mit dem Namen alter bekannter Familien, zu begegnen … Die Einführung des Kriteriums, dass „die Herstellung des Annahmeverhältnisses sittlich gerechtfertigt" sein müsse, geht auf das Familienrechtsänderungsgesetz vom 11.8.1961 (FamRÄndG) zurück …
Die **Anforderungen**, die an die Entstehung eines Eltern-Kind-Verhältnisses zu stellen sind, können naturgemäß im Rahmen der **Erwachsenenadoption** nicht dieselben sein wie bei der Minderjährigenadoption. Das Eltern-Kind-Verhältnis unter Erwachsenen wird wesentlich durch eine auf Dauer angelegte **Bereitschaft zu gegenseitigem Beistand** geprägt, wie sie bei leiblichen Eltern und Kindern typischerweise gegeben ist … Im Rahmen der Bereitschaft zu gegenseitigem Beistand kommt dem objektiven Interesse des Anzunehmenden nicht die entscheidende Bedeutung zu wie im Recht der Minderjährigenadoption … Auch im natürlichen Eltern-Kind-Verhältnis verlagert sich die Pflege- und Unterstützungsbedürftigkeit mit fortschreitendem Alter vom Kind auf die Eltern. Das Bedürfnis nach Fürsorge des Annehmenden für den Angenommenen, das bei der Minderjährigenadoption im Vordergrund steht, tritt bei der Erwachsenenadoption deswegen oft zurück gegenüber dem **Bedürfnis des Annehmenden, selbst die Fürsorge, die Kinder ihren Eltern im Alter zukommen lassen oder zukommen lassen sollten, zu erfahren.** Deswegen kann die Adoption auch, wenn sie im Hinblick auf die

---

[1932] OLG Düsseldorf – II-7 UF 78/14, NZFam 2014, 1101.
[1933] BayObLG – 1Z BR 19/04, BeckRS 2004, 06280 = FamRZ 2005, 131; BayObLG – Reg. 1 Z 30/85, NJW 1985, 2094; KG – 1 W 325881, FamRZ 1982, 641; OLG Frankfurt/Main – 6 W 550/60, FamRZ 1961, 322; OLG Schleswig – 8 UF 102/19, FamRZ 2020, 615.
[1934] BayObLG – 1Z BR 19/04, BeckRS 2004, 06280 = FamRZ 2005, 131.

6. Teil. Abstammung, Adoption

Hilfs- und Pflegebedürftigkeit des Annehmenden erfolgt, sittlich gerechtfertigt sein." ... (Schilderung des bisherigen Zusammenlebens auf dem Hof) ... „Die Absicht des sonst kinderlosen Beteiligten zu 1, die Beteiligte zu 2 neben ihrem Bruder zum Hofnachfolger zu machen, rechtfertigt nicht die Versagung der Adoption, auch wenn der Beteiligte zu 1 damit die Vorstellung verbindet, bei der Arbeit und im Alter durch diese Beistand zu haben. **Die sittliche Rechtfertigung einer Adoption mit dem Ziel, einen Nachfolger für die Fortführung des Lebenswerkes (Hof, Unternehmen, Praxis) zu bekommen, ist anerkannt** (vgl. Staudinger/Frank § 1767 Rn. 21). So besteht vielfach ein – hergebrachten Wertvorstellungen auf dem Lande entsprechendes – Bedürfnis, kinderlosen Personen die Regelung der Hofnachfolge wie zwischen Eltern und Kindern mit Hilfe einer Adoption zu ermöglichen ... Das vom Beteiligten zu 1 **geäußerte Motiv der Erbschaftssteuerersparnis** („dies macht doch jeder, wenn es geht") deutet darauf hin, dass er eine bei Hofübergabe an ein Kind anfallende Steuerersparnis in Anspruch nehmen will, **stellt aber die sittliche Rechtfertigung der Adoption nicht in Frage, weil der Gedanke an Steuerersparnis für die Beteiligten nach Sachlage nicht von maßgeblicher Bedeutung ist**. Dass der Beteiligte zu 1 dieser Frage kein großes Gewicht beigemessen hat, wird daraus deutlich, dass er sich über die Voraussetzungen und die Höhe der erhofften Steuerersparnis offensichtlich nicht kundig gemacht hat ..."

Als weiteres Rechtsprechungsbeispiel lässt sich folgender Fall nennen:

Rechtsprechungsbeispiel:[1935] Eine vermögende 86-jährige Dame möchte ihren 67-jährigen Steuerberater adoptieren, den sie schon zum Alleinerben eingesetzt hat und der aufgrund Vollmacht ihre Vermögensverhältnisse betreut. Im Anhörungstermin siezen sich die beiden. Zudem trägt die Anzunehmende vor, nicht genau über die Vermögensverhältnisse der Annehmenden Bescheid zu wissen. Das Gericht lehnt eine Adoption ab.

– **Gegenseitiger Beistand und gegenseitige Betreuung**, die auf Dauer angelegt sind und so geleistet werden, **wie** es zwischen **Eltern und Kindern** üblich ist.[1936] Ein zu geringer oder zu hoher Altersunterschied spricht gegen eine solche Beziehung[1937] ebenso wie sexuelle Beziehungen zwischen den Beteiligten.[1938]
– Das Erfordernis einer **„seelisch-geistigen Bindung"**[1939] wirkt freilich etwas aus der Zeit gefallen und ist selbst bei leiblicher Verwandtschaft nicht durchgängig gegeben.
– **Adoption des Schwiegerkindes nach Tod des eigenen Kindes**, wenn die Beistandsbeziehung weiterhin aufrechterhalten bleibt.[1940]

[1935] LG Saarbrücken – 5 T 187/98, unveröffentlicht, zitiert nach Münch/*Müller-Engels*, Familienrecht, § 14 Rn. 126.
[1936] OLG Hamm, – 2 UF 274/11, NJOZ 2014, 1578.
[1937] KG – 17 UF 42/13, NJW-RR 2013, 774.
[1938] Daher taugt die Erwachsenenadoption nicht zur Steuerersparnis bei Lebensgefährten, vgl. aber *Becker* ZEV 2009, 25.
[1939] So KG – 17 UF 42/13, DNotZ 2013, 780.
[1940] OLG Köln – 14 UF 20/19, NZFam 2019, 648.

B. Adoption

- **Adoption der langjährigen Hausangestellten,** wenn diese in die Familie eingebunden war und eine wechselseitige Beistandsbeziehung besteht.[1941]

Im **Vordergrund** des Adoptionsbegehrens muss also das **familienbezogene Motiv** stehen.[1942]

560

Nicht als Grund anerkannt ist:
- einen Ausländer vor der Ausweisung zu bewahren;[1943] Indizien gegen eine sittliche Rechtfertigung sind daher die Zugehörigkeit zu völlig verschiedenen Kulturkreisen oder sprachliche Verständnisschwierigkeiten sowie die Unkenntnis der persönlichen Lebensumstände des anderen;[1944]
- einen Namen fortzuführen (darf nur Nebenzweck sein);[1945]
- einen mit Dienstvertrag beschäftigten Pfleger an sich zu binden;[1946]
- die finanzielle Situation des Anzunehmenden zu festigen,[1947] etwa indem **Erbschaftsteuer** erspart wird (darf **nur Nebenzweck** sein).[1948] Dass die Steuerersparnis nur Nebenzweck ist, kann dann glaubhaft sein, wenn nicht im Detail über Nachlasswerte und anfallende Steuern gesprochen wurde.[1949] Wenn hingegen eine Alternativberechnung unter Einbeziehung aller Wertschätzungen ausführlich diskutiert und dann zur Adoption geschritten wird, so werden die Gerichte in der Steuervermeidung den Hauptzweck sehen und eine Adoption ablehnen.[1950]

Hinweis: Eine Adoption wird scheitern, wenn die Erbschaftsteuerersparnis Hauptzweck ist. Sie ist aber möglich, wenn es in erster Linie um die Fortführung des Lebenswerkes und die gegenseitige Beistandsgemeinschaft geht und die Steuerersparnis nur eine freilich erwünschte Folge ist.

[1941] OLG Braunschweig – 1 UF 139/16, FamRZ 2017, 1240.
[1942] OLG Nürnberg – 9 UF 388/11, NJW-Spezial 2012, 6.
[1943] KG – 1 W 3258/81, FamRZ 1982, 641.
[1944] Münch/*Müller-Engels*, Familienrecht, § 14 Rn. 111.
[1945] BayObLG – 1Z BR 69/92, NJW-RR 1993, 456.
[1946] OLG München – 31 Wx 17/09, NJW-RR 2009, 1156.
[1947] OLG München – 31 Wx 22/09, NJW-RR 2009, 1661.
[1948] OLG München – 31 Wx 49/08, NJW-RR 2009, 591; OLG Hamm – 2 UF 274/11, NJOZ 2012, 1578.
[1949] OLG Hamm – 2 UF 274/11, NJOZ 2012, 1578.
[1950] *Hölscher* ZErb 2012, 253f., hebt hervor, dass bei Bestehen eines Eltern-Kind-Verhältnisses die Steuerersparnis auch Hauptmotiv für die Adoption sein könne. Ähnlich nun auch OLG München – 33 UF 918/19, NZFam 2019, 889. Zu dieser Feststellung werden die Gerichte aber häufig bei diesem Hauptmotiv nicht kommen.

6. Teil. *Abstammung, Adoption*

Umstritten ist, ob ein **intaktes Verhältnis zu den leiblichen Eltern** die Erwachsenenadoption ausschließt. Die meisten Gerichte[1951] sehen diesen Ausschlussgrund nicht, das OLG Bremen[1952] aber wohl. **Entgegenstehende Interessen der Kinder des Annehmenden** werden die Adoption selten verhindern. Allenfalls eine unterhaltsrechtliche Gefährdung vermag hier zu verfangen, nicht aber erb- oder pflichtteilsrechtliche Interessen.[1953]

Den Beteiligten muss bewusst sein, dass die **Gerichte** vor Ausspruch der Adoption sehr genau in **persönlichen Anhörungen** die **Gründe** für die Adoption und auch die gegenwärtigen oder geplanten **Lebensumstände** ergründen.

Eine Probezeit ist bei der Erwachsenenadoption nicht erforderlich.

Bei der Erwachsenenadoption sind **zwei Anträge von Annehmendem und Anzunehmendem erforderlich**, § 1768 BGB.

2. Rechtsfolgen im Hinblick auf die Verwandtschaft

Die Adoption eines Volljährigen kann auf zwei verschiedene Weisen erfolgen:

a) Schwache Adoption

561   Die Volljährigenadoption hat nach § 1770 BGB nur **schwache Rechtswirkungen**[1954]. Der Angenommene und seine Abkömmlinge werden Kinder bzw. Abkömmlinge des Annehmenden. **Mit den übrigen Verwandten des Annehmenden entsteht** jedoch **keine Verwandtschaft**.

Umgekehrt bleiben nach § 1770 Abs. 2 BGB die Rechte und Pflichten des Angenommenen und seiner Abkömmlinge **zu den bisherigen Verwandten bestehen**.

b) Starke Adoption

562   Nur ausnahmsweise hat die Volljährigenadoption die mit der Minderjährigenadoption vergleichbare **starke Wirkung** nach **§ 1772 BGB**. Voraussetzung für eine solche Wirkung ist:
- gleichzeitig wird ein minderjähriges Geschwisterteil des Anzunehmenden angenommen,
- der Anzunehmende war bereits als Minderjähriger in die Familie des Annehmenden aufgenommen,
- der Annehmende nimmt ein Kind seines Ehegatten an,
- der Anzunehmende war bei Antragseingang noch nicht volljährig.

[1951] OLG Nürnberg – 10 UF 272/15, NJW-RR 2015, 1414; OLG München – 33 UF 1304/16, DNotZ 2017, 703; OLG Stuttgart – 17 UF 87/18, NZFam 2019, 188; OLG Hamburg – 2 UF 144/17, DNotZ 2019, 106.

[1952] OLG Bremen – 4 UF 108/16, ZErb 2017, 18; OLG Bremen – 4 UF 73/19, NZFam 2020, 47; aber auch OLG Stuttgart – 11 UF 316/13, DNotZ 2015, 855, das von „Wegadoption" spricht.

[1953] OLG München – 33 UF 918/19, NZFam 2019, 889; OLG Schleswig – 8 UF 102/19, FamRZ 2020, 615.

[1954] Hierzu *Krämer/Voigt*, ZEV 2020, 468.

B. *Adoption*

Erforderlich ist ferner ein **Antrag des Anzunehmenden und des Annehmenden** auf Ausspruch der Wirkungen der Volladoption. Zudem dürfen **überwiegende Interessen der Eltern des Anzunehmenden nicht entgegenstehen**, § 1772 Abs. 1 S. 2 BGB.[1955] Entgegenstehende Interessen der Eltern des Anzunehmenden vermögen ebenfalls nur in seltenen Fällen die Adoption zu verhindern. Der **Wegfall eines Elternunterhaltsanspruches** ist jedenfalls nicht allein bestimmend.[1956] Erst Recht steht nicht die lediglich abstrakte Befürchtung eines solchen Wegfalls trotz geleisteten Kinderunterhalts der Adoption im Wege.[1957] Dasselbe Gericht sieht dies aber dann anders, wenn mit der Adoption genau bis zum Auslaufen des Unterhaltsanspruchs gegen den Vater gewartet wurde, der bis dahin **langjährig Unterhalt gezahlt** hatte.[1958] Jedenfalls eine konkrete Gefahr bei Krankheit und Arbeitsunfähigkeit des Vaters genügen zur Versagung.[1959]

3. Sonstige Rechtsfolgen

Erbrechtlich hat die **Häufung der Verwandtschaft** bei der schwachen Adoption Auswirkungen. Sowohl die leiblichen wie die Adoptiveltern kommen als Erben 2. Ordnung und damit auch als Pflichtteilsberechtigte in Betracht.[1960]
Namensrechtlich gilt auch für die Volljährigenadoption über § 1767 Abs. 2 BGB, dass der Anzunehmende **zwingend** als **Geburtsnamen den Familiennamen des Annehmenden** erhält, § 1757 Abs. 1 BGB.[1961] Dass dies auch Erwachsenen gegenüber zwingend sein soll, dagegen werden verfassungsrechtliche Einwände laut.[1962] Der BGH hat nunmehr dem BVerfG die Frage vorgelegt, ob diese zwingende gesetzliche Regelung gegen das Persönlichkeitsrecht nach Art. 2 Abs. 1 GG verstößt.[1963]
Bei der Volljährigenadoption besteht jedoch ein größerer Anwendungsbereich für die Ausnahme des **§ 1757 Abs. 3 BGB**. Ist der Anzunehmende **verheiratet** und führt seinen Geburtsnamen als Ehenamen, so wird dieser **Ehename nicht geändert**. Ist der Geburtsname bloßer **Begleitname** zum Ehenamen, so wird dieser Begleitname hingegen **ebenfalls zwingend geändert**.[1964] Ist als Ehename der Geburtsname des

---

[1955] Vgl. dazu OLG Celle – 17 UF 3/13, BeckRS 2013, 13230 = FamRZ 2014, 579: entgegenstehendes Interesse der arbeitslosen Mutter auf Unterhalt verhindert Volladoption.
[1956] OLG Frankfurt/Main – 1 UF 178/19, NZFam 2019, 743.
[1957] OLG Brandenburg – 13 UF 11/17, NZFam 2019, 368.
[1958] OLG Brandenburg – 9 UF 190/17, NZFam 2019, 507.
[1959] OLG Düsseldorf – II-7 UF 78/14, FamRB 2015, 178.
[1960] Münch/*Müller-Engels*, Familienrecht, § 14 Rn. 15.
[1961] So etwa OLG Stuttgart – 15 UF 184/19, FuR 2020, 382.
[1962] BeckOGK/*Löhnig* BGB § 1757 Rn. 54.
[1963] BGH – XII ZB 427/19, NZFam 2020, 712.
[1964] BGH – XII ZB 656/10, NJW 2011, 3094 f.

anderen Ehegatten gewählt worden, so ändert die Adoption an diesem nichts, das gilt auch nach Scheidung oder Tod des anderen Ehegatten.[1965] Ferner kann nach § 1757 Abs. 4 Nr. 2 BGB dem neuen Familiennamen **der bisherige Familienname hinzugefügt** werden, wenn dies aus schwerwiegenden Gründen zum Wohl des Anzunehmenden erforderlich ist. Dies wird bei Volljährigen sehr oft zu bejahen sein. Es entsteht dann ein echter Doppelname als Geburtsname.[1966]

> **Hinweis:** Auch die Volljährigenadoption ändert zwingend den Geburtsnamen des Anzunehmenden und führt daher zu einem Namenswechsel. Allerdings bleibt ein Ehename nach Heirat bestehen. Ferner kann der bisherige Familienname regelmäßig hinzugefügt werden.

Ein **Aufenthaltsrecht** vermittelt die Erwachsenenadoption **regelmäßig nicht**, da sie nur zu einer Begegnungs- nicht zu einer Zusammenlebensgemeinschaft führt. Weitergehende Schutzwirkungen aus Art. 6 GG ergeben sich jedoch dann, wenn ein Familienmitglied auf die Lebenshilfe des anderen Familienmitglieds angewiesen ist und diese Hilfe sich nur in der Bundesrepublik Deutschland erbringen lässt.[1967]

III. Steuerliche Folgen

1. Erbschaftsteuer

564 **Adoptivkinder** fallen erbschaftsteuerlich in die **Steuerklasse I** nach § 15 Abs. 1 ErbStG, und zwar sowohl im Falle der Minderjährigen- wie auch der Volljährigenadoption, und zwar unabhängig davon, ob diese mit starken oder schwachen Wirkungen erfolgte.[1968] Sie sind im Gesetz nicht mehr gesondert aufgeführt, da sie rechtlich den leiblichen Kindern nunmehr vollkommen gleichstehen. Das Steuerrecht unterscheidet auch nicht zwischen Altadoptionen vor dem 1.1.1977[1969] und den Adoptionen nach dem AdoptG.[1970]

Soweit allerdings bei der schwachen Wirkung der Adoption eine Verwandtschaft etwa zu „**Adoptivgroßeltern**" nicht begründet wird, kann es auch keine steuerliche Privilegierung geben.[1971]

[1965] Unklar ist die Anwendung des § 1757 Abs. 3 BGB nach Scheidung, vgl. DNotI-Gutachten, DNotI-Report 2020, 44; Münch/*Müller-Engels*, Familienrecht, § 14 Rn. 32.

[1966] OLG Düsseldorf – I-3 Wx 40/17, NZFam 2019, 190.

[1967] BVerfG – 2 BvR 901/95, NVwZ 1996, 1099.

[1968] BestLex/*Zipfel*, „Abkömmling" C.; *Meincke/Hannes/Holtz* ErbStG § 15 Rn. 6; TGJG/*Jülicher* ErbStG § 15 Rn. 49; *Brandt* RNotZ 2013, 459 (470).

[1969] Zu diesen und dem Übergangsrecht Müller-Engels/Sieghörtner/Emmerling de Oliveira/*Müller-Engels,* Adoptionsrecht, Rn. 400 ff.

[1970] Müller/Sieghörtner/Emmerling de Oliveira/*Müller-Engels,* Adoptionsrecht, Rn. 471.

[1971] Müller/Sieghörtner/Emmerling de Oliveira/*Müller-Engels,* Adoptionsrecht, Rn. 478 f.; die Materie ist nicht unumstritten, so wird etwa die Eigenschaft als Abkömmling von Geschwistern bejaht – TGJG/*Jülicher* ErbStG § 15 Rn. 50

B. Adoption

Entscheidender **Zeitpunkt** ist der Ausspruch der Adoption nach § 1752 BGB.[1972] Steht die Adoption erst bevor, sollten Zuwendungen unter die **aufschiebende Bedingung** der Wirksamkeit der Annahme gestellt werden. Wird die Adoption **nach dem Tod ausgesprochen**, so wirkt sie zivilrechtlich nach § 1753 Abs. 3 BGB zurück. Es wird vertreten, dass dies dann auch erbschaftsteuerlich zu gelten habe.[1973]

Hinweis: Mit einer Adoption lassen sich ganz erheblich Erbschaftsteuern sparen, da der Anzunehmende nach Steuerklasse I behandelt wird. Dies gilt insb. durch die hier wesentlich erhöhten Freibeträge, und die niedrigeren Steuersätze.

Das Erbschaftsteuerrecht geht sogar noch weiter und begründet in **§ 15 Abs. 1a ErbStG** die Steuerklassen I und II Nr. 1–3 auch für den Fall, dass die Verwandtschaft zu dem Anzunehmenden in Folge der Adoption erloschen war. Also auch die **Zuwendung/Erbschaft von den leiblichen Verwandten**, die nun nicht mehr rechtlich verwandt sind, ist **weiterhin privilegiert**. Ein Verwandtschaftsverhältnis durch Adoption, das vor dem Erbfall aufgehoben wird, fällt hingegen nicht unter diese Vorschrift.[1974]

2. Einkommensteuer

Die Adoption eines Kindes begründet nach den dargestellten Grundsätzen die Verwandtschaft zum Annehmenden. Das Kind ist dann auch steuerlich entsprechend beim Annehmenden als Kind isd § 32 Abs. 1 EStG zu berücksichtigen.

Soweit eine Doppelberücksichtigung in Frage steht, etwa
– im Jahr der Adoption oder
– bei der Volljährigenadoption mit schwachen Wirkungen
klärt § 32 Abs. 2 EStG diese Konkurrenz durch den steuerlichen Vorrang des Adoptionsverhältnisses.

Diese Einstufung als Kind wird in anderen Vorschriften (zB § 63 Abs. 1 Nr. 1 EStG für das Kindergeld) in Bezug genommen.

Adoptionskosten werden von der Rechtsprechung nicht als außergewöhnliche Belastungen anerkannt,[1975] auch nicht nach Vergleich mit den Kosten einer heterologen künstlichen Befruchtung.[1976]

565

–, was nicht stringent ist, da nun mal zu Onkel und Tante keine Verwandtschaft besteht.

[1972] TGJG/*Jülicher* ErbStG § 15 Rn. 49.
[1973] FG München – 4 K 1808/04, BeckRS 2006, 26021370; TGJG/*Jülicher* ErbStG § 15 Rn. 49.
[1974] BFH – II R 46/08, ZEV 2010, 323.
[1975] BFH – III R 301/84, NJW 1987, 2959; BGH – III B 71/99, BeckRS 2000, 25004863 = BFH/NV 2000, 1352; BFH – VI R 60/11, DStR 2015, 1554.
[1976] FG Baden-Württemberg – 6 K 1880/10, DStRE 2012, 996.

3. Sonstige Steuerfolgen

566 Auch das Grunderwerbsteuerrecht begünstigt in § 3 Nr. 6 S. 1, 2. Alt. GrEStG das durch Adoption erloschene Verwandtschaftsverhältnis und stellt in diesem Verhältnis Erwerbe grunderwerbsteuerfrei.

567–569 *einstweilen frei*

7. Teil. Patchworkfamilie

Übersicht

	Rn.
A. Zivilrechtliche Regelungen für die Patchworkfamilie im BGB	570
I. Der Familienbegriff	570
II. Das kleine Sorgerecht, §§ 1687b BGB, § 9 LPartG	573
1. Voraussetzungen	573
2. Rechtsfolgen	574
3. Lebenspartnerschaft	575
III. Das Umgangsrecht, § 1685 Abs. 2 BGB	576
IV. Die Verbleibensanordnung, § 1682 BGB	577
V. Die Einbenennung, § 1618 BGB, § 9 Abs. 5 LPartG	578
VI. Sonstige Regelungen zugunsten von Stiefkindern	579
B. Erbrechtliche Probleme in der Patchworkfamilie	580
I. Erbrechtliche Regelungsziele in der Patchworkkonstellation	580
II. Störpotential	581
1. Zufällige Erbfolge	581
2. Pflichtteil einseitig gegenüber leiblichem Elternteil	582
3. Elternpflichtteil	583
4. Pflichtteil und Zugewinnanspruch des Ehegatten	584
5. Fortgeltung früherer Erbverträge oder gemeinschaftlicher Testamente	585
6. Abänderungsbefugnis des Überlebenden	586
7. Unklare Ausdrucksweise in eigenhändigen Testamenten	587
III. Lösungsmöglichkeiten	588
C. Die Patchworkfamilie im Steuerrecht	590
I. Einkommensteuer	591
II. Erbschaftsteuer	592
III. Grunderwerbsteuer	593

7. Teil. Patchworkfamilie

A. Zivilrechtliche Regelungen für die Patchworkfamilie im BGB

I. Der Familienbegriff

570 Die **modernen Familienwelten** sind in einem **Wandel** begriffen, gleich ob man aus soziologischer[1977] oder aus rechtlicher Sicht[1978] auf die Familie blickt. Die Veränderungen der Arbeitswelt und der gesellschaftlichen Anschauungen spiegeln sich wieder in dem Erstarken sog. **alternativer Familienformen**. Die rechtlichen Regelungen folgen dem gesellschaftlichen Wandel hinterher.[1979] Insoweit klaffen Gesetz und Wirklichkeit auseinander, das Familienrecht ist (noch) nicht Spiegel der sozialen Wirklichkeit.[1980]

Die **Ursachen** für dieses Phänomen sind mannigfaltig:[1981]
- starke Zunahme der **Ehescheidungen** bei gleichzeitigem Rückgang der Heiratshäufigkeit und Verkürzung der Ehedauer.[1982]
- Zunahme der Paare, die zeitweilig oder dauerhaft **ohne Heirat zusammenleben**, wobei die Lebensgemeinschaften mit Kindern sogar eine stärkere Zunahme verzeichnen. Heute leben bereits 26% der Kinder und Jugendlichen in sog. alternativen Familienformen.[1983]
- **Steigerung der Lebenserwartung** schafft Zeithorizont für Generationenbeziehungen, aber auch neue Paarbeziehungen wie eine Zweit- oder Drittfamilie.

571 Dies führt zu einem veränderten Familienbegriff.

[1977] Etwa *Luhmann*, Sozialsystem Familie, in *ders.*, Soziologische Aufklärung 5, 3. Aufl. 2009, 189 ff.; *Lüscher*, Soziologische Annäherungen an die Familie, 2001; Kappler/Kappler/*Buchholz-Graf*, Patchworkfamilie, Kap. 1.
[1978] Vgl. *Hohmann-Dennhardt* ZKJ 2007, 382 ff.
[1979] Vgl. etwa das Gesetz zur „Ehe für alle", BGBl. 2017 I 2787 mit dem Gesetz zur Umsetzung des Gesetzes zur Einführung des Rechts auf Eheschließung für Personen gleichen Geschlechts, BGBl. 2018 I 2639 oder die Neuregelung des § 1766a BGB zur Adoption durch verfestigte Lebensgemeinschaften, BGBl. 2020 I 541 nach der Entscheidung des BVerfG – 1 BvR 673/17, NJW 2019, 1793.
[1980] MüKoBGB/*Weber* BGB Vor § 1564 Rn. 4 gegen *Frank* FamRZ 2004, 841 (846).
[1981] Zum Nachfolgenden: *Lüscher* ZEV 2004, 2 (4 f.).
[1982] *Hohmann-Dennhardt* ZKJ 2007, 382 (384); *Schröder* FS Kanzleiter, 2010, 347 geht von einer Scheidungsrate im städtischen Bereich von bis zu 50% aus.
[1983] MüKoBGB/*Weber* BGB Vor § 1564 Rn. 4; *Schröder* FS Kanzleiter, 2010, 347, 354, geht von 30% aus. Der Datenreport 2018 – Ein Sozialbericht der Bundesrepublik Deutschland (Hrsg.: Statistisches Bundesamt, Wissenschaftszentrum Berlin für Sozialforschung), S. 59 stellt fest, dass 70% der Kinder unter 18 Jahren bei Ehepaaren leben, 11% in Lebensgemeinschaften und 19% bei Alleinerziehenden.

A. Zivilrechtliche Regelungen für die Patchworkfamilie im BGB

Eine **soziologische**[1984] **Definition**[1985] **der Familie**[1986] stellt ab auf „primär durch die Aufgabe der Gestaltung verlässlicher Beziehungen zwischen den Eltern und Kindern konstituierte Lebensformen eigener Art, die als solche gesellschaftsrechtlich anerkannt sind."[1987] Dabei werden die Reproduktions- und Sozialisationsfunktion, die Generationsdifferenzierung und das Solidaritätsprinzip betont.[1988]

Die **rechtliche Definition der Familie** hat sich in ähnlicher Weise ausgeweitet. So gilt als Familie längst nicht mehr nur die durch die natürliche Abstammung vermittelte Verwandtschaft bzw. Schwägerschaft iSd §§ 1589, 1590 BGB, sondern geschützt ist etwa durch Art. 6 GG die familiäre Erziehungs- und Wirtschaftsgemeinschaft, die auch die Fürsorge- und Verantwortungsbeziehung zu Adoptiv-, Stief- und Pflegekindern erfasst.[1989] So hat etwa der EGMR geurteilt:[1990]

„Der Begriff Familie iSv Art. 8 EMRK erfasst nicht nur durch eine Ehe begründete Beziehungen, sondern auch de facto-Beziehungen außerhalb einer Ehe. Ein aus einer solchen Beziehung hervorgegangenes Kind ist von Geburt an Teil dieser Familie und hat zu seinen Eltern eine Verbindung, die einem Familienleben entspricht."

Hierbei ist beachtlich, dass unabhängig von der Diskussion über eine Gleichstellung alternativer Lebensgemeinschaften mit der Ehe[1991] **Art. 6 I GG**[1992] **die Familie als selbständiges Schutzgut** betrachtet, indem er ausdrücklich „Ehe und Familie" schützt.[1993] Damit ist die Familie ohne Rücksicht darauf, ob sie auf der Ehe basiert, selbständig geschützt.[1994]

[1984] *Nave-Herz* NZFam 2018, 1057f. stellt eine kleine Geschichte des soziologischen Familienbegriffs vor.
[1985] Eine Definition von Familie stößt auf Schwierigkeiten, da nicht einmal in der Alltagssprache eine einheitliche Auffassung herrscht, *Nave-Herz,* Ehe- und Familiensoziologie, 2. Aufl. 2006, 29.
[1986] Eine amüsante, wenngleich in unserem Zusammenhang wenig hilfreiche Definition der Familie findet sich bei *Tucholsky*, Weltbühne 12.1.1923, 53 (Pseudonym Peter Panter): „Die Familie (familia domestica communis, die gemeine Hausfamilie) kommt in Mitteleuropa wild vor und verharrt gewöhnlich in diesem Zustand …".
[1987] *Lüscher,* Soziologische Annäherungen an die Familie, 18.
[1988] *Nave-Herz* NZFam 2018, 1057 (1062).
[1989] Maunz/Dürig/*Badura* GG Art. 6 Rn. 60a.
[1990] EGMR (Große Kammer) – 25735/94, NJW 2001, 2315.
[1991] Vgl. hierzu etwa die Bestimmungen der Landesverfassungen Art. 22 II Sächsische Verfassung, Art. 24 II Verfassung Sachsen-Anhalt, Art. 17 II Thüringische Verfassung, Art. 26 II Brandenburgische Verfassung, Art. 12 II Verfassung von Berlin.
[1992] *Diederichsen* FPR 2007, 221 ff., sieht in dem verfassungsrechtlichen Schutz von Ehe und Familie eine deutsche Utopie.
[1993] Im Gegensatz etwa zu Art. 119 I der Weimarer Reichsverfassung, durch den die „Ehe als Grundlage des Familienlebens und der Erhaltung und Vermehrung der Nation" geschützt war.
[1994] BVerfG – 1 BvR 719/69, NJW 1974, 545 (547)/548; BVerfG – 2 BvR 1169/84, NJW 1989, 2195; *von Münch,* Ehe und Familie, Handbuch des Verfas-

7. Teil. Patchworkfamilie

Das BVerfG sieht die Familie zunächst und zuvörderst als Lebens- und Erziehungsgemeinschaft, die als verantwortliche Elternschaft von der prinzipiellen Schutzbedürftigkeit der heranwachsenden Kinder bestimmt wird. Mit wachsender Handlungs- und Entscheidungsfähigkeit des Kindes werde die Lebensgemeinschaft zur bloßen „Hausgemeinschaft" und noch später zur „Begegnungsgemeinschaft". Auch für die Erwachsenen bestehe aber die Familie von Rechts wegen fort.[1995]

Dabei wird die Familie als eine **vom Recht vorgefundene Lebensform** angesehen, die durch die staatliche Rechtsgemeinschaft zu respektieren und zu schützen ist, weil sie einen existenziellen Teil des menschlichen Zusammenlebens darstellt, der ursprünglicher ist als die individuelle Vereinzelung.[1996]

572 Der **rechtliche Begriff der Familie** ist also schon **verfassungsrechtlich sehr viel weiter** als derjenige der Ehe und umfasst die Formen des Zusammenlebens auch mit Stief-, Adoptiv- oder Pflegekindern unabhängig von dieser.[1997] Die Institutsgarantie, das Freiheitsrecht und die wertentscheidende Grundsatznorm des Art. 6 I GG beziehen sich somit auf diesen Familienbegriff. In diesem Sinne muss auch die Beziehung des Patchworkelternteils mit dem Kind des Partners von Art. 6 I GG geschützt sein. Dies zeigt sich etwa an der neueren Rechtsprechung des BVerwG, dass die Erteilung eines Aufenthaltstitels zur Familienzusammenführung auch in Patchworkfamilien zur Vermeidung von Verletzungen des Art. 6 GG – freilich in seltenen Fällen – erforderlich sein kann.[1998] So ist ferner der leibliche, nicht rechtliche Vater mit sozialer Bindung zum Kind geschützt,[1999] in eingeschränkter Form besteht ein solcher Schutz auch vor dem Entstehen einer sozialen Beziehung.[2000] Gleichgeschlechtliche Eltern mit einem Kind in sozial-familiärer Gemeinschaft können ebenfalls eine Familie iSd Art. 6 Abs. 1 GG darstellen.[2001] Dabei greift der Schutz auch über die sog. Kernfamilie hinaus etwa für die Großeltern.[2002] Für allein soziale Beziehungen wurde der Familienbegriff bisher nicht geöffnet.[2003] Es wird aber zugleich konstatiert, dass die Ausweitung des Schutzbereiches nicht zu einer Steigerung der Effektivität des Schutzes führe.[2004]

Dieser erweiterte Familienbegriff spiegelt sich in zahlreichen Definitionen bzw. Definitionsversuchen wieder. Der ursprüngliche Ausdruck der

---

sungsrechts, 2. Aufl. 1994, § 9 Rn. 13, 14; Staudinger/*Salgo* BGB § 1682 Rn. 8.

[1995] BVerfG – 2 BvR 1169/84, E, 80, 81 ff. = NJW 1989, 2195 (2196).
[1996] Maunz/Dürig/*Badura* GG Art. 6 Rn. 60a.
[1997] So schon BVerfG – 1 BvL 16-25/62, NJW 1964, 1563 ff.: „allgemein anerkannt".
[1998] BVerwG – 1 C 15/12, BeckRS 2014, 45002.
[1999] BVerfG – 1 BvR 1493/96, NJW 2003, 2151.
[2000] BVerfG – 1 BvR 2843/14, NJW 2015, 542 m. Anm. *Sanders*.
[2001] BVerfG – 1 BvL 1/11 und 1 BvR 3247/09, NJW 2013, 847.
[2002] BVerfG – 1 BvR 2926/13, NJW 2014, 2853.
[2003] *Britz* NZFam 2018, 289 (292) mit einer Zusammenstellung der Entwicklung.
[2004] *Britz* NZFam 2018, 289 (293).

A. Zivilrechtliche Regelungen für die Patchworkfamilie im BGB

„**Stieffamilie**" ist – ausgehend schon von der Märchenwelt der Gebrüder Grimm[2005] – als durchaus belastend empfunden worden. Aus diesem Grunde wird er im modernen Sprachgebrauch nur noch selten verwendet. So spricht etwa § 15 ErbStG nach wie vor von Stiefkindern und Stiefeltern, das BGB hingegen vermeidet[2006] diesen Ausdruck und spricht allgemeiner von einer „sozial-familiären Beziehung", zB § 1600 III BGB. In der Soziologie ist hingegen häufig von der **Fortsetzungsfamilie** die Rede.[2007] Als Ausdruck, der am ehesten bildlich und mit einem gewissen Sympathiewert den erweiterten Familienbegriff beschreibt, hat sich der Begriff der „**Patchworkfamilie**" eingebürgert und setzt sich im Sprachgebrauch mehr und mehr durch. Er wird auch in der juristischen Literatur verwendet, die sich der Patchworkfamilie vor allem unter erbrechtlichem Blickwinkel zuwendet[2008] oder aus gesellschaftsrechtlicher Sicht.[2009] Erste Obergerichte verwenden den Begriff und betonen die Schutzwürdigkeit dieser Familienform im Lichte des Art. 6 GG.[2010]

Eine juristische Definition der Patchworkfamilie findet sich freilich selten. Das BGB definiert nicht einmal den Begriff des Stiefkindes oder Stiefelternteils. Nachfolgend soll unter einer **Patchworkfamilie** eine Familie verstanden sein, in der **mindestens ein Kind mit einem seiner leiblichen oder Adoptivelternteile und dessen Partner, der nicht leiblicher oder Adoptivelternteil des Kindes ist, zusammenlebt**. Sind der leibliche Elternteil und der Partner **verheiratet**, so mag man von einer **Stieffamilie** sprechen. In diesem Sinne ist somit die Patchworkfamilie der Oberbegriff, der die Stieffamilie mit umfasst. Eine solche Verwendung des Begriffes macht Sinn, da – wie sogleich zu zeigen sein wird – das BGB für beide Konstellationen Regelungen enthält. Die Patchworkfamilie idS ist von der ehelichen Lebensgemeinschaft und der nichtehelichen Lebensgemeinschaft abzugrenzen, bei welcher das Kind mit beiden leiblichen Elternteilen – verheiratet oder unverheiratet – zusammenlebt. Eine Patchworkfamilie ist auch bei gleichgeschlechtlicher Ehe oder Partnerschaft denkbar.

Für die **Abgrenzung des Begriffs „Zusammenleben"** von der bloßen Haus- oder Wohngemeinschaft wird die Verwendung des mietrechtlichen Kriteriums des Führens eines auf Dauer angelegten gemeinsamen Haushalts iSd § 563 Abs. 2 S. 4 BGB vorgeschlagen.[2011]

[2005] Vgl. *Grimm Jacob und Grimm Wilhelm*, Grimms Märchen, Deutsche Sagen, 1994, auf der Grundlage der dritten Auflage von 1837; Stiefkinder spielen eine Rolle in: Brüderchen und Schwesterchen, Der Liebste Roland, Die drei Männlein im Walde, Die weiße und die schwarze Braut, Frau Holle sowie Hänsel und Gretel.
[2006] Staudinger/*Salgo* BGB § 1682 Rn. 3: BGB vermeidet den Ausdruck „tunlichst".
[2007] *Balloff* FPR 2004, 50f.
[2008] *Grziwotz* FPR 2005, 283; *Hausmann* DNotZ 2011, 602ff.; *Schindler* DNotZ 2004, 824; *Keim* notar 2013, 115f.; *Kappler/Kappler*, Patchworkfamilie.
[2009] *Westermann* NZG 2015, 649ff.
[2010] BSG – B 12 KR 8/17 R, NZS 2019, 39.
[2011] *Bernau*, Die Aufsichtshaftung der Eltern – im Wandel!, 324f.

7. *Teil.* Patchworkfamilie

Das Gesetz enthält einige wenige Regelungen zur Patchworkfamilie, die nachfolgend dargestellt seien, denn sie haben – etwa im Bereich des Vertretungsrechts – auch Bedeutung für die Vertragsgestaltung.

II. Das kleine Sorgerecht, §§ 1687b BGB, § 9 LPartG
1. Voraussetzungen

573 Das Gesetz sieht ein sog. kleines Sorgerecht nach § 1687b BGB unter folgenden **Voraussetzungen** vor:
- **Kleines Sorgerecht nur für Ehegatten.** Ein kleines Sorgerecht ist nur dem Ehegatten des leiblichen Elternteiles eingeräumt. Der Partner einer nichtehelichen Lebensgemeinschaft hat somit aus § 1687b BGB keine Rechte. Ihm kann eine entsprechende Befugnis nur durch Vollmachten oder Gestattungen erteilt werden.[2012]
- **Der leibliche Elternteil ist alleinsorgeberechtigt.** Das Gesetz macht das alleinige Sorgerecht des leiblichen Elternteiles zur Voraussetzung für das kleine Sorgerecht seines Ehegatten, weil der Gesetzgeber der Auffassung war, dass bei fortbestehender gemeinsamer Sorge der leiblichen Eltern eine neue soziale Familie nicht entstehen könne.[2013]
- **Kein Getrenntleben.** Nach § 1687b Abs. 4 BGB besteht das kleine Sorgerecht dann nicht, wenn die Ehegatten nicht nur vorübergehend getrennt leben. Der Gesetzgeber fordert nicht – wie etwa im Rahmen des § 1682 BGB, dass das Kind längere Zeit in häuslicher Gemeinschaft mit dem leiblichen Elternteil und seinem Ehegatten gelebt haben muss.
- **Einvernehmen mit dem sorgeberechtigten Elternteil.** Nach § 1687b Abs. 1 BGB besteht das kleine Sorgerecht nur im Einvernehmen mit dem leiblichen Elternteil der Patchworkfamilie. Dabei ist **umstritten**, ob sich dieses Einvernehmen auf die **Begründung** des kleinen Sorgerechts bezieht[2014] oder auf dessen **Ausübung**;[2015] ob es sich um eine **bindende Vereinbarung** handelt, von der man nur bei Trennung **oder** gerichtlicher Entscheidung nach § 1687b Abs. 3 BGB wieder loskommt, oder ob das Einvernehmen **widerruflich** ist.[2016] Wenn das Einvernehmen auf die Begründung des „kleinen Sorgerechtes" bezogen wird, unterstellt man das Einvernehmen teilweise

---

[2012] Staudinger/*Salgo* BGB § 1687b Rn. 8.
[2013] BT-Drs. 14/3751, 39.
[2014] So *Veit* FPR 2004, 67 (71); BeckOGK/*Mehrle* BGB § 1687b Rn. 12; dagegen Staudinger/*Salgo* BGB § 1587b Rn. 10.
[2015] So wohl Palandt/*Brudermüller* LPartG § 9 Rn. 2 mit Verweis auf § 1627 BGB; *Motzer* FamRZ 2001, 1034 (1039); gegen die Erforderlichkeit eines Einvernehmens bei der Ausübung: *Muscheler*, Lebenspartnerschaft, Rn. 449, 453.
[2016] *Schwab* FamRZ 2001, 385 (394), geht wohl auf der Grundlage der Gesetzesbegründung von einer Bindung aus; MüKoBGB/*Hennemann* BGB § 1687b Rn. 8; Erman/*Michalski*/*Döll* BGB § 1687b Rn. 2, gehen von einem jederzeit – auch konkludent – widerruflichen Einverständnis aus; *Muscheler*, Lebenspartnerschaft, Rn. 450, geht von einem „familienrechtlichen, der Struktur nach quasi-dinglichen Vertrag mit Bindungswirkung" aus.

A. Zivilrechtliche Regelungen für die Patchworkfamilie im BGB

schon mit Heirat. Dies sollte jedoch nicht genügen, denn die Heirat alleine sagt noch nichts über die Sorgerechtsfrage zum erst- oder vorehelichen Kind aus.[2017] Im Falle des § 1687b BGB stehen sich somit nicht zwei gleichberechtigte Sorgerechtsinhaber gegenüber, sondern ein Sorgerechtsinhaber und ein Ausübungsberechtigter,[2018] dessen Recht sich vom Sorgeberechtigten ableitet,[2019] so dass die Auffassung des Sorgerechtsinhabers im Konfliktfall Vorrang hat.

2. Rechtsfolgen

Das „kleine Sorgerecht" stellt nach § 1687b BGB eine Befugnis zur **Mitentscheidung**[2020] in Angelegenheiten des täglichen Lebens des Kindes dar. Ferner besteht bei Gefahr im Verzug nach § 1687b Abs. 2 BGB ein **Notentscheidungsrecht**.

Wie der Verweis auf § 1629 BGB zeigt, ist damit auch das **Recht zur Außenvertretung des Kindes** verbunden. Insoweit setzt sich das „kleine Sorgerecht" auch gegenüber dem nicht sorgeberechtigten leiblichen Elternteil des Kindes durch. Daraus wird teilweise abgeleitet, dass dann nur noch eine gemeinsame Vertretungsbefugnis von leiblichem Elternteil und seinem Ehegatten bestehe.[2021] Dies würde aber den leiblichen Elternteil beschränken, was nicht isd gesetzlichen Regelung ist, die auch nur von Mitentscheidung und nicht von Sorgerecht spricht,[2022] und sich nicht mit dessen Alleinvertretungsrecht in bedeutenden Angelegenheiten verträgt. Eine solche Sicht ist daher abzulehnen. § 1687b Abs. 1 S. 2 BGB nimmt auch nur den § 1629 Abs. 2 S. 1 BGB in Bezug und nicht Abs. 1 S. 2, der die gemeinsame Vertretungsbefugnis anordnet.[2023] Es bleibt daher weiterhin bei einem alleinigen Entscheidungsrecht des leiblichen Elternteiles.[2024]

Für den Begriff der **„Angelegenheiten des täglichen Lebens"** kann auf **§ 1687 BGB** Bezug genommen werden, der solche bei gemeinsamem Sorgerecht dem Obhut gewährenden Elternteil allein zuweist und sie abgrenzt zu Angelegenheiten, die für das Kind von er-

---

[2017] *Machulla-Notthoff* ZFE 2009, 262 (263).
[2018] BeckOGK/*Mehrle* BGB § 1687b Rn. 10.
[2019] *Löhnig* FPR 2008, 157.
[2020] Nach *Coester-Waltjen* FS Schwab, 761, 765, ist die Einräumung einer echten (Mit-)Sorge verfassungsrechtlich nicht zulässig. Die Vorschrift sei so auszulegen, dass eine bloße Ausübungsübertragung bestehe, die aber ex lege eintrete.
[2021] Staudinger/Salgo BGB § 1687b Rn. 12; *Veit* FPR 2004, 67 (72), jedoch mit einem Letztentscheidungsrecht des leiblichen Elternteils; *Muscheler*, Lebenspartnerschaft, Rn. 461 f.
[2022] Darauf weist *Löhnig* FPR 2008, 157 hin; allerdings lautet die Überschrift zu § 1687b BGB „Sorgerechtliche Befugnisse des Ehegatten".
[2023] Vgl. *Coester-Waltjen*, FS Schwab, 2005, 761, 770, die von einer einseitigen Bindung an eine Gesamtvertretungsmacht spricht und einen Vergleich zur halbseitigen Gesamtprokura zieht.
[2024] DNotI-Report 2011, 178 (179).

7. Teil. Patchworkfamilie

heblicher Bedeutung sind.[2025] Letzteres wird etwa anzunehmen sein bei Entscheidungen zur (Nicht-)Vornahme von Impfungen[2026] oder bei Veröffentlichung von Kindesfotos auf einer kommerziellen Zwecken dienenden Internetseite.[2027] Das „kleine Sorgerecht" umfasst somit Angelegenheiten, die häufig vorkommen und keine schwer abzuändernden Auswirkungen auf die Entwicklung des Kindes haben sowie generell „Alltagsangelegenheiten".[2028]

Insgesamt ist das „kleine Sorgerecht" daher kaum zufriedenstellend geregelt und birgt die Gefahr neuer Streitigkeiten in der Patchworkfamilie.[2029] Es wird zum Teil auch als systemfremd angesehen, da die elterliche Sorge nicht übertragbar oder veräußerlich ist.[2030]

Eine **Prüfung des Kindeswohls** ist bei Begründung des kleinen Sorgerechts **nicht vorgesehen**. Lediglich § 1687b Abs. 3 BGB sieht eine gerichtliche Einschränkung oder gar einen Ausschluss der Mitentscheidungsbefugnisse vor, wenn dies zum Wohl des Kindes erforderlich ist. Daraus wird gefolgert, dass der einfache Widerruf das kleine Sorgerecht nicht zum Erlöschen bringe.[2031]

3. Lebenspartnerschaft

575 Das kleine Sorgerecht für Lebenspartner ist in § 9 LPartG parallel geregelt. Umstritten ist lediglich, ob für das kleine Sorgerecht der Lebenspartner zusätzlich zu prüfen ist, ob die Lebenspartner mit dem Kind zusammenleben, da § 2 LPartG – anders als § 1353 BGB bei der Ehe – „nur" zur gemeinsamen Lebensgestaltung verpflichtet, aber gerade nicht zur häuslichen Gemeinschaft.

Die Entscheidung des BVerfG zur Verfassungsmäßigkeit des LPartG stellt für das kleine Sorgerecht darauf ab, dass die Lebenspartner zusammenleben.[2032] Die Gesetzesbegründung[2033] trifft hierzu keine Aussage, betont aber, dass das kleine Sorgerecht vor allem die praktisch im Vordergrund stehenden Fragen der täglichen Betreuung und Versorgung des Kindes betreffe. Daher wird in der Literatur zum Teil als Voraussetzung ein Zusammenleben gefordert,[2034] zum Teil wird eine solche Voraussetzung bestritten.[2035] Nachdem die Bestimmungen, welche das häusliche Zusammenleben als Voraussetzung aufstellen, dies auch textlich zum

---

[2025] Staudinger/*Salgo* BGB § 1687b Rn. 11; zur Abgrenzung im Detail MüKoBGB/*Hennemann* BGB § 1587 Rn. 8–10, 12.
[2026] OLG Jena – 4 UF 686/15, FamRB 2016, 266.
[2027] OLG Oldenburg – 13 W 10/18, NZFam 2018, 614.
[2028] *Machulla-Notthoff* ZFE 2009, 262.
[2029] *Veit* FPR 2004, 67 (73).
[2030] *Löhnig* FPR 2008, 157.
[2031] Staudinger/*Salgo* BGB § 1687b Rn. 19.
[2032] BVerfGE 105, 313, 353f. = FPR 2002, 756 „wenn er mit dem Elternteil zusammenlebt".
[2033] BT-Drs. 14/3751, 39.
[2034] Erman/*Kaiser* LPartG § 9 Rn. 2; *Machulla-Notthoff* ZFE 2009, 262 (263), fordert generell eine Hausgemeinschaft, auch für § 1687b BGB.
[2035] *Muscheler*, Lebenspartnerschaft, Rn. 454.

A. Zivilrechtliche Regelungen für die Patchworkfamilie im BGB

Ausdruck bringen (etwa §§ 1682, 1688 BGB) und auch § 9 Abs. 5 LPartG für die Einbenennung ausdrücklich zur Voraussetzung macht, dass die Lebenspartner das Kind „in ihren gemeinsamen Haushalt aufgenommen haben", wird man solches für das „kleine Sorgerecht" nach § 9 Abs. 1 LPartG nicht annehmen können.

III. Das Umgangsrecht, § 1685 Abs. 2 BGB

Nach § 1685 Abs. 1 BGB steht **Großeltern** und **Geschwistern** ein Recht zum Umgang ohne weitere Voraussetzungen zu. Sie müssen insb. nicht in einer häuslichen Gemeinschaft mit dem Kind gelebt haben. § 1685 Abs. 2 BGB erweitert den Kreis der Umgangsberechtigten dann auf **enge Bezugspersonen** des Kindes, wenn diese für das Kind **tatsächlich Verantwortung tragen oder getragen haben** (sozialfamiliäre Beziehung). Damit sind zwei selbständige Tatbestandsvoraussetzungen angesprochen. Es genügen nicht längere Sozialkontakte, sondern es sind gewachsene Vertrauensbeziehungen erforderlich,[2036] wie sie in einer Familie oder einer vergleichbaren Struktur bestehen.[2037] Die sozial-familiäre Beziehung erfordert dabei die **Übernahme einer (tatsächlichen) elterngleichen Verantwortung**,[2038] mit anderen Worten: Es muss sich eine tatsächliche Lebens- und Erziehungsgemeinschaft entwickelt haben, welche die Qualität einer Familie iSd Art. 6 I GG erreicht.[2039] Es genügt – vorbehaltlich der Prüfung am Maßstab des Kindeswohls – wenn diese Beziehung in der Vergangenheit bestanden hat.[2040] Eine großzügigere Betrachtung will das OLG Celle anwenden bei einer Großtante, welche die einzige Bezugsperson des Kindes ist.[2041] Auch der Lebensgefährte eines Großelternteiles kann danach ein Umgangsrecht haben.[2042]

§ 1685 Abs. 2 BGB vermutet das Vorliegen dieser Voraussetzungen, wenn die betreffende Person mit dem Kind **längere Zeit in häuslicher Gemeinschaft** zusammengelebt hat. Zur Bestimmung dieser Voraussetzung ist von dem kindlichen Zeitbegriff auszugehen.[2043] Ein Zusammenleben über ein Jahr hinweg ist ausreichend.[2044] Die längere häusliche Gemeinschaft ist zwar Regelvermutung, aber eine sozial-familiäre Be-

---

[2036] Daher sind Haushaltshilfen und Kindermädchen nicht ohne Weiteres begünstigt, OLG Brandenburg – 9 UF 73/10, NJOZ 2011, 578.
[2037] *Büte* FuR 2011, 421 (428).
[2038] Staudinger/*Rauscher* BGB § 1685 Rn. 9.
[2039] OLG Hamm – 2 WF 201/10, FamFR 2011, 45.
[2040] BGH – XII ZB 40/02, NJW-RR 2005, 729; Palandt/*Götz* BGB § 1685 Rn. 6 aE.
[2041] OLG Celle – 10 WF 303/15, FamRB 2016, 100 m. abl. Anm. *Dimmler.*
[2042] OLG Brandenburg – 10 WF 71/17, FamRZ 2017, 1675.
[2043] Staudinger/*Rauscher* BGB § 1685 Rn. 9c; MüKoBGB/*Hennemann* BGB § 1685 Rn. 9; *Büte* FPR 2005, 5 (6).
[2044] BGH – XII ZB 40/02, NJW-RR 2005, 729.

7. Teil. Patchworkfamilie

ziehung kann auch ohne sie bestehen.[2045] Bloße Wochenendkontakte genügen hierzu jedoch nicht.[2046] Ob der leibliche Elternteil das alleinige **Sorgerecht** hat, ist für das Umgangsrecht nach § 1685 Abs. 2 BGB **nicht von Bedeutung**. Allein die tatsächlichen Bindungen sind entscheidend.

Besteht eine sozial-familiäre Beziehung nicht, ging der EGMR von einer Verletzung des Rechts auf Familienleben nach Art. 8 Abs. 1 EMRK aus, soweit damit dem biologischen Vater die Aufnahme des Umgangs ohne Kindeswohlprüfung untersagt wurde.[2047] Der neu geschaffene **§ 1686a BGB** gibt nunmehr dem leiblichen Vater, der ein ernsthaftes Interesse an dem Kind gezeigt hat, ein **Recht auf Umgang** mit dem Kind und ein Recht auf **Auskunft** über die persönlichen Verhältnisse des Kindes.

Voraussetzung für das Umgangsrecht ist die **positive Feststellung, dass der Umgang dem Kindeswohl dient**, §§ 1685 Abs. 2, 1685 Abs. 1 HS. 2, 1626 Abs. 2 BGB.[2048] Mit dieser Vorschrift ist – nicht zuletzt auch im Verhältnis zum Sorgerecht der Eltern – ausgesprochen, dass der Umgang des Kindes mit dritten Personen dann zum Wohl des Kindes ist, wenn die Aufrechterhaltung des Umganges für die Entwicklung des Kindes förderlich ist. Streitig ist, ob bei Vorliegen der Voraussetzungen des § 1626 Abs. 3 S. 2 BGB (Bindungen zu Großeltern, die der Entwicklung förderlich sind) eine widerlegliche Vermutung für die Kindeswohldienlichkeit besteht.[2049] Der BGH spricht schließlich von einer Auslegungshilfe.[2050] Schwere **Zerwürfnisse**, die im Verhalten der den Umgang begehrenden Person eine nachvollziehbare Ursache finden, sprechen dagegen, dass der Umgang dem Kindeswohl entspricht.[2051] Dies gilt insb. dann, wenn die Umgangsberechtigten den Erziehungsvorrang des Sorgeberechtigten unterlaufen.[2052] Allerdings kann besonders zu berücksichtigen sein, dass das Kind nicht bei den Eltern, sondern fremduntergebracht ist.[2053] Die Stärke des Erziehungsvorrangs der Eltern, den der BGH in seiner Grundlagenentscheidung sogar verfassungsrechtlich garantiert sieht,[2054] ist nicht unumstritten, da insoweit auch auf die

---

[2045] *Hausmann* DNotZ 2011, 602 (605).
[2046] OLG Hamm – 2 WF 201/10, FamFR 2011, 45, zur Ehefrau des leiblichen Vaters, der seinerseits mit seinem Kind aus erster Ehe nur Wochenend- und geringfügigen Ferienumgang hatte.
[2047] EGMR – 20578/07, NJW 2011, 3565 ff.
[2048] Staudinger/*Rauscher* BGB § 1685 Rn. 18.
[2049] So OLG Saarbrücken – 6 UF 20/17, FamRZ 2017, 1673; hierzu *Osthold* FF 2017, 347 (350); aA OLG Brandenburg – 13 UF 152/17, NZFam 2018, 373: positive Feststellung nötig.
[2050] BGH – XII ZB 350/16, FamRZ 2017, 1668.
[2051] Detailliert hierzu Staudinger/*Rauscher* BGB § 1685 Rn. 19a ff.
[2052] OLG Hamm – 11 UF 108/09, BeckRS 2010, 14225 = FamRZ 2010, 909; MüKoBGB/*Hennemann* BGB § 1685 Rn. 14.
[2053] OLG Brandenburg – 10 WF 71/17, FamRZ 2017, 1675.
[2054] BGH – XII ZB 350/16, FamRZ 2017, 1668.

A. Zivilrechtliche Regelungen für die Patchworkfamilie im BGB

Rechtsprechung des BVerfG[2055] verwiesen wird, aus der auch ein eigener verfassungsrechtlicher Schutz des Umgangsrechts der Großeltern gefolgert werden müsse.[2056]

Ein schweres Zerwürfnis soll auch dann zu bejahen sein, wenn **Konflikte zwischen** den **Kindeseltern** bestehen und Großeltern in diesem Streit dem Kind gegenüber **Partei ergreifen** oder das Kind zu beeinflussen versuchen.[2057]

Der **Wille des Kindes** ist hierbei verstärkt beachtlich, insb. spricht der Wunsch des Kindes nach Umgang gegen eine Kindeswohlgefährdung, soweit nicht objektive Gründe entgegenstehen.[2058] Je weiter der enge Bezug zeitlich zurückliegt, desto eher spricht das Kindeswohl gegen eine Aufnahme eines Umgangsrechtes, denn das Kind kann sonst die verschiedenen Umgangsrechte zeitlich nicht bewältigen.[2059]

Anders als beim Umgangsrecht des Kindes mit den Eltern nach § 1684 BGB sieht § 1685 BGB nur ein Umgangsrecht der engen Bezugspersonen des Kindes vor. Es besteht jedoch für die so Begünstigten **keine Umgangspflicht**. Zudem besteht **kein Umgangsrecht des Kindes**, sodass dieses den Umgang nicht erzwingen kann. Dem Umgangsberechtigten stehen keinerlei Sorgerechtsbefugnisse zu.[2060]

IV. Die Verbleibensanordnung, § 1682 BGB

§ 1682 BGB trägt der Tatsache Rechnung, dass für die Kinder sehr häufig in der Patchworkfamilie eine neue sozial-familiäre Beziehung entstanden ist, sodass mit einer Kontinuität dieser Lebensumstände auch beim Ausfall des leiblichen Elternteils, das mit dem Kind in häuslicher Gemeinschaft lebte, dem Kindeswohl am besten gedient ist, weil das Kind hier bessere Entwicklungsmöglichkeiten hat als bei dem ihm fern stehenden anderen leiblichen Elternteil.[2061] Die Entscheidung, ob eine Verbleibensanordnung ergeht, hat in Abwägung des Elternrechtes nach Art. 6 II 1 GG, des Rechtes des Kindes nach Art. 2 I GG und des Rechtes der Stiefelternfamilie nach Art. 6 I GG zu erfolgen,[2062] wobei das Wohl des Kindes immer den Richtpunkt bildet.

Eine Verbleibensanordnung kann unter folgenden Voraussetzungen ergehen:

[2055] BVerfG – 1 BvR 2604/06, NJW 2009, 1133 und BVerfG – 1 BvR 2926/13, NJW 2014, 2853.
[2056] *Weber* NJW 2017, 2911; vgl. auch EuGH – C-335/17 (Neli Valcheva/Georgios Babanarakis), NJW 2018, 2034, wonach der Umgang der Großeltern vom Begriff des Umgangsrechts iSd Brüssel IIa-VO umfasst ist.
[2057] *Löhnig* NZFam 2017, 1030 (1032).
[2058] OLG Hamm – 1 UF 72/02, BeckRS 2007, 02181 = FamRZ 2003, 953.
[2059] Staudinger/*Rauscher* BGB § 1685 Rn. 23.
[2060] *Muscheler*, Lebenspartnerschaft, Rn. 483.
[2061] MüKoBGB/*Hennemann* BGB § 1682 Rn. 1.
[2062] BVerfG – 1 BvR 1664/04, BeckRS 2005, 25910 = FamRZ 2005, 783, betreffend die Pflegefamilie; OLG Hamm – 3 UF 58/06, FamRZ 2007, 659.

7. *Teil. Patchworkfamilie*

- **Längere häusliche Gemeinschaft** von Kind, einem leiblichen Elternteil und Bezugsperson; maßgeblich ist das kindliche Zeitempfinden[2063] und das Lebensalter des Kindes;[2064] erforderlich ist eine Entfremdung vom nunmehr allein bestimmungsberechtigten Elternteil und eine neue Bezugswelt in der Lebensgemeinschaft.[2065]
- **Begünstigt sind** Ehegatten, Lebenspartner, Großeltern und (volljährige) Geschwister. Eine analoge Anwendung auf andere wichtige Bezugspersonen scheidet aus, da keine planwidrige Regelungslücke besteht.[2066] Sie wird aber vom 71. Deutschen Juristentag 2016 gefordert.[2067]
- **Ausfall des leiblichen Elternteils** durch tatsächliche Verhinderung bzw. Ruhen der elterlichen Sorge (§ 1678 BGB), durch Tod oder Todeserklärung (§§ 1680, 1681 BGB) oder durch Entzug der elterlichen Sorge (§ 1680 BGB).
- **Aufenthaltsbestimmungsrecht des anderen Elternteils**, mit dem das Kind bisher nicht zusammen lebte. Das alleinige Sorgerecht und damit das Aufenthaltsbestimmungsrecht erwächst von selbst nach § 1678 Abs. 1, 1680 Abs. 1 BGB und § 1681 Abs. 1 BGB, wenn bisher ein gemeinschaftliches Sorgerecht beider Eltern bestanden hatte. Hatte der ausgefallene Elternteil hingegen das alleinige Sorgerecht, so ist es erst vom Familiengericht zuzusprechen, § 1678 Abs. 2, 1680 Abs. 2 BGB und § 1681 Abs. 2 BGB. Im letzteren Falle wird das Kindeswohl bereits bei der Gerichtsentscheidung überprüft, sodass für § 1682 BGB kein Raum mehr ist.
- **Wegnahmeankündigung** des leiblichen Elternteils.
- **Gefährdung des Kindeswohls** durch die Wegnahme, was bereits durch Verlegung des Lebensmittelpunktes gegeben sein kann.

Die auch dauerhaft mögliche[2068] und nicht dem Ermessen unterliegende Verbleibensanordnung zieht nach **§ 1688 Abs. 4 BGB ein Alleinvertretungsrecht für die Angelegenheiten des täglichen Lebens** nach sich und das Recht, den Sorgeberechtigten in solchen Angelegenheiten zu vertreten. Damit verbunden ist die Befugnis, Arbeitsverdienst des Kindes zu verwalten sowie Unterhalts-, Versicherungs-, Versorgungs- und sonstige Sozialleistungen für das Kind geltend zu machen und zu verwalten. Über den Verweis auf § 1629 Abs. 1 S. 4 BGB besteht ferner ein Notvertretungsrecht.

[2063] MüKoBGB/*Huber* BGB § 1632 Rn. 41.
[2064] OLG Hamm – 3 UF 58/06, FamRZ 2007, 659 (660); Staudinger/*Salgo* BGB § 1682 Rn. 18; MüKoBGB/*Huber* BGB § 1632 Rn. 41.
[2065] BT-Drs. 13/4899, 100.
[2066] BeckOGK/*Theile* BGB § 1682 Rn. 10.
[2067] Beschluss Familienrecht 22b); abgedruckt unter https://www.djt.de/fileadmin/downloads/71/Beschluesse_gesamt.pdf.
[2068] MüKoBGB/*Hennemann* BGB § 1682 Rn. 13; *Salgo* FPR 2004, 76 (83).

A. Zivilrechtliche Regelungen für die Patchworkfamilie im BGB

V. Die Einbenennung, § 1618 BGB, § 9 Abs. 5 LPartG

§ 1618 BGB über die **Einbenennung** findet **auch** auf **Stieffamilien** Anwendung, um die Namensgleichheit innerhalb der faktischen Familiengemeinschaft zu ermöglichen, wenn zumindest ein mitsorgeberechtigter Elternteil mit einem Dritten verheiratet ist und beide mit dem Kind leben.[2069]

578

Eine Einbenennung setzt folgendes voraus:
– Demjenigen leiblichen Elternteil, mit dem das Kind lebt, steht die **alleinige Sorge** oder mindestens das **Sorgerecht gemeinsam** mit dem anderen leiblichen Elternteil zu. Damit sind volljährige Kinder von der Einbenennung ausgeschlossen.[2070] Mit dem Wechsel des Sorgerechtes wäre auch eine sog. „gegenläufige Einbenennung" durch den dann Sorgeberechtigten möglich.[2071]
– Da eine Eheschließung nunmehr aufgrund des Gesetzes zur Bekämpfung der Kinderehen[2072] nach § 1303 BGB die Volljährigkeit voraussetzt, wurde die zusätzliche Voraussetzung, dass das einzubenennende Kind **unverheiratet** sein muss, gestrichen.[2073] Schon eine pränatale Einbenennung ist möglich.[2074]
– Es besteht eine **Ehe/eingetragene Lebenspartnerschaft des leiblichen Elternteils mit Ehe-/Partnerschaftsname** nach § 1355 Abs. 1–3 BGB bzw. § 3 LPartG. Nur dann kann das Erfordernis einer namensmäßigen Integration bestehen.
– Erforderlich ist, dass das Kind **in den gemeinsamen Haushalt** des leiblichen und des Stiefelternteiles **aufgenommen** ist. Diese Voraussetzung wurde mit der Erstreckung der Einbenennungsmöglichkeit auch auf den Fall der Mitsorge nötig, um die Einbenennung wirklich nur bei Integration in die neue soziale Familie zuzulassen und einem Missbrauch zur Erlangung begehrter Namen vorzubeugen.[2075] Häusliche Gemeinschaft besteht, wenn leiblicher Elternteil und Stiefelternteil in derselben Wohnung ihren **Lebensmittelpunkt** haben und das Kind diesen teilt.[2076] Nach einer Trennung des Elternteils vom Stiefelternteil ist daher eine Einbenennung nicht mehr möglich.[2077]
– **Öffentlich beglaubigte Erklärung des einbenennenden Elternteils und seines Ehegatten**.
– Die Einbenennung bedarf der **Zustimmung des Kindes**, wenn dieses das fünfte Lebensjahr vollendet hat, §§ 1617c, 1618 S. 6 BGB. Das über 14jährige Kind muss demnach das Einverständnis selbst erklären, das sieben- bis dreizehnjährige Kind kann die Erklärung mit

---

[2069] *Lang* FPR 2010, 23.
[2070] BVerfG – 1 BvR 1821/02, FamRZ 2008, 496 f.: verfassungsgemäß.
[2071] *Lang* FPR 2010, 23 (24).
[2072] BGBl. 2017 I 2429.
[2073] BeckOGK/*Kienemund* BGB § 1618 Rn. 25.
[2074] Staudinger/*Hilbig-Lugani* BGB § 1618 Rn. 6.
[2075] BT-Drs. 14/2096, 10.
[2076] MüKoBGB/*v. Sachsen-Gessaphe* BGB § 1618 Rn. 10.
[2077] OLG Zweibrücken – 3 W 51/11, FamFR 2011, 504.

7. Teil. Patchworkfamilie

Zustimmung des gesetzlichen Vertreters abgegeben, für das unter siebenjährige Kind handeln die gesetzlichen Vertreter.[2078] Wurde die Zustimmungserklärung des anderen Elternteiles ersetzt, impliziert das die alleinige Vertretungsbefugnis des einbenennenden Elternteils für die Zustimmung des Kindes.[2079]

- Der **Zustimmungserklärung des anderen leiblichen Elternteiles** bedarf es,
  - wenn das Kind dessen Namen trägt oder
  - wenn diesem Elternteil das gemeinsame Sorgerecht zusammen mit dem einbenennenden Elternteil zusteht.
- Die verweigerte Zustimmung kann **gerichtlich ersetzt** werden, wenn die Einbenennung zum Wohle des Kindes erforderlich ist, § 1618 S. 4 BGB. Nach der Rechtsprechung des BGH muss die Einbenennung in einem solchen Falle jedoch unerlässlich sein, um Schäden von dem Kind abzuwenden.[2080] Gegen den Willen des anderen Elternteils ist daher die Einbenennung nur **ausnahmsweise** möglich,[2081] es sei denn, die Situation ist bereits so, dass alle Kontakte abgebrochen sind.[2082]

Die Einbenennung kann als **substituierende Einbenennung** zu einer vollständigen Ersetzung des Kindesnamens durch den Ehenamen führen oder als **additive Einbenennung** zu einer Voranstellung oder einer Anfügung des Ehenamens. Dieser tritt dann als Begleitname neben den bisherigen Namen.[2083] Der Entstehung von Namensketten ist durch eine analoge Anwendung des § 1355 Abs. 4 S. 2, 3 BGB vorzubeugen.[2084] Die additive Einbenennung kann gegenüber der substituierenden das mildere Mittel sein.[2085]

VI. Sonstige Regelungen zugunsten von Stiefkindern

579   Aus der in **§ 1353 BGB** grundgelegten **Pflicht** zur ehelichen Lebensgemeinschaft wird die Pflicht zur Rücksichtnahme auf berechtigte Interessen des anderen Ehegatten gefolgert. Daraus wiederum wird die Verpflichtung abgeleitet, sich um erst- oder voreheliche Kinder des Ehe-

---

[2078] MüKoBGB/*v. Sachsen-Gessaphe* BGB § 1617c Rn. 10.
[2079] Staudinger/*Hilbig-Lugani* BGB § 1618 Rn. 39.
[2080] BGH – XII ZB 153/03, BeckRS 2005, 05151 = FamRZ 2005, 889; aA OLG Brandenburg – 13 WF 202/13, NZFam 2014, 93; OLG Koblenz – 11 WF 689/12, FamRB 2013, 220.
[2081] *Hausmann* DNotZ 2011, 602 (605).
[2082] *Zwißler* FPR 2004, 64 (66).
[2083] Staudinger/*Hilbig-Lugani* BGB § 1618 Rn. 19.
[2084] Staudinger/*Hilbig-Lugani* BGB § 1618 Rn. 18.
[2085] OLG Saarbrücken – 9 WF 61/13, BeckRS 2013, 16063 = FamRZ 2014, 488; *Leeb/Weber* Rpfl. 2013, 241 f.

B. Erbrechtliche Probleme in der Patchworkfamilie

gatten zu kümmern und diese **mit in die häusliche Gemeinschaft aufzunehmen.**[2086] Der einzig wirklich vom Gesetzgeber verbriefte Anspruch eines Stiefkindes aber ist der Ausbildungsanspruch nach § 1371 Abs. 4 BGB beim Tod des leiblichen Elternteiles, ein fast vergessener Anspruch.[2087] Im Rahmen der Zuweisung der Ehewohnung bei Getrenntleben nach § 1361b BGB sowie von Haushaltsgegenständen nach § 1361a BGB ist jeweils das Wohl der im Haushalt lebenden Kinder zu berücksichtigen. Gleiches gilt für das Gewaltschutzgesetz. **Zu diesen Kindern gehören nicht nur die gemeinsamen Kinder** der sich trennenden Ehegatten, sondern auch einseitige Kinder desjenigen Ehegatten, der die Wohnungszuweisung begehrt, oder des anderen Ehegatten. Hierüber besteht weitgehend Einigkeit.[2088]

B. Erbrechtliche Probleme in der Patchworkfamilie

I. Erbrechtliche Regelungsziele in der Patchworkkonstellation

Eine Darstellung der Patchworkfamilie erfordert auch in einem familienrechtlichen Zusammenhang ein kurzes Eingehen auf die damit verbundenen erbrechtlichen Probleme. 580

Hinweis: Die erbrechtlichen Probleme in einer Patchworkfamilie erfordern unbedingt eine professionelle Beratung. Mit einem eigenhändig verfassten Testament sind die komplizierten Regelungen idR nicht zu leisten.

Als **erbrechtliche Regelungsziele** kommen – im Einzelfall abhängig von der konkreten Familienkonstellation und der Vermögensverteilung – idR folgende in Betracht, die sich auch gegenseitig ausschließen können:[2089]
– Erhaltung des Nachlasses (nur) für die eigenen Kinder,
– Absicherung des Partners auch diesen gegenüber,
– Ausschluss von Kindern aus früheren Beziehungen,

[2086] Erman/*Kroll-Ludwigs* BGB § 1353 Rn. 10; MüKoBGB/*Roth* BGB § 1353 Rn. 28; *Veit* FPR 2004, 67 (68); Weinreich/Klein/*Weinreich* BGB § 1353 Rn. 24; einschränkender Palandt/*Brudermüller* BGB § 1353 Rn. 8: Verpflichtung zur tatsächlichen Sorge erst nach einvernehmlicher Aufnahme in den gemeinsamen Haushalt.
[2087] *J. Mayer* FPR 2004, 83; *Schausten* FPR 2008, 349.
[2088] KG – 16 WF 5430/90, FamRZ 1991, 467; OLG Schleswig – 8 UF 250/90, FamRZ 1991, 1301; MüKoBGB/*Weber-Monecke* BGB § 1361b Rn. 9; Palandt/*Brudermüller* BGB § 1361b Rn. 11; KG – 13 UF 439/02, FamRZ 2003, 1927; Palandt/*Brudermüller* BGB § 1361a Rn. 13; *Weinreich* FPR 2004, 88 (89).
[2089] *Keim* notar 2013, 115 f.; *von Dickhut-Harrach*, Erbfolge, § 68; *Hausmann* DNotZ 2011, 602 f.

7. Teil. Patchworkfamilie

– Ausschluss des früheren Partners als leiblicher Elternteil der eigenen Kinder,
– Gleichbehandlung aller Kinder bei gefestigter Patchworkfamilie.

II. Störpotential

Diesen Gestaltungszielen steht aber in der Patchworkfamilie ein erhebliches Störpotential gegenüber:[2090]

1. Zufällige Erbfolge

581 Im Gegensatz zur Familie mit nur gemeinsamen Kindern führt der **Tod der Eltern** einer **Patchworkfamilie** aufgrund der gesetzlichen Erbfolge zu **unangemessenen und ungewollten Ergebnissen**, weil es je nach der Reihenfolge des Versterbens der Eltern und der Vermögensinhaberschaft zu **zufälligen** Erbfolgen kommt.[2091] Erb- und Pflichtteilsansprüche der Kinder bestehen nämlich jeweils nur gegen den Nachlass des leiblichen Elternteils.

Insbesondere erben die **Kinder des Letztversterbenden** auf diese Weise auch das **Vermögen des Erstversterbenden**, soweit dieser seinen Ehegatten bedacht hatte oder dieser kraft Gesetzes Erbe geworden war. Aus diesem Grunde besteht in Patchworkfamilien ein großer erbrechtlicher Gestaltungsbedarf.

2. Pflichtteil einseitig gegenüber leiblichem Elternteil

582 Typische Probleme der Patchworkehe bestehen ferner darin, dass Pflichtteile nur gegenüber den leiblichen Eltern bestehen und dass der **Pflichtteil der Abkömmlinge des Längerlebenden** unter Umständen – dann wenn dieser nur wenige Abkömmlinge hat – **höher** sein kann **als deren gleichmäßige Beteiligung am Nachlass** gemeinsam mit den Abkömmlingen des Erstversterbenden.[2092]

3. Elternpflichtteil

583 **Wenig bedacht** ist oft der **Pflichtteil von Eltern** nach § 2303 Abs. 2 BGB, § 2309 BGB in dem Fall, dass der **Erblasser keine eigenen Kinder** hat **oder** seine Kinder einen **Erbverzicht** abgegeben haben, § 2310 S. 2 BGB. Dieser Pflichtteilsanspruch kann die Versorgung des Partners in einer Patchworkfamilie gefährden, zumal oftmals Eltern für eine solche Familienkonstellation ein nur gering ausgeprägtes Verständnis haben und ihrerseits die Abwanderung eigener Zuwendungen verhindern wollen. In der Regel wird dieser Anspruch nur durch einen Verzicht zu beseitigen sein, weil der Entziehungsgrund der böswilligen

---

[2090] Ausführliche Darstellung bei *Kappler/Kappler*, Patchworkfamilie, Kap. 4 Rn. 59 ff.
[2091] *von Dickhut-Harrach*, Erbfolge, § 68 Rn. 7.
[2092] Vgl. zur Vertiefung die Beispiele und Konstellationen bei *von Dickhut-Harrach*, Erbfolge, § 68 Rn. 10 ff.

B. Erbrechtliche Probleme in der Patchworkfamilie

Unterhaltspflichtverletzung nach § 2333 Nr. 3 BGB nur schwer feststellbar sein wird.

Hinweis: Bei kinderlosen Erblassern ist der Elternpflichtteil zu beachten!

4. Pflichtteil und Zugewinnanspruch des Ehegatten

Steht die **Versorgung der eigenen Kinder** im Mittelpunkt der Gestaltungsziele, so stehen dem **Pflichtteils- und Zugewinnausgleichsanspruch des (neuen) Ehegatten** im Wege, sodass versucht werden muss, hier zu entsprechenden **Verzichten** zu kommen, die ggf. mit erbvertraglich bindenden Vermächtnissen (etwa Nießbrauch am Familienheim) abgefedert werden. 584

5. Fortgeltung früherer Erbverträge oder gemeinschaftlicher Testamente

Ein nicht immer einfach zu lösendes Problem stellt sich, wenn ein Patchworker in einer früheren Verbindung einen Erbvertrag oder ein gemeinschaftliches Testament geschlossen hatte, das auch Verfügungen zugunsten von Kindern aus der früheren Ehe enthält. 585

Eine **letztwillige Verfügung zugunsten eines Ehegatten** wird nach § 2077 Abs. 1 BGB **unwirksam**, wenn die Ehe vor dem Tod **geschieden** ist oder die Voraussetzungen des § 1933 BGB in Bezug auf den Erblasser vorgelegen haben. Das gilt jedenfalls dann, wenn kein Fortgeltungswille anzunehmen ist, § 2077 Abs. 3 BGB.

Hinweis: § 2077 Abs. 1 BGB ist nicht auf Lebensversicherungen anwendbar.[2093] Hier muss also eine gesonderte Änderung erfolgen!

Ein **gemeinschaftliches Testament** ist in diesem Falle **seinem gesamten Inhalt nach** unwirksam, sodass insoweit auch Verfügungen zugunsten Dritter betroffen sind, § 2268 Abs. 1 BGB, **es sei denn**, es wäre ein **Fortgeltungswille** anzunehmen, § 2268 Abs. 2 BGB. Es gibt Urteile, die einen solchen Fortgeltungswillen schon dann annehmen, wenn **gemeinsame Kinder wechselbezüglich** zu Schlusserben eingesetzt sind.[2094] Dafür wird auch von Bedeutung sein, inwieweit dem überlebenden Ehegatten im Falle des Todes des anderen ein Abänderungsrecht eingeräumt war.[2095] Zusätzlich hat der **BGH** entschieden, dass bei einer Fortgeltung einer solchen Schlusserbeinsetzung dann auch die **Wechselbezüglichkeit der Verfügung bestehen bleibt**.[2096] Dann wäre nach § 2271 Abs. 1 S. 2 BGB eine einseitige Aufhebung nach der Scheidung ausgeschlossen. Allerdings wird dies voraussetzen müssen, dass zuvor auch die gegenseitige Erbeinsetzung wirksam geworden ist, denn gerade darauf beruht ja die Wechselbezüglichkeit der Schlusserbeinsetzung, dass

---

[2093] BGH – IV a ZR 26/86, NJW 1987, 3131.
[2094] BayObLG – 1 Z BR 95/92, NJW-RR 1993, 1157.
[2095] OLG München – 31 Wx 69/07, ZEV 2008, 290.
[2096] BGH – IV ZR 187/03, NJW 2004, 3113.

7. Teil. Patchworkfamilie

der Längstüberlebende auch das Vermögen des Erstversterbenden erhalten hat. Solches tritt aber gerade bei Scheidungen nicht ein.[2097] Beim **Erbvertrag** ist über § 2279 Abs. 1 BGB die Vorschrift des § 2077 BGB anwendbar. § 2279 Abs. 2 BGB erweitert diese Unwirksamkeitsfolge auf Verfügungen zugunsten Dritter, soweit kein Fortgeltungswille besteht. Hier wird die Situation bei den Erbverträgen einzuschätzen sein wie diejenige bei den gemeinschaftlichen Testamenten.[2098]

> **Hinweis:** Die Rechtsprechung nimmt oft überraschend die Fortgeltung von Verfügungen zugunsten von Kindern auch nach der Scheidung an. Daher ist es wichtig, dass im Zusammenhang mit einer Scheidung und dem Abschluss einer Scheidungsvereinbarung gemeinschaftliche Testamente und Erbverträge vollständig aufgehoben werden.[2099] Ansonsten stellt sich die Frage, ob die Bindungswirkung durch Widerruf oder Anfechtung beseitigt werden kann.[2100]

6. Abänderungsbefugnis des Überlebenden

586 In Patchworkfamilien stellen sich die Fragen einer **Abänderungsbefugnis** für den überlebenden Ehegatten stärker als in der „Normalfamilie".[2101] Insbesondere bei **Gleichbehandlung** aller Abkömmlinge wird der Erstversterbende ein Interesse daran haben, dass dies **bindend** erfolgt, damit nicht der Überlebende eine Änderung allein zugunsten seiner Abkömmlinge durchführen kann. Wenn die Patchworkeltern nicht verheiratet sind, kommt hierfür als Rechtsform nur der Erbvertrag in Frage, da das gemeinschaftliche Testament nur von Ehegatten errichtet werden kann.

> **Hinweis:** Achtung: Für **nicht Verheiratete** ist ein **handschriftliches gemeinschaftliches Testament nicht zulässig!** Hier ist ein notariell beurkundeter Erbvertrag erforderlich, wenn Bindungswirkung hergestellt werden soll.

Soll hingegen eine **Abänderung vorbehalten** werden, so muss beim Patchworkerbvertrag genau bestimmt werden, ob der Überlebende nur innerhalb seiner eigenen Abkömmlinge oder innerhalb aller Abkömmlinge oder völlig frei abändern darf.

7. Unklare Ausdrucksweise in eigenhändigen Testamenten

587 Viele Testamente in der Patchworkfamilie leiden darunter, dass die Begünstigten nicht klar bezeichnet sind. Insbesondere wenn zweimal einseitige Kinder und gemeinsame Kinder aufeinandertreffen, ist ganz

---

[2097] → Rn. 108; LG München – 16 T 567/08, ZEV 2008, 537; Beck'sches Notarhandbuch/*Dietz*, Teil C, Rn. 204.
[2098] DNotI-Gutachten, DNotI-Report 2005, 45 ff.
[2099] Ist dies nicht erreichbar, müssen etwaige Rücktrittsrechte genutzt oder Anfechtungen erwogen werden.
[2100] Hierzu *Zimmer* NotBZ 2014, 26 (28).
[2101] Hierzu *Grziwotz* ZNotP 2018, 81 (82 f.).

B. Erbrechtliche Probleme in der Patchworkfamilie

deutlich zu erklären, welche Kinder jeweils eingesetzt sein sollen. Formulierungen wie „unsere Kinder" sind in solchen Fällen unklar und nicht empfehlenswert.[2102]

III. Lösungsmöglichkeiten

Für diese Regelungsziele gibt es verschiedene Gestaltungsalternativen[2103] je nach Familienkonstellation, Vermögensverhältnissen und Regelungsziel. 588

So kann etwa der überlebende **Ehegatte** nur zum **Vorerben** eingesetzt werden und die **eigenen Kinder zu Nacherben**. Je nach Regelungsziel ist eine **befreite** Vorerbschaft denkbar oder auch **Vorausvermächtnisse** für den Ehegatten.

Anstelle einer Vorerbschaft kann überlegt werden, sogleich die eigenen Kinder zu Erben einzusetzen und dem Ehegatten nur ein **Nießbrauchsrecht** einzuräumen.

Bei Pflichtteilsproblemen können **Pflichtteilsstrafklauseln** verwendet werden. Hat ein Ehegatte weniger Kinder als der andere, sodass beim Schlusserbfall dessen Kinder einen Pflichtteil über die gleichmäßige Beteiligung aller Kinder am Nachlass hinaus haben, können über eine **abgewandelte Jastrowsche Klausel** den Kindern des Ehegatten mit den mehreren Kindern Vermächtnisse ausgesetzt werden, die auflösend bedingt dadurch sind, dass es nicht zu einem solchen Pflichtteilsverlangen kommt.[2104] Die genaue Formulierung will bedacht sein.

Sofern **nur die eigenen Kinder bedacht** werden sollen, ohne dass den Ehegatten untereinander Rechte verbleiben, was insb. bei der Wiederheirat älterer Eheleute der Fall sein kann, so wird ein **Verzicht auf alle familien- und erbrechtlichen Ansprüche** der Ehegatten untereinander zu erklären sein, verbunden mit einer Erbeinsetzung der Kinder. Dies ist ggf. zu ergänzen um einzelne Vermächtnisse der Ehegatten untereinander, so zB Wohnrechtsvermächtnisse.

Neben den unterschiedlichen Erb- und Pflichtteilen entstehen bei einer Patchworkehe **zusätzliche Probleme**, wenn die einseitigen **Kinder minderjährig** sind. Verstirbt ihr (mit)sorgeberechtigter Elternteil, so wird das **Sorgerecht dem anderen Elternteil** aus der früheren Verbindung im Rahmen des § 1680 BGB zufallen, sodass dieser das **Kind** in **vermögensrechtlichen Fragen** nach § 1626 BGB **vertritt**. Außerdem würde bei einem **nachfolgenden Todesfall des Kindes** dem anderen Elternteil ein **Erb- oder Pflichtteilsrecht** zustehen. Beides ist im 589

[2102] *Hausmann* DNotZ 2011, 602 (609); OLG Celle – 6 W 142/09, BeckRS 2009, 88798 = FamRZ 2010, 1012.
[2103] Die erbrechtlichen Möglichkeiten können hier nur angedeutet werden; vgl. hierzu *Nieder/Kössinger*, Testamentsgestaltung, § 21 Rn. 19 f.; *von Dickhut-Harrach*, Erbfolge, § 68 Rn. 20 ff.; *Enzensberger*, Testament für Geschiedene und Patchworkehen, 3. Aufl. 2013; *Breidenstein* ZFE 2010, 263 f.; *Keim* notar 2013, 115 f.; *Zimmer* NotBZ 2014, 26 ff.
[2104] Ein Muster für einen solchen Erbvertrag findet sich bei *von Dickhut-Harrach*, Erbfolge, § 68 Rn. 40.

7. Teil. Patchworkfamilie

Regelfalle nicht gewünscht und dann ganz besonders beklagenswert, wenn es zu einer Erbengemeinschaft von neuem Partner und Kind aus der früheren Ehe gekommen war.[2105] Hier wird die **Gestaltung eines „Geschiedenentestamentes"** gewählt werden müssen, bei dem die Kinder ihrerseits nur Vorerben sind und Nacherben die anderen Kinder. Zudem wird die Vermögensverwaltung nach § 1638 BGB geregelt und Testamentsvollstreckung angeordnet.[2106]
Bei der gewählten Form der letztwilligen Verfügung ist darauf zu achten, dass bei einem Erbvertrag zwischen **nicht verheirateten Personen** ein **Rücktrittsrecht** vorgesehen wird, da § 2077 BGB dann nicht gilt.

C. Die Patchworkfamilie im Steuerrecht

590 Die Patchworkfamilie an sich findet im Steuerrecht keine besondere Regelung. Aber in verschiedenen Bereichen werden Aufwendungen für die Kinder eines Ehegatten berücksichtigt.

I. Einkommensteuer

591 So lässt etwa **§ 33a Abs. 1 S. 1 EStG** Aufwendungen als **außergewöhnliche Belastung** zum Abzug zu, die für den Unterhalt oder die Berufsausbildung einer dem Ehegatten gegenüber unterhaltsberechtigten Person erwachsen sind. Obwohl also zivilrechtlich keine Unterhaltspflicht besteht, werden Stiefkinder somit hier steuerlich begünstigt. Allerdings ist nach Satz 4 der Vorschrift der Abzug nur zulässig, wenn für das Kind weder der Steuerpflichtige noch eine andere Person Anspruch auf einen Kinderfreibetrag nach § 32 Abs. 6 EStG bzw. Kindergeld hat.[2107]
Die **Freibeträge** nach § 32 EStG können nach **§ 32 Abs. 6 S. 10, 11 EStG** auch **auf** einen **Stiefelternteil** übertragen werden, wenn eine Haushaltsaufnahme vorliegt. Dies kommt etwa in Betracht, wenn der Elternteil außerhalb der Patchworkfamilie keinen Unterhalt zahlt und der leibliche Elternteil in der Patchworkfamilie nicht erwerbstätig ist.
Nach **§ 63 I Nr. 2 EStG** steht einem Steuerpflichtigen Kindergeld für ein Kind seines Ehegatten zu, wenn dieses in den Haushalt aufgenommen wurde. Diese Voraussetzung der Haushaltsaufnahme gilt in gleicher Weise für die Berücksichtigung eines Kindes des anderen Ehegatten als Zählkind.[2108]
In allen Fällen sind **echte Stiefkinder** gemeint, deren leiblicher Elternteil/Adoptivelternteil (wieder) **verheiratet** ist. Die Regelungen gelten allerdings nach § 2 Abs. 8 EStG für eingetragene Lebenspartnerschaften entsprechend. Der BFH hat diese Unterscheidung bekräftigt und

---

[2105] So zu Recht *Nieder/Kössinger*, Testamentsgestaltung, § 21 Rn. 20.
[2106] Hierzu im Detail *Münch*, Scheidungsimmobilie, Rn. 1591 ff.
[2107] Vgl. zu dieser Begünstigung: FG Hamburg – 3 K 229/10, BeckRS 2011, 96967.
[2108] BFH – III B 4/07, BeckRS 2009, 25014956.

C. Die Patchworkfamilie im Steuerrecht

keine verfassungswidrigen Bedenken darin gesehen, dass der Zählkindervorteil nur echten Stiefeltern zustehe.[2109]

Hinweis: Es sollte daher darauf geachtet werden, welcher Elternteil den Kindergeldantrag für die gemeinschaftlichen Kinder stellt. Dies sollte der tun, der die meisten einseitigen Kinder hat, dann wird der Zählkindervorteil insoweit gewährt.

Unter den Voraussetzungen des **§ 33a Abs. 1 S. 3 EStG** kann aber auch Unterhalt an andere Personen als Stiefkinder als außergewöhnliche Belastung absetzbar sein, wenn nämlich diesen mit Rücksicht auf die Unterhaltsleistungen bestimmte öffentliche Mittel gekürzt werden. Dies trifft insb. auf Personen zu, die in einer **sozialrechtlichen Bedarfs- oder Haushaltsgemeinschaft** iSd § 7 Abs. 3 SGB, § 9 Abs. 5 SGB II leben. Eine tatsächliche Kürzung ist hierzu nicht erforderlich. Es genügt, dass kein Anspruch mehr besteht.[2110]

Soweit auf eine Unterhaltsberechtigung abgestellt wird, hat der BFH die abstrakte Betrachtungsweise aufgegeben und verlangt, dass bei **konkreter Betrachtung**, etwa auch der Bedürftigkeit, tatsächlich ein Unterhaltsanspruch besteht.[2111] Es ist also die Anwendung des **zivilrechtlichen Unterhaltsrechts** Voraussetzung der Prüfung.

Beim Abzug von **Kindesbetreuungskosten** nach § 10 Abs. 1 Nr. 5 EStG ist **genau** darauf zu **achten, wer** die **Aufwendungen** für welches Kind trägt, um die Anspruchsvoraussetzungen zu erfüllen. Der Abzug ist nur für den Elternteil möglich, der die Aufwendungen getragen hat und in dessen Haushalt das Kind gehört. Ein Abzug für Stiefkinder ist nicht möglich.[2112] Eine Übertragung des Aufwands auf den anderen Elternteil ist nicht zulässig.[2113]

II. Erbschaftsteuer

Im Erbschafts- und Schenkungsteuergesetz hat der Gesetzgeber in § 15 Abs. 1 Nr. 2 ErbStG ausdrücklich die Kinder und die **Stiefkinder** für die **Steuerklasse I** aufgeführt, sodass Stiefkinder im Gegensatz zum materiellen Erbrecht für die Erbschafts- und Schenkungsteuer den leiblichen eigenen Kindern gleichgestellt werden. Gleiches gilt nach § 15 Abs. 1 Nr. 3 ErbStG für die Abkömmlinge von Stiefkindern. Es ist dies eine besondere Ausnahme, dass der Gesetzgeber ausdrücklich von einem Stiefkind spricht und nicht vom Kind seines Ehegatten, obwohl der Begriff des Stiefkindes nicht definiert ist.

Die Eigenschaft als Stiefkind verliert sich **auch nach der Scheidung** des „Stiefelternteiles" vom leiblichen Elternteil nicht, was zum Teil kri-

592

[2109] BFH – III R 24/17, FamRZ 2018, 1309.
[2110] Hierzu *Geserich* DStR 2011, 294 (296).
[2111] BFH – VI R 29/09, DStR 2010, 1831; BFH – VI R 35/09, DStRE 2010, 1502.
[2112] *Hegemann/Hegemann* SteuK 2012, 455 (456).
[2113] BMF 14.3.2012, BeckVerw 259412, Rn. 29.

tisch betrachtet wird, da dann kein Grund mehr für eine Privilegierung vorhanden sei.[2114]

Ebenso sind **"Stiefeltern"** nach § 15 Abs. 1 (2. Hälfte) Nr. 4 ErbStG durch Aufnahme in die Steuerklasse II begünstigt.

Eine Einordnung der „Stiefgeschwister" in die Steuerklasse II wird von der Verwaltung abgelehnt, eine gesetzliche Rechtsgrundlage ist auch nicht zu finden.[2115]

Die erbschaftsteuerliche Begünstigung gilt jedoch nur für Stiefkinder, setzt also in gleicher Weise voraus, dass leiblicher Elternteil und neuer Partner verheiratet sind.[2116] Sie gilt auch in Bezug auf eingetragene Lebenspartnerschaften.[2117]

Im Sinne der Erbersatzsteuer der **Familienstiftung** nach § 1 Abs. 1 Nr. 4 ErbStG wird auch die Patchworkfamilie von dieser Vorschrift erfasst,[2118] was aber nicht weiter verwunderlich ist, da nach den Auffassungen in der Literatur sogar die Begünstigung einer fremden, aber bestimmten Familie erfasst wird.

III. Grunderwerbsteuer

593   Bei der Grunderwerbsteuer werden die Stiefkinder nach § 3 Nr. 6 S. 2 GrEStG den Abkömmlingen gleich- und damit von der Grunderwerbsteuer freigestellt. Die Eigenschaft als Stiefkind ist dabei nicht vom Fortbestand der Ehe abhängig.[2119]

[2114] *Meincke/Hannes/Holtz* ErbStG § 15 Rn. 7.
[2115] *TGJG/Jülicher* ErbStG § 15 Rn. 59.
[2116] Allerdings will das Steuerrecht den Begriff eigenständig verwenden ohne Rückgriff auf das Zivilrecht, H E 15.1. ErbStR 2019.
[2117] *Meincke/Hannes/Holtz* ErbStG § 15 Rn. 7; so schon BayStMFin inzwischen aufgehobenes Schreiben v. 15.7.2005, Tz. 5, BeckVerw 065035.
[2118] *Richter/Wachter,* Handbuch des internationalen Stiftungsrechtes, § 22 Rn. 35.
[2119] BFH – II R 27/86, BeckRS 1989, 22008976.

8. Teil. Eingetragene Lebenspartnerschaft

Übersicht

Rn.
- A. Das Regelungskonzept der Eingetragenen Lebenspartnerschaft 594
  - I. Die gleichgestellte „Eingetragene Lebenspartnerschaft" und ihre Ablösung durch die „Ehe für alle" 594
  - II. Die zivilrechtlichen Wirkungen der Eingetragenen Lebenspartnerschaft 596
    1. Zugewinngemeinschaft 596
    2. Unterhalt 597
    3. Versorgungsausgleich 598
    4. Lebenspartnerschaftswohnung 599
    5. Haushaltsgegenstände 600
    6. Lebenspartnerschaftsname 601
    7. Verwandtschaftsverhältnisse 602
  - III. Aufhebung einer Lebenspartnerschaft 603
  - IV. Umwandlung einer Lebenspartnerschaft in eine Ehe 604
- B. Verträge der Eingetragenen Lebenspartnerschaft 605
  - I. Die familiäre Eingetragene Lebenspartnerschaft 606
  - II. Die Eingetragene Lebenspartnerschaft zweier gleicher Partner 607
  - III. Sonstige Konstellationen der Eingetragenen Lebenspartnerschaft 608
- C. Die Eingetragene Lebenspartnerschaft im Steuerrecht 609
  - I. Entwicklung 609
  - II. Einkommensteuerrecht 610
  - III. Erbschaft- und Schenkungsteuerrecht 611
  - IV. Sonstiges 612

A. Das Regelungskonzept der Eingetragenen Lebenspartnerschaft

I. Die gleichgestellte „Eingetragene Lebenspartnerschaft" und ihre Ablösung durch die „Ehe für alle"

Von der Strafbarkeit homosexuellen Verhaltens nach § 175 StGB aF **594** noch bis 1965 ist die Entwicklung schnell fortgeschritten hin zu einer der Ehe im Wesentlichen gleichgestellten „Eingetragenen Lebenspartnerschaft". Und kaum war diese Partnerschaft 2001 eingeführt und 2005 der Ehe gleichgestellt, war sie auch schon wieder Geschichte. Mit dem Gesetz zur Einführung des Rechts auf Eheschließung für Personen gleichen

8. Teil. Eingetragene Lebenspartnerschaft

Geschlechts[2120] wurde **zum 1.10.2017 die Ehe für alle** eingeführt. Zugleich wurde § 1 LPartG so geändert, dass **neue eingetragene Lebenspartnerschaften nach dem 30.9.2017 nicht mehr begründet werden können.** Die Regelungen gelten also nur noch für die bis dahin begründeten eingetragenen Lebenspartnerschaften.

Hinweis: Seit dem 1.10.2017 können eingetragene Lebenspartnerschaften nicht mehr neu begründet werden.

2001 wurden zunächst die **zivilrechtlichen Fundamente** einer registrierten „Eingetragenen Lebenspartnerschaft" gelegt.[2121] Die steuerrechtliche Gleichstellung scheiterte zu diesem Zeitpunkt noch an den politischen Mehrheiten und dem vermeintlich in Art. 6 Abs. 1 GG enthaltenen **„Abstandsgebot".** Das **BVerfG**[2122] billigte jedoch die Einführung der Eingetragenen Lebenspartnerschaft und **verwarf** ein **Abstandsgebot.**

595 Daraufhin nahm der Gesetzgeber **2005**[2123] von den noch verbliebenen Bedenken Abstand und vereinheitlichte die Regelungen, indem er das LPartG den ehelichen Vorschriften anglich (zB Zugewinngemeinschaft, Einführung eines Versorgungsausgleichs in § 20 LPartG, Vorschriften über Adoption und Einbenennung, § 9 Abs. 5 f. LPartG, Konzentration bei den Standesämtern, § 22 LPartG mit Öffnungsklausel für die Länder nach § 23 LPartG.) Nur noch von dieser der Ehe **gleichgestellten Eingetragenen Lebenspartnerschaft** soll nachfolgend die Rede sein. Wer diese Lebenspartnerschaft vor dem 1.10.2017 eingegangen ist, der unterliegt weiterhin den Regeln des LPartG. Nach § 21 LPartG ändert sich das Recht der eingetragenen Lebenspartnerschaft stets parallel zum Eherecht, wenn dort neue Bestimmungen seit 22.12.2018 eingeführt werden.

Mit § 20a LPartG hat der Gesetzgeber eine Möglichkeit geschaffen, die eingetragene Lebenspartnerschaft in eine Ehe umzuwandeln.

Hinweis: Eine eingetragene Lebenspartnerschaft kann nach § 20a LPartG in eine Ehe umgewandelt werden.

Die **Gleichstellung** wurde **allmählich Punkt für Punkt** in allen Rechtsbereichen vollzogen, zumeist angetrieben durch entsprechende Entscheidungen des BVerfG.

Die vor 2005 begründeten Eingetragenen Lebenspartnerschaften, sog. **„Alt-Lebenspartnerschaften",** richten sich jedoch aufgrund von

---

[2120] BGBl. 2017 I 2787.
[2121] Lebenspartnerschaftsgesetz – LPartG, BGBl. 2001 I 266.
[2122] BVerfG – 1 BvQ 23/01, 1 BvQ 26/01, NJW 2001, 2457; BVerfG – 1 BvF 1/01, 1 BvF 2/01, NJW 2002, 2543.
[2123] Gesetz zur Überarbeitung des Lebenspartnerschaftsgesetzes, BGBl. 2004 I 3396.

A. *Das Regelungskonzept der Eingetragenen Lebenspartnerschaft*

Übergangsvorschriften weiterhin nach altem Recht, das insofern zu beachten ist.[2124]

Der Gleichklang, in dem die Lebenspartnerschaft nun mit der Ehe vergleichbar geregelt ist, muss auch Auswirkungen auf diejenigen vertraglichen Gestaltungen haben, die sich mit der Ehe befassen. Dies gilt insb. auch für **Gesellschaftsverträge**. Klauseln, die hier eine Privilegierung von Ehegatten vorsehen, etwa bei der Abtretung oder der Erbfolge, können auch auf Lebenspartner ausgeweitet werden. Umgedreht müssten dann Klauseln, welche etwa eine Einziehung bei Nichtabschluss eines Ehevertrages vorsehen, auch auf Lebenspartnerschaften ausgedehnt werden. Angesichts der Rechtsprechung des BVerfG mag man dies vielleicht schon im Wege der Auslegung gewinnen können. Sicherer ist aber gleichwohl eine entsprechende Vertragsanpassung jedenfalls bei größerem oder über die Generationen reichendem Gesellschafterkreis.

Hinweis: Aufgrund der weitgehenden Gleichstellung der Rechtsfolgen einer Lebenspartnerschaft mit denen der Ehe sollten in **Gesellschaftsverträgen** beide Institutionen eine Regelung erfahren.

II. Die zivilrechtlichen Wirkungen der Eingetragenen Lebenspartnerschaft

Nach diesen allgemeinen Grundsätzen sollen kurz die einzelnen Rechtsfolgen der Eingetragenen Lebenspartnerschaft dargestellt sein.

1. Zugewinngemeinschaft

Auch in der Lebenspartnerschaft ist der gesetzliche Güterstand nach § 6 S. 1 LPartG die **Zugewinngemeinschaft**, obwohl dies für viele Formen der Eingetragenen Lebenspartnerschaft nicht interessengerecht ist. Diese wird im LPartG nicht mehr gesondert ausgestaltet, sondern durch eine generelle Verweisung auf die §§ 1361 Abs. 2, 1364 bis 1390 BGB geregelt. Als **Wahlgüterstände** kommen die **Gütertrennung**, die **Gütergemeinschaft** und auch der **deutsch-französische Güterstand** in Betracht, da insoweit § 7 S. 2 auf die §§ 1409–1563 BGB verweist. Für den Lebenspartnerschaftsvertrag gelten daher auch die **notariellen Beurkundungserfordernisse des § 1410 BGB** und die Möglichkeit der Eintragung in das **Güterrechtsregister nach § 1412 BGB**.[2125] Aufgrund der umfassenden Verweisung wird auch der nun in § 1519 BGB geregelte deutsch-französische Güterstand erfasst.

596

[2124] Hierzu ausführlich Münch/*Grziwotz*, Familienrecht, § 9 Rn. 4 f.; hier soll die Darstellung nicht durch die Gegenüberstellung von altem und neuem Konzept überfrachtet werden; für Alt-Lebenspartnerschaften werden aber die „alten" Vorschriften benötigt.

[2125] Hier mit Ausnahme des § 1519 BGB, der eine solche Eintragung gerade nicht zulässt.

8. Teil. Eingetragene Lebenspartnerschaft

Auch **Modifikationen** der gesetzlichen **Zugewinngemeinschaft** sind wie beim Ehevertrag umfassend zulässig. Insoweit kann auf die dortige Darstellung verwiesen werden.[2126] Komplettiert werden die Vermögensregelungen durch die Übernahme der Schlüsselgewalt des § 1357 BGB in § 8 Abs. 2 LPartG und die Eigentumsvermutung des § 1362 BGB in § 8 Abs. 1 LPartG.

2. Unterhalt

597 Auch in der Lebenspartnerschaft ist ein **Familienunterhalt** (§ 5 **LPartG** mit Verweisung auf §§ 1360 S. 2, 1360a, 1360b und 1609 BGB) enthalten. Problematisch ist insoweit, dass aufgrund dieser Verweisung nach § 1360a Abs. 3 BGB iVm § 1614 BGB auf Familienunterhalt **nicht verzichtet** werden kann, selbst dann, wenn die Partner – wie von § 2 LPartG auch vorgesehen – gar keinen gemeinsamen Haushalt führen.[2127]

Trennungsunterhalt ist in **§ 12 LPartG** durch Verweis auf die §§ 1361, 1609 BGB geregelt wie bei Ehegatten. Für die Trennung selbst verweist § 15 Abs. 5 LPartG auf § 1567 BGB. Hat eine echte **häusliche Gemeinschaft gar nicht bestanden** – § 2 LPartG erfordert eine solche auch nicht –, so **reicht die Erklärung eines Lebenspartners aus**, die Partnerschaft nicht fortsetzen zu wollen. Ein Partner muss also **nach außen erkennbar** sich von der bisherigen Art der gemeinsamen Lebensgestaltung distanziert haben.[2128]

Schließlich ist auch der **nachpartnerschaftliche Unterhalt** in **§ 16 LPartG** durch Verweis auf die entsprechenden eherechtlichen Vorschriften der §§ 1570–1586b, 1609 BGB geregelt. Dabei ist von Bedeutung, dass bei der Betreuung eines nicht rechtlichen, sondern nur „sozial-gemeinschaftlichen" Kindes die Voraussetzungen des § 1570 BGB nicht vorliegen sollen.[2129] Ferner wird als „Partnerschaftsdauer" etwa für § 1609 BGB nach hM nur die Zeit ab Begründung einer Eingetragenen Lebenspartnerschaft gerechnet, auch wenn vorher die Möglichkeit einer solchen Verbindung gefehlt hat.[2130]

3. Versorgungsausgleich

598 Mit der Reform der Eingetragenen Lebenspartnerschaft 2005[2131] wurde in **§ 20 LPartG** auch der **Versorgungsausgleich** eingeführt, der zur näheren Regelung einen **Komplettverweis** auf das **VersAusglG**

[2126] → Rn. 203 ff.
[2127] Hier zu Recht kritisch MüKoBGB/*Wacke*, 6. Aufl. 2012, LPartG § 5 Rn. 4.
[2128] Kaiser/*Ring*/Olsen-Ring LPartG § 15 Rn. 12.
[2129] MüKoBGB/*Duden* LPartG § 16 Rn. 3; kritisch Münch/*Grziwotz*, Familienrecht, § 9 Rn. 31 f. im Hinblick auf die bisher rechtlich fehlenden Adoptionsmöglichkeiten.
[2130] Kritisch auch insoweit Münch/*Grziwotz*, Familienrecht, § 9 Rn. 31.
[2131] Altfälle bleiben ohne Versorgungsausgleich, es sei denn, sie haben bis 31.12.2005 einvernehmlich und formgerecht (notariell beurkundet) zum Versorgungsausgleich optiert, § 21 Abs. 4 LPartG.

A. Das Regelungskonzept der Eingetragenen Lebenspartnerschaft

enthält. Für vertragliche Vereinbarungen zum Versorgungsausgleich verweist § 20 Abs. 3 LPartG auf die §§ 6–8 VersAusglG.

4. Lebenspartnerschaftswohnung

Auch die **Zuweisung der Lebenspartnerschaftswohnung** hat das LPartG in §14 für das **Getrenntleben** entsprechend § 1361b BGB und in §17 LPartG für die **Aufhebung der Eingetragenen Lebenspartnerschaft** unter Verweis auf § 1568a BGB entsprechend den Vorschriften über die Ehe geregelt. Man beachte, dass nach § 14 Abs. 4 LPartG ein halbes Jahr nach Auszug mit Trennungsabsicht ohne ernsthafte Bekundung einer Rückkehrabsicht eine Überlassung der Ehewohnung unwiderleglich vermutet wird.

599

5. Haushaltsgegenstände

Auch hier erfolgt eine Regelung wie bei Ehegatten. Als Haushaltsgegenstände werden dabei nur noch diejenigen Gegenstände angesehen, welche den **Ehegatten gemeinsam gehören**. Nach **§ 13 Abs. 2** LPartG iVm § 1361a BGB erfolgt eine **vorläufige Verteilung** der Haushaltsgegenstände bei **Trennung**, ggf. mit Festsetzung einer Nutzungsvergütung. Dabei bleiben die Eigentumsverhältnisse zunächst unverändert. Bei **Aufhebung der Eingetragenen Lebenspartnerschaft** verweist § 17 LPartG auf § 1568b BGB.[2132] Es gilt daher auch die Miteigentumsvermutung des § 1568b Abs. 2 BGB.

600

6. Lebenspartnerschaftsname

Die Lebenspartner **können** – müssen aber nicht – einen gemeinsamen **Lebenspartnerschaftsnamen** bestimmen entweder bei Begründung der Lebenspartnerschaft oder später in öffentlich beglaubigter Form. Die näheren Regelungen enthält **§ 3 LPartG**. Der Lebenspartnerschaftsname kann der Geburtsname oder der zur Zeit der Bestimmung geführte Name sein. Derjenige Lebenspartner, dessen Name nicht ausgewählt wird, kann seinen Namen beifügen. Nach § 3 Abs. 3 S. 1 LPartG behält jeder Lebenspartner den Namen auch nach der Aufhebung der Lebenspartnerschaft. Dies kann – etwa bei berühmten Namen – auch vertraglich ausgeschlossen werden.[2133]

601

7. Verwandtschaftsverhältnisse

Die Lebenspartner sind nach **§ 11 Abs. 1 LPartG** zueinander als **Familienangehörige** anzusehen. Daher sind auf sie alle gesetzlichen Vorschriften anzuwenden, die auf Familienangehörige abstellen, wenn die Eingetragene Lebenspartnerschaft nicht ausgenommen ist. Genannt wird etwa „Familie" iSd § 1093 Abs. 2 BGB bei der Aufnahme in die Wohnung im Rahmen eines Wohnungsrechtes oder „Angehöriger" iSd

602

[2132] Die Ehewohnung und die Haushaltsgegenstände bei Ehegatten sind behandelt → Rn. 447 f. und → Rn. 457 f.
[2133] Hierzu Münch/*Grziwotz*, Familienrecht, § 9 Rn. 47 mit Musterformulierung.

8. Teil. Eingetragene Lebenspartnerschaft

Art. 104 Abs. 4 GG (Benachrichtigungspflicht bei Freiheitsentziehung) oder „naher Angehöriger" nach § 530 Abs. 1 BGB, der „Dreißigste" nach § 1569 BGB und Vorschriften des Mietrechts und des Prozessrechts. Mit dieser ausdrücklichen gesetzlichen Anordnung ist auch klargestellt, dass die Lebenspartner „nahe Angehörige" **isd Steuerrechts** sind, sodass auf sie die Rechtsprechungs- bzw. Verwaltungsgrundsätze zu **Verträgen zwischen nahen Angehörigen**[2134] Anwendung finden. Der Lebenspartner ist mit den Verwandten seines Partners **verschwägert**, § 11 Abs. 2 LPartG.

III. Aufhebung einer Lebenspartnerschaft

603   Die **Aufhebung**[2135] wegen **Zerrüttung** und wegen eines **Willensmangels** ist – anders als bei der Ehe – in **§ 15 LPartG** zusammengefasst. Dieser schreibt grundlegend fest, dass
– eine Aufhebung nur durch das Gericht erfolgen kann (nicht durch die begründende Behörde und nicht parteiautonom), und zwar
– durch Beschluss
– auf Antrag eines Partners.[2136]

Als **Aufhebungsgrund** nennt § 15 Abs. 2 S. 1 LPartG:
– **einjähriges Getrenntleben** und
  – beide Ehegatten beantragen die Aufhebung oder stimmen ihr zu oder
  – es kann nicht erwartet werden, dass eine partnerschaftliche Lebensgemeinschaft wiederhergestellt werden kann.
– ein Partner beantragt die Aufhebung und die Lebenspartner leben **seit drei Jahren** getrennt oder
– die Fortsetzung der Lebenspartnerschaft ist für den Antragsteller eine **unzumutbare Härte**.

Die Voraussetzungen entsprechen insoweit dem Ehescheidungsrecht, allerdings verwendet das LPartG die **Begriffe** des Scheiterns der Ehe oder der Zerrüttung nicht. Die Übernahme der Trennung aus dem Ehescheidungsrecht hingegen ist problematisch, weil es bei der Eingetragenen Lebenspartnerschaft schon keine Pflicht zur partnerschaftlichen Lebensgemeinschaft gibt.[2137]
Als **weiteren Aufhebungsgrund** nennt § 15 Abs. 2 S. 2 LPartG das Vorliegen eines beachtlichen Willensmangels.

[2134] → Rn. 75 f.
[2135] Nachdem eine eingetragene Lebenspartnerschaft nicht mehr neu begründet werden kann, sind Ausführungen zur Begründung einer eingetragenen Lebenspartnerschaft nicht länger enthalten.
[2136] MüKoBGB/*Duden* LPartG § 15 Rn. 3.
[2137] MAH/*Kleinwegener*, FamR, § 28 Rn. 57.

B. Verträge der Eingetragenen Lebenspartnerschaft

IV. Umwandlung einer Lebenspartnerschaft in eine Ehe

Mit der Einführung der Ehe für alle[2138] wurde in § 20a LPartG die Möglichkeit vorgesehen, die eingetragene Lebenspartnerschaft in eine Ehe umzuwandeln. Nachdem sich an dieser Regelung sehr viele juristische Streitfragen entzündet hatten,[2139] hat der Gesetzgeber nachgearbeitet[2140] – nachgebessert würde es nicht treffen – und nunmehr eine aus sechs Absätzen bestehende Regelung geschaffen, die ebenso viele neue Streitpunkte aufwirft.[2141]   604

Danach ist zur Umwandlung einer Lebenspartnerschaft in eine Ehe **erforderlich**:
- das Bestehen einer **wirksamen eingetragenen Lebenspartnerschaft**,
- die bisher **nicht aufgehoben** wurde.
- Persönliche und **gleichzeitig abgegebene Erklärung** der Partner, miteinander die Ehe führen zu wollen,
- **vor dem Standesbeamten** abgegeben.
- Nicht zusätzlich erforderlich: Vorliegen der Eheschließungsvoraussetzungen.[2142]

Die **Rechtsfolge** besteht
- in einer **identitätswahrenden Umwandlung** (§ 20a Abs. 1 S. 3 LPartG)
- **mit Rückwirkung auf den Tag der Begründung der Lebenspartnerschaft** (§ 20a Abs. 5 LPartG),
- wobei Lebenspartnerschaftsverträge als Eheverträge und gemeinschaftliche Testamente fortgelten (§ 20a Abs. 3 und 4 LPartG).

B. Verträge der Eingetragenen Lebenspartnerschaft

Für die Eingetragene Lebenspartnerschaft, begründet vor dem 1.10.2017, gilt noch viel mehr als für die Ehe, dass sich unter diesem Namen **viele verschiedene Lebensformen** und noch mehr unterschiedliche **Partnerschaftskonstellationen** finden, für die häufig die der Ehe nachempfundenen Regelungen völlig verfehlt sind. Daher ist eine   605

[2138] BGBl. 2017 I 2787.
[2139] Vgl. nur beispielhaft *Kaiser* FamRZ 2017, 1985 f.; *Löhnig* NZFam 2017, 977; *Erbarth* FamRZ 2018, 1221 f.
[2140] BGBl. 2018 I 2639.
[2141] Hierzu *Kaiser* FamRZ 2019, 845 f.; *Löhnig* NZFam 2019, 166; *Dutta* FamRZ 2019, 163; *Erbarth* FamRB 2019, 319 f.
[2142] Umstritten. Die Verweisung von § 20a Abs. 1 S. 2 LPartG auf das Eheschließungsrecht bei gleichzeitiger Streichung der Überprüfung auf der Ebene des PStG wird als perplex angesehen, sodass mit der Gesetzgebungshistorie nur der Schluss bleibe, dass die Eheschließungsvoraussetzungen nicht vorliegen müssen, wenn eine Partnerschaft wirksam begründet worden war; *Löhnig* NZFam 2019, 166; *Dutta* FamRZ 2019, 163; *Gernhuber/Coester-Waltjen*, § 41 Rn. 25.

8. Teil. Eingetragene Lebenspartnerschaft

Individualisierung der Rechtsfolgen durch **Abschluss eines Lebenspartnerschaftsvertrages in vielen Fällen unumgänglich.** Mit dem **Lebenspartnerschaftsvertrag** können die Partner die güterrechtlichen Verhältnisse oder den Versorgungsausgleich regeln, §7 S. 1 LPartG, §20 Abs. 3 LPartG. Für Unterhaltsregelungen gilt §1585c BGB über §16 S. 2 LPartG entsprechend.[2143] Die Verträge bedürfen der **notariellen Beurkundung** wie bei Eheverträgen. Auch für den Partnerschaftsvertrag gilt der funktional erweiterte **Begriff**.[2144]

I. Die familiäre Eingetragene Lebenspartnerschaft

606 Wenn in der Lebenspartnerschaft entweder **rechtliche gemeinschaftliche Kinder** vorhanden sind – eine Konstellation, die nach der Aufhebung des Verbotes der Sukzessivadoption zunehmen wird – oder **sozial gemeinschaftliche Kinder** und ein Lebenspartner für die Familie **partnerschaftsbedingte Nachteile** erlitten hat, dann mögen die gesetzlichen Rechtsfolgen ausnahmsweise einmal gerechtfertigt sein, sodass es keiner generellen Abbedingung bedarf.

Eventuell bestehen noch folgende Regelungsnotwendigkeiten:[2145]
- Klarstellung, dass die Kinder wie gemeinschaftliche Kinder nach dem Unterhaltsrecht der Lebenspartner behandelt werden sollen.
- Ein besonderes Augenmerk ist auf den Beginn der Partnerschaft zu legen. Da es die Eingetragene Lebenspartnerschaft erst seit 2001 gibt, existieren viele Eingetragene Lebenspartnerschaften, bei denen die Partner schon viel länger zusammenleben und gemeinsames Vermögen erwirtschaftet haben. Die Vorverlegung des Stichtages für das Anfangsvermögens ist jedenfalls dann kritisch, wenn sie vor die gesetzliche Einführung der Eingetragenen Lebenspartnerschaft zurückführen soll. Daher ist es in diesen Fällen sinnvoller, das jeweilige Anfangsvermögen rechnerisch festzulegen.[2146]
- In der Regel wird dies verbunden mit einem Erbvertrag, in dem sich etwa die Lebenspartner gegenseitig zu Erben einsetzen.

II. Die Eingetragene Lebenspartnerschaft zweier gleicher Partner

607 Gerade bei den „typischen Eingetragenen Lebenspartnerschaften" homosexueller Partner handelt es sich überwiegend um **Partnerschaften zweier Doppelverdiener**, die **keine partnerschaftsbedingten Nachteile** erleiden und daher auch die **Rechtsfolgen bei Aufhebung** einer Partnerschaft, welche gesetzlich vorgesehen sind, **nicht wünschen**. Eine „Haushaltsführungsgemeinschaft" ist eher selten. Aus diesem Grun-

---

[2143] MüKoBGB/*Duden* LPartG §16 Rn. 10.
[2144] Insoweit kann auf die Darstellung in → Rn. 400 ff. verwiesen werden.
[2145] Vertragsmuster bei Münch/*Grziwotz*, Familienrecht, §22 Rn. 34, 35.
[2146] Münch/*Grziwotz*, Familienrecht, §9 Rn. 27 mit Musterformulierung.

C. Die Eingetragene Lebenspartnerschaft im Steuerrecht

de wird eine Modifizierung des Güterrechtes in den meisten Fällen angezeigt sein.[2147] Andererseits wird auch in diesen Fällen dem Partner **im Todesfall** eine möglichst gefestigte erbrechtliche Stellung unter Ausnutzung der **erbschaftsteuerlichen Vorteile**[2148] eingeräumt werden sollen. Da im Güterstand der Zugewinngemeinschaft das erbrechtliche Viertel gewährt wird und die **Pflichtteilsansprüche der Eltern** geringer sind als bei Gütertrennung, spricht einiges dafür, den Güterstand der **Zugewinngemeinschaft für den Todesfall beizubehalten.**

Dies führt zu dem Rat, eine **modifizierte Zugewinngemeinschaft** zu vereinbaren, nach der der **Zugewinn bei Aufhebung der Lebenspartnerschaft ausgeschlossen** ist, im Todesfalle jedoch gewährt wird.[2149] Hieran können sich weitere Modifikationen anschließen, etwa eine Höhenbegrenzung.

Auf den **Unterhalt** nach Aufhebung einer Eingetragenen Lebenspartnerschaft kann in diesen Fällen **verzichtet** werden, **ebenso** auf den **Versorgungsausgleich**, da jeder weiterhin den Verdienst erzielt, den er auch ohne die Eingetragene Lebenspartnerschaft gehabt hätte.

III. Sonstige Konstellationen der Eingetragenen Lebenspartnerschaft

Die Eingetragene Lebenspartnerschaft knüpft nur an das gleiche Geschlecht an, nicht an sexueller Orientierung. Daher ist das Institut auch für **Alterslebensgemeinschaften**, etwa von zwei Witwen,[2150] interessant, wenn diese sich aufgrund ihrer gemeinsamen Lebensgestaltung auch erbrechtlich bedenken wollen.

608

Hier werden zumeist **Zugewinn bei Aufhebung, Unterhalt und Versorgungsausgleich ausgeschlossen** und erbrechtliche Anordnungen getroffen. Je nach Einzelfall kann dabei die Sicherung des Vermögens für die Abkömmlinge oder sonstigen Verwandten bei teilweisem Nießbrauch für den Partner oder aber die Absicherung des Eingetragenen Lebenspartners im Vordergrund stehen.

C. Die Eingetragene Lebenspartnerschaft im Steuerrecht

I. Entwicklung

Aufgrund der politischen Mehrheiten war **2001 nur der zivilrechtliche Teil** der gesetzlichen Begründung einer Eingetragenen Lebenspartnerschaft verabschiedet worden. Eine steuerliche Gleichstellung war

609

[2147] Kritisch zum Güterstand MüKoBGB/*Wacke*, 6. Aufl. 2012, LPartG § 6 Rn. 4; *Langenfeld* ZEV 2002, 8 ff.; Münch/*Grziwotz*, Familienrecht, § 9 Rn. 21 f.
[2148] Vgl. hierzu → Rn. 611.
[2149] Münch/*Grziwotz*, Familienrecht, § 9 Rn. 23.
[2150] *Grziwotz* FamRZ 2012, 261 (262).

8. Teil. Eingetragene Lebenspartnerschaft

nicht mit verabschiedet worden, weil es dazu der Zustimmung des Bundesrates bedurft hätte.

In den Folgejahren wurde diese steuerliche Gleichstellung nun nach und nach hergestellt, und zwar stets nach demselben Muster. Zuerst wurde eine bestimmte Vorschrift, die nur für Ehegatten galt, vom BVerfG verworfen, weil sie die Lebenspartnerschaft nicht einbeziehe. Damit verband das **BVerfG** einen entsprechenden **Handlungsauftrag** für den Gesetzgeber, rechtmäßige Zustände herzustellen. Erst danach und zumeist nur für das Gebiet, zu dem das BVerfG geurteilt hatte, regelte man eine **gesetzliche Gleichstellung**. Auf diese Weise verwarf das BVerfG die fehlende Gleichstellung für die Bereiche der **Erbschafts- und Schenkungsteuer**,[2151] der **Grunderwerbsteuer**,[2152] den **Familienzuschlag** nach §40 BBesG[2153] und schließlich die fehlende Gleichstellung bei der Einkommensteuer in Bezug auf die **Zusammenveranlagung und den Splittingtarif**.[2154] Im letzteren Fall ordnete das BVerfG sogar an, dass bei noch nicht bestandskräftiger Veranlagung den Eingetragenen Lebenspartnern die Zusammenveranlagung und der Splittingtarif ab der gesetzlichen Einräumung der Möglichkeit zur Begründung einer Eingetragene Lebenspartnerschaft, dh ab 1.8.2001, gewährt werden muss. Der Gesetzgeber hat nunmehr die entsprechenden Folgerungen gezogen und die Gleichstellung durchgeführt. Die Art und Weise, wie das geschah, ist für die Gesetzgebung kein Ruhmesblatt, denn hier wird die Flucht vor politischer Verantwortung durch das „Warten auf Karlsruhe" zur Methode und man arbeitet sehenden Auges mit verfassungswidrigen Gesetzen. Mit der Ehe für alle stellen sich diese Fragen künftig nicht mehr.

II. Einkommensteuerrecht

610 Nach dem Verdikt des BVerfG zur Zusammenveranlagung und zur Gewährung des Splittingtarifes hat der Gesetzgeber schnell gehandelt. Er hat bereits zwei Monate später einen neuen **§2 Abs.8 und §52 Abs.2 a EStG** eingefügt.[2155] Die Vorschriften lauten:

> **§2 Abs.8 EStG:** Die Regelungen dieses Gesetzes zu Ehegatten und Ehen sind auf Lebenspartner und Lebenspartnerschaften anzuwenden.
> **§52 Abs.2a EStG:** §2 Abs.8 in der Fassung des Artikels 1 des Gesetzes vom 15.7.2013 (BGBl.I S. 2397) ist in allen Fällen anzuwenden, in denen die Einkommensteuer noch nicht bestandskräftig festgesetzt ist.

Allerdings kann für Jahre, in denen das LPartG noch nicht in Kraft war, auch keine Zusammenveranlagung beansprucht werden.[2156]

[2151] BVerfG – 1 BvR 611/07, 1 BvR 2464/07, DStR 2010, 1721.
[2152] BVerfG – 1 BvL 16/11, DStR 2012, 1649.
[2153] BVerfG – 2 BvR 1397/09, NVwZ 2012, 1304.
[2154] BVerfG – 2 BvR 909/06, 2 BvR 1981/06, 2 BvR 288/07, DStR 2013, 1228.
[2155] BGBl. 2013 I 2397. §52 Abs.2a EStG ist inzwischen wieder aufgehoben.
[2156] BFH – III R 14/05, DStR 2014, 1538.

C. Die Eingetragene Lebenspartnerschaft im Steuerrecht

Der BFH legt den inzwischen aufgehobenen § 52 Abs. 2a EStG so aus, dass davon nicht nur Einkommensteuerfestsetzungen betroffen sind, sondern **auch Kindergeldfestsetzungen**, da das Kindergeld als Steuervergütung bezahlt wird.[2157] Damit ist der Gesetzgeber einerseits über die Entscheidung des BVerfG hinausgegangen, indem er nicht nur die Zusammenveranlagung und das Splittingverfahren neu geregelt hat, sondern die Gleichstellung sogleich auf das gesamte EStG bezogen hat. Andererseits blieb er dahinter zurück, weil nur das EStG selbst geregelt wurde, nicht aber die zugehörigen Nebengesetze.

Letzteres wurde mit dem **Gesetz zur Anpassung steuerlicher Regelungen an die Rechtsprechung des BVerfG 18.7.2014 – n**un nachgeholt.[2158] Damit wurden anpassende Änderungen zB des EStG, der EStDV, der AO und des EGAO, des Altersvorsorge-Zertifizierungsgesetzes, des Bewertungsgesetzes, des Bundeskindergeldgesetzes, des Eigenheimzulagegesetzes und der ErbStDV vorgenommen. Damit erübrigt sich die Streitfrage, ob sich die Gleichstellung in den Nebengesetzen durch Auslegung erreichen lässt.[2159]

Die **Finanzverwaltung** beginnt zusätzlich damit, bestehende BMF-Schreiben an die Gleichstellung anzupassen.[2160]

Damit ist eine **umfassende Gleichstellung** von Lebenspartnerschaft und Ehe **im Einkommensteuerrecht erreicht**. Die Anwendung auf alle noch offenen Fälle wird zur Vermeidung widerstreitender Steuerfestsetzungen so zu verstehen sein, dass wenn nur noch die Veranlagung eines Lebenspartners offen ist, auch der bestandskräftige Bescheid des anderen zu ändern ist.[2161]

Gegen die **Regelungstechnik** werden **Bedenken** erhoben, weil durch die gesonderte Regelung in § 2 Abs. 8 EStG die Verständlichkeit des Gesetzes erheblich erschwert werde, zumal § 2 EStG kein geeigneter Standort für eine allgemeine Vorschrift sei.[2162] Das mag so sein, generell ist aber zu sagen, dass das EStG mit seinen ausufernden Nachtragsgesetzen ohnehin immer schwerer lesbar wird und eine Straffung durch die Bildung eines stärkeren allgemeinen Teiles dem Gesetz gut zu Gesicht stünde.

III. Erbschaft- und Schenkungsteuerrecht

Im Erbschaft- und Schenkungsteuerrecht wurde eine **erste Gleichstellung** durch das ErbStRG[2163] verwirklicht, das zum **1.1.2009** in Kraft trat. Allerdings blieb der Lebenspartner weiterhin in der schlechtesten

---

[2157] BFH – VI R 76/12, NJW 2013, 3392.
[2158] BGBl. 2014 I 1042.
[2159] ZB *Merkt* DStR 2013, 2312 mwN.
[2160] BMF, DStR 2013, 1733.
[2161] Schmidt/*Weber-Grellet* EStG § 2 Rn. 74.
[2162] Blümich/*Ratschow* EStG § 2 Rn. 192.
[2163] BGBl. 2008 I 3018.

8. Teil. Eingetragene Lebenspartnerschaft

Schenkungsteuerklasse III. Erst mit dem **Jahressteuergesetz 2010**[2164] nach der entsprechenden Entscheidung des BVerfG wurde der Eingetragene Lebenspartner in die Steuerklasse I aufgenommen. Damit wird der **Eingetragene Lebenspartner** nunmehr in Bezug auf die Erbschaft- und Schenkungsteuer behandelt **wie** ein **Ehegatte**.

Diese Konsequenz zog das Gesetz auch anderer Stelle. So wird bei der **Steuerfreiheit des Zugewinns** auch die Lebenspartnerschaft in § 5 Abs. 1 und Abs. 2 ErbStG aufgenommen, ebenso die Steuerpflicht bei Begründung einer Gütergemeinschaft durch Lebenspartner, § 7 Abs. 1 Nr. 1 ErbStG.

Bei der **Übertragung eigengenutzter Immobilien** ist der Lebenspartner nach § 13 Abs. 1 Nr. 4a und b ErbStG ebenso begünstigt wie der Ehegatte.

Nach § 15 Abs. 1 Nr. 1 ErbStG ist der Lebenspartner der **Steuerklasse I** angehörig und genießt nach § 16 Abs. 1 Nr. 1 ErbStG einen **Freibetrag von 500.000,– EUR**, ihm steht ferner nach § 17 Abs. 1 ErbStG der **besondere Versorgungsfreibetrag** zu. Kinder des verstorbenen Lebenspartners sind Stiefkinder iSd § 15 Abs. 1 Nr. 2 ErbStG,[2165] das ergibt sich aus § 11 LPartG.

IV. Sonstiges

612   Grundlegend für die steuerliche Beurteilung in vielen anderen Steuergesetzen ist die Aufnahme als Angehöriger in den Katalog des **§ 15 AO** in § 15 Abs. 1 Nr. 2 und 6 sowie Abs. 2 Nr. 1 AO. Damit ist der eingetragene Lebenspartner als Angehöriger bzw. nahestehende Person in allen Steuergesetzen (vgl. etwa § 10 Abs. 5 Nr. 1 letzter HS UStG oder § 8b Abs. 3 KStG) bzw. iSd Rechtsprechung etwa zur Anerkennung von Verträgen unter nahestehenden Personen anzusehen.

Auch in anderen Steuerbereichen ist eine Gleichstellung der Lebenspartnerschaft mit der Ehe erfolgt, so bei der Grunderwerbsteuer nach **§ 3 Nr. 4 und 5a GrEStG**.

Viele Themen erledigen sich durch das Verbot der Neubegründung einer Lebenspartnerschaft seit 1.10.2017 und die Öffnung der Ehe für alle.

[2164] BGBl. 2010 I 1768.
[2165] *Ramb* NWB 2013, 384 (389).

9. Teil. Nichteheliche Lebensgemeinschaften

Übersicht

Rn.
- A. Ansprüche aus nichtehelicher Lebensgemeinschaft... 613
  - I. Die nichteheliche Lebensgemeinschaft 613
  - II. Sondervorschriften 614
  - III. Gesetzliche Ansprüche 615
    1. Eherechtsvorschriften analog? 615
    2. Die Zusammenlebensgemeinschaft 616
    3. Trennungsbedingte Ansprüche nach BGH ... 617
       - a) Ältere Rechtsprechung 617
       - b) Rechtsprechungswandel 619
       - c) Beendigungsgründe 620
       - d) Regelungsnotwendigkeit 621
    4. Unterhalt und Altersvorsorge 622
  - IV. Gemeinsame Kinder...................... 623
- B. Der Partnerschaftsvertrag einer nichtehelichen Lebensgemeinschaft und sonstige Regelungen 624
  - I. Partnerschaft auf Probe................... 625
  - II. Partnerschaft mit Vermögensverflechtung 626
    1. Vermögensregelungen 627
    2. Unterhalt............................ 628
    3. Altersversorgung 629
    4. Erbrechtliche Regelungen 630
  - III. Vollmachten........................... 632
- C. Die nichteheliche Lebensgemeinschaft im Steuerrecht 633
  - I. Einkommensteuer 634
    1. Splittingtarif 634
    2. Unterhaltsleistungen 635
    3. Keine Angehörigen nach § 15 AO 636
    4. Sonstiges 637
  - II. Erbschaft- und Schenkungsteuer 638
    1. Steuerklasse und Freibeträge 638
    2. Unterhaltszahlungen 639
    3. Darlehen 641
    4. Immobilienfinanzierung 642
    5. Steuerfreistellungen 643
    6. Sonstiges 644
  - III. Grunderwerbsteuer 645

9. Teil. Nichteheliche Lebensgemeinschaften

A. Ansprüche aus nichtehelicher Lebensgemeinschaft

I. Die nichteheliche Lebensgemeinschaft

613 Das BVerfG[2166] hat einmal für § 137 Abs. 2a AFG (Arbeitsförderungsgesetz) die **nichteheliche Lebensgemeinschaft** als eheähnliche Gemeinschaft folgendermaßen **definiert**:

- „Lebensgemeinschaft zwischen Mann und Frau,
- die auf Dauer angelegt ist,
- daneben keine weitere Lebensgemeinschaft gleicher Art mehr zulässt und
- sich durch innere Bindungen auszeichnet, die ein gegenseitiges Einstehen der Partner füreinander begründen,
- also über die Beziehungen in einer reinen Haushalts- und Wirtschaftsgemeinschaft hinausgehen."

Diese Definition des BVerfG[2167] hat der BGH für das Zivilrecht übernommen.[2168] Dabei hatte das BVerfG zur damaligen Zeit die typische Verbindung von Mann und Frau ohne Trauschein vor Augen. Heute erweitert sich das Bild auf **„eheähnliche Gemeinschaften und gleichgeschlechtliche Partnerverbindung"**[2169] (nicht eingetragene) und zuletzt auf Personen, die sich weder dem männlichen noch dem weiblichen Geschlecht zugehörig fühlen.[2170] Der Begriff erweitert sich ferner auch auf andere auf Dauer angelegte Partnerschaften und führt dann zum Begriff der sog. **„faktischen Lebensgemeinschaft"**,[2171] hat doch der BGH in seiner neuen Rechtsprechung zum Ausgleich von Zuwendungen betont:[2172]

„Dies gilt im Übrigen nicht nur für nichteheliche Lebensgemeinschaften, sondern würde auch für andere Formen des gemeinschaftlichen Lebens und Wirtschaftens gelten, wie sie etwa unter verwitweten Geschwistern, sonstigen Verwandten oder Freunden vorstellbar sind; auf einen sexuellen Bezug kommt es insoweit nicht an."

Die nichteheliche Lebensgemeinschaft ist häufig eine der **Ehe vorgeschaltete Lebensform**.[2173] Entscheidend kommt es dabei nicht auf die bloße Wohn- oder Wirtschaftsgemeinschaft an, die etwa auch in einer Studenten-WG vorliegen kann, sondern auf „das Fehlen einer klaren Trennlinie zwischen Mein und Dein beim gegenseitigen Wirt-

---

[2166] BVerfG – 1 BvL 8/87, FamRZ 1993, 164 (168).
[2167] Ausführlich zu verschiedenen Definitionen *Grziwotz*, Nichteheliche Lebensgemeinschaft, § 3.
[2168] BGH – VIII ARZ 6/92, NJW 1993, 999, III.2.b)dd).
[2169] Maunz/Dürig/Herzog/*Badura* GG Art. 6 Rn. 55.
[2170] BVerfG – 1 BvR 2019/16, NJW 2017, 3643.
[2171] Münch/*Grziwotz*, Familienrecht, § 10 Rn. 5.
[2172] BGH – XII ZR 179/05, NJW 2008, 3277, Rn. 33.
[2173] *Wellenhofer*, Familienrecht, § 27 Rn. 1.

A. Ansprüche aus nichtehelicher Lebensgemeinschaft

schaften"[2174] bzw. auf die **"Verantwortungs- und Einstehensgemeinschaft"**.[2175]

Kennzeichnend für die hier weiter so genannte "nichteheliche Lebensgemeinschaft" ist es, dass der **formale Akt einer Eheschließung** nach § 1310 Abs. 1 BGB oder der (früher möglichen) Begründung einer Eingetragenen Lebenspartnerschaft und die damit verbundenen rechtlichen Konsequenzen **abgelehnt** wird,[2176] jedenfalls vorerst. Dieser Unterschied ist **prägend**, sodass die nichteheliche Lebensgemeinschaft **nicht der Ehe gleichsteht** und sie sich grds. **nicht** auf eine Gleichbehandlung mit Ehegatten nach **Art. 3 Abs. 1 GG** berufen kann.[2177]
Die nichteheliche Lebensgemeinschaft als solche kann nicht den Schutz des Art. 6 GG beanspruchen.[2178] Allerdings steht die nichteheliche Lebensgemeinschaft mit einem gemeinsamen **Kind** als **Familie** unter dem **Schutz des Art. 6 Abs. 1 GG**.[2179]

Unter dem Oberbegriff der nichtehelichen Lebensgemeinschaft existieren also verschiedene Konstellationen oder Typen von Lebensgemeinschaften. Grob eingeteilt sind dies diejenigen, die eigentlich heiraten wollen, aber durch ein Hindernis bedingt nicht können. Es sind ferner diejenigen, die bewusst nicht heiraten wollen und dann schließlich Altersgemeinschaften von Geschwistern oder Nachbarn.[2180]

II. Sondervorschriften

Die nichteheliche Lebensgemeinschaft wird vom Gesetzgeber kaum behandelt. Sie stellt auch kein System unterhalb der Ehe mit weniger strengen Rechtsfolgen dar, sondern ist nur punktuell geregelt und im Übrigen auf die Statuierung von Ansprüchen durch die Rechtsprechung angewiesen. Einige solcher Regelungen seien beispielhaft aufgezeigt.

Hierzu zählen zunächst diejenigen Regelungen, die bei der Patchwork-Familie bereits besprochen wurden[2181] und die auch auf die nichteheliche Lebensgemeinschaft Anwendung finden.

Zu diesen vereinzelten Regelungen gehört etwa **§ 563 Abs. 2 S. 4 BGB**, der beim Tod des Mieters ein Eintrittsrecht vergibt an Personen,

614

[2174] Gernhuber/Coester-Waltjen, § 40 Rn. 1.
[2175] Wellenhofer, Familienrecht, § 27 Rn. 2.
[2176] An diese eigenverantwortliche Entscheidung gegen eine Bindung kann der Gesetzgeber daher auch zulässigerweise andere Rechtsfolgen knüpfen, Maunz/Dürig/Herzog/Badura GG Art. 6 Rn. 55.
[2177] BVerfG – 1 BvL 5/03, NJW 2007, 1343, zur Finanzierung der künstlichen Befruchtung durch gesetzliche Krankenkassen nur für Verheiratete; Gernhuber/Coester-Waltjen, § 40 Rn. 6.
[2178] Coester-Waltjen NJW 1988, 2085.
[2179] BVerfG – 1 BvR 684/98, BeckRS 2005, 24598 = FamRZ 2005, 590; Wellenhofer, Familienrecht, § 27 Rn. 5.
[2180] Coester-Waltjen NJW 1988, 2085; Münch/Grziwotz, Familienrecht, § 10 Rn. 5.
[2181] Vgl. hierzu → Rn. 570 f.

9. Teil. Nichteheliche Lebensgemeinschaften

die mit dem Mieter einen auf Dauer angelegten gemeinsamen Haushalt führen.

Neu im BGB findet sich aufgrund einer Entscheidung des BVerfG[2182] die Bestimmung des **§ 1766a BGB**, welche für eine **verfestigte Lebensgemeinschaft** die **Adoption von Kindern des nichtehelichen Partners erlaubt**, ohne dass das Verwandtschaftsverhältnis zum leiblichen Elternteil dadurch verloren geht. Voraussetzung ist, dass die Personen seit mindestens vier Jahren oder als Eltern eines gemeinschaftlichen Kindes eheähnlich zusammenleben und keiner von ihnen mit einem Dritten verheiratet ist. Es ist zumindest unglücklich, dass der Gesetzgeber hier den Begriff der verfestigten Lebensgemeinschaft verwendet, der aus dem Eherecht des § 1579 Nr. 2 BGB stammt und vor dessen Verwechslung sogar gewarnt wurde.[2183]

§ 20 SGB XII regelt: „Personen, die in eheähnlicher oder lebenspartnerschaftsähnlicher Gemeinschaft leben, dürfen hinsichtlich der Voraussetzungen sowie des Umfangs der Sozialhilfe nicht besser gestellt werden als Ehegatten." **§ 43 Abs. 1 SGB XII** sieht die Berücksichtigung von Einkommen und Vermögen des Partners einer „eheähnlichen oder lebenspartnerschaftsähnlichen Gemeinschaft" vor. § 315 Abs. 5 SGB III sieht eine Auskunftspflicht des Partners einer eheähnlichen Gemeinschaft vor.

§ 24b Abs. 3 EStG spricht inzwischen nicht mehr von einer „eheähnlichen oder lebenspartnerschaftsähnlichen Gemeinschaft", sondern von einer „Haushaltsgemeinschaft", die einem „alleinstehend" iSd Vorschrift entgegensteht.

Über die Bestattungsart kann nach **§ 19 Abs. 1 S. 3 LeichenwesenG** die Person entscheiden, die mit der verstorbenen Person in eheähnlicher Gemeinschaft gelebt hat.

Eine Einbeziehung in eine Sicherheitsüberprüfung sieht zB das Bremische **Sicherheitsüberprüfungsgesetz** in § 3 Abs. 2 für die Personen vor, mit welcher die betroffene Person „in einer eheähnlichen oder gleichgeschlechtlichen Gemeinschaft lebt".

Partner einer eheähnlichen Gemeinschaft erhalten bei Kindererziehung für drei Jahre Versorgung wegen Wehrdienstbeschädigung nach **§ 80 Soldatenversorgungsgesetz** oder Opferentschädigung nach **§ 1 Abs. 8 Opferentschädigungsgesetz**.

Deutlich wird, dass **in einigen Bereichen** den Partnern einer nichtehelichen Lebensgemeinschaft Rechte zugebilligt werden, **in vielen anderen aber nicht**. Hier ist es erforderlich, dass gerade Partner einer nichtehelichen Lebensgemeinschaft sich gegenseitig gewollte Rechte auch zugestehen.[2184]

[2182] BVerfG – 1 BvR 673/17, NJW 2019, 1973.
[2183] *Gernhuber/Coester-Waltjen,* § 40 Rn. 1, Fn. 4.
[2184] Die beim 57. Deutschen Juristentag angenommenen Vorschläge zu gesetzlichen Regelungen (NJW 1988, 2998) sind nicht umgesetzt worden. Die sogleich zu besprechenden Rechtsprechungsgrundsätze schließen nunmehr diese Lücke. Gegen eine Institutionalisierung der nichtehelichen Lebensgemeinschaft *Coester-Waltjen* NJW 1988, 2085.

A. Ansprüche aus nichtehelicher Lebensgemeinschaft

Hinweis: Da die nichteheliche Lebensgemeinschaft keine umfassende rechtliche Regelung erfährt, ist es wichtig, dass die nichtehelich Zusammenlebenden **sich selbst gegenseitig etwa benötigte Rechte einräumen**. So ist es insb. ratsam, ein **Testament** zu errichten, da kein gesetzliches Erbrecht besteht, und eine **Vollmacht** zu erteilen, weil es keine gegenseitige Vertretungsmacht gibt. Soweit auf einzelnen Feldern Rechtsbeziehungen ähnlich einer Ehe gewünscht sind, kann dies in einem **Partnerschaftsvertrag** vereinbart werden.

III. Gesetzliche Ansprüche
1. Eherechtsvorschriften analog?

Aufgrund der aufgezeigten Unterschiede **findet** das **Eherecht** auf die nichteheliche Gemeinschaft **weder direkt noch analog Anwendung**.[2185] Dies ist noch immer die weit überwiegende Ansicht.[2186] Diskutiert wird lediglich die Anwendung einzelner Vorschriften – etwa des Haftungsmaßstabes nach § 1359 BGB –, wenn sie nicht die Ehe an sich betreffen, sondern Ausdruck allgemeiner Rechtsgrundsätze für enge persönliche Beziehungen sind.[2187]

615

2. Die Zusammenlebensgemeinschaft

Auch wenn nicht jeder, der nicht heiratet, eine völlige Bindungslosigkeit bezweckt, so geht doch die Annahme eines **stillschweigenden Zusammenlebens-Vertrages** entschieden zu weit. Eine solche Annahme **scheitert am fehlenden Vertragswillen** der nichtehelich Zusammenlebenden. Alles andere wäre eine bloße Fiktion.

616

Ein **gegenseitiges Vertretungsrecht** besteht nicht. § 1357 BGB über die Schlüsselgewalt bleibt auf das Eherecht beschränkt und ist nicht anwendbar.[2188]

Im **Mietrecht** bedarf es einer Erlaubnis zur **Aufnahme** eines nichtehelichen Lebensgefährten in die Wohnung nach § 553 Abs. 1 BGB –, auf die aber ein Anspruch besteht,[2189] da beim Eingehen einer Lebensgemeinschaft ein berechtigtes Interesse vorliegt, und zwar auch bei gleichgeschlechtlichen Partnerschaften.[2190] Beim **Tod** des alleinmietenden Teiles hat der andere ein subsidiäres Eintrittsrecht in den Mietvertrag nach § 563 Abs. 2 S. 4 BGB.

Wenn Partner einer nichtehelichen Lebensgemeinschaft während des Bestehens dieser Gemeinschaft Gegenstände zum persönlichen Gebrauch

---

[2185] BGH – IV ZR 87/79, NJW 1980, 124, Wegfall des Unterhaltes durch Wiederverheiratung; BGH – VI ZR 301/82, NJW 1984, 2520, keine Anrechnung von Leistungen des nichtehelichen Partners bei der Versicherung nach Unfalltod des Ehegatten.
[2186] *Grziwotz*, § 5 Rn. 14 mwN.
[2187] *Grziwotz*, § 5 Rn. 14, 15.
[2188] *Wellenhofer*, Familienrecht, § 27 Rn. 6.
[2189] BGH – VIII ZR 371/02, FPR 2004, 277.
[2190] *Grziwotz*, § 14 Rn. 26 f.

9. Teil. Nichteheliche Lebensgemeinschaften

oder Haushaltsgegenstände anschaffen, so stellt sich die Frage nach den **Eigentumsverhältnissen.** Der **BGH** hat geurteilt, dass für Gegenstände des persönlichen Gebrauchs die Alleineigentumsvermutung des § 1362 Abs. 2 BGB nicht gilt, da der gesamte **§ 1362 BGB auf nichteheliche Lebensgemeinschaften** mangels planwidriger Regelungslücke **nicht analog anzuwenden** sei.[2191] Auch die Vermutung des § 1362 Abs. 1 BGB, wonach zugunsten der Gläubiger angenommen wird, dass Gegenstände im Besitz beider Ehegatten dem Schuldner allein gehören, findet nach dieser Rechtsprechung keine Anwendung. Ob die Miteigentumsvermutung des **§ 1568b Abs. 2 BGB** für Haushaltsgegenstände gilt, ist umstritten.[2192] Die Argumentation des vorgenannten BGH-Urteils lässt sich aber auf diese Vorschrift übertragen, was gegen ihre Anwendung spricht. So wird man zurückgeworfen auf die allgemeine **Miteigentumsvermutung bei Mitbesitz nach §§ 1006, 1008 BGB.**[2193]

Ein **Erbrecht** besteht für die nichtehelichen Lebensgefährten nicht. Daher müssen Erbrechte durch Testament begründet werden. Dabei ist Vorsicht geboten, denn ein gemeinschaftliches Testament ist nach § 2065 BGB nur Ehegatten vorbehalten. Nichteheliche Partner können daher neben dem Einzeltestament nur einen Erbvertrag schließen, wenn sie eine Bindung erstreben. Dabei ist zu bedenken, dass **§ 2077 Abs. 1 BGB,** der für die Scheidung der Ehe eine Unwirksamkeit anordnet, für die Trennung nichtehelicher Lebensgefährten **nicht gilt**, auch nicht über den Umweg des § 2077 Abs. 2 BGB für das Verlöbnis.[2194] Es sind daher Rücktrittsrechte in Erwägung zu ziehen.

3. Trennungsbedingte Ansprüche nach BGH

617 a) *Ältere Rechtsprechung*
618 Lange Zeit galt der Grundsatz, dass es bei der Auflösung einer nichtehelichen Lebensgemeinschaft keine Ausgleichsansprüche gibt.

> **BGH**[2195] **– frühere Rechtsprechung:** „Nach der ständigen Rechtsprechung des BGH stehen bei einer nichtehelichen Lebensgemeinschaft die persönlichen Beziehungen derart im Vordergrund, dass sie auch das die Gemeinschaft betreffende vermögensmäßige Handeln der Partner bestimmen und daher nicht nur in persönlicher, sondern auch in wirtschaftlicher Hinsicht keine Rechtsgemeinschaft besteht. Wenn die Partner nicht etwas Besonderes unter sich geregelt haben, werden dementsprechend persönliche und wirtschaftliche Leistungen nicht gegeneinander aufgerechnet."

Eine Ausnahme ließ der BGH lediglich durch die Anwendung gesellschaftsrechtlicher Grundsätze zu. Der Grundsatz, dass die Partner einer

---

[2191] BGH – IX ZR 92/05, NJW 2007, 992.
[2192] *Grziwotz*, § 20 Rn. 6.
[2193] BGH – IX ZR 238/91, NJW 1993, 935; OLG Karlsruhe – 16 UF 220/05, BeckRS 2006, 09710.
[2194] BayObLG – BReg 1 Z 53/83, FamRZ 1983, 1226; Palandt/*Weidlich* BGB § 2077 Rn. 2 mwN; aA *Wellenhofer*, Familienrecht, 2. Aufl., § 27 Rn. 20.
[2195] BGH – XII ZR 296/00, NJW-RR 2005, 1089.

A. Ansprüche aus nichtehelicher Lebensgemeinschaft

gescheiterten nichtehelichen Lebensgemeinschaft idR ihre persönlichen und wirtschaftlichen Leistungen nicht gegeneinander aufrechnen können, stand nach der früheren Auffassung des BGH der Annahme entgegen, das Scheitern der nichtehelichen Lebensgemeinschaft lasse die Geschäftsgrundlage für die bisher erbrachten Leistungen entfallen.[2196]

b) Rechtsprechungswandel

Diese **Rechtsprechung** hat der **BGH** im Jahre **2008 völlig geändert**.[2197] Der BGH geht nunmehr davon aus, dass es auch zwischen Partnern einer nichtehelichen Lebensgemeinschaft **gemeinschaftsbezogene Zuwendungen oder Arbeitsleistungen** gibt, die bei Beendigung der Lebensgemeinschaft nach den Grundsätzen über die **Störung der Geschäftsgrundlage** oder auch nach Bereicherungsrecht nach § 812 Abs. 1 S. 2, 2. Alt. BGB (Zweckverfehlung) zurückgefordert werden können. Der BGH entscheidet hier ähnlich wie bei Ehegattenzuwendungen im Güterstand der Gütertrennung.[2198] Die gemeinschaftsbezogene Zuwendung ist **abzugrenzen von der Schenkung**, die freigebig und ohne Rücksicht auf den Bestand der Lebensgemeinschaft geleistet wird und nach den gesetzlichen Bestimmungen bei grobem Undank oder Verarmung widerruflich ist, §§ 528, 530 BGB.

619

Danach gelten nunmehr folgende Grundsätze:
Laufende Beiträge zur ehelichen Lebensgemeinschaft, also das „**was die Gemeinschaft Tag für Tag benötigt**", sind nicht auszugleichen.[2199] Dies ergibt sich auch aus dem Rechtsgedanken des § 1360b BGB. Hierzu gehören Kosten für den gemeinsamen Lebensunterhalt, Haushaltsführung, Wohnen, Urlaub etc. Hierzu zählen auch Tilgungen für Kredite, die zur Bestreitung der gemeinsamen Lebensführungskosten aufgenommen worden sind.[2200] Solche Leistungen werden aus persönlicher Verbundenheit erbracht und unterliegen einem **Abrechnungsverbot**.[2201] Sie erfolgen in dem Bewusstsein, dass jeder Partner zur Gemeinschaft beitragen muss, haben ihren Unterhaltszweck erfüllt und können nicht rückwirkend als zwecklos angesehen werden.[2202]

Ein Ausgleichsanspruch kommt hingegen in Betracht:
(1) Auf **gesellschaftsrechtlicher Grundlage**. Dabei muss aber der Rechtsbindungswille gerade bei der nichtehelichen Lebensgemeinschaft, die eine Gemeinschaft ohne Rechtsbindung sein will, stets besonders festgestellt werden. Geht der Zweck einer Zuwendung nicht über die

---

[2196] BGH – XII ZR 296/00, NJW-RR 2005, 1089.
[2197] BGH – XII ZR 179/05, NJW 2008, 3277; BGH – XII ZR 39/06, NJW 2008, 3282; BGH – XII ZR 190/08, NJW 2011, 2880; hierzu *Stein* NZFam 2014, 303 f.
[2198] MAH/*Kleinwegener,* FamR, § 27 Rn. 22 f.
[2199] Münch/*Grziwotz,* Familienrecht, § 10 Rn. 20.
[2200] OLG Hamm – II.2 WF 39/13, NJOZ 2013, 1962.
[2201] *Schulz* FamRZ 2007, 593 f.
[2202] So BGH – XII ZR 179/05, NJW 2008, 3277, Tz. 25; vgl. auch OLG Bremen – 4 W 5/12, NJW-RR 2013, 197.

9. Teil. Nichteheliche Lebensgemeinschaften

Verwirklichung der nichtehelichen Lebensgemeinschaft hinaus, spricht dies gegen einen Rechtsbindungswillen.[2203]

(2) Ein **Bereicherungsanspruch wegen Zweckverfehlung** nach § 812 Abs. 1 S. 2, 2. Alt. BGB (Zweckverfehlung) kommt in Betracht:[2204]
- Bei wesentlichen Beiträgen eines Partners (Zuwendungen oder Arbeitsleistungen),
- mit denen ein Vermögenswert von erheblicher wirtschaftlicher Bedeutung geschaffen wurde,
- der das Ende der Lebensgemeinschaft überdauert,
- dessen Alleineigentümer der andere Partner ist oder an dem er überquotal im Verhältnis zu den Leistungen beteiligt ist und
- wenn eine konkrete Zweckabrede besteht, aus der erkennbar wird, dass der Zweck mit Beendigung der nichtehelichen Lebensgemeinschaft entfällt.

(3) Ein Anspruch wegen **Störung der Geschäftsgrundlage** wird vom BGH subsidiär[2205] für möglich gehalten, wenn kein Anspruch auf gesellschaftsrechtlicher Grundlage oder nach Bereicherungsrecht besteht. Er setzt voraus:
- wesentliche Beiträge eines Partners (Zuwendungen oder Arbeitsleistungen),
- mit denen ein Vermögenswert von erheblicher wirtschaftlicher Bedeutung geschaffen wurde,
- der das Ende der Lebensgemeinschaft überdauert,
- dessen Alleineigentümer der andere Partner ist oder an dem er überquotal im Verhältnis zu den Leistungen beteiligt ist,
- zugrunde lag die Erwartung des Zuwendenden, die Lebensgemeinschaft, deren Ausgestaltung die Zuwendung diente, werde Bestand haben und
- die Beibehaltung der durch die Beiträge geschaffenen Vermögensverhältnisse ist dem Zuwendenden nicht zumutbar (insofern vergleichbar der Fragestellung bei Ehegatten in Gütertrennung).[2206]

Diese Ansprüche bejaht der BGH ausdrücklich nicht nur für die nichteheliche Lebensgemeinschaft, sondern **auch für andere Formen gemeinschaftlichen Lebens und Wirtschaftens.**[2207] Zu Recht wird angemerkt, dass bei der Berücksichtigung „gemeinschaftsbezogener Arbeitsleistung" nicht nur die zumeist männliche Hausbautätigkeit berücksichtigt und ausgeglichen wird, die zumeist weibliche „Familienarbeit"

[2203] BGH – XII ZR 179/05, NJW 2008, 3277, Tz. 22.

[2204] Ein Plädoyer gegen einen solchen Anspruch findet sich bei *Moes* FamRZ 2016, 757.

[2205] Da die gesellschaftsvertragliche Abrede mit Rechtsbindungswillen ebenso schwer nachweisbar ist wie die konkrete Zweckabrede, wird in der Praxis regelmäßig die Störung der Geschäftsgrundlage der primär geltend gemachte Anspruch sein.

[2206] Vgl. hierzu → Rn. 338 ff.

[2207] BGH – XII ZR 179/05, NJW 2008, 3277, Tz. 33.

A. Ansprüche aus nichtehelicher Lebensgemeinschaft

etwa der Kindererziehung unter den täglichen Bedarf eingeordnet wird und unausgeglichen bleibt.[2208] Damit sind noch nicht alle Abgrenzungen geleistet, aber das wird von der Rechtsprechung noch Stück für Stück nachgeholt. So hat der BGH[2209] schon festgestellt, dass ein **Ausgleichsanspruch** jedenfalls insoweit **nicht** besteht, als die **Darlehenszahlungen** für das Haus des anderen Partners nicht deutlich über eine **Miete** hinausgehen, die für vergleichbaren Wohnraum zu zahlen wäre. Allerdings können daneben erbrachte Arbeitsleistungen, die über das gewöhnliche Maß familiärer Mithilfe hinausgehen, ausgleichspflichtig sein.

Anerkannt ist die Fallgruppe vom BGH mittlerweile auch für Zuwendungen, die der Absicherung des Partners für den Fall des Todes des Zuwendenden dienen sollten.[2210]

Zum Gesamtschuldverhältnis bei **Weiternutzung eines in Miteigentum stehenden Anwesens** durch einen Eigentümer nach Trennung ohne Ausgleichsverlangen für die Kosten und ohne Verlangen des anderen Partners auf Nutzungsentgelt hat der **BGH** entschieden, dass einem späteren **Ausgleichsverlangen** ein Anspruch auf **Nutzungsentgelt** entgegengesetzt werden kann. Der BGH will hier Grundsätze aus seiner Rechtsauffassung für Ehegatten auch auf die nichteheliche Lebensgemeinschaft übertragen, weil es nicht um die Ehe gehe, sondern um die Bruchteilsgemeinschaft nach Trennung der Eigentümer.[2211]

c) Beendigungsgründe

Zu Recht wird darauf aufmerksam gemacht, dass die Frage einer Zweckverfehlung oder **Störung** der Geschäftsgrundlage davon **abhängig** sein kann, **wie es zur Beendigung der nichtehelichen Lebensgemeinschaft kommt**. Eine solche Beendigung kann durch Tod, durch Trennung oder auch durch Heirat eintreten.

Ohne Einschränkungen greift die Zweckverfehlung oder Störung der Geschäftsgrundlage **bei der Trennung** der Beteiligten. Dann können sogar Zuwendungen, die eigentlich als Absicherung im Todesfalle getätigt wurden, nach den oben gezeigten Grundsätzen der Rückforderung unterliegen. So hat der BGH[2212] geurteilt, bei der Zuwendung eines Sparbriefes in Höhe von 25.000,– EUR, der als Sicherheit für einen Unglücksfall dienen solle, sei zwar eine Rückforderung im Todesfalle des Zuwendenden nicht vorgesehen gewesen, gleichwohl sei aber das Fortbestehen der Gemeinschaft Grundlage der Zuwendung.

Endet die Lebensgemeinschaft durch Tod, so kann hingegen etwas anderes gewollt sein. Insbesondere beim **Tod des Zuwendenden** wird dieser sehr häufig nicht wollen, dass seine Angehörigen die Zuwendung wieder herausverlangen können. Der Tod führt also in diesem Falle

620

[2208] *Grziwotz* NZFam 2015, 543 (547).
[2209] BGH – XII ZR 132/12, NJW 2013, 2187.
[2210] BGH – X ZR 135/11, NKW 2014, 2638 f.
[2211] BGH – XII ZR 108/17, DNotZ 2018, 841.
[2212] BGH – X ZR 135/11, NJW 2014, 2638.

9. Teil. Nichteheliche Lebensgemeinschaften

nicht zu einer Zweckverfehlung (Absicherung wurde erreicht) und auch nicht zu einem Wegfall der Geschäftsgrundlage[2213]. Beim **Tod des Zuwendungsempfängers** zu Lebzeiten des Zuwendenden kann hingegen etwas anderes gewollt sein. Hier wird zumeist nicht die Verwandtschaft des Empfängers die Zuwendung behalten sollen. Was gewollt war, wird im Einzelfall festzustellen sein.

Schließlich ist noch daran zu denken,[2214] dass die nichteheliche Lebensgemeinschaft enden kann, weil die **Beteiligten heiraten**. Das spätere Güterrecht bezieht die voreheliche Zeit zumeist nicht mit ein. Beim Unterhaltsrecht zählen Nachteile aus der nichtehelichen Zeit nicht als ehebedingte Nachteile.

d) Regelungsnotwendigkeit

621 Die Darstellung zeigt, dass das Schicksal von Vermögenszuwendungen oder Arbeitsleistung für den anderen Partner bei der nichtehelichen Lebensgemeinschaft noch **schwerer vorherzusagen** ist, als bei verheirateten Ehegatten. Aus diesem Grunde besteht die **Notwendigkeit**, die Rechtsfolgen mit den Partnern zu besprechen und eine **vertragliche Regelung** zu treffen, etwa über die Rückgewähr bei Trennung und die formale Feststellung der Trennung. In diesem Zusammenhang können dann auch der Verwendungsersatz oder ähnliche Probleme eine Regelung erfahren. So rät *Löhnig*:[2215]

„Es ist faktischen Partnern weiterhin dringend zu raten, sich der Instrumente der vorsorgenden Rechtspflege zu bedienen."

Dieser Rat wird sich noch verstärken, wenn man die noch zu schildernden steuerlichen Folgen von Zuwendungen in der Lebensgemeinschaft betrachtet, da die Partner keinerlei steuerliche Vergünstigung genießen.

Hinweis: Gerade in einer nichtehelichen Lebensgemeinschaft ist vor jeder Zuwendung und vor jedem Abschluss eines Partnerschaftsvertrages eine gesonderte **steuerliche Beratung einzuholen**! Ziel muss es sein, das gewünschte Ergebnis auf möglichst steuergünstigem Weg herbeizuführen.

4. Unterhalt und Altersvorsorge

622 **Gesetzliche Unterhaltsansprüche** zwischen den Partnern einer nichtehelichen Gemeinschaft kennt das deutsche Recht **nicht**.

Einen Unterhaltsanspruch hat lediglich nach **§ 1615l BGB** die **nichteheliche Mutter** gegen den Vater des Kindes. Dieser Unterhaltsanspruch ist aufgrund der Rechtsprechung des BVerfG dem Kindesunterhaltsanspruch von Ehegatten nach § 1570 BGB stark angeglichen worden.

[2213] So ausdrücklich OLG Dresden – 4 U 656/19, FamRZ 2020, 521.
[2214] Zu den verschiedenen Beendigungsgründen Münch/*Grziwotz*, Familienrecht, § 10 Rn. 25 f.
[2215] Limmer/*Löhnig*, Notarielle Gestaltung bei geänderten Familienstrukturen, 70 (71).

A. Ansprüche aus nichtehelicher Lebensgemeinschaft

Konkludenten Unterhaltsverträgen, die im Schrifttum teilweise vertreten werden,[2216] ist eine deutliche Absage zu erteilen. Gerade wer keine rechtliche „Verbindung" eingehen möchte, der will sich kaum je zu Zahlungen nach einer Trennung verpflichten.

Hinweis: Erleidet in einer nichtehelichen Lebensgemeinschaft ein Partner **gemeinschaftsbedingte Nachteile**, so sollte sich dieser mit einer **ausdrücklichen Unterhaltsvereinbarung** Unterhalt für die Zeit nach der Trennung versprechen lassen. Auch hier sind allerdings die steuerlichen Konsequenzen im Blick zu behalten.

Häufig spielt die nichteheliche Lebensgemeinschaft **umgekehrt** eine Rolle im Hinblick auf den Unterhaltsanspruch, den ein Partner gegen seinen früheren Ehegatten hat. Die nichteheliche Lebensgemeinschaft kann dann **als verfestigte Lebensgemeinschaft** nach § 1579 Nr. 2 BGB, § 16 S. 2 LPartG zur **Unterhaltsversagung wegen grober Unbilligkeit** führen. Dies ist in folgenden Fällen anerkannt:
- Unterhaltsgemeinschaft über 2 bis 3 Jahre; bei kürzerer Zeit nur, wenn weitere Umstände hinzukommen:
- Eheersetzende Partnerschaft mit Außenwirkung (gemeinsamer Hausbau, gemeinsames Kind)
- Fortsetzung ehezerstörender Beziehung
- Verletzende Begleitumstände

Das Gesetz kennt bei der nichtehelichen Lebensgemeinschaft **weder einen Versorgungsausgleich noch** erhält ein überlebender Partner **Witwer/n-Rente**. Dies hat die Rechtsprechung gebilligt.[2217]

Hinweis: Insbesondere bei langjähriger Berufspause und Kindererziehung sollte eine **vertragliche Regelung** gefunden werden, die demjenigen Partner, der hier Nachteile erleidet, eine **Altersversorgung** zuspricht.

IV. Gemeinsame Kinder

Wie bereits dargelegt wurde,[2218] gilt im Rahmen einer nichtehelichen Lebensgemeinschaft **keine Vaterschaftsvermutung**. Die **Vaterschaft** muss also zunächst **anerkannt** werden bzw. – soweit das Kind während einer anderen bestehenden Ehe geboren wurde – muss zunächst eine Anfechtung den Weg frei machen für eine entsprechende Vaterschaftsfeststellung.

Sind die Eltern bei der Geburt des Kindes nicht miteinander verheiratet, so hat im **Grundsatz zunächst die Mutter die elterliche Sorge** inne, § 1626a Abs. 3 BGB.

Eine **gemeinsame elterliche Sorge** entsteht, wenn

[2216] Nachweise bei *Grziwotz*, § 24 Rn. 17.
[2217] BSG – 4 RA 18/93, NJW 1995, 3271.
[2218] → Rn. 564 f.

9. Teil. Nichteheliche Lebensgemeinschaften

- Vater und Mutter heiraten,
- Vater und Mutter erklären, die elterliche Sorge gemeinsam übernehmen zu wollen (Sorgeerklärung),
- das Gericht Vater und Mutter die Sorge gemeinsam überträgt.

Die letztere Möglichkeit ist durch eine Gesetzesneufassung aufgrund der Rechtsprechung des EGMR und des BVerfG im Jahre **2013** neugeschaffen worden. Das Gericht kann nunmehr die elterliche Sorge beiden Eltern übertragen, wenn dies dem Wohl des Kindes nicht widerspricht, und zwar **auch gegen den Willen der Mutter**. Dabei spricht § 1626 Abs. 2 S. 2 BGB sogar eine **Vermutung** aus, dass das gemeinsame Sorgerecht dem Kindeswohl nicht widerspricht. Dem liegt das neue Leitbild der gesetzlichen Sorgerechtsgemeinschaft zugrunde.[2219]

Handelt es sich **nicht** um ein **gemeinsames Kind**, so besteht **kein** Sorgerecht des nichtehelichen Partners, denn der Gesetzgeber hat das sog. „**kleine Sorgerecht**" nach § 1687b BGB, § 9 LPartG von der Verehelichung bzw. Verpartnerung abhängig gemacht. Es kann somit lediglich eine **Vollmacht** erteilt werden, die sich im Rahmen der Befugnisse des Vollmachtgebers halten muss.[2220] Immerhin kann jetzt nach § 1766a BGB eine Adoption erfolgen, ohne dass das Verwandtschaftsverhältnis zum leiblichen Elternteil erlischt.

B. Der Partnerschaftsvertrag einer nichtehelichen Lebensgemeinschaft und sonstige Regelungen

624 Wie die Ausführungen zu den Rechtsgrundlagen der nichtehelichen Lebensgemeinschaft gezeigt haben, fehlt es vielfach an Anspruchsgrundlagen bzw. sind richterliche Anspruchszuweisungen wenig vorhersehbar. Mit der Annahme fiktiver Vertragsverhältnisse ist die Rechtsprechung berechtigterweise zurückhaltend.[2221] Aus diesem Grunde muss **je nach Konstellation** der nichtehelichen Lebensgemeinschaft überlegt werden, welche **vertraglichen Regelungen** notwendig sind. Zu vertraglicher Gestaltung wird ausdrücklich geraten.[2222] Einige wichtige Konstellationen seien nachfolgend vorgestellt.

Besprechungen in der Praxis zeigen, dass hier zuweilen eine Regelungsdichte angestrebt wird, welche die des gesetzlichen Familienrechts noch übertrifft. Davon ist abzuraten.

Sittenwidrig sind Partnerschaftsverträge als solche **nicht**, auch wenn ein Vertragsteil noch verheiratet ist.[2223] Ob die Rechtsprechung zur

---

[2219] OLG Karlsruhe – 18 UF 38/13, NZFam 2014, 431: Maßstab wie bei § 1671 Abs. 2 BGB; OLG Koblenz – 13 UF 246/13, BeckRS 2014, 03802 = FamRZ 2014, 319; ausführliche Erläuterung bei *Preisner* NZFam 2014, 389.
[2220] *Münch*, Familienrecht, § 10 Rn. 53 f. mit Textvorschlag.
[2221] *K. Schmidt* JuS 2006, 754 (756).
[2222] *Diederichsen* NJW 1983, 1017 (1025).
[2223] *Grziwotz*, § 8 Rn. 6 ff., dazu und zum Folgenden; MüKoBGB/*Wellenhofer* BGB Nach § 1302 Rn. 87; OLG Hamm – 29 U 186/98, MittBayNot 2000, 232.

B. Der Partnerschaftsvertrag einer nichtehelichen Lebensgemeinschaft

Inhaltskontrolle von Eheverträgen anwendbar ist, bleibt derzeit ungeklärt. Bedeutsam ist, dass in der nichtehelichen Gemeinschaft kaum Rechtsansprüche bestehen. Der Partnerschaftsvertrag[2224] muss also nicht wie der Ehevertrag Scheidungsfolgen ausschließen. Insoweit ist allenfalls der Verzicht auf die Ausgleichsansprüche wegen Zweckverfehlung oder Störung der Geschäftsgrundlage nach Trennung kritisch zu hinterfragen, wenn durch den Verzicht Zuwendungen oder Arbeitsleistung des Verzichtenden bei Trennung nicht mehr honoriert werden, obwohl die Vermögensmehrung beim anderen Partner eingetreten ist und dabei etwa wirtschaftliche Abhängigkeiten ausgenutzt wurden. Aber angesichts des Umstandes, dass die Rechtsprechung jahrelang solche Ansprüche verwehrt hatte, kann eine auf beiderseits freier Entscheidung beruhende **Abwahl dieser Ansprüche** sich kaum dem Vorwurf der Sittenwidrigkeit aussetzen. Klauseln über den höchstpersönlichen Bereich wie Treueverpflichtungen, Verpflichtungen zur Empfängnisverhütung, persönlichen Umgang etc. sind unverbindlich.[2225] Eine **salvatorische Klausel** sollte dafür sorgen, dass der Vertrag nicht gänzlich unwirksam wird.

Aufgrund mangelnder steuerlicher Privilegien ist bei allen Gestaltungen im Rahmen der nichtehelichen Lebensgemeinschaft eine **steuerliche Beratung dringend geboten**. Sie wird häufig dazu führen, dass Rechtsinstitute gewählt werden, die weniger schenkungsteueranfällig sind.

I. Partnerschaft auf Probe

Soweit die Partner zunächst auf Probe zusammenleben, aber keine Vermögensverflechtung vorliegt, sind Regelungen zu folgenden Punkten möglich:
- Wohnungsnutzung:
  - Mietverhältnis;
  - Regelung bei Trennung;
- Haushaltsgegenstände:
  - Einbringung;
  - Auseinandersetzung bei Trennung;
- Ausschluss von Ausgleichsansprüchen;
- Haftungsmaßstab;
- Definition der Trennung.

Dennoch wird bei einer bloßen Partnerschaft auf Probe ohne eine Vermögensverflechtung zumeist der Abschluss eines Partnerschaftsvertrages nicht erforderlich sein.[2226]

Geht die **Partnerschaft** auf Probe länger und **mündet** schließlich **in eine Ehe**, so ist darauf zu achten, dass der **Stichtag des Anfangsvermögens** nach § 1374 BGB häufig die wirtschaftliche Sachlage nicht

625

[2224] Muster für Partnerschaftsverträge befinden sich bei *von Proff zu Irnich*, Anwaltformulare Nichteheliche Lebensgemeinschaft, 2013.
[2225] MüKoBGB/*Wellenhofer* BGB Nach § 1302 Rn. 87.
[2226] *Grziwotz*, § 9 Rn. 26.

richtig erfasst. So wenn zuvor bereits Vermögensübertragungen stattgefunden haben, wenn auf dem Grundstück eines der Partner gebaut wird oder gemeinsame Kredite aufgenommen werden. In diesen Fällen ist es ratsam, bei Eheschließung den Stichtag entweder **vorzuverlegen** oder aber die **Höhe des Anfangsvermögens vertraglich zu definieren**.

II. Partnerschaft mit Vermögensverflechtung

626 Angesichts der neuen Rechtsprechung zu den Ausgleichsansprüchen bei Trennung stellt sich die Frage, ob die Partner bei diesem System verbleiben wollen oder ob die Partner für sich dieses **Ausgleichsregime abwählen** möchten, weil sie gerade durch die **Vermeidung einer Heirat** bzw. einer eingetragenen Lebenspartnerschaft eben **keine Rechtsansprüche** begründen wollen.[2227]

Bedenkt man die steuerlichen Folgen, so gilt es eigentlich noch weitergehend, eine **ungeregelte Vermögensverflechtung überhaupt zu vermeiden**, damit nicht Schenkungsteuern anfallen. Da passt es besser, wenn einzelne Investitionsvorgänge einer vertraglichen Regelung unterworfen werden, wenn etwa Zuwendungen **nicht** einfach als **gemeinschaftsbezogene Zuwendungen** erbracht, sondern zB als Darlehen[2228] gegeben werden mit einer Regelung zur Rückzahlung bei Trennung und Tod.

> **Hinweis: Vermögensverflechtungen** sind in der nichtehelichen Lebensgemeinschaft generell möglichst zu vermeiden, da sie **unerwünschte steuerliche Konsequenzen** haben. Stattdessen gilt es, im Einzelfall steuergünstige Verträge abzuschließen.

1. Vermögensregelungen

627 Bei Eintritt einer Vermögensverflechtung gibt es demnach vor allem folgende **Regelungsmöglichkeiten**:
- Begründung eines **Sondervertragsverhältnisses** wie Darlehen oder Miete zur Vermeidung insb. steuerlicher Nachteile bei unentgeltlichen Zuwendungen.
- Begründung eines **Gesellschaftsverhältnisses** ähnlich wie bei der Ehegattengesellschaft. Hier ist eine individuelle Regelung nach den Wünschen der Beteiligten möglich. Es kann etwa eine Beteiligung nach der Beitragsleistung geregelt werden, es kann eine Liquidationsregelung getroffen werden. Durch die beiderseitige Beteiligung werden ungeplante Zuwendungen weitgehend vermieden.
- **Ausschluss jeglicher Ausgleichsansprüche** insb. im Licht der neuen Rechtsprechung. Da diese eingreift, wenn ein Partner Zuwendungen getätigt hat, die in der Trennung beim anderen Partner verbleiben,

---

[2227] Muster einer „opting-out"-Klausel bei *Grziwotz*, §9 Rn. 16.
[2228] Zur steuerlichen Behandlung von Darlehen → Rn. 78 ff.; für nichteheliche Lebensgemeinschaften ist die Situation noch kritischer, da nur geringe Freibeträge und eine hohe Steuerklasse sofort hohe Zahlungen auslösen.

B. Der Partnerschaftsvertrag einer nichtehelichen Lebensgemeinschaft

obwohl der Zuwendende damit gerechnet hatte, an ihnen über die nichteheliche Lebensgemeinschaft auf Dauer zu partizipieren, will ein solcher Ausschluss gut überlegt sein.[2229]
– Stattdessen kommt auch in Betracht die **Liquidation im Falle der Trennung zu regeln** und eine Auseinandersetzungsregelung (bei Miteigentum) bzw. eine Abfindungsregelung (bei Alleineigentum) zu treffen. Solche Regelungen sollten stets die Trennung mit definieren, wobei es empfehlenswert ist, diese an rein formale Kriterien anzuknüpfen, wie etwa die Mitteilung der Trennung per Einschreibebrief.

Deutlich **abzuraten** ist von der **Errichtung eines dem Zugewinn ähnlichen Regimes**, das bei Besprechungen in der Praxis gelegentlich nachgefragt wird. Die Intensität an Regelungsnotwendigkeit übertrifft dann diejenige von Eheverträgen und steht in krassem Gegensatz zu dem Wunsch nach Nichtbindung. Selbst wenn eine Bindung eigentlich gewünscht wäre und nur rechtlich nicht möglich ist, etwa weil ein Partner noch verheiratet ist, sollte eine „Gütertrennungspartnerschaft" mit einer Regelung nur derjenigen Punkte, bei denen eine solche Trennung nicht durchzuhalten ist, vorgezogen werden.

2. Unterhalt

Wie berichtet, bestehen **gesetzliche Unterhaltsansprüche** nur gegenüber der Kindesmutter nach § 1615l BGB, die nun ähnlich beurteilt werden wie die ehelichen Ansprüche nach § 1570 BGB und die nicht verzichtbar sind, die sich allerdings allein nach dem Lebensstandard der Mutter richten.

628

Erleidet jemand über diesen Rahmen hinaus **gemeinschaftsbedingte Nachteile**, weil er – etwa für die Kindererziehung – seinen Beruf aufgibt, so stellt sich die Frage, ob hierfür vertraglich Vorkehrung getroffen werden kann.

Allein **aus** einer **langjährigen faktischen Unterhaltsgewährung** während der bestehenden nichtehelichen Lebensgemeinschaft kann nach ganz hM noch **nicht** auf das Vorliegen eines **konkludenten Unterhaltsvertrages** auch für die Zeit nach der Trennung geschlossen werden. Vereinzelt vertretene Ansätze hierzu[2230] widersprechen der Rechtsprechung, wonach bei der nichtehelichen Lebensgemeinschaft nicht abgerechnet wird und Ausgleichsansprüche allenfalls bei der Beteiligung an größeren Investitionen denkbar sind.[2231] Auch die Annahme einer Haftung kraft Vertrauenstatbestandes[2232] hat sich bisher nicht durchsetzen können.

Möglich wäre daher eine **vertragliche Begründung von Unterhaltsansprüchen**, sei es durch laufende monatliche Zahlungen nach Trennung, sei es durch eine Abfindung im Falle der Trennung.[2233] Da

---

[2229] Formulierungsbeispiel bei Münch/*Grziwotz*, Familienrecht, § 10 Rn. 68.
[2230] Vgl. die Nachweise bei MüKoBGB/*Wellenhofer* BGB Nach § 1302 Rn. 72.
[2231] *Schreiber* FPR 2010, 387.
[2232] So MüKoBGB/*Wellenhofer* BGB Nach § 1302 Rn. 72.
[2233] Hierzu *Grziwotz* FPR 2005, 156 f.

9. Teil. Nichteheliche Lebensgemeinschaften

gesetzliche Tatbestände nicht vorliegen, ist im Rahmen einer solchen Vereinbarung folgendes genau festzulegen:[2234]
- **Grund** für die Unterhaltszahlung (zB Kindesbetreuung, Krankheit etc.); dabei ist eine reine Kopie der Vorschriften des nachehelichen Unterhalts nicht empfehlenswert;
- **Beginn** der Unterhaltszahlung (zB mit Berufsaufgabe zu mehr als 30% bei Geburt eines Kindes);
- **Dauer** der Unterhaltszahlung (insb. Fortdauer nach Trennung);
- **Berechnungsgrundlagen** für die Höhe des Unterhaltes bzw. Vereinbarung einer festen, aber an die Geldentwertung angepassten Unterhaltshöhe;
- **Abänderungsmöglichkeiten**;
- **Verhältnis zu § 1615l BGB**, der nicht abdingbar ist;
- Gründe für die **Einschränkung** bzw. den **Wegfall** der Unterhaltszahlung nach Trennung (zB Heirat oder Eingehen einer neuen nichtehelichen Lebensgemeinschaft).

Mit Blick auf den möglichen **Schenkungscharakter** eines Unterhaltsvertrages nach §§ 516, 518 BGB und die Vorteile einer Zwangsvollstreckungsunterwerfung, wird von Anwaltsseite zu Recht wegen der fortbestehenden Zweifel eine **notarielle Beurkundung** empfohlen.[2235]

Hinweis: Bei allen Unterhaltsvereinbarungen muss bedacht werden, dass sie schenkungsteuerlich relevant sind und sehr schnell zur Steuerpflicht führen.[2236]

Wegen der steuerlichen Folgen wird eine solche Vereinbarung in der Praxis sehr selten getroffen.[2237]

3. Altersversorgung

629   Auch im Hinblick auf die Altersvorsorge bestehen **keine gesetzlichen Ansprüche**. Eine Regelung kann dann erforderlich sein, wenn ein Partner **gemeinschaftsbedingte Nachteile** erleidet, vor allem durch Kindererziehung und Pflege, **wenn** diese **nicht rentenrechtlich** – etwa durch die Anrechnung von Kindererziehungszeiten – **kompensiert** werden.
Zur **Absicherung** kommt vor allem der Abschluss einer **Lebensversicherung** auf Rentenbasis oder mit Rentenwahlrecht in Betracht. Die Möglichkeit der **Vereinbarung eines rein schuldrechtlichen Versorgungsausgleichs**, dh eines Ausgleichs nach Scheidung entsprechend

---

[2234] *Ehinger* FPR 2001, 25 (28).
[2235] *Schreiber* FPR 2010, 387 (389); nicht für formbedürftig hält *Grziwotz*, § 24 Rn. 9 eine Unterhaltsvereinbarung.
[2236] Sie hierzu → Rn. 638 f.
[2237] Formulierungsvorschläge bei: *Ehinger* FPR 2001, 25 (28); *Grziwotz*, § 24 Rn. 20 f.

B. Der Partnerschaftsvertrag einer nichtehelichen Lebensgemeinschaft

§§ 20 ff. VersAusglG,[2238] wird sich in den allermeisten Fällen als viel **zu kompliziert** erweisen. Wird eine solche Rentenabsicherung vereinbart, so ist vor allem folgendes zu regeln:
- Bestimmung der **Absicherungsform** (zB Lebensversicherung mit Rentenwahlrecht);
- **Höhe** der Einzahlung oder Höhe des Zielbetrages der Versorgung;
- **Beginn** der Zahlungspflicht (zB Ablauf der anzuerkennenden Kindererziehungszeiten);
- **Ende** der Zahlungspflicht, insb. ob nach Trennung eine Weiterzahlung zu erfolgen hat, ggf. auch Abstellen auf ein bestimmtes Alter der zu betreuenden Kinder.

Steuerlich ist wie auch bei Unterhaltszahlungen sorgfältig zu prüfen, ob die Vereinbarung eine **Schenkungsteuerpflicht** begründet.[2239]

4. Erbrechtliche Regelungen

Während der Abschluss von Partnerschaftsverträgen in der nichtehelichen Lebensgemeinschaft nur bei entsprechendem Bedarf aufgrund gemeinschaftsbedingter Nachteile abgeschlossen werden wird, ist eine **erbrechtliche Regelung** für die dauerhafte nichteheliche Lebensgemeinschaft von **überragender Bedeutung**. Das resultiert daraus, dass die nichtehelichen Lebenspartner untereinander **keinerlei gesetzliches Erbrecht** haben.[2240]

630

> **Hinweis:** Ohne eine letztwillige Verfügung hat der Partner einer nichtehelichen Lebensgemeinschaft kein gesetzliches Erbrecht, sodass der gesamte Nachlass an die Verwandtschaft des Erstversterbenden fällt.

Eine Einschränkung der Testiermöglichkeiten durch die frühere Rechtsprechung zur Sittenwidrigkeit des Geliebtentestamentes ist heute nicht mehr zu befürchten.[2241] Wichtig ist die Beachtung von **Pflichtteilsrechten** insb. der Eltern und von **Bindungswirkungen** früherer Erbverträge. Es kann insoweit für die erbrechtliche Situation auf die Ausführungen zu den Erbrechtsproblemen der Patchworkfamilie verwiesen werden.[2242]

Schwierig werden erbrechtliche Gestaltungen vor allem durch die steuerrechtlichen Umstände. Da die nichteheliche Lebensgemeinschaft nicht über steuerliche Privilegien verfügt, fällt auf die gegenseitige Erbfolge eine hohe Steuer an.

631

[2238] Formulierungsvorschlag bei *Grziwotz*, § 25 Rn. 72.
[2239] Hierzu → Rn. 638 f.
[2240] Die Diskussion um die analoge Anwendung des Voraus und des Dreißigsten behandelt nur Randbereiche, *Grziwotz*, § 29 Rn. 2 f.; vgl. zusammenfassend *Grziwotz* MDR 2018, 833 ff., 907 ff.
[2241] Ausführlich hierzu *Grziwotz*, § 30 Rn. 34 f.; *von Dickhut-Harrach*, Erbfolge, § 50 Rn. 20 f.
[2242] Siehe hierzu → Rn. 580 ff.

9. Teil. Nichteheliche Lebensgemeinschaften

Folgende **Ratschläge zur Minimierung einer erbschaftsteuerlichen Belastung** lassen sich geben:
- **Vermeidung eines „Berliner Testamentes"**: Bei der gegenseitigen Erbeinsetzung hinsichtlich des Gesamtvermögens fällt auf dieses hohe Erbschaftsteuer an. Bei der Schlusserbfolge wird dann – sofern keine eigenen Kinder vorhanden sind – erneut Erbschaftsteuer fällig. Sinnvoll sind eher vermächtnisweise Zuwendungen in dem Rahmen, der wirklich benötigt wird. **Einzelne Vermächtnisse** erhalten die Möglichkeit zur Ausschlagung des einen und Annahme des anderen, während die teilweise Ausschlagung eines Vermächtnisses nach § 2180 Abs. 3 BGB, § 1950 BGB nicht möglich ist.
- **Begünstigung gemeinsamer Kinder** mit Zuwendung nur des „Lebensnotwendigen" an den Partner wie zB Wohnungsrecht, Mobiliar oder Grundstock an Geldvermögen.
- **Vorabzuwendungen** im Rahmen der steuerlichen Freibeträge alle 10 Jahre.
- Sofern möglich, **Umwandlung** des Vermögens **in ein Betriebsvermögen** und Ausnutzung der Befreiungsmöglichkeiten, die nach § 19a ErbStG auch für nicht nahe Verwandte bestehen.
- **Ausnutzung** möglicher sachlicher **Steuerbefreiungen** nach § 13 ErbStG.

Beachtung verdient der Umstand, dass die Ansprüche, die anlässlich der Beendigung einer nichtehelichen Lebensgemeinschaft entstehen können, beim Tod eines Partners vererblich sein können. Wenn dies ausgeschlossen sein soll, so ist eine ausdrückliche Regelung anzuempfehlen.

Hinweis: Bestehende **Ausgleichsansprüche einer nichtehelichen Lebensgemeinschaft** oder **gesellschaftsrechtliche Ansprüche** anlässlich der Beendigung der Lebensgemeinschaft (auch der Tod bewirkt ein solches Ende) **vererben sich** beim Tod eines Partners. Soll dies ausgeschlossen sein, so ist eine ausdrückliche Regelung entweder in dem zugrunde liegenden Rechtsverhältnis (zB Gesellschaftsvertrag) oder ein entsprechender Erlass (etwa einer Darlehensrückzahlung) als Vermächtnis im Testament vorzusehen.

Sofern die letztwilligen Verfügungen mit Bindungswirkung **in der Form eines Erbvertrages** geschlossen werden, ist darauf zu achten, dass ein **Rücktrittsrecht** vorgesehen wird, weil bei einer Trennung der Partner sonst der Vertrag bindend bleibt, nachdem § 2077 BGB keine Anwendung findet. Das Rücktrittsrecht sollte ein **freies** und nicht durch die – kaum nachweisbare – Trennung bedingtes sein.

III. Vollmachten

632 Ebenso wichtig ist für die Partner einer nichtehelichen Lebensgemeinschaft die Erteilung von **wechselseitigen Vorsorgevollmachten**. Da die Betreffenden nicht als Angehörige oder Ehegatten eingestuft werden können, haben sie sonst insb. im Falle einer Krankheit keinerlei Rechte. Daher empfiehlt sich die Erteilung einer umfassenden Vorsor-

C. Die nichteheliche Lebensgemeinschaft im Steuerrecht

gevollmacht, schon um gerichtliche Betreuungen zu vermeiden, gleich ob diese an die Verwandtschaft oder an Berufsbetreuer vergeben wird. Regelungsbedürftig ist möglicherweise auch die **Totenfürsorge**. Da die Vollmacht von ihrem Inhalt nicht von derjenigen von Ehegatten abweicht, sei insoweit auf die allgemeine Darstellung der Vorsorgevollmachten verwiesen.[2243]

C. Die nichteheliche Lebensgemeinschaft im Steuerrecht

Es gilt der **Grundsatz, dass das Steuerrecht keine Regelungen für die nichteheliche Lebensgemeinschaft enthält**, sodass diese keinerlei Privilegien genießt, aber auch nicht etwaigen Einschränkungen für nahestehende Personen unterliegt. Im Einkommensteuerrecht bestehen jedoch einige Besonderheiten. Der Begriff der nichtehelichen Lebensgemeinschaft wird hier einheitlich gebraucht und umfasst auch die Gemeinschaft gleichgeschlechtlicher Personen. Das wirkt sich im Einzelnen so aus: 633

I. Einkommensteuer

1. Splittingtarif

Die eheähnliche Gemeinschaft wird bei der Besteuerung nicht berücksichtigt. Insbesondere können die Partner einer nichtehelichen Lebensgemeinschaft **keine Zusammenveranlagung** beantragen und **nicht in den Genuss des Splittingtarifs** kommen.[2244] Der BFH hat mehrfach entschieden – auch nach der Diskussion über die eingetragene Lebenspartnerschaft –, dass dies verfassungsgemäß ist.[2245] Auch das BVerfG hat dies bestätigt.[2246] 634

2. Unterhaltsleistungen

Unterhaltsleistungen an einen **in Haushaltsgemeinschaft lebenden mittellosen Partner einer nichtehelichen Lebensgemeinschaft** sind nach §33a Abs. 1 S. 3 EStG und bei Vorliegen der dort genannten weiteren Voraussetzungen[2247] (zB nur geringes Vermögen, Minderung bei eigenen Einkünften über 624,– EUR) als **außergewöhnliche Belastung abziehbar**. Zwar besteht keine gesetzliche Unterhaltspflicht. Der 635

[2243] Hierzu → Rn. 647 f.
[2244] Zur Alternative eines Familiensplittings: *Jachmann/Liebl* DStR 2010, 2009.
[2245] BFH – III R 205/82, NJW 1990, 734; BFH – III B 52/11, BeckRS 2012, 95112 = BFH/NV 2012, 1125; *List* DStR 1997, 1101 (1102).
[2246] BVerfG – 1 BvR 620/78, NJW 1983, 271.
[2247] Nach FG München – 8 K 975/06, BeckRS 2008, 26027986, ist das Gebot der Besteuerung nach der Leistungsfähigkeit nicht dadurch verletzt, dass Unterhalt nur unter den weiteren Voraussetzungen des §33a EStG steuerlich abzugsfähig ist.

9. Teil. Nichteheliche Lebensgemeinschaften

Gesetzgeber hat aber mit dieser Vorschrift den gesetzlichen Unterhaltsberechtigten diejenigen gleichgestellt, für die zum Unterhalt bestimmte öffentliche Mittel mit Rücksicht auf die Unterhaltszahlung gekürzt werden. Das aber ist bei einer **Bedarfsgemeinschaft iSd §7 SGB II, 20 SGB XII**, wo auch ausdrücklich die „lebenspartnerschaftsähnliche Gemeinschaft" erwähnt ist, der Fall.

Ferner hat der BFH entschieden, dass Unterhaltsleistungen des Steuerpflichtigen **für seinen bedürftigen ausländischen Lebenspartner nach §33a Abs. 1 S. 2 EStG** als außergewöhnliche Belastung **abziehbar** sein können, **wenn** der Partner **bei Inanspruchnahme von Sozialhilfe** damit rechnen müsste, **keine Aufenthaltsgenehmigung** zu erhalten und ausgewiesen zu werden.[2248]

Dabei ist bei der Abziehbarkeit von Unterhaltsleistungen **keine Opfergrenze** zu beachten. Dies ist nach der Rechtsprechung bei der Berücksichtigung von Unterhaltsleistungen zwar grundsätzlich zu berücksichtigen, weil sie auf dem Gedanken beruht, dass dem Steuerpflichtigen ein gewisser Selbstbehalt zusteht. Im Rahmen einer sozialrechtlichen Bedarfsgemeinschaft ist dies aber nicht der Fall, sodass hier von einer **gleichmäßigen Verteilung der Mittel** zwischen dem verdienenden und dem bedürftigen Partner auszugehen ist.[2249] Der abziehbare Betrag berechnet sich so, dass von dem beiderseits zur Verfügung stehenden Nettobetrag der **Mindestunterhalt** der im Haushalt lebenden **Kinder** nach §1612a Abs. 1 BGB **abgezogen** und sodann die Differenz aufgeteilt wird. Der Betrag wird ferner durch die **Höchstgrenze** des §33a Abs. 1 S. 1 EStG begrenzt, das sind derzeit **9.408,– EUR**. Zusätzlich fallen ggf. Beträge für die Basisvorsorge an.[2250]

Unterhaltszahlungen können ferner **nach §33 EStG** als **außergewöhnliche Belastungen** abziehbar sein, wenn die dort genannten Voraussetzungen vorliegen. Entscheidend ist dabei, ob sie dem Steuerpflichtigen zwangsläufig erwachsen isd §33 Abs. 2 S. 1 EStG. Hierzu ist entschieden, dass allein das Bestehen der nichtehelichen Lebensgemeinschaft noch nicht zur **Zwangsläufigkeit** führt, wohl aber **gewichtige Umstände wie Betreuung gemeinsamer Kinder oder Pflegedienste, die zu einer gemeinschaftsbedingten Bedürftigkeit führen**.[2251]

3. Keine Angehörigen nach §15 AO

636 Partner einer nichtehelichen Lebensgemeinschaft sind keine Angehörigen im steuerrechtlichen Sinne des §15 AO. Daher gelten für **Verträge**, die sie miteinander schließen, nach der Rechtsprechung des BFH **nicht die verschärften Bestimmungen**, wie sie die Rechtsprechung **für**

[2248] BFH – III R 23/05, DStRE 2006, 1455.
[2249] BFH – III R 23/07, NJW 2009, 622; BFH – VI R 64/08, NJW 2010, 1838.
[2250] Hierzu BMF 7.6.2010, BeckVerw 238895.
[2251] BFH – III R 102/87, NJW 1990, 2712; BFH – III R 3/99, DStRE 2001, 1091; Schmidt/*Loschelder* EStG §33 Rn. 90 „Lebensgemeinschaft".

C. Die nichteheliche Lebensgemeinschaft im Steuerrecht

nahe Angehörige aufstellt.[2252] So sollen etwa auch die **Beschränkungen**, welche die Rechtsprechung an die Gewinnbeteiligung von **Angehörigen** im Rahmen einer **typisch stillen Gesellschaft** aufstellt, auf nichteheliche Lebensgemeinschaften **nicht anwendbar** sein.[2253]
Allerdings kommt eine **verdeckte Gewinnausschüttung** auch bei Ausschüttung an einen nichtehelichen Lebenspartner in Betracht. Der BFH hat hierzu im Zusammenhang mit der Hinterbliebenenversorgung der **nichtehelichen Lebensgefährtin** eines Geschäftsführers entschieden, dass diese steuerlich nach denselben Grundsätzen zu behandeln ist, **wie bei unterhaltsberechtigten Angehörigen**.[2254]
Mietverträge zwischen Partnern einer nichtehelichen Lebensgemeinschaft in Bezug auf die „Partnerschaftswohnung" werden allerdings von der Rechtsprechung **nicht anerkannt**, da insoweit die persönlichen Beziehungen und nicht der Mietvertrag die Grundlage für das Bewohnen seien;[2255] dies gilt auch beim Vermieten einzelner Räume innerhalb der Wohnung.[2256]

4. Sonstiges

Eine **doppelte Haushaltsführung** kann **auch bei einer nichtehelichen Lebensgemeinschaft** gegeben sein. So hat der BFH[2257] ausgeführt: 637

> Ein eigener Hausstand iSd § 9 Abs. 1 S. 3 Nr. 5 EStG erfordert, dass er vom Arbeitnehmer aus eigenem oder abgeleitetem Recht genutzt wird; eine Wohnung wird auch dann aus abgeleitetem Recht genutzt, wenn diese zwar allein vom Lebenspartner des Steuerpflichtigen angemietet wurde, der Steuerpflichtige sich aber mit Duldung seines Partners dauerhaft dort aufhält und sich finanziell in einem Umfang an der Haushaltsführung beteiligt, dass daraus auf eine gemeinsame Haushaltsführung geschlossen werden kann.

Bei der Steuerermäßigung für **haushaltsnahe Beschäftigungsverhältnisse** nach § 35a EStG können Partner einer nichtehelichen Lebensgemeinschaft, die in einem Haushalt leben, die Höchstbeträge nur einmal in Anspruch nehmen **(Höchstbetragsgemeinschaft)**.[2258]
Der Partner der nichtehelichen Lebensgemeinschaft, welcher im Haushalt lebt, wurde als Haushaltshilfe nicht anerkannt.[2259] Teilweise wird dies noch heute damit begründet, dass der in den Haushalt aufgenommene Lebenspartner die Haushaltsführung auf familienrechtlicher

---

[2252] BFH – IV R 225/85, NJW 1988, 2135; BFH – GrS 1/88, NJW 1990, 853 (855); FG Niedersachsen.
[2253] *Grziwotz*, § 19 Rn. 107.
[2254] BFH – I R 90/99, DStR 2001, 392.
[2255] BFH – IX B 115/04, BeckRS 2005, 25007478 = BFH/NV 2005, 703; vgl. auch R 21.4. EStR 2012.
[2256] FG Nürnberg – IV 311/2003, BeckRS 2006, 26021489.
[2257] BFH – VI R 165/97, DStR 2000, 2182.
[2258] Schmidt/*Krüger* EStG § 35a Rn. 29.
[2259] BFH – III R 27/91, NJW-RR 1998, 652.

9. Teil. Nichteheliche Lebensgemeinschaften

Grundlage erbringe.[2260] Der BFH hat aber ausgesprochen, im Grundsatz könne auch der Partner einer nichtehelichen Lebensgemeinschaft **hauswirtschaftlich beschäftigte Person** sein. Dies gelte nur dann **nicht**, wenn die Tätigkeit in der **Betreuung des eigenen Kindes** bestehe.[2261] Die Finanzverwaltung vertritt insoweit eine restriktive Haltung und will nur „behinderungsbedingte Mehraufwendungen" gegenüber einem mindestens zu 50% Behinderten anerkennen.[2262]

Nach FG Düsseldorf können die Partner einer nichtehelichen Lebensgemeinschaft, die mit einem gemeinsamen Kind einen Haushalt führen, **doppeltes Baukindergeld** nach §§ 34f. Abs. 3 EStG verlangen.[2263]

II. Erbschaft- und Schenkungsteuer

1. Steuerklasse und Freibeträge

638 Der Grundsatz ist, dass Partner einer **nichtehelichen Lebensgemeinschaft** im Erbschaftsteuerrecht **wie Fremde** behandelt werden, sodass sie in die schlechteste **Steuerklasse III** eingeordnet sind und nur den **allgemeinen Freibetrag von 20.000,- EUR** nach § 16 Abs. 1 Nr. 7 ErbStG in Anspruch nehmen können. Das hat das BVerfG gebilligt.[2264]

Hinweis: Wegen der fehlenden schenkungsteuerlichen Privilegierung **ist bei allen Zuwendungen** zwischen Partnern einer nichtehelichen Lebensgemeinschaft **Vorsicht geboten**. Es ist **nach steuerlicher Beratung auf Gestaltungen auszuweichen,** die nicht unentgeltlich sind.

Auch wenn die Zuwendungen zivilrechtlich als **gemeinschaftsbezogene Zuwendungen** anzusehen sein sollten, so geht das Steuerrecht von einer unentgeltlichen Zuwendung aus.[2265]

2. Unterhaltszahlungen

639 Ein **Unterhaltsversprechen**. Die Gewährung von Unterhalt über die gesetzliche Unterhaltspflicht hinaus kann auch dann der Schenkungsteuer unterliegen, wenn sie zum Ausgleich gemeinschaftsbedingter Nachteile erfolgt.[2266] Das macht die Rechtsprechung des BFH zu Ehegattenzuwendungen deutlich, welche die – familienrechtlich gebotene – Kompensation für einen Unterhaltsverzicht oder den Verzicht auf Zugewinn der Schenkungsteuer unterwerfen will.[2267] Eine Ansicht, die

---

[2260] Blümich/*Erhard* EStG § 35a Rn. 13.
[2261] BFH – XI R 120/96, DStR 1999, 1689.
[2262] BMF, DStR 2001, 1660 und BStBl. I 1990, 147.
[2263] FG Düsseldorf – 7 K 1662/00E, DStRE 2002, 1511.
[2264] BVerfG – 1 BvR 171/89, NJW 1990, 1593.
[2265] BFH – II R 25/12, ZEV 2014, 267f.
[2266] *Grziwotz* FPR 2005, 156 (159).
[2267] BFH – II R 12/06, DStRE 2007, 1516 = ZEV 2007, 500 m. Anm. *Münch*; BFH – II R 53/05, DStR 2008, 348.

C. Die nichteheliche Lebensgemeinschaft im Steuerrecht

nicht mit den familienrechtlichen Gegebenheiten harmoniert.[2268] Sogar unter Ehegatten sollen **unterhaltsverstärkende Vereinbarungen schenkungsteuerlich relevant** sein.[2269] Deutlich zu optimistisch erscheinen hier familienrechtliche Stimmen, die von einem Ausgleich beiderseitiger Leistungen (zB durch Haushaltsführung etc.) ausgehen und nur die Mehrleistung für schenkungsteuerbar halten.[2270] Das wäre wünschenswert, entspricht aber nicht der Linie der BFH-Rechtsprechung.

Der BFH[2271] führt vielmehr aus, dass die **Eingehung einer nichtehelichen Lebensgemeinschaft** gerade **keine Gegenleistung** für eine Zuwendung darstellt:

„... kann die Eingehung einer nichtehelichen Lebensgemeinschaft auch nicht in Geld veranschlagt werden und muss daher nach § 7 Abs. 3 ErbStG bei der Feststellung, ob eine Bereicherung des Empfängers der Zuwendung vorliegt, unberücksichtigt bleiben."
Auch können. „ein Verzicht ... auf Ansprüche gegen [den Partner] ... und die Einschränkung ihrer Berufstätigkeit deshalb nicht als die Freigiebigkeit ausschließende Gegenleistungen ... angesehen werden, weil [der Partner] hiervon keinen schenkungsteuerlich zu berücksichtigenden, in Geld zu veranschlagenden Vorteil (§ 7 Abs. 3 ErbStG) hatte."

Das entspricht der Rechtsprechung, die der BFH auch bei Ehegatten entwickelt hat.[2272]

§ 13 Abs. 1 Nr. 12 ErbStG stellt Zuwendungen unter Lebenden zum Zwecke des angemessenen Unterhalts des Bedachten von der Schenkungsteuer frei. Diese Vorschrift kann gerade auf die nichteheliche Lebensgemeinschaft Anwendung finden, bei der keine gesetzlichen Unterhaltsansprüche bestehen.[2273] Voraussetzungen der Anwendbarkeit der Vorschrift sind also folgende:[2274]

640

– **kein gesetzlicher Unterhaltsanspruch;**
– **Unterhaltsbedürftigkeit;**
– **Laufende Unterhaltszahlungen**; Unterhalt ist nicht die Finanzierung von Immobilieneigentum, da solches – auch in einer Ehe – unterhaltsrechtlich nicht geschuldet ist.[2275] Nicht begünstigt ist grds. die Zuwendung einer lebenslangen Unterhaltsrente durch eine Unterhaltsvereinbarung. Diese kann aber nach der Rechtsprechung des BFH[2276] ausnahmsweise unter § 13 Abs. 1 Nr. 12 ErbStG fallen,

---

[2268] Kritisch zu dieser Rechtsprechung *Münch* DStR 2008, 26; *Münch* FPR 2012, 302 f.; *Von Oertzen* FamRZ 2010, 1785 f.
[2269] *Von Oertzen* FamRZ 2010, 1785 (1791).
[2270] *Ehinger* FPR 2001, 25 (29).
[2271] BFH – II R 25/12, ZEV 2014, 267 Tz. 19.
[2272] BFH – II R 59/92, DStR 1994, 615.
[2273] TGJG/*Jülicher* ErbStG § 13 Rn. 137.
[2274] *Meincke/Hannes/Holtz* ErbStG § 13 Rn. 60 f.
[2275] *Schlünder/Geißler* ZEV 2007, 64 (67).
[2276] BFH – III 87/54, BeckRS 1954, 21006433 = BStBl. 1954 III, 282.

9. Teil. Nichteheliche Lebensgemeinschaften

„wenn von vorneherein feststeht, dass der Bedachte wegen seines hohen Alters und seiner Vermögenslosigkeit keine Aussicht mehr hat, Einkommen zu beziehen und aus eigenen Mitteln seinen Lebensunterhalt bestreiten zu können und auch kein Anhalt dafür besteht, dass sich seine wirtschaftlichen Verhältnisse in Zukunft wesentlich verbessern werden oder können."

– **in angemessenem Rahmen**, sodass sie den Vermögensverhältnissen und der Lebensstellung des Bedachten entsprechen. Wie ein Zitat aus einem älteren BFH-Urteil[2277] zeigt, kann dies insgesamt eine durchaus beachtliche Höhe erreichen:

„Dem steht nicht entgegen, dass diese Unterhaltszahlungen infolge der langjährigen Dauer des Verhältnisses in ihrer Gesamtheit eine beachtliche Höhe erreicht haben. Entscheidend ist vielmehr, dass die Unterhaltsleistungen das angemessene Maß nicht überstiegen haben. Das wäre selbst dann nicht der Fall, wenn man von Zahlungen in Höhe von … monatlich ausgeht. Denn in den solcher Betrag entspricht nach den allgemeinen Verhältnissen der Jahre … den **Verdienstmöglichkeiten und den Lebenshaltungskosten** einer alleinstehenden Arbeiterin, zu denen außer den üblichen Aufwendungen für Nahrung, Wohnung und Kleidung auch die Bildung einer bescheidenen Rücklage zur Sicherung gegen die Wechselfälle des Lebens gehört."

Geht man davon aus, so könnte durchaus ein durchschnittlicher Monatslohn zugewendet werden. Dennoch wäre insoweit zur Vorsicht zu raten, denn es scheint, dass die Auffassung zumindest der Finanzverwaltung durchaus engherziger ist.

3. Darlehen

641 **Zinslose oder zinsverbilligte Darlehensgewährung.** Die Gewährung eines unverzinslichen Darlehens stellt sich ebenfalls als gemeinschaftsbezogene Zuwendung dar, die der Schenkungsteuer unterliegt.[2278] Nach § 13 Abs. 2 BewG ist der Kapitalwert einer wiederkehrenden Nutzung oder Leistung, die auf eine unbestimmte Zeit vereinbart ist, immerhin mit dem **9,3 fachen Jahreswert** anzusetzen.[2279] § 15 BewG legt diesen Jahreswert mit **5,5 %** fest. Wirtschaftlich ist daher über die Hälfte der zinslos gewährten Darlehenssumme als geschenkt anzusehen.

Gegen vereinzelte Stimmen der Finanzverwaltung[2280] hat der **BFH** auch bei einer großen Entfernung des Marktzinssatzes vom Zinssatz des BewG keine Erleichterung gewährt. Der BFH hat nämlich zum Maßstab nicht den erreichbaren Anlagezins für Darlehensgeber angenommen, der derzeit nur knapp über 0 % liegt, sondern den vom Schuldner zu zahlenden Darlehenszins, den er bei einem unbesicherten Darlehen nicht niedriger sah als die gesetzlichen **5,5 %**.[2281]

[2277] BFH – II 180/62, BeckRS 1964, 21007089 = HFR 1965, 164.
[2278] Hierzu kann auf die eingehende Darstellung des Ehegattendarlehens verwiesen werden, → Rn. 78.
[2279] Bei einer Vereinbarung der Zinslosigkeit auf Lebenszeit greifen nach § 14 BewG die Vervielfältiger der Sterbetafeln.
[2280] FMBW, DStR 2000, 204.
[2281] BFH – II R 25/12, ZEV 2014, 267.

C. Die nichteheliche Lebensgemeinschaft im Steuerrecht

Hinweis: Bei einem unverzinslichen Darlehen hält der BFH trotz derzeit niedrigem Zinsniveau an einer Bewertung des zugewendeten Zinsvorteils mit jährlich 5,5% fest. Allenfalls bei bankmäßiger Besicherung könnte man für einen niedrigeren Satz plädieren.

Ein koordinierter Ländererlass[2282] **lässt es nunmehr zu**, dass der Steuerpflichtige einen **niedrigeren marktüblichen Zinssatz** für vergleichbare Darlehen (Laufzeit, Besicherung etc.) eines Kreditinstituts **nachweist**. Der Nutzungsvorteil ist dann danach bzw. bei niedrig verzinslichen Darlehen aus der Differenz zu bemessen.

Wird das **Darlehen** nicht zinslos vereinbart, sondern **mit einem niedrigen Zinssatz**, so kann die Differenz zwischen dem niedrigen Satz und 5,5% auch zur Schenkungsteuer führen. Der BFH hat dies jüngst ausdrücklich ausgesprochen, allerdings mit der Einschränkung „wenn kein anderer Wert feststeht", was einen Gegenbeweis zulässt.[2283] Der BFH ist der Ansicht, es sei nicht auf § 12 BewG abzustellen, sondern auf § 15. Ländererlasse zur Bewertung[2284] gehen allerdings davon aus, dass eine vom Nennwert abweichende Bewertung einer Kapitalschuld erst dann veranlasst ist, wenn der Zinssatz unter 3% liegt und das Darlehen noch mindestens 4 Jahre läuft. Angesichts des derzeitigen Zinsniveaus lässt sich daher gut vertreten, dass bei einer Verzinsung **ab 3% und einer mindestens 4jährigen Laufzeit sowie einer bankmäßigen Besicherung eine Schenkung nicht mehr vorliegt**.[2285]

Der **spätere Erlass des Darlehens** ist als erneute Schenkung zu begreifen.

4. Immobilienfinanzierung

In der Praxis häufig sind Fälle, bei denen die Partner einer nichtehelichen Lebensgemeinschaft Miteigentümer einer Immobilie sind und **einer** von ihnen **Zins und Tilgung** leistet oder **überwiegend leistet**, während der andere den Haushalt führt und andere Leistungen für die Gemeinschaft erbringt.

Da diese Leistungen von der Rechtsprechung nicht in Geld veranschlagt werden, führt die obengenannte **Fallgestaltung grds. zur Steuerbarkeit der Zahlungen**.[2286]

Eine solche Steuerbarkeit wäre jedoch dann ausgeschlossen, wenn der zahlende Partner trotz seiner Zahlungen einen **Ausgleichsanspruch** auf Ausgleich der Überzahlungen behalten würde, den er später realisieren könnte. Ein solcher Ausgleichsanspruch, der einer Schenkung entgegensteht, wurde in einem vereinzelt gebliebenen Judikat des FG

[2282] Landesamt für Steuern Bayern, DStR 2018, 1127; Finanzministerium Schleswig-Holstein, BeckVerw 353756.
[2283] BFH – II R 37/09, DStRE 2011, 163, Rn. 19.
[2284] Gleichlautende Ländererlasse vom 7.12.2001, BStBl. I 2001, 1041; ebenso R B 12.1. Abs. 2 S. 1 ErbStR 2019.
[2285] So TGJG/*Gebel* ErbStG § 7 Rn. 32.
[2286] Detailliert *Schlünder/Geißler* ZEV 2007, 64 ff.

9. Teil. Nichteheliche Lebensgemeinschaften

München[2287] im Anspruch auf Gesamtschuldnerausgleich nach §426 Abs. 2 BGB gesehen. Jedoch dürfte dies nicht zutreffend sein, da – wie in der Ehe auch – während bestehender Beziehung eine Absprache bestand, dass im Innenverhältnis alleine der zahlende Partner leisten solle, ohne dass er einen Gesamtschuldnerinnenausgleich herbeiführen kann.

Nun kommt aber darüber hinaus noch der **Ausgleichsanspruch aus gemeinschaftsbezogener Zuwendung nach §313 BGB bzw. §812 BGB** in Betracht, den der BGH seit 2008 entwickelt hat.[2288] Aus Folgeurteilen des BGH ergibt sich, dass sich diese Ansprüche auch auf das selbstbewohnte Einfamilienhaus erstrecken können.[2289] Insoweit kann das Beibehalten dieses Anspruchs auf Ausgleich durchaus **gegen eine Schenkungsteuer ins Feld geführt** werden. Allerdings besteht ein solcher Ausgleichsanspruch nach dem zuletzt zitierten Urteil nicht, wenn die **Darlehenszahlungen** für das Haus des anderen Partners nicht deutlich über eine **Miete** hinausgehen, die für vergleichbaren Wohnraum zu zahlen wäre.

Es ist also im **Einzelfall** zu prüfen, ob ein solcher Anspruch besteht und ob er bei **Trennung** und bei **Tod** eines Partners „eingelöst" werden kann. Falls er nur bei Trennung bestünde, so wäre jedenfalls beim Tod eines Partners die Zuwendung endgültig unentgeltlich.

Hinweis: Ein fortbestehender Ausgleichsanspruch vermag eine Schenkung zu verhindern.

Aus der Entscheidung, **Zahlungen bis zur Miete ausgleichsfrei** zu lassen, müsste **umgekehrt** eigentlich zu folgern sein, dass **Zahlungen, welche diese Miete nicht überschreiten, nicht als steuerbare unentgeltliche Zuwendung anzusehen** sind, sondern dass dafür das unentgeltliche Wohnen als vermögenswerte Gegenleistung anzusehen ist. Die Finanzgerichtsbarkeit sollte ihre Ansicht, dass die Nutzung nicht als Gegenleistung anzusehen ist,[2290] aufgrund dieser Rechtsprechung überdenken.

5. Steuerfreistellungen

643   Weitere **Steuerfreistellungen nach §13 ErbStG**, die für die nichteheliche Lebensgemeinschaft fruchtbar gemacht werden könnten sind:
– §13 Abs. 1 **Nr. 1** c) ErbStG: die Freistellung von Zuwendungen von **Hausrat** einschließlich Wäsche und Kleidungsstücken bis zu 12.000,– EUR.

[2287] FG München – 4 V 2881/05, BeckRS 2006, 26020896 = EFG 2006, 686.
[2288] Hierzu → Rn. 617 ff.
[2289] BGH – XII ZR 132/12, NJW 2013, 2187.
[2290] FG Rheinland-Pfalz – 4 K 1975/01, DStRE 2003, 1347; FG Rheinland-Pfalz – 4 K 1859/06, BeckRS 2008, 26027662, die hierzu ergangene Revisionsentscheidung des BFH – II R 37/09, DStRE 2011, 163, musste darauf nicht mehr eingehen.

C. Die nichteheliche Lebensgemeinschaft im Steuerrecht

- § 13 Abs. 1 Nr. 9 ErbStG: Zuwendung von bis zu 20.000,– EUR – auch zu Lebzeiten[2291] – an **Personen**, die dem Zuwendenden unentgeltlich oder gegen unzureichendes Entgelt **Pflege** oder Unterhalt gewährt haben, soweit die Zuwendung als angemessenes Entgelt anzusehen ist.
- § 13 Abs. 1 Nr. 9a ErbStG: Geldzuwendungen unter Lebenden, die eine **Pflegeperson** für Leistungen zur Grundpflege oder hauswirtschaftlichen Versorgung vom Pflegebedürftigen erhält, bis zur Höhe des Pflegegeldes nach § 37 SGB XI.
- § 13 Abs. 1 Nr. 14 ErbStG: die **üblichen Gelegenheitsgeschenke**; da hier eine relative Betrachtungsweise angewendet wird, können je nach den Lebensumständen auch größere Zuwendungen erfolgen.[2292] Die Einzelheiten sind heftig umstritten.[2293] Das FG Hamburg[2294] will die gemeinsame Teilnahme an einer Luxuskreuzfahrt (5 Monate, Kosten 500.000,– EUR mit 45.000,– EUR Nebenkosten), die ein Partner bezahlt, als nicht schenkungsteuerpflichtig ansehen. Der BFH[2295] muss darüber in der nächsten Instanz noch entscheiden.

Ehepartnern vorbehalten bleiben hingegen die Steuerfreistellungen für das eigenbewohnte Familienheim nach § 13 Abs. 1 Nr. 4a und 4b ErbStG.[2296]

6. Sonstiges

Problematisch sind noch **Überweisungen auf ein Oder-Konto beider Lebenspartner** oder von dort auf ein Einzelkonto. Dies führt zu einer Schenkungsteuerpflicht nur dann, wenn
- der Zuwendungsempfänger das Geld endgültig behalten durfte und
- er über den Gesamtbetrag im Innenverhältnis tatsächlich frei verfügen durfte.[2297]

Dafür trägt das Finanzamt die Feststellungslast. Ist es aber so, dann unterfällt die Zahlung der Schenkungsteuer.

Soweit man nicht davon ausgeht, dass aufgrund des gegenzurechnenden Anspruchs auf Ausgleich einer ehebezogenen Zuwendung keine Schenkung vorliegt, muss eine etwa angefallene Schenkungsteuer in jedem Fall **bei einer Trennung und der Zahlung auf den Ausgleichsanspruch** nach § 29 Abs. 1 Nr. 1 ErbStG wieder **zurückgezahlt** werden. **Versicherungen**, die dem Partner einer nichtehelichen Lebensgemeinschaft zugutekommen und vom anderen bezahlt wurden, können ebenfalls zur Schenkungsteuerpflicht führen. Solches ist nur dann nicht der Fall, wenn der Auszahlungsberechtigte auch Versicherungsnehmer

---

[2291] TGJG/*Jülicher* ErbStG § 13 Rn. 99.
[2292] TGJG/*Jülicher* ErbStG § 13 Rn. 165 f.
[2293] Vgl. hierzu eingehend *von Oertzen/Blasweiler* ZEV 2019, 516 f.
[2294] FG Hamburg – 3 K 77/17, DStRE 2018, 1260.
[2295] Anhängig unter II R 24/18.
[2296] Münch/*Schlünder/Geißler*, Familienrecht, § 18 Rn. 288.
[2297] BFH – II R 30/97, BeckRS 1998, 30026984, für die nichteheliche Lebensgemeinschaft und BFH – II R 33/10, NJW 2012, 1837, für Ehegatten.

9. Teil. Nichteheliche Lebensgemeinschaften

ist und die Versicherung auf den Tod des finanzstärkeren Partners abgeschlossen wird.[2298]

III. Grunderwerbsteuer

645 Auch bei sonstigen Steuern sind die nichtehelichen Lebenspartner ohne Privilegierung steuerpflichtig. So fällt etwa bei einem Rechtsgeschäft zwischen ihnen **Grunderwerbsteuer** an wie zwischen fremden Dritten. Dies ist nach Ansicht des BFH auch beim Vorhandensein gemeinsamer Kinder verfassungsgemäß.[2299]

[2298] *Grziwotz*, §25 Rn.66; ausführlich zu Versicherungen im Erbschaftsteuerrecht TGJG/*Gebel* ErbStG §3 Rn.288f.; *Meincke/Hannes/Holtz* ErbStG §3 Rn.85.
[2299] BFH – II R 72/00, NJW 2001, 2665.

10. Teil. Vorsorgevollmachten

Übersicht

	Rn.
A. Die Notwendigkeit einer Vorsorgevollmacht	646
I. Das gesetzliche Konzept der Betreuung	646
II. Probleme bei der Notwendigkeit einer Betreuung	647
1. Ausschluss von der Vertretungsmacht in der Familie	647
2. Genehmigungsbedürftigkeit	648
3. Bestellungsphase	649
4. Rechtsstellung des Betreuers im Unternehmen	650
5. Vorsorgevollmacht im Privatbereich	651
III. Betreuungsverfügung und Patientenverfügung	652
B. Der Inhalt einer Vorsorgevollmacht	653
I. Die Person des Bevollmächtigten	653
II. Die Vertretungsbefugnisse – das Außenverhältnis	654
III. Der Auftrag – das Innenverhältnis	655
1. Innenverhältnis als gesonderter Regelungsbereich	655
2. Empfehlenswerte Regelungen	656
IV. Aufgabenbereiche	657
1. Vermögenssorge	657
2. Gesundheitssorge und Aufenthalt	658
3. Nachlassvollmacht	659
V. Besonderheiten im Unternehmensbereich	660
1. Personengesellschaften	660
2. Kapitalgesellschaften	662
3. Inhalt der unternehmerischen Vollmachten	663
VI. Vorsorgevollmacht und Steuerrecht	669
1. Schenkung mit transmortaler Vollmacht nach dem Tod	669
2. Vorsorgevollmacht und wirtschaftliche Zurechnung	670
3. Vorsorgevollmacht des Steuerberaters	671
C. Die Sicherung des Vollmachtgebers	672
I. Keine krankheitsbedingte Vollmacht	672
1. Die Krankheitsbedingung	672
2. Die Bescheinigungsbedingung	673
II. Form und Aushändigungssperre	674
1. Form der Vorsorgevollmacht	674
2. Registrierung der Vorsorgevollmacht	675
3. Aushändigungssperre	676
III. Kontrolle	677
1. Kontrollbevollmächtigte	678

10. Teil. *Vorsorgevollmachten*

  2. Widerruf 679
  3. Gerichtliche Kontrolle – Betreuerbestellung . 680
 IV. Formulierungsvorschlag 681

A. Die Notwendigkeit einer Vorsorgevollmacht

I. Das gesetzliche Konzept der Betreuung

646 Das Gesetz sieht im Falle, dass ein **Volljähriger** aufgrund einer psychischen Krankheit oder einer körperlichen, geistigen oder seelischen Behinderung seine **Angelegenheiten** ganz oder teilweise **nicht besorgen kann,** nach **§ 1896 Abs. 1 BGB** die **Bestellung eines Betreuers** vor. Dieser wird nur für diejenigen Aufgabenkreise bestellt, für die eine Betreuung erforderlich ist, § 1896 Abs. 2 S. 1 BGB. Die Betreuung ist dann **nicht notwendig, wenn** die Vertretung mittels einer **Vorsorgevollmacht** sichergestellt ist, § 1896 Abs. 2 S. 2 BGB.

Die Betreuung wird bei Ausschluss des freien Willens des Betroffenen auch als Zwangsbetreuung von Amts wegen angeordnet.

Das Verfahren ist **zeitaufwändig und kostenintensiv.** So werden, um nur einige Beispiele zu nennen,
- der Betroffene persönlich angehört, § 278 FamFG,
- auf Verlangen werden Angehörige angehört, § 279 Abs. 3 FamFG,
- in einem förmlichen Beweisverfahren ist ein Gutachten über die Notwendigkeit der Betreuerbestellung einzuholen durch einen Arzt mit mindestens Erfahrung auf dem Gebiet der Psychiatrie. Dieser hat in seinem Gutachten umfangreich zu berichten, § 280 FamFG.
- Bei der Entscheidung, wer Betreuer wird, besteht ein Auswahlermessen des Betreuungsgerichtes. Natürliche Personen haben gem. § 1897 Abs. 1 BGB den Vorrang, wenn sie für die Erledigung des Aufgabenkreises geeignet sind. Dabei ist auf verwandtschaftliche und persönliche Bindungen Rücksicht zu nehmen, § 1897 Abs. 5 BGB.

Mit der Bestellung eines **Betreuers** wird dieser nach **§ 1902 BGB** in seinem Aufgabenbereich zum **gesetzlichen Vertreter des Betreuten.** Da die Vertretungsbefugnis nur soweit reicht, wie der **Aufgabenkreis** bestimmt wurde, ist dessen **Umfang** für die Beurteilung der Wirksamkeit von Rechtshandlungen des Betreuers von elementarer Bedeutung.

Hinweis: Obwohl der Betreuer als gesetzlicher Vertreter bestellt ist, **büßt der Betreute** dadurch seine **Geschäftsfähigkeit nicht ein.** Diese wird eigenständig nach §§ 104 f. BGB festgestellt. Dadurch besteht die **Gefahr widersprechender Handlungen** von Betreuer und Betreutem, der dann weiterhin wirksam handeln kann, soweit nicht ein gesonderter **Einwilligungsvorbehalt** nach § 1903 BGB angeordnet ist.

Obliegt dem Betreuer der allgemeine Aufgabenkreis der Vermögenssorge, so fallen darunter auch **Gesellschaftsbeteiligungen.** Da es sich hierbei um eine **meist erhebliche Vermögensverwaltung** handelt, ist

A. Die Notwendigkeit einer Vorsorgevollmacht

zudem nach §§ 1908i, 1792 Abs. 2 BGB regelmäßig noch ein **Gegenbetreuer zu bestellen**,[2300] der nach Maßgabe des § 1799 BGB den Betreuer zu **überwachen** hat. Für bestimmte Angelegenheiten ist der Betreuer an die **Genehmigung des Gegenbetreuers** gebunden, § 1812 BGB.

II. Probleme bei der Notwendigkeit einer Betreuung

1. Ausschluss von der Vertretungsmacht in der Familie

Auf die Betreuung ist nach § 1908i BGB die Bestimmung des § 1795 BGB entsprechend anwendbar. Das führt dazu, dass der Betreuer bei vorliegendem **Eigeninteresse von der Vertretung ausgeschlossen** ist. Hierzu kann auf die eingehende Darstellung bei der Vertretung Minderjähriger durch ihre Eltern verwiesen werden.[2301]

> **Hinweis:** Durch den Ausschluss von der Vertretung nach §§ 1908i, 1795 BGB, § 181 BGB wird gerade bei **Familienunternehmen** ein **Betreuer aus der Familie nicht handeln** können. Dies spricht uU sogar schon gegen die Bestellung eines Betreuers aus der Familie. Damit werden Familienunternehmen **von Fremdbetreuung abhängig**.

2. Genehmigungsbedürftigkeit

Für den Betreuer verweist § 1908i BGB auf die **§§ 1805–1821, 1822 Nr. 1–4 und 6–13, 1823 und 1824 BGB** und damit auf **zahlreiche Genehmigungstatbestände**, sodass der Betreuer für alle wichtigen Rechtshandlungen der **Genehmigung des Betreuungsgerichts** bedarf. Auch hier kann zur Vermeidung von Wiederholungen auf die Darstellung bei den Minderjährigen Bezug genommen werden.[2302] Von besonderer Bedeutung im Gesellschaftsrecht ist dabei die Genehmigungsbedürftigkeit nach § 1822 Nr. 3 BGB für den entgeltlichen Erwerb oder die Veräußerung eines Erwerbsgeschäftes und für den Abschluss eines Gesellschaftsvertrages, der zum Betrieb eines Erwerbsgeschäftes eingegangen wird.

Daher bedürfen im Ergebnis **alle Strukturentscheidungen** in einer Gesellschaft/einem Erwerbsgeschäft der betreuungsgerichtlichen Genehmigung. Zusätzlich erschwert wird dies dadurch, dass für viele Einzelheiten **heftig umstritten** ist, **ob** eine **Genehmigung erforderlich** ist oder nicht.[2303]

Beim Handeln des Betreuungsgerichtes steht der Schutz des Mündels einseitig im Vordergrund. Das Wohl einer Gesellschaft spielt insoweit nur eine Rolle, als es die Vermögensinteressen des Mündels betrifft. Betreuungsrichter werden bei allen Entscheidungen auf Sicherheit achten und jede Risikoübernahme vermeiden wollen. Mit anderen Worten:

[2300] *Schäfer* ZHR 175 (2011), 557, 560.
[2301] Hierzu → Rn. 521 f.
[2302] Hierzu → Rn. 528 f.
[2303] *Heckschen* NZG 2012, 10 (12).

10. Teil. Vorsorgevollmachten

Hinweis: Unternehmerisches Handeln und betreuungsgerichtliche Fürsorge haben diametral entgegengesetzte Ziele.

3. Bestellungsphase

649   Während der Bestellung des Betreuers für einen Gesellschafter, die einen längeren Zeitraum in Anspruch nehmen kann, wird eine Gesellschaft handlungsunfähig. Ist der zu betreuende **Gesellschafter geschäftsunfähig**, kann – solange noch kein Betreuer bestellt ist – noch nicht einmal eine Einberufung der Gesellschafterversammlung wirksam erfolgen, unabhängig davon wie wichtig die Beschlüsse sind. Dennoch gefasste Beschlüsse sind nichtig.[2304]
Ist der Geschäftsunfähige **Geschäftsführer oder Vorstand**, so **erlischt sein Amt** mit dem Eintritt der Geschäftsunfähigkeit, §6 Abs.2 GmbHG, §76 Abs.3 AktG. Auch ein Betreuer kann daher insoweit nicht handeln. Da Gesellschafterversammlungen nicht stattfinden können, um einen neuen Geschäftsführer zu bestellen, bleibt uU nur die gerichtliche Bestellung eines Notgeschäftsführers, wenn der Geschäftsunfähige der einzig Vertretungsberechtigte ist.

Hinweis: Wird ein Gesellschafter geschäftsunfähig und ist keine Vertretungsvollmacht erteilt, so wird die Gesellschaft mehrere Monate völlig handlungsunfähig. Das steigert sich noch, wenn der Geschäftsunfähige zugleich der Vertretungsberechtigte ist.

4. Rechtsstellung des Betreuers im Unternehmen

650   Nach einer älteren Rechtsprechung des BGH **können Rechte eines Betreuers in der Gesellschaft weder durch die Gesellschafter noch durch den Gesellschaftsvertrag eingeschränkt werden**.[2305] Das heißt, die Verwaltungs- und Informationsrechte des den Gesellschafter vertretenden Betreuers können nicht eingeschränkt werden. Das Gericht begründet dies damit, der soziale **Schutzzweck** zugunsten Hilfsbedürftiger **gehe dem Interesse der Gesellschafter vor**, familienfremde oder ihnen sonst nicht genehme Personen von der Wahrnehmung gesellschaftlicher Angelegenheiten auszuschließen. Die Literatur folgt diesem Judikat bis heute und bezieht die Zulässigkeit des Betreuerhandelns überwiegend sogar auf die Geschäftsführung und Vertretung. Lehnt der Betreuer dieses Handeln ab, soll die Befugnis ruhen, ohne dass dies zur Entziehung berechtigt. Ob der Betreuer einer gesellschaftlichen Treuepflicht unterliegt oder sich ihr unterwerfen muss, ist umstritten.[2306]

[2304] BayObLG – 3Z BR 6/93, NJW-RR 1993, 612; *Wicke* GmbHG §51 Rn.9; *Heckschen* NZG 2012, 10 (12).
[2305] BGH – II ZR 68/63, NJW 1965, 1961.
[2306] *Raub*, 39f. mwN.

A. Die Notwendigkeit einer Vorsorgevollmacht

Damit müssen alle Firmeninterna vor einem Betreuer offengelegt werden, ja die Firma kann von einem Betreuer geführt werden. Dies ist zumeist nicht gewünscht.

Einige Gesellschaftsverträge behelfen sich damit, für die Fälle der Betreuung Zwangseinziehungs- oder -abtretungsklauseln vorzusehen. Solche Klauseln sollen dem genannten Judikat nach herrschender Auffassung nicht widersprechen.[2307]

Aufgrund der einschneidenden Folgen einer Betreuung im Unternehmensbereich ist es daher dringend erforderlich, eine Lösung zu finden, welche die Betreuung vermeiden kann. Das ist die Vorsorgevollmacht, bei deren Erteilung eine Betreuung nicht mehr notwendig ist.

Hinweis: Die Betreuung ist als großer Risikofaktor im Unternehmen einzustufen. Es sollte daher bei jedem Unternehmensmandat geprüft werden, ob Vorkehrungen getroffen sind, eine solche Betreuung vom Unternehmen fernzuhalten. Das kann neben Einziehungsklauseln vor allem mit Vorsorgevollmachten der Gesellschafter geleistet werden.

Es verwundert, dass trotz dieses Schreckensszenarios die Vorsorgevollmacht im Gesellschaftsrecht sich noch immer nicht etabliert hat.[2308]

5. Vorsorgevollmacht im Privatbereich

Die Vorsorgevollmacht ist aber nicht nur für Unternehmer erforderlich, sondern **auch im Privatbereich**. Die **Betreuung** ist nach § 1896 Abs. 2 S. 2 BGB gegenüber der Vorsorgevollmacht **subsidiär**, sodass mit der Erteilung einer Vorsorgevollmacht eine Befassung des Betreuungsgerichtes nahezu vollständig vermieden wird.

Wird keine Vollmacht erteilt, so hat der **Ehegatte kein gesetzliches Vertretungsrecht!** Eine Konsequenz, die vielfach nicht bedacht wird. Das bedeutet, dass der Ehepartner zB kein Geld abheben kann, keinen Behandlungsvertrag unterschreiben und kein Einverständnis zu einer Operation abgeben kann. Der Ehepartner ist daher gezwungen, ein Betreuungsverfahren einzuleiten.

Mit der Vollmacht kann der Betroffene zudem seine **Wünsche individuell festlegen** und so dafür Sorge tragen, dass er so umsorgt wird, wie er sich selbst das vorstellt und ohne sich von den Entscheidungen Fremder abhängig zu machen. Gegen einen **Missbrauch** lassen sich die nachfolgend geschilderten Sicherungen treffen. Es bleibt aber dabei, dass eine Vollmacht stets **Vertrauen** voraussetzt.

Die Vollmacht enthält neben der Vermögenssorge den wichtigen Bereich der **Gesundheitssorge**, für den das **Gesetz besondere Voraussetzungen** aufstellt, die leider bei vielfach kursierenden Mustervollmachten oft nicht eingehalten sind. Daher sollte auch bei der Vollmacht eine vorherige Beratung in Anspruch genommen werden.

651

[2307] *Heckschen* NZG 2012, 10 (14) mwN.
[2308] *Raub*, 56; *Heckschen* NZG 2012, 10 ff.

III. Betreuungsverfügung und Patientenverfügung

652 Von der Vorsorgevollmacht zu unterscheiden ist die **Betreuungsverfügung**, mit welcher der Vollmachtgeber anordnet, wer im Falle der Notwendigkeit einer Betreuung zu seinem Betreuer ernannt werden soll. Solches kann etwa bei Verhängung eines Einwilligungsvorbehaltes nach § 1903 BGB der Fall sein.
Mit der **Patientenverfügung** hingegen trifft eine Person Anordnungen zur Art ihrer Behandlung, insb. zu den Möglichkeiten, eine Behandlung zu verweigern oder abzubrechen. Diese Wünsche müssen dann vom Bevollmächtigten umgesetzt werden.[2309]

B. Der Inhalt einer Vorsorgevollmacht

Bei Erteilung einer Vorsorgevollmacht wollen viele Punkte bedacht sein, sodass das Gesamtkonzept die optimale Verwendbarkeit garantiert.

I. Die Person des Bevollmächtigten

653 Die wichtigste Frage ist diejenige nach der **Person des Bevollmächtigten**. Im Normalfall, dass eine Generalvollmacht für Vermögen und Gesundheit erteilt wird, setzt man zumeist den **Ehegatten** als Bevollmächtigten ein.
Es ist aber durchaus ratsam, auch **weitere Personen** mit aufzunehmen, etwa Kinder. Diese werden häufig als „Ersatzbevollmächtigte" gesehen, dürfen aber so nicht bezeichnet werden, wenn die Vollmacht verwendungsfähig sein soll. Die weiteren Bevollmächtigten können dann handeln, wenn der Bevollmächtigte verstirbt oder selbst nicht mehr geschäftsfähig ist.
Bestellt man die weiteren Bevollmächtigten nur für den Fall der Verhinderung des Hauptbevollmächtigten,[2310] so müsste der Geschäftsgegner diesen Verhinderungsfall überprüfen. Mit einer solchen Vollmacht scheitert man spätestens beim Grundbuchamt, das dann einen Nachweis des Verhinderungsfalles durch öffentliche Urkunde fordert, wie instruktive Entscheidungen des OLG München[2311] und des OLG Frankfurt[2312] zeigen. Daher müssen die Bevollmächtigten **im Außenverhältnis parallel** bestellt werden und eine **Abstufung** muss dem **Innenverhältnis** vorbehalten bleiben. Die Sicherung des Vollmachtgebers in dieser Konstellation wird später erläutert.[2313]

[2309] Zur Patientenverfügung *Münch*, Ehebezogene Rechtsgeschäfte, Kap. 5 Rn. 598 ff.
[2310] So zB bei *Klie/Bauer* FPR 2004, 671 (676).
[2311] OLG München – 34 Wx 97/09, NJW-RR 2010, 747.
[2312] OLG Frankfurt/Main – 20 W 399/10, DNotZ 2011, 745.
[2313] Siehe hierzu → Rn. 672 f.

B. Der Inhalt einer Vorsorgevollmacht

Hinweis: Einschränkungen eines Bevollmächtigten (Ersatzperson) müssen sich deutlich und eindeutig begrenzt nur auf das Innenverhältnis beziehen. Sonst ist die Vollmacht nicht verwendungsfähig.[2314]

Ferner können **für bestimmte Bereiche** – etwa das Unternehmen – **andere Bevollmächtigte** gesondert ernannt werden. Für den Vermögensbereich kommt auch eine juristische Person als Bevollmächtigter in Betracht.[2315] Allerdings wird hier zu erörtern sein, ob möglicherweise ein Verstoß gegen das Rechtsdienstleistungsgesetz vorliegt.[2316]

Sollen **mehrere Bevollmächtigte gemeinsam** handeln müssen, so sind dem entsprechend mehrere Personen als Bevollmächtigte vorzusehen.

Wenn keine nahen Verwandten als Vollmachtnehmer in Betracht kommen, so stellt sich häufig die Frage, ob die **Vollmacht** dann an den vorgesehenen **Erben** erteilt werden soll. Hier kommt es zu einem **Konflikt** zwischen dem Interesse des Vollmachtgebers an einer guten und teuren Rundumbetreuung und dem Interesse des Erben am Erhalt des Nachlasses.

II. Die Vertretungsbefugnisse – das Außenverhältnis

Bei der Vertretungsbefugnis ist zu entscheiden, ob ein Bevollmächtigter **zur alleinigen Vertretung** berechtigt sein soll oder ob **mehrere Bevollmächtigte gemeinsam** handeln sollen.

Für die Alleinvertretungsbefugnis spricht der flexible Gebrauch der Vollmacht, für die gemeinsame Vertretungsbefugnis mehrerer Bevollmächtigter spricht das Vier-Augen-Prinzip.

Man kann die Befugnisse auch **unterschiedlich** gewähren, also zB dem **Ehegatten Alleinvertretungsbefugnis** erteilen und den **Kindern nur eine gemeinsame** Vertretungsbefugnis. Dabei sollte man aber darauf achten, dass es bei mehr als zwei Kindern genügt, wenn zwei Kinder gemeinsam handeln. Die Bindung an alle Kinder bewirkt ansonsten, dass nicht entschieden werden kann, wenn ein Kind nicht greifbar ist.

Die Vollmacht wird idR als Generalvollmacht zur Erfüllung aller nachbezeichneten Aufgabenbereiche erteilt. Es können jedoch auch **für verschiedene Aufgabenbereiche unterschiedliche Bevollmächtigte** eingesetzt werden **oder unterschiedliche Vertretungsbefugnisse** angeordnet werden, so zB dass für die Vermögenssorge die Kinder jeweils zu zweit gemeinschaftlich handeln müssen, in der Gesundheitssorge hingegen Einzelvertretungsberechtigung besteht.

654

[2314] OLG Frankfurt/Main – 20 W 399/10, DNotZ 2011, 745.
[2315] DNotI-Gutachten 74596 zu § 164 BGB.
[2316] Dazu DNotI-Gutachten, DNotI-Report 2020, 58.

III. Der Auftrag – das Innenverhältnis

1. Innenverhältnis als gesonderter Regelungsbereich

655 Die Vollmacht regelt die Vertretungsbefugnis nach außen. Daneben gibt es zwischen dem Vollmachtgeber und dem Bevollmächtigten auch ein **Innenverhältnis**, das deren Beziehungen regelt. Hier können dem Bevollmächtigten engere Weisungen erteilt werden, sodass sein **rechtliches Dürfen enger** ist **als** das **rechtliche Können**. Freilich schlägt dies nicht nach außen durch, sodass bei einem Verstoß gegen das Innenverhältnis die Außenvertretung wirksam erfolgt ist (von kollusivem Zusammenwirken des Bevollmächtigten mit dem Geschäftsgegner abgesehen), aber Schadensersatzansprüche wegen der Verletzung des Innenverhältnisses bestehen können.

Im Innenverhältnis liegt zumeist bei unentgeltlichem Tätigwerden des Bevollmächtigten ein **Auftrag** vor, bei entgeltlichem Tätigwerden hingegen ein **Geschäftsbesorgungsvertrag**.

Es wird zunehmend eine Regelung dieses Innenverhältnisses angeregt,[2317] wobei viele Stimmen eine **Trennung der Innenverhältnisregelung von der eigentlichen Vollmacht** fordern, weil es sonst zu Missverständnissen beim Geschäftsgegner komme.[2318]

2. Empfehlenswerte Regelungen

656 – Die **Weisungsgebundenheit** des Bevollmächtigten kann ebenso verankert werden wie bestimmte Einzelweisungen. Hier gehören regelmäßig die Einschränkung, dass eine Tätigkeit **erst bei eigenem Handlungsunvermögen** gewünscht wird, und die **Abstufung der Bevollmächtigten** untereinander. Es können aber auch **Einzelweisungen** erteilt werden, welche die Kontrolle des Bevollmächtigten ermöglichen.

Dass dies zu einer effektiven Kontrolle beiträgt, belegte jüngst eine BGH-Entscheidung:[2319]

> Eine Mutter hatte stets betont, zu Hause in personeller Autonomie leben zu wollen. Gegen diesen Wunsch verbrachte der Sohn als Bevollmächtigter die Mutter aus dem Haus, das ihm durch Schenkung übertragen worden war, trotz des für die Mutter bestehenden Wohnrechts in ein Seniorenheim. Nach BGH rechtfertige dies den **Widerruf der Schenkung** durch die späteren Erben **wegen groben Undanks**, da der Vollmachtgeber den „schonenden Gebrauch von den sich hieraus ergebenden rechtlichen Befugnissen unter bestmöglicher Wahrung seiner personellen Autonomie erwarten darf."

– Häufiger werden Regelungen zur **Haftung** des Bevollmächtigten. Dieser unterliegt nach Auftragsrecht einer vollen Haftung für Vorsatz und jede Fahrlässigkeit. Nach §667 BGB haftet er verschuldensunabhängig auf Herausgabe des durch den Auftrag Erlangten. Die Nach-

---

[2317] *Litzenburger* NotBZ 2007, 1 ff.
[2318] *Kropp* FPR 2012, 9 (10); *Zimmermann* NJW 2014, 1573 (1574); Kersten/Bühling/*Kordel* §96 Rn. 45 ff.
[2319] BGH – X ZR 94/12, ZEV 2014, 429.

B. *Der Inhalt einer Vorsorgevollmacht*

weispflicht für die bestimmungsgemäße Verwendung hat der BGH dabei dem Beauftragten auferlegt.[2320] Das bedeutet, dass sich ein Bevollmächtigter für alle Barbeträge, die durch seine Hände gehen, eine Empfangsquittung des Vollmachtgebers geben lassen sollte. Vertraglich kann diese Haftung reduziert werden.[2321]
– Die **Rechnungslegung** kann mit besonderen Anordnungen versehen werden. Aus § 666 BGB folgt eine umfassende Pflicht zur Auskunft und Rechnungslegung für den Beauftragten.[2322] Diese Regelung ist zwar nicht völlig dispositiv,[2323] weil nicht der Kernbereich des fremdnützigen Auftrages tangiert werden kann. Denkbar wäre aber zB ein Verzicht auf Rechnungslegung gegenüber den Erben des Vollmachtgebers. Das hat der BGH gebilligt.[2324]
– Dem Beauftragten steht nach § 670 BGB ein Anspruch auf **Auslagenersatz** zu. Wird darüber hinaus eine **Vergütung** vereinbart, so liegt ein Geschäftsbesorgungsvertrag vor. Es sollte dann eine Vergütungsvereinbarung getroffen werden, die sich an die Betreuervergütung anlehnen kann oder – bei größeren Vermögen – an die Testamentsvollstreckergebühren. Bei Berufsträgern ist an die zusätzliche Umsatzsteuer zu denken. Soweit Verstöße gegen das Rechtsdienstleistungsgesetz in Betracht kommen, die gar auf die Wirksamkeit der Vollmacht durchschlagen,[2325] kann die Hinzuziehung eines Rechtsbeistandes vorgesehen sein.

IV. Aufgabenbereiche

1. Vermögenssorge

Die Vermögenssorge wird in aller Regel im Rahmen einer **Generalvollmacht** übertragen. Dies ist empfehlenswert, da man nicht weiß, was später benötigt wird. Soweit einzelne Bereiche aufgezählt werden, ist darauf zu achten, dass deutlich wird, dass es sich nur um Beispiele besonders wichtiger Geschäfte handelt, dass die Vollmacht aber Generalvollmacht bleibt.

657

Insbesondere **Kreditinstitute** sind verpflichtet, die notariellen Generalvollmachten anzuerkennen und können nicht auf eigenen Vollmachten bestehen.[2326]

Diskutiert werden **Einschränkungen** der Vollmacht, soweit deren Verwendung etwa die Löschung von **Vorbehaltsrechten** erlaubt, welche sich der Übergeber = Vollmachtgeber gegenüber dem Übernehmer = Bevollmächtigten vorbehalten hat, wie etwa Wohnrechte oder Nieß-

---

[2320] BGH – 210/00, NZG 2003, 215; OLG Karlsruhe – 9 U 167/15, FamRZ 2017, 1873.
[2321] Hierzu *Volmer* MittBayNot 2018, 507 ff.
[2322] Beispielhaft hierfür etwa OLG München – 7 U 1519/17, ZEV 2018, 149.
[2323] Einzelheiten bei MüKoBGB/*Schäfer* BGB § 666 Rn. 32.
[2324] Vgl. hierzu BGH – XI ZR 103/88, NJW-RR 1990, 131.
[2325] *Münch/Renner*, Familienrecht, § 16 Rn. 36 f.
[2326] *Teerstegen* NJW 2007, 1717 f.

brauchsrechte. Soweit aber hier auf Überwachungsbetreuung gesetzt wird, ist dem zu widersprechen. Ein gerichtlicher Betreuer würde eine gutachterliche Wertfestsetzung und die volle Ablösung der Rechte verlangen. Hier ist es **besser,** einen **eigenen Bevollmächtigten** für diesen Bereich zu benennen und ihn von der Generalvollmacht auszunehmen.

Zuweilen werden **Einschränkungen** dahingehend gefordert, dass die Generalvollmacht nicht dazu berechtigt, Auskünfte im Hinblick auf **letztwillige Verfügungen** zu Lebzeiten des Vollmachtgebers einzuholen, da dies zu Unfrieden in der Verwandtschaft führt.[2327]

2. Gesundheitssorge und Aufenthalt

658 Neben den Vermögensinteressen ist es für den Bevollmächtigten ebenso wichtig, auch seine **Gesundheitsfürsorge** und das Recht der **Aufenthaltsbestimmung** in vertraute Hände zu legen. Hierzu geben §§ 1904, 1906 BGB die Möglichkeit, ordnen allerdings ein strenges Zitiergebot an, sodass hier nicht mit einer Generalvollmacht gearbeitet werden kann, sondern die einzelnen Bereiche wörtlich, am besten unter Wiedergabe des Gesetzeswortlautes aufgeführt sein müssen.[2328]

Hier hat sich das Gesetz mehrfach geändert. Nach der gesetzlichen Regelung der **Patientenverfügung** in § 1901a BGB sind auch die Befugnisse, Behandlungen zu unterlassen oder abzubrechen sowie die Einleitung oder Fortsetzung lebensverlängernder Maßnahmen abzulehnen, in den Inhalt der Vollmacht aufzunehmen sowie die neue Befugnis zur Einwilligung in **ärztliche Zwangsmaßnahmen** im Rahmen einer Unterbringung nach § 1906 Abs. 3 BGB.

Ältere Vollmachten sollten einer Überprüfung unterzogen werden.

3. Nachlassvollmacht

659 Ein ganz wichtiger Bereich der Vorsorgevollmacht ist die Nachlassvollmacht. **Ohne** eine Anordnung der Fortgeltung über den Tod hinaus würde die Vorsorgevollmacht aufgrund ihrer **Zwecksetzung** der Fürsorge für den Vollmachtgeber **mit dessen Tod erlöschen**.[2329] Mancherorts dauert es aber mehrere Monate, bis die Erbfolge durch Erteilung eines Erbscheines oder Eröffnung der notariellen letztwilligen Verfügung nachgewiesen werden kann und klar ist, wer für den Nachlass handeln kann. Gleiches gilt für die Installierung eines Testamentsvollstreckers. Um in dieser Zwischenzeit handlungsfähig zu bleiben, ist die Erteilung der Vollmacht auch als Nachlassvollmacht zu empfehlen.

Auf diesem Gebiet hat eine **Entscheidung des OLG Hamm**[2330] für Unruhe gesorgt, nach der die **Vollmacht erlischt, wenn der Bevollmächtigte Alleinerbe des Vollmachtgebers wird**. Die Vollmacht sei dann aufgrund **Konfusion** nicht mehr wirksam. Der Bevollmächtigte hatte laut Urkunde doppelgleisig gehandelt, einmal als Bevollmächtigter

---

[2327] Kersten/Bühling/*Kordel* § 96 Rn. 59.
[2328] Hierzu näher → Rn. 674 f.
[2329] OLG Hamm – 15 W 338/02, ZEV 2003, 470.
[2330] OLG Hamm – 15 W 79/12, ZEV 2013, 341.

B. Der Inhalt einer Vorsorgevollmacht

und zugleich als Alleinerbe. Vor allem deswegen hatte das OLG dann für den Grundbuchvollzug einen Erbnachweis gefordert, der erst beigebracht werden musste, obwohl nach der Logik das Handeln wirksam gewesen sein musste, denn entweder der Bevollmächtigte war tatsächlich Alleinerbe oder aber die Vollmacht galt weiter. Aus diesem Grunde wird auch vertreten, dass es eines Nachweises in diesen Fällen gar nicht bedürfe, da die Richtigkeit und Wirksamkeit feststehe.[2331] Das führt zu dem Ratschlag für die Praxis:

> **Hinweis:** Wenn nach dem Tod des Vollmachtgebers aufgrund der Vollmacht gehandelt wird, dann am besten gar nichts über die Erbenstellung aussagen![2332]

Das OLG München[2333] spricht sich hingegen dafür aus, dass die Vollmacht gegenüber dem **Grundbuchamt** auch im Falle der Alleinerbschaft des Bevollmächtigten die **Legitimationswirkung behält**. Das Gericht[2334] arbeitet heraus, dass die **Vollmacht gerade auch Nachweisproblemen vorbeugen** soll, sodass sie auch bei Alleinerbschaft weiter verwendbar sein muss. Dem Grundbuchamt gegenüber sei die **Legitimation** der Vollmacht jedenfalls **auch dann nicht erloschen, wenn** sich in der beigezogenen Nachlassakte eine **privatschriftliche Alleinerbeinsetzung** befindet. Da das Grundbuch auf keinen Fall unrichtig werde, habe das Grundbuchamt keinen Anlass für weitere Ermittlungen. Das OLG München spricht sich später[2335] für eine großzügige Handhabung nach den Bedürfnissen des Rechtsverkehrs aus, betont aber auch, die **Legitimationswirkung** sei **dann zerstört, wenn** der Bevollmächtigte ausdrücklich **als Alleinerbe auftrete**.

Inhaltlich dürfte die Ansicht des **OLG Hamm nicht zutreffend** sein. Denn die – hier nur analog heranziehbare – Konfusion (eigentlich Vereinigung von Gläubiger- und Schuldnerstellung) tritt zurück, wenn ein Bedürfnis für den Fortbestand des Rechts besteht.[2336] So hat der BGH[2337] etwa entschieden, dass Forderungen des Alleinerben gegen den Erblasser für die Pflichtteilsberechnung als nicht erloschen gelten. In der **Praxis** aber wird es bis zu einer Klärung durch den BGH Diskussionen und vermehrte **Anforderungen von Erbscheinen** geben.[2338]

Ist erbrechtlich Testamentsvollstreckung angeordnet, so stellt sich die **Frage des Verhältnisses von Bevollmächtigtem und Testamentsvollstrecker**. Zwar kann der Testamentsvollstrecker die Vollmacht für die Erben widerrufen. Andererseits darf der Bevollmächtigte Schenkungen aus dem Nachlass vornehmen, die dem Testamentsvollstrecker

---

[2331] *Herrler* DNotZ 2018, 508 (530 f.); *Joachim/Lange* ZEV 2019, 62 (65).
[2332] So auch *Lange* ZEV 2013, 343.
[2333] OLG München – 34 Wx 248/12, MittBayNot 2013, 230.
[2334] OLG München – 34 Wx 110/16, ZEV 2016, 656.
[2335] OLG München – 34 Wx 273/16, NJW 2016, 3381.
[2336] *Dutta* FamRZ 2013, 1515.
[2337] BGH – IV ZR 181/76, DNotZ 1978, 487.
[2338] Vgl. nur *Bestelmeyer* notar 2013, 147 (159 f.)

untersagt sind, § 2205 S. 3 BGB. Der Vollmachtgeber und Erblasser sollte daher im Auftragsverhältnis klarstellen, wie sich der Bevollmächtigte gegenüber dem Testamentsvollstrecker nach dessen Installierung zu verhalten hat.

V. Besonderheiten im Unternehmensbereich
1. Personengesellschaften

660 Wenn ein Gesellschafter einer Personengesellschaft geschäftsunfähig wird, so stellt dies nur in den wenigen Fällen, wo es dadurch zu einer Gefährdung der Gesellschaft oder ihres Vermögens kommt, etwa weil die Gesellschaft auf die Mitarbeit des Geschäftsunfähigen angewiesen ist, einen Ausschlussgrund dar.[2339]

Das Recht der Personengesellschaften wird durch folgende Prinzipien geprägt:[2340]
- **Höchstpersönlichkeit** der Mitgliedschaft,
- **Selbstorganschaft**,
- **Abspaltungsverbot**.

Was allerdings die Auswirkungen dieser Prinzipien im Detail angeht, so ist hier vieles noch im Ungewissen.[2341] Dass ein Dritter in weitem Umfang mit Geschäftsführungsaufgaben betraut und mit einer umfassenden Vollmacht ausgestattet ist, hat der BGH für zulässig gehalten.[2342] Das Abspaltungsverbot steht einer Vollmacht aber dann entgegen, wenn diese **unwiderruflich** und **verdrängend** erteilt wird,[2343] wenn mit anderen Worten:[2344]

> „durch diese Vereinbarung sichergestellt werden [soll], dass nicht mehr [die Vollmachtgeberin] als bisherige Trägerin des Stimmrechts, sondern der [Bevollmächtigte] unter ausdrücklichem Ausschluss der [Vollmachtgeberin] ohne zeitliche Beschränkung allein zur Ausübung des Stimmrechts befugt sein sollte."

Das wird bei Vorsorgevollmachten jedoch regelmäßig **nicht** der Fall sein. Soweit schon in der **faktischen Unwiderruflichkeit** nach Eintritt der **Geschäftsunfähigkeit** des Vollmachtgebers ein solcher Verstoß erblickt wird,[2345] ist dem entgegenzuhalten, dass dann auch die Betreuung nicht zulässig sein dürfte.

[2339] *Raub*, 28.
[2340] MüKoBGB/*Schäfer* BGB § 705 Rn. 124b.
[2341] Detailliert zu diesem Thema: *Beckervordersandfort*, § 6 Rn. 56; ausführlich im Zusammenhang mit der Vorsorgevollmacht: *Raub*, Vorsorgevollmachten, 76 ff.; *Uphoff*, Die Vorsorgevollmacht des Personengesellschafters, 2016; *Busold*, Die Vorsorgevollmacht in der Personengesellschaft, 2019.
[2342] BGH – II ZR 204/92, DStR 1993, 1918.
[2343] *K. Schmidt*, Gesellschaftsrecht, § 19 III 4a).
[2344] So grundlegend BGH – II ZR 111/50, NJW 1952, 178.
[2345] *Wiedemann* ZIP 2013, 1508 (1510).

B. Der Inhalt einer Vorsorgevollmacht

Weithin wird vertreten, dass wegen der Höchstpersönlichkeit der **661** Mitgliedschaft für die **Erteilung einer Vorsorgevollmacht, die sich auf sämtliche Gesellschafterrechte bezieht,** die **Zustimmung der Mitgesellschafter erforderlich** ist und zwar hinsichtlich der **Erteilung** und der **Person** des Bevollmächtigten.[2346] Der Grund liegt im Prinzip der Höchstpersönlichkeit, das eine dauerhafte Ausübung der Gesellschafterrechte ohne Zustimmung nicht erlaubt.[2347] Allerdings mehren sich auch Gegenstimmen, die eine Zustimmung entweder nicht für erforderlich halten oder jedenfalls einen Anspruch auf Erteilung der Zustimmung aus der Treuepflicht sehen.[2348] Ohne eine solche Zustimmung soll sich die Vollmacht reduzieren auf die Vermögensrechte und die Informationsrechte im Umfang des § 166 HGB.[2349] Zum Teil wird recht stark betont, dass die Interessen der Mitgesellschafter hinter dem öffentlichen Interesse und dem Interesse des Vollmachtgebers zurücktreten müssten, sodass jedenfalls eine Rechtsausübung hinsichtlich der eigennützigen Mitgliedschaftsrechte möglich sein müsse.[2350]

Ein weiterer **Streitpunkt** in diesem noch wenig gesicherten Terrain geht darum, ob diese Zustimmung der Gesellschafter **widerruflich** sein kann. Eine Auffassung vertritt, dass eine solche Zustimmung notwendigerweise widerruflich sei,[2351] dabei wird teilweise nur ein Widerruf aus wichtigem Grund zugelassen.[2352] Das muss insb. gelten, wenn der Gesellschafter nach Eintritt der Geschäftsunfähigkeit keine neue Vollmacht mehr erteilen kann. Die Gegenauffassung verweist auf die Rechtsprechung des BGH, die eine jederzeitige Hinauskündigung aus der Gesellschaft für unzulässig hält,[2353] und will dies auch auf den Bevollmächtigten angewendet wissen.[2354]

> **Hinweis:** Am wichtigsten ist angesichts dieser Diskussion und der weiteren Verbreitung der Vorsorgevollmachten, dass die **Gesellschaftsverträge synchronisiert** werden.[2355] Sie behandeln meist die Zulässigkeit der Vertretung – ggf. eingeschränkt – in der Gesellschafterversammlung. Hier sollte die Möglichkeit einer Vorsorgevollmacht thematisiert werden. Jeder, der das Betreuungsszenario verinnerlicht hat, wird für ihre Zulassung plädieren, ggf. eingeschränkt auf einen bestimmten Personenkreis oder/und einen bestimmten Handlungskreis; zB nur Teilnahme an Gesellschafterversammlungen und Auskunftsrechte, aber keine weitergehende Geschäftsführung.

[2346] MüKoBGB/*Schäfer* BGB § 705 Rn. 124c; *Schäfer* ZHR 175 (2011), 557 ff.; *Wiedemann* ZIP 2013, 1508 (1511).
[2347] *Raub*, 68 f.
[2348] *Heckschen* NZG 2012, 10 (15); DNotI-Gutachten, DNotI-Report 2018, 81.
[2349] MüKoBGB/*Schäfer* BGB § 705 Rn. 124c.
[2350] *Raub*, 120 ff.
[2351] *Schäfer*, ZHR 175 (2011), 557, 580.
[2352] MüKoBGB/*Schäfer* BGB § 705 Rn. 124c.
[2353] BGH – II ZR 281/05, NJW-RR 2007, 1256.
[2354] *Wedemann* ZIP 2013, 1508 (1515).
[2355] So auch *Jocher* notar 2014, 3 (7).

10. Teil. Vorsorgevollmachten

Die Übertragung von Aufgaben der **Geschäftsführung** oder gar der **Außenvertretung** auf Bevollmächtigte wird einerseits unter Berufung auf das Prinzip der Selbstorganschaft und den Grundsatz der Haftung des Handelnden im Personengesellschaftsrecht **skeptisch** gesehen.[2356] Andererseits lässt eine breite gesellschaftsrechtliche Meinung solches zu.[2357] In der Praxis wird auf solch ungesichertem Boden ein Vertretungshandeln durch Bevollmächtigte noch vermieden werden müssen. Stattdessen sollte etwa durch eine **Prokurabestellung** eine sichere Rechtsgrundlage geschaffen werden.

2. Kapitalgesellschaften

662   Bei Kapitalgesellschaften gilt das **Prinzip der Selbstorganschaft nicht**. Zudem ordnen §6 Abs. 2 GmbHG und §76 Abs. 3 AktG das Erlöschen der Stellung als Geschäftsführer oder Vorstand im Falle der Geschäftsunfähigkeit an.

Die Vollmacht, die organschaftliches Handeln letztlich ermöglich soll, müsste also eine **Stimmrechtsvollmacht** sein mit der **Befugnis**, dass sich der Bevollmächtigte **selbst zum Geschäftsführer bestellt**. Genügen die Mehrheitsverhältnisse hierfür nicht, so muss ggf. ein Sonderrecht in der Satzung begründet werden.

Zum Teil wird auch für die Kapitalgesellschaften die **Zustimmung der Mitgesellschafter** für erforderlich gehalten, da es bei der Vollmacht – anders als bei der Betreuung – an einer gerichtlichen Überwachung fehle.[2358] Andererseits wird betont, die Betreuung, zu der es mangels Zustimmung dann kommen müsse, solle doch gerade nur subsidiär gelten.[2359]

Bei der AG ernennt der Aufsichtsrat den Vorstand, sodass insoweit per Vollmacht erteilte Befugnisse ausscheiden.

Zu unterscheiden ist die Vorsorgevollmacht des Gesellschafters von der **Generalhandlungsvollmacht des Geschäftsführers**. Da dieser seine organschaftlichen Befugnisse nicht durch eine Generalvollmacht übertragen darf, kann er insoweit höchstens eine Generalhandlungsvollmacht erteilen. Diese kann sich auf sämtliche Geschäfte erstrecken, die in einem Geschäftsbetrieb wie dem der GmbH üblich sind, darf sich aber nicht auf die unmittelbare Vertretung der GmbH beziehen, sondern lediglich auf ein Handeln in (Unter-)Vollmacht des Geschäftsführers.[2360]

3. Inhalt der unternehmerischen Vollmachten

663   Somit ist bei den unternehmerischen Vollmachten zu **differenzieren**, um welche **Gesellschaftsform** es sich handelt. Sind bei einem größeren Konzern alle Gesellschaftsformen vertreten oder ist eine solche Ent-

---

[2356] *Reymann* ZEV 2005, 457 ff.
[2357] *Schäfer,* ZHR 175 (2011), 557, 573; *Wedemann* ZIP 2013, 1508 (1514); vgl. auch BGH – II ZR 213/80, NJW 1982, 877, für eine Publikums-GbR.
[2358] *Wedemann* ZIP 2013, 1508 (1511).
[2359] *Wachter* GmbHR 2014, 206 (208); DNotI-Gutachten, DNotI-Report 2018, 81.
[2360] BGH – III ZR 124/01, DStR 2003, 260.

B. Der Inhalt einer Vorsorgevollmacht

wicklung nicht auszuschließen, kann die Vollmacht auch auf mehrere Gesellschaftsformen abstellen.

Die Vollmacht sollte die Stellung des Vollmachtgebers im Unternehmen widerspiegeln. Allerdings wird im Gesellschafterkreis häufig nicht gewünscht werden, dass sich die Vollmacht auch auf die Geschäftsführung oder Vertretung bezieht. Dann muss eine entsprechende Einschränkung erfolgen.

Parallel dazu ist eine entsprechende **Zustimmung der Gesellschafter** im Einzelfall einzuholen oder im Gesellschaftsvertrag vorzusehen.

Ist eine **Vorsorgevollmacht** erteilt, erfasst diese **auch** die Befugnis zur **Handelsregisteranmeldung**, wie das OLG Frankfurt ausdrücklich klarstellen musste.[2361]

Die Literatur regt an, die **Unternehmensvollmacht separat** zu erteilen und nicht als Bestandteil der allgemeinen Vorsorgevollmacht.[2362] Dies kommt insb. dann in Betracht, wenn hierfür besondere Bevollmächtigte bestellt werden sollen. Es ist dann das Verhältnis der beiden Vollmachten zu klären, insb. ob der Generalbevollmächtigte zum Widerruf der Unternehmensvollmacht berechtigt ist.

Ferner ist zu erwägen, in Bezug auf die Unternehmensvollmacht einen eigenen **Kontrollbevollmächtigten** zu bestellen, der den Unternehmensbevollmächtigten überwachen, dessen Vollmacht widerrufen und einen neuen Unternehmensbevollmächtigten bestellen kann. Damit kann insb. auf Probleme reagiert werden, wenn die Mitgesellschafter den konkreten Bevollmächtigten nicht (mehr) mittragen.

Schließlich wird bei einer Unternehmensvollmacht häufig das **Innenverhältnis** intensiver ausgestaltet unter Aufstellung von vertraglichen Pflichten, etwa der Auferlegung einer Treuepflichtbindung, mit Regelung einer Haftungsbeschränkung und ggf. einer Entlohnung.

Eine umfassende Vorsorgevollmacht wird später vorgestellt.[2363] An dieser Stelle sollen Regelungen einer unternehmensbezogenen Vollmacht aufgezeigt werden.

664

Formulierungsvorschlag – Vollmachtszusatz bei Einzelunternehmen:
Ich bin Inhaber des im Handelsregister des Amtsgerichts … unter HRA … eingetragenen Einzelunternehmens …
Die Vollmacht umfasst insoweit insb. die Befugnis:
a) mein Einzelunternehmen in eine beliebige andere, insb. eine haftungsbeschränkende Rechtsform umzuwandeln, es in andere Unternehmen einzubringen, es ganz oder teilweise zu veräußern oder auch das Unternehmen zu liquidieren;
b) sich selbst oder andere Personen zum Prokuristen (auch mit der Befugnis zur Veräußerung von Grundbesitz) zu bestellen oder nach Umwandlung zum Geschäftsführer, Vorstand oder Aufsichtsrat; diese Vollmacht gilt in Bezug auf mein Unternehmen als umfassende Generalhandlungsvollmacht zum Betrieb des Einzelunternehmens oder etwaiger Nachfolgegesellschaften;
c) alle Handelsregisteranmeldungen vorzunehmen.

[2361] OLG Frankfurt/Main – 20 W 494/11, ZEV 2013, 686.
[2362] *Jocher* notar 2014, 3 (8).
[2363] Hierzu → Rn. 681.

10. Teil. Vorsorgevollmachten

665 Bei Personengesellschaften ist folgende Anordnung vorstellbar:

Formulierungsvorschlag – Vollmachtszusatz bei Personengesellschaften:
Ich bin persönlich haftender Gesellschafter der im Handelsregister des Amtsgerichts ... unter HRA ... eingetragenen ... OHG.
Die Vollmacht umfasst insoweit insb. die Befugnis:
a) für mich an der Gesellschafterversammlung teilzunehmen und das Stimmrecht auszuüben. In diesem Zusammenhang ermächtigt die Vollmacht auch dazu, die genannte Firma in eine andere Rechtsform umzuwandeln, etwa um eine Haftungsbegrenzung zu erreichen, sie in andere Unternehmen einzubringen oder andere Unternehmen in die Firma einzubringen, sie zu veräußern (share deal oder asset deal) oder auch sie zu liquidieren, Grundbesitz, den ich im Sonderbetriebsvermögen halte, in die Firma einzubringen oder zu veräußern oder auf andere Weise darüber zu verfügen;
b) sich selbst oder andere Personen zum Prokuristen (auch mit der Befugnis zur Veräußerung von Grundbesitz) zu bestellen oder nach Umwandlung zum Geschäftsführer, Vorstand oder Aufsichtsrat; sie umfasst auch die Befugnis, selbst treuhänderisch den Gesellschaftsanteil zu übernehmen; die Vollmacht gilt in Bezug auf das Unternehmen als umfassende Handlungsvollmacht;
c) alle Handelsregisteranmeldungen vorzunehmen.
Die Vollmacht ist somit so erteilt, dass das Prinzip der Selbstorganschaft gewahrt ist. Sie ist widerruflich und unterliegt meiner Kontrolle. Der Bevollmächtigte hat die diesbezüglich rechtlich vorgegebenen Grenzen zu beachten.
Soweit die ansonsten erteilte Generalvollmacht handelsrechtlich nicht zulässig ist, ist sie für diesen Bereich entsprechend eingeschränkt.

666 Für eine Kapitalgesellschaft ließe sich so formulieren:

Formulierungsvorschlag – Vollmachtszusatz bei Kapitalgesellschaften:
Ich bin Gesellschafter und alleinvertretungsberechtigter Geschäftsführer der im Handelsregister des Amtsgerichts ... unter HRB ... eingetragenen ... GmbH.
Die Vollmacht umfasst insoweit insb. die Befugnis:
a) für mich an der Gesellschafterversammlung teilzunehmen und das Stimmrecht auszuüben. In diesem Zusammenhang ermächtigt die Vollmacht auch dazu, die genannte Firma in eine andere Rechtsform umzuwandeln, sie in andere Unternehmen einzubringen oder andere Unternehmen in die Firma einzubringen, sie zu veräußern (share deal oder asset deal) oder auch sie zu liquidieren;
b) sich selbst oder andere Personen zum Prokuristen (auch mit der Befugnis zur Veräußerung von Grundbesitz) zu bestellen oder zum Geschäftsführer oder Aufsichtsrat;[2364] die Vollmacht gilt in Bezug auf das Unternehmen als Handlungsvollmacht des Geschäftsführers an den Bevollmächtigten, solange dieser keine organschaftliche Stellung hat;
c) alle Handelsregisteranmeldungen vorzunehmen.

[2364] Ist der Vollmachtgeber nicht Mehrheitsgesellschafter, so muss er ggf. durch weitere Maßnahmen sicherstellen, dass dem Bevollmächtigten wirklich eine Organstellung eingeräumt wird, wenn er ausfällt. Dies kann etwa durch Stimmbindungen, Verpflichtungserklärungen oder Einräumung eines Zwerganteils an den Bevollmächtigten mit einem satzungsmäßigen Recht zur Geschäftsführung geschehen, vgl. hierzu *Zecher* ZErb 2009, 316 (321).

B. Der Inhalt einer Vorsorgevollmacht

Das Innenverhältnis könnte beispielhaft folgendermaßen geregelt werden. **667**

Unternehmerische Vollmacht – Innenverhältnis:
Nach Möglichkeit soll der Bevollmächtigte die XY-GmbH in meinem Sinne führen. Sofern er dazu nicht selbst in der Lage ist, soll ein Brancheninsider als Fremdgeschäftsführer eingesetzt werden.
Sofern die GmbH auch auf diese Weise nicht fortgeführt oder auf unsere Kinder übertragen werden kann, so soll mein Bevollmächtigter ggf. durch die Beteiligung eines Dritten in der GmbH die Fortführung sicherstellen. Gelingt auch das nicht, soll die GmbH liquidiert werden.
Hierbei soll der Bevollmächtigte Herrn Rechtsanwalt X und Frau Steuerberaterin Y zu Rate ziehen. Er entscheidet aber ausschließlich selbst.

Im Hinblick auf die Schwierigkeiten nach einer Geschäftsunfähigkeit **668** des Vollmachtgebers den Bevollmächtigten auszuwechseln und eine Überwachungsbetreuung zu vermeiden, kann bei Vertrauen zu den Mitgesellschaftern folgende Regelung gefunden werden:

Überwachungsvollmacht als Bestandteil der unternehmerischen Vollmacht:
Hiermit erteile ich ausdrücklich Vollmacht zum Widerruf der vorerteilten unternehmerischen Vollmacht meinem Mitgesellschafter X Y und seinen Nachfolgern in den Gesellschaftsanteil.[2365] Die Vollmacht beschränkt sich auf den Widerruf der Vollmacht hinsichtlich des unternehmensbezogenen Teils. Sie ermächtigt sogleich zur Bestellung eines neuen unternehmerisch Bevollmächtigten aus dem Kreis folgender Personen: C Z, D E oder F G. Das Innenverhältnis soll entsprechend der Regelung bei meiner jetzigen unternehmerischen Vollmacht geregelt werden. Sie gilt nach der Bestellung eines erneuten unternehmerischen Bevollmächtigten in Bezug auf diesen fort.

Ergänzend sollte der **Gesellschaftsvertrag** entsprechende Regelungen vorsehen.[2366]

VI. Vorsorgevollmacht und Steuerrecht

1. Schenkung mit transmortaler Vollmacht nach dem Tod

Fraglich geworden ist die steuerliche Qualifikation, wenn ein **Bevoll-** **669** **mächtigter nach dem Tod des Vollmachtgebers** aufgrund einer trans- bzw. postmortalen Vollmacht einen **Schenkungsvertrag** schließt. Da der Erblasser verstorben ist und die Vollmacht zivilrechtlich nun für und gegen die Erben gilt, wird man zivilrechtlich von einer Schenkung der Erben ausgehen müssen.

[2365] Eine mögliche Lösung der Überwachungsproblematik beim eingesetzten Unternehmensbevollmächtigten bei großem Vertrauen zu den Mitgesellschaftern.
[2366] Vgl. die Vorschläge bei *Sommer*, Die Gesellschaftsverträge der GmbH & Co. KG, 5. Aufl. 2018, S. 67, § 9a.

10. Teil. *Vorsorgevollmachten*

Erbschafts- und schenkungsteuerlich wird hingegen eine andere Qualifikation vorgeschlagen,[2367] ohne dass es hierzu bereits gefestigte Rechtsprechung gäbe:
- Es bleibt bei der **Schenkung der Erben**, wenn das Innenverhältnis der Vollmacht, das nach dem Tode des Vollmachtgebers nicht geändert wurde, ausnahmsweise vorsieht, dass der Wille des Erben die Vollmachtsausübung determinieren soll.
- Ein **Erwerb von Todes wegen vom Erblasser** ist hingegen anzunehmen, wenn der Vollmachtgeber angeordnet hatte, dass der Bevollmächtigte die Zuwendung erst nach seinem Tod vornehmen soll.
- Als **Schenkung des Erblassers** soll die Zuwendung dagegen einzustufen sein, wenn ihre Vornahme nicht an den Tod des Vollmachtgebers geknüpft ist.

2. Vorsorgevollmacht und wirtschaftliche Zurechnung

670 Einige Gedanken sollen noch der Frage gewidmet werden, ob das Vorliegen einer **Vorsorgevollmacht** als Generalvollmacht **Auswirkungen auf die wirtschaftliche Zurechnung eines Vermögensgutes** hat. Dies ist insb. für die Fälle zu bedenken, in denen ein Übergeber noch Mitunternehmer bleiben muss, er aber neben dem Vorbehalt von Rechten, die ihm diese Stellung verschaffen, zugleich dem Übernehmer eine Vorsorgevollmacht erteilt hat, aufgrund derer dieser die Rechte wieder zum Erlöschen bringen könnte.

Entsprechend hat der BFH in mehreren Fällen eine **faktische Beherrschung** angenommen, die eine **personelle Verflechtung** und damit eine **Betriebsaufspaltung** begründet, wenn der Gesellschafter der Betriebsgesellschaft, der noch keine Mehrheit des Anteilseigentums hat, zusätzlich über eine Vollmacht verfügt, die ihn in die Lage versetzt, seinen Willen auch dort durchzusetzen. Das kann eine Spezialvollmacht sein[2368] oder aber auch eine Generalvollmacht für die Wahrnehmung aller Vermögensangelegenheiten.[2369]

Hierzu ist nach hier vertretener Auffassung nicht nur auf das „rechtliche Können" zu schauen, also die Generalvollmacht, die in der Tat etwa die Aufhebung eines Nießbrauchs erlauben würde, sondern auch auf das „rechtliche Dürfen", dh das **Innenverhältnis** der Beteiligten. Hier aber sind gerade **Vorsorgevollmachten mit einem speziellen Innenverhältnis** so „angebunden" mit einer Weisungsgebundenheit und dem Gebot der Rücksichtnahme auf die Vermögensinteressen des Vollmachtgebers, dass dem Bevollmächtigten ein leichtfertiges Hinwegsetzen über diese Schranken, das ihn zum Schadenersatz verpflichtet, nicht unterstellt werden kann.

Besteht die Gefahr einer Fehlzurechnung aufgrund der Vorsorgevollmacht, so ist zu empfehlen, das Innenverhältnis deutlich zu regeln oder aber eine dritte Person mit der Vollmacht zu betrauen.

[2367] *Wedemann* ZEV 2013, 581 ff.
[2368] BFH – XI R 23/96, DStR 1997, 608.
[2369] BFH – VIII B 22/97, BeckRS 1998, 10128 = BFH/NV 1998, 852.

C. *Die Sicherung des Vollmachtgebers*

3. Vorsorgevollmacht des Steuerberaters

Den **Vorsorgevollmachten von Steuerberatern** widmet sich eine Darstellung von *Reymann*.[2370] Darin werden folgende Inhalte einer solchen Vollmacht empfohlen, die insb. auch der Überleitung und Abwicklung der Steuerberaterkanzlei bzw. des Anteils daran dienen: 671
- Erklärung des Verzichts auf die Rechte aus der Bestellung als Steuerberater nach § 47 Abs. 2 StBerG, um die Weiterführung des Titels zu ermöglichen;
- Bestellung eines allgemeinen Vertreters des Steuerberaters und Abschluss des Vertrages mit diesem, bevor ein Vertreter durch die Kammer eingesetzt wird, § 69 Abs. 3 StBerG;
- soweit dies in Betracht kommt, Verpachtung der Kanzlei (§ 28 BOStB);
- Entscheidung über die Bestellung eines Praxistreuhänders (§ 71 StBerG) oder eines Praxisabwicklers (§ 70 StBerG) und nach dessen öffentlich-rechtlicher Ernennung Abschluss der privatrechtlichen Verträge mit diesem.

Im Anschluss daran wird ein Formulierungsvorschlag unterbreitet.

C. Die Sicherung des Vollmachtgebers

I. Keine krankheitsbedingte Vollmacht

1. Die Krankheitsbedingung

Wie der Name „Vorsorgevollmacht" schon sagt, unterzeichnet man die Vollmacht in gesunden Tagen zur Vorsorge bei kranken Tagen. Ein Vollmachtgeber möchte daher idR nicht, dass von der Vollmacht sofort und ohne seine Zustimmung Gebrauch gemacht werden kann. 672

Darum liest man in vielen, vor allem über das Internet verbreiteten Mustervorschlägen Formulierungen wie: „Für den Fall, dass ich außerstande bin, meine Angelegenheiten selbst zu besorgen ...". Dabei handelt es sich um eine **unbedingt zu vermeidende bedingte Vollmacht**. Eine solche Vollmacht ist **im Außenverhältnis unbrauchbar**, denn sie bürdet dem Geschäftsgegner die Prüfung des Bedingungseintritts und damit des gesundheitlichen Zustandes des Vollmachtgebers auf, was niemand übernehmen wird. So sagt das Bayerische Justizministerium[2371] in seiner Broschüre:

> „Eine Vollmacht zur Vorsorge ist nur dann uneingeschränkt brauchbar, wenn sie an keine Bedingung geknüpft ist."

Die Gerichte erkennen eine solche bedingte Vollmacht nicht an. So fordert das OLG Köln für Grundbuchzwecke den Nachweis des Eintritts der Bedingung in grundbuchtauglicher Form und lässt dafür

---

[2370] *Reymann* NWB 2011, Heft 35, 2968.
[2371] Bayerisches Staatsministerium der Justiz, Vorsorge für Unfall, Krankheit und Alter durch Vollmacht, Betreuungsverfügung, Patientenverfügung, 2019, 19.

10. Teil. Vorsorgevollmachten

ein hausärztliches Attest über die Geschäftsfähigkeit nicht ausreichen.[2372] Das KG hält eine solche Vollmacht für so ungeeignet, dass Betreuung angeordnet werden müsse, da der Vorrang der Vollmacht eine verwendungsfähige und geeignete Vollmacht voraussetze.[2373]

2. Die Bescheinigungsbedingung

673 Wenn es nicht zielführend ist, die Vollmacht von den inhaltlichen Bedingungen des § 1896 Abs. 1 BGB abhängig zu machen, so **wird vorgeschlagen**, die Vollmacht stattdessen unter die **Bedingung** zu stellen, dass eine **Bescheinigung über das Vorliegen der Voraussetzungen des § 1896 Abs. 1 BGB erteilt** ist. Die Vollmacht hängt dann nicht mehr von den Krankheiten selbst ab, sondern nur noch von der Bescheinigung. Das heißt, sie wird **auch dann wirksam, wenn** die **Bescheinigung** zwar vorliegt, aber **inhaltlich unzutreffend** ist. Aber auch diese Bedingung ist schwierig zu erfüllen, denn das Betreuungsgericht wird sich nicht stets bereitfinden, eine solche Bescheinigung auszustellen und auch bei der Ärzteschaft herrscht Zurückhaltung in Bezug auf juristische Wertungen. Zudem nimmt die Erlangung der Bescheinigung wertvolle Zeit in Anspruch. Teile der Vollmacht, insb. die postmortale Verwendbarkeit, müssten zudem ohne Bedingung ausgestellt sein. Auch gegenüber dieser Bedingung ist also Skepsis angebracht.[2374]

Hinweis: Bedingte Vollmachten sind ungeeignet. Stattdessen sollte eine Aushändigungssperre vorgenommen werden.

II. Form und Aushändigungssperre

1. Form der Vorsorgevollmacht

674 Zwar gibt es keine allgemeine Formvorschrift für Vollmachten außer § 167 Abs. 2 BGB, der den Grundsatz aufstellt, dass die Vollmacht **nicht** der für das **Rechtsgeschäft** bestimmten **Form** bedarf. Allerdings bestimmen § **1904 Abs. 5, 1906 Abs. 5 BGB und § 1906a Abs. 5 BGB**, dass Vollmachten zur Gesundheitssorge, welche die nachfolgenden Punkte enthalten, nur wirksam sind, wenn sie **schriftlich** erteilt sind und die nachfolgenden **Maßnahmen ausdrücklich** umfassen. Es sind dies:
- Untersuchung des Gesundheitszustandes, Heilbehandlung oder ärztlicher Eingriff, wenn die begründete Gefahr besteht, dass der Vollmachtgeber aufgrund der Maßnahme stirbt oder einen schweren und länger dauernden gesundheitlichen Schaden erleidet (§ 1904 Abs. 1 BGB);
- Nichteinwilligung oder Widerruf der Einwilligung in eine Untersuchung des Gesundheitszustandes, eine Heilbehandlung oder einen

---

[2372] OLG Köln – 2 Wx 20/07, ZEV 2007, 592.
[2373] KG – 1 W 49/09, NJOZ 2010, 1682.
[2374] Vgl. etwa OLG Koblenz – 5 U 1153/06, ZEV 2007, 595.

C. Die Sicherung des Vollmachtgebers

ärztlichen Eingriff, wenn die Maßnahme medizinisch angezeigt ist und die begründete Gefahr besteht, dass der Vollmachtgeber aufgrund des Unterbleibens oder des Abbruchs der Maßnahme stirbt oder einen schweren und länger dauernden gesundheitlichen Schaden erleidet (§ 1904 Abs. 2 BGB);
- Unterbringung, die mit Freiheitsentziehung verbunden ist (§ 1906 Abs. 1 BGB);
- Ärztliche Zwangsmaßnahmen sowie die Verbringung zu einem stationären Aufenthalt hierzu (§ 1906a Abs. 1 und 4 BGB);
- Freiheitsentzug durch mechanische Vorrichtungen, Medikamente oder auf andere Weise über einen längeren Zeitraum oder regelmäßig, wenn der Vollmachtgeber sich in einer Anstalt, einem Heim oder einer sonstigen Einrichtung aufhält, ohne untergebracht zu sein (§ 1906 Abs. 4 BGB).

> **Hinweis:** Im Bereich der **Gesundheitssorge** reicht eine allgemeine **Generalvollmacht** oder eine Vollmacht, welche nur die §§ 1904, 1906 BGB in Bezug nimmt, **nicht aus**!
> Da die Vorschriften in den letzten Jahren erweitert wurden, sollten ältere Vollmachten kontrolliert werden, ob sie anpassungsbedürftig sind.

§§ 1904, 1906 BGB ordnen zusätzlich die Notwendigkeit einer **betreuungsgerichtlichen Genehmigung** an und erstrecken dieses Erfordernis auch auf Handlungen des Bevollmächtigten.
Dabei ist aber eine Genehmigung nach § 1904 Abs. 4 BGB für Behandlungen oder Nichtbehandlungen nicht erforderlich, wenn zwischen Bevollmächtigtem und behandelndem Arzt Einigkeit besteht, dass die Maßnahme dem Willen des Vollmachtgebers entspricht.
Nach § 1904 Abs. 3 BGB ist das Betreuungsgericht an den Willen des Vollmachtgebers gebunden.
Eine **notarielle Beurkundung** der Vollmacht wird allseits empfohlen.[2375] Sie bietet folgende Vorteile:
- **intensive Beratung** insb. im Zusammenhang mit Unternehmensvollmachten;
- **flexible Gestaltung** nach den Wünschen des Vollmachtgebers;
- **Sicherungsmöglichkeiten** durch Zurückhaltung und Erteilung von Ausfertigungen;
- Dokumentation der **Ernsthaftigkeit** des Willens des Vollmachtgebers und neutrales Zeugnis seiner **Geschäftsfähigkeit**; dies ist nach der Erfahrung in der Praxis gerade für einen Behandlungsabbruch wichtig, wenn der Arzt die Befürchtung haben muss, dass Angehörige ein Eigeninteresse an einem Behandlungsabbruch haben könnten.
Bezüglich der Geschäftsfähigkeit ist der Notar nur „medizinischer Laie", der seine äußeren Beobachtungen berichten kann. In Zweifels-

---
[2375] Bayerisches Staatsministerium der Justiz, Vorsorge für Unfall, Krankheit und Alter durch Vollmacht, Betreuungsverfügung, Patientenverfügung, 2019, 8, Nr. 5; Münch/*Renner*, Familienrecht, § 16 Rn. 19; Viskorf/*Beck*, Familienunternehmen, Rn. 702.

fällen sollte daher zeitnah zusätzlich eine medizinische Begutachtung erfolgen. Das OLG München hilft mit einer Art partiellen Geschäftsfähigkeit in Bezug auf die Bevollmächtigung von Vertrauten, auch wenn sonst kognitive Defizite bestehen.[2376]
- Einhaltung der Form des **§ 492 Abs. 4 BGB** für Verbraucherdarlehen ohne Verpflichtung zur Angabe der vorsorgend nicht bekannten Daten.
- Bei ganz großen Vermögen fallen die Kosten aufgrund der **Kostenobergrenze** nicht ins Gewicht.

Bei Vorhandensein von **Grundbesitz oder Gesellschaften** bzw. Anteilen an solchen nutzt die Vollmacht auf jeden Fall ohne **Beglaubigung** nichts, denn sie berechtigt zwar formal zum Handeln, überwindet aber die Formvorschriften für Eintragungen nicht. Im Hinblick auf die dann meist vorhandene Komplexität ist aber die Beurkundung der Beglaubigung vorzuziehen.

2. Registrierung der Vorsorgevollmacht

675 Auf der Grundlage des § 78a BNotO mit der VO über das Zentrale Vorsorgeregister hat die Bundesnotarkammer ein elektronisch geführtes Zentrales Vorsorgeregister eingerichtet, in dem bereits über 4 Mio. Vollmachten registriert sind. Dies bietet den Betreuungsgerichten Einsicht, sodass vor Anordnung einer Betreuung festgestellt werden kann, ob eine vorrangige Vorsorgevollmacht existiert. Eine solche Registrierung ist auf jeden Fall dringend zu empfehlen, wenn andere Personen als Ehegatten oder Kinder bevollmächtigt werden. Letztere werden zur Betreuung immer gehört werden, auf entferntere Bevollmächtigte hingegen kommt das Gericht sonst nicht.

3. Aushändigungssperre

676 Bei einer **schriftlichen oder beglaubigten Vollmacht** muss der Bevollmächtigte das **Original** der Vollmacht zum Nachweis seiner Befugnis mit sich führen.

Bei einer **beurkundeten Vollmacht** erhält der Bevollmächtigte eine **auf seinen Namen lautende Ausfertigung** der Vollmachtsurkunde. Eine Ausfertigung, die auf einen anderen Bevollmächtigten ausgestellt ist, genügt nach jüngerer Rechtsprechung einiger OLG nicht.[2377]

Nur mit dem Original bzw. der Ausfertigung kann das Bestehen der Vollmacht nachgewiesen werden, da bei einem Widerruf der Vollmacht dieses Original bzw. bei beurkundeten Vollmachten die Ausfertigung wieder eingezogen wird. Kopien kann sich der Bevollmächtigte gefertigt haben, ohne diese abzuliefern. Daher erbringen bloße Kopien oder Abschriften keinen Beweis für das Bestehen der Vollmacht. Die Rücknah-

---

[2376] OLG München – 33 Wx 278/08, ZEV 2010, 150.
[2377] OLG München – 34 Wx 319/12, DNotZ 2013, 372f.; KG – 1 W 495/10, NJOZ 2012, 1150.

C. Die Sicherung des Vollmachtgebers

me der Originale bzw. der Ausfertigung ist wichtig, um nicht nach den Grundsätzen der Anscheinsvollmacht als Vollmachtgeber zu haften.[2378]

> **Hinweis:** Bei beurkundeten Vollmachten muss der Bevollmächtigte eine auf seinen Namen lautende Ausfertigung vorlegen, ansonsten die Urschrift, und zwar bei jedem Handeln als Bevollmächtigter.

Bei einer Vollmacht kann damit durch **Zurückhalten des Originals/der Ausfertigung** verhindert werden, dass der Bevollmächtigte frühzeitig handelt. Hierfür kommen verschieden Verfahrensweisen in Betracht:
- Die **Vollmachtsausfertigung** kann **vom Notar verwahrt** werden mit der Anweisung, diese erst herauszugeben, wenn ihm ärztlich bestätigt ist, dass der Fall der Geschäftsunfähigkeit eingetreten ist. Die Bescheinigung eines Arztes dazu ist zum Teil nur schwierig zu erlangen, zudem vergeht einige Zeit, bis der entsprechende Nachweis erstellt und dem Notar vorgelegt werden kann.
- Daher ist es üblicher, die **Ausfertigungen für die Bevollmächtigten an die Vollmachtgeber zu senden**, sodass diese sie aufbewahren. Diese Aufbewahrung muss so geschehen, dass der Bevollmächtigte weiß, wo er die Vollmacht im Ernstfall findet und dass ihm der Zugang möglich ist (also nicht im Banksafe, für den der Bevollmächtigte keine Zugriffsberechtigung hat!). Diese Methode muss **kombiniert** sein mit einer **Anweisung** an den Notar, **weitere Ausfertigungen der Vollmacht nur in bestimmten Fällen zu erteilen** (nachgewiesene Geschäftsunfähigkeit, Mitteilung Betreuungsgericht, schriftliches Einverständnis Vollmachtgeber).
- In beiden Fällen ist die Vollmacht schon wirksam, der Bevollmächtigte kann nur den Nachweis nicht erbringen. Eine Rechtshandlung des Bevollmächtigten könnte also Wirksamkeit erlangen. Daher wird weiter vorgeschlagen, die Aushändigung der Vollmacht und das Wirksamwerden zu synchronisieren, sodass geregelt wird, dass die **Vollmacht erst Wirksamkeit erlangt, wenn der Bevollmächtigte in den Besitz einer auf seinen Namen lautenden Ausfertigung kommt.**

Eine **Abschrift** – die nach dem oben Gesagten für den Nachweis der Vertretungsmacht nicht ausreicht – sollte jedoch **dem Bevollmächtigten** bereits übersandt bzw. vom Vollmachtgeber **übergeben** werden, da die Willenserklärung zur Vollmacht noch im geschäftsfähigen Zustand „abgegeben", also auf den Weg gebracht werden muss. Ob dazu das Einlegen in die Schublade des Vollmachtgebers in der Erwartung des Auffindens genügt, ist umstritten.[2379]

[2378] Zur Anscheinsvollmacht: Palandt/*Ellenberger* BGB § 172 Rn. 11 ff.
[2379] Münch/*Renner*, Familienrecht, § 16 Rn. 50 mwN.

III. Kontrolle

677 Der Vollmachtgeber kann auf unterschiedliche Weise für eine Kontrolle des Bevollmächtigten sorgen. Bereits dargestellt wurde das Vier-Augen-Prinzip, nach dem nur zwei Bevollmächtigte gemeinsam handeln dürfen.

1. Kontrollbevollmächtigte

678 Daneben besteht die Möglichkeit, einen weiteren Bevollmächtigten mit dem **Aufgabenkreis des § 1896 Abs. 3 BGB** (Überwachung) zu bestellen, sodass dieser die **Überwachungsrechte** des Vollmachtgebers gegenüber dem Bevollmächtigten ausüben kann. Das wird vor allem dann praktisch, wenn der Vollmachtgeber hierzu nicht mehr in der Lage ist. Zum Aufgabenbereich eines solchen Kontrollbevollmächtigten kann dann auch der Widerruf der Vollmacht gegenüber dem Hauptbevollmächtigten gehören.

2. Widerruf

679 Die Vorsorgevollmacht wird in aller Regel **widerruflich** erteilt, sodass der Vollmachtgeber stets die Möglichkeit hat, die Vollmacht wieder zu entziehen und sich etwa bereits ausgehändigte Urschriften oder Ausfertigungen wieder zurückgeben zu lassen. Damit ist ihm eine **effektive Kontrolle** des Bevollmächtigten möglich.

Der **Widerruf vernichtet die Vollmacht**. Er kann daher nicht seinerseits widerrufen werden, sondern die Vollmacht muss dann **neu erteilt** werden.[2380]

Zu beachten ist, dass eine **unwiderrufliche Vollmacht nicht einseitig als Vollmacht erteilt werden kann**, sondern die **Unwiderruflichkeit** nur im Rahmen des **Grundverhältnisses vertraglich vereinbart** werden kann. Ist das Grundverhältnis beurkundungsbedürftig, so muss eine solche notarielle Beurkundung erfolgen, um die Widerruflichkeit auszuschließen.

> **Hinweis:** Die Widerruflichkeit einer Vollmacht kann nicht isoliert in der Vollmacht ausgeschlossen werden, sondern nur vertraglich im Grundverhältnis. Dies ist eine häufige Fehlerquelle!

Zweifelhaft ist, ob ein Generalbevollmächtigter einem anderen Generalbevollmächtigten die Vollmacht wirksam widerrufen kann. Das OLG Karlsruhe[2381] hat dies verneint, in der Literatur wird ein solcher Widerruf jedoch für möglich gehalten.[2382] Dann käme es zu einem **„Widerrufswettlauf"** und derjenige, der zuerst alle anderen Vollmachten widerrufen hat, wäre der alleinige Vollmachtsinhaber. Ist der

---

[2380] DNotI-Gutachten, DNotI-Report 2012, 113f.
[2381] OLG Karlsruhe – 19 U 124/09, BeckRS 2010, 11820 = FamRZ 2010, 1762.
[2382] *Renner* ZNotP 2004, 388 (390f.).

C. Die Sicherung des Vollmachtgebers

Vollmachtgeber schon geschäftsunfähig, könnten keine weiteren Vollmachten erteilt werden. Daher sollte die **Vollmacht dazu Stellung nehmen**, ob ein wechselseitiger Widerruf zulässig ist. In der Praxis hat es sich bewährt, dass Ehegatten als Bevollmächtigte die Vollmacht von Kindern widerrufen können. Kann ein Widerruf nicht erfolgen, so muss ggf. für diesen ein Kontrollbetreuer nach § 1896 Abs. 3 BGB bestellt werden.

3. Gerichtliche Kontrolle – Betreuerbestellung

Im Grundsatz macht die Vollmacht die Bestellung eines Betreuers überflüssig, die nach § 1896 Abs. 2 S. 2 BGB subsidiär ist. Eine Betreuung ist schon dann nicht anzuordnen, wenn der Betroffene noch in der Lage ist, einen Bevollmächtigten zu ernennen.[2383] Die Geschäftsunfähigkeit des Vollmachtgebers mit der Folge des Verlustes der Kontrolle über den Bevollmächtigten ist allein noch kein Grund zur Anordnung einer Betreuung. Gleiches gilt für das Vorliegen eines Interessenkonfliktes, insb. wenn der Bevollmächtigte von den Beschränkungen des § 181 BGB befreit ist.[2384]

680

In folgenden Fällen hat die Rechtsprechung die Notwendigkeit der Anordnung einer Betreuung trotz Vorsorgevollmacht bejaht:
– Konkrete Anhaltspunkte für einen Missbrauch;[2385]
– erhebliche Zweifel an der Redlichkeit des Bevollmächtigten;[2386]
– erhebliche Zweifel an der Geeignetheit des Bevollmächtigten;[2387]
– der Bevollmächtigte macht von der Vollmacht keinen Gebrauch;[2388]
– nicht nachweisbare Bedingungen in der Vollmacht;[2389]
– Notwendigkeit eines Einwilligungsvorbehaltes;[2390]
– Gemeinschaftliche Vertretungsbefugnis kann mangels Kooperationsbereitschaft nicht ausgeübt werden;[2391]
– schriftliche Vollmacht genügt nicht zu Grundstücksveräußerung zur Aufbringung der Heimkosten.[2392]

IV. Formulierungsvorschlag

Unter Berücksichtigung der obigen Ausführungen lässt sich folgender Formulierungsvorschlag unterbreiten:

681

[2383] BGH – XII ZB 481/12, NZFam 2014, 95.
[2384] BGH – XII ZB 666/11, ZEV 2012, 374.
[2385] BGH – XII ZB 666/11, ZEV 2012, 374; BayOblG – 3Z BR 260/04, MittBayNot 2006, 242.
[2386] BGH – XII ZB 301/13, NJW 2014, 1733.
[2387] BGH – XII ZB 498/15, NJW-RR 2016, 1025.
[2388] BGH – XII ZB 671/12, FamFR 2013, 502.
[2389] KG – 1 W 49/09, NJOZ 2010, 1682.
[2390] BGH – XII ZB 118/11, NJW-RR 2011, 1507.
[2391] BGH – XII ZB 527/17, NJW 2018, 1257.
[2392] BGH – XII ZB 624/14, NJW 2015, 3657.

10. Teil. *Vorsorgevollmachten*

Formulierungsvorschlag (Vorsorgevollmacht beurkundet):
...
Auf Ansuchen der Erschienenen beurkunde ich den vor mir abgegebenen Erklärungen gem. was folgt:

I. Vollmacht

Hiermit bevollmächtigen wir wechselseitig

nachstehend insoweit ein jeder von uns „**Vollmachtgeber**" genannt –,

den jeweils anderen

nachstehend insoweit ein jeder von uns „**Bevollmächtigter**" genannt –,

uns soweit gesetzlich zulässig in allen persönlichen und vermögensrechtlichen Angelegenheiten und sonstigen Rechtsangelegenheiten in jeder denkbaren Richtung zu vertreten.
In gleiche Weise erteilt jeder von uns unserem Sohn ... Vollmacht.
Die Vollmacht wird erst wirksam, wenn der Bevollmächtigte in den Besitz einer auf ihn lautenden Ausfertigung kommt.
Jeder Bevollmächtigte ist einzelvertretungsberechtigt.[2393]
Die Vollmacht soll insb. als Betreuungsvollmacht zur Vermeidung der Anordnung einer Betreuung dienen. Jeder von uns ernennt den jeweils anderen somit zu seinem

Generalbevollmächtigten.
Die Vollmacht ist als Generalvollmacht im Umfang unbeschränkt.
Der nachfolgende Katalog erfüllt die gesetzliche Konkretisierungspflicht und hebt besonders wichtige Bereiche hervor, ist aber nicht abschließend.
Jeder von uns erklärt hiermit Folgendes:

II. Inhalt der Vollmacht

1) Vermögensangelegenheiten

Die Vollmacht ermächtigt zur vollständigen Vertretung in sämtlichen Vermögensangelegenheiten einschließlich des Zugangs und der Verwaltung meiner digitalen Daten und Benutzerkonten. Sie umfasst daher insb. die Befugnis zum Erwerb, zur Veräußerung, zur Belastung und zu Verfügungen aller Art von Grundbesitz sowie zur Wahrnehmung von Gesellschafterrechten, zu Handelsregisteranmeldungen und zu Verfahrenshandlungen aller Art.

2) Persönliche Angelegenheiten
Der Bevollmächtigte ist zu meiner Vertretung in allen persönlichen Angelegenheiten befugt, soweit das Gesetz dies zulässt. Dies schließt insb. die nachfolgenden persönlichen Angelegenheiten ein:
a) Information
Der Bevollmächtigte ist befugt, meine Rechte gegenüber Ärzten, Krankenhäusern, Pflegeheimen und sonstigen Institutionen und Behörden wahrzunehmen und alle nötigen Informationen zu verlangen. Die Betroffenen werden insoweit von ihrer Schweigepflicht entbunden.
b) Ärztliche Maßnahmen
Die Vollmacht gibt die Befugnis zur Einwilligung in Untersuchungen des Gesundheitszustandes, Heilbehandlungen oder ärztliche Eingriffe, auch dann,

---

[2393] Bei mehreren Kindern ggf. eine gemeinschaftliche Vertretung durch zwei Kinder vorsehen.

C. Die Sicherung des Vollmachtgebers

wenn die begründete Gefahr besteht, dass ich aufgrund der Maßnahme oder des Unterbleibens oder des Abbruchs der Maßnahme sterben könnte oder einen schweren oder länger dauernden gesundheitlichen Schaden erleide (§ 1904 BGB). Die Vollmacht gibt ausdrücklich auch die Befugnis zum Widerruf oder zur Versagung einer solchen Einwilligung.

c) Aufenthaltsbestimmung und Unterbringung
Die Vollmacht berechtigt zur Aufenthaltsbestimmung und zu Erklärungen über den Bestand eines Mietverhältnisses. Die Vollmacht gibt die Befugnis zu Unterbringungsmaßnahmen iSd § 1906 BGB, auch wenn sie mit Freiheitsentziehung verbunden sind. Hierzu zählt auch die Unterbringung in einer Anstalt, einem Heim oder einer sonstigen Einrichtung oder die Vornahme sonstiger freiheitsentziehender Maßnahmen durch mechanische Vorrichtungen, Medikamente oder auf andere Weise auch über einen längeren Zeitraum. In diesem Zusammenhang gibt die Vollmacht auch die Befugnis zur Einwilligung in ärztliche Maßnahmen, die meinem natürlichen Willen widersprechen, im Rahmen der gesetzlichen Vorschriften § 1906a BGB einschließlich der Verbringung zu einem stationären Aufenthalt.

d) Behandlungsabbruch
Die Vollmacht berechtigt auch dazu, in den Abbruch einer Behandlung oder die Nichtfortsetzung lebenserhaltender oder lebensverlängernder Maßnahmen einzuwilligen sowie sterbebegleitende Maßnahmen zu treffen.[2394]

3) Nachlassvollmacht

Die Vollmacht gibt schließlich das Recht, meinen Nachlass zu sichern, zu verwalten, ggf. Maßnahmen der Nachlassabwicklung zu treffen, alle Rechtshandlungen und Rechtsgeschäfte in Bezug auf meine Beerdigung, die Kündigung meiner Wohnung und etwaiger Versicherungsverträge sowie die Auflösung meines Haushalts vorzunehmen. Der jeweilige Bevollmächtigte ist auch ermächtigt, über Konten zu verfügen.
Die Vollmacht endet insoweit mit Eröffnung meines Testaments und amtlicher Feststellung der Erbfolge. Diese Bestimmung hat nur im Innenverhältnis der Bevollmächtigten zu den Erben Bedeutung.

III. Auftragsverhältnis

1)
Der Vollmacht liegt ein Auftrag zugrunde.
Im Innenverhältnis weise ich den Bevollmächtigten an, von dieser Vollmacht nur Gebrauch zu machen, wenn
– ich geschäftsunfähig geworden bin oder
– ich ansonsten einer Betreuung bedürfte (§ 1896 BGB) oder
– wenn ich dies vorher wünsche.
Der Bevollmächtigte hat nach meinen Weisungen und im Übrigen in meinem wohlverstandenen Interesse zu handeln.[2395]
Im Innenverhältnis weisen wir unseren Sohn als Bevollmächtigten an, von der Vollmacht nur Gebrauch zu machen, wenn wir uns nicht mehr gegenseitig vertreten können.
Diese Anordnung beschränkt nicht die Wirksamkeit der Vollmacht im Außenverhältnis.

[2394] Kann entfallen, wenn keine Patientenverfügung gewünscht wird.
[2395] Beck'sche Online-Formulare/*Krauß*, 24.3.

10. Teil. Vorsorgevollmachten

2)
Im Innenverhältnis, also ohne Auswirkung auf die Gültigkeit der Vollmacht, erteile ich dem Bevollmächtigten folgende Weisungen:
... (Einzelweisungen je nach Wunsch; ggf. getrennt nach Ehegatten, zB über Aufenthalts- und Pflegewünsche, Angabe von Ärzten, Kliniken und Pflegeplätzen, Angabe von fortzuführenden Gewohnheiten, zB Geschenke an bestimmte Verwandte)
Alternative – zusätzlicher Punkt 3):
Mir oder einem Überwachungsbetreuer gegenüber, der zu meinen Lebzeiten bestellt ist, besteht die Verpflichtung zur Auskunft und Rechnungslegung nur hinsichtlich von Ausgaben, die einmalig den Betrag von ... EUR oder monatlich den Betrag von ... EUR übersteigen. Meinen Erben gegenüber besteht eine solche Pflicht nicht mehr.

IV. Gültigkeit der Vollmacht

1)
Die Vollmacht und der ihr zugrunde liegende Auftrag bleiben gültig, auch wenn ich geschäftsunfähig geworden sein sollte.
Die Vollmacht erlischt nicht durch meinen Tod.

2)
Der Bevollmächtigte ist nicht berechtigt, die Vollmacht ganz auf einen Dritten zu übertragen.
Der Bevollmächtigte darf jedoch für einzelne Rechtsgeschäfte und deren Durchführung Untervollmacht erteilen.[2396]

3)
Der Bevollmächtigte kann Rechtsgeschäfte mit sich selbst oder als Vertreter eines Dritten vornehmen. Er ist auch befugt, Schenkungen vorzunehmen.[2397]

4)
Die vorstehende Vollmacht kann jederzeit von mir selbst oder von einem hierfür bestellten Betreuer widerrufen oder eingeschränkt werden.

5)
Bei mehreren Bevollmächtigten ist der wechselseitige Widerruf der Vollmacht ausgeschlossen.[2398]
Alternative 1:
Möglich bleibt aber der Widerruf der Vollmacht durch einen Ehegatten von uns gegenüber einem Kind.

V. Betreuungsverfügung
Für den Fall, dass trotz dieser Vollmacht die Bestellung eines Betreuers notwendig werden sollte, wünsche ich den Bevollmächtigten als meinen Betreuer.

[2396] Bei Untervollmachten kann zusätzlich angeordnet werden, dass die Befreiung von den Beschränkungen des § 181 BGB nicht auf den Unterbevollmächtigten weitergegeben werden darf.
[2397] Abgrenzung zu entsprechenden Einschränkungen für Vormund und Betreuer nach §§ 1804, 1908i Abs. 2 BGB. Auch ohne ausdrückliches Aufführen wären Schenkungen zulässig, *Müller/Renner*, Rn. 350 f. Es könnte auch eine unterschiedliche Regelung für Ehegatten und Kinder erfolgen.
[2398] Hierzu *Renner* ZNotP 2004, 388 (390).

C. Die Sicherung des Vollmachtgebers

Auch wenn ich die ordnungsgemäße Ausübung der Vollmacht nicht mehr selbst überwachen kann, halte ich eine Kontrolle durch Dritte nicht für nötig.[2399]

VI. Belehrungen

Wir wurden vom beurkundenden Notar über die Bedeutung und die rechtliche Tragweite der vorstehenden Vollmacht und der anderen Verfügungen belehrt.

Er hat uns insb. über den Vertrauenscharakter dieser Vollmacht belehrt.

Wir haben aber zueinander und zu unseren Kindern uneingeschränktes Vertrauen, sodass wir die Ernennung eines weiteren Bevollmächtigten nicht wünschen.

Wir wissen, dass bei einem Widerruf die Vollmachtsurkunde zurückzugeben ist, damit die Vollmacht auch gegenüber gutgläubigen Dritten erlischt.

Der Notar hat ferner darauf hingewiesen, dass und wann auch bei Ausübung dieser Vollmacht eine betreuungsgerichtliche Genehmigung notwendig werden kann.

Der Bevollmächtigte ist darauf hingewiesen, dass er aufgrund des zugrunde liegenden Auftrages von der Vollmacht nur im Interesse des Vollmachtgebers Gebrauch machen darf.

VII. Kosten, Abschriften

Vorläufig erhält jeder von uns eine einfache Abschrift dieser Urkunde.

Die Ausfertigung für jeden Bevollmächtigten ist zu Händen des jeweiligen Vollmachtgebers zu übersenden.

Der Notar wird angewiesen, eine zweite Ausfertigung der Urkunde nur zu erteilen, wenn

entweder
– ein ärztliches Zeugnis darüber vorliegt, dass der Vollmachtgeber geschäftsunfähig ist oder Zweifel an seiner Geschäftsfähigkeit bestehen oder
– eine Mitteilung des Betreuungsgerichts vorliegt, dass ansonsten eine Betreuung für den Vollmachtgeber angeordnet werden müsste oder
– das schriftliche Einverständnis des Vollmachtgebers vorliegt.

Nach Belehrung durch den Notar erklären die Beteiligten: Der Notar soll die Vollmacht beim Zentralen Vorsorgeregister der Bundesnotarkammer registrieren lassen.

Wir tragen die Kosten dieser Urkunde und der Registrierung der Vollmacht.

[2399] Kersten/Bühling/*Kordel* § 96 Rn. 82, zur Verhinderung der Bestellung von Überwachungsbetreuern.

11. Teil. Gesellschaftsrecht

Übersicht

	Rn.
A. Familienpoolgesellschaften	682
I. Die Familienpoolgesellschaft	682
1. Gestaltungsziele	683
2. Konfliktpotential	684
3. Typische Gestaltungen	685
a) Klauseln im Gesellschaftsvertrag	686
aa) Geschäftsführung und Vertretung	686
bb) Kündigung	687
cc) Vinkulierung	688
dd) Nachfolgeklausel	689
ee) Abfindungs- und Entnahmebeschränkungen, Nießbrauch	691
ff) Ausschließungsklauseln	693
b) Übertragung	695
II. Gesellschaft bürgerlichen Rechts	697
1. Teilrechtsfähigkeit	698
2. Grundstruktur	699
3. Vor- und Nachteile	700
III. Kommanditgesellschaft	701
IV. GmbH & Co. KG	702
V. Kapitalgesellschaft	703
VI. Die vermögensverwaltende Gesellschaft im Steuerrecht	704
1. Die Bruchteilsbetrachtung	704
2. Familiensplitting und Grenzen	705
3. Vorteilhafte steuerliche Gestaltungen	706
4. Schenkungsteuer bei Ausscheiden aus Personengesellschaft	707
VII. Vergleich der Rechtsformen	708
B. Ehegattengesellschaften	709
I. Außengesellschaft	709
II. Ehegatteninnengesellschaft	710
C. Güterstandsklauseln	711
I. Anlass	711
II. Kritik	712
III. Inhalt	713
IV. Form	714
V. Formulierung	715

11. Teil. Gesellschaftsrecht

A. Familienpoolgesellschaften

I. Die Familienpoolgesellschaft

682 Die nachfolgenden Ausführungen können kein gesellschaftsrechtliches Kompendium ersetzen. Sie wollen nur die spezifische familienbezogene Interessenlage herausarbeiten und die zivil- und steuerrechtlichen Besonderheiten von Familiengesellschaften darstellen.

1. Gestaltungsziele

683 Bei der **Familiengesellschaft** handelt es sich um einen rechtstatsächlich vorgegebenen **Gesellschaftstypus**, der durch bestimmte Interessenlagen gekennzeichnet ist.[2400] Soweit damit die Vermögensgrundlage für die Familie gelegt wird, spricht man auch von einer **Familienpoolgesellschaft**.[2401] In diesem Sinne ist der Pool ein „übergreifender kautelarjuristischer Vertragstyp zur Vergemeinschaftung von Interessen oder Vermögen."[2402] Auch wenn ihn Steuerrichtlinien verwenden,[2403] so ist doch der Begriff als Rechtsbegriff unbestimmt, weil er nicht klar abgegrenzt ist und verschiedene zivilrechtliche Gesellschaftsformen umfasst.

Einen entscheidenden Durchbruch erlebten die Familienpoolgesellschaften mit dem **Handelsrechtsreformgesetz** 1998, durch den **§ 105 Abs. 2 HGB** geändert wurde, dessen Satz 1 nun folgenden Wortlaut hat:

„Eine Gesellschaft, deren Gewerbebetrieb nicht schon nach § 1 Abs. 2 Handelsgewerbe ist oder die nur eigenes Vermögen verwaltet, ist offene Handelsgesellschaft, wenn die Firma des Unternehmens in das Handelsregister eingetragen ist."

Damit wird erstmals eine **reine vermögensverwaltende Gesellschaft** als OHG oder über § 161 Abs. 2 HGB als KG **eintragungsfähig**. Dies schafft eine größere Auswahl unter den in Betracht kommenden Rechtsformen für die Familienpoolgesellschaft.

Diese Rechtsform hängt stark von den Gestaltungszielen ab, die man mit der Gründung der Familienpoolgesellschaft verbindet. Hier sind **typischerweise folgende Gestaltungsziele** zu nennen:
– Schaffung einer **Vermögensgrundlage** für die Familie,
– **Vermeidung ungerechter Einzelaufteilung,**
– **Einkommensverteilung** innerhalb der Familie steuerbar zB durch Quotenabweichung,
– auf lange Sicht Geeignetheit zur Verteilung und Verwaltung in **Familienstämmen,**

[2400] MHdB GesR II/*Schücking*, § 4 Rn. 106.
[2401] Von einer Poolgesellschaft spricht man auch noch in anderem Zusammenhang, nämlich als Beteiligungskonsortium bei der Stimmrechtsbündelung, vor allem im Hinblick auf die Erlangung erbschaftsteuerlicher Verschonungen bei Beteiligungen von weniger als 25 % an Kapitalgesellschaften nach § 13b Abs. 1 Nr. 3 ErbStG.
[2402] *Langenfeld* ZEV 2010, 17.
[2403] 15.9. EStR 2012 „Steuerliche Anerkennung von Familiengesellschaften".

A. Familienpoolgesellschaften

- Ermöglichung auch einer rein **kapitalistischen Beteiligung** ohne Handlungspflichten und Haftungsgefahren,
- Vermögensbindung insb. durch **Vinkulierung** der Anteile,
- gesamthänderische Bindung mit **Anwachsung,**
- **Nachfolgeklauseln** zur Sicherung der Familienkontinuität im Erbfall,
- **Verhinderung von Dritteinfluss,**
- **Abfindungsbegrenzung** zum Schutz des Familienvermögens,
- **Begrenzung von Kündigungsmöglichkeiten,**
- **gleitende Überführung** von Vermögen in die nächste Generation,
- **persönliche Leitung** durch einzelne Gesellschafter,
- Möglichkeit der begleitenden **Heranführung** der Nachfolgegeneration **in die Geschäftsführung,**
- Stärkung des **Familienzusammengehörigkeitsgefühls,**[2404]
- Übersichtliche und **kostengünstige Struktur,**
- **niedrige Steuerbelastung** für Gründung und Vermögenseinbringung,
- zusätzliche **Steuervorteile** durch Übertragung **ertragbringenden Vermögens.**

2. Konfliktpotential

Auch wenn eine Familienpoolgesellschaft sehr gut geeignet ist, die vorgenannten Gestaltungsziele zu erreichen, so verbleibt doch auch Konfliktpotential, das der reibungslosen Generationennachfolge entgegensteht. Solche Hinderungsgründe können von familiärer Seite, aus dem Gesellschaftsrecht oder aus dem Steuerrecht heraus entstehen. **684**

Als **familiäre Konflikte** treten vor allem auf:
- Seniorgesellschafter will Einfluss und Kontrolle nicht abgeben,
- unterschiedliche Vorstellungen im Hinblick auf die Ausschüttungspolitik,[2405]
- Differenzen zwischen Familienstämmen,
- Krankheit bis zur Betreuungsbedürftigkeit lässt Fremdeinfluss befürchten,
- Tod mit fehlendem oder nicht abgestimmtem Testament,
- Scheidung mit vollem Zugewinn hinsichtlich der Gesellschaft,
- Insolvenz eines Gesellschafters,
- minderjährige Gesellschafter mit Vertretungs- und Genehmigungsproblemen.[2406]

Als Konflikte, die aus dem **Gesellschaftsrecht** her kommen, lassen sich benennen:
- Die von der Rechtsprechung entwickelten gesellschaftsrechtlichen Schutzmechanismen schränken die Möglichkeit ein, die Gestaltungsziele vollständig zu erreichen,[2407]
- nicht einschränkbare persönliche Haftung je nach Rechtsform,

---

[2404] *Vosseler/Regierer* ZEV 2018, 434 (435).
[2405] Hannes/*Lüke*, Formularbuch, C.1.00, Rn. 7.
[2406] Hierzu eingehend → Rn. 512 ff., 539 ff.
[2407] Hannes/*Oppermann*, Formularbuch, C.1.61, Rn. 3.

11. Teil. Gesellschaftsrecht

– keine Ausschlussmöglichkeit für die außerordentliche Kündigung,
– Mehraufwand durch handelsrechtliche Buchführungspflichten,
– ungewollte Offenlegungspflichten.

Im **Steuerrecht** müssen folgende Themen geklärt werden:
– Vorgabe von Poolvereinbarungen oder Mehrheiten aufgrund schenkungsteuerlicher Prämissen oder einkommensteuerlicher Notwendigkeiten (persönliche Verflechtung),
– Sicherstellung vor ungewollter Aufdeckung stiller Reserven bei Überführung von Vermögen in die Familienpoolgesellschaft,
– Vorbehaltsrechte in erheblichem Umfang können die steuerliche Anerkennung gefährden.

3. Typische Gestaltungen

685 Einige typische Gestaltungsansätze zur Erreichung der Gestaltungsziele und zur Vermeidung der aufgezeigten Konfliktpotentiale lassen sich vor die Klammer ziehen und für verschiedene Gesellschaftsformen einheitlich – jedenfalls für die Personengesellschaften – beantworten.

a) Klauseln im Gesellschaftsvertrag

aa) Geschäftsführung und Vertretung

686 Hinsichtlich der **Geschäftsführung** und **Vertretung** werden die **Eltern** idR wollen, dass diese zunächst bei ihnen liegt und die Kinder zunächst nur eine Beteiligung mit den steuerlich notwendigen Kontrollrechten entsprechend § 716 BGB oder § 166 HGB bzw. den Rechten eines Kommanditisten haben. Bei der **GbR** kann dies durch entsprechende Bestellung der Gesellschafter zur Geschäftsführung nach § 710 BGB geschehen, die zur Folge hat, dass die anderen Gesellschafter von der Geschäftsführung ausgeschlossen sind. Die Vertretungsbefugnis steht dann nach § 714 BGB den geschäftsführenden Gesellschaftern zu, gem. dem Grundsatz des § 709 BGB gemeinschaftlich, soweit nichts Abweichendes geregelt wird. Bei der **KG** ist schon von den rechtlichen Vorgaben jeder Kommanditist nach §§ 164, 170 HGB von der Geschäftsführung und Vertretung ausgeschlossen. Nach § 161 Abs. 2 HGB, § 125 Abs. 1 HGB besteht ein Einzelvertretungsrecht der Komplementäre. Bei der GmbH & Co. KG wird die Vertretung über die GmbH geregelt. Deren Geschäftsführer sind vertretungsberechtigt. Insbesondere Gründungsgesellschafter, die ihr Vermögen einbringen, lassen ihre Rechtsstellung zuweilen noch durch ein gesellschaftsvertragliches **Sonderrecht** auf Führung der Geschäfte und Vertretung stärken.[2408]

In Betracht kommen auch sog. **Mehrstimmrechte**, die im Personengesellschaftsrecht nicht per se unzulässig (anders nach § 12 Abs. 2 AktG für die AG) und auch im GmbH-Recht gebräuchlich sind.[2409] Allerdings wird die konkrete Ausgestaltung einer gerichtlichen Kontrolle unter-

---

[2408] Vgl. Münch/*Munzig*, Familienrecht, § 12 Rn. 79; Hannes/*Lüke*, Formularbuch, C.1.00, Rn. 8 f.
[2409] Vgl. etwa den Sachverhalt bei BFH – II R 38/11, ZEV 2013, 349.

A. Familienpoolgesellschaften

liegen und dann beanstandet werden, wenn anderen Gesellschaftern in unangemessener und unbilliger Weise die Einflussmöglichkeiten genommen werden. Hierzu dürfte die einfache Stimmenmehrheit nicht genügen,[2410] wohl aber ein kompletter Ausschluss des Stimmrechts für einen Kommanditisten.[2411]

bb) Kündigung

687 Was die **Kündigung** durch einen Gesellschafter anbelangt, so geht das Interesse insb. der vermögenden Gründungsgesellschafter regelmäßig dahin, dass zumindest die ordentliche Kündigung durch die Mitgesellschafter für längere Zeit ausgeschlossen ist. Die Zulässigkeit einer Kündigung aus **wichtigem Grund ist nicht abdingbar**.[2412]

> **Hinweis:** Vorsicht vor Klauseln, welche die Kündigung generell ausschließen, ohne die Kündigung aus wichtigem Grunde vorzubehalten. Sie sind unwirksam, sodass wieder das gesetzliche Kündigungsrecht gilt.

Die **ordentliche Kündigung** kann bei Gesellschaften mit ungewisser Dauer für eine gewisse Zeit ausgeschlossen werden. Es ist nicht vollends geklärt, für welchen Zeitraum ein solcher Ausschluss erfolgen kann.

Bei einem **Ausschluss** der Kündigung **auf die Lebenszeit des Gründungsgesellschafters**, der sich in vielen Formulierungsvorschlägen zur Familienpoolgesellschaft findet, wird vertreten, dass dieser **gegen § 724 Abs. 1 BGB verstößt**. Entsprechend verwendete Klauseln sollen aber nicht zur Unwirksamkeit führen, sondern als langfristige Kündigungsbeschränkung auslegbar sein.[2413]

Daher sollte stattdessen eine **datumsmäßige Beschränkung** vereinbart werden. Auch über die höchstzulässige Ausschlussdauer herrscht indes keine Einigkeit. Eine längere Frist als 30 Jahre dürfte jedenfalls unzulässig sein. Eine Frist in diesem Rahmen sollte in Abstimmung mit dem Lebens- und Arbeitshorizont des entsprechenden Gründungsgesellschafters gewählt werden, wobei etwaige Besonderheiten der Gesellschaft Berücksichtigung finden müssen. Der Zweck einer Familienpoolgesellschaft, Vermögen langfristig in der Familie zu halten, spricht für die Zulässigkeit eines langfristigen Kündigungsausschlusses.

> **Hinweis:** Der Ausschluss der ordentlichen Kündigung sollte nicht auf die Lebenszeit einer Person erfolgen, sondern auf einen bestimmten datumsmäßig festgelegten Termin hin.

Wichtig ist in diesem Zusammenhang die Bestimmung des § 723 Abs. 1 S. 3 Nr. 2 BGB iVm § 1629a BGB. Danach steht einem **Minderjährigen** als Gesellschafter einer **GbR** mit Erreichen der Volljährigkeit ein **Sonderkündigungsrecht** zu, das unentziehbar ist, § 723 Abs. 3

[2410] OLG Karlsruhe – 4 U 24/14, NJW-Spezial 2014, 688.
[2411] BGH – II ZR 229/54, NJW 1956, 1198.
[2412] Palandt/*Sprau* BGB § 723 Rn. 1; MüKoBGB/*Schäfer* BGB § 723 Rn. 70.
[2413] DNotI-Gutachten, DNotI-Report 2006, 95 f.

11. Teil. Gesellschaftsrecht

BGB. Für die Mitgliedschaft als Kommanditist in einer Kommanditgesellschaft soll dies – jedenfalls bei voll eingezahlten KG-Anteilen – nicht gelten,[2414] wohl aber für die persönlich haftenden Gesellschafter.

cc) Vinkulierung

688 Die **Mitgliedschaft** in einer **Personengesellschaft** ist **kraft Gesetzes unübertragbar**.[2415] Sie ist nur übertragbar, wenn der Gesellschaftsvertrag oder die Mitgesellschafter ad hoc diese Übertragung zulassen. Im Gesellschaftsvertrag kann die Zulassung unterschiedlich geregelt sein. Häufig soll der Gründungsgesellschafter etwa berechtigt sein, eine Übertragung innerhalb seiner Abkömmlinge ohne weitere Zustimmung der bereits als Mitgesellschafter Aufgenommenen vorzunehmen. Ansonsten wird die Zulassung häufig auf Abkömmlinge beschränkt. Anteile an einer **GmbH** hingegen sind **kraft Gesetzes übertragbar** und müssen nach § 15 Abs. 5 GmbHG durch **Satzungsbestimmung vinkuliert** werden, um eine Übertragbarkeit ohne Zustimmung der Mitgesellschafter auszuschließen. Bei verschiedenen **Familienstämmen** sehen die Regeln dementsprechend einen Verbleib im jeweiligen Familienstamm vor. Weitere Regelungen wie etwa Vorkaufsrechte werden bei Familiengesellschaften nicht regelmäßig vorgesehen, da der Zusammenhalt des Familienvermögens durch einen Erwerb zum Verkehrswert mittels Vorkaufsrecht nicht erreicht wird.

dd) Nachfolgeklausel

689 Der Tod eines Gesellschafters hat nach der gesetzlichen Rechtslage unterschiedliche Folgen: Die **GbR** wird durch den **Tod eines Gesellschafters aufgelöst**, wenn nicht der Gesellschaftsvertrag etwas anderes aussagt, § 727 BGB.

> **Hinweis:** Die **vertragslose GbR** ist **mit dem Tod eines Gesellschafters aufgelöst**. Dies wird oft übersehen. Jede GbR braucht daher als Mindestnotwendigkeit einen Gesellschaftsvertrag, der diese Folge ausschließt.

Verstirbt ein persönlich haftender Gesellschafter einer **OHG oder KG**, wird die Gesellschaft nicht (mehr) aufgelöst, sondern der betreffende scheidet aus, sodass die Gesellschaft unter den übrigen Gesellschaftern fortgesetzt wird, § 131 Abs. 3 Nr. 1 HGB.

Beim Tod eines **Kommanditisten einer KG** hingegen ordnet § 177 HGB an, dass die Gesellschaft mit den Erben des Verstorbenen fortgesetzt wird, wenn der Gesellschaftsvertrag nicht anderes vorsieht.

Bei der GmbH ist der Anteil zwingend vererblich, die Satzung kann jedoch ein Einziehungsrecht vorsehen, das innerhalb einer kürzeren Frist nach dem Tode ausgeübt werden kann.

[2414] *Von Oertzen/Hermann* ZEV 2003, 400 (402).
[2415] Zur Unterscheidung zwischen Rechten aus der Mitgliedschaft und der Mitgliedschaft selbst, die nach allgemeinen Grundsätzen nicht übertragbar ist Palandt/*Sprau* BGB § 717 Rn. 1; MüKoBGB/*Schäfer* BGB § 705 Rn. 180 ff.

A. Familienpoolgesellschaften

Diese gesetzlichen Bestimmungen passen idR nicht auf die Gestaltungsziele einer Familienpoolgesellschaft. Diese soll beim Tod nicht aufgelöst werden, auch nicht nur mit den übrigen Gesellschaftern fortgesetzt werden, aber auch nicht zwingend mit allen Erben. Daher bedarf es einer **erbrechtlichen Nachfolgeklausel im Gesellschaftsvertrag**.[2416] Hierzu gibt es verschiedene Klauseln. Mit der sog. **Fortsetzungsklausel** wird die Gesellschaft nach dem Tod eines Gesellschafters mit den übrigen Gesellschaftern fortgesetzt. Das entspricht dem Modell des § 131 Abs. 3 Nr. 1 HGB. In diesem Fall ist der Gesellschaftsanteil selbst unvererblich und geht daher nicht auf die Erben über, sondern wächst den übrigen Gesellschaftern an, § 738 BGB.[2417] In Kombination damit wird der **Abfindungsanspruch** gegen die Gesellschaft bzw. die Gesellschafter **herabgesetzt**, was zivilrechtlich nach vorherrschender Meinung sehr weit gehen kann.[2418] Steuerlich ist hierbei jedoch zu bedenken, dass damit nach **§ 7 Abs. 7 S. 1 ErbStG** eine **Schenkung** verbunden sein kann, die zu entsprechendem Steueranfall führt.

Die sog. **einfache erbrechtliche Nachfolgeklausel** stellt den Anteil vererblich. Damit überwindet sie die gesetzlichen Folgen nach § 727 BGB bzw. 131 Abs. 3 Nr. 1 HGB. Sie führt zu einem erbrechtlichen Anteilsübergang, der sich allein nach der gesetzlichen oder gewillkürten Erbfolge des Verstorbenen richtet. Sind mehrere Erben eingesetzt, so sieht zwar § 1922 BGB grds. das Entstehen einer Erbengemeinschaft vor, eine solche könnte jedoch nicht Mitglied einer Personengesellschaft sein. Diesen Konflikt löst der BGH zugunsten des Gesellschaftsrechts auf, indem er eine Sondererbfolge vorsieht, sodass jeder Erbe seinen Gesellschaftsanteil entsprechend der Quote in der Erbengemeinschaft unmittelbar erbt.[2419] Geht der Anteil per Vermächtnis über, so muss dieses freilich erst erfüllt werden.

690

Bei der sog. **qualifizierten erbrechtlichen Nachfolgeklausel** lässt der Gesellschaftsvertrag das Einrücken in die Gesellschafterstellung **nicht für alle Erben zu, sondern nur für einen oder einige**. Dies hat nach der **Theorie der unmittelbaren Vollnachfolge**[2420] zur Folge, dass die begünstigten Erben direkt in den Gesellschaftsanteil einrücken, mehrere erneut im Wege der Sondererbfolge.

Eine solche qualifizierte erbrechtliche Nachfolgeklausel ist für die Familiengesellschaften zumeist die bevorzugte Regelung. Für eine solche qualifizierte erbrechtliche Nachfolgeklausel schlägt *Krauß* folgende Formulierung vor:[2421]

[2416] Zu deren steuerlichen Folgen siehe *Nieder/Kössinger*, Testamentsgestaltung, § 20 Rn. 61 f.
[2417] *Nieder/Kössinger*, Testamentsgestaltung, § 20 Rn. 8 f., dort auch Formulierungsvorschlag Rn. 17.
[2418] *Nieder/Kössinger*, Testamentsgestaltung, § 20 Rn. 11.
[2419] BGH – IV a ZR 229/81, NJW 1983, 2376; BGH – IVa ZR 155/84, NJW 1986, 2431 (2432); vgl. auch BFH – II R 85/78, BeckRS 1981, 04718.
[2420] BGH – II ZR 120/75, NJW 1977, 1339.
[2421] So bei *Krauß*, Vermögensnachfolge, Kap. 15 Rn. 6767.

Formulierungsvorschlag – qualifizierte erbrechtliche Nachfolgeklausel:
„Durch den Tod eines Gesellschafters wird die Gesellschaft nicht aufgelöst, sondern mit seinen in Ansehung des Gesellschaftsanteils nachfolgeberechtigten Erben oder Vermächtnisnehmern oder – falls solche nicht vorhanden sind – unter den verbleibenden Gesellschaftern fortgesetzt. Für die Übertragung des Gesellschaftsanteils von Erben auf nachfolgeberechtigte Vermächtnisnehmer bedarf es nicht der Zustimmung der anderen Gesellschafter.
Nachfolgeberechtigt sind nur andere Gesellschafter, Ehegatten[2422] und/oder Abkömmlinge von Gesellschaftern ..."

Mit einer sog. **Eintrittsklausel** schließlich wird einem Eintrittsberechtigten – das könnte auch ein Nichterbe sein – das Recht auf Eintritt in die Gesellschaft nach dem Tod des Gesellschafters verschafft, das dann rechtsgeschäftlich unter Mitwirkung des Berechtigten vollzogen werden muss. Bis zum Ablauf der festzusetzenden Erklärungsfrist halten die Mitgesellschafter den Anteil treuhänderisch. Bei Nichteintritt wird die Gesellschaft nur von den übrigen Mitgesellschaftern fortgesetzt, denen der Anteil anwächst. Es liegt also kein automatischer Erwerb vor, sondern eine Neubegründung der Mitgliedschaft durch rechtsgeschäftlichen Aufnahmevertrag.[2423]

Im Rahmen der Nachfolgeklausel wird üblicherweise angeordnet, dass mehrere Erben, welche in den Anteil einrücken, einen **gemeinsamen Bevollmächtigten** zu bestimmen haben, sonst wird die Zahl der Beteiligten zu groß.

Ferner wird häufig in diesem Zusammenhang festgeschrieben, dass es zulässig ist, **Dauertestamentsvollstreckung** über den Gesellschaftsanteil anzuordnen.

ee) Abfindungs- und Entnahmebeschränkungen, Nießbrauch

691 Um die dauerhafte und stetige Vermehrung des Familienvermögens in der Gesellschaft zu sichern und dem Versorgungsinteresse der „Ausstatter" der Gesellschaft Rechnung zu tragen, werden üblicherweise folgende Vereinbarungen getroffen:
Die Gründer der Familienpoolgesellschaft können sich zum einen den **Nießbrauch** voll oder quotal entweder an dem in die Gesellschaft eingebrachten Vermögen oder aber am Gesellschaftsanteil selbst vorbehalten und die entsprechenden Einnahmen daraus ziehen. Was die **Vereinbarung eines Nießbrauchs** am Einzelunternehmen oder an einer Mitunternehmerschaft anbelangt, so hat es in letzter Zeit steuerlich jedoch einige **Irritationen** gegeben. Zunächst hat der **X. Senat des BFH**[2424] entschieden, dass die Buchwertfortführung nach §6 Abs. 3 EStG erfordere, dass der Übertragende seine bisherige gewerbliche Tätigkeit einstelle (Übertragung ruhender Gewerbebetrieb, Einzelunternehmen). Die **Finanzverwaltung** sieht dieses Urteil für die Übertragung von

---

[2422] In Familiengesellschaften wird der Ehegatte häufig ausgeschlossen, ggf. mit Ausnahme der Gründergeneration.
[2423] So DNotI-Gutachten, DNotI-Report 2004, 141 (142).
[2424] BFH – X R 59/14, DStR 2017, 1308 = BStBl. II 2019, 730.

A. Familienpoolgesellschaften

Mitunternehmeranteilen jedoch nicht als einschlägig an und hat in ihrem jüngsten Schreiben zu Zweifelsfragen des §6 Ab. 3 EStG[2425] festgehalten, dass der Nießbrauchsvorbehalt bei Vorliegen von Mitunternehmerschaft der Buchwertfortführung nach §6 Abs. 3 EStG nicht entgegensteht. Die Finanzverwaltung will das zitierte Urteil des X. Senats auf die Übertragung eines im Ganzen verpachteten Einzelunternehmens beschränken. Kern der Problematik ist auch, ob durch den **Nießbrauchsvorbehalt zwei Betriebe** bzw. eine **doppelte Mitunternehmerschaft** entstehen können. Dies sehen der **IV. und VI. Senat des BFH**[2426] so, wobei der VI Senat ausdrücklich betont, dass diese Sicht sich nicht auf Forstbetriebe beschränkt. In einem weiteren Judikat nimmt der VI. Senat sogar ausdrücklich gegen die zitierte Rechtsprechung des X. Senates Stellung.[2427] Schließlich sieht auch der II. Senat im Schenkungsteuerrecht eine doppelte Mitunternehmerstellung als möglich an, wie er jüngst erst entschied.[2428] Dem wird zu Recht eine Auswirkung auch auf §6 Abs. 3 EStG zugeschrieben,[2429] ist doch die Mitunternehmerschaft im Rahmen der schenkungsteuerlichen Betriebsvermögensprivilegien nach ertragsteuerlichen Gesichtspunkten zu bewerten.[2430]

Anstelle eines Nießbrauchs kann auch die Zuweisung eines **überquotalen Ergebnisses** vorgesehen sein. Dies hat jedenfalls bei vermögensverwaltenden Gesellschaften[2431] keinen Einfluss auf den Wert des Anteils.[2432]

Um ein Abwandern des Familienvermögens im Falle des Ausscheidens eines Gesellschafters zu verhindern, werden **Abfindungsbeschränkungen** vereinbart. Die gesetzlichen Abfindungen zum Verkehrswert sind dispositiv. Für Familiengesellschaften stehen die Ziele im Vordergrund, zum einen die Liquidität der Gesellschaft nicht durch eine Abfindung zu gefährden und zum anderen ein Verfahren zu schaffen, in dem auf einfachem Wege die Höhe der Abfindung bestimmt werden kann.[2433] Die Disposition der gesetzlichen Abfindungsregelungen ist jedoch nicht unbegrenzt. Vielmehr unterliegen die Abfindungsbeschränkungen einer gerichtlichen Inhaltskontrolle. Dabei sind folgende Punkte zu berücksichtigen:

– Ein **völliger Ausschluss** der Abfindung ist grds. **sittenwidrig und nichtig**. **Ausnahmen** soll es geben, wenn der Gesellschafter ohne Kapitalanteil beteiligt war oder die Beteiligung mittels eines Manager-

---

[2425] BMF 20.11.2019, BStBl. I 2019, 1291, Rn. 7, 18.
[2426] BFH – IV R 38/13, DStR 2016, 968; BFH – VI R 5/17, NZG 2019, 237, insb. Rn. 32 zur allgemeinen Gültigkeit.
[2427] BFH – VI R 26/17, DStR 2019, 2020, Rn. 19.
[2428] BFH – II R 34/16, DStR 2020, 382, übrigens trotz Bestehens einer nicht verdrängenden Vollmacht. Entscheidung erging zu §13a ErbStG 2007.
[2429] Urteilsanmerkung in KÖSDI 2020, 21640; zweifelnd *Wachter* DB 2020, 634 (643).
[2430] Zum Ganzen auch *Wachter* DB 2020, 634 (643).
[2431] Hierzu näher → Rn. 704 ff.
[2432] *Vosseler/Regierer* ZEV 2018, 434 (439).
[2433] *Wolf* MittBayNot 2013, 9 ff.

11. Teil. Gesellschaftsrecht

modells oder eines Mitarbeitermodells und damit **nicht auf Dauer gehalten** wird.[2434] Vertreten wird ferner, dass die Abfindung für den **Fall des Todes eines Gesellschafters** völlig ausgeschlossen werden kann,[2435] jedenfalls im Rahmen einer Fortsetzungsklausel, die den Anteil am Nachlass vorbeisteuert.[2436]

- Unwirksam ist eine Abfindungsbeschränkung nur für Gläubiger.[2437]
- Eine pauschale Beschränkung auf die **Hälfte des Buchwertes** ist **generell unwirksam**,[2438] auch bei einem geschenkten Anteil und auch bei Ausschließung aus wichtigem Grund.
- Unwirksam ist eine Abfindung, die die **geleisteten Einlagen und die einbehaltenen Gewinne** noch unterschreitet.[2439]
- Die Unterschreitung des Anteils-Verkehrswertes um ein Mehrfaches oder Vielfaches ist grds. unangemessen.[2440]
- Eine gesellschaftsvertragliche Regelung, die eine Auszahlung des Abfindungsguthabens in 15 gleichen Jahresraten vorsieht, ist unwirksam.[2441]
- Ferner darf eine „**angemessene Abfindung**" nicht beeinträchtigt sein.[2442] Wann dies der Fall ist, darüber wird in Rechtsprechung und Literatur gestritten.
  - So ist eine **Buchwertklausel nicht per se unwirksam**. Sie ist aber „besonders anfällig für Nichtigkeitseinwände".[2443] Bei einem **erheblichen Missverhältnis zwischen Buchwert und wirklichem Wert** aber wird die Freiheit des Gesellschafters, sich zu einer Kündigung zu entschließen, unvertretbar eingeengt (Verstoß gegen den nicht abdingbaren §723 Abs. 3 BGB). Der wirkliche Wert ist dabei der Marktpreis.[2444]
  - Zur **Nichtigkeit** führt nur ein **anfänglicher Klauselmangel**, der aber auch vorliegt, wenn das Missverhältnis zwar erst später eintritt, aber von Anfang an absehbar war.[2445]
  - Ein **nachträglicher Klauselmangel** führt zur **Ausübungskontrolle**.[2446]

[2434] MüKoHGB/K. *Schmidt* HGB §131 Rn. 178 mwN.
[2435] *Nieder/Kössinger,* Testamentsgestaltung, §20 Rn. 11 mwN.
[2436] MüKoHGB/K. *Schmidt* HGB §131 Rn. 161 f.
[2437] BGH – II ZB 12/73, NJW 1975, 1835.
[2438] BGH – II ZR 83/88, NJW 1989, 2685.
[2439] BGH – II ZR 164/90, NJW-RR 1991, 1381.
[2440] MüKoHGB/K. *Schmidt* HGB §131 Rn. 168.
[2441] BGH – II ZR 83/88, NJW 1989, 2685.
[2442] RG – II 126/39, RGZ 162, 388, 393; BGH – II ZR 256/83, NJW 1985, 192.
[2443] MüKoHGB/K. *Schmidt* HGB §131 Rn. 168.
[2444] BGH – II ZR 256/83, NJW 1985, 192.
[2445] MüKoHGB/K. *Schmidt* HGB §131 Rn. 168.
[2446] BGH – II ZR 104/92, NJW 1993, 3193.

A. Familienpoolgesellschaften

– Darüber hinaus wird vorgeschlagen, die **Angemessenheit** mit folgenden **Maßstäben** zu prüfen: **Abfindungswert, Abfindungsanlass, Art der Beteiligung.**[2447]
– Dabei **erkennt die Rechtsprechung Gesellschafter minderen Rechts grds. nicht an**, hat aber folgende **Ausnahmen** zugelassen:
  – **Gesellschafter ohne Kapitalanteil**;
  – Treuhänderisch über ein **Manager- oder Mitarbeitermodell** beteiligte Gesellschafter;[2448]
  – Ein „Probe-Mitgliedschaftsverhältnis" etwa im Freiberufler-Bereich, wobei aber eine 10-jährige Probefrist den Rahmen bei weitem übersteigt;[2449]
  – Gesellschafter, die im Innenverhältnis **wie typisch stille Gesellschafter** gestellt sind;[2450]
  – Das Unternehmen wird **nur von den verbleibenden Gesellschaftern getragen**, sodass der Ertragswert von den verbleibenden Gesellschaftern abhängt und nicht vom ausscheidenden.[2451]
– Eine Differenzierung nach dem Anteilserwerb dergestalt, dass der **unentgeltlich erwerbende Gesellschafter** sich mit einem niedrigeren Abfindungswert zufriedengeben müsste, **lehnt die Rechtsprechung ausdrücklich ab,**[2452] ebenso ein freies Hinauskündigungsrecht, weil er ansonsten nicht frei von seinen Mitgliedschaftsrechten Gebrauch machen könne und sich den Vorstellungen der anderen Mitglieder beugen müsse („Damoklesschwert"). Rückforderungsklauseln können auch auf der schuldrechtlichen Ebene bei der Anteilsübertragung vereinbart werden. Hier ist noch nicht endgültig entschieden, wie die Rechtsprechung zum Gesellschaftsrecht auf diese Ebene durchschlägt.[2453]
– Schließlich wird in den Fällen der Ausschließung aus wichtigem Grund eine gewisse Beschränkung des Abfindungsanspruches anerkannt, nicht aber dessen völliger Ausschluss.
– Das Vorliegen einer **Familiengesellschaft**, die das Vermögen für künftige Generationen erhalten will, kann im Rahmen der Abfindung durchaus Berücksichtigung finden. Unter Berufung auf diesen Umstand kann daher die Abfindung abgesenkt werden, allerdings nur bis zur Grenze des groben Missverhältnisses.[2454] Ein solcher **Gesellschaftszweck** ist dann auch im Rahmen einer Anpassung im Zuge der Ausübungskontrolle zu berücksichtigen. Er sollte daher im Gesellschaftsvertrag Niederschlag finden. Je schwächer die Rechts-

---

[2447] MüKoHGB/K. *Schmidt* HGB § 131 Rn. 167.
[2448] BGH – II ZR 342/03, NJW 2005, 3644.
[2449] BGH – II ZR 281/05, NZG 2007, 583.
[2450] OLG München – 7 U 1562/91, NJW-RR 1994, 161.
[2451] BGH – II ZR 52/77, NJW 1979, 104.
[2452] BGH – II ZR 83/88, NJW 1989, 2685.
[2453] Hierzu *Münch* ZErb 2007, 410 f.
[2454] BGH – II ZR 38/93, NJW 1994, 2536.

11. Teil. Gesellschaftsrecht

stellung des aktuellen Gesellschafters ausgeprägt ist und **je stärker die Gesellschaft auf künftige Generationen bezogen** ist (funktionale Nähe zur Familienstiftung; großer Gesellschafterkreis mit geringem Stimmgewicht des einzelnen Familiengesellschafters, körperschaftliche Struktur), desto mehr wird eine Abfindung abgesenkt werden können.[2455] Der BGH[2456] hat in einem allerdings schon älteren Urteil und bei einer Einziehung nach Todesfall sogar ausgesprochen:

„Der Sinn einer solchen Regelung ist der, die Erhaltung der Gesellschaft als Familienunternehmen nicht an der erheblichen Belastung scheitern zu lassen, die eine Abfindungsverpflichtung gegenüber den ausscheidenden Anteilsinhabern für die Gesellschafter bedeuten kann. Das ist ein vernünftiger und sachgerechter Grund auch für den völligen Ausschluss des Einziehungsentgeltes."

692 Als Bestandteil des Gesellschaftsvertrages lässt sich daher folgendermaßen formulieren:

Formulierung – Familiengesellschaft:
Bei der Bemessung der Abfindung ist insb. maßgeblich, dass es sich um eine Familiengesellschaft handelt, die das Familienvermögen auf Dauer erhalten soll. Das Vermögen wurde von vorhergehenden Generationen übernommen und es ist für künftige Generationen zu bewahren. Die Gesellschafter sehen sich daher ungeachtet ihrer vollen Gesellschafterstellung nur als Sachwalter für kommende Generationen. Aus diesem Grunde wird nachfolgende Abfindungsregelung gefasst, die einen übermäßigen Vermögensabfluss beim Ausscheiden eines Gesellschafters verhindern soll.
Sollte die Abfindungsregelung gleichwohl unwirksam sein oder richterlicher Anpassung unterliegen, so soll an ihre Stelle nicht eine Abfindung zum Verkehrswert treten, sondern eine gerade noch zulässige Abfindung unter Berücksichtigung dieses Regelungszweckes.

Hinweis: Die ausführliche Darstellung hat gezeigt, dass es durchaus im Gesellschaftsrecht Gründe für eine ermäßigte Abfindung gegenüber dem Verkehrswert gibt.

Soweit eine **Verkehrswertabfindung** gewünscht wird, ist diese bei **Grundbesitz haltenden Personengesellschaften** ggf. nach dem Verkehrswert des betroffenen Grundbesitzes zu bestimmen. Hier lassen sich Verkehrswertgutachten leichter erstellen als zu Firmenwerten.

Abfindungsklauseln in Gesellschaftsverträgen besitzen seit der Erbschaftsteuerreform 2009 auch eine **erhebliche schenkungsteuerliche Relevanz nach § 7 Abs. 7 ErbStG**. Auf diese wird gesondert eingegangen.[2457]

[2455] *Wolf* MittBayNot 2013, 9.
[2456] BGH – II ZR 115/75, WM 1977, 192.
[2457] Siehe hierzu BFH – II R 5/12, ZEV 2013, 409; dazu *Götz* ZEV 2014, 241 ff. und nachfolgend → Rn. 707.

A. Familienpoolgesellschaften

Soll das Gesellschaftsvermögen etwa im Hinblick auf anstehende Investitionen vermehrt werden, so kann der Gesellschaftsvertrag Entnahmebeschränkungen vorsehen. Diese beinhalten idR:
– Entnahmerecht für die persönlichen Steuern und Abgaben, die aus den Einkünften und dem Vermögen dieser Gesellschaft resultieren.
– Ggf. monatlich feste Entnahmen, soweit das Darlehenskonto ein Guthaben aufweist.
– Rücklagequoten, die mit Mehrheitsbeschluss erhöht werden können, wobei aber eine Mindestentnahmequote auch verbleiben sollte.
– Ggf. Regelung, dass Entnahmen außerhalb der Steuerbeträge nur einheitlich vorgenommen werden dürfen.

ff) Ausschließungsklauseln

Auch in einer Familiengesellschaft werden regelmäßig Ausschließungsgründe festgelegt, schon um bei Insolvenz oder Zwangsversteigerung keine Gläubiger in der Gesellschaft zu haben. Ausschließungsgründe sind demnach bei vielen Familiengesellschaften vor allem auch zum Schutz vor Fremdeinfluss: **693**
– die Eröffnung eines Insolvenzverfahrens über das Vermögen des Gesellschafters oder die Ablehnung der Eröffnung mangels Masse;
– Zwangsvollstreckungsmaßnahmen in den Gesellschaftsanteil oder ein sonstiges Gesellschaftsrecht, wenn die Maßnahme nicht innerhalb von zwei Monaten nach ihrem Beginn wieder aufgehoben wurde;
– ein wichtiger Grund in der Person des Gesellschafters, der nach §§ 133, 140 HGB seinen Ausschluss rechtfertigt;
– Güterstandsklausel nicht eingehalten;[2458]
– Eintritt der Betreuungsbedürftigkeit nach § 1896 BGB, ggf. nur ohne Vorliegen einer Vorsorgevollmacht zugunsten einer nachfolgeberechtigten Person.

Durchaus hilfreich sind Formulierungen, die es der Gesellschaft erlauben, auch eine **Sanktion unterhalb der Ausschließung** zu verhängen und die Fristen angemessen zu verlängern. Ferner kann die Möglichkeit vorgesehen werden, statt der Ausschließung die Abtretung an die Mitgesellschafter oder einen von ihnen zu verlangen.

Die Güterstandsklauseln werden in einem gesonderten und eigenen Zusammenhang besprochen.[2459] **694**

b) Übertragung

Bei der Gründung der Familienpoolgesellschaft müssen die **Vermögensgegenstände** von den bisherigen Eigentümern auf diese **übertragen** werden. Hierbei sind für die Übertragung von Grundbesitz die **Formvorschrift** des § 311b BGB und bei **GmbH-Anteilen** des § 15 Abs. 3 GmbHG zu beachten, sodass in diesen Fällen eine **notarielle Beurkundung** erforderlich ist. **695**

[2458] Siehe hierzu → Rn. 711 ff.
[2459] Siehe hierzu → Rn. 711 ff.

11. Teil. Gesellschaftsrecht

Bei dieser Einbringung ist insb. bei der Beteiligung **Minderjähriger** auf die Einhaltung der Vorschriften zur Vertretung zu achten.[2460] Der **Rechtsgrund** der Übertragung ist sorgfältig zu formulieren insb. im Hinblick darauf, ob es sich um die Erfüllung einer **Einlageverpflichtung** handelt oder/und ob in der Einbringung eine Schenkung liegt, die Regelungsbedarf etwa hinsichtlich einer **Pflichtteilsanrechnung** oder einer **Scheidungsklausel** begründet.

Steuerlich ist die Übertragung gestaltbar, ob sie als **unentgeltliche** oder als **entgeltliche** gelten soll. Dies hängt mit der Zuordnung zur jeweiligen **Kapitalkontenstruktur** zusammen. Eine Buchung lediglich auf Kapitalkonto II wird zur Unentgeltlichkeit führen,[2461] wenn jedoch mindestens ein Teil[2462] auf Kapitalkonto I gebucht wird, so führt dies zur Entgeltlichkeit, sodass etwa bei einem nicht verstrickten Wirtschaftsgut neues Afa-Bemessungsvolumen erreicht werden kann.

Bei der Übertragung kann sich der vormalige Eigentümer Rechte vorbehalten, insb. einen **Nießbrauch zur Gänze** oder **quotal** etwa **am eingebrachten Grundbesitz**. Hierbei wird zumeist eine Regelung getroffen, nach der auch alle Kosten vom Nießbraucher zu tragen sind. Dieser Grundstücksnießbrauch ist im Zivil- und Steuerrecht anerkannt und bewegt sich daher auf sicherem Boden. Als Alternative kommt bei der späteren Übertragung etwa von **KG-Anteilen ein Anteilsnießbrauch** in Betracht. Dieser ist zivilrechtlich nicht leicht zu fassen.[2463] Um eine steuerlich etwa erforderliche Mitunternehmerschaft zu sichern, müssen sich die Beschränkungen des Erwerbers in Grenzen halten.[2464] Probleme gibt es hier im Schenkungsteuerrecht, aber auch nach § 6 Abs. 3 EStG bei der Buchwertfortführung im Ertragsteuerrecht.[2465]

Bei der Übertragung gegen eine **dauernde Last oder eine Leibrente** ist insoweit **Vorsicht** geboten, als das Jahressteuergesetz 2008 den Anwendungsbereich des § 10 Abs. 1 Nr. 1a EStG eingeschränkt hat und nur noch begünstigt:

– Mitunternehmeranteile an einer Personengesellschaft, die eine Tätigkeit isd §§ 13, 15 Absatz 1 Satz 1 Nummer 1 oder des § 18 Abs. 1 EStG ausübt,

– Versorgungsleistungen im Zusammenhang mit der Übertragung eines Betriebs oder Teilbetriebs, sowie

– Versorgungsleistungen im Zusammenhang mit der Übertragung eines mindestens 50 Prozent betragenden Anteils an einer Gesellschaft mit beschränkter Haftung, wenn der Übergeber als Geschäftsführer tätig

---

[2460] Besprochen in → Rn. 512 ff., → Rn. 539 ff.
[2461] BFH – IV R 15/14, DStR 2016, 217 und BFH – IV R 46/12, DStR 2016, 662 sowie BMF, BStBl. I 2016, 684.
[2462] BMF 20.5.2009, BeckVerw 161145 später aufgehoben durch Umwandlungsteuererlass.
[2463] Zum Nießbrauch an GmbH-Geschäftsanteilen ausführlich *Barry* RNotZ 2013, 401 ff.
[2464] Vgl. hierzu *Hochheim/Wagenmann* ZEV 2010, 109 ff., die eine Abstimmung mit der Finanzverwaltung empfehlen; detailliert *Münch* ZEV 1998, 8 ff.
[2465] Hierzu näher → Rn. 691.

A. Familienpoolgesellschaften

war und der Übernehmer diese Tätigkeit nach der Übertragung übernimmt.
– Versorgungsleistungen, die auf den Wohnteil eines Betriebs der Land- und Forstwirtschaft entfallen.

Häufig werden bei der späteren Übertragung der KG-Anteile nach Einbringung des Grundbesitzes oder der anderen Vermögenswerte **Rückübertragungsrechte** der einbringenden Gesellschafter begründet. Dabei ist darauf zu achten, dass kein freies Rückübertragungsrecht begründet wird, wenn die Verschonungsregelungen für Betriebsvermögen in Anspruch genommen werden sollen.[2466] Dies ist auch in anderen Bereichen nicht ratsam. In Betracht kommen stattdessen Widerrufsgründe, wie sie etwa bei der Ausschließungsklausel soeben besprochen wurden.

Vorsicht geboten ist beim **Besitzübergang von Betriebsvermögen**, **696** das als solches in eine gewerblich geprägte GmbH & Co. KG überführt werden soll. Der BFH[2467] hat hier – freilich zum Erbschaftsteuerrecht – entschieden, dass

eine in Gründung befindliche **GmbH & Co. KG**, an der eine natürliche Person beteiligt ist und die kein Handelsgewerbe betreibt, nicht vor ihrer **Eintragung in das Handelsregister** als **gewerblich geprägte Personengesellschaft** beurteilt werden kann.

Dies wird auch einkommensteuerlich so gesehen, denn auch hierzu hat der BFH[2468] ausgesprochen:

„Eine bloße Vermögensverwaltung führt als solche nicht zur Erzielung von Einkünften aus Gewerbebetrieb iSd § 15 Abs. 1 S. 1 Nr. 1 EStG. Die gewerbliche Prägung gem. § 15 Abs. 3 Nr. 2 EStG setzt erst mit der Eintragung der GmbH & Co. KG in das Handelsregister ein."

Das führt zu folgendem Ratschlag:

Hinweis: Eine Übertragung von betrieblichem Vermögen auf eine nur gewerblich geprägte GmbH & Co. KG sowie die Abtretung von Anteilen an dieser Gesellschaft sollten jeweils erst erfolgen, wenn die KG im Handelsregister eingetragen ist.

Bei der Übertragung von Anteilen an einer KG ist zusätzlich § 176 Abs. 2 HGB im Blick zu behalten, der anordnet, dass ein eintretender Kommanditist für die zwischen seinem Beitritt und seiner Eintragung in das Handelsregister begründeten Verbindlichkeiten persönlich wie ein Komplementär haftet.
Aus diesem Grund wird die Übertragung der Kommanditistenstellung idR aufschiebend bedingt auf die Eintragung des neuen Kommanditisten im Handelsregister als Erwerber im Wege der Sonderrechtsnachfolge ausgeführt. Man kann dem Erwerber bis dahin atypisch still an der

---

[2466] Vgl. H E 13b.5 ErbStH 2019.
[2467] BFH – II R 41/07, DStR 2009, 1310.
[2468] BFH – II R 10/10, BeckRS 2011, 96630 = BFH/NV 2011, 2063.

KG beteiligen, um die entsprechenden Beteiligungswirkungen jedenfalls im Innenverhältnis schon früher zu erzeugen.

Hinweis: Die Übertragung von KG-Anteilen stets aufschiebend bedingt auf die Handelsregistereintragung vorsehen, um eine persönliche Haftung zu vermeiden!

II. Gesellschaft bürgerlichen Rechts

697   Im Anschluss an die allgemeinen Darstellungen seien kurz die wesentlichen Gesellschaftsformen mit ihren Vor- und Nachteilen dargestellt.

1. Teilrechtsfähigkeit

698   Die Gesellschaft bürgerlichen Rechts war früher die einzige Möglichkeit, eine vermögensverwaltende Personengesellschaft zu etablieren. Sie hat in den letzten Jahren eine wechselvolle Behandlung in Rechtsprechung und Gesetzgebung erfahren. Sie ist durch den **BGH** als **teilrechtsfähig** anerkannt. Sie ist insoweit rechtsfähig, als sie als Außengesellschaft durch die Teilnahme am Rechtsverkehr eigene Rechte und Pflichten begründet. Sie kann jede Rechtsposition einnehmen, soweit nicht die Eigenart der betroffenen Rechtsmaterie entgegensteht.[2469]

Der **BGH** hat die GbR schließlich auch ausdrücklich als **grundbuchfähig** angesehen und sah die Eintragung unter einer Sammelbezeichnung als ausreichend an. Darauf hat jedoch der Gesetzgeber reagiert und schreibt nun in **§ 47 Abs. 2 GBO** vor, dass dann, wenn ein Recht für eine Gesellschaft bürgerlichen Rechts eingetragen werden soll, auch **deren Gesellschafter im Grundbuch einzutragen** sind. Nach dem ebenfalls neu eingeführten § 899a BGB wird in Ansehung eines im Grundbuch für die GbR eingetragenen Rechts auch vermutet, dass diejenigen und nur diejenigen Gesellschafter sind, die im Grundbuch eingetragen sind. Die §§ 892–899 BGB über den gutgläubigen Erwerb gelten dann für die Eintragung der Gesellschafter entsprechend. Das OLG München legte daraufhin den Rechtsverkehr mit GbRs nahezu lahm, weil es Nachweise zur Gründung, zur Identität, zum Fortbestand der Gesellschaft etc. und zwar jeweils in grundbuchtauglicher Form forderte.[2470] Der **BGH** hat nun schließlich entschieden, dass es genügt, wenn
– die **GbR** und ihre **Gesellschafter in der Auflassung genannt** sind und
– sie **erklären, die einzigen Gesellschafter zu sein**.

Weitere Nachweise über Existenz, Identität und Vertretungsverhältnisse sind dann nicht zu erbringen.[2471]

[2469] Grundlegend BGH – II ZR 331/00, NJW 2001, 1056; Palandt/*Sprau* BGB § 705 Rn. 24 f.
[2470] OLG München – 34 Wx 116/09, NZG 2010, 341.
[2471] BGH – V ZB 194/10, NJW 2011, 1958.

A. Familienpoolgesellschaften

Aber selbst mit diesem Judikat ist die Diskussion um die GbR im Grundstücksrecht nicht verstummt. Sie befasst sich etwa mit der Frage, dass der gutgläubige Erwerb nur hinsichtlich des eingetragenen Rechts erfolgt, nicht aber in Bezug auf den schuldrechtlichen Kauf, der damit kondizierbar wäre. Vertreten wird ferner, dass nach §899a BGB zwar die ordnungsgemäße Vertretung, nicht aber die Existenz der GbR vermutet wird. Ferner soll sich der gutgläubige Erwerb nicht auf Gesellschaftsanteile erstrecken.[2472]

> **Hinweis:** Die Gesellschaft bürgerlichen Rechts ist grundbuchrechtsfähig. Gleichwohl ist der Rechtsverkehr mit Grundstücken unter Beteiligung einer solchen Gesellschaft noch immer mit allerlei Unwägbarkeiten belastet.

2. Grundstruktur

Die GbR ist der Grundtyp der Personengesellschaften. Sie ist idR Außengesellschaft, die nach §718 BGB **Gesamthandsvermögen** bildet, sodass ein Gesellschafter nach §719 BGB nicht über seinen Anteil am Gesellschaftsvermögen und an den einzelnen dazu gehörenden Gegenständen verfügen kann, er kann auch nicht Teilung verlangen. Auch über den **Gesellschaftsanteil** selbst kann der Gesellschafter nur mit der Zustimmung seiner Mitgesellschafter verfügen. Scheidet ein Gesellschafter aus, so **wächst sein Anteil** am Gesellschaftsvermögen den übrigen Gesellschaftern **an**, §738 BGB. Die Gesellschafter der GbR genießen **keine Haftungsbeschränkung**, sondern haften analog §128 HGB persönlich und unbeschränkt und ohne die Möglichkeit einer allgemeinen Haftungsbeschränkung (keine GbRmbH); eine solche kann nur durch Individualabrede erlangt werden.[2473] Daher besteht für **Minderjährige** bei Erreichen der Volljährigkeit ein **Sonderkündigungsrecht** nach §723 Abs. 1 S. 3 Nr. 2 BGB.

Die GbR kann idR **formlos gegründet** und die Anteile können **formlos übertragen** werden. Das gilt jedoch dann **nicht**, wenn der Gesellschaftsvertrag eine **Verpflichtung zum Erwerb oder zur Veräußerung von Grundbesitz** begründet. Dann ist notarielle Beurkundung erforderlich.[2474] Eine solche Beurkundungsbedürftigkeit ist nicht gegeben, wenn allgemein die „Verwaltung und Verwertung von Grundbesitz" Gegenstand der Gesellschaft ist.[2475] *Kanzleiter* fasst die Fälle der Beurkundungsbedürftigkeit des GbR-Vertrages so zusammen:[2476]

699

[2472] Vgl. zu dem allem *Bestelmeyer* RPfleger 2010, 169 ff.; *Krüger* NZG 2010, 801 ff.; *Lautner* MittBayNot 2011, 32; Palandt/*Bassenge* BGB §899a Rn. 7.
[2473] BGH – II ZR 371–98, DStR 1999, 1704; BGH – II ZR 243/09, DStR 2011, 984.
[2474] BGH – II ZR 331/99, DStR 2001, 1711.
[2475] Zur Vorsicht mahnt *Weser* FS Schwab, 2005, 595, 611, da trotz dieser allgemein gehaltenen Zweckformulierung viele Verträge gerade auf den Erwerb eines bestimmten Grundbesitzes gerichtet seien.
[2476] MüKoBGB/*Kanzleiter*, 7. Aufl. 2015, BGB §311b Rn. 40.

„Ein Gesellschaftsvertrag wird erfasst, wenn sich ein Gesellschafter zum Erwerb eines Grundstücks oder zur Einbringung eines Grundstücks in die Gesellschaft oder die Gesellschaft zum Erwerb eines Grundstücks (von einem Gesellschafter oder von einem Dritten) oder zur Veräußerung eines Grundstücks verpflichtet."

3. Vor- und Nachteile

700 Die Vorteile der GbR lassen sich folgendermaßen zusammenfassen:
– Gesamthandseigentum zur dauerhaften Vermögenspoolung,
– gesetzliche Anteilsvinkulierung,
– einfache Handhabung durch Registerlosigkeit und formlose Gründung,
– dispositive gesetzliche Regelungen erlauben Individualisierung.[2477]

Die Nachteile der GbR hingegen sind:
– Unbeschränkte persönliche Haftung aller Gesellschafter,
– dadurch Beteiligung Minderjähriger kaum möglich, weil nicht genehmigungsfähig,
– Sonderkündigungsrecht Minderjähriger nach Erreichen der Volljährigkeit,
– Schwierigkeiten im Grundbuchverkehr durch Registerlosigkeit,
– höherer Aufwand, Einzelvertretungsbefugnis zu erzeugen und nachzuweisen.[2478]

III. Kommanditgesellschaft

701 Die Kommanditgesellschaft ist eine im **Handelsregister eingetragene Personenhandelsgesellschaft**.[2479] Sie kann nach § 105 Abs. 2 HGB, § 161 HGB auch bei einer **rein vermögensverwaltenden Tätigkeit** in das Handelsregister eingetragen werden. Sie entsteht in diesen Fällen aber erst mit Eintragung. Sie hat (mindestens) einen persönlich haftenden Gesellschafter **(Komplementär)**, der auch eine juristische Person sein kann, und **Kommanditisten**, deren Haftung auf die Erbringung der Hafteinlage beschränkt ist.

Gerade diese Haftungsbeschränkung erlaubt es, **Minderjährige als Kommanditisten**, deren Einlage voll erbracht ist, an einer KG zu beteiligen. Dies wird in aller Regel auch **gerichtlich genehmigt**, sodass die KG insoweit gegenüber der GbR mit der persönlichen Haftung einen großen Vorteil hat. Zudem steht den Minderjährigen später bei Voll-

---

[2477] Muster für Familien-GbRs finden sich etwa bei Münch/*Munzig*, Familienrecht, § 22 Rn. 40; *Limmer* ZFE 2004, 40 ff.; Hannes/*Lüke*, Formularbuch, C.1.00 (gewerbliche Familien-GbR).
[2478] Münch/*Munzig*, Familienrecht, § 12 Rn. 95; vgl. auch BGH – II ZB 4/14, DNotZ 2015, 312: keine Bestellung eines Notgeschäftsführers bei der Familien-GbR.
[2479] Vertragsmuster etwa bei Münch/*Munzig*, Familienrecht, § 22 Rn. 41; *Limmer* ZFE 2004, 198 ff.; Hannes/*Oppermann*, Formularbuch, C.160.

A. Familienpoolgesellschaften

jährigkeit **kein außerordentliches Kündigungsrecht** zu, wie es § 723 Abs. 1 S. 3 Nr. 2 BGB für die GbR vorsieht.

Die Gesellschafter werden im Handelsregister eingetragen, im **Grundbuch** hingegen ist **Eigentümerin** die **Kommanditgesellschaft**, sodass bei einem **Gesellschafterwechsel** das Grundbuch **nicht geändert** werden muss.

Testamentsvollstreckung ist bei der KG leichter möglich, da bezüglich der Kommanditanteile der gesamte Kommanditanteil auch im Hinblick auf die Mitgliedschaftsrechte („Innenseite") in die Dauertestamentsvollstreckung einbezogen werden kann. Eines Zusammenwirkens mit den Erben bedarf es dann nur noch in folgenden Fällen:
– Kernbereich der Mitgliedschaft betroffen,
– Begründung persönlicher Haftung,
– Testamentsvollstrecker kann wegen der erbrechtlichen Beschränkung des § 2205 S. 3 BGB (Verbot unentgeltlicher Verfügung) nicht handeln.[2480]

Ertragsteuerlich kann sie **vermögensverwaltende Gesellschaft** sein, sodass Einkünfte aus Vermietung und Verpachtung oder aus Kapital anfallen.[2481] Sie kann aber bei entsprechendem Tun auch **gewerbliche Gesellschaft** sein, sodass Einkünfte nach § 15 EStG vorliegen. Bei Beteiligung einer juristischen Person stellt sich die Frage gewerblicher Prägung.[2482]

Folgende **Vorteile** lassen die KG als besonders geeignet für die Familienpoolgesellschaft erscheinen:
– Haftungsbeschränkung der Kommanditisten; Möglichkeit auch später als Komplementär eine juristische Person einzubinden;
– damit genehmigungsfähig für Minderjährige;
– kein Sonderkündigungsrecht für Minderjährige als Kommanditisten nach Volljährigkeit;
– passendes Vertretungsregime durch § 125 HGB mit Einzelvertretungsbefugnis jedes Komplementärs;
– Eintragung der KG ohne Gesellschafter im Grundbuch erspart dauernde Grundbuchänderungen bei Veränderungen im Gesellschafterbestand;
– Testamentsvollstreckung in weitem Umfang auch bezüglich der Mitgliedschaft zulässig;
– Bei persönlich haftendem Komplementär Vermeidung von Offenlegungspflichten.

IV. GmbH & Co. KG

Wenn der persönlich haftende Gesellschafter eine GmbH ist, dann wird aus der KG eine **GmbH & Co. KG**. Diese Gesellschaft ist **Personengesellschaft**, die Komplementärin lenkt die Geschicke der Gesell-

702

[2480] *Nieder/Kössinger*, Testamentsgestaltung, § 15 Rn. 140 f.
[2481] Hierzu näher → Rn. 704 ff.
[2482] Hierzu → Rn. 702 bei der GmbH & Co. KG.

schaft. Über die Stellung als **Geschäftsführer in der GmbH** lässt sich die Leitungsmacht gezielt vergeben, notfalls auch an **Fremdgeschäftsführer**. Einer persönlichen Haftung unterliegt damit niemand mehr. Die GmbH & Co. KG wird regelmäßig **gewerbliche Einkünfte** erzielen, entweder indem
- sie **selbst Einkünfte aus gewerblicher Tätigkeit** nach §15 Abs. 1 Nr. 1 EStG erzielt; hierbei **färbt** auch ein geringer Anteil gewerblicher Einkünfte auf die Gesamteinkünfte **ab** und qualifiziert alle Einkünfte um in gewerbliche;[2483] allerdings gilt dies noch nicht bei einem zu vernachlässigenden Kleinstanteil (Bagatellgrenze);[2484] oder
- sie sich **an** einer anderen **gewerblichen Gesellschaft beteiligt**;[2485] oder
- eine **gewerbliche Prägung** nach §15 Abs. 3 Nr. 2 EStG vorliegt;[2486] oder
- sie Besitzgesellschaft einer Betriebsaufspaltung ist und deswegen gewerbliche Einkünfte erzielt.

Die GmbH & Co. KG in ihrer „Normalform" ist gewerblich geprägt nach §15 Abs. 3 Nr. 2 EStG, denn eine solche **gewerbliche Prägung** setzt voraus:
- **Ausschließlich** eine oder mehrere **Kapitalgesellschaften** sind **persönlich haftende Gesellschafter** (Komplementärstellung) und
- **geschäftsführungsbefugt** sind lediglich
- diese **Kapitalgesellschaften** oder
- **dritte Personen**, die nicht Gesellschafter sind.

Mit anderen Worten: Eine **gewerbliche Prägung kann vermieden werden**, wenn einem **Kommanditisten als natürliche Person zusätzlich Geschäftsführungsbefugnis** für die KG – nicht ausreichend ist die Bestellung zum Organ einer Komplementärin![2487] – erteilt wird, und zwar aufgrund des Gesellschaftsvertrages; eine Vereinbarung lediglich im Dienstvertrag genügt nicht.[2488] Die Geschäftsführungsbefugnis als solche wird nicht im Register verlautbart. Eine organschaftliche Vertretung kann dem Kommanditisten nach zwingendem Handelsrecht nicht zugestanden werden. Es wird daher häufig die Geschäftsführerbestellung noch mit einer eingetragenen Prokura verstärkt, um die Rechtsmacht auch nach außen zu dokumentieren.[2489]

[2483] Dazu *Korn/Scheel* DStR 2019, 1665.
[2484] BFH – VIII R 16/11, DStRE 2015, 397: 3% und 24.500,– EUR/Jahr; ebenso H 15.8. EStH.
[2485] Jetzt ist die Abfärbung durch Beteiligung gesetzlich festgeschrieben, sodass sie in vollem Umfang eintritt; vgl. OFD Frankfurt – S 2241 A – 65 – St. 113 v. 7.3.2007, Haufe-Index 1767126 und BFH – IX R 53/01, DStR 2004, 2045.
[2486] Eine solche gewerbliche Prägung wird bei der Stiftung & Co. KG verneint, da die Stiftung keine Kapitalgesellschaft iSd §15 Abs. 3 Nr. 2. EStG sei; FG Münster – 3 K 3593/16 F, BeckRS 2020, 8367.
[2487] BFH – IV R 87/93, DStR 1996, 1443.
[2488] BFH – IV R 87/93, DStR 1996, 1443.
[2489] *Krauß*, Vermögensnachfolge, Rn. 2575, Fn. 275.

A. Familienpoolgesellschaften

Bei **Vermeidung der Prägung** kann demnach die GmbH & Co. KG auch zur **Vermögensverwaltung** herangezogen werden. Sie vermag dann eine komplette Haftungsabschirmung zu gewähren, erzielt aber weiterhin Einkünfte aus Vermietung und Verpachtung oder aus Kapitalvermögen.

Als **gewerblich geprägte Gesellschaft** wird die GmbH & Co. KG vor allem gebraucht, wenn sie Vermögen halten soll, das **Betriebsvermögen** ist und diese Eigenschaft zur Vermeidung einer Entnahme auch **behalten** soll.

Die **GmbH & Co. KG** hat somit zum einen die **Vorteile der KG**. Zum anderen kann bei ihr eine Fremdgeschäftsführung installiert werden. Es kann aber auch ein **Familienstamm** über die Beteiligung an der GmbH die Führung der KG in der Hand behalten. Nachteil der GmbH & Co. KG ist die **Offenlegungspflicht** nach §§ 264a, 325 HGB und der zusätzliche Aufwand für eine zweite Gesellschaft.

In letzter Zeit wird eine besondere Form der GmbH & Co. KG beliebter, die sog. **Einheitsgesellschaft**. Bei ihr ist am Ende des Gründungsvorganges die **KG auch alleinige Gesellschafterin ihrer eigenen Komplementär-GmbH**. Die Gründung ist entweder dadurch möglich, dass die GmbH-Gesellschafter ihre Anteile an der GmbH auf die KG übertragen oder dadurch, dass die KG eine Einmann-GmbH gründet und diese dann der KG als persönlich haftender Gesellschafter beitritt.[2490] Wichtig ist bei dieser Gesellschaftsform, dass die Verträge der GmbH & der KG eng verzahnt sind. **Probleme** ergeben sich bei der **Vertretung in der Gesellschafterversammlung der GmbH**. Da hier die KG einzige Gesellschafterin ist, müsste die GmbH als Vertreterin der KG in ihrer eigenen Gesellschafterversammlung handeln. Hier wird regelmäßig den Kommanditisten die Befugnis erteilt, in der Gesellschafterversammlung tätig zu werden.[2491] **Zivilrechtlich** ist diese Situation durchaus noch nicht vollständig aufgearbeitet. Man ist sich nur einig, dass es so funktionieren muss. **Steuerlich** hat der BFH klargestellt, dass durch die Erteilung der Geschäftsführungsbefugnis zur Ausübung des Stimmrechts in der Versammlung der GmbH die **gewerbliche Prägung der Einheits-GmbH & Co. KG noch nicht verloren geht**.[2492] Umgekehrt bedeutet dies, wer eine rein vermögensverwaltende Einheits-GmbH & Co. KG will, der muss darüber hinaus noch die Geschäftsführungsbefugnis generell einem Kommanditisten zusprechen. Vorteil dieser Gesellschaftsform ist, dass es stets nur noch um die KG-Anteile geht. Mit deren Übertragung oder Vererbung ist auch der GmbH-Anteil mit übergegangen, sodass dieser nicht mehr separat übertragen werden muss.

[2490] *Von Bonin* RNotZ 2017, 1 (4); MüKoHGB/*Grunewald* HGB § 161 Rn. 99.
[2491] Vgl. etwa die Vertragsmuster bei *Sommer/Schimpfky/Baas,* 108 ff.
[2492] BFH – IV R 42/14, DStR 2017, 2031.

11. Teil. Gesellschaftsrecht

V. Kapitalgesellschaft

703 Schließlich kommen **vereinzelt** auch **Kapitalgesellschaften** für einen Familienpool in Betracht.[2493] Was die **GmbH** anbelangt, so lässt sich aufgrund der Vielzahl dispositiver Vorschriften die Satzung den Bedürfnissen eines Familienpools gut anpassen. Das ist bei der **AG** schwieriger, kann aber durch zusätzliche schuldrechtliche Abreden gelingen.[2494] Die **UG** ist schon angesichts ihres Rufes als kapitalschwache Firma hier weniger geeignet. Ihre vordergründige Kostenersparnis tritt nur bei Übernahme der für eine Mehrpersonengesellschaft unbrauchbaren gesetzlichen Musterprotokolle ein.

Die Kapitalgesellschaft hat den Vorteil der Rechtssicherheit für sich. Sie wird im Grundbuch als Eigentümerin eingetragen. Gesellschafterwechsel werden bei der GmbH in der Gesellschafterliste erfasst, nicht jedoch im Grundbuch.

Die Frage, ob eine GmbH zum Familienpool taugt, wird in erster Linie das Steuerrecht beantworten. Hier ist zum einen an die **Grunderwerbsteuerbelastung** zu denken, die im Gegensatz zur Personengesellschaft auch bei der Eigentumsübertragung vom Eigentümer auf seine eigene GmbH anfällt. Mit dem Reformvorhaben der Erweiterung des § 1 Abs. 2a GrEStG auch auf Kapitalgesellschaften (§ 1 Abs. 2 b GrEStG-E) stellen sich viele Fragen. Insbesondere die mangelhafte Einbindung in die Befreiungstatbestände macht bei Familienpool-GmbHs Sorge, da es sich um einen gesetzlichen Fiktionstatbestand handelt.[2495] Die zwar niedrigere **Körperschaftsteuerbelastung** geht bei **Ausschüttung** des Gewinns verloren und ist damit nur für thesaurierende Gesellschaften ein Argument.[2496] Falls eine Familien-GmbH in Betracht gezogen wird, lassen sich zahlreiche besondere Formulierungsvorschläge bei der Satzungsgestaltung denken.[2497]

VI. Die vermögensverwaltende Gesellschaft im Steuerrecht

1. Die Bruchteilsbetrachtung

704 Als vermögensverwaltend ist eine Personengesellschaft[2498] anzusehen, die weder gewerblich tätig ist noch gewerblich geprägt ist. Insbesondere bei der GmbH & Co. KG tritt nach § 15 Abs. 3 Nr. 2 S. 1 EStG eine gewerbliche Prägung ein. Eine „**Entprägung**" kann vorgenommen werden, indem neben der Komplementär-GmbH einem weiteren Ge-

---

[2493] Detailliert Münch/*Munzig*, Familienrecht, § 12 Rn. 103 f.
[2494] Hierzu ausführlich *Wälzholz* DStR 2004, 779 f., 819 f.
[2495] Vgl. etwa *Broemel/Mörwald* DStR 2019, 1113 (1114).
[2496] Hannes/*Weigl*, Formularbuch, C.1.30, Rn. 2.
[2497] Vgl. etwa hierzu *Haf/Hetmeier/Lutz/Mattes/Mensch/Thouet*, NotarFormulare Familien-GmbH, 2018.
[2498] Übersicht bei *Bodden* KÖSDI 2018, 21043 f.

A. Familienpoolgesellschaften

sellschafter Geschäftsführungsbefugnis (nicht Vertretungsbefugnis!) erteilt wird.[2499]

Während **zivilrechtlich** die nur vermögensverwaltende Personengesellschaft als **Gesamthand** angesehen wird und selbst Eigentümerin des von ihr verwalteten Vermögens ist, weicht das **Steuerrecht** nach §39 Abs. 2 Nr. 2 AO von dieser Betrachtungsweise ab. Danach werden Wirtschaftsgüter, die mehreren zur gesamten Hand zustehen, den **Beteiligten anteilig zugerechnet (Bruchteilsbetrachtung)**, soweit eine getrennte Zurechnung für die Besteuerung erforderlich ist.[2500]

Der **Gesellschaftsanteil** an einer vermögensverwaltenden Personengesellschaft ist mithin kein eigenständiges immaterielles Wirtschaftsgut. Vielmehr **verkörpert** die gesellschaftsrechtliche Beteiligung nur die **quotale Berechtigung des Gesellschafters an den Wirtschaftsgütern** des Gesamthandvermögens.[2501] Es wird also die Existenz des Gesamthandvermögens negiert und es findet eine gedankliche Konversion zu Bruchteilseigentum an Einzelwirtschaftsgütern statt.[2502] Die Größe der Bruchteile richtet sich nach dem Verhältnis der Kapitalkonten der Gesellschafter in der Handelsbilanz.[2503]

Anders jedoch bei einer Personengesellschaft, die **gewerbliche Einkünfte** erzielt: Diese ist selbst als Subjekt der Gewinnerzielung und Gewinnermittlung anzusehen. In diesen Fällen wird daher die Anwendung des §39 Abs. 2 Nr. 2 AO durch §15 Abs. 1 S. 1 Nr. 2 S. 1, HS 1 EStG verdrängt **(Einheitsbetrachtung oder Verbundbetrachtung)**.[2504]

Die **Abgrenzung**, wann im Allgemeinen eine getrennte Zurechnung für die Besteuerung erforderlich ist, gelingt nicht ganz einfach. Sie kann folgendermaßen versucht werden:

Eine Trennung ist nicht erforderlich, soweit die Gesamthand selbst Steuerschuldner ist, etwa bei USt und GewSt.

Die **Bruchteilsbetrachtung** greift hingegen, wenn zwar die Gesamthand den Steuertatbestand erfüllt, die verwirklichte Steuer jedoch nicht selbst schuldet.[2505]

Folge der Bruchteilsbetrachtung ist, dass man **durch die Personengesellschaft hindurchschaut** und auf die individuellen Verhältnisse des Gesellschafters abstellt. So ist zB ein **Mietvertrag** des Gesellschafters mit „seiner" Gesellschaft nicht anzuerkennen, **soweit der Gesellschafter (anteilig) selbst nutzt**, weil er den Mietgegenstand insoweit nicht

---

[2499] Wohl zu weitgehend *Carlé* KÖSDI 2020, 21701 (21702), der fordert, zusätzlich müsse der GmbH die Geschäftsführungsbefugnis entzogen werden. Das wird in §15 EStG nicht ausgedrückt.
[2500] Zu den Auswirkungen der Bruchteilsbetrachtung auf die Zurechnung von Veräußerungsgewinnen vgl. OFD Frankfurt, DStR 2012, 1511.
[2501] BFH – IV R 44/09, DStR 2012, 1497.
[2502] *Wacker* DStR 2005, 2014 (2015).
[2503] Klein/*Ratschow* AO §39 Rn. 81.
[2504] BFH – IV R 44/09, DStR 2012, 1497.
[2505] Klein/*Ratschow* AO §39 Rn. 77.

zur Nutzung überlässt; es handelt sich vielmehr um eine Eigennutzung.[2506] Gleiches gilt für einen Darlehensvertrag.[2507]

Bringen Bruchteilseigentümer ihr Eigentum in eine personenidentische Vermögensverwaltungs-KG ein, so liegt steuerrechtlich kein Anschaffungsvorgang vor, weil weiterhin diese Gesellschafter als Bruchteilseigentümer anzusehen sind (**Zurechnungskontinuität**).[2508] Entsprechende Veräußerungsgewinne werden als Folge der Bruchteilsbetrachtung nicht einheitlich und gesondert festgestellt.[2509] Ein Anschaffungsgeschäft der vermögensverwaltenden Gesellschaft iSd § 23 EStG liegt nicht vor. Scheidet ein Gesellschafter gegen Abfindung und Anwachsung aus, so hat nicht die Gesellschaft den Tatbestand des § 23 EStG verwirklicht, sondern die verbleibenden Gesellschafter.[2510] Ein Step-up für die Abschreibung ist nicht zu erreichen. Dies erfordert vielmehr die Einbringung in eine gewerbliche bzw. gewerblich geprägte Personengesellschaft.

Eine **Anschaffung** liegt nur insoweit vor, als sich die Quote des § 39 Abs. 2 Nr. 2 AO gegenüber der vormaligen **Quote erhöht** hat.[2511] Dem wird gleichzustellen sein, wenn mehrere Gesellschafter jeweils verschiedene, wenn auch wertgleiche Wirtschaftsgüter in die vermögensverwaltende Gesellschaft einbringen.[2512] Vorsicht ist auch geboten bei der Einbringung in eine vermögensverwaltende Gesellschaft durch einen Gesellschafter, wenn die Gesellschaft dabei die Verbindlichkeiten übernimmt. Die Schuldübernahme geschieht dann wegen der Bruchteilsbetrachtung auch durch die anderen Gesellschafter, während der einbringende Gesellschafter nur noch eine Quote der Verbindlichkeit zugerechnet erhält. Es liegt eine teilweise Veräußerung vor mit entsprechenden Steuerfolgen bei einem steuerverstrickten Gegenstand,[2513] aber auch der Möglichkeit zu einem Step-up bei der AfA.

Die Bruchteilsbetrachtung ist eine rein steuerliche Folge. Handelsrechtlich ist die Sicht eine andere, sodass die Folgen in der **Handels- und der Steuerbilanz auseinanderfallen** können.[2514]

2. Familiensplitting und Grenzen

705 Die Begründung von Familiengesellschaften eignet sich vor allem auch zur Erlangung **eines „Quasi-Familiensplittings"**. Es werden darüber Einkünfte zu den Kindern transferiert, was den einkommensteuerlichen Vorteil der **Nutzung** dort vorhandener **Freibeträge** hat und den **erbschaftsteuerlichen Vorteil**, dass diese Werte nicht eine spätere Erbschaft vergrößern, sondern unmittelbar bei den Kindern wachsen.

[2506] BFH – IX R 83/00, DStR 2004, 1331.
[2507] FG Düsseldorf – 13 K 1695/19 F, DStRK 2020, 73.
[2508] BFH – IV R 26/07, DStR 2010, 743, Rn. 29.
[2509] BFH – VIII R 41/99, DStR 2000, 1553.
[2510] BFH – IX R 24/18, BStBl. II 2020, 225.
[2511] BFH – IX R 15/11, DStR 2011, 2347.
[2512] *Wacker* DStR 2005, 2014 (2018); *Fleischer* ZEV 2003, 190 (192).
[2513] *Fleischer* ZEV 2003, 190 (191).
[2514] MüHdbGesR II/*Fischer/Palenker*, § 39 Rn. 66 f.

Allerdings schränkt die Finanzverwaltung[2515] und Rechtsprechung[2516] die steuerlich anzuerkennende Gewinnverteilung ein und will nur eine „**angemessene Gewinnverteilung**" anerkennen.

Bei einer **schenkweise eingeräumten Beteiligung eines nicht mitarbeitenden Kindes** wird die Gewinnverteilung daher nur dann anerkannt, wenn sie eine durchschnittliche Rendite von **nicht mehr als 15% auf den tatsächlichen Wert der Beteiligung** ergibt.[2517] An dieser Typisierung hat der BFH in der Folgezeit festgehalten, sodass sie die Finanzverwaltung nach wie vor zugrunde legt.[2518]

Dieser Wert ist jedoch **nicht maßgebend**:
- wenn der **Anteil entgeltlich erworben** wurde, da dann der Gesellschaft eine Gegenleistung zugeflossen ist, die bei der Gewinnverteilung Berücksichtigung finden kann; dies gilt auch, wenn der Erwerbspreis zuvor vom Komplementär geschenkt worden war![2519]
- wenn der Kommanditist durch **Mitarbeit** eine **unternehmerische Leistung** erbringt;[2520]
- wenn der KG-Anteil im **Erbwege** übergeht und der Erblasser wie eine Fremder an der KG beteiligt war.[2521]

Aber auch in diesen Fällen findet eine **Angemessenheitsprüfung** statt, wenngleich nicht mit typisierenden Quoten.[2522]

Sind die Kinder einzige Kommanditisten neben der Komplementär-GmbH, so wird diskutiert, ob eine verdeckte Unterhaltszahlung von vorneherein wegen der Zwischenschaltung einer juristischen Person ausscheide. Überwiegend wird aber unter Berufung auf den BFH[2523] auch hier auf die 15%-Grenze abgestellt und der restliche Gewinn der Komplementär-GmbH zugewiesen.[2524]

3. Vorteilhafte steuerliche Gestaltungen

In unserem Zusammenhang der Familiengesellschaften werden einige **706** Gestaltungen erörtert, die steuerlich besondere Vorteile nach sich ziehen.

So etwa die Gründung einer **gewerblich geprägten Immobilien GmbH & Co. KG** mit der anschließenden **Übertragung der Immobilien zum Verkehrswert gegen Gewährung von Gesellschafterrechten** in das Gesamthandvermögen der GmbH & Co. KG. Hierin liegt bei entsprechender Kapitalkontenverbuchung[2525] ein voll entgeltliches

---

[2515] 15.9. (3) EStH 2012.
[2516] BFH – IV R 103/83, BeckRS 1986, 22007739 = BStBl. II 1987, 54.
[2517] BFH – Gr. S. 4/71, BeckRS 1972, 22001611 = BStBl. II 1973, 5.
[2518] Blümich/*Bode* EStG §15 Rn. 412 mwN.
[2519] Blümich/*Bode* EStG §15 Rn. 422.
[2520] Schmidt/*Wacker* EStG §15 Rn. 781.
[2521] Schmidt/*Wacker* EStG §15 Rn. 784.
[2522] 15.9. (3) EStR 2012.
[2523] BFH – XI R 35/88, BFH/NV 1992, 451.
[2524] Blümich/*Bode* EStG §15 Rn. 430f.
[2525] Hierzu etwa Lüdicke/Sistermann/*Schneider/Roderburg*, UnternehmenStR, §12 Rn. 76.

11. Teil. Gesellschaftsrecht

Rechtsgeschäft, das zur Aufstockung der anteiligen Gebäudewerte und zur Schaffung einer hohen **Abschreibungsbasis** führt. Dabei darf kein Grundstücksnießbrauch vorbehalten werden. Anschließend werden die KG-Anteile unter Vorbehaltsnießbrauch auf die Abkömmlinge übertragen. Erbschaftsteuerlich ist aber die lediglich gewerblich geprägte Immobilien GmbH & Co. KG nicht begünstigt, sofern es nicht gelingt, die Immobilie in unschädlicher Weise einem bestehenden Betriebsvermögen „beizumischen".[2526] Immerhin ist aber der Nießbrauch nunmehr nach § 25 ErbStG abziehbar.

Zu einer **Fortführung der Buchwerte** kommt es hingegen bei **Gründung einer Familien-KG** durch Einbringung des elterlichen Einzelunternehmens und unentgeltliche Aufnahme von Kindern als Kommanditisten durch **Einbuchung**, § 6 Abs. 3 S. 1, HS 2 EStG.[2527] Es ist bei einer Mitunternehmerschaft der Kinder darauf zu achten, dass diesen die nach dem Regelstatut des HGB für die Kommanditisten erforderlichen Rechte verbleiben.[2528]

Bei **Einbringung von Vermögensgegenständen des Privatvermögens in eine nur vermögensverwaltende Gesellschaft** bewirkt die **Bruchteilsbetrachtung**, dass aufgrund der Zurechnungskontinuität das Wirtschaftsgut weiterhin dem Einbringenden zuzurechnen ist, soweit sein Anteil reicht. Erhält der Einbringende keine Gegenleistung, so liegt im Hinblick auf die übrigen Gesellschafter eine **unentgeltliche Übertragung** vor, die auch bei steuerverstricktem Privatvermögen keinen Veräußerungstatbestand etwa iSd §§ 17, 23 EStG darstellt. Damit entstehen keine ertragsteuerlichen Folgen, die AfA-Bemessungsgrundlage wird nach § 11d EStDV fortgeführt, die Behaltefrist des § 23 EStG läuft beim Rechtsnachfolger weiter.

Anders ist dies jedoch dann, wenn eine **Gegenleistung** anfällt, so etwa wenn die Gesellschaft und damit auch anteilig die weiteren Gesellschafter **Schulden übernehmen**, für die bisher der Einbringende allein aufzukommen hatte. Insoweit liegt ein **teilentgeltlicher Vorgang** vor, der zu einer Anwendung etwa des § 23 EStG führen könnte. Gleiches müsste gelten, wenn mehrere Gesellschafter jeweils Gegenstände einbringen, da dies als **tauschähnlich** zu werten sein wird.[2529]

Ob hier wegen der Teilentgeltlichkeit die neue Rechtsprechung des BFH,[2530] der eine Gewinnrealisierung ablehnt, solange die Gegenleistung den Gesamtbuchwert nicht übersteigt, zur Anwendung kommt, ist noch offen. Richter des dafür zuständigen IX. Senats sprechen sich

---

[2526] *Schimpfky* ZEV 2013, 662 (666); zur Gründung eines gewerblich geprägten Familienpools mit Ausnutzung schenkungsteuerlicher Vorteile *Tölle* SteuK 2011, 70; dies ist aber nunmehr nach Einbeziehung der Geldmittel in das Verwaltungsvermögen schwieriger geworden, dazu *Hannes* DStR 2013, 1417 f.
[2527] Zu den zivilrechtlichen Grundlagen der Einbuchung *Münch* DStR 2002, 1025 f.
[2528] Näher Schmidt/*Wacker* EStG § 15 Rn. 750 f.
[2529] *Fleischer* ZEV 2003, 190 f.
[2530] BFH – IV R 1/08, DStR 2012, 1500; BFH – IV R 11/12, DStR 2012, 2051.

A. Familienpoolgesellschaften

für die Beibehaltung der bisherigen strengen Trennungstheorie in diesem Bereich aus.[2531] Andere halten die Rechtsprechung auch auf diesen Bereich für übertragbar.[2532] Der X. Senat hat in einem ausführlich begründeten Beitrittsbeschluss vom 19.3.2014[2533] das BMF aufgefordert, einem Verfahren beizutreten und dabei explizit danach gefragt, welche Folgen die modifizierte Trennungstheorie des IV. Senates für die Beurteilung teilentgeltlicher Übertragungen von Wirtschaftsgütern des Privatvermögens hat. Die **Vorlage an den Großen Senat** des BFH durch den X. Senat[2534] kam jedoch wegen **Erledigung** leider nicht zur Entscheidung.[2535] Nunmehr ist ein **neues Verfahren** anhängig.[2536] Bis eine Klärung erfolgt, ist der teilentgeltliche Erwerb noch mit einem Fragezeichen zu betrachten.

4. Schenkungsteuer bei Ausscheiden aus Personengesellschaft

Seit der Erbschaftsteuerreform 2009 gewinnen die Vorschriften über die **auf der Grundlage einer Fiktion erhobene Schenkungsteuer** bei auf dem Ausscheiden eines Gesellschafters beruhendem Anteilsübergang nach § 7 Abs. 7 ErbStG eine große Rolle. Hier wird der **Unterschied** zwischen dem **Anteilswert** nach § 12 ErbStG und der **Abfindung** der Besteuerung unterworfen. War dies zuvor aufgrund der niedrigen steuerlichen Bewertung unerheblich, so haben die Erbschaftsteuerreformen 2009 und 2016 die Werte in Richtung auf den gemeinen Wert angehoben.[2537]

Dies gilt wegen der Fiktion dieses Sondertatbestandes **unabhängig davon**, dass **zivilrechtlich** idR bei einer für alle Gesellschafter geltenden Abfindungsklausel **keine Schenkung** vorliegt und jedenfalls subjektiv kein Schenkungswille gegeben ist. Dabei ist der Grund für das Ausscheiden – freiwillig, zwangsweise, unter Lebenden oder durch Tod – ebensowenig beachtlich wie der wirtschaftliche Grund für die Vereinbarung einer geminderten Abfindung.[2538] Beachtlich sein müssen aber solche Tatsachen, die von vorneherein den Wert des Anteils mildern, wie etwa eine nur treuhänderische Anteilsinhaberschaft auf Zeit.[2539]

Erfasst werden aber **gerade bei Familiengesellschaften** die Fälle, in denen sich eine **vorweggenommene Erbfolge** durch Ausscheiden vollzieht.[2540] Dabei kann es zu hoher Schenkungsteuer kommen, wenn weder Freibeträge im Hinblick auf die Verwandtschaft greifen – also

---

[2531] *Heuermann* DB 2013, 1328 f.
[2532] *Demuth* DStR-Beihefter zu Heft 49/2012, 146.
[2533] BFH – X R 28/12, BeckRS 2014, 95399.
[2534] BFH – X R 28/12, DStR 2015, 2834.
[2535] BFH – GrS 1/16, GrS, DStR 2018, 2522 (LS) = BeckRS 2018, 29952.
[2536] BFH IV R 16/19.
[2537] *Hübner/Maurer* ZEV 2009, 361 (362); T/G/J/G/*Gebel* ErbStG § 7 Rn. 412; *Geck* DNotZ 2015, 803 f.
[2538] HE 7.10. ErbStH 2019; *Neumayer/Imschweiler* DStR 2010, 201 (203).
[2539] *Kreutziger* ZEV 2013, 252.
[2540] *Kreutziger* ZEV 2013, 252 f.

insb. bei Übergang auf Geschwister oder Nichten und Neffen – noch die Betriebsvermögensverschonung.

Daher ist zu überlegen, wie die **vorsorgende Gestaltung** reagieren kann. Hierzu werden folgende Ratschläge erteilt:
- Vermeidung einer Fortsetzungsklausel;
- Veräußerung des Anteils aufgrund eines Kaufvertrages;
- Bei Klauseln über die Zwangseinziehung auch die Zwangsabtretung an Dritte vorsehen;
- Klauseln vermeiden, die zu einer automatischen Anwachsung ohne Reaktionsmöglichkeit der Gesellschafter führen.[2541]

Hinweis: Gesellschaftsvertragliche Abfindungsklauseln sind im Hinblick auf die erbschaftsteuerliche Bewertung von Anteilen zum gemeinen Wert gerade bei vermögensverwaltenden Gesellschaften, die nicht in den Genuss der Verschonungsregelungen kommen, zu **überarbeiten**. Fortsetzungsklauseln und Ausschlussklauseln mit alleiniger Rechtsfolge der Vermögensanwachsung sind nach Möglichkeit zu vermeiden.

VII. Vergleich der Rechtsformen

708 Eine abschließende Gegenüberstellung der Vor- und Nachteile der verschiedenen Gesellschaftsformen zitiert insoweit die Zusammenstellungen von *von Oertzen/Hermann*[2542] und *Munzig*.[2543] Wichtig ist neben diesen rechtlichen Unterscheidungen der steuerliche Gesamtbelastungsvergleich, der bei Gewinnausschüttungen eher zur Personengesellschaft neigt und bei Thesaurierungen eher zur Kapitalgesellschaft.[2544]

	GbR	KG	GmbH & Co. KG	GmbH
Vorschriften	§§ 705 ff. BGB	§§ 161 ff. HGB mit §§ 105 ff. HGB	Einzelvorschriften, etwa § 19 Abs. 2 HGB	GmbHG
Gründer mindestens	2	2	1 (Kommanditist und Alleingesellschafter der GmbH)	1

[2541] *Hübner/Maurer* ZEV 2009, 361 (428), 434.
[2542] *Von Oertzen/Hermann* ZEV 2003, 400.
[2543] *Münch/Munzig*, Familienrecht, § 12 Rn. 108.
[2544] So zusammenfassend *JSS*, Unternehmensbesteuerung und Rechtsform, 798; vgl. auch *Grashoff* Grundzüge SteuerR, Kap. 2 Rn. 355 ff.

A. Familienpoolgesellschaften

	GbR	KG	GmbH & Co. KG	GmbH
Zweck	Nicht kaufmännisch (sonst OHG)	Handelsgewerbe, Vermögensverwaltung	Gewerblich; gewerbliche Prägung ist abwählbar; Vermögensverwaltung möglich	Gewerblich oder vermögensverwaltend (steuerlich aber Betriebsvermögen)
Rechtsfähigkeit	Teilrechtsfähig; grundbuchrechtsfähig	Rechtsfähig	Rechtsfähig	Rechtsfähig
Handelsregistereintragung	Nein	Ja; konstitutiv bei rein vermögensverwaltender KG.	Ja für die KG und für die GmbH	Ja
Eintragung der Gesellschafter	Nein	Ja	Ja	Nicht im Register; nur aus der Liste ersichtlich
Mindestkapital	Nein	Nein	Für die Verwaltungs-GmbH 25.000,– EUR; Halbaufbringung	25.000,– EUR; Halbaufbringung
Geschäftsführung	Gemeinschaftlich; disponibel	Komplementär(e); nicht Kommanditisten, disponibel	Komplementär, nicht Kommanditisten; diese müssen zugelassen werden, um gewerbliche Prägung zu vermeiden.	Geschäftsführer

11. Teil. Gesellschaftsrecht

	GbR	**KG**	**GmbH & Co. KG**	**GmbH**
Vertretung	Gemeinschaftlich durch alle Gesellschafter; Abweichung bei abweichender Geschäftsführung. Nachweisprobleme gegenüber dem Grundbuchamt; Keine Fremdorganschaft	Jeder Komplementär einzeln; abdingbar nach § 125 HGB; Ausschluss der Kommanditisten, unabdingbar; Befreiung von § 181 BGB zu erwägen; Nachweis sicher durch Register; Keine Fremdorganschaft	Der Komplementär; dieser wieder vertreten durch die Geschäftsführer; Ausschluss der Kommanditisten, unabdingbar; Befreiung von § 181 BGB zu erwägen für Komplementär-GmbH und deren Geschäftsführer; Nachweis sicher durch Register; Fremdorganschaft	Geschäftsführer gemeinschaftlich, § 35 Abs. 2 GmbHG; Einzelvertretung möglich; Befreiung von § 181 BGB zu erwägen; Nachweis sicher durch Register; Fremdorganschaft
Haftung	Unbegrenzt, persönlich, gesamtschuldnerisch	Nur Komplementär unbegrenzt, persönlich, gesamtschuldnerisch; Kommanditisten nur bis zur Höhe Einlage; nicht mehr nach Leistung.	Komplementär mit GmbH-Vermögen; Kommanditisten nur bis zur Höhe Einlage; nicht mehr nach Leistung	GmbH mit GmbH Vermögen; Geschäftsführer nur ganz ausnahmsweise, zB bei deliktischem Handeln
Sonderkündigungsrecht Minderjähriger	Ja, § 723 Abs. 1 S. 5 BGB	Nein, wenn Einlage voll geleistet.	Nein, wenn Einlage voll geleistet.	Nein
Übertragbarkeit der Anteile	Nein, disponibel	Nein, disponibel	Nein, disponibel	Ja, disponibel mittels Vinkulierung

A. Familienpoolgesellschaften

	GbR	KG	GmbH & Co. KG	GmbH
Übertragung auf Minderjährige	Kaum genehmigungsfähig wegen persönlicher Haftung	Ja, wenn Haftung für Einlage ausgeschlossen; starke Gegenmeinung verneint Genehmigungsbedürftigkeit bei reiner Vermögensverwaltung[2545]	Ja, wenn Haftung für Einlage ausgeschlossen	Ja, aber gerichtliche Prüfung ggf. auch der Satzung[2546]
Todesfall	Auflösung; disponibel; unbedingt ratsam, abweichende Regelung zu treffen	Komplementär scheidet aus, Fortsetzung mit den Übrigen; Kommanditist: Fortsetzung mit den Erben	Kommanditist: Fortsetzung mit den Erben	Vererblich; Einziehung nach Erbfall möglich
Testamentsvollstreckung	Schwierig und umstritten; nur Außenseite, also Vermögensrechte	Geklärt; auch Innenseite mit Ausnahme von Grundlagen	Geklärt; auch Innenseite mit Ausnahme von Grundlagen	Geklärt; auch Innenseite mit Ausnahme von Grundlagen
Zivilrechtliche Beendigung	Formlose Liquidation	Anmeldung zum Handelsregister	Anmeldung zum Handelsregister; Sperrjahr bei der GmbH	Sperrjahr; Anmeldung zum Handelsregister
Buchführungs- und Bilanzierungspflicht nach §§ 238 ff. HGB	Nein	Ja, da Kaufmann kraft Eintragung[2547]	Ja	Ja
Anhang und Lagebericht	Nein	Nein	Ja, § 264a HGB iRd § 288 HGB	Ja iRd § 288 HGB

[2545] Hierzu → Rn. 533.
[2546] Hierzu → Rn. 533.
[2547] Details bei *Von Oertzen/Hermann* ZEV 2003, 400.

11. Teil. Gesellschaftsrecht

	GbR	KG	GmbH & Co. KG	GmbH
Handelsregisterpublizität des Jahresabschlusses	Nein	Nein	Ja	Ja
Steuersubjekt	Gesellschafter	Gesellschafter	Gesellschafter	Gesellschaft
Gesellschaftsvermögen im steuerlichen Sinn	Privatvermögen	Betriebsvermögen/bei Vermögensverwaltung Privatvermögen	Betriebsvermögen; gestaltbar, wenn Aufhebung der gewerblichen Prägung	Betriebsvermögen
Steuerliche Bilanzierungspflicht	Nein	Ja; es sei denn, reine Vermögensverwaltung	Ja, es sei denn, Privatvermögen	Ja
Verlustverrechnung beim Gesellschafter	Ja	Ja, aber § 15a EStG	Ja, aber § 15a EStG	Nein

B. Ehegattengesellschaften

I. Außengesellschaft

709 Die Gesellschaft bürgerlichen Rechts wurde im vorstehenden Abschnitt eingehend erläutert.[2548] Sie ist als GbR grundbuchfähig.

Eine **Ehegattenaußengesellschaft** wird häufig begründet, um das **Familienwohnhaus** in dieser GbR zu halten. Die Schaffung des Gesamthandsvermögens auf diese Weise hat folgende Vorteile:
– Die **Veräußerung** eines Teils am Vermögensgegenstand ist ausgeschlossen, § 719 BGB (anders als bei Miteigentum).
– Die **Anteilsübertragung** ist regelmäßig nach GbR-Vertrag **nur** zulässig **mit** der Zustimmung der anderen Gesellschafter.
– Abkömmlinge können später leicht aufgenommen werden und sind ebenfalls sofort gesamthänderisch gebunden.
– Es kommt zu einer **Mediatisierung des Grund und Bodens**, weil die Anteile zumeist ohne weitere Formvorschriften übertragen werden können, da rechtlich über die Anteile verfügt wird und wirtschaft-

---

[2548] → Rn. 697 ff.

B. Ehegattengesellschaften

lich über den Grund und Boden.[2549] § 311b BGB mit der Pflicht zur notariellen Beurkundung ist daher nicht anzuwenden.[2550] Die Grenze, dass durch die Änderung im Gesellschafterbestand wirtschaftlich Grundstückseigentum unter Ausschaltung der Form- und Publizitätsgrundsätze übertragen werden soll,[2551] wird rechtspraktisch kaum nachzuweisen sein.

Kann somit ein Anteil privatschriftlich und ohne Registrierung und Grundbucheintragung wirksam übertragen werden, so wirft dies **später Vollstreckungsprobleme** auf, wenn die Übertragung außerhalb der Anfechtungsfristen schon geschehen war. Ehegatten könnten trotz Strafandrohung der Versuchung unterliegen, eine jeweils passende Anteilsübertragung vorzutragen.[2552] Eine Übertragung ist nach § 30 ErbStG dem Finanzamt anzuzeigen.

Die **Schwäche** der GbR hingegen liegt in ihrer mangelnden **Publizität**, die beim Grundstücksverkehr trotz der intensiven Rechtsprechung des BGH noch immer und immer wieder neu Probleme und Zweifelsfragen aufwirft.[2553]

Die GbR verträgt sehr viele **individuelle Regelungen**, sodass der **Vertrag** ganz genau den Bedürfnissen der Ehegatten angepasst werden kann. So kann etwa die **Beteiligung** an der GbR **beweglich** gestaltet werden und sich **an den Beiträgen der Gesellschafter ausrichten**. Das macht dann Sinn, wenn die Eigentümerstellung am Ende genau die bei Gründung noch nicht vorhersehbaren Gesellschafterbeiträge abbilden soll.[2554]

Es können zB spezielle **Regelungen zur Auflösung** der GbR im Falle einer **Trennung** der Ehegatten vereinbart werden. So kann etwa die Trennung als Kündigungsgrund statuiert werden. Es kann eine Regelung erfolgen, dass ein Gesellschafter bei Auflösung ein **Übernahmerecht** hat oder dass bei mehreren Immobilien abwechselnde Übernahmerechte bestehen.[2555]

II. Ehegatteninnengesellschaft

Über die **Ehegatteninnengesellschaft** als Anspruchsgrundlage im System der Scheidungsfolgenansprüche wurde bereits ausführlich berichtet.[2556] Am ehesten wird eine solche Gesellschaft den Ehegatten von der Rechtsprechung nachträglich unterstellt. Sollte es aber einmal **ausdrücklich gewünscht** sein, eine Ehegatteninnengesellschaft zu be-

---

[2549] Kritisch *K. Schmidt* NJW 2001, 993f.
[2550] BGH – II ZR 288/81, NJW 1983, 1110.
[2551] MüKoBGB/*Schäfer* BGB § 719 Rn. 35.
[2552] So *K. Schmidt* NJW 1996, 3326.
[2553] So zu Recht Münch/*Munzig*, Familienrecht, § 12 Rn. 22.
[2554] *Krauß*, Vermögensnachfolge, Rn. 2553f.
[2555] Formulierungsbeispiel bei *Münch*, Ehebezogene Rechtsgeschäfte, Kap. 5 Rn. 109.
[2556] → Rn. 325.

gründen, etwa im Hinblick auf die geschilderten erbschaftsteuerlichen Vorteile, so sei ein Formulierungsvorschlag beigegeben:

Formulierungsvorschlag – Ehegatteninnengesellschaft:

Ehegatteninnengesellschaft
des bürgerlichen Rechts

§ 1 Rechtsform

(1) Die Gesellschaft ist eine Gesellschaft bürgerlichen Rechts.
(2) Sie ist eine Innengesellschaft, die nicht nach außen auftritt und kein Gesamthandsvermögen hat.

§ 2 Zweck

Zweck der Gesellschaft ist die gemeinsame Vermögensbildung dergestalt, dass unabhängig von der Zuordnung zum Alleineigentum eines Ehegatten oder zum Miteigentum beider Ehegatten das von diesem Vertrag betroffene Vermögen einschließlich seiner Verbindlichkeiten wirtschaftlich beiden Ehegatten im Verhältnis ihrer Beteiligung nach § 3 dieses Vertrages zustehen soll.

§ 3 Gesellschafter und Anteile

(1) Gesellschafter sind Frau ... und Herr ...
(2) Die Gesellschafter sind zu gleichen Teilen an der Gesellschaft beteiligt.

§ 4 Einlagen

(1) Einlagen in das Gesellschaftsvermögen sind nicht zu leisten.
(2) Im Innenverhältnis der Gesellschafter werden sämtlicher Grundbesitz beider Ehegatten ohne Rücksicht auf die im Grundbuch eingetragenen Eigentumsverhältnisse jedoch mit Ausnahme
– des Grundbesitzes gem. Anlagen 1 und 2[2557] sowie
– des Grundbesitzes, den ein jeder von uns noch auf eine in § 1374 Abs. 2 BGB beschriebene Weise erwirbt
und sämtliche diesen Grundbesitz betreffenden Verbindlichkeiten als Gegenstände gemeinsamer Vermögensbildung angesehen und unterliegen daher im Trennungsfalle der Verteilung bzw. dem Ausgleich gem. diesem Vertrag. Nicht dem Ausgleich nach diesem Vertrag unterliegen Erträge aus diesem Grundbesitz, es sei denn, sie werden auf den Grundbesitz verwendet.[2558]

§ 5 Veräußerung von Grundbesitz

(1) Unbeschadet der Verfügungsbefugnis jedes Gesellschafters entsprechend seiner Eigentümerstellung hinsichtlich des Grundbesitzes im Außenverhältnis vereinbaren die Gesellschafter Folgendes:
Jede Verfügung über Grundbesitz, der unter den Zweck dieser Gesellschaft fällt, bedarf zuvor eines einstimmigen Gesellschafterbeschlusses. Verfügt ein Gesellschafter ohne einen solchen Gesellschafterbeschluss, so unterliegen die durch die Verfügung erlangten Surrogate ebenfalls der Ausgleichsregelung dieses Vertrages.

[2557] In den Anlagen 1 und 2 sind getrennt für beide Eheleute diejenigen Vermögensgegenstände aufgeführt, die ein jeder bei Eingehung der Ehe bereits gehalten hat. Diese sollen darum nicht in die Innengesellschaft mit einbezogen werden.
[2558] Alternativ müsste ein Sonderkonto für die Erträge errichtet werden, damit diese unterscheidbar vorhanden sind.

B. Ehegattengesellschaften

(2) Ferner hat ein Gesellschafter, der Grundbesitz veräußern möchte, der den Regelungen dieser Gesellschaft unterfällt, diesen zunächst dem anderen Gesellschafter zum Erwerb anzubieten, und zwar zu dem Wert, wie er in nachfolgendem § 6 Abs. 4 festgelegt ist.[2559] Grundbesitz und Ausgleichszahlung scheiden dann aus dem Vermögen dieser Gesellschaft aus.

§ 6 Auseinandersetzung
(1) Die Gesellschaft ist auf unbestimmte Dauer eingegangen. Jeder Gesellschafter kann die Gesellschaft mit einer Frist von 24 Monaten zum Ende eines Kalenderjahres kündigen. Die Kündigung hat per eingeschriebenem Brief zu erfolgen.
(2) Mit der Trennung der Ehegatten kann jeder Gesellschafter die sofortige Auflösung der Gesellschaft verlangen. Gleiches gilt bei einer Verfügung über Grundbesitz durch den anderen Gesellschafter ohne Zustimmung der Gesellschafterversammlung. Mit dem Verlangen ist die Gesellschaft aufgelöst. Wir legen fest, dass eine Trennung als erfolgt gilt, wenn der eine Ehegatte sie dem anderen Ehegatten per Einschreiben mitgeteilt hat.
(3) Die Gesellschaft ist mit Wirksamwerden der Kündigung oder Auflösung beendet.
(4) Das nach § 4 dem Ausgleich unterliegende Vermögen wird durch einen öffentlich bestellten Grundstückssachverständigen, den die örtlich zuständige IHK ernennt, verbindlich als Schiedsgutachter auf den Zeitpunkt der Beendigung geschätzt. Jeder Ehegatte behält den Grundbesitz, den er zu Alleineigentum hat. Die Hälfte der Wertdifferenz steht demjenigen Ehegatten, der den Grundbesitz mit geringerem Wert hat, als Ausgleichsanspruch zu. Der Ausgleichsanspruch ist fällig binnen drei Monaten nach Bekanntgabe durch den Schiedsgutachter und bis dahin nicht zu verzinsen und nicht dinglich zu sichern.
(5) Kosten des Ausgleichsverfahrens tragen die Gesellschafter entsprechend ihren Anteilen nach § 3 dieses Vertrages.[2560]

§ 7 Tod
Durch den Tod eines Gesellschafters wird die Gesellschaft aufgelöst. Der Ausgleich hat zwischen dem überlebenden Gesellschafter und den Erben nach § 6 Abs. 4 zu erfolgen.

§ 8 Salvatorische Klausel
Sollten einzelne Bestimmungen dieses Vertrages unwirksam sein oder werden oder sollte sich im Vertrag eine Regelungslücke zeigen, so wird die Wirksamkeit der übrigen Bestimmungen hierdurch nicht berührt. Gleiches gilt bei nicht beurkundeten Nebenabreden. Die Beteiligten sind dann verpflichtet,

---

[2559] Die Angebotsverpflichtung und etwaige Auseinandersetzungsansprüche auf konkrete Grundstücke machen den Vertrag beurkundungspflichtig.
[2560] Es kann sich noch eine Regelung anschließen, wenn die Ehegatten in Zugewinngemeinschaft leben. Diese kann dahin gehen, dass die Ehegatten nach Auseinandersetzung der Innengesellschaft mit der dann gegebenen Vermögensverteilung in den Zugewinnausgleich gehen. Es kann aber auch geregelt werden, dass die Vermögenswerte, welche der Ehegatteninnengesellschaft und ihrer Verwaltung unterliegen, aus dem Zugewinn ausscheiden. Der vorstehende Formulierungsvorschlag geht davon aus, dass kein Anfangsvermögen in der Gesellschaft vorhanden ist. Falls doch, dann müsste das Gesellschaftsvermögen nicht nur aus dem End-, sondern auch aus dem Anfangsvermögen herausgenommen werden.

eine ersetzende Bestimmung zu vereinbaren, die dem wirtschaftlichen Sinn der unwirksamen Bestimmung im Gesamtzusammenhang der getroffenen Regelung in rechtlich zulässiger Weise am nächsten kommt, oder eine neue Bestimmung zu treffen, welche die Regelungslücke des Vertrages so schließt, als hätten sie diesen Punkt von vorneherein bedacht.

C. Güterstandsklauseln

I. Anlass

711 Die Darstellung der Auswirkungen des Zugewinnausgleichs[2561] hat gezeigt, dass das **gesetzliche Scheidungsfolgenrecht für die Unternehmerehe ungeeignet** ist.[2562] Dies vor allem aus folgenden Gründen:
- Allein schon die **Verpflichtung zur Auskunft** einschließlich der Vorlage von Firmenunterlagen mit der anschließenden **Wertermittlung** des Gesellschaftsanteils ist höchst **kostenaufwändig** und lässt **Interna bekannt** werden.
- Die Bewertung des Firmenanteils, die sich hauptsächlich nach dem Ertragswert richtet,[2563] führt zu einem **hohen Firmenwert**, dessen Ausgleich die **liquiden Mittel** zumeist sprengt.
- Auf die Höhe dieses Firmenwertes hat es keinen Einfluss, dass der Anteil nach den Bestimmungen des Gesellschaftsvertrages vom Gesellschafter wegen eines Abtretungsverbotes oder wegen Abfindungsklauseln nicht verwertet werden kann.
- Das **Verfügungsverbot des § 1365 BGB** bedroht die Wirksamkeit von Umstrukturierungen und Verfügungen über den Gesellschaftsanteil, da Firmenvermögen oft sehr schnell die Grenze des wesentlichen Vermögens im Sinne dieser Vorschrift erreicht.

Aus diesem Grunde wurden entsprechende Vorschläge unterbreitet, wie der **Unternehmer sich** bei Heirat vor diesem Schreckensszenario **durch Abschluss von Eheverträgen schützen kann**.[2564]

Einen solchen Schutz möchte aber auch die **Gesellschaft** für sich in Anspruch nehmen, da sie sich nicht darauf verlassen wird, dass der beteiligte Unternehmer seine Möglichkeiten ausschöpft und einen entsprechenden Ehevertrag schließt. Dem dient die **Güterstandsklausel**, die es erlaubt, den Gesellschafter **notfalls auszuschließen**. Empfohlen wird, diese Klausel auch auf mittelbare Beteiligungen etwa über eine Holdinggesellschaft zu erstrecken.[2565]

[2561] → Rn. 203 f.
[2562] *Lange* DStR 2013, 2706 (2707).
[2563] Hierzu eingehend → Rn. 224 f.
[2564] → Rn. 238 f. und → Rn. 245 f.
[2565] *Viskorf/Gutfried*, Familienunternehmen, Rn. 593.

C. Güterstandsklauseln

II. Kritik

Die Zulässigkeit solcher Güterstandsklauseln wird bisher überwiegend bejaht.[2566] Es zeigen sich aber mehr und mehr auch **kritische Stimmen**,[2567] die zumindest darauf hinweisen, dass es hierzu und zu den sich anschließenden Fragen einer herabgesetzten Abfindung Gerichtsentscheidungen kaum gibt.[2568]

Zumeist wird das berechtigte Anliegen geäußert, die **Klausel nach den individuellen Gegebenheiten** der jeweiligen Gesellschaft zu fassen. Vor allem viele ältere Klauseln, die noch den Abschluss eines Gütertrennungsvertrages verlangen, unterliegen der Kritik. Sie werden als unangemessener Eingriff erachtet, wenn zB aufgrund des dynastischen Unternehmens ohnehin die Unternehmenssubstanz als Anfangsvermögen vom Zugewinn ausgeschlossen ist.

Die Kritik wurde verstärkt durch das sog. **Hohenzollern-Urteil** des BVerfG,[2569] mit dem das Gericht letztwillige Verfügungen einer Inhaltskontrolle unterwarf und die sog. Ebenbürtigkeitsklausel verwarf, weil sie die Eheschließungsfreiheit nach Art. 6 GG nicht ausreichend respektierte. Im Gegensatz zur Ebenbürtigkeitsklausel setzt aber die Güterstandsklausel nicht an der Person des Ehegatten, sondern allein an der Regelung der ehelichen Vermögensverhältnisse an. Das ist nicht unmittelbar vergleichbar. Dennoch sollte das Urteil insoweit zu denken geben, als man nicht mehr die Verpflichtung zum Abschluss eines Ehevertrages statuiert, sondern nur noch die gesellschaftsrechtlichen Möglichkeiten bei Nichtabschluss eines solchen Vertrages regelt, idealerweise sogar nur eines solchen, der das Gesellschaftsvermögen betrifft. Zusätzlich können Sanktionen unterhalb der Ebene des Ausschlusses erwogen werden, etwa die Ansammlung einer Ausgleichsrücklage. Dann wird die Zulässigkeit auch im Lichte dieser Rechtsprechung bejaht.[2570]

Zumeist wird parallel bei der Übertragung von Gesellschaftsanteilen auch ein **schuldrechtliches Rückforderungsrecht** vereinbart für diesen Fall. Es ist nicht davon auszugehen, dass durch die Belastung mit einem solchen Rückerwerbsrecht die Mitunternehmerstellung verloren geht.[2571]

III. Inhalt

Inhalt der Güterstandsklausel sollte **nicht die Verpflichtung zum Abschluss** eines Ehevertrages sein, **sondern die Sanktionsmöglichkeit** der Gesellschaft, wenn kein Ehevertrag vorgelegt wird. Wenn als einzige Sanktionsmöglichkeit die Ausschließung genannt wird, so

---

[2566] *Gassen* RNotZ 2004, 424; Beck'sches Formularbuch/*Blaum/Scholz*, VIII.D.2, Rn. 69.
[2567] Vgl. *Wenckstern* NJW 2014, 1335 f.
[2568] *Wenckstern* NJW 2014, 1335 (1340).
[2569] BVerfG – 1 BvR 2248/01, ZEV 2004, 241.
[2570] So auch *Reul* DNotZ 2007, 184 (206).
[2571] DNotI-Gutachten 173171 vom 13.12.2019.

mag dies für verschiedene Konstellationen unangemessen sein. Daher wird vorgeschlagen, auch **Sanktionsmöglichkeiten unterhalb der Ausschließung** vorzusehen. Das können etwa Stimmrechtsausschlüsse sein oder Entnahmesperren bis zur Ansammlung einer angemessenen Rücklage.

Angeknüpft werden sollte dabei an einen Ehevertrag, der mindestens die **konkrete Gesellschaft** aus dem Zugewinn herausnimmt und von den Verfügungsbeschränkungen des § 1365 BGB ausschließt.

Häufig wird vorgesehen, dass zugleich auch ein **gegenständlich beschränkter Pflichtteilsverzicht** im Hinblick auf Gesellschaft nachgewiesen werden muss, denn selbst die Gütertrennung allein schützt im Todesfall nicht vor dem Pflichtteil an der Gesellschaft.

Weitergehende Forderungen, wie zB der Ausschluss des Versorgungsausgleichs für betriebliche Rentenanwartschaften,[2572] erscheinen als zu weitgehend.

IV. Form

714 Zu beachten ist, dass nach vielfach vertretener Auffassung die Aufnahme einer Güterstandsklausel zur **Beurkundungsbedürftigkeit des Gesellschaftsvertrages** führt, jedenfalls wenn sie eine Verpflichtung gegenüber der Gesellschaft zur Vereinbarung eines bestimmten Güterstandes begründet.[2573] Zuweilen wird auch geäußert, dass hierzu wirtschaftliche Nachteile, die eine mittelbare Bindung erzeugen, schon ausreichen.[2574] Beachtliche **Gegenstimmen** halten eine Beurkundung nicht für erforderlich, da die Rechtsprechung zum Vorvertrag unter Eheleuten hier nicht anwendbar sei und ein Übereilungsschutz nicht notwendig sei.[2575]

Solange eine abschließende gerichtliche Klärung nicht erfolgt ist, **empfiehlt es sich** demnach **aus Sicherheitsgründen**, die Form des Ehevertrages einzuhalten und zu beurkunden.

> **Hinweis:** Dass die Vereinbarung einer Güterstandsklausel nach wohl hM zur Beurkundungsbedürftigkeit führt, ist vor allem für die Verträge von Kommanditgesellschaften bedeutsam, die ansonsten nicht beurkundet würden.

[2572] *Arens* FamRB 2006, 88 (91).
[2573] Keinen Unterschied in der Bindung sieht gegenüber einer bloßen Sanktionsklausel BeckOGK/*Reetz* BGB § 1410 Rn. 38.4.
[2574] *Wachter* GmbH-StB 2006, 234 (238); MüKoBGB/*Kanzleiter*, 7. Aufl. 2015, BGB § 1410 Rn. 3 – hier aA Folgeauflage MüKoBGB/*Münch* BGB § 1410 Rn. 4; *Brambring* DNotZ 2008, 724 (734).
[2575] *Scherer* BB 2010, 323 (326); Münch/*Munzig*, Familienrecht, § 12 Rn. 88; *Wenckstern* NJW 2014, 1335 (1340).

C. *Güterstandsklauseln*

V. Formulierung

Eine solche Güterstandsklausel kann folgendermaßen formuliert werden: **715**

Formulierungsvorschlag – Güterstandsklausel:
Ein Ausschluss des Gesellschafters ist ferner zulässig, wenn
…
c) er eine Ehe eingeht, ohne dass er mit seinem Ehegatten entweder
(1) Gütertrennung vereinbart oder
(2) bei Zugewinngemeinschaft vereinbart, dass die Beteiligung an dieser Gesellschaft einschließlich etwaiger Gesellschafterdarlehen und etwaigen Sonderbetriebsvermögens oder sonst der Gesellschaft zur Nutzung überlassenen Vermögens und einschließlich aller Wertsteigerungen bei der Berechnung des Zugewinns keine Berücksichtigung findet oder
(3) bei Gütergemeinschaft die Beteiligung einschließlich des Sonderbetriebsvermögens und der Wertsteigerung zum Vorbehaltsgut erklärt,
(4) die Verfügungsbeschränkung des § 1365 BGB ausschließt
und
(5) einen gegenständlich beschränkten Pflichtteilsverzicht für das unter (2) bezeichnete Vermögen abgeschlossen hat.
Eine Ausschließung kann erst dann beschlossen werden, wenn der Gesellschafter nach schriftlicher Aufforderung der Gesellschaft nicht binnen längstens drei Monaten nach Empfang der Aufforderung nachgewiesen hat, dass die Ausschließungsgründe nicht oder nicht mehr bestehen.
Eine Ausschließung kann sofort beschlossen werden, wenn der Gesellschafter nach Erbringung seines Nachweises die Güterstandsregelung in einer Weise abändert, die nach obiger Regelung zum Ausschluss berechtigt.
Die Gesellschaft ist auch berechtigt, Sanktionen unterhalb der Ausschließung zu verhängen, insb. Entnahmesperren zur Ansammlung einer Ausgleichsrücklage oder einen Stimmrechtsausschluss zu verhängen oder hier genannte Fristen zu verlängern.
Der Ausschluss kann sich auch auf Gesellschaften beziehen, über die der Gesellschafter mittelbar beteiligt ist. Er betrifft dann die gesamte unmittelbar beteiligte Gesellschaft, wenn der Betroffene dort mehrheitlich beteiligt ist. In diesem Fall verlängert sich die oben genannte dreimonatige Frist auf sechs Monate.

12. Teil. Internationale Bezüge des Familienrechts

Übersicht

	Rn.
A. Die Bedeutung von internationalen Bezügen im Familienrecht	716
B. Die allgemeinen Ehewirkungen, Art. 14 EGBGB	718
I. Gewähltes Recht, Art. 14 Abs. 1 EGBGB	718
II. Gesetzliche Anknüpfungsleiter, Art. 14 Abs. 2 EGBGB	720
III. Begrifflichkeiten und Bedeutung des Allgemeinen Ehewirkungsstatuts	722
1. Begrifflichkeiten	722
a) Gewöhnlicher Aufenthalt	722
b) Staatsangehörigkeit	723
c) Engste Verbindung	724
2. Bedeutung und Anwendungsbereich des Allgemeinen Ehewirkungsstatuts	725
C. Das Ehegüterrechtsstatut, EUGüVO, Art. 15 EGBGB	726
I. Die EUGüVO	726
1. Prinzipien	727
2. Anwendungsbereich	728
II. Gewähltes Recht, Art. 22 EUGüVO	730
III. Gesetzliche Anknüpfungsleiter, Art. 26 EUGüVO	732
1. Erster gemeinsamer gewöhnlicher Aufenthalt	733
2. Gemeinsame Staatsangehörigkeit der Ehegatten	735
3. Engste Verbindung	736
4. Die Ausweichklausel nach Art. 26 Abs. 3 EUGüVO	737
IV. Form bei Vereinbarungen über den ehelichen Güterstand, Art. 25 EUGüVO	738
V. Gesetzliche Anknüpfungsleiter, Art. 15 EGBGB aF:	740
D. Unterhalt	741
I. Unterhaltsstatut	741
II. Rechtswahl im Unterhaltsrecht	743
E. Versorgungsausgleich	744
I. Gesetzliches Statut	744
II. Indirekte Rechtswahl, Art. 5 Rom III-VO	746
III. Weitere Voraussetzungen für einen deutschen Versorgungsausgleich	747

12. Teil. Internationale Bezüge des Familienrechts

A. Die Bedeutung von internationalen Bezügen im Familienrecht

716 Da sowohl die Zahl der in Deutschland lebenden ausländischen Staatsangehörigen als auch die Zahl der gemischtnationalen Eheschließungen ständig zunehmen, ist es auch für die **steuerliche Beurteilung von Sachverhalten** wichtig, zu wissen,
– ob **deutsches oder ausländisches Recht** Anwendung findet,
– welches **Recht gewählt** werden kann,
– welche **Folgen** eine solche **Rechtswahl** hat, insb. ob damit Eigentumsverhältnisse oder wirtschaftliche Berechtigungen verändert werden,
– in welchem Recht in Deutschland lebende ausländische Staatsangehörige verheiratet sind.

717 Neben den eherechtlichen Fragen stellen sich auch Probleme in den anderen Rechtsbereichen, so etwa im Adoptionsrecht oder im Gesellschaftsrecht. Deren Betrachtung an dieser Stelle würde aber zu weit führen.[2576] Es sollen aber hier die eherechtlichen Bezüge beleuchtet sein, um „Fehlbeurteilungen des Ehegüterstandes"[2577] steuerlich zu vermeiden.

B. Die allgemeinen Ehewirkungen, Art. 14 EGBGB

I. Gewähltes Recht, Art. 14 Abs. 1 EGBGB

718 Art. 14 EGBGB wurde im Zusammenhang mit dem Inkrafttreten der EUGüVO,[2578] die seit dem 29.1.2019 gilt, geändert und völlig neu gefasst. Die Vorschrift lehnt sich an das System an, wie es im neuen europäischen Güterrecht zum Ausdruck kommt. Danach ist **primär die Rechtswahl** entscheidend.[2579] Nur wenn eine solche nicht vorliegt, tritt an deren Stelle die gesetzliche Anknüpfungsleiter.
Es kann nunmehr nach Art. 14 Abs. 1 EGBGB alternativ folgendes Recht gewählt werden:
– das **Recht des gewöhnlichen Aufenthaltes**; dh das Recht des Staates, in dem beide Ehegatten im Zeitpunkt der Rechtswahl ihren gewöhnlichen Aufenthalt haben.

[2576] Vgl. zum Familienrecht allgemein Münch/*Süß*, Familienrecht, § 20; zum Gesellschaftsrecht Herrler/*Süß*, Gesellschaftsrecht in der Notar- und Gestaltungspraxis, §§ 19, 20.
[2577] So die Wortwahl von *Stein* DStR 2020, 368 ff.; 417 ff.
[2578] Europäische Verordnung zur Durchführung einer verstärkten Zusammenarbeit im Bereich der Zuständigkeit, des anzuwendenden Rechts und der Anerkennung und Vollstreckung von Entscheidungen in Fragen des ehelichen Güterstands (EuGüVO) vom 24.6.2016, 2016/1103, ABl. 2016 L 183, 1.
[2579] Vorrangig ist noch das Niederlassungsabkommen zwischen dem Deutschen Reich und dem Kaiserreich Persien, RGBl. 1930 II, 1006; wieder in Kraft gesetzt BGBl. 1955 II 829.

B. Die allgemeinen Ehewirkungen, Art. 14 EGBGB

- das **Recht des letzten beidseitigen gewöhnlichen Aufenthaltes**; dh das Recht des Staates, in dem beide Ehegatten ihren gewöhnlichen Aufenthalt während der Ehe zuletzt hatten, wenn einer von ihnen im Zeitpunkt der Rechtswahl dort noch seinen gewöhnlichen Aufenthalt hat.
- das **Recht der Staatsangehörigkeit**; dh das Recht des Staates, dem ein Ehegatte im Zeitpunkt der Rechtswahl angehört. Bei mehrfacher Staatsangehörigkeit kann jedes Heimatrecht gewählt werden.[2580]

Damit sind die Möglichkeiten der Rechtswahl gegenüber den früheren Bestimmungen sehr erweitert worden. Eine Rechtswahl kann sogar dann zu empfehlen sein, wenn (derzeit) die gesetzliche Anknüpfungsleiter für passend erachtet wird, weil das gewählte Recht dann nicht mehr der Wandelbarkeit der Anknüpfungsleiter unterliegt und so **verstetigt** werden kann.[2581] Die Rechtswahl bedarf der **notariellen Beurkundung** (Art. 14 Abs. 1 S. 3 EGBGB), nach überwiegender Auffassung in der Form des § 1410 BGB, also bei gleichzeitiger Anwesenheit beider Teile.[2582]

719

II. Gesetzliche Anknüpfungsleiter, Art. 14 Abs. 2 EGBGB

Ohne eine vorrangig zu beachtende Rechtswahl richtet sich das Allgemeine Ehewirkungsstatut nach der Anknüpfungsleiter des Art. 14 Abs. 2 EGBGB. Trifft eine Stufe zu, gilt dieses Recht, ansonsten ist die nächste Stufe zu betrachten. Es gilt daher:

720

- Das **Recht des beidseitig gewöhnlichen Aufenthaltes**; dh das Recht des Staates, in dem beide Ehegatten ihren gewöhnlichen Aufenthalt haben.
- Das **Recht des letzten beidseitig gewöhnlichen Aufenthaltes**; dh das Recht des Staates, in dem beide Ehegatten ihren gewöhnlichen Aufenthalt während der Ehe zuletzt hatten, wenn einer von ihnen dort noch seinen gewöhnlichen Aufenthalt hat (ununterbrochen)[2583].
- Das **Recht der gemeinsamen Staatsangehörigkeit**; dh das Recht des Staates, dem beide Ehegatten angehören.
- Das **Recht der gemeinsamen engsten Bindung**; dh das Recht des Staates, mit dem die Ehegatten auf andere Weise gemeinsam am engsten verbunden sind.

Damit hat sich die Anknüpfungsleiter dem europäischen System der Priorisierung des gewöhnlichen Aufenthalts vor der Staatsangehörigkeit angeglichen.[2584]

721

[2580] Das ist aus dem Gesetzestext „ungeachtet des Art. 5 Abs. 1" zu lesen, *Andrae*, § 4 Rn. 192; *Münch/Süß*, Familienrecht, § 20 Rn. 42.
[2581] *Münch/Süß*, Familienrecht, § 20 Rn. 42.
[2582] BRHP/*Mörsdorf* EGBGB Art. 14 Rn. 54.
[2583] *Andrae*, § 4 Rn. 193.
[2584] Das bedeutet ein Abrücken von der Kegel'schen Leiter, vgl. *Kegel*, Internationales Privatrecht, 5. Aufl. 1985, 478 ff.

Zu beachten ist, dass das **Ehewirkungsstatut wandelbar** ist, wenn sich die Voraussetzungen der Stufenleiter ändern, denn die Stufenleiter stellt – anders als die Rechtswahl – nicht auf einen bestimmten Zeitpunkt ab. Mit der gesetzlichen Neuregelung, die auch auf Ehen vor dem 29.1.2019 anwendbar ist,[2585] ausgenommen bereits verwirklichte Ehewirkungen, hat sich daher auch ein Statutenwandel vollzogen, der insb. für Deutsche im Ausland mit Inkrafttreten eingetreten ist.[2586]

Wo die oben genannten **Voraussetzungen** des **gewöhnlichen Aufenthalts** für beide Ehegatten vorliegen müssen, wurde extra der Begriff „**beidseitig**" und nicht „gemeinsam" gewählt, weil es nach hM nicht erforderlich ist, dass die Ehegatten einen gemeinsamen gewöhnlichen Aufenthalt haben, sondern nur, dass **jeder** den gewöhnlichen Aufenthalt **im selben Staat** hat.[2587]

Was die **Staatsangehörigkeit** anbelangt, so ist auf die **effektive** und bei einer auch **deutschen** Staatsangehörigkeit eines Mehrstaatlers auf diese nach Art. 5 Abs. 1 S. 2 EGBGB abzustellen.

III. Begrifflichkeiten und Bedeutung des Allgemeinen Ehewirkungsstatuts

1. Begrifflichkeiten

a) Gewöhnlicher Aufenthalt

722 Im IPR Deutschlands ist der Begriff nicht definiert. Der BGH fordert, dass am Ort des gewöhnlichen Aufenthaltes der Schwerpunkt der Bindungen der betreffenden Person, also ihr Daseinsmittelpunkt liegt.[2588] Dazu gehört, dass der Aufenthalt auf längere Dauer angelegt ist und sich dort der Schwerpunkt der familiären, beruflichen und sozialen Beziehungen befindet. Auch im europäischen Recht wird der Begriff nicht definiert. Einigkeit besteht, dass er im europäischen Bereich autonom und homogen auszulegen ist.[2589] Dafür dürften die geschilderten Voraussetzungen ebenfalls beachtlich sein, der EuGH sieht in der Aufenthaltsdauer lediglich ein Indiz.[2590]

b) Staatsangehörigkeit

723 Die Staatsangehörigkeit richtet sich nach den jeweiligen Gesetzen des betroffenen Staates,[2591] in Deutschland also nach dem Staatsangehörigkeitsgesetz einmal nach der Abstammung von einem deutschen Staatsangehörigen (**ius sanguinis**, § 4 Abs. 1 und 2) oder aber auch durch

---

[2585] MüKoBGB/*Looschelders* EGBGB Art. 14 Rn. 13.
[2586] Vgl. Palandt/*Thorn* EGBGB Art. 14 Rn. 6; MüKoBGB/*Looschelders* EGBGB Art. 14 Rn. 13.
[2587] *Andrae*, § 4 Rn. 192; *Dutta* FamRZ 2019, 1390 (1393).
[2588] BGH – XII ZB 156/95, NJW 1997, 3024.
[2589] *Andrae*, § 2 Rn. 65.
[2590] EuGH – C-497/10 PPU, BeckRS 2011, 80085.
[2591] BRHP/*Lorenz* EGBGB Art. 5 Rn. 2.

C. Das Ehegüterrechtsstatut, EUGüVO, Art. 15 EGBGB

Geburt im Inland bei berechtigtem Aufenthalt eines Elternteiles (**ius soli**, § 4 Abs. 3).
Im Falle einer mehrfachen Staatsangehörigkeit enthält Art. 5 Abs. 1 S. 2 EGBGB die Anordnung des Eigenrechtsvorrangs.

c) Engste Verbindung

Die **engste Verbindung** stellt ein Sammeln und Abwägen verschiedener Gesichtspunkte dar,[2592] wozu auch geplante Sachverhalte gehören können.[2593] Die eigene Erklärung dazu ist ein, allerdings schwaches,[2594] Indiz. 724

2. Bedeutung und Anwendungsbereich des Allgemeinen Ehewirkungsstatuts

Der **Anwendungsbereich** des Art. 14 EGBGB war schon nach **bisherigem Recht eher schmal** und wurde durch **Verweisungen** aus anderen Bereichen auf diese Bestimmung weiter, die aber **nach und nach wegfallen**. Gemeint sind für das bisherige deutsche Recht die Regelungen der §§ 1353 ff. BGB etwa über die Schlüsselgewalt oder die Eigentumsvermutung. 725

Dieser Anwendungsbereich hat sich für Ehen, die der neuen **EUGüVO** unterfallen, erneut reduziert, denn der Güterrechtsbegriff umfasst dort jegliche vermögensrechtlichen Ehewirkungen, sodass für Art. 14 EGBGB nur noch die persönlichen Ehewirkungen verbleiben,[2595] wie etwa Fragen der Herstellung der ehelichen Lebensgemeinschaft oder der wechselseitigen Unterstützungspflicht.[2596]

Für „Altehen" (vor dem 29.1.2019 und keine Rechtswahl danach), für welche die **EUGüVO nicht gilt**, soll es hingegen beim **weiten Anwendungsbereich** des Art. 14 EGBGB verbleiben.[2597]

C. Das Ehegüterrechtsstatut, EUGüVO, Art. 15 EGBGB

I. Die EUGüVO

Das Ehegüterrechtsstatut hat nunmehr mit der EUGüVO eine europarechtliche Regelung gefunden. Diese ist nach ihrem Art. 69 Abs. 3 auf Ehen anwendbar, die ab dem 29.1.2019 geschlossen wurden oder für die nach diesem Datum eine Rechtswahl vereinbart wurde. Das bedeutet aber zugleich, dass Art. 15 EGBGB, der inzwischen vom deutschen Ge- 726

[2592] Münch/*Süß*, Familienrecht, § 20 Rn. 39.
[2593] OLG Köln – 4 WF 169/14, FamRZ 2015, 1617.
[2594] MüKoBGB/*Looschelders* EGBGB Art. 14 Rn. 127.
[2595] *Döbereiner* MittBayNot 2018, 405 (407); *Dutta* FamRZ 2016, 1973 (1974); *Mankowski* NJW 2019, 465 (468).
[2596] Palandt/*Thorn* EGBGB Art. 14 Rn. 15.
[2597] BRHP/*Mörsdorf* EGBGB Art. 14 Rn. 17a; Münch/*Süß*, Familienrecht, § 20 Rn. 28; MüKoBGB/*Looschelders* EGBGB Art. 14 Rn. 13; wohl aA Palandt/*Thorn* EGBGB Art. 14 Rn. 14.

setzgeber aufgehoben wurde, noch längere Zeit für die Praxis eine Rolle spielt, wenn das Güterrechtsstatut für Ehen vor diesem Zeitpunkt (hier: „Altehen") festgestellt werden muss.

1. Prinzipien

727 Die EUGüVO wird von folgenden Prinzipien beherrscht:
– Einheitliche Anknüpfung **ohne Rechtsspaltung** (keine isolierte Rechtswahl mehr beim Kauf bestimmter Immobilien).
– **Unwandelbarkeit** außer durch Rechtswahl (entscheidender Zeitpunkt ist die Eheschließung).
– **Rechtswahl** nach EUGüVO mit **Priorität** (Art. 22, 26 EUGüVO).
– **Gemeinsamer gewöhnlicher Aufenthalt** löst Staatsangehörigkeit als primärer Anknüpfungspunkt ab.
– Nach Art. 32 EUGüVO bleiben Rück- und Weiterverweisungen unbeachtet, sodass mit der Anknüpfung eine Sachnormverweisung gilt.

2. Anwendungsbereich

728 Der **zeitliche Anwendungsbereich** wurde bereits erörtert. Die EUGüVO gilt für Ehen ab dem 29.1.2019. Eine Rechtswahl ist künftig aber auch für Ehen vor diesem Zeitpunkt nurmehr nach der EUGüVO möglich. Ansonsten gilt für „Altehen" über Art. 229 § 47 Abs. 2 Nr. 2 EGBGB weiterhin Art. 15 EGBGB aF.

Räumlich gilt die EUGüVO nach ihrem Art. 70 in den Staaten der verstärkten Zusammenarbeit. Sie gilt mithin nicht in Dänemark, Estland, Irland, Lettland, Litauen, Polen, Slowakei und Ungarn und nicht in Großbritannien. Wenn die EUGüVO dann auf ein bestimmtes ausländisches Recht verweist, so gilt dieses nach Art. 20 EUGüVO aber auch dann, wenn es nicht dasjenige eines Mitgliedstaates ist. (sog. loi uniforme).

729 Den **sachlichen Anwendungsbereich** beschreibt die EUGüVO in Art. 3 Abs. 1 Buchst. a: „sämtliche vermögensrechtlichen Regelungen, die zwischen den Ehegatten und in ihren Beziehungen zu Dritten aufgrund der Ehe oder der Auflösung der Ehe gelten". Die EUGüVO hat also einen sehr viel weiteren Anwendungsbereich als dies der deutsche Begriff des Ehegüterrechts meint. Sie gilt also insb. zusätzlich zu dem deutschen Verständnis des Ehegüterrechts in allen nachfolgenden Angelegenheiten:
– Vermögensangelegenheiten der §§ 1353 ff. BGB;
– Verfügungsbeschränkungen der §§ 1365, 1369 BGB;
– Zuwendungen unter Ehegatten;[2598]
– das gesamte Nebengüterrecht einschließlich der Ehegatteninnengesellschaft;[2599]
– die Morgengabe.[2600]

[2598] Str., *Andrae* IPRax 2018, 221 (223): die Schenkung oder Zuwendung selbst auch; *Weber* DNotZ 2016, 659 (666): nur die Anrechnungsbestimmung.
[2599] *Dutta* FamRZ 2016, 1973 (1975); *Weber* DNotZ 2016, 659 (665 f.); *Andrae*, § 4 Rn. 16.
[2600] *Andrae* IPRax 2018, 221 (223).

C. Das Ehegüterrechtsstatut, EUGüVO, Art. 15 EGBGB

Art. 1 Abs. 2 EUGüVO grenzt davon ab die Bereiche des Unterhaltsrechts, des Versorgungsausgleichs und des Erbrechts, die nicht unter die EUGüVO fallen. Dabei ist die Abgrenzung angesichts der vielen wechselseitigen Abhängigkeiten der Rechtsbereiche noch nicht zufriedenstellend. ZB hat der EuGH[2601] die Bestimmung des erbrechtlichen Viertels nach § 1371 Abs. 1 BGB zum Ausgleich des Zugewinns im Gegensatz zum BGH als erbrechtlich qualifiziert.

II. Gewähltes Recht, Art. 22 EUGüVO

Wie sich aus Art. 26 Abs. 1 EUGüVO ergibt, ist **primär die Rechtswahl** entscheidend. Nur wenn eine solche nicht vorliegt, tritt an deren Stelle die gesetzliche Anknüpfungsleiter. 730

Es kann nunmehr nach Art. 22 EUGüVO alternativ folgendes Recht gewählt werden:
– das **Recht des gewöhnlichen Aufenthaltes**; dh das Recht des Staates, in dem beide Ehegatten oder einer von ihnen im Zeitpunkt der Rechtswahl ihren gewöhnlichen Aufenthalt hat/haben.
– das **Recht der Staatsangehörigkeit**; dh das Recht des Staates, dem einer der Ehegatten im Zeitpunkt der Rechtswahl angehört.

Dabei sind folgende Gesichtspunkte zu beachten:
– Die Rechtswahl kann nur **einheitlich** für das **gesamte Vermögen** erfolgen.
– Im Grundsatz gilt die Rechtswahl **ex nunc**, Art. 22 Abs. 2, 3 EUGüVO erlaubt jedoch auch eine rückwirkende Rechtswahl, die aber nicht in Rechte Dritter eingreifen kann, also zB keine Verfügungsbeschränkungen rückwirkend einführen oder aufheben kann.
– Die Rechtswahl ist **nur noch nach der EUGüVO** möglich, nicht mehr – auch nicht für „Altehen" – nach Art. 15 EGBGB.
– Bei **mehreren Staatsangehörigkeiten** ist **jede** wählbar, man muss die Staatsangehörigkeit aber im Zeitpunkt der Rechtswahl innehaben, eine aufschiebend bedingte Rechtswahl im Hinblick auf die **künftige** Erlangung einer **Staatsangehörigkeit** wird **nicht** als zulässig angesehen.[2602]
– Der Zeitpunkt der Rechtswahl kann ausweislich des Wortlautes des Art. 22 EUGüVO „künftige Ehegatten" auch vor der Eheschließung liegen.

Mit der Rechtswahl kommt es, soweit diese nicht nur vorsorglich zur Verstetigung der ohnehin gegebenen Rechtsanwendung erfolgt, zu einem **Statutenwechsel**. Diese will auch **steuerlich gut bedacht** sein, insb. wenn es etwa zu einem Wechsel von einer Gesamthand zu Miteigentum oder Alleineigentum kommt und in diesem Zusammenhang Zugewinn ausgeglichen wird.[2603] Für die Abwicklung und Auseinander-

---
[2601] EuGH – C-558/16, NJW 2018, 1377.
[2602] *Döbereiner* MittBayNot 2018, 405 (414).
[2603] Dazu *Stein* DStR 2020, 368 ff., 417 ff.

12. Teil. Internationale Bezüge des Familienrechts

setzung des bisherigen Güterstandes gilt nach Art. 27 Buchst. e EUGüVO das bisherige Güterrecht.[2604]

731 Für die **Form der Rechtswahl** sieht Art. 23 Abs. 1 EUGüVO eine Mindestform in Gestalt von Schriftlichkeit, Datierung und Unterzeichnung vor. Ferner verlangt Art. 23 Abs. 2 ff. EUGüVO die Einhaltung des Rechtes des Mitgliedstaates, in dem beide Ehegatten ihren gewöhnlichen Aufenthalt haben, bei getrenntem Aufenthalt dasjenige eines der Aufenthaltsmitgliedstaaten, wenn der andere in einem anderen Vertragsstaat oder in einem Drittstaat lebt. Leben beide in einem Drittstaat, gilt nur die Mindestform.

> **Hinweis: Für die Praxis ist dies mit folgenden Schwierigkeiten verbunden:** Angesichts des Unterzeichnungserfordernisses wird **vor Beurkundung mit Bevollmächtigten gewarnt.**[2605] Es ist ferner **nicht sicher, dass die deutsche notarielle Beurkundung alle Formerfordernisse erfüllt,** wenn sich die beiden Ehegatten nicht gewöhnlich in Deutschland aufhalten, mindestens einer aber in einem Mitgliedstaat. Ist dies zB Finnland, wird zusätzlich die Hinzuziehung zweier Zeugen verlangt.

III. Gesetzliche Anknüpfungsleiter, Art. 26 EUGüVO

732 Ohne eine vorrangig zu beachtende Rechtswahl richtet sich das Ehegüterstatut nach der Anknüpfungsleiter des Art. 26 EUGüVO. Trifft eine Stufe zu, gilt dieses Recht, ansonsten ist die nächste Stufe zu betrachten. Es gilt daher:
- Das **Recht des ersten gemeinsamen gewöhnlichen Aufenthaltes**; dh das Recht des Staates, in dem die Ehegatten ihren ersten gemeinsamen gewöhnlichen Aufenthalt haben.
- Das **Recht der gemeinsamen Staatsangehörigkeit**; dh das Recht des Staates, dem beide Ehegatten zum Zeitpunkt der Eheschließung angehören.
- Das **Recht der gemeinsamen engsten Bindung**; dh das Recht des Staates, mit dem die Ehegatten unter Berücksichtigung aller Umstände zum Zeitpunkt der Eheschließung gemeinsam am engsten verbunden sind.

> **Hinweis: Mit Inkrafttreten der EUGüVO ist nun der erste gemeinsame gewöhnliche Aufenthalt bei oder kurz nach Eheschließung maßgeblich,** nicht mehr das Recht der Staatsangehörigkeit! Dieses Güterrecht ist zudem noch unwandelbar, außer es wird später eine Rechtswahl vereinbart. Dies kann zu teilweise überraschenden Ergebnissen führen. Zu beachten ist der entsprechende Güterstand auch beim Immobilienerwerb oder bei steuerlichen Fragen.

[2604] *Weber* DNotZ 2016, 659 (677).
[2605] Münch/*Süß*, Familienrecht, § 20 Rn. 126.

C. Das Ehegüterrechtsstatut, EUGüVO, Art. 15 EGBGB

Beispiel:
Deutsche Ehegatten, die in Edinburgh ihren gemeinsamen gewöhnlichen Aufenthalt haben, er zum Studium, sie für eine Anstellung in der City, heiraten in Deutschland und ziehen fünf Jahre später zurück in die schwäbische Heimat. Alles Vermögen liegt in Deutschland. Bei der Scheidung zwanzig Jahre später wird sich herausstellen, dass für die Ehe der beiden schottisches Güterrecht gilt.

1. Erster gemeinsamer gewöhnlicher Aufenthalt

Zu diesem Begriff, der autonom für die EUGüVO zu bestimmen ist, gibt es bisher wenige Hinweise und naturgemäß noch keine Rechtsprechung. Eine Definition lautet so: „**Lebens- und Daseinsmittelpunkt** einer Person im Sinne des Ortes der Integration in ihr **soziales und familiäres Umfeld**."[2606] Es ist eine Gesamtbeurteilung durchzuführen, als deren Ergebnis stets nur ein gewöhnlicher Aufenthalt für eine Person stehen kann. Noch ungeklärt ist, ob der Aufenthalt der Ehegatten ein gemeinsamer sein muss oder ob es ausreicht, wenn jeder Ehegatte seinen Aufenthalt in demselben Staat hat.[2607]

Auch zur Frage, was denn **bei Eheschließung oder kurz danach** bedeutet, gibt es widersprüchliche Ansichten. Eine Ansicht geht von einem Zeitraum von drei Monaten aus,[2608] es werden aber auch sechs Monate vertreten[2609] oder eine situationsbedingte Einschätzung, für die unschädlich sein soll, wenn etwa aufgrund von Schwierigkeiten mit Behörden ein längerer Zeitraum vergeht.[2610] Ist der gewöhnliche Aufenthalt kurz nach Eheschließung begründet, soll er auf den Zeitpunkt der Eheschließung zurückwirken.[2611]

733

734

2. Gemeinsame Staatsangehörigkeit der Ehegatten

Die Ermittlung der Staatsangehörigkeit folgt dem jeweiligen nationalen Recht.[2612] In Deutschland ist daher bei Mehrstaatlern die effektive Staatsangehörigkeit entscheidend (Art. 5 Abs. 1 S. 1 EGBGB). Der Vorrang der deutschen Staatsangehörigkeit (Art. 5 Abs. 1 S. 2 EGBGB) soll allerdings nicht gegenüber anderen Staatsangehörigkeiten der EU gelten.[2613]

735

[2606] Münch/*Süß*, Familienrecht, § 20 Rn. 111.
[2607] So die überwiegende Ansicht: *Döbereiner/Frank*, Rn. 124; Dutta/Weber/ *Coester-Waltjen*, 52; Palandt/*Thorn* EUGüVO Art. 26 Rn. 2; *Weber* DNotZ 2016, 659, 671.
[2608] *Weber* DNotZ 2016, 659 (672).
[2609] *Döbereiner/Frank*, Rn. 120; Palandt/*Thorn* EUGüVO Art. 26 Rn. 2.
[2610] Münch/*Süß*, Familienrecht, § 20 Rn. 115.
[2611] Dutta/Weber/*Coester-Waltjen*, 53; *Weber* DNotZ 2016, 659 (672); *Dutta* FamRZ 2016, 1973 (1982).
[2612] EUGüVO, Erwägungsgrund 50.
[2613] *Döbereiner/Frank*, Rn. 148; *Weber* DNotZ 2016, 659 (673) unter Berufung auf das Diskriminierungsverbot.

3. Engste Verbindung

736 Die Feststellung der engsten Verbindung erfordert eine umfassende Abwägung aller Einzelumstände zum Zeitpunkt der Eheschließung. Herkunft, Kultur, Sprache können hier ebenso eine Rolle spielen wie ein geplanter gemeinsamer gewöhnlicher Aufenthalt oder die Belegenheit von Vermögensgegenständen.

4. Die Ausweichklausel nach Art. 26 Abs. 3 EUGüVO

737 Diese Anknüpfung kann nach Art. 26 Abs. 3 EUGüVO zugunsten des Rechtes des Staates mit dem letzten gemeinsamen gewöhnlichen Aufenthalt geändert werden, jedoch nur durch eine gerichtliche Entscheidung, wenn die Ehegatten auf dieses Recht bei ihrer Vermögensplanung vertraut hatten.[2614]

IV. Form bei Vereinbarungen über den ehelichen Güterstand, Art. 25 EUGüVO

738 Art. 25 EUGüVO statuiert zusätzlich, dass für **Vereinbarungen über den ehelichen Güterstand** neben den Formvorschriften für die Rechtswahl auch **noch die zusätzlichen Formvorschriften des gewählten Güterstatuts** einzuhalten sind und baut damit eine **kumulative dreischichtige Formprüfung** auf. Die Gesetzgebungskompetenz hierzu wird bezweifelt.[2615]

> **Hinweis:**. Damit gilt im Verhältnis zu Art. 25 Abs. 2 und 3 EUGüVO der Grundsatz des strengeren Rechts, das Günstigkeitsprinzip und die Einhaltung der Ortsform entsprechend der deutschen Regelung des Art. 11 EGBGB ist nicht mehr ausreichend![2616]

739 Ob diese Vorschrift auch für das Nebengüterrecht gilt und damit, da sie wohl keinen grenzüberschreitenden Sachverhalt voraussetzt,[2617] den oft fingierten und daher nicht schriftlichen Abschluss von Ehegatteninnengesellschaften künftig verhindert, ist viel diskutiert und umstritten.[2618]

Vor einer Auslandsbeurkundung etwa in der Schweiz wird derzeit dezidiert gewarnt.[2619]

[2614] Das wäre etwa im Beispielsfall → Rn. 732 denkbar.
[2615] *Weber* DNotZ 2016, 659 (683).
[2616] MüKoBGB/*Looschelders* EUGüVO Art. 25 Rn. 3f.
[2617] Vgl. DNotI-Gutachten, DNotI-Report 2019,1, 5 „nicht abschließend geklärt".
[2618] Hierzu näher *Münch*, Ehebezogene Rechtsgeschäfte, Kap. 10 Rn. 96 f.
[2619] *Opris* NZFam 2020, 501 f.

C. *Das Ehegüterrechtsstatut, EUGüVO, Art. 15 EGBGB*

V. Gesetzliche Anknüpfungsleiter, Art. 15 EGBGB aF:

Für Ehen, die vor dem 29.1.2019 geschlossen worden sind (in diesem **740**
Text als „**Altehen**" bezeichnet), gilt weiterhin **Art. 15 EGBGB aF**, also
die sog. Kegel'sche Stufenleiter mit der prioritären Anknüpfung an die
Staatsangehörigkeit, Art. 229 § 47 Abs. 2 Nr. 2 EGBGB. Auch für diese
Ehen kann jedoch eine **Rechtswahl nur noch nach** den Vorschriften
der **EUGüVO** erklärt werden.

Somit wird diese Vorschrift noch sehr lange die Einschätzung des ehelichen Güterstandes prägen. Gleichwohl wird schon der Text des Art. 15 EGBGB in vielen Quellen nicht mehr abgedruckt, da die Vorschrift aufgehoben wurde. Er lautet wie folgt

Artikel 15 EGBGB aF
(1) Die güterrechtlichen Wirkungen der Ehe unterliegen dem bei der Eheschließung für die allgemeinen Wirkungen der Ehe maßgebenden Recht.
(2) ……
(3) Artikel 14 Absatz 4 gilt entsprechend.
(4) Die Vorschriften des Gesetzes über den ehelichen Güterstand von Vertriebenen und Flüchtlingen bleiben unberührt.

Art. 15 Abs. 1 EGBGB verweist somit für das Güterrecht auf das allgemeine Ehewirkungsstatut, aber statisch auf dasjenige, das im Zeitpunkt der Eheschließung galt. Damit wird also auf Art. 14 EGBGB aF verwiesen, die Vorschrift in ihrer Fassung vor der Änderung durch die EUGüVO.[2620]
Damit gilt die Kegel'sche Stufenleiter ohne ihren Vergangenheitsbezug, also:

– das Recht des **Staates,** dem **beide Ehegatten bei Eheschließung** angehörten;
– das Recht des **Staates,** in dem **beide Ehegatten bei Eheschließung** ihren **gewöhnlichen Aufenthalt** hatten;
– das Recht des Staates, mit dem beide Ehegatten **bei Eheschließung am engsten verbunden** waren.

Das **Recht des Güterstandes** ist nach der Situation bei Eheschließung zu bestimmen und ist dann **unwandelbar**, auch wenn das allgemeine Ehewirkungsstatut sich gewandelt haben mag.
Für Ehen, die nach dem 31.3.1953 und vor dem 9.4.1983 geschlossen wurden, gilt die Übergangsregelung des **Art. 220 Abs. 3 EGBGB**.[2621]

[2620] *Andrae*, § 4 Rn. 212; MüKoBGB/*Looschelders* EGBGB Art. 15 (aF) Rn. 71.
[2621] Details hierzu in *Münch*, Ehebezogene Rechtsgeschäfte, Kap. 10 Rn. 116 ff.

12. Teil. Internationale Bezüge des Familienrechts

D. Unterhalt

I. Unterhaltsstatut

741 Das Unterhaltsrecht richtet sich nach der **EUUntVO**,[2622] die ihrerseits in Art. 15 auf das **Haager Unterhaltsprotokoll vom 23.11.2007 (HUP)**[2623] verweist. Art. 3 Abs. 1 HUP bestimmt das anwendbare Recht danach, in welchem Staat die **berechtigte Person** ihren **gewöhnlichen Aufenthalt** hat. Art. 12 HUP stellt klar, dass damit auf das Sachrecht des jeweiligen Staates verwiesen ist, sodass es nicht zu einer Rück- oder Weiterverweisung kommt.

Hinweis: Das **Unterhaltsstatut** ist damit wandelbar und ändert sich immer dann, wenn der Unterhaltsberechtigte seinen Aufenthalt in einen anderen Staat verlegt.

742 Nach überwiegender Ansicht sollen aber nach bisher anwendbarem Recht getroffene Unterhaltsvereinbarungen ihre Gültigkeit behalten.[2624] Aufgrund der durchaus öfter gegebenen Möglichkeit, dass ein Ehegatte nach der Scheidung seinen gewöhnlichen Aufenthalt ins Ausland verlegt, wird jedoch mehr und mehr eine Rechtswahl für den Unterhaltsbereich zum deutschen Recht erklärt.

II. Rechtswahl im Unterhaltsrecht

743 Nach **Art. 8 HUP** kann folgendes Recht gewählt werden (alternativ):
- das Recht des **Staates, dem ein Ehegatte bei Rechtswahl** angehört;
- das Recht des **Staates, in dem ein Ehegatte bei Rechtswahl den gewöhnlichen Aufenthalt** hat;
- das Recht des **Staates,** dessen **Güterrechtsstatut** Anwendung findet;
- das Recht des **Staates,** dessen **Scheidungsstatut** Anwendung findet;
- **lex fori** bei anhängigem Unterhaltsstreit, Art. 7 HUP.

Allerdings ist ein Unterhaltsverzicht nicht unbegrenzt möglich. Art. 8 Abs. 4 HUP ordnet an, dass das Recht desjenigen Staates, in dem die berechtigte Person im Zeitpunkt der Rechtswahl ihren gewöhnlichen Aufenthalt hat, dafür maßgebend ist, ob die berechtigte Person auf ihren Unterhaltsanspruch verzichten kann.

Ferner ist das gewählte Recht nach Art. 8 Abs. 5 HUP nicht anwendbar, wenn seine Anwendung für eine der Parteien offensichtlich unbillige oder unangemessene Folgen hätte, es sei denn, dass die Parteien im Zeitpunkt der Rechtswahl umfassend unterrichtet und sich der Folgen ihrer

---

[2622] ABl. 2009 L7, 1 ff.
[2623] ABl. 2009 L331, 17 f.
[2624] *Andrae*, § 10 Rn. 113; BeckOGK/*Yassiri* HUP Art. 3 Rn. 37; *Hausmann*, Teil C, Rn. 576; Palandt/*Thorn* EGBGB Art. 18 – HUP Rn. 13; OLG Hamm, – 10 UF 410/96, FamRZ 1998, 1532; OLG Jena – 1 WF 265/09, FamRZ 2010, 1364; aA OLG Karlsruhe – 2 A UF 35/91, NJW-RR 1992, 1094; zusammenfassend *Schäuble* NZFam 2014, 1071 (1072).

Wahl bewusst waren. An diese Aufklärung werden hohe Anforderungen gestellt. Es muss eine Unterrichtung über das ausgeschlossene und das gewählte Recht und die wesentlichen Unterschiede erfolgen.[2625]

E. Versorgungsausgleich

I. Gesetzliches Statut

Art. 17 Abs. 4 EGBGB verweist für den Versorgungsausgleich auf das Scheidungsstatut nach der Rom III-VO.[2626] Die Rom III-VO regelt den Versorgungsausgleich nicht, den nur wenige Staaten kennen. Vielmehr hat sich der deutsche Gesetzgeber nur zu einer Verweisung auf diese Norm entschlossen. **744**

Das Scheidungsstatut – und damit mittelbar auch der Versorgungsausgleich – richtet sich nach der Anknüpfungsleiter des Art. 8 Rom III-VO. Trifft eine Stufe zu, gilt dieses Recht, ansonsten ist die nächste Stufe zu betrachten. Es gilt daher: **745**
- Das **Recht des Staates,** in dem die Ehegatten zum Zeitpunkt der Anrufung des Gerichts ihren gewöhnlichen Aufenthalt haben.
- Das **Recht des Staates,** in dem die Ehegatten zuletzt ihren gewöhnlichen Aufenthalt hatten, sofern dieser nicht vor mehr als einem Jahr vor Anrufung des Gerichtes endete und einer der Ehegatten zum Zeitpunkt der Anrufung des Gerichtes dort noch seinen gewöhnlichen Aufenthalt hat.
- Das **Recht des Staates,** dessen **Staatsangehörigkeit beide Ehegatten** zum Zeitpunkt der Anrufung des Gerichts besitzen.
- Das **Recht des Staates** des **angerufenen Gerichtes**.

II. Indirekte Rechtswahl, Art. 5 Rom III-VO

Art. 5 Rom III-VO erlaubt die **Wahl eines abweichenden Scheidungsstatuts**. Da der Versorgungsausgleich dem Scheidungsstatut folgt, Art. 17 Abs. 4 EGBGB, richtet sich damit auch **indirekt** der **Versorgungsausgleich** nach dem gewählten Recht. Wählbar ist (alternativ) **746**
- das Recht des **Staates,** in dem **beide Ehegatten bei Rechtswahl den gewöhnlichen Aufenthalt haben**.
- das Recht des Staates**, in dem beide Ehegatten zuletzt ihren gewöhnlichen Aufenthalt hatten, wenn einer** von ihnen im Zeitpunkt der Rechtswahl seinen gewöhnlichen Aufenthalt **noch dort** hat.
- das Recht des **Staates, dem ein Ehegatte bei Rechtswahl** angehört;
- **lex fori** bei angerufenem Gericht.

[2625] *Andrae*, § 10 Rn. 157.
[2626] ABl. 2010 L343, 10 ff.

III. Weitere Voraussetzungen für einen deutschen Versorgungsausgleich

747 **Weitere Voraussetzung** für die Durchführung des deutschen Versorgungsausgleichs ist es nach Art. 17 Abs. 4 S. 1, 2. HS EGBGB, dass das **Recht eines der Staaten**, denen die Ehegatten im Zeitpunkt des Eintritts der Rechtshängigkeit des Scheidungsantrags **angehören**, den **Versorgungsausgleich kennt**. Der BGH fordert dazu, dass der Kerngehalt des entsprechenden Rechtsinstituts mit dem deutschen Versorgungsausgleich vergleichbar ist.[2627]

Regelwidrig dazu wird der Versorgungsausgleich auf Antrag doch durchgeführt, wenn ein **deutsches Versorgungsanrecht** vorhanden ist und die Durchführung der Billigkeit nicht widerspricht, Art. 17 Abs. 4 S. 2 EGBGB.

Sofern ausländische Anrechte eine Rolle spielen, aber nicht ausgeglichen werden können, kann die komplette **Ausgleichssperre** nach Art. 19 Abs. 3 VersAusglG greifen.

[2627] BGH – XII ZB 101/05, NJW-RR 2009, 795.

Stichwortverzeichnis

Die **halbfett** gedruckten Zahlen bezeichnen die Teile, die mager gedruckten Zahlen die Randnummern.

A

Abgeltung Zugewinn
– Veräußerung **4**, 502
Abstammung
– Mutterschaft **6**, 546
Abstammungsrecht
– Entwicklung **6**, 544, 545
Adoption
– Einkommensteuer **6**, 565
– Erbschaftsteuer **6**, 564
– sonstige Steuerfolgen **6**, 566
Adoption Minderjähriger
– Rechtsfolgen **6**, 557
– Verwandtschaft **6**, 556
– Voraussetzungen **6**, 555
Adoption Volljährige
– sittliche Rechtfertigung **6**, 559, 560
– Rechtsfolgen **6**, 563
AfA
– Unterhalt **3**, 376
Allgemeine Ehewirkungen
– Anwendungsbereich **12**, 718
– Gesetzliche Anknüpfungsleiter **12**, 718
– Rechtswahl **12**, 718
Altersvorsorge 3, 284
Anfangsvermögen 3, 210
– Zuwendung **4**, 493
Anfechtung 1, 20
– güterrechtliche Verträge **1**, 24
– nahestehende Personen **1**, 21
Anrechnung auf Zugewinn
– Veräußerung **4**, 503
Anrechte
– Voraussetzungen **3**, 299
Arbeitsvertrag
– ernsthafte Vereinbarung **1**, 89
– familienrechtliche Gründe **1**, 86, 87
– Fremdvergleich **1**, 91
– steuerrechtliche Anerkennung **1**, 88

– tatsächliche Durchführung **1**, 90
Asset Protection
– Anfechtung **1**, 20, 24
  – fliegender Zugewinnausgleich **1**, 28
  – rückwirkende Zugewinngemeinschaft **1**, 26
  – Vergleich **1**, 27
  – vorsorgliche Verzichte **1**, 29
  – vorzeitiger Zugewinnausgleich **1**, 25
– Betriebsaufspaltung **1**, 56a
– Familienstiftung inländische **1**, 56
– Pfändung **1**, 20
– Projektgesellschaft **1**, 56a
– Taschengeld **1**, 23
– Vermögensstrukturberatung **1**, 19
– Vermögenstrennung **1**, 22
– Vermögensübertragung **1**, 39, 40
– Vermögensübertragung auf Kinder **1**, 55
Aufgabenkreis
– Ergänzungspfleger **5**, 540
Ausland
– Ehe **1**, 128
Ausschlagung
– familiengerichtliche Genehmigung **5**, 536
außergewöhnliche Belastung
– Unterhalt **3**, 365
Ausübungskontrolle 3, 410
Ausweichgestaltungen
– Veräußerungsgewinnbesteuerung **4**, 504

B

Bankkonten
– Miteigentum **3**, 343
Bedarf
– eheliche Lebensverhältnisse **3**, 281
Bedürftigkeit
– Unterhalt **3**, 286
Belehrung 3, 424

Beschlussvergleich 3, 320
Beschränkte Geschäftsfähigkeit 5, 513
Betreuung 10, 646
– Ausschluss von der Vertretungsmacht 10, 647
– Bestellungsphase 10, 649
– Genehmigungsbedürftigkeit 10, 648
– Unternehmen 10, 650
Betreuungsverfügung 10, 652
Betriebsaufspaltung
– Gestaltungsziel 2, 145
Betriebsvermögen
– Vermeidung 1, 58
Bruchteilsbetrachtung
– vermögensverwaltende Gesellschaft 11, 704

C

Checkliste
– familienrechtliche Themen 1, 4

D

Darlehensvertrag
– Drittaufwand 1, 85
– Einkommensteuer
  – Abzinsung 1, 81
  – Anerkennung 1, 82
  – Besicherung 1, 84
  – Fremdüblichkeit 1, 83
– Folgen 1, 77
– Schenkungsteuer 1, 78
– Erlass 1, 80
– Nutzung 1, 79
– Voraussetzungen 1, 76
DDR
– gesetzlicher Güterstand 3, 262
Deutsch-Französische Wahl-Zugewinngemeinschaft 3, 255
– Ansprüche gegen den Überlebenden 3, 259
– Erbrecht 3, 257
– erbrechtliches Viertel 3, 258
– Erbschaftsteuer 3, 260
– Vereinbarung 3, 261
– Verfügungsbeschränkung Familienwohnung 3, 256
deutsch-französischer Güterstand 1, 52
Dispositionsfreiheit
– Versorgungsausgleich 3, 319

Dreiteilung
– Bedarf 3, 283
– Leistungsfähigkeit 3, 288

E

Ehe
– steuerliche Vor- und Nachteile 1, 12
– Steuervorteile 1, 5
Ehe für alle 8, 594
Ehebedingte Zuwendung 1, 42
– Anfechtung 1, 53
– Ausweichgestaltungen 1, 49
– Drittwirkung 1, 44
– Gesellschaftsanteile als Übertragungsgegenstand 1, 51
– konkrete Rückübertragungsansprüche 1, 47
– Lebensversicherung 1, 54
– Pfändbarkeit von Rückübertragungsansprüchen 1, 48
– Rückübertragungsansprüche, freier Widerrufsvorbehalt, 1, 46
– Rückübertragungsklausel 1, 50
– Schenkungsteuer 1, 45
– Wahl-Zugewinngemeinschaft nach § 1519 BGB 1, 52
– Wegfall der Geschäftsgrundlage 1, 43
Ehegattenaußengesellschaft 11, 709
Ehegatteninnengesellschaft 3, 325; 11, 710
– Ausgleichsanspruch 3, 329
– Erbschaftsteuer 3, 334
– Gesellschaftsrecht 3, 333
– Gründung 3, 332
– Mitunternehmerschaft 3, 335
– Problemfelder 3, 331
– Rechtsfolgen 3, 328
– Rechtsprechung 3, 326
– Voraussetzungen 3, 327
– Zugewinnausgleich 3, 330
Ehegattenschenkung 1, 41
Ehegattensplitting
– Einzelveranlagung 1, 7
Ehegattenverträge
– fremdüblich 3, 352
Ehegattenverträge sonstige
– steuerrechtliche Anerkennung 1, 92
Ehegüterrechtsstatut 12, 726 ff.

Stichwortverzeichnis

- Anwendungsbereich **12**, 728
- Gesetzliche Anknüpfungsleiter **12**, 732, 740
- Rechtswahl **12**, 730
- Vereinbarungen **12**, 730

Ehescheidung
- Beendigung von Steuerkonstruktionen **1**, 110
- Erbvertrag **1**, 107, 108
- Gestaltungsmöglichkeiten **1**, 109
- Unterhalt **1**, 106
- Zugewinn **1**, 105

Ehevertrag
- Allgemeine Klauseln **3**, 420
- Aufhebung **3**, 434
- Begriff **3**, 400
- Belehrung **3**, 424
- Form **3**, 401
  - Äquivalente Bindung **3**, 403
  - Regelungsfallen **3**, 402
- Geschäftswert **3**, 431, 432
- Inhaltskontrolle **3**, 405
- Kernbereichslehre **3**, 406
- Kosten **3**, 430, 431, 434
- Modifizierte Zugewinngemeinschaft **3**, 237
- Musterformulierungen **3**, 419
- Nachteilsausgleich **3**, 422
- Präambel **3**, 421
- Salvatorische Klausel **3**, 423
- Schenkungsteueroptimierung **3**, 426
- Sittenwidrigkeit **3**, 408
- weitere Erklärungen
  - Kosten **3**, 435
- Ziel **3**, 404

Eheverträge
- Inhaltskontrolle **1**, 133
- Rechtsprechungswandel **1**, 132

Ehewohnung
- § 1361b BGB **4**, 448
- § 1568a BGB **4**, 450
- Aufteilung in Eigentumswohnungen **4**, 454
- Auseinandersetzungsverbot **4**, 455
- Familien-GbR **4**, 453
- Gesamtregelung **4**, 456
- Nutzungsrecht **4**, 455
- Nutzungsüberlassung **4**, 448
- Nutzungsüberlassung nach Scheidung **4**, 450
- Trennung **1**, 99
- Übernahmevereinbarung **4**, 452
- Verkaufsabrede **4**, 451
- Wohnungszuweisung gerichtliche **4**, 449

Eigentums- und Vermögensgemeinschaft
- Überleitung **3**, 262

Einbenennung
- Patchworkfamilie **7**, 578

Eingetragene Lebenspartnerschaft siehe Lebenspartnerschaft **8**, 594

Einheitsgesellschaft 11, 702

Einheits-Personengesellschaft 1, 144a

Einkommensteuer
- Adoption **6**, 565

Einkommensteuerrecht
- Patchworkfamilie **7**, 591

Einkommensverlagerung
- Form **1**, 18
- Mittel **1**, 15
- Steuerersparnis **1**, 14
- Zweck **1**, 13

Einzelkonto 3, 344, 345

Elementarunterhalt 3, 284

Elterliche Sorge 4, 473

Elternpflichtteil
- Patchworkfamilie **7**, 583

Endvermögen 3, 210

Entnahmen
- Unterhalt **3**, 380

Erbfolge zufällige
- Patchworkfamilie **7**, 581

erbrechtliche Verfügungen
- Scheidung **4**, 484

Erbschaftsteuer
- Adoption **6**, 564
- Ausnutzung von Freibeträgen **1**, 66
- Zugewinn **3**, 358, 359, 361
  - fiktiv **3**, 360
  - unbenannte Zuwendung **3**, 362
  - Wahl-Zugewinngemeinschaft **3**, 363

Ergänzungspfleger
- Bestellung **5**, 539
- familiengerichtliche Genehmigung **5**, 542, 543
- Pflichtkreis **5**, 540
- Schenkungsverbot **5**, 541
- Vertretungsverbote **5**, 541

Stichwortverzeichnis

Erlöschen
- Unterhaltsanspruch **3,** 289

Ertragswert
- Unternehmensbewertung **2,** 187

Erwachsenenadoption 6, 558
EuGüVo 12, 726 ff.
Externe Teilung
- öffentlich-rechtliches Dienst- oder Amtsverhältnis **3,** 307
- Vereinbarung mit dem Versorgungsträger **3,** 306
- Versorgungsausgleich **3,** 304
- Vollzug **3,** 308, 309
- Wahl der Zielversorgung **3,** 308
- Wunsch Versorgungsträger **3,** 305

F

Fallen
- familienrechtliche **1,** 3

Familiäre Entwicklungen
- Gefahrenpotential **1,** 95

Familie
- Art. 6 GG **1,** 123

Familie ohne rechtliches Band 1, 94
Familienbegriff 1, 93
Familiengerichtliche Genehmigung 5, 528, 529, 530, 538
- Ausschlagung **5,** 536
- Ergänzungspfleger **5,** 542, 543
- Erwerbsgeschäft **5,** 533
- Gesamtvermögensgeschäft **5,** 532
- Gesellschaftsvertrag **5,** 533, 534
- Grundstücksgeschäft **5,** 531
- Pflichtteils- und Erbverzicht **5,** 537
- wiederkehrende Leistungen **5,** 535

Familiengesellschaft
- Begriff **11,** 683
- Bindung **1,** 73
- Einheitsgesellschaft **11,** 702
- Mehrstimmrecht **11,** 686
- Nachfolgeklausel **11,** 689 f.
- Nießbrauch **11,** 691
- Vinkulierung **11,** 688

Familienheim
- schenkungsteuerliche Privilegierung **1,** 67
  - Erwerb von Todes wegen **1,** 70, 71
  - Gesellschaft bürgerlichen Rechts **1,** 68
- Vorteile **1,** 69

Familienpoolgesellschaft 11, 682
- Abfindungs- und Entnahmebeschränkungen **11,** 691, 692
- Anteilsübertragung **11,** 695, 696
- Ausschließungsklauseln **11,** 693
- Begriff **11,** 683
- Bruchteilsbetrachtung **11,** 704
- Einzelklauseln **11,** 686
- Familiensplitting **11,** 705
- Geschäftsführung und Vertretung **11,** 686
- Gesellschaft bürgerlichen Rechts **11,** 697
- Gestaltungen **11,** 706
- Gestaltungsziele **11,** 683
- GmbH & Co. KG **11,** 702
- Güterstandsklauseln **11,** 694
- Kapitalgesellschaften **11,** 703
- Kommanditgesellschaft **11,** 701
- Konfliktpotential **11,** 684
- Kündigung **11,** 687
- Nachfolgeklausel **11,** 689, 690
- Schenkungsteuer **11,** 707
- Typische Gestaltungen **11,** 685
- Vergleich **11,** 708
- Vinkulierung **11,** 688

Familienrecht
- Nebengüterrecht **3,** 324
- Wandel **1,** 122

Familiensplitting
- vermögensverwaltende Gesellschaft **11,** 705

Familienunterhalt 3, 271
Familienverfassung 1, 72
Familienwohnung
- Verfügungsbeschränkung **3,** 256

Firmenänderung
- ehevertragliche Folgen **2,** 153
- Gesamtvermögensgeschäft **2,** 152

Firmenbewertung
- latente Steuer **2,** 194

Firmengründung
- Pflichtteilsverzicht Ehegatte **2,** 151
- Testament **2,** 151

Firmeninhaber
- Gestaltungsziel **2,** 141

Firmenübertragung
- Anpassung bestehender Regelungen **2,** 157
- Gesellschaftsverträge **2,** 162

Stichwortverzeichnis

- Pflichtteil und Zugewinn Übergeberehegatte **2**, 155
- Sicherung des Übergeberehegatten **2**, 156
- Übergeberseite **2**, 154
- Übernehmerseite **2**, 161

Firmenveräußerung
- Anpassung bestehender Regelungen **2**, 158
- Erlöschen von Haftungen **2**, 159
- Wegzugsproblematik **2**, 160

Form
- Vereinbarungen zum Versorgungsausgleich **3**, 320

Freibeträge
- Ehegatten **1**, 11
- Existenzminimum **1**, 64

Freistellungsvereinbarung
- Schwiegerelternzuwendung **4**, 499

G

Gemeinschaftskonto 3, 346

Genehmigung
- familiengerichtliche **5**, 529, 530

Geringfügigkeit
- Versorgungsausgleich **3**, 316

Gesamthandseigentum
- Gütergemeinschaft **3**, 251

Gesamtschuldnerausgleich
- Andere Bestimmung **3**, 348
- familienrechtliche Ansprüche **3**, 351
- intakte Ehe **3**, 348
- Trennung **1**, 100; **3**, 349, 350

Gesamtvermögensgeschäft 3, 232
- Familiengerichtliche Genehmigung **5**, 532
- Subjektive Theorie **3**, 233

Geschäftsfähigkeit 5, 516

Geschäftsunfähigkeit 5, 512

Gesellschaft bürgerlichen Rechts
- Familienpool **11**, 697
- Grundstruktur **11**, 699
- Teilrechtsfähigkeit **11**, 698
- Vor- und Nachteile **11**, 700

Gesellschaften
- Trennung **1**, 101

Gesetzliches Erbrecht
- Scheidung **4**, 482, 483

Gestaltung
- Einkommensverlagerung **1**, 13
- familienrechtliche **1**, 3

Gewinneinkünfte
- Leistungsfähigkeit **3**, 373
- Unterhaltsbilanz **3**, 374

Gewöhnlicher Aufenthalt 12, 722
- erster gemeinsamer **12**, 733

GmbH & Co. KG
- Familienpool **11**, 702

Governance Kodex Familienunternehmen 1, 72

Grunderwerbsteuerrecht
- Patchworkfamilie **7**, 593

Grundstücksbewertung 3, 229

Grundstücksgeschäft
- familiengerichtliche Genehmigung **5**, 531

Gütergemeinschaft
- Auseinandersetzung **3**, 253
- Gestaltung durch Ehevertrag **3**, 254
- verschiedene Vermögensmassen **3**, 251
- Vorbehaltsgut, Sondergut **3**, 252

Güterrechtlicher Zugewinn 3, 207

Güterstand
- Schenkungsteuer **3**, 413
- Trennung **1**, 96

Güterstandsbeendigung
- Asset Protection **1**, 30
- Einkommensteuer **1**, 34
- Fazit **1**, 36
- Schenkungsteuer § 5 ErbStG **1**, 31
- Schenkungsteuer ErbStR **1**, 33
- Stundung **1**, 35
- Vorsorgende Eheverträge anpassen **1**, 32

Güterstandsklausel
- Anlass **11**, 711
- Form **11**, 714
- Formulierung **11**, 715
- Inhalt **11**, 713
- Kritik **11**, 712

Güterstandsschaukel 3, 250
- Rechtsprechung **1**, 37
- Voraussetzungen **1**, 38

Güterstandswechsel 3, 209

Gütertrennung
- Anwendungsbereich **3**, 245
- Aufhebung mit Rückwirkung **3**, 248
- Aufhebung mit steuerlicher Rückwirkung **3**, 249

- Grundsätze **3**, 245
- Richterliche Vermögenskorrektur **3**, 246
- Vereinbarung **3**, 247

H
Handlungsverbote
- Vertretung Eltern **5**, 527

Haushaltsgegenstände
- § 1568b BGB **4**, 458
- Definition **4**, 457
- Trennung **1**, 99
- Verteilung **4**, 457
- Vertragliche Regelungen **4**, 459
- Zugewinngemeinschaft **3**, 213

heterologe Insemination 6, 554
Höchstbetrag
- Zugewinn **3**, 242

homologe Insemination 6, 554

I
IDW S 13 2, 187; **3**, 224, 288a
Immobilien
- Latente Ertragsteuer **2**, 195

Indexierung
- Anfangsvermögen **3**, 219

Inhaltskontrolle
- Altverträge **1**, 134
- ehebedingte Nachteile **3**, 407
- Ehevertrag **1**, 133; **3**, 405
- Einzelaspekte **3**, 409
- Entwicklung **3**, 411
- Nachteile ehebedingte **3**, 407
- Nichtigkeit **1**, 136
- Sichere Verträge **1**, 135
- steuerliche Zwecke **1**, 136
- Verfahren **3**, 410

Insichgeschäft
- Erfüllung Verbindlichkeit **5**, 524
- Gestattung **5**, 526
- lediglich rechtlicher Vorteil **5**, 525
- Vertretung Eltern **5**, 522

Insichgeschäft gestattet
- Vertretung Eltern **5**, 523

Internationale Bezüge 12, 716 f.
interne Teilung
- Versorgungsausgleich **3**, 303

K
Kapitalgesellschaft
- Vererblichkeit **2**, 148
- Vorsorgevollmacht **10**, 662

Kapitalrechte
- Versorgungsausgleich **3**, 300

Kapitalwahl
- Versorgungsausgleich **3**, 301

Kernbereichslehre
- Ehevertrag **3**, 406

Kind
- Abstammungsrecht **2**, 163
- Erb- und Pflichtteilsrecht **2**, 164
- Gesellschafternachfolge **2**, 165
- Patchworkfamilie **2**, 166

Kinder nichteheliche
- Wandel **1**, 125

Kindesunterhalt
- Düsseldorfer Tabelle **4**, 465
- gesteigerte Unterhaltspflicht **4**, 464
- Mindestunterhalt **4**, 463, 465
- Vereinbarungen **4**, 467
  - dynamische, **4**, 469
  - Freistellungsvereinbarungen, **4**, 470
  - statische, **4**, 468
- volljährige Kinder **4**, 466

kleines Sorgerecht
- Lebenspartnerschaft **7**, 575
- Rechtsfolgen **7**, 574
- Voraussetzungen **7**, 573

Kommanditgesellschaft
- Familienpool **11**, 701

Kontrollbevollmächtigter 10, 678
Korrespondierender Kapitalwert 3, 312
- Berechnung **3**, 313
- Tauglichkeit **3**, 314, 315

Krankenvorsorge 3, 284
Krankheit
- Gestaltungsimpulse **2**, 172

Krankheitsvorsorge
- Gestaltungsziel **2**, 147

Künstliche Befruchtung 6, 554
kurze Ehe
- Versorgungsausgleich **3**, 317

L
Latente Ertragsteuer
- alle Vermögensgüter **2**, 191
- Berechnung **2**, 199
- Familienrechtliche Konsequenzen **2**, 201
- Immobilien **2**, 195
- Kritik **2**, 202

Stichwortverzeichnis

- Lebensversicherung **2**, 197, 198
- Pflichtteilsberechnung **2**, 190
- Unternehmensbewertung **2**, 189
- Wertpapiere **2**, 196
- Zugewinn **2**, 191

Latente Steuer
- Firmenbewertung **2**, 194
- Vermögensgüter **2**, 193

Latente Steuerbelastung
- Begriff **2**, 192

Latente Steuerlast
- Anfangsvermögen **2**, 200
- Endvermögen **2**, 200

Lebenspartnerschaft
- Aufhebung **8**, 604
- Begründung **8**, 603
- Doppelverdiener ohne Kinder **8**, 607
- Einkommensteuerrecht **8**, 610
- Erbschaft- und Schenkungsteuerrecht **8**, 611
- familiärer Vertrag **8**, 606
- Gleichstellung **8**, 595
- Güterstand **8**, 596
- Haushaltsgegenstände **8**, 600
- Lebenspartnerschaftswohnung **8**, 599
- Name **8**, 601
- Partnerschaftsverträge **8**, 605
- Sonstige Konstellationen **8**, 608
- Sonstige Steuern **8**, 612
- steuerliche Gleichstellung **8**, 609
- Umwandlung in eine Ehe **8**, 604
- Unterhalt **8**, 597
- Versorgungsausgleich **8**, 598
- Verwandtschaftsverhältnisse **8**, 602
- Vorbemerkung **8**, 594
- Wandel **1**, 126

Lebensversicherung
- Latente Ertragsteuer **2**, 197, 198

Leistungsfähigkeit
- Dreiteilung **3**, 288
- Unterhalt **3**, 287

M

Minderjährige
- Beschränkte Geschäftsfähigkeit **5**, 513
- Geschäftsunfähigkeit **5**, 512
- lediglich rechtlich vorteilhaft **5**, 514
- nicht lediglich rechtlich vorteilhaft **5**, 515

Mitarbeit
- Störung der Geschäftsgrundlage **3**, 337

Miteigentum
- Auffangregelung **3**, 341
- Bankkonten **3**, 343
- Trennung **3**, 342

Modifizierte Trennungstheorie **4**, 511

Modifizierte Zugewinngemeinschaft
- Ausschluss Elternvermögen **3**, 241
- Ausschluss Zugewinn bei Scheidung **3**, 240
- Ehevertrag **3**, 237
- Höchstbetrag **3**, 242
- Unternehmensherausnahme **3**, 238
- Formulierung **3**, 239
- vorverlegtes Anfangsvermögen **3**, 243
- zweistufiger Ehevertrag **3**, 244

Mutterschaft **6**, 546

N

„naked in – naked out"-Klausel **3**, 228

Nebengüterrecht
- Wandel des Familienrechts **1**, 137

Nichteheliche Lebensgemeinschaft
- Altersversorgung **9**, 629
- Angehörige **9**, 636
- Beendigungsgründe **9**, 620
- Begriff **9**, 613
- Bereicherungsrecht **9**, 617
- Darlehen **9**, 641
- Einkommensteuer **9**, 637
- Erbrechtliche Regelungen **9**, 630
- Erbschaftsteuer **9**, 631
- Erbschaft- und Schenkungsteuer **9**, 638, 644
- Freibeträge **9**, 638
- Gemeinsame Kinder **9**, 623
- Gemeinschaftsbezogene Zuwendung **9**, 617
- Immobilienfinanzierung **9**, 642
- nicht Eherecht analog **9**, 615
- Partnerschaftsvertrag **9**, 624
- Regelungsnotwendigkeit **9**, 621

577

Stichwortverzeichnis

- Sondervorschriften **9**, 614
- Sonstige Steuern
  - Grunderwerbsteuer, **9**, 645
- Splittingtarif **9**, 634
- Steuerfreistellungen **9**, 643
- Steuerklasse **9**, 638
- Steuerrecht **9**, 633
- Störung der Geschäftsgrundlage **9**, 617
- Trennungsansprüche
  - ältere Rechtsprechung **9**, 618
  - Rechtsprechungswandel **9**, 619
- Unterhalt **9**, 622, 628
- Unterhaltsleistungen **9**, 635
- Unterhaltszahlungen
  - Schenkungsteuer **9**, 639, 640
- Vermögensregelungen **9**, 627
- Vermögensverflechtung **9**, 626
- Vertrag der Partnerschaft auf Probe **9**, 625
- Vollmachten **9**, 632
- Wandel **1**, 127
- Wandel des Familienrechts **1**, 138, 139
- Zusammenlebensgemeinschaft **9**, 616

Nießbrauch 1, 16
- Einkommensverlagerung **1**, 15, 16
- Mitunternehmerschaft **1**, 16; **11**, 691

Notarhaftung
- Vertragsänderung **2**, 182

P

Patchworkfamilie
- Abänderungsbefugnis **7**, 586
- Ehegattenpflichtteil **7**, 584
- Einbenennung **7**, 578
- Einkommensteuerrecht **7**, 591
- einseitiger Pflichtteil **7**, 582
- Elternpflichtteil **7**, 583
- erbrechtliche Lösungsmöglichkeiten **7**, 588
- erbrechtliche Regelungsziele **7**, 580
- Erbschaftsteuer **7**, 592
- Familienbegriff
  - moderne Familienwelt, **7**, 570
  - Recht **7**, 572
  - Soziologe **7**, 571
- Fortgeltung letztwilliger Verfügungen **7**, 585
- Geschiedenentestament **7**, 589
- Grunderwerbsteuerrecht **7**, 593
- kleines Sorgerecht **7**, 573, 574, 575
- Regelungen zugunsten von Stiefkindern **7**, 579
- Steuerrecht **7**, 590
- Testamentsformulierung **7**, 587
- Umgangsrecht **7**, 576
- Verbleibensanordnung **7**, 577
- zufällige Erbfolge **7**, 581
- Zugewinn **7**, 584

Patientenverfügung 10, 652

Personengesellschaft
- Nachfolgeklauseln
  - Gesellschaft bürgerlichen Rechts **2**, 149
  - Kommanditgesellschaft **2**, 150
- Vererblichkeit **2**, 149
- Vorsorgevollmacht **10**, 660
- Zustimmung Mitgesellschafter **10**, 661

Pfändung 1, 20

Pflichtteil einseitig
- Patchworkfamilie **7**, 582

Pflichtteils- und Erbverzicht
- familiengerichtliche Genehmigung **5**, 537

Pflichtteilsberechnung
- latente Ertragsteuer **2**, 190

Präambel 3, 421

R

Realsplitting 1, 10
- Formulierungsbeispiel **3**, 429
- Nachteilsausgleich **3**, 369, 370, 371
- steuerliche Optimierung **3**, 372
- Unterhalt **3**, 366
- Voraussetzungen **3**, 367
- Zustimmung **3**, 368

Realteilung
- Veräußerung **4**, 501

Rechtsdienstleistungsgesetz
- Nebenleistungen **1**, 2

Rechtsform
- Gestaltungsziel **2**, 142
  - Gesellschaft bürgerlichen Rechts **2**, 143
  - vermögensverwaltende KG **2**, 144

Reformgesetz
- Unterhalt **1**, 129

Stichwortverzeichnis

- Versorgungsausgleich **1**, 130
- Zugewinnausgleich **1**, 131

Risiko
- Betreuung **1**, 112
- Erbrecht **1**, 121
- Gesellschaftsrecht **1**, 121
- Letztwillige Verfügungen **1**, 115
- Pflichtteilsrecht **1**, 118
    - keine Vorabschenkung bei Ehegatten **1**, 120
    - Vorabschenkung **1**, 119
- Todesfall **1**, 114
- Vertretungsverhältnisse **1**, 111
- Vollmachten transmortale **1**, 116
- Vorsorgevollmacht **1**, 113
- Zugewinn **1**, 117

Rückübertragungsklausel 4, 495

S

Salvatorische Klausel 3, 423

Schädlichkeitsscan
- Abänderungssperre **2**, 182
- Konfliktpotential **2**, 179
- steuerliche Beratungspflicht **2**, 180
- Steuervergleich **2**, 181

Scheidung
- Erbrecht **4**, 481, 490
    - Regelung nach Scheidung **4**, 489
- erbrechtliche Verfügungen **4**, 484
- gemeinschaftliches Testament **4**, 485
- Geschiedenentestament **4**, 491
- gesetzliches Erbrecht **4**, 482
- Gestaltungsimpulse **2**, 172
- Verfahren **4**, 443
    - Antragsinhalt **4**, 444
    - Rechtshängigkeit **4**, 445
- Zugewinn **3**, 208

Scheidungsfolgesachen
- Außergewöhnliche Belastung **4**, 446

Scheidungsgrund
- Scheitern der Ehe **4**, 440

Scheidungshindernis
- Härteklausel **4**, 442

Scheidungshürde
- Einjähriges Getrenntleben **4**, 441

Scheidungskosten
- Außergewöhnliche Belastung **4**, 446

Scheidungsvereinbarung
- Abgeltungsklausel **3**, 425; **4**, 477
- Antragstellung **4**, 476
- Aufhebung Testament **4**, 486
- Ausweichgestaltungen **4**, 504
- Ehegattenunterhalt
    - Trennungsunterhalt **4**, 462
- Ehewohnung **4**, 451
- Erbverzicht **4**, 487, 488
- Freistellung Elternansprüche **4**, 478
- Güterstand **4**, 460
- Haushaltsgegenstände **4**, 459
- Inhalte **4**, 447
- Kapitalwahl bei offenem Versorgungsausgleich **4**, 479
- Kosten **3**, 436; **4**, 492
- Salvatorische Klausel **4**, 480
- Steuerfolgen **4**, 500
- Teilentgelt **4**, 511
- Vermögensausgleich **4**, 460, 461

Scheidungsvorsorge
- Gestaltungsziel **2**, 146
- Vermögensverteilung **1**, 74

Schenkungsteuer
- Ausscheiden aus Personengesellschaft **11**, 707
- Ehevertrag **3**, 412
- Güterstand **3**, 413
- Güterstandsschaukel **3**, 250
- Güterstandsschaukel mit Zugewinnausgleich
    - Oder-Konto **3**, 416
- Güterstandswechsel **3**, 415
- Gütertrennung **3**, 417
- Inhaltskontrolle **3**, 418
- Modifizierte Zugewinngemeinschaft **3**, 414

Schwiegerelternzuwendung
- Freistellungsvereinbarung **4**, 499
- Scheidungsvereinbarung **4**, 499

Schwiegerkind
- Rückforderung **4**, 498

Sonderbetriebsvermögen
- Gestaltungsziel **2**, 145

Sorge elterliche
- Ehegatten **5**, 517
- gerichtliche Entscheidung **5**, 519
- ohne Ehe **5**, 518
- Vertretung des Kindes **5**, 520
- Wechselmodell **4**, 475

Sorgerecht
- Vereinbarungen **4**, 475

Stichwortverzeichnis

Staatsangehörigkeit 12, 723
Steuerberater
- Aufgaben und Möglichkeiten 2, 140
- Interessenkollision 1, 3
- Perspektiven 1, 1
- Rundum-Ratgeber 1, 1
- Vorsorgevollmacht 10, 671

Steuerberatermandat
- Ehegatten 2, 183
- Einseitige Interessenvertretung 2, 186
- Scheidungssituation 2, 185
- Verbot der Vertretung widerstreitender Interessen 2, 184

Steuerberatung 2020 1, 1
Steuererstattung 3, 356
Steuerfolgen
- Scheidungsvereinbarung 4, 500

Steuervorteile
- Ehe 1, 5

Stille Beteiligung
- Einkommensverlagerung 1, 17

Stille Gesellschaft
- Einkommensverlagerung 1, 15

Störung der Geschäftsgrundlage 3, 336
- Ausgleichsanspruch 3, 340

T

Taschengeld 1, 23
Teilentgelt
- Modifizierte Trennungstheorie 4, 511

Teilungskosten
- Versorgungsausgleich 3, 311

Testament, gemeinschaftliches
- Scheidung 4, 485

Tod
- Gestaltungsimpulse 2, 172
- Gestaltungsziel 2, 148
- pauschalierter Zugewinn 3, 206
- Zugewinn 3, 205

Todesfall
- Gesetzliche Erbfolge 1, 114
- Letztwillige Verfügungen 1, 115
- Vollmachten transmortale 1, 116
- Zugewinn 1, 117

Trennung
- Erbvertrag 1, 104
- Gesamtschuldnerausgleich 1, 100
- Gesellschaften 1, 101

- Güterstand 1, 96
- Haushaltsgegenstände
  - Ehewohnung 1, 99
- Private Veräußerungsgeschäfte 1, 102
- Steuerzahlung 1, 102, 103
- Unterhalt 1, 97
- Versorgungsausgleich 1, 98
- Vollmachten 1, 104
- Zusammenveranlagung 1, 102

Trennungsunterhalt 3, 271

U

Umgangsrecht 4, 474
- Patchworkfamilie 7, 576
- Vereinbarungen 4, 475

Unbenannte Zuwendung
- Ausgleichsanspruch 3, 338
- Zugewinngemeinschaft 3, 339
- Störung der Geschäftsgrundlage 3, 337

Unbilligkeit
- Versorgungsausgleich 3, 318

Unbilligkeit grobe, Unterhalt 3, 290

Unterhalt
- AfA 3, 376
  - Anerkennung 3, 378
- AfA-Korrekturen 3, 377
- Aufstockungsunterhalt 3, 279
- außergewöhnliche Belastung 3, 365
- Bedarf 3, 281
- Bedürftigkeit 3, 286
- Befristung 3, 268, 291
- Betriebsänderungen 3, 381
- Dreiteilung 3, 283
- Entnahmen 3, 380
- Erlöschen 3, 289
- Erwerbsobliegenheit 3, 266
- Gesamter Lebensbedarf 3, 284
- grobe Unbilligkeit 3, 290
- Herabsetzung 3, 268, 291
- Investitionen 3, 382
- Kindesbetreuung 3, 267
- konkrete Berechnung 3, 285
- Leistungsfähigkeit 3, 287
- Personal 3, 383
- PKW 3, 384
- Quote 3, 285
- Realsplitting 3, 366
- reformiertes Unterhaltsrecht 3, 264

Stichwortverzeichnis

- Reformziele **3**, 265
- Rückstellungen **3**, 385
- sonstige Ansprüche **3**, 280
- Steuern **3**, 387
- Steuern und Vorsorgeaufwendungen **3**, 386
- Steuerrecht **3**, 364
- Trennung **1**, 97
- Verbindlichkeiten **3**, 379
- Vorrang Kindesunterhalt **3**, 265
- Vorsorgeaufwendungen **3**, 388
- Wohnvorteil **3**, 282
- Zugewinngemeinschaft **3**, 215

Unterhalt bis Erwerbstätigkeit 3, 278
Unterhalt nachehelicher 3, 271
Unterhalt ohne Vermögenseinkommen 3, 295
Unterhalt wegen Alters 3, 276
Unterhalt wegen Kindesbetreuung
- allgemeine Voraussetzungen **3**, 272
- Basisunterhalt **3**, 273
- elternbezogene Verlängerung **3**, 275
- kindbezogene Verlängerung **3**, 274

Unterhalt wegen Krankheit 3, 277
Unterhaltsbilanz
- Steuerbilanz **3**, 374, 375

Unterhaltshöchstgrenze 3, 294
Unterhaltsrecht
- Reformgesetz **1**, 129

Unterhaltsreform
- Vertragspraxis **3**, 270

Unterhaltsstatut 12, 741
Unterhaltsvereinbarungen 3, 292
- Wert **3**, 433

Unterhaltsverzicht 3, 293
- Beurkundungsbedürftigkeit **3**, 269
- Versorgungsausgleich **3**, 428

Unternehmerehe
- Ehevertrag **3**, 410

Unternehmensbewertung 3, 224
- Ertragswert **2**, 187
- Ertragswertmethode modifizierte **2**, 188
- Freiberufler **3**, 225
- Kleine Unternehmen **3**, 225
- latente Ertragsteuer **2**, 189
- latente Steuer **2**, 193
- Liquidationswert **3**, 226
- Lohn des Unternehmers **3**, 227
- Unternehmensbeteiligungen **3**, 228

Unternehmerehe
- Ausschlussklauseln **2**, 168
- Ehevertrag **2**, 167
- Mitarbeit **2**, 171
- Steuergestaltung **2**, 170
- Todesfallsicherung **2**, 169

V

Vaterschaft
- Anerkennung **6**, 549
- Anfechtung **6**, 552
- biologische **6**, 553
- Ehemann **6**, 548, 549, 550
- gerichtliche Feststellung **6**, 551
- gesetzliche Regelung **6**, 547

Veranlagung 3, 353
Veräußerungsgewinn 4, 505
Veräußerungsgewinnbesteuerung
- Anschaffung **4**, 507
- Ausnahmen bei Eigennutzung **4**, 510
- Fallgruppen **4**, 509
- Tatbestand **4**, 506
- Veräußerung **4**, 508

Verbleibensanordnung
- Patchworkfamilie **7**, 577

Verfügungsbeschränkung 3, 231
- Abbedingung **3**, 236
- fehlende Zustimmung **3**, 235
- Subjektive Theorie **3**, 233
- zeitlicher Anwendungsbereich **3**, 234

Vermögenskorrektur richterliche 3, 246
Vermögensstrukturplanung
- Familiengesellschaft **1**, 72

Vermögensverteilung
- Gestaltungsziel **2**, 145
- Scheidungsvorsorge **1**, 74
- Strukturplanung **1**, 57

Vermögenszuwachs 1, 65
Verrechnung
- Versorgungsausgleich **3**, 310

Verrechnungsvereinbarung
- Versorgungsausgleich **3**, 323

Versorgungsausgleich
- Anrechte **3**, 299

581

- Ausgleichsformen **3**, 302
- Besteuerung **3**, 389
- Besteuerung der externen Teilung **3**, 392
- Besteuerung der internen Teilung **3**, 390
- Besteuerung des Leistungszuflusses **3**, 391, 394
- Besteuerung des Wertausgleichs **3**, 393
- Einmalausgleich **3**, 298
- externe Teilung **3**, 304
- Form **3**, 320
- Geringfügigkeit **3**, 316
- Grundprinzipien **3**, 297
- internationale Bezüge **12**, 744
- interne Teilung **3**, 303
- Kapitalrechte **3**, 300
- Kapitalwahl **3**, 301
- Korrespondenzprinzip **3**, 397
- kurze Ehe **3**, 317
- Reform **3**, 296
- Reformgesetz **1**, 130
- Schädliche Verwendung geförderter Altersvorsorge **3**, 395
- steuerliche Behandlung des Ausgleichs nach Scheidung **3**, 396
- Teilungskosten **3**, 311
- Trennung **1**, 98
- Unbilligkeit **3**, 318
- Vereinbarungen **3**, 399
  - Verrechnung bei Landesbeamten **4**, 471
  - Verrechnung mit Zugewinn **4**, 472
- Vermeidungszahlungen **3**, 398
- Verrechnung **3**, 310
- Wert **3**, 433
- wirtschaftliche Bedeutungslosigkeit **3**, 316
- Zugewinngemeinschaft **3**, 214

Verträge
- drittüblich **1**, 75

Vertragsoptimierung
- Vertragsentwürfe **2**, 178
- Zielvorstellung **2**, 176
  - Oder-Konto **2**, 177
- Zusammenarbeit **2**, 175

Vertrags-TÜV
- Datenpflege **2**, 174
- Dauermandat **2**, 173

Vertretung Eltern
- Handlungsverbote **5**, 527
- Insichgeschäft **5**, 522
- Insichgeschäft gestattet **5**, 523
- Interessenkonflikt **5**, 521

Vertretungsbefugnisse
- Vorsorgevollmacht **10**, 654

Verwandtschaft
- Adoption Minderjähriger **6**, 556

Verzicht
- Versorgungsausgleich **3**, 321

Verzicht auf Zugewinn
- Kompensation **3**, 427

Verzicht mit Rücktrittsrecht
- Versorgungsausgleich **3**, 322

Volljährigenadoption
- schwache Wirkungen **6**, 561
- starke Wirkungen **6**, 562
- Voraussetzungen **6**, 558

Volljähriger
- Unbeschränkte Geschäftsfähigkeit **5**, 516

Vorbehaltsrechte 3, 230
- Zuwendung **4**, 494

Vorsorgevollmacht
- Alleinerbschaft **10**, 659
- Aushändigungssperre **10**, 676
- Bescheinigungsbedingung **10**, 673
- Betreuung **10**, 646, 680
- Form **10**, 674
- Formulierungsvorschlag **10**, 681
- Gesundheitssorge **10**, 658
- Innenverhältnis **10**, 655
- Kapitalgesellschaft **10**, 662
  - Formulierungsvorschlag **10**, 666
- Kontrollbevollmächtigter **10**, 678
- Kontrolle **10**, 677
- Krankheitsbedingung **10**, 672
- Nachlassvollmacht **10**, 659, 669
- Notwendigkeit **10**, 651
- Person des Bevollmächtigten **10**, 653
- Personengesellschaft **10**, 660
  - Formulierungsvorschlag **10**, 665
- Regelungen im Innenverhältnis **10**, 656
- Registrierung **10**, 675
- Steuerberater **10**, 671
- unternehmerisch **10**, 663, 664
  - Geschäftsunfähigkeit des Vollmachtgebers **10**, 668

Stichwortverzeichnis

- Innenverhältnis **10**, 667
- Vermögenssorge **10**, 657
- Vertretungsbefugnisse **10**, 654
- Widerruf **10**, 679
- wirtschaftliche Zurechnung **10**, 670

W

Wandel
- Ausland **1**, 128
- Familie **1**, 123
- Kinder nichteheliche **1**, 125
- Lebenspartnerschaft **1**, 126
- nichteheliche Lebensgemeinschaft **1**, 127
- Zerrüttungsscheidung **1**, 124

Wertpapierdepot
- Miteigentum **3**, 347

Wertpapiere
- Latente Ertragsteuer **2**, 196

Widerruf
- Vorsorgevollmacht **10**, 679

wiederkehrende Leistungen
- familiengerichtliche Genehmigung **5**, 535

Wiesbadener Modell
- faktische Beherrschung **1**, 60
- keine Betriebsaufspaltung **1**, 59
- wirtschaftliches Eigentum **1**, 62, 63
- zivilrechtliche Einbettung **1**, 61

Wirksamkeitskontrolle 3, 410

Wohnvorteil
- Unterhalt **3**, 282

Z

Zivilprozesskosten
- Außergewöhnliche Belastung **4**, 446

Zugewinn
- Erbschaftsteuer **3**, 358, 359, 360, 361
- Rückübertragungsansprüche **3**, 263
- Scheidung **3**, 208
- Steuern **3**, 357

Zugewinnausgleich
- Anrechnung **4**, 503

- Reformgesetz **1**, 131

Zugewinngemeinschaft
- Abgrenzung **3**, 212
- Anfangsvermögen **3**, 210
- Anfangsvermögensvermutung **3**, 220
- Ausgleich **3**, 204
- Bewertung **3**, 223
- Endvermögen **3**, 210
- Gesamtvermögensgeschäft **3**, 232
- Grundsätze **3**, 203
- Grundstücksbewertung **3**, 229
- güterrechtlicher Zugewinn **3**, 207
- Güterstandsende **3**, 204
- Güterstandswechsel **3**, 209
- Hinzurechnungen **3**, 221
- Indexierung **3**, 219
- negatives Vermögen **3**, 217
- pauschalierter Zugewinn **3**, 206
- privilegiertes Vermögen **3**, 218
- Stichtage **3**, 211
- Tod **3**, 205
- Unterhalt **3**, 212
- Unternehmensbewertung **3**, 224
- Verfügungsbeschränkungen **3**, 231
- Vermögensberechnung **3**, 216
- Vermögenswertbegrenzung **3**, 222
- Versorgungsausgleich **3**, 212
- Vorbehaltsrechte **3**, 230

Zusammenveranlagung
- Ausgleich ehebedingter Nachteile **3**, 354
- Auswirkungen **1**, 7
- eheliche Lebensgemeinschaft **1**, 6
- Innenverhältnis **3**, 355
- rechtspolitisch **1**, 9
- Rückerstattung **1**, 8
- Steuererstattung **3**, 356
- Zahlungen **1**, 8
- Zustimmungspflicht **3**, 354

Zuwendung
- Anfangsvermögen **4**, 493
- Kettenschenkung **4**, 496, 497
- Rückübertragungsklausel **4**, 495
- Schwiegerkind **4**, 496, 498
- Vorbehaltsrechte **4**, 494

Zweistufiger Ehevertrag 3, 244